谨以此书献给135年来为铁路运输安全作出贡献的和一直关心铁路运输安全的人们！

浓缩的铁路历史　珍贵的安全明鉴

中国铁路

——安全志

(1876~2011)

中国铁道学会安全委员会
《中国铁路安全志》编委会

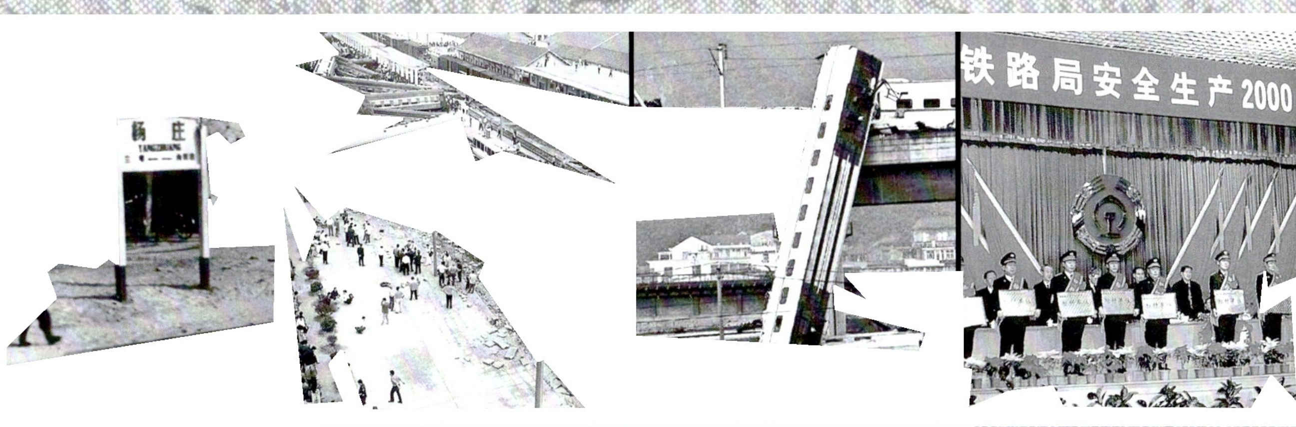

上海交通大学出版社
SHANGHAI JIAO TONG UNIVERSITY PRESS

内容提要

本书为 1876~2011 年中国铁路安全志，全书分图片集锦、大事记、中国铁路安全管理机构、铁路安全法规、安全管理以及行车安全、劳动安全、路外安全等。

全书资料翔实、权威，具有珍贵的史料和很高的收藏价值，是一部进行铁路安全教育的生动教材；同时，对于铁路安全政策的研究者、制定者和实施者，也有重要的参考价值。

图书在版编目（CIP）数据

中国铁路安全志：1876～2011/ 中国铁道学会安全委员会，《中国铁路安全志》编纂委员会编著. — 上海：上海交通大学出版社，2012

ISBN 978-7-313-08458-3

Ⅰ. ①中… Ⅱ. 中… ②中… Ⅲ. ①铁路运输—交通运输安全—概况—中国—1876～2011 Ⅳ. ① U298

中国版本图书馆 CIP 数据核字（2012）第 085794 号

中国铁路安全志
(1876~2011)

中国铁道学会安全委员会
《中国铁路安全志》编委会 编著

上海交通大学出版社出版发行
（上海市番禺路951号 邮政编码 200030）
电话：64071208 出版人：韩建民
河南深港彩印有限公司 印刷 全国新华书店经销
开本：787mm×1092mm 1/16 印张：40.5 插页：46 字数：1106千字
2012年5月第1版 2012年5月第1次印刷
印数：1~3300
ISBN 978-7-313-08458-3/U 定价：196.00 元

编委会名单

铁路安全图片集锦

吴淞铁路路外伤亡事故

1876年7月投入运营的吴淞车站

1876年8月15日，中国铁路发生第一起路外伤亡事故。吴淞铁路是中国大地上出现的第一条铁路。

这天，运行的火车轧死了一个当地行人，这如同一颗巨型炸弹的导火线，沿线群众的情绪瞬间激发出来，男女老幼近千人齐集江湾一带。愤怒的群众将肇事的机车乘务员拉下来痛打，随即他们抬着被轧死的行人尸体聚集在“吴淞铁路公司”办事处门前，高喊口号，抗议示威，吓得办事处的洋人畏缩在屋内不敢出来。他们还采取卧轨和破坏铁路设施等手段，坚决阻止火车开行。抗议示威活动持续了十余天。在这样的形势下，英国殖民主义者才被迫答应停止行车。

当地老百姓抬着被轧者的尸体向吴淞铁路公司施压

按照“收买吴淞铁路条款”的规定，清政府于次年按时付清了赎金，吴淞铁路由清政府接管。

就是这台“天朝号”蒸汽机车制造了第一起中国铁路伤亡事故

20世纪20年代的行车事故

1925年秋，鸡街—建水间发生旅客列车与货物列车相撞事故。

11号机车与12号机车相撞颠覆情景

20世纪30年代的行车事故

1936年1月31日，南同蒲铁路第14次混合列车在两渡镇车站附近脱轨颠覆。图为事故现场。

20世纪40年代的行车事故

1949年8月25日，四梅线半截河桥重大行车事故现场。

东北王张作霖遇难记

一代枭雄——张作霖

1928年6月4日5时27分，张作霖乘坐蔚兰色专车返奉过皇姑屯站，至南满路与东奉路立交桥（三调桥），发生震耳欲聋的剧烈爆炸。贵宾车3辆，被日本关东军预先埋置的地控炸药摧毁于两百多尺的黑烟之中。事故后，日军还伪造现场，以示南方政府所为。

在爆炸前，张作霖等正在列车娱乐室打麻将。副官来报告说："大元帅，快到奉天了。"就在黑龙江省督军吴浚升、军事顾问嵯峨少校站起来的时候发生了爆炸。第二、三辆车被炸到空中，吴浚升当场死亡。还没离开麻将桌子的张作霖，正想躲到桌子底下，一块很大的铁片，飞撞在张作霖的鼻子上。这是致命的一击。

张作霖即刻被送到奉天医院，但由于伤势过重，失血过多，上午10时许，一代枭雄张作霖结束了其54年坎坷而又富有传奇的一生。

张作霖的专列就是在此桥被炸

张作霖的坐车

线路设备遭到严重破坏

女间谍川岛芳子刺探到张作霖回奉（沈阳）的准确时间，使日军实施准确炸车。

旧中国铁路的悲惨命运

日本侵略军推翻的京沪铁路客运列车（1937 年）

日本侵略军炸毁的广州铁路列车（1937 年）

上海火车北站被日本侵略军炸成了一片废墟（1937 年）

旧中国铁路的悲惨命运

1940年1月5日滇越铁路小龙潭大桥被炸情形

铁路工人正在抢修小龙潭大桥

北宁铁路滦河大桥有新、旧两桥，相距45米。旧桥建于1894年，长670米，已改为公路桥。新桥建于1939年，双线桥墩，长677米。图为解放战争中新桥的破坏情况。新桥于1949年3月8日开工修复，5月1日修复通车。

津浦铁路上蚌埠淮河大桥建于1911年，长586米，解放战争中遭破坏。1949年5月1日开工修建临时便桥，6月30日竣工通车。同年11月13日动工修复正桥，1950年7月7日竣工，便桥随即拆除。图为淮河大桥遭破坏情况。

命运多舛的钱塘江大桥

钱塘江大桥仅开通88天就被炸毁

炸桥前军民大撤退

1937 年 9 月 26 日，杭州钱塘江大桥正式完工通车，工期近 30 个月，在当时世界建桥史上也是绝无仅有的。抗日战争中，为阻止日军推进，1937 年 12 月 23 日，大桥仅开通 88 天，由中国军队自行炸毁。作为大桥的总设计者茅以升又亲自指挥炸掉大桥，不能不说是一件令中华民族悲哀的事情。

“9·23”玉林山列车脱轨事故

玉林山列车脱轨事故现场

1939 年 9 月 23 日，由河口驶往开远的一列客货混合列车在机车后边挂了 3 节军运货车，其中第三节装有 10 吨汽油，第四节是行李车，第五节至第八节是客车。军运保密，司机并不知道装有汽油。

大塔至玉林山是 25‰的下行陡坡。列车由大塔向玉林山开去，因雨天轨滑，超速溜逸，于玉林山大桥前脱轨。第三节货车里的汽油桶因冲撞而桶盖松脱，汽油溢出。

夜幕降临，司机杨庚生点燃油纱照明，从机车上下来检查脱轨货车的底部轮轴。查到第三节，一声爆响，溢出的汽油引燃了车上的油桶。杨庚生猛然醒悟，疾呼旅客下车逃命，同时与列检工摘下车钩，与旅客一起奋力将尚未脱轨的第七、第八节客车往后推离，50 余名旅客因此得以生还。

机车和前面 6 节车辆顷刻葬入火海。脱轨地点正在路堑深处，逃逸不易，旅客被烧死 70 余人，烧伤 40 余人。随车员工，除杨庚生、车长和 4 位检车工因抢救旅客得以逃生外，司炉等人以身殉职。死伤旅客部分是从敌占区逃难来滇的同胞，还有一个由南洋华侨组成的机工救国团，从南洋到云南来支援抗日救亡。20 余人壮志未酬葬身火海遇难。滇越铁路公司蓄意逃避责任。法籍车务段长毕布洛、分段长那果和医生白吉吾于察看现场时密谋了一番，回到开远就给受伤的当事人（司机）杨庚生打了一针，杨当即气绝身亡。法方乃声称事故是因“天雨路滑，刹不住车，闸瓦抱死导致摩擦起火烧了车辆，抢救不及而造成旅客伤亡。”民国政府和开远军警总局也与法人沆瀣一气，百般推卸责任。

“9·8”陇海线列车脱轨事故

1946 年 9 月 8 日，陇海线交叉口车站一列运送国民党军队的火车，因乘车军人胁迫车站站长要抢先超越先于到站的一列客车开车，行至观音堂至硖石的 8 号桥上，3 辆客车颠覆翻于桥下，300 余名军人和旅客死亡。

“9·8”陇海线列车脱轨事故现场

20世纪初，俄国派驻在中国领土上的东省铁路守备队。

安全管理

清末民初时期的铁路运输安全警察

民国时期执行安检的铁路女警察

长春铁路公安七大队旧址

安全教育与安全设备

上海交通大学对学员进行运输安全教育
（20世纪30年代）

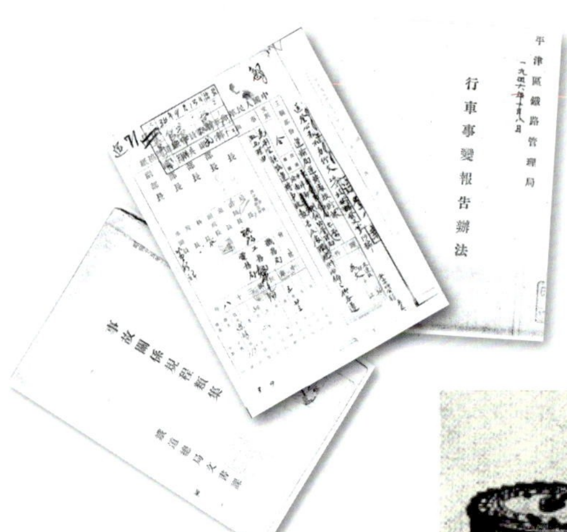

不同铁路系统的安全法规

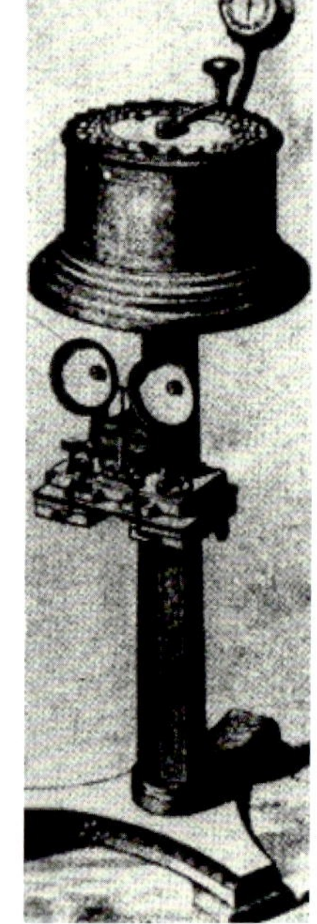

19世纪70年代用于吴淞铁路的电报机

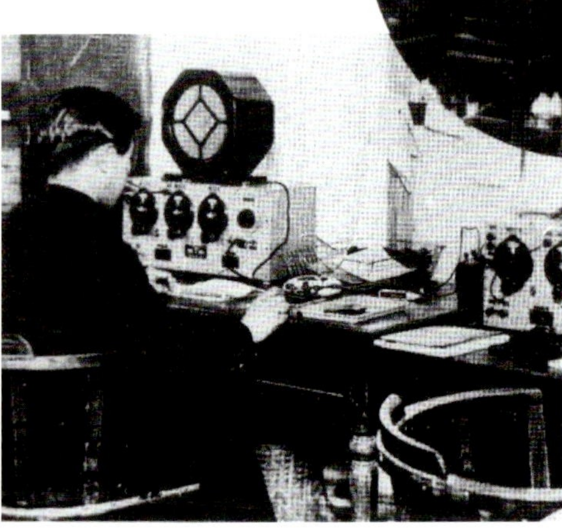

20世纪早期指挥运输生产上使用的通信设备

为保证下坡方向的行车安全，在青龙桥与南口间的各会让站建有避难线，以防列车溜逸失控造成事故（1909 年）。

崇高荣誉

毛泽东同志于1951年10月全国政协一届三次会议期间接见了列席会议的“毛泽东号”机车第三任司机长郭树德，亲切地说：“你回去向工人同志们问好。”

“毛泽东号”机车组

“毛泽东号”机车于1946年10月30日命名。

1964年7月15日，铁道部授予“毛泽东号”机车包车组“坚持不断革命，永当开路先锋”的奖旗，中共铁道部委员会宣布了《关于在全路进一步推广“毛泽东号”机车包车组先进经验的决定》。这个包车组自组建以来，6次提高牵引定数，都能坚持超轴，共超轴牵引68万多吨，节约大量燃料、油脂和其他材料，带头推行了负责制。

截至2011年10月30日，“毛泽东号”机车组已安全行驶65年，安全里程名列全路货运机车之冠。

崇高荣誉

1960 年 1 月，汉丹线建设功臣（含安全标兵）被请上第一趟开行的客车。

21 世纪初，铁路劳动模范（含安全标兵）登上天安门城楼。

2004 年 5 月，北京铁路局工会组织机务系统安全行车千趟无事故的机车乘务员及家属到北京游览。图为原天津铁路分局职工家属在天安门城楼上。

1951 年 2 月，太原北站荣获铁道部优胜循环红旗。图左竖排字为“彻底消灭行车事故”。

先进引路

“铁牛号”于 1946 年 10 月 30 日命名。“铁牛号”机车第一任司机长杜先扬（前第一位）1949 年 2 月 15 日被授予“铁牛运动旗手”和“全国劳动模范”称号。

全国劳动模范、全国“五 · 一”劳动奖章获得者宋国财于 1989 年被任命为“铁牛号”司机长。安全成绩远远领先全路同行。图为冬运期间出库前检查机车。

先进引路

口丂型96号机车司机长杜先扬

安全行驶20万公里的口丂型96号机车乘务员与家属合影

1963年10月21日，铁道部副部长吕正操在新武工务段授予孙家养路工区“大郑线上好工区”锦旗。

北京铁路局安全生产2000天总结表彰大会现场

先进引路

兰州铁路局、分局领导接见首创全局安全走行800趟的机车乘务员及家属。

安全标兵坐前排

2011年9月5日，由洛阳机务段和郑州铁路局调度所主办的安全功臣命名表彰大会现场。

不朽丰碑

在修建成昆铁路中，某部班长陈满祥烈士在滔滔的洪水中，舍生忘死救战友，几次被卷进漩涡，巨浪翻起的石头把他打伤，他仍拼尽全力把战友推向回水湾。战友得救了，而陈满祥同志却被卷入湍急的江心。他以实际行动实现了生前的钢铁誓言："无限忠于毛主席，一片丹心向阳红，笑洒热血写春秋，迎来世界一片红。"

某部战士向启万烈士，生前对毛主席的指示"一字一句刻心上，一言一行照着做"。他是这样说的，也是这样做的。一次隧道大坍方，他为了抢救 8 名遇险同志，被巨石卡压 7 小时 40 分钟，在生死关头，他再三叮嘱前来抢救的战友说："我背的那块毛主席语录板在搅拌机那边，一定要拿回去。石头里埋了一台风枪，五根钻杆，不要忘记了。"在住院抢救中，他神志稍一清醒，就要求看毛主席的光辉形象，学习毛主席的指示。在生命垂危时，还拼尽全力高呼"毛主席万岁"！

（每个时代的英模都刻有那个时代的烙印。陈满祥和向启万也不例外。）

部分牺牲的铁道兵指战员安卧于成昆线铁道旁

成昆铁路烈士纪念碑

这是战友为王相楷烈士建造的简易墓碑

建国后的第一个安全低谷——三年“大跃进”

三年“大跃进”，铁路付出了沉重的代价，造成了严重的损失，安全跌入建国后的第一个低谷。1958年由于工伤事故共殉职铁路职工619人，比1957年增加69.6%；行车中造成的路外人员死亡2788人，比1957年增加一倍；全年共发生行车事故30075件（昆明局不在内，以下同），比1957年增长70%。其中重大事故245件，增长70%；大事故108件，增长93%；恶性事故（后改称险性事故）1962件，增长86%；一般事故27760件，增长68.5%。中断正线行车3670多小时，比1957年增长128%。由行车中断和车辆破损两项估算，每日即影响少装车300多辆，间接影响装车则更大。1960年是“大跃进”的谷底，多数铁路局这一年事故达到建国以来最高点。

主要原因：①“大跃进”的“浮夸风”和“共产风”搅乱了人们的思想与心态。②铁路一系列行之有效的规章制度遭到废止与破坏。仅在1958年5～8月全路就下放1013种，废止1196种。③在破除迷信中，尊重科学不够。④冲天干劲和科学分析结合不够。⑤技术教育与纪律教育未跟上。⑥苦干与休整结合不够。⑦职工生活困难，饿肚子工作，难以保证行车安全。

脱繮之馬

建国后的第二个安全低谷
——十年“文化大革命”

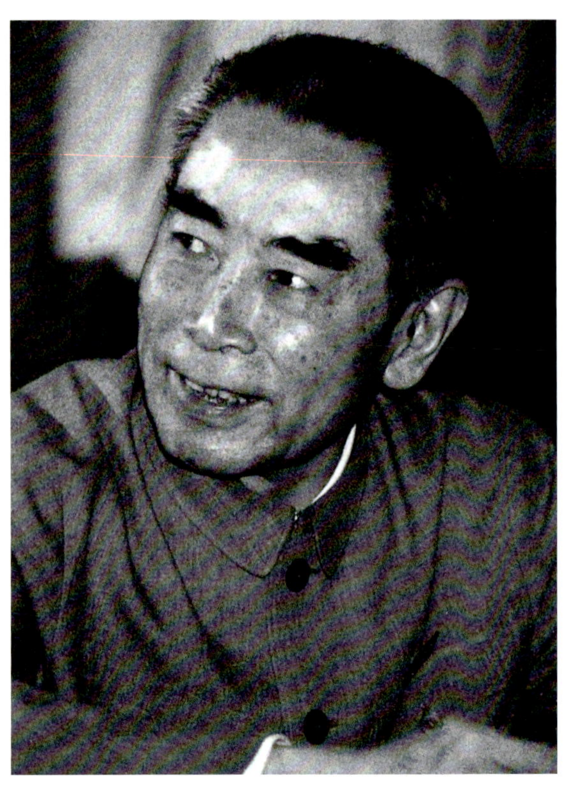

铁路绝不能瘫痪，一刻也不能中断。中断铁路交通，不仅直接影响生产，也直接影响文化大革命和第三个五年计划，影响国计民生。全国铁路造反联络站要尽快成立联络委员会，保证交通畅通，这不是单纯的业务观点。

——1967 年 1 月 2 日，周恩来总理召集全国铁路系统各单位在京代表时的讲话

在“文革”动荡时期，行车事故，尤其是重大行车事故，居高不下，已经到了令人惊讶的程度。为了遏制安全严峻形势，周恩来直接部署、过问铁路运输工作，具体调停“派性”争斗，成了这个时期的“铁道部长”。

周恩来总理写给陈伯达、康生和江青等人关于不许中断铁路的亲笔信

中共中央軍委办公厅

周恩来

“文革”运输安全不好的原因分析

“文革”中影响运输安全的原因很多，很复杂，但涉及铁路企业有如下几个主要方面：

（1）极左思想横行。

（2）林彪反党集团和“四人帮”故意破坏。

（3）机构瘫痪或撤销。

（4）规章制度废除或不落实。

（5）“两纪一化”严重松弛。

（6）安全投入严重不足。

（7）奖惩激励机制缺失。

建国后的第二个安全低谷——十年“文化大革命”

下文为新乡铁路分局1969年的真实记载。一年间发生重大事故就高达14件，若加上大事故9件、险性和一般事故882件，共计905件，日均2.5件。有人戏称“文革”中的铁路大事记不如改成事故大事记更确切。

新乡铁路分局1969年大事记中记载的重大事故

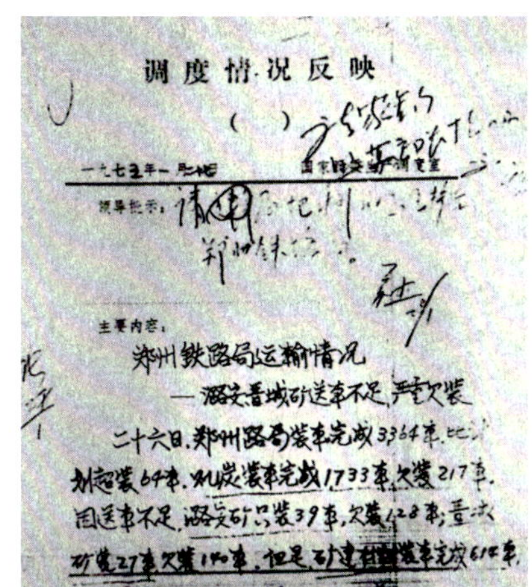
调度情况反映

主要内容：

郑州铁路局运输情况

——潞安晋城矿送车不足，严重欠装

二十六日，郑州路局装车完成3364车，比计划超装64车，煤炭装车完成1733车，欠装217车。因送车不足，潞安矿只装39车，欠装428车；晋城矿装27车欠装140车，但是矿建装车完成615车。

“文革”中，路网心脏——郑州铁路局由于事故频繁，运输时常中断，生产任务一直完不成。

1月5日6时28分，1301次列车行至潞王坟至新乡间K519+000m处，被15次客车追尾，造成守车和守车前两位脱线。上行11时14分开通，下行14时13分开通，构成重大事故。

2月24日5时07分，南陈铺站值班员误将相向行驶的两列车接入2道，造成次正面冲突。机后1～9位颠覆，构成重大事故。

2月28日15时07分，2027次列车行至老田庵至黄河南岸间K645+50m处，由于换轨施工作业未要点，造成列车颠覆，脱轨7辆。29日4时30分开通，中断行车13小时23分，构成重大事故。

4月25日6时59分，1320次列车行至宝莲寺、安阳间K493+100m处，小偷从车上偷铁丝落在线路上，造成列车脱轨颠覆7辆。中断行车11小时01分，构成重大事故。

5月14日22时17分，安阳站调车作业时与进站的2598次列车正面冲突，构成重大事故。

5月30日20时56分，2435次列车行至白家沟、东田良间K184+750m处，由于路基松软，造成机后第4位脱轨。构成重大事故。

7月25日10时25分，2079次列车从九府坟开车行至后寨进站信号机处，由于线路上有石头，造成5辆脱轨，中断行车9小时，构成重大事故。

7月27日17时12分，由于1356次列车冒进新乡站，与出站的825次列车侧面冲突。28日15时开通，中断行车21小时48分，构成重大事故。

7月28日9时56分，由于1315次列车向南冒进塔岗站与停留81次列车相撞，29日8时开通。中断行车22小时04分，构成重大事故。

8月20日20时31分，2062次列车由晋城北站开车后放飏。从晋城站通过时，时速124公里，冲到西武匠站，进入安全线颠覆11辆，司炉死亡。21日6时开通，构成重大事故。

8月28日34次客车应进安阳站2道，因信号接点调错，进入6道，与邯郸机车相撞。司机死亡1人，机车乘务员伤3人，列车员伤5人，检车员伤1人，旅客伤30人，其中重伤11人。构成重大事故。

12月17日3时08分，8901次列车在东坡站冒出信号，挤坏道岔，车长制动停车。司机未联系自行后退，造成机后18～21位脱轨。9时15分开通，中断行车6小时07分，构成重大事故。

12月20日12时25分，4325次列车冒进孔庄站，与1道停留列车2435次相撞，守车大破，押运人员1人重伤，1人轻伤，构成重大事故。

12月30日03时，五阳站调车作业。由于司机未瞭望，与停留车相撞，构成重大事故。

1970年12月4日泉江事故现场。事故造成机车乘务员死亡6人，中断行车5小时。

建国后的第二个安全低谷
——十年“文化大革命”

编号 0002187

中共中央文件

中发〔1975〕9 号

★

毛主席已圈阅。

中共中央关于加强铁路工作的决定

各省、市、自治区党委，各大军区、省军区、野战军党委，中央和国家机关各部委领导小组或党的核心小组，军委各总部、各军兵种党委：

无产阶级文化大革命以来，在各级党委的领导下，经过铁路部门广大干部和群众的共同努力，铁路的运输、生产和建设都取得很大成绩。但是，铁路运输当前仍然是国

影响深远的 1975 年 3 月颁发的中共中央 9 号文件（9 号文件规定了一系列切实可行的整顿和加强铁路运输安全的措施和办法。）

1975 年，主持党和国家日常工作的国务院副总理邓小平。

1975 年，在周恩来总理的大力支持下（仅 1975 年 1 月至 12 月初，周恩来与邓小平个别谈话共计 24 次），经过邓小平和万里领导大刀阔斧整顿，尤其是着力整顿郑州、徐州、兰州、柳州、新乡等“文革”重灾区，撤销调整一批有严重问题的领导干部。全国铁路运输形势大为改观，事故率直线下降，运输生产出现了多年不见的喜人景象，充分显示了中央 9 号文件的巨大威力。

时任铁道部部长万里

经过大刀阔斧的整顿，1975年4月份以来，全国铁路运输畅通局面出现多年不见的喜人景象。

建国后的第二个安全低谷——十年“文化大革命”

№ 001890

中共中央文件

中发(1975)9号

毛主席已圈阅

中共中央关于加强铁路工作的决定

各省、市、自治区党委，各大军区、省军区、野战军党委，中央和国家机关各部委领导小组或党的核心小组，军委各总部、各军兵种党委：

无产阶级文化大革命以来，在各级党委的领导下，经过铁道部门广大干部和群众的共同努力，铁路的运输、生产和建设都取得很大成绩。但是，铁路运[illegible]前仍然是国民经济中一个突出的薄弱环

“四人帮”及其爪牙大肆攻击1975年大整顿

1976 年，窃踞郑州铁路局领导职务的“四人帮”爪牙大肆攻击 1975 年的整顿，叫喊：“生产怎么上去，叫它怎么下来”；“把运输生产拖下来就是胜利”。许多派性严重、在 1975 年被调整职务的干部“官复原职”，反对和抵制派性的干部被撤换或打倒，停工停产的单位被树为“先进典型”，坚持生产工作的干部被指责为“犯了路线错误”。在这种情况下，郑州铁路局 1976 年发生 12 次全局性堵塞，比国家计划少运 1400 万吨货物，比遭受特大洪水灾害的 1975 年还少运 1000 万吨，等于全局近 100 天没有装车；京广铁路陷于半瘫痪状态，一些重要运输生产指标下降到 50 年代初期的水平。影响所及，煤炭大量欠运，12 个省、市煤炭供应紧张；东北运往西南地区的救灾粮的运输也受阻，祸及半个中国。

兰州铁路局运输生产形势恶化。有些人公开提出“哪里有走资派就抓到哪里，哪一级有就抓到哪一级”。他们还广为散布“宁要社会主义的晚点，不要资本主义的正点”等错误口号，加剧了兰州局运输生产的混乱。由于运输受阻，甘肃省冶金、石油化工等 156 个重点企业中有 40 个停产、33 个半停产；西北地区其他省、自治区的工业生产都受到严重影响。

与此同时，太原、南昌、成都、昆明等铁路局，都在“反击右倾翻案风”运动影响下陷于混乱。事故发生率达到建局以来最高点。下面是“文革”重灾区之一的兰州铁路局 1976 年事故统计：

由于“四人帮”及其爪牙的干扰和破坏，极力抵制中央 9 号文件，兰州铁路局事故不但没有减少，还有所增加，事故总件数仅次于 1960 年的事故件数，而行车重大、大事故是建局以来最多的一年，严重地影响了运输生产。1976 年，全局共发生行车事故 4135 件，比去年同期增加 728 件，即 21%。其中，重大事故 42 件，比去年增加 14 件，即 50%；大事故 40 件，比去年增加 13 件，即 48%；恶性事故 227 件，比去年增加 34 件；一般事故 3826 件，比去年增加 666 件。

“10·13”脱轨重大事故现场

1976 年 10 月 13 日 2 时 32 分，79 次客车运行至浙赣线进贤站发生脱轨重大事故。造成机车颠覆，客车脱轨 4 辆，人员轻伤 4 人，机车中破 1 台，餐车报废 1 辆，客车大破 2 辆、小破 1 辆，部分线路受到损坏，行车中断 27 小时 28 分。

建国后的第三个安全低谷
——多事的 1988 年

“飞机打滚，轮船沉底，汽车失蹄，火车亲嘴”是 1988 年交通安全的生动写照。当年铁路共发生重大、大事故 49 件，其中有 13 件发生在旅客列车上，仅 1 月份就发生三起重大事故，造成 141 人死亡。是改革开放以来安全形势最严重的一年，也是建国后的第三个安全低谷。为此，铁道部部长丁关根引咎辞职。

原因分析：①领导不力，管理不严，安全责任制不落实。②劳动纪律松弛，违章违纪严重。③拼设备，维修跟不上。④培训抓得不够，职工技术水平下降。⑤维护社会交通治安秩序抓得力度不够。

272 次京广线重大火灾事故

1 月 7 日，在广州开往西安的 272 次列车上，旅客郭某携带 2 公斤防锈漆上车，途中溶剂渗漏，因旅客吸烟引起大火，造成 34 人死亡，30 多人受伤。图为被烧毁的 272 次列车 4 号车厢。

“1·17”拉滨线列车冲突事故

1 月 17 日，由三棵树开往吉林的 438 次旅客列车，行至拉滨线背荫河站因制动失灵，冒进进站信号，又冒进出站信号，与正在进站的 1615 次货物列车正面冲突，造成重大事故，旅客及铁路职工死亡 19 人，重伤 25 人，轻伤 51 人。

贵昆线 80 次列车重大颠覆事故

1 月 24 日 1 时 22 分，当 80 次旅客列车运行到贵昆线苴午至邓家村站间，发生列车颠覆事故。造成 88 人死亡，62 人重伤；中断正线行车 44 小时 33 分，构成列车重大事故。事故原因分析有多种意见，终未能达成共识。

上海“3·24”沪杭线列车冲突事件

3 月 24 日 14 时 19 分，由于 311 次旅客列车机车乘务员误认信号，与 208 次旅客列车正面冲突，造成人员死亡 28 人（其中日本旅客 27 人，列车检车员 1 人）、重伤 7 人（均系日本旅客）、轻伤 20 人，中断正线行车 33 小时 07 分，构成列车重大事故。

骄人的1964　1964 年的安全成绩成为之后多年的赶超目标

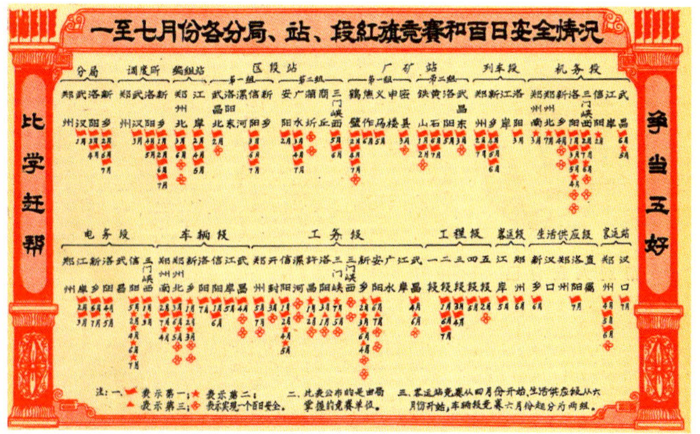

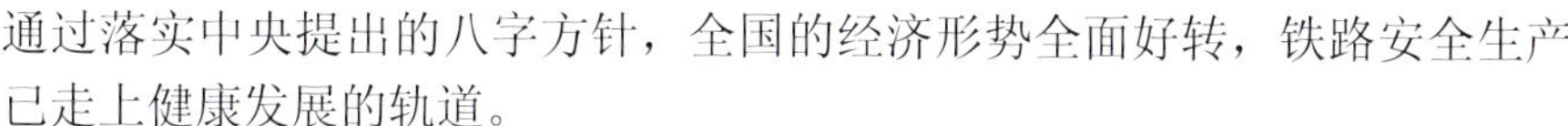
处处洋溢着以生产为中心，以安全保效益的春风。

1964 年，铁路企业也同全国一样，喜事不断，捷报频传，全路运输安全生产取得了建路以来的最好成绩。全年发生行车事故 12088 件，其中重大、大事故 88 件，分别比事故最多的 1960 年减少 34399 件和 523 件。事故率为 26.49，重大事故率为 0.094。这一成绩成为以后多年的赶超目标。

1964 年全路安全成绩骄人的奥妙探析：

（1）1963 年的基础打得好。通过落实中央提出的八字方针，全国的经济形势全面好转，铁路安全生产已走上健康发展的轨道。

（2）干扰少，大环境好。全路上下处处营造出以生产为中心，以安全保效益的浓厚氛围。当时大家的心思都在搞好运输生产上。

（3）整章建制抓得好。全国的、地方的、铁路的好多安全法规都是在这一年修订和颁布的。干部职工遵章守纪，按“规”办事成为习惯。

（4）业务学习风气好。老带新，师带徒，“一帮一”、“一对红”蔚然成风；学技术、练硬功、当标兵成为时尚，涌现出了许多技术标兵和行业状元，职工队伍整体素质明显提升。

（5）劳动竞赛活动开展得好。各级党政工团结合自身实际，围绕安全生产大力开展形式多样而又富有成效的劳动竞赛活动，一派比学赶帮超的喜人景象。

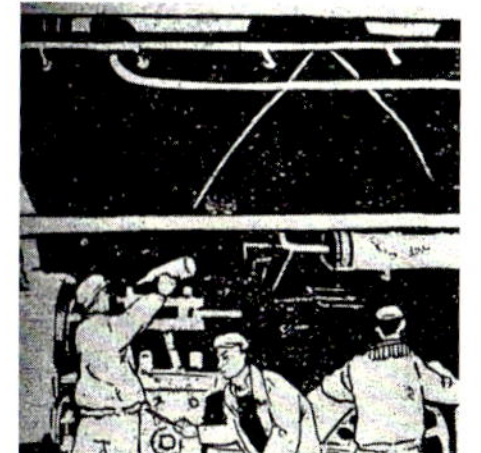
设 备 好

思 想 红

团 结 紧

技 术 精

制 度 严

铁路安全最高决策者

滕代远（1949 年 10 月 ~ 1965 年 1 月任中央人民政府〈1954 年改为中华人民共和国〉铁道部部长）

吕正操（1965 年 1 月 ~ 1967 年 4 月任中华人民共和国铁道部部长）

苏 静（1967 年 5 月 ~ 1967 年 10 月任中国人民解放军铁道部军事管制委员会主任）

杨 杰（1970 年 7 月 ~ 1975 年 1 月任交通部革委会主任，对外称交通部部长）

万 里（1975 年 1 月 ~ 1976 年 12 月任中华人民共和国铁道部部长）

段君毅（1976 年 12 月 ~ 1978 年 10 月任中华人民共和国铁道部部长）

郭维城（1978 年 10 月 ~ 1981 年 4 月任中华人民共和国铁道部部长）

刘建章（1981 年 4 月 ~ 1981 年 9 月任铁道部代部长，1981 年 9 月 ~ 1982 年 5 月任中华人民共和国铁道部部长）

陈璞如（1982 年 4 月 ~ 1985 年 4 月任中华人民共和国铁道部部长）

注：1967年10月～1970年7月，铁道部军事管理委员会没有主任，只有杨杰、韩卫民两位副主任。

丁关根（1985年4月～1988年3月任中华人民共和国铁道部部长）

李森茂（1988年4月～1992年9月任中华人民共和国铁道部部长）

韩杼滨（1992年9月～1998年3月任中华人民共和国铁道部部长）

傅志寰（1998年3月～2003年3月任中华人民共和国铁道部部长）

刘志军（2003年3月至2011年2月任中华人民共和国铁道部部长）

盛光祖（2011年2月至今任中华人民共和国铁道部部长）

历任铁道部安监部门负责人

一、新中国成立初期至“文化大革命”初期（1949～1968）

陈大范　吕正操　王效斌　李克非

（注：以上四位安监负责人均为铁道部副部长兼）

二、“文化大革命”期间（1968～1972）全路无安全监察机构，仅在革命委员会生产组或运输组中设少数事故统计人员

三、1972年至今

谢中峰　甄　涛　蔺子安　王文成　袁恭稳

田德鳌　张茂春　沈百全　丁圻堮　余卓民　陈兰华

20世纪50、60年代安全宣传画

大家齐努力，消灭“拦路虎”。

标准化交班

20世纪50～60年代，安全宣传鼓励青少年争当护路小英雄。

多拉快跑，确保安全。

20世纪60年代以后安全宣传画

狠抓革命猛促生产，掀起安全生产新高潮。

干部叮嘱机车乘务员要把安全记心上

20世纪60年代，客运战线安全生产报喜。

用良好环境强化职工良好习惯

21世纪初，铁路公安干警向学生宣传提速安全知识。

小东站职工进行接发车训练

安全经验

1988年2月7日，铁道部、铁道部政治部、中华全国铁路总工会、全国铁道团委联合决定，在全路开展向小东站学习的活动。小东站是沈阳局管内高新线（高台山至新立屯）上的一个四等小站，解放战争中恢复运营以来，从未发生任何事故。该站执行规章制度的一句名言是“一点不差，差一点也不行”。截至2008年底，已实现安全生产21859天。

小东站检查线路差一点也不行

小东站人“一点不差”的严细作风代代相传

小东站人执行作业标准一点也不差

铁道部办公大楼

各个时期的铁路行车事故处理规则

铁路安全监察机构

1949年7月～1949年10月
中国人民革命军事委员会铁道部监察室
1949年10月～1950年5月
中央人民政府铁道部监察室
1950年5月～1954年9月
中央人民政府铁道部行车安全总监察室
1954年9月～1956年初
中华人民共和国铁道部行车安全总监察室
1956年初～1958年3月
中华人民共和国铁道部行车安全监察室
1958年3月～1968年11月
中华人民共和国铁道部安全监察室
1968年11月～1970年1月
中华人民共和国铁道部革委会生产组（含有安全专业人员）
1970年1月～1972年12月
中华人民共和国交通部革命委员会铁路运输组（含有安全专业人员）
1972年12月～1975年1月
中华人民共和国交通部安全监察委员会
1975年1月～1979年12月
中华人民共和国铁道部安全监察委员会
1979年12月～1989年1月
中华人民共和国铁道部行车安全监察室
1979年12月
成立铁道部劳动保护监察室
1989年1月～1994年5月
中华人民共和国铁道部安全监督司
1994年5月至今
中华人民共和国铁道部安全监察司（包括行车安全、劳动安全）

安全业务学习

学业务，练硬功，保安全。（20世纪60年代）

为安全生产练硬功（20世纪70年代）

1976年，衡阳车辆段列检职工开展技术比武。

防化学毒气杀伤训练（1987年）

用沙盘给新职工讲授安全课

乘警与列车长切磋灭火器使用方法（21世纪初）

坚持安全标准

20世纪50年代初，车站值班员传递路签。

20世纪80年代，扳道员执行作业标准。

1979年，玉门沟站行车人员制定运输班计划。

20世纪80年代，车站值班员办理站间闭塞作业。

执行规章，一丝不苟。

坚持恶劣天气调车作业程序（2009年2月）

安全保障设备

1956年米轨铁路开始安装使用前苏联特列格式电气路签机。

塌方落石报警装置（20世纪80年代）

2006年7月10日，用世界银行贷款引进的德国大型铁路救援吊，在青藏线正式投入使用。

全路机车上普遍安装无线通信、机车信号、自动停车安保装置。（2009年）

安全保障设备

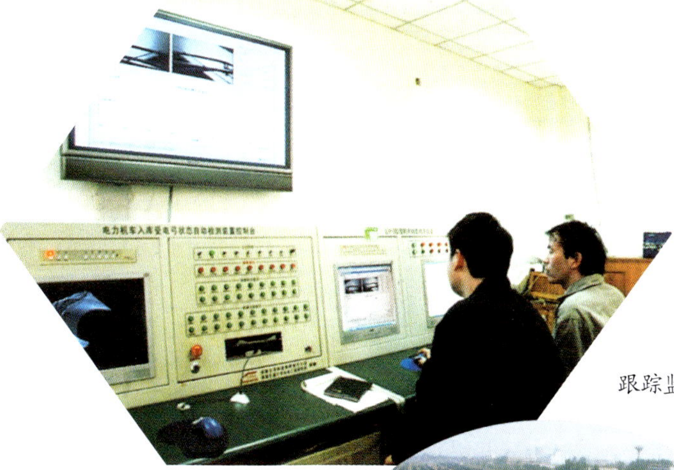

跟踪监控电力机车安全状况

装设轨道衡，严防货车超载。

货车安全监控中心

机车模拟操纵装置

用科技手段确保车辆安全（2008年）

1995年3月21日，全路安全标准线建设现场会在天津分局召开。

安全基础建设

2004年12月1～3日，全国铁路运输安全工作会议在郑州召开。

夯实安全理论基础（20世纪90年代）

2008年，重庆机务段认真开展安全大反思、大检查活动，确保旅客列车行车安全。图为成都至重庆北T 884次列车乘务组添乘干部在检查安全行车情况。

20世纪50年代初安全生产调度指挥

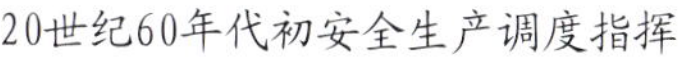

20世纪60年代初安全生产调度指挥

安全调度指挥

20世纪70年代末某分局调度所

20世纪80年代某分局调度所监督台

1999年底建成的铁道部运输指挥调度中心

1959年电务部门职工整修道岔转辙器

战风雪，保安全。

精检细修保安全

协同作战保畅通

超声波钢轨探伤仪

信号工在紧急处理信号灯故障

巡道工仔细巡检，不放过丝毫安全隐患。

出乘前细检查

提速安全

更换提速道岔

全员齐参战，打好提速大会战。

2006年12月28日，郑州桥工段单日换枕施工再创全路新纪录，参战人员欢呼庆贺。

事故抢险

1958年8月5日，周恩来总理重返大桥作热情洋溢的讲话。

1958年7月18日，周恩来总理察看黄河桥险情。

20世纪80年代初，干部战士全力参加通让线抗洪抢险。

2002年6月22日，受江泽民总书记和朱镕基总理的委托，国务院副总理温家宝亲临陇海线灞河桥抢险工地，慰问抢建灞河新桥的铁路职工，高度赞扬郑州铁路局为确保陇海干线畅通做出的贡献。

事故抢险

20世纪50年代初，中国人民志愿军赴朝作战，抗美援朝。图为中朝军民共同抢险，保铁路畅通。

铁路大军战"洪"图（20世纪80年代末）

"8.19"宝成线石亭江大桥列车坠江事故

K165次旅客列车坠江事故现场

8月19日15时15分，由西安开往昆明的K165次列车运行至四川广汉市至德阳市之间的石亭江大桥时，洪水致使大桥倾斜，桥墩倒塌，列车脱线，第15、16节车厢悬空，1318名旅客命悬一线。担当此次列车值乘任务的K165次列车第二乘务组在列车长的带领下，15分钟内安全转移所有旅客，创造了全部旅客"零伤亡"的救援奇迹。

神采奕奕的受表彰乘务人员

8月23日，铁道部在京隆重表彰抗洪抢险勇救旅客先进集体和个人。K165次旅客列车第二乘务组被铁道部命名为"抗洪抢险勇救旅客英雄列车"、"全国铁路先进基层党组织"，给予记大功一次，同时授予"火车头奖杯"荣誉称号。授予K165次列车长王巧芬等17名列车工作人员"抗洪抢险勇救旅客先进个人"称号，给予记大功一次。

党建保安全

打造安全文化，确保运输安全。

“爸爸，又是安全正点。”

用真情激发职工安全动力

加强安全生产第二道防线建设

用浓浓亲情保安全、保畅通。（2007年）

积极开展安全正点群众活动（20世纪60年代）

调车组在作业前开展安全预想活动（20世纪70年代）

事故防范

搜索危石，排除险情，保证施工安全。（20 世纪 60 年代）

运用生物节律实施安全预测分析

交待安全事项，确保军运万无一失。

“三乘一体”保安全

实行“三站三员联控”。太原站接发列车严格把好闭塞、进路、信号、凭证“四关”。

车机联控

实行“车机联控”。全路司机安全标兵——太原东机务段贾来成在值乘。

实行“工电联控”

抢险工地忙（20世纪80年代）

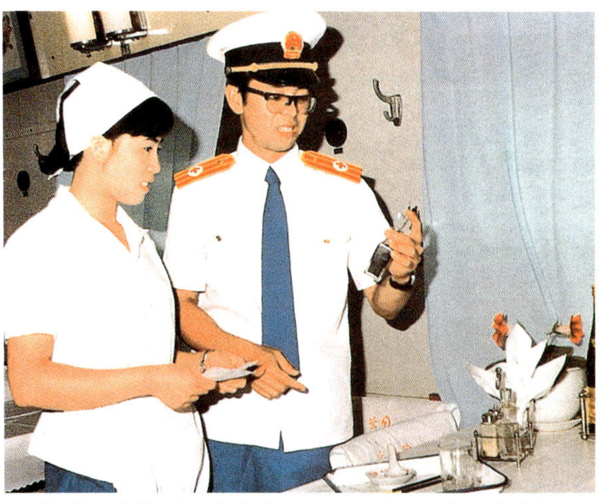

加强防疫监测，防止病从口入。（20世纪90年代）

安全防疫

认真监测，控制“非典”蔓延。（2003年）

铁路医务人员为旅客列车预防性消毒（21世纪初）

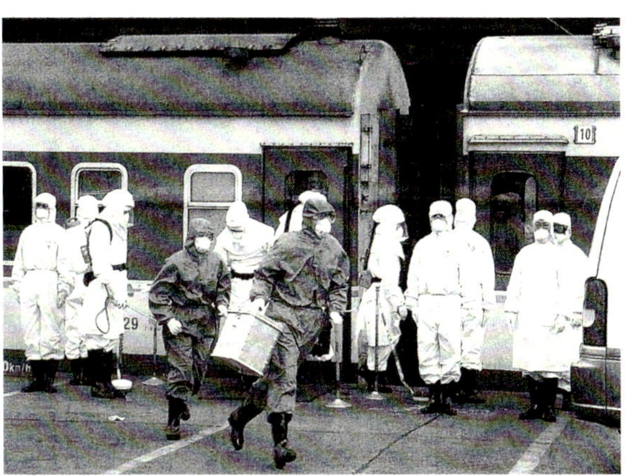

防鼠疫应急演练（2008年底）

宣传“三品”危害，强化旅客安全意识。

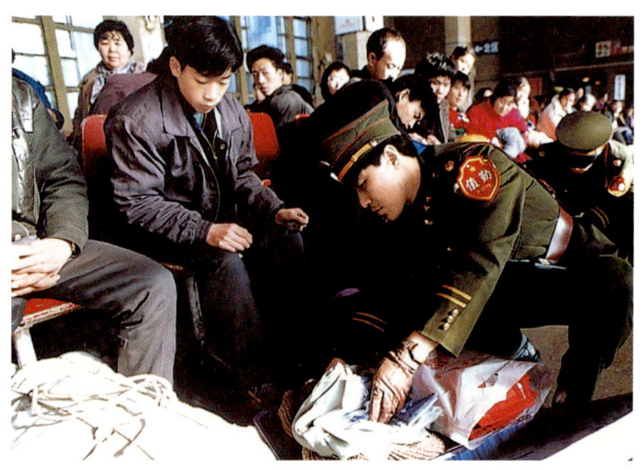

“三品”检查（20世纪90年代）

认真检测，把“三品”堵在站外。

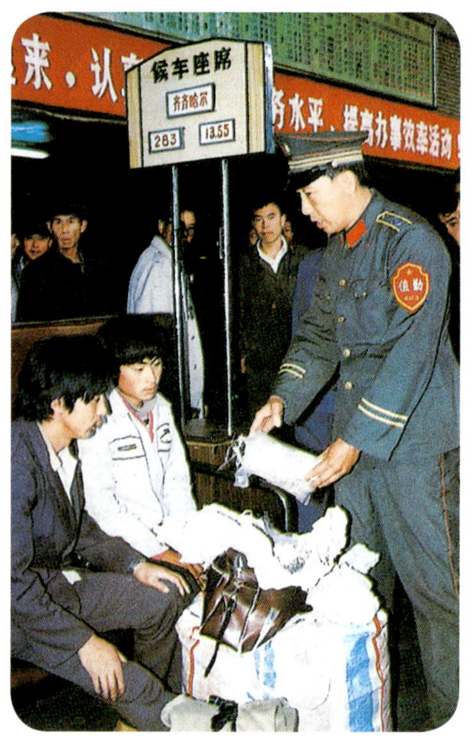

“三品”检查（20世纪70年代）

“三品”检查

“三品”查危仪

公安安全保卫

以案说法，确保旅客安全。（20世纪末）

武装押运，万无一失。（20世纪90年代）

武装押运专项斗争（21世纪初）

乌鲁木齐铁路公安处110巡警（2000年）

铁路公安干警加强巡视，确保旅客列车绝对安全（21 世纪初）。

奥运会前夕，荷枪实弹的公安特警在抚顺站候车室巡逻。（2008 年夏）

路地联防

军民联防，确保畅通。（20世纪60年代）

南宁铁路分局民兵应急分队

护路联防队在零下30多度的严寒里巡查线路

充分调动地方护路的积极性（20世纪60年代）

依靠联防力量，搞好客车安全。

青藏铁路路地联防人员巡防

欧阳海舍身救军马

1963年冬，欧阳海所在部队在岳麓山一带进行野营合练。当部队行至京广线一个弯道处，突然，一声令人颤栗的马嘶声在身边响着：炮兵分队最后边那匹驮炮的战马被迎面驰来的火车汽笛声吓惊了。它挣断了缰绳朝轨道上奔去！它驮着轧不烂的钢炮横在铁轨中间！它惊恐万状地在车头的前方打转！忽然又像用钉子钉在那里，死也不肯动了！

事情发生得这么突然。欧阳海心里清楚，按照列车的速度，4秒钟内车头就将与战马相撞。曾听老工人叙述的惨剧就在眼前，马死车翻，眼看是无法避免了。在这千钧一发的紧急关头，他抢在列车到达之前，拼尽全力推开了战马。人民的生命和国家财产得救了，而欧阳海却献出了23岁的年轻生命。

为杜绝类似事故的发生，全军规定：凡内地战马必须要进行适应火车的专门训练。否则，不准执行军事任务。

王安永舍身救军骡

1985年2月14日，解放军3611部队二机连战士王安永和另一战士赶着饮完水的骡子跨越铁道返回营地时，由乌鲁木齐开往乌西的011次列车驶来，有一匹军骡惊呆在铁道中心不动。在这危急关头，王安永奋不顾身地冲上去将军骡推出铁道，避免了一场严重事故。王安永却被机车撞出两米以外，头部受伤，导致严重脑震荡，重型颅脑损伤。经医院抢救，虽脱离危险，但左眼球因坏死被摘除。

“12·16”陇海线杨庄客运列车冲突重大事故

震惊中外的杨庄事故就发生在这里

1978年12月16日3时12分，郑州铁路分局郑州机务南段司机马相臣、副司机阎景发，驾驶东风3型0194号内燃机车牵引由西安到徐州的368次旅客列车，共13辆，按列车运行图规定，应在陇海东线杨庄车站停车6分，等会由南京开往西宁的87次旅客快车。由于司机、副司机在行车中打盹睡觉，运转车长王西安擅离岗位，与别人聊天，当列车进入杨庄车站后，没有停车，继续以40公里时速前进，以致越出出站信号机42米，在一号道岔处与正在以每小时65公里速度进站通过的87次旅客快车第6位车厢侧面相撞，造成重大旅客伤亡事故。旅客死亡106人，其中有工人、农民、解放军指战员、知识分子、国家干部，还有年愈花甲的老人、年富力强的青壮年，天真烂漫的儿童和未满周岁的婴儿；重伤47人，有的终身残废，有的连续昏迷一年多时间，还有一些不同程度地丧失了劳动和生活能力；轻伤171人。

经济损失重大。被侧面冲撞的87次客车的第6、7、8、9位4辆车厢颠覆，第10位车厢脱轨，其中第8、9位车厢被撞碎，368次机车脱轨。中断行车9小时03分，影响客车36列、货车24列。机车中破1台，客车报废3辆、大破2辆，损坏钢轨14根、枕木308根、电动道岔一组，直接经济损失55.4万元。处理杨庄事故善后事宜的办事机构直到1985年8月28日才停止工作。据不完全统计，几年中仅郑州铁路分局用于治疗、埋葬、接待伤亡旅客亲属和各种赔偿的费用就达55.8万元。最后一名伤员于2002年才出院，间接费用难以估算。

造成杨庄事故中两列旅客列车相撞的根本原因，完全是由于担任乘务工作的正、副司机和运转车长严重违反劳动纪律。这表明当时劳动纪律的涣散程度，已经到了不可容忍的地步。中共铁道部党组决定将12月16日作为全路的安全教育日。

受处分人员名单 杨庄事故部分

廖诗权 铁道部副部长兼郑州铁路局局长　国务院给予行政记过。
李银昌 郑州机务南段党委书记　铁道部给予行政记大过。
孙建州 郑州机务南段段长　铁道部给予行政记大过。
马相臣 郑州机务南段司机、杨庄事故直接责任者　有期徒刑十年。
阎景发 郑州机务南段副司机、杨庄事故直接责任者　有期徒刑五年。
王西安 郑州列车段运转车长、杨庄事故直接责任者　有期徒刑三年，缓刑三年。

组织职工参观严重破损的机车，进行安全教育。

为了永不忘记血的教训，郑州机务南段在事故地点建立了纪念碑。

上海“3·24”沪杭线列车冲突事故

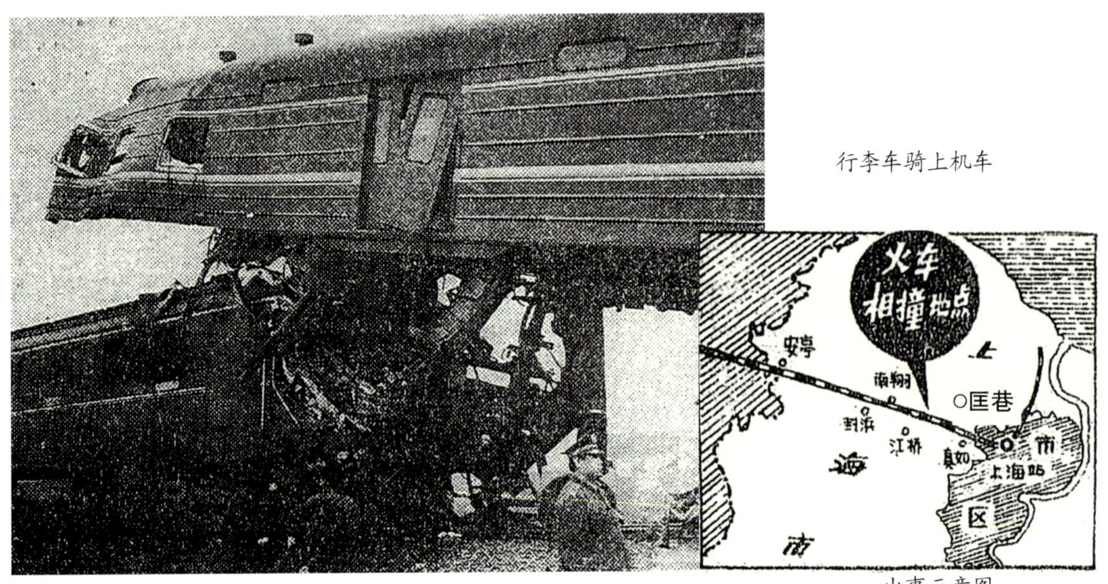

行李车骑上机车

出事示意图

1988年3月24日14时19分，由南京开往杭州的311次旅客列车在上海市郊沪杭外环线匡巷站，因机车乘务员思想分散，误认信号，延误有效制动时机，越过出站信号机，挤坏道岔，闯入区间，与迎面开来的长沙至上海的208次旅客列车正面冲突，造成人员死亡28人（其中日本旅客27人，208次列车检车员1人）、重伤7人（均系日本旅客）、轻伤20人（其中日本旅客13人），机车大破2台，客车报废4辆、大破2辆、中破1辆，中断正线行车23小时07分，构成重大事故。1988年3月25日，国务院代总理李鹏致电日本国内阁总理大臣竹下登，向在上海附近发生的列车事故中遇难和受伤的日本学生等的家属表示深切慰问。

9月22日下午，上海铁路运输中级法院公开审理3月24日沪杭铁路线上旅客列车正面冲撞的重大交通肇事案，依法以交通肇事罪判处311次列车司机周小牛有期徒刑6年6个月，副司机刘国隆有期徒刑3年。

事故的直接责任者周小牛在狱中对发生事故总结了四条教训：工作责任心不强，安全第一的思想还未在头脑中真正树立起来；抱侥幸心理，关闭了机车“三大件”；思想麻痹大意，开了1分钟的小差；进站未按规定瞭望，错过了最佳制动时机。

车辆严重损坏

1988年3月26日上午，一批专程由日本到上海的日本遇难学生的家长在事故现场凭吊。

现场大营救

列车冲突事故死难者名单

日本高知学艺高等学校师生：

姓名	性别	身份	年龄
片冈吉德	男	学生	16岁
下村英生	男	学生	16岁
恒石能秀	男	学生	16岁
德弘孝行	男	学生	16岁
山本慎吾	男	学生	16岁
青山一彦	男	学生	16岁
石黑猛	男	学生	16岁
涩谷佑介	男	学生	16岁
下坂浩之	男	学生	16岁
福山诚	男	学生	16岁
藤田隆	男	学生	16岁
细川耕一	男	学生	16岁
森冈政嗣	男	学生	16岁
安井贵志	男	学生	16岁
山本修志	男	学生	16岁
小野千津子	女	学生	16岁
片冈靖子	女	学生	16岁
小松佐智	女	学生	16岁
田中理绘	女	学生	16岁
中田惠子	女	学生	16岁
中屋厚子	女	学生	16岁
宫地寿和	女	学生	16岁
森和佳	女	学生	16岁
矢野裕美子	女	学生	16岁
中平隆德	男	学生	16岁
坂本真砂惠	女	学生	16岁
川添哲夫	男	（教员）	
江义成	男	长沙车辆段检车员	

建国以来最富争议的80次列车重大颠覆事故

一、事故概况

80次列车是由昆明开往上海的特快旅客列车，列车编组15辆，由内燃机车牵引。1988年1月24日1时22分，当列车运行到贵昆线苴午至邓家村站间，发生颠覆事故。机后第2至第7位车厢颠覆于钢轨外侧，第8至13位客车脱轨，第14位客车一根轴脱轨，第15位客车厢分离后，机车和连挂于其后的行李车与后部客车继续运行了153米。这次列车颠覆事故，造成88人死亡，62人重伤；客车报废7辆，大破2辆，中破2辆，小破损坏线路225米，钢轨报废20根，枕木报废460根。线路经抢修于1月25日21时55分开通，中断正线行车44小时33分。

二、事故原因

对具体肇事原因，调查组内部有两种不同的意见。第一种意见，认为这次事故是由于列车超速，又受到一个比较大的阻力而造成的。第二种意见，认为是由于电气化接触网钢铝导线（已安装好，还未验收使用）焊点断落挂套在车辆上引起列车颠覆。

三、事故处理

1988年3月5日，国务院常务会议讨论了1月24日昆沪线80次特快旅客列车颠覆事故的处理问题。

会上，丁关根同志作了检查，并提出引咎辞职。会议经过讨论，为了严肃纪律，教育干部，维护人民和国家的利益，决定接受丁关根同志辞去铁道部部长职务的请求，提请全国人大常委会审议决定。

驻地部队官兵赶赴现场实施营救

事故现场一片狼藉

"7·10"京广线旅客列车冲突重大事故

列车追尾后的惨景

1993年7月10日，由于暴风雨，信号停电，改大区间运行，但区间内有4个列车，在新乡南至七里营间163次列车与2001次列车发生了追尾冲突重大事故，造成40人死亡，其中**列车乘务员死亡32人**，旅客8人；重伤9人，其中乘务员4人，旅客35人。机车中破1台；客车报废3辆，小破15辆；货车报废1辆，大破2辆。中断京广下行正线行车11小时15分。

32位年轻的职工安卧于这里

事故原因分析：

1. 北京铁路局石家庄铁路分局石家庄机务段司机王某、副司机刘某，错误理解调度命令的内容，遇红灯不停车，严重违章蛮干，玩忽职守，致使客货列车追尾冲突。

2. 石家庄机务段干部添乘制度不落实，对铁道部提出的"夜间客运机车列列有干部添乘"的要求执行不坚决，措施不得力，对石家庄至郑州间实行继乘的18对列车未安排干部添乘，没能防止事故的发生，这是构成事故发生的间接原因之一。

3. 郑州铁路分局调度所主任调度员周某未认真执行《调规》中

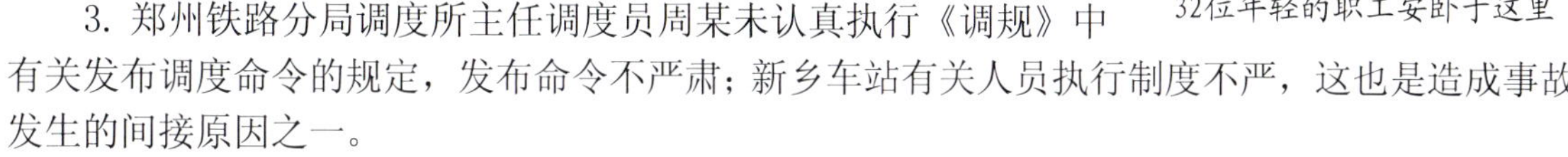

有关发布调度命令的规定，发布命令不严肃；新乡车站有关人员执行制度不严，这也是造成事故发生的间接原因之一。

“7·27”梅集线货物列车冲突重大事故

机车相撞近景

“7·27”事故848次重联机车1401号颠覆，躺卧于上行左侧路基下。

1990年7月27日8时，沈阳铁路局通沟站值班员擅离职守，私自委托助理值班员顶岗，在未确认区间空闲的情况下强行破封故障按钮，办理闭塞，造成848次与2523次两列车在区间正面冲突，**机车乘务员死亡9名**，中断行车25小时15分。

事故原因：

通沟站代务值班员盲目使用半自动故障按钮，将2523次放入区间与对方站开出的848次列车发生正面冲突。

事故造成的损失和后果：

这起事故造成机车报废4台，货车报废1辆、大破4辆、中破2辆、小破3辆，线路损坏100米，机车乘务员死亡9人、重伤3人，中断行车25.15小时。事故主要责任者受到刑事处分。

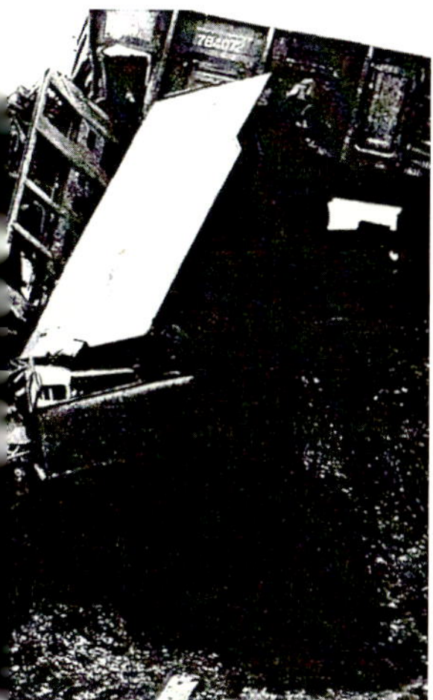

1401号机车颠覆侧面状态

列车冲突远景

"4·20"滨洲线安达旅客列车脱轨重大事故

事故救援

脱轨客车东倒西歪

2001年4月20日6时14分，由北京开往齐齐哈尔的T47次特快旅客列车运行至滨洲线齐齐哈尔分局管内安达站，由于机车乘务员违章超速通过该站1道180/178号道岔，造成机车及5辆客车颠覆，9辆客车脱轨，旅客死亡2人，重伤2人，轻伤22人，直接经济损失806.3万元，构成旅客列车脱轨重大事故。

发电车脱轨情景

机车重重地摔在地上

事故使列车变成了蛇形状

"4·29"京广线荣家湾列车冲突重大事故

1997年4月29日10时48分，昆明开往郑州的324次旅客列车行至京广线荣家湾站，因信号维修工违章使用二极管封连信号接点，破坏了信号显示与道岔位置的联锁功能，该信号错误显示，从而导致与1道停留待避的长沙至茶岭的818次旅客列车发生冲突，导致324次列车机后1～9位车颠覆，10、11位车脱轨；818次列车机后15～17位车颠覆；造成人员死亡126人，重伤48人，轻伤182人；机车报废1台，客车报废11辆，大破3辆，中破1辆，小破1辆，线路破坏415米，颠覆车辆侵入1、2道正线，中断行车，直接经济损失415.5万元，构成行车特别重大事故。8月22日，有关事故的主要责任人被判处无期徒刑和有期徒刑。

"4·29"事故就发生在这个车站

“9·1”陇海线28042次货物列车脱轨重大事故

事故现场紧急抢救

2003年9月1日18时21分，28042次货物列车行至陇海线景家店—唐家堡间K1619+506m处，机后1～22位车辆脱轨，其中6辆侵入下行线，中断上行线行车30小时39分、下行线9小时54分。该事故中断了铁道部连续312天无行车重大、大事故的纪录。

原因分析：列车运行至陇海K1619+506m处的曲线（R=550m）时，因线路水平超限（超过允许偏差46毫米），水平三角坑3毫米；连续降雨造成线路翻浆冒泥；加之K1619+520m处铺设的国道临时道口切断了线路的排水，致使基础下沉。由于工务段未执行部、局汛期安全行车有关规定，严重违反《铁路线路维修规则》第5.1.2条“线路轨道静态几何尺寸容许偏差管理值”的规定，致使车轮沿曲线外股爬上钢轨导致车辆脱轨。

“4·28”胶济线重大铁路交通事故

国务院副总理张德江赶赴事故现场指挥救援抢险

起复脱轨列车

2008年4月28日4时41分，北京开往青岛T195次旅客列车运行至山东省境内胶济铁路周村至王村间脱轨，与烟台至徐州的5034次客车相撞。胶济铁路列车相撞事故造成72人死亡，416人受伤，经查系人为责任事故。济南铁路局局长、党委书记被免职审查。胡锦涛总书记、温家宝总理就胶济铁路重大事故作出重要批示，张德江副总理赶赴现场指导救援善后工作。

事故发生后，铁道部迅速启动紧急预案。铁道部部长刘志军立即赶赴现场组织指挥，要求全力救治受伤旅客；做好对事故列车旅客的安置工作；迅速组织救援，以最快速度恢复正常行车；开展事故调查，防止类似事故再次发生。

冲突后的客车东倒西歪

迅速抢救伤员

“7·23”动车追尾事故

2011年7月23日20时30分05秒，甬温线浙江省温州市境内，由北京南站开往福州站的D301次列车与杭州站开往福州南站的D3115次列车发生动车组列车追尾事故，造成40人死亡、172人受伤，中断行车32小时35分，直接经济损失19371.65万元。

列车追尾后，脱轨颠覆的车厢。

7月28日，中共中央政治局常委、国务院总理温家宝在“7·23”事故现场会见记者。

7 月 28 日，温家宝总理特地来到温州医学院附属第二医院看望小伊伊，两岁零八个月的小女孩项炜伊是这起事故最后一名获救者。

“7·23”动车追尾事故

7 月 29 日，事故“头七”悼念日，遇难者家属王惠在温州殡仪馆。

7 月 29 日，瓯江大桥下，中国传媒大学学生陆海天的父亲（左三）祭拜孩子。

“11·20”宜万铁路坍塌事故

2007年11月20日8时44分，宜万铁路高阳寨隧道口发生特别重大坍塌事故，造成现场施工人员4人、318国道行驶中的大客车35人死亡、1人受伤。

原因分析：受施工爆破动力作用，致使岩体瞬间向下崩塌解体。也暴露出施工企业安全责任制不落实，监理单位对施工现场疏于监管等一系列原因。

放炮伤害事故的主要原因是：①违反一人点炮不应超过5炮，和多人点炮必须使用信号雷管的规定。②违反《安规》规定导火索不得小于1.2米的要求，造成早爆。③引线质量差，爆裂速燃早爆。④施工领导人严重违章指挥，带头违章作业。

要针对原因，采取相应防范措施（施工安全常识）。

高处坠落事故主要原因是：①未执行高处作业的安全措施。②技术底数不清，指挥不当。③擅自取掉斜撑扒钉，使支撑受损。④衬砌架子支护不牢固，措施不当。⑤脚手架等设备质次材劣。

要针对原因，采取相应防范措施（施工安全常识）。

“7·11”宁夏中宁列车与旅游大客车相撞重大路外伤亡事故

崭新的大客车瞬间变成一堆废铁

紧急抢救伤员

2006年7月11日14时45分，宁夏一旅行社租用的一辆大客车，在抢越宁夏中宁县余丁乡金沙湾铁路道口时与一列西行火车相撞。事故发生时，汽车上共有30人，其中27人是来自郑州市第57中学的优秀教师。事故造成17人死亡，该校师资力量元气大伤。

“7·11”重大路外伤亡事故现场

"6·26"沪杭线364次旅客列车爆炸事故

1989 年 6 月 26 日，杭州至上海的 364 次客运列车发生人为破坏爆炸事故，图为铁路公安部门人员在察看爆炸现场。

1989 年 6 月 26 日 23 时 12 分，杭州开往上海 364 次旅客列车运行至沪杭线松江至协兴站区时，第 7 号车厢的厕所发生爆炸，造成旅客死亡 24 人，重伤 11 人，轻伤 28 人，中断行车 4 小时 29 分。8 月 10 日经上海铁路公安局专案查明，制造爆炸的罪犯周文志，系浙江义乌市佛堂区田心乡舟墟村人，因承包建筑工程拖欠近万元债款无法偿还，遂带爆炸品上车制造爆炸事件报复社会。周文志在爆炸时当场毙命。

"7·18"京广线旅客列车爆炸事故

1987 年 7 月 18 日 23 时 52 分，郑州至重庆的 287 次列车行至京广线小商桥至孟庙间，10 号车厢突然发生爆炸。旅客当场死亡 3 人伤 76 人，抢救无效死亡 6 人。经大量排查工作，8 月 2 日将董学亮（男，32 岁，系项城县王明口乡副乡长）收审。案犯董学亮，1986 年初与所在乡女干部吴颖萍勾搭成奸。董为了达到与吴结婚之目的，利用职权，两次私开离婚证，多次要挟其妻邢宝真离婚，均因邢反对未能得逞。董离婚不成，于 1987 年 6 月下旬，遂产生杀妻恶念。8 月 27 日，董供认与妻离婚不成，将妻骗出在列车上用烟头点燃引爆装置引起爆炸的过程。9 月 5 日郑州铁路运输中级法院以爆炸罪判处董犯死刑，经河南省高级法院核准，于 1987 年 9 月 25 日执行枪决。

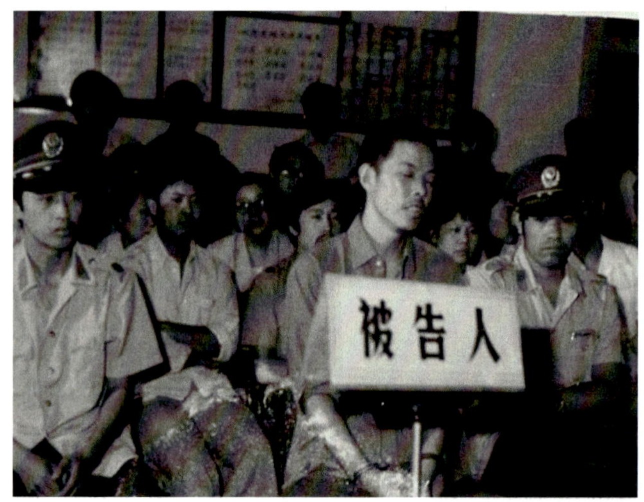

公审案犯董学亮

272次旅客列车重大火灾事故

1988年1月7日23时20分，由广州开往西安的272次列车运行至京广线马田圩车站时，机后第6位（即4号车厢）发生重大火灾。造成34人死亡，30多人受伤。

这起事故的发生，主要是因为韶关车站管理混乱，查堵“三品”不力，站务员玩忽职守，不仅未认真执行严禁“三品”进站上车的规定，反而将携带易燃品油漆的人员送上列车，西安客运段担当的272次列车，乘务组纪律松弛，乘务员有章不循，擅离职守，从油漆上车到发生泄漏遇明火引起火灾，近一个小时内没有巡视车厢，以致酿成大祸。经研究，认定这起事故广州局负主要责任，郑州局负重要责任。

1988年1月7日，在广州开往西安的272次列车上，旅客郭中奇携带2公斤防锈漆上车，途中溶剂渗漏，因旅客吸烟引起大火，造成34人死亡，30多人受伤。图为被烧毁的272次列车4号车厢。

事故调查与分析全面展开

北京地铁第一起重大事故

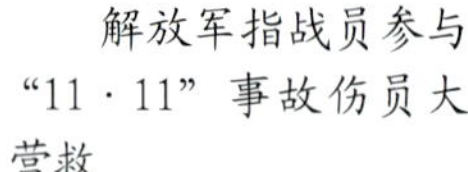
解放军指战员参与“11 · 11”事故伤员大营救

1969 年 11 月 11 日下午，一列满载着参观人员的两节编组列车自北京站行至公主坟站，因车辆不缓解，调度员下令清人回库，当回库列车驶至万寿路至五棵松区间时，由于车辆供电系统主断路器的保护性能差，供电系统又没有双边联跳的保护，致使两节车厢起火烧毁。在实施灭火救援过程中，因洞内烟雾大，并含有毒气体，最终造成救援人员 3 人死亡，300 余人中毒住院。

“11 · 26”北京地铁火灾事故

1985 年 11 月 26 日凌晨，停于北京古城车辆段 16 道库内的 322 车，因信号电源插座遇水短路，导致放弧引燃杂物，烧损两节电动客车。

火烧后的车厢惨状

沙灾事故

1982年5月，乌吉线K74～K75路段被风沙埋道，行车中断。

包兰线K368+240m处8孔12米钢筋混凝土梁桥被堵塞桥孔

1974年4月，在吐鲁番至鱼儿沟段，职工奋力消除被积沙掩埋的线路。

“8·22”傅金胜机车乘务员中毒事故

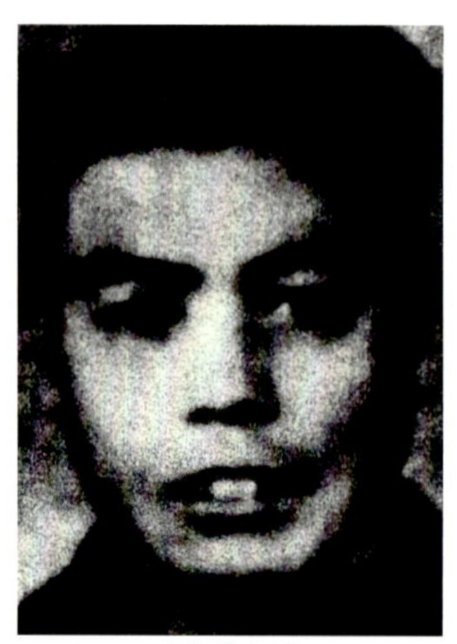

烈士傅金胜

烈士汪华山

烈士程国南

1966年8月22日，傅金胜机班驾驶解放Ⅰ型195号机车，担任贵阳至六枝857次货物列车牵引任务，编组23辆，牵引1448吨，行至化处——大用间长2714米、坡度为9.6‰的岩脚寨隧道，机车以15～20公里/小时的速度行进，约在9时10分列车被迫停在隧道内距隧道出口约939米处。该隧道7次穿过煤层，瓦斯溢出量曾达150立方米/小时，属三级瓦斯区。当时，因瓦斯大量溢出，隧道内严重缺氧，致使195机车火床熄灭。大量的一氧化碳气体及机车炉火熄灭后产生的二氧化硫，加剧了人体一氧化碳中毒深度，致使傅金胜等4名乘务员全部中毒身亡。

“8·22”傅金胜机班中毒事故现场

1966年9月3日，成都铁路局、局政治部联合发文，对傅金胜机班在危及国家财产安全的时候，“临危不惧，坚守岗位，英勇顽强，直至光荣地献出宝贵生命”的无畏精神，给予充分肯定。中共成都铁路局委员会追认该机班为“五好”班组，傅金胜（司机）、程国南（副司机）、汪华山（司炉）、毛德华（学员）为革命烈士。

岩脚寨隧道内发生的中毒事件，是在山区铁路特定条件下发生的。为吸取此次事故教训，贵阳分局和有关机务段从多方面强化劳动保护措施，安装了隧道通风设备，严格限制牵引吨位，并优先将蒸汽机车牵引改为内燃机车牵引。

1986年，国家又投资改为电力机车牵引，使该地段杜绝了类似事故发生。

注：缺毛德华烈士照片。

水灾事故

1982 年 8 月 8 日，昆河线戈姑至人字桥一段线路发生水害 24 处，其中以 K344+850m 处最为严重，冲毁路基 54 米，轨底悬空 15.5 米，坍塌 2 万多立方米，毁坏线路 90 米。该处隧道道口外堆放的钢轨也被冲翻直立在洞壁上，砸断的钢轨被冲走埋没。山体坍塌高度：轨顶以上 298 米，轨顶以下 290 米，河谷底至山顶高约 1000 米。

1988年7月嫩林线K37+000m水害现场

“6·9”铁路灞河桥垮塌事故

“6·9”铁路灞河桥垮塌事故现场

2002年6月9日，陇海铁路灞河桥被突发山洪冲毁，行车中断。6月18日，郑州铁路局决定局建设项目管理中心作为灞河桥水害抢险改线工程建设单位，由西安工程指挥部成立项目组，负责该工程项目建设管理，于6月20日正式开工。西安工程指挥部组织各参建单位以决战姿态，加强领导，调兵遣将，打破常规，团结协作，全力以赴，排难克险，历时60天，于8月18日双线一次开通成功，创建了铁路建设史上的奇迹，比预定建成通车时间9月1日提前13天，受到铁道部、郑州局通令嘉奖。

“7·9”利子依达大桥泥石流事故

1981年7月9日1时30分许，成昆铁路乌斯河至尼日间利子依达沟爆发泥石流，倾泻泥石约70万立方米，利子依达大桥2号墩被拦腰截断，一孔44米结合梁和一孔31.7米钢筋混凝土梁被冲入大渡河。1时49分，442次旅客列车驶抵该桥，导致列车颠覆，造成的列车颠覆重大事故。内燃机车2台、行邮车及11号硬座车被泥石流卷入大渡河；9、10号两节硬座车翻于昆端桥台锥体护坡上，8号车厢脱轨于昆端桥头。死亡、失踪130人，受伤146人。7月24日11时30分架设便桥维持通车。

王明儒烈士

唐昌华烈士

利子依达桥遭受泥石流灾害，下列几点是值得吸取的教训：

（1）桥位处流向不正，主流顶冲成都端；

（2）不宜在主流位置设墩，应采用长跨度梁部结构；

（3）利子依达沟泥石流数量多、稠度大、速度快有趋直性，河道防护疏导工程不能发挥作用。

鉴于利子依达沟近年来泥石流活动频繁，原线设桥已不能防御大型泥石流的危害，因此改线内移，修建长约1.5公里的隧道，穿越泥石流沟底，绕避泥石流病害。

1981年7月9日1时30分，成昆线利子依达桥发生因泥石流造成的列车颠覆重大事故。

"4·7"兰新线风灾致使列车脱轨重大事故

车厢东倒西歪

2001年4月7日14时27分，30181次货物列车运行至兰新线铁泉—珍珠泉间K36+515m处时，列车突遭加速强风的袭击。其中机后11节车厢被大风刮下线路颠覆，3节车厢脱轨倾斜，停车后7节车辆上部厢体被刮下线路颠覆。中断行车47小时55分，造成行车重大事故。

事故原因：是由于不可抗力的自然灾害——大风所致。

线路、车辆严重损坏。

"2·28"南疆线风灾致使旅客列车脱轨重大事故

2007年2月28日，乌鲁木齐开往阿克苏的5807次旅客列车行至南疆线珍珠泉至红山渠K42＋300m处，因遇大风造成机后9至19节车厢脱轨，造成7名旅客死亡，2名旅客重伤，32名旅客轻伤，南疆线被迫中断行车9小时。据测风仪记录，列车脱轨地点瞬间风力达到13级。

事故示意图

三节车厢翻倒在地

雪灾事故

1982 年 12 月 24 日，牡佳线 k489+275m 处，轨面上雪厚达 3 米。

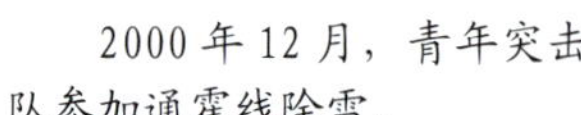

2000 年 12 月，青年突击队参加通霍线除雪。

铁路电力工抢修供电线路（2008 年 2 月）

春融浮冰灾害

桥下堆积的浮冰

破冰船正在冰层中进行破冰

桥墩周围破开的活水圈

人工爆破浮冰，消除事故隐患。

1977年3月，内蒙古三盛公河铁路桥冰凌封河情形。

地震事故

唐山火车站在1976年7月28日的大地震中被完全摧毁。

1976年唐山大地震造成陡河桥桥墩断裂

1976年蓟运河下行线桥桥面轨道变弯

1976年唐山大地震毁坏的线路

地震事故

被"5·12"地震严重破坏的宝成线109号隧道

2008年5月12日宝成线109号隧道由于强烈地震导致列车脱轨，图为被毁坏的机车、车辆。

在"5·12"汶川大地震中受到严重破坏的宝成线109号隧道，经过抢险人员12个昼夜的奋力拼搏，5月24日9时50分胜利抢通，宝成铁路恢复正常运输。

中共中央总书记、国家主席、中央军委主席胡锦涛对宝成线提前实现全线通车作出重要批示。

胡锦涛的重要批示：宝成线提前实现全线通车，打通了西北、西南铁路大动脉，有力地保障了抗震救灾的需要。谨向全体抢险人员表示亲切慰问和崇高敬意。

抢险事故现场

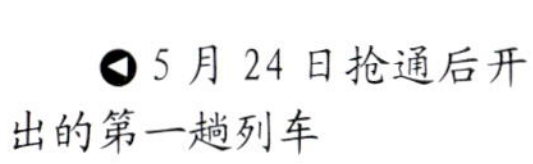

5月24日抢通后开出的第一趟列车

路外及职工伤亡事故

在一次事故中被轧缺三肢的老车务职工衷告在岗的广大职工：一定要珍视生命，切记安全！

老职工要做自觉遵章守纪的表率，切不能单凭经验作业。

（出事于20世纪70年代）

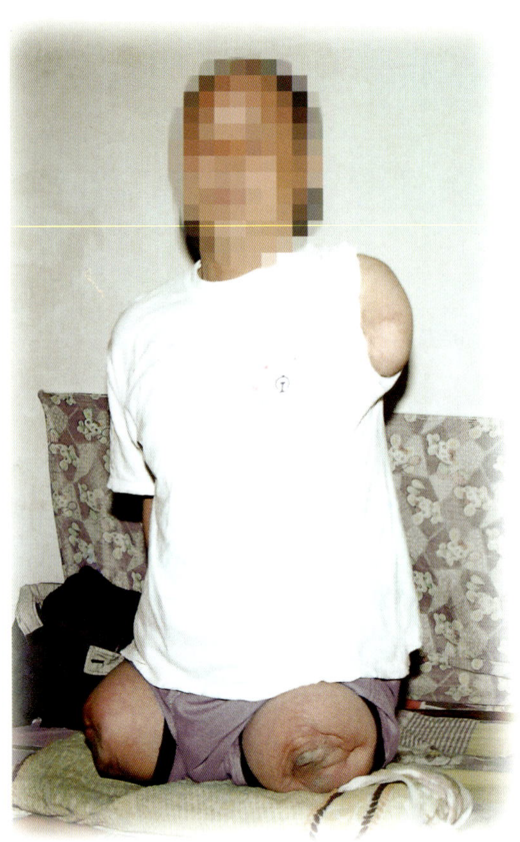

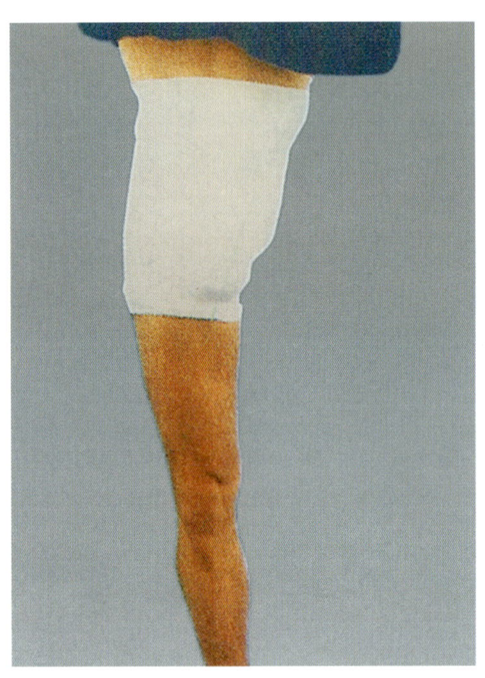

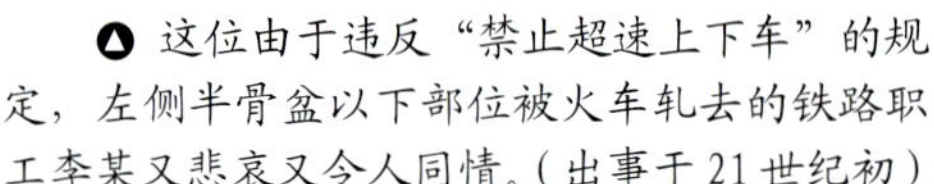

这位由于违反“禁止超速上下车”的规定，左侧半骨盆以下部位被火车轧去的铁路职工李某又悲哀又令人同情。（出事于21世纪初）

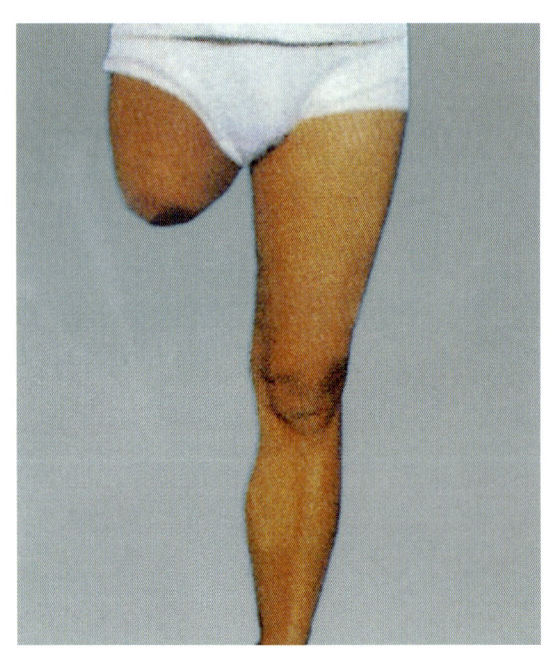

这位由于违反“禁止背面上下车”的规定，被轧去右腿的调车员又作何感想呢？（出事于21世纪初）

路外及职工伤亡事故

这是事故职工留下的裤子，可以想象到事故责任人将惨到什么样子。（出事于20世纪90年代）

看着这位因违章作业被高压电烧焦的职工遗骸，让人心惊胆寒。这一事故再次印证了违章就是自杀的道理。（出事于20世纪末）

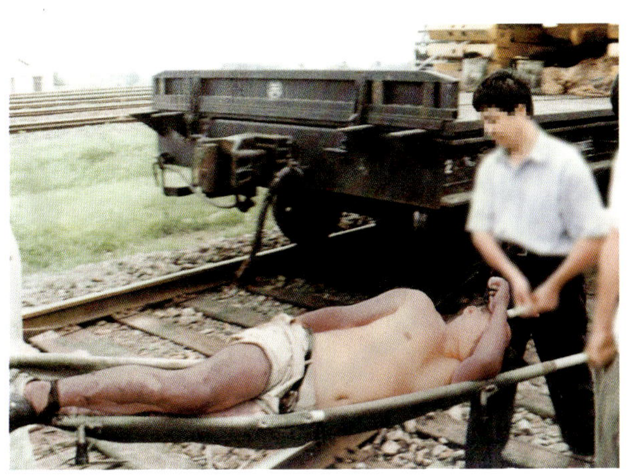

这位因疏忽大意错误操作，被高压电击成重伤的职工，后悔不及。

路外及职工伤亡事故

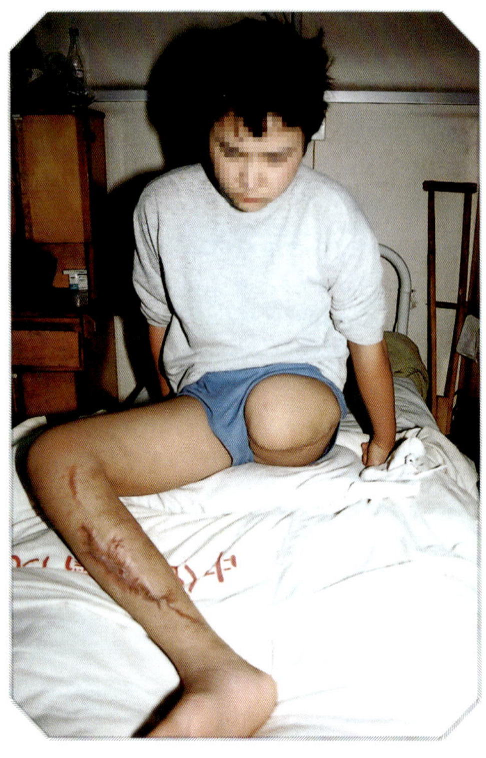

这位高位截肢（另一条腿由于医院接错位也已残废）的伤残小病号当时才 15 岁，他又如何面对今后漫漫的人生道路！（出事于 21 世纪初）

这位伤残者还不接受惨痛教训（出事于 21 世纪初）

这二位路外事故伤残者可以引发出我们健全人的几多思索，几许伤感。（出事于 20 世纪 90 年代）

前　言

历经千般苦，巍巍始筑成。

借助于第二轮全国修志的大好时机和首部《中国铁路志》编修的东风，承蒙各级领导、各路专家和各方同仁的指导和帮助，全体编写人员在原铁道部安监司司长丁圻堮的带领下，经过一千多个日日夜夜的奔波寻宝、笔耕跋涉和精心打造，首部《中国铁路安全志》饱含着百年沧桑，携带着历史体温，散发着淡淡墨香终于与大家见面了。这是中国铁路安全史上一件可喜可贺的事情。

多少年来，在安全的日常管理和理论研究上，人们一直希望能有一部典藏春秋、内涵丰饶、寓于哲理，又通俗易懂的综合性安全志书予以相助。这个愿望今天算实现了。《中国铁路安全志》以其宏大的气势、巧妙的构思、严谨的表述和丰富的内涵，赢得了领导的认可和业内人士的好评，有人将之誉为中国铁路安全的百科全书不是没有道理的。《中国铁路安全志》使干部职工以后的安全学习、工作及研究变得轻松愉悦，便捷高效；它使后人少走弯路，避免步前人的覆辙。它对运输安全的实际意义远远大于志书本身的价值。

一、它填补了我国铁路安全研究的空白。以前的安全书籍都是对某个点某个线或某个面进行研究探讨，均有一定的局限性。而本志是第一次系统地、历史地、全方位地研究铁路安全，几乎涉及铁路安全的所有主要方面，包括安全机构、安全法规、安全环境、安全方法、劳动安全、路外安全、安全保护，等等。每个方面都用大量翔实的资料做支撑和佐证，来充分地反映与揭示其发端、发展与现状的完整过程，使读者了解不曾了解到的事物，感受不曾感受过的内在，领略不曾领略到的境地。从而使读者能够比较正确地认识铁路安全生产发展的规律，牢牢把握安全工作的主动权。

二、它是对铁路干部职工进行安全教育的生动教材。生动的教育还要靠生动的教材，生动的教材源于生动的历史资料。空洞无物的东西是不受读者欢迎的，只能增加被教育者的反感与讨厌。本志书中大量、有趣的、正反两方面的资料都是对干部职工的知觉、视觉及心灵的强烈冲击及有力熏染，从而吸引受教育者那种特有的好奇探幽和求真究底的心理，使其产生积极的活跃的思想反应，这对搞好安全生产是大有裨益的。所谓教育出安全、教育出凝聚力指的是有效教育。各级领导干部和管理人员要学会运用志书这个有益的教材和载体来实施有效的安全教育。

三、它是各级领导和管理人员搞好安全管理工作的好帮手。有人说《中国铁路安全志》是铁路安全的百科全书，是有一定道理的。它里面记述了各个不同时期的安全管理理念、方法及手段，其中不乏对现实仍具有较强借鉴及指导作用的好经验、好方法。如安全负责制，安全竞赛与奖惩，安全教育，安全大检查，以及事故调查处理与事故抢险救援，还有周王庙经验、小东站精神，等等。在瞬息万变的数字时代，我们面临着繁重的工作和学习任务，无法做到对每部安全书籍的细致阅读，因此，高效阅读越来越显示出它的重要性和必要性。《中国铁路安全志》浓缩了以往安全实践与研究的精华，可以使读者在有限的时间内获取最大限度的安全信息与文化滋养，学到并掌握更多的有效的安全知识和方法。这不仅压缩了学习运用的时间，还节省了一定的成本费用，可谓一举两得，这正是我们编辑人员编纂本志所始终考虑和不懈追求的。

正可谓：博大丰厚的时代内涵，必须寻求博大丰厚的表现形式。

因此说，《中国铁路安全志》的成功出版发行，不仅得益于各级领导和职工的鼎力支持，得益于编写人员的忘我劳动，更得益于这个唤醒责任、激发斗志和催发灵感的伟大时代，是伟大的创新和变革时代成全了我们。

有人把作品比做作者的“孩子”颇有韵味。大凡对“孩子”的标准和要求是：既希望他（她）健康漂亮，又希望他（她）聪明智慧。《中国铁路安全志》能否达到这个理想的标准及要求？能否起到志书特有的资政、存史和教化的功效？最终还是要看读者如何看待、如何评判。读者是作品的最高评委、最终裁决者。

我们期待着您的评判与裁决，更期待着您的加油与喝彩。

编　者

2012 年 3 月

凡　　例

一、《中国铁路安全志》以马列主义为指导思想，坚持运用辩证唯物主义和历史唯物主义的思想方法，全面地、系统地、客观地记述中国铁路安全的发展变化和现实状况，反映一百多年来中国铁路安全发展的坎坷历程和丰富内涵。

二、本志上限从1876年开始，下限为2011年末。为反映不同时期安全发展的特点及规律，志书在以时为序的基础上，将时空上划分为几个大的时段，如新中国成立前、新中国成立后、“文化大革命”时期、改革开放以来等，根据内容需要，有些时段做了进一步细分。另外，台湾地区的铁路安全法规本书没有涉及。

三、本志采用述、记、志、图、表、录等体裁，以志为主。全书以大事记为纲，以概述统领全志，以篇章无题序强化整体，以插图及附录活跃版面，丰富内容，增加可读性。

四、为适应志书整体及局部的需要，个别的重大安全历史事件有重复出现的情况，一般采取重要章节详述，非重点章节点到为止，图片亦如此。

五、本志一律使用规范的语体文。文风严谨、朴实、简洁，语言通俗易懂；秉笔直书，不加褒贬；以事系人，增加情趣；立足当代，详今略远；主次分明，详重点略一般，详独略同。为便于读者阅读与理解，将法规上的关键词用当前的称谓表述，如事变改为事故，负责制改为责任制。

六、本志纪年均采用公历，不注旧历和年号。记述中具体时间难以查清核实的，用旬、月、季、年相对时间记述。

七、本志计量单位除历史上旧计量单位或英制计量外，一般用“公里”、“米”“厘米”“毫米”；重量用“吨”、“公斤”；面积用“平方米”；体积、容积用“立方米”；测量温度用公制摄氏度。计量单位除个别图、表外，不使用英文代替。

凡　例

目　　录

铁路安全管理机构

铁路安全法规和安全管理

铁路行车安全、劳动安全、路外安全

附　录

概　述

很少有哪个行业像铁路那样把安全放在那么重要的位置上，简直如同生命一般。2011年“7·23”甬温线特别重大铁路交通事故又将铁路推到了风口浪尖上，从来没有像今天这样全民如此高度关注铁路的安全问题。

自1876年中国铁路诞生以来，安全问题就相伴而生。历史上第一条铁路——吴淞铁路的命运就与两起事故有关。一起是1876年8月3日，刚运营不久的吴淞铁路发生了一起轧死一行人的路外伤亡事故。紧接着又在8月16日，发生一起货车与客车相撞的行车事故。在连续发生事故的情况下，当地官吏的态度有所改变，他们向英国领事进行交涉。在这种情形下，英方才被迫答应停止行车，并于次年10月24日，清英双方签订了“收买吴淞铁路条款”，由清政府用28500两白银赎回吴淞铁路，拆解后运至台湾。中国第一条铁路就这样夭折了。

一个多世纪的风风雨雨，中国铁路的安全史可概括为：新中国成立前，政出多门，各自为政，事故频发，混乱不堪。新中国成立后，安全形势逐步趋好，但期间几次出现反复，可概括为三个安全低谷和十年一个轮回。三个安全低谷即：三年“大跃进”，十年“文化大革命”，多事的1988年；十年一个轮回即安全最好的年份大致每10年出现一次：1957年、1964年、1975年、1985年、1996年、2005年；安全波动最剧烈的年份也是大致遵循10年一个轮回这个规律：1960年、1969年、1978年、1988年、1997年、2008年。同时，在130多年时间里，人们对安全规律的探索一刻也没有停歇过，一代一代延续至今。人们在安全机构、安全法规、安全管理手段、安全环境营造诸方面进行了长期、艰苦和细致的研究与探索，付出了巨大代价，取得了丰硕成果，仅《铁路行车事故调查处理规则》就修改12部，《行车安全监察工作规则》修改8部，从而为后人留下了一份宝贵财富。安全与其他事物一样，不同时期，不同阶段，呈现出不同的特点及规律，与之相对应的安全管理策略、方法和手段也不尽相同，深深打上了那个时代的烙印。

（一）

新中国成立前的各个时期，全国铁路没有统一的安全机构和安全法规。各级铁路组织和单位各自为政，管理混乱，效果不佳。

清政府时期，1901年，中东铁路试运营后，安全工作由中东铁路总监察办事处负责，在满洲里、博克图、绥芬河、横道河子等地区设监理区（段），监理区内设监理及助手，负责行车安全监理工作。1903年7月，中东铁路正式运营后，其运营及处理行车事故，统一按俄国行车规章办理。1907年，京奉（今北京—沈阳）铁路全线开通运营时，制定了行车规章。1917年，京奉铁路管理局在《铁路行车规则汇编》中，对安全工作提出要求。在第一章通则中写道：“各服务人员最当注意者为公众之安全，无论如何不可轻忽。”此条反映了当时铁路管理者对安全重要性有一定的认识，要求铁路员工在生产中“最当注意”。这是清末民初国有铁路自行颁发的行车安全规章。期间，其他铁路组织和单位没有专门的安全法规，仅在规章制度中有所涉及行车安全和路外安全。

民国初期，中华民国交通部没有设立专门的安全管理机构，安全工作由运输和警察部门兼管。中华民国中、后期，随着铁路运营线建设的发展和各类事故的增多，各铁路单位开始重视安全问题，陆续筹建行车安全管理组织——保安委员会、安全科和行车事故审查委员会，掌管行车事故工作，并颁布相关安全法规。1922 年，交通部发布施行《行车事故规则》和《国有铁路十大规章》，具体规定了各路局车站人员及机车人员的行车安全职责。这是我国早期铁路发布施行的第一部行车事故处理规则与相关规章，是我国早期国有铁路行车安全管理方面的基本法规。1930 年，中华民国铁道部令各路局根据前颁规章，认真研究，适时进行修改，1935 年修正案全文公布施行。在修订的《行车事故规则》中，对铁路行车、铁路轮渡行船等运输安全均提出要求，并对轮渡事故情况进行统计分析，纳入行车安全管理。此后，铁道部及其他铁路主管部门陆续公布施行了有关铁路行车安全管理的法律法规。

日军侵占时期，虽设有监理所和护路组织，负责监察各部门安全工作和监督沿线老百姓的行踪，并象征性地开展一些“消事故、保安全”的竞赛活动，同时制定了一套比较全面的安全规章制度，尽管如此，效果并不好，因为当局的心思与用意并不在搞好安全生产上，而是在于追逐在华利益的最大化上。

东北地区解放初期，国民党残余及敌特分子活动猖獗，时常对铁路运输进行干扰破坏。为保证铁路军事运输安全，维护铁路运输正常秩序，必须镇压反革命活动。1946 年 12 月，东北民主联军总司令部公布《妨碍铁路军事运输治罪法暂行条例》。这是中央军委首次制定全国统一的军运条例，对维护新中国成立前夕和建国初期全国铁路军事运输安全发挥了法律监督保障作用，违犯此法者将由军事法厅审判处理。

非常时期用重典。新中国成立前夕，由于出现影响和干扰铁路运输安全的严重倾向，铁路部门采取非常手段予以遏制。如 1946 年，东北局管内少数职工工作散漫，纪律松弛，不服管理，事故频发。有一个机务段的司机，无视规章制度，造成机车严重损坏，阻塞交通，中断行车，妨碍外贸运输，遂送交原牡丹江省公安局局长严佑民处理，该司机被判处死刑，执行枪决，引起极大反响，基本刹住了职工队伍中散漫无羁、我行我素的歪风，安全不好的局面很快得到遏制。

1949 年 6 月，军委铁道部公布施行《铁路运转事故报告及处理暂行规则》（运技字第 178 号部令），本《规则》分为总则、急报、事故报告书、局分界站报告及处理等四章 28 条。自该年 6 月 15 日起施行。这是新中国成立前夕中央军委铁道部发布的第一部最有权威和最具影响的行车安全法规。

新中国成立前的路外伤亡事故处理的部门主要是警察署、警务段和警务所。当时的路外宣传形式主要有安全告示和安全宣传画等，如今，石家庄车站软席候车室院内就保留一座 1901 年建的安全告示石碑。之后的路外宣传多以散发与张贴安全宣传画为主要形式。

直到 1945 年 9 月 22 日，中国长春铁路公司（简称中长铁路）才设立现代意义的安全监察室。安全监察室负责全公司的安全管理工作。公司成立初期，主要负责人由苏方指定人员担任，中方均为副职。与此同时，公司制定相应的安全法规，并围绕支援前线，确保畅通，组织开展群众性的安全生产竞赛活动。中长铁路安监室为建国后铁道部成立安监机构提供了有益的参考与借鉴。

（二）

新中国成立后，党和国家政府高度重视安全管理工作，采取各种手段和方法来保障运输安全和人民生命财产安全。铁路安全管理工作迎来了全面发展的春天。为了适应当时安全管理形势的需要，尽快扭转安全被动局面，这一时期密集颁发了相关的安全法规和制度，相继建立了各级安全监察组织，在全路范围内广泛开展了形式多样的群众性的安全宣传教育活动，收到了很好的效果。安全形势从新中国成立前夕的混乱不堪、事故多发、员工萎靡，逐步发展到形势稳定、事故下降、人心振奋的局面。

1949 年 10 月 1 日至 1950 年 5 月 1 日前，由铁道部监察室负责行车安全。

1950 年 5 月 1 日，铁道部正式成立行车安全监察机构，各铁路局、铁路分局也相应成立安全监察部门。

铁道部总监察由副部长或副部级领导兼任。铁路局安全监室主任由副局长或铁路局政委兼任。铁路分局安监室也是由副分局长领导兼任。各级监察室比照铁道部安全监察定编分别设置了车务、机务、车辆、工务、电务、锅炉和救援设备、事故分析、调度员等专业监察。同时，为加强现场作业的安全监督监察，协助和配合行车安全监察的工作，在路内广泛开展群众性的安全监察活动，全路组织了一支数千人参加的不脱产的安全通讯员队伍，效果很好。

东北铁路总局于 1949 年 12 月 27 日发布命令，公布《行车安监室组织规程》。总局、各管理局中设 12~15 人的行车安全监察室，分局也建立相应的行车安全监察室。总局监察室受总局长领导，管理局、分局行车安全监察室受上级行车安全监察室领导。在局机关各主管业务处，各站段均配备专门机构或专业技术管理人员。同时在满洲里、哈尔滨、牡丹江、沈阳和大连五个分局设行车安全监察室。

新中国成立后，百业待兴，全国铁路正处于整章建制、统一指挥、强化管理的新时期。中央人民政府铁道部为加强铁路行车安全管理工作，在借鉴中长铁路安全管理经验的基础上，以岗位责任制为核心，相继制定颁发了《铁路行车事故处理规则》（简称事规）、《行车安全监察室业务暂行规则》（简称监规）等一系列安全法律法规，使安全管理工作有法可依、有章可循。

为使职工更好地贯彻执行安全法规，从 1950 年开始在全路范围内组织干部职工学习、讨论和考试，职工的理论素质迅速提高。同时在全国铁路范围内广泛开展以保安全、保运输为中心的友谊挑战赛，向重大节日献厚礼竞赛，安全正点“四爱”立功运动，群众性的练功比武活动等，大大提升了职工队伍的业务素质，有力地调动了干部职工的生产积极性。建国初期，对安全上的好差典型批评表扬都是响当当的，报纸上指名道姓、言辞激烈地批评，毫不留情，效果很好。至 1957 年，全路安全形势跃上了一个新的历史高度，各项安全指标均创新中国成立以来的最好水平。重大、大事故较 1956 年减少了 67 件；险性及一般事故较 1956 年减少了 3007 件。

这个时期的安全管理受大环境的影响非常明显。三年“大跃进”的安全低谷状态和 1964 年的安全骄人成绩足以说明。三年“大跃进”全国各行各业违背科学规律，急功近利，浮躁不堪，安全工作也跟风而上。插红旗，放卫星，图虚名，因而安全工作受到严重挫折。事故发生件数、事故率较1957年都有大幅度提高。1958至1960年，安全形势逐年恶化，至1960年各项安全指标均创新中国成立以来最差。安全工作跌入新中国成立以来第一个低谷。从1961年开始，随着全国大政方针的调整，全国上下认真反思三年“大跃进”的深刻教训，促使铁路安全管理的思路和方法也随之转变，效果非常明显。客观地讲，1961至1964年全路的安全工作发展是建国以来最好的一个时期，到1964年达到顶峰，当年的各项安全指标都是建国以来安全成绩最好的一年，成为以后若干年全路干部职工赶超的目标。这一年安全工作之所以能取得那么骄人的成绩，其做法与经验值得总结回顾。

1964年全路安全成绩突出的原因，归纳起来有以下几个方面：①干扰少，大环境好。这一年是建国以来政治运动最少、人为折腾最少的一年，全路上下处处呈现以运输生产为中心，以安全保效益的喜人局面。②1963年的基础打得好。通过落实中央提出的“八字”方针，全国的经济形势全面好转，铁路安全生产已走上健康发展的轨道。③职工思想工作抓得好。各级组织和领导关心职工生活，做好家属工作，帮助解决实际问题，充分调动职工与家属的积极性，把安全工作群众化，从而把事故控制在发生之前。④整章建制抓得好。全国的、地方的、铁路的好多安全法规都是在这一年修订和颁布的。干部职工遵章守纪，按“规”办事成为习惯。⑤业务学习风气好。老带新，师带徒，“一帮一、一对红”蔚然成风；学技术、练硬功、当标兵成为时尚，涌现出了许多技术标兵和行业状元，职工队伍整体素质明显提升。⑥劳动竞赛活动开展得好。各级党政工团结合自身实际，围绕安全生产，大力开展形式多样而又富有成效的劳动竞赛活动，一派比学赶帮超的喜人景象。

（三）

1966年开始了持续十年之久的“文化大革命”，使中国遭到严重的挫折和损失，铁路成为重灾区，安全监管机构被削弱和撤销，安全法规被废除，铁路行车重大、大事故频频发生，运输秩序出现前所未有的混乱，国民经济几乎到了崩溃的边缘。这是新中国成立以后铁路安全出现的第二个低谷。周恩来总理、邓小平副总理等国家领导人，以及相当一部分干部职工为使铁路免于瘫痪，保证社会生产和人民生活的运输需要，呕心沥血，排除干扰，尽最大努力将“文化大革命”对铁路造成的损失和影响降到了最小，在混乱的局面中分担了压力，勉强保持住了路网的基本通畅。

在“文化大革命”这个特殊时期，铁路安全管理也呈现着与特殊时期相吻合的特点及规律。期间虽然也曾用过非政治的管理手段抓安全生产，但总的看来，政治手段还是起主导、占主流：即用阶级斗争的手段来抓安全生产，这种方法虚无飘渺，空洞无物，效果极差，后患无穷。

“文化大革命”时期，事故定性与定责是分开的，是相互脱节的。定性由安监部门，定责是革命群众说了算。分析事故原因不按事故规律，主要是从阶级斗争角度来考虑与分析。责任人家庭出身，检查态度，有无前科，有无海外关系；是否有阶级敌人搞破坏等方面进行分析。而不是从工艺上、技能上、岗位责任上和管理制度上等方面分析定性，然后在此基础上再进行事故定责处理。该重的不重，该轻的不轻，更有甚者，有的行车事故责任人还稀里糊涂地被判了极刑。

抓安全管理靠党和国家主要领导人的权威和影响来进行，是当时安全管理的一大特征。

为了遏制安全生产的严峻形势，党和国家领导人，如周恩来、李先念等经常直接部署、过问铁路工作，尤其是周恩来总理，具体部署铁道部机关要害部门的安保，具体调停“派性争斗”，甚至还指示行车重大事故的处理，成了这个时期名符其实的“铁道部长”。仅1967年11月25日～12月2日不足10日内，周恩来总理就先后4次接见郑州铁路局职工群众组织代表，解决问题具体到某个单位某个群众组织某个具体人，这在中国铁路史上是绝无仅有的。

抓安全管理靠毛主席同意批阅的中央文件和毛主席著作，是当时安全管理的又一大特色。如要求干部职工要认真贯彻执行毛主席亲自批准或圈阅的某某安全会议决议，某某关于安全生产的中央文件，确保落实毛主席的伟大号召，抓革命，促生产。各种安全通报、安全文件均冠以毛主席最高指示，文中也多处引用毛主席语录、指示，方显其权威性。好像毛主席的指示能解决安全生产中的所有问题。

1967年5月31日，中央为稳定因派性夺权引起的日益混乱的运输局面，确保国民经济正常运转，对铁路工作实行军事管制，成立了铁道部军事管制委员会。这是建国以来第二次对铁路实行军事管制（第一次是建国初期）。军管会对铁路各项工作实行统一领导，有关生产运输调度和部属各单位必须服从军管会集中指挥，军管会下设“抓革命”和“促生产”两套班子，以阶级斗争为纲，以革命统率生产，建立革命新秩序，力争完成运输生产任务。安全工作由外行来管理，这是特殊时期采取的不得已手段，期间军管会与革委会并存，1970年6月，全路撤销军事管制。

1968年11月12日，全路安监部门被全部撤销，监察干部下放劳动，安全管理失去依托，运输安全基本处于无人管无人问的状况，事故猛增。1970年7月1日，组建新的交通部，负责铁路安全的专职人员在运输组中。1972年12月，交通部调整与恢复了部机关原建制，增加了安全监察委员会，定员为10余人。各铁路局、铁路分局也相应恢复了安监机构。

1972年后，随着安监机构的恢复、健全，各种安全法规也逐步地恢复起来，与此同时，全路开展了整章建制、整顿生产秩序和劳动纪律为重点的企业大整顿活动，这一切使安全生产形势出现了阶段性的好转。但由于以阶级斗争为纲的主旨未变，安全发展的根基不牢，事故件数和事故率仍处于一个高位上。特别是1974年“批林批孔”运动，使安全生产形势再次逆转，各类行车事故急增，全路安全形势相当严峻。

鉴于铁路日益严重的运输安全形势，中央决心遏制这种严重态势。1975年，邓小平主持中央日常工作，开始实施对国民经济包括铁路运输安全生产的全面整顿。1975年3月5日，邓小平在省、市、自治区主管工业的书记会议上讲，铁路事故惊人，许多是责任事故，因而不能没有章程，没有纪律。铁路部门的“组织纪律性一定要加强”。

邓小平对铁路安全工作极为重视，倾注了大量心血。1975年1月28日，邓小平约见新上任的铁道部部长万里，听取关于铁路运输情况的汇报。听完汇报后，邓小平指出：看来有几个问题需要马上解决。第一是关于体制问题，第二是关于干部管理问题，第三是关于运输生产。要建立健全规章制度，加强组织纪律性，保证安全正点。

2月11日，中共中央副主席邓小平把谷牧副总理和铁道部部长万里约到家里，继续研究解决铁路的问题，要求抓紧把铁路整顿的文件搞好。邓小平向万里口授了文件的主要内容，强调铁路要集中，要实行军事化管理。这个文件就是后来的中共中央《关于加强铁路工作的决定》，即著名的9号文件。

为了在全路深入贯彻执行9号文件精神，铁道部于1975年3月7日召开全路电话会议，万里亲自传达文件，并提出了贯彻落实的措施。随后，多数省、自治区、直辖市相继召开千人、万人广播大会，有的省甚至召开几十万人至几百万人参加的广播大会，大张旗鼓地传达贯彻9号文件，做到“家喻户晓，人人皆知”。万里部长马不停蹄地到新乡、郑州、徐州、南昌、昆明等重灾区亲自督导铁路整顿工作，与当地党组织配合调整一些路局和分局的领导班子，处理了一批有严重问题的领导干部，收到了明显成效。经过大刀阔斧的整顿，全国铁路运输形势大为改观，运输生产出现了多年不见的喜人景象。

1975年下半年，国内政治形势又一次发生急剧变化，由“四人帮”一伙策划的“反击右倾翻案风”政治斗争在全国兴起。无政府主义再次肆虐，刚刚好起来的运输秩序毁于一旦。

整顿工作出现夭折后，许多运输生产指挥重要岗位又被造反派所把持，铁路运输工作陷入极端混乱之中，到1976年，安全生产无人管、无人问的状况愈加严重，行车安全情况再度恶化，行车重大、大事故件数较1975年上升17.8%。

十年“文化大革命”是一场历史性的浩劫，教训极其深刻。“文革”中影响运输安全的原因很多、很复杂，但涉及铁路企业有如下几个主要方面：①极“左”思潮和无政府主义横行，整个国家处于一个狂躁、无序的状态。②林彪反党集团和“四人帮”故意破坏。③机构瘫痪或撤销，安全建设与发展呈现自由无羁的态势。④人治大于法治，笃信阶级斗争一抓就灵。管理体制与规章制度废除或不落实，统一指挥、统一管理体制遭到重创。⑤“两纪一化”严重松弛，违章违纪比比皆是。⑥保安设备带“病”运行，安全生产资金投入严重不足。⑦奖惩激励机制缺失，干多干少、干好干坏一个样，甚至不干的、捣乱的倒还吃得香、耍得开，严重挫伤了广大干部职工干工作、保安全的积极性。

（四）

1978年，对中国铁路安全乃至整个铁路工作来说，都是一个重要转折点。这年12月中共十一届三中全会决定把全党工作的重点转移到社会主义现代化建设上来，安全工作成为铁路企业重中之重的第一要务。由于“四人帮”的破坏，造成铁路职工思想混乱，纪律松弛，制度荒废，设备失修，安全形势急剧恶化，铁路大动脉时有梗阻。面对严峻形势，全路各级组织各个系统从机构、从制度、从设备、从管理诸方面入手，进行全面整治，从而使中国铁路安全工作进入了一个良性的发展阶段。

经过拨乱反正，铁路行车安全状况有了一定的好转。但是，由于“文化大革命”，在某些领导班子和某些职工中松懈了的安全意识和纪律观念还未调整过来，本可以得到发展的安全形势，由于“文化大革命”消极的惯性影响，1977年全路竟有9个铁路局和若干铁路分局事故发生件数达到建局以来的最高纪录。继而于1978年12月16日，又发生了震惊中外的杨庄旅客列车正面冲突的重大伤亡事故，其中死亡106人，重伤47人，中断行车9小时。

杨庄事故使铁路安全再次成为全社会关注的焦点，同时也给全路敲响了警钟。为使全路干部职工深刻铭记这个教训，铁道部将每年12月16日定为全路安全教育日，各局年年把安全生产措施作为第一号文件颁布，对“安全第一”观念的强调达到空前的程度。

1979年1月26日，国务院针对杨庄事故发文强调：铁路运输业必须把安全生产放在首位。2月，铁道部发布《关于确保行车安全的命令》，要求全路牢固树立“安全第一”的思想，保证铁路运输特别是旅客列车的绝对安全。各级领导要把对职工的安全教育放在首位，做到人人关心安全，人人保证安全。

这个命令的发布，既表明了铁道部力求彻底扭转安全生产被动局面的决心，又给铁路局、分局、站段明确了责任，增强了各级领导放手抓安全的权威性。

同时，杨庄事故引发铁路安全理念、管理手段、法律法规和安全投资诸方面的改变和完善。从杨庄事故到1985年这段时间，行车安全取得了很大的成绩。自1980年起，铁道部每年5月份都部署开展安全生产月活动，要求竭力消灭重大、大事故，尽量减少一般事故，加强管理，常抓不懈，警钟长鸣，保证安全。1981年5月，铁道部向全路宣布，恢复1975年提出的"四通八达，畅通无阻，安全正点，当好先行"这个口号，把安全问题再次摆到了重要位置。1984年11月，全路行车安全工作现场会议上，陈璞如部长在石家庄着重阐述了"安全是铁路运输生命线"的观点，要求各级领导继续端正业务指导思想，坚持安全生产方针，教育广大干部职工牢固树立安全观念，不断创造安全生产好成绩。在铁道部不断强调和严格要求下，各路局、分局、站段领导普遍加强了对安全的管理，加大了抓安全的力度及投入，广大职工的安全意识有了明显增强，"安全第一"的思想日益牢固，防止了一些行车事故，创造了许多安全生产经验。不仅如此，从1980年至1985年，全路又重新修订、制定了许多安全法规、制度，特别是新的《行车安全监察工作规则》和《铁路行车事故处理规则》的实施，大大加快了铁路安全法制化建设的进程。到1985年全路的安全形势大为改观，各种指标均达到了又一个新的历史高度。全路年内重大、大事故仅发生43件。

1986年3月31日，铁路开始实行经济承包责任制（简称大包干），尝试以路建路新的思路、新的体制。

为了适应铁路实施经济承包责任制的新形势，贯彻以扩能为中心的精神，铁道部对《铁路行车事故处理规则》进行了修改，严格界定了构成列车事故的条件，扩大了调车事故的范围，以利于处理好安全与效率的关系；并修改了《铁路运输安全奖惩办法》，统一了全路安全奖惩标准，调动了职工的生产积极性。

1987年4月，铁道部党组在北京召开全路运输安全工作会议。会后，全路运输、基建、工业部门认真贯彻执行铁道部党组的加强安全生产的10条决定，发动群众进行了"查领导、查思想、查制度、查设备"的四查活动，发现和解决了一批安全上的问题和隐患。

同年7月20日，铁道部党组决定7、8、9、10月，在全路统一开展安全、路风、企业行为大检查和反违章违纪、反"两野两乱"、反盗窃（简称"三查三反"）的活动，尽最大努力使安全和路风情况有较为明显的好转。连续数月"四查"和"三查三反"，对加强铁路内部的基础工作，提高职工队伍的素质，强化企业的约束机制，增强广大职工的安全意识，解决安全隐患，起到了积极的促进作用。

正当铁路大包干逐步推进，运输生产秩序持续上升，两个翻身仗打得有声有色的时候，因铁路资金集中投向新线建设和老线改造，既有铁路设备失修严重，更有部分干部职工纪律松弛、违章违纪等原因，运输安全问题又突出起来，事故接连不断，给铁路运输安全提出了新的挑战。

1987年8月23日，兰州局兰州东站至桑园子站间十里山2号隧道里钢轨探伤发现裂纹后因资金投入过缓，未及时更换新轨，导致1818次列车脱线油罐车起火，中断行车201小时56

分，报废车辆23辆，死亡2人的重大事故。

正当全路安全形势向好的方向发展的时候，安全生产再次陷入被动局面。1988年一季度，全路连续发生4起旅客列车重大事故，震惊中外。当年铁路共发生重大、大事故49件，其中有13件发生在旅客列车上，仅1月份就发生三起重大事故，造成141人死亡。是改革开放以来安全形势最严重的一年，也是新中国成立后的第三个安全低谷。随后3月24日，在上海局匡巷站发生311次客车与208次客车正面冲突，日本旅客死亡27人，铁路工作人员死亡1人，日本旅客重伤7人的震惊中外的伤亡事故。针对交通运输安全状况恶化的情况，4月7日，国务院以铁路为重点，召开全国交通安全工作会议，对铁路扭转安全工作被动局面，提出了针对性很强的要求。6月1日，中共铁道部党组召开全路行车安全工作会议，针对行车安全恶化的状况，及时统一干部、工人对铁路运输安全形势的认识，找出了铁路内部存在的影响运输安全的主要问题，确定了扭转安全不好状况的重点措施。会后，各单位行动迅速，不拘形式，注重实效，认真贯彻会议精神。截至1990年底，行车重大、大事故和险性事故大幅度减少，杜绝了旅客列车重大恶性事故，运输安全情况逐步趋于稳定。

1991年1月16日，又一次在临汾铁路分局召开全路运输安全工作会议，提出了进一步巩固和发展全路安全形势的总要求。即继续贯彻1990年8月会议精神，坚持“三个三”（三个不变：安全第一位置不变、主要领导抓安全不变、党政工团齐抓共管不变；三个环节：领导、群众、设备；三个重点：防列车冲突、防断轴、防断轨）和“两手抓”（一手抓管理、一手抓安全技术设备），持之以恒，不换镜头。

会后，铁路部门广大职工在继续坚持“三个不变”的指导思想和狠抓落实“三防”措施的同时，积极推行车机联控的安全管理办法，收到显著成效。车机联控的管理办法，最先试行于1988年当时的上海铁路局南昌铁路分局管内的浙赣线。

铁道部在1990年8月全路安全工作会议上，推广了上海铁路局车机联控的经验。会后，各铁路局相继试行。到1991年7月20日，全路实行了列列站站呼唤应答模式。实践证明，此法可行有效。在1991年铁路运输最繁忙的2月和8月，全路先后实现两个“安全月”，并两次保持连续43天未发生行车重大、大事故，创铁路安全历史最好成绩。

为了确保运输安全持续稳定的局面，从1993年开始，铁路运输企业进行安全基础整顿，开展安全标准线建设，铁路安全基础得到加强。从1993年底到1996年底，全路广大干部职工经过连续三年的艰苦奋战，安全基础建设取得了令人鼓舞的成果，四大干线初步建成安全标准示范线，六大干线建成了安全标准线，45条干线也基本达标。全路的运输安全形势在经历了1988年低谷之后的几次反复，1996年取得了历史上的最好成绩，重大、大事故仅发生10件。安全基础建设的作用和效果在本年得以充分体现。

“建线”目标仍然是阶段性的，有些只是低水平达标，“建线”结果也是初步的。1997年，铁路运输生产在新的形势下，安全又曾一度滑坡，特别是4月29日在京广线荣家湾车站发生了由于联锁装置被破坏造成的客车重大事故，死亡126人（是新中国成立以来一次事故死亡人数最多的一起），教训是惨痛的。这也说明，安全基础建设不能“毕其功于一役”，当时，铁路的安全基础仍然比较薄弱，安全基础建设的任务远未完成，距离实现“有序可控、基本稳定”的目标仍有很大差距。铁道部在1996年和1997年年底的两次运输安全工作会议上都指出，要把安全基础建设作为一项跨世纪的基础工程坚持不懈地抓下去。特别要在安全管理和控制上取得重大突破，把安全作为中国铁路现代化发展的一个重要目标，努力实现安全技术装备的现代化和安全管理的现代化。

1999年是全路实行资产经营责任制的第一年，为确立铁路局市场主体地位，深化铁路运输体制改革，运输经营管理方式发生相应变化，该年全路在转变安全管理方式上作了积极探索和实践。①铁路局安全管理主体责任更加明确。②规章制度进一步完善。③检查监督形成新的制度。④以提速和客车安全为重点，行车设备质量进一步提高。⑤铁路列车大提速，核心问题是保证行车安全。

1999年7～10月，全路连续发生3起行车重大事故。11月11日至12月31日，在全路电务系统开展为期50天的“四查”活动。“四查”即查思想、查领导、查管理、查违章作业。“四查”活动的主要内容是围歼违章作业、消灭作业失控。活动分三个阶段：学习宣传发动阶段，自查阶段，整改落实阶段。同时，《人民铁道》开辟专栏，开展全路范围的电务反违章专题大讨论。

2000年3月15日，铁道部召开全路安全生产紧急电视电话会议，贯彻落实江泽民总书记3月12日关于安全生产的重要批示，动员全路广大干部职工，迅速行动起来，开展为期1个月的以防火、防爆、防破坏和消除设备隐患为主要内容的安全生产大检查活动，确保运输生产安全。

年内，全路以开展安全生产大检查，确保提速调图顺利实施为重点，围绕“规范管理、强基达标”做了大量艰苦细致的工作，在提速范围越来越大、列车密度越来越高、治安状况比较复杂的情况下取得了事故件数减少、安全周期延长的成绩。2000年全路行车重大、大事故比1999年减少6件，下降24%；重大路外伤亡事故比1999年减少5件，下降31%。

2002年11月1日，《中华人民共和国安全生产法》（以下简称《安全生产法》）施行。铁道部召开安全生产委员会会议，向全路部署学习、宣传、贯彻《安全生产法》。铁道部成立由部政治部宣传部牵头，政策法规司、安全监察司参加的宣传小组，负责全路《安全生产法》的宣传。宣传小组在4个多月里，组织开展11项系列宣传工作。通过开展学习、宣传活动，全路职工安全管理意识、责任意识、法制意识得到增强，各项管理措施进一步落实，以法治路的观念渐入人心。

2005年3月18日，铁道部实施铁路局直接管理站段的重大体制改革，取消了铁路分局管理环节。由四级安全管理体制改为三级安全管理体制。这是新中国成立后的第二次铁路局直管站段管理体制（第一次是1958年）。实行铁路局直接管理站段体制后，全国铁路共有18个铁路局（公司）。原分局所在地设立办事处，主要承担运输安全检查监督职能。这一改革举措，使铁路局的安全主体责任更加明晰，站段的安全管理职责有了更大的空间保证，进一步提高了安全管理效率，有利于用科学管理保证运输安全。之后，相继推出了一系列局管站段新体制的安全法规、措施，并多次开展安全大检查活动，以确保新体制的正常运转。该年是新中国成立以来体制改革动作最大的一年，但又是迄今为止安全形势最稳定、成绩最好的一年。重大事故仅发生5件，重大事故率为0.002。这个结果出乎许多人的意料。因为本年度大家心里最没底、最担心的就是安全问题。

从1997年4月1日第一次至2007年4月18日第六次既有线大提速，铁道部领导及安监司等相关部门都将确保提速安全视为重中之重。车务、工务、机辆、电务、公安等系统结合自身实际和特点，从软硬件两方面强化安全保障。部安监司每次都参加由部长带队的提速达速试验小组，就提速涉及的一些安全保障问题深入细致地进行调查研究，提出解决问题的具体方案和措施，指导督促相关单位认真抓好落实。在确保提速安全上，安监司把重点工作放在提速安全保障体系的制定和抓好实施上，成效显著，为六次大提速做出了突出贡献。

六次大提速之后，伴随着高速铁路的快速发展，这一时期由于指导思想上违背客观规律，急于求成求大，过于注重轰轰烈烈、万众瞩目的社会效应，而忽视了扎扎实实的基础工作，这就为之后的安全生产出现重大反复埋下了伏笔。2008年和2011年发生的两起铁路交通特别重大事故足以证明。这两起铁路交通特别重大事故使铁路安全工作再次受到重创，全路干部职工因此承受了各方的巨大压力，安全工作陷于极为被动不利的局面。

2008年4月28日4时38分，济南局管内胶济线发生铁路交通特别重大事故，其中72人死亡，416人受伤，中断胶济线上下行21小时22分，暴露出了强度安全管理下的职工浮躁心理和结合部重要环节管理失控等一系列问题（此线路曾在三个月前发生过动车撞死18名施工人员的重大事故。本应认真吸取教训，高度防范未然，却在不到百日再次发生如此重大的交通事故，其教训值得深思）。4月29日凌晨5时，铁道部召开全路运输安全紧急电视电话会议，传达贯彻党中央、国务院领导同志对“4·28”胶济线旅客列车特别重大事故的重要批示和重要指示精神，通报事故情况。铁道部党组动员全路深刻吸取事故教训，迅速采取坚决有力措施，杜绝严重事故的再次发生，迅速稳定铁路运输安全局面。

5月5日，为进一步加强监督检查，督促迅速解决危及运输安全的突出问题，铁道部安全监察司下发通知，对全路安全监察系统开展大反思、大检查活动提出具体要求。这次全路安全大反思、大检查活动总体要求是：自上而下，上下结合，全面整改，务求实效。各级安全监察部门和全体安全监察人员要充分发挥监督检查的职能作用，检查督促有关单位和部门按照铁道部的要求，扎扎实实地开展好安全大反思、大检查活动。各级安监部门在监督检查过程中，注意把握关键环节，以确保客车安全尤其是提速客车安全为重点，集中力量对重点问题进行整治；要检查督促各单位、各部门深入查找，全面认真梳理问题，逐项制定整改措施，有计划地逐项整改；要加强信息反馈，及时做好安全大反思、大检查总结工作。安全生产大反思、大检查活动的有效开展，解决了一批运输安全的突出隐患，稳定了安全生产局面。

2009年、2010年是推进和谐铁路建设、确保铁路运输安全的关键年。全路各级安全监察部门和全体安全监察人员，站在落实科学发展观和构建社会主义和谐社会、加快推进和谐铁路建设的高度，充分认识铁路运输安全的极端重要性和安全监察部门应具备的政治责任，以落实国务院提出的“三项行动”（安全生产执法行动、治理行动、宣传教育行动）和“三项建设”（法制体制建设、保障能力建设、监督队伍建设）为抓手，认真履行职责，扎实开展监管监察工作，充分发挥了安全监察部门的职能作用。

2011年，安全工作又一次出现重大的反复。这一年对铁路安全工作来说，是一个令全路干部职工刻骨铭心、永世不忘的年份。“7·23”甬温线特别重大铁路交通事故，造成40人死亡，172人受伤，中断行车32小时，直接损失19371.65万元，给国家和人民造成巨大的政治与财产损失。此次事故远远超出事故本身的损失与影响。事故使铁路安全成了全社会关注、甚至是发泄情绪的焦点。党中央、国务院自始至终关注着这起事故的抢险救援、调查处理和善后工作。全路干部职工承受了来自国内外巨大的舆论压力和铺天盖地的尖锐指责。这起事故暴露出铁路安全管理的诸多问题，如安全理念、救援模式、保安设备、制度措施、法规法律和赔付标准，等等。为迅速扭转全路的安全被动局面，以盛光祖为首的新的部党组处惊不乱，审时度势，果断决策，相继推出一系列确保运输安全的重大举措，有效地稳定了全路的安全局面。先后在全路开展了安全大讨论、安全大检查、提速线路适当降速，组织专人加班加点地修订完善相关的安全法规、制度，加大重点区段和重要环节的安全投资，以及改革不合理的生产力布局；同时想方设法的提高职工收入，千方百计的改善职工生活和工作条件，其力度之大、范围之广、受益人员之多都是铁路史上不曾有过的，极大地提振了全路干部职工安全生产的信心与劲头，呈现政通人和、万马奔腾的喜人景象。铁道部要求：各级组织和个人要冷静面对，顾全大局，迅速行动起来，积极投身到大打安全翻身仗之中。确保列车尤其是旅客列车的绝对安全，力争在不太长的时间里，恢复铁路安全在国人心目中的良好形象和对铁路安全工作的信心。至2011年底，全路的安全工作已显现出较好的发展势头，基本上走出了“7·23”事故笼罩的阴影。

回顾波澜壮阔、曲折复杂的铁路安全发展史，让人感叹，让人深思，让人敬畏，也让人陡然增加了几分责任、几分压力。以史为鉴知兴衰，以志为镜智转高。只有知故才能推新，只有深入地研究过去，才能更好地做好当前工作，把握好明天安全发展的走势。

《中国铁路安全志》给读者提供了一个认识和了解铁路安全发展历史的全景图，希望广大读者通过这部志的脉络及轨迹去发现它的内在联系及变化规律，从中得到启迪和教益，继而更加自觉主动地做好安全工作，这正是全体编写人员所企及的。

铁路安全大事记

1876年

8月3日 中国铁路发生第一起人身伤亡事故。吴淞铁路是中国大地上出现的第一条铁路，长约15公里，是以英国怡和洋行为首的英国资本集团擅自修建的。吴淞铁路沿线居民从一开始就反对洋人筑路。尽管采取种种抗议行动，也未能阻止洋人筑路计划的实施。

机会终于来了。1876年8月3日，运行的火车轧死了一个当地行人，这如同一颗巨型炸弹的导火索，沿线群众的情绪瞬间被激发出来，有男女老幼近千人聚集于江湾一带，愤怒的群众将肇事火车司机拉下来痛打，随即他们抬着被轧死的行人尸体聚集在“吴淞铁路公司”办事处门前，高喊口号，抗议示威，吓得办事处的洋人畏缩在屋内不敢出来。他们还采取卧轨和破坏铁路设施等手段，坚决阻止火车开行。抗议示威活动持续了十余天。在群众起来同外国侵略者进行英勇斗争的情形下，紧接着于8月16日又发生运料火车与载客火车相撞的事故。在连续发生“事件”、“事故”的情况下，当地官吏的态度也有所改变。他们向英国领事进行交涉，在这样形势下，英方才被迫答应停止行车。

10月24日 中英双方签订了“收买吴淞铁路条款”，由清朝政府用285000两白银赎回吴淞铁路，中国第一条运营铁路就这样夭折了。

1888年

本年 京奉铁路唐山至天津段建成。当局设一弹压委员，并在各站雇用华籍巡夫3至5人，身穿号衣，巡守车站，维护秩序，此为铁路巡警之前身。

1899年

本年 营口发现鼠疫，很快就传染到铁路沿线各地。虽然不久即行扑灭，但铁路员工死亡已很多。

1900年

本年 路外伤亡赔恤，见诸文档始于1900年（光绪二十六年）《中德胶济铁路章程》：本路“开驶后，如遇有意外事故致受损华民人物者，应由公司按照地方情形发给赔恤。平时当有明发告白，凡人命或物件倘因管理火车疏误，致受损伤，亦应赔恤。”

1901年

本年 中国第一条自办铁路——京奉铁路全线建成时设置铁路巡警，负责沿线安全，1920年改名为铁路警察。

1902年

6月30日 一面坡—绥芬河铁路沿线发生流行霍乱，中国人发病率占62.28%，俄国人占37.72%。

6～9月 东省铁路地区霍乱蔓延，持续了整整一个夏季，3123名员工患病者死亡就达1945人，死亡率高达62%以上。另外由于铁路施工地区人烟稀少，猛兽出没无常，官方又毫无安全防护措施，以致员工死于非命者，亦不计其数。

1903年

1903～1910年 修建滇越铁路，先后夺取了12000多名劳工的生命。此地区除了疟疾，还有猩红热、痢疾、肠胃病等疾病，在南溪河一带时常流行。特别是遇到阴雨连绵时，死者相枕藉。再加上各种伤亡事故，情况更惨。故当地人民有“一根枕木一条命”、“一粒石子一滴血”的说法，实在是痛心之言……中国工人为建筑滇越铁路付出了高昂的代价，我们应永远铭记他们。

本年 京奉铁路从前门东站至安定间开始，在沿线各站安装英国制造的电气路签机和电气路牌机，这是我国铁路上最早安装的区间闭塞设备。

本年 法国人在云南省修筑滇越铁路滇段（今昆明至河口）期间，云贵总督署为维护铁路治安，将3个巡防营改为铁路守备营，分驻宜良、阿迷（开远）、蒙自。其时，法国政府借口保护其营业员之安全和维护沿线治安，竟派遣法国军警进驻守护。对此，云南民众群情激愤，据理力争，坚决维护领土主权；海内外爱国人士也纷纷支援。蒙自道、尹龚心、湛持义上书云贵总督李经羲，并致电总理大臣李鸿章，力请收回警察权。几经交涉与奋斗，促成中法双方会谈10余次，终将警察权收回。1910年（宣统二年）2月15日签订《滇越铁路巡警章程》，至此结束了法国军警插手滇越铁路的历史。

1904年

11月28日 沙俄远东总督发布《令华民保护铁路告示》，“若有损坏铁路，则在25俄里以内一带村落，罚金以示薄惩；后仍不悛，将各村落悉数毁烧屠戮”。其实也暗含正常事故村民的连带责任，为其日后找村民的事埋下伏笔。中东铁路沿线一片杀气腾腾，铁路运输完全为沙俄与日本帝国主义的野蛮战争服务。

1905年

11月16日 邮传部尚书盛宣怀到工地主持了芦汉线郑州黄河大桥竣工典礼。该桥是中华人民共和国成立前我国最长的铁路桥梁。全长3015米，共102孔。由于桥的基础埋深不足，隐患很大，因此大桥建成后，为了监护桥梁的安全行车，在南、北岸设置了桥工队，在桥头配备了一个监工和八个看守工，监工长期聘请外国人担任，遇有病害则报南岸桥工队修理。

本年 詹天佑在主持京张铁路修筑过程中，鉴于当时各类标准的混乱局面，于1905年批订各省铁路通行程式，向当时主管铁路修筑的清政府商部提出建议书，要求统一各路标准。1906年，他就线路等级、桥梁载重、路基宽度、曲线最小半径、限制坡度、站台高度、车辆限界、机车载重、车钩安装等项标准提出建议呈商部，商部据以制定全国铁路建筑章程，这便是我国最早的铁路技术规范。这有利于行车安全和铁路的发展。

1906年

本年 清政府在卢汉铁路文书课内设警务股，光绪三十三年（1907年）在汴洛铁路工程局设立总、分弹压。20世纪30年代民国政府在平汉、陇海铁路局设警察署。日伪政权在开封铁路局设警务处，后又改为警务部。（注：警务部是负责铁路沿线治安的）

本年 平汉铁路警察机构，起始于清光绪三十二年（1906年），当时在文书课内设警务股。1914年4月警务股改为警务课，隶属于总务处。1920年11月，取消警务课，设立警察处，直属铁路管理局。1924年5月，将警察处改为警务处。1930年6月，平汉铁路管理局南北分管，警务系统成立了南北铁路局警务课。1931年2月归并南北警务课，同年6月警务课改为路警管理处，12月，又改为警务课。1932年6月，警务课改称铁道部路警管理局派驻平汉铁路局警察署，薛铄为署长。1936年6月，马青苑接任平汉铁路警察署长直至1938年10月平汉全线沦陷。

1907年

本年 石太线娘子关站西端，因降雨引发泥石流堵塞桥涵，淤埋线路，行车中断，为北京局管内首次发生泥石流灾害。

1908年

4月 嫩江雪融水泛滥，将正在修建的齐昂轻便铁路路基冲断。

本年 詹天佑在主持修筑京张铁路南口至八达岭一段时，遇到一个复杂的技术难题，八达岭附近山高坡大，如果铁路沿山直下，行车异常危险，詹天佑经过详细实地勘测，冲破外国专家的技术封锁和和各种刁难，同时借鉴美国修高山铁路的经验，创造性地利用折返线办法，从青龙桥起，停靠山腰，设计出“人”字形轨道，使列车安全穿过八达岭，这是世界铁路建筑史上一个创新。

本年 京汉铁路黄陂、孝感间被洪水冲毁桥梁4座，轨道100余米，中断行车2个月。

1909年

4～7月 滇越铁路滇段盘溪至徐家渡间先后发生地震，沿线城镇及铁路部分房屋、隧道、桥梁倒塌，行车中断多日。

7月23日 伊洛河发生大水，桥墩基础被严重冲刷，9个桥墩中有5个被冲毁，6孔钢梁落入水中。1910～1911年进行重建。

本月 碧色寨至河口多处路基崩坍，11月始行修复。

11月28日 安奉铁路旅客列车在桥头至金坑间细河16号桥上脱轨，掉入桥下，死伤21人。

12月20日 滇越铁路滇段铺轨到达昆明。全部工程耗资158466888法郎，雇用劳工二三十万人，其中死去六七万人（法国滇越铁路公司与印支铁路建筑公司1910年出版的法文版）。（云南铁路）记载，由公司直接招募的劳工为60700人，不含承包商和各小包工头及线路邻近地区实际招募的人数，死亡12000人。

本年 为保证下坡方向的行车安全，在京张铁路青龙桥与南口间的各会让站建有避难线，以防列车溜逸失控造成事故。

1910年

3月 滨洲线北头河—免渡河站间K624+100m路堑堆满积雪，机车闯进去只露出烟筒，车体全被雪埋上，抢修4天才开通。

4月14日 安奉铁路福金岭隧道施工洞顶塌陷，将正在作业的中国工人全部压死。

9月 洪河决口，西平至遂平间铁路中断，轨道被淹没。

10月26日 满洲里站发现鼠疫，蔓延中东铁路沿线，昂昂溪地区一带也有发生，至翌年3月基本扑灭，共死亡1477人。

1911年

1月25日 安奉铁路一列货物列车在孟家堡—大东间全部脱轨，滚落于山谷之中，机车乘务员当场死亡。

1912年

4月 因铁路沿线治安混乱，增设滇越铁道兵警总局，总办稽祖佑，管辖上、中、下3段巡警正局，隶属于路警督办署。兵警总局驻蒙自，翌年4月迁至阿迷（开远）。全局警额增至900人。将铁路守备营改为保安队，兵额增至400人。

1913年

6月 长葛至驻马店一带，路基被洪水冲毁，行车中断，遂平最为严重。

7月3日 吉长铁路发生洪水，降雨量达209毫米，长春—安龙泉一段线路被洪水淹没32公里，饮马河大桥附近一片汪洋，41号桥钢梁被冲掉3孔，桥墩流失，桥台倾斜。桦皮厂附近第120号桥，两侧线路冲毁15公里。全线有11座桥梁损坏，中断行车16天。

7月10日 夏季暴雨成灾，危害行车，京汉铁路毁桥20余座，坏路200余公里；津浦铁路因五大河决口，杨柳青一带尽成泽国；京绥铁路孤山站一带也被冲毁。此外，正太、广九铁路也受水患。京汉、津浦两路停车三个多月。

1914年

8月 牡丹江流域发生水灾，铁路遭受水灾多处，行车中断多日。

本年 辛亥革命后，株萍路规定《工、警、杂役抚恤费给予规程》，嗣复公布《抚恤费给予细则》。规定职工如非因自己的重大过失以业务上受伤或染疾病，或致死亡者给与抚恤费，分为医药费、休业退业扶助费、废疾扶助费、遗族扶助费和丧葬费等5种。抗战期间，浙赣铁路员工伤亡除按部章给恤外，其被敌机炸死者另有15年年薪特别恤金。

1917年

5月 交通部成立铁路技术标准委员会，内设工程、机械、运输三组，开始讨论制定各项技术标准和行车规章。詹天佑为会长。

7月 山洪暴发，康庄怀来间路基冲空，81次货物列车颠覆，机车车辆颠覆11辆，死7人。事后改移线路抬高路基。1924年夏花园站附近水害，改线6公里，大水后河水猛涨又改移线路，但没有从根本上改善。

7～9月 京汉线北自长辛店、南至郑州小李庄间，由于山洪暴发，冲毁线路200余处，桥梁20余座。10月抢修通车。

本年夏 子牙河（西河）决口，天津西站至杨柳青各站间延长14.5公里的线路被水淹没，路基沉陷，五处路基冲毁，同时挖开路堤数处泄洪。10月下旬水渐干涸后抢修，11月恢复行车。1919年天津附近各河决口，杨柳青及静海一带路基再次发生多处冲毁，行车中断。

1918年

6月18日 交通部召开第一次铁路运输会议，讨论国有铁路统一客货运输规章制度问题，铁路安全也在研究之内。

本年秋 黄河发生洪水，主流集中，将郑州黄河大桥33号桥墩向下游冲歪50厘米，停止行车两星期，抛石5000多立方米才趋于稳定。洪水退后将钢梁移正，并在桥墩周围用钢筋混凝土做成围堰，使之下沉以作防护。

1919年

10月30日 由长春始发的6次旅客快车到达公主岭站时，因日籍扳道员未扳道而颠覆，死伤旅客50余人。

本年 民营个碧铁路通车，在鸡街车站即发生机车调车作业轧死人案件，云南省高等检察厅、审判厅遂责令公司补订路外伤亡处理特别办法，规定凡铁路行车人员，因过失轧伤碾死路外人员，必须对责任者处予刑律；凡路外人员自行侵入铁道致死者，公司规定具体条款分别处理。

1920年

4月1日 交通部召开第二次铁路运输会议，通过《国有铁路客车运输通则》《国有铁路货车运输通则》和《国有铁路普通货物分等表》，决定采用国际度量衡制，制定统一的车站重要单据格式。《通则》对客货运输安全及员工的奖惩作了明确的规定。

10月25日 京奉线一列火车在山海关附近因桥梁坍塌坠入河中，旅客伤亡400余人。

1921年

3月4日 中东铁路滨洲线沿线鼠疫蔓延，至5月31日扑灭鼠疫时止，共患疫2809人，死亡1827人。

本月 淄川孝妇河山洪暴发，冲毁胶济铁路孝妇河桥墩，一列车运行至此坠入河中。

5月 中东铁路沿线从上年10月起流行的鼠疫被抑制，历时长达8个月，全线染疫者4529人，其中华人4179人，俄人350人。

8月3日 株萍路开行临时专车运兵赴岳阳，抵粤汉路黄沙街站时，因该站线路为下坡，而前方列车又不知有此临时车队开来，双方停止不及，两车相撞，撞死司机2名，司火夫5名，撞坏7号机车一部，40吨大煤车2部，损失巨大。

12月2日 粤汉铁路3次客货混合列车由余家湾开往鲇鱼套站之际，由长沙开来的2次客货混合列车与之相撞，乘客死4人伤9人，损失3万元，转辙夫李为炎和司机程可由法庭讯办。

本年 日本山东铁道部拟《分课规程及办事细则》，亦订有关于损害赔偿及慰藉金之调查事项。执行情况概莫能详。

1922年

6～8月 湖北境内两次暴雨成灾。京汉线人和至大刘庄，确山至黄山坡，长台关至广水间，河水泛滥，路基被冲毁20多处；长台关大桥因淮河涨水十分危急，经抢救得以保全；南头小桥冲毁，中断线路。

1923年

2月15日（农历除夕） 由青岛车站开出的37次货物列车到达高密车站时，停留在车站的坊子机务段机车乘务员，要求将机车附挂37次列车回坊子，站长应允，两机车重联开出。16日3时30分行至黄旗堡至南流间云河桥上，第四、五两孔钢梁折断，两台机车及6辆货车坠于桥下，司机死1人、重伤1人、司炉重伤2人。事故原因是德国修建胶济铁路的桥梁强度不够；换用大型机车仍准许双机重联，致使桥梁压断。

本年 北京民国政府胶济铁路管理局交通部颁布《国有铁路客车运输通则》规定：列车启动旅客不得启开车门或上下车，不得携带枪械上车，不得将卷烟、火柴余烬或易燃物品置于地板和窗缝内；“铁路对旅客或他人，无论因何情由受伤或毙命者，概不负责，亦不赔偿”。1936年修订通则规定：“旅客因铁路事故所受伤害，如因不可抗力或旅客过失的，铁路概不负责”。

本年 胶济铁路管理局始由事故责任部门和总务处分别掌管事故调查和处理。

本年 日本华北交通有限公司（株式会社）订有《铁路运转规程》，于胶济铁路置青岛、张店、济南等监理所，行使各管内行车安全指导、监督和稽查。1940年再设事故防止委员会，负责各类事故审议和制定防止措施。南京国民政府济南区铁路局接收后，废除日本占领时的监理机构，于人事处设事故课，实施事故调查处理。

1924年

1月18日 济南开往青岛的第2次客车行至金岭镇至辛店间，机后第3节车厢内因旅客携带的油漆着火而引起火灾，烧毁客车2辆、公事车1辆，烧死旅客5人，跳车跌死2人，重伤致死3人，受伤者45人。原因系一旅客携带的油漆，被人挤倒瓶子流到车底板上，另一旅客恐污及自己行李，在划火柴照看时落上火种而引起火灾。

5月26日 陇海铁路在硖石驿隧道两端同时施工中，因开挖将透，互不联系，一方误置炸药放炮，对方躲避不及，造成死伤工人80余人。

本年 南满铁路首先建成大连至金州间、苏家屯奉天间的自动闭塞，这是我国铁路上最早出现的自动闭塞。

本年 蒙宝铁路鸡建段K46+200m滴水坎桥梁完工前一日，工人发现建桥的木支撑架移动，当即向包工头闵吉三、解俊德报告，提议停工修整，工头不允，逼迫施工，第二日务必完成建桥工程。次日工人搬运桥梁合拢交口石时，撑木折断，8人坠桥死亡，1人受伤。

1925年

8月中旬～9月中旬 因嫩江涨水，江桥南北24公里受水害，中断行车数月。

本年秋 个碧石铁路因未办理电报闭塞，在鸡街至建水间发生旅客列车与货物列车相撞。

本年 长台关一带小桥多座被洪水冲毁，中断行车7天。是年，长台关至广水段，也因河水泛滥，路堤冲毁10多处。

1926年

8月 大连附近的沙河口至周水子间安装了中国铁路首次使用的踏板式道口自动报警机。1928年又改装为轨道接触式的道口自动报警机。1930年3月，在甘井子与金大公路和平交道口上，第一次安装上轨道电路式的道口自动报警机，并以此定为发展的新方式。

1927年

3月9日 6次货物列车在胶济铁路沧口至四方间湖岛处，因机车故障停车，沧口站又放行4次旅客列车，造成追尾，旅客当即死亡31人，重伤致死5人，受伤40人，后又有因重伤致死的5人。抚恤处理时，遇难家属均着孝服，哭声震天，情景极其悲惨。路局车务处副处长钱宗渊、车务段长蒋之鼎、副站长李衍林撤职缉办，正副局长各记大过1次。

本年夏 在鸡街至个旧间，因山石崩落，整列客车被砸翻，机车滚下河底，中断行车多日。

1928年

6月4日 晨5时27分，皇姑屯事件发生，张作霖被炸身亡。前往迎接的黑龙江督军吴俊升也当场被炸身亡。张作霖（1875～1928年），北洋军阀奉系首领，在日本帝国主义的支持下，长期盘踞东北。1924年打败直系军阀后，控制北洋军阀政府。1926年任安国军总司令，次年杀害共产党人李大钊等。1928年6月，同蒋介石作战失败，率部退往关外。由于他没有满足日本帝国主义的全部要求，与之发生利益冲突，6月4日当所乘的火车驶至皇姑屯京奉线与南满铁路交会的立交桥时，被日本关东军预先埋置的电控炸药炸成重伤，上午在奉天死去。

1929年

12 月 京沪、沪杭甬铁路设立保安警察大队。

本年 民国胶济铁路管理局制定有《铁路行车规章》《运转规定附则》，列举列车冲突、脱轨、列车分离、车辆热轴等惯性事故及站长、车队长、调车夫、扳道夫等行车工种防止事故的安全措施。

1930年

3 月 3 日 民国政府颁布《铁路员工服务条例》，其中第五章和第六章是关于奖励与惩处的。奖则对敬业爱岗、技术精湛者，对防止事故尤其是特别事故有功者都有明文奖励条款，如记功、升级加薪等。罚则对不服从命令、不遵守规章、品行不端、工作不良，甚至工作时间不着制服者也明文规定了具体的惩罚条款。其中有严禁员工罢工怠工等反动规定。

5 月 21 日 铁道部颁布《国有铁路员工抚恤通则》。本《通则》在同年 12 月 29 日和 1933 年 1 月 13 日曾作修正。《通则规定》，国有铁路员工凡因执行职务死伤者，或在职三年及其以上积劳病故者，均可按服务年限一次给予不同的月薪抚恤；因病住院，由路局负担之医疗费则以三个月为限。

本年 “满铁”大连至长春铁路九寨至熊岳城间的自动闭塞采用探照式色灯信号机、直流轨道电路，其他自动闭塞则为透镜式色灯信号机，交流轨道电路。这是中国铁路最早采用的色灯信号机。

1931年

10 月 27 日 207 次货物列车在真如站进弯道停会 10 次旅客快车，因列车进路未办妥，两列车于 22 时 27 分在车站相撞，造成旅客、职工重伤 2 人、轻伤 27 人，机车 2 台与货车 2 辆脱轨，构成行车重大事故。民国政府铁道部特派业务司长等人到真如车站调查。

本年 胶济铁路管理委员会制定《行车伤毙人命处罚办法》。规定列车司机“遥见行人闯入轨道并不鸣笛、停车，以致伤毙行旅者”、“机力可以制止而竟伤毙行旅者”，属于司机责任，给予斥革、停职、降调、减薪或记过处分；情节严重的送法院惩办。至于实际伤毙赔恤也难考据。

本年 实施南京国民政府铁道部颁发《行车事故处理办法》，按冲突、失火、脱轨、颠覆、桥梁折断、路基或路轨损坏、列车分离、车辆逸走、机车中途损伤、车辆热轴、线路障碍、固定信号损伤、辙尖损伤、人命伤亡和其他等 14 项统计。1935 年修改为 10 项。1939 年，日本华北交通株式会社制定《铁路运转事故报告规程》，行车事故主要有：列车冲突、列车脱轨、列车失火、列车进入异线、列车冒进信号、列车分离、违章办理闭塞、违章办理信号、调车冲突、调车脱轨、运转妨害、机车破损、车辆破损、线路故障、信号故障、人员死伤等 30 项。日本投降后济南区铁路局仍执行 1935 年修订办法。

本年 安全没有专门机构，负责铁路行车安全的主要部门是各铁路管理局的运输处、运输课等；负责铁路路外伤亡事故处理的部门主要是警察署、警务段和警务所。

1932年

7 月 21 日 南京国民政府颁布《铁道法》。这是中国有史以来第一部铁道大法。

铁路有了根本大法，以法筑路、以法治路，为铁道的兴筑、管理提供了法律依据，有利于铁路事业的发展。

本月 铁道部设置路警管理局，将各铁路管理局原设的警务课或警察室扩大为警察署，署下设警务段。各铁路工程局设警察所。自此，铁路警察机构名称始归划一。

9月 湘鄂段铁路管理局整理委员会设“行车事故审查委员会”，审理事故责任，制定防止措施。

11月 为迅速、安全、准确管理行车，铁道部绘制了列车运行图式样，并附说明及使用方法，令各路实行。

本年 铁道部年鉴的记述称：“……昆河铁路沿线皆山，多为人迹罕到之处，瘴疠特重，土人惧不应募。直晋工役死于建筑中者达5000人以上。”

本年 陇海铁路管理局设警察总署，1943年（民国31年），改编为交通警备警察第三总队，1946年（民国35年）5月，改编为陇海区铁路管理局警务处，负责“行车安全之维持，车站桥梁及一切路产、路料之保护，违章、违禁、违法案件之检举与处理”。

本年 设立由总务、工务、机车、车务等处组成的行车事故审查委员会，遇关涉2个以上部门的复杂行车肇事，因事推求，分明赏罚，由总务处执行。

1933年

5月6日 中华民国铁道部公布《铁道部法规委员会规程》。

5月21日 昆沾线112次混合列车下午9时45分驶至K99+500m处三支龙头桥整列颠覆桥下，死59人，伤61人。死伤人员除司机、司炉5人外，均为贵州军管区官兵。

8月20日 南得铁路加开的一趟列车，乘坐赴庐山训练的保卫一师官兵千余人，行至新棋周至乐化间，因工程原因，开行倒车，又因信号员疏忽，使列车与枕木车相撞，车厢翻倒，压死军官3人，士兵3人，重伤5人，轻伤30余人。

1934年

1月17日 由齐齐哈尔开往满洲里的国际列车，21时15分行至小蒿子（今泰康）烟筒屯间发生脱轨事故，一、二等车及卧铺车共六节颠覆，旅客重伤4人，轻伤14人。

1月29日 齐齐哈尔火车站候车室起火，站舍全部烧毁，损失惨重。

7月1日 北平开往沈阳特快旅客列车，驶至茶淀站时，一辆三等客车内发生炸弹爆炸，车辆炸毁，6人死亡（旅客5人，铁路员工1人），9人轻伤。事故原因系有人于行李中夹带炸弹，上车后暗置车座之下而引爆所致。

8月19日 新京日新闻称：中东铁路的列车颠覆事件，从4月至7月间仅东部线就发生13件，线路破坏14件，抢劫列车42件，破坏通讯8件，烧毁桥梁31件，使铁路受到损失百万元。

本年 京沪沪杭甬铁路管理局（简称两路局）建立行车保安委员会，由车务、工务、机务处长及警察署长等组成。

1935年

12月31日 张嘉傲接任铁道部长之后，为获得大量借款，决心切实整理债务。

本月 民国政府军事委员会以“铁路警察关系国防军事运输至关重要，为谋求高效整顿，以确保交通安全”，令将铁道部路警管理局扩大为铁道队警总局，隶属于铁道部，并受军事委员会指挥，率领铁甲车队及各路警护路保安队，将各路警察署作为铁道队警总局机构，受队警总局局长领导并接受铁路局长指挥。

本月 《修正中华民国铁路客车运输通则》第十四条规定：旅客有下列行为之一不服路员制止者，得遗之下车，其所持客票即为无效。如情节重大者并送主管官署，依法办理。

一、妨害铁路运输之安全。

二、妨害路员执行职务。

三、妨害公众卫生或安宁。

四、当列车行动时登车或下车。

五、自车窗抛掷易伤人之物。

六、掷弃未尽或易燃之物于车中地板上座位上或车窗缝内。

七、由车窗送取行李。

……

第十六条 旅客携带危险品厌恶品违禁品至铁路界内或交由铁路装运者，应处以一百元以下之罚金或依法送交主管官署办理。如携带上列物品而发生事故，伤害损失须由该旅客负责赔偿。

……

第十八条 旅客因铁路事故的受伤害，如因不可抗力，或因旅客过失所致者，铁路概不负责。

第二十条 铁路员工如有越礼慢客及疏忽或舞弊情事，可将详情报告路局或车务处长以便查处。

本年 撤销“行车事故审查委员会”成立“行车保安委员会”。抗日战争胜利后，粤汉区铁路管理局仍设“行车保安委员会”管理行车安全，由于管不清理还乱，行车安全一直不好。

本年 京沪沪杭甬铁路管理局先后在沿线建立（南）京丹（阳）段、丹（阳）苏（州）段、苏（州）（吴）淞段、沪嘉（兴）段等行车保安分会。

本年 京沪沪杭甬铁路管理局在上海机车房及吴淞机厂备有救援车辆，遇到行车事故请求救援时，立即召集工人出发救援。抗战时期，“华铁”曾制定《铁道运转事故复旧手续》，在上海机关区（机务段）和吴淞工场（机厂）备有救援车，并在常州工场（即戚墅堰机厂）配备轨道吊。抗战胜利后，京沪区铁路管理局在上海设有救险班，并备有LC型18吨蒸汽轨道吊1台，与机务、工务各自配备的救援车连挂一起，停于上海机务段段内。组织救援以工务为主。

1936年

1月1日 国民政府铁道部业务通令行车类第一号颁布《行车事故分类表》。

（甲）甲种行车事故

第一类：

（一）列车或机车相撞。

（二）列车或机车车辆出轨阻碍正线行车。

（三）车辆溜逸发生其他事故。

（四）列车分离发生其他事故。

（五）车辆中途切轴。

（六）车站货场或列车发生火灾。

（七）桥梁、隧道、路基或路轨损坏。

（八）遇有停车在12小时以上之事故。

（九）其他重大事故以致阻碍行车者。

第二类：

（一）列车行驶或调车工作时伤毙人命。

（二）列车或机车车辆出轨不阻碍正线行车。

（三）车辆溜逸并未发生其他事故。

（四）列车分离并未发生其他事故。

（五）机车损坏。

（乙）乙种行车事故

（一）车辆热轴并未发生其他事故（凡车辆因烧轴而必须解下者或车辆轴箱发热须整理后方能行驶者均应报作热轴）。

（二）列车误入轨道并未发生其他事故。

（三）转辙器或辙尖损坏。

（四）号志损坏。

（五）车钩损坏。

（六）电气路签机或电线损坏。

（七）槅门损坏。

（八）其他轻微事故。

3月起 京沪沪杭甬铁路管理局执行国民政府铁道部颁布的《行车事故处理办法》。事故分类为：撞车、出轨、脱钩、失火、烧轴、机损、车逸、辗伤人命、轧坏辙尖、损坏车钩、撞坏车门、其他等12类。后又制定《行车事故报告办法》，将行车事故分为重大行车事故、次重行车事故和较轻行车事故3类。

7月22日 在建杭州钱塘江公铁两用大桥发生一起重大人员伤亡事故。这天，在清基过程中，因缺乏安全设施，通风不良，受一氧化碳气体中毒而死亡4名大桥施工人员。事后承包商仅发给死难者的家属以每人棺殓抚恤金150元了事。

本月 中华民国政府铁道部颁布《铁路行车通则》。

9月13日 颁布行总36字号训令（不另行文）—《平津区铁路管理局行车事故会勘会报暂行办法》。《办法》共八条，对发生事故后如何保护事故现场，如何询问当事人或旅客，如何上报会勘报告等等，做了详细规定。并附有行车事故会勘报告表。

同日 湖南省公路局汽车在粤汉铁路易家湾车站K391+500m处抢道，与22次旅客列车相撞，造成火车司机、司炉、汽车司机及旅客当场死亡9人、重伤13人的事故，中断铁路行车33小时。

10月22日 由乐昌开往衡阳的94次挂重车21辆，105号机车本务，143号机车任补机，因坡度太大爬坡不上，乘客（特务排长许克强）持手枪威逼本务司机和车长拉前8辆开往邓家塘站，行至K360+000m处，又坡停甩下4辆，该4辆车自行溜逸与留在区间的13辆车及补机相撞，造成死亡30多人、重伤12人、轻伤10余人。

本年 执行中华民国政府铁道部制定的《铁路行车通则》《铁路货车运输通则》《铁路客车运输通则》，按其有关条款，处理行车和客、货事故，保障运输安全。是年3月，行车事故分为列车与机车相撞、列车行驶或调车工作中伤毙人命等11种。7月，行车事故的种类改为甲、乙两种。甲种又分为两类：第一类为列车与机车相撞等9项；第二类为列车与机车、车辆出轨不阻碍正线行车等5项。乙种有列车误入轨道并未发生其他事故等8项。民国36年（1947年），陇海区铁路管理局制定《行车事故分类处理办法》，作为对行车事故定性、分类处理的依据，一直沿用到1949年。

1937年

1月16日 广九线旅客列车在石沥站发生火灾，旅客死亡200余人。

1月23日 在建杭州钱塘江大桥发生一起重大人员伤亡事故。这日午夜自北岸开往水上各墩的渡轮，因乘船人数过多造成超载，且遇大风，致渡轮侧倾沉没而死亡70多名铁路施工人员。

9月26日 杭州钱塘江大桥正式完工通车。该桥位于杭州闸口六和塔附近，北岸与沪杭铁路接轨，南岸与浙赣、杭甬铁路及浙东公路联接，是浙江省东西地区和长江以南东西交通干线的联络桥。1934年5月筹建，1935年4月6日动工，工期近30个月。抗日战争中，为阻止日军前进，1937年12月23日，由中国军队自行炸毁。

本年 胶济铁路行车事故救援未置专门救援机构，仅在沿线少数行车业务繁忙的车站备有海参型复轨器。

1938年

1月1日 铁道部并入交通部，原铁道部长张嘉璈留任部长。

1月2日 粤汉铁路由广州开往武昌的22次直通混合列车，行经旧横石与黎洞间，全列14辆中有10辆颠覆，死伤旅客百余人。事故原因是路基松浮，且列车编组前重中轻。

3月 日本侵略军占领山西省风陵渡，经常隔黄河炮击潼关及其以东的陇海铁路，威胁行车安全。后经堆筑防护墙，展筑17号隧道，行车安全有了一定保障。

1939年

1月8日 个碧石铁路由个旧开往石屏的旅客列车在6号隧道外颠覆，死伤100余人。

9月23日 由河口驶往开远的一列客货混合列车在机车后边挂了3节军运货车，其中第3节装有10吨汽油，第4节是行李车，第5至第8节是客车。军运保密，司机并不知道装着汽油。

大塔至玉林是25‰的下行陡坡。列车从大塔向玉林山开去，因天雨轨滑，溜逸超速，于玉林山大桥前脱轨。第3节货车里的汽油桶因冲撞而桶盖松脱，汽油溢出。

夜幕降临，司机杨庚生点燃油纱照明，从机车上下来检查脱轨货车的底部轮轴。查到第3节，一声巨响，溢出的汽油引燃了车上的油桶。杨庚生猛然醒悟，疾呼旅客下车逃命，同时与列检工摘下车钩，与旅客一起奋力将尚未脱轨的第7、第8客车往后推离，50余名旅客因此得以生还。

机车和前面6节车辆顷刻葬入火海。脱轨地点正在路堑深处，逃逸不易，旅客被烧死80余人，烧伤40余人。随车员工，除杨庚生、车长和4位检车工因抢救旅客得以逃生外，司炉等人以身殉职。死伤旅客部分是从敌占区逃难来滇的同胞，其中有一个由南洋华侨组成的机工救国团，从南洋到云南来支援抗日救亡，20余人壮志未酬，一起遇难。

滇越铁路公司蓄意逃避责任。法籍车务总段长毕布洛、分段长那果和医生白吉吾于察看现场时密谋了一番，回到开远就给受伤的当事人杨庚生打了一针，杨当即气绝身亡。法方乃声称事故是因“天雨路滑，刹不住车，闸瓦抱死导致摩擦起火烧了车辆，抢救不及而造成旅客伤亡”。民国政府和开远军警总局也与法方沆瀣一气，胡说什么“天灾人祸无法避免。”

本年 衡桂段铁路管理局（1940年改为湘桂铁路管理局）设行车保安委员会。

本年 客货运输繁忙。法国资本家挖空心思赚钱，将滇越铁路旅客列车改为客货混合列车，于每列旅客列车的机车后边加挂几节货车。

本年 法国管理滇越铁路公司滇段时期，行车规章由法国公司制定，条文规定严格，要求必须“绝对服从”，如有违章，轻则扣薪，重则开除。行车指挥由站长负责，每列车配有列车乘务组根据司机鸣示的信号配合司机进行制动和缓解，乘务组设车长1人，司轫员3人，遇有列车在区间停车时，由乘务组在列车尾部设置响墩防护，共同负责列车的行车安全。为便于对铁路员工工作的监视和对行车安全的监督，在较大的车站和机车房（机务段前身）均设有监工监视楼。在每台机车上装设“速度自动显示器”，机车回库后，由段长或领班员亲自检查司机是否有违章超速的情况。线路设备的检查则由公司工务监察或其他高级职员定期乘车巡视。在严格的管理下，行车秩序良好，未发生过列车正面冲突和追尾事故。

本年 法国公司经营滇越铁路滇段时期，未设专门的安全管理机构，行车指挥由站长负责。公司在芷村机务总车房派驻机辆监察，负责监督管理机车车辆的维修和运用；

在蒙自办事处设工务监察一名，负责监督管理线路维修事务；在昆明车务总段和各分段设稽查员，在每列旅客列车上设稽查一名，主要负责检查运输收入和旅客车票查验，同时也对行车和客运安全进行监督管理。

1940年

2月1日 14时50分，30多架日机低空投弹，击中行驶在白寨大桥即将进入昆明端隧道的旅客列车，炸死旅客92人，炸伤82人。

本年 白城至伊尔[illegible]铁路南兴安岭隧道为防止严冬地下水结冰，影响行车安全，在隧道两端设防寒门及遮断信号。平时防寒门关闭，遮断信号显示红灯，门开时信号灭灯，允许行车。这是中国铁路最早出现的隧道防护信号。

本年 日本济南铁路局制定《事故防止十训》，列举行车事故10项因素和防止事故措施，印发张贴，组织实施。并拟定“铁道训社”（誓词），强令员工工前背诵。

本年 日伪北平铁路局在石六铁路设立监理所，负责监察安全工作。

本年 华北交通株式会社和济南铁路局先后制定《铁路运转事故复旧规程》和《事故复旧出动内规》；由监督所所长指挥，从各站临时抽调人员救援。

1941年

本年 在衡阳、冷水滩、桂林、柳州设立行车保安分会。

1943年

2月4日 零时35分，由明水站东去864次货物列车，机后第21位车之前折角塞门被关闭，后部11辆车制动机内风已漏完，到达普集站停车时车辆冲动断钩分离，后部11辆溜回明水站方向。调度员指示明水站将溜来的车辆接入货物线，以防止与另一铁甲列车正面冲突。溜来车辆冲上货物线顶端站台，颠覆6辆、脱轨2辆、守车内运转车长及车站站员等3人死亡。

本年 陕西省管内铁路发生各类事故1157件。至1948年（民国37年），共发生508件，其中列车或机车、车辆相撞10件，列车或机车、车辆出轨66件，列车分离43件，车辆溜逸1件，站、车发生火灾6件，列车行驶或调车时伤毙人命100件。

1944年

5月9日 昆明开往开远的21次旅客列车在凤鸣村至水塘间七凸坡处（河口起计程K426+055m），因列车超速失控，致使列车脱轨颠覆翻入山崖下，死亡185人，重伤57人，轻伤48人。烧毁“中国银行”钞票17箱，约3500万元。司机张培仁、车长裴宗祥因过失罪分别被判处有期徒刑10年和3年。本年事故以机车破损为最多，脱轨次之。事故责任机务最多，车务次之。

9月28日 在柳桂线发生脱钩的前后两段车厢相撞事故，共死72人，受伤人数不详。死伤者都是车二段的员工和他们的家属，受伤的人非常可怜，抗战时期缺少药品，车二段撤退时才备1瓶奎宁和1瓶盐酸吗啡，这点药除止痛外无济于事。

另：在上述事故之前有一段线路上出了两次事故，其中一次翻下去4节车厢，死数百人。翻车的原因是车厢两侧负重不平衡，钢轨枕木下的石子被停车做饭的人取用而松动，弯道行车不稳，车就翻了下去。

10月31日 民国政府公布《战时交通器材防护条例》。《条例》规定：盗窃电信杆线或铁路器材者，处7年以上有期徒刑，情节严重者处以无期徒刑直至死刑；毁坏电信杆线或铁路器材者，处以5年以上有期徒刑；盗窃库存器材者处以7年以下有期徒刑。对捕获或举报者予以奖励。

11月 行驶在滨洲铁路上的501次货物列车和2501次日本军运列车在黑岗站相撞，军运列车起火，烧毁4辆，颠覆10余辆，被毁枪支数百支，被服、粮食3车，日军死亡50余人，撞死军马40余匹。

本年冬 齐北线K128+844m依安站附近雪峰高达5米，大雪埋没机车和站内一些设备，动员民工除雪两昼夜方开通。

1945年

8月17日 由连云港开往徐州的962次货物列车，满载食盐，行至赵墩站机车上水时，驻站日军以影响岗哨瞭望为由，强迫将停留在站的12辆空棚车挂走，使已满轴的列车呈超轴状态。列车行至碾庄站不得不停车烧汽，延误约10分钟，继续向西行驶。因当时碾庄附近几个站间通信线路被当地抗日军民破坏，不能办理正常闭塞，使用路券（路票）行车。按时刻表规定962次到八义集与由徐州开往连云港的931次混合列车相会。但八义集站未等962次到达，即发路券给931次，正点开车。两列车均在无任何灯火下运行，又值天降小雨，21时30分左右，行至区间，在列车技术速度最高时发生冲突。两台机车报废，七、八辆货车颠覆重叠。962次3名机车乘务员受伤，931次四名乘务员当场死亡。由于931次混合列车机车前端、煤水车上部和货车车内及顶部均挤满旅客，死伤300人左右。

1946年

1月 湘桂黔铁路工程局把行车事故察核工作，划给调度总所运行股负责。

本月 由国民党政府交通部组织实施的粤汉铁路复路工程开始。先修复广九线，以便从九龙北运联合国善后救济总署提供的钢轨、枕木、桥梁、道岔等材料。至1947年7月1日，全线修复通车。但由于工程草率，隐患甚多，自1946年7月至1948年8月全线共发生工务行车事故648件。

2月26日 16时32分，1次特别快车真如站通过后，上海北站调车机车还在进站信号机外进行调车作业，16时40分1次特快在进站信号机前40米处与调车车列相撞，造成1次特快本务机车和1辆客车脱轨，调车机车及守车1辆、货车2辆颠覆，行李装卸工4人、押运员1人死亡，旅客和职工22人受伤，构成行车重大事故。

本年 京沪区铁路管理局制定《行车事故报告办法》，仍将行车事故分为重大行车事故、次重行车事故和较轻行车事故3类。

5月30日 国民党政府交通部管辖的粤汉铁路开行的6234次货物列车，行至廖家湾隧道附近停车，机车将车辆摘下到邓家塘补水，返回原地挂车时连挂三钩未挂上，车辆全部溜逸。其中9辆货车溜至小溪河木便桥时坠入河中，2辆在桥头与另一旅客列车相撞，死亡旅客52人，伤87人。

6月18日 52次旅客列车于5时30分抵达沪宁线真如站1道，交会7次旅客特别快车。机车停于道口前1米处，当7次由正线进站时，突然上海万丰海陆运输公司一辆满载火柴的卡车由南急驶而来，不顾道口看守人员显示的危险信号，抢越道口与7次特快列车相撞，卡车被撞后，车内储油器破裂，汽油四溅，所载火柴受震着火，并延及客车，共烧毁客车4辆，机车、煤水车脱轨后撞坏52次机车，卡车司机不治身亡，2人失踪，旅客27人受伤。

7月2日 平汉铁路由北平开往石家庄的

第17次快车，在永乐站出轨，车头及前三节客车颠覆，乘客伤亡甚多，铁路实施紧急抢救。由石家庄开往北平之快车，当晚因事故停运。

9月8日 陇海线交口车站一列运送国民党军队的火车，乘车军人胁迫车站站长要抢先超越先于到站的一列客车开车，行至观音堂至硖石的8号桥上3辆客车脱轨翻于桥下，造成3辆客车颠覆，300余名旅客死亡。

10月30日 该日是朱德总司令60岁寿辰，哈尔滨检修段职工抢修客车40辆，编成4列客车，机务段抢修一台机车，命名为“朱德号”作为纪念。“朱德号”后成为全路安全生产的一面旗帜。

11月8日 3时，由牡丹江开往图们的604次列车，行至鹿道站4号道岔处，司机以机车缺水缺煤拉不动为由，擅自在坡道上停车，摘下机车去站内上水，致使停留的11辆粮食车向斗沟子站溜走，此时斗沟子车站一道正停留有东北局领导陈云、肖劲光乘坐的专列。斗沟子车站值班员接到鹿道站的通知后，采取紧急措施，将溜来的车辆放入三道，因车速太高造成列车颠覆，搭乘货车人员死亡32人，重伤10余人，轻伤10余人。

12月14日 8时，长图线苇子沟—河南间K501+000m大桥下发生火灾，致使图们开往朝阳川的旅客列车颠覆，机车和1节客车掉到桥下，1节客车悬在桥墩上，旅客死亡18人，伤55人。

12月24日 解放战争时期，由东北民主联军总司令部公布《妨害铁路军事运输治罪法暂行条例》。为保证铁路军事运输行车安全，维持铁路纪律，必须镇压反动活动，特制定本条例。《条例》对何为妨害铁路运输罪及其责任者的处置作了明确规定。

1947年

1月3日 东北解放区东北铁路总局公布《员工奖惩委员会规则》和《员工奖惩条例》。

1月18日 在东北解放区，3201次列车与3202次列车在绥佳线桃山站发生正面冲突，损失严重。2月9日，东北民主联军总司令部铁路特别军事法庭按妨害铁路军事运输治罪法暂行条例，判处事故责任者、副站长极刑，站长和3202次列车司机各10年徒刑，扳道员1年徒刑。

2月27日 2144次列车在新立屯至义县铁路的新邱、沙拉间K41+000m处，因车钩折断，后10辆车向新邱方向溜逸，连闯三站（新邱、阿金、东阜新），最后与进入阜新的2146次列车冲突，损失惨重。

3月1日 东北解放区东北铁路总局决定旅客列车及混合列车实施定时运行。规定每一区间或站，如旅客列车迟延10分钟以上，混合列车迟延20分钟以上，即作为迟延事故处理，并应按章程提出事故报告。

3～4月 哈尔滨铁路局全线举行竞赛突击月，以机车安全运行一万公里为目标；召开站务会议，强调：①加强车站管理。②爱护铁路财产。③保障行车运转的安全和迅速。④研究处理发生的事故。⑤密切铁路与军队的联系。

7月10日 韶关站开往广州南站的85次客货混合列车驶至英德遥步木便桥，在桥上脱轨，便桥撞塌，机车和8辆客车坠落江中，3辆斜立半空，造成轰动全国的重大事故。粤汉区铁路管理局国民党特别党部发表的调查报告公布旅客死亡36人，路工死亡3人，伤56人。

10月1日 东北解放区齐齐哈尔至郑家屯间铁路恢复通车。东北铁路总局电贺齐齐哈尔铁路管理局及全体抢修工人，东北民主联军总司令部也于8日特电嘉奖。

本月 东北解放区东北铁路总局确定当前铁路运输任务。要求以战斗姿态完成繁重的冬运任务，同时在人力物力上做好准备，开展以完成冬运任务为目标的群众性立功竞赛运动，在运动中健全工会组织；号召全体职工，特别是干部学习技术、熟练业务；加强思想教育，以提高党员的政治思想水平。

11 月 京沪区铁路管理局奉交通部命令恢复行车保安委员会，并在上海、南京、杭州三地成立分会。

12 月 13 日 东北解放区的东北行政委员会颁布《保护铁路财产及使用铁路运输力暂行条例》及《关于铁路员工服务与待遇的暂行规定》。

本年 陇海区铁路管理局成立行车保安委员会及长安、宝鸡、耀县地区分会。行车保安委员会成员由管理局有关处室领导人兼任，分会成员由有关站段领导人兼任。全局行车安全事宜由运输处负责，下设运输稽查，“考核、指导沿线站车一切行车事宜，以期消灭事故于无形”。提出“铁路行车，安全第一”、“行车安全的目标在于事前防范行车事故”，并推行安全运动，举行员工技术意外测验（即抽查抽考），缜密审查事故原因，确立目标，定期比较安全成绩优劣。民国 37 年（1948 年），行车事故较民国 32 年（1943 年）减少 649 件，降 56%。

本年 陇海铁路管理局制定《行车事故分类处理办法》。

本年 陇海区铁路管理局车务处（次年改为运输处），负责运输安全工作。

1948年

2 月 8 日 国民党政府交通部管辖的平汉铁路黄河南岸线路被积雪淹埋，一旅客列车被阻于其间达两昼夜，结果冻死旅客 11 人。

4 月 3 日 国民党政府国防部设铁道护路司令。护路司令任务是：维护所管地段内铁道沿线两侧地区之安全以及行驶列车之安全；协助铁道主管机关防范铁路员工之工潮及其他事故；守护所管地段内铁道沿线之碉堡；保护所辖地段内各火车站、桥梁、涵洞及所有行车设备等；掩护铁道之抢修；铁道两侧民众之组训事宜。

4 月 10 日 《铁路军运暂行条例》颁布。《条例》由中央军委制定，明确规定“军事运输为铁路的第一等任务，在军运计划上，铁道部无条件地执行中国人民革命军事委员会之命令，保证军运之安全、迅速与便利”，“军事运输必须强调统一性与纪律性。各级部队必须严格遵守军委铁道部奉令制定的总军运计划与铁路的既定规章和制度”。这是中央军委首次制定全国统一的军运条例。

5 月 28 日 台湾铁路由基隆开往嘉义的 29 次旅客列车，行至距基隆 K33+046m 处时，第 9 节三等客车突然发生火警，烧毁三等客车 2 辆，二等客车 1 辆，行李守车 1 辆，死亡旅客 27 人，重伤 21 人，轻伤 45 人。

8 月 3 日 12 次列车在长图铁路小姑家至拉法间，发生列车正面冲突重大事故，旅客死亡 8 人，铁路职工死亡 6 人，伤 20 人。

9 月 3 日 广九铁路开行的 7 次特快发生车祸。当时的广九铁路为国民党政府所辖。7 次特快在运行过程中，因脱轨使 7 辆车颠覆，死伤旅客 100 余人。

本年 京沪区铁路管理局印发宣传图画，张贴于铁路道口和旅客出入场所，进行防止路外伤亡事故的宣传教育。

本年 工务部门在南京、镇江、常州、苏州、上海北、嘉兴、杭州设救援组织，并在苏州、常州、镇江西、嘉兴车站设置抢修车列。机务部门在上海、苏州、常州机车房和南京、闸口机务段建立救援组织。救援列车以工务车列和机务蒸汽轨道吊组合而成。

1949年

1月10日 中国人民革命军事委员会铁道部（简称军委铁道部）根据中国人民革命军事委员会（简称中央军委）电令在石家庄成立。军委铁道部“统一全国各解放区铁路的修建、管理和运输”。滕代远任部长。

1月16日 国民党军队溃退之前，爆炸津浦铁路淮河大桥和明光大桥，两桥主体均被严重毁坏。在此前后，平汉、陇海、粤汉、北宁和湘桂等铁路的多座桥梁被破坏。

1月28日 军委铁道部部长滕代远在石家庄主持召开铁路工作会议，组成铁道部领导机构。参加会议的各解放区的铁路负责人有：东北的吕正操、华北的武竞天、华东的徐雪寒、中原的田裕民、西北的贾炽明，以及解放军铁道纵队的黄逸峰等。滕代远在会上传达了中央军委电令，阐明了统一全国铁路管理的必要性。他强调当前必须统一铁路的组织和领导，以适应战争和生产的需要；统一材料的调配与使用，以加快铁路修建的进度；统一铁路管理的主要规章制度和铁路修建的规格标准，以实现铁路安全、迅速、成本低的原则。会议确定把“解放军打到哪里，铁路就修到哪里”作为全国铁路职工的行动口号，号召各解放区铁路职工抢修抢运，支援解放战争。会议围绕支援解放战争取得最后胜利这个中心，着重部署了全国范围内的铁路抢修任务。会议于2月7日结束。

2月15日 东北行政委员会铁道部授予ㄇㄎ型96号机车包车组“铁牛”机车组称号。齐齐哈尔铁路管理局绥化机务段ㄇㄎ型96号机车包车组，在司机长杜先扬率领下，首创安全走行106579公里，突破两个甲检组的新纪录。因此，东北行政委员会铁道部授予该包车组“铁牛”机车组称号。

3月27日 浙赣线43次机车1264号挂车23辆，尾部附挂有火机车1178号，驶抵潭岗站看见进站远距号志后，鸣笛通知后部机车，随即上闸缓行，而附挂机车未回答，仍开汽前进，致使本务机后第7、8、9、10位客车被挤脱轨，其中2辆倾斜，构成重大事故。

4月7日 527次货物列车，运行至卧里屯—萨尔图间K155+030m处，由于钢轨折损造成列车颠覆重大事故。货车大破8辆，小破5辆，损坏线路245米。

5月16日 沈阳铁路管理局局长公布《铁路运转报告事故及处理补则》。

5月20日 中国人民解放军接管陇海区铁路管理局，沿用行车保安委员会名称。

5月27日 中国人民革命军事委员会铁道部公布《直属部门职工及直第系家属死亡丧葬补助费支给暂行办法》。《办法》直属部门正式职工及直系家属，死亡丧葬补助（包括棺殓补助费）支给，作了详细的规定。

5月30日 通化至辑（集）安间361次列车，因机车制动失灵，在老岭、黄柏间K207+203m处放飏，造成列车颠覆事故，289号机车和7辆货车滚下山涧，5辆货车和1辆守车颠覆在道旁，乘务员3人殉职。

6月1日 东北铁路总局以车技15号文公布《行车安全办法》，规定“一切事故按其性质、损失程度及对行车上的影响，可分为重大事故、大事故、一般事故和技术事故”四种。重大事故：指旅客列车车轮一对以上脱轨；车辆在站内或区间脱轨中断行车1小时以上；造成人员重伤以上、有1辆以上机车或车辆大修或报废、损坏线路200米以上需大修等。大事故为：中断行车30分钟以上；机车车辆破损需中修；线路200米需中修。发生重大事故或伤亡人员的事故时，局长、分局长亲往事故地点进行处理。事故调查委员会做好现场记录，“4日内召开审查会议”，“指出事故发生原因及责任者，确定惩罚办法，提出事故预防对策及各种技术办法”，“严禁各管理局、分局及各单位领导人员隐瞒事故之事实或企图隐瞒事故”，“一切隐瞒事故事实及其类似之企图，皆为破坏劳动纪律及生产纪律行为，对于一切隐瞒怠忽事故责任之行为，决不宽恕”。

6月9日 中国人民革命军事委员会铁道部以铁道部令运技工78号正式公布《铁道运输事故报告及处理暂行规则》，本年6月15日实行。此法分为四章：第一章总则；第二章急报；第三章事故报告书；第四章局分界站报告及事故处理。

6月15日 军委铁道部《铁路运转事故报告及处理暂行规则》，因机构不全，此事故由铁道部运输局起草。

8月24日 图们机务段ㄇㄎ$_1$机车担当742次货物列车本务，运行至汪清—新兴间K42+000m水南隧道时，因乘务员煤烟中毒昏迷，机车失控而列车放飏，闯进新兴站脱轨颠覆。机车报废，3名机车乘务员全部遇难，构成行车重大事故。

本月 郑州局首次公布《运转事故奖惩暂行办法》，并开展消灭事故运动周和运动月活动。各单位制定防止事故办法并在运转室挂牌记载安全无事故天数，对防止事故的发生起到一定作用。但由于奖惩办法不当，造成一些不良后果，司机发现路票写错一个字，就奖7、8万元（旧币），同时给车站站长记大过一次；奖励信号灯节油，造成信号显示不及时而酿成事故；奖励超吨，有的司机蛮干，损害机车寿命；奖励赶点，不少司机超速运行，以至酿成事故。

9月 北京、天津、大同、太原护车队成立，担负旅客列车的治安管理，每节车厢都有民警值乘。1953年，改按旅途长短，每列客车设民警1～3名，在列车上巡视值勤。1954年实行包乘制。

本月 军委铁道部通过《人民铁道》报发表了题为“向事故作坚决斗争”的短评，指出：“彻底消灭事故保证行车安全，完成运输任务，是全路职工应该尽到的责任。”

本月 柳州新中国成立前夕，湘桂黔铁路主要厂段工人在中共地下党组织的工人自卫队领导下，开展护厂活动，接管后，工人自卫队改编为工人纠察队。同时，在重要生产单位建立防护委员会（后改为安全委员会）。1950年柳州铁路分局有纠察队员418人，安全委员会23个，安全小组175个，成员1158人。1951年7月，安全委员会改称治安保卫委员会（简称“治保会”，下同）。年底，共有治保会39个，委员135人；治保小组200个，组员484人，并在职工中建立秘密保卫员161人，协助公安机关收集掌握敌情。

12月29日 东北行政委员会公布了《东北铁路总局行车事故处理细则》，共6章20条。

本月 衡阳铁路管理局制定了《运输事故处理办法》，规定行车事故由车务处负责。

本月 根据东北铁路总局决定，齐齐哈尔铁路分局设置行车安全监察分室，直属铁路局行车安全监察室领导，负责分局管内行车事故调查、统计、分析和处理工作。

本年 中华人民共和国成立后，铁路各级管理部门都十分重视安全工作。东北铁路总局于1949年12月27日发布命令，公布行车安全室组织规程。总局、各管理局中设12至15人的行车安全监察室，并由局长亲自负责。

本年 因机车风泵故障，制动失效，一列军车在云南五里冲颠覆。

本年前 陇海、平汉铁路设有事故救援列车，其中陇海铁路有7列，有2台蒸汽吊车。救援车设备简陋，没有固定人员，有2～3辆棚车，供放置工具和宿营、炊事之用。救援列车由机务段管理，一旦发生事故，临时组织机务、车辆、工务等部门人员出动救援，由机务段1名监工员负责组织指挥救援工作。

本年前 湘桂铁路如有行车事故发生，由该局行车保安委员会立即调度工人从事抢修。平时设有救援车，其设备由机务段、机厂两方负责，密切合作，以增进抢险效能。

本年 湘桂黔铁路工程局规定在正线上行车事故阻碍交通预计在24小时以内者，工务分段长、运输副段长、机务车房主任（或煤水站主管）、警务分段长必须立即到出事地点，会同处理。阻碍交通预计在24小时以上者，工务总段长、运输段长、机务段长、警务段长须前往负责救援工作。

1950年

1月23日 5时06分，津浦线花旗营站（该站已撤销），1道停有301次客车、会过12次2道开车后，扳道员在未确认接车进路的情况下擅自将2号道岔扳向1道，当2404次进入1道前，司机使用非常制动，停车不及，与301次列车发生正面冲突，造成2404次军用列车机后第4～9位车辆颠覆，2台机车破损，301次旅客列车4至5位客车破损，2404次列车上的军校学员死亡16人、重伤10人、轻伤36人，中断行车8小时29分，构成行车重大事故。这是新中国成立后第一起旅客列车重大伤亡事故。为迅速改变安全状况不好的局面，铁道部当月就制定和颁布了《关于防止事故保障行车安全的命令》以及《实施安全负责制暂行办法》。

1月27日 政务院第17次政务会议在北京举行。会议通过《关于关税和海关工作的决定》。铁道部部长滕代远向会议报告了本月23日津浦铁路撞车事件。

2月10日 青岛分局党、政、工、团联合召开职工大会，追悼花旗营站军用列车与货物列车正面冲突中的死难烈士（花旗营站当时属济南铁路管理局蚌埠分局管辖）。

2月13日 铁道部发出命令，号召全体铁路员工严格执行一切技术规则和技术纪律。

3月6日 铁道部在北京首次召开全国铁路公安会议。会议明确铁路公安部门是铁路组成部门之一，在行政上受铁道部部长领导。会议布置了1950年公安工作，号召公安干警要安心工作，努力学习，进一步发扬依靠群众护路的精神，加强铁路治安，确保运输安全。

3月9日 政务院监察委对津浦线花旗营撞车事故发出通报，并对有关人员给予处理。国家监察委员会发出通报，处理1月23日在济南铁路局津浦线花旗营发生的撞车事件。对有关人员分别予以法律或纪律处分。对铁道部部长滕代远、副部长吕正操均给予批评处分。

本月 上海铁路局设立运输事故处理委员会，路局政委任主任委员，人事、车务、机务、工务、电务、公安处、路局政治部和工会的负责人为委员。在南京、杭州、南昌设立分会，各段及上海、南京总站设立支会，路局人事处奖惩科事故股为常设工作机构，处理日常工作。

本月 铁道部公布《行车事故处理规则及救援规则》，把行车事故分为重大、大事故、恶性事故、一般事故和停车晚点事故。1955年，铁道部公布《行车事故处理规则》，将行车事故分为重大、大事故、恶性事故和一般作业事故四类。1962年11月1日，铁道部公布《铁路行车火灾事故处理暂行办法》，将行车火灾事故分为重大、大及一般火灾事故。1975年铁道部将行车火灾事故并入行车事故。1979年铁道部重新公布《行车事故处理规则》，行车事故仍分四类，只是将恶性事故改称为险性事故。

4月 衡阳铁路管理局成立行车安全监

察室，各分局成立行车安全监察分室，配备专职人员管理行车安全和处理行车及路外伤亡事故。

5月1日 根据铁道部发布的《行车安全监察暂行规程》，铁道部成立行车安全总监察室，各铁路局设行车安全监察室，各铁路分局设监察分室，负责监督检查《技规》和有关行车安全规章与制度的贯彻执行，事故发生时的抢修指挥、事故调查和处理事宜。

同日 全国铁路实行《铁路行车规则》《铁路信号处理规则》和《行车事故处理规则》。《铁路行车规则》是技术管理规程中有关行车规定的补充，详细规定了车站技术工作、列车运转、行车闭塞方法、区间内正线封锁及开通办法；《铁路信号处理规则》规定了信号种类及显示方式，妨碍行车处所的防护办法，以及作业的主要信号的处理方式等；《行车事故处理规则》规定事故的种类、通报、统计和调查处理。

同日 中长局成立，设行车安全总监察。同时在满洲里、哈尔滨、牡丹江、沈阳、大连五个分局设行车安全监察室。

本月 中长铁路管理局成立后，建立了《机车高质量检修奖励办法》《电务部门无事故奖励暂行办法》《节约燃料奖励办法》《运行超轴奖励办法》和《旅客列车赶点奖励办法》等单项奖励。

6月19日 铁道部发布《铁路奖惩条例》。为了发挥铁路职工的积极性、创造性，有组织、有计划地进行工作，以保证运输及建设任务的完成，特制定本暂行《条例》，《条例》提出了铁路职工的12条守则，规定了奖惩的原则和奖惩的种类。

7月1日 按铁道部命令，相继设立上海铁路局行车安全监察室和分局行车安全监察分室，负责行车安全的监察工作。

7月12日 郑州铁路局成立行车安全监察室，分局也设立安监室。路局安全监察每年以50%的时间，分局安全监察每年以70%的时间，深入基层检查安全工作。发现职工违章违纪，有权制止，必要时可临时停止其工作；对危及安全的设施，可提出整改意见，限期解决，情况严重时，有权采取扣留、封闭等保安措施。

9月2日 在昆河线盘溪至小河口间，抓获赶着3匹驮马运输盗割通信线的孟海清、孟常海、刘玉书、胡小九、左春林5名案犯，经审查供认在该区段作案4次，割盗通信线2297公斤（铜质），运送给土匪制造子弹。对二孟、刘犯判处死刑，胡、左判处有期徒刑。

9月11～13日 经政务院财政经济委员会同意，在北京召开全国铁路安全监察会议，与会人员：全国各铁路管理局各级监察室主任及车机工电锅炉监察员62人，部机关9人，合计71人，另有苏联专家2人，约请中长铁路监察2人出席。

9月15日 西安铁路分局成立行车安全监察分室，为郑州铁路管理局的派出机构。1954年，行车安全监察分室改由西安运输分局领导。1955年11月，西安运输分局行车安全监察分室改为行车安全监察室。1958年9月1日，西安铁路局成立，撤销西安管理分局行车安全监察室，组建铁路局行车安全监察室，成立西安、宝鸡办事处安全监察组。1970年12月，西安、宝鸡铁路分局分别成立行车安全监察室。

9月27日 铁道部在北京首次召开全国铁路行车安全监察会议。会议确定消灭事故于事先是监察工作的基本方针。会议讨论了监察室的业务性质、行车事故的处理、行车安全监察工作制度，以及铁路技术管理规程和有关规章细则的学习、考试等问题。

10月16日 公布《行车安全监察室业务暂行规则》。为明确行车安全监察的任务范围制度，以及监察人员的一般职责、权利、纪律起见，特制定本暂行规则。《规则》共六章，第一章总则，第二章任务，第三章监察范围，第四章监察室制度，第五章监察人员的职责，第六章监察人员执行职务时的权利。监察室的基本任务是：对一切有关行车业务部门及现场实行有关行车安全监察指导，事先消除发生事故的各种因素，防止并消灭一切行车事故，以保证行车安全。

同日 铁道部发布《铁路技规学习及考试暂行办法》。铁道部规定，凡铁路人员均应参加学习考试，重点是行车安全有关人员。每年5月1日至8日为考试期。考试分专门和一般两种，专门考试以车务、工务、机务、车辆、电务各业务部门机关和现场直接执行《技规》或有关职工为对象。一般考试以其他部门或业务部门的一般职工为对象。专门考试以分类分别考试为原则，即按不同业务单位分别出题。考试成绩作为人事部门考核参考，成绩优异者奖。行车人员两次考试不合格，撤销其行车职务。

本月 根据铁道部《行车安全监察通讯网暂行办法》，各分局行车安全监察分室从行车第一线单位选聘熟悉规章、责任心强、能密切联系群众的职工为不脱产的行车安全监察通讯员，由监察分室监察员直接领导。1960年，上海铁路局总结上海东站“三员一兵”经验（安全员、治保员、纪律员、共青团哨兵）和其他单位的安全员经验，认为安全员具有更广泛的群众基础，是专业管理与群众管理相结合的一种形式。此后，安全员组织有较快发展。安全员的产生采用群众选举，领导批准，红榜公布的办法，并不断进行调整。为充分发挥安全员的作用，调动他们的积极性，各单位还举办安全员学习班，并对工作积极、成绩突出的优秀安全员给予表彰奖励。1979年6月，路局制定公布《安全员管理办法》，各分局、站段据此进一步健全和完善安全员监督网络。

12月22日 铁道部行车安全总监察室发〔1950〕198号文，《防止事故保证行车安全工作竞赛》。为了配合抗美援朝爱国主义生产竞赛活动，特提出具有铁路行业特点的竞赛活动。活动时间，1951年第一季度（1、2、3月份）；活动的中心任务是：消灭重大事故，防止大事故，恶性及一般事故，较1950年第四季度减少15%。

本年 铁道部于1950年制定了《行车安全监察工作规则》，先后在1958年、1962年、1977年、1981年、1984年进行8次修订。

本年 面临行车设备简陋，区段塌方落石颇多，生产秩序混乱，敌对分子制造事故，破坏生产的形势，昆明铁路公安机关以清匪肃特，保卫交通要害安全，保障生产为中心工作，至当年11月，基本肃清铁路沿线明目张胆持械抢劫的大批土匪。对线路上经常发生道心摆放大石头，轨缝内插道钉、鱼尾板，轨枕螺栓被卸，钢轨被抽出，桥上的枕木被烧毁等破坏活动，公安机关在发布公告的同时，采取坚决有力的打击措施。1951年至1955年，查处政治破坏嫌疑事故65起，诸如机车汽缸内放工具、铁器，车辆轴箱内放铁丝，故意扳错道岔，线路上放置障碍物等。

本年 昆明铁路局在管内各趟车上配武装护车人员。在常有土匪出没的昆（明）沾（益）线上，每天有1列载有1个武装排的铁甲列车往返于王家庄至大板桥段，专门护送昆明至曲靖对开的旅客列车。同年5月中国人民解放军十三军派出1个加强班，在昆明至碧色寨段旅客列车上跟车巡查、护卫。

本年 哈尔滨铁路局首次在滨洲线兴安岭隧道出口端设棉门帘，使隧道内温度提高10℃～15℃，以防寒保温，此办法一直使用到1991年。滨洲线兴安岭隧道成为我国最早设防寒门帘的隧道。

20世纪50年代始 全路电务部门对行

车设备检修采取“三不动、三不离、三预想”的安全工作制度。“三不动”是：未登记联系好不动；对设备的性能、状态不清楚不动；正在使用中的设备不动。“三不离”是：工作完了，不彻底试验好不离；影响正常使用的设备缺点未修好前不离；发现设备有异状时，未查清原因不离。“三预想”是：工作前要预想，联系、登记、检修准备、防护措施是否妥当；工作中要预想，有无漏修和只检不修及造成妨害的可能；工作后要预想，是否检修彻底，复查试验，加封加锁，销记手续是否完备。由于措施得力，安全状态比较稳定。

本年 发布《行车安全监察指导簿使用暂行条例》，建立行车安全监察指导簿的目的，在于督导全国铁路各有关行车安全业务部门的工作，是监察工作经常而重要的一项管理制度，以防止发生事故，提高工作效率，保证行车安全。

1951年

1月 东北军区在沈阳召开志愿军第一届后勤工作会议。会议提出在朝鲜战场建设“铁路、公路、水路相结合，火车、汽车、手推车相结合，快装、快卸、快运相结合，抢运、抢修和防空相结合，纵贯道路和横贯道路相结合的打不断、炸不烂的钢铁运输线”的部队后勤运输指导思想。会后，全国全军调集大量人力、物力进入朝鲜，铁路抢修兵力和运输力量不断得到加强。铁路抢修队伍在敌机狂轰滥炸下，创造了一系列特殊的抢修方法，保证了援朝作战部队的后勤运输。

3月2日 王景洲壮烈牺牲。王景洲是磐石站站务员，1950年10月他首批进入朝鲜，在新成川车站任车号员。1951年3月2日拂晓，站内发生车辆滑行险情，在这十分紧急时刻，王景洲大喊一声：“快躲开！”便毅然地用自己穿着棉袄的身躯掩在了撬棍之下，躺在了钢轨上，车轮止住了，车辆滑行止住了，弹药车保住了，铁路桥梁也保住了，可王景洲同志却壮烈地牺牲了。中国人民志愿军铁道军管总局党委追认他为中共党员，1951年5月1日，朝鲜铁路军管局给他记特等功一次，1953年11月，中国人民志愿军政治部为他追记一等功并授予“二级英雄”称号，并被誉为“不朽的人”。他的家乡磐石县为他修建了纪念碑，朝鲜人民也为他修建了纪念碑。

5月 修改后的《事规》规定：重大、大、恶性事故由路局负责处理，一般事故由分局处理。新《事规》将旅客列车冲突、脱轨都列为重大事故，车辆破损程度按车辆大、中修的修程作为衡量事故等级的标准。

6月5日 7时20分，2730次货物列车运行至浙赣线潭岗至向西间浃溪桥头K614+500m，发生列车脱轨重大事故。机车煤水车及机后9辆货车脱轨，其中7辆颠覆，阻断行车23小时39分钟，事故经济损失折合旧币约12.9023亿元。事故原因是桥梁工区木工擅自将桥枕放置在浃溪桥上作业，当2730次列车开来时移开不及。

6月21日 发布7月1日执行的《行车事件处理办法》，《办法》分为两个主要部分：一是行车事件类别（凡由于违反有关行车的规章命令，或破坏劳动纪律，或由于自然界灾害，或外界影响所发生的事情，不属于行车事故范围内者均为行车事件）；二是行车事件之报告及处理。与此同时，各专业系统分别制定了行车事故及事件处理暂行办法。

7月23日 晚，来镇段工程处南宁材料厂炸药库9吨炸药起火爆炸，死亡22人，失踪2人，重伤281人，轻伤283人，损失价值7.6亿元（旧币）。经政务院人民监察委员会调查认为：特务分子纵火的可能性很大。事故责任者有2人被撤职、3人记大过、1人记过处分。

7月31日 铁道部决定自8月起，在全国铁路试行《优胜循环红旗奖励暂行办法》。《办法》规定参加竞赛单位有全路各铁路管理局、铁路分局、铁路工厂以及特等和一等车站、机务段、检车段、工务段、电务段和通信段。竞赛条件基本包括了各单位产量、质量、成本等各方面的主要指标。每月按规定的竞赛指标，从全路性质相同的单位中评选出竞赛胜利单位，由铁道部分等级发给不同数目的奖金，其中最好的一个为优胜单位，获得部奖红旗一面。该项红旗系循环性质，逐月评定。从1953年起改为按季评比。

8月10日 145次旅客列车于16时20分进浙赣线东乡站3道停会146次旅客列车。当通过7号道岔时，第9位软席前台车脱轨，车辆转向架与车体分离，损坏线路30米，造成列车脱轨重大事故，损失约24亿元（旧币）。脱轨的原因是轮缘3处超限所致。南昌救援列车10日17时出发，21时14分到达东乡，进行救援起复工作，11日6时起复。

本年 政务院公布《铁路旅客意外伤害强制保险条例》，规定凡乘坐铁路火车的旅客，均投保铁路旅客意外伤害保险，旅客保险费包括在票价之内，保险金额为1500元（1992年6月1日起改为2万元）。

本年 执行铁道部修订的《铁路行车事故处理规则》，发生行车事故后，有关的机车司机、运转车长或站长应立即报告列车调度员，调度员按调度系统逐级上报。若系重大、大事故，分局调度员还应报告分局长及有关科室和公安部门；路局调度员应报告局长及有关处室、公安部门和铁道部调度处。重大、大事故由铁路局调查处理，并报铁道部由部审查批复。涉及两个局时由部裁处。恶性事故由铁路分局调查处理，涉及两个分局时由铁路局审查裁处。涉及本分局两个基层单位时，由分局裁处。对事故性质和责任有分歧意见时，由安监室提出结论性意见，提请事故调查处理委员会裁决。基层责任单位应于事故发生后三日内，分局于五日内，路局于七日内向上一级报出事故调查处理报告。路局、分局、站段接到事故报告后，都要及时召开事故分析会议，分析原因，明确责任，制定防范措施，按规定的处理权限，作出处理决定。1951～1979年的28年间，均按原《事规》的上述规定对事故进行分析处理。

本年 在抗美援朝高潮中，全路开展“爱国主义反事故运动”，确保抗美援朝物资的及时供给。

本年 路外伤亡事故由铁路公安部门根据责任和伤亡情况会同有关部门分析处理。1958年，路外伤亡事故的范围、事故通报、调查处理、统计分析、伤亡人员的医疗、埋葬及家属抚恤费、毁损物资的赔偿费等均按铁道部、公安部联合通知执行。1979年国务院《暂行规定》颁布后，铁道部规定自1980年1月1日起，所有路外伤亡事故（包括重大路外伤亡事故）一律不再按行车事故统计。

本年 铁道部颁布《铁路职工因工伤亡报告试行办法》，将职工伤亡事故分为职工伤亡事故（重伤3人以上或有死亡）和一般工作负伤事故两类。1952年将职工伤亡事故按伤害程度分为轻伤事故、重伤事故、死亡事故3类。1956年国务院颁布《工人职员伤亡事故报告规程》，将职工伤亡事故分为轻伤事故、重伤事故、死亡事故和多人伤亡事故（同时伤及3人以上）4类。

1952年

1月25日 沈阳站因对春节旅客运输工作组织得不好，在高架候车室通往第三站台的楼梯上发生重大伤亡事故，死亡43人，伤28人。

4月12日 《人民日报》报道，中长铁路昂昂溪机务段1008号青年包车组，已安全行驶352872公里，创造了3年无事故的全国新纪录。

5月1日 铁道部、铁道部政治部、铁路工会全国委员会和青年团全国铁道工作委员会联合发出《关于开展满载、超轴、五百公里运动（简称“满超五”）的决定》。“满超五”运动是贯穿铁路企业一切部门的群众运动，必然对一切部门的工作发生推动和影响作用。

6月5日 铁道部发布《超轴列车的编组及运行办法》和《超轴奖励暂行办法》。针对某些地区无计划地临时组织超轴，盲目多拉，拉不了再甩，妨碍运输秩序，影响行车安全的情况，《办法》对其作了明确的要求和规定。

6月8日 15时35分，9027次特种列车运行至浙赣线萍乡至姚家洲之间的K873+084m处脱轨，造成列车颠覆重大事故。事故原因是列车始发编组对行车安全考虑不周到，编挂15辆两轴车装运复员军人，且15辆两轴车有9辆制动不良，脱轨处为800米弯道，又为9‰的下坡道，结果小车辆跳出轨道，使机后第27～29车辆脱轨颠覆，堵塞区间行车15小时。

6月28日 南昌列车段运转车长苏彦忠值乘新余至向塘间的458次货物列车，当列车运行至清江—蛟湖区间时，发现守车摇摆剧烈（后查实是钢轨折断），即采取了紧急停车和防护措施，使对面131次旅客列车停留在蛟湖待命，防止了一起列车颠覆的重大事故。

8月21日 18210次列车运行至浙赣线蛟湖至樟树间K678+503m处，机后第30位车辆脱轨，构成列车脱轨重大事故。中断行车7小时20分，直接经济损失折合旧币约8800万元。

9月2日 铁道部发出命令，全国铁路推行郭春林养路法。郭春林是长春工务段长春第二养路工区工长。其主要方法是：工作有旬日计划，在统一的计划指导下进行工作；在工作时抓住整治线路病害的关键，密切注意排水、整正钢轨接头、防爬等工作，并把这些工作联系起来；在做完计划维修后，认真检查，仔细整修。

9月5日 京广线许昌至石桥间发生货物列车脱轨重大事故，中断行车。致使挂有到北京的缅甸土地改革参观团专车的8次列车延误13个多小时。

9月5日～10月31日 全路开展行车安全运动。大检查的主要内容：一是加强组织领导。各有关业务处、科与站段都要建立每日按级报告制度，以推动各级负责干部对事故的重视。二是充分发动群众。造成一个群众性的反事故运动，各地区各站段厂都要订出今后防止和消灭事故的办法。三是巩固劳动纪律与技术纪律。车机工电辆各单位要向干部职工重申并抓好劳动纪律与技术纪律。四是重点技术措施。各单位要抓好重点措施的制定与落实。五是加强监督检查。铁道部行车有关业务局长，对管理局各业务处长每日进行行车安全工作的督导，对弱点局派员进行具体帮助。各级行车安全监察人员积极主动的工作，对业务部门与人员，严格的进行监督检查，向事故作不妥协的斗争。

10月18日 郑州机务段3415号机车牵引701次货车，行至偃师至白马寺间的寺里碑村时，村民正在铁路边看演出《舞狮子》，列车在弯道行驶，停车不及，造成轧死9人，重伤2人，轻伤11人的重大伤亡事故。为此，国务院专门下发事故通报。

1953年

1月1日 成立柳州铁路管理局行车安

全局监察，设局监察1人（1958年改称安全监察室主任），车务、机务、工务、电务、车辆、锅炉监察各1人，分析工程师兼秘书1人。

本月 重庆铁路局成立时设行车安全监察室，綦江办事处设安全监察分室；局机关车务、机务、车辆、工务、电务各业务科均配备1至2名专职安全监察员，负责监督检查《铁路技术管理规程》（简称“技规”）和行车有关规章制度的贯彻执行，参与行车事故发生后的救援及调查分析处理工作。

2月29日 沈阳铁路局凤上线1953年（凤凰城至上河口）上行652次混合列车运行至龙爪、灌水间，由于司机操纵不当，运行速度过高，发生列车颠覆。死亡36人，重伤18人，轻伤11人，机车报废1台，车辆大破2辆，小破4辆，中断行车48小时06分。

3月2日 中央人民政府政务院关于中华人民共和国劳动保险条例若干修正的决定。对劳动保险的待遇标准和适应范围作了重新规定及明确。

3月24日 中央人民政府铁道部下发施行《铁路行车事故损失赔偿暂行办法》。

4月24日 西安车站95号调车机在10道编组558次列车，调车员赵某因私事擅将信号旗交与连接员代替作业，连接员姚某业务不熟，显示连接信号不正确，机车司机误认溜放信号，调车机速度提高，与10道停留车相撞，报废货车2辆、中破1辆、小破3辆。

4月30日 中央人民政府铁道部以铁监武〔1953〕字第12号文件公布修正《行车安全监察通讯网办法》。《办法》对安全监察通讯员的作用、条件和任务作了明确规定。

8月5日 昆河铁路41次货物列车在巡检司与小龙潭车站间，因司机超速造成重大事故，中断行车12小时26分。

10月23日 2时10分，204次旅客列车驶至沪宁线昆山—正仪间K60+138m处，因钢轨断裂，导致204次客车2辆颠覆，旅客死亡11人、重伤4人、轻伤23人，客车大破1辆、中破2辆，线路损坏315米，中断正线行车8小时45分，构成行车重大事故。

1953～1954年 铁道部先后颁发《铁路职工伤亡事故报告规程》《铁路劳动保护、安全技术及工业卫生条例》和《职工安全技术教育规定》；1956年国务院颁发《工厂安全卫生规程》《建筑安装工程安全技术规程》《工人职员伤亡事故报告规程》等规定。

本年 哈尔滨、齐齐哈尔铁路局贯彻铁道部11号联合指示，利用两个月时间进行遵章守纪宣传教育。通过大会报告、典型介绍、展览会、宣传车等形式，教育职工担负起安全生产的重任，确保国家和人民生命财产免遭损失。

本年 柳州铁路局发生重大、大事故，由局长、公安处长、有关业务处长、铁路沿线地方检察院检察长等组成事故调查委员会，由局长任主任委员，赶赴事故现场调查处理。发生恶性事故、一般事故，分别由有关处长、责任单位的领导干部赶赴现场调查处理。重大、大事故及恶性事故的处理结果须报铁道部批复。

1954年

1月7日 博克图机务段担当的608次货物列车牵引37辆货车，在巴林站通过时，司机接到调度员“变更在南木站通过会车，哈拉苏站上水”的纸条子后，在南木站以70公里速度通过，与正在进站的601次尾部发生侧面冲突，造成机车大破2台，货车报废、破损20辆，线路破坏160米，608次副司机、司炉死亡。

3月12日 铁道部、铁道部政治部、中国铁路工会全国委员会发出《关于进一步学习和推广中长铁路经验的决定》。《决定》要求将《中长铁路推行苏联先进经验的几个主要方面》（即中长铁路12条基本经验）作为全国铁路学习和推广中长铁路经验的基本内容。

8月2日 中央人民政府铁道部公布《铁路工务行车事故及事件处理暂行办法》。为了及时处理工务行车事故或事件，并掌握事故事件之发生情况以便统计分析研究防止对策起见，特制定本办法。《办法》分为总则、事故责任、事故分析、事故分类、事件分类、事故调整、事故和事件的处理及报告六章。

12月 发布铁监〔1954〕125号《中华人民共和国铁道部行车安全监察组织规程》一文，该文对监察组织和监察员人员的条件、权限、义务、事故的调查处理以及部、局、分局三级监察组织机构的定编定员均做出了明确规定。铁道部行车安全总监察室定员18人。铁路管理局行车安全监察室定员12人。铁路分局行车安全监察室定员9人。

本年 铁道部修订《列车行驶中发生行人伤亡事故处理暂行办法》：行人致伤，当即由车站急送医院救治，若系铁路责任，给付一次救济金50～300万元（旧币），医药饭费报销；行人致死，系铁路责任，酌予一次性抚恤金200～500万元（旧币）、棺木费60万元（旧币），系行人责任或自杀，费用自理。其后，事故报告手续及抚恤金额时有修订。但由于只是铁路单方面规定，实施中往往与地方政府、伤亡者亲属意见有分歧。

本年 铁道部公布《铁路职工工作服及防护用品使用办法》，规定防护用品、防寒用品标准，以及防寒区的划分。

1955年

11月25日 济南铁路管理局实现建国以来第一次连续100天无责任行车重大、大事故。

本年 自1955年以后，郑州铁路局贯彻落实铁道部《机车乘务员防止恶性事故的注意事项》和《机车司机防止列车断钩细则》，行车事故有所下降。

1956年

4月 铁道部对《铁路行车规则》《铁路信号处理规则》和《行车事故规则》即“三规”进行修订并将《铁路行车规则》改名为《行车运行规则》（简称《运规》）。

6月 国务院颁布《工人职员伤亡事故报告规程》，始列有多人（3人及以上）事故。1986年国家标准《企业职工伤亡事故分类》（GB6441–86），按职工受到伤害的原因，将事故分为物体打击、车辆伤害、机械伤害等20类；按事故严重程度分为轻伤事故、重伤事故、死亡事故3项；死亡事故中又分为一次事故死亡1～2人的伤亡事故和死亡3人及以上的重大伤亡事故2项。

10月9日 兰州铁路管理局天水站货场发令纸爆炸，造成重大伤亡事故，死亡10人，伤者147人。

本月 铁道部修改《行车事故处理规则》，把列车运行或调车作业招致人员死亡或重伤列为一般行车事故。

1957年

2月4日 汉口站始发64次旅客列车，由于“三品”查堵不严，旅客将发令纸和火硝带入车厢，发生爆炸起火，造成重大旅客伤亡事故，死亡30人，重伤4人，轻伤14人。

5月10日 樟树站江边货场二道存有货车10辆、守车4辆，未采取制动措施，15

时10分突起狂风暴雨，守车被风吹动，和调机顶一辆进二道棚车相撞，守车脱轨大破，在守车内避雨的民工死亡1人、重伤1人、轻伤6人，构成行车重大事故。

8月24日 沈阳局大石桥第一线路大修段，在辽阳—张台子间中修作业，发生重大伤亡事故，被列车撞死4人，重伤4人。

8月27日 “毛泽东号”机车安全行驶百万公里。铁道部在丰台机务段召开的庆祝大会上，宣布了嘉奖令，授予“毛泽东号”机车组集体奖状。铁道部、中国铁路工会全国委员会9月还专门发出《关于向“毛泽东号”机车组学习，掀起安全、持久、全面完成运输任务的高潮的联合指示》。

“毛泽东号”机车组，在安全、超轴等生产竞赛中，不断取得新成绩，建立了“车不停不下车，不停稳不上车，人不齐不开车，联系不好不动车”的人身安全制度。在行车方面提出“责任心加责任制等于安全”的公式，制定“一次出乘作业计划”，制定安全生产负责制，规定了从出勤到退勤7个作业环节、37项作业内容的具体标准和要求，为行车安全提供了可靠保证。

10月27日 1时06分，洛阳（现洛阳东）站候车室，雨中突然倒塌，砸死旅客6人，重伤10人，轻伤16人。

1957年和1965年 先后在成都铁路局、铁路分局安全监察室开始设路外安全监察员，1958～1964年局属各办事处设路外安全巡视员，负责路外安全的监督检查和路外伤亡事故的调查、分析、处理工作。

1958年

1月 上海铁路局行车安全监察室改为安全监察室，负责行车安全和人身安全工作，劳动保护工作划归路局安全监察室领导。1960年，对劳动保护工作进行整顿，劳动保护工作重又划归劳动工资处。

本月 太原铁路管理局在包头成立铁路办事处，下设劳动保护安全监察室。呼和浩特局建局时成立行车安全监察室。设主任1人，副主任1人；车务监察2人，客货监察1人，机务监察2人，工务、电务、车辆、路外监察各1人、综合分析监察2人；安全放映员1人。其中有中级技术职称的（工程师）4人。

3月 铁道部商务局并入货运局，计划局和统计局合并为计划统计局，人事局和教育局合并为人事教育局，行车安全监察室改为安全监察室，国家监察局改为人民监察局，撤销职工生活供应局。

6月22日 津浦铁路徐州至高家营间K672+410m处平交道口看守工未及时放下栏木，造成41次旅客列车与驻军某部坦克相撞的行车重大事故，机车颠覆大破，客车2辆脱轨大破，1辆脱轨小破，司机死亡，副司机重伤，司炉、列车员、旅客及坦克兵共23人轻伤，中断行车16小时28分。

8月25日 昆独仑河发生特大洪水，包白线17处、1834米线路被冲毁，中断行车半个月，颠覆列车一列，20名职工为抢修线路献出生命。

9月1日 西安铁路局成立，撤销西安管理分局行车安全监察室，组建铁路局行车安全监察室，成立西安、宝鸡办事处安全监察组。

9月 发布《安全监察工作二十条》，《二十条》进一步明确了各级监察室、各级监察人员的工作任务、责任、权利和目标，以及日常安全管理的制度、办法、措施等，以确保安全监察工作大跃进，促进运输生产大跃进，全面完成或超额完成全国铁路建设与运输任务。

10月4日 11时，604次货物列车在昆河线K303+675m下坡缓和曲线处，机车及第1、2位车辆颠覆，乘务员死4人，重伤2人。

11月5日 京广线岳阳至湖滨间，4302次单机运行至K1436+127m南津港桥上，轧死岳阳市师范学校学生11人，未停车。司机被判刑3年。

12月 铁道部、公安部颁布《铁路行车路外人员伤亡及铁路与公路车辆冲突事故调查处理办法》中规定：凡在区间内发生伤亡事故，不论司机或车长，发现后必须及时停车，由司机或车长报告邻近车站站长。对于当时未能察觉的伤亡事故，由工务巡道人员发觉时，应及时报告本工区和邻近车站站长。站长接到伤亡事故报告后，应立即会同公安部门及有关业务部门人员，赶赴现场进行紧急处理。对伤者及时送就近医院治疗，对死者尸体，根据规定，派人看守。事故的全面调查及处理，由事故调查处理委员会进行。委员会由铁路局有关业务部门、公安部门和受害者所属单位的代表组成，在发生事故地区的当地党委和人民委员会的领导下进行工作，并邀请当地人民检察院、法院代表参加，对性质特别严重的重大伤亡事故，由铁路局长或副局长亲自主持事故调查处理工作。《铁路行车路外人员伤亡及铁路与公路车辆冲突的调查处理办法》把在铁路行车工作中因机车、车辆、轨道车碰轧路外人员及铁路与公路车辆冲突，招致路外人员伤亡或公路车辆损坏未构成铁路行车事故者，按一般路外伤亡事故统计。

1958～1959年 柳州铁路局开展"四无一少"（无责任重大、大、恶性事故和工伤事故，减少一般事故）安全正点活动，行车安全逐渐好转。

1958～1961年 期间，是南昌铁路局行车事故发生最频繁的时期。行车事故分别为1250件、799件、1331件、957件。其中重大事故分别为11件、5件、7件、5件。原因如下：①"大跃进"的"浮夸风"、"共产风"冲击规章制度的实行。②新招收的近万名工人工作的生产技能差，安全意识低。③"三年自然灾害"时期职工生活困难，饿肚子上班，难以保证行车安全。

本年 南昌铁路管理局人事处处长室设安全技术工程师、安全技术监察各1人。

本年 铁路运量猛增，破坏事故屡有发生，沈、锦两局就发生31件。仅沈阳铁路局11月份的15天时间里就发生各种事故133件。沟帮子车站助理值班员马振民，因对值班站长不满，有意将13次旅客列车放入侧线通过，造成颠覆1辆、脱轨7辆，重伤7人的重大破坏事故，被依法逮捕。

本年始 为健全"管生产必须管安全"的管理机制，强化劳动安全管理，每届呼和浩特局职工代表大会闭幕后，都要成立局安全生产委员会，由局长任主任委员、管运输的副局长或各副局长任副主任委员，运输、机务、工务、电务、车辆、劳资、财务、计划、人事、卫环、物资、房建、生管、集企、工程、公安处处长及安监室主任、工会生产部长任委员。委员会统筹研究全局的重大安全问题，组织协调与指导全局安全活动；研究安全生产情况，提出安全生产措施，组织推动抓好安全生产。

1959年

1月1日 中共中央转发铁道部《关于开展安全正点运动的指示》。中央的批语说，铁路运输有了很大的改进，但近来事故增多，运行秩序不好，亟需加以整顿。铁道部的《指示》主要内容是：1958年第四季度发生的重大、大事故件数比1957年同期增加了一倍，12月上半月货车运行正点率只有68.9%。这是因为片面追求效率、不顾安全；不讲科学，违反技术规程，盲目乱干；只顾苦战不注意休整，职工过度疲劳；许多干部头脑过热，不注意调查研究，看到问题也不提，以为会伤害群众的积极性。当前要明确树立一方面确保安全，另一方面积极提高运输效率的思想，力求改变事故多、晚点多的局面。针对主要不安全因素，《指示》规定：接发列车必须单一指挥并履行进路检查程序；调车作业的计划和变更要向所有工作人员传达，并与有关人员密切联系；认真执行机车车辆定期检修制度，不得任意延长定检公里；列检不得放走技术状态不良车；工务部门要加强线桥维修，实事求是地确定线路容许速度；机车乘务员要认真瞭望，不得臆测行车、超速驾驶；新工人经考试鉴定合格才能独立作业。

同日 正式实行新《事规》，全路按此版《事规》三级规则处理事故。发生重大、大事故，分局组成事故调查处理委员会，采取措施尽快恢复通车；同时，按规定做好事故现场的勘察、测量和事故的调查、分析，及时向铁路局、铁道部报告；然后参加铁路局主持的有关会议，进行分析处理。发生险性事故，由分局负责处理，主管行车安全的副分局长组织有关基层单位及分局有关业务科、安全监察室共同调查、分析事故原因，对责任者进行处理。发生一般事故，由有关基层单位负责处理。事故单位领导组织有关车间和安全室进行调查，并主持召开事故分析会，查明事故原因和责任者。属于破坏性事故，由公安部门负责处理。

1月6日 苏家屯机务段5006号机车因乘务员“白水表”行车，在长大铁路马仲河至昌图间，发生机车锅炉爆炸重大事故，死1人，伤3人，1台机车大破，货车4辆报废、4辆大破，损坏钢轨24根、枕木192根，上行线中断行车17小时35分，下行线中断行车23小时52分。

1月27日 滇黔铁路岩脚寨隧道工地发生瓦斯爆炸事故，死34人，伤65人。

本月 台湾当局修正并颁布《铁路法》，《铁路法》强调，铁路的建筑管理监督运输及安全可依本法规定。共分建筑、管理、监督、运送和附则五章。《铁路法》对行车、人身和道口安全作了简要的规定，很不全面。

3月6日 南昌赣江大桥工地发生交通拖轮沉船事故，89人遇难，是我国建桥史上一次惨痛事故。其原因是忽视安全，对渡轮没有严格的管理制度，致使送人上班的交通拖轮在5～6级大风下违章超载、偏载而倾覆沉没。船上人员全部落水，虽经奋力抢救，除部分人员脱险外，终因风大浪急，事发突然，酿成悲剧。事故发生后，处党委书记阎某、处长王某、技术负责人孙某被撤销职务；另派范文仪任书记、王今路任处长、刘锡三任工地技术负责人。

3月22日 黔桂铁路墨冲车站零担仓库217吨炸药、130箱导火索、5.7吨雷管起火爆炸。炸死26人、重伤39人、轻伤76人，站房、住宅全部被炸毁，附近200余间民房亦被震塌或烧毁，直接经济损失59.7万余元。经柳州铁路局公安处会同黔南州都匀市政法部门调查，结论为重大责任事故。

5月31日 1161次货物列车18时55分驶至昆河线K38+450m处颠覆，造成乘务员死4人、伤8人和机车大破2台、货车大破8辆的重大事故。

6月14日 铁道部召开全路领导干部会议，调整1959年铁路计划，部署整顿规章制度的工作。根据中共中央对过高的工业生产指标进行调整的精神，会议决定调整3月份铁路工作会议制定的1959年全路运输生产计划指标，货运量由62000万吨调整为52500万吨，修建铁路由7579公里调整为3723公里，新造机车由850台调整为500台，新造货车由52000辆调整为17200辆。会议对于规章制度，要求有破有立，不能把不该破的也破了，该建立的却没有建立起来，更不能不破自废；要求认真贯彻执行党委领导下的厂长负责制，建立工人管理和专业管理相结合的责任制；经济核算、技术管理、产品检验和验收、安全保护等方面的规章制度都要建立起来；整顿规章制度要把质量、秩序、安全放在重要地位。多快好省要统一，不能割裂。会议于19日结束。

9月14日　20时36分，南京站轮渡区调车时，发生甲机下船到桥口与丙机顶送上船的车辆在9号道岔处正面冲突，导致机车中破、货车大破3辆，中断轮渡航行10小时53分，构成调车冲突重大事故。

10月4日　昆河铁路604次货物列车驶至K303+675m处，因列车失控超速颠覆，机车大破2台，车辆大破2辆，乘务员死4人、重伤2人，构成重大事故。

11月10日　22时45分，拓石工务段柿树林路基工区，在陇海铁路宝天段K1300+350m处砌补山缺，上部的浆砌片石（高约1.6米）倒塌，5名正在作业的工人从17米高的脚手架上摔下，死亡2人，负伤3人。事故原因是盲目抢工程进度，浆砌片石未凝固而倒塌。

12月4日　锦州铁路局沈山线东辛庄—绥中间，发生机车锅炉爆炸重大事故，乘务员3人死亡，货车32辆颠覆。

12月27日　吉林铁路局九站采石场于6时40分放万米大炮错接电线，造成重大伤亡事故，死亡5人（1人崩出140米外死亡），伤9人。

1960年

1月5日　铁路首次在安阳至郑州间采用复式脉冲式自动闭塞。

1月12日　7时22分，沪杭线松江站2458次货物列车本务机车调车时，由于扳道员盲目抢扳道岔，挤坏正线2号道岔，助理值班员前往现场协助处理，擅自徒手向司机显示前移信号，因显示不准确，司机误认为后退信号，将列车朝后退行，造成货车2辆脱轨，中断正线行车2小时55分，构成重大事故。

1月21日　北京至上海的21次旅客列车，通过津浦线崮山站时，机后第2节车厢由于旅客携带硝化纤维素制成的录音带基片，被暖气管烤热起火，烧毁客车2辆、邮政车1辆，烧死旅客43人，烧伤78人，烧毁军邮件7袋、普通邮件1080件。

5月15日　13时48分，由新乡站开出的2494次货物列车，行至京广线新乡至潞王坟（今新乡北）站间K599+750m处，机后第29位货车，由虢镇站装到安阳站黑色炸药，因装卸工在车内吸烟引起爆炸，造成装卸工人死亡19人，重伤15人，4辆货车被炸烧毁，线路遭到严重损坏。又于14时02分，下行1363次货物列车，司机未认真瞭望确认停车信号，列车行至事故现场因线路变形，制动过猛又造成7辆货车颠覆脱轨，中断上下行行车14时50分，直接经济损失16万元。

7月11日　苏家屯站中转站台发生重大火灾事故，货车报废5辆，大破31辆，中破13辆，小破18辆，烧毁货物1811件，房舍17栋，损失约658万元。

9月10日　2049次货物列车，运行至飞跃、疙瘩台（红台）间K1506+300m处，发生列车火灾，因风大无法扑救。烧损货车1辆，日用百货23吨，中断正线行车17时47分，直接经济损失达38万元。

9月21日　铁道部发出《关于防止铁路道口事故的指示和措施》，指出1960年1～8月共发生道口撞车事故224件，死58人，伤101人，撞毁汽车84辆、马车等55辆。要求各地铁路单位改进和加强道口安全工作，并邀请当地交通、公安部门检查道口，对道口管理和设备以及车辆抢道等方面的问题提出解决办法。

11月6日 92次旅客列车行至沪宁线太平门至和平门区间，轧死在道心玩耍的儿童6名，其中最大的15岁、最小的8岁。

11月19日 浙赣线衙前撞车事故，机车乘务员死2名，重伤1名。

12月28日 1714次货物列车，于22时22分到陇海线张茅站进4道停车，由于司机未将列车全部制动，即摘钩上水，致使列车溜入区间，22时30分溜至交口至三门峡站间上行线K814+500m处，造成26辆货车脱轨颠覆，中断行车119小时05分；押运人死亡，车辆报废18辆，大破4辆，中、小破各2辆。直接经济损失123万元。

12月30日 由上海站始发的232次旅客列车，运行至戚墅堰—湾城间，机后第8节车厢有旅客携带10公斤（2桶）香蕉水及860盒火柴，由于香蕉水溢出，气体弥漫整个车厢，另1名旅客点燃火柴照看时，车厢突然起火，烧毁客车2辆，烧死旅客35人，烧伤31人。该易燃品系由铁路职工家属违章从上海站边门混进站内送上车的。

本年 全路人事、劳动工资工作会议修订三个规定：安全责任制，安全技术教育，劳动保护经费管理和使用。

安全责任制就是要求“管生产的必须安全”，使安全与生产在组织领导上统一起来，树立安全与生产统一的观点。因此，企业中的安全技术劳动保护工作，应由企业领导者负总责任，总工程师在技术业务上负责直接组织领导的责任，而在车间、工程队和工段中，则由车间主任、工程队长和工段主任负责。同时，对各级行政领导及有关科、室的职责也进行了明确的规定。这次安全责任制是对建国初期安全责任制的一次充实与完善。

安全教育的规定是纠正大跃进安全管理失误的一项有力措施。大跃进以来对大量的新工人不仅没有加强安全教育工作，甚至有的单位把安全教育制度都取消了。为了进一步贯彻安全生产方针，避免或减少伤亡事故，特别是对新工人的安全教育工作，特作出定性与定量的规定。

1961年

1月26日 中共中央批转铁道部党组《关于在铁路系统建立政治工作部门和改进管理体制的报告》，这个报告中首次指出了铁路“高、大、半”的特点，即：铁路是国民经济的大动脉，是高度集中的企业，带有半军事化性质。

1月27日 铁道部在北京召开全国铁路领导干部会议。会议期间，中共中央总书记、国务院副总理邓小平接见部分代表并讲话。邓小平指出：会议的中心是整章建制，整顿运输秩序。现在铁路运输秩序不好，主要原因是把原有的规章制度破坏了，却没有建立新的规章制度，或者立错了；迷信要破除，但不能违反科学。领导干部会议决定，限期恢复和建立三个基本制度（负责制、验收制、经济核算制）和八个规程（技术管理规程、设计规程、施工规程、大中修规程、客运规程、货物运输规程、危险品运输规程、产品设计规程）；开展“爱车、爱路、爱设备”的群众运动，提高设备质量；建立群众性安全检查制度，严格劳动纪律，消除事故因素；总结推广安全正点的好经验。会议于29日结束。

2月1日 铁道部政治部发出第一号指示，要求各铁路总局、铁路局、工程局、设计院、部直属工厂及所属单位，立即建立政治工作部门；动员全路职工和家属开展“安全正点立功运动”，保证行车安全，恢复运输正常秩序。以后，这一运动增加了“四爱”

（爱车、爱路、爱设备、爱货物）的内容，改称为“安全正点四爱立功运动”。

本日 根据中共中央《关于调整企业管理体制的若干暂行规定》，改变铁路管理体制，铁路局由省、部双重领导改由铁道部统一管理，同时在沈阳、吉林、锦州3个铁路局设立政治委员、建立政治部，各铁路办事处恢复党委、建立政治处。

2月13日 301次列车在高崎—厦门间K690+200m处，因国民党的炮弹破坏线路，造成列车颠覆重大事故，中断行车10小时。

3月2日 运输总局长签发《五员一长安全生产手册》初稿。为了充实行车基础工作，加强“五员”（车站值班员、扳道员、调车员、连结员、制动员）、“一长”（运转车长）的技术教育，巩固“五员安全生产运动”的成果，不断提高安全正点的实效。由部组织现场员工，采用三结合的方法，编制“五员一长”的安全生产手册。在广泛征求意见的基础上，再修改完善下发。

3月27日～4月2日 铁道部在锦州召开全路安全监察工作会议，交流锦州铁路局安全检查及安全生产经验，并讨论和制定了《监察工作十六条》。修改后的《监察工作十六条》于1961年5月7日正式颁布。

4月7日 2时49分，2466次列车运行至鹰厦线K447+700m处，机后第10位，由于冷铸生铁轮轮缘破损脱轨，致使车轮轮缘爬上钢轨，造成脱轨，中断行车10小时39分的重大事故。

4月21日 铁道部在天津召开东北、华北13个铁路局机车司机座谈会。与会的59名司机代表针对当时影响安全正点的主要问题提出，机车乘务员应该做到行车时不超速、不臆测行车、不跑“白水表”、不打瞌睡、不胡思乱想，要爱护机车，根除病害，消灭机破临修，提高操纵和焚火技术，大力节煤；并向全路发出学“毛泽东号”、赶“毛泽东号”、向“毛泽东号”看齐，开展安全立功运动的倡议。

5月7日 发布铁监刘〔1961〕字第1259号《安全监察工作十六条》。一是坚决贯彻党的安全生产方针，狠抓“安全正点、四爱、五员”运动。二是坚决消灭重大、大事故，狠抓惯性事故。三是认真检查防止火灾爆炸事故措施的贯彻执行。四是做好防止路外伤亡事故的宣传教育。五是狠抓事故分析及事故的处理工作。六是加强对事故救援工作的监督检查。七是监督检查规章制度的贯彻执行。八是督促技术业务教育和考试工作。九是抓好技术革新、技术革命运动中的安全问题。十是大兴调查研究之风，一切从实际出发。十一是抓生活、促生产。十二是大搞协作。十三是抓两头，带中间，推广先进经验。十四是大抓监察干部的政治、技术学习。十五是在监察工作中开展评比竞赛。十六是坚持政治挂帅，大走群众路线。

6月10日 吐鲁番站货场在8级大风的情况下，由于调车机（蒸汽机车装有双层火星网）喷出的火星掉在货物线旁边堆码甘草货件上（芦席包装），引起火灾，将货场中部货区数百平方米内的货物大部烧损。损失达数百万元。

本年 上海铁路局开展以安全生产为主要内容的“插红旗，树标兵”竞赛活动，取得显著成绩，行车事故比1960年减少34%。

本年 铁道部颁发《社会主义劳动竞赛评比奖励办法》。

本年 京山线唐山至开平间自动闭塞区段，因大雪贴伏在信号机玻璃上遮蔽了信号灯光，迫使列车停车，后续列车由于盲目驾驶，导致与前列停车列车冲突后颠覆，并影响邻线，恰逢邻线列车经过，导致3个货物列车相撞的重大事故。针对此项事故，北京局决定在自动闭塞区段，逐步实现所有机车安装机车信号。

本年 邓小平副总理亲自抓铁路工作，要求铁路做到“安全正点，恢复到1958年以前的水平”。根据国务院领导的指示精神，铁道部以“安全正点四爱立功运动”为主题，在全路开展了百日无事故的竞赛，不断涌现出安全生产的先进典型。山海关站运转车间和“毛泽东号”机车组等177个车间、班组，分获先进车间、先进班组的光荣称号。1963年至1965年，先后树立和表彰了一批安全生产的先进典型，在全路推广他们的经验，从而推动了全路行车安全达到铁道部成立15年来的最好水平。

1961～1965年 贯彻落实预防为主的安全生产方针，各部门开展以安全为重点的劳动竞赛，推广安全生产的先进经验，加强设备养护维修，安全情况渐趋稳定。

1962年

1月24日 呼和浩特铁路局建局以来第一次实现百日无行车重大、大事故，铁道部授予奖状及奖金13700元。

4月 铁道部公布执行《调车作业四大纪律十六项注意》。缘起，调车是比较复杂的工作，参加的人员工种多，作业对象多种多样，作业区、车场间和作业组间关系多，作业的地点涉及面大，因此，不但要求高度统一集中领导指挥，而且要求所有有关人员运作准确协调，根据目前调车工作中的薄弱环节和发生事故的主要原因，必须在作业的领导、指挥、计划、联系、检查、监督六个环节上，抓住主要关键，规定几项简明易记的要求卡死，严肃认真地一丝不苟地执行，才能保证安全。正因为以上原因，才制定《调车作业四大纪律十六项注意》。

7月25日 发布《铁路安全运输安全工作条例（草案）（铁路六十条）》。（铁路六十条）共分为12个部分：一是坚持贯彻安全运输方针。二是大搞群众性安全运动。三是严格负责制、验收制和检查制。四是贯彻规章制度，加强劳动纪律。五是加强技术业务教育。六是坚决消灭爆炸事故。七是防止路外伤亡事故。八是认真处理事故，把坏事变成好事。九是加强事故救援工作。十是抓生活，促生产，保安全。十一是加强专业监察工作。十二是不断改进领导作风。

8月4日 陇海线孟塬站内K956+636～696m处，路基新旧填土连接处穿洞，直径为5～6米，深8米。中断行车49小时50分。

11月1日 铁道部公布《铁路行车火灾事故处理暂行办法》，将行车火灾事故分为重大、大及一般火灾事故。1975年铁道部将行车火灾事故并入行车事故。

12月4日 连续13年无责任行车事故的上海铁路总局周王庙车站，获得铁道部颁发的安全奖。周王庙车站创造的“三化一固定（用语标准化、作业程序化、制度统一化和固定的分工负责制）”经验在全路宣传后，引起很大反响，推动了当时正在开展的抓基层、打基础、大练基本功活动。

本年 郑州铁路局开展“安全正点（优质）四爱运动”和“百日安全无事故竞赛”。当年6月25日，第一次获铁道部百日安全奖状，1963年1月10日，实现连续200天无行车重大、大事故，1965年8月6日实现665天无责任行车重大、大事故，为郑州局安全史上的最好成绩。

本年 哈密地区首次建立专管与群管相结合的安全管理网，将车务、机务、工务、电务、车辆各段的调度部门组成安全联防协作网，并制定安全联防公约。

1963年

1月3日 福州—厦门203次旅客列车，

在永安站进站时，第 5 号车厢左侧洗脸间发生响令纸挤压磨擦爆炸起火事故，烧伤旅客 4 人，其中重伤 1 人，车厢板壁油漆烧焦。

6 月 24 日 沈阳铁路局实现 100 天无行车重大、大事故。

10 月 18 日 北京铁路局连续 100 天实现无行车、货物、行包重大、大事故。

11 月 10 日 12 时 22 分，南京线桥大修段在沪宁线新闸镇至新岗间 K172+713m 处，更换 177 号桥梁，租用南京救援列车队 60 吨吊车担任吊换梁，当旧梁吊起，吊杆向左旋转 90 度时，轨道起重机倾斜卧倒，造成旧梁拆除，新梁未装，中断正线行车 12 小时 12 分，构成列车脱轨颠覆重大事故。

11 月 24 日 在陇海线窑村站外，非正式道口处，某部队 940 厂用汽车运送雷管，通过铁路道口时，汽车司机未认真瞭望确认，盲目抢越铁路，与 35 次旅客快车相撞，发生爆炸事故，当场死亡 8 人，重伤 34 人，轻伤 137 人，汽车炸毁，机车煤水车报废，行李车和客车大破，损坏线路 160 米。中共中央和国务院指出："这次事故性质极为严重，损失很大，影响很坏。希铁道系统引为教训，在全路开展一次安全运行、严格遵守制度的教育，防止同类事故重复发生。"

本年冬 欧阳海所在部队在岳麓山一带进行野营合练。当部队行至京广线一个弯道处，突然，驮炮的战马被迎面驰来的火车汽笛声吓惊了。它挣断了缰绳朝轨道上奔去，忽然又像钉子钉在那里，死也不肯动了。欧阳海在这千钧一发的紧急关头，抢在车头到达之前，拼尽全力推开了战马。人民的生命和国家财产得救了，而欧阳海却献出了 23 岁年轻的生命。

为了杜绝类似事故的发生，全军规定：凡内地战马必须要进行适应火车鸣叫的训练，否则，不准执行军事任务。

1964年

2 月 18 日 上海铁路局实现南昌、上海、蚌埠三局合并以来的第一个行车"百日安全"。

3 月 3 日 6 时，汉丹线舵落口车站运转室 3 职工被杀。三名受害人的手表被掠走，该站 900 元公款被盗。湖北省公安厅领导亲自勘查现场后，统一指挥，明确分工，铁路、地方各自分头布置。郑州局铁路公安处立即通知各站公安所长亲自带警出战，加强清站查车，并通报有关单位密切配合；由柳州局公安处架网，控制钟犯老家；并在有关铁路各站、市、区和钟犯各亲友住处都做了周密部署，共投入专门力量 130 余人进行追捕堵截。

当日上午 11 时 50 分，长沙铁路公安处押运队驻蒲圻车站查车民警赵 ×× 等 3 人，在 1515 次货物列车上，发现一携带提包的铁路职工，形迹可疑，遂将其带至蒲圻车站公安所审查，所长车 ×× 一眼认出被审查的正是钟奇干。经询问钟奇干供称：因几次受批评和未评上奖金而怀恨在心，于是，2 月 1 日买了一把菜刀，将 3 人砍死拟南逃出境。至此，全案大白。

5 月 16 日 1206 次货物列车运行至湘桂线雒容—对亭间 K500+619m 处无人看守道口，与一汽车相撞，汽车上死亡 5 人、重伤 7 人、轻伤 1 人，汽车大破，机车小破。

5 月 27 日 吉林铁路局实现第 4 个百日无责任重大、大事故，并首创建局以来连续 200 天无行车重大、大事故的纪录。

7 月 12 日 中华人民共和国铁道部中国共产党铁道部政治部联合发布《关于公布铁路职工奖惩条例的指示》。此次条例对 1953 年制定的"铁路奖惩条例"进行了全面的修改，并重新公布试行。本条例分为四章：第一章，总则；第二章，奖励；第三章，处分；

第四章，控告与申诉。并对新条例与1953年条例的有关部分对照优劣作了详细说明。

7月15日 铁道部授予“毛泽东号”机车包车组“坚持不断革命，永当开路先锋”的奖旗，宣布了中共铁道部委员会《关于在全路进一步推广“毛泽东号”机车包车组先进经验的决定》。

7月20日 兰州枢纽附近发生严重泥石流灾害。7月以来，该区域连续发生泥石流灾害，7月20日发生的一次最为严重，导致中断行车34小时。

7月28日 昆河铁路腊哈地至大树塘间K400+395m南溪河左岸路基被洪水冲毁100余米，行车中断。经抢修，8月11日临时通车。

9月2日 沈阳铁路局第二线路大修段施工时造成024次原油罐车行至长大线大石桥一分水间，发生列车颠覆重大事故，罐车报废13辆，破损4辆，破坏线路250米，损失原油800余吨，中断行车34小时30分，直接损失74.5万元。

本年 铁道部公布《铁路劳动保护工作的几项规定》，凡发生轻伤事故或严重事故苗子时，由车间主任组织有关人员进行调查处理；发生重伤事故时，由工厂厂长或站、段长组织调查处理；发生死亡事故时，由分局长和路局主管业务处长组织调查处理；一次死伤3人以上事故，由铁路局长组织调查处理。

本年 大搞基本功演练，郑州铁路局规定67种基本功过硬要求。采取领导带头，职工表演，群众观摩，竞赛评比的方法，共举办练功表演运动会180多次，共有5.6万名职工参加，评出各方面技术能手900多人。

1965年

2月27日 吉林铁路局实现第六个百日无行车重大、大事故。

3月16日 锦州铁路局实现第六个百日无行车重大、大事故。

7月19日 吉林省舒兰县上营公社中心小学正阳分校师生，冒雨排除被暴风雨刮倒在线路上的大树，保证了列车的安全运行，受到吉林市和吉林铁路局领导的表扬和奖励，新华社向全国作了报导。

7月23日 沈阳铁路局实现连续200天无行车重大、大事故。

8月6日 郑州铁路局实现连续665天无责任行车重大、大事故，创建局以来最高纪录。

10月18日 上海工务段何家湾养路工区养路工3人在4B号道岔上作业，调车员在推进调车时没有瞭望，盲目给司机信号，造成2人死亡、1人重伤。

本月 全长2715米的贵昆线岩脚寨隧道竣工。是国内第一座瓦斯隧道。该隧道横贯煤田，穿过7层煤层，含有大量瓦斯，施工中曾于1959年发生两次瓦斯爆炸，共死伤220人，这是国内第一次遇到瓦斯并发生重大伤亡事故的铁路隧道，同时也为以后修建瓦斯隧道积累了宝贵的经验。

12月18日 呼和浩特铁路局实现连续700天无行车重大、大事故的好成绩。

1966年

3月9日 呼和浩特铁路局780天无责任行车重大、大事故的好成绩，实现三个安全年；集宁铁路分局实现千天无责任重大、大事故，获铁道部千天安全杯。

6月2日 8时04分，55次旅客列车行至外福线K47+100m处，与塌方体相撞，造成重大事故，运转车长、列车长、司机、副司机和邮政员轻伤，司炉重伤。机车大破、邮政车大破、硬卧车中破，中断行车22小时 01 分。

6 月 17 日 胶济铁路益都车站线路值班员段秀庄，在列车与汽车即将相撞的紧急关头，跳进道心，抓住风管，采取放风制动紧急措施，避免了一起惨重事故，而段秀庄负伤致残。

8 月 22 日 贵阳机务段 195 号蒸汽机车，牵引 857 次超轴列车运行到贵昆线岩脚寨隧道时，洞内瓦斯溢出，四名乘务员全部牺牲，成都铁路局命名傅金胜机班四名乘务员为烈士。

8 月 31 日 贵昆铁路马过河至甘海子区间 K528+500m 处，因山洪暴发冲垮路基，列车通过时坠入河中，乘务员死亡 6 人，构成非责任重大事故。

同日 闻喜—水头站间 K723+400m 处一座小桥被冲毁，未及时发现，当日晚 2582 次货物列车驶近该处因视线不清，致机车坠入桥下，颠覆货车 4 辆，四名机车乘务员殉职。

本月 铁路系统各单位根据中共中央《关于无产阶级文化大革命的决定》（即十六条），把运动的重点放到“整党内那些走资本主义道路的当权派”，并用“大鸣、大放、大字报、大辩论”的方法，“揭露一切牛鬼蛇神”。许多单位出现观点不同的“造反派”。有些人离开生产岗位登车上访；一些干部被指斥为“走资派”、“叛徒”、“黑帮分子”遭到批斗。18 日，毛泽东主席第一次在天安门接见来自全国的红卫兵和群众以后，各次列车挤满了进行“大串联”的人群，乘车人数每天增加 20 ～ 50 万人，乘车纠纷和阻碍行车事件时有发生。铁路运输生产秩序混乱，列车晚点严重，货运和基本建设完不成计划，一些工厂间断停产。

11 月 10 日 沪宁铁路发生“安亭事件”。9 日夜，以王洪文为首的“上海工人革命造反总司令部”纠集上千人冲进上海火车站，强行登车，声言要到北京告状。10 日上午，根据国务院的不要来京、就地解决的决定，列车停在上海市郊的安亭车站。王洪文等聚众卧轨拦停来往的各次列车，致使上海站的 36 趟列车开不出来，近百趟列车被迫停在沿线各站，中断运输 30 多个小时。

11 月 26 日 23 时 23 分，调度命令 4303 次本务机车进入大寨站后，将该站停留车全部挂走，由于原站长练演帮违章作业，连挂时车辆冲击，使 6 辆货车顺坡往贵阳方向溜走，又撞走该线轨汽车和装水泥电杆平车，车溜到贵阳站又与一道停放的 4 辆车相撞，撞死轨汽车助手，撞塌贵阳站风雨棚 93.4 米，砸死候车学生 1 人，砸伤 20 人，损坏车辆 13 辆，中断贵阳站行车 28 小时。

1967年

1 月 13 日 在京广线潞王坟至新乡间 K587+817m 有守道口处，由于道口工未注意瞭望，招致 19 次旅客快车和新乡市五金厂汽车相撞，造成死亡 19 人，受伤多人重大路外伤亡事故。中断行车 1 小时 45 分。汽车报废，机车毁损。

1 月 23 日 15 时 38 分，在沈阳站内，长春开往营口的 308 次机车与北京开往长春的 59 次拦腰冲突，使客车 1 辆颠覆，3 辆脱轨，死亡 29 人、重伤 17 人、轻伤 81 人，机车中破 1 辆，客车报废 1 辆、大破 3 辆，中断行车上行 11 小时 22 分，下行 9 小时 15 分，成为沈阳铁路局建局以来，后果最为严重的一次行车事故。

1 月 29 日 根据周恩来总理的指示，铁道部机关和直属单位的群众组织协商推选 14 人，组成铁道部临时业务监督小组，监督领导机关处理日常运输生产工作。此后，周恩来多次接见群众组织代表，强调铁路在国民经济中的重要地位和需要集中统一指挥的特点，批评派性，要求保证铁路管理和运输生产工作的正常进行。但有些“造反”组织不听劝阻，以“揪斗走资派”为名多次冲击铁道部机关和调度指挥要地。铁路沿线也屡次发生破坏生产设施、阻挠和中断行车的事件。

3月5日 昂昂溪车站因引导员、扳道员在工作时间辩论争执，忘扳道岔，盲目接车，造成383次旅客列车与一列货物列车侧面冲突重大事故，机车大破1台，货车损坏8辆，正线中断运行6小时10分。

4月4日 4时34分，外福线安仁溪至闽清区间K132+262m处，309次旅客列车撞上落石，构成机车引导轮脱轨的重大事故。

4月20日 3时15分，成渝铁路小南海站值班员不确认站内线路是否空闲，将1336次货物列车接入已停留2801次的有车线内，造成两列货车正面冲突，学习司机当场死亡，司机屈义国重伤，中断行车18小时，直接经济损失15万元。

5月31日 中共中央、国务院、中央军委、中央文革小组发出《关于对铁道部实行军事管制的决定（试行草案）》，决定自即日起对铁道部实行军事管制，成立铁道部军事管制委员会（简称军管会），任命苏静为主任，杨杰、朱互宁为副主任。要求军管会认真执行中共中央关于开展“文化大革命”的决定，对铁道部各项工作实行统一领导；有关生产运输调度业务，部属各单位必须服从军管会的集中指挥。军管会下成立“抓革命”和“促生产”两套班子。

6月1日 中共中央发出《关于坚决维护铁路、交通运输革命秩序的命令》，要求切实保证运输畅通，向一切消极怠工、影响运输秩序甚至中断交通运输的行为作坚决斗争；严禁破坏铁路、交通设施和其他国家财产，任何人不准以任何借口无票强行乘坐车船，不准扒乘货车和拦截列车、汽车、轮船，不准妨碍铁路、交通部门工作人员的正常工作。不准武斗，不准以卧轨等手段限制车辆通行。《命令》宣布，煽动武斗、破坏运输秩序和铁路交通设施运输工具的少数坏人和严重肇事者，必须受到法律制裁。

6月11日 南宁—北京6次特快因两派群众组织发生争执，滞留柳州站。在周恩来总理和铁道部军事管制委员会、广西军区领导的干预下，于15日9时38分恢复运行，晚点89小时15分。

8月10日 中共中央、国务院、中央军委、中央文革小组发出《关于派国防军维护铁路交通的命令》。

9月11～13日 兰新铁路因哈密在“文革”中出现武斗而中断运输50小时。此后，群众组织抢了公安和军队的武器，各自占领据点，真枪实弹在铁路地区武斗，造成哈密相继7次中断运输。

9月27日 8时29分，835次货物列车行至陇海线K530+104m处，由于汽车司机未减速停车确认就闯越道口与列车相撞，造成死亡23人，受伤48人的重大路外伤亡事故。汽车司机是开封运输公司第一汽车队的职工。

10月23日 2015次列车行至西安—三民村间的沣惠路平交道口，道口看守工擅自离岗，道口设置的栏木形同虚设，正在横越道口的解放军建字211部队1辆载人卡车司机未停车确认有无列车通过，抢越道口，导致汽车与列车相撞，死50人、伤27人。

本月 铁道部召开全路运输工作会议。这是“文化大革命”以来全国铁路的第一次工作会议。会议强调要把铁路运输搞上去，保安全，保畅通，当前最重要的问题是实现各单位各派组织的大联合。会议向全路各单位发出倡议书，倡议尽快实现革命大联合，掀起运输生产新高潮。但广州、柳州、乌鲁木齐等10个铁路局两派组织之间矛盾很大，会后将这10个局的代表留下办毛泽东思想学习班，分别帮助解决大联合的问题。

10月～1968年6月 昆明铁路局管内铁路“造反派”发生武斗，中断行车124天。

11月25日～12月2日 周恩来总理先后4次接见郑州铁路局职工群众组织代表。周总理指示：要从全局着想，搞好联合，解放干部，抓好革命，猛促生产。12月2日，郑州铁路局群众组织达成《关于实现郑州铁路局河南境内革命大联合的协议》。

12月2日 中共中央、国务院、中央军委、中央文革小组发出《关于确保铁路运输物资安全的通令》，要求坚决制止近来某些地区发生的盗窃、抢夺铁路仓库、货场和列车上运输物资的严重违法行为。对于盗窃集团和盗窃犯必须坚决按情节轻重给予惩处，所盗窃、抢夺的物资必须一律追回；原物用掉、卖掉或毁坏的要赔偿。

本年 南昌铁路局领导机构受到冲击陷于瘫痪，两派群众组织之间由互相辩论、谩骂，发展到武斗，开着火车去抚州武斗，造成流血事件，铁路运输一度中断。

1968年

1月16日 由昆明站开出的202次旅客列车驶至金马村站，因超员过多引起旅客纠纷，发生斗殴，造反派鸣枪干预，一乘客（孕妇、军属）中流弹身亡。1970年铁路职工4人被以“现行反革命破坏铁路交通、武装抢劫杀人罪”判处死刑，1人被判死缓，2人被判无期徒刑，79人受到牵连。1979年复查，认定此案为冤案，全部昭雪平反，恢复名誉。

2月6日 鉴于铁路运输安全环境进一步恶化的严峻形势，中共中央、国务院发出《坚决打击破坏铁路运输的反革命分子的命令》。《命令》指出，煽动、操纵和指挥破坏铁路、炸毁桥梁、袭击列车、杀人劫货的极少数坏头头是反革命分子，对他们必须采取专政措施坚决法办。《命令》要求铁路职工坚守生产岗位，抓革命促生产，坚决同上述反革命行为作斗争，保证铁路运输畅通。

2月29日 由芜湖开往南京的342次旅客列车，行至宁芜线K11+688.3m无人看守道口处，与抢道的紫金山地方一辆汽车相撞，汽车上死亡5人，重伤1人，中断行车3小时42分。

5月30日 沈阳铁路局管内2302次货车行至长大线昌图—马仲河间K524+000m处与停留的008次原油罐车发生追尾，造成撞车火灾重大事故，机车报废1台，货车报废18辆，大破10辆，中断行车35小时。

7月3日 中共中央、国务院发出布告，要求迅速恢复柳州铁路局的运输。布告说，近两个月以来，广西壮族自治区的柳州、桂林、南宁地区，一小撮坏人蒙蔽部分群众，制造了破坏铁路交通、抢劫援越物资、连续冲击军事机关和部队、抢夺武器、杀伤人民解放军指战员等一系列反革命事件。对确有证据的杀人放火、破坏运输、冲击监狱、盗窃国家机密、私设电台等现行反革命分子，必须依法惩办。

7月31日 湘桂线自6月1日全面中断运输后于本日全线通车。

8月31日 16时40分，在黄石站西闸口，因道口工刘世章、万纪华去扳道房聊天，忘放道口栏杆，当想起放栏杆时，公共汽车已接近道口，刘世章匆忙去拦汽车，被汽车碰倒，汽车停在道口上，汽车司机吴大洪下车拉刘世章，这时东风水泥厂188号机车带13辆货车开来，致使火车与汽车相撞，造成死亡4人，重伤28人，轻伤13人。

9月 柳州铁路局、分局安全监察室被精简，在局、分局革委会生产组各设专职人员1人统管行车、货运及人身安全工作。1972年5月恢复局、分局安全监察室。

9月28日 周恩来总理批示："9月份北京附近铁路出了3次事故，影响了首都及其附近的安全。暗藏的反革命分子在国庆节期间一定会进行破坏，我再次提出，请注意动员革命群众和干部，要提高警惕，严防暗藏敌人从各个方面进行破坏，首先使本职岗位不出差错，不让敌人钻空子……"

11月18日 1321次在浙赣线小港口站计划停车交会1310次，但1321次许克昌机班盲目行车，欲以高速通过。小港口值班员刘先忠发觉异常，立即关闭上行进站信号，并对1321次显示停车信号。此时牵引1310次的奚基华机班也使用非常制动停车，两列车停下仅相距十余米。

11月25日 铁道部军管会决定，部机关26个厅、局、部、委全部撤销，改组为政工、生产、后勤、办事4个组。部机关原有人员1960人，精简为280人（包括军管会17人）。没有编入这4个组的人员脱产学习。以后这些人员调入铁道部"五七"干校学习，并从事体力劳动锻炼。生产组中有专门负责安全的统计人员。

1969年

1月8日 012次列车运行到兰新线K1738+732m处，因车辆扁销脱出发生列车颠覆重大事故，造成货车大破13辆，中破1辆，小破2辆。

本月 徐州地区两派群众月初发生大规模的武斗，徐州车站停止作业，机务段不出机车接运，导致津浦、陇海干线瘫痪。徐州市在周恩来总理支持下依法逮捕了挑起和指挥武斗的坏头头，打击了帮派势力。5日，徐州站恢复了调车和装卸作业，机务段也恢复提供机车，运输秩序开始好转。但由于铁路和地方"造反派"互相影响，情况复杂，徐州地区的运输问题没有彻底解决。

2月14日 解放军3611部队二机连战士王安永和另一战士赶着饮完水的骡子跨越铁道返回营地时，由乌鲁木齐开往乌西的011次列车驶来，有一匹军骡惊呆在铁道中心不动。在这危急关头，王安永奋不顾身地冲上去将军骡推出铁道，避免了一起严重事故。王安永却被机车撞出两米以外，头部受伤，导致严重脑震荡，重型颅脑损伤。经医院抢救，虽脱离危险，但因左眼球坏死被摘除。

2月26日 西宁机务段2428号机车行驶到兰青线莲花台至民和K74+340m处，由于道口工未放置栏杆，造成机车与汽车相撞，汽车报废。伤亡13人，其中死亡3人，重伤2人，构成重大路外伤亡事故。

3月3日 发生市郊列车脱轨重大事故。8143次市郊旅客列车，运行在乌鲁木齐至二宫间K1877+230.6m处，因线路病害造成机后2～10位脱轨，造成客车小破7辆。损坏钢轨3根，水泥枕291根，轨距杆110根，螺栓钉1919个，中断正线7小时27分，直接损失达44790元。

4月2日 15时58分，乌鲁木齐—北京的70次旅客快车行至河口南站，列车13号车厢发生爆炸，当场炸伤旅客5人，同时被犯罪分子持刀刺伤21人，当场死亡1人，送医院途中死亡1人。犯罪分子冶廷华被抓获。

同日 桂林工务段矮岭工区因线路养护不良，造成列车颠覆重大事故，中止该段1117天无责任重大、大事故的纪录。

5月12日 8时，童家站扳道员陶士海接46次快车通过时，发现养路作业的起道机卡在钢轨上卸不下来，陶士海一边显示停车信号，一边冲上去奋力搬开起道机。列车安全通过了，但陶士海却被列车撞倒，以自己年轻的生命，避免了一起旅客列车颠覆重大事故的发生。

5月16日 黔桂线八圩站值班员冯才因班前饮酒，当班时造成1425次和2424次货物列车在八圩—侧岭间发生正面冲突，机车乘务员死亡5人、受伤5人，机车大破3台，车辆报废6辆，大破、中破3辆，中断行车35小时，构成行车重大事故。事故责任者冯才被判处有期徒刑10年。

5月29日 北京站发生行车重大事故。事故发生后，周总理亲自到北京站作重要指示，指挥事故救援和事故处理。由兰州开往北京的44次旅客列车与北京开往太原的87次旅客列车在北京站冲突，造成87次机车司机、司炉2人死亡，旅客和乘务员10人重伤，457人轻伤，蒸汽机车大破1台，内燃机车大破2台，客车大破4辆，小破19辆，直接经济损失145万元。事故责任人万云智被判处三年有期徒刑。

6月30日 伊图里河机务段解放型825号机车，牵引2106次货物列车，进克一河车站时，因机车乘务员误认进站信号，列车冒进信号进入站内，与站内调车作业的解放型634号机车正面冲突，造成机车大破2台，货车报废9辆，中破3辆，小破2辆，机车乘务员轻伤2人，构成行车重大冲突事故。

8月1日 遵照周恩来总理指示，为解决北京城区铁路平交道口的交通安全问题，停止使用广安门至西直门的铁路，并随即把这段铁路拆除。

同日 向塘机务段1863号机车郭志文机班值乘1324次货物列车于1时45分接近向塘西站时，预告信号和进站信号允许该次列车进入向塘西站北场，但进路道岔却是开通进入本场十道。司机郭志文发现十道有机车头灯光，同时车站两头调车机正从联络线向十道牵行，急忙停车，避免一起三列火车进入同一股道可怕事故的发生。

9月21日 沈丹铁路下马塘至连山关间，发生轨道车与5511次货物列车相撞的重大伤亡事故，死9人、伤62人，轨道车大破。

本月 柳州局、分局安全监察室被精简，在局、分局革委会生产组各设专职人员1人统管行车、货运及人身安全工作。

10月22日 1时39分，1305次货物列车行至临江镇—游村间K687+700m处，机后第7位60吨棚车燃轴热切，引起列车脱轨，行车中断7小时20分，构成行车重大事故。这次事故原因是向塘站检车员发现该车轴温高，却未开盖检查；运转车长值乘中违纪打瞌睡，未采取防范措施，使事态扩大。检车员和运转车长均受到行政处分。

10月24日 庙岭车站与大兴沟车站的值班员，因错误办理闭塞，使2599次列车与2492次列车在上述两个站区间K70+070m处发生正面冲突，造成7人死亡，机车大破2台，货车报废1辆、大破3辆，中断正线行车16小时07分。

11月15日 2时14分，乌机段1118机车司机在吐鲁番挂头时，未确认信号就盲目动车，造成调车脱轨重大事故。影响南疆线正线6小时16分。

同日 10时37分，萍乡机务段KD7–547号机车在浙赣线界水—分宜间K759+700m处，机车脱轨，走行200米后颠覆。水柜甩在路基旁，机头离轨道50米，机车大破，司机腿部受伤，副司机左腿被钢钣压住，构成行车重大事故。

11月17日 上饶机务段FD型1952号机车吴宝堂机班值乘1231次直通货车，由于上班时错抄注意事项，在浙赣线以每小时65公里的速度通过限速45公里的新建湖沿车站工地施工地段，结果翻车，颠覆26辆，脱轨2辆。其中货车报废9辆，大破11辆，中破3辆，小破5辆，损失卡车10辆、机油44吨、硫酸98吨，损坏钢轨380米、枕木850根，中断行车11小时06分，构成行车重大事故。

同日 4时57分，图们站在调车作业中，调车机经3道去东侧线送车时，由于调车机冒进信号，挤了六号道岔，闯入本线，与朝鲜南阳站开过来的8331次列车正面冲突，造成机车报废1台、大破1台，货车大破1辆，死亡8人（机车乘务员3人、调车组4人，朝方1人），伤3人的行车重大事故。

12月9日 零时37分，612次货物列车行至符夹线丁里至坡里车站间，一辆载运砀山县民工的货车厢内，民工使用的油灯引燃铺草起火，致烧死民工60人，烧伤26人，仅有2人幸免。

同日 21时54分，2588次列车行至外福线K35+400m处，因机后第6位5C燃轴车处理不彻底，运行中发生切轴，造成机后第6位至第11位车辆脱轨，中断行车13小时36分，构成行车重大事故。

本年 嫩林新线的行车安全工作由加格达奇铁路（地区）革委会生产组负责管理。1970年7月，成立加格达奇铁路分局时，设置了安全监察组，负责行车安全管理。1972年5月，改称安全监察室。

1970年

1月5日 93次旅客列车在贵昆线龙津沟站停车后，司机王树阁未保持制动，以致全列车自动向后溜逸，造成与在该站通过的62次旅客列车侧面冲突，机车大破1台、小破1台，客车大破2辆，货车大破1辆，构成行车重大事故，司机王树阁受到降职处分。

3月18日 石家庄车站扳道员葛兴礼、范敏在工业站9道盲目还道，造成11调与9道停留车相撞的行车重大事故，5月17日扳道员葛兴礼，按现行反革命破坏铁路运输罪被判处死刑，范敏被判15年徒刑。1981年5月11日，两人宣告无罪，予以平反，定为责任事故。

3月29日 锦州铁路局清泉站发生原油罐车颠覆重大事故，机车大破1台，车辆大破18辆，原油起火。4月16日，该站又发生原油罐车火灾重大事故，9辆车起火，机车大破，货车报废7辆，大破18辆。

6月13日 4时34分，在京广线汤阴站北头，34次旅客快车与1385次货物列车会车时，当地农民在线路两侧扒煤渣，列车开来时，当地农民惊慌失措，只顾躲避下行列车，而未躲开34次旅客列车，在9–11号道岔外，当场轧死14人，另1人重伤抢救无效死亡。构成重大路外伤亡事故。

7月11日 024次原油罐车行至长大线马仲河—金沟子间，发生列车颠覆和重大火灾事故，烧毁罐车32辆，烧掉原油1570吨，直接损失100万元，中断长大干线行车31小时。

8月18日 桂林机务段谭锡林机车乘务组防止列车正面冲突，柳州铁路局给该乘务组记集体三等功。同年12月19日，柳州机务段5次特快列车崔建章机车乘务组和6次特快列车机车司机唐志清防止该5次和6次列车正面冲突事故，路局给崔建章、唐志清各记大功，5次列车机车副司机文振清和司炉白良振各记二等功。

8月20日 12时06分，萍乡机务段FD型1847号机车詹可金机班值乘2579次，计划在王华站进二道与294次（长沙至南昌）旅客列车交会，同时接车。当詹可金机班接近王华进站信号机时，由于看不清信号而停车，待确认允许进站后起动列车进站。司机詹可金见2580次已停在三道，自己的2579次在宜春站又早开，误认为不会交会294次列车，未确认出发信号机显示的停车信号，即想不停车通过王华站。该站助理值班员在月台接车，见2579次通过速度不对头，大惊，忙打红旗命令2579次立即停车，但司机詹可金未往后瞭望，没有看到红旗，待发现出发进路不对时，紧急停车不及，冒出出发信号机并挤坏道岔，就要与旅客列车正面冲突。幸亏该站值班员俞祖跃，紧急恢复294次客车站外停车信号，迫使294次客车信号机外停车，避免了撞车事故发生。

9月7日 17时28分，由上海开往重庆的23次旅客列车，行至黔桂线龙里至老罗堡大修地段播水河桥处，由于大修队违章作业，司机未按防护限速行驶，造成列车颠覆，3辆硬卧车翻落桥下，机车及其他车辆全部脱轨，机车小破，3辆硬卧车报废，1辆软卧车小破，线路毁坏260米，中断行车26小时32分。旅客死亡37人，轻重伤共132人。

11月28日 沈阳铁路局014次原油罐车在长大线金州站与2411次货车侧面冲突，发生列车颠覆起火重大事故，信号楼被撞起火，主任信号员死亡，机车大破，货车报废14辆，大破18辆，烧毁原油1300吨，中断行车8小时12分，直接损失95万元。

12月4日 2202次列车于18时13分进入泉江站二道，停车交会1319次列车。泉江车站值班员陈林生在办理1319次接车进路时，忘记原计划一道通过，向两端扳道员林道珍、李寿全错误地下达二道通过的命令。扳道员不查对，盲目执行。19时21分1319次列车进入二道与2202次发生正面冲突，1319次机后罐车煤油散出，引起大火。经抢救，于21时30分扑灭大火，22时10分抢通线路，中断行车5小时。事故造成机车乘务员死亡6人，在救火时烧伤7人。机车报废1台、大破1台，货车报废16辆、大破8辆、中小破14辆，损坏钢轨98根、枕木2000根。直接损失110万元。事故责任者陈、林、李三人交政法机关追究刑事责任。站长戴玉华冒火救机车乘务员，自身烧伤，立功赎罪，不予处分。

12月10日 下城子工务段亮子河养路工区，在梨树镇—八面通站K45+830m整治冻害违章作业，将线路曲股外侧连续起出22根枕木和59个道钉。378次旅客列车行至该处，将曲线外股钢轨挤出，机车和机后1、2、3节车厢翻到路基下掉在河里，第4、5、6、7节车厢脱轨。造成机车乘务员死亡3人，旅客死亡1人、重伤2人、轻伤13人，机车大破。

12月11日 中共中央发出中发〔1970〕71号《关于加强安全生产的通知》。《通知》指出，今年以来不断发生火车翻车、撞车等重大事故。事故原因：有的是无政府主义思潮蔓延，合理的规章制度被破坏，劳动纪律松弛；有的是“阶级敌人垂死挣扎”搞破坏；关键是有些领导干部不敢抓安全，或者骄傲自满、丧失警惕，事故发生前不进行安全生产教育，发生后又不认真检查原因、总结经验、采取有效的防范措施。《通知》要求把安全生产摆在重要日程，发动群众批判无政府主义，建立安全生产组织，进行安全检查和教育，建立健全安全生产制度，严格组织纪律。

本月 中共中央发出《关于加强安全生产的通知》，强调加强安全生产知识和遵守劳动纪律教育的重要性，但因贯彻不力，收效甚微。

本年 济南铁路局管内行车重大、大事故共发生53件（重大事故25件，大事故28件），成为建国以来路局管内重大、大事故最多的一年。

本年 为扭转事故多的局面，柳州铁路局、分局成立安全领导小组，各主要站段指定1名领导干部主管安全，并设1名专职人员负责安全工作，各中间站和工区设不脱产安全员。

1970～1972年 贯彻中共中央“安全

生产十项措施”，开展“四查”（查思想、查领导、查纪律、查设备）和反违章违纪活动，使安全严重局面初步扭转。

1971年

2月9日 5时35分，成渝铁路大渡口站，重庆钢铁公司线路值班员已通知大渡口站站调，由重钢老区送5辆重车出来，因车站站调没有及时通知扳道员，结果造成与2804次列车相撞，司机李大富当场死亡，中断正线行车19小时。

3月5日 交通部在北京召开全国交通工作会议。会议指出：当前铁路突出的问题是生产效率低、事故极为严重。要坚决贯彻中共中央《关于加强安全生产的通知》，批判“事故难免论”、“制度无用论”，纠正“不敢管”、“胡乱管”和“不听管”的错误；加强职工的思想政治教育、纪律教育、技术业务学习；严格执行有关安全生产的规章制度；发生事故要查明责任，严肃处理，汲取教训。铁路线路的大修和机车车辆的养护维修要加强。

3月23日 乌鲁木齐铁路局革委会生产组下设安全监察组。1975年1月成立安全监察室（定编12人，配备综合分析、规章教育、车务、机务、车辆、工务、电务、路外伤亡监察），下设行车监察组、综合分析组。负责行车事故、路外伤亡事故和火灾、爆炸事故的调查处理以及安全技术规章制度的教育和各业务系统技术业务的监督监察工作。

4月5日 周恩来总理接见参加全国交通工作会议的全体代表。周恩来说，防止事故是当前的重大任务。各级领导要一层一层地抓安全，要懂业务，不能把政治和业务对立起来。他表扬了25年不出事故的“毛泽东号”机车组和10年不出事故的古冶机务段，号召大家向他们学习。

4月28日 9时06分，装载沙石的小运转列车在成昆铁路普雄站列车折角塞门被人关闭，开车后因制动无效，引起列车溜逸，闯入下普雄—铁西区间，与正在运行的军列9013次正面冲突，造成车上工人死亡26人，重伤38人，中断行车80小时，直接经济损失400万元。

5月22日 交通部转发锦州铁路局《关于安全生产情况的报告》。《报告》说，到5月2日锦州铁路局实现百日无责任行车重大、大事故。主要经验是：批判极“左”思想和无政府主义，划清“管、卡、压”与加强组织性纪律性的界线，划清以蛮干求效率与以科学态度求效率的界线，划清“不当奴隶”与服从领导听指挥的界线；执行规章制度，重视技术业务学习和基础工作。

6月15日 沈阳铁路局4301次货车在辽溪线辽阳市郊与货载客汽车相撞，造成22人死亡的重大路外伤亡事故。

同日 交通部向国务院提出报告说，铁路运输安全情况虽有进步，问题仍很严重。1至5月份，全国铁路共发生行车重大、大事故336件，机车报废3辆、损坏51台，客车损坏57辆，货车报废89辆、损坏634辆，主要干线累积中断运输13000多小时。当前，极“左”思潮和无政府主义倾向是安全生产的大敌，必须克服“怕”字当头不敢管、“难”字当头不愿认真管的思想，才能加强安全生产工作。要发动群众，把各种歪风邪气批透。对于违法乱纪、屡教不改、造成重大事故的，要区别情况追究责任，情节严重的要按党纪国法论处。

7月16日 20时05分，在湘黔西段修建中，贵州省镇远县青溪镇炸药库失火爆炸。炸死77人，重伤117人，损失50万元。铁路部门和当地政府为修建湘黔铁路牺牲的民兵和铁路职工，在玉屏、青溪、六个鸡等地修建烈士陵园，表达了人民对他们的哀思。

7月29日 4359次单机逆向运行至萨尔图—让湖路站间K160+700m有人看守道口处，与大庆运输站六队07–90877号汽车相撞，造成死亡9人，重伤4人，轻伤1人。

8月11日 15时56分，樟树站551次本务机车KD7–501号机车任委平机班，在挤道岔后又急忙后退，致使机车掉道脱轨，刚好卡住樟树站正线咽喉道岔上，使浙赣正线中断行车40小时09分。事故惊动了江西省革委会。9月29日对司机和副司机予以记大过处分。

9月7日 2014次货车于14时01分通过小港口站，车站值班员甘宗发发现机后第5位车辆燃轴，即显示停车信号。2014次停车后已冲出潭岗方向进站信号机约300米，列车调度员宋九和得讯后，立即命令扣下2014次列车，放1337次列车过来，但值班员接口头通知后，在2014次列车占用区间未退回的情况下，盲目答应潭岗站1337次列车闭塞（因当时潭岗站信号施工停用半自动，改用通话闭塞）。1337次列车由向塘机务段1951机车吴仁启机班值乘，由于认真瞭望，发现区间有车，采取紧急制动，停车后距2014次列车约300米，防止了一起列车正面冲突重大事故。经南昌分局革委会决定，1971年12月28日给予吴仁启记大功表彰。

9月29日 在贵昆铁路马场至高峰间K47+800m处由于道口看守工擅离岗位，未放栏杆，当1608次货车通过时与011基地一辆解放牌汽车相撞，造成汽车司机和车上农民31人死亡，6人重伤的重大路外伤亡事故。

12月7日 京广铁路琉璃河站发生列车尾追相撞的行车重大事故。451次近郊旅客列车开进车站停在第三股道，车站没有把道岔恢复定位；839次货物列车的机车司机因睡觉没有确认信号，列车进入三道，撞上即将开动的451次客车尾部。机车车辆冲上站台，压塌站舍。铁路职工和旅客死14人、伤22人。京广铁路正线中断行车1小时40分。

12月22日 东乡站扳道员芦连才在接49次客车通过时，发现进站信号机内方有一拖拉机在股道中心熄火，并带有拖斗，满载物资。芦连才立即通知1号扳道员李瑞文，电告车站值班员李国辉立即关闭信号，迫使49次客车停于信号机外方，防止了一起可能发生的撞车颠覆人身伤亡重大事故。经南昌分局革委会研究，给予芦连才、李瑞文记功一次；给予李国辉和49次值乘机班周文伯、熊细炳、李高建通报表扬。

12月30日 上饶机务段FD1024号机车楼根友机班牵引1210次货物列车，因浓雾司机将浙赣线樟树潭上行复示预告信号机误认为预告信号机开放，又将预告信号机误认为进站信号机开放。结果，停不住车越过关闭的出站信号机，闯入闭塞区间，在樟树潭站下行进站信号机外126米处，与进站的2561次列车正面相撞。造成两列车机车乘务员死亡5人，重伤2人，机车报废2台，货车报废19辆，大破4辆，中断行车41小时33分，计损失126万元。救援时救援吊翻车，又重伤4人。次日凌晨，国务院总理周恩来批阅事故电话摘报后批示：“是个人责任心不强，好规章制度取消，还是有政治原因，请苏静、政工组告交通部，严查并予处理。”该事故与长江东方红客轮沉船事故一齐向全国通报，在全国震动很大。责任人受行政记过处分。

本年 北京铁路局工程师曹炳勋发明铁路平交道口修立交桥的施工办法，解决了交通堵塞的施工难题。

1972年

1月15日 1971年全路的安全形势极

其严重，重大事故不断发生，给人民生命财产和国家政治声誉造成了不可挽回的损失。周恩来总理、李先念副总理等中央领导给予交通部门严肃的批评。为扭转安全被动局面，确保1972年运输生产任务的完成，交通部特颁布〔1972〕交办字102号《关于加强安全运输生产的紧急通知》，主要内容：①深入进行思想和政治路线方面的教育。②加强党对安全生产工作的领导。③改革不合理的生产组织和管理机构。④认真执行规章制度。⑤加强技术业务教育。⑥加强设备养护维修。⑦确保春节旅客运输安全。⑧一定要抓好典型。⑨对事故要彻查处理。⑩关心群众生活，注意劳逸结合。

2月19日 反革命分子蒋和义，在胶济铁路K96+412.5m处拔去道钉，卸掉夹板，把1节钢轨掀下路肩，造成908次货物列车颠覆，机车大破损，车辆报废9节，大破损1节，机车乘务员受伤3人，中断行车14余小时，直接经济损失达30多万元。蒋犯被依法判处死刑。

3月6日 交通部在北京召开全国交通工作会议。这是林彪反革命集团覆灭以后召开的第一次全国交通工作会议。会议初步揭发林彪一伙破坏交通事业的罪恶，批判他们散布的极左思潮和无政府主义思想。对当时铁路工作的几个突出问题，会议提出了解决的方针和办法：整顿企业管理，加强集中统一指挥，提高运输组织工作水平，搞好安全生产；把岗位责任制、考勤制、设备管理和维修制度、经济核算制、安全生产制度建立健全起来；与安全生产直接有关的规章制度和技术操作规程，新的没有颁布以前，要按原有的执行。会议于31日结束。

4月12日 20时20分，在宝成铁路李家河至两当站间，5702次货物列车运行到K129+500m的79号隧道口处，货物突出部位与隧道壁刮碰，造成4辆货车脱轨，车辆报废1辆，大破1辆，小破2辆，中断正线行车22小时04分。事故原因是，超限货物装载加固不良，于列车运行中位移所致。

4月30日 由兖州车站北去的1208次货物列车于2时57分开车。此时北来的221次客车也接近兖州车站，车站未开放进站信号，令221次客车在站外下行线停车等会1208次列车，而221次机车乘务员不顾红灯信号，闯入站内，造成与1208次列车侧面冲突。司机被依法追究刑事责任。

6月24日 19时50分，真如站KD7–572机车，顶送3辆空棚车至石泉路货场，因南端道口看守员未关拦木，撞上蔬菜公司一辆挂有拖车的卡车驾驶室。冲撞后，火车继续前移15米停在铁路桥上，卡车被压在第一辆车下，拖车翻挂在桥梁东侧，5人被压在车辆底下，另有3人被撞落桥下河中，4人死亡，4人受伤，卡车报废。

7月9日 3时43分，向塘机务段537机车司机陈代照、副司机李振华、司炉刘富成值乘2801次。八景站值班员严顺昌麻痹大意，竟忘了一道有存车3辆，将2801次接入一道。幸好陈代照机班认真瞭望，立即采取停车措施，避免了列车与车辆相撞的重大事故。南昌分局于8月16日给予该机班集体记功一次。

9月9日 交通部在济南召开全国铁路安全会议。这次会议除了重申交通部前已作出的加强安全工作的各项决定外，着重批判林彪一伙散布的“政治可以冲击一切”、“群众运动天然合理”等谬论，强调落实党的各项政策，健全各级领导班子，工作要抓实不要满足一般号召，改进企业管理，加强科学技术工作，以保证安全和效率。会议于15日结束。

9月15日 2223次货物列车在胶济铁路K284+414m处平交道口与淄博市一辆公共汽车相撞，死6人、伤21人。造成事故的原因是道口工没有放下栏木。

12月1日 交通部调整部机关机构，原有的铁路运输、水运、公路、铁路工业、水运工业、机车车辆、工务电务、物资等8个组均改为局；增设外事局、船检港监局、科学技术委员会、安全监察委员会。办公室、公安局、邮政总局没有变动。

本月 郑州、武汉、西安铁路局机关相继撤销4大组，逐步恢复业务处室编制。

本年 根据交通部《关于加强安全运输生产的紧急通知》，批判极左思潮和无政府主义思想，整顿各项规章制度，撤销柳州铁路局和各分局革委会机关5大组，恢复处、室、科建制。

1973年

1月9日 零时42分，在宝成铁路观音山车站，83次旅客快车闯红灯出站，与正在进站的804次货物列车正面冲突，死亡22人，重伤44人，电力机车报废3台，客车报废2辆，大破3辆，中破1辆，中断正线行车32小时48分。直接经济损失633万元。事故原因是，83次司机臆测行车未确认信号所致。

1月12日 23时40分，1340次本务机牵引空车进岱河站2道调车作业，扳道员在未及时将道岔恢复定位的情况下，盲目向车站值班员报告道岔恢复定位，致使机车进入渡线，煤水车进1道脱轨，中断正线行车8小时45分，构成行车重大事故。

4月28日 11时26分，302次旅客列车运行至鹰厦线高崎站南头K684+234m平交道口处，因替班道口工未及时立岗放下栏木，致使与厦门市建筑公司载重汽车相撞，造成4人死亡，2人重伤，中断行车1小时43分的重大路外伤亡事故。

本月 公安部、交通部联合发布《关于严禁旅客携带爆炸易燃危险物品乘坐车船的通知》。

5月5日 5时05分，牡丹江机务段前进型218号机车，担当1101次直货任务，牵引货车57辆，1070吨货物，计长607.7米。由于线路质量不良，行驶至治山—横道河子下行线的K267+460m处颠覆。运转车长太史宣、司机邸文山、副司机李长有，司炉关培武，练习生陈永万等5名乘务员全部受伤。造成机车中破，线路损失17779元，上行线中断4时13分，下行线中断27小时05分。

6月22日 23点25分，沈阳局沈丹线桥头站发生两列货车正面冲突的重大事故。造成1201次列车司炉牺牲，司机徐德金重伤，副司机王贵和2226次列车司机刘中发、司炉郑举信三人轻伤。机车大破两台，货车破损26辆，大破6辆，中破7辆，损坏钢轨30根，枕木近500根。直接经济损失60万元。

7月11日 10时19分，韶3次客车，在湘黔线姜畲至云湖桥间K39+900m无人看守道口上与长沙矿山通用机械厂汽车相撞，造成机车小破、汽车报废、汽车司机及乘客2人死亡、重伤1人，中断铁路行车3小时36分。

11月16日 交通部安全委员会谢主任一行三人乘飞机赶到昆明，调查处理当日在准轨马过河、米轨干海子发生的两起行车重大事故。

11月18日 16时33分，牡丹江机务段前进型186号机车司机崔接胜、副司机李宗彬、司炉朱荣光、运转车长张玉，担当890次直货乘务。现车50辆，3198吨货物，计长598.5米。在青云站冒进出站信号，与正在进站的943次货车发生正面冲突。乘务员死亡6人（其中便乘司机1人）、轻伤1人，2台机车大破、货车报废11辆、大破7辆、中破2辆、小破1辆，损坏钢轨30根，枕木450根，中断行车43小时，直接损失51万元。

12月21日 由界水站出发的2004次货车运行至浙赣线K754+500m处，列车第3位车轮后台车燃轴，火借风势越烧越旺。被巡守杜江桥职工朱世民发现，当即显示停车信号，运转车长拉阀停车，经司机、运转车长和桥梁巡守工协商，将2004次退回界水站甩下燃轴车，防止了一起可能发生的重大事故。南昌分局给予通报表扬，并发给纪念品。

本年 铁道部（交通部）颁布新《铁路技术管理规程》，郑州局制定了“行车工作规则”。同时，局运输处自编教材，对在“文化大革命”期间参加工作的新人员，进行一次普遍的本职提高培训，在实施中，因情况变化而被迫中止。

本年 针对当时曾一度出现的无政府主义思潮泛滥的情况，在职工中宣传和发动了“煞三风”和整章建制活动，批判所谓的“规章制度条条框框论”、“不遵守规章有理论”、“技术无用论”等奇谈怪论，从而为贯彻党中央《关于加强铁路工作的决定》，为加强集中统一领导，健全规章制度，整顿铁路秩序，开展安全正点大会战，奠定了思想基础。

1974年

1月11日 郑州开往北京的62次直快列车，运行至黄河大桥时，在7号车厢113号座位下发现一枚定时炸弹，被海军战士杨志留扔出窗外。这枚炸弹，通过鉴定为自制定时炸弹，重17.5公斤。在掌握大量证据情况下，很快破获了这一爆炸未遂案件，罪犯杨志留即落入法网。后经军事法院审理，罪犯杨志留被判处死刑，缓期二年执行。

1月16日 交通部发〔1974〕交安监字81号文《关于对铁路行车事故处理规则补充解释的通知》。为便于工作特对现行的铁路行车事故处理规则，做如下补充解释，自即日起实行。①内燃、电力机车大破损范围。②内燃、电力机车中破损范围。③贯通式中梁货车的牵引部分按中梁计算，非贯通及无中梁的货车牵引部分，按牵引梁计算；非贯通侧梁的货车端部短侧梁，不按侧梁计算；守车端梁弯曲破损按外端梁计算。④关于旅客列车于区间或站内发生冲突，构成重大事故的条件解释为：机车小破需要更换或列车不能按正常速度运行时，车辆小破需要摘车修时。

2月1日 “文化大革命”以来，呼和浩特局首次实现连续百日无行车重大、大事故。

3月2日 国务院批转公安部、交通部《关于整顿铁路治安秩序的请示报告》。公安部、交通部针对有些车站，特别是大站秩序不好、许多人无票乘车，有些铁路区段刑事犯罪活动较多等问题，提出了五条整改意见：①依靠群众，敢于斗争，特别是领导干部要坚持原则。②组成负责整顿站车秩序的专门班子。③对沿线群众加强宣传教育，组织群众制定和执行护路公约。④对销售进京车票加以控制，劝阻无票人员乘车。⑤沿线公安部门把维护铁路治安作为重要的经常的任务，健全以治保会、民兵为骨干的护路组织，分段负责，加强巡逻；地方和铁路组织联防。

4月22日 交通部下发《关于对铁路行车事故处理规则补充解释的通知》。文件从复线区段发生行车事故和“人员死亡或重伤”定性、行车事故的损失赔偿以及路外伤亡事故的认定等十个方面作了解释。本通知所列各项，除已做口头解释的以外，均自1974年5月1日起实行。

5月8日 郑州开往乌鲁木齐的71次客车运行至胜金台—七泉湖区间，8号车厢起火，当场烧死22人，跳车摔死3人，烧伤38人，报废硬席车一辆，111名旅客的全部行李物品被烧毁。火灾发生的原因是，四川籍旅客何厚基用瓷罐装6公斤酒精，从行李架上掉下摔碎，当时气温33摄氏度，酒精蒸发、旅客点火吸烟引起火灾，何厚基逃跑至大河沿被抓获，后被依法处决。

5月19日 5时43分，南翔站下行场扳道员让学员单独操作，扳道员不在场监督，由于学员缺乏实际工作经验，将已正确开通的2A复式交分道岔又扳向定位，并显示道岔开通信号，致使转线的本务机车与正在出发的3411次列车发生侧面冲突，造成煤水车大破、货车大破1辆的行车重大事故。

5月27日 14时47分，1033次牵引54辆运行至沪宁线下行线丹阳至大泊间K214+328m处，由于胀轨，造成列车机后41～52位车辆脱轨，脱轨车辆侵入上行正线，致使上行中断6小时14分、下行中断24小时39分，货车大破2辆、小破10辆，损坏线路417.5米，构成列车脱轨重大事故。

6月7日 昆明机务段徐焕华机班、翁正全机班、孙成宝机班因防止列车颠覆事故各记集体一等功一次。

7月1日 中共中央发出《关于抓革命促生产的通知》。《通知》要求，凡是擅离职守的干部和其他擅自离开生产和工作岗位的人员，都要迅速回到本单位。对那些“只要造领导的反就是反潮流”、“不为错误路线生产”等错误言论和行为必须严加批驳纠正，对幕后操纵者要发动群众揭发批判。要坚决打击破坏“批林批孔”、破坏工农业生产、破坏交通运输的阶级敌人。

7月1～2日 兰新线鄯善至吐鲁番间降雨，夏普吐勒至吐鲁番间K1718～K1719处钢轨被泥沙埋没，造成70次直通旅客快车在吐鲁番晚开1小时。红山口至火焰山间K1601+300～400m、K1631+500m处护坡被冲坏。

7月22日 22时50分，在陇海铁路宝天段坪头至颜家河站间，1804次货物列车运行到K1270+854m小桥处，列车颠覆，造成死亡4人，重伤2人，货车报废15辆，大破2辆，小破5辆，中断正线行车158小时25分。直接经济损失97.7万元。事故原因是暴雨冲走桥面线路的道砟，轨排悬空，司机停车不及所致。

7月27日 吉林分局唐房车站值班员王忠民、助理值班员王太平在办理1804次列车通过进路时，违反劳动纪律，忙于私活，开通安全线，致使该列车闯入安全线。造成机车和机后1～7辆货车脱轨压在一起，货物（蜜蜂）押运人员4人死亡，14人轻伤，机车乘务人员3人轻伤。机车大破，货车报废4辆、大破2辆、小破1辆。

8月22日 交通部在北京召开抓革命促生产会议，进一步贯彻中共中央《关于抓革命促生产的通知》。会议指出，今年以来铁路运输连续7个月没有完成月计划，3月份以来装车数一个月比一个月少，而行车重大、大事故件数却比去年同期增加53%。会议要求在今后四个月中，要组织运输大会战，千方百计完成全年任务。为此，要加强领导，改进运输组织和指挥，大力抓好干线畅通、卸车、提高运输效率、防寒过冬四个环节。会议于9月10日结束。

9月12日 5时05分，1407次货物列车行至红果子车站进站时，由于值班员玩忽职守，未确认接车线空闲盲目布置扳道员开通二道进路，又因扳道员睡觉未确认，致使1407次列车进入有车线与等会的1412次货物列车正面冲突，造成机车乘务员6人死亡，直接经济损失180.62万元。

9月16日 湘桂铁路K525+285m道口处，1232次货物列车与由板江开来柳州的339次长途旅客汽车相撞，造成死亡8人，重伤11人，轻伤11人，汽车报废，火车机车小破的重大路外伤亡事故。

9月28日 1时03分，在兰青线平安驿至大峡间K134+400m处，由于道口工未放置栏杆，造成机车与汽车相撞。死亡4人，汽车起火，构成重大路外伤亡事故。

本年 柳州铁路局开展百日安全生产活动，49个主要站段中，有37个站段消灭重大、大事故，31个站段实现百日安全无事故；164个中间站中，有70个站消灭事故。

1975年

1月14日 包兰线景阳林至五原间，65次与202次旅客列车发生正面冲突。原计划两趟列车在景阳林车站会让，因故变更计划，通知两站改会五原，由于五原站值班人员失职，致使两趟列车驶入同一区间酿成重大事故。死亡8人，伤108人，机车报废2台，客车报废4辆，大破5辆、中破2辆，损坏线路87米，直接经济损失150余万元。

1月17日 第四届全国人民代表大会第一次会议决定，交通部划分为铁道部和交通部；任命万里为铁道部部长。

1月26日 铁道部开始办公。部机关设办公室、运输局、机车车辆局、工务电务局、工业局、基本建设局、计划统计局、人事局、财务局、物资局、外事局、公安局、科学技术委员会、安全监察委员会。

1月28日 邓小平约见新上任的铁道部部长万里，听取关于铁路运输情况的汇报。之后，邓小平指出：看来有几个问题需要解决。第一是关于体制问题，第二是关于干部管理问题，第三是关于运输生产，要建立健全规章制度，加强组织纪律性，保证安全正点。

1月29日 零时34分，1315次货物列车行至桃山集至曹村车站间，盗窃分子唐银善、孙安民爬上装烟叶的货车行窃，取火照明，引燃烟叶，致使3车烟叶全部烧光，直接经济损失27万余元。

2月11日 邓小平把副总理谷牧和铁道部部长万里约到家里，继续研究解决铁路的问题。要求抓紧把铁路整顿的文件搞好。邓小平向万里口授了文件的主要内容，强调铁路要集中，要实行军事化管理。这个文件就是后来的中共中央《关于加强铁路工作的决定》，即著名的9号文件。

本月 经国务院批准，国家计划委员会于1975年2月召开了全国安全生产会议。会议认为，在各级党委领导下，许多地区、部门和企业单位，在安全生产方面做了不少工作，取得了一定成绩，伤亡事故有所减少。但是，当前安全生产情况还不够好，不少地区、部门和单位，事故还相当严重，不仅妨碍生产任务的完成，而且在政治上造成不好的影响。这种状况必须坚决改变过来，在工矿企业中，有领导、有计划地进行一次安全大检查，进一步落实中央71号文件的各项要求，重点解决安全生产中存在的突出问题。

3月1日 行驶在平齐线上的185次旅客列车，因无票乘客曲鹤年在乘务室内抽烟，将没有熄灭的火柴棒扔在暖气管后的浸油杂物上，引起燃烧。又由于灭火处理不当，引起大火。烧死旅客6人，烧伤24人，造成客车车体厂修2辆，段修1辆。

3月5日 中共中央发出《关于加强铁路工作的决定》（即中央1975年9号文件）。《决定》指出："铁路运输当前仍然是国民经济中一个突出的薄弱环节，不能适应工农业发展的需要，不能适应加强战备的需要。"为了迅速改变这种状况，《决定》要求：①全国铁路由铁道部统一管理，集中指挥，铁路职工由铁道部统一调配。②铁路企业建立健全岗位责任制、技术操作规程、质量检验制度、设备管理维修制度，确保运输安全正点。③铁路职工一切行动听指挥，做好本职工作，派性严重、经批评教育仍不改正的领导干部和帮派头头应及时调离，对严重违法乱纪的要给以处分。④整顿铁路秩序，任何人都不准以任何借口妨碍正在进行指挥、调度和执行各种勤务的工作人员的正常工作。阻拦火车、中断运输、损坏列车和铁路设施都是违法的，必须坚决制止，情节严重的要严肃处理。中共中央的这一文件，揭开了全国工交系统整顿的序幕。

同日 邓小平在省、市、自治区主管工业的书记会议上，发表了《全党讲大局，把国民经济搞上去》的重要讲话。他在讲到铁路事故惊人，许多是责任事故时，突出强调了不能没有章程，没有纪律。铁路部门的“组织纪律性一定要加强”。他还指出：“中国铁路工人是中国工人阶级最先进、最有组织的一部分。”

3月7日 铁道部召开全路电话会议，万里部长传达中共中央9号文件，提出贯彻落实的措施。随后，多数省、自治区、直辖市相继召开万人以上大会，有的省召开几十万人甚至百万人的广播大会传达9号文件。各铁路局、工程局、设计院和部属工厂都迅速传达贯彻，铁路整顿工作全面开展。

3月9日 定西工务段高阳养路工区养路工张金生，为抢救70次旅客列车奋力推出挡在道心的两台捣固机和一台扒碴机而壮烈牺牲。7月9日，中共甘肃省委授予其“优秀共产党员”称号，甘肃省革命委员会授予其“革命烈士”称号。7月9日铁道部为张金生记特等功。

3月10日 万里部长到徐州铁路分局召开万人大会传达9号文件，解决当地铁路问题。“文化大革命”期间，派性斗争多次造成徐州铁路堵塞，致使陇海、京沪两条干线不能畅通。“批林批孔”以来形势更加恶化。由于“批林批孔联络站”的煽动，发生了武斗，机务段被强占，运输一片混乱，陇海铁路有被堵死的危险，徐州地区成为全路乃至全国需要紧急整顿的重点。贯彻9号文件就从这个重点开始。在地方党委、政府支持下，整顿工作进展很快：批判派性，整顿领导班子，团结绝大多数干部和工人，依法处理个别坏人；铁路运输和治安秩序得到改善。连续21个月没有完成运输计划的徐州铁路分局，提前3天完成了4月份计划。

3月28日 铁道部在北京召开全国铁路领导干部会议，决定进一步落实9号文件，迅速把运输生产搞上去。会议提出了“四通八达，畅通无阻，安全正点，当好先行”的奋斗目标。会议严肃批判了一些别有用心的人攻击9号文件的种种谬论，要求全路各单位坚定不移地贯彻9号文件。强调要抓好薄弱环节，确保运输生产持续上升，服从集中统一指挥，不得各行其是，要狠抓机务段、编组站等基层单位的工作。会议于30日结束。

4月13日 哈尔滨热电厂汽车去平房接亲，抢越孙家—黎明站间K15+000m道口与火车相撞，死亡11人，轻伤16人。

4月14日 三门峡机务段前进型2052号机车，牵引9066次军列在陇海铁路K1033+566m处，与西北国棉三厂1辆卡车相撞，死亡7人。

5月中旬 原交通部安全监察委员会委托哈尔滨、沈阳、西安、乌鲁木齐和南昌五个铁路局编写《铁路行车事故处理规则》修改稿，委托兰州、吉林、锦州、太原和郑州五个铁路局编写《铁路行车火灾事故处理暂行办法》修改稿。这些铁路局在广泛发动群众征求意见的基础上，提出了修改稿。

5月13日 国家计委《生产日报》报道郑州铁路局贯彻中央9号文件不力，重大、大事故频出，完不成运输生产任务。万里部长为此批示，要求郑州局党委研究原因何在和怎么改变这种局面。

6月4日 万里部长到郑州参加郑州铁

路局党委常委会议，解决郑州局贯彻9号文件中的问题。会议检查了郑州局的工作，开展批评，决定调整新乡铁路分局领导班子，撤销了进行派性活动的分局党委副书记兼政治部主任邢某的一切职务。随后，中共河南省委支持铁道部调整了郑州铁路局领导班子。由新班子负责解决其他分局和各个站段的问题。

6月8日 齐齐哈尔铁路分局二道桥站实现5000天无任何行车事故，安全接发列车29万多列的好成绩。

6月18日 遵照国务院领导同志的指示，公安部、铁道部于6月18日至7月15日在北京召开了全国铁路治安工作会议。与会同志认真学习了毛主席关于理论问题、还是安定团结好和把国民经济搞上去的三项重要指示以及中央有关文件，检查了贯彻执行中央九号文件以来各地整顿铁路治安秩序的情况，交流了经验，研究了下一步的工作任务。

会议对下半年提出了要求：继续学习宣传中央5号、9号、13号等有关文件和中央领导同志的有关指示，做到家喻户晓，深入人心；建立健全路社联防组织；抓好铁路沿线社队特别是后进队的农业学大寨运动；整顿好铁路内部的重点单位；认真搞好站、车秩序；狠狠地打击敌人的破坏活动。从而全面整顿好城乡社会治安，保卫铁路运输安全畅通。

6月28日 21时40分，在宝成铁路黄牛铺至红花铺间，1101次货物列车机后第29位车辆脱轨，颠覆8辆，报废1辆，大破、中破各1辆，小破4辆，中断正线行车47小时10分。事故原因是，郑州市储运公司托运钢板装载加固不良，列车运行中钢板窜动，重心向左侧偏移480毫米，车轮悬浮引起脱轨。

6月30日 铁道部在北京召开全国铁路工作会议，决定下半年继续深入贯彻中央9号文件。会议要求坚决批驳种种对9号文件的诬蔑和攻击，清除派性影响；加强各级领导班子的建设，解决一些班子“软、懒、散”的问题；认真落实党的各项政策，调动一切积极因素；切实加强运输生产的基础工作，主要是严格执行规章制度、大力加强技术训练、切实抓好设备养护维修；整顿铁路治安秩序。会议于7月10日结束。

7月16日 塔河工务段长江750型轨道车挂拖车1辆，车上乘坐32名施工人员，自K503+400m违章返回工地时，行至嫩林线蒙克山至瓦拉干间K508+322.9m处，与加北工程段轨道车5302次正面冲突。当时死亡7人，后又死亡4人，重伤11人，轻伤11人，中断正线行车3小时，构成重大人身伤亡事故，直接经济损失4.5万元。

7月25日 中央领导人李先念、华国锋、吴德等在国务院会议厅接见郑州铁路局党委苏华、胡逸平等5位书记。对郑州铁路局如何贯彻毛主席三项重要指示，促进安定团结，把铁路运输搞好，克服资产阶级派性作重要指示。

7月29日 20时29分，在宝成铁路观音山至杨家湾站间，2212次货物列车运行至K16+350m处颠覆，造成机车小破1台，货车报废4辆，大破3辆，中破、小破各1辆，中断正线行车33小时31分。事故原因是，铁路有关部门在高坡地段用3台电力机车附挂1台蒸汽机车作牵引试验，速度高引起轨距变形所致。

8月22日 宁安镇胶车社拉砂子大汽车行至兰岗—宁安站间K209+000m道口处，与4319次货物列车相撞，死亡7人、重伤1人、轻伤1人，汽车报废，货车破损4辆，中断行车18小时50分。

9月5日 深夜，甘泉堡地区山洪暴发，当场溺死在甘泉堡工区宿营的线路改建施工人员程丽华等36人（其中：男1人、女35人）。程丽华系带队干部，其余35人为接受再教育学生。

10月11日 16时15分，分宜机务运用段胜利3型123号机车罗桂华机班，驾驶机车逆向出库进分宜站，在七道与存放客车YZ28–21034号客车一辆相撞，造成死亡2人，重伤轻伤各1人，客车大破一辆的调车冲突重大事故。机务方面严重违章，让非工作人员登乘机车煤水车尾部，造成多人伤亡。其中两名女知青（铁路子女）被撞死，一名路内职工撞掉两条腿。事故责任者均给予行政撤职处分。

10月27日 4时53分，1309次列车运行至成渝铁路石板滩站外时，误认车站给821次列车的发车信号为1309次通过信号，造成两列车侧面冲突，1309次车司机、副司机死亡，司炉重伤，机车大破2台，货车大破4辆，小破1辆，中断行车31小时，直接经济损失100多万元。

11月4日 21时05分，乌鲁木齐机务段144次本务机司机在出库时不认真瞭望，超速行车，与在段界标等待出库的调车机后部相撞，将调车机所带2辆空敞车撞成大破，2辆空平车小破，本务机建设型5744机车小破。鄯善机务段责任司机受降职处分，扳道员记大过，副司机受警告处分。

11月18日 13时45分，491次旅客列车运行至进贤—下埠集间K571+551m道口处，与进贤县汽车修配厂一辆“格斯51”型载重汽车（车号12–50691）相撞，死亡3人，重伤3人，轻伤3人，机车小破一台，汽车大破一辆，行车中断1小时02分，构成重大路外伤亡事故。因事故责任者何明亮已于事故中死亡，不予追究处理。

12月21日 七台河至佳木斯间434次旅客列车从互助站开车后，乘务员离岗，一名旅客将烟头扔在暖气下冒烟。此时一旅客喊：“着火了。”邻车旅客在运行中砸碎车窗玻璃跳车，造成重伤3人、轻伤4人、砸碎玻璃窗110多块。

本月 “批邓反击右倾翻案风”运动在全国开始。兰州铁路局一些反对整顿的人趁机向铁道部发难，围攻正在兰州指导整顿工作的铁道部领导干部和工作组，攻击铁道部是“复辟部”。

本年 邓小平特别关注南昌局的事，他一针见血地指出南昌铁路局的问题，是闹派性的人搞的。“搞派性的人懂得抓要害，把铁路一堵，事情就闹到北京来了。”“一定要把铁路上搞派性活动的里外联系割断。这次确定铁道部门的人事调动，还是由铁道部统一管理。铁道部有这个权。铁路上的派性问题，地方解决不了的，由铁道部解决。要把闹派性的人从原单位调开。”

本年 青岛铁路分局机、辆、工、电以及编组站等基层行车单位设置安全室。

本年 齐齐哈尔铁路分局各机、辆、工、电以及编组站等基层行车单位设置安全室。

本年 首次提出“三不放过”即：查不清事故发生原因不放过，查不出事故责任者和责任者未能接受教训不放过，未订出防止措施不放过。

1976年

1月2日 由海晏开往西宁方向的4476次货物列车运行至青藏线K5+000m无人看守道口处，与青海省劳改局诺木洪农场26–06301号大轿车相撞，致使汽车报废，造成轿车内乘客当场死亡20人，重伤16人，轻伤2人，中断行车4小时14分，构成特大路外伤亡事故。

1月5日 8时49分，乌西站二调解放型1753机车从石油线取重油罐20辆、守车2辆推进回站，计划进9道。5503次列车本务机建设型5869机车从3道入库。主任扳道员与扳道员计划先放3道机车入库。但主任扳道员接到西道口电话告知石油线取车已回，便自行变更计划，通知西道口直接放进4道，并以手信号告知扳道员开通4道信号。当他看到3道的机车已启动，又变更计划，先放机车入库。结果入库机车在4号道岔处与石油线回站的油罐车正面冲突脱轨，造成连结员和学习连结员2人死亡，货车报废2辆，大破1辆，机车煤水车中破，损坏钢轨3根，尖轨4根，岔心1组，护轮轨1根，直接经济损失30万元。乌西站主任扳道员受刑事处分。

本月 “批邓反击右倾翻案风”运动逐步在铁路部门展开。一些人攻击1975年的整顿是“实行资产阶级对无产阶级的专政”、“打击新生力量”；攻击铁道部统一管理铁路是“条条专政”；攻击“四通八达，畅通无阻，安全正点，当好先行”的奋斗目标及所有维护和发展铁路运输生产的努力都是“唯生产力论”。

2月 窃据郑州铁路局领导职务的“四人帮”爪牙大肆攻击1975年的整顿，叫喊：“生产怎么上去，叫它怎么下来”，“把运输生产拖下来就是胜利”。许多派性严重、在1975年被调整职务的干部“官复原职”，反对和抵制派性的干部被撤换或打倒，停工停产的单位被树为“先进典型”，坚持生产工作的干部被指责为“犯了路线错误”。在这种情况下，郑州铁路局1976年发生12次全局性堵塞，比国家计划少运1400万吨货物，比遭受特大洪水灾害的1975年还少运1000万吨，等于全局近100天没有装车；京广铁路陷于半瘫痪状态，一些重要运输生产指标下降到50年代初期的水平。影响所及，煤炭大量欠运，12个省、市煤炭供应紧张；东北运往西南地区的救灾粮运输也受阻，祸及半个中国。

本月 兰州铁路局运输生产形势恶化。有些人公开提出“哪里有走资派就抓到哪里，哪一级有就抓哪一级”，层层揪“代理人”、搞人人过关。撤换坚持整顿、坚持生产的干部，甚至撤换了一些班组长。他们还广为散布“不为错误路线生产”、“宁要社会主义的晚点，不要资本主义的正点”等错误口号，加剧了兰州局运输生产的混乱。由于运输受阻，甘肃省冶金、石油化工等156个重点企业中有40个停产、33个半停产；西北地区其他省、自治区的工业生产都受到严重影响。

3月1日 成立哈密、乌鲁木齐办事处，1980年6月1日办事处（分局）扩权后，分别设立了行车安全监察室，变铁路局、站段两级管理体制为铁路局、分局、站段三级管理体制。

3月22日 2时12分，在咸铜铁路支线梅家坪车站，2006次货物列车由1股道通过时，调车机车牵引车列闯入，发生侧面冲突，造成机车中破2台，货车报废4辆，大破2辆，小破2辆，中断正线行车37小时12分。直接经济损失29.8万元。事故原因是，调车机车司机未要道，盲目闯入2006次接车进路所致。

3月28日 萍乡机务段FD型机车1990号司机陈聚海、代务副司机朱重强、司炉杨大荣、韩曾同等值乘2002次列车，牵引车39辆，换长49.63，总重2252吨。值乘运转车长为南昌列车段新余乘务驻在所赵传义。该列车于21时18分在浙赣线五里墩—羊石间K932+800m处爬坡时因操纵不当，空转不止被迫在区间停车。在分部运行作业中于17位车处提钩分割运行时，由于车长未对后部车辆采取止轮措施，22辆车溜逸五里墩三道与株洲机务段调车机2062号相撞。调车机司机司炉撞死，副司机和押运员两人重伤，机车大破，中断行车5小时58分，构成重大伤亡事故。事后对事故责任者运转车长赵传义作开除路籍、留路察看两年的处分，司炉韩曾同记大过处分，司机陈聚海记过处分。

本月 铁路系统开始出现“批邓联万”的口号，在全面否定1975年铁路整顿的同时，把努力贯彻中共中央9号文件的铁道部长万里攻击为：分裂工人阶级队伍，破坏安定团结，给铁路工作造成很大损失的“邓小平的黑干将。”4月，天安门事件后，邓小平被撤销一切职务。“批邓反击右倾翻案风”运动进一步深入，铁路形势更趋恶化。铁路单位、许多铁路地区在“批邓联万”中被搞乱，郑州、太原、兰州、南昌、昆明、成都等地区，重新发生堵塞和中断行车事件。

5月5日 2601次列车和2414次列车同时在泉江站交会。泉江站值班员邱日鸿发现2601次列车仍以50公里/小时的速度从他面前驶过，凭多年行车工作经验断定：一定是司机误认了出站信号。他立即拨亮了红灯，使2601次运转车长刘持银拉车长阀，迫使2601次列车停车。内勤值班员张德云、扳道员王世玉、学习扳道员王启海分别采取措施迫使2414次列车停车。2414次列车1393号机车司机高冬生、副司机李忠昌、司炉黄小萍、学习司炉王绍杰四人认真瞭望，发现红灯，及时停车。停车后两列车只相隔350米，避免了1970年12月4日泉江事故的重演。5月14日，南昌铁路局召开防止列车正面冲突重大事故立功授奖广播大会，上述九名有功人员受到记功奖励。

6月6日 加格达奇机务段1634号机车牵引1614次货物列车，运行至嫩林线哈力图—哈达阳间K19+800m处机车着火，不能运行，请求救援，机车柴油机、高压泵、司机室全部烧坏，走行部变形，机车大破，损坏3根钢轨、22根枕木，中断正线行车2小时15分，构成重大火灾事故。

6月16日 大虎山机务段1925号机车在沈山线绕阳河车站发生正面冲突重大事故，乘务员死亡3人，机车报废2台，车辆报废21辆，大破3辆，中断行车16小时。

7月12日 贵阳机务段副司机张绍全在二戈寨粮店被杀，引起一伙人到贵阳机务段运转室撕毁交路图，抢走机车号码牌和乘务员名牌，停尸运转车间52天。造成中断行车62天。停运客车10列，货车1197列，仅磷矿石一项运不出就使12个省市的80多个磷肥厂停产。

7月17日 三门峡机务段2076号机车刘治安班，在担当755次列车本务机车运行中，认真瞭望，避免了与机外停车的9次特快列车追尾。郑州铁路局给刘治安班集体记大功一次。

7月28日 唐山大地震。河北省唐山、丰南地区发生7.8强烈地震，震中烈度达11级。京山、通坨和津蓟铁路遭到严重破坏，行车中断。地震发生后，铁道部立即成立抗震抢修领导小组，积极组织抢修。7月30日，铁道部和铁道兵共同组成抢修前线指挥部，统一指挥抢修工作。铁路设施由于破坏严重，后经过多年努力才得以完全恢复。

同日 唐山地区发生大地震，大连列车段29次进京列车全体乘务人员临危不惧，确保了全列车千余名旅客安全。

7月29日 在长大线万家岭至许家屯间发生列车追尾重大事故，死亡3人，重伤1人，机车大破1台，守车报废1辆，货车报废8辆，大破2辆，中断行车下行15小时14分，上行12小时39分。

9月1日 宝成线双石铺至西坡间，K109+250～300m处，坍方1600立方米，砸坏钢轨，将轨道推移2米，中断行车44小时40分。

9月4日 6时47分，长沙市公共汽车172号与4371次单机在九尾冲道口相撞，造成死亡30人、重伤17人、轻伤5人的重大路外伤亡事故。

10月13日 2时32分，79次客车运行至浙赣线进贤站发生脱轨重大事故。造成机车颠覆，客车脱轨四辆，人员轻伤四人，机车中破一台，餐车报废一辆，客车大破二辆、小破一辆，部分线路受到损坏，行车中断27小时28分。南昌铁路局给予事故责任者行政降职处分。

10月18日 15时17分，在宝成铁路白水江至红卫坝站间，1111次货物列车运行到K177+500m的140号隧道内时，列车爆炸起火，造成死亡34人，重伤9人，货车报废13辆，中破12辆，隧道拱顶表面全部脱落，坍塌30米，破坏边墙280米，中断正线行车382小时15分。直接经济损失146.3万元。事故原因是，隧道内线路施工，司机超速运行，造成列车脱轨，引起油罐车爆炸起火。

10月30日 “毛泽东号”机车组安全运行30年，走行300万公里。

12月3日 17时35分，广深线樟木头至塘头厦区间4373次单机行至林村道口与拖拉机相撞，5人死亡、构成重大路外伤亡事故。

12月24日 绥佳线1349次列车运行至望江—兴莲站间K363+700m处，因守车前12位货车勾套破损，列车自然停车。此时望江站值班站长因临时停电，也未确认前发列车是否到达，即填写0号路票将451次旅客列车开入区间，在途中与1349次发生追尾冲突。造成死亡9人、重伤4人。机车报废1台，客车报废1辆、大破1辆，货车报废3辆。直接经济损失40万元。

12月27日 中共中央作出《关于加强郑州铁路局的领导，尽快把革命和生产搞上去的决定》。决定指出：郑州铁路局是受江青反革命集团严密控制和严重破坏的单位，是全国铁路部门为祸甚烈的“重灾区”。

本年 成都铁路局二等以上站段相继成立安全室，配备专职安全技术员，各生产班组建立安全值日制度，固定1名职工或轮流担任安全员，负责安全宣传，劝阻违章作业，逐步形成“专管成线，群管成网”的安全管理体系。

1977年

1月30日 向塘机务段452号机车杨新根机班，在鹰西折返段出库准备去牵引91次列车，单机在二道自东向西走行时没有确认信号，越过出发信号机50.2米，在22时43分与正在进站的50次快车发生侧面冲突。造成50次机车487号大破，452号机车中破，行李车小破，线路设备损坏，50次列车晚点2时20分。还影响13列客车、4列货车晚点、1列货车运休。直接经济损失约8.8万元。司机杨新根被司法机关判处有期徒刑三年。

2月15日 9时40分，314次旅客列车运行至浙赣线寺前—东乡间K534+833m道口处，与抚州汽车运输分局旅客班车相撞，构成重大路外伤亡事故。事故造成人员死伤21人。其中死亡8人，重伤4人，轻伤9人。汽车报废一辆，314次值乘本务机车排障器撞弯。行车中断55分钟，直接经济损失约6万元。事故发生的主要原因是责任者道口工李大汉不认真瞭望，盲目开放道口所致。

4月14日 3时，浙赣线罗坊站内一辆停留车因未采取制动措施，被狂风吹动溜入罗坊—天井区间。值乘91次旅客列车的向塘机务段许和尚机班，发现线路上有车立即紧急制动，防止了列车与货车正面冲突的重大事故。4月20日南昌铁路局召开全局广播表功大会，给予司机长许和尚记大功一次，副司机罗忠根、司炉廖菊根各记功一次。铁道部来电表扬。

4月29日 3时04分，济南局管内陇海铁路赵屯站接1638次货物列车进1道停会1613次货物列车。当车站值班员布置准备1613次2道通过进路时，扳道员未将道岔扳向2股，即汇报进路准备好了。因进站臂板信号不能开放，值班员令其查找原因。扳道员未确认道岔开通方向不对，经值班员同意，即到信号机上查看臂板有无异状。扳道员用手按下臂扳，松手后臂板又自动抬起关闭，于是用腰带将臂扳拉下捆住，强行开放了进站信号。值班员亦未曾在控制台上检查道岔位置是否正确，同意扳道员捆绑臂板开放信号。致使1613次于3时29分以通过速度进站时进入了1618次的占用线，发生两列车正面冲突重大事故。造成机车报废1台、大破1台，货车报废7辆、破损7辆，乘务员7人全部死亡，中断行车15小时01分。扳道员依法处决，站长追究刑事责任。

7月14～16日 中共陕西省委召开"铁道小卫士"代表大会，推广永乐小学护路保安经验。西安铁路分局"铁道小卫士"组织发展到155个，成员2663人，后又学习山东邹县维护铁路安全的经验，共建路社联防组织564个，成员3413人，建立护路房340个，印制护路公约9000份。

8月16日 安福工务段栗木养路工区养路工在分文线K40+600m曲线处进行起道养护作业，490次旅客列车临近，卡在钢轨上的起道机拿不下来，领工区政治指导员齐伯良猛冲过去，用道镐将起道机打倒。旅客列车安全通过，但齐伯良被机车汽缸撞倒牺牲。

10月9日 2462次货物列车的1642号机车进加格达奇站3道，18时42分正在试风时，由加格达奇机务段11道溜出的无人驾驶的1391号机车与站内3道的1642号机车正面冲突，造成1391号机车大破、1642号机车小破，1642号机车司机郭景光头部轻伤的重大事故。

同日 昂昂溪机务段机车担当1613次货物列车，行至鹤山—新高峰站间K159+300m处，因拉不动而停车。司机擅自分割运转，对后部17辆货车未采取止轮措施，溜入鹤山站与2441次机车相撞。造成死亡7人、轻伤2人，机车中破1台，货车报废、破损9辆，守车报废1辆。中断行车8小时10分，直接经济损失371万元。

11月23日 醴茶线，2584次货物列车运行至攸县至新市区间K69+820m处无人看守道口与汽车相撞，造成死亡9人、重伤22人的重大路外伤亡事故。

12月6日 4时20分，1606次列车运行至嫩林线大杨树—大杨树东间K87+960m处，守车前第7位$C_1$333135号货车燃轴热切，造成脱轨5辆，其中：大破2辆，小破3辆，损坏钢轨6根，枕木437根，铁垫板247块，鱼尾板12块，螺栓123个，道钉1400个，防爬器48个，损坏线路75米。中断正线行车9小时55分。

12月13日 411次旅客列车运行至滨绥线黄花—牡丹江站间，列车员用燃油炉煮面条，由于列车震动，使燃油炉倾倒引起火灾，烧死旅客7人，重伤11人，客车大破。

12月13～16日 在北京召开安全工作座谈会。会上，各铁路局汇报一年来安全工作情况，存在的问题，以及下一步工作安排与打算；研究今后保障运输安全的措施。各铁路局安监室主任参加了会议。

12月21日 第七机械工业部人员在王家营特种换装场擅自推动一辆硬卧车上水，不料手闸失灵，车辆沿着12%下坡道溜逸1600米，进入危险品换装场7道，推动股道内留的5辆装有梯恩梯炸药（TNT）车，共240吨，1辆装有带引信的高炮弹药货车（50吨），继续向王家营站方向（下坡道）溜去。在这危急关头，换装场看守房屋的老工人赵永明不顾个人安危，从高站台趁势跃上溜逸车辆，迅速拧紧手闸制动，迫使车辆停下，避免了一起毁灭性的重大爆炸事故。昆明局革命委员会给赵永明记大功一次，并颁发了奖金。

本年 铁道部新修订的《行车安全监察工作规则》下发后，对安全管理工作、作业现场控制和监督起了一定作用，行车事故件数明显下降，但总体安全情况没有根本好转。

1977～1978年 柳州局各行车单位举办技术讲座，开展工种之间对口赛和表演赛，柳州分局组织先进班组到各站段表演52场，有9000余人参加，提高业务技术水平。

本年 丰台站装发包头东、兰州西两站笨零车，经包头东时，加装了到站包兰线青铜峡、中卫站的货物，违反《管规》增加了新的到站，致使原装发兰州西的三件精密仪器于途中因故受损几近报废。经铁道部裁决，呼和浩特铁路局为主要事故责任者，承担70%的经济损失计3.5万元。

1978年

1月4日 1629次货车运行到陇海线杏花营车站时，机后36位高边篷布车着火后火势蔓延到37位，造成两车内装载的百货755件、五金电料1451件大部分被烧毁，损失折款达52万元。2月25日郑州铁路公安分处在车上盗窃划火柴照明引起火灾的乐幸福抓获归案。

1月19日 5时05分，1408次列车本应在沙尔站停车等会71次。担当本务的建设型5541号机车乘务员因睡觉未停车，车长使用紧急制动阀后已冒进出站信号约1250米。当迎面开来的71次客车机车乘务员发现并采取紧急停车措施时已来不及，酿成两个列车发生正面冲突的惨痛后果。中断正线行车12小时25分。5541号机车司机开除路籍留路察看1年，副司机撤职，鄯善机务段党委书记受党内警告处分，负责运转的革委会副主任受撤销党内外职务处分，运转主任受记过处分，包车队长受警告处分。

1月24日 12时39分，401次旅客列车与4422次货物列车，因狗街子站值班员钟怀云未确认区间空闲，盲目同意办理401次闭塞，致使两列车在昆河线狗街子至羊街子间K76+190m处发生正面冲突，造成机车报废1台、大破1台，行李邮政车报废1辆，货车小破1辆，守车小破1辆，人员死亡7人（其中机车乘务员4人、旅客3人），重伤14人，轻伤65人，构成重大事故。事故责任者钟怀云受到刑事追究。昆明铁路局和开远铁路分局、宜良车务段党政领导也分别受到行政处分，路局党委将每年的1月24日定为全局“安全教育日”。

2月22日 鹰潭铁路分局上饶机务段1335号机车副司机，因为准备升司机考试，利用在鹰潭折返段库内停留的本务机车，练习制动机。作假设试验时，副司机将分配阀制动缸支管供给塞门关闭，出库时忘记恢复，司机出库检查又未发现，以致出库挂车时机车制动不起作用，停车不住，撞上车列，造成旅客列车大破一辆，小破四辆的大事故。副司机见状意识到是自己忘了恢复制动缸供给塞门，非常害怕，竟偷偷地把分配阀供给塞门恢复原状，掩盖事故真相，给事故调查增加困难。后在隔离询问时，副司机才坦白自己的所为。本要追究刑事责任，但念及最终是主动坦白的，又念其刻苦学习、钻研业务是好事，所以只给予行政处分。为吸取教训，南昌铁路局下令，不许在运用机车上作“假设”试验。

3月9日 2522次货物列车行至贵昆线六枝2～4号道岔时，机后第3位车辆篷布绳索脱落缠在道岔握柄上，将股道拉成四开状态，造成机后第3至第9辆车颠覆，中断行车8小时，货车大破3辆，中破3辆，小破2辆。

4月23日 17时48分，贵阳开2594次货车，17时55分行至黔桂线K600+800m处，机后第9位车辆第3位轮轴中央部折断，造成列车颠覆，车辆大破5辆，中破3辆，小破2辆，中断行车20小时48分。

本月 柳州铁路局安全监察室设车务、防火防爆、机务、车辆、工务、电务、路外伤亡、锅炉、教育、客货监察各1人，分析监察3人；分局未设防火防爆监察，其他与局同。

7月26日 根据铁道部的通知，西安铁路分局组建防火安全委员会，由公安、安监、运输、货运、机车、车辆、工务、电务、人事、财务、计划等部门负责人参加，办公室设在公安处消防监督科，具体实施消防监督。

7月27日 302次旅客列车运行至贵昆线六枝大用间K146+962.5m处，机后第3节车厢左侧厕所内发生爆炸。炸死2人（其中，1人系罪犯本人），重伤2人，轻伤9人，中断行车2小时45分。

8月5日 中共中央政治局委员、国务院副总理方毅给呼和浩特铁路局题词：“安全正点，优质高产，当好先行。”

8月27日 由于朝阳川车站值班员和站调度工作失职，忘记了在飞机场专用线里有朝阳川工务段的轻型轨道车在作业，将推送4辆重油车的调车机放进该专用线。造成两车于K1+233m处相撞。轨道车拖车上乘坐的采猪食菜的休班职工、家属和学生31人，当即死亡14人，轻、重伤17人，轨道车报废。

9月5日 1302次列车运行至滨北线马家站进站道岔处，机后第23位原木车，未按规定要求装载，致使1根原木脱落，将机后第24～34位原木车垫脱轨，造成重大列车颠覆事故。货车报废、破损11辆，线路破坏400米。中断行车10小时，影响41个列车运行，直接经济损失35万元。

9月12日 略阳至王家沱间，K215+560m处，右侧山坡岩体崩坍1000立方米，砸坏钢轨、轨枕和接触网。中断行车86小时20分。

10月21日 铁道部党组发出60号通知，同意沈阳铁路局党委关于为赵进先“大特务”和“破坏生产”案平反，撤销铁道部军管会1968年5月10日决定，为赵进先等人恢复名誉。

10月29日 北京站二楼发生一起严重的爆炸事件。91名旅客受到伤害，其中死亡9人，重伤24人。

11月2日 呼和浩特铁路局实现连续300天无责任行车重大、大事故。

11月6日 吕正操在《在中国铁路工会第八次全国代表大会上的讲话》中指出：铁路运输要安全正点。安全正点是表现铁路工作质量的一个重要问题。恩格斯早在一百年前就说过，拿铁路做例子，为了避免不幸事故，无数人的合作必须依照准确规定的时间来进行。人民铁路三十年的实践反复证明了这一点，安全正点是人民铁路办得好坏的一个重要标志。能够做到安全正点，是二百多万铁路职工辛勤劳动，对人民负责的一个集中表现，是国民经济、社会秩序好坏的一面镜子，是体现了社会主义国家、整个人民的精神面貌。铁路的生产效率，其中包括运行图、周转时间、停站、装卸、一次作业时间都算上，这些东西都跟安全正点分不开。如果安全正点搞好了，运行图、效率指标才能实现。所以，说安全正点是单纯业务问题，这是不对的。这表现了我们二百多万铁路职工的觉悟和努力的结果。

11月12日 5时36分，1404次列车运行至鹰厦线K81+027m处，因机后第21位C50车闸瓦折断垫起车轮脱轨，造成中断行车6小时24分的行车重大事故。

11月18日 2307次列车到莫尔道嘎站

后，进行调车作业，在卸车线摘下一辆滚动轴承油罐车，由于连结员未采取止轮措施，只是放风制动，自然缓解后，以30公里/小时速度溜入林业专用线，与正在往专用线送车的机车煤水车相撞，油罐车撞裂，汽油外流，蔓延至机车下方灰箱处，爆炸起火，机车、油罐车和两辆货车及路旁树木燃烧造成火灾，直至42吨汽油全部烧光，历时10小时20分。副司机当场烧死，司机、司炉烧成重伤，油罐车报废，货车大破2辆，机车大破，煤水车报废，直接经济损失41万元，构成重大事故。

12月16日 陇海铁路杨庄站发生行车重大事故，死亡106人、重伤47人，中断行车9小时，是中华人民共和国成立以来最严重的铁路行车事故之一。事故原因是，值乘368次旅客列车的司机和副司机睡觉，运转车长离岗，致使列车冒进信号，与正在进站通过的87次旅客列车侧面相撞。为汲取这次事故的沉痛教训、加强安全工作，铁道部决定每年的12月16日为“全路安全教育日”。

铁道部希望通过“全路安全教育日”活动进一步落实国务院领导对铁路安全工作的批示和铁道部的要求，牢固树立安全第一的思想，贯彻预防为主的方针，努力消灭行车重大、大事故和铁路责任的重大路外伤亡事故，防止险性事故，大幅度减少一般事故，确保行车安全，特别是旅客列车的绝对安全，决不允许杨庄事故的再次发生。

12月19日 郑州铁路局党委召开全局紧急广播大会，动员全局干部职工认真汲取杨庄事故教训，振奋精神，努力工作，坚决把安全生产搞上去。

郑州铁路分局和郑州机务段组织职工赴杨庄悼念不幸遇难的旅客，牢记杨庄事故血的教训。1979年以来，安全教育制度日益完善。主要有岗前教育，日常教育，季节性教育，特殊行车办法教育，事故案例教育等。

12月31日 铁道部下发《关于规定各铁路局安全监察部门建立值班制度的通知》，《通知》要求：铁道部安全监察委员会自即日起建立昼夜值班制度，各铁路局安全监察部门都要派人昼夜值班。各局值班人员对发生重大、大事故及其他严重事故的重要情况，要随时向铁道部安全监察委员会报告。部安监委要随时向部领导报告。

本月 郑州局杨庄车站和1979年7月哈尔滨局沈家车站发生严重撞车事故后，铁道部于1979年10月决定，在非自动闭塞区段上全面推广双频点式机车信号系统，分三步安装投产。第一步安装接近报警，第二步增加自动停车功能，第三步地面感应器与机车信号发生联系，机车上复示地面信号（一般将机车信号、自动停车装置和列车无线调度电话简称“机车三大件”）。

本年 铁道部转发《国家计委生产调度会议纪要》，强调发生事故后领导干部要亲自处理并吸收工人参加，要做到“三不放过”：事故原因分析不清不放过，事故责任者和群众没有受到教育不放过，没有防范措施不放过。1981年，铁道部规定发生死亡事故和一次死伤3人以上事故时，由分局长负责，路局有关处长参加，会同工会等部门进行调查处理，提出事故调查报告和调查处理意见，报铁路局长审批结案。发生一次死亡3人及以上重大事故时，由铁路局长负责，铁道部主管业务局派负责干部参加，会同分局和工会等部门进行调查处理，报部审批结案。

1979年

1月6日 北京铁路局通令嘉奖防止66次客车正面冲突的有关人员，保定站扳道员杨锡丰防止了一起旅客列车正面冲突的重大事故，特记大功一次，发奖金100元。给予石家庄机务段司机崔务民、副司机赵继德及保定站道口看守员白连奎表扬和奖励。

1月26日 国务院针对杨庄事故发文强调：铁路运输业，必须把安全放在首位。各级领导干部要树立安全第一的思想，抓生产首先要抓安全，经常检查、落实安全措施。要加强政治思想工作，不断向全体职工进行安全教育，使每个职工都牢固树立对国家、对人民极端负责的观念，严格遵守劳动纪律，坚决执行岗位责任制，一丝不苟地贯彻各项操作规程和规章制度。要狠抓基层工作、基础工作和基本功的训练。各项法规中安全规定不完善的要迅速修改补充。要广泛开展一次技术安全设备大检查，凡是危及行车安全的，要立即改进。积极采用各种新技术新设备。铁路各种技术设备的制造和修理，必须保证质量，由于质量不合格造成事故的，修造单位要承担责任，赔偿损失。对安全生产有功者要给予奖励。对玩忽职守、违章操作，造成责任事故的要给予纪律处分。情节严重的，要依法惩处，并追究领导责任。基层班组和个人的各项奖励，要把安全作为首要条件，凡是出了责任事故的，一切奖励都要取消。

2月1日 7时52分，胜金台站满线。当143次旅客快车开来时，车站值班员发出站外停车信号。由于143次机车乘务员未瞭望信号，接近车站时发现红灯已停车不及，与停在站内的客车尾部正面冲突，造成393次客车旅客死亡14名（含乘务员4名），重伤3名，轻伤11名，客车报废2辆，大破4辆，中破2辆，小破1辆；143次客车小破11辆，机车大破1台；损坏钢轨17根，混凝土枕240根，道岔1组，中断正线行车18小时38分，直接经济损失383052元，是一起轰动全国的行车重大事故。责任司机、副司机提交司法部门处理，司炉记过，鄯善机务段书记及代理段长记大过。胜金台站长及车长受撤职处分，乌鲁木齐车务段段长受记过处分。

2月14日 铁道部发出《关于确保行车安全的命令》〔1979〕铁安监字244号，《命令》针对1978年安全情况不好，特别是陇海线杨庄站发生极为严重的旅客伤亡事故，对安全生产提出了严格要求。《命令》提出了“安全第一，预防为主”的八字安全管理方针，还规定对中共铁道部党组1978年提出的关于行车安全的十项紧急措施，要继续贯彻执行。

本月 柳州铁路局运输、机务、车辆、工务、电务、地铁处及分局运输、机务科设专职安全监察，各站段设专职安全技术员。

5月11日 公安部、铁道部联合发布《关于整顿铁路治安秩序的通知》。《通知》说，为保证铁路运输安全畅通，必须加强治安管理，大力整顿运输秩序，广泛宣传和实施铁道部公安局5月10日的《通告》。这个《通告》规定：严禁扒乘货物列车；严禁无票乘坐客车；不准拦截火车，不准围攻、打骂铁路工作人员；不准无证商贩进站上车或围车叫卖；不准拿摸、毁坏、盗卖和收购铁路器材；不准击打列车；不准在铁路线上置放障碍物。违者给予处罚至追究刑事责任。

本月 铁道部、交通部、公安部联合颁布了《火车与其他车辆碰撞和铁路路外人员伤亡事故处理暂行规定》。明确规定了路外伤亡人员的责任标准，对抚恤救济金额作了统一规定。一般路外伤亡事故，报铁路分局审批；重大路外伤亡事故报路局审批。

本月 陇海线渭滩至天水间发生严重水害泥石流，冲毁线路多处，伯阳桥梁被冲落，K1391+000m处泥石流一次下泄到线路上约20万立方米，中断行车28天。

7月4日 陇海线胡店站内K1304+653m处，堑坡滑坍4200立方米。中断行车71小时 20 分。

7 月 14 日 宝成线略阳至王家沱间，K215+490 ～ 580m 处，坍方落石，同时在大滩至军师庙间 K305+000m 处，观音坝至冉家河间 K335+550 ～ K336+150m 和冉家河至上西坝间 K341+000 ～ 342+500m，发生流泥漫道。在以上几处线路尚未开通之际，7 月 15 日，阳平关至丁家坝间 K281+852 ～ 850m 处路基下沉，丁家坝至大滩间 K298+575m 处坍方，观音坝至冉家河间 K335+300 ～ 350m 处流泥漫道，致使略阳至广元段中断行车 18 小时 15 分。

7 月 16 日 国务院批转铁道部、交通部、公安部《关于重新修订〈火车与其他车辆碰撞和铁路路外人员伤亡事故处理暂行规定〉的请示报告》（国发〔1979〕178 号）。国务院在批语中说：各地区、各部门要采取切实有效措施，努力防止发生路外伤亡事故；事故发生后，要按照本规定有关条文妥善处理，任何单位或个人不得利用伤亡事故，滥给铁路施加压力，过多索要赔偿。

7 月 29 日 绥化机务段担当的 1315 次货物列车司机在运行中睡觉，冒进沈家站进站信号，与正在启动的 421 次旅客列车发生追尾冲突。造成死亡 3 人、重伤 4 人、轻伤 29 人。客车报废、破损 5 辆，机车小破 1 台。直接经济损失 39 万元。

8 月 11 日 铁道部表彰安全生产成绩显著的小东、边沟、细鳞河、火龙沟、群岭、万家屯、七里河、七里营、沙湖、外跨塘等 10 个中间站。其中小东站安全生产超过 30 年。

本月 郑州铁路局开始组织机车信号、自动停车装置和列车无线调度电话（简称三项设备）的试验。1980 年末，铁道部在郑州鉴定通过了 ZTL1 型自动停车装置，从此三项设备的安装工作全面铺开。各机务段分别成立了自动停车组、机车信号组和无线电话检修组，任务量大的机务段如郑州、郑州北等，还成立三项设备车间，主管三项设备的安装、维修、测试和管理工作。

12 月 5 日 149 次旅客列车即将驶入怀化站时，因旅客周某、李某携带 48 包猎枪打火纸引起火灾，旅客 19 人死亡，9 人重伤，造成重大旅客伤亡事故。

12 月 17 日 铁道部劳动保护监察室成立，安全监察委员会改为行车安全监察室。

本年 郑州铁路局贯彻国务院和铁道部文件，路局、分局、工程处相继成立由主管负责人牵头，各业务部门负责人参加的防火安全委员会，各厂、段、站基层单位成立防火领导小组。防火安全委员会的主要任务是：①贯彻路局和上级有关消防工作的指示，研究本地区消防工作，督促检查防火措施的落实。②督促各单位、各部门确定消防负责人，落实消防责任制。③根据季节特点和消防安全的需要，组织有关部门，开展群众性的消防宣传和检查。④督促有关部门和单位消除重大火灾隐患。

本年 随着国民经济的恢复和发展，铁路技术设备的不断更新，新技术、新设备不断投入使用，铁道部对《事规》又进行了一次较大规模的修改，于 1980 年 1 月 1 日起在全路试行。

本年 铁道部重新修定《行车事故处理规则》，行车事故仍分四等，只是将恶性事故改称为险性事故。

本年 柳州铁路局各基层单位成立安全委员会，负责领导各车间安全小组，贯彻有关安全生产指示，开展安全生产活动，逐月分析安全生产情况，发动群众采取预防事故措施。

本年 乌鲁木齐铁路局实行安全员制度。安全员不脱产，民主选举，领导批准。

本年 乌鲁木齐铁路局各基层单位成立安全委员会，负责领导各车间安全小组，贯彻有关安全生产指示，开展安全生产活动，逐月分析安全生产情况，发动群众大打安全翻身仗。

本年 在开展安全大检查的基础上，整顿和建立健全了安全组织，呼和浩特铁路局成立了安全生产委员会；基层单位成立了安全领导小组；车间、领工区建立了安全组；班组设安全员。各级安全组织负责检查安全生产情况；指导监督职工执行技术作业过程和有关规章制度的实施；针对不安全因素及时提出改进办法和制定解决措施。

本年 成都铁路局坚持开展百日安全（即百日无责任行车重大、大事故，简称“百安”）活动，把实现“百安”作为动员、组织职工搞好安全生产的行动纲领和战斗口号。1979 年 8 月，铁路局公布《百日无事故竞赛评比奖励试行办法》。1981 年 3 月，又发出通知，对发生重大、大事故责任单位给予经济制裁。

1980年

1 月 22 日 长沙开往广州的 403 次旅客列车驶入株洲车站时，因旅客违章携带猎枪打火纸，碰撞车厢地板着火，酿成重大火灾，造成旅客死亡 22 人，烧伤 4 人，客车报废 1 辆。

1 月 30 日 国务院批转铁道部《关于严禁旅客携带易燃、易爆危险品进站上车保证春运安全的紧急报告》。国务院在批语中要求，各级政府和有关部门要加强对易燃、易爆危险品生产的管理，对非法生产单位要坚决取缔。严禁携带易燃、易爆危险品进入车站、港口、机场和上车、上船、上飞机，在春节旅客运输繁忙期间要做好危险品的查堵工作。

本月 铁道部公布实施新《事规》。这次《事规》修改，坚持“从严要求、合理修改”的原则，明确了事故性质，调整了构成重大、大事故的条件，并将恶性事故改称险性事故。规定了各业务部门对行车设备质量负责，除人力不可抗拒的灾害事故外，均列主管业务部门责任；将路外交通肇事造成的事故，统一列入路外伤亡事故，以明确责任，妥善处理。

2 月 21 日 14 时 42 分，湘黔线泉塘子站，91 次旅客列车通过站内无人看守道口与三轮摩托车相撞，造成死亡 9 人、重伤 1 人。

3 月 10 日 铁道部公布机关行政编制。部机关设办公厅、运输局、货运局、机务局、车辆局、工务局、电务局、计划统计局、财务局、外事局、人事局、教育局、卫生局、生活供应局、公安局、科学技术局、劳动保护监察室、行车安全监察室、调查研究室、设计鉴定委员会。

3 月 24 日 铁道部作出决定，表彰 1979 年全路运输系统 52 个安全标兵、69 个安全先进单位、376 个安全先进集体、106 名安全先进生产（工作）者。《决定》说，1979 年，全路广大职工认真贯彻“调整、改革、整顿、提高”的方针，深入开展以安全正点、优质高产、低消耗为主要内容的增产节约运动，运输生产稳步上升，安全情况进一步好转。与 1978 年相比，全路行车事故减少 25.8%，其中重大、大事故减少 13.6%。

4 月 21 日 铁道部部署全路在 5 月份开展“安全月”活动。根据国家经委等 10 个单位发出的经国务院批准的《关于从今年起每年 5 月份定为“安全月”、开展安全活动的联合通知》精神，要求各铁路局要首先保证旅客列车的绝对安全，消灭行车、货运、火灾、路外伤亡重大、大事故，消灭职工因工死亡事故，防止险性事故，大幅度减少一般事故；铁路分局要消灭险性和重伤以上事故；其他局、厂、院、校以及站、段、队和所有单位要消灭一切事故；个人要消灭违章作业。通过“安全月”活动，进一步建立健全安全生产和文明生产的各项规章制度，使安全生产和文明生产经常化、制度化，持续地向好的方面转化。

4月24日 在北京召开全路行车安全工作会议。会议的主要任务是：总结1979年工作，安排1980年工作，讨论《关于加强行车安全监察工作的决定（草稿）》，会后修改后作为正式文件下发。各铁路局主管安全的副局长、安全监察室主任；各铁路分局主管安全的副分局长、安全监察室主任参加了会议。邓存伦副部长与会并就安全监察的体制问题、安全监察人员的权限问题和安全监察人员的条件问题，以及开展“安全月”活动要求作了发言。

5月2日 21时07分，2028次列车运行至外福线K20+175m处，因南平延平公社果木场在铁路山坡排水沟范围内开挖蓄水沟，引起坍方，致使列车撞入坍体颠覆，造成中断行车15小时15分的重大事故。

6月26日 14时，2452次列车运行至嫩林线育英—图强间K637+100m处，劲涛工务段图强工区在该线地段撤垫板，时值38℃高温，造成胀轨跑道，车辆脱轨。破坏线路120米、损坏枕木160根，车辆中破3辆，小破2辆，中断正线行车6小时45分。

8月12日 成昆铁路铁西车站战胜巨大塌方，在中断行车40天之后，正式恢复通车。该站因古滑坡复活，7月3至5日连续坍塌，几百米长的轨道埋没，是中国铁路史上罕见的一场大灾害。

8月29日 5时54分，兰州铁路局管内红卫车站值班员在接发列车作业中未执行标准化作业，忘排094次货物列车进路，致使该次列车进入红卫至长流水间插入段安全线土挡，造成机车大破1台，货车报废2辆、大破3辆、中破1辆、小破1辆，机车乘务员及添乘司机死亡2人，轻伤2人，中断正线行车8小时04分，直接经济损失103.19万元。

12月3日 铁道部科学研究院等单位研制的ZTL–1型机车自动停车装置通过部级鉴定。铁道部决定推广使用该机车自动停车装置。

本年 铁道部在小陈庄召开了现场会议，把小陈庄树为“全路安全生产标兵”，并以小陈庄道口小组的“道口设备、道口管理、道口作业标准化和加强责任心”的经验为主，拍摄了道口小组的“道口安全”科教电影片，广为宣传。

本年 从80年代初开始，福州铁路分局首先在内燃机车安装了无线电对讲机、机车信号和ZTL型机车自动停车装置（即：“三项设备”）。1987年7月后，分局管内各型机车均安装了“三项设备”。

本年 广州铁路局在全局安装无线列车调度电话，机车接近报警和自动停车装置。1983年增加车长电台（简称四大件）。

本年 乌鲁木齐铁路局在各分局成立行车安全监察室后，又组成专管与群管相结合的安全管理网。铁路局成立安全委员会，受局长领导。安全委员会办公室设在铁路局行车安全监察室内。各分局安全委员会及各业务处、部、室、总工会、团委等各级组织都在铁路局安全委员会领导下开展安全工作。车务、机务、工务、电务、车辆、公安等处设有兼职的安全管理员。分局安全委员会领导分局行车安全监察室（兼安全委员会办公室）和各站段安全室。各站段安全室设有安全员或特邀安全宣传员。

1981年

2月14日 蓝烟铁路2981次货物列车从蓝村车站开车，牵引2981次列车的“建设”型5553号机车，开车前机车汽水准备不够，出站后是上坡道并有8级逆风，汽水不足。乘务员在忙乱中未确认锅炉水表水位，行至姜家坡至郭家庄间K43+900m处，乘务员在锅炉严重缺水的情况下，又违章向锅炉注入冷水，致使锅炉爆炸，司机死亡，机车报废，机后第1位货车脱轨，中断行车13小时45分。机务段长、运转主任、副司机和司炉分别受到行政处分。

3月30日 铁道部在怀化召开全路行车安全工作会议。会议回顾了新中国成立31年来的安全运输情况，分析了行车安全几起几落的规律和原因。会议指出，搞好安全运输，必须清理“左”的思想影响，加强企业管理，改善行车保安设施，正确处理安全与效率、数量与质量的关系，力争在不长时间内在安全运输上有一个较大的突破。4月9日会议结束。

4月21日 6273次保温列车在顾乡屯站外第二接近信号前停车，1013次货物列车司机不按信号指示停车，与6273次发生追尾冲突，使机车及货车颠覆脱轨14辆。死亡4人、重伤4人。报废和破损保温车7辆、试验车1辆、守车1辆，机车大破1台，直接经济损失130万元。

5月1日 11时45分，乌鲁木齐机务段东风型0149号机车单机由六道湾返回乌西，行至K13+000m附近无人看守道口时，与抢道的自治区外贸皮革厂汽车相撞，当场死亡14人，重伤26人，轻伤11人。

5月12日 中共铁道部党组召开全路电话会议，传达贯彻国务院副总理万里对交通运输工作的重要讲话精神。从3月17日开始，万里副总理带领铁道兵、国家经委、交通部、铁道部的负责人到铁路、港口调查研究了40天，对铁路工作肯定了成绩，提出了意见和批评。对铁路工作中的主要问题，万里副总理概括为四句话，十六个字：领导不力，精神不振，管理不善，纪律松弛。铁道部代部长刘建章在电话会议上说，这些批评完全符合实际，要坚决改正。会上提出恢复1975年的口号：四通八达，畅通无阻，安全正点，当好先行。铁路上开展的一切活动都要以这个口号作为中心内容，各部门各单位也都要围绕这个口号来提出自己需要解决的问题和目标。

本月 呼和浩特铁路局要求在主要行车单位开展“百日（百万公里）安全无事故”竞赛，加强了职工的技术培训和练功表演活动，组织了标准化作业验收，促进了安全生产，涌现出了一大批安全标兵、先进单位、班组和个人。

6月24日 零时07分，南京东站第6调车机车牵引10辆，以28公里/小时的速度往南京化纤厂送车，途经化纤厂专用线K2+999m无人看守道口处，机车与化纤厂租用的送下夜班职工的南京公交公司一辆大客车相撞，汽车被撞，车内4人死亡，16人重伤、31人轻伤，汽车报废、机车小破。

7月9日 成昆铁路尼日至乌斯河站间的利子依达大桥被巨大山洪泥石流冲毁，由于该线桥隧相连，瞭望条件极为困难，在灾害常发地区又缺乏灾害监测报警设备，当442次旅客列车司机发现险情采取紧急制动时，已来不及停车，2台机车、1辆行李邮政车、1辆客车坠入大渡河，死亡、失踪130人，其中乘务员死亡11人，伤146人，线路中断15天。7月24日修复通车。

8月27日 图们公安分处乘警金正一和图们列车段运转车长韩昌锡，在鹿道开往图们424次客车上与持枪杀人犯李太文搏斗，金身中3弹，韩身中2弹，后金开枪将罪犯擒获，公安部授予金正一“一级英雄”模范，韩昌锡获“治安英雄”称号，吉林局党委授予金正一、韩昌锡模范共产党员称号。

本月 宝成线关中西部和陕南连续降雨。8月14至23日降雨量为常年同期的4～6倍。8月16日，丁家坝至大滩间K293+365m处，堑坡滑坍720立方米，造成812次列车颠覆，机车翻入江中报废，货车报废6辆，小破1辆。中断行车61小时11分。同日，军师庙站内K312+135m处，山上落石击中64次旅客列车车厢，砸死旅客1人，重伤8人，轻伤13人。8月21日大雨，对宝成铁路宝广段酿成重大洪水灾害。8月21日12时18分封闭线路。9月19日18时开通阳平关至广元段，10月12日宝鸡至阳平关段抢通接轨，经过整修加固，于10月20日12时宝广段恢复全线通车。计中断行车1162小时42分。

9月1日　浙赣线客运机车全部开通试用机车报警和自动停车装置，向塘机务段的客运机车同时开通列车无线调度电话。至年末，机车报警器安装161台，自动停车装置49台，向塘机务段机车无线调度电话48台。

9月4日　宝成铁路K313+000m处发生崩塌性滑坡，坍体连同轨道冲至嘉陵江对岸，堵塞河道，江水断流12分钟，水位抬高15米，死亡职工13人。9月16日，铁道兵第一政委吕正操视察宝天、宝广段水害抢修工点。9月29～10月4日，铁道部部长刘建章视察宝成铁路水害工程，看望职工家属。

9月10日　哈密机务段东风4型内燃机车0277号担当尾亚—烟墩间4021次乘务，在景峡站加挂K13型石渣车5辆。列车从景峡站开出后超速行车，带闸通过思甜站和翠岭站。在翠岭站列车放飏，冲出安全线65米，机车及机后4辆脱轨，造成机车小破1台，货车报废1辆，大破3辆，直接经济损失48822元。司机违章作业，超速运行，制动机操纵不当，负主要责任，给予撤职处分，副司机会同司机说谎，虽考试合格，缓期发放司机驾驶证，其他人员也受到行政处分。

9月25日　17时03分，2323次货物列车，运行到陇海线三门峡至贺家庄站间K820+700m处，因多方面因素，造成机后38位P60–601782号货车内装火箭弹爆炸。使货车报废9辆，小破1辆。死亡6人，重伤19人，中断正线行车下行34小时33分，上行20小时28分，经济损失26.8万元。

10月20日　8时55分，274次旅客快车运行至嫩林线额尔格奇（今讷尔克气）—朝阳村间K139+400m处，第13号车厢硬座28963号爆炸起火，行李员邹殿杰使用紧急阀停车。经调查是大兴安岭林管局德都疗养院会计刘怀德，企图炸死疗养院副院长申宝志，指使儿子刘风超制作土定时炸弹，指使女儿刘玲珑送到274次列车上，造成客车小破1辆，旅客死亡3人，重伤6人，轻伤60人，中断正线行车1小时45分。后经公安部门7个多月的工作，终于破案。

10月22日　干武线K140+674m无人看守道口处，1辆载人汽车强行抢道，与681次列车相撞，当场死亡9人，重伤14人，轻伤9人。

11月11日　郑州铁路局实现15年来第一个百日无行车重大、大事故。

12月18日　11时36分，004次货物列车运行至夏普吐勒—桃儿沟间K1710+000m曲线处，机后第4位车辆的前台车在曲线内侧方向跳轨脱轨1根轴，继而机后4～10位车颠覆，11～12位车脱轨，造成原油罐车报废6辆，大破2辆，小破1辆，损坏线路440米，中断正线行车17小时34分，直接经济损失178000元。在事故发生前80小时线路轨检车检查，该段线路为失格线路，在脱轨点前后各50米内有二级水平三角坑5处。列车制动减速进入曲线后，突变的惯性和液体偏心波动及减速后的向心力的共同作用，加之线路状态不良，使列车剧烈摇摆和跳动，导致车辆脱轨。

同日　13时50分，镇江站客装一班搬运车司机驾车去4道进行124次行包装车作业。作业完毕后，5名装卸员乘上该搬运车后的平板车上，司机在行驶中突然发现518次列车进2道，因搬运车转弯过急，5名装卸员全部甩下车落入518次车底，平板车又与进站的518次列车相撞，造成4人死亡、1人重伤。

12月25日 8时38分，216号、226号机车担当842次牵引任务，行至横道河子至治山间K264+400m坡道处，由于本务机（牡机216号）与补机（面机226号）互相不配合，两台机车连续发生空转停车。退行时因联系不彻底，又未执行有关规定，列车直接闯入横道河子站内4道，与待发的1112次列车发生正面冲突，造成机车大破1台，货车报废6辆，大破2辆，小破2辆。责任定为牡丹江机务段司机王庆华，并追究其刑事责任。

本年 上海铁路局、分局和各行车单位建立安全管理委员会，后改为安全生产委员会，路局、分局安全监察室作为安全生产委员会办事机构；车间成立安全生产领导小组，形成从上到下的安全管理网。

1982年

1月1日 南疆临管处成立行车安全监察室。

1月17日 14时45分，柴河站值班员奚道宽违章作业，不听从调度指挥，强行开1208次列车。桦林站值班员迟焕文误听路票号码，也在14时38分同时开951次列车，致使两列车相向驶入一个区间，在桦林至柴河间K266+900m处发生正面冲突，造成机车中破2台，小破1台，货车报废2辆，大破1辆，中破3辆，小破1辆，中断正线行车10小时31分，直接经济损失7万元。给奚道宽开出路籍留路查看一年的处分，迟焕文撤职处分。

1月26日 15时05分，鹰厦线晒口站501次旅客列车上客完毕，临近发车时，建阳县麻沙公社界首茶场五金厂职工张家元、韦蚕明等4人，未从进站口检票，由车站旁进站上501次车，非法携带摔炮、拉炮，在车门口因受挤压而引起爆炸，造成旅客死亡4人，重伤2人，轻伤12人，中断行车1小时37分。

2月2日 2时58分，1615次列车行至嫩林线达拉滨—大杨树东间K77+800m处，机后第25位C_{62A}744259号货车后台车脱轨。经查该车在K77+059m处轮缘爬上轨面在K77+800m处脱轨，司机发现列车后部风压急剧下降，采取停车措施。车辆主管被散落件顶断，自脱轨点起，列车走行513米，将该车的车轮全部擦伤，最大擦伤深度达15.5毫米。列车脱轨，货车中破1辆，枕木损坏846根，中断正线行车7小时33分。

4月2日 陈璞如任铁道部部长。

4月15日 18时45分，108次旅客列车运行至浙赣线王华—宜春间K801+644m道口处，与萍乡矿务局汽车修配厂汽车相撞，构成重大路外伤亡事故。死亡2人，轻伤1人，汽车报废1辆，行车中断1小时13分。事故发生的主要原因是道口工值班时做与行车无关的事情，没有及时关闭拦木。道口工被追究刑事责任。

5月26日 4时27分，1163次列车行至青岭子至山市间K298+000m线路中修地段，由于线路质量不良，致使机后13～21位重油罐车颠覆，守车脱轨，中断行车35小时01分，货车大破4辆，中破3辆，小破1辆。责任定为横道河子工务段。

5月28日 由济南开往佳木斯的193次旅客快车，行驶至沈山线兴隆店车站时，发生重大颠覆事故，造成3人死亡，19人重伤，124人轻伤，沈山下行正线中断近20小时。造成这次事故的直接原因是，锦州铁路局大虎山工务段兴隆店养路工区工人在该处做无缝线路补修作业时，违反劳动纪律和操作规程，将起道机立放在钢轨内侧，擅离岗位，到附近的道口看守房去吃冰棍。193次快车通过时撞上起道机，引起列车脱轨颠覆。肇事的责任者、养路工受到刑事处分，工区、工务段领导分别给予行政处分，锦州铁路分局局长、分局党委书记受到撤职处分，沈阳铁路局局长、铁路局党委书记受到行政记过处分，铁道部部长因为接任不久，国务院决定“免予处分，以观后效”。

同日 乌鲁木齐铁路局连续1000天无货运重大、大事故，受到铁道部奖励。

6月12日 15时40分，3021次列车由新余站出发，反方向开入浙赣线上行线与1312次货物列车在新余—河下间双线区段上行线K742+800m处正面冲突，构成重大事故。1312次值乘本务机前进型2771号机车乘务员胡贤良、赵霄富、丁建萍三人死亡。事故直接经济损失约98.6万元。6月16日，铁道部电话会议，铁道部长陈璞如传达国务院副总理万里对该事故的严厉批评。经铁道部党组决定：事故责任者张延、黄禄友由司法部门追究刑事责任（后判刑）；南昌铁路分局调度所主任陶水泉和总支书记施永泉，新余站站长杨玉柯和党委书记鲁洪升以及南昌铁路分局分局长马广太、党委书记丁庆才，南昌铁路局局长张炎、党委书记韦荣寰分别受到行政处分。

6月16日 万里的一次讲话记录：今后在哪个局范围内出了问题，就处分哪个局的领导。要采取部长、局长、分局长、站段长负责制。要突出安全正点。这样各单位的领导就要考虑不称职的人不能上岗。职工的培训也就会抓上去了。奖励条例要发动群众进行讨论，让大家知道我稍一疏忽，会造成什么样的损失，会受到什么样的处分；我认真负责，不出事故，今后会得到什么样的奖励。要求不严，铁路是办不好的。事故发生后的态度，不能作为处分轻重的主要依据。在拨乱反正的时候，严一点有好处。要从我们铁道部做起，养成一个从严的工作习惯。安全问题，是个基本功问题。每个机器零件，每个职工都不能有问题，工作要有高水平。

6月30日 陈璞如在全路安全紧急会议上的讲话中指出：我们从部长、局长、分局长、站段长，直至班组长都要建立严格的责任制。班组向站段负责，站段向分局负责，分局向铁路局负责，铁路局向铁道部负责，铁道部向国务院负责。我们严格一点就把干部带好了，如果我们松松垮垮，不讲原则，就把干部带坏了，最后吃亏的是干部，害了干部。从部长到班组长，包括各级党政机关，都要按照分工，各负其责。党政工团也得包干。

9月15日 4时58分，由格尔木开往西宁方向的084次油罐列车运行至青藏线K65+822m处（岳家村至巴燕区间18号隧道内）脱轨起火。该列车编组33辆，牵引2249吨。18辆起火，造成车辆大破1辆、报废17辆，损失原油846吨。事故原因为洞内落石及钢轨磨损超限造成。经调查分析定为重大事故。

9月17日 10时29分，4087次列车运行至鹰厦线K374+100m处，因荆西站值班员盲目同意荆西桥梁工区轻轨车上道，致使列车与轻轨车正面相撞，造成5人死亡，1人重伤的重大事故。

9月19日 铁道部发布《铁路运输安全奖惩办法》。《办法》规定：对全年平均行车事故率（每百万机车走行公里平均行车事故总件数）和行车重大、大事故率最低的前三名，而且没有发生重大事故的铁路局，应进行奖励；对全年平均行车事故率和行车重大、大事故率最高的后三名，而且事故率高于上年的铁路局，应扣除一部分企业利润留成基金。

9月30日 月山机务段东风$_4$型0075号内燃机车，行至焦枝线跃店道口处，因月山工务段道口工当班睡觉，未落栏杆，机车司机也未及时鸣笛和制动，致使单机与长途客车相撞，造成23人死亡，10人受伤，汽车报废，机车小破中断行车1小时55分，构成重大路外伤亡事故。原因是道口工违反道口安全“四十字令”、机车乘务员违反防止伤亡事故“三十字令”造成。

10月2日 铁道部货运局和劳动保护监察室撤销，调查研究室改为企业管理办公室，人事局改为劳动工资局，卫生局改为卫生环保局，生活供应局改为生活局。

10月30日 “毛泽东号”机车在全路首创安全行走400万公里。1983年10月30日，丰台机务段举行纪念会，纪念该机车命名38周年，并给机车组记大功一次。1985年，铁道部将该机车作为展品陈列在铁道部科学技术馆。

12月20日 国务院发出《关于保护铁路设施确保铁路运输安全畅通的通知》。《通知》的主要内容有：铁路用地严禁随意占用，已被占用的由铁路部门报请当地人民政府及土地管理部门按有关法令加以解决。任何单位不得在铁路地界内或边坡上开垦种植。在铁路两侧山坡地带，由于盲目开山采石采矿，随意弃渣，造成或正在形成泥石流灾害的，由当地人民政府责成有关单位限期解决。

12月20日 16时23分，南昌铁路局来福线杜坞站值班员黄某接到甘蔗站值班员郭某报3061次到达点时，请求2070次闭塞通过。此时郭某也请求3061次闭塞，黄某误认为郭某同意2070次。这样，3061次于16时25分，2070次于16时26分从两个车站向同一区间开出。幸被福州工务段道口员洪松等发现，及时拦阻列车，两列车停下仅距400米，避免了一场类似当年“6·12”河下大事故悲剧重演。

12月29日 铁道部颁布第6次修订的《铁路技术管理规程》。《规程》自1983年7月1日起实行。内容共分4编17章及9个附录，第一编技术设备，第二编行车组织，第三编信号显示，第四编是对铁路工作人员的要求。此次颁布的《规程》较之以往各版，除增加了房屋建筑设备一章外，突出了为人民服务的思想，强调了重视设备质量，健全了生产责任制，确立了集中统一与分级管理的原则。

同日 济南铁路局徐州站运转一车间甲班第四青年调车组胜利实现连续安全调车7000天。该调车组是全国新长征突击标兵、全国铁路先进集体。全国铁道团委和铁道部运输局联合发出电报表示祝贺，济南铁路局给其荣记集体功一次。

本年 万里在一次讲话中指出：铁路必须分秒不差，必须非常严格，否则，不知什么时候会出事故。对事故的处理不能客气，表扬也要响响的，处分也要响响的。铁路是军队，是在作战，处理问题要非常及时，铁路与打仗是一样的。要养成人人关心安全，干部经常下去检查安全，寻找不安全因素，形成制度。

本年 铁道部以铁电〔1982〕1877号部令，正式将机车自动停车装置划归机务部门管理。

本年 铁道部颁发《铁路劳动安全监察工作条例》。

1983年

1月5日 海拉尔铁路分局海满站扳道员错扳道，将291次客车接入有车线与2002次货物列车冲突。造成死亡3人、伤12人。机车大破2台，客车报废2辆、中破1辆，货车报废、破损3辆。中断行车5小时55

分，直接经济损失51万元。

3月4日 23时，海勃湾调车机2117号开平调4次，牵引重车32辆，总重2443吨，自平沟专用线上行返海勃湾站，行至海拉线K0+160m处，因制动失灵，造成调车机放飏、颠覆的重大事故。死亡5人，机车报废一辆，车辆报废16辆，大破13辆，小破1辆，损坏线路2060米，直接经济损失63万余元。致使制动失灵原因分析：平调4次在平沟试风发车前被人关闭了折角塞门。教训：今后应加强公安保卫工作，司机应掌握试风的时机。

4月3日 上海—南宁179次旅客列车运行至湘桂线五塘站，与1218次货物列车发生正面冲突，担当该次列车乘务的柳州客运段第六包乘组全体乘务员积极抢救伤员，维持秩序，搞好防范，保护旅客和人民财产的安全，减少事故损失。6月8日，柳州铁路局通电表扬该包乘组并记集体功一次，对有功人员分别给予记功奖励。

4月11日 铁道部在北京召开全国铁路工作会议。会议传达了全国工交会议、全国利改税工作会议精神，提出了改革的重点内容和1983年要抓好的主要工作。1983年铁路工作总的要求是“三上一下两杜绝”，即生产、经济效益、质量要搞上去，事故要降下来，杜绝野蛮装卸和野蛮待客。铁路改革的主要方针是“包（承包）、放（放权）、联（联合）、通（运输畅通）、多（多种经营）”五个字。4月17日会议结束。

5月5日 18时03分，2132次列车运行到陇海线卧龙寺、虢镇间K1237+995m无人看守平交道口，与违章抢道的宝鸡县贾村一辆载人汽车相撞，死8人、重伤3人，汽车报废，中断行车41分。

6月 黔桂铁路六甲—加必屯K184+460m处落石砸弯钢轨，六甲工务段党委副书记张扬镳率职工70余人，正在抢险时，又落下巨石，造成张扬镳及计工员文启孟死亡。

7月1日 铁道部1983年7月1日公布《中华人民共和国铁路技术管理规程》。总则要求铁路各部门要坚持党的安全生产方针，坚定不移地把安全生产放在首要位置来抓。这是我们近年来全路安全生产之所以迅速好转的一条最重要、最根本的经验。

7月4日 沈阳铁路局管内长大线毛家店—马仲河间，机车冒进信号造成脱轨颠覆重大事故，乘务员死亡4人，机车中破2台，货车报废11辆，中断行车上行28小时18分，下行14小时17分。

8月20日 衡阳开往湛江的453次旅客列车（柳州客运段担当客运乘务）运行在湘桂铁路二塘—横山车站区间，4号车厢内1名肇事者身带炸药自行引爆，造成非铁路责任重大旅客伤亡事故，旅客死亡10人，伤46人。453次旅客列车上的重大反革命爆炸案，历时110天侦破。

8月24日 公安部、铁道部发出《关于严禁拦截火车保障铁路运输安全的通令》。《通令》规定：不准任何人以任何借口拦截火车，中断铁路运输；不准打骂铁路工作人员和民警，妨碍铁路工作人员执行任务；不准在铁路线上放置障碍物；不准击打列车；不准拆卸、毁坏、盗卖和收购铁路器材、车辆配件；不准在线路上取石砟；不准在铁道路基两侧挖土取石、破坏路基、砍伐树木。凡违反《通令》者，不论任何人，都要依法严肃处理。

本月 全路行车安全监察工作会议在柳州召开。

10月3日 北京局在临汾召开安全生产祝捷授奖广播大会。到9月26日临汾分局取得安全生产1000天的好成绩。

本月 “三大件”中的自动停车装置和列车无线调度电话两大件已在南昌局管内的

浙赣线局管内普遍使用，作用明显。是年统计分析，机务行车事故减少36.4%，特别是险性事故减少33.3%。

12月1日 铁道部授予沈阳铁路局小东站“安全生产三十五年”光荣匾。1988年12月2日，铁道部、铁道部政治部、中华全国铁路总工会、全国铁道团委电贺小东站安全生产40周年。1993年，小东站实现安全生产45周年。小东站自1948年建站以来，长期坚持“一点也不差、差一点也不行”的严细作风，在工作中人人认真执行规章制度，时时注意安全，从未发生事故，曾多次被评为分局、路局、辽宁省和铁道部的先进集体，是铁路中间站的“排头兵”。

12月20日 由于广州铁路局客、货机车全部安装了四大件（机车接近报警、自动停车、无线列调、车长电台），在行车安全上发挥了重要作用。北京至广州的47次旅客特快列车行至京广线大冲至许家洞站间，一名歹徒持枪闯入司机室，枪杀了司机，蓄意制造车毁人亡的严重事故，在机车无人驾驶的情况下，当列车高速接近许家洞站时，机车信号和自动停车装置发挥了作用，使失控的列车自动停车，1000多名旅客的安全得到了保障，歹徒的阴谋破产，畏罪自毙。这一幕惊心动魄的活剧，使广大铁路干部和职工进一步认识到，装备和用好机车信号和自动停车装置的重要意义。

本年 上海铁路局制定《上海铁路局运输安全奖惩试行办法》。1984年除继续贯彻安全责任制和重奖重罚外，把安全生产与经济责任制挂钩，按业务量大小，工作繁简拉开档次。把分局实现百日安全的奖励，由原来每人0.5元提高到4元，连续200天为6元，连续300天以上为8元。同时分别按100、200、300天给予党、政正职领导记功和发给奖金100元。

本年 万里对郑州铁路局的指示：郑州局地处中原要地，是全国铁路的“心脏”，必须保证安全畅通，四通八达，决不能“心肌梗塞”。

本年 铁道部修订《铁路行车事故救援规则》，规定救援列车按一、二、三等分别由9、8、7辆特殊车辆组成：游车（吊车吊臂附随车）、办公宿营车、炊事车、轨枕车、工具车、备品车、发电车和拖拉机车（一等救援列车根据需要设置）主要救援设备有轨道起重机、千斤顶、电焊机、内燃发电机、钢轨、枕木、复轨器及吊具等。郑州铁路局自1985年以后，对救援列车的救援设备进行更新换代。轨道起重机由原来的21台60吨蒸汽吊车和1台60吨内燃吊车，增加了10台100吨和3台160吨内燃起重机。

本年 原沈阳铁路工程段工人邓其国，1954年以“颠覆高级列车”定反革命罪，被判处有期徒刑10年。经复查，多人证实，是在轨面上砸完核桃后，忘将石头拿走，并非有意，故改判无罪，恢复路籍做退休处理，孩子接班。

1984年

1月10日 昂昂溪机务段1829号机车担当1902次货物列车，在进三间房站时关闭自动停车装置，全员睡觉，列车冒进进站信号与正在解体3002次列车的调车机正面冲突，致使3002次货运员宿营车起火，货车1辆颠覆起火、5辆脱轨。1829号机车副司机、司炉和3002次3名货运员死亡，调车机乘务员4人轻伤。机车中破2台、小破2台，货车报废、破损21辆。

2月6日 4时30分，西宁车站运转车间二调在解体3192次、编组2208次过程中，因违章造成车辆溜逸，5时27分在兰青线K162+200m与3181次货物列车正面冲突。造成货车报废1辆，前进型2373机车大破，货车小破10辆，报废钢轨400米，枕木392根，机车乘务员轻伤2名，中断正线行车28小时23分，造成直接经济损失23.1万元。事故主要责任者马某被依法判处有期徒刑2年，监外执行；值班站长受到开除路籍留用察看2年处分；调车长、车站党委书记、工会主席（值班干部）、站长、车间主任、车间书记等分别受到处理和处分。

2月20日 13时26分，1215次货物列车进焦枝线王堂车站时，在3号道岔处，因机后2位货车1位闸瓦钎丢失，引起制动梁脱落，打坏3号道岔，造成货车颠覆19辆，脱轨2辆，致使货车报废10辆，大破9辆，中破2辆，小破1辆，机车小破1台，中断行车17小时49分。

5月2日 上海铁路局实现连续500天无货运重大、大事故的成绩，创1971年以来货运安全天最高纪录。

5月14日 由济宁开往三棵树的117次直快列车，行至沈山线方家至大红旗区间发生重大火灾，旅客死6人、重伤4人、轻伤18人，烧毁硬座客车2辆、小破1辆，中断下行正线行车1小时14分。这起火灾是车厢内的旅客吸烟，烟火燃着竹笼引起的。列车乘务人员严重失职，抢救不力，未能及时扑灭。

6月14日 乌鲁木齐铁路局实现了安全年并创365天无责任行车重大、大事故，获得铁道部授予的全路第一个安全年奖杯。

本月 铁道部颁发了在各铁路局开展“安全年”竞赛活动的通知，各铁路局提出实现安全年的奋斗目标。

7月11日 昆明铁路局首次实现无责任行车重大、大事故安全生产100天，受到铁道部通电表彰和奖励。

7月24日 全路铁路局安全监察室主任座谈会在成都召开。会议的主题：一是交流柳州会议以来行车监察工作情况。二是研究下一步如何贯彻执行新修订的《铁路监察规则》。三是探讨当前安全监察工作存在的主要问题。

8月26日 乌鲁木齐铁路局创造了连续无责任行车重大、大事故438天的好成绩。

8月27日 铁道部在乌鲁木齐铁路局召开授旗大会，陈璞如部长代表铁道部授予乌鲁木齐铁路局“安全年奖杯”和400天无责任重大、大事故锦旗。自治区党委第一书记王恩茂等党政领导人到会祝贺。

同日 怀化铁路分局实现2000天无责任行车重大、大事故，居当时全路62个分局的第一位。

9月11日 广州铁路局实现连续400天无责任行车重大、大事故，铁道部决定授予“安全正点，当好先行”奖旗一面，并发给奖金39.7万元。

9月23日 石泉县至池河间，K274+921～941m处右侧堑坡坍塌2.5万立方米。在抢修中又坍方4000立方米，将抢修新铺轨道掩埋50米。中断行车102小时07分。

9月30日 为防止列车冒进信号造成撞车事故，全路已有5500多台机车安装自动停车装置。占干线客货机车的74%和55%，对安全运输起到了重要作用。

11月4日 17时08分，京广线小坪站北头K2291+127m道口，道口工正在放栏木，汽车冲入道口，与来车相撞，造成5人死亡。

11月5日 上海铁路局实现连续365天无行车重大、大事故，取得新中国建立以来第一个行车安全年。

11月20日 国内首创的提醒列车司机的瞌睡报警装置研制成功。研制者是郑州机务南段技术室工程师董世衍。该装置形似眼镜头上戴，闭眼20秒发警报，继续瞌睡车自停，以保障行车安全。

12月31日 广州、北京铁路局实现

1984年度安全年。广州局无责任行车重大、大事故的安全天数达511天，北京局达468天。这一年，全路行车安全取得20年来最好成绩，行车重大、大事故件数比历史上最低的1964年减少了28.4%，每百万机车总走行公里事故件数比1965年减少了39%。

本月　铁道部公布《铁路职工安全生产奖惩办法》，对连续2个月消灭职工死亡事故的铁路局进行奖励。

本年底　铁道部传达贯彻中共中央总书记胡耀邦关于整顿铁路治安秩序的重要批示后，西安、宝鸡铁路分局于1985年初成立整顿铁路治安秩序领导小组，37个主要运输站段成立相应组织。

本年　机车报警自动停车、无线列车调度电话和无线电调车装置在柳州铁路局投入运用。

本年　郑州铁路局根据铁道部规定，发给毒品仓库装卸人员、毒品转运站直接从事有毒有害物质的专职装卸工、专职货运员、毒品货车洗刷工作人员每人每天0.5元津贴；毒品货车洗刷所的净化、化验、监测人员，以及其他从事有毒有害物质货装人员和从事粉尘作业的装卸工，每人每天0.25元津贴。1986年，郑州铁路局重新规定职工保健食品发放标准及办法。享受保健食品的工种由原来的72个，增加为80个，每人每天发放标准增加为0.4～0.6元，并规定硅肺病职工退离休后仍享受保健食品。1988年，对通过长大隧道及隧道群的客运乘务人员，实行保健食品待遇，标准控制在每月10元以内。

本年　铁道部公布《铁路职工安全生产奖惩办法》。

本年　全路调度工作按照铁道部《铁路运输调度工作规则》规定，把安全生产放在调度指挥的首位。

本年　西安铁路分局行车站段安全室增设专职路外安全员，制定《关于路外安全奖罚评比办法》。在西安市政府的支持下，组建道口警察队，担当市区20个主要铁路道口的值勤巡视任务，道口交通秩序明显好转，事故减少。

本年　由成都铁路局安全监察室牵头，在峨眉电影制片厂协助下，摄制由铁路职工创作的以路外安全为主题的电影《新婚之夜》在沿线放映，在社会上引起很大反响。

本年　福州铁路分局成立安全生产管理委员会，分局长担任主任委员，实行党政工团齐抓共管，并规定每季召开一次安委会会议，研究部署分局行车安全工作，逐步建立各种安全管理制度。

本年　铁道部再次修订《安全监察工作细则》，郑州铁路局制定《补充规定》。在贯彻新《监规》中，郑州铁路局123名监察，有25人提为正科级，80人提为副科级，发展了63名特邀行车安全监察，充实、加强了安全监察队伍。

1985年

1月1日　铁道部发布的《铁路职工安全生产奖惩办法》开始施行。《办法》规定，10万人（不含）以下、10万人以上、20万人以上的铁路局，全局分别连续四个月、三个月、二个月消灭职工死亡事故的，工程公司连续六个月消灭职工死亡事故的，由铁道部给予通报表彰，并发给奖金。各局、公司、工厂，发生一次5人以上负伤事故、3人以上重伤事故或1至2人死亡事故、死亡3人以上重大伤亡事故的，分别处以经济罚款。

1月12日　铁道部发出《关于铁路改革的意见》，要求所属单位执行。这个文件提出，铁路改革的中心环节是围绕推行经济承包责任制，把铁路企业建成相对独立、自主经营、自负盈亏的经济实体，增强企业活力。铁路改革要有利于确保安全生产，有利于路风建设，有利于提高经济效益，有利于调动企业和职工的积极性，加快铁路建设步伐。

2月8日 6时10分，551次旅客列车进笕桥站2道停车，因12号道岔区段轨道电路出现红光带，出发信号不能开放，经车站值班员请求，列车调度员发布命令，改用通话闭塞，使用路票发车。551次列车开车后，行至12号道岔处，与1226次货物列车发生侧面冲突。这是一起值班员没有认真确认进路，盲目发车，司机瞭望不彻底，臆测行车，加上天气条件恶劣而造成的客运列车冲突重大事故。

2月25日 京广铁路大花岭至纸坊间K1326+000m公里无人看守道口处，1辆武汉市装卸公司四站的卡车，运送葬人员及灵柩，连同司机共18人，在通过道口时与火车相撞。原因是汽车司机酒后开车，违反国发〔1979〕178号文件的有关规定，没有瞭望就盲目开进道口。先与下行3355次列车相撞，后又侵入上行线，与上行的1634次列车第2次相撞。死亡16人，重伤2人，汽车报废，机车小破2台。造成非责任重大路外伤亡事故。

3月3日 8143次（回送客车底）由乌鲁木齐站开出，运行至K1877+000m，本务机车第4轴脱轨，机后10位客车有的全轮脱轨，有的部分车轮脱轨，轧坏混凝土轨枕296根、钢轨3根，损坏线路配件4000多个，直接经济损失44790元，中断正线行车7小时27分。事故发生前8511次本务司机发现机车猛晃曾向调度员报告，调度员仅向车站及工务调度做一般布置，负有未能防止事故发生的责任，给予撤职处分。乌鲁木齐工务段二工区工长对线路失修负有直接责任，给予留用察看一年处分，其他人员分别受到行政处分。

3月4日 铁道部发布取消列车运转车长和守车试点办法，要求各铁路局按“先易后难、先简后繁、先折角后贯通、先管内后跨局”的原则，客货列车并进，逐步扩大试点范围，在保证行车安全的前提下，争取尽快实现这项改革。这个办法，对机车、列车的设备条件，有关人员的责任制，发生故障的处理分工等，都作了规定。1988年3月9日，铁道部决定这个办法停止执行。

4月13日 中共中央决定，丁关根任铁道部部长、中共铁道部党组书记。6月18日，全国人大常委会通过丁关根为铁道部部长的任命。

4月17日 铁道部、铁道部政治部、中华全国铁路总工会联合在北京召开全国铁路运营系统确保运输安全家属工作经验交流会。这是铁道部领导机关召开的第一次家属会议。出席会议的近200名代表向运营部门210万职工的600万家属发出了倡议。4月20日会议结束。

7月5日 9时40分，1334次列车运行至成渝铁路长河碥—邮亭铺（今大足）站间坡停，三次闯坡不成，实行解体分部运行，区间遗留14辆车溜逸，车速达70公里/小时，溜入长河碥站重庆端牵出线，冲出土挡，使守车1辆、货车7辆颠覆，造成货车报废5辆，大破3辆，守车大破1辆，直接经济损失15万元。

7月10日 贵昆铁路1703次货物列车行经秧田冲—金马村间K614+190m方旺林场无人看守道口，与抢道行驶的云南林业学校载运学生到林场实习的汽车相撞，车上有学生39人、教师1人，其中学生死亡23人，道口附近割草农民死亡1人，学生重伤2人、轻伤6人。机车小破2台，汽车报废，中断行车34分。成为昆明铁路局有史以来最严重的路外伤亡事故。

8月23日 广州铁路局实现连续646天无责任行车重大、大事故，创安全历史最好成绩。

同日 12时01分，3175次列车运行至外福线双坑—莪洋间K91+028m小半径曲线处，由于机后10位50吨P13型棚车装载人造革边角料27.3吨，属体轻货物，加之使用转6型转向架弹簧刚度大，挠度小，重心高，对线路曲线适应能力差，造成车辆悬浮脱轨，中断行车5小时18分的重大事故。

9月10日 9214次列车在矮岭站发生起火爆炸，车站职工与机车乘务员和运转车长奋力抢险，减少车辆损失，避免人身伤亡，防止重大事故。柳州铁路局给站长李金云记大功，晋升两级工资；运转车长易天武记大功，晋升一级工资；司机崔盘根记功，晋升一级工资；另有7人给予100元和200元的奖励。

本年 随着铁路运输形势的发展和企业改革的深入进行，《事规》的部分内容已不能适合实际需要，又进行了一次修改，自1985年4月1日起在全路实行。这次《事规》修改，本着列车事故从严、列车事故与调车事故有所区别的精神，分列调车作业事故项目，对构成重大、大事故的条件进行了合理的修改和调整。注意维持行车事故处理的连续性和可比性，对确定行车事故的性质等方面也进行了合理的修改。

本年 “机车百趟安全正点竞赛”在峨嵋山机务段诞生，1992年12月，铁道部、中华全国铁路总工会联合发文，在全路正式开展此项活动。1993年5月，铁道部原党组成员、副部长石希玉，铁道部原党组成员、中华全国铁路总工会主席冯祖椿亲自到重庆主持召开了全国铁路空前规模的“百安赛”现场会，全面介绍、深入研讨了重庆铁路分局“百安赛”做法和经验。

1986年

1月2日 乌鲁木齐铁路局、乌鲁木齐铁路局政治部发出《关于开展向李兰君同志学习的决定》。李兰君是乌鲁木齐客运段京14组列车长。1985年12月17日值乘中，不顾个人安危，智擒一名在列车上行凶的犯罪嫌疑人，保护了旅客的生命财产安全。

1月4日 乌鲁木齐铁路局、乌鲁木齐铁路局政治部决定：给乌鲁木齐客运段北京车队京14组列车长李兰君记功一次，晋升一级工资；列车员李刚记功一次，奖励200元；对炊事员程彦成，乘警汪进通报表扬，各奖励100元，授予京14组“勇擒凶犯，为民立功”锦旗一面。

1月15日 沈阳铁路局在丹东分局边沟站召开庆祝边沟站安全生产35年暨中间站工作会议，铁道部和路局领导为边沟站授匾授旗（边沟站到1月7日实现安全生产35年）。

同日 武昌至广州247次旅客列车，行至白石渡至坪石北间，一旅客携带炸药自行引爆，造成旅客死亡7人，重伤11人，轻伤27人的重大爆炸事故。

1月26日 西安铁路分局实现连续1000天无责任行车重大、大事故，获铁道部安全奖杯，跨入全路安全生产先进行列，也是西安分局成立以来最好的成绩。29日在西安召开铁道部暨郑州铁路局表彰嘉奖广播大会。

3月7日 沈阳铁路局召开全局安全紧急电话会议，接受“2·11”和“3·2”重大事故的教训，号召全局职工打一场安全生产翻身仗，坚决实现“保二夺三”奋斗目标。

3月18日 呼和浩特局电务系统实现了一万天无行车重大、大事故的好成绩，这一重要指标在全路同行业中是第一位。1986年4月荣获铁道部颁发的安全奖杯。

3月31日 国家经委、铁道部、交通部、公安部、农牧渔业部、城乡建设环境保护部、劳动人事部发布《铁路道口管理暂行规定》。《暂行规定》对道口的安全设施、设置原则、安全通行、安全管理、肇事处理等都作了明确具体的规定。

同日 福州铁路分局为了更好地把实现百日安全与职工奖励紧密挂钩，决定重新修订《行车安全奖惩办法》。规定行车主要单位消灭一切行车事故达到连续百日以上安全的，由分局根据各单位工作轻重、作业繁简、贡献大小及行车安全关系密切程度给予表扬，并发给一次性奖励。安全生产达500天时发给锦旗，1000天时发给安全奖杯。对防止或挽救重大、大事故表现特别突出的有功人员，由分局给予奖励、记功或晋级。对违反劳动纪律、玩忽职守、违章作业造成事故的职工，视其情节轻重、事故性质、损失程度、一贯表现，分别给予行政处分，经济制裁，触犯刑律的追究刑事责任。

4月22日 铁道部发布《铁路运输安全奖惩办法》。《办法》规定，铁路局实现百日无责任行车重大、大事故，由铁道部授予奖旗，并发给奖金；实现200天、300天无责任行车重大、大事故，分别增发奖金；实现“安全年”（连续365天无责任行车重大、大事故），由铁道部授予安全奖杯，并发给奖金。铁路分局连续1000天无责任行车重大、大事故，由铁道部授予安全奖杯。铁路局实现百日无行车重大、大事故，无责任重大路外伤亡事故，无责任旅客死亡事故，无货运重大、大事故，无火灾大事故时，由铁道部授予奖旗，并发给奖金。铁路局全年平均行车重大、大事故率（每百万机车总走行公里平均责任行车重大、大事故件数）最低的前3名，且未发生严重的重大事故，由铁道部发给奖金；全年平均行车重大、大事故率最高的后3名，且事故率高于上年时，由铁道部扣发企业利润留成基金。对防止或挽救事故的有功人员应给予奖励。对造成事故的责任者和有关人员应给予处分，触犯刑律的交司法部门惩处。

5月4日 怀化铁路分局实现连续2600天无责任行车重大、大事故。行车安全名列全国铁路各分局之首，创下了建国以来当时全路分局级单位最好安全成绩，多次获得铁道部和湖南省人民政府奖励。

5月14日 14时37分，1812次货物列车行驶到陇海线新阳镇车站至渭南镇车站K1426+085m处，机后24～36位货车脱轨2辆、颠覆11辆，造成货车报废4辆、中破7辆、小破2辆，中断正线行车42小时43分，构成行车重大事故。

6月17日 沪杭外环线沪嘉段工程指挥部派一辆15吨卡车，至上海工程总公司第三工程公司真如料库提取圆木，由料库吊机司机用1吨轮胎吊协助装车，因通道堵塞，便用人力推着吊车前行，绕道途中，吊机起重臂顶端碰到横越通道上的1万伏高压电线，致使推吊机的8人当即触电倒地，造成3人死亡、1人重伤、4人轻伤。

本月 铁道巡道、巡守等工种的工作服改为黄色防护服，能引起司机瞭望警觉。1988年1月开始，对线路工等16个工种增发桔黄色防护背心，对防止在线路上作业人员被机车、车辆轧撞不幸事故的发生，效果很好，职工伤亡事故大幅度下降。

7月1日 新修改的《铁路行车事故处理规则》开始试行。这次新修改的《事规》有两个特点：一是本着扩能、提效的要求，对构成调车事故的条件适当放宽；二是本着对列车事故、客车事故从严的精神，对构成列车重大、大事故的条件作了适当调整。

7月15日 陇海线石家滩站内K319+150m处，右侧堑坡滑塌，掩埋站内3条股道，并打断接触网。中断行车68小时55分。7月16日，国务院副总理李鹏，在铁道部《情况报告》中批示：“立即抢通，并尽快复旧。宝天段几乎每年都发生问题，成为心腹之患，应制定一个长远对策。”

7月17日 西安电气化工程五队一班12名工人，在陇海线上行正线K1246+626m处东西两侧进行卡四跨绝缘瓷瓶作业，由于不知工地附近高压线送电，与毗邻架设的西–10KV裸体高压线相碰触电，导致抬梯车的作业人员3人死亡，3人受伤的重大伤亡事故。造成事故的原因，是由于该工程队副队长张方成未将送电情况通知施工人员，触犯《刑法》187条之规定，构成玩忽职守罪。经起诉判处张方成有期徒刑2年，缓刑4年。

10月30日 北京铁路局实现无责任行车重大、大事故300天。

11月10日 临汾铁路分局召开安全生产2500天庆祝大会。

本月 广西壮族自治区颁发《铁路道口管理暂行规定的实施细则》，规定凡在道口上造成事故，招致铁路或道路等设施损坏时，由事故责任单位或责任者负责赔偿直接经济损失。

12月8日 6时50分，西安东站调车5组指挥2169号调车机车顶推13辆货车在红旗机械厂专用线自北向南行至含元路八府庄平交道口，红旗机械厂2名道口看守工擅离职守，未关闭道口栏木，与正在横越道口的西安市公交公司16路绞接型公共汽车相撞，载客110人的公共汽车撞为两段，死18人、重伤10人、轻伤64人。

12月15日 西安铁路分局实现无责任行车重大、大事故1300天，中央人民广播电台、陕西省电视台作了报道。

12月17日 福州分局实现无行车重大事故1307天的历史最好成绩。

12月25日 中国第一个红外线轴温追踪探测网在大秦铁路建成。这个探测网分布大秦上下行全线，每隔50公里有一个探测点。过去只在车站安装红外线轴温探测器，无法了解列车运行中的技术状态。建成探测网后，能较好地在列车行进中对轴温进行检测监视，依靠信号比较检定正常热和故障热，发现问题时能及时通知列车停车检修。

本年 昆明局并入成都局后，至11月17日成都局连续500天无责任行车重大、大事故；这一年成都局事故率在全路最低，受到铁道部通电表彰。

本年 柳州铁路局有29个主要站段成立安全室，安全管理系统基本形成。

1987年

1月9日 3时15分，2912次货物列车行至包白线厂汉—老羊壕站间K104+723m处，因机后15位超重装载18吨，造成15位至25位车辆脱轨，其中第16～21位颠覆，车辆大破2辆，中破3辆，小破4辆，线路损坏408米，中断正线行车18小时59分，构成重大事故。教训：加强货装管理。

1月10日 陕西省政府追认防止两列客车冲突而壮烈牺牲的西安车站学习制动员文志为革命烈士。3月24日，经中共陕西省委批准，追认文志为中共党员。10月，西安铁路分局、分局政治部、分局工会、分局团委联合作出《关于向雷锋式青年工人、共产党员文志革命烈士学习的决定》。

2月7日 蓝烟线发生重大路外伤亡事故。上午11时，由蓝村开往烟台方向的3117次货物列车在接近K173+000m处的无人看守平交道口时，与1辆抢行公共汽车的右前轮部相撞。造成18人死亡，伤多人，汽车报废，机车小破，致使蓝烟正线中断40分钟。

4月18日 4时16分，4952次单机由新龙华站开往上海东站，途经沪杭线K6+582m曹杨路道口时，因道口看守员当班打瞌睡，道口栏木未关，与正在由北向南行驶的上海市公交公司63路公共汽车（661F–231）相撞，车上3人死亡、9人重伤、32人轻伤，汽车报废。

同日 1314次通过峡山口站时，4号扳道员姚光荣发现机车后部第8位车辆冒出烟火，立即报告车站值班员黄秋荣，列车调度员得到情况后将车扣停姚家洲站，姚家洲站值班员刘清云、助理邓光荣和1314次运转车长杨培林三人爬上着火车辆，将着火的四大件棉花籽推下，防止了一起列车重大火灾事故。南昌分局给予姚光荣等五人通报表扬和奖励。

4月22日 5时57分，双鸭山站开往齐齐哈尔的98次特快列车行至滨北线K0+005m处，机后15位车突然发生爆炸，左侧第二、三座及车体、车窗炸开，地板炸出直径100厘米的窟窿。当场炸死9人，送往医院途中死亡3人，重伤4人，轻伤40人。此事件为本节车厢第14号硬座车乘客刘长山制造的有预谋、有准备的爆炸旅客列车和桥梁的重大破坏事故。

5月22日 零时55分，宝成铁路观音山车站发生持枪暴力凶杀案。驻站民警赵定国、运转值班员冯志敏被枪杀，外勤值班员韩世林受重伤。23日15时25分，杀人凶手冉红、石冰被捕获。6月6日，中共陕西省委追认赵定国、冯志敏为中共党员。25日，陕西省政府追认赵、冯二人为革命烈士。7月2日，郑州铁路运输中级法院在宝鸡召开宣判大会，判处冉、石二犯死刑，执行枪决。7月10日，郑州铁路局召开广播表彰大会，奖励破案有功人员。

6月20日 凌晨，北京开往广州的47次旅客快车上发生抢劫杀人案。案犯崔玉忠、戴文信在软席卧车上，趁同包房旅客美籍华人戚继华和姜克发熟睡之机用铁锤击昏二人头部，并用尖刀刺入姜的前胸，抢走二位旅客随身携带财物，被害人戚继华当场死亡，姜克发经抢救脱险。二犯在逃跑时被抓获，经过公安机关侦查，检察院审查，认定崔玉忠、戴文信犯有抢劫罪、杀人罪，经北京铁路中级运输法院审理，判处崔、戴二犯死刑，剥夺政治权利终身。

7月6日 5时47分，1404次列车计划在鹰厦线大禾山站停会1405次列车。由于值乘1404次列车司机徐×、副司机罗××白天休班均未充分休息，上班迷迷糊糊，列车进入大禾山站时，两人都睡觉未停车，挤坏5号、1号两组道岔，闯入区间60米，与对方开来的1405次列车发生正面冲突，造成机车大破（内燃、蒸汽机车各1台），货车报废5辆，大破1辆，守车报废1辆、机车乘务员重伤2人，中断行车25小时13分的重大事故。事故责任者徐、罗两人分别被判4年和2年有期徒刑。

7月15日 西安车辆段职工人身安全超过10000天，铁道部和西安市政府予以表彰奖励。

7月18日 由郑州开往重庆的287次旅客列车，运行至京广线孟庙站时，机后第9节车厢突然爆炸，死亡9人，重伤30人，轻伤39人。这起爆炸事故系罪犯董学亮为害死其妻蓄意制造的，其妻当场炸死，女儿炸伤，他本人也被炸伤。

8月20日 铁道部发布《铁路施工企业升级考核评审办法（试行）》。《办法》规定，铁路施工企业升级分为国家特级、一级、二级和省（自治区、直辖市）级先进企业四个等级。企业升级以工程质量、物质消耗、经济效益、安全生产作为评定的依据。四项必须全部达标，缺一不可。已进入国家级和省级的先进企业，上述四项不能保持企业所处等级标准，又不能限期扭转的，予以降级或撤销称号。

8月23日 1818次货物列车行至陇海线桑园子站至兰州东站间十里山2号隧道内发生脱轨颠覆重大事故，油罐车起火，中断行车201小时56分，货车报废23辆，大破

3 辆，中破 1 辆，死亡 2 人，轻伤 1 人。这起事故是因重伤钢轨未及时更换引起的。直接经济损失达 117 万元。发生事故的当天中午，甘肃省省长贾志杰、省委副书记卢克俭以及兰州军区、兰州市负责人及时赶到现场，与兰州局领导及有关方面研究并实施复救方案。经昼夜抢救，于 31 日 17 时 30 分抢通，比铁道部规定时间提前 3 天。事故发生后，国务院副总理李鹏指示要全力保住隧道，尽快抢通；31 日 22 时 10 分，李鹏打电话给中共甘肃省委、省政府和兰州局，祝贺十里山 2 号隧道提前抢通。

8 月 30 日　宝天段坊塘铺—林家村间因石砟偏卸，造成列车脱轨重大事故。中断西安铁路分局 1580 天无行车重大、大事故的安全成绩。

9 月 13 日　《人民日报》一版发表《论“从严治路”》评论员文章，并专文介绍沈阳局小东车站《一点不差，差一点也不行》的经验。

11 月 30 日　全国工业企业班组安全建设现场会议在锦州分局召开，小东车站在会上介绍了班组安全建设经验，并被授予全国安全生产先进班组称号。

同日　铁道部发布修订的《铁路行车事故处理规则》。《规则》规定，行车事故分为重大事故、大事故、险性事故和一般事故。重大、大事故由铁路局调查处理，并报铁道部。重大事故由铁道部审查批复。险性事故由铁路分局调查处理。一般事故由有任免权限的基层单位处理。属于破坏性事故及破坏嫌疑事故，由公安部门负责查处。对事故责任者，应根据事故性质和情节，予以批评教育、纪律处分，直至给予经济、法律制裁。事故性质、情节严重的，还要逐级追究领导责任。

12 月 22 日　成都铁路局实现连续 900 天无责任行车重大、大事故。

本年　怀化铁路分局积极探索安全生产新路子，实行以自控为主，他控、互控结合的车机联控，有效地保证行车安全。通过不断发展和完善，于 1990 年 10 月在广州局全面推广车机联控。1991 年铁道部发文把联防互控规范为“列列、站站呼唤应答”的新模式。

本年　自 1987 年以来，客流量急剧上升，到 90 年代初，“民工潮”不断扩大，由于列车严重超员，有的旅客甚至突发精神病，跳车自杀或捅伤其他旅客的恶性事件时有发生。

1988年

1 月 7 日　23 时 20 分，广州至西安 272 次旅客快车，运行至京广线马田圩站通过时，机后第 6 位 YZ34492 中部起火，紧急停车后于 8 日零时 50 分灭火，旅客死 34 人，伤 30 人，客车报废 1 辆、大破 1 辆，中断正线行车 46 分，直接损失 16.3 万元，构成旅客列车火灾重大事故。铁道部以铁运〔1988〕496 号文批复如下：①这起事故的发生，主要原因是广州局韶关车站管理混乱，查堵“三品”不力，站务员玩忽职守，不仅不执行严禁“三品”进站上车的规定，反而将携带易燃品人员送上列车。②西安客运段担当 272 次列车乘务组织纪律松弛，有章不循，擅离职守，从油漆上车到发生泄漏遇明火引起火灾，近一小时没有巡视车厢，以致造成严重后果。经研究认定这起事故广州局负主要责任，郑州局负重要责任。给予广州局局长杨其华警告处分；给予广州分局长葛闻安记过处分。

1 月 17 日　由三棵树开往吉林的 438 次旅客列车，行至拉滨线背荫河站因制动失灵，冒进进站信号，又冒进出站信号，与正在进站的 1625 次货物列车正面冲突，造成重大事故，旅客及路内职工死亡19人，重伤25人，轻伤51人。

1月18日 全路工作会议在北京召开。会议提出，1988年铁路经济体制改革的主要任务是，进一步推行和落实承包经营责任制，深化和完善企业经营机制，搞好各项配套改革，提高宏观控制能力，增强企业活力。铁道部的机构改革，仍保持铁路运输集中统一指挥的特点，不涉及铁路局的撤并问题。与机构改革相联系，党组织的领导关系和工作机构也将相应调整。要进一步强化安全生产责任制，坚持安全第一，确保旅客列车的绝对安全，任何时候都不可稍有懈怠。会议于1月23日结束。

1月20日 13时35分，南昌工程总公司三段二队隧道工李武福、王永安、唐宋元、炊事员李方明在八里湖建桥工地，违章乘坐吊篮下桥墩，由于操作卷扬机者任意换人，由不懂操作人开动，开启后吊篮反而上升，致使钢丝绳被卡断，吊篮从7.5米高处摔下，造成4人重伤事故。

1月22日 国务院发出《关于加强铁路运输安全工作的紧急通知》。《通知》要求：铁路系统要立即对全路职工进行一次广泛深入的安全生产教育，使每个职工牢固树立“安全第一”的思想；抓紧检查行车设备，及时消除隐患；切实搞好春节旅客运输，控制列车严重超员；严格贯彻执行严禁旅客携带易燃、易爆危险品进站上车的规定，对违反规定的旅客要处以拘留和罚款，直至追究刑事责任；严禁非法拆卸和收购铁路器材，同破坏铁路设施的违法犯罪行为作斗争；春运期间，各级人民政府和各有关部门要支持和协助铁路搞好安全运输。

1月24日 由昆明开往上海的80次特快旅客列车，运行至贵昆线的苴午至邓家村间，发生严重颠覆脱轨事故，造成人员重大伤亡，旅客及路内职工死亡88人，重伤62人，轻伤140人。分析事故原因有多种意见，终未能达成共识，成为建国以来最富争议的一起行车重大事故。

2月7日 铁道部、铁道部政治部、中华全国铁路总工会、全国铁道团委联合决定，在全路开展向小东站学习的活动。小东站是高新线（高台山－新立屯）上的一个四等小站，从1948年12月1日在解放战争中恢复运营以来，从未发生任何事故。该站的一句名言是“一点不差，差一点也不行”。

3月5日 国务院对80次特快旅客列车颠覆事故作出处理决定。决定指出，1月24日发生的这次事故是一起重大责任事故；连同1月份发生的另外两起重大铁路运输事故，给人民的生命财产造成了重大损失。铁道部部长对这三起重大事故负有领导责任。国务院接受丁关根辞去铁道部部长职务的请求，提请全国人大常委会审议决定。3月12日，六届人大常务会25次会议决定免去丁关根的铁道部部长职务。

同日 7时57分，510次旅客列车行至包白线乌兰胡同、艾不盖间K120+683m处，因左股钢轨突然折断，致使机后4、5位车辆脱轨，6、7、8位车辆颠覆，造成客车大破2辆，中破3辆，线路损坏150米，8人轻伤，中断正线行车13时48分，构成行车重大事故。

3月24日 14时19分，由南京开往杭州的311次旅客列车在上海市郊沪杭外环线匡巷站，因机车乘务员思想分散，误认信号，贻误有效制动时机，越过出站信号机，挤坏道岔，闯入区间，与迎面开来的长沙至上海的208次旅客列车正面相撞，造成中外旅客死亡28人（其中日本旅客27人、中国公民1人）、重伤7人（均系日本旅客）、轻伤77人（其中日本旅客13人），机车大破2台，客车报废4辆、大破2辆、中破1辆，中断正线行车23小时07分，构成重大事故。事故发生后，上海市副市长黄菊、钱学中等赶赴现场，铁道部副部长李森茂、国务院秘书长陈俊生以及国家安全生产委员会事故调查组均先后赶赴现场调查处理。

3 月 29 日 在七届人大会议上李鹏总理为铁路职工代表题词：“铁路一定要把运输安全放在第一位”。

4 月 5 日 第七届全国人民代表大会第一次会议审议国务院机构改革方案时，许多代表提出保留铁道部，不组建运输部。国务院同意代表们的意见。在此之前，国务院为了加强对整个交通运输企业的宏观管理，拟组建运输部，同时撤销铁道部、交通部。

5 月 1 日 西安铁路分局会同西安市公安局交警队，组建铁路平交道口交通警察，维持道口秩序。

5 月 26 日 铁道部授予临汾铁路分局“创全路分局级安全行车历史纪录”奖旗。这个分局连续 7 年无责任行车重大、大事故，于 5 月 22 日实现安全生产 2700 天。以前全路分局的安全生产最高纪录为 2675 天，是怀化铁路分局创造的。

6 月 1 日 全国铁路运输安全工作会议在北京召开。会议要求紧急动员全路职工，振奋精神，汲取教训，制定对策，从领导做起，从基础抓起，从严务实，尽快扭转运输安全不好的被动局面。经会议研究决定要办的实事有九项：加快机车“三大件”的安装和配套工作；加快更换重伤钢轨；加快建设贯通电力线路；强化客货车辆轴温检测，提高车轴、轴承质量；弥补其他行车设备的失修欠账；提高行车主要工种中主要人员的岗位津贴；在铁路运输企业建立考工升级制度；加强乘务员公寓的建设和管理；加速解决边远地区缺水、无电问题。6 月 9 日会议结束。会议期间，各铁路局长、分局长和部内有关部门负责人出席了国务院召开的全国交通安全工作会议。

6 月 18 日 铁道部发出《关于进一步普及、配套、完善、提高机车“三大件”等安全行车设备的决定》。《决定》说，80 年代开始在机车上安装“三大件”，即列车无线调度电话、机车信号、自动停车装置，对保证列车安全、防止事故起了重大作用。到 1987 年末，全路已安装无线列车调度电话的线路，占营业里程的 55%；已有机车信号车上设备、地面设备的机车、线路，分别占运用机车台数的 82% 和营业里程的 82.1%；已安装自动停车装置的机车，占运用机车的 81.8%。争取在 3 年内普及无线列车调度电话，完善配套机车信号与自动停车装置。

6 月 23 日 柳州铁路局实现连续 1000 天无行车重大、大事故，荣获铁道部颁发的奖杯及 23 万元奖金。同年路局给安全成绩显著的八塘站记集体一等功、庙头站记集体二等功，并各发给奖金。

7 月 1 日 郑州铁路局担当的北京南开往平顶山的 415 次旅客列车行至京广线安阳至宝莲寺站间，机后第 6 位 6 号硬座车厢内，旅客贺洪才携带的二级易燃固体铝粉与摩擦产生的静电火花爆燃起火，造成旅客伤亡 30 人（其中死亡 6 人），经济损失惨重。

7 月 24 日 国务院发出《关于加强交通运输安全工作的决定》。《决定》指出，全路要紧急动员起来，加强领导，深化改革，抓好基础，严格管理，建立科学的管理体系，完善必要的技术设备和监控手段，建立一支思想好、作风硬、基本功扎实、纪律严明的职工队伍，坚决防止重大恶性事故，最大限度地减少一般事故，安全、优质、高效地为社会主义现代化建设服务。

7 月 27 日 沈阳铁路局实现连续 300 天无责任行车重大、大事故。

9 月 27 日 柳州铁路局实现建国以来第一次连续两周年（1985 年 9 月 28 日～ 1987 年 9 月 27 日）无责任行车重大、大事故，创建国以来安全生产最好成绩。10月10日在柳州召开庆祝大会，自治区副主席成克杰、政协副主席黄启汉以及铁道部领导等到会祝贺、授奖。

11月7日 铁道部决定建立机车司机、机务段安全生产称号制度。机车司机安全生产称号有三种：一是连续乘务（担当司机工作，以下同）5年或25万公里未发生任何行车责任事故者，由铁路分局命名为安全司机；二是连续乘务10年或50万公里未发生任何行车责任事故者，由铁路局命名为安全先进司机；三是连续20年或100万公里未发生任何责任事故者，由铁道部命名为安全司机标兵。取得以上称号的司机发生责任行车事故时，除按有关规定处理外，取消所有称号。继续担当乘务工作的重新计算安全乘务时间及公里，达到上述标准后，可再次予以命名。机务段安全生产称号分三种：一是连续工作或机车走行2000万公里无险性及以上责任事故者，由铁路分局命名为安全机务段；二是连续4年或机车走行4000万公里无险性及以上责任事故者，由铁路局命名为安全先进机务段；三是连续7年或机车走行7000万公里无险性及以上责任事故者，由铁道部命名为安全机务段标兵。取得以上称号的机务段，发生险性及以上责任行车事故时，除按有关规定处理外，取消所得称号，重新计算连续安全时间及公里，达到上述标准后，可再次予以命名。

12月4日 18时10分，由西宁西站开往K178线路所的3704次小运转列车（机车系前进型611号，编组30辆）运行至兰青线K182+020m无人看守道口处，与西宁市城北区马坊建筑公司所属汽车（青海湖牌01–107167号，满载5吨工业废土，车上有8人，驾驶室内3人，货箱内5人）相撞，造成人员死亡3人，重伤1人，轻伤1人，汽车报废，机车及机后1–7位脱轨，线路破坏152.5米，中断行车19.38小时，构成重大路外伤亡事故。

本年 上海铁路局拨给有关处室一定的安全生产奖励基金，实行专款专用，用于本部门的安全考核评比。各分局还制定了运输安全方面的奖惩办法，按基层单位在安全运输生产中的地位、责任和风险难度，分组进行考核奖惩。

本年 柳州铁路局建立局安监室、分局安监室与站段安全室和以站段安全室与车间、班组为纵向，局安监室与各业务处调度为横向的安全信息收集、整理、传递处理制度，增强行车安全监察合力。

1989年

本月 上海铁路局安全监察室改为安全监察委员会，行使全局行车安全、职工劳动安全及锅炉压力容器的监督管理职能。

3月18日 临汾铁路分局实现3000天无责任行车重大、大事故，创全国56个铁路分局安全生产新纪录。铁道部为临汾分局记集体大功一次，山西省为临汾分局记集体特等功一次。

4月9日 萍乡列检所检车员刘林人，在萍乡站1310次发车前，发现C50–562744车第一位中梁裂纹220毫米、第二位裂纹80毫米，即将该车辆扣下，防止了可能发生的列车颠覆重大事故。

本月 上海铁路局组织研制成功具有列车速度监控功能的ZTS型自动停车装置。1990年7月，铁道部通过该项装置的鉴定，并在全路推广。

5月1日 乌鲁木齐铁路局首次实现无货运重大、大事故2000天。

5月25日 国务院发出《关于坚决制止各地学生冲击铁路、强行乘车进京的紧急通知》。《通知》说，5月16日以来，一些城市和地区的学生冲击车站、强行乘车进京，有的甚至卧轨拦车，严重干扰了铁路运输的正常进行，不利于首都制止动乱和局势的稳定，也不利于各高等院校尽快复课。《通知》要求各地采取切实有效的措施，坚决劝阻强行乘车来京的学生；铁路要严格执行检票、验票制度，公安机关和武警部队要派警力进站协助维持秩序；对无票强行乘车、冲击车站、拦截列车、卧轨断道等违法行为，在劝阻无效时，要迅速采取有效措施，对为首骨干分子要尽快依法处理。

6月6日 20时30分，上海光新路道口，有少数歹徒起哄煽动骚乱，阻拦北京至上海的161次客车。围聚约3万余人，铁路员工和干警一再劝阻无效，歹徒开始用石块砸打客车车窗玻璃，焚烧公安摩托车，继而引燃161次装满邮包的邮政车，火势顿时燃烧至其他8辆客车。消防部门出动9辆消防车到现场扑救，歹徒砸坏消防器具阻止灭火。7日2时02分大火被扑灭。计砸毁内燃机车1台，烧毁装满邮包的邮政车1辆、客车8辆、三轮摩托6辆，直接损失280多万元，中断行车49小时15分，停开客、货列车671列，减少路收292万元，6月8日2时28分开始清理骚乱现场，8日22时恢复通车。骚乱事件发生后，上海铁路公安局抓获参与骚乱的犯罪分子14人，交上海市公安局处理。

6月26日 23时12分，杭州开往上海364次旅客列车，运行至沪杭线松江至协兴站区间，第7号车厢的厕所发生爆炸，造成旅客死亡24人，重伤11人，轻伤28人，中断行车4小时29分。8月10日经上海铁路公安局专案查明，制造爆炸的罪犯周文志，系浙江义乌市佛堂区田心乡舟墟村人，因承包建筑工程拖欠近万元债款无法偿还，遂带爆炸品上车制造爆炸事件报复社会。周文志在爆炸时当场毙命。

6月28日 8时52分，1905次货物列车行至陇海线三门峡至贺家庄间，因机后第3位折角塞门被关，致使列车制动失控，在长大下坡道上，高速放飏，与前行3103次货物列车在陇海线K800+099m处追尾冲突。造成货车报废39辆，大破3辆，中破1辆；机车报废1台，损坏线路788米，接触网2300米，电力线100米，路内职工重伤2人，轻伤2人，路外死亡4人（其中押运人员3人），影响客车63列，货车174列，直接经济损失1420万元。

7月17日 南宁铁路分局召开安全生产2000天庆祝大会，广西壮族自治区主席韦纯束、铁道部副部长孙永福到会祝贺、颁奖。

8月3日 国务院举行第43次常务会议，会议审议并通过了《铁路运输安全保护条例》。这个条例于8月15日由国务院发布施行，分为总则、铁路运输的安全保护、铁路设施的安全保护、奖励与惩罚和附则共5章31条。《条例》对铁路工作人员的职责和旅客应当遵守的制度作了明确规定，对扰乱站车秩序、侵犯旅客权益、危害行车安全、破坏铁路设施等行为一律予以禁止。保护铁路运输安全有突出事迹的，要给予奖励；违反规定的，要视情节轻重给予处罚；构成犯罪的，要依法追究刑事责任。这个条例适用于中华人民共和国境内的国家铁路、地方铁路和专用铁路，铁路专用线可以参照执行。

8月20日 3时02分，1604次货物列车行至兰新线河西堡车站进站时，因机后第8位货车折角塞门被人关闭，导致制动失灵，列车失控，冒进上行进站信号，闯入安全线，冲上土挡，列车颠覆起火，造成机车报废3台，货车报废28辆、大破1辆，损坏钢轨57根、道岔3组、尖轨1根、轨枕740根，报废通信信号电缆总长5264米，货物损失81.9万元，死亡6人，重伤1人，中断正线行车14小时28分，直接经济损失153.3万元，构成行车重大事故。

10月25日 全国劳动模范、柳园机务段内燃机车司机李顺义到柳园地区、哈密、库尔勒、乌西、二工地区，作安全行车经验介绍，乌鲁木齐全局万名职工家属听了巡回报告，受到了生动、深刻的安全教育。

11月27日 11时37分，368次旅客列车行至汉丹线K13+735m无人看守道口处，因武汉市汽车出租公司孝感至汉阳长途汽车01–40726号抢道，与368次旅客列车发生相撞，造成死亡16人，重伤6人，轻伤29人，构成重大路外伤亡事故。

12月14日 沈阳铁路局实现无责任行车重大、大事故一周年，是建局33年来安全史上第一个无责任重大、大事故安全年。

1990年

1月19日 江泽民总书记到大同铁路分局调度所看望当班职工，临行前，他对分局领导说："我还是那句话，一定要坚持'安全第一'。"

同日 3时15分，绥芬河站宽轨调车机解放3065号，执行调车任务，牵引重车12辆。调车长刘全福在未接风管的情况下，指挥司机向正线牵出。司机盲目图快，未掌握速度。驶至K551+600m处，机后第3～11辆脱轨。列车继续逸走，进入苏方散沟站的安全线，机车及剩余的2辆车也全部脱轨，除造成机车、车辆、线路损失外，机车乘务员死亡2人，轻伤1人。

2月13日 邓州市构林镇中学学生余文党、李荣敏将1块水泥板放置在焦枝线K441+100m无人看守道口处左侧轨面上，致使1224次货车碰撞后紧急停车，紧随其后的1226次和3188次货车也被迫在区间停车。构林镇高洼村百余名村民上车哄抢运输物资。2月15日，1283次货车在油坊车站机外临时停车，邓州市裴营乡科郑村50余名村民上车哄抢白糖50余袋。哄抢事件发生后，国务院总理李鹏非常重视，指示河南、湖北省委要采取坚决措施打击犯罪，限期破案，不能允许歹徒横行，破坏铁路运输。洛阳铁路公安分局与地方政府组织干警迅速查破，追回2000多公斤食糖及被哄抢的运输物资。是年3月14日16日分别在构林镇和油坊村召开万人大会，公开处理参与哄抢的人犯147名。洛阳铁路公安分局摄制了新闻录像和照片，于3月30日在河南电视台播放。

5月26日 西安铁路分局实现无行车重大、大事故1000天。5月31日，铁道部、郑州铁路局在西安召开电话表彰大会，陕西省、西安市有关领导到会祝贺。

5月31日 铁道部在北京召开全路运输工作会议。会议强调指出，安全和路风仍然是全路治理整顿中至关重要的问题，各级领导一定要统一认识，态度坚决，痛下决心，抓好抓实。会议对搞好安全和路风提出了具体要求。6月3日会议结束。

6月16日 昆明分局实现安全无责任重大、大事故2000天，6月20日铁道部、云南省、成都铁路局在昆明召开表彰大会，部安监司副司长沈百金宣读铁道部表彰令，云南省省长和志强到会祝贺，副省长李树基宣读省政府表彰决定，宣布给全分局职工记集体三等功一次，分局领导和分局安监室领导各记大功一次，全体职工人均奖励50元。

7月3日 0201次货物列车运行至襄渝线花楼坝至罗文间的梨子园隧道内，发生油罐车爆炸重大火灾事故。这次事故造成人员伤亡18人，其中死亡4人，重伤7人，轻伤7人；中断行车550小时55分。经过调查分析，确认该事故是由于罐车在隧道内形成的浊气团浓度达到了爆炸点，遇到隧道接触网悬挂点绝缘子表面放电而引起爆炸。

7月18日 由厦门至上海的76次旅客列车，运行至来舟—照口间，由于犯罪分子蓄意破坏，机后第9节车厢发生爆炸事故，造成车辆大破、小破各1辆，旅客死亡18人，重伤6人。

7月27日 8时，因值班员违章作业，2523次货物列车与848次货物列车在沈阳铁路局通化分局梅集线通沟至干沟间K89+488m处发生正面冲突，造成2523次机车1、2、15、19位车辆脱轨，16、17、18位车辆颠覆；848次重联机车颠覆，机后1位车辆脱轨，机车报废4台，货车报废1辆，大破4辆，中破2辆，小破3辆；线路破坏100米，损坏钢轨8根，轨枕256根；机车乘务员死亡9人，重伤3人，中断正线行车25小时25分，是一起重大责任事故。

8月16日 全路行车安全工作会议在北京召开。会议检查总结两年来全路贯彻全国交通安全工作会议的情况，分析存在问题，研究防止措施，动员全路职工振奋精神，严格管理，尽快扭转当前安全不好的被动局面。会议针对安全情况不好的原因，提出了依靠群众、加强领导、提高设备质量、认真搞好“三防”（防冲突、防切轴、防断轨）等措施。会议于8月18日结束。

8月26日 柴窝堡站实现安全生产20周年无一切事故。27日，乌鲁木齐铁路分局召开“柴窝堡站安全生产20周年庆功会”。

本月 上海铁路局在全路运输安全工作会议上介绍了推行列车安全联网联控做法，铁道部充分肯定了这一做法，并决定在全路推行。1993年6月22日，铁道部下发《关于颁布〈车机联控作业及信息管理标准〉的通知》。

本月 由铁道部安监司和中国铁道学会安全委员会合办的科技期刊——《铁道安全》创刊。开版正16开，后改大16开；双月刊。刊物的宗旨是：传达国务院和铁道部的安全生产方针、政策和部署、要求，交流推广安全生产先进经验，探索、研究安全理论，沟通传达安全信息。

9月7日 《中华人民共和国铁路法》经第七届全国人大常委会第十五次会议通过，国家主席杨尚昆以第32号令公布，自1991年5月1日起施行。《铁路法》分总则、铁路运输营业、铁路建设、铁路安全与保护、法律责任和附则，计6章74条。

11月24日 沈阳铁路局图们车辆段实现45年无行车重大、大事故，居全路车辆系统之首。

12月30日 临汾铁路分局实现连续10年无责任行车重大、大事故，创新中国成立以来全路铁路分局安全行车持续天数的最高纪录。

本年 全路12个铁路局和56个铁路分局全部实现百日无责任行车重大、大事故。到年末，柳州铁路局实现751天、临汾铁路分局实现3653天无责任行车重大、大事故。

本年 货车偏载检测器通过部级鉴定，机车速控装置已试用。

本年 铁道部颁发关于防止列车冲突的决定，提出利用列车无线调度电话建立列车与车站的车机联网联控制度，并规定了简单的通话用语，这是车机联控的最初模式。

本年 柳州铁路局成功地把微机运用于安全信息管理，同年12月，铁道部在柳州铁路局召开全路安监部门微机开发经验交流会，柳州铁路局的微机开发获得好评。

1991年

1月1日 上海铁路局首次制定颁布实施《安全工作条例》。

1月5日 铁道部、铁道部政治部、中华全国铁路总工会、共青团全国铁道委员会联合授予临汾铁路分局安全“金龙杯”和

“安全典范”匾额。表彰该分局连续10年无责任行车重大、大事故。该分局安全生产的一条成功经验是，欲严兵而先严将，安全管理在干部，干部作风在落实。该分局实行干部聘任制，改革干部“终身制”；坚持每年两次职工评议干部制度，坚持每年一次干部述职报告，在职工中亮思想、亮作风、亮实绩，使干部的思想作风行为能够处于职工的监督之下。

1月15日 铁道部在临汾召开表彰临汾铁路分局安全生产十周年全路广播大会。铁道部部长李森茂宣读国务院总理李鹏给临汾铁路分局的贺信。

2月26日 13时26分，江西省抚州地区土产棉麻公司一辆富奇吉普车，在接新娘子途中，违章穿越向乐线K77+950m平交道时，与3170次货物列车相撞，造成人员死亡6人，重伤1人，吉普车报废。

3月22日 图们开往天津的256次直通旅客快车行至沈山线锦州至桃园间K245+001m处，车上一歹徒在靠近6号车厢端门处用冲锋枪向7号车厢内射击，打死旅客6人、打伤6人，7号车厢列车员孟照刚临危不惧，坚守岗位，身负重伤。4月1日，铁道部政治部副主任蔡庆华在局领导陪同下，到医院看望图们列车段列车员孟照刚及受伤旅客。4月16日，沈阳铁路运输中级法院在锦州公开审理“3·22”特大枪杀案，判处杀人抢劫犯刘英伟、刘英龙死刑，剥夺政治权利终身。5月23日，铁道部、吉林省人民政府联合发出决定，授予孟照刚“忠于职守的人民列车员”称号。

4月8日 格尔木机务段担当的3434次货物列车（DF4521，23–1150–28.4）14时01分由南山站开出后，运行至K316+420m处，由于线路冻害严重，出现春融回落，造成线路水平误差较大，线路养护维修工作没有及时跟上，列车通过时，车体倾斜使下股钢轨载重增加造成钢轨外翻，致使机后第4位935955号敞车突然脱轨，司机感到机车突然向后一挫，往后瞭望见尘土弥漫，立即施行紧急制动。停车后司机向机车后面检查发现机后第4位后台车及第5、6、7、8、9、10位车全部台车及第11位前台车车轮全部脱轨落在钢轨内，其中4至8位车在关角隧道内，9至11位车在隧道外。中断正线行车17小时56分，构成行车重大事故。

4月23日 21时03分，46次特快旅客列车运行在津浦线程家庄—兖州间K511+600m处，第14号硬座车乘务室内，因该车厢列车员和12号车厢列车员跟女旅客鬼混，乱扔烟蒂，引起火灾，造成硬座车2辆报废，小破2辆，旅客部分物品烧损，直接经济损失40万元。中断运行2小时31分，构成客车火灾重大事故。

4月30日 南宁开往上海的180次直通旅客快车（柳州客运段担当客运乘务）运行通过湘桂铁路平塘—良江车站区间时，机后第7位硬座车的厕所内发生爆炸，造成旅客死亡6人、重伤2人、轻伤14人，赔偿旅客意外伤害保险金及医疗津贴等7663元，客车中破1辆。经公安部门勘查，确认是人为蓄意制造的严重爆炸事件，不属铁路责任事故。

本月 在郑州召开全路机车自动停车装置会议时，郑州铁路局BJ3308号机车装有JKⅡ型记录器，牵引356次客车在郑州至商丘间作了两次试验，记录器发挥作用，使列车两次均在关闭信号机前160米以外停下，得到了与会者的好评。

5月1日 11时45分，乌鲁木齐机务段东风型0149号机车单机由六道湾返回乌西，行至K13+000m附近无人看守道口时，与抢道的自治区外贸皮革厂汽车相撞，当场死亡14人，重伤26人，轻伤11人。

5月28日 铁道部在北京召开全路治

安综合治理工作会议。会议提出，当前铁路治安的总体状况是，形势基本稳定，问题比较突出，任务相当艰巨。“八五”期间，铁路治安综合治理工作要逐步实现一年打好基础，两年全面推开，三年初见成效，四年巩固提高，五年明显好转的奋斗目标。5月31日会议结束。

6月13日 北京开往苏州109次旅客列车运行至津浦线新马桥至曹老集间K817+300m处，与前行等信号的1329次货物列车追尾冲突，造成109次列车副司机当场死亡，司机1人、列车员5人、旅客22人受伤，中断上下行正线行车共18小时37分。这起事故的原因是，109次列车司机、副司机在乘务中同时打盹睡觉，闯越红灯。

6月19日 中共铁道部党组发出《关于加强铁路治安综合治理的决定》。《决定》根据中共中央、国务院和全国人大常委会关于加强社会治安综合治理的决定的精神，要求铁路治安综合治理工作，必须坚持全路动员、内外结合、打防并举、总体作战的指导思想，实行加强领导、齐抓共管、打防结合、内外兼治、专群结合、路地联防、远近结合、突出重点的方针，按照“谁主管谁负责”的精神，把各项措施落实到基层。6月28日，部党组决定将铁道部原铁路治安综合治领导小组改名为铁路治安综合治理委员会。

7月11日 零时40分，西安西站货场货8线危险货物作业区60TP639182车突然爆炸起火，烧伤货运员范瑞麟、烧毁简易危险品仓库1座929平方米、烧毁货物57批、报废货车1辆，计损失46.67万元。发生爆炸原因是：常州站装西安西、龙潭寺、伏牛溪3站危险货物整零车到西安西站后，于7月10日23时作业完毕，车内所装乙二胺、苯乙烯、聚酯树脂、油漆均属2级易燃液体，西安持续高温38℃以上，桶内产生蒸气聚积膨胀爆裂。货物损失由西安市保险公司会同常州、西安西站负责处理。

8月26日 柴窝堡车站实现安全生产21周年无事故。21年来，该站安全接发列车25587列，先后受到自治区、铁道部、铁路局、铁路分局等上级部门的表彰奖励130多次。

9月6日 柳州铁路局再次实现无责任行车重大、大事故1000天，安全天数列12个铁路局之冠。铁道部在9月9日授予“千日安全奖杯”。1985年至1988年间，该局曾实现安全生产1169天。同月9日，铁路局在柳州召开庆祝大会。铁道部副部长石希玉、广西壮族自治区党委副书记丁廷模到会祝贺、颁奖。

9月19日 1413次货物列车于2时05分进兰新线天山站3道停车后，由助理值班员代调车员进行调车作业，未做防溜措施，导致3辆重车溜过三个泉站内，于2时38分在兰新线三个泉—头道河区间K1740+250m处与3123次货物列车正面冲突，构成货物列车冲突行车重大事故。

12月15日 郑州铁路局实现连续500天无责任行车重大、大事故，并消灭重大路外伤亡事故，责任旅客死亡事故，责任货运重大、大事故，责任火灾重大事故，责任职工因工残废事故，实现了“六安全”。16日，铁道部发电表彰，并授予“安全正点，当好先行”奖旗，发给奖金223.5万元。

1992年

1月1日 北疆铁路公司成立行车安全监察室。

1月13日 厦门开往鹰潭的475次列车至资溪站时，发生一起4名歹徒开枪打死1名、打伤2名公安民警的特大案件。475次乘警长胡宗泽在乘警李璋和餐车主任邓志友的协助下，与拒捕歹徒展开枪战，当场毙敌

2名，伤敌1名。资溪所民警迅速增援，另一名持枪歹徒被围困45小时后也被围捕民警击毙，全案胜利破获。经铁道部公安局批准，鹰潭公安分处荣立集体二等功，并获省人民政府嘉奖；资溪所荣立集体二等功，获省政府嘉奖。乘警长胡宗泽获全国公安战线二级英模、人民铁道卫士、江西省模范警察称号，还荣获“五一”劳动奖章、火车头奖章；乘警李璋荣立一等功，获火车头奖章、江西省模范警察称号；民警屈正明被追认革命烈士，个人一等功，获火车头奖章和省模范警察称号；干事马家学荣立个人二等功；乘警陈顺林荣立个人三等功；创立了“1·13”英雄群体。

1月22日 7时45分，韩城机务段2772号机车牵引2407次货车，因机车风泵故障甩在乔子玄车站3道，后溜逸，进入乔子玄—芝阳间K128+300m处，与13次列车正面冲突，造成机车中破1台，小破2台，线路损坏180米，死亡3人，重伤1人（均为路内职工）。经抢修于当日11时25分开通线路，中断行车3小时40分，影响货车9列，客车2列，直接经济损失41.44万元。

3月9日 沈阳铁路局实现无责任行车重大、大事故400天。

3月21日 3时01分，南昌机务段ND_2型232号机车吴泽人机班值乘211次旅客列车，因疲劳打瞌睡（据事故分析），又关掉自动停车装置，制动不及，在浙赣线广州局管内五里墩冒进进站信号机，闯进车站，又冒出出站信号机，冲出站外。在K938+733m处与进站的1310次货物列车正面冲突，造成行车重大事故。其中死亡15人（司机吴泽人死亡），重伤8人，轻伤26人，内燃机车大破2台，客车报废4辆，大破1辆，小破2辆；中断行车35小时09分。

4月1日 南宁铁路分局实现连续3000天无责任行车重大、大事故，荣获铁道部颁发的安全杯及奖金50万元。同年12月10日柳州铁路局实现安全生产4周年，又一次刷新全路铁路局级安全生产的最高纪录，荣获铁道部颁发的安全杯及奖金50万元；同月，柳州铁路局给符合条件的职工增加一级工资。

4月23日 南宁铁路分局召开安全生产3000天庆祝大会，铁道部部长李森茂、广西壮族自治区主席成克杰到会祝贺、颁奖。

5月21日 17时24分，71次旅客快车行至湘黔线湘乡站下行进站信号机外K65+580m处与湘乡市个体户出租汽车相撞，当即死亡5人，汽车报废，构成重大路外伤亡事故。

5月27日 铁道部安全监督司文〔1992〕8号《关于印发铁路局副局长职以上人员〈技规〉考试题重点范围的通知》。铁道部安监司负责制定考试重点复习范围和命题，由各局考试委员会进行考试，各分局长、分局党委书记。各总公司及所属单位副局职以上人员的考试重点复习范围及考试命题由各铁路局、各总公司提出并负责考试，部将对考试进行抽查。

7月1日 5时29分，1605次货物列车（编组52辆，总重3469吨，计长70.4米）运行至襄渝线花果车站，因机后第8位前端折角塞门被人关闭，列车制动失灵，与在该站停留的1608次货物列车发生正面冲突，4台电力机车撞到一起，电车机车报废4台，机车乘务员死亡4人，重伤1人，轻伤3人，构成行车重大事故，事故责任列襄樊分局其他。

9月1日 第七次修订的《铁路技术管理规程》开始实行。1982年公布的《铁路技术管理规程》同时废止。《技规》自1950年6月实行以来，为适应技术、设备的变化进行了多次修改。这次修改的《技规》解决了一些长期悬而未决的关系运输效率和安全的问题，以适应铁路数量上的发展，质量上的提高，技术上的突破和综合运输能力的增长。

9月3日 铁道部制定的《旅客列车治安联防工作暂行办法》正式公布实施。《办法》共有14条，对开展旅客列车治安联防的领导形式、组织实施、经费来源、奖励表彰等都作了明确的规定，以确保铁路运输和旅客生命财产的安全。

10月14日 7时30分，2071次货物列车由乌西站开车，8时28分呼图壁站通过。8时30分运行至呼图壁站西板道房外方K1946+850m处时，因列车超速运行及线路水平超过《技规》规定的限度等多种因素，造成机后5～17位车辆脱轨颠覆。造成货车车辆报废2辆、大破2辆，中破8辆，小破1辆，损坏线路100米、钢轨13根、轨枕139根，中断正线行车21小时10分钟，直接经济损失45万元。构成货物列车脱轨颠覆重大事故。

10月27日 20时14分，景德镇机务段前进型6321号朱进国机班值乘1524次货物列车，由鹰潭站Ⅲ场出发，计划在鹰潭F线停车让46次特别旅客快车，却误认信号，不停车，冒进出站信号机，进入安全线翻车。机后第1～4位车辆脱轨，侵入B线限界。7分钟后20时21分46次由B线通过，又与脱轨侵限的机车车辆相撞，构成客运列车冲突行车重大事故。司机朱进国死亡，鹰潭折返段职工夏冰、赖华庆因救朱进国牺牲。

11月13日 一辆装有183万发雷管的货车（车号P50–511816）在西安东站禁溜线停留待发，因武装押运人员吴建利、郭绍军违反有关规定和玩忽职守，导致货车于16时05分发生爆炸，造成死亡7人，伤91人（其中重伤7人、轻伤25人、轻微伤59人）及2900余万元经济损失，西安东站生产房屋、线路、车辆遭受严重损失，运输生产受到影响。事故直接责任者系货主单位——西安庆华电器制造厂武装押运人员吴建利、郭绍军。1994年12月，肇事者吴建利、郭绍军分别被判处有期徒刑6年和3年。

11月20日 南宁开往上海的180次直通旅客快车运行通过湘桂铁路亲睦村站时，机车后第8位硬座车1～4号座位下瞬间冒起一团浓烟，引起旅客惊慌，少数旅客从车窗跳车，尽管列车乘务人员使用紧急制动阀在区间停车，仍造成旅客死亡4人、重伤6人、轻伤38人，赔偿旅客意外伤害保险金及医疗津贴等52万元。这次旅客意外伤亡事故是1名旅客违法携带的猎枪用打火帽燃烧引起的。

12月5日 铁道部在北京召开全路运输安全工作会议，要求扎扎实实把运输安全工作推上新台阶。会议指出，本年8月份以来，行车重大事故件数剧增，运输安全成为突出问题。会议要求坚定不移地贯彻“安全第一”的思想，把安全工作摆在“重中之重”的位置，第一管理者必须集中精力抓管理，在任何情况下都真正做到安全工作占首位，不移位、不动摇；行车工种的职工不允许从事第二职业。会议还就加强思想政治工作、关心职工生活、建立安全生产机制等问题作出了决定。会议于7日结束。

12月10日 柳州铁路局实现建国以来第一次连续无责任行车重大、大事故四周年（1988年12月11日～1992年12月10日），又一次刷新全路铁路局级安全生产的最高纪录，荣获铁道部颁发的安全杯及奖金50万元；同月，路局给符合条件的职工增加一级工资。同月18日，铁路局召开庆祝大会，中华全国铁路总工会主席冯祖椿、广西壮族自治区副主席龙川、自治区纪委书记李恩潮和有关单位的领导出席会议。

本年 为巩固和发展安全生产的大好形势，鼓励职工“爱哈局、保安全、做贡献”，从1992年1月起，哈尔滨铁路局建立了岗位安全贡献奖励办法，奖金向安全生产倾斜。岗位安全贡献奖，按职工路龄分段计算：路龄2～5年的奖给2元；6～10年的，奖给5元；11～15年的，奖给7元；16～20年的，奖给10元；21～25年的，奖给12元；26～30年的，奖给15元；31～35年的，奖给17元；36年以上的，奖给20元。从10月起，改为按连续工龄计算，每工作一年，发给奖金一元，最高不超过40元。

1993年

1月～1995年6月30日 在兰新复线指挥部设立安全监察分室，受乌鲁木齐铁路局安全监察室领导。

1月22日 除夕之夜，国务院总理李鹏在铁道部打电话向柴窝堡车站、向乌鲁木齐铁路局全体职工拜年，激发了全局广大职工安全生产的积极性。

1月31日 7时30分，由赤峰至大连的77次特快旅客列车，运行到高新线罗家站至高台山站间K2+026m无人看守道口处，与辽宁省新民县新民镇个体汽车司机薛某驾驶的鞍山产大客车相撞，造成死亡65人，重伤4人，轻伤26人的特大路外伤亡事故。

3月16日 郑家屯电务段副段长马长骥、领工员齐占林、信号工孙宝生徒步由海丰去三江口站察看电务设备时，发现一处钢轨折断，防止一起行车重大事故，沈阳铁路局发出电报予以通报表扬，并发给奖金5000元。

4月3日 全路实现无责任行车重大、大事故77天，创历史最高纪录。为了使运输安全工作登上一个新台阶，两个多月来，全路各级党政工团主要领导高度重视，切实把安全生产摆在重要位置，当作大事来抓。各单位利用多种形式广为宣传，使安全月活动家喻户晓，形成了群体保安全的合力。铁道部党组2月27日电话会议后，全路陆续抽调2.8万余名干部组成近千个工作组，上线进站，定点定线，组织职工广泛开展了安全大检查活动。在强化安全意识和加强各项管理工作的同时，各单位普遍进行了设备大检查、大整修，使运输安全不留隐患。

4月4日 通辽铁路分局发生一起货物列车颠覆事故，使得全国铁路连续77天无责任行车重大、大事故的安全成绩成为历史。从本年1月17日至4月3日，全路没有发生责任行车重大、大事故，创行车安全的历史最好成绩。

5月22日 14时05分，合肥机务段担乘的4084次单机行至淮南线沈家巷大芋村间K200+200m无人看守道口外，与抢入道口的马鞍山市十七冶建设公司六公司一辆面包车相撞，汽车内4人死亡、1人轻伤，机车小破、汽车大破，中断行车25分钟。

5月24日 中共中央社会治安综合治理委员会在贵阳召开全国铁路护路联防工作现场会议，推广贵州省护路联防整顿铁路治安秩序的经验。贵州省的主要经验是，在护路联防整顿铁路治安秩序中，政府统管，民兵为主体，公安为骨干，群众为基础。铁道部、公安部、各大军区有关部门和各省军区负责人，各省、自治区、直辖市综合治理委员会负责人和各铁路局、分局代表参加了会议。

6月7日 铁道部发出《关于整顿运输纪律、维护集中统一指挥的通知》。铁道部针对当前运输纪律松弛，有令不行，有禁不止，甚至在计划和统计报告上弄虚作假的情况，明确规定了十项纪律，即：必须坚决维护集中统一指挥，必须严肃调度纪律，必须严肃排空纪律，必须坚持“三先三后”的运输原则，必须提高计划质量，必须严格按计划装车，必须加强分界站的协调工作，必须杜绝指标统计中的虚假现象，必须严格现在车管理，必须加强施工组织管理。

6月22日 铁道部下发《关于颁布〈车机联控作业及信息管理标准〉的通知》。

7月10日 2时55分，北京开往成都的163次旅客列车行至京广线新乡南场至七里营间K608+950m处与前行的2011次货物列车追尾冲突，此次事故共死亡40人，其中乘务员32人，旅客8人；重伤9人，其中乘务员7人，旅客2人；轻伤39人，其中乘务员4人，旅客35人。仅设备方面的直接经济损失就达130万元。这是铁路史上死亡铁路工作人员最多的一起重大事故。据统计绝大多数死亡和重伤人员出自机后第一位的宿营车上。

7月17日 加格达奇铁路分局实现无责任行车重大、大事故10周年，创全路57个分局（总公司）安全生产新纪录。

7月19日 哈尔滨铁路局实现安全生产900天。创造了高寒地区铁路安全生产最高纪录。

7月25日 南疆铁路临管处实现安全生产10周年，再次刷新全国临时运营铁路的安全生产纪录。

7月30日 乌鲁木齐局管内黄芦岗车站实现安全生产21周年，在全国铁路4984个中间站中居领先地位。21年来，车站职工安全接发列车37900多列，防止各种事故隐患147件。

9月 在呼和浩特召开的全路各铁路局安全监察室主任会议上，与会同志对全路安全基础情况进行了分析研究，并给部党组写了报告，提出应当在全路范围内进行安全基础整顿，铁道部领导也深切地意识到这个问题。

10月23日 上海铁路局实现无断轨重大、大事故40周年。创铁路局历史最好成绩。

10月31日 在向九线K19+326m道口，一辆满载乘客的汽车撞坏道口栅栏，在道口中心熄火。道口工黄尧孝、刘茂绪立即向来车方向显示停车信号，值乘390次的南昌段ND2–265号机车余仁忠机班，发现停车信号立即停车，与汽车相距仅5米。

本月 乌鲁木齐铁路局成立车机联控办公室，为安全监察室下设机构。

12月10日 柳州铁路局实现连续5年无责任行车重大、大事故，再创安全生产新纪录。铁道部给柳州铁路局颁发了嘉奖令，并授予安全生产5周年奖杯。

12月21日 全路运输安全工作会议在北京召开。这次会议的主要任务是，总结1993年安全工作，着重研究1994年整顿基础、落实“八五”后三年《安全规划》的具体措施，动员全路为实现运输安全上新台阶的总体目标而奋斗。全路1993年上半年实现了三个“安全月”，并以连续77天无责任行车重大、大事故的成绩刷新了历史纪录。各类行车事故全面下降，1至11月重大、大事故比上年同期减少43.2%。会议提出，1994年的具体目标是：坚决消灭后果严重的旅客列车重大事故；大力减少列车冲突、断轴、断轨行车事故；努力减少重大路外伤亡事故；行车重大、大事故率下降到每百万机车总走行公里0.025件以下。会议于12月24日结束。

本月 铁道部决定利用一年的时间加强安全基础整顿。内容包括5个方面：一是整顿干部作风，要求以严肃的态度、严明的纪律解决干部中存在的形式主义和好人主义；二是整顿职工劳动纪律和作业纪律，狠刹不良风气，认真落实作业标准化；三是整顿规章制度，搞好与行车有关的规章制度的清理、完善和补充；四是提高设备质量，完善设备管理，确保行车设备安全可靠；五是整顿班组管理，加强班组建设，提高整体素质。

1993～1994年 由于四川等省的民工大量进入广东等经济发达地区打工，他们在节假日期间集中返回家乡，造成长途旅客列车严重超员，一些民工因长途乘车疲劳突发精神病而跳车，造成伤亡事故，1993年有56人，1994年有54人。为防止此类伤亡事故，从1994年起，每年春运前柳州铁路局为客运职工举办防止及处理旅客突发精神病的培训班，加强安全防护工作。

1994年

1月14日 南宁铁路分局实现安全生产10周年，居全路57个分局的第二位。

1月24日 加格达奇铁路分局实现无责任行车重大、大事故3841天，突破了临汾铁路分局1992年创造的全路分局安全生产3840天的历史纪录。到1995年底，达到安全生产4547天，仍保持全路最高纪录。

3月22日 22时40分，巡警队张兴东、张英平、周崇荣3人在鹰潭站执巡时，周崇荣在出口处发现长沙开往上海的208次车刚下车的男青年形迹可疑，盘查中，此人拔出手枪向周开了一枪后逃跑，子弹穿过周的大沿帽，周紧追不舍，张兴东、张英平闻听枪声后，奋不顾身扑向持枪歹徒。歹徒举枪向张英平扣动扳机，枪未响。三名民警齐心协力，终将歹徒制服，缴获“64”式手枪1支，子弹33发。经审查歹徒叫帅可立，男25岁，湖南省常德市人。1993年5月8日，帅可立盗得常德市公安局一民警家中一支“64”手枪后，6月13日窜到湖南株洲抢劫银行，枪伤3人。10月16日又窜至福建漳州市开枪打死出租汽车司机，抢劫飞亚达手表1块，传呼机1只，人民币200元。已将帅犯移送湖南省公安厅审处。江西省公安厅厅长丁鑫发得悉这一信息后于3月24日批示：“鹰潭铁路公安分处又抓获一名持枪抢劫杀人犯，再次说明该分处有战斗力，可敬可贺，我对周崇荣、张英平、张兴东等同志表示敬意和慰问，建议南铁公安处给予表彰”。

4月5日 开远铁路分局实现无责任行车重大、大事故10周年。到1995年底达到4287天。

同日 5时17分，大风将兰新线天山站3道保留的1414次车列刮溜逸（防溜措施齐全），进入天山—三个泉区间，在K1752+535m处与243次客车冲突。造成机车中破1台，车辆报废2辆、大破10辆、中破1辆、小破1辆，钢轨损坏2根、混凝土轨枕破损30根，中断正线行车9小时56分，直接经济损失115.1万元。

本月 铁道部公布《铁路安全合格锅炉房分类检查评比意见》。

5月17日 国务院办公厅转发铁道部《关于对无人看守的铁路道口加强管理的意见》。《意见》建议推广辽宁、吉林两省的经验，即：机动车流量大的干线铁路平交道口逐步改建为立交桥；相距不足一公里的铁路道口进行合并或封闭；铁路、地方配合，健全铁路道口安全管理机构；暂时保留的铁路无人看守道口由地方组织力量实行监护；铁路、地方定期进行安全教育。

5月19日 参加全路整顿工作会议的铁道部副部长国林，在副局长李洪林的陪同下视察山海关车辆段和机务段，对两个单位安全基础工作和机车乘务员队伍建设工作给予肯定。

同日 11时38分，从醴陵口接进由株洲北站编发的1318次直通列车，16时55分到达新余站时发现第9位货车热轴，进行甩车处理，新余站改开2116次，于18时45分开。由向塘机务段DF_4–3192吴春福机班及向塘车务段运转车长沈梅山担任乘务，新余站出发后一路通过，在20时12分列车运行至K668+000m线路所—樟树站间K666+521m处（樟树赣江特大桥第9孔）时，列车机后第16位平板车N_6–60698装载的是广州铁路（集团）公司广州机械修配厂经营部从广州西站发往上海北郊站的4台WY100型履带式挖掘机，其中1台因装载加固不良，上部可转动部分侵入限界。当列车行驶至樟树赣江特大桥上，侵限挖掘机车辆进入大桥第9孔梁（大桥西端）时，撞断桥梁，致使该孔桥失去承载能力、弯曲下塌，机后第16、17位车上的4台挖掘机及机后第18、19、20、21、22位车辆及其货物坠入赣江或斜挂在弯曲下榻的桥梁上，机后17位后台车、23位前台车分别脱轨在桥上和桥西端的（株洲方向）线路上。樟树赣江特大桥是一座9孔跨度59.99米、全长570.5米的下承式桁梁桥，1939年、1949年因战争破坏两次。这次是第三次毁桥，在我国铁路史上实属罕见。

该事故中断行车171小时46分。各项直接经济损失（含救援、线桥修复等费用）高达1316.89万元。构成“货物装载不良，致使铁路技术设备破损”的行车重大事故。经铁道部10月7日以铁运函〔1994〕439号《关于浙赣线2116次货物列车重大事故的批复》确定对“5·19”樟树赣江特大桥上发生的行车重大事故列广州铁路（集团）公司责任。

5月20日 全路整顿安全基础工作现场会在山海关召开。

6月2日 柳州铁路局实现2000天无责任行车重大、大事故，创路局安全生产历史最高纪录，居全路12个铁路局首位。国务院副总理邹家华为路局书写“严格管理、安全运输”的题词。6月3日，湘桂铁路进德车站发生货物列车侧面冲突重大事故，安全最高纪录终止。

6月4日 7时48分，1806次货物列车行至陇海线陇西北车站通过时，机车司机发现机后货车折角塞门被人关闭，紧急呼叫陇西车站通告制动失灵，车站值班员遂将接车进路改排向陇西至土店子区间开通。终因列车失控，高速行进，在陇西车站进站端的3道20号道岔处脱轨颠覆，机后第4位货车分离，2台机车带着机后3辆货车冲出车站，在陇西至土店子区间K1546+900m处停车。造成货车报废29辆、中破3辆，损坏道岔3组、钢轨750米，轨枕1200根，岔枕9.9立方米，信号机8架，电动转辙机2组。路外人员死亡27人、重伤9人、轻伤8人，中断正线行车1小时12分，直接经济损失280多万元，构成行车重大事故。

6月15日 乌鲁木齐铁路局实现路局历史上第一个安全生产1000天，成为全路第二个实现1000天安全生产的铁路局。

7月1日 北京铁路局决定，从7月1日起实行每人每月30元安全津贴。

7月3日 20时41分，福州—武昌290次旅客快车运行至鹰厦线K239+510m处，第13号硬座车上行方向厕所内发生爆炸，造成客车大破1辆，旅客死亡18人，重伤26人，轻伤65人，属破坏引起旅客列车重大伤亡事故，事故损失126.3万元。

7月27日 加格达奇分局实现第11个安全年，实现无责任行车重大、大事故4182天，创全路安全生产新纪录。

7月30日 济南铁路局实现了1200天无行车重大、大事故。

本月 哈尔滨路局制定了特殊贡献奖励办法，对防止旅客列车重大、大事故的个人，获省、部级发明创造、合理化建议一、二等奖的主要受奖人，和获省、部劳动模范荣誉称号的个人，由铁路局给予特殊贡献奖励，每月20元，按月发给。

8月14日 湛江开往桂林的88次管内特快旅客列车（南宁客运段担当客运乘务）运行通过黎湛铁路黄练—居仕车站区间时，机车后第16位硬座车厢发生爆炸，造成旅客死亡12人、重伤13人、轻伤26人，赔偿旅客意外伤害保险金及医疗津贴等68万元，客车大破1辆，小破2辆。经公安部门勘查、铁道部认定，这是一起人为蓄意制造的爆炸事故，犯罪分子当场被炸死。

8月17日 齐齐哈尔铁路分局实现无责任行车重大、大事故10周年。到1995年底达到4153天。

8月19日 黎湛铁路八塘车站实现安全生产1万天，居柳州铁路局200多个中间站的第一位，全路中间站的第13位。9月2日，铁路局在贵港站召开“八塘车站实现安全生产1万天”庆功大会，铁道部、中华全国铁路总工会、铁路局授予该站匾牌和锦旗。

8月30日 经国务院批准，铁道部发布《铁路旅客运输损害赔偿规定》。根据《中华人民共和国铁路法》制定的这个规定，明确了铁路运输企业对旅客的损害赔偿责任。铁路运输企业依照本规定应当承担赔偿责任的，对每名旅客人身伤亡的赔偿责任限额为人民币4万元，自带行李损失的赔偿责任限额为300元。本规定自9月1日起施行。《规定》的发布施行，对维护旅客的合法权益，正确处理铁路旅客损害赔偿案件，维护铁路运输生产秩序起到积极的作用。

9月7日 加格达奇分局实现安全生产4000天，雄踞57个铁路分局之首。加格达奇分局地处祖国边陲，位于全国路网末端，管内素有“高寒禁区”之称，气候严寒，条件艰苦，职工家属生产生活极为不便，在这种十分困难的条件下，分局职工以“在岗一分钟，负责60秒”的主人翁精神，创造了安全生产4000天的佳绩。

9月8日 哈尔滨铁路局在齐齐哈尔铁路体育馆隆重举行齐齐哈尔分局安全生产十周年庆祝大会。会议宣布了国务院总理李鹏为齐齐哈尔分局安全生产十周年的题词：“安全第一，当好先行”。

9月25日 《人民铁道》全面报道加格达奇铁路分局安全生产经验。加格达奇分局实现安全生产十周年，在全路树立一面安全生产先进旗帜。为推动全路安全生产，从8月14日开始，《人民铁道》在头版分别以《在岗一分钟，负责六十秒》《唤起主人情》《在高寒禁区追求高质量》《一条使命线、系着三代人》为题，全面报道加格达奇铁路分局安全生产经验，同时发表《向全路安全生产排头兵学习》评论员文章。

9月30日 乌鲁木齐铁路局连续实现第二个“4个月无职工因工死亡事故”，受到铁道部通报表彰。

本月 在齐齐哈尔召开的一次全路安全工作座谈会，正赶上齐齐哈尔铁路分局实现安全生产10周年、加格达奇铁路分局实现安全生产4千天，国务院总理李鹏为齐齐哈尔铁路分局安全10周年题词：“安全第一，当好先行”。铁道部借这次会议，贯彻李鹏总理题词精神，学习推广两个分局的先进经验，推动安全基础整顿工作向深入发展，确立了安全工作“从严治本，基础取胜”的指导思想。会上，哈尔滨铁路局党委总结的齐齐哈尔分局、加格达奇分局发挥政治优势，强化安全基础等方面的经验，进行交流推广。

11月23日 铁道部安全基础整顿验收工作组于本日至12月3日，对柳州铁路局安全基础整顿工作进行检查验收，全部达标。

11月30日 由天津开往西安的261次旅客列车行至南同蒲线北阳至太谷站间，第9、10位车厢连接处发生爆炸，4个侧门被炸坏，造成5人死亡、15人重伤、37人轻伤。

12月1日 小东站实现无一切行车事故46周年，居全路5000多个中间站之首。

本年 铁道部党组经过调查和反复研究，认为把安全基础整顿转到安全基础建设上来的提法，更符合当时安全基础的实际情况。及时把工作重点转移到建设上来，就是为了抓住基础不放，巩固和扩大整顿成果，解决深层次的问题，促进安全基础工作的深化和发展。

1995年

1月1日 成立“郑州铁路局安全基础建设办公室”，同时撤销“郑州铁路局整顿基础‘学对达’领导小组”及其办公室。

同日 铁道部发布铁办〔1994〕164号《关于加强铁路运输安全基础建设的决定》文件。为从根本上改变安全基础薄弱的状况，必须坚持“从严治本，基础取胜”的指导思想，在安全基础整顿五项重点内容的基础上，提出新的建设要求，进行长期性建设。为此，铁道部决定，从1995年起，把安全基础建设作为一项重大工程，长期不懈地抓下去。

1月9日 20时59分，南昌机务段ND_2型156号机车冯仲明机班，值乘69次特快列车运行至浙赣线K909+100m处，发现一歹徒冲上线路引爆炸药炸火车，立即停车。南昌分局给予司机冯仲明、副司机魏尔连各记大功一次，分别奖励1000元和500元。

3月5日 截至18时，沈阳局实现无责任行车重大、大事故700天，创造历史上最好成绩。

3月7日 11时19分，夏畈车站助理员楼国肖接车，1189次列车通过时，认真监视，发现P60型612156号车辆车体下垂，摇晃严重，急用无线电呼叫司机紧急停车。经站长与运转车长共同检查，发现该车辆二位车侧梁严重断裂二处，当即作出甩车扣检的处理，防止了一起重大事故。

3月21～23日 全路运输安全工作会议暨全路安全标准线建设现场会在天津分局召开，会上天津分局介绍了“严在管理，志在创优”的建设安全标准线的经验。这次会议吹响了全路以“建线”为载体，推动安全基础建设的会战号角。天津会议之后，铁道部下发了《关于围歼旅客列车事故的实施意见》。并制定了十大干线建设安全标准线实施方案，提出把京沪、京广、京哈、陇海四大干线作为十大干线建线的重中之重，首先在京沪线突破，并制定了“建线”初见成效的量化标准。

本月 全路货车列检系统开展“万安赛”。“万安赛”是指开展万辆无漏检安全优质无事故劳动竞赛，以列检人员劳动成果的数量、质量和安全、“两纪”等工作实际情况为考核对象，以检车员实现一个万辆无漏检安全优质无事故为一周期。“万安赛”以“三公开”为原则，即“标准公开，考核公开，成绩公开”。

4月11日 铁道部在北京召开全路运输工作会议。会议确定了1995年全路运输工作的总体方针：以改革总揽全局，加快铁路运输主业进入市场的改革，以安全正点、质量效益为中心，全面完成运输生产任务，为国民经济持续、快速、健康发展作出新贡献。会议部署了1995年全路运输工作。会议强调。1995年运输改革要着重抓好建立现代企业制度的试点，抓好铁路运输管理体制的改革，抓好运输企业经营机制的转换，抓好铁路运价的改革，抓好运输计划和运输组织管理方式的改革。会议还就运输计划和运输组织管理方式的八个单项改革方案进行了讨论。会议于4月14日结束。

4月23日 311次旅客列车于11时03分行至位于京山线K111+920m杨村站10号道岔处，因辙叉心装反，造成列车脱轨，中断下行正线及三线行车7小时27分，构成行车大事故。

5月12日 18时38分，1502次货物列车行至红光—哈密站间K1313+000m公里附近无人看守道口处与拖拉机相撞，当场死亡

5人，轻伤1人。

5月18日 2235次货物列车16时40分行至京包线西湾堡站进站信号机外K249+002m处，与因瞬间停电而停车的古1次货物列车追尾，造成古1次尾部1位至4位、7位至11位脱轨及2235次机车脱轨，直接经济损失52.7万元，构成行车重大事故。

5月30日 7时33分，江西电化厂一辆载有33人（为该厂学校师生）的大型客车在通过皖赣线K420+200m处义城道口时，与3127次货物列车相撞，死亡15人（其中儿童6人），重伤7人（其中儿童3人），轻伤10人，列车停车25分。构成重大路外伤亡事故。经调查，该道口各项设备完好，3127次列车接近道口时，道口自动信号及自动报警装置随即显示红灯并发出报警音响，但景德镇工务段道口工胡水金没有放下栏杆和立岗接车；汽车司机孙水平不执行国家有关道口通行管理规定，在道口报警设施显示报警时仍盲目抢越道口。根据国家法律确认，由汽车司机负主要责任，道口工负次要责任，两人均被送交司法机关接受法律制裁。

本月 国家经济贸易委员会、铁道部、交通部、公安部、农业部、建设部和劳动部按照国务院领导指示，在沈阳召开全国铁路道口安全管理工作会议。会议确定对铁路无人看守道口要按照“政府组织管，各方联合办，铁路为骨干，监护保平安”原则，由地方政府组织沿线村民对无人看守道口进行监护，并联合下发《铁路无人看守道口监护管理规定》（国经贸运〔1995〕466号文），推动铁路道口地方监护管理工作的全面开展。

6月26日 10时35分，济南分局济西车辆段设备车间电料库发生一起爆炸伤亡事故。事故的主要原因是通往设备车间电料库内废弃的乙炔管道终端乙炔气体大量漏泄造成，爆炸造成设备车间2层楼上下共10间房屋坍塌，由于爆炸的破坏性，造成职工死亡2人，重伤2人，轻伤10人及重大财产损失。

8月31日 《铁路无人看守道口监护管理规定》由国家经贸委、铁道部、交通部、公安部、农业部、建设部、劳动部联合颁文，于1995年8月31日在全国施行。该规定对道口的监护原则，各级道口管理机构的设置和任务，监护人的选聘、职责和经费以及道口的安全通行，道口的安全管理，道口的交通肇事处理等都作了明确具体的规定。

9月19日 乌鲁木齐铁路局实现安全生产四周年。

12月3日 兰州铁路局实现连续868天无责任行车重大、大事故，创造建局以来安全生产的最好成绩。

12月8日 铁道部在北京召开全国铁路运输安全工作会议。会议确定了1996年安全基础建设的具体目标；京沪、京广、京哈、陇海四大干线再上新台阶，率先实现“有序可控，基本稳定”的目标；浙赣、兰新、京包、成渝、湘黔、湘桂等六大干线，上半年“建线”达标；路局（集团公司）确定的45条线路，年底建成安全标准线；其他线路都要有明显改观。四大干线消灭客车险性以上事故；其他线路消灭客车重大、大事故。全路行车重大、大事故率，下降到每百万机车总走行公里0.02件以下；重大路外伤亡事故大幅度减少。会议于12月10日结束。

12月18日 上海铁路局实现无责任行车重大、大事故700天，本年运输安全创历史最好成绩。全路发生行车重大、大事故总件数比历史上安全情况最好的1993年减少13.6%。每百万机车总走行公里重大、大事故率为0.012件，比1993年减少20%。2月、3月、9月、10月份，全路实现4个“安全月”，并且创造了连续87天无责任行车重大、大事故的历史最高纪录。

本月 铁道部经过检查验收，宣布京沪、京广、京哈、陇海四大干线基本建成安全标准线。“建线”使人改变了环境，环境又改变了人，良好的生产、生活环境和作业条件，促使职工的作业行为、风纪、仪表更加规范，文明生产、安全生产的意识大大增强。“建线”理顺了广大职工情绪，增强主人翁责任感，规范了作业行为，职工遵章守纪的自觉性大大增强。“建线”提高了线路、行车设备质量，大大降低了行车设备故障率，强化了行车组织、调度指挥，使客货列车正点率大大提高。

本年　全路发生行车重大、大事故19件，险性事故87件，分别比1994年下降44.1%和27.5%，实现了历史性的突破。

本年　蚌埠分局按照铁道部、路局关于安全基础建设和建线工作要求，制定各级领导干部的“五定”（定时间、地点、项目、数量、标准）和“三率”（定量完成率、问题发生率、问题解决率）管理和考核办法，重新修订奖惩办法，进一步完善安全经济责任制。（首创）之后，此做法在全路推广。

1996年

1月1日　铁道部发布铁办〔1995〕172号《关于进一步加强铁路运输安全工作的通知》文件。文件强调1996年，全路运输安全工作，要继续贯彻铁道部《关于加强铁路运输安全基础建设的决定》和《围歼旅客列车事故的实施意见》，坚持安全基础建设的目标不变，镜头不换，力度不减。

2月5日　乌鲁木齐铁路局实现无行车重大、大事故1600天。

2月11日　8时17分，016次货物列车在兰新线二堡站2道通过时，因机后11位G12595136二位摇枕（后台车）折断，导致机后第10～22位车辆脱轨。由于机后第12位G12593004脱轨后横移侵入1道限界，与1道通过的011次货物列车冲突颠覆，011次机后第1～3位、10～14位颠覆，46位脱轨，两列车冲突后罐车、机车起火。011次本务机车乘务员当场死亡、附挂机车乘务员轻伤，机车报废2台，货车报废8辆、大破6辆、中破5辆、小破4辆，损坏线路1280米、报废轨枕1160根、道岔1组，中断双线行车31小时43分。直接经济损失700万元。

5月21日　全路实现连续100天（2月1日至5月21日）无行车重大、大事故。

5月24日　12时47分，186次旅客列车（成都至太原）运行于西安分局宝成线红花铺—黄牛铺K63+946.8m处，因凤州工务段违章施工，造成线路几何尺寸发生变化，致使186次旅客列车机后7～15位车厢脱轨，中断正线行车24小时13分，构成旅客列车脱轨重大事故。

6月19～22日　在蚌埠铁路分局召开了全路运输安全工作现场会。会议上，宣布六大干线已建成安全标准线，至此，十大干线安全标准线建设基本达标。铁道部在这次会议上又进一步提出要求，京沪、京广、京哈、陇海四大干线要建成安全示范线，做到安全成绩过硬，队伍素质过硬，设备质量过硬，现场安全管理过硬，其他六大干线要参照安全示范线的基本要求，提出比较过硬的目标。

7月30日　济南铁路局实现了1200天无行车重大、大事故。

8月31日　全路首次实现了暑运期间连续两个月无行车重大、大事故。

本月　自1996年8月份开始至10月底，陆续对京沪、胶济两大干线上的270处无人看守道口实行监护。1997年4月1日，实施第一次列车提速，济南铁路局管内的陇海干线、京沪全线的全部道口全部实行了监护管理，合计监护道口达530处。此后，兖石、京九、蓝烟等11条大小干支线又先后分别实施了监护，至1997年底，监护数量达576处。1998年7月1日，京沪、陇海、胶济、京九线四大干线的300余处道口全部实行了由民警上岗协助监护。

9月2日 湖东电力机务段2258次货物列车于13时47分在大同南至湖东站间惰力运行时，因司机睡觉，列车在上坡道向后溜逸1665米与后续的3856次货车冲突，中断正线行车25小时03分，直接经济损失645万元，构成行车重大事故。

9月10日 5时16分，3162次货物列车运行至南疆线扎亥萨拉站1道（侧线）K229+208m处，因机车乘务员在长大下坡道（限制坡道为22‰）运行过程中，操纵失误，致使列车放飏，机车及机后1～28位车辆颠覆、29位车辆脱轨。司机当场死亡、副司机轻伤。3126次机后第2位车辆颠覆时又与2道（正线）停留的1603次列车第1位机车相撞，致使该机车前台车第一轮脱轨。造成机车小破2台、货车车辆报废14辆、大破3辆、中破9辆、小破5辆，损坏钢轨23根、轨枕387根，直接经济损失377.75万元，1603次机车乘务员1人死亡、1人轻伤。

9月29日 呼和浩特局安全生产实现双创优。截至18时，呼和浩特局实现1400天无责任行车重大、大事故，党员安全生产4664天。双双创出建局38周年的历史最高纪录。

10月13日 上海铁路局实现无责任行车重大、大事故1000天，创造了建局47年来安全生产的历史最好成绩，国务院副总理吴邦国为此题词："警钟长鸣保安全。"

12月1日 全路再次实现双安全月。截至18时，全路已连续65天无行车重大、大事故，使1996年的安全月增加到7个。

12月20日 铁路专用全息电子地图系统开发成功。这套系统是由卡斯柯信号有限公司研制。该系统可广泛用于铁路领域事故救援、自然灾害抢险、智能决策、信息查询、工务电务设备的日常维修，通过与可视电话系统的接口可以实现远距离指挥事故现场抢险。

12月23日 铁道部在北京召开全路运输安全工作会议暨"建线"先进表彰大会。铁道部、铁道部政治部、中华全国铁路总工会、全国铁道团委联合发出《关于表彰全路安全标准线建设先进个人和先进集体的决定》，授予终树怀等608名职工"全路安全标准线建设先进个人"光荣称号，授予阿城工务段等62个集体"全路安全标准线建设先进集体"荣誉称号。

本月 全国第一家铁路"110"报警服务中心是兰州铁路公安局"110"报警服务中心，成立于1996年12月。该中心把保护人民群众利益、维护社会治安、打击违法犯罪、救助危难险急、服务人民群众作为自己的神圣职责。

本年 遵照铁道部关于铁路要害部位安全管理规定，北京铁路公安局制定铁路要害部位安全管理实施细则，北京局成立要害安全管理委员会。北京局主管副局长任主任，公安局主管副局长任副主任，办公室设在公安局，负责全局要害部位的日常管理工作。自1997年起，公安局每年都要对要害处所进行鉴定和日常安全检查。

本年 南昌铁路局安全监察室现员17人。其中主任1人，副主任2人，联控办副主任1人，监察13人（车务、机务、工务、电务、车辆、路外、锅炉、压力容器监察各1人，综合分析3人，车机联控2人）。附属单位有路外安全宣传队。路局安全基础建设办公室现员3人。

本年 全路运输安全创造了四个历史新纪录：一是全路有7个月消灭了行车重大、大事故，是历史上安全月最多的年份。二是在暑运任务繁重和全路遭受大面积水害的情况下，实现了过去从未有过的暑运连贯两个安全月。三是全路第一次实现了行车安全百日。四是行车事故大幅度减少，安全周期进一步延长。1996年全路发生的行车重大事故9件，险性事故61件，比历史上最好的1995年同期分别下降52.6%和28.2%。

本年 铁道部发布《关于落实〈围歼旅客列车事故的实施意见〉的细化措施》，把1995年围歼旅客列车事故的24条措施细化到各个部门，落实到具体岗位，并提出100条细化措施。

1997年

1月10日 8时28分，广铁集团公司长沙铁路总公司管内浙赣线醴陵东至老关间下行线K890+150m处，株洲工务段轻型轨道车与3115次货物列车撞上，造成车上工务作业人员20人死亡，3人重伤，2人轻伤，构成责任重大职工伤亡事故。事后，对事故负有主要责任人被判处有期徒刑6年。

4月1日 组建昆明铁路局后，在原昆明分局安全监察室的基础上组建路局安监室；在开远分局安监室的基础上，组建开远办事处安监室，经路局安监室授权，在米轨范围内行使行车安全监察职权。

同日 京沪、京广、京哈三大干线全面提速，中国铁路第一次大面积提速正式实施。1997年以沈阳、北京、上海、武汉等大城市为中心，开行了最高时速达140公里/小时、旅行速度在90公里/小时以上的40对快速列车和64列夕发朝至列车以及一大批运行客运化的“五定”班列。

同日 南昌铁路局设安全监察处，并公布安全监察处职责范围十五条。

4月3日 6时41分，Z441次货物列车停于京沪下行线利国至前亭间K640+500m处。6时48分司机向利国站请求救援，调度7时52分发布712号调度命令，指定4123次本务机车东风4型6187号去区间救援。6002次救援单机8时02分开车，8时15分因停车不及与Z441次本务机车相撞，造成3人死亡、3人轻伤，机车小破2台，车辆小破1辆，中断下线1小时47分。构成行车重大事故和职工死亡重大事故。

4月6日 上海铁路分局实现运输安全3000天。在当天举行的总结表彰会上，铁道部部长韩杼滨、上海市副市长陈良宇分别向该分局授予奖杯和锦旗，并向安全生产“十佳”标兵、百名先进个人颁奖。

4月13日 16时10分，59次旅客列车运行至浙赣下行线临江镇—昌傅间K694+250m处，因碰轧1头耕牛，将机后1～4位车辆下部配件打坏，区间停车45分钟后无法修复，全列拉进昌傅站，经车辆部门抢修，更换损坏部件后于22时47分开车，影响59次6时37分，构成非责任重大路外伤亡事故。

4月29日 10时48分，昆明开往郑州的324次旅客列车行至京广线荣家湾站K1453+914m处，与停在站内4道的818次旅客列车尾部冲突，致使324次客车机后1至9位颠覆，10至14位脱轨，818次客车机后15至17位（尾部3辆）颠覆。这起事故造成人员死亡126人，重伤48人，轻伤182人。东风4型机车报废1辆、中破1辆、小破1辆，直接经济损失415万元。

5月1日 上海铁路局实现无责任行车重大、大事故1200天，创造了建局48年来行车安全新纪录。

5月8日 21时28分，2620次列车运行至京九线新洲—周铁岗（白果）间上行线K1099+820m处，因机后第38位车辆所装载的由上海局杏林站装运的瓷砖超载7.63吨，造成该车前进方向左侧第三位轴头热切，致使38位车辆后台车、39位车辆和40位车辆的前台车脱轨，中断行车8小时40分，构成列车脱轨重大事故。

5月15日 2时18分，4482次列车由九江机务段东风4型6469机车袁利勇机班担当乘务，运行至京九线淋山河站2～8号道岔处，机后1～8位颠覆，9～12位脱轨，中断下行线行车12时40分，上行线行车14时32分，构成列车脱轨重大事故。事故原因是机车乘务员违反规定，将机车运行监控装置打在客车位，列车时速高达87公里，超速17公里。因为京九线尚未正式运营，故事故不列为南昌局。

5月21日 铁道部召开全路运输安全电话会议，宣布对长沙铁路总公司管内“4·29”旅客特别重大伤亡事故处理决定：长沙铁路总公司总经理邓进瑞、党委书记张鑫弟停职检查，等候处理，任命吴遗全为长沙铁路总公司总经理，冯启富为长沙铁路总公司党委书记。

8月19日 13个省区铁道学会和中国铁道学会4个专业委员会联合举行的“高标准深化铁路安全基础建设学术研讨会”在乌鲁木齐召开。

10月28日 零时，广州机务段一名司机、一名副司机和一名学员值乘16次特快旅客列车，与一辆强行抢道的装满石头的大货车相撞，石头滚入驾驶室，三名值乘人员当场撞死，同时还导致另一趟下行列车的指导司机殉职。

11月3日 呼和浩特局实现无责任行车重大、大事故1800天。为建局39年来的最好成绩。

12月17日 8时24分，2627次列车运行至京九线马回岭—高塘间K1349+699m处，将正在线路中心行走的六名农民碰死，列车停车后，被当地农民围堵，打伤司机和副司机，致使列车于12时13分才开车，影响3小时49分，构成非责任重大路外伤亡事故。

1998年

1月4日 铁道部副部长傅志寰在全路领导干部会议上，提出了“从严治本、基础取胜”的指导思想和实现“有序可控、基本稳定”的安全目标。1998年铁路改革与发展的主要目标是：安全基础建设深化发展。坚持“从严治本、基础取胜”的指导思想，进一步深化安全基础建设。三项内实建设有新的提高，京广、京沪、京哈三大干线基本适应提速安全的需要；全路杜绝旅客列车重大、大事故，货运行车重大、大事故率控制在每百万机车总走行公里0.015件以内；减少职工伤亡事故；道口重大路外伤亡事故明显下降，努力延长安全周期，向实现“有序可控、基本稳定”目标迈进。

1月6日 在全路领导干部（运输系统）会议上，第一次系统提出了安全基础建设的具体内容。深化安全基础建设，实现运输安全目标。一是确保必要的安全投入，切实强化设备质量。二是抓好职工培训，提高队伍素质。三是抓紧健全完善规章制度，规范安全管理。四是严格落实安全逐级负责制，加强和改进对安全工作的领导。五是加强铁路治安工作，为运输安全创造良好的治安环境。

1月22日 铁道部召开全路治安综合治理电视电话会议。部领导总结1997年全路治安综合治理工作，分析面临的治安形势，部署1998年全路治安综合治理工作。

2月12日 南昌开往南京西的590次列车运行至鹰潭站，鹰潭车辆段鹰西客检所检车员张义胜严格按作业标准进行车辆技术检查，发现机后第14位车辆YZ22B40378八位轴高温，经测温计测试温度已达91℃，严重危及旅客列车运行安全。张义胜及时汇报，对热轴车辆作了处理，防止了可能发生的旅客列车重大事故。

2月24日 一辆东风牌加长汽车在通过浙赣线K567处监护道口时，因司机操作失误，汽车前轮陷入道口平台外侧熄火，车体侵入上、下行铁路限界。此时282次旅客列车和3211次列车已经接近，情况十分紧急，监护道口员李火森立即呼叫工务退休职工吴炳根，两人分别手持停车信号面向来车方向奔跑，及时将两列火车拦停在距道口200米处，防止了火车与汽车相撞事故的发生。

2月25日 上海铁路局实现无责任行车重大、大事故1500天。创造了该局建局以来行车安全历史最好成绩。铁道部、上海市人民政府在沪表彰上海铁路局，铁道部部长韩杼滨和上海市副市长韩正向上海局授奖旗奖杯。

3月9日 8时21分，广州铁路（集团）公司广梅汕铁路总公司京九线，2812次货物列车（编组43辆）运行至上陵—定南间484线路所2号道岔处，机车及机后1、2、3位车辆脱轨。机车小破1台，货车小破3辆，行车中断9小时24分，构成行车重大事故。

4月3日 6时35分，2603次货物列车运行至京九线—茅山头间下行线K1311+479m处，因机后35位车辆前进方向后侧第3位侧架5位导框内弯角处折断，造成第3位轮对脱轨，中断京九线行车5小时28分，构成列车脱轨重大事故。由于事故车在上海东车辆段段修保证期期内，铁道部认定事故责任为上海铁路局。

4月21～23日 全路运输工作会议在京召开。部长傅志寰在会上讲话。会议对运输系统1998年进一步实施提速战略、编制和实行新的列车运行图，强化客货营销、开展服务窗口革命，整治价外乱收费、净化运输环境，加快运输改革、大力增运补欠，强化安全基础、稳定安全形势等方面工作作部署，研究、制定8个方面的配套文件。

5月22日 呼和浩特铁路局实现无责任行车重大、大事故2000天，创建局40年来行车安全最好成绩。

6月15日 全路运输安全工作座谈会在京召开。傅志寰部长在会上讲话，对新形势下加强运输安全作部署，强调建立领导干部逐级负责制和职工竞争上岗机制。铁路总工会主席陈效达和政治部副主任何振山等出席会议。

6月17日 4184次货物列车在相见—江市间江市道口与一辆载有66名乘客的大巴相撞，造成汽车内乘客死亡20人、重伤14人、轻伤30人、汽车报废，构成重大路外伤亡事故。原因：道口工未及时放下栏木，汽车司机在道口音响、灯光信号显示停车的情况下抢越道口，列汽车司机主要责任、靖州工务段重要责任，直接经济损失154万元。

6月30日 17时，583次旅客列车（上海至烟台）行至蓝烟线陈家疃至回里间孔家庄监护道口K150+297m处时，撞上一辆烟台产大头车，肇事汽车上4女1男当场死亡，汽车报废；583次停车14分；机车排障器左侧挡板、砂箱凹陷，总风缸排水阀撞坏；回里站下行信号机撞断。事故的直接原因是道口监护人员在未认真瞭望确认的情况下，抬起栏木放行车辆；客观上因该道口处于曲线弯道（曲线长527米、曲线半径达500米），监护房设置在弯道内侧，加之树木遮挡，监护员直接视线仅达130米。

7月5日 朱镕基总理在九江长江大堤视察时指示，汛期尚未过去，决不能有任何松懈麻痹思想，要切实做好洪水调度，密切注意汛情发展，严防死守，确保长江大堤安全，确保京九铁路安全，确保人民生命财产安全。

同日 中共中央总书记、国家主席、中央军委主席江泽民来到新疆阿克苏地区视察南疆铁路西延工程。江总书记边听汇报边问情况，并向筑路工人问候。他说：“你们长年在野外作业，很辛苦；施工进度是重要的，但必须注意安全，一定要安全第一。”

7月6日 朱镕基总理、温家宝副总理视察武汉铁路分局专防的武昌月亮湾长江大堤。1996年铁道部投资将此处土堤改建成坚固的水泥堤墙，使这处历年的险段变为武汉市最安全的御洪屏障。

7月12日 12时40分，2833次货物列车（编组39辆）运行至焦柳线柳州铁路局管内程祥—富用间K1470+251m处，机后第29～37位脱轨，致货车中破7辆、小破2辆，行车中断29小时07分，构成行车重大事故。

7月13日 成都局1913次货物列车在湘黔线朝阳坝隧道内颠覆，机后13位至20位液化石油罐车罐体破裂，气体外泄爆炸起火，造成4人死亡，中断行车485小时09分，直接经济损失26.4万元。

7月29日 8时39分，汉中开往北京西568次旅客列车运行到京广线下行线郑州铁路分局管内K644+768m处（老田庵站8号道岔），机后12～15位脱轨，致使客车小破4辆，下行正线中断7小时21分。此为重大事故。

8月14日 江泽民总书记亲临武汉铁路专防的长江月亮湾大坝视察，慰问坚守抗洪第一线的铁路职工，勉励大家再接再厉，坚持到底。月亮湾大堤原为土堤，1996年铁路部门投资，并拆除临江货物仓库，无偿出让场地，将这段土堤改建成水泥墙堤，使大堤成为武汉市最安全的泄洪屏障。对此，江泽民总书记表示赞许。

8月30日 兰州铁路局实现建局42年来第一个安全千天。

9月18日 铁道部召开全路抗洪抢险总结表彰电视电话会议，授予160名同志“铁道部抗洪抢险先进个人”称号，向其中80名同志授予火车头奖章。

10月1日 全路实行新列车运行图。新图是为适应市场需求重新编制的，在列车运行速度、运输产品结构、列车开行方案、运力资源配置、运输能力运用等方面有许多重大突破。

10月11日 2时40分，包头至北京的564次旅客列车，行至呼和局管内京包上行线堡子湾站—孤山站间K393+381m处，由于工务道砟不足、捣固不实、几何尺寸超限，导致机后10位列车运行方向前台车脱轨，造成客车中破1辆，轧坏轨枕1410根，中断上行正线6小时26分，直接经济损失320万元，构成行车重大事故。责任部门：集宁工务段。

原因：工务道砟不足，捣固不实，几何尺寸超限。处理：责任人集宁工务段代理领工员记大过处分，罚款3000元，集宁工务段段长、党委书记、主管安全副段长、纪委书记行政记过处分，各罚款1500元。

10月28日 乌鲁木齐铁路局召开全局劳动安全授杯电话会议。至1998年8月31日全局实现连续20个月无责任职工死亡事故，创建局以来劳动安全最好成绩。铁道部授予铁路局劳动安全奖杯。

11月7日 乌鲁木齐铁路局实现无责任行车重大、大事故1000天。这是该局历史上第二个安全生产1000天。

12月1～3日 全路运输安全工作（扩大）会议在京召开。傅志寰部长在会上讲话。会议的主要任务是：总结1998年全路运输安全工作，分析面临的新形势，部署1999年全路运输安全工作，动员全路贯彻落实部党组提出的“规范管理、强基达标”要求，深入推进安全基础建设，努力实现运输安全“有序可控、基本稳定”的目标。年内，各铁路局实现“安全百日”41局次，截至12

月底保持200天以上无责任行车重大、大事故铁路局8个；保持1000天以上无责任行车重大、大事故铁路分局40个。

12月3日　8时50分，7006次超限货物列车在宜春站通过时，机后第4位车辆前端提钩杆掉下并撞击轨枕发生异响。正在线路上作业的宜春东养路工区班长彭跃华、巡道工胡长元和宜春信号工区职工袁林等职工发现后当即通知车站呼叫司机停车，宜春站值班员印琪彪接报告后立即呼叫司机，值乘7006次的萍乡机务段曹国新机班听到呼叫后停车，车辆已开始分离。

12月21日　15时21分，3042次货物列车在西村通过时，运行至3号道岔处因物件突然撞击将3号道岔尖轨打至反位，导致机车进入异股，列车驶入3号～1号道岔间渡线，挤坏1号道岔后进入下行线，与迎面开来的3031次列车正面冲突，造成机车乘务员1人重伤，3个轻伤，机车大破2台，货车报废20辆，中破1辆，中断浙赣线上行线行车58小时35分，中断下行线行车59小时38分，构成列车冲突重大事故。

12月23～24日　全路货车站修适应新图及提速安全现场会在哈尔滨铁路局三间房车辆段召开。三间房、郑州北郑州上行、杭州北乔司等站修所被命名为“全路安全优质示范站修所”。

12月31日　铁道部把道口改造重点放在先行提速的京沪、京广、京哈三大平交干线上。三大干线经由的省（直辖市）及有关铁路局、铁路分局也积极行动起来，全面开展以硬件达标、作业达标、环境优良为内容的道口安全管理标准化建设。截至年底，三大干线拆除平交道口670处，修建立交道口614处。据统计，全年铁路道口事故比1997年下降18.1%，伤亡人数下降5.0%，损坏机动车辆数下降16%。

本月　中华全国铁路总工会以铁工发〔1995〕4号文下发《全路货车列检系统开展“万辆无漏检安全优质无事故劳动竞赛活动”的通知》。该活动在全路货车列检系统引入公平竞争机制，目的是充分调动职工积极性，消灭故障，保证安全。至1998年底，全路494个列检所全部参加活动，参加人数63000人左右。

本年　年内全路发生火灾事故104起，直接经济损失608.6万元，死11人，伤1人。与上年相比，起数上升28%，死伤人数上升83%，经济损失下降29%。其中，特大火灾1起，与上年持平；重大火灾4起，比上年多发2起。

本年　年内铁路共发生责任职工死亡事故65件，职工死亡86人，比1997年减少37人，下降30%；发生重大死亡事故4件，比1997年减少3件，下降43%；职工千人死亡率为0.027，比1997年下降27%。

运输系统发生责任职工死亡事故32件，死亡32人，比1997年减少29人，下降47.5%，每百亿吨公里（换算周转量）死亡率为0.2，比1997年下降44%。乌鲁木齐、呼和浩特、南昌3个铁路局实现无责任职工死亡事故“安全年”，35个分局实现300天以上无责任职工死亡事故。

本年　全路机务部门166个机务段中，163个全年消灭责任行车险性及其以上事故，占总数98.2%。保持1000天以上消灭险性及其以上事故机务段143个，占总数86.1%。

至年底，全路机务部门实现连续1492天无旅客列车冒进信号险性事故。全路14个铁路局（集团公司）中，有11个铁路局机务部门全年消灭险性及其以上事故。6个铁路局机务部门保持无责任重大、大事故1000天以上安全成绩，其中乌鲁木齐铁路局以安全2902天成绩居全路机务部门首位。

本年　年内全路机务部门发生责任调车重大事故1件，货车险性事故2件，平均每百万机车走行公里险性及其以上事故0.0019件，实现行车安全“基本稳定、有序可控”目标。

列车运行监控记录装置（简称监控装置）在机务行车安全中发挥作用。至1998年底，全路11973台机车安装监控装置。年内客运机车监控装置对列车实行常用制动和9985台干线机车防止列车倒溜监控功能技术改造完成，监控装置与平面调车灯显系统接口联调试验进行，这些使机车运行安全保障能力增强。

本年 年内全路车辆部门以开展争创安全优质车辆段为主要手段，推进建立优质十大体系，组织落实“五十安全优质示范工程”，对部级安全优质车辆段、标准客车、站修所、列检所以及京广线红外线安全标准线重点验收，命名8个铁道部安全优质示范车辆段、33个铁道部安全优质车辆段，表彰一批标准化站修所、列检所、验收室和标准化客车。

年内车辆部门继续落实围歼旅客列车事故100条细化措施，落实车辆部门围歼客车事故50条措施，抓住出库列车质量和乘务员途中作业质量两个关键，加强对轮对、轴承、制动、悬吊装置、钩缓、电气六大部分检查和修理，消灭客车责任事故，完成春运、暑运等任务。

本年 开始装备列检安全作业监控系统，包括微机控制电动脱轨器、微机控制列车制动试验系统及现场作业控制三部分，三部分之间用无线对讲传输系统联系。

该系统于1996年开发并在列检所装备，至1998年底各铁路局均开始安装。其作用是保证列检作业安全和空气制动机试验不漏项，监控人员在作业股道上出入场作业不漏岗。

本年 长江流域大范围持续降雨，引发全流域组合型特大洪水；内蒙东部和东北西部频繁的大暴雨，使嫩江和松花江河水全线暴涨。汛情和灾情之重，百年罕见，给铁路运输设备造成重大破坏，干扰正常运输秩序，威胁行车安全。全路职工认真贯彻执行《中华人民共和国防洪法》和《汛期安全行车措施》，科学防洪，坚守岗位，及时发现水害，拦停列车32次（其中客车10次），避免行车事故发生。

本年 年内全路电务系统围绕铁道部35条措施，开展信号设备大整治，使轨道电路“红光带”和机车信号掉码等故障大为减少；开展工电联合整治道岔，特别是提速道岔的逐台联合整治，制定《提速道岔转换设备整治项目和标准》；在认真总结燕尾式外锁闭装置运用经验基础上，组织研究设计人员进行钩型外锁闭装置和双机牵引等项目试验工作并取得成功；完成大瑶山计轴加环线（CLC）工程，为彻底解决低道床电阻轨道电路“红光带”故障问题提供技术手段。年内全路信号系统发生重大事故1件，一般事故96件，设备故障10813件。故障率2.42%，故障总延时23181.24小时，平均延时2.15小时/件。全路通信大通道中断82件，其中，光缆和电缆缆身中断60件，占73.1%，总故障延时632小时08分，平均延时7.7小时/件。

本年 年内全路行车事故和重大路外伤亡事故件数与1997年相比有所增多。行车事故发生2485件，比1997年下降5.2%；行车事故率（每百万机车总走行公里发生事故件数）为1.563，比1997年减少0.076。其中，行车重大、大事故28件，比1997年上升47.4%；事故率为0.018，比1997年增加0.006。险性事故发生51件，比1997年增加5件，上升10.9%。路外伤亡事故发生12917件，比1997年上升3.4%。其中，重大路外伤亡事故23件，比1997年上升64.3%。事故造成人员死亡8402人，比1997年上升

5.5%；重伤3935人，上升2.7%；轻伤770人，上升7.8%。中断行车累计2233小时，比1997年下降0.8%。年内，各铁路局实现“安全百日”41局次，截至12月底保持200天以上无责任行车重大、大事故铁路局8个；保持1000天以上无责任行车重大、大事故铁路分局40个。

本年 铁道部发铁安监〔1998〕138号文，《印发〈关于确保旅客列车安全的100条措施〉的通知》。该文件是在对《关于落实〈围歼旅客列车事故的实施意见〉的细化措施》《铁安监〔1996〕150号》全面修订的基础上形成的。

1999年

1月13日 铁道部颁发铁劳卫〔1999〕4号《关于建立安全监察特派员制度有关事项的通知》文件。分别在长春、南京、武昌、贵阳、兰州设置办事处。北京铁路局的安全管理工作，由部安全监察司直接负责监察。每个安全监察特派员办事处由一名安全监察特派员和四名安全监察特派员助理组成。

1月14日 1时49分，8837次货物列车运行至郑州铁路局武汉铁路分局管内昌南联络线K1+168m处，机后第10～16位货车脱轨颠覆，导致货车报废1辆、大破1辆、中破2辆、小破3辆，京广线上行线行车中断3小时16分，下行线行车中断7小时01分。此为货物列车脱轨重大事故。原因分析：列车运行于昌南线K1+168m处的小半径（R=300米）曲线时，该地段线路轨距及正矢严重超限，轨距小（最小值为1428毫米），由于该区段线路几何尺寸严重违反《铁路线路维修规则》“线路轨道静态几何尺寸容许偏差管理值”和“应保持曲线圆顺”的规定，车轮沿曲线外股爬上钢轨导致车辆脱轨。

1月20日 20时03分，京广线邢台至官庄间下行K369+980m处发生爆炸，炸断钢轨1.06米，中断行车4小时。中央政治局委员、政法委书记罗干，公安部部长贾春旺，铁道部部长傅志寰，河北省省委书记叶连松、省长钮茂生分别对此案作了重要批示，公安部将此案列为全国挂牌督办的重大案件。铁路公安机关和地方公安机关成立联合破案指挥部，由铁道部公安局张起增局长和河北省公安厅愈定海厅长任总指挥，石家庄铁路公安处和邢台市公安局抽调80多名干警组成专案组迅速开展侦破工作。2月9日，专案组对邢台县司法局局长李虹新采取强制措施。在大量证据面前，李供认了伙同王庆虎1月1日在市委墙外制造爆炸未遂和1月20日在京广线制造爆炸的犯罪事实。

1月23日 全路运输工作会议在北京召开。铁道部部长傅志寰出席会议并讲话。会议对铁路运输系统全面提高安全质量、营销质量、服务质量和资源配置质量提出要求。会后运输局印发《关于提高铁路运输质量的决定》《1999年提高铁路客货运输质量的百点计划》等10个配套文件。

2月20日 10时15分，2610次货物列车行至齐齐哈尔铁路分局管内嫩林线哈达阳至嫩江间K13+500m处，机后第18位N165020088号车辆1位转向架4位轴颈热切，2位轮对脱轨，导致货车中破1辆，中断行车5小时08分。此为行车重大事故。

3月22日 北京铁路局丰台工务段在京广线涿州至琉璃河间38号桥上行侧更换桥枕，因违章作业，严重偏载而导致梁体失稳，10片钢筋混凝土梁突然倾翻，造成6人死亡、19人重伤、24人轻伤。

4月8日 哈密铁路分局实现无责任行车重大、大事故3000天，全局党员实现安全生产3000天。铁道部作出《关于表彰哈密铁路分局实现安全三千天无责任行车重大、大事故的决定》，全国铁道团委为乌鲁木齐铁路局青年实现无责任重大、大事故5000天发来贺电。

4月16日 22时28分，583次旅客列车行至河茂线米山—化州间K34+510m处时，机车后部右侧地感器底部碰上4月14日从线路上换下的一根10.8米长的旧钢轨，而后钢轨又撞上机后第7位硬座车走行部，导致该车辆后台车前轮脱轨。行车中断7小时29分，客车小破1辆。此为旅客列车脱轨重大事故。

5月1日 22时55分，8882次货物列车行至滨绥线哈尔滨分局管内帽儿山站K98+925m处，机后37位C62B4604927运行方向右侧前台车4位侧架8位轴箱导框A区折断，导致机后第37、38、39、40位车辆颠覆，41位脱轨并侵入下行线，与正在下行线通过的Y217次旅客列车发生侧面冲突，造成机车及机后第1至5位客车颠覆，6位脱轨。机车大破1台，客车报废4辆、小破2辆，货车报废3辆、大破2辆，上行线行车中断7小时，下行线行车中断22小时。此为旅客列车冲突重大事故。

6月29日 武汉铁路公安处蒲圻车站公安派出所民警周宗泗在值勤中被犯罪分子砸死在值勤室内，随身佩带的“六四”手枪、7发子弹被抢走。8月28日，经全力侦查，将潜逃在株洲的马强、李勇二犯抓获，当场缴获“六四”式手枪一支，子弹六发。

7月9日 22时48分，461次旅客列车行至京广线茶山坳至耒河间K1744+050m处，侧向通过L4/L2号道岔时，由于严重超速导致列车脱轨颠覆。人员死亡9人，重伤15人，轻伤25人；京广下行正线中断行车32小时08分；直接经济损失617万元。此为旅客列车行车重大事故。

这起事故暴露了设计、施工、供货、建设各单位及运营部门技术管理混乱，安全责任制不落实等一系列问题。

7月12日 铁道部召开全路安全电视电话会议。铁道部部长傅志寰作重要讲话。会议要求在全路开展以查“两纪”、查设备、查管理为主要内容的安全大检查、大反思活动。

8月20日 公安部部长贾春旺签署命令，对郑州铁路公安局“8·2”84次客车脱轨重大破坏案件专案组记集体一等功。1998年8月2日1时30分，广州至西安的84次客车运行到京广线鸡公山车站时，发生重大脱轨事故，致使京广线中断运行23小时。

9月3～15日 总工程师华茂昆带领由部运输指挥中心、公安局、安全监察司、发展计划司、科技教育司、中国铁路机车车辆工业总公司、铁道部科学研究院等单位参加的提速牵引试验组，在陇海、兰新、北疆、浙赣、京九等干线进行客车提速牵引试验。试验历时12天，行程15000多公里，为全路再一次大范围实施列车提速奠定基础。

11月5日 零时，惠州开往岳阳的260次列车行至京广线白石渡至太平里间K1941+412.3m处，上行线路左侧发生爆炸，致使机车底部5处破损，中断行车2小时36分。

11月19～20日 全路运输安全工作（扩大）会议在北京召开。会议的主要任务是：总结本年运输安全情况，分析面临的形势，部署2000年运输安全工作，深入落实“规范管理、强基达标”的方针，进一步加强安全基础建设，努力实现运输安全“有序可控、基本稳定”的目标，为加快铁路改革与发展奠定基础。铁道部部长傅志寰出席会议并讲话。

11月23日 凌晨，京广线衡山至石湾间K1697+078m处左侧钢轨两端的4块夹板及14个扣件被拆卸，钢轨接头错位，致使广州开往南昌的566次列车机后第6位至15位车辆脱轨，中断行车21小时43分。广州铁路公安局抽调300名民警组成3个专案组，在地方公安机关配合下，以三个案发点为中心，顺线追踪，在湘、粤、赣、闽4省铁路沿线调查各类店铺、农户10万个，走访群众100万余人次，提取指纹9800多枚，摸排重点人员1.66万人，2000年于2月28日在广东兴宁将犯罪分子蒋开福抓获。蒋犯因欠债10万元，听说铁路每列客车都有一节装有现金和贵重物品的车厢，出于抢劫财物的目的制造了上述案件。

12月3日 铁道部召开全路安全生产紧急电视电话会议，贯彻国务院关于加强安全生产的紧急通知和全国安全生产工作紧急电视电话会议精神，动员全路认真开展安全生产大检查，确保铁路安全稳定。

12月26日 昆明铁路局实现建局以来无责任行车重大、大事故1000天，劳动安全全年无职工死亡事故。年度行车安全在云南省考核中夺得第一名，路局获“云南省安全生产先进集体”称号。

12月31日 年内北京铁路局机务处同路局工会开展机车乘务员“百趟安全正点竞赛活动”。截至12月31日，实现“百趟安全正点”的司机7134名、副司机6610名、司炉269名。其中实现“500至800趟安全正点”的司机1583名、副司机764名、司炉42名，实现“800至1000趟安全正点”的司机253名、副司机37名，实现“千趟以上安全正点”的司机61名。

同日 北京铁路局实现无责任行车重大、大事故1215天和连续第三个安全年，创建局史上运输安全最好成绩。

同日 北疆铁路公司实现第7个自然安全年。

本年 年内郑州铁路局全力推行“一三五”安全管理模式（突出“规范管理、强基达标”一个主题，控制“客车安全、现场控制、安全环境”三个环节，坚持“安全第一、教育领先、领导负责、改革统揽、齐抓共干”五个必须），安全生产持续稳定。各类行车事故267件，较1998年下降12.5%；路外伤亡事故1596件，实现无责任重大路外伤亡事故5019天。

本年 中国铁道建筑总公司年内发生职工因工伤亡事故98起，轻伤86人，重伤9人，死亡32人（含非本企业人员4人、民工9人），其中中铁十五局死亡8人，中铁十九局死亡10人。

本年 年内成都铁路局建立、健全路局、分局、站段三级安全生产委员会并强化其职能。重新公布《成都铁路局安全委员会职责及会议制度》，定期召开三级安全分析例会。

本年 沈阳铁路局实行安全生产逐级负责制。年内沈阳铁路局以贯彻落实安全生产逐级负责制为主线，规范管理，强基达标，党政工团齐抓共管，开创运输安全新局面，至1999年12月31日，实现安全生产855天，创历史最高水平。其具体做法是：①狠抓安全生产逐级负责制的运作。②严格考核，注重质量。③把安全生产逐级负责制与用人、用工、分配紧密相联。

本年 至年底，全路累计保有安装机车监控装置12415台，比1998年增加442台，安装率99.2%。监控装置综合运用指标比1998年提高，全路平均入段良好率99.3%，全路平均记录文件转储成功率99.7%，途中非正常放风率全路平均每10万公里2.53件。

本年 年内通过组织调研，铁道部将机务系统5个行车安全装备管理规章调整为3个。它们分别是《机车技术管理规则》《机车行车安全装备管理规则》及《机务段机车运用安全计算机管理系统管理规则》。

本年 年内全路发生责任职工死亡事故69件，职工死亡100人，职工千人死亡率0.032。与1998年相比，死亡事故增加4件，上升6.2%；死亡人数增加14人，上升

16.3%。其中：铁路局发生24件，同比减少8件；职工死亡39人，同比增加7人，上升21.9%。运输人员每百亿吨公里（换算周转量）死亡率0.23，同比上升15%。工程总公司发生18件，同比减少6件；职工死亡22人，同比减少22人，下降50%。建筑总公司发生16件，同比增加13件；职工死亡28人，同比增加24人，上升6倍。工业总公司发生5件，同比增加1件；职工死亡5人，同比增加1人，上升25%。物资总公司发生4件，同比增加2件；职工死亡4人，同比增加2人，上升100%。通号总公司发生1件，职工死亡1人，同比净增1件、1人。部在京直属单位中，只专运处死亡1人，净增1人。1999年路外伤亡有这么几个特点：①重大死亡事故增加。年内发生责任重大死亡事故8件，死亡42人，重伤23人，轻伤67人。与1998年相比，重大死亡事故增加4件，上升100%；死亡增加15人，上升55.6%；重伤增加14人，上升155.6%；轻伤增加62人，上升12.4倍。②公路交通事故激增。全路发生公路交通事故16件，造成路内外人员死亡47人，重伤10人，轻伤43人。其中，属于路内责任9件，死亡铁路职工26人，比1998年增加14人，上升117%。在属于路内责任的9件公路交通事故中死亡的铁路职工人数，超过车辆伤害死亡人数的半数，占全路职工死亡人数的26%。其中，重大交通肇事7件，造成路内外死亡36人、重伤5人、轻伤42人。③施工事故多发。

本年　年内全路发生行车重大、大事故25件，比1998年减少3件，下降10.7%。25件重大、大事故中，客运列车冲突1件，占4.0%；客运列车脱轨6件，占24.0%；其他列车冲突2件，占8.0%；其他列车脱轨14件，占56.0%；客运列车火灾2件，占8.0%。从全年行车重大、大事故的发生原因和构成因素看，行车安全存在以下几方面的问题：一是客车事故所占比例居高不下。25件重大、大事故中，发生在旅客列车上的9件，占36.0%。二是设备质量问题突出。由于车辆、线路等行车设备质量不良导致11件重大、大事故，占25件重大、大事故的44.0%。三是职工违章违纪问题仍然严重。重大、大事故中，因职工违章违纪而致的5件，占20.0%。四是社会治安不好，危及行车安全。全年发生由于关闭列车折角塞门、线路上设置障碍物、拆卸线路配件、盗窃货物等导致列车脱轨重大事故5件，造成严重损失，占全年重大、大事故的20.0%。

本年　年内全路从事有害作业人员306571名，年内检查出职业病患者255人，发病率0.083%；据不完全统计，职业病死亡212人。

本年　乌鲁木齐铁路分局成立安全监察大队，履行行车安全监察职责。并成立了行车质量监控中心，下设乌西、吐鲁番、鄯善3个地区监控所，总人数达94人。

2000年

1月10日　“周恩来号”机车牵引K13次旅客列车抵达上海站。至此，“周恩来号”机车已安全走行500万公里。

1月13日　铁道部召开全路政法工作电视电话会议。会议提出2000年铁路系统政法工作总目标：确保铁路治安大局稳定，内部不发生影响稳定的重大事件；重大刑事犯罪活动得到有效遏制，侦破案件总量和破案质量大幅度提高；站车治安管理做到有序可控，杜绝客车爆炸和重大火灾事故；政法队伍建设要上新水平，干警形象要有新面貌，杜绝严重违法违纪事件，一般违法违纪率大幅度下降。

1月17日　铁道部召开全路春运电视电

话会议，对2000年全路春运工作作出部署。2000年铁路春运工作的目标是：安全正点、平稳有序、优质服务、效益良好。

1月18日 中央社会治安综合治理委员会铁路护路联防工作小组在北京召开全体会议。会议确定了2000年全国铁路护路联防工作要点。

2月29日 全国总工会和国家经贸委在北京联合召开全国“安康杯”竞赛总结、表彰电视电话会议，表彰1999年度“安康杯”竞赛优胜企业。全国共有317个企业受到表彰，铁路有12个企业荣获“安康杯”优胜企业奖。

3月15日 铁道部召开全路安全生产紧急电视电话会议，贯彻落实江泽民总书记3月12日关于安全生产的重要批示，动员全路广大干部职工，迅速行动起来，开展为期一个月的以防火、防爆、防破坏和消除设备隐患为主要内容的安全生产大检查活动，确保运输生产安全。

4月11日 铁道部召开全路安全生产电视电话会议，传达贯彻党中央、国务院召开的加强安全生产防范安全事故电视电话会议精神，进一步动员全路广大干部职工扎扎实实继续抓好运输安全工作，部署开展安全生产大检查“回头看”活动。

4月20～27日 部领导率领由部运输指挥中心、科教司、安监司、公安局及中车总公司、铁道部科学研究院等单位组成的提速平推检查组，添乘机车对陇海线、兰新线上下行8000余公里的线路基础、机车车辆、牵引供电、通信信号、道口防护、行车组织、治安秩序等进行了全面检查，并对提速工作提出要求。

4月28日 铁道部召开全路运输电视电话会议，部署“五一”节日期间铁路运输安全工作。部长傅志寰出席会议并作重要讲话。

5月1日 新《铁路技术管理规程》正式颁布实施。新《技规》适应技术进步、设备更新和列车提速要求，在许多方面有重要修订。铁道部机关各部门以新《技规》为依据清理有关文件、电报，全面修改《铁路行车事故处理规则》《铁路运输调度工作规则》《铁路机车操作规则》《机车运用规程》《铁路货物运输管理规则》及有关工务、电务的维修规则等，其中多数已颁布实施。各铁路局修订《行车组织规则》，大多数铁路局新《行车组织规则》已实施，站、段等基层单位以新《技规》、新《行车组织规则》为依据修改《车站管理细则》《段管理规则》。安全生产基本规章制度进一步完善。把《围歼旅客列车事故100条措施》等纳入有关规章之中，使铁路运输安全的基本法规进一步完善、规范。同时各业务部门清理和修改有关运输安全的规章、制度、办法、措施等，并根据新技术的采用和行车设备的变化，制定一些新的管理措施。安全生产基本规章制度进一步完善，以新《技规》为核心的中国铁路安全技术管理体系形成。

5月7日 兰州西站一辆货车起火爆炸，致使重伤2人、轻伤8人，直接经济损失277万元。起火原因系货主伪报品名托运的易燃易爆液体，装载容器不符合规定，受冲撞破损液体漏溢产生大量气体，遇火花发生爆炸。

5月13日 13时48分，1909次货物列车运行至湘黔线贵阳铁路分局管内白秧坪—水山坡间K767+481.6m处，机后第46位（P623134840，整零）颠覆，47位（XN17A5272843，集装箱）脱轨，致车辆报废1辆、中破1辆，中断行车9小时20分。

5月27日 铁道部召开全路安全大检查及“回头看”活动总结电视电话会议。会议总结全路贯彻落实江泽民总书记重要批示、开展安全大检查及“回头看”情况，部署下一步安全工作，进一步巩固和发展安全大检查成果，推进“规范管理、强基达标”工作的深化落实。总调度长常国治主持会议。会上，兰州、哈尔滨铁路局和建筑总公司介绍了安全大检查及“回头看”的情况。

同日 为贯彻落实江泽民总书记关于安全工作的重要批示和国务院安全生产电视电话会议精神，3月15日～5月15日，铁道部在全路范围内开展了以防火、防爆、防破坏和消除设备隐患为主要内容的安全大检查和“回头看”活动。期间，全路共抽调22823名干部，组成4292个检查组，对2814个站段、5680个车间、6332个班组、775列旅客列车、9137公里线路、1500个道口、725个工程施工点进行了检查，共发现各类问题10.9万件，已经解决9万件，整改率达到83%，消除了一大批威胁安全生产的隐患和问题。

6月6日 北京铁路分局丰台机务段“毛泽东号”机车组截至2000年6月6日，创国内铁路机车安全运行700万公里的新纪录。

6月7～8日 全国创建安全文明铁道线工作经验交流会在山西省太原市召开。会议交流创建安全文明铁道线的经验，探索铁路治安社会化管理的路子，要求把创建安全文明铁道线工作提高到新水平。中央纪律检查委员会常务副书记、中央社会治安综合治理委员会副主任、最高人民检察院检察长韩杼滨出席会议并作重要讲话，铁道部领导出席会议并在会上就深入开展创建安全文明铁道线工作作了讲话。全国29个省、市、自治区综治委（办）、公安厅（局）负责同志，实行民兵护路的18个省军区参谋长，全路14个铁路局的负责人参加会议。

6月8日 铁道部建立安全监察特派员制度。到6月底，长春、南京、武昌、贵阳、兰州五个安全监察特派员办事处已全部挂牌。

6月12日 6时40分，乌鲁木齐铁路分局管内连续出现中量降雨，兰新线二十里店至达坂城K1801+800m处和廿十里店至盐湖K1812+000m公里处雨水积聚漫过钢轨，其中：上行线K1801+800m处路基边坡冲掉10米，危及行车安全，分局有关领导组织乌鲁木齐工务段和乌鲁木齐电务段等单位和部门有关人员赶赴现场抢险。于8时19分排除险情。

6月14日 17时15分，由广州开往乌鲁木齐的X295次行包专列（22辆，1148吨，33.0计长）运行至兰新线武威铁路分局管内梧桐泉—许三湾间K644+345m处，机后8位、9位、18位脱轨，10～17位颠覆，其中16、17位侵入上行线，致车辆报废6辆、大破2辆、中破3辆，线路损坏350米，中断上行线行车9小时29分，下行线22小时15分。

6月30日 铁道部召开全路道口安全紧急电视电话会议，贯彻吴邦国副总理批示精神，部署道口安全工作。

7月1日 《铁路行车事故处理规则》于1999年12月25日在铁道部部长办公会议上通过，2000年4月28日发布，7月1日起施行。1987年12月10日铁道部发布的《铁路行车事故处理规则》（铁安监〔1987〕1102号）同时废止。

同日 20时28分，南昌开往北京西的K147次旅客列车运行至浙赣线南昌铁路局管内昌傅站K699+183m处有人看守道口，与一辆抢道的摩托车相撞，摩托车被推至8号道岔处，将道岔1、2、3连接杆击弯，致道岔四开，机后1～9位客车脱轨颠覆，死亡1人（摩托车驾驶员），重伤2人（旅客），轻伤3人（旅客），机车小破，客车中破9辆，线路损坏410米，摩托车报废，上行线中断行车8小时01分，下行线中断21小时26分。

7月10～11日 全路运输安全工作座谈会在北京召开。铁道部部长傅志寰及总调度长常国治、铁总主席黄四川出席会议并讲话。会议认真学习贯彻江泽民总书记关于安全生产的重要批示和党中央、国务院对安全生产的部署和要求，分析安全形势，统一思想，提高认识，动员全路干部职工开展安全大检查，推动"规范管理、强基达标"的深入落实，下大力量解决危及安全的突出问题，进一步稳定全路运输安全局面。铁道部部长傅志寰出席会议并讲话。

7月11日 铁道部向全路发出通知，根据江泽民总书记关于安全生产的重要批示和国务院紧急通知精神，决定在全路开展为期两个月的安全大检查。

7月12日 广州系列爆炸案件告破。自1999年11月起，集团管内的京广、京九两线连续发生3起爆炸破坏铁路案件，广铁公安局调集360余名警员，经过120天奋战，抓获千里流窜、屡作大案的犯罪嫌疑人，一举破获这3起案件。7月12日，集团召开表彰大会，表彰破案功臣单位和个人。公安部批准，为侦破专案组记集体一等功一次。

8月7日 《合资铁路与地方铁路行车安全管理办法》于2000年8月7日在铁道部部长办公会议上通过，10月1日发布施行。

8月9日 10时52分，2410次货物列车（16辆，1185吨，21.9计长）运行至黔桂线贵阳铁路分局管内打羊—筹洞间K359+013m处，机后1～10位车辆（6辆棚车、4辆敞车，均为重车）脱轨，致机车小破2台，货车中破7辆、小破3辆，中断行车23小时48分。

8月11日 铁道部新修订的《铁路主要技术政策》（以下简称《技术政策》）发布。该《技术政策》是铁路技术发展的纲要文件，1983年首次公布实行，1988年、1993年曾经两次修改，1998年10月再次修改和补充。新《技术政策》增加《铁路行车安全》一章，强调坚持"安全第一"的原则，要以行车安全为核心，保障旅客运输安全为重点，加强管理，完善行车安全保障体系。

本月 铁道部安全监察司在原白城铁路分局召开全路劳动安全工作现场会，推介其开展劳动安全综合考核评价工作经验，下发《关于学习白城分局经验，深化劳动安全综合考核评价工作的通知》（安监〔2000〕19号），提出在运输系统深入开展"以劳动安全综合考核评价为载体，强化过程控制，严格结果考核，实现劳动安全规范管理"的活动。

9月7日 15时57分，成都开往北京西的8次旅客列车（19辆，1051吨，45.4计长）运行至成都铁路分局管内宝成线竹园坝—东坝（线路所）间K402+370m处，副司机巡视走廊时发现机后邮政车（UZ25B8051）通风孔冒黑烟，马上返回向司机报告；司机确认后立即与运转车长、线路所联系。同时，该次列车"三乘"人员也发现火情，乘警使用紧急制动阀停车。列车停于东坝线路所，乘务人员使该邮政车脱离列车并组织灭火。事故导致邮政车中破，中断行车1小时08分。此为行车大事故。

9月8日 铁道部召开全路安全大检查总结电视电话会议。会议总结全路贯彻落实江泽民总书记关于安全生产的重要批示和国务院《关于切实加强安全生产工作有关问题的紧急通知》要求，开展安全大检查的情况，部署下一步运输安全工作，进一步巩固和发展安全大检查成果，推进"规范管理、强基达标"的深化落实。会上，沈阳铁路局、广州铁路（集团）公司和工程总公司介绍了开展安全大检查的做法。

9月22日 零时20分，608次旅客列车运行至局管内南疆线喀什—阿图什间K1426+769m处司机发现前方线路约100米处道心有异物，立即鸣笛减速，距 70 米左右发现道心睡卧的是人，采取非常制动，但因制动距离不够，停车后发现在第 4 ～ 5 位车下 4 人已经死亡、1 人重伤，立即将 4 具尸体移出线路，1 名伤员抬上列车后开车送前方站医院。因伤势过重，伤者在列车到达前方阿图什站以前已死亡。列车区间停车 24 分，这起事故造成在道心休息的 5 名维吾尔族青年死亡。事故发生后在喀什地区人民政府、疏附县人民政府的领导下，事故处理及善后工作于 9 月 24 日上午 10 时完成。这起事故是发生在南疆新线上一起最严重、一次死亡人数最多的路外伤亡事故。自治区人民政府主席阿不来提•阿不都热西提和副主席吾甫尔都作出了重要批示，结合这起事故乌鲁木齐铁路局与喀什地区、阿图什市人民政府召开了两地的护路防伤、道口安全管理现场会议。南疆铁路临管处和南疆两地、州、市县掀起了一个路外安全宣传的高潮，广大村民又受到了一次铁路安全知识的教育，增强了自我保护意识。

9 月 25 日　21 时 14 分，2767 次货物列车（53 辆，3518 吨，69.1 计长）以 75 公里 / 小时速度运行至京广线长沙铁路总公司管内哲桥站 3 号道岔 K1805+852m 处，机后 5 ～ 29 位颠覆，30 位脱轨，导致货车报废 13 辆、大破 10 辆、中破 2 辆、小破 1 辆，线路损坏 375 米，中断上下行线行车 56 小时 46 分。

10 月 1 日　中华人民共和国铁道部第 5 号令《合资铁路与地方铁路行车安全管理办法》正式发布。《办法》共分总则、安全管理责任、运营条件、设备和运用安全管理、道口安全管理、行车事故处理和安全情况通报和罚则七章。

10 月 5 日　21 时 42 分，银川开往上海西的 398 次旅客列车（18 辆，938 吨，39.6 计长，银川客运段担当）运行至陇海线郑州铁路局西安铁路分局管内咸阳站，机后 9 位餐车 CA92157 着火，致客车报废 1 辆，该列停运 1 小时 28 分。此为行车重大事故。

10 月 7 日　乌鲁木齐铁路局实现无责任行车重大、大事故 1700 天。

10 月 21 日　昆明局实现无责任行车重大、大事故 1300 天，铁道部通报表彰，发给奖金 26 万元，授予“安全正点当好先行”锦旗一面。

10 月 27 日　7 时 59 分，南昌开往景德镇的 K860 次旅客列车（6 辆，351 吨，14.1 计长）运行至京九线南昌局管内横岗—向塘间 K1466+400m 处，机车及机后 1、2 位硬座车脱轨，3 位硬座车前台车抬起，无人员伤亡，机车中破 1 台，客车中破 2 辆，中断行车 2 小时。

10 月 29 日　6 时 55 分，昆明开往重庆 162 次旅客列车（17 辆，968 吨，计长 40.3）运行至川黔线重庆铁路分局管内小南娅站 9–H 号道岔处，机后 14 位 YZ43039、15 位 YZ43027、16 位 KD98230 脱轨，无人员伤亡。客车中破 2 辆，发电车小破 1 辆；正线行车中断 5 小时 34 分。此为旅客列车脱轨重大事故。“10 · 29”电务行车重大事故发生后，全路电务系统安全电视电话会议召开，传达傅志寰部长的重要批示，对电务系统存在的违章作业深层次问题，进行反思和剖析，决定从 11 月 11 日至 12 月 31 日，在全路电务系统开展为期 50 天的“四查”活动。“四查”即查思想、查领导、查管理、查违章作业。

11 月 18 ～ 19 日　全路营业线施工安全主管局长座谈会在北京召开。

11 月 26 日　18 时 23 分，52337 次列车运行至乌北—文光间 K14+701m 无人看守道口前，司机突然发现有一辆中型客车由南向北抢越道口，当时距道口约 100 米，火车司机鸣笛边采取非常制动，因距离太近，停车不及与中型客车在道口相撞，机车过道口 40

米停车。中型客车系乌鲁木齐市客运公司汽车，当时车上共有22名乘客1名司机，其中2名乘客死亡、2名重伤、10人轻伤，机车小破，中型客车破损，20时20分线路开通，中断正线1小时57分。

11月27～29日 全国铁路运输安全工作会议在北京举行。会议总结2000年以来全路运输安全情况；分析面临的形势；部署2001年运输安全工作；进一步发动全路干部职工深入贯彻江泽民总书记关于安全生产的重要批示和党中央、国务院对安全生产的要求，紧紧扭住“规范管理、强基达标”不放，继续推进安全基础建设，努力实现运输安全基本稳定。铁道部部长傅志寰出席会议并讲话，铁道部领导作了题为《抓落实，求深化，大力推进“规范管理、强基达标”》的讲话。

12月19日 乌鲁木齐铁路局召开表彰大会，隆重表彰防止旅客列车颠覆事故的哈密车务段柳树泉站助理值班员王垦，铁道部发出《关于对王垦防止旅客列车大事故表彰通报》，路局党政工团作出《关于对王垦同志防止旅客列车颠覆事故表彰奖励的决定》。路局授予王垦“主人翁”称号，记功一次，奖励2万元。

12月26日 “毛泽东号”机车换型揭幕仪式在北京铁路局丰台机务段隆重举行。铁道部部长傅志寰与北京市政协副主席宋维良出席仪式并为新机车揭幕。“毛泽东号”机车自1946年10月30日命名以来，已历经四次换型。截至2000年11月底，“毛泽东号”机车组已安全走行700多万公里，创造了全路机车安全生产的最高纪录。

12月28日 铁道部召开全路安全紧急电视电话会议，贯彻《国务院办公厅关于认真吸取河南洛阳东都商厦“12·25”特大火灾事故的沉痛教训，切实加强元旦春节期间安全工作的紧急通知》精神，动员全路广大干部职工，迅速行动起来，立即开展一次安全生产大检查，深入查摆问题，切实消除隐患，确保运输生产安全。

12月31日 锦州铁路分局实现无责任行车特大、重大、大事故4973天，无责任客车险性事故2712天，无责任火灾爆炸事故7091天，无责任职工死亡事故808天，无责任旅客死亡事故4022天，无责任重大路外伤亡事故10950天。连续13年实现安全年，安全成绩居全路各分局之首，创造历史新纪录。

同日 乌鲁木齐局实现安全生产1785天无责任行车重大、大事故。

同日 北疆铁路公司实现无责任行车重大、大事故3000天和第八个自然安全年。

本月 年内根据铁道部规划，全路重点强化的六项新安全技术装备全部通过部级审查或鉴定，进行安装。电气集中车站微机监测设备安装500个车站；数字通信记录仪安装1092个车站、6600台机车；提速机车轴温监测报警装置安装511台；京哈、京沪、京广三大干线红外线轴温探测装置更换光子探头全部完成；车站非正常作业进路安全监督装置，部安排的55套和铁路局自己订购的90套全部上齐；4个编组站安排设置15台超偏载仪，74个重点货运站安排设置76台轨道衡。这些新技术装备的投入运用，对解决安全惯性问题起了重要作用。

本月 昆明铁路局安监室实有17人，由主任1人、副主任3人，车务（客货）、机务、工务、电务、车辆、车机联控、轨道车、外伤监察各1人，分析监察1人，值班监察2人，路外安全宣传电影放映员1人，汽车驾驶员1人组成。

本年 年内安全科研主要成果：①完成货车脱轨在线检测系统的研制，调集各类货车完成北京环行铁道试验线试验，在镇江站运用考核。②完成信号微机监测系统等6项行车安全项目推广计划的审查、鉴定，协调并组织第二次联合攻关，实现统一标准，统一软件、硬件。③完成安全综合检测车系统的综合设计，各子系统软件、硬件的开发及控制设备的选型和招标、评标工作；完成钢轨探伤车关键设备室内 90 公里 / 小时探伤试验和北京环行铁道试验线 20 公里 / 小时探轮、伺服及伤损识别的试验；80 公里 / 小时的钢轨探伤车关键技术通过技术审查。④研制成功 LKJ2000 型列车运行监控记录装置，在广深线等 5 个机务段的 4 种机型、7 种信号制式的线路上进行运用考核累计 60 万公里。⑤监督抽查客车阻燃材料的产品质量，抽查了塑料薄膜、橡胶地板、ABS 板材、电线电缆等 6 个品种 22 个工厂，其中 13 个工厂不合格，合格率 40.9%。

本年 年内由铁道学会组织召开学会第二届学术年会。年会由 20 多个专业委员会协办，以技术装备确保行车安全为主题，结合安全技术装备展览，组织了红外线轴温探测技术，强化信号技术装备、确保行车安全，全路大型钢轨探伤车等学术研讨。铁道行业 180 名代表参加此届年会，收到论文 174 篇；46 个单位参展，展板 230 块，参观者有 106 个单位 3000 多人。防止专用线脱轨撞车的道岔表示器成交额突破 100 万元。

本年 “九五”期间，适应实行资产经营责任制、确立铁路局市场主体地位的要求，铁道部改变过去管得过多过细的管理方式，强调实行逐级负责制，明确铁路局是安全管理的主体。管理方式的转变和管理责权的明确，为铁路局创造性地抓好安全工作提供了施展空间。各铁路局发挥主观能动性，创造性地落实“规范管理、强基达标”，很多单位都形成了具有本局特点的安全管理模式和方法。“九五”与“八五”相比，全路重大、大事故减少 44 件，减幅 30.5%；百万机车总走行公里重大、大事故率由 0.02 件降为 0.012 件，下降 40%；险性事故减少 456 件，减幅 62.8%。这些成绩，是在主要干线连续三次大范围提速、全路扭亏增盈任务艰巨、深化改革和减员分流难度很大、建设施工任务繁重的情况下取得的。

本年 年内全路发生责任职工死亡事故 51 件，死亡 65 人（中国铁路工程总公司、中国铁道建筑总公司、中国铁路机车车辆工业总公司、中国铁路通信信号总公司统计数字均截至 2000 年 9 月，下同），事故件数和死亡人数分别比 1999 年减少 18 件、35 人，下降 26% 和 35%。其中重大责任职工死亡事故发生 4 件，下降 50%。全路发生锅炉压力容器设备重大事故 3 件，消灭锅炉压力容器爆炸事故，实现锅炉压力容器安全使用。

本年 年内全路营业线发生道口交通事故 1094 件，其中重大事故 11 件；伤亡 936 人，其中死亡 365 人，重伤 344 人，轻伤 227 人；事故损坏汽车 460 辆，拖拉机 244 台，其他车辆 274 辆；事故造成铁路损坏机车 288 台、车辆 154 辆、线路 918 米，中断正线行车 387 小时，直接经济损失 2216 万元。本年与 1999 年相比，道口事故和重大事故分别下降 0.5% 和 31.3%，是 1980 年以来道口事故件数最少的一年。

本年 年内全路发生行车事故（重大事故、大事故、险性事故和 A 类一般事故）827 件。行车事故率为每百万机车总走行公里 0.471 件；其中行车重大、大事故 19 件，比 1999 年减少 6 件，下降 24.0%。重大、大事故率为百万机车总走行公里 0.011 件，比 1999 年减少 0.004 件。险性事故 60 件，比 1999 年增加 3 件，上升 5.3%。A 类一般事故 748 件。全路（准轨）发生路外伤亡事故 13324 件，比 1999 年增加 681 件，上升 5.4%。其中重大路外伤亡事故 11 件，比 1999 年减少 5 件，下降 31.3%。事故导致人员死亡 8916 人（日均 24.4 人），比 1999 年增加 520 人，上升 6.2%；重伤 3875 人（日均 10.6

人），比 1999 年增加 118 人，上升 3.1%；轻伤 601 人，比 1999 年增加 11 人，上升 1.9%。事故中断行车累计 2146 小时，比 1999 年增加 19 小时，上升 1.0%。

从全年发生的行车事故看，行车安全存在以下几方面问题：①工务安全问题突出，导致多起重大事故。工务部门违章作业造成重大事故 4 件，线路几何尺寸严重超限造成重大事故 1 件，水害导致路基坍塌造成重大、大事故 4 件。以上 3 项共 9 件，占全年发生的 19 件重大、大事故的 47.4%。②旅客列车事故所占比例居高不下。19 件重大、大事故中，旅客列车为 11 件，占 57.9%。11 件重大路外伤亡事故中，8 件涉及旅客列车，占 72.7%。③职工违章违纪仍是导致事故发生的重要因素。全年发生的重大、大事故中，因职工违章违纪造成的 7 件，占 36.8%；60 件险性事故中，22 件是因违章违纪所造成的，占 36.7%。④社会治安不好，危及行车安全。年内由于拆卸线路配件、爆破线路炸断钢轨而致列车脱轨的重大事故 4 件，占全年重大、大事故的 21.1%。⑤路外伤亡事故件数和损失增加。全年重大路外伤亡事故件数虽然比 1999 年减少，但路外伤亡事故总件数、事故造成的伤亡人数、中断行车的时间都较 1999 年有所增加。

本年 年内全路惯性事故中，车辆伤害、坍塌、高处坠落事故死亡人数分别为责任职工死亡总数的 44.6%、14% 和 3.0%，分别比 1999 年下降 5.4、7.0 和 6.0 个百分点。运输系统劳动安全关键点控制措施的实行，有效控制了职工死亡事故发生，职工死亡人数比 1999 年下降 12.8%。运输人员每百亿吨公里（换算周转量）死亡率 0.19，比 1999 年下降 17.4%。14 个铁路局中除柳州铁路局、广铁（集团）公司外，12 个铁路局的人身安全指标考核合格，职工死亡率控制在 0.3‰以内。

本年 年内上海铁路局内燃、电力机车（除 ND2）全部安装机车安全信息综合监测装置（简称 TAX2），规范、统一了机车各种安全监测设备的安装和管理。

本年 年内全路各单位把开展“安全生产周”活动和“安康杯”竞赛活动作为提高职工安全生产意识、落实各项安全防范措施的重要形式。铁道部竞赛组委会获全国总工会和国家经贸委颁发的“全国‘安康杯’优秀组织奖”；昆明铁路局，佳木斯、北京、襄樊等铁路分局，乌鲁木齐铁路局南疆临管处，上海铁路局上海建设集团公司，第十六工程局，工程总公司内昆指挥部，资阳内燃机车工厂，哈尔滨木材防腐厂 10 个单位获“全国‘安康杯’优胜企业奖”。昆明铁路局，第十六工程局，建厂工程局获铁道部和中华全国铁路总工会颁发的“劳动安全奖杯”。

本年 年内在全路考核安全成绩的 165 个机务段中，有 161 个段消灭险性及以上事故，占机务段总数的 97.6%。保持 1000 天以上消灭险性及其以上事故机务段 156 个，占机务段总数的 94.5%。

至年底，全路机务部门实现无客车冒进信号险性事故 2223 天。

年内 全路 14 个路局机务部门消灭责任行车重大、大事故，其中 11 个局机务部门消灭险性及其以上行车责任事故。乌鲁木齐、兰州、上海、呼和浩特、郑州、哈尔滨、柳州、南昌、北京、济南、昆明、沈阳、成都 13 个局机务部门保持 1000 天以上无责任重大、大事故安全成绩，其中乌鲁木齐局以安全 3633 天的成绩继续居全路机务部门首位。

本年 年内机务部门组织起草机车轴承温度报警及无线录音两项设备技术条件，参与组织技术鉴定及计划编制，组织推广工作，签订购置轴承温度报警装置 662 台及无线列调录音装置 6154 台合同。这两项装置的安装分别超额完成铁道部下发本年度安装计划的 20% 及 5%，为在段机车的改造奠定基础。至年底，全路列车速度监控装置装车 13389 台，占应装车量的 99.7%，全路干线内燃机车、电力机车已普及使用安全监控装置。

本年 年内机务部门修订并发布《机车行车安全装备管理规则》，组织编制《监控装置业务工作标准》草稿；配合新运行图实施，组织各相关单位修改监控装置控制参数；根据新图车次位数的要求，组织对全路监控装置软件进行适应车次升 5 位的改造；组织机车标签、地面识别设备的兼容试验及设备供应和安装工作，完成机车标签安装 5162 台、闸楼识别设备 47 处；组织机车标签适应车次升 5 位的技术改造工作。

本年 全路机务专业工作会议年内在兰州铁路局召开，推广兰州局结合本局情况，贯彻落实“规范管理、强基达标”指导思想，赋予安全基础建设新内涵，调整优化生产布局，推进机车中修基地建设的经验。该经验引起全路机务系统广泛关注和重视，被称为机务安全基础建设的第二个里程碑。

本年 在 54 个局间交界口车站安装地面识别设备 AEI132 套，实现向铁道部传输数据的联调要求，为车号系统顺利投产创造条件。

本年 年内全路各单位运用脱产培训、岗位练功、知识竞赛等方式，对职工进行新《技规》培训，重点抓领导干部和行车主要工种人员的学习。铁道部对铁路局领导班子及副局级以上领导干部进行新《技规》考试，铁路局抽查基层单位新《技规》的学习培训情况。

本年 全年发生火灾 73 起，直接经济损失 792 万元，死 2 人、伤 22 人，比 1999 年起数下降 18.9%，经济损失上升 18.3%，死伤人数上升 2 倍。其中，发生特大火灾 2 起、重大火灾 4 起，重、特大火灾比 1999 年增加 3 起。

本年 年内全路运输安全装备得到改善。1 万多台内燃机车、电力机车安装了列车运行速度监控、记录装置，机务系统建成运行安全管理系统；车站集中联锁的微机监控系统研制成功；车辆红外线轴温监控系统基本成网，第二代红外线轴温检测装置更趋成熟，监控网络和维修体系形成；货车垂下品、超偏载等检测装备研制成功，轨道检测车、接触网检测车投入运用；旅客列车道口安全报警系统，接发列车防错办装置等安全设备广泛应用；货车脱轨在线检测系统的研制取得初步成果。

本年 年内发布两个安全法规：①《铁路行车事故处理规则》于 1999 年 12 月 25 日在铁道部部长办公会议上通过，2000 年 4 月 28 日发布，7 月 1 日起施行。1987 年 12 月 10 日铁道部发布的《铁路行车事故处理规则》（铁安监〔1987〕1102 号）同时废止。②《合资铁路与地方铁路行车安全管理办法》于 2000 年 8 月 7 日在铁道部部长办公会议上通过，10 月 1 日发布施行。

本年 各铁路局制定切实培训规划，明确培训对象、内容和标准，按照不同线路、不同工种、不同职业技能标准，实施职工分类技术培训。快速列车机车乘务员、车辆检车员、列车乘务员和主要干线车站值班员等须通过系统培训考核，持证上岗。许多单位建立“职工下岗－培训提高－竞争上岗”的环流机制，按照铁道部人员素质达标要求，改进和加强职工培训工作。在工资分配上，各单位加大对运输安全的考核力度，以促进干部作风转变，增强职工保安全的责任感和自觉性。

本年 各铁路局加大对主要干线的投入，特别是对三大干线，集中人力、物力、财力，加强线路、桥梁、涵洞、隧道等设施及牵引供电、通信信号等设备的整治。部分车站安装电气集中微机监测装置，实现联网监控。许多单位对无线列调盲区进行补强，更新部分无线列调设备。

本年 一些单位实行尾数下岗和积分待岗制度，竞争环境的形成增加了职工压力，也使其产生自觉搞好安全生产的动力。多数单位深化收入分配制度改革，加大安全生产与收入分配的捆绑力度。有些铁路局和铁路分局建立安全奖励基金，加大对单位安全生产的奖罚力度，促进安全管理责任的落实。

2001年

1月10日 以铁道部领导为组长的国务院安全检查第七小组，开始对铁路运输系统为期10天的安全生产检查。

1月11日 5时21分，郑州开往昆明的1337次列车运行到湘桂线军田村至大溶江区间K314+350m处，因机后10位餐车起火，7时10分扑灭大火。造成该列车晚点5小时04分，中断正线行车2小时21分。

2月1日 铁道部、中华全国铁路总工会发出通知，决定授予杨宝童等10名机车司机为“十佳机车司机”称号，李龙江等210名机车司机为“安全司机标兵”称号。

2月7日 23时，绵阳—广州L361次旅客列车15号卧铺车厢列车乘务员张焰，从11号车厢将乘务员休息所用棉被抱到15号车厢广播室，其所衔点燃的香烟被碰落，寻找未果，锁门离去。2月8日零时，放在广播室内的棉被被烟头引燃起火，被旅客发现。张焰拉动列车紧急制动阀，迫使列车在焦柳线赶子幽至西斋区间K781+542m处紧急停车。火势蔓延至整个车厢，导致旅客4人被烧死，旅客财产被毁，YW63882号车厢车体报废，经济损失19.62万元，中断行车4小时39分。经成都铁路运输法院开庭审理此案，依据《中华人民共和国刑法》有关规定，以失火罪判处张焰有期徒刑6年。

2月27日 全国人大副委员长王光英为哈尔滨铁路局佳木斯分局实现安全生产10周年题词：“安全优质，人民满意”。全国职工思想政治工作研究会会长袁宝华题词：“以人为本，科教兴局，改革创新，当好先行。”中国国际工程咨询公司董事长屠由瑞题词：“十年安全路，实干铸辉煌。”铁道部部长傅志寰向哈尔滨铁路局干部职工表示衷心祝贺和崇高的敬意。铁道部和黑龙江省政府分别作出表彰决定。

3月22日 铁道部召开全路安全工作紧急电视电话会议，部长傅志寰就全路安全、治安问题与各铁路局局长、党委书记对话，并发表重要讲话。

3月28日 全国铁道团委决定命名哈尔滨铁路局团委等13个单位为“青年安全工作优胜单位”。

4月7日 14时27分，30181次货物列车运行至兰新线铁泉—珍珠泉间K36+515m处时，列车突遭加速强风的袭击。其中机后11节车厢被大风刮下线路颠覆，3节车厢脱轨倾斜，停车后7节车辆上部厢体被刮下线路颠覆。中断行车47小时55分，造成行车重大事故。

4月20日 6时14分，北京开往齐齐哈尔的T47次旅客列车（编组18辆、993吨、42.9计长）运行至滨洲线安达站下行出站180/178号道岔处（辙岔号为9号），机车（东风4D3089）及机后4～8位客车颠覆，机后1～3位、9～14位客车脱轨。旅客死亡2人，重伤2人、轻伤22人；机车中破1台，客车报废3辆、大破6辆、中破4辆、小破1辆；线路损坏732米，轨枕损坏1300根；行车未中断。

4月21日 铁道部召开全路运输安全电视电话会议。会议要求全路紧急动员起来，迅速扭转安全被动局面。部长傅志寰出席会议并讲话。

4月26日 铁道部召开全路运输安全电视电话会议。会议传达贯彻国务院副总理吴邦国在国务院安全生产委员会第一次全体会议上的讲话精神，并就铁路系统安全生产及“五一”旅游黄金周运输工作作出部署。

5月12日 1998年10月14日，张贵春、梁士广在吉林—大连634次旅客列车10号车厢3号包房用尖刀对同车厢的许某的胸、腹等部位猛刺10余刀，致其死亡。2人抢走许某的人民币16300余元，手机2部及其他物品。列车行至辽阳车站，2人逃逸。此案当时是震惊全路的重大刑事案件。逃离期间，梁士广伙同他人又进行2次抢夺犯罪；此前还有1次伤害犯罪。2001年5月11日，梁士广被抓获，向公安机关提供了与张联系的电话号码。5月12日，张贵春被抓获。经沈阳铁路中级法院审理，依照《中华人民共和国刑法》有关条例，判处张贵春死刑，剥夺政治权力终身，并处没收个人全部财产；判处梁士广犯抢劫罪、故意伤害罪、抢夺罪，决定执行死刑，缓期2年执行，剥夺政治权力终身，并处没收个人全部财产。

5月17日 全路安全生产专项整治工作会议在北京召开。会议根据国务院安全生产委员会关于开展安全生产专项整治工作的整体部署，针对铁路当前安全生产中存在的突出问题，动员全路干部职工迅速行动，深入开展安全生产专项整治，坚决消除威胁安全生产的隐患，防范重大、特大事故的发生，确保铁路安全生产形势的稳定。

同日 铁道部下发《关于开展安全生产专项整治的实施意见》，确定8个方面的专项整治任务。①加强爆炸物品和危险品运输安全管理。②加强站、车、公众聚集场所消防安全管理，防止火灾爆炸事故发生。③完善提速区段行车设备，加快道口平交改立交工程，保证第四次提速调图顺利实施。④加强非正常情况下行车安全控制。⑤强化锅炉压力容器和小煤窑安全整治，防止重大伤亡事故发生。⑥全面清理涉及安全生产的行政审批项目。⑦开展装载加固及超限货物运输安全专项整治，防止货物装载不良导致行车事故。⑧严格专用线和专用铁路货物运输安全管理，杜绝货运重大事故发生。

5月28日 41032次货物列车在猛洞河—施溶溪间脱轨，造成货车大破5辆，中、小破各2辆，中断行车41小时11分，构成重大事故，责任列其他，直接经济损失160万元。

同日 铁五局电务处56011次轨道车在辰溪—小龙门间撞死3人、撞伤6人（均系怀化工务段民工），构成重大伤亡事故，列铁五局电务处责任。

本月 国务院副总理吴邦国2001年4月28日在全国安全生产电视电话会议上的讲话精神，全路从5月下旬开始至11月末，深入开展以遏制重大、特大事故、消除事故隐患、完善防范措施为目的的安全生产专项整治活动。

6月12日 全路实现连续两周年无货车热切轴事故，创造了防燃防切工作的历史最好纪录。铁道部发出贺电，向各铁路局、货车修造厂及有关单位的干部职工表示祝贺和感谢。

6月23～24日 全路运输安全工作座谈会在北京召开。会议深入贯彻国务院的部署，总结全路运输安全工作情况，分析存在的问题，对进一步搞好安全专项整治，推动安全基础建设提出了要求。傅志寰部长讲话，蔡庆华副部长作会议总结。

7月7日 呼和浩特铁路局安全生产实现无责任重大、大事故1000天，并实现安全年。

7月11日 莫家贤曾因盗窃铁路运输物资被判刑，莫明敬对其父犯抢劫罪被判刑不满，2人萌生以爆炸铁路对社会和铁路进行报复的念头。2000年11月上旬，莫家贤纠集莫明敬、莫明东、姚秀波、姚再付等人蓄谋以炸铁路泄愤。莫家贤选定爆炸地点。莫明敬、莫明东以“炸鱼”为名，向龙和军索要炸药。龙和军将其私自持有的2包炸药中的1包重3千克，交给莫明敬、莫明东，与莫家贤将炸药转藏于姚秀波家。11月15日晚，姚秀波用农用四轮车，在莫家贤的引导下，将莫家贤、莫明敬、姚再付载到施爆地点。姚秀波事前提供雷管、导火索，完成爆炸装置组装，并将爆炸装置置于黔贵线K263+276m处。16日凌晨4时55分爆炸装置被引爆，导致炸点处钢轨被炸断，北海开往成都的K143次旅客列车牵引机车油箱被炸坏，1节行李车厢和3节硬座车厢脱轨，黔贵线中断行车8小时33分。直接经济损失70.08万元。姚秀波在被引爆前先行回家。之后，柳州铁路中级法院分别判处莫家贤、莫明敬犯破坏交通工具罪，判处死刑，缓行2年执行，剥夺政治权利终身；犯盗窃罪，判处有期徒刑1年，并处罚金1000元；决定执行死刑，缓期2年执行，剥夺政治权利终身，并处罚金1000元。姚秀波犯破坏交通工具罪，判处无期徒刑，剥夺政治权利终身；犯盗窃罪，判处有期徒刑3年，并处罚金1000元。姚再付犯破坏交通工具罪，判处有期徒刑12年，附加剥夺政治权利2年。莫明东犯破坏交通工具罪，判处有期徒刑7年。龙和军犯非法持有其他爆炸物品罪，判处有期徒刑5年。

7月13日　22时37分，一货物列车在达（川）成（都）线路上运行中，因装载的石油钻井用组合传动装置输出传动箱捆绑铁丝断裂而发生位移，超出车辆边梁1800毫米。一路“横扫”，致使沿途10多公里的电杆、线路标志和活生生的人被刮倒，造成路外人员死亡22人、受伤17人和财产重大损失，构成重大路外伤亡事故。

7月14日　铁道部召开全路运输安全紧急电视电话会议。会议认真贯彻吴邦国副总理的重要指示，要求全路深刻吸取教训，深入推进安全生产专项整治，确保安全形势稳定。副部长孙永福出席会议并讲话。

7月24日　铁道部发出《关于学习贯彻国务院安全生产委员会办公室紧急通报，全力做好铁路运输安全工作的通知》。通知要求迅速传达学习国务院安全生产委员会办公室紧急通报，把落实通报要求与深入查找和解决本单位安全生产中存在的问题结合起来，把安全生产专项整治与货装安全大检查结合起来，加大安全生产专项整治的力度，严肃查处有关责任者和追究有责任的领导，确保铁路运输安全生产形势的基本稳定。

7月31日　零时07分，格尔木机务段柯柯机务折返段机车（DF46067/3632）牵引34021次货物列车，运行到K395+657m无人看守道口处，与一辆由南向北抢道行驶的青A–20792号桑塔纳轿车相撞，伤亡7人，其中死亡6人，重伤1人，中断正线行车39分，构成重大路外伤亡事故。原因为汽车超速超载且抢越道口。

8月5日　铁道部发出嘉奖令，表彰济南铁路局、青岛铁路分局有关人员在防洪抢险中，以洪水为令，恪尽职守，高度负责，及时发现险情，采取果断措施，避免了一起特大行车事故的发生。号召全路认真学习济南铁路局、青岛铁路分局防洪抢险的负责精神和成功经验，努力防止水害事故，确保行车特别是旅客列车的安全。

8月28日　铁道部召开“7·13”重大路外伤亡事故处理电视电话会议。铁道部领导通报事故的主要原因，要求全路吸取事故教训，举一反三，深入开展安全整治，确保运输安全稳定。政治部主任王宪魁宣读铁道部对“7·13”重大路外伤亡事故的处理决定。总调度长常国治出席会议。

8月29日 铁道部召开全路安全生产专项整治工作电视电话会议。铁道部领导通报前一阶段全路开展安全生产专项整治工作情况，分析存在的问题，对搞好下一步专项整治工作提出要求。

8月30日 由铁道部国际合作司、安全监察司和日本国土交通省、日中铁道友好推进协议会共同组织的中日铁路安全研讨会在北京举行。会议旨在通过交流和研讨，有效地推动中日两国铁路在安全技术方面的交流与合作，促进两国铁路安全技术装备水平的提高。

9月2日 北京铁路局实现安全生产5周年。

同日 铁道部部长傅志寰在南京听取上海铁路局和铁道科学研究院关于“沪宁线行车安全综合监控系统”的汇报，视察了安装在T701/706次列车上的“旅客列车走行安全监测诊断报警系统”、镇江站的“道岔电气机械特性监测系统”和镇江南站的“车辆运行状态地面安全监测系统”，对系统的建设表示满意，指示要按综合系统考虑，尽快发挥效益。至年底，“车辆运行状态地面安全监测系统”等通过鉴定或评审，“沪宁线行车安全监控网络方案研究”监测网络方案设计完成。

10月21日 全国铁路第四次提速调图开始实施。提速调图交替平稳，客车始发、到达正点率分别达到100％和98.4%，实现了“确保安全、提高质量、秩序良好”的预定目标。

11月23～25日 全路运输安全工作会议在上海召开。会议全面总结2001年运输安全工作，重点分析当前运输安全存在的主要问题，交流落实“规范管理、强基达标”及开展安全生产专项整治的经验，研究深化完善“规范管理、强基达标”的措施，部署2002年全路运输安全工作。铁道部部长傅志寰出席会议并讲话。

12月3日 铁道部召开全路运输电视电话会议。会议要求各单位认真贯彻全路运输安全工作会议精神，切实抓好安全基础，进一步推进“规范管理、强基达标”的深化落实，并根据运输和季节特点抓好安全工作。

12月22日 17时03分，明水站公安派出所副所长房崇忠接到报案，有一伙犯罪嫌疑人在明水站停留的货物列车上盗窃运输物资。17时08分，房崇忠带领民警赶到发案现场，在抓捕犯罪嫌疑人过程中，房崇忠突然发现铁路轨道上放着一大袋煤炭，这时恰逢一列满载旅客的列车疾驰而来，此处是弯道，如果客车撞上煤袋，极会造成列车颠覆，直接威胁旅客生命财产安全。在这万分危急的关头，房崇忠奋不顾身冲上前去，奋力拖开铁轨上的煤袋，确保了旅客列车安全通过。就在他转身追捕趁机脱逃的犯罪嫌疑人时，不幸被另一疾驶而来的列车撞出10余米，壮烈牺牲。2002年6月，公安部追授他“全国公安系统二级英雄模范”称号，铁道部、铁道部政治部追授他“人民铁道卫士”称号。

12月31日 沈阳铁路局消灭责任行车重大、大事故，到年底实现安全生产1586天，创历史最高水平。

同日 北京铁路局实现无责任行车重大、大事故1946天，创建局48年以来历史最好成绩。

同日 昆明铁路局实现无责任行车重大、大事故1736天。

同日 全路首次实现无货装责任行车重大、大事故6周年和“第6个安全年”。货装安全相对稳定，确保铁路第四次大提速顺利实施，为实现全年货运收入大幅度增长创造条件。

本月 年内LKJ2000型监控装置开始推广应用。全路内燃机车、电力机车安装电子标签、车载标签编程器，通过列车运行监控装置获取列车车次信息。地面识别系统追踪列车运行信息状况良好。年内机车标签安装14550台，完成计划的100%。

本年 年内北京铁路局开展的机车乘务员“机车百趟安全正点竞赛活动”中，实现“百趟安全正点”的司机3144名、副司机1663名、司炉46名。其中实现“500趟至800趟安全正点”的司机1937名、副司机1282名、司炉30名；实现“800趟至1000趟安全正点”的司机780名、副司机321名、司炉16名；实现“1000趟安全正点”的司机427名、副司机60名。

本年 安全周期延长，3月、10月、12月，全路实现三个“安全月”。运输安全相对稳定。

本年 保证第四次提速调图顺利实施。全路工务部门更换提速道岔1353组，改造曲线366处、165公里，封闭栅栏1430公里，整治桥梁病害1317孔，整治路基病害2879处，铺设60公里/米无缝线路294公里，更换失效轨枕108723根，全路专项整治期间完成道口平交改立交154处。处理影响机车乘务员瞭望的树木10766株。电务部门完成提速区段车站直进弯出信号开放时电码发双黄码的改造；非标计算机联锁改造完成14个站，其余30个站按计划正在改造中。机车车辆方面，22型客车换装209转向架400辆；在22型、25B型客车上加装漏电报警装置4000辆。全路专项整治期间完成道口平交改立交154处。

本年 严格专用线和专用铁路货物运输安全管理，杜绝货运重大事故发生。铁道部下发《关于开展专用线专用铁路货物运输安全生产专项整治的通知》，从规章制度贯彻、运输协议和共用协议规范、装卸车管理、交接检查、运输员和货运员培训、设备管理等5个方面提出要求。

本年 全面清理涉及安全生产的行政审批项目。为贯彻执行《国务院关于特大安全事故行政责任追究的规定》，严格行政审批程序，2001年铁道部下发《铁道部有关安全生产若干事项行政审批职责》，明确部运输局、科技教育司、建设管理司、公安局、发展计划司、财务司6个司局及工程设计鉴定中心的审批项目共42项。

有关安全生产的行政审批项目。各路局根据部文件要求，清理整治局管内有关部门在涉及安全生产事项行政审批分工和职责范围界定不明确的问题。

本年 根据铁道部统一部署，年内电务系统全面开展安全生产专项整治。铁道部运输局基础部颁发《关于电务部门开展安全生产专项整治的实施意见》文件，制定十条具体落实方案。各路局结合实际情况，分解细化《实施意见》，逐项落实到责任单位和责任人，摸清设备底数，筹措资金，合理安排人力、物力，使专项整治工作在全路电务部门有序地全面展开。至年底，全路完成正线出站直进弯出信号开放时电码化发双黄码的改造，完成可动心轨大拉板改造，消除北京、上海、南昌等局18信息移频轨道电路存在的安全隐患，加强对分路不良的站内轨道电路和道口电务设备的整治和管理等，排除大量安全隐患，许多长期存在的设备质量问题得以解决。

本年 在安全方面存在的主要问题。一些单位安全形势不稳定，尤其是旅客列车事故的比例较大。在11件重大事故中，旅客列车重大事故6件，占54.5%；在4件大事故中，旅客列车大事故3件，占75%；在56件险性事故中，旅客列车险性事故8件，占14.3%。“2·8”旅客列车火灾重大事故、“4·20”旅客列车颠覆重大事故、“7·13”重大路外伤亡事故，性质严重，影响很坏，教训深刻。

本年 铁路发生职工死亡事故61件、死亡68人（重大职工死亡事故3件，死亡10人），其中列入统计的责任职工死亡事故27件、死亡29人，比上年减少3件、5人，下降10%和14.7%。按系统分，运输系统发生责任职工死亡事故22件、死亡24人，比上年减少8件、10人，下降26.7%和33.3%；第二勘察设计院、物资总公司发生责任职工死亡事故各1件、1人，分别净增1件、1人；铁通公司发生责任职工死亡事故3件、死亡3人。

本年 全路营业线发生道口交通事故887件，其中重大事故9件；伤亡843人，其中死亡314人，重伤288人，轻伤241人；事故损坏汽车400辆，拖拉机199台，其他车辆244辆；事故导致铁路机车损坏247台，车辆59辆，线路350米，中断正线行车411小时，直接经济损失1428万元。道口事故和重大事故与2000年比，分别下降19.8%和18.2%，全路运输安全工作会议提出的“道口路外伤亡事故明显下降”的总体目标实现。

本年 全路铁路运营系统发生火灾事故74起，直接财产损失582万元，死8人，伤1人。与2000年相比，火灾起数持平，财产损失下降28.8%，死亡人数上升3倍，受伤人数下降95.7%。

本年 全路发生重大火灾5起，比2000年增加2起。2月8日零时21分，绵阳—广州L361次旅客列车运行到焦柳线赶子幽至西斋间K781+542m处，机后第2位15号硬卧车厢起火。列车工作人员拉紧急制动阀停车，组织疏散旅客，分解列车。经地方消防队扑救，3时50分将大火扑灭，5时列车恢复运行。火灾导致4名旅客死亡，报废客车1辆，直接财产损失19.6万元。

本年 年内全路运输系统责任死亡率控制在0.03‰，运输系统14个铁路局中的北京、呼和浩特、乌鲁木齐铁路局和广铁集团公司全年未发生责任职工死亡事故，柳州、南昌铁路局责任职工死亡人数分别比上年下降57.1%和50%，哈尔滨、济南、上海、成都、兰州铁路局责任职工死亡人数与上年持平，沈阳、郑州铁路局责任职工死亡人数分别比上年上升66%和1倍，昆明铁路局责任职工死亡人数比上年净增1人。14个铁路局人身安全指标考核全部合格，责任死亡率均控制在0.03‰以内，实现了年度劳动安全控制目标。

本年 全路重点抓九项安全技术装备的落实。车站非正常作业进路安全监测装置安装155套；681个车站电气集中车站微机监测设备安装完毕，99个车站该设备完成改造；数字通信记录仪在3900个车站、4100台机车上安装，覆盖主要干线车站；提速机车轴温监测报警装置安装1434台，超计划230台；提速干线红外线轴温探测装置更换光子探头，完成2466个；34个车站非标计算机联锁改造完成13个；4个编组站安装15台超偏载仪，103个重点货运站安装165台轨道衡；大型养路机械装备262台。大部分单线和双线半自动闭塞区段安装列车尾部安全防护装置。

本年 为贯彻落实铁道部、中华全国铁路总工会《关于在全路开展机车百趟安全正点竞赛的通知》(铁工发〔1992〕82号文)，推动竞赛活动健康发展，保证运输安全，提高运输效益，铁道部、中华全国铁路总工会下发《关于在全路机务部门评选“十佳机车司机”的通知》(铁机函〔1993〕409号)，决定每年在全路评选“十佳机车司机”。从1994年至本年有80名机车司机获全路“十佳机车司机”称号。

本年 铁道部安全生产委员会进行重新组建。安委会的组成：主任，刘志军（铁道部副部长）。副主任，常国治（总调度长）

王麟书（总工程师）。

安委会工作机构设置。安委会下设办公室，办公室设在安监司。主任由安监司司长丁圻堮兼任，副主任由安监司副司长吕长清担任。办公室作为安委会的工作机构，具体负责安委会的日常工作。

2002年

1月2日　哈密铁路分局实现无责任行车重大、大事故4000天，获部安全奖杯。

1月6日　羊城铁路总公司实现无责任行车重大、大事故3000天，获部安全奖杯。

1月13日　佳木斯铁路分局实现无责任行车重大、大事故4000天，获部安全奖杯。

同日　铁道部发布《铁路企业伤亡事故处理规则》（铁道部令第7号）。该规则适用于中华人民共和国境内的国家铁路企业和国家铁路企业控股的合资铁路企业。《规则》规定，各级劳动安全监察机构是调查处理铁路企业伤亡事故的主管部门。规则对事故分类，事故报告，事故调查处理，事故统计、责任判定与考核，事故结案处理，事故统计报表以及罚则等内容作出规定。

2月8日　铁道部召开安全生产专项整治电视电话会议。会议传达贯彻全国安全生产电视电话会议精神，总结2001年全路安全生产专项整治情况，部署2002年安全生产专项整治工作。铁道部副部长孙永福出席会议。

2月9日　铁道部发布《铁道部关于重大事故责任追究的办法》（铁劳卫〔2002〕14号）。办法规定对重大铁路行车事故，重大路外伤亡事故，重大作业人员死亡事故，重大火灾事故，重大工程质量事故，民用爆炸物品和化学危险品重大事故，锅炉、压力容器、压力管道和特种设备重大事故，煤矿和其他矿山重大事故等9类重大死亡事故追究有关责任人员的行政责任、企业领导责任、直接责任。该办法适用于铁道部机关及部属各单位。合资铁路单位可比照执行。地方铁路单位可参照执行。

2月23日　北京铁路局实现无责任行车特别重大、重大事故2000天，获部安全奖杯。创建局49年来最好成绩，并获得“全国五一劳动奖状”和“全国思想政治工作优秀企业”称号。5年间，全局运输收入年均增长14.7%，货运量年均增长3%，客运量年均增长3.4%，换算周转量年均增长3%，实现了安全、效益“双赢”。

同日　大同铁路分局实现无行车重大、大事故2000天，获部安全奖杯。

2月28日　铁道部发布《铁路剧毒品运输跟踪管理暂行规定》（铁运〔2002〕21号）。铁路剧毒品运输信息跟踪是指以危险货物办理站为基础，在铁道部、铁路局、铁路分局和车站，根据不同层次管理要求，建立铁路剧毒运输跟踪管理信息，使运输指挥和管理部门及时掌握和严密监视剧毒品在铁路的运输信息和运行状况，以确保安全运输。铁路剧毒品运输跟踪管理由铁道部运输局负责方案规划和监督指导，铁路局负责方案实施和日常管理，铁路计算机中心系统负责软件开发、技术支持并保证系统正常运转。

3月11日　武威南房建生活段职工张志强，乘坐上海开往乌鲁木齐的T53次旅客列车返回武威，凌晨1时25分，站在5号车厢右侧门口的张志强同志，感觉车辆晃动严重，发现与6号车厢连接处有错位现象，立即告诉正在打扫卫生的列车员，列车员快速地通知了值班列车长。此时，巡检到该处的检车乘务员迅速打开连接处检查，并通知检车乘务长，当列车再次发生剧烈摆动，检车乘务员与赶到的列车长一起通知运转车长，要求停车检查，司机于1时35分将列车平稳停在双塔站内。经现场检查确认，该车二位转向架7位摇枕吊杆折断，安全钢丝绳折断，高度阀调整杆下部安装座撕裂，摇枕及摇枕托梁倾斜，摇枕托梁下部磨耗约2毫米，如果继续运行后果不堪设想。经甩车处理，列车于4时14分恢复运行，防止了一起旅客列车颠覆重大事故。为此铁道部、铁道部政治部、中华全国铁路总工会决定，对张志强同志的先进事迹在全路通报表扬，并授予火车头奖章，以资鼓励。

3月16日 兰州铁路局兰州站车辆检车员商英莲同志，在对乌鲁木齐开往上海的T54次旅客列车进行检查作业时，发现机后18位UZ25K8113二位转向架6位摇枕吊杆折断，4位抗侧滚扭杆安全吊承重变形，摇枕及摇枕托梁倾斜，经工长确认后，立即上报甩车处理，防止了旅客列车颠覆重大事故的发生，确保了旅客生命财产的安全。为表彰商英莲同志对铁路运输安全作出的突出贡献，铁道部、铁道部政治部、中华全国铁路总工会决定，对商英莲同志的先进事迹在全路通报表扬，并授予火车头奖章，以资鼓励。

同日 铁道部召开铁路局车辆系统安全紧急电视电话会议，部署CW系列转向架检查工作。

3月20日 受铁道部党组的委托，中华全国铁路总工会主席黄四川出席兰州铁路局召开的安全立功嘉奖表彰广播大会并讲话。大会宣布了铁道部、铁道部政治部、中华全国铁路总工会对兰州铁路局武威南房建生活段职工张志强、兰州车辆段站检商英莲防止T53次和T54次旅客列车颠覆重大事故、维护铁路运输安全作出的突出贡献，给予全路通报表扬，授予“火车头奖章”和对兰州铁路局通报表扬的决定，号召全路广大干部职工向张志强、商英莲同志学习。

3月22日 南昌铁路局实现无责任行车特别重大、重大事故1周年，获部安全奖杯。

3月24日 14时，辽宁省辽阳市五粮乡农民陈旭，在其原籍的公用磁卡电话，利用他人的200卡拨打广州市公安局的“110”报警指挥中心电话，声称广州火车站T68次旅客列车4号车厢有炸弹。广州铁路公安局接到报警后，组织防暴、消防警察，列车乘警，并从铁路沿线抽调近200名干警，对在始发站深圳站及东莞、广州东等站上车的旅客和行李进行登记检查，对T68次列车3、4、5号车厢重点布控和进行全面检查。列车从广州站开出后，仍有大量警员在列车上继续检查，同时对相关车站的候车室、售票厅、站台进行大规模搜查，均未发现炸弹。4天后陈旭被抓获归案。8月27日，广州铁路运输法院以编造恐怖信息罪，判处陈旭有期徒刑1年零6个月。

本月 吸取埃及旅客列车火灾事故教训，全路开展为期一个月的以站车防火防暴为重点的大检查，全面查找、整治火灾、爆炸安全隐患，对一些消防安全隐患突出的单位和场所进行停业整顿。

4月9日 杭州铁路分局实现无责任行车重大、大事故4000天，获部安全奖杯。

4月17日 山东省人民政府批准房崇忠为革命烈士；山东省委组织部追认其为中国共产党党员；公安部追授全国公安系统二级英雄模范称号；铁道部、铁道部政治部追授房崇忠“人民铁道卫士”称号。

4月18日 怀化铁路总公司实现无责任行车重大、大事故3000天，获部安全奖杯。

4月20日 哈尔滨铁路局实现无行车特别重大、重大事故1周年，获部安全奖杯。

4月22日 9时许，河南省卫辉市电力局在没有办理路局有关部门同意工程施工手续的情况下，就擅自在温县至卫辉站间进行跨越京广电气化铁路的电力线换线施工作业。这种行为，违反了《铁路运输安全保护条例》第23条规定，属于违法行为，给安全造成很大隐患；电线落下，一是如果打在接触网线上会造成接触网断电，中断行车；二是如果打在电力线上，会影响铁路线上的信号电源供电。局安全监察管理办公室接到职工报案后立即立案调查，并向卫辉市电力建筑安装工程有限公司下达铁路行政处罚决定书。依据《铁路运输安全保护条例》第78条规定，决定给予“责令整改，并罚款3万元”的处罚，真正实现了依法行政、依法管理，维护了铁路安全生产权利，标志着沿线综合治理由人治向法制转变。

4月28日 铁道部召开全路安全紧急电视电话会议，贯彻国务院副总理吴邦国的重要批示，动员全路全力以赴抓好运输安全工作，稳定安全局面。

4月30日 中华全国铁路总工会决定授予齐齐哈尔铁路分局等100个先进集体和哈尔滨铁路局哈尔滨工务段工长龙庆余等512名先进个人2002年“火车头奖杯”和“火车头奖章”称号。

5月1日 牡丹江铁路分局实现无责任行车重大、大事故3000天，获部安全奖杯。

5月7日 铁道部发出《关于授权铁路局对合资、地方铁路企业行使安全管理职责的通知》(铁办〔2002〕35号)。铁道部决定授权哈尔滨、沈阳、北京、呼和浩特、郑州、济南、上海、南昌、柳州、成都、昆明、兰州等12个铁路局和广铁（集团）公司对其管内的合资、地方铁路企业的行车安全管理依法行使监督、检查和业务指导的职责，对违反行车安全管理规章、标准和办法的行为依法处理。该通知6月1日起实施。

5月9日 铁道部召开全路运输安全生产紧急电视电话会议，贯彻落实国务院常务扩大会议精神和国务院领导关于加强安全生产的重要指示，深刻吸取民航发生的两起坠机事故教训，迅速动员全路全力以赴开展为期一个月的安全生产大检查，确保运输安全形势稳定。铁道部部长傅志寰出席会议并讲话。

同日 铁道部、铁道部政治部、中华全国铁路总工会发出嘉奖令，对发现K27次（国外国际联运车）旅客列车电机脱落并防止列车颠覆重大事故的沈阳铁路局锦州工务段道口员王跃辉全路通报表扬。

5月15日 铁道部安全委员会召开会议，研究贯彻落实全国安全生产电视电话会议和《紧急通知》精神的措施，决定向全路转发国务院办公厅《紧急通知》，要求全路迅速行动起来，开展铁路系统安全大检查。铁道部部长傅志寰出席会议并讲话。铁道部安全委员会副主任、总调度长常国治主持会议。

5月22日 中华全国铁路总工会主席黄四川在出席中华全国总工会推广铁路职代会保安全经验现场会暨全国工会劳动保护工作会议上，介绍了铁路系统职代会确保运输生产安全和维护职工人身安全的经验。

5月30日 铁道部召开全路运输安全电视电话会议。会议总结了前一段安全大检查工作，进一步动员全路干部职工开展好“安全生产月”活动，确保铁路运输安全稳定。

5月中旬～6月中旬 为贯彻落实国务院第58次常务扩大会议精神和国务院领导关于加强安全生产的重要指示，全路开展以查“安全意识、安全管理、设备质量、职工两纪”为主要内容的安全大检查。

6月4日 铁道部召开电视电话会议，蔡庆华副部长就安全大检查情况同铁路局局长进行对话。

6月4～13日 铁道部领导率国务院安全生产大检查第三检查组对铁道系统进行安全生产大检查。这次大检查旨在落实国务院第58次常务扩大会议和“5·14”全国安全生产电视电话会议精神，进一步推动各级安全生产责任制的落实。第三组主要在北京、南京、上海、杭州、广东等铁路地区检查铁路、桥梁、隧道、道口、机车车辆、通信信号等设备的养护维修和保护情况，劳动纪律和作业纪律执行情况，指挥调度情况，车站和旅客管理情况，易燃、易爆和危险化学品的检查情况和铁路沿线治安综合治理情况。

6月4日、14日 郑州铁路局管内新菏线上行线K94+300m和K87+075m处，两次被犯罪分子拆卸夹板，致使2516次客车和41104次货车机车排障器撞坏，被迫停车。

郑州铁路公安局组成近百名民警的专案组，经过现场勘查和调查摸排、取证工作，于6月24日将犯罪嫌疑人刘平学抓获。经审讯，犯罪嫌疑人刘平学交代了因自家开的理发店2000年被工商所罚款150元，对方未开收据，由此不满，又遭人嘲讽，心理严重失衡。他曾于5月6日自杀未遂，随即产生制造影响，报复社会的想法，于是制造上述两起在铁路线上拆卸夹板，企图颠覆列车的案件。

6月5～6日 国家经贸委主任李荣融率国务院安全生产大检查第一组到铁道部检查工作。铁道部副部长蔡庆华主持汇报会。李荣融在听取铁道部的汇报后，肯定铁道部对安全工作思想上是重视的，工作扎实细致，采取了一系列措施，工作落到了实处。他要求对地方铁路的监管必须抓到底，严格起来。他希望铁路的管理方式，随着市场经济的发展和改革的深入不断改进，确保铁路运输安全。

6月6日 在蔡庆华副部长的陪同下，国务院安全生产检查组第一组有关人员检查了京承线西马庄监护道口的安全工作情况；听取了北京西车辆段的安全生产工作汇报，在检修库实地查看了车辆检修的情况。

6月7日 19024次货物列车行至湘黔线上行线K784+650m处，临线（下行线）上有6人为躲避10067次货物列车，距离19024次150米时突然上道，司机鸣笛并采取紧急制动措施（当时速度为53公里/小时，曲线半径300米，瞭望距离150米），因距离太近停车不及，当场撞死5人（两男三女），另外1人（男）为躲避跑入两线之间时被10067次列车中部刮撞致死。区间停车时间10时20分，10时43分区间开车。构成重大路外伤亡事故。

6月8～9日 西安灞河上游山洪暴发，洪峰流量58.7立方米/秒。9日13时40分左右，洪峰到灞桥，尚未复旧完成的部分二级平面河床防护及垂裙工程很快被冲毁，严重危及桥梁稳定。正在桥下施工的西安工务段施工负责人高瑞东立即派人设置停车防护信号，同时组织职工将41108次列车拦停在距桥头仅30米处，13时50分灞河桥4号墩倾倒。14时30分请求灞桥车站封锁陇海线窑村—灞桥区间，及时向工务段领导汇报。分局、路局和部领导先后赶赴现场，确定抢修方案，全面展开抢险。经过分局勘测设计所工程技术人员和西安工务段职工的努力，将陇海线与西康线便线于10日零时55分接通。中断9小时32分的陇海线恢复单线行车。17时，成立K1061线路所，日通过能力达90余对。铁道部领导现场指挥，陕西省、西安市政府领导及当地群众大力支持配合，经过西安铁路工程集团公司职工的日夜奋战，新灞河大桥8月18日建成通车。

6月18日 铁道部安全生产委员会召开第五次会议暨铁道部防洪指挥部会议。会议传达国务院领导近日对铁路防洪工作的重要批示和国家防洪抗旱总指挥部紧急会议精神，听取2002年铁路防汛抗洪工作汇报，进一步研究部署铁路当前防汛抗洪工作。铁道部部长傅志寰出席会议并讲话。

6月22日 受江泽民总书记和朱镕基总理的委托，国务院副总理温家宝亲临陇海线灞河桥抢险工地，慰问抢建灞河新桥的铁路职工实地考察大桥抢险改线情况。温家宝副总理代表党中央、国务院慰问全体参加抢险改线工程的干部职工，鼓励全体参战干部职工艰苦奋斗、再接再厉，为早日建成新的陇海铁路灞河大桥作出贡献。

6 月 23 日 诞生于 1946 年 10 月的“毛泽东号”机车组，在半个多世纪的铁路运输实践中，总结出“责任心 + 责任制 + 基本功 = 安全”的基本经验，截至 2002 年 6 月 23 日，“毛泽东号”机车已在万里铁道线上安全驰骋 55 年，走行 765 万公里，防止各类行车事故 397 件，成为全国铁路安全运输的一面旗帜，被原铁道部部长吕正操誉为“中国铁路第一车，新世纪的火车头”。

6 月 28 日 铁道部召开全路安全大检查总结电视电话会议。会议对前一阶段的安全大检查进行总结，对继续抓好安全工作提出要求。

7 月 4 ～ 5 日 全路运输安全工作座谈会在北京召开。会议贯彻落实党中央、国务院关于安全生产的重要指示，总结上半年运输安全工作，分析面临的形势，部署下半年运输安全工作，动员全路进一步增强安全责任意识，集中力量，狠抓落实，确保全路运输安全稳定。铁道部部长傅志寰出席座谈会并讲话。

7 月 12 日 铁道部发出通知，要求部属各单位、各合资铁路公司和各地方铁路，认真学习宣传贯彻《中华人民共和国安全生产法》，深入推进铁路安全生产工作。

7 月下旬～ 8 月上旬 吸取沈阳局“7·7”客车重大事故教训，保证暑运安全，全路组织开展以确保客车安全为重点的大检查活动。

8 月 9 日 铁道部召开全路运输安全电视电话会议，通报近期发生的几起严重事故和运输安全情况，动员全路迅速采取行动，集中力量抓好当前运输安全工作，确保运输安全稳定，迎接党的十六大召开。铁道部部长傅志寰到会讲话。

8 月 12 日 铁道部发出通知，要求部属各单位、各合资铁路公司和各地方铁路，认真学习宣传贯彻《中华人民共和国安全生产法》，深入推进铁路安全生产工作。

同日 铁道部召开全路发挥政治优势，确保安全稳定电视电话会议。会议要求全路发挥“三个作用”（正确舆论的导向作用，思想政治工作的保证作用，党员干部的表率作用）；实现“两个确保”（确保运输安全，确保铁路稳定），以优异成绩迎接党的十六大胜利召开。

8 月 13 ～ 15 日 铁道部在北京举办全路《安全生产法》骨干培训班。

8 月 18 日 陇海铁路灞河新桥开通庆祝大会在大桥新址举行。铁道部部长傅志寰和陕西省委书记李建国、代省长贾治邦出席大会并讲话。傅志寰部长宣布新建灞河桥正式开通。

8 月 22 日 铁道部召开运输安全电视电话会议，通报全路运输安全情况，动员全路集中力量抓好运输安全工作，迎接党的十六大召开。会议宣布，铁道部组成 10 个专业检查组和 6 个地区安全特派员办事处工作组，到各铁路局进行安全调研和指导，加强安全工作。

8 月 24 日 铁道部召开全路确保安全和稳定工作电视电话会议，贯彻江泽民总书记关于维护稳定的重要批示和全国维护稳定工作电视电话会议精神以及国家安全生产委员会第三次会议精神。政治部主任王宪魁主持会议，并对贯彻落实会议精神提出要求。

8 月 26 日 铁道部《关于十五期间深入推进铁路安全规范管理强基达标工作的意见》（铁办〔2002〕62 号）明确提出了“十五”期间铁路运输安全工作的总体要求是，“贯彻执行《中华人民共和国安全生产法》，继续深入推进“规范管理、强基达标”，实现安全生产“有序可控、基本稳定”，保证铁路改革开放和现代化建设的顺利进行。”

9月8日 大秦线37057次列车66辆重5511吨到达柳村南站时，因车站外勤助理值班员在作业中关闭列车机后第1位车辆前端折角塞门，导致车辆制动失灵，于零时8分撞上38061次客车底，刮坏秦皇岛港务局4号翻车机，造成调车冲突重大责任事故。

9月9日 铁道部召开全路运输安全电视电话会议，通报近期发生的几起严重事故和运输安全情况，动员全路迅速采取行动，集中力量抓好当前运输安全工作，确保运输安全稳定，迎接党的十六大召开。铁道部部长傅志寰到会讲话。

9月24日 铁道部召开全路运输电视电话会议，铁道部领导对切实做好“十一”旅游黄金周铁路运输工作，确保国庆节至党的十六大召开期间铁路运输安全稳定提出要求。

10月10～31日 深入贯彻落实中共中央、国务院部署，全路开展以“保安全、保稳定、迎接十六大”为主要内容的安全生产大检查。各单位对查出的问题建立问题库，责任到人，限期整改，消除一大批安全隐患。

10月15日 70001次超限货物列车在大龙站脱轨，直接经济损失915万元，中断上行线10小时38分、下行线42小时17分，构成重大事故，责任列其他，直接经济损失915万元。

10月19日 全路安全稳定工作座谈会在北京召开。会议研究部署当前和党的十六大期间确保铁路安全稳定工作，为党的十六大胜利召开创造良好环境。

11月1日 《中华人民共和国安全生产法》施行，8月28日为进一步推动学习贯彻施行的《中华人民共和国安全生产法》，铁道部、铁道部政治部、中华全国铁路总工会、全国铁道团委发出通知，要求在全路职工中广泛开展学习《安全生产法》知识竞赛活动。

11月8日 “朱德号”电力机车挂匾仪式在株洲电力机车厂举行。这是中国以领袖名字命名的机车首次用上电力机车。“朱德号”机车从1946年的M3型蒸汽机车到这次的韶山4型电力机车，经历了三次换代四次换型，司机长已换了20任。截至2002年10月底，“朱德号”机车组已安全走行652.1万公里。

12月8日 “朱德号”机车换型剪彩仪式在哈尔滨机务段举行。黑龙江省副省长马淑洁、铁道部总调度长常国治、局长何洪达、局党委书记李卓奇、株洲机车厂厂长李志轩，北京局“毛泽东号”机车司机长葛建明，上海机务段“周恩来号”机车司机长蔡玉兴出席了剪彩仪式。“朱德号”机车命名于解放战争时期，为新中国的成立和建设立下了不朽的功勋。

12月31日 南昌铁路局实现无责任重大、大事故648天，创建局以来最好成绩。

本年 按照中宣部、国家安全生产监督管理局、全国总工会、共青团中央《关于开展“全国安全生产月”活动的通知》和铁道部《关于在全路开展“安全生产月”活动通知》要求，将每年5月份开展的全国“安全生产周”活动改为每年6月的“全国安全生产月”。

本年 台湾省铁路行车事故846件，较2001年的857件减少11件，下降1.28%。行车事故死伤人数233人，较2001年的279人减少46人。就肇事原因分析，其中以行走路线死伤68人最多，占29.18%；其次依次为强越平交道死伤55人、占23.61%，列车未停跳车48人、占20.60%，由车厢颠落31人、占13.30%，其余各类均在6%以下。

本年 昆明铁路局管辖线路地处云贵高原山区，塌方落石、溶岩陷穴、山体滑坡、路基下沉等病害频繁。为确保防洪期间运输安全，制定印发《防止沿线落石影响行车的承包试行办法》（昆铁劳〔2002〕163号），对局属各工务段、机务段实行危岩落石发现率、防撞率指标承包制，拨专款160万元，用于承包奖惩。各承包单位分区段，责任到人，把巡道工、看守工等重点岗位人员纳入落石承包考核范围，实行干部、职工奖金与落石次数挂钩考核。整个汛期，落石发现率和防撞率达到98%以上，落石撞车事故大幅度减少。加大落石区段检查，发现危石及时处理，全局共清除山体危石2843处，累计2530.4立方米。

本年 LKJ2000型监控装置2001年开始推广应用，年内全路在机车及动车组安装该装置300余台。

本年 为加强红外线轴温探测系统的监控，实现轴温的连续跟踪，确保行车安全，根据铁道部统一部署，济南铁路局于2002年3月完成红外线轴温探测系统的跨局及分局间的联网，并在此基础上，于11月底建成路局监控中心，在全路率先完成了全路联网任务。

本年 “安全司机标兵”评选。为提高机车乘务员执行规章制度、坚持标准化作业的自觉性，调动机务部门职工积极性，为铁路运输安全提供保证，铁道部和中华全国铁路总工会1988年决定建立机车司机和机务段安全生产称号制度。机车司机连续乘务20年或100万公里未发生任何行车事故者，由铁道部命名为“安全司机标兵”，该活动每年一次。至本年，3250名机车司机获全路“安全司机标兵”称号，其中364名司机获本年度全路“安全司机标兵”称号。

本年 开展“十佳机车司机”评选。从1994年至本年有90名机车司机获全路“十佳机车司机”称号。

本年 国有铁路企业发生人身伤害事故71件，死亡94人（重大死亡事故5件，死亡23人），比上年增加10件、26人，上升16.4%和38.2%；其中责任死亡事故35件，死亡49人，分别比上年增加8件、20人，上升29.6%和69%。全年运输系统发生责任死亡事故28件，死亡42人，分别比上年增加6件、18人，上升27.3%和75%；第一、第二、第四勘察设计院发生责任死亡事故4件，死亡4人，分别比上年上升3倍；铁通公司发生责任死亡事故3件，死亡3人，与上年持平。

年内运输系统14个铁路局中有10个铁路局责任死亡率均控制在万分之零点三的目标内。运输业从业人员每百亿吨公里（换算周转量）死亡率0.245。全路43个铁路分局中，实现连续300天以上无责任死亡事故的31个，比上年同期增加1个分局。海拉尔分局连续6158天无责任死亡事故。通辽、吉林、太原、天津、西宁分局和怀化、羊城总公司7个单位均保持2000天以上无责任死亡事故。

本年 年内铁道部安监司组织首期“职业安全健康管理体系”内审员培训班。全路220名劳动安全管理干部经过培训，初步掌握了体系的基本概念、体系结构、实施方法，并取得“国家职业安全健康管理体系内审员”资格证书，为铁路企业建立“职业安全健康管理体系”培训骨干力量。

本年 年内各单位按照铁道部党政工团联合发文的精神，形式多样地开展“安全生产月”活动。郑州铁路局组织“中原铁道安全行”小分队，南昌铁路局组织“安全质量万里行”活动小组，呼和浩特铁路局和海拉尔、通辽铁路分局开出宣传车，宣传安全生产法律法规和活动主题内容。“安全咨询日”活动。6月份开展的“安全咨询日”，铁路单位主管领导带领有关部门人员在车站、列车、广场、主要街道设立咨询台、开办图片展览、发放宣传资料，组织签名竞猜和文艺演出。“安康杯”竞赛活动。各单位按照全国“安康杯”竞赛组委会活动通知要求和铁道部部署，借鉴往年开展此项活动的经验，广泛宣传，积极参与。

本年 全路行车事故总件数明显减少，全年行车事故608件，其中重大事故13件、大事故8件、险性事故37件、一般事故（A类）550件，总件数比2001年减少175件，下降22.3%；全年重大路外伤亡事故8件，比2001年减少3件，下降27.3%。成都铁路局实现全年无责任重大事故；郑州、济南、昆明3个局实现全年无责任重大事故、大事故；呼和浩特铁路局实现全年无责任重大事故、大事故及险性事故。安全周期延长，1月、5月、11月、12月，全路实现4个“安全月”。运输安全稳定为推进铁路改革与发展、落实新一轮资产经营责任制、实现客货运输收入大幅度增长奠定基础。

全路全年行车重大事故13件，比2001年增加2件，其中客车重大事故4件，占30.8%；行车大事故8件，比2001年增加4件，增加1倍，其中客车大事故3件，占37.5%；险性事故37件，其中客车险性事故8件，占21.6%。这些事故反映出安全基础仍然不牢，安全隐患和漏洞还大量存在。

本年 年内全路营业线发生道口交通事故728件，其中重大事故7件；伤亡663人，其中死亡245人，重伤258人，轻伤160人。事故损坏汽车367辆、拖拉机152台、其他车辆221辆，损坏铁路机车217台、车辆58辆、线路915米，中断正线行车382小时，直接经济损失1220万元。道口事故和重大事故与2001年相比，分别下降17.9%和22.2%。铁路道口事故和伤亡人数从1993年起呈逐年下降趋势，本年是1976年以来道口安全情况最好的一年。

本年 年内沪宁线行车安全监控系统，包括车辆运行状态地面安全监测系统等12项技术装备的建设取得重要进展，其中车辆运行状态地面安全监测系统通过技术鉴定，并从新选点进行实际安装运行。根据车辆运行状态，对状态较差的货车确定4级标准，即A类为必扣车、B类为重点跟踪监测车、C类为跟踪观察车、D类为一般观察车，并提出相应的扣车、维修方案。通过实际运行，目前每月扣修5～10车，此标准将上报部批准后实施。

本年 全路各单位落实铁道部关于加强职工培训的规定，按照每人两年内不少于10天脱产培训的要求，以突出强化实作能力、非常正常情况下作业能力和应变能力为重点，开展业务技能和岗位培训。

2003年

1月31日 全路运输生产连续100天无行车重大事故，实现了跨年度3个安全月。

2月4日 铁道部召开全路紧急电视电话会议，确保春运和全国人大、政协会议期间铁路的安全和稳定。副部长孙永福出席会议并讲话。

2月6日 衡阳北站派出所民警雷宏在巡查线路治安时，发现一违章横跨铁路的摩托车卡在路轨上，危及行车安全。他奋不顾身排除了险情，自己却被疾驶而来的旅客列车撞倒，光荣牺牲。公安部、铁道部联合发出唁电，称赞他为了人民利益而不惜牺牲自己的壮举是全国公安民警和全国铁路职工的光荣。9日，铁道部、铁道部政治部作出《关于向雷宏同志学习的决定》。10日，中央政治局委员、公安部部长周永康，铁道部部长傅志寰向雷宏同志敬献了花圈。

3月3～18日 全路开展防火防爆安全大检查。

3月5日 铁道部召开电视电话会议，

贯彻落实国务院副总理温家宝和铁道部领导关于抓好站车防火防爆的批示，部署在全路开展防火防爆安全大检查工作。

3月28日 铁道部转发国务院办公厅《关于进一步加强安全生产工作的紧急通知》，部署在全路开展安全生产大检查。

4月8日 铁道部、中华全国铁路总工会决定授予哈尔滨铁路局林口机务段刘忠宝等10名同志全路十佳机车司机称号，余维定等364人全路安全司机标兵称号。

4月9日 铁道部召开全路安全工作电视电话会议，传达贯彻中央领导同志关于安全生产的重要指示、国务院办公厅《关于进一步加强安全生产工作的紧急通知》和国务院召开的全国安全生产电视电话会议精神，深刻吸取煤矿、交通等行业发生的多起特大事故教训，确保铁路安全形势的稳定进行部署。之后，铁道部组织11个专业检查组分赴运输生产一线进行安全大检查工作，对安全大检查工作进行指导。

4月24日 中共中央政治局常委、国务院副总理黄菊同志给铁道部领导打电话，指出："铁路在防治非典工作中任务很重，安全运输生产任务也很重。前一段时间铁道部和全国铁路干部职工很辛苦，做了大量富有成效的工作，特向全路干部职工表示慰问。希望大家注意身体健康，再接再厉，继续全力以赴抓好防治非典工作，并搞好铁路安全运输生产，为打胜防治非典这场硬仗作出更大贡献"。

4月30日 铁道部召开全路电视电话会议，铁道部领导对防治非典工作和抓好运输安全生产问题与各铁路局局长、党委书记对话，提出了要求。

5月4日 铁道部召开部安全生产委员会第10次会议，研究《确保铁路运输安全稳定的工作措施》《铁路运输安全技术创新规划》，部署铁路运输安全重点工作。

同日 铁道部召开部安全生产委员会第11次会议，传达学习国务院召开的全国农村非典防治工作电视电话会议精神和国务院领导同志对安全生产工作的指示，部署当前铁路运输安全工作。

5月11日 全路实现行车无责任重大、大事故200天的好成绩，创历史最好纪录。

5月27日 铁道部召开全路第六次防治非典工作电视电话会议，传达贯彻落实国务院领导的重要批示，通报广州至上海K48次列车和广州至昆明1165次列车疫情处理不力的情况和应吸取的教训，对进一步做好防治非典工作进行了部署。

6月21日 铁道部发布《关于公布铁道部规章及规范性文件清理结果的通知》（铁政法〔2003〕39号），公布铁道部现行有效的规章611件，明令废止规章及规范性文件263件，宣布失效规章及规范性文件106件。对继续有效的铁路法规、规章、规范性文件，组织编纂《中国铁路法规、规章及规范性文件大全》。铁路安全法规也在清理之列。

6月28日～7月1日 铁路跨越式发展研讨会和全路运输安全工作座谈会在北京召开。铁道部原部长刘建章出席会议并讲话。铁道部副部长王兆成出席会议并做了题为《认真执行〈安全生产法〉，深化安全基础建设，为铁路跨越式发展创造运输安全的良好环境》的讲话。会议强调要深入贯彻《安全生产法》，依法管理，把安全生产纳入法治轨道。坚定不移地深化安全基础建设，以提高设备质量、提高职工队伍素质和规范安全管理为重点，不断强化运输安全基础。突出抓好客车安全尤其是提速客车安全，确保铁路运输安全的稳定。

7月2日 铁道部召开铁路运输安全生产电视电话会议，副部长王兆成出席会议并讲话。

7月4日 铁道部副部长王兆成主持召

开铁道部安全生产委员会第十二次会议，通报国务院安全生产第三检查组对铁路系统的检查情况；传达学习黄菊副总理在听取国务院安全检查组检查情况汇报会上的重要讲话精神，研究深化安全生产专项整治工作意见；落实黄菊副总理关于铁路道口安全问题的重要批示和铁道部领导的指示，研究如何解决铁路道口安全问题。

7月11日 铁道部决定从7月中旬至11月底开展安全生产专项整治工作。

8月19日 全路实现300天无责任行车重大、大事故，再创历史最好成绩。

9月5日 铁道部召开全路安全电视电话会议，通报兰州铁路局“9·1”货物列车脱轨重大事故及近期全路安全情况，铁道部副部长孙永福、胡亚东出席会议并讲话。

9月15日 西宁铁路分局成立安全监察大队，西宁和格尔木分别成立分队，受主管副分局长领导，受分局安全监察室的业务指导。由安全监察室主任兼任队长，西宁、格尔木各设一名分队长。根据工作需要设置车务、机务、工务、电务、综合五个专业监察员共计14名，监察大队工作重点为分局管内的现场施工作业的全过程检查。

9月17日 9时02分，21005次货物列车运行至浙赣线K599+190m处，机后第27～45位车辆脱轨，上行线中断行车14小时48分，下行线中断24小时18分。事故原因分析：工务作业人员违章抽换轨枕，致事故发生地段道床不实、轨枕空吊，线路几何尺寸变化，轨道结构稳定性被破坏，列车经过该地段时车辆轮缘跳上轨面，导致列车脱轨。

9月22日 铁道部召开全路运输安全和增运增收电视电话会议，通报南昌铁路局“9·17”货物列车脱轨重大事故，贯彻落实铁道部领导指示精神，动员全路运输系统干部职工紧急行动，振奋精神，迅速扭转运输安全不稳的局面，集中力量抓好增运增收，坚决完成部党组确定的全年运输经营目标。

同日 全国铁道团委下发《关于认真做好当前安全稳定中青年思想政治工作的通知》。

9月30日 铁道部召开全路运输安全电视电话会议，铁道部领导就兰州铁路局发生的“9·1”重大事故和南昌铁路局发生的“9·17”重大事故做了深刻剖析，要求各单位认真吸取教训，进一步加强安全基础建设，坚定不移地抓好运输安全这个实现铁路跨越式发展的前提。

10月28日 第十届全国人民代表大会常务委员会第五次会议通过了《中华人民共和国道路交通安全法》。中华人民共和国主席胡锦涛签发第八号主席令予以公布，自2004年5月1日起施行。该法对保障铁路道口安全有序提出了要求。

本月 制定铁道部安全分析例会制度。《制度》对与会人员，时间要求，以及例会内容均做出具体规定。安全分析会日常工作由安全监察司负责组织，并负责起草每月全路运输安全情况通报，下发全路各单位。本制度自2003年10月起执行。

12月27～28日 全国铁路运输安全工作会议在北京召开，铁道部副部长胡亚东作工作报告和会议总结。

12月31日 济南铁路局年内分别于1月20日、4月30日、8月8日和11月16日连续实现4个安全百日，至年底，实现安全生产1945天，创历史最好成绩。

本年 年内全路使用小型探伤仪检查线路1461090公里，发现重伤钢轨36434根，检查焊缝1366616处，发现重伤焊缝4240处，为防止断轨、保证行车安全作出贡献。

本年 全年全路13个铁路局机务部门消灭行车重大、大事故，11个铁路局机务部门全年消灭险性及以上行车责任事故。全路统计行车安全成绩的155个机务段中有151个段消灭行车责任险性及以上事故，占机务段总数的97.4%。年内全路机务行车责任事故416件，同比增加78件，上升23.4%；险性事故3件，大事故1件，险性及其以上事故件数与2002年持平；每百万公里险性及以上事故率0.002件，实现预定的全年事故率控制在每百万机车走行公里0.005件以内的目标。

本年 LKJ2000型监控装置从2001年开始推广应用，到2003年末全路机车及动车安装1650台。

本年 “安全司机标兵”评选。至本年，共有3895名机车司机获全路“安全司机标兵”称号，其中545名司机获本年度全路“安全司机标兵”称号。

本年 年内全路电务部门安全生产局面持续稳定，杜绝行车重大、大事故，连续实现第四个安全年。全年全路未发生电务责任险性以上事故，一般行车事故350件，同比增加291件。信号设备障碍5976件，故障率0.7104%，同比下降0.0758%。受影响列车3332列，同比减少1224列，同比减少26.87%。其中电务责任障碍560件，占9.37%；电务非责任障碍（含器材材质和雷害）2340件，占39.16%；外界影响3076件，占51.47%。

据YB–8统计，全路共发生影响客车的信号障碍769件，同比减少241件，下降23.86%；障碍延时1255小时05分，同比减少248小时14分，下降16.51%；影响客车1659列，同比减少382列，下降18.72%。

本年 全路提速客车转向架安全整治。2002年铁道部组织提速客车转向架安全评估后提出的整改措施逐项落实。2003年运用中的提速客车转向架整改工作完成，A2、A3和A4修程按整改要求逐项落实，特别是入厂大修的A4修程整改更为彻底，按寿命管理的规定更新重要零部件。车辆部门组织分析提速客车转向架在日常运用中发现的倾向性的问题，制定措施，加强检查，及时处理，保证提速客车运用安全。年内提速客车安全状态稳定。

本年 全路客车防火安全专项整治。针对2002年客车电气故障引发火情故障的情况，铁道部组织制定客车电气防火安全整治措施，按新造、厂修、段修和运用提出安全整治项目，制定措施和实施日期。为提高电气产品质量、保证行车安全，按国家规定，铁道部提出对铁路客车电气装置实施“3C”认证和“CRCC”认证要求，未实行认证的产品不得装车使用。

本年 全路发生行车重大事故5件，同比减少8件，下降61.5%，没有发生责任旅客列车重大事故；发生行车大事故4件，同比减少4件，下降50%；发生行车险性事故33件，同比减少4件，下降10.8%；发生重大路外伤亡事故7件，同比减少1件，下降12.5%。

本年 社会治安环境严重威胁行车安全。年内全路发生群体性拦车断道事件41起，参与人员1.7万余人，影响行车119列，累计中断行车56小时36分；拆盗破坏铁路器材设施案件增多，立案3325起，同比上升34.8%；立爆炸案件两起，发生编造恐怖信息、扬言爆炸铁路案件19起；掀盗运输物资案件15451起，货盗案件还导致两起险性事故发生。

本年 安全周期延长，1～8月、11月，全路实现9个安全月；至8月31日，实现连续无行车重大事故312天，刷新历史最高纪录。

本年 国有铁路企业发生从业人员伤亡事故73件，死亡90人，比上年度增加2件、4人，分别上升4%和4.65%。其中，责任事故39件，死亡49人，比上年度增加4件，死亡人数持平，事故件数上升11.4%。发生重大死亡事故3件，死亡9人，比上年度减少2件、14人，分别下降40%和61%。其中，责任重大死亡事故发生2件，死亡6人，比上年度减少1件、9人，分别下降33%和60%。铁路局发生责任死亡事故32件，死亡41人，分别比上年度增加4件，减少1人，上升14.3%，下降2.4%。

本年 全年发生道路交通死亡事故15件、死亡22人，分别占死亡总数的20.5%和24.4%。道路交通事故中，责任交通事故6件、死亡7人，分别占责任死亡总数的15.4%和14.3%。责任交通事故中，3起责任交通死亡事故造成4名干部死亡，含正副处职3人、技术干部1人。全年从业人员在工作岗位上因病或因病失控造成伤害死亡12人，平均年龄41.2岁，比上年降低1.4岁。生产过程中因病死亡人员年龄逐年降低。

本年 全年全路隐瞒事故被举报查实的事故8件、死亡12人，涉及6个铁路局的7个分局、公司；不执行工伤签认，各铁路局不同程度存在擅自处理的现象；仍有相当事故被事故单位以突发疾病、非责任等理由擅自处理。

本年 年内国家铁路营业线发生道口事故847件，其中重大事故5件；伤亡648人，其中死亡216人，重伤240人，轻伤192人；事故损坏汽车387辆、拖拉机154辆、其他车辆251辆；事故导致损坏机车130台、车辆53辆、线路915米，中断正线行车189小时40分，直接经济损失795万元。与2002年相比，道口事故增加16.34%，重大事故减少28.5%，事故损失减少34.83%，道口事故死亡人数减少11.83%，中断正线行车时间减少50.52%。道口死亡人数、重大事故、事故损失及中断正线时间大幅度下降，是铁路和地方各级人民政府共同努力的结果。

本年 台湾省铁路事故总件数718件，较2002年的846件减少128件，下降15.13%；其中责任事故35件，较2002年的47件减少12件，下降25.53%。

因行车事故死伤240人，较2002年的233人增加7人。就肇事原因分析，其中以强越平交道死伤85人最多，占35.42%；其次依序为行走路线死伤59人，占24.58%；列车未停跳车41人，占17.08%；由车厢颠落14人，占5.83%；其余各类均在5.5%以下。

每百万动力车行驶公里平均事故件数9.5件，较2002年的11.3件，减少1.8件，下降15.93%。其中责任事故平均0.5件，较2002年的0.6件减少0.1件；责任事故占总件数4.87%，较2002年的5.56%下降0.69个百分点。

本年 自1998年起，组织修改《铁路运输安全保护条例》《铁路交通事故处理条例》，2003年7月经部长办公会议审议通过，上报国务院法制办，已经列入2004年国务院立法计划。

2004年

1月20日 铁道部召开全路运输安全工作电视电话会议，铁道部领导传达了全国安全生产工作会议精神，对贯彻落实全国安全生产工作会议精神和进一步抓好春运安全工作作出部署。

1月26日 20时30分，广西南宁玉林瑞达有限公司两辆16吨酒精专运汽车，在南宁铁路办事处管内铁二局材料厂专用线卸装酒精时，其中一辆汽车与集装箱金属装卸接口碰撞，产生火花引燃酒精，烧毁汽车2辆、酒精11.2吨，直接财产损失47.78万元，构成重大火灾事故。

2月16日 铁道部召开全路安全工作紧急电视电话会议，传达国务院第40次常务会议和温家宝总理的重要讲话精神，部署安全生产大检查工作。

2月25日 17时47分，30035次货物列车行至石太线头泉站至上安站间下行线K26+510m处，由于线路质量不良，致使机后第11至28位脱轨，其中17至24位颠覆，中断上行正线27小时03分，下行正线33小时05分，构成行车责任重大事故。

3月13日 3时44分，哈尔滨铁路局T238次客车（哈尔滨—广州东）在京秦线昌黎车站临时停车时发生火灾，烧毁机后第11位餐车，直接财产损失189.57万元，中断行车2小时46分。起火原因系一扒车人在餐车顶部被电力接触网电击后起火，引燃车厢顶部玻璃钢盖板所致，扒车人被烧死，构成特大火灾事故。

3月23日 7时46分，23054次货物列车从南京东站上行场开出，8时50分列车运行至京沪线永宁镇站内14号道岔K994+889m处，机车及机后1～10位车辆脱轨，其中1～7位侵入下行线，导致1人重伤，机车小破1台，货车报废3辆、大破3辆、中破4辆，中断行车1小时50分。

3月24日 19时03分，西宁市运输有限公司82路公交车（青A–13194）由西宁经济技术开发区开往城北区九家湾，行驶至宁大支线K4+995m处无人看守道口时抢越通行，被从大通开往西宁的52032次货物列车相撞，翻倒在铁路道口东侧，公交客车严重损坏，造成3死4伤，构成重大路外伤亡事故。

4月15日 共青团中央、国家安全生产监督管理局联合开展的第二届“全国青年安全生产示范岗”评选活动揭晓，北京铁路分局丰台西机务段8K–147青年文明号机车组等8个铁路先进集体受到表彰。

4月18日 全国铁路第五次大面积提速调图平稳启动。这次提速调图，京广、京沪、京哈等干线的部分地段线路基础达到时速200公里的要求，提速网络总里程16500多公里，其中时速160公里及以上提速线路7700多公里。新增开19对直达特快旅客列车，安排在客流量较大的北京至上海、长沙等13个城市始发、终到，实现大城市间点到点快捷运输。

4月27～28日 全路第六次大提速重点工程质量安全工作暨铁路建设工作第六次联席会议在上海召开。副部长陆东福与全路各建设单位代表签订责任状。

本月 按照国务院办公厅《关于进一步加强安全生产工作的紧急通知》精神，铁道部对全路开展安全大检查进行部署。特种设备安全主管部门组织力量，检查全路所有的液化气体储罐站、充装站、70%的锅炉房和40%的压力容器的设备状况、管理制度、持证上岗情况和紧急预案等。铁道部安监司组织5个督查组重点抽查18个铁路分局。

5月15日 在中华全国总工会、国家安全生产监督管理局对全国参加“安康杯”竞赛活动的优胜企业、优秀组织单位和优秀组织者表彰中，有63个铁路系统单位获“安康杯”优胜企业称号。6月1日全国铁路开展“以人为本、安全第一”为主题的“安全生产月”活动。

5月21～25日 铁道部副部长孙永福率工作组赴拉萨，处理青藏铁路建设中铁二局集团民工食物中毒事件，并召开青藏铁路全线电视电话会议，对加强生活卫生和安全管理工作提出了要求。

5月27日 5时55分，西宁开往上海的K378次旅客列车运行至陇海线社棠伯阳间上行线K1384+530m处，因犯罪嫌疑人在线路上放置短钢轨，造成机后1～9位车辆脱轨，中断陇海线上行正线行车29小时58分，构成旅客列车脱轨重大事故。无人员伤亡，直接经济损失166.4万元，列郑州铁路局其他责任事故，影响安全成绩。

6月14日 11时25分，19095次货物列车由宝鸡机务段SS1571号机车牵引，运行到陇海线杨凌镇车站K1158+845.5m处，机后1～9位脱轨，中断陇海线上行正线6小时09分，中断陇海线下行正线11小时20分。人员死亡1人（路外），直接经济损失159.1万元，此起脱轨重大事故列郑州铁路局其他责任事故，影响安全成绩。

6月17～18日 全路第五次大面积提速调图总结表彰暨运输安全工作座谈会在京召开。副部长胡亚东讲话；铁总主席黄四川宣布铁总的表彰决定、哈尔滨铁路局让湖路工务段工长刘福长等134名同志获“火车头奖章”，哈尔滨工务段等32个集体获“火车头奖杯”。

本月 下旬开始，利用4个月时间，全路集中力量开展起重机械安全专项整治工作，铁道部安监司组织4个专项检查组抽查8个铁路局专项整治情况。

7月3日 国家质检总局、铁道部、交通部、公安部、国家安全生产监督管理局决定，立即在全国范围内联合开展一次铁路罐车、汽车罐车和罐式集装箱等的专项检查整治活动。

7月27日 针对防汛形势严峻、暑运增开临时客车和突击抢运电煤列车，给运输安全带来许多不安全因素的实际，铁道部决定，从7月27日至8月5日，用10天时间在全路集中开展一次安全应急检查。

8月1日 铁道部颁布《铁路局主要领导、部机关部门负责人定期添乘提速列车机车检查制度》。《制度》对添乘人员范围，添乘对象、添乘时间、添乘检查内容等方面作出了具体规定。《规定》从2004年8月1日起执行。

8月5日 16时05分，47453次货物列车进莱芜东站15道，检车员李亮东检车时，发现守前第一位敞车（车号：C62B4642519）前钩头拉杆上方有爆炸物，即用无线电向列检值班员李伟汇报，李伟立即向驻站民警李宪同报告。此案引起了各级领导的高度重视。遂组织专案组进行侦察，经现场勘查最终将疑点集中到沈庄煤矿搬运工郑新（男，1976年出生）身上。8月14日8时，专案组工作人员将郑新带至公安机关，对其进行心理测试前谈话和政策攻心，郑新迫于压力，向专案人员交代了犯罪事实：8月3日郑新上夜班时，向备药工张荣贵（男，43岁，沈庄煤矿职工）索要了一枚雷管、一管炸药带回家。8月4日郑新将雷管插入炸药的一端带到东都站，将雷管炸药绑在47453次货车守前1位前钩头销拉杆固定支架上，其目的是为了制造影响。

8月13日 铁道部《铁路主要技术政策》出台，全文分11章共68条，是铁路编制和修订有关规划、规章、规程、规范、标准等的纲领性文件。

8月31日 京哈线中固站下行换转辙机施工，受其影响，上行出站信号机停止使用，使用绿色许可证发车。7时05分，佳木斯开往烟台的1394次旅客列车接绿色许可证后通过（速度7公里 / 小时），7时08分列车行至11号道岔处，机后5位硬座车后台车、机后7位硬座车后台车脱轨，5～8位甩车处理，无人员伤亡，客车小破2辆，中断行车2小时56分。

本月 铁道部决定，8月份在全路开展为期一个月的安全大检查，检查的重点是防汛抗洪、提速安全、客车安全、危险品运输、货物装载加固安全、治安秩序和施工安全等。

9月22日 19时29分，西安机务段西京车队SS7E型0011号电力机车司机牛惠明和王军儒、添乘干部李朝阳牵引西安—北京西的T42次旅客列车，运行至陇海线潼关—太要间K934+900m处时，发现下行线路内侧有一块长1米、宽0.5米左右的石板，立即用无线列车调度电话报告太要车站，车站及时拦停下行列车，防止一起列车颠覆重大事故的发生，西安分局予以通报表扬，号召全体职工向司机牛惠明、王军儒和李朝阳学习。

10月10日 铁道部决定，在全路开展为期一个月的客运安全大检查活动，重点检查客运安全规章制度建设、客运安全制度落实、客运安全设施设备配置、客运重点部位安全、问题整改和措施落实情况。

10月18日 在唐山召开的全路机务系统安全工作会议交流了该段以企业文化建设为载体，强化安全基础建设的经验，组织与会代表到段现场参观。唐山机务段以“把全国最老的机务段建成最好的机务段”为目标，促进企业文化与机务安全管理的有机结合，创建具有机务特色的安全文化。

10月31日 西安工务段巡道工蒋恩华、雷西锋巡回时，发现K1093处23#24#钢轨的部分接头双夹板和螺栓被盗，立即在现场设置防护，用手机向领工区汇报，及时拦停1086次客车。雷西锋在返回巡检时，又发现下行K1093处25#钢轨夹板被盗，及时拦停19081次货车。对此，西安分局一次性奖励每人3000元，并通报表扬。

11月 铁道部组成调查组，调查宁西线K237挡墙垮塌事故，提出对有关责任单位和责任人的处理意见。

12月1～3日 全路运输安全工作会议在郑州召开。副部长胡亚东作工作报告和会议总结。会议期间，与会人员现场观看了京广线郑州局管内安阳至信阳间提速安全标准线建设情况、淇县站综合“天窗”修施工情况和郑州铁路分局列车调度指挥系统、红外测试中心监测系统运行情况。

12月31日 电务实现无责任行车重大、大事故安全生产283天。

同日 青藏铁路公司实现无责任行车特别重大、重大事故，无责任行车险性事故，无责任货运重大、大事故，无责任重大路外伤亡事故，无责任旅客伤亡事故872天，无责任职工死亡事故131天，无责任重大火灾爆炸事故872天的好成绩。

同日 呼和浩特铁路局实现无责任行车重大、大事故2273天，无责任职工死亡事故1607天，无责任重大火灾事故20年，连续四年获全国“安康杯”竞赛优胜单位称号。

本年 年内第五次大面积提速安全持续稳定。全路进行提速试验和平推检查，针对影响提速安全的20个突出问题开展自查自验，集中消除大量安全隐患，保证“4·18”提速调图的顺利实施和平稳过渡；针对大提速后出现的严重危及行车安全的新情况和新问题，追踪分析，组织攻关，加大整治力度，确保第五次大面积提速持续安全的措施：①深刻认识确保提速持续安全的极端重要性。②坚持用系统论的观点指导提速安全工作。③狠抓薄弱环节，深化专项整治，控制惯性事故，消除安全隐患。④强化铁路局安全主体责任。⑤充分发挥专业管理部门骨干力量。⑥将工作着力点放在基层。

本年 “安全司机标兵”评选。至本年，4670名机车司机获全路“安全司机标兵”称号，其中775名司机获本年度全路“安全司机标兵”称号。

本年 铁道部党组作出建设京哈、京广、京沪、京九、陇海、浙赣六大干线提速安全标准线的总体部署。建设六大干线提速安全标准线，是确保提速持续安全的根本性举措，是实施第六次大面积提速的必备条件，是推进铁路跨越式发展的重要步骤。同年，部下发《关于印发〈六大干线提速安全标准线建设工程改造任务、更改和大修计划安排〉的通知》（铁办〔2004〕91号）。

本年 全年全路有14个铁路局（含青藏铁路公司）机务部门消灭行车重大、大事故，有12个铁路局消灭险性及以上机务行车责任事故。年内未发生险性及以上客车责任事故，运行安全情况好于2003年。

本年 六大干线1028台轨道车全部统一安装机车信号、无线列调、运行监控器三大件。其他安全专项整治项目也取得一定进展。

本年 年内全路发生客车中途甩车13起。其中转向架2起，轮对踏面剥离3起、擦伤4起，热轴1起，制动2起，其他1起；发生旅客列车中途晚点136起，其中转向架21起，轴承3起、踏面剥离3起、擦伤4起、圆周磨耗过限1起、制动53起，车钩11起，其他17起，异物击打23起。中途甩车同比减少9起，下降40.91%；热轴甩车同比减少2起；晚点同比减少8起，下降5.56%。

本年 针对全路红外线轴温探测系统网点布局等方面存在的问题，《关于加快红外线轴温探测系统网点建设，确保第五次提速安全的通知》下发，提出加强红外线网点建设、红外线信息化建设、红外线基地建设、红外线安全标准示范线建设、红外线动态检测、红外线设备安装管理、设备选型管理、红外线无故障运行考核、红外线队伍建设和改进设备性能等十项措施。

本年 全路车辆安全防范、预警系统即“5T”系统进行实验。车辆部门组织北京、济南、上海3个局及铁道科学研究院对京沪线已经安装的8套货车运行状态地面安全监测系统（TPDS）报警的轮对踏面擦伤车辆进行实测，记录实测数据，进行对比分析，以确定科学的报警级别；组织对大秦线货车滚动轴承早期故障轨边声学诊断系统（TADS）、货车运行故障动态检测系统（TFDS）运用情况进行阶段性总结，完善网络结构，实现列检、车辆段、分局信息传输到位，联网运行。

本年 年内全路使用小型探伤仪探伤线路1425920公里，发现重伤钢轨40518根；探伤焊缝1403516处，发现重伤焊缝8787处。

本年 全年全路发生信号设备障碍5768件，同比减少208件，下降3.48%；故障率0.3202%，同比下降0.0245%；受影响列车3919列，同比增加587列，增长17.62%；障碍总延时5727小时34分，同比减少805小时14分，下降12.33%。其中电务责任障碍326件，占5.65%；电务非责任障碍（含器材材质和雷害）2426件，占42.06%；外界影响3016件，占52.29%。

据YB–8统计，全路发生影响客车的信号障碍654件，同比减少115件，减少14.95%；障碍延时741小时7分，同比减少513小时58分，减少40.95%；影响客车1509列，同比减少150列，减少9.04%。

本年 全路统计行车安全成绩的116个机务段中有113个消灭行车责任险性及以上事故，占总数的97.4%。年内全路机务行车责任事故126件（不含机破事故），同比增加52件，上升171.3%；险性事故2件，大事故1件，险性及其以上事故件数同比减少1件；每百万公里险性及以上事故率0.001件，实现预定的全年事故率控制在每百万机车走行公里0.005件以内的目标。

本年 全路国有铁路企业发生从业人员伤亡事故68件，死亡86人，比上年度减少5件、4人，分别下降7.35%和4.44%。其中，责任事故35件，死亡40人，比上年度减少4件、9人，分别下降10.26%和18.37%。没有发生责任重大死亡事故。运输系统15个铁路局（公司）责任死亡率均控制在部定考核指标以内，运输业从业人员每百亿吨公里（换算周转量）死亡率0.17，比上年度下降13.3%。呼和浩特、兰州铁路局全年没有发生责任死亡事故。

事故分析：车辆伤害惯性事故仍居高不下。全年发生车辆伤害死亡事故42件，死亡60人，分别占死亡总数的62%和70%。其中因机车车辆撞轧挤压造成的事故31件，死亡40人，分别占车辆伤害事故数的73.8%和66.7%，分别比上年度上升63%和60%。在这些事故中，因作业侵入限界、穿越线路未瞭望被撞轧致死18人，在调车作业中违章作业被撞轧挤死7人。事故的发生，反映出列车提速后有相当一些单位、相当一部分职工对作业环境、条件、作业方式、规章等的变化不适应，还停留在提速前的状态，安全意识淡薄，自我防护技能差。

本年　全年发生道路交通死亡事故11件，死亡23人，分别占全路死亡总数的16.2%和26.7%。死亡事故虽然比上年度减少1件，但死亡人数增加1人，其中4件非责任重大道路交通死亡事故造成15人死亡。尽管这4件重大事故的发生单位没有承担肇事的主要责任，但事故车司机都不同程度地存在违章行为。在责任道路交通死亡事故中，司机违章驾驶更为严重，反映了车辆配属单位在机动车辆安全管理上存在的管理体制不顺、职责不清、管理混乱、规章滞后等诸多问题。

本年　国家铁路营业线道口12921个，年内发生道口事故729件（有人看守道口29件、无人看守道口700件），同比降低13.19%；其中重大事故3件。伤亡513人，死亡166人（有人看守道口死亡11人、无人看守道口死亡155人）；重伤170人，同比减少70人，减少29.1%，轻伤177人，同比减少15人，减少7.8%。事故损坏汽车410辆、拖拉机109辆、其他车辆268辆；事故导致损坏机车171台、车辆62辆、线路1648米、中断正线2292小时，直接经济损失1262.3万元，铁路道口事故中机动车的责任占99.86%。与2003年比，道口事故减少118件，重大事故减少40%，事故损失增加58.64%，道口事故死亡人数减少24.5%，中断正线行车时间减少7.8%。年内道口事故件数占路外伤亡事故总件数的6.1%，道口事故死亡人数占路外伤亡事故死亡人数的2.07%；防止道口事故1348件。

本年　全年隐瞒被举报查实的事故22件，死亡25人，比上年度分别上升175%和108%。这些事故涉及到8个铁路局，即广铁（集团）公司5件5人、郑州局4件5人、沈阳局3件3人、北京局3件3人、成都局3件3人、哈尔滨局1件3人、济南局2件2人、兰州局1件1人。尽管铁道部三令五申，仍有一些单位在调查取证中弄虚作假，以各种借口推卸责任，甚至擅自处理事故，这些作法严重地败坏了干部队伍的形象，损坏了监察部门执法的权威，职工对这种不良风气深恶痛绝。

本年　牡丹江机务段为确保冬季“双牵重载”列车安全，针对雪天重载机车动轮容易发生空转问题，成功研制出ZGC–1型内燃机车自动轨面吹扫器，给重载机车穿上“防滑鞋”。该吹扫器能将机车运行前方轨面的积雪吹扫干净，为冬季“双牵重载”列车的安全再添一道“护身符”。

本年　年内铁路采取多种方式推进劳动安全技术装备和信息化建设。推动安全预警装备的运用。南昌局投入127万元，完成56个三等以上车站站场列车接近报警器和京九线南段120台列车接近报警器机车发生装置的安装；通过按部定技术标准研制的800M列尾和列车安全预警系统的技术评审，完成在鹰厦线山区、大弯道、无线盲区条件下的可行性实验。郑州局加强对现有报警器的维修，确保使用率达到100%。兰州局投入100万元，配备列车接近报警器发射机71台、便携式报警器300台，向形成覆盖局管内全部干线的报警网络的目标迈进。广深公司在广深线安装800M列尾和列车安全预警系统。沈阳局投资安装固定式列车接近报警器159台，修复185台。推行《铁路劳动安全信息管理系统》计算机软件。铁道部安监司推动该计算机软件的应用并组织2期软件应用培训班，大部分铁路局按铁道部要求安装了该软件，为全路逐步实现联网和安全信息共享奠定了基础。

本年 全年道路交通事故件数和死亡人数分别较去年同期下降14%和38.9%，责任道路交通事故件数和死亡人数分别下降50%和76.6%，没有发生一次死亡3人以上的道路交通责任重大死亡事故。青藏线施工企业经过专项整治，至年末未再发生道路交通死亡事故。

本年 全路发生火灾事故73起，造成直接财产损失510万元，伤3人、死亡1人。与2003年相比，火灾起数增长38%，财产损失增长100%；发生特大火灾、重大火灾各1起。

2005年

1月4日 铁道部、公安部决定，自2005年1月15日至4月15日，开展为期3个月的“百站百车”治安专项整治活动，确保铁路春运工作顺利进行，促进当地社会治安秩序的好转。

1月19日 铁道部召开全路春运安全工作电视电话会议，铁道部领导出席会议并讲话。

2月8日 《铁道部贯彻〈铁路运输安全保护条例〉工作推进计划》，铁政法函〔2005〕92号正式发布，自发布之日起实施。

2月13日 中共中央政治局常委、国务院总理温家宝在国务院值班室《值班快报》上批示：假日还有三天，要特别重视交通安全、旅游安全、生产安全，落实责任，不可松懈。有关部门要紧急部署，认真落实。

2月26日 铁道部召开全路运输安全电视电话会议，铁道部领导与各铁路局主要领导就做好春运下一阶段和“两会”期间运输安全工作对话，副部长胡亚东出席会议。

3月17日 中共中央政治局常委、国务院副总理黄菊在铁道部《关于春运和“两会”期间铁路安全生产和运输情况的汇报》上作出重要批示：今年春运任务重，但运行安全平稳，胜利完成任务。当前煤电油运仍然紧张，请铁道部门继续努力，做好各方面工作，作出新的贡献。

3月18日 铁道部召开全路电视电话会议，部署铁路局直接管理站段体制改革工作，副部长孙永福（在郑州铁路局）主持会议。铁道部领导指出：保证铁路局直接管理站段的改革成功，最关键最核心的是确保运输安全稳定，提出全路在改革期间要杜绝客车事故和严重的人员伤亡事故的奋斗目标。

同日 经国务院同意，铁道部实施铁路局直接管理站段体制改革。

实行铁路局直接管理站段体制后，全国铁路共有18个铁路局，即哈尔滨铁路局、沈阳铁路局、北京铁路局、太原铁路局、呼和浩特铁路局、郑州铁路局、武汉铁路局、西安铁路局、济南铁路局、上海铁路局、南昌铁路局、广州铁路（集团）公司、柳州铁路局、成都铁路局、昆明铁路局、兰州铁路局、乌鲁木齐铁路局、青藏铁路公司。原分局所在地设立办事处，主要承担运输安全检查监督职能。

4月1日 《铁路运输安全保护条例》正式施行。《铁路运输安全保护条例》（中华人民共和国国务院令第430号），于2004年12月27日发布。

同日 《铁路超限超长超重集重货物承运人资质许可办法》，铁道部令第16号，

2005年4月1日发布，自发布之日起实施。

同日 《铁路危险货物承运人资质许可办法》，铁道部令第17号，2005年4月1日发布，自发布之日起实施。

同日 《铁路危险货物托运人资质许可办法》，铁道部令第18号，2005年4月1日发布，自发布之日起实施。

4月10日 由中华全国总工会和国家安全生产监督管理局共同组织的全国“安康杯”竞赛活动评比揭晓，铁道行业68个单位荣获“优胜企业”称号，占全国受表彰总数的10%。

4月18日 在“4·18”全路电视电话会议上，铁道部领导提出在路局直管站段体制改革中关联运输行车安全的四个重大课题，要求全路尽快建立健全适应新体制的安全管理工作制度。

4月26日 部课题“青藏铁路红外线轴温探测设备试验研究”通过部科学技术司会同运输局、安监司组织的阶段技术审查。该课题由金属及化学研究所和青藏铁路公司承担，是针对青藏铁路格拉段特有的高寒缺氧、大风沙、大风雪、大温差、多雷暴、强紫外线等自然环境，对红外线轴温探测设备的可靠性、电路模板的适应性、卡轨器的抗震性进行研究，提出试验设备在远程监控、远程维护、防雷方案、探测方式、防风雪和防盗措施等方面的改进方案。改进后的红外线轴温探测设备采用单点双向接车模式，增强了防风雪、防风沙、防紫外线能力，基本适应青藏铁路的使用要求。

5月10日 由共青团中央和国家安全生产监督管理总局联合开展的第三届“全国青年安全生产示范岗”评选揭晓。三棵树机务段3094机车组、天津北机务段东风4B型9228机车组、呼和浩特机务段7305机车组、南昌电务段永修信号工区和嘉峪关机务段东风11型0198机车组等5个集体榜上有名。

5月18日 在“5·18”全路电视电话会议上，铁道部领导客观分析全路运输安全存在的各类问题，针对问题提出具体要求：一是铁路局切实加强安全管理，修改完善规章制度；各办事处加强现场作业检查监督；各站段适应管理跨度增大、管辖车间班组增多的变化，实现对现场作业最直接、最有力的控制。二是各单位对线桥隧涵、通信信号、牵引供电、机车车辆等主要行车设备，进行一次全面检查，保证行车安全的设备质量问题限期得到解决。三是铁道部、铁路局、站段三级尽快修订完善施工安全管理办法。四是各局履行对合资铁路、地方铁路的安全监管责任，加强防洪等安全检查。五是各铁路局增强职工保证安全的责任意识，建立遵章守纪考核约束机制。六是探索新体制下深化安全基础建设的有效途径。

5月23日 全国社会治安综合治理先进集体、先进个人表彰大会在北京人民大会堂举行，铁道部机关保卫处、济南铁路局济南机务段荣获优秀单位称号，湖南省护路办公室主任董正树、河南省护路办公室主任许强、江西省护路办公室主任潘安生荣获全国社会治安综合治理先进工作者称号。

5月24日 机车车辆研究所研制的“KAX1客车行车安全监测诊断系统”通过部科学技术司会同运输局组织的技术成果鉴定。该产品对危害旅客行车安全的因素进行实时监测诊断、记录和存储，集中显示和报警，运行中对影响行车安全的严重故障特别提示，指导乘务员采取紧急措施保障运行安全，停车时通过地面下载数据指导维修，对车辆进行质量动态控制。

6月27～28日 全国铁路运输安全工作座谈会在北京召开。副部长胡亚东出席会议并讲话。

7月24日 铁道部召开全路运输安全及防洪工作电视电话会议，副部长胡亚东，总调度长常国治出席会议。

7月25日 《关于贯彻〈铁路运输安全保护条例〉，加强铁路桥梁（涵洞）、线路安全保护工作的通知》铁办〔2005〕134号，2005年7月25日铁道部、交通部、公安部、建设部联合发布，自发布之日起实施。

7月31日 19时45分，西安至长春K127次旅客列车（沈阳机务段韶山90089号机车，司机王宝阳、副司机张成军；长春客运段列车长王文瑞、史美杰；沈阳站运转车长刘东）通过哈大线新城子站进入新城子至新台子区间，越过关闭的4333号通过信号机，于19时49分在K433+535m处与前行的33219次货物列车（苏家屯机务段韶山4G7038号机车，司机张远建、副司机任福利，编组66辆，计长82.1，总重3916吨）追尾造成冲突脱轨，K127次旅客列车的机车和机后1至3位颠覆，4、5位脱轨。其中1、2位脱轨车辆侵入上行线，中断上行线行车9小时57分，中断下行线行车16小时59分。机车大破1台，客车报废2辆、大破1辆、中破2辆，货车报废1辆、中破6辆；损坏轨枕110根；死亡5人，30名旅客受伤，构成旅客列车冲突重大事故。

本月 修订后的《铁路营业线施工及安全管理办法》（铁办〔2005〕133号）再次颁布，规定施工和维修"天窗"的时间，特别强调维修"天窗"电气化双线不应少于90分钟，单线不应少于60分钟；非电气化双线不应少于70分钟，单线不应少于60分钟，原则上每月每区间不应少于20次，这使工务施工做到在"天窗"内作业，从制度上保证行车不作业、作业不行车。

8月12日 铁道部召开全路运输安全电视电话会议，对沈阳铁路局"7·31"旅客列车重大事故进行处理，并部署在全路开展以"查思想、查管理、查作风"为重点的安全大检查。副部长孙永福主持会议，副部长彭开宙宣读了对北京铁路局北京机务段机车乘务员王东跃等同志的表彰决定和对沈阳铁路局"7·31"旅客列车重大事故有关责任人的处分决定。

8月16日 23时，宝鸡机务段司机李斌、黄利军牵引1717次旅客列车在阳平关车站停车进行例行检查时，发现机车与机后一位车钩联结有异常，立即向阳平关车站报告。经检查：该车运行前端一位车钩尾框后挡折断，上片断面全新痕，下片断面90%旧痕，钩身托板三条螺栓折断，托板弯曲变形、钩身拉出、钩尾框前移200毫米，无法运行。23时52分行车调度发布命令，将机后1位车甩在阳平关车站，避免和防止一起性质严重的旅客列车事故。为表彰李斌、黄利军高度的安全责任心，路局决定给予全局通报嘉奖；李斌记功一次，奖励5000元，晋升6档安全效益工资；黄利军一次性奖励3000元。8月18日，中华全国铁路总工会决定授予李斌"火车头奖章"，号召全路职工向李斌学习，牢固树立安全责任重于泰山的意识，敬业爱岗，尽职尽责，为铁路跨越式发展作出更大贡献。

8月18日 《〈铁路运输安全保护条例〉确定的铁路管理机构职责规定》，铁道部令第23号，2005年8月18日发布，自发布之日起实施。

8月24和9月4日 兰州铁路局武威南电务段信号工裴广州、马忠军在日常巡视中，通过TDCS终端设备，先后发现非电化ZP-89型无选频自动闭塞两处闭塞分区存在失去分路严重安全隐患。该隐患涉及全路8个铁路局17个电务段。有关铁路局和电务段按照部定统一改造方案，紧急部署，9月底前完成3800多公里、9200多台ZP-89型接收盘的全部改造任务，及时消除重大安全隐患。为此，铁道部分别授予裴广州、马忠军火车头奖章，每人奖励1万元；授予武威南电务段火车头奖杯，在全路通报表扬兰州局电务处。

8 月 25 日 《铁路管理机构运输安全监督管理管辖范围》铁办〔2005〕148 号，2005 年 8 月 25 日发布，自发布之日起实施。

9 月 24 日 《关于加挂铁路安全监督管理办公室牌子及刻制相关印章的通知》办安监发〔2005〕61 号，2005 年 9 月 24 日发布，自发布之日起实施。

9 月 27 日 铁道部召开全路运输安全电视电话会议，对“三查”活动进行总结，对当前运输安全和稳定工作作出部署。

11 月 16 日 铁道部召开全路运输安全电视电话会议，传达贯彻温家宝总理关于做好安全生产工作的重要指示，铁道部领导与各铁路局局长、党委书记对话，并就抓好当前运输安全工作作出部署。

11 月 26 ～ 27 日 全国铁路运输安全工作会议在北京召开，副部长胡亚东出席会议并讲话。

本月 由中国铁道学会联合中国交通运输协会、中国城市公共交通协会、中国香港铁路学会、《世界轨道交通》杂志社共同在北京主办国际学术交流活动——世界轨道交通论坛。主题是：轨道交通安全技术与管理。这次国际论坛对实现“深化安全基础建设，巩固发展运输安全相对稳定的局面”的要求，确保铁路运输安全有着现实的指导意义。

本月 召开全路劳动安全监察专业研讨会，采取以会代训形式对部分铁路局、各铁路办事处、三个专业公司及所属分公司的 180 余名新职人员进行业务技能培训，参加人员均通过结业考试。多数铁路局对新从事劳动安全工作专兼职人员进行培训。

12 月 8 日 昆明铁路安全监督管理办公室成立。该机构主要负责昆明铁路局管内国家铁路、专用铁路、铁路专用线、滇西铁路有限责任公司、滇南铁路有限责任公司、贵州水红铁路有限责任公司、昆玉铁路公司、云南省中宝铁路公司的铁路，以及上述区域内新建、改建和扩建铁路的相关安全设施建设，依法履行安全监督管理职能。

12 月 23 日 铁道部召开全路运输安全电视电话会议，传达贯彻国务院有关加强安全生产工作的会议精神，部署当前铁路运输安全工作尤其是春运安全工作。

12 月 27 ～ 28 日 为加强道口安全工作，确保行车及人民生命财产安全，中国铁道学会与铁道部安全监察司联合组织召开“道口安全学术研讨会”，各铁路局、省级铁道学会、有关专业委员会、科研院所结合安全生产实际，就提高铁路道口安全装备和管理水平进行研讨和交流。

12 月 29 日 《铁路运输安全行政执法人员管理办法（暂行）》铁安监〔2005〕228 号，2005 年 12 月 29 日发布，自发布之日起实施。

12 月 31 日 按照铁道部提速区段监护道口要求，全路于 12 月 31 日前全部完成半遮断路障设置。其中哈尔滨局 386 处监护道口全部设置道口路障、配齐无线对讲和无线报警设备，且 197 处监护道口按有人看守道口要求设置跑车型道口栏木，提高道口安全防护能力。

本年 年内济南铁路局制定《关于规范信号设备故障应急处理预案的指导意见》（电务处“电安函〔2005〕67 号”），明确提出电务“110”应急抢修网络概念，在各电务段建立一个有规定程序、应用方便迅速、覆盖全段管内的故障处理人员召集方案，以确保电务发生故障时启动迅速、召集及时、判断准确、处理快捷，减少对运输干扰和影响的专门或特定人员、器材、通信、交通等因素构成的网络。

本年 根据《铁路运输安全保护条例》（国务院令第 430 号）第 38 条规定和《中华

人民共和国行政许可法》,《铁路运输安全设备生产企业认定办法》(铁道部令第15号)发布,于2005年4月1日起施行。15号令明确规定:凡在中华人民共和国境内生产并销售列入目录产品的企业,应当向铁道部申请取得“铁路运输安全设备生产企业认定证书”;列入目录的信号产品23项、通信产品31项。产品认定、认证和运用质量通报制度建立起来。

本年 年内青藏铁路公司积极与省交通厅、公安厅对沿线道口进行全面调查,与地方顺利签订142处道口警示标志的移交协议,完成110处“铁跨公”限界标的设置。加强与青藏两省区政法部门的沟通联系,就青藏铁路格拉段牛羊上道、治安综合治理工作达成协议,并通过在电视台开辟专栏、广播电台专题广播、主要报刊重点刊登、法制网集中登载、致农牧民一封信和张贴通告等多种形式,加强爱路护路宣传,营造了良好的氛围。

本年 全路各铁路局按照部统一部署和要求,在部有关业务部门指导下,借鉴郑州局六大干线提速安全标准线“十全”建设经验,加强领导,制定规划,明确责任,保证资金,倒排工期,严格标准,加大力度,苦干、实干、拼命干。期间,各有关单位发挥直管站段优势,由铁路局直接组织实施,加大方案、资金和工期“三落实”计划的推进力度,克服困难,六大干线提速安全标准线建设进展顺利。至2005年底,有关铁路局基本完成部91号文件布置的“十全”建设任务,设备基础安全保障能力明显提升,为迎接铁路第六次大面积提速调图奠定了基础。

本年 全路安全法制化建设取得进展。贯彻执行《安全生产法》和《铁路运输安全保护条例》,依法建立健全安全生产责任制,对主要行车设备及产品实施行政许可,划定铁路线路和桥梁等各类安全保护区。新体制下安全管理初步规范。明确界定铁路局、站段两级安全管理职责,规范设置运输、客运、货运等专业处室,修订完善《铁路技术管理规程》《行车组织规则》等专业规章制度。开展安全大检查和安全专项整治,及时解决一批危及行车安全特别是提速客车安全的突出隐患。按照“十全”标准,六大干线提速安全标准线建成,设备安全保障能力明显提升,运输安全保持总体稳定。

本年 配合《铁路旅客运输安全保护条例》的实施,铁道部修订《铁路旅客运输危险品查验管理办法》。修改内容涉及:超过限量携带规定的少量有危险性质的生活用品,旅客可自行处置或放弃;带入站车的危险品依据相关法规予以收缴或处罚;收缴的危险品一律交铁路公安部门登记造册,妥善保管,定期销毁或依据有关规定处理。

本年 年内全路18个铁路局中有16个局消灭重大、大事故,有12个局消灭责任险性及以上行车事故。在84个统计行车安全的机务段中有74个段全年消灭险性及以上事故,占机务段总数的88.1%。年内全路机务行车责任事故141件(不含机破事故),同比减少20件,降低12.4%;险性事故9件,大事故1件,险性及其以上事故件数同比增加8件。每百万公里险性及以上事故率0.043件,突破预定的全年控制在0.005件的目标。

本年 从1994年至本年120名机车司机获全路“十佳机车司机”称号。获得“十佳机车司机”称号者中未获“火车头奖章”者,可按规定条件、程序申报“火车头奖章”。

本年 按铁道部整体部署,年内六大干线5T系统建设完成任务:安装红外线配套车号智能跟踪装置系统(THDS)1004套、货车运行故障动态检测系统(TFDS)46套、货车运行状态地面安全监测系统(TPDS)

40套、货车滚动轴承早期故障轨边声学诊断系统（TADS）26套，在452组25T型、25K型、25G型客车上安装客车运行安全监控系统（TCDS）车载发射装置。车辆安全监控将建成一种全新的安全关口前移的防范体系，为第六次大提速打下安全基础。

本年 LKJ2000型监控装置从2001年开始推广应用，至本年末全路机车和动车安装8494台。

本年 年内道口事故808件，同比增加79件，上升10.8%。其中有人看守道口50件，同比增加21件，上升72.4%；无人看守道口758件，增加58件，上升8.29%。事故造成610人伤亡，其中死亡228人、重伤209人、轻伤173人，同比除轻伤人数下降2.3%以外，死亡和重伤分别上升37.3%、22.9%。道口事故件数占路外伤亡事故总件数的7.2%，死亡人数占路外伤亡事故死亡人数的3.1%。

年内6件重大路外伤亡事故有5件发生在道口上，其中有人看守1件、监护3件、无人看守1件。在808件道口事故肇事原因中，车辆抢过743件，占总数的91.96%；其他65件均为车辆故障，占8.04%。道口事故增加的主要原因是机动车大幅度增加、报废车辆和有质量问题的车辆上路、无照驾驶以及违章情况严重等。

本年 全路国家铁路企业发生从业人员死亡事故70件、死亡77人，事故件数比上年增加2件、上升2.9%，死亡人数减少9人、下降10.5%；责任死亡事故35件，与上年持平，死亡39人，减少1人，下降2.5%。全年未发生责任重大死亡事故。运输系统18个铁路局责任死亡率控制在部定考核指标以内，运输业从业人员每百亿吨公里（换算周转量）死亡率0.154，比上年下降9.4%。全路18个铁路局中呼和浩特、郑州、柳州、成都、昆明局和青藏公司6个单位全年未发生责任死亡事故。呼和浩特、昆明、柳州、成都、乌鲁木齐、郑州、上海、北京、南昌、兰州、哈尔滨、济南局和青藏公司13个单位实现连续100天以上无责任死亡事故。

本年 铁道部制定颁布《铁路有害作业治理监督管理办法》，明确铁路局直管站段后铁道部、铁路局劳动保护主管部门在铁路有害作业治理工作中的主要职责和工作内容，要求各铁路局必须了解掌握管内有害作业场所、作业点的数量、危害因素和危害状况，研究制定规划，落实治理资金，改善作业环境和劳动条件，推动全路有害作业治理工作的开展。

本年 全路发生火灾事故40起，其中重大火灾事故3起；造成直接财产损失313万元；死4人、伤1人。与2004年相比，火灾起数和损失分别下降45%、39%，死亡人数增加3人、受伤人数减少2人。

本年 年内台湾省铁路事故总件数877件，较2004年的819件增加58件，增长7.08%。其中责任事故39件，较2004年的35件增加4件。

事故类别：以电力机车故障214件最多，占24.40%；其次为电动车组故障127件，占14.48%；再次为人员死亡及列车延误各67件（各占7.64%）、列车障碍件数63件（占7.18%）、人员受伤55件（占6.27%），其余各类件数所占则均在6%以下。各类事件中，机车故障（含电力机车、电传动内燃机车及推拉式电力机车）占29%，电动车组及机动车故障占16%，足见行车事故的发生主要仍以动力车故障居多。

伤亡人数：行车事故死伤人数192人，较2004年的208人减少16人。就肇事原因分析，以抢越平交道死伤53人为最多，占27.6%；其次为行走路线死伤42人（占21.88%）、列车未停跳车26人（占13.54%）、行车事故19人（占9.9%），跨越路线16人

（占 8.33%），其余各类均在 5% 以下。

本年 台湾省高铁事故隐患只因它是“欧日混血”的产物：车辆和信号、变电设备、轨道等采用日本系统，车站采用德国系统，通信采用法国系统，电动车组自动控制装置（ATC）则采用单线双向的欧洲式。

台湾省高铁采用欧日系统接口无法整合，导致 26 项技术差异与安全瑕疵，其中有 7 项对行车安全可能有直接危险、9 项影响行进稳定、8 项易造成故障、5 项可能危及工作人员安全。这些问题仍然无法解决。每百万动力车行驶公里平均事故件数 11.60 件，较 2004 年的 10.87 件增加 0.73 件，增长 6.72%。其中责任事故平均 0.52 件，较 2004 年的 0.46 件增加 0.06 件。责任事故占总件数 4.45%，较 2004 年的 4.27% 增加 0.18 个百分点。

2006年

1 月 11 日 国家发展和改革委员会、铁道部、交通部、民航总局、公安部、建设部、劳动和社会保障部、国家安全生产监督管理总局、解放军总后勤部在北京联合召开全国春运电视电话会议。国家发改委副主任欧新黔，铁道部副部长胡亚东，交通部副部长冯正霖，民航总局副局长高宏峰，建设部总工程师王铁宏，公安部副部长刘金国出席会议并讲话。

1 月 24 日 7 时 30 分，太原铁路局 K217 次旅客列车行至京包线呼和浩特铁路局管内美岱召至萨拉齐间，机后第 15 位发电车火灾报警器报警，发电车检车乘务员认为是误报，盲目断开报警电源，致使火势增大。事故造成本列车晚点 1 小时 06 分，中断下行线正线行车 3 小时 33 分；发电车大破，直接财产损失 98 万元。起火原因系发电车 3 号机组高压油管接头泄漏，柴油喷到高温排气管上起火。

1 月 28 日 铁道部召开全路电视电话会议，传达贯彻全国安全生产工作会议精神。

2 月 21 日 2005 年度全路“十佳机车司机”和“安全司机标兵”的审核评定工作完成。哈尔滨铁路局牡丹江机务段尹龙等 10 名机车司机被授予全路“十佳机车司机”称号，哈尔滨机务段于景才等 752 名机车司机获得全路“安全司机标兵”称号。

3 月 1 日 铁道部召开电视电话会议，对 2006 年春运工作进行总结，对做好下一步和“两会”期间安全稳定等工作提出要求。

3 月 15 日 中央综治委铁路护路联防工作领导小组召开会议，总结 2005 年全国铁路护路联防工作，提出 2006 年工作要点，并就创建平安铁路示范路段和加强青藏铁路治安综合治理等问题进行了商议。中央综治委副主任陈冀平，铁道部副部长胡亚东出席会议并讲话。

3 月 18 日 铁道部召开全路电视电话会议，部署当前运输安全工作。

3 月 24 日 犯罪嫌疑人吴国昌在江西省吉水县境内，用租购的氧割设备将京九线 K1657+169m 处上行线左侧钢轨轨面割掉 1.64 米，企图颠覆列车、制造社会影响。铁路和江西省公安机关成立由铁道部公安局副局长李志刚任总指挥、江西省公安厅副厅长曹根水任副总指挥的“3 · 24”路地联合专案指挥部，调集铁路公安机关部分刑侦专家和 500 余名铁路民警分至 4 个区域，开展侦破工作，当日即获取犯罪嫌疑人的影像资料。铁路公安机关印制、张贴悬赏通告 25 万余份，制作、发放录像光盘 3000 余张，在电视、广播等新闻媒体播出。4 月 29 日，浙江省公安厅经指纹比对，认定“3 · 24”破坏案犯罪嫌疑人为吴国昌。5 月 1 日，吴国昌在福建省建德市落网。

3月26日 6时40分，45001次列车运行到郑州局长葛站10/12号渡线道岔处，机车及机后第1位车辆脱轨，影响京广线上下行正线行车5小时20分，构成货物列车脱轨重大事故。事故原因：中铁电化局进行微机联锁倒接换装施工（郑州电务段配合），由于配线错误，联锁试验不彻底，造成尖轨与心轨位置不一致，列车通过时脱轨。

4月2日 全路货车检修工作紧急电视电话会议在北京召开。铁道部副部长胡亚东出席会议并讲话。

4月11日 9时32分，广铁（集团）公司管内京九下行线林寨至东水间K2067+000m处，南昌局南昌机务段东风11319号机车担当青岛至广州东的T159次旅客列车（编组16辆，890吨，38.1计长，济南局担当客运乘务）运行至该处，与武昌开往汕头的1017次旅客列车（南昌局南昌机务段东风4D3049号机车牵引，广梅汕铁路公司担当客运乘务）发生列车追尾冲突重大事故。1017次尾部1位发电车、尾部2位宿营车、尾部3位硬卧车颠覆，尾部4位硬卧车脱轨，中断京九上下行线行车9小时58分，2名铁路职工死亡，3名铁路职工、18名旅客受伤，无旅客死亡。

事故定责：依据《行车事故处理规则》5.1.2条、5.3.3条，该事故定南昌铁路局主要责任，列机务部门责任事故，影响安全成绩；广铁集团负重要责任。南昌铁路局承担事故损失费用60%，广铁集团承担40%。

4月13日 铁道部召开全路运输安全电视电话会议，对“4·11”旅客列车重大事故进行处理，并部署在全路开展以“查领导、查管理、查设备、查职工作业”为主要内容的安全大检查、大反思活动。副部长孙永福主持会议并宣读对“4·11”旅客列车重大事故有关责任人的处分决定，副部长胡亚东出席会议并讲话。

4月15日 全国铁路电务系统安全电视电话会议在北京召开。铁道部副部长胡亚东出席会议并讲话。

5月31日 铁道部召开全路运输安全电视电话会议。铁道部领导在会上分析了当前铁路运输安全形势，对运输安全重点工作作出部署，要求全路紧紧围绕当前安全工作重点和薄弱环节狠抓各项安全措施落实，确保运输安全稳定。

6月13～14日 全国铁路运输安全工作座谈会在北京召开。铁道部副部长胡亚东出席会议并讲话。

6月16日 铁道部与交通部在北京联合召开全国公铁立交安全整治工作电视电话会议，部署全国公铁立交安全整治工作，铁道部副部长胡亚东，交通部副部长冯正霖出席会议并讲话。

7月11日 14时45分，宁夏一旅行社租用的一辆大客车，在抢越宁夏中宁县余丁乡金沙湾铁路道口时与一列西行火车相撞。事故发生时，汽车上共有30人，其中27人是来自郑州市第57中学的优秀教师。事故造成17人死亡，该校师资力量元气大伤。

9月14日 国务院安全生产委员会办公室副主任王德学召集国家发展和改革委员会、公安部、铁道部、交通部召开铁路道口安全监管协调会，提出铁路道口安全工作指导思想是“标本兼治、立足治本、综合治理”，下发《铁路道口安全监管协调会议纪要》。会后，国家发改委、铁道部、交通部联合下发《关于继续做好铁路无人看守道口监护管理工作的通知》，对无人看守道口的监护工作提出具体要求。

10月17日 铁道部召开全路应急管理工作电视电话会议。铁道部副部长胡亚东出席会议并讲话，副部长王志国主持会议。

11月2日 铁道部在青藏铁路通天河站组织了青藏铁路旅客列车应急救援演练。党组成员、副部长胡亚东出席演练并讲话。国务院办公厅应急办，青海省、西藏自治区，解放军总后勤部及青藏兵站部，武警青海总队、武警西藏自治区总队分别派员观摩指导。

本月 青藏线格拉段通天河站举行以旅客列车突发行车事故后对旅客进行救治和转移为主要内容的综合应急救援演练。铁路车务、机务、工务、电务、车辆、通信、公安、疾控等42个部门和单位的660余名职工参加，青藏两省区地方公安、医疗、兵站以及武警等社会应急救援系统参与，3列救援列车、6辆救援大客车和其他各类车辆30余辆出动。这次演练检验应急预案，锻炼应急队伍，为全路应急救援作出示范。

12月2～3日 全国铁路运输安全工作会议在北京召开。副部长胡亚东作工作报告和会议总结。

12月31日 济南铁路局实现无行车重大、大事故3041天，创路局历史最好水平，继续名列全路前茅。

同日 铁道部公安局、运输局、安监司联合发布《关于加强铁路沿线治安综合治理采取有效措施的通知》，明确线路防护设备设施是铁路行车设备，明确其管理单位和管理责任。

本年 配合国务院法制办开展《铁路交通事故应急救援和调查处理条例》的立法工作。年内，铁道部相关领导先后4次组织部内有关部门负责人专题研究确定条例中的重大问题。铁道部起草工作组召开6次修改工作小组会议。相关工作部门通过将条例征求意见稿发送部内各单位和参加全路运输安全工作座谈会的铁路局局长、书记征求意见，以及下基层开展调研等方式，广泛征求意见，基本完成了条例的修改工作。

本年 年内铁道部新制定发布了6个行政许可项目的具体实施细则，各铁路安全监督管理办公室（安监办）也就法规授权的道口设置审批等许可项目制定实施办法。同时，铁道部专门制定发布《关于进一步规范铁路安全监督管理办公室行政许可实施程序的意见》和《铁路行政许可工作领域防范商业贿赂的若干规定》，各铁路安监办也出台了一系列规范工作程序的制度和办法，初步建立起铁路行政许可的制度体系。全年铁道部受理行政许可申请712件，作出行政许可决定478件；各铁路安监办受理行政许可申请660件，作出行政许可决定624件，无一件引起行政复议或行政诉讼。

本年 年内健全行政执法制度和机制。围绕《铁路运输安全保护条例》的贯彻实施，铁道部专门针对铁路行政处罚问题制定发布《〈铁路运输安全保护条例〉铁路行政处罚实施办法》《关于违反铁路运输安全保护条例行政处罚文书格式》《铁路运输安全行政执法罚没收入收支管理暂行办法》，规范铁路行政处罚程序及相关法律文书。各铁路安监部门初步确定了安全执法部门和人员，完成了对1000多名执法人员的轮训。

本年 《违反〈铁路运输安全保护条例〉行政处罚实施办法》（铁道部令第27号，2006年1月4日发布，自2006年2月1日起实施）。办法包括对违反《铁路运输安全保护条例》的行为实施行政处罚的主体，实施行政处罚的基本原则，执法人员条件，行政处罚相对人权利及责任，行政处罚的管辖、种类与适用等内容。

本年 《规范新体制下铁路运输安全基本管理制度的意见》（铁安监〔2006〕222号，2006年12月15日发布，自发布之日起实施）。

《意见》进一步明确铁道部是国务院主管铁路的部门，铁路局作为国家铁路运输企业，行使部分法律和行政法规授予的行政管理权。这两个部门都是铁路行政执法部门。意见要求依法界定行政执法职责，包括梳理行政执法依据、分解行政执法职权、规范行政执法程序和执法标准，建立行政执法责任追究制度，明确应当追究行政执法责任的情形、行政执法责任的划分、行政执法责任的追究等方面内容。

本年 年内全路运输安全形势保持稳定，但安全问题仍较突出。险性及以上行车事故件数与2005年持平，一般事故处于增长趋势，全年行车重大事故11件，同比增加6件；大事故1件，同比减少5件；险性事故42件，同比增加2件；一般事故6993件，同比增加1355件，上升24%，其中A类事故909件、同比减少182件，下降16.68%，B类事故6084件，同比增加1537件，上升37.26%；重大路外伤亡事故6件，同比持平。

本年 国家铁路企业发生从业人员死亡事故111件，死亡120人，事故件数和死亡人数分别比上年增加39件和42人，上升了54.1%和53.8%。其中责任死亡事故58件，死亡62人，同比增加22件和22人，上升61.1%和55%。在运输系统21个企业中，有15个企业责任死亡人数控制在铁道部考核指标以内。运输业从业人员每百亿吨公里（换算周转量）死亡率0.234。昆明、太原、柳州、呼和浩特、南昌、郑州、上海、乌鲁木齐铁路局，广铁（集团）公司、青藏铁路公司，特货、快运公司等12个单位至年底实现连续100天以上无责任死亡事故。

本年 年内台湾省铁路事故总件数862件，较2005年的877件减少15件，下降1.71%；其中责任事故39件，与2005年持平。事故类别以电力机车故障182件最多，占21.11%；其次为电动车组故障176件，占20.42%；再次为死亡件数78件（占9.05%）、列车障碍件数54件（占6.26%），其余各类件数所占比例均在6%以下。各类事件中，机车故障（含电力机车及电力传动内燃机车）占27%、电动车组等故障占23%。行车事故的发生主要仍以动力车故障居多。

行车事故死伤人数182人，较2005年的192人减少10人。就肇事原因分析，以行走路线死伤61人最多，占33.52%；其次依序为抢越平交道死伤53人（占29.12%）、列车未停跳车19人（占10.44%），其余各类均在5%以下。

每百万动力车行驶公里平均事故件数11.23件，较2005年的11.59件减少0.36件，下降3.11%。其中责任事故平均0.51件，较2005年的0.52件减少0.01件；责任事故占总件数4.52%，较2005年的4.45%增长0.07个百分点。

本年 年内铁路道口事故和伤亡人数持续保持大幅度下降态势，这是铁道部和地方各级人民政府强化宣传教育、狠抓道口安全管理和基础设施建设的结果。全路营业线发生道口交通事故470件，其中重大事故6件；伤亡329人，其中死亡104人、重伤115人、轻伤110人。事故损坏汽车163辆、拖拉机67台、其他车辆103辆，损坏铁路机车100台、车辆338辆、线路365米，中断正线行车1853.48小时。全路营业线道口事故和伤亡人数比2005年分别下降41.8%、46.1%。

本年 全路特种设备安全监察工作贯彻《特种设备安全监察条例》，以保证安全使用为目标，以确保第六次大面积提速调图安全为重点，开展特种设备安全专项整治活动，严格作业控制和现场监督检查，特种设备安全持续保持稳定，基本保证了特种设备安全运行。

本年 年内铁道部安监司两次下发通报，对9个不执行事故报告制度、隐瞒从业人员死亡事故的铁路局，均按死亡人数加倍统计考核；下发《关于进一步加强行车和劳动安全考核的通知》，将于2007年对发生责任从业人员死亡事故按死亡人数扣分，所扣分值纳入铁路运输企业经营业绩考核；要求各单位发生从业人员死亡事故和重伤事故，必须在规定时限内逐级报告。

本年 全路特种设备作业人员持证上岗率96.1%。全路共培训相关人员52978人次，换发资格证书47043人次；培训特种设备专兼职管理人员3374人，其中3212人取得了资格证书，29人新取得特种设备检验员资格，16名检验员新取得国家检验师资格等。

本年 年内大力加强铁路网络与信息安全。①按照国家有关部门的要求，组织开展铁路信息系统安全检查工作。铁道部印发《关于开展铁路信息系统安全检查的通知》，对铁路货票信息管理系统进行了安全检查评估，接受了专家组的检查，制定落实整改措施。②完成铁道部机关和郑州、武汉、西安、上海等铁路局和广州铁路（集团）公司、青藏铁路公司的计算机网络安全工程的实施。为推进在其他12个铁路局开展计算机网络安全工程建设，铁路信息化领导小组办公室、计划司、鉴定中心、信息技术中心对完成安全工程的上海铁路局、广州铁路（集团）公司进行了培训。铁道部信息技术中心，对安全工程进行渗透性检测和评估，召开了工程建设总结会和技术方案中期专家评估会，研究确定要加快全路计算机网络安全工程建设。③做好铁路信息系统应急管理工作，一是修订《铁路网络与信息安全事故应急预案》；二是建立与国家有关部门的应急协调机制，应对不可预见的各类网络与信息安全事故，最大限度地减少损失和危害。④强化铁路网络与信息安全信息通报工作，规范《铁路网络与信息安全情况通报》，及时向国家有关部门上报安全通报，完成春节、“两会”、国庆等重大政治活动和重要敏感期间铁路网络与信息安全的保障工作。

本年 年内部安监司组织7期《铁路劳动安全信息管理软件》升级版应用培训班，对全路18个铁路局及运输生产站段的650名劳动安全统计分析人员进行集中培训；哈尔滨、沈阳、济南、武汉、上海、南昌、兰州等铁路局，对施工作业人员进行专业技能和安全防护知识的培训。

本年 “毛泽东号”机车命名60周年。1946年10月30日，“毛泽东号”机车诞生于哈尔滨机务段，1949年3月配属北京铁路局丰台机务段。

“毛泽东号”机车组14次荣立集体功，40余次被评选为全国、全路和北京市级先进班组，32次被评为路局级先进集体；27人次被授予全国、全路或北京市劳动模范和先进生产者称号，北京铁路局在丰台机务段召开纪念“毛泽东号”机车命名60周年大会，并举行“毛泽东号”文化广场揭幕仪式。“毛泽东号”机车命名以来，总结出以“责任心+责任制+基本功=安全”为核心内容的安全基本经验和28字安全值乘作业法，并形成“立足岗位、尽职尽责、无私奉献、勇于争先”的新时期火车头精神。截至2006年底，“毛泽东号”机车已连续安全走行828.62万公里，节约燃油2909304公斤，节约油脂材料费388535元，超轴牵引货物6518807吨，防止事故426件。

本年 年内太原铁路局连续实现4个安全百日和第8个安全年，实现安全生产3000天，创建局以来安全最好成绩。

本年 武汉铁路局工务安全生产信息管理系统于8月开始试运行。这套集工务设备、安全生产、安全管理、信息反馈、数据查询、网络化办公等多功能于一体的信息管理系统。进入该系统，即可看到线路设备状况、当日现场作业信息，还可以即时查询站场平面图等设备技术资料，并能随时查看道口、重点桥隧的相关资料，为更好地“看管”辖区提供方便。至2006年底，武汉铁路局所有工务段都安装了这套管理系统，标志着武汉局在工务安全管理信息化方面迈出了重要一步。

本年 年内上海铁路局开发研制的客车运行安全监控系统（TCDS）投入运用。2006年初开始建设的TCDS系统，总投资1111.6万元。在全局各客车车辆段、客整所、客列检均安装了服务器，在上海、南京、杭州、合肥、阜阳、泰州、扬州车站安装了WLAN网，在117辆客车（包括备用车）上安装了车载探测发射设备。完成了地面网络的通道连接，经过合肥、上海车辆段自验，基本合格。TCDS系统于2006年6月1日正式投入使用，管理制度（讨论稿）已经编制下发，对部分存在问题与开发单位共同组织整改。

本年 上海铁路局组织开展了两次劳动安全大检查和以“安全发展、国泰民安”为主题的“安全生产月”活动，促进了全局劳动安全平稳有序。全年杜绝责任重大死亡及以上事故、责任重大锅炉压力容器火灾爆炸事故，实现责任死亡事故率控制在0.03‰以下、责任重伤事故率控制在0.1‰以下。至年末，全局发生责任死亡事故4件，发生责任重伤事故3件。

本年 年内全路18个铁路局中机务部门有16个局（含青藏铁路公司）消灭重大、大事故，有14个局消灭险性及以上机务行车责任事故。在57个统计行车安全的机务段中有53个段全年消灭险性及以上事故，占机务段总数的93.0%。年内全路机务行车责任事故123件（不含机破事故），比2005年减少18件，降低12.8%；险性事故2件，重大事故2件，险性及其以上事故件数与同比减少7件。每百万公里险性及以上事故率0.38件。

本年 “安全司机标兵”评选。至本年，6596名机车司机获全路“安全司机标兵”称号，其中1174名机车司机获本年度全路“安全司机标兵”称号。

本年 “十佳机车司机”评选。从1994年至本年130名机车司机获全路“十佳机车司机”称号。获得“十佳机车司机”称号者中未获“火车头奖章”者，可按规定条件、程序申报“火车头奖章”。

本年 全路车辆部门发生旅客列车途中甩车15起，同比减少3起、下降16.7%，其中火灾2起、轮对故障5起、热轴故障5起、转向架故障3起；发生旅客列车始发、途中晚点58起，同比减少4起、下降6.5%，其中车钩故障2起、转向架故障12起、轮对故障1起、轴承故障2起、制动故障10起、车内设备故障3起、车电故障4起、空调故障1起、发电车故障1起、火情4起、异物打击12起、拦停无事6起。

本年 年内铁路运输安全立法执法取得新进展。一是加强立法工作。《铁路交通事故救援及调查处理条例》列入国务院一类立法计划，《违反〈铁路运输安全保护条例〉行政处罚实施办法》等文件颁布。二是规范行政许可。全年铁道部受理行政许可申请421件，审查并送达行政许可决定312件；各铁路安全监督管理办公室受理行政许可申请372件，审查并送达行政许可决定362件。三是组建首批行政执法队伍。《铁路运输安全行政执法手册》编印，1300多名行政执法人员全部参加培训、考试。四是开展宣传活动，职工和社会公众依法保护铁路运输安全的意识不断增强。

本年 年内全路宣传战线贯彻落实全路安全文化建设座谈会精神，加强“安全第一”思想教育，深化铁路安全文化建设，增强职工的安全意识，推动运输安全生产持续稳定。铁道部与北京交通大学合作，开展“建立铁路安全文化体系”课题研究，在呼和浩特、济南、北京铁路局等单位进行专题调研，在各铁路局开展安全文化建设问卷调查，形成

《铁路安全文化建设总体纲要》和《铁路安全文化建设评估体系》，促进铁路安全文化系统化、规范化和制度化建设。呼和浩特铁路局加强安全文化建设的经验在全路安全工作会议上作交流。加大日常安全生产宣传教育力度，在全路各级媒体深入宣传党和国家安全工作方针政策和部党组安全工作要求，深化岗位和班组安全思想教育，加强以典型事故案例片为主要内容的安全警示教育，组织编辑安全格言、警句、谚语集，开展“安全生产月”和“科普进站段”安全宣传教育活动。

本年 年内，全路发生火灾事故43起，造成直接财产损失273万元，死亡3人；比2005年起数增长7.5%，直接财产损失下降12.8%，死亡人数下降25%；未发生特大火灾事故，发生重大火灾1起。

本年 铁路应急救援体系建设启动。铁道部成立应急救援指挥中心（设在运输局调度部，实行一个机构两块牌子），建立铁路突发公共事件应急预案体系，完善应急救援工作制度，着手建设应急管理信息系统；组织青藏铁路公司、北京铁路局开展旅客列车和危险化学品事故应急救援演练，为铁路突发公共事件应急救援体系的建设和完善积累经验。

2007年

1月11日 曾培炎副总理在铁路工作座谈会上的讲话中指出：实施全国铁路第六次提速，是今年一项重点工作，影响面广，责任重大。要精心组织，周密安排，强化线路和设备基础，完善规章制度，搞好人员培训，编好列车运行图，紧密围绕安全这个关键环节，确保提速成功和稳定运行。

同日 2时03分，乌鲁木齐铁路局库尔勒机务段担当的5807次旅客列车（机车东风4B0565号，司机刘万辉、向荣华；编组19辆，总重1067吨，换长45.8，编组顺序KD1、YZ6、CA1、RW1、YW9、XL1），行至南疆线珍珠泉—红山渠间K42+120m处，机后第9～19位计11辆车厢颠覆，死亡7人（其中旅客6人、检车乘务员1人），重伤2人。经救援抢修，11时30分线路开通，南疆线正线中断行车9小时27分，构成旅客列车行车重大事故。

3月5日 由劳动和社会保障部、铁道部、卫生部、国有资产监督管理委员会、国家安全生产监督管理总局、中华全国总工会联合举办的《职业病防治法》系列宣传活动启动仪式在北京站举行，铁道部副部长彭开宙，卫生部副部长陈啸宏，国家安全生产监督管理总局副局长王德学，中华全国总工会书记处书记张鸣起出席启动仪式并讲话。

4月1日 新版《铁路技术管理规程》正式施行。

4月18日 经过四年的精心准备，该日，全国铁路如期实施了第六次大面积提速和新的列车运行图。

5月1日 《引起铁路行车事故的工程质量责任调查及经济损失赔偿暂行规定》（铁建设〔2007〕79号），2007年4月12日发布，自5月1日起实施。

6月23～24日 全国铁路运输安全工作座谈会在北京召开，副部长胡亚东作工作报告。

6月27日 国务院审议并原则通过《铁路交通事故应急救援和调查处理条例》，7月11日正式发布，9月1日施行。

铁道部在《人民铁道》报组织系列报道；组织出版《铁路交通事故应急救援和调查处理条例》单行本、释义等学习宣传培训教材；在部机关组织专题讲座，培训机关公务员300多人。各铁路局组织举办的应急救援、安全监察、法律事务、铁路公安等专业培训班，培训专业人员2000多人。

7月28日 铁道部召开全路运输安全电视电话会议，对进一步加强运输安全工作作出部署。铁道部领导出席会议并讲话。

8月10日 铁道部召开铁路施工安全电视电话会议，部党组成员、副部长卢春房出席会议并讲话。

8月19日 《铁路交通事故调查处理规则》(2007年铁道部令第30号)，8月19日铁道部部长办公会议通过，8月28日发布，自2007年9月1日起实施。

8月28日 铁道部召开全路运输安全电视电话会议，铁道部领导与各铁路局主要领导对话，并对当前运输安全工作提出要求。

同日 铁道部召开全路产品质量和食品安全专项整治工作动员电视电话会议，铁道部副部长彭开宙出席会议并讲话。

9月1日 《铁路安全监督管理办公室管辖范围》(铁安监〔2007〕175号)，2007年9月10日发布，自发布之日起实施。

同日 铁道部召开全路电视电话会议，学习传达国务院第190次常务会议精神，对贯彻实施《铁路交通事故应急救援和调查处理条例》作出部署。

同日 新版《铁路交通事故调查处理规则》以中华人民共和国铁道部令第30号下发，在全国铁路运输企业内正式施行。这是铁道部自1949年6月之后颁布施行的第十二部《事规》，依据《铁路交通事故应急救援和调查处理条例》(国务院令第501号)制定，是全国铁路交通事故调查处理部级基础性规章。

同日 铁道部副部长胡亚东在全路电视电话会议上宣讲实施新版《事规》的目的、意义及其主要特点，全面部署新《事规》的实施。

同日 根据新《事规》，分阶段分析年内铁路事故如下：1～8月全路行车事故基本情况。全路发生行车事故5018件，比2006年同期增加262件，上升5.5%。其中，重大事故6件，同比减少4件；大事故5件，同比增加4件；险性事故32件，同比增加6件；一般A类事故536件，同比减少103件；一般B类事故4439件，同比增加357件。在43件行车重大、大、险性事故中，设备不良21件，占48.8%；违章违纪17件，占39.5%；自然灾害3件，占7%；社会治安2件，占4.7%。

9～12月铁路交通事故基本情况：①全国铁路运输企业铁路交通事故基本情况。全国铁路运输企业发生铁路交通事故2206件。其中，铁路局2036件，非铁路局单位170件。全国铁路运输企业消灭重大及以上铁路交通事故。在2206件事故中，较大事故10件，占0.5%；一般事故2196件，占99.5%。在一般事故中，A类事故25件，占1.1%；B类事故1608件，占73.2%；C类事故109件，占5%；D类事故454件，占20.7%。②铁路局铁路交通事故基本情况。各铁路局发生铁路交通事故2036件。其中，较大事故8件，占0.4%；一般事故2028件，占99.6%。在一般事故中，A类事故24件，占1.2%；B类事故1509件，占74.1%；C类事故101件，占5%；D类事故394件，占19.3%。③非铁路局单位铁路交通事故基本情况。各非铁路局单位发生铁路交通事故170件，其中合资铁路99件、地方铁路30件、专用铁路15件、铁路专用线26件。在170件事故中，较大事故2件，占1.2%；一般事故168件，占98.8%。在一般事故中，A类事故1件，占0.6%；B类事故99件，占58.2%；C类事故8件，占4.7%；D类事故60件，占35.3%。

9月20日 铁道部召开铁路施工安全电视电话会议，铁道部副部长卢春房出席会议并讲话。

9月26日 铁道部召开全国铁路系统开展重大基础设施安全隐患排查工作动员电视电话会议，铁道部副部长胡亚东出席会议并讲话。

9月28日 铁道部召开全路电视电话会议，铁道部领导（在上海）传达国务院常务会议和全国安全生产电视电话会议精神，对当前铁路运输安全和稳定工作作出部署。

11月1日 铁道部召开全路人身安全专题电视电话会议，铁道部副部长胡亚东出席会议并讲话，总调度长安路生出席会议。同日《中华人民共和国突出事件应对法》正式施行。

11月8日 铁道部颁布《铁路运输安全考核办法》。《办法》对考核对象及范围，考核标准，奖惩原则均作出了具体规定。

11月29～30日 全国铁路运输安全工作会议在南昌召开，铁道部副部长胡亚东作工作报告。与会代表现场观摩了沪昆线南昌至白鹿塘段。

12月29日 铁道部召开全路产品质量和食品安全专项整治工作总结电视电话会议，铁道部副部长彭开宙出席会议并讲话，政治部副主任蔡克芳宣读铁道部专项整治工作表彰通知。

12月31日 铁道部下发《关于公布2007年路外伤亡事故死亡人数控制指标的通知》，提出时速160公里及以上的铁路区段，实现路外伤亡事故“零死亡”目标，2007年确定在2005年的基础上，实现路外事故死亡人数减少一半的目标，明确考核办法，提出15项治理措施。

本年 运输安全行政执法队伍建设。年内，铁路深入贯彻《铁路运输安全保护条例》，着重抓运输安全行政执法队伍建设。向1400多名执法人员发放执法证件，明确基层安全监管人员执法身份，为执法工作全面展开做好准备。根据生产力布局调整的新情况，适当调整铁路部分安全监督管理办公室的管辖范围。

本年 各铁路安全监督管理办公室受理603件，其中许可561件、不予许可34件。无一件引起行政复议或行政诉讼。

本年 年内组织开展铁路法规、规章及规范性文件（包括安全法规）的全面清理。

本年 年内铁道部规定在每小时120公里及以上的线路区段平交道口全部立交化改造。列车时速120公里及以上的线路区段全部实施防护栅栏封闭；列车时速120公里以下的线路，根据实际情况实施封闭。

本年 铁路客运专线防灾安全监控系统投入使用。系统主要特点：一是将国外独立的风向风力监测系统和落物监控系统有机地集成为一体，实现资源共享；二是在国外同类系统的现场故障复位功能基础上，增加远程故障复位功能，以最大限度地减少落物灾害对运营的影响。京津城际铁路防灾安全监控系统是防灾安全技术在中国客运专线的首次应用。

本年 年内铁路危险货物运输安全监控系统在全路18个试点站安装、调试工作完成，实现18个试点站与铁道部、铁路局的三级联网。该系统包括危险货物受理审核、签认卡控、货物追踪、应急救援、决策支持与统计分析、试运管理、电子台账、法规文电、辅助工具与基础数据维护等功能。系统覆盖铁道部、铁路局、站段三级，应用于站段受理承运、装车、货检、货调、站调等部门和铁路局、铁道部主管部门，对危险货物运输受理、承运、装车、在途、卸车、交付等全过程实行高效有序的安全监管和全过程监控。

本年 年内提速安全培训保障体系初步形成。建立在对全路提速安全职工培训现状调研的基础上，明确提速安全培训保障体系基本框架由管理体制、培训网络、培训制度、基础能力和保障机制五方面构成，形成职工培训保障体系建设指导意见。

本年 年内全路18个铁路局中有16个铁路局无险性及以上机务责任行车事故。57个机务段中有54个段全年消灭险性及以上事故，占机务段总数的95%。全路机务行车责任事故91件（不含机破事故），比2006年减少32件，降低26%；险性事故1件，重大事故2件。每百万公里险性及以上事故率0.02件。

本年 从1994年至本年140名机车司机获全路“十佳机车司机”称号。获得“十佳机车司机”称号者中未获“火车头奖章”者，可按规定条件、程序申报“火车头奖章”。

本年 电务系统实现安全生产年，至12月31日，实现安全生产645天。一是消灭一般B类及以上责任行车事故。是遏制恶性违章作业。三是故障件数下降33.7%、延时减少34.4%，实现年初电务工作会议制定的压缩20%的目标。1～8月（按照旧《事规》统计）：一般事故1704件，与2006年同期比，减少87件，降低4.9%。其中电务责任事故1228件，占总数的72.1%，比2006年同期减少165件，降低11.8%；责任一般事故率0.109%。9～12月（按照新《事规》统计）：一般D类事故20件，延时68小时38分。

年内职工责任死亡事故发生5件、职工重伤事故1件，机械室火灾事故1件，一般C类责任事故1件。

本年 年内铁路安全管理进一步加强，行车事故得到较好控制，路外事故大幅度减少，铁路运输安全形势继续保持相对稳定态势。各铁路局和非铁路局企业（指合资铁路、地方铁路、专用铁路、铁路专用线及神华铁路公司，下同）发生行车事故及铁路交通事故7224件（不含1～8月路外事故），其中1～8月行车事故5018件，9～12月铁路交通事故2206件。全年发生路外死亡事故3143人，比2006年减少2606人，下降45.30%。

本年 年内全路发生火灾事故28起，直接财产损失101万元，死2人；火灾起数比2006年下降34.9%，损失金额下降63%，死亡人数下降33.3%；未发生特别重大、重大、较大火灾事故和造成旅客伤亡的旅客列车、车站火灾事故。火灾起数和损失是铁路历史上最少的一年。

本年 北京铁路局丰台机务段“毛泽东号”机车司机长赵巨孝，荣获2006年至2007年度全国“五一劳动奖章”获得者。截至2007年2月底，“毛泽东号”机车组实现安全走行830.6万公里。

2008年

1月8日 中央综治委铁路护路联防工作领导小组2008年度会议在铁道部召开，中央综治委副主任、中央政法委副秘书长、中央综治办主任陈冀平出席会议并讲话，中央综治委铁路护路联防工作领导小组成员、铁道部副部长胡亚东，中国人民解放军总参谋部动员部部长白自兴，共青团中央书记处书记卢雍政出席会议并讲话。

1月17日 铁道部召开全路春运安全电视电话会议。

1月23日 20时48分，北京开往四方（青岛）的D 59次动车组列车，运行至济南铁路局管内胶济线安丘至昌邑间时，发生重大交通事故，造成18人死亡，9人受伤。事故发生地点是计划于当日22时至次日1时30分进行线路拨接作业的处所。按施工方案，当日21时起施工范围内列车限速每小时45公里运行，此时，施工作业人员方能进入工点进行施工准备。但中铁十六局部分施工人员提前于20时40分左右擅自强行进入作业区线路，正常运行的D59次动车组列车通过时与之相撞，导致重大人员伤亡。

2月23日 铁路建设项目安全质量责任书（承诺书）签字仪式在北京举行。铁道部副部长卢春房分别与18个铁路局（公司）、13个铁路公司（筹备组）和宜万铁路建设指挥部签署了《铁路建设项目安全质量责任书》。

3月10日 铁道部召开安全防范工作会议，传达贯彻国家反恐协调小组会议精神，铁道部领导出席会议并讲话。

4月28日 4时38分，由北京开往青岛的T195次旅客列车运行至济南铁路局管内胶济下行线王村至周村东间K290+800m处，因超速，机后9至17位车辆脱轨，并侵入上行线。4时41分，由烟台开往徐州的5034次旅客列车运行至胶济上行线K290+850m处，与侵入限界的T195次列车第15、16位间发生冲突，造成5034次列车机车及机后1至5位车辆脱轨。事故导致72人死亡，416人受伤，中断胶济上下行线行车21小时22分，构成铁路交通特别重大事故。

“4·28”特别重大事故发生后，党中央、国务院领导高度重视，胡锦涛总书记、温家宝总理、张德江副总理、马凯国务委员迅速作出重要批示和重要指示，对事故救援、善后处理及铁路运输安全工作提出明确要求，指出：要全力救治伤员，妥善处理善后，尽快恢复正常行车秩序，查明事故原因。张德江副总理率国务院工作组立即赶赴事故现场，指导事故处理工作，对伤员救治、旅客安置、治安秩序、消除铁路安全隐患等工作作出重要部署。

国家安全生产监督管理总局局长王君带领事故调查组赶赴事故现场，指导事故救援，开展事故调查。

接到事故报告后，铁道部迅速启动应急预案，铁道部领导带领铁道部机关有关部门负责同志立即赶赴现场指挥救援，组成了抢救善后、事故救援、恢复秩序、事故调查和治安秩序、生活保障、宣传等六个组，调集数千名铁路职工和公安民警，迅速展开了抢险救援工作；山东省委、省政府高度重视，省委书记姜异康、省长姜大明亲赴现场，组织抢险救援工作；淄博市委、市政府、驻鲁部队、武警部队、公安民警也在事故发生后迅速行动，组织抢救工作；各医疗单位和广大医务人员积极救治伤员，最大限度地减少人员伤亡。中宣部、国务院办公厅、国务院应急办、公安部、卫生部、武警部队、中华全国总工会、监察部等国家和军队有关部门负责同志也赶到现场，指导抢险救援工作。经过全体抢险救援人员的奋战，4月29日2时胶济上下行线恢复通车。

4月29日 凌晨5时，铁道部召开全路运输安全紧急电视电话会议，传达贯彻党中央、国务院领导同志对“4·28”胶济线旅客列车特别重大事故的重要批示和重要指示精神，通报事故情况。铁道部领导动员全路深刻吸取事故教训，迅速采取坚决有力措施，杜绝严重事故的再次发生，迅速稳定铁路运输安全局面。

4月30日 21时，铁道部召开电视电话会议，部领导在传达了国务院常务会议精神和温家宝总理重要讲话精神后指出，学习贯彻温家宝总理重要讲话精神，当前，最重要的就是把安全大反思、大检查活动深入扎实地开展起来，切实取得成效。

第一，一定要充分利用“4·28”事故这一反面教材，真正吸取血的教训。

第二，安全第一的思想要永远深扎在我们的头脑之中。

第三，一定要把安全大反思、大检查活动搞深入、搞彻底，不达目的决不罢休。

第四，转变领导作风，切实加强对安全工作的领导。

会上，各铁路局汇报了开展安全大反思、大检查的情况。

5月2日 《人民铁道》报全文刊发国务院办公厅4月30日发布的《关于进一步加强安全生产工作的通知》，《通知》从八个方面要求各地区、各部门要深刻吸取“4·28”特别重大铁路安全事故教训，认真贯彻落实科学发展观，坚持“安全第一、预防为主、综合治理”方针，以更加坚决有力的措施，有效遏制重特大事故。

为认真贯彻铁道部党组4月29日全路运输安全紧急电视电话会议精神，中华全国铁路总工会4月30日下发通知，动员和组织全路职工深入开展为期四个月的安全大反思、大检查活动，确保运输安全。

5月5日 为进一步加强监督检查，督促迅速解决危及运输安全的突出问题，铁道部安全监察司下发通知，对全路安全监察系统开展大反思、大检查活动提出具体要求。

通知指出，各级安全监察部门要以“4·28”事故为反面教材，深刻反思安监系统存在的问题和不足。

这次全路安全大反思、大检查活动总体要求是：自上而下，上下结合，全面整改，务求实效。各级安全监察部门和全体安全监察人员要充分发挥监督检查的职能作用，检查督促有关单位和部门按照铁道部的要求，扎扎实实地开展好安全大反思、大检查活动。

各级安监部门在监督检查过程中，要注意把握关键环节，以确保客车安全尤其是提速客车安全为重点，集中力量对重点问题进行整治；要检查督促各单位、各部门深入查找，全面认真梳理问题，逐项制定整改措施，有计划地逐项整改；要加强信息反馈，及时做好安全大反思、大检查总结工作。

5月7日 铁道部召开的安全大反思、大检查活动督导组动员大会上，铁道部副部长胡亚东明确了督导组重点检查的9项内容。铁道部派出的6个督导组已全部到位，开始对18个铁路局（公司）的安全大反思、大检查活动进行全面检查。

5月11日 铁道部召开全路运输电视电话会议，要求各铁路局继续深入开展好安全大反思、大检查活动，特别是要按照部检查督导组检查发现的问题，逐一对照进行整改，确保取得实效。

铁道部要求，在安全大反思、大检查活动中，要深刻挖掘安全管理上的根源性问题，对发现的关键性、普遍性、倾向性问题要认真总结，对尚未解决的问题要逐项制定整改措施，落实责任部门和责任人，限期销号，切实起到安全思想深化、查摆问题全面深入、制定整改措施同步的良好效果。

5月12日 20时30分，铁道部领导在西安主持召开全路紧急电视电话会议，传达了温家宝总理对铁路抗震救灾工作的重要指示和李克强副总理在国务院抗震救灾工作会议上的重要讲话精神，通报四川汶川地震对铁路的影响情况，部署铁路抗震救灾工作，动员全路迅速行动起来，全力以赴做好铁路抗震救灾工作，确保人民群众生命财产安全，确保铁路大动脉安全畅通。

5月24日 中共中央总书记、国家主席、中央军委主席胡锦涛和中共中央政治局常委、中央政法委书记周永康分别对宝成线提前实现全线通车作出重要批示。

胡锦涛对宝成线提前实现全线通车作出重要批示：宝成线提前实现全线通车打通了西北、西南铁路大动脉，有力地保障了抗震救灾的需要。谨向全体抢险人员表示亲切慰问和崇高敬意。

周永康对宝成线提前实现全线通车作出重要批示：经过解放军官兵、铁路职工连续十二个昼夜的浴血奋战，实现了宝成铁路全线通车，向参战的全体同志们表示衷心感谢！同志们辛苦了！

同日 9时50分，在“5·12”汶川大地震中受到严重破坏的宝成线109号隧道胜利抢通，宝成铁路恢复正常运输。中共中央政治局委员、国务院副总理张德江向奋战在一线的抢险人员表示亲切慰问和衷心感谢。他强调，宝成线恢复通车后，要加强巡查维护，确保西北通向西南的铁路大动脉安全畅通，为抗震救灾和经济社会发展提供运输保障。

6月11日 铁道部召开全路运输电视电话会议，要求各铁路局在深入开展安全大反思、大检查活动的同时，结合季节特点和各局实际，以抓好汛期安全、施工安全和设备质量为重点，全面落实各项安全措施，确保铁路运输安全畅通。

6月28日 20时20分，集通铁路K665+000m处沙力河大桥因水害发生险情，5号桥墩下沉了2米多，桥面随之塌陷。该大桥长270米，桥面距河床高达20米。在险情发生时，邻站有一列旅客列车正要通过该大桥。如果不是赵志国、包日图两位职工按照集通公司的统一防洪部署，冒暴雨不间断巡检线路，及时发现险情，及时上报，及时封锁区间，这趟旅客列车将整列颠覆，从近20米高的大桥上坠落，后果不堪设想。

7月16日 内蒙古集通铁路（集团）有限责任公司对防止重大事故的赵志国、包日图两位职工予以重奖，各奖励人民币5万元。

8月18日 沈阳铁路局、局工会决定重奖阜新车务段阜新站运转车间列尾工长刘传林等10名重大安全隐患举报人，并命名长春车辆段吉林运用车间安全员侯树波等70人为局“优秀安全监督员”。

为了强化职工群众在安全生产中的主体地位和责任感，不断深化群众保安全工作，从2005年起，沈阳局、局工会联合下发文件，掀起了以职工群众排查举报安全隐患为内容的安全生产群众监督活动，发动职工群众为全局安全生产“把脉”。

从2005年10月至2008年8月，沈阳铁路局职工群众排查举报各类安全隐患9854件，经过努力，现已有9397件得到彻底整改，为保障全局安全稳定发挥了不可替代的作用。

8月21日 铁道部召开全路运输电视电话会议，要求各铁路局充分认识当前运输安全面临的严峻形势，以提高设备质量、确保汛期安全、强化作业控制为重点，深入推进各项具体措施的落实，确保铁路运输安全稳定。

8月22日 呼和浩特铁路局京包线上的“王牌班组”福生庄养路工区迎来安全生产60周年。

9月10日 为确保安全大反思、大检查活动取得实效，按照全国铁路运输安全工作座谈会的部署，铁道部自9月10～20日验收检查各铁路局开展安全大反思、大检查活动的情况。

9月15日 铁道部召开全路电视电话会议，铁道部领导要求全路认真贯彻落实党中央、国务院关于加强安全生产的部署，增强忧患意识和责任意识，采取更加有力措施，切实抓好铁路安全生产，进一步稳定铁路运输安全形势，确保铁路运输持续安全稳定，确保人民群众生命财产安全。

9月28日 铁道部召开全路电视电话会议，铁道部领导传达胡锦涛总书记、温家宝总理关于加强安全生产工作的重要指示和张德江副总理在全国安全生产电视电话会议上的重要讲话精神，对国庆期间的铁路运输安全工作进行部署。

同日 铁道部多种经营发展中心发出通知，要求全路多经系统要巩固和发展安全大反思、大检查活动的成果，切实把反思检查中发现的问题全部整改到位；要着力抓好涉及运输安全的营业线施工、危险化学品经营储运、货物装载加固、多经专用线和专用铁道以及特种设备、人员密集场所、职工人身、道路交通等重点部位安全，切实加强站车食品卫生安全工作，深入查摆问题，整治安全隐患，强化安全控制手段，完善落实各种安全管理制度，提高安全管理水平和应急处理能力。

铁道部多经中心将组成安全检查调研组，检查、调研部分铁路局多经系统的安全工作，并将近期安全工作的重要信息报告铁道部多经中心。

11 月 7～8 日 全国铁路运输安全工作会议在天津召开。中共中央政治局委员、天津市委书记张高丽率天津市委、市人大、市政府、市政协主要负责同志在会议期间亲切接见了参加全国铁路运输安全工作会议的代表。铁道部领导在会上强调，要深入学习实践科学发展观，牢固树立安全发展理念，深化新形势下安全基础建设，认真解决安全生产中的突出问题，保证运输安全的持续稳定，为全面深入推进和谐铁路建设、促进经济社会又好又快发展作出新的更大贡献。同时强调：全路干部职工要充分认识，安全生产已经成为评判铁路工作最重要的尺度。全路一定要站在政治的高度和时代发展的高度，深化对“安全第一”的认识，把确保安全作为铁路各项工作最根本的前提，作为衡量每一个单位、每一个部门、每一名领导干部工作的首要标志，把安全发展理念扎根于思想深处，自觉落实到行动之中。

11 月 14 日 包含 7 种车底、6 套人员配置、42 个应急处理预案的《上海站动车组列车故障车底替换方案》日前正式施行，这标志着上海站提升客运服务质量专项活动的全面展开。

11 月 21 日 召开全路运输电视电话会议，铁道部要求各铁路局加强施工安全控制，确保运输安全。针对 11 月中旬以来一些线路施工中所出现的职工互控措施不落实、现场管理干部履行职责不到位导致的施工现场安全失控等问题，铁道部要求增强干部职工的安全意识，加强对施工机械使用等关键点的重点卡控，严格落实有关管理制度，强化施工机械的管理和防护。

此外，铁道部要求施工单位和设备管理部门加强安全保卫、巡检工作，避免路料、设备被盗问题的发生。

11 月 28 日 全国铁路路外安全工作会议在南昌召开。会议总结了近一年来全国铁路路外安全工作情况，分析了存在的问题并对明年的工作作了重点部署。

12 月 4 日 为确保运输线路畅通，本年北京铁路局在机务系统开展了“机车百趟安全正点竞赛”活动。活动中，对实现安全正点 1000 趟的 108 名正副司机进行表彰和奖励。

12 月 6 日 为加强暴风雨雪雾等恶劣天气情况下的铁路运输组织工作、提高铁路各部门在非正常情况下的应急反应能力和应急处置水平，铁道部今天发布《铁路暴风雨雪雾等恶劣天气应急预案（暂行）》。

12 月 10 日 在深圳召开全国铁路调度工作会议。为确保全路进入高速时代后，普速、提速和高速铁路分工合理，高速和重载同步迈进，全路调度系统将开展对调度命令、施工组织、安全关键、安全信息、人员素质和调度监控监督体系的专项整治，增强调度系统对运输安全的源头把控功能；通过建立健全规章制度、规范调度指挥体系；开展以业务培训、技术比赛、案例教育、强化练功为主要内容的素质训练，提高调度员的综合素质和非正常情况下应急处理能力；强化信息化建设，统一标准、统一规划、统一建设，通过信息化巩固调度整合成果，确保信息收集源点，在2009年第一季度实现各工种间的信息共拥共享，实现施工日记化、运行揭示调度命令网络传输。7至8月，在全路开展以机车车辆为重点的设备大检查整治活动，对机车、客车、货车等移动设备特别是走行部和制动力系统等进行重点检查整治。

本年 全国铁路刑事案件同比下降22.3%，威胁铁路行车安全的治安案件下降70.2%。铁路路外交通事故同比下降43%，死亡人数同比下降30%。

2009年

6月17～18日 全国铁路运输安全工作座谈会在北京召开。

6月29日 2时31分，长沙开往深圳的K9017次旅客列车运行至广铁（集团）公司管内京广线K1897+363m，郴州站118号道岔处，因列车制动失灵，越过关闭的5道出站信号机，与3道开出的铜仁开往深圳西的K9063次旅客列车发生侧面冲突。事故造成K9017次机车颠覆，机后1～5位车辆脱轨，K9063次机车脱轨，机后1位车辆脱轨，3人死亡（旅客2人，当地居民1人），63人受伤（其中重伤6人），构成铁路交通较大事故。

7～8月 全路开展以机车车辆为重点的设备大检查大整治活动，对机车、客车、货车等移动设备特别是走行部和制动系统等进行重点检查整治。

11月23～24日 全国铁路运输安全工作会议在沈阳召开。

12月31日 18时，各铁路局、各专业运输公司无责任一般A类及以上铁路交通事故安全天数如下：①呼和浩特局4099天、乌鲁木齐局2844天、南宁局1750天、武汉局1749天、西安局1749天、太原局906天、昆明局696天、郑州局561天、广铁集团公司546天、北京局471天、济南局414天、上海局228天、成都局148天、沈阳局107天、兰州局81天、南昌局54天、哈尔滨局51天、青藏公司40天。②各专业运输公司安全天数：中铁集装箱853天、中铁特货853天、中铁快运232天。

本年 部属企业（铁路局、专业运输公司和铁三院）万人死亡率为0.218，铁路局每百亿吨公里（换算周转量）死亡率为0.159。

本年 全路深入开展“安全生产年”活动，认真解决安全突出问题，扎实推进安全基础建设，运输安全工作取得成效。未发生重大及以上铁路交通事故，一般A类行车事故 比上年减少47.6%，路外死亡人数比上年减少17.9%。

2010年

4月1日～5月31日 在全路开展安全大检查活动。大检查期间，部检查组发现各类安全隐患和问题161236个，其中重点问题及隐患2127个，下发安全监察指令书21份。

5月23日 2时10分，K859次旅客列车运行至沪昆线南昌铁路局管内余江至东乡站间下行线K698+945m处，因铁路线路左侧护坡上方简易道路一侧的山体突然下滑，坍体越过简易道路、铁路三级平台、两级护坡，侵入沪昆上下行线，运行中的列车以108公里/小时速度与坍体相撞，造成机车脱轨、机后1至5位车辆颠覆、6至8位车辆脱轨。构成铁路交通重大事故。

同日 全国铁路运输安全工作会议座谈会以电视电话会议的形式在北京召开。

5月30～6月30日 全路开展“安全生产月”活动。

8月19日 15时15分，西安—昆明的K165次旅客列车行驶在德阳至广汉间石亭江大桥时，大桥因水害发生倾斜，现场防护员立即通知火车司机紧急停车。随后，值乘的西安铁路局西安客运段列车长王巧芬沉着镇定指挥，组织全体列车工作人员紧急疏散车上旅客，从列车尾部引导旅客有序向列车前部转移，全体旅客被迅速转移到了安全地带。由于处理方法及时、妥当，本次事故未造成一人伤亡。几分钟后，大桥5、6号桥墩垮塌，K165次列车15、16号车厢掉入江中。

8月23日 铁道部隆重召开抗洪抢险勇救旅客先进集体和先进个人命名表彰大会，表彰8月19日勇救宝成铁路K165次列车旅客的先进集体和先进个人。

9月13日 颁布铁建设〔2010〕162号《关于印发〈铁路建设工程安全风险管理暂行办法〉的通知》。

9月26日 颁布铁安监〔2010〕176号《铁路交通事故查处挂牌督办办法》。

11月14日 颁布铁安监〔2010〕215号《关于建立重点帮促制度实行综合管理和专业管理部门共同研究解决安全突出问题的实施办法的通知》。

同日 颁布铁卫〔2010〕216号《铁路运输企业安全考核办法》。

11月16～17日 全国铁路运输安全工作会议在杭州召开。

本年 全路发生道口交通事故114件。其中，较大事故1件；伤亡68人（死亡18人，重伤25人，轻伤25人）。道口事故和伤亡人数比2009年分别下降35%、46%。

12月31日 18时，各铁路局、各专业运输公司无责任一般A类及以上铁路交通事故安全天数排行如下：1、各铁路局安全天数。呼和浩特局4464天、乌鲁木齐局3209天、武汉局2114天、西安局2114天、太原局1271天、昆明局1061天、郑州局926天、北京局836天、济南局779天、上海局593天、兰州局446天、青藏公司405天、南昌局318天、沈阳局262天、广州集团261天、成都局223天、哈尔滨局134天、南宁局46天。2、各专业运输公司安全天数。中铁集装箱公司1218天、中铁特货公司1218天、中铁快运公司597天。

2011年

1月26日 铁道部召开安委会第一次会议，重点研究2011年春运安全检查工作。

3月 铁道部给全路运输生产一线职工涨工资，不包括退休人员和干部。

4月7日 铁道部发布铁安监〔2011〕41号《关于继续深化“安全生产年”活动的通知》，《通知》强调要加强基础建设，加强责任落实，加强依法监督。

5月10日 铁道部发布铁劳卫〔2011〕267号《关于调整铁道部安全监察司和运输局的编制的通知》，将运输局调度部中4名安全值班调度人员编制调整到安全监察司，同时在安全监察司设立安全分析处，编制4名，其中处长1名、副处长1名。调整后，安全监察司编制由17名调整为21名，内设机构由4个调整为5个，处级领导职数由6名调整为8名。截至2011年末，全路安监人员1377人，比上年减少18人。

5月30日～6月30日 全路开展“安全生产月”活动。

7月23日 20时30分05秒，甬温线浙江省温州市境内，由北京南站开往福州站的D 301次列车与杭州站开往福州南站的D 3115次列车发生动车组列车追尾事故，造成40人死亡、172人受伤，中断行车32小时35分，直接经济损失19371.65万元。

7月24日 铁道部党组研究决定，对上海铁路局局长龙京、党委书记李嘉、分管工务电务工作的副局长何胜利免去现任职务并接受调查。铁道部总调度长安路生被调任上海铁路局局长。

同日 21时，铁道部召开全路运输安全紧急电视电话会议。铁道部党组书记、部长盛光祖在温州传达贯彻党中央、国务院领导同志对"7·23"甬温线列车追尾事故的重要指示精神，通报事故概况，动员全路坚决贯彻落实中央领导同志的重要指示精神，认真吸取事故教训，迅速行动，振奋精神，采取坚决有力措施，认真开展安全大检查活动，全面排查和消除安全隐患，坚决防止发生新的严重事故，迅速稳定运输安全局面。

7月28日 温家宝总理28日10时许来到温州。他察看了"7·23"甬温线特别重大铁路交通事故现场，悼念遇难者，看望受伤人员，对伤亡人员家属表示深切慰问，并在事故现场答记者问。

同日 国务院批准成立的国务院"7·23"甬温线特别重大铁路交通事故调查组全体会议在温州市召开。调查组组长、国家安全监管总局局长骆琳等出席会议并讲话。会议强调，要认真贯彻落实党中央、国务院重要决策部署和中央领导同志的重要指示精神，认真贯彻和坚持科学、严谨、依法和实事求是的原则，依法依规彻查事故原因，严厉追究事故责任，同时要深刻吸取事故教训，进一步提高对安全生产极端重要性的认识，严格履行安全生产职责，强化各重点行业领域全员、全过程、全方位的安全生产综合预防措施，坚决打赢安全生产攻坚战，有效防范和坚决遏制重特大事故发生，切实有力保证人民群众生命财产安全。

7月31日 国务院安全生产委员会颁发〔2011〕8号《国务院安委会关于认真贯彻落实国务院第165次常务会议精神，进一步加强安全生产工作的通知》，文件从8个方面提出要求：一是深刻领会国务院常务会议精神，牢固树立科学发展、安全发展的理念。强调要坚持以人为本，决不能以牺牲人的生命为代价谋求发展，要始终强调安全这一发展前提和保障。二是全面排查和消除种类安全隐患。强调要加大整改力度，建立安全隐患排查治理长效机制。三是全面落实和完善安全生产制度。四是严格落实安全生产责任。强调要严格安全生产责任考核和追究。五是切实加强安全生产和监管能力建设。强调要着力提升基层安全监管监察能力。着力提升应急救援保障能力。六是加强行政执法和社会监督。强调要着力提升安全生产工作社会监督和群防群治水平。七是大力加强安全生产宣传教育和培训。八是进一步加强安全生产工作的领导。

8月2日 铁道部召开铁路局局长、党委书记座谈会，部党组书记、部长盛光祖作重要讲话时指出，全路要深入学习贯彻党中央、国务院关于铁路安全工作的重要指示，深刻吸取"7·23"事故教训，统一思想，振奋精神，采取有力措施，确保铁路运输安全稳定。会议开始时，全体与会人员起立，为"7·23"甬温线特别重大铁路交通事故遇难者默哀。盛光祖称，这起特别重大铁路交通事故给人民群众生命财产造成重大损失，教训极为深刻，全路干部职工都感到非常痛心和愧疚。"'7·23'事故血的教训告诉我们，铁路安全生产事关人民群众的生命财产安全，事关铁路事业发展，事关国家声誉。安全生产大如天，责任重于泰山。"

8月4日 下午，铁道部召开全路运输安全电视电话会议，深刻反思"7·23"特别重大事故教训，深入贯彻中央领导同志关于铁路安全工作的重要指示精神，认真落实铁道部党组书记、部长盛光祖7月24日和8月2日两次讲话精神，对深入开展安全大检查、全力确保高铁安全、切实解决安全突出问题作出具体部署。铁道部党组成员、副部长胡亚东在会上讲话。

胡亚东说，各单位要深刻吸取“7·23”事故的惨痛教训，深刻反思高铁安全管理存在的问题，认真思考和研究强化高铁安全的对策措施，全面抓好各项安全措施的落实，确保高铁运营安全。

8月10日 国务院常务会议决定开展高速铁路及其在建项目安全大检查，适当降低新建高速铁路运营初期的速度，对拟建铁路项目重新组织安全评估。设计最高时速350公里的高铁，按时速300公里开行；设计最高时速250公里的高铁，按时速200公里开行；既有线时速200公里的线路按时速160公里开行。

10月11日 铁道部召开紧急电视电话会议，通报近期全路运输安全情况，就加强运输安全工作作出部署。部党组书记、部长盛光祖要求，要大力消除安全隐患，对客车事故必须严肃处理，把客车安全作为安全工作的重中之重，包括高铁和普速列车的安全必须予以保证。

盛部长在会上强调，各级领导干部要进一步统一思想，切实转变作风，集中精力把安全工作落实到位，把安全大整改抓实抓细，大力消除安全隐患，坚决杜绝客车事故，确保运输安全稳定。

10月29日 铁道部召开第二次安委会，重点研究修改细化国务院高铁安全大检查提出的359个问题、《铁路运输企业领导人员铁路交通事故和生产安全事故责任追究办法》，以及关于设备准入管理。

12月25日 全国铁路工作会议在北京召开。铁道部党组书记、部长盛光祖谈推进铁路改革发展时强调，要推行安全风险管理。“安全风险管理是系统性工程，不是另搞一套，而是在现有安全管理的基础上，对安全意识的强化、安全理念的提升、安全工作思路的优化。”他指出，实行安全风险管理是对多年来铁路安全管理的系统化、规范化，是管理思路上的明确，符合铁路行业特点，符合铁路安全生产形势要求。各单位要紧密结合各自实际，深入研究，制定具体安全措施，强化安全意识，强化过程控制，强化安全应急处置，确保收到预期效果。

12月28日 公布国务院批复的“7·23”甬温线特别重大铁路交通事故调查报告。并对“7·23”甬温线特别重大铁路交通事故作出处理，给予54名责任人相应的党纪、政纪处分；责成铁道部和铁道部部长盛光祖分别向国务院作出深刻检查；责成通号集团向国务院国资委作出深刻检查；责成国资委对通号集团公司、通号股份公司及下属通号设计院依法进行整顿，重新组建通号设计研究院列控所；对相关单位及其主要责任人给予规定上限的行政处罚。

12月底 人民日报、新华社、经济日报等多家国内新闻媒体将“7·23”动车追尾事故评为2011年国内十大新闻之一。

铁路安全管理机构

第一章 铁路安全管理机构

在铁路发展过程中，由于受社会环境和铁路自身对行车安全认识的影响和制约，在铁路安全管理机构经历了从无到有，从兼职到专职，从小到大，从不被人重视到被人重视这样一个发展过程，且在不同时期有着不同的特点与内涵。此章分四个阶段来呈现：新中国成立前铁路安全管理机构；新中国成立后至1966年前铁路安全管理机构；"文化大革命"中铁路安全管理机构；1978年改革开放后铁路安全管理机构。

第一节 新中国成立前铁路安全管理机构

清末民初，铁路运输安全只在行车规章中有所强调，多数铁路单位没有专门的安全管理机构和专职人员，只极少数铁路单位设立安全机构。例如：1901年，中东铁路试运营后，安全工作由中东铁路哈尔滨铁路管理局总监察办事处负责，在满洲里、博克图、绥芬河、横道河子等地区设监理区（段），监理区内设监理及助手，负责行车安全监理工作。

民国初期，交通部没有设立专门的安全管理机构，安全工作由运输部门兼管。部分铁路管理局设行车事故委员会，或在总务处文书科设事故系和事故股。

1922年9月，中华民国交通部第六次修正《厅司分科章程》，路政司营业科掌管行车事故。

1932年5月14日，伪"满"洲国政府发布交通部分科规程规定：庶务科掌管行车事故。

同年9月，湘鄂段管理委员会成立"行车事故审查委员会"。路局局长兼任委员长，车务、工务、机务3处及管理委员会、警署署长和课长任委员。对发生的行车事故明确责任，采取预防措施。1935年，撤销"行车事故审查委员会"，成立"行车保安委员会"，管理局局长任主任委员，总务、车务、工务、机务各处处长及警署课长为委员。

1932年，胶济铁路管理局设立由总务、工务、机务、车务等处组成的行车事故审查委员会，遇涉及2个以上部门的复杂行车肇事，因事推求，分明赏罚，由总务处执行。

1933年3月1日，满铁铁路总局总务处文书科设事故系。

同年9月，平绥铁路管理局机构设审查行车事故委员会。

1935年2月，奉天铁路管理局总务处文书科设事故股。

同年3月23日，哈尔滨铁路管理局文书科设事故系。

1935年，北宁铁路管理局机构设审查事故委员会。1936年，管理局设行车事故及行车事故审查会。1937年，管理局机构设审查事故委员会，但事故报告发文常以管理局运输处名义下发。

东北沦陷时期，南满铁路设有监理所，负责监察各部门安全工作，但效果不好，其原因是日伪统治者把主要精力放在防治"马贼"（抗日群众）对铁路的破坏上。而忽视了行车事故的预防和处理。

1937 年 2 月，津浦铁路管理机构设行车保安委员会。

1939 年 4 月 17 日，华北交通株式会社铁路局总务处设事故科。

1939 ～ 1940 年，法国公司经营滇越铁路滇段时期，未设专门的安全管理机构，行车指挥由站长负责。公司在芷村机务总车房派驻机辆监察，负责监督管理机车车辆的维修和运用；在蒙自办事处设工务监察一名，负责监督管理线路维修事务；在昆明车务总段和各分段设稽查员，在每列旅客列车上设稽查一名，主要负责检查运输收入和旅客车票查验，同时也对行车和客运安全进行监督管理。

1940 年，华北交通株式会社资业局负责整理并编辑行车事故记录的事务。

民国后期，随着铁路运营线建设和各类事故的增多，各铁路单位陆续筹建行车安全管理组织——保安委员会、安全科和行车事故审查委员会。这一时期铁路路外伤亡事故处理的部门主要是警察署、警务段和警务所。

1941 年 11 月 15 日，汪伪交通部铁道署第三处管理安全设备的建设事项。

1943 年 1 月 31 日，川滇铁路公司组织设行车事故审查委员会。

1944 年 1 月 15 日，汪伪政府建设部路政署铁道处管理安全建设事项。

1945 年，伪华交公司铁路局总务部设事故课。

同年，南京国民政府济南区铁路局接收后，废除日本占领时的监理机构，于人事处设事故课，实施事故调查处理。

1945 年 9 月 22 日，中国长春铁路公司设安全监察室，负责全公司的安全管理工作。公司成立初期，主要负责人由苏方指定人员担任。

1946 年 6 月 7 日，修正公布的《交通部组织法》中关于国民政府交通部路政司运输科负责行车事故的审核及预防事项。

民国铁路运营后，各地陆续筹建行车安全管理组织。浙赣铁路局成立以局长、副局长为正、副主任委员、各业务处长、人事室主任为委员的行车保安委员会，领导和管理安全工作。1946 年，为保障行车安全，督导员工遵守法令及行车规章，努力减少行车事故，并调查研究改进有关行车安全事宜，京沪区铁路管理局设立行车保安委员会，并制定《行车保安委员会组织章程》，于 1946 年 11 月 28 日公布：

行车保安委员会设主任委员 1 人，由局长兼任，副主任委员 2 人，委员 10 人至 12 人，由局长在运输、机务、工务、警务等处处长、副处长及各处职员中指派兼任；设主任秘书 1 人，秘书 3 至 5 人：在重要站段设分会，各分会设主任委员 1 人，委员 3 至 5 人，由局长指派工务、运输、机务、警务各段段长、副段长兼任，办理本会指派各项事务。

行车保安委员会主要职责：①修改及增订有关行车保安的规章，编制有关行车保安的刊物及图书。②审查行车事故，分析肇事原因，核议惩处失职员工。遇情节重大，或有争议的事故，得派员前赴出事地点实地勘察。③考核沿线各站各列车和站场道房等员工，对于行车保安规章，是否自觉遵守，并予以指导。④组织检查行车保安设备，制定改进方案，由管理局核定施行。

同时，分别在沿线各段设行车保安委员会段分会，以车、工、机、警各段重要职员为委员、分员，训练员工，维护秩序，监测实验，改善行车设备。如 1935 年，京沪沪杭甬铁路管理局先后在沿线建立（南）京丹（阳）段、丹（阳）苏（州）段、苏（州）（吴）淞段、沪嘉

（兴）段等行车保安分会。

1946年，西满铁路管理局设监察室，同时在白城子设监理所，隶属监察室领导。

1946年后，《京沪沪杭甬铁路管理局组织规程》规定：运输课管理列车机车车辆之支配调度，行车设备的研究改善，事故的处理等事项。并在“运输课增设安全股并规定职责”8项：①集中有关行车安全情报，及联络处置事项。②行车安全综合组决议的执行事项。③修订各项有关行车安全规则（包括事故有效预防规则及行车安全分层负责制度、服务员工手册等）事项。④建议行车设备的改进事项。⑤行车保安的奖惩事项。⑥行车事故的查核事项。⑦促进行车安全实施事项。⑧其他有关行车安全事项。

1947年3月至1948年，交通部粤汉区、平汉区和陇海区铁路管理局机关设行车保安委员会。

1948年，交通部各区铁路管理局运输处分管行车保安的设计、行车事故的处理。

1949年1月10日，成立的中国人民革命军事委员会铁道部到1949年7月25日，新政府职能司局里面并没有行车安全监察部门。行车安全工作由运输、人事和公安等职能部门承担。

同年7月25日，军委铁道部成立监察室，负责行车安全及事故调查处理工作。

综上所述，清政府时期，只在中东铁路试运营后，成立非正规的安全管理机构。民国时期的多数时间铁路行车无专门的安全管理机构，其行车事故由相关处室分管；后根据运输需要逐步在各级建立行车安全保安组织；日军侵占时期，虽设有监理所和护路组织，负责监察各部门安全工作和监督沿线老百姓的行踪，但效果不好。直到1945年9月22日，中国长春铁路公司（中长铁路）才设立现代意义的安全监察室。

第二节　新中国成立后铁路安全管理机构

一、1966年前的铁路安全管理机构

1949年10月1日至1950年5月1日，由铁道部监察室负责行车安全。

东北铁路总局于1949年12月27日发布命令，公布行车安全监察室组织规程。总局、各管理局中设12至15人的行车安全监察室，分局也建立相应的行车安全监察室。总局监察室受总局长领导，管理局、分局行车安全监察室受上级行车安全监察室领导。在局机关各主管处，各站段均配备专门机构或专业技术管理人员。

1950年5月1日，实行《铁道部行车安全监察室暂行组织规程》。本《规程》明确规定：为保证全国铁路行车安全，检查有关设施，指导行车工作，防止并处理行车事故，铁道部设行车安全总监察室，铁路总局设行车安全总监察分室，管理局设行车安全监察室，分局设行车安全监察分室。这是新中国成立后第一次正式成立行车安全监察机构。

铁道部总监察室的定员16人，设总监察、副总监察各1人，车务、机务、车辆、工务、电务、锅炉和救援设备主任监察员各1人，事故分析工程师1人，调度员3人，秘书和打字员各1人。总监察分室的定员为16人，管理局的行车安全监察室定员15人，分局行车安全监察分室定员14人。各级监察室都分别设置了车务、机务、车辆、工务、电务、锅炉和救援设备、事故分析、调度员等专业监察（分局未设救援设备监察）。

行车安全监察室的总监察、副总监察和监察室、监察分室主任、副主任不计入监察室定员，由各级领导兼任。

总监察由部长级领导担任，1950年，吕正操副部长为第一任行车安全总监察，副总监察由副总局长级人员担任；监察室主任由局长或副局长级人员担任（有的管理局安全监察室主任由政委兼任，如上海铁路管理局），主任监察员由局长或处长级，监察员及副监察员由处长或科长级人员担任，监察分室主任由分局长级或科长级人员担任，监察员由股长级人员担任。

监察人员应将主要时间和精力用于检查现场工作，管理局监察人员应以百分之五十以上之时间，分局监察人员应以百分之七十以上之时间，用于现场监察工作。

4月25日，中国长春铁路管理局（原为中长铁路公司）成立，设行车安全总监察。同时在满洲里、哈尔滨、牡丹江、沈阳、大连五个分局设行车安全监察室。

10月16日，以164号部长令公布《行车安全监察室业务暂行规则》，共八章27条，自公布之日起实施。对各级行车安全监察室的工作任务、工作制度、监察范围进一步作了明确规定，对各专业监察人员的检查内容、工作纪律等也都作了具体规定。该《规则》是我国第一部较为完整的行车安全监察工作规则。

新中国成立初期，群众性的安全监督很时兴，效果也很好，组织形式主要是行车安全监察通讯网。10月26日，171号部长令，公布《行车安全监察通讯网暂行办法》，在现场选聘监察通讯员，加强现场作业的安全监督监察，协助和配合行车安全监察的监察指导工作。至1951年，除太原、衡阳两个铁路局外，均建立了通讯网，当时有安全通讯员2059人。铁道部要求建立通讯网，首先应从与行车有关的单位建立，发展通讯员应该以车长、司机、检车员等为主要对象。

10月，全国各级监察室定员453人，当时仅有293人，尚缺160人，其中缺电务监察17人，锅炉监察24人，救援设备监察6人，事故分析工程师23人。因此，铁道部要求各级监察室应迅速配齐监察干部，完成编制。

11月2日，铁道部对《铁道部行车安全监察室暂行组织规程》部分条款内容进行了修正，行车安全监察室增加了教育监察，以248号部长令公布《中央人民政府铁道部行车安全监察室暂行组织规程》，共13条，自1950年11月1日起执行。

各级监察室组织及定员如下：

（一）总监察室

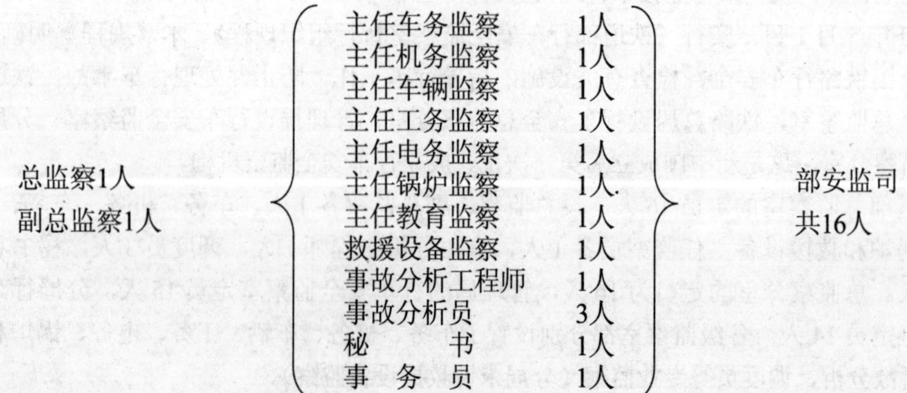

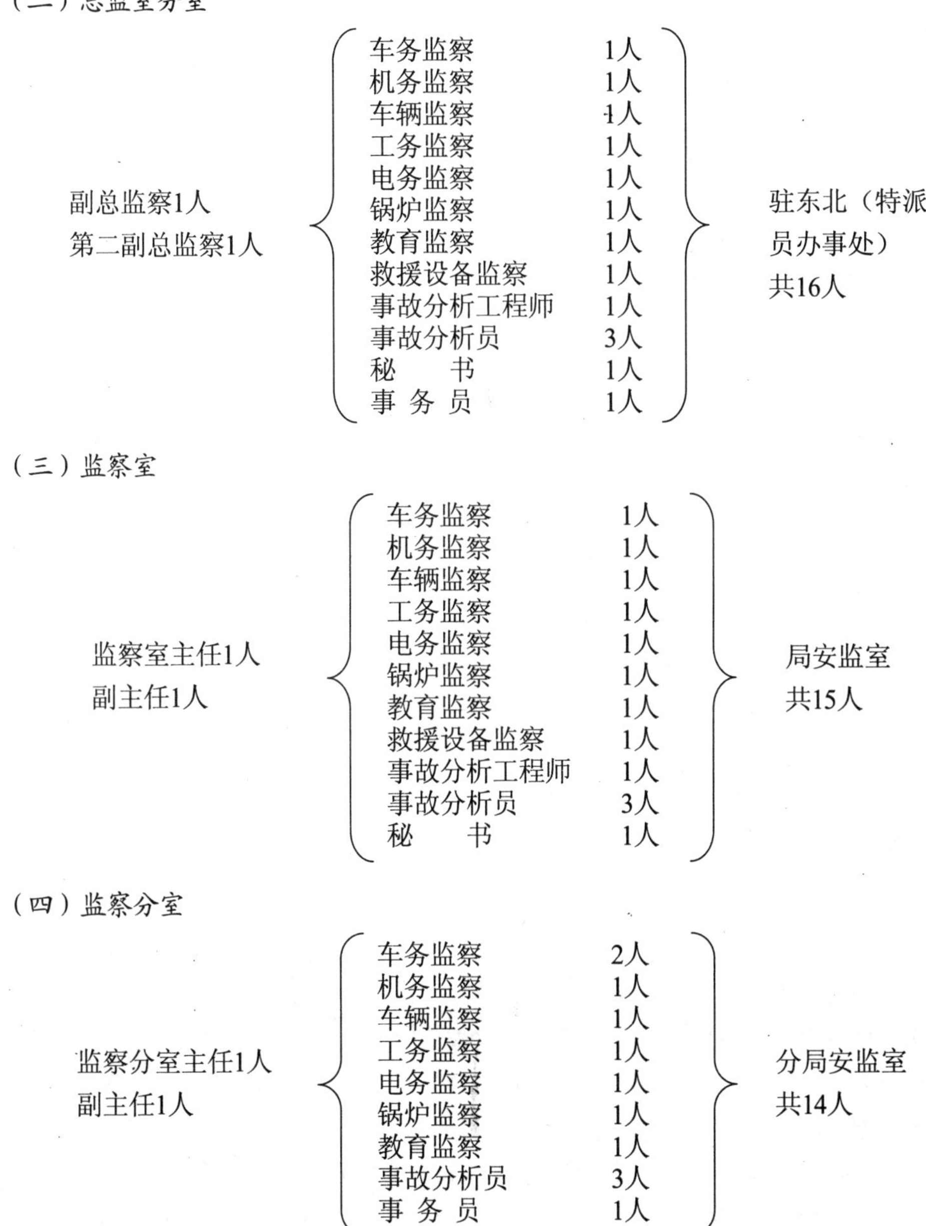

本《监规》规定：总监察由部长级人员担任，副总监察由副总局长级人员担任，监察室主任由局长或副局长级人员担任，主任监察员由局长或处长级、监察员及副监察员由处长或科长级人员担任，监察分室主任由副分局长级或科长级人员担任，监察员由股长级人员担任。

行车安全监察机构成立初期一波三折，并不顺利，安全监察工作并不被人重视，其表现：一是各级监察定员迟迟配不齐，尚缺 120 人，并且很多是兼职。二是监察队伍的成份复杂，甚至有国民党特务。三是不执行部令，随便调派监察人员干其他工作的现象比较普遍。

1951 年，鉴于当时安全监察队伍现状，铁道部下决心整顿安全监察队伍，首先从政治上进行清理，把那些不忠于职务及政治不纯的坏分子进行清理。并规定今后选择监察人员最主要的一条就是政治上热爱祖国，工作才干突出。应该从现场先进工人、劳动模范当中选拔干部，因为他们热爱祖国并且也有实际工作经验。提拔以后就应当按劳付酬，提到什么样的职位，就应当给什么样的待遇。

铁劳组〔1951〕字第223号《制定铁路分局以上各级机构统一职名》明确铁道部、管理局及分局行车安全职名：(总监察)、(副总监察)，监察室主任、监察室副主任，监察分室主任、监察分室副主任，(主任车务监察)、(主任机务监察)、(主任车辆监察)、(主任工务监察)、(主任电务监察)、(主任锅炉监察)、(主任教育监察)，(救援设备监察)；车务监察、机务监察、车辆监察、工务监察、电务监察、锅炉监察、教育监察、事故分析工程师、事故分析员。(注：①各单位根据工作需要设立职名。②一人兼做数项工作者，以主要工作确定职名。③带括弧之职名，系仅在铁道部机关内设置。)

铁道部进一步明确，监察人员的任命与调动权限属于铁道部长与总监察。同时要求，要确保各级监察人员的质量，应尽力做到，监察队伍中共产党员与青年团员之比例不少于百分之二十至三十。分局一级监察分室主任或副主任兼职以及各级监察员兼职一律取销。

1953年6月1日，铁道部公布《行车安全监察室组织规程》(铁监武〔1953〕字第17号令)。本规程公布了各级安全监察室的组织机构：将各级监察室定员减少3～4人：铁道部行车安全总监察室定员由16人减为12人（总监察由副部长级或局长级人员担任)；局监察室定员由15人减为11人，室内设行车安全局监察（由副局长专任)；分局监察室定员由14人减为10～11人，行车安全分局监察（由副分局长专任)。各级监察人员深入现场监督检查工作的规定：部行车安全监察人员不少于30%以上时间；局行车安全监察人员不少于50%以上时间；分局行车安全监察人员不少于70%以上时间用于检查现场工作。

但有的局不重视行车安全监察工作，没配备专职行车安全监察工作的副局长或副分局长，干部调动频繁（如广州局在11月份就把4个分局的监察全部调走，形成无人负责的局面)，长期缺员，监察干部质量不高，思想、业务水平低，原则性不强，党、团员比例偏少，这就限制了监察工作的有效开展和作用的充分发挥。

为加强全路行车安全监察工作，铁道部于1954年12月31日，修订公布《行车安全监察室机构组织规程》(铁密监吕〔1954〕字第1010号令)，自1955年起实行。本规程共分为13条，对各级监察室的人员编制重新进行规定：铁道部总监察室由12人增加到18人，管理局监察室由11人变为12人，分局监察室由10～11人变为9～10人（取消秘书1人)。

1. 铁道部行车安全总监察室

行车安全总监察1人，副总监察1人，总监察助理1人；主任监察1人，车务主任监察1人，机务主任监察1人，车辆主任监察1人，工务主任监察1人，电务主任监察1人，锅炉主任监察1人，教育主任监察1人，事故分析工程师1人，事故分析员1人，秘书1人，事务员兼打字员1人，计18人。

2. 管理局行车安全监察室

行车安全监察副局长——副局监察1人；车务监察1人，机务监察1人，车辆监察1人，工务监察1人，电务监察1人，锅炉监察1人，教育监察1人，事故分析工程师1人，秘书1人；压力表检查室：工长1人，钳工若干人，计12人。

（注：分局及管辖范围较大的管理局，应根据实际情况可多设 1 名副局监察并适当的增加安全监察人员。）

3. 分局行车安全监察室

行车安全监察副分局长——分局监察 1 人；车务监察员 1 至 2 人，机务监察员 1 人，车辆监察员 1 人，工务监察员 1 人，电务监察员 1 人，锅炉监察员 1 人，教育监察员 1 人，事故分析员 1 人，计 9 至 10 人。

铁道部设行车安全总监察，领导行车安全监察工作；管理局设行车安全监察副局长、分局设行车安全监察副分局长，专职领导管理局、分局行车安全监察工作。

各级行车安全监察机构，在铁道部受部长或副部长、在铁路局受局长、分局受分局长直接领导。在行车安全技术业务上，下级监察受上级监察室领导。

《行车安全监察室机构组织规程》进一步明确：为了有系统地监察是否遵守技术管理规程及其有关的信号规则、列车运行规则、其他规则、细则与命令，在铁道部内设行车安全总监察室，各管理局内、运输分局内（包括分局以下统简称分局）设行车安全监察室。

各级行车安全监察室的基本任务，是监督检查铁路各部门及工作人员执行技术管理规程及遵守劳动纪律的情况。

各级监察人员对违反技术管理规程，危及行车安全的行车设备、线路、机车、车辆，有权予以封锁扣留；对违章乱纪危及行车安全的人员，有权制止其行为，或停止其职务，交由其所属领导处理。

部行车安全监察人员，应以 30% 以上时间，管理局行车安全监察人员应以 50% 以上时间，分局行车监察人员应以 70% 以上时间用于检查现场工作。

各级监察人员，在劳动保护及检查测量用工具上，应由铁道部长、管理局长、分局长根据地区现场员工情况，给予必要的待遇，以便保证顺利地进行工作。

从 1957 年底开始，为精简机构，全路撤销铁路分局设立办事处，原分局行车安全监察室改为安全监察组，设安全监察员，实行铁路局直管站段体制（这是新中国成立后的第一次铁路局直管站段模式）。直到 20 世纪 60 年代初才逐步恢复铁路分局建制。同时铁路分局恢复安全监察室。

1958 年修订发布的《行车安全监察规则》没有对安全机构定员改动，继续保持 1955 年的安全监察定员。

从 1961 年开始，随着安全监察机构的理顺，安全制度的完善，安全形势逐步好转起来。

1962 年，《安全监察工作规则》在监察人员规定上给下面以适当的操作空间：各级安全监察室应根据职责范围和业务量大小，适当设置主任、副主任，并配备车务、机务、车辆、工务、电务、客货、教育以及路外人身安全的专业监察（其中机务、车辆监察兼管工厂，工务监察兼管工程）还要配备事故分析工作人员。定员数由各铁路局按业务量大小决定。

各级监察人员，应具有以下条件：铁道部总监察及副总监察由局级、主任监察由处级干部担任；铁路局监察室主任由处级或处级以上干部、监察由科级或科级以上干部担任，属于一级组织的办事处监察室主任副处级或科级、监察由科级或股级干部担任之。

安全监察人员执行职务时，给予以下主要工作条件：①乘坐各种列车（包括机车、守车、轨道车）并免予签证手续。②使用各种电话、电报，遇有紧急事故时，可使用特急电报（凭发报人签字或盖章)。③对违反规章纪律危及安全的人员，要用严格要求和耐心说服相结合的方法，纠正其行为。对情节严重者，有权立即停止其工作，或交由其所属单位领导处理。④对严重危及行车安全的机车、车辆、线路、设备以及违章情况，向有关部门负责人提出改正意见或扣留、封闭，并追究责任。⑤铁路局业务监察的住宅应根据需要安装电话。

1965 年，铁道部安全监察室编制数 11 人，内部不设处室机构。

新中国成立至 1966 年前铁道部安监机构称谓沿革：1950 年 5 月至 1954 年 9 月，中央人民政府铁道部行车安全总监察室；1954 年 9 月至 1958 年初，中华人民共和国铁道部行车安全总监察室；1958 年 4 月至 1966 年 3 月，中华人民共和国铁道部安全监察室。

二、“文化大革命”中的铁路安全管理机构

从 1967 ～ 1968 年，铁路局和铁路分局安监室相继撤销。

1968 年 11 月 26 日，铁道部安监室被撤销时的现员为 13 人。多数铁路局和铁路分局在军管会生产组中设 1 或 2 名事故统计人员，个别铁路局及铁路分局在生产组中再设安全组，定员 3 人左右。12 月 7 日，铁道部军管会文件〔1968〕铁军办字 1714 号《关于改变铁道部机关组织机构的通知》，正式启用新的组织机构印章，和新机构的分工和电话。负责铁路安全的专职人员在铁道部（1970 年后为交通部）里的生产（或运输）组中。

1971 年初，根据交通部的决定，各铁路局、铁路分局生产组或生产指挥部内设安全组，有的铁路局、分局另设安全组，6 人左右，负责路局和分局安全工作。

1972 年开始，铁路局和铁路分局安监室相继恢复。主要是在党委和革委会领导下管行车安全与行车有关的火灾事故和路外伤亡，同时做好事故的调查处理和安全技术规章制度的教育。

同年 12 月，交通部调整与恢复了部机关设置，安全监察委员会为恢复的部门之一，定员 10 余人。从 1972 年开始继续执行 1962 年实施的《安全监察工作规则》，各级安全监察室机构要按 1962 年版《监规》配备。应根据职责范围和业务量大小，适当设置主任、副主任，并配备车务、机务、车辆、工务、电务、客货、教育以及路外人身安全的专业监察（其中机务、车辆监察兼管工厂，工务监察兼管工程），还要配备事故分析工作人员。定员数由各铁路局按业务量大小决定（约 13 人左右）。

当时三级安全监察室人员的配备是参考 1962 年实施的《安全监察工作规则》，但交通部领导要求修改某些条款，如安全监察人员“有权封闭线路”问题就不适宜，过分强调监察人员的权利，应该改过来。

1972 年后，在交通部虽然恢复了行车安全监察机构，但在“左”的思想影响下，不敢明确提出监督监察的性质，把行车安全监察部门与后勤部门等同起来，放在可有可无的从属地位。

1973 年 7 月 8 日，交通部副部长郭鲁在全国铁路安全监察工作座谈会上明确提出铁路安全监察机构的定员制定原则：由铁路局自定。现在有的多，有的少。如少了，请各局帮助解决。安全监察室的定员要根据任务来定，少的可以增加，根据精简原则，一般可设车务、机务、车辆、工务、电务、路外人身安全、综合分析等监察人员，给下面适当的操作空间。

1975 年 1 月 26 日，新恢复的铁道部开始办公，部机关设办公室、运输局、机车车辆局、工务电务局、工业局、安全监察委员会等部门，基本上恢复了“文化大革命”前部机关的设置。只是铁道部安全监察室改为安全监察委员会。铁路局和铁路分局安监机构称谓不变；不少

铁路局重新整顿了安全生产的“群管网”，站、段建立了安全委员会，车间建立了安全组，班组建立了安全员。国务院和铁道部要求每个单位都必须有一位领导同志分管安全生产工作。企业的安全技术干部或安全监察干部应列为生产人员，不能随便调离，领导干部要支持他们的工作。

1976 年，因继续执行 1962 年版《安全监察工作规则》。全路安全监察机构人员没有太大变化，与 1975 年总人数基本持平。

1977 年 11 月修订发布的《安全监察工作规则》规定：各级安全监察机构应设置主任、副主任、车务、客货运、机务、车辆、工务、电务、防火防爆、锅炉、规章教育、路外人身伤亡和统合分析等监察人员。各专业监察兼管工厂和工程单位，分析监察昼夜值班。该年监察定员人数与 1976 年相当。

1977 年，铁路局安监机构称为铁路局革委会安全监察室。

三、1978 年后的铁路安全管理机构

1978 年，特别是十一届三中全会以后，对铁路安全工作来说是一个重要的转折点。随着全党工作的重点转移到社会主义现代化建设上来，安全工作进入一个新的发展时期。

这一时期安全机构称谓沿革：1978 年 12 月至 1979 年 12 月，中华人民共和国铁道部安全监察委员会；1979 年 12 月至 1989 年 7 月，中华人民共和国铁道部行车安全监察室；1989 年 7 月至 1994 年 5 月，中华人民共和国铁道部安全监督司；1994 年 5 月至今，中华人民共和国铁道部安全监察司（包括行车安全、劳动安全）。其间，铁路局、铁路分局的机构称谓也作相应调整。自 1978 年以来铁道部历任安监部门负责人为：蔺子安、王文成、袁恭稳、田德鳌、张茂春、沈百金、丁圻堮、余卓民、陈兰华。

（一）行车安全监察队伍建设

粉碎“四人帮”后的 1977 年、1978 年，虽然全路的安全状况有了不小改观，但由于“文化大革命”极“左”思想的惯性影响依然存在。在某些领导班子和某些职工中松懈了的安全意识和纪律观念还未调整过来。1977 年和 1978 年事故率还处在一个高位上，尤其是 1978 年 12 月 26 日发生了震惊中外的陇海线杨庄事故，这是建国以来最严重的一起行车事故。这就促使部党组下大决心抓好安全生产。首先从建立与健全安全监察机构着手。

1978 年，铁路整顿工作基本结束，设置为行车安全监察室。1979 年改为安全监察室。1989 年上海铁路局安监机构改为安全监察委员会，至 2004 年恢复为安全监察室。其他铁路局自 1979 年至今为安全监察室。

1978 年，铁道部安全监察委员会定员 14 人，包括人身安全工作人员（原人身安全归人事局管理），安监委内部不设处室机构。

〔1979〕铁安监 244 号文件强调，要加强各级安全监察机构，充实定员，提高质量。铁道部决定在一两年内培训铁路局和分局的专业监察人员，并对他们的专业技术、救援常识，进行考试，不合格的要补考。监察人员每年要有三分之二的时间深入现场。各级领导要大力支持监察人员的工作，不许随便调离，不许抽调他们搞非本职工作。铁道部运输、机务、车辆、工务、电务、基建、工业等业务局及各铁路局、工程局、工厂的有关业务处，都要设置专职管安全的人员。

1979年12月17日，铁道部劳动保护监察室成立，安全监察委员会改为行车安全监察室。安全监察委员会管理的锅炉、受压容器和人身安全工作及其定员划出。

1979年，铁道部安监委18人，铁路局共有监察人员299人，其中副科级及其以上的174人，占58.2%。至1982年，铁路局监察人员为267人。其中副科级及其以上的181人，占67.8%。1982年，全路各铁路局、分局共有监察人员1022人。其中党员860人，占84.1%；高中及以上文化程度的316人，占31.3%；有各种技术职称的284人，占28%。

1980年3月，铁道部行车安全监察室14人，内部不设处室。

同年4月21日，在北京召开全路行车安全工作会议。会议的主要任务是：讨论关于加强行车安全监察工作的决定（草稿），会后修改后作为正式文件下发。邓存伦副部长与会并就安全监察的体制问题、安全监察人员的权限问题和安全监察人员的条件问题作了发言。并深刻总结了铁路的行车安全监察工作，它不是可有可无的问题，而是必须加强的问题。从我国的历史经验看，在第一个五年计划期间和三年调整期间，由于发挥了安全监察机构的作用，贯彻了“安全第一”的方针，促进了铁路运输的优质高产。文化大革命“四人帮”破坏铁路，安全监察工作大大削弱了，甚至一度被撤销了，结果事故增加，发生了许多闻所未闻的严重事故，破坏了正常的运输秩序，哪里还有什么效率可言。

同年4月《铁道部关于加强铁路行车安全监察工作的规定》（讨论稿）明确指出：

1. 行车安全监察人员的权限。各级行车安全监察人员发现违反行车安全法规时，有权加以纠正；危及行车安全者，有权加以制止，必要时可临时停止其工作，并提交有关单位议处。

对危及行车安全的机车、车辆、线路、桥隧、信号或其他设备，有责任及时向有关部门提出改进意见；情况严重，确有发生严重事故可能时，有权采取临时扣留、封闭措施，并提交有关单位紧急处置。

2. 行车安全监察部门的体制和机构。为了有效地对全国铁路行车安全法规进行统一的监察，各级行车安全监察部门业务上实行双重领导，以上一级行车安全监察部门领导为主。

各级行车安全监察机构应设置主任，副主任，车务、机务、车辆、工务、电务、规章教育、路外安全和分析监察各若干人，以及秘书、文书人员。分析监察应昼夜值班。

根据安全监察工作的性质和任务，国务院〔1975〕52号《国务院关于转发全国安全生产会议纪要的通知》规定：“企业的安全技术干部和安全监察干部应列为生产人员”。据此，铁路局、分局的行车安全监察人员，除主任、副主任，秘书和文书人员外，都列生产人员编制。

3. 行车安全监察人员的条件和级别。各级行车安全监察人员必须身体健康，具备较好的政治思想水平，熟练的专业技术知识，丰富的实际工作经验，较强的独立工作能力。

铁道部行车安全监察部门的各专业监察由处级或处级以上干部担任；铁路局行车安全监察部门的各专业监察由科级或科级以上干部担任；铁路分局行车安全监察部门的各专业监察由股级以上干部担任。以上是指各级专业监察的行政级别，至于各专业监察技术级别，均保留原有的技术职称，以后根据本人技术业务能力需要提升其技术级别时，按国家规定办理。

各级行车安全监察人员，应注明其行政和技术级别，享受与现职行政干部和技术干部同等政治待遇。

1981年3月12日，〔1981〕铁安监341号《关于加强铁路行车安全监察工作的决定》明确定员编制：各铁路局、分局行车安全监察室的人员编制，由各铁路局根据各局具体情况，工作量大小，自行确定。各级行车安全监察室应设置主任、副主任，并按照车务、机务、车辆、工务、电务、客货运（有关行车）、规章教育、路外安全和分析等方面的业务，设置监察人员。分析监察应昼夜值班。监察人员的条件和级别：各级行车安全监察人员必须身体健康，具备较高的政治思想水平，熟练的技术业务知识，丰富的实际工作经验，相当的文化程度，较强的独立工作能力。

铁道部行车安全监察室的监察人员由处级或处级以上干部担任；铁路局行车安全监察室的主任、副主任由处级或处级以上干部担任。监察人员由科级或科级以上干部担任；铁路分局行车安全监察由股级或股级以上干部担任。各级监察干部的技术职称，按照国家规定办理。各级行车安全监察人员，按其级别，分别由有任免权限的领导机关批准；主任、副主任的任免，要征求上一级行车安全监察部门的意见。

各单位对行车事故定性、定责不准确时，上级行车安全监察部门按照《铁路行车事故调查处理规则》规定，有权加以纠正。

本决定自公布之日起实行。过去颁布的安全法规中，凡与本规定有矛盾的，一律按本规定执行。

1982 年，铁道部安全监察室定员 13 人。铁路技术管理规程管理工作，由行车安全监察室划出。

1983 年 9 月 6 日，蔺子安主任在《关于当前行车安全监察工作情况和改进意见》中介绍了当时行车安全监察队伍的情况，总的说来是好的，但也存在不少问题。①有些单位安全监察人员缺员较多，调动频繁。如成都局两级监察人员定员为 80 人，现员仅有 54 人，缺员 26 人。柳州分局安全监察室定员 23 人，现员 14 人，缺员 9 人。齐齐哈尔局两级监察人员变动频繁，近三年共有 36 人先后退休，今年又有 14 人申请退休。②不少监察人员的级别不符合要求。全路各铁路局、分局行车监察人员 1022 人中，不符合部令规定级别的有 288 人。③文化程度偏低。全路各铁路局、分局监察人员中，高中以上文化程度的有 316 人，只占 30.9%。④有技术职称的人员少。全路各铁路局、分局监察人员中，只有 287 人有技术职称，占 28.0%。⑤现职工龄比较短。全路各铁路局、分局监察人员中，现职工龄中 6 年以下的有 686 人，占 67.2%，6 至 15 年的有 262 人，占 25.6%；16 年以上的有 74 人，占 7.3%。因此，加强行车安全监察队伍的建设，是摆在我们面前的一项重要任务。我们必须按照革命化、年轻化、知识化、专业化的要求，结合机构改革，逐步把安全监察队伍建设好。

1984 年颁发的铁安监字 983 号《行车安全监察工作规则》明确提出：各级行车安全监察机构是维护行车安全法规的监督机关，其任务是：贯彻预防为主的方针，对行车安全工作实行严格的监察，维护行车安全法规，以促进路风建设，保证安全正点，优质高产地完成运输任务，提高经济效益。

行车安全监察机构对行政领导、同级业务部门、各行车有关单位和行车有关人员执行行车安全法规的情况行使监察职责。

各级行车安全监察机构，除设领导人员外，并按车务、客货运、机务、车辆、工务、电务、教育、路外安全和综合分析等方面的业务，设置监察人员。各监察兼管工厂和工程单位。综合分析监察应昼夜值班。监察机构的人员编制，由铁路局根据具体情况，工作量大小，管辖单位多少，里程长短等，分别确定。

铁道部行车安全监察机构的监察人员由副处级以上干部担任。铁路局行车安全监察室的主任、副主任由处级或处级以上干部担任，监察人员由科级或科级以上干部担任；铁路分局安全监察室的主任、副主任由科级或科级以上干部担任，监察人员由股级或股级以上干部担任。各级监察干部的技术职称，按国家规定办理。

各级行车安全监察人员，按其级别，分别由有任免权限的领导机关批准；主任、副主任的任免，要征求上一级行车安全监察部门的意见。

与此同时，铁路局成立安全委员会，受局长领导。安全委员会办公室设在铁路局行车安全监察室内。各分局安全委员会及各业务处、部、室、总工会、团委等各级组织都在铁路局安全委员会领导下开展安全工作。车务、机务、工务、电务、车辆、公安等处设有兼职的安全管理员。分局安全委员会领导分局行车安全监察室（兼安全委员会办公室）和各站段安全室。各站段安全室设有安全员或特邀安全宣传员。车间成立安全生产领导小组，班组设安全员，从而形成从上到下的安全管理网。

铁道部、铁路局监察必须具有基层站段领导工作经验，铁路分局监察人员必须具有基层站段车间领导工作经验，并按任命的级别进行管理，享受相应待遇。

《国务院关于加强交通运输安全工作的决定》（国发〔1988〕48号）进一步重申安监人员的条件。各地区、各部门要重视、支持安全监督监察工作，选派熟悉业务、善于联系群众、敢于坚持原则的人员，充实安全监督监察机构。安全督察部门要公正、权威地履行职责，把主要精力放在预防事故的工作上。

1989年7月，部机关“三定”时，行车安全监察室改为安全监督司，内部处室设：办公室、行车安全监察处（各专业监察：车务、机务、车辆、工务、电务、路外安全、综合分析），当时定员23名。

1989年10月，随着情况的变化，有的铁路局选配了副处级的铁路分局监察室主任，有利于开展安全监察工作。铁道部对这一做法给予充分的肯定。

根据1994年铁道部、铁道部政治部铁劳〔1994〕38号文件通知，自1994年5月起，安全监督司改名为安全监察司。同年，全路各分局行车安全监察室改升为副处级编制。

1996年，少数分局将路风建设办公室与安全监察室合并为安全路风监察室。

1998年9月，铁道部机关新机构开始运转。铁道部安全监察司是铁道部监督、检查国家铁路安全生产的职能机构。主要职责是：监督、指导部属单位安全生产和安全管理工作；拟定铁路行车、路外伤亡、职工伤亡等事故处理规则及安全监察工作规章制度；对拟定有关文件负责提出安全方面的意见；组织铁路行车重大、大事故、重大职工死亡事故、锅炉压力容器爆炸事故的调查处理，并负责事故的定性、定责和批复工作；负责国家铁路行车事故、路外伤亡事故、职工伤亡事故的统计分析工作；检查、分析铁路行车安全和劳动安全工作状况，研究制定防范事故对策并监督实施；指导部属单位行车安全、路外安全、劳动安全、锅炉压力容器安全等监察工作和劳动保护工作，领导安全监察值班调度；承担部领导交办的其他工作。

铁道部机关机构改革后，安全监察司下设综合处、行车安全处、劳动安全处。编制15人：正副司长2人、综合处3人、行车安全处7人、劳动安全处3人。另有3名值班监察，定员在调度中心，人员及业务归安全监察司综合处管理。

1999年，铁路实行安全监察特派员制度，变内部监督为外部监督。对拟任长春、南京、武昌、贵阳、兰州设5个安全监察特派员办事处的42名人选进行考核，配齐了安全监察特派员办事处的人选。每个安全监察特派员办事处由1名安全监察特派员和4名安全监察特派员助理组成。安全监察特派员一般由50岁左右的副局级干部担任；安全监察特派员助理由45岁左右的处级干部担任。北京铁路局的安全管理工作，由铁道部安全监察司直接负责监察。

2000年“九五”期间，全路从加强组织监督和技术监督两方面入手，健全安全监督机制，促进安全管理水平提高。这使安全监督的质量和效果得以提高。各铁路局改革安全监督体制，有的成立安全监察大队，有的在各地区派驻安全监察办事处，加大对铁路分局的安全监督力度。一些分局也组建安全监察分队。

2001年4月12日，《关于铁路系统安全生产督查情况的报告》披露，从铁道部到铁路局、铁路分局、站段均设有安全监察机构。各铁路局、分局、站段均成立了安全生产委员会。每年发布1号文件，明确当年安全生产目标及重点工作。铁道部设有安全监察司（18人），铁路局设有安全监察室（20～30人），铁路分局设有安全监察室（30人左右），基层站段设有安全管理机构（3～5人）。为进一步加强对铁路局安全管理工作的监督检查，从1999年起，铁道部在长春、南京、武昌、贵阳、兰州等地设立了5个“铁道部安全监察特派员办事处”，分别监察本地区2–3个铁路局的安全工作。近年来，各铁路局更加重视安全监察队伍的建设，在原有安全监察室的基础上组织一批专业技术尖子和领导岗位退居二线的站段长组成了“安全监察大队”或“安全监控总队”（从几十人到几百人不等），在加强安全监督方面发挥了很好的作用。

同年，铁道部增设了安全监察特派员北京办事处，以铁安监〔2001〕137号文下发《铁道部安全监察特派员工作管理办法》，其目的是为加强对铁路局管理工作的监督检查，维护铁路安全法律、法规、制度的严肃性，保证铁路安全监察特派员公正、廉洁、高效地开展工作，特制定本办法。

为便于安全监察特派员开展工作，铁道部设立安全监察特派员办事处如下：

长春办事处，监察范围为哈尔滨、沈阳铁路局；

北京办事处，监察范围为北京、呼和浩特铁路局；

武昌办事处，监察范围为郑州、南昌铁路局和广州铁路（集团）公司；

南京办事处，监察范围为济南、上海铁路局；

贵阳办事处，监察范围为柳州、成都、昆明铁路局；

兰州办事处，监察范围为兰州、乌鲁木齐铁路局。

安全监察特派员1名，一般由副局级干部担任，安全监察特派员助理4人，一般由处级干部担任。安全监察特派员实行交流制度。原则上在同一辖区任职最多不超过两个聘期（每个聘期任职时间为三年），根据实际情况和需要，亦可随时进行人事交流。安全监察特派员不参与、不干预被监察单位的日常安全管理活动。

安全监察特派员对铁道部负责。其主要职责是：①监督检查铁路局贯彻国家和部安全生产的政策、法规情况。②督查调研铁路局安全生产中的重大和突出问题，提出指导安全生产的意见和建议，考核评价铁路局安全管理工作业绩。③参与调查行车重大事故、铁路职工和路外人员重大伤亡事故及其他性质严重的险性事故，并提出处理意见。

最早的铁道部特派员出现于1950年5月，当时中央人民政府铁道部特派员办事处设行车安全总监察分室，总监察分室的行车安全监察定员为13人，设置了车务、机务、车辆、工务、电务、锅炉和救援设备、事故分析、调度员等专业监察。1952年12月31日取消特派员办事处，总监察分室也随之取消。

2002年，铁道部安监司现员19人，安全监察特派员36人。司长1人，副司长1人，助理巡视员1人（副局级）。处长2人，副处长2人，主任监察6人（正处）。

2003年，铁道部安监司现员19人，安全监察特派员36人。司长1人，副司长1人，助理巡视员1人（副局级）。处长2人，副处长2人，主任监察7人（正处）。

2004年《〈国务院关于进一步加强安全生产工作的决定〉的实施意见》要求要加强安全监察机构和队伍建设。铁道部、铁路局、铁路分局三级安全监察机构，必须配齐配强安全监察人员；从业人员超过300人的基层站段，应当设置安全生产管理机构或者配备专职安全生产管理人员；从业人员在300人以下的基层单位，应当配备专职或者兼职的安全生产管理人员。要加强安全监察队伍建设，强化教育培训，提高整体素质，提高安全监察工作的权威，依法履行安全监察职能。

年内，铁道部安监司现员17人，安全监察特派员36人。司长1人，司长助理1人，助理巡视员1人（副局级）。处长3人，副处长2人，主任监察6人（正处）。

2005年，铁道部安监司现员19人，安全监察特派员36人。司长1人，副司长1人，助理巡视员1人（副局级）。处长3人，副处长2人，主任监察6人（正处）。

2006年，铁道部安监司现员18人；平均年龄，49.5岁；学历：大专3人，大学11人，研究生1人，全日制本科以上学历9人。专业技术职称：高级9人，中级4人，初级2人。安全监察特派员36人。司长1人，副司长1人，副巡视员1人（副局级）。处长3人，副处长1人，主任监察9人（正处）。

2007年，铁道部安监司定员21人，现员18人，缺员3人，平均年龄，46.6岁；大专4人，大学1人，研究生2人，全日制本科以上学历9人。专业技术职称：高级8人，中级6人，初级3人。编制15人，安全监察特派员36人。司长1人，副司长1人，处长3人，副处长2人，调研员3人（正处），副调研员8人（副处级），安全值班调度6人。全路共有注册安全工程师164名。

（二）铁路局直管站段新机制下的安全监察机构

2005年3月18日，中国铁路"铁道部—铁路局—铁路分局—站段"四级管理体制宣告终结，伴随铁路跨越式发展的步伐，铁路局全部开始实行直接管理站段的新体制。这是新中国成立以来实行的第二次铁路局直管站段（第一次实行铁路局直管站段在1958年）。

在改革动荡最剧烈的3月18～25日，全路未发生严重的客车事故和人员伤亡事故，运输生产运转正常。全路旅客发送量日均同比增长6.9%，货物发送量日均同比增长8.69%，煤炭等重点物资运输及主要运输生产指标创历史同期新水平。

5月18日，在"5·18"全路电视电话会议上，部领导客观分析全路运输安全存在的各类问题，针对问题提出具体要求：一是铁路局切实加强安全管理，修改完善规章制度；各办事处加强现场作业检查监督；各站段适应管理跨度增大、管辖车间班组增多的变化，实现对现场作业最直接、最有力的控制。二是各单位对线桥隧涵、通信信号、牵引供电、机车车辆等主要行车设备，进行一次全面检查，保证行车安全的设备质量问题限期得到解决。三是铁道部、铁路局、站段三级尽快修订完善施工安全管理办法。四是各局履行对合资铁路、地方铁路的安全监管责任，加强防洪等安全检查。五是各铁路局增强职工保证安全的责任意识，建立遵章守纪考核约束机制。六是探索新体制下深化安全基础建设的有效途径。

改革实施三个月后，2005年6月28日的全国铁路运输安全工作座谈会上，部长对实施铁路局直接管理站段体制改革以来，对运输安全工作的基本估价是：铁路体制改革实施过程中保证了安全稳定；初步理顺了新体制下的安全管理关系；适应新体制的安全管理制度建设已全面开展；适应新体制要求的安全检查体系已基本形成。

取消了铁路分局管理环节后，铁路局的安全主体责任更加明晰，站段的安全管理职责有了更大的空间保证，进一步提高了安全管理效率，有利于用科学管理保证运输安全。由三段整合的洛阳机务段，在新体制下总结“早、细、小、实、严”的工作方法，用科学管理使安全管理提升了一个新台阶。

年内，全路贯彻中央领导关于加强安全生产工作的一系列重要指示和《铁路运输安全保护条例》等有关法律法规，探索新体制下加强安全基础建设的有效途径，建立健全适应铁路局直管站段的安全管理工作制度，提升专业安全管理和基层站段管理能力，整合全路安监部门监察力量，加强安全检查监督，强化现场安全控制，确保2005年铁路运输安全形势稳定。

2005年，铁道部所属各铁路局加挂“××铁路安全监督管理办公室”牌子，依照《铁路运输安全保护条例》和《铁路交通事故应急救援和调查处理条例》规定的管理权限和程序，履行铁路安全监督管理职能，具体负责本区域内的运输安全监督检查、行政许可、事故应急救援、事故调查处理和相关行政处罚工作。安全监管办具体管辖范围由铁道部确定。

安全监管办主任由各铁路局局长担任。安全监管办副主任由分管安全、应急管理、运输、客运、货运、机务、车辆、工务、电务和法律事务工作的铁路局领导班子成员担任。根据铁路局领导班子成员分工调整或职务任免，安全监管办主任、副主任相应进行调整，不履行任免手续。

铁路管理机构，在现阶段指铁道部直属和铁路局（含广州铁路〈集团〉公司、青藏铁路公司，下同）。铁路管理机构负责本区域内的铁路运输安全监督管理工作，具体管辖范围由铁道部确定。

为适应铁路运输管理体制改革，全路41个分局撤销后，在原分局安监室的基础上分别组建办事处安监室，同时称铁路局安全监察室分室。定员在20人左右。办事处安全监察分室隶属铁路办事处主任领导，在监察业务上受铁路局安全监察室领导。依据《行车安全监察工作规则》《铁路劳动安全监察条例》《办事处安全监察工作职责》，对安全监察机构的规定履行监察职能，设置监察人员。监察人员由副科级以上干部担任，持铁道部统一印制的安全监察证，由铁路局签发。办事处各专业监察归口铁路局同职名监察管理；办事处安全监察与铁路局安全监察享受同等待遇。监察人员的任免和调动，应事先征求铁路局安全监察室的意见。

铁路办事处安全监察室下设车务安全监察大队、机辆安全监察大队、工电安全监察大队、劳动安全监察大队、综合分析组、路外宣传队。

2005年，赋予铁路办事处相应的权力。为保证铁路办事处安全检查监督职责的落实，应赋予相应的权力：一是有权对站段进行安全检查监督，有权对检查发现问题责令整改。二是依据铁路局授权，对安全生产突发事件实施现场应急指挥、处置。三是对站段之间安全生产过程中结合部存在的问题有权进行协调、处理。四是有权对站段定期进行安全检查评估，有权建议铁路局对安全管理失控的站段实行安全管理考核一票否决。五是有权参与站段领导班子成员任免考核。

“3·18”体制改革以来，全路坚持创新理念，以规范新体制下的安全管理为主线，全面强化安全基础，使新体制下的安全管理工作规范和加强，促进运输安全稳定发展，主要体现在以下几个方面：一是安全管理关系和安全管理职责更加清晰明确。二是安全管理制度和基本规章进一步健全。三是站段安全管理逐步规范。四是安全检查监督作用进一步发挥。五是适应新体制要求的铁路应急管理工作全面启动。随着时间的推移，“3·18”改革对安全生产的促进作用将愈加显现。

“3·18”以后特派办监察范围做了调整：北京特派办增加太原局；南京特派办增加南昌局；武昌特派办去掉南昌局，增加武汉局和西安局。

2009 年，成都、上海、沈阳等局结合自身实际情况相继撤销部分铁路办事处，但基本职能不变。沈阳局管内 7 个办事处撤销 6 个，仅保留长春 1 个办事处。但每个办事处的安全监察分室都保留下来，只是定员少了，长春为 7 人，其他办事处安全监察分室为 5 人，原 7 个安全监察分室定员均在 20 人以上。现安全监察分室原有职能不变。

成都铁路办事处撤销，安全监察分室人员保留不变。反而加强了，原 3 个值班人员充实到安全监察分室中。

2009 年 5 月 13 日下午，上海铁路局召开上海铁路办事处干部会议，宣布撤销上海铁路办事处及委托管理的路局附属机构，有关职能纳入路局机关相关部门管理。安全监察分室人员由原来的 20 余人减为 11 人。

其间，其他铁路局、(公司）铁路办事处机构未变，但人员有所调整。

截至 2009 年底，铁道部安监司三个处（行车安全监察处，劳动保护监察处，综合处）现员 21 人。司长 1 名，副司长 1 名，安全总监察 1 名（正局级，一些铁路局也设置了正处级安全总监察），专业监察 18 人。全路铁路局（公司）安全监察室 18 个，办事处安全监察室 38 个。专业安全监察人员共 1400 余人。2005 年 3 月 18 日撤铁路分局前全路安全监察人员 1600 余人。全路六个安全监察特派员办事处共有安全监察特派员及其助理 36 人。

截至 2010 年底，全路安全监察人员情况见表 1–1

表1-1　2010年铁路安全监察人员统计表

序号	单　　位	总　数	铁路局监察	行车监察	劳安监察	其中: 铁路办事处(分室)
	全　路	1395	591	1087	164	804
	安全监察司	21				
	特派员办事处	42				
	铁路局	1332	528	1032	161	804
1	哈尔滨局	133	28			105
2	沈阳局	57	33			24
3	北京局	115	37			78
4	呼和浩特局	27	27			—
5	郑州局	100	29			71

（续表）

序号	单　　位	总　数	铁路局监察	行车监察	劳安监察	其中：铁路办事处（分室）
6	济南局	75	26			49
7	上海局	128	25			103
8	南昌局	56	40			16
9	广铁（集团）公司	137	34			103
10	南宁局	49	18			31
11	成都局	118	34			84
12	昆明局	25	25			—
13	兰州局	48	33			15
14	乌鲁木齐局	110	27			83
15	青藏公司	21	21			—
16	太原局	22	22			—
17	武汉局	59	32			27
18	西安局	52	37			15
	专业运输公司	26		26		
19	中铁集装箱公司	4		4		
20	中铁特货公司	6		6		
21	中铁快运公司	16		16		

为加强铁路安全信息收集、分析工作，理顺工作关系，强化安全日常管理，铁道部2011年发布铁劳卫〔2011〕267号《关于调整铁道部安全监察司和运输局的编制的通知》，将运输局调度部中4名安全值班调度人员编制调整到安全监察司，同时在安全监察司设立安全分析处，编制4名，其中处长1名、副处长1名。该处主要负责铁路安全值班，信息收集、统计和安全情况分析报告；负责铁路安全事故管理，受理事故举报等工作。调整后，安全监察司编制由17名调整为21名，内设机构由4个调整为5个，处级领导职数由6名调整为8名。

截至2011年末，全路安监人员1377人，比上年减少18人。

四、铁路安全生产委员会

中华人民共和国成立之前，铁路没有专门的安全生产委员会，在一些铁路单位仅有与之相近的保安委员会、行车事故审查委员会和事故防止委员会等。1949年至1977年有关安全生产委员会的资料极少，因而此段时间情况略写。安全生产委员会真正的活跃期是从1977年开始的。

（一）1977年前安全生产委员会情况

新中国成立之前，铁路没有专门的安全生产委员会，在一些铁路管理局和铁路站段设有与安全生产委员会相近的保安委员会和保安委员会分会。1937年2月，津浦铁路管理机构设行车保安委员会。1946年11月，京沪区铁路管理局设行车保安委员会，并制定《行车保安委员会组织章程》。1947年，陇海铁路管理局设行车保安委员会。铁路管理局安委会由管理局局长、副局长任主任委员和副主任委员，有关业务处室负责人任委员；分会成员由有关站段领导人兼任。行车保安委员会是一个没有定编的安全机构，成员均为兼职。

20世纪50年代，成立铁道部安全生产委员会，一些铁路局和铁路分局也相继成立了安全工作委员会或安全生产委员会。有的安委会负责劳动安全，有的安委会负责综合安全。1970年后，根据中央精神，一些铁路局、分局和站段逐步恢复或建立了安全生产委员会。各级安全生产委员会，坚持经常分析安全生产形势，总结安全生产经验，严格安全生产管理。1972年，交通部成立安全监察委员会，它同时兼有安全生产委员会和安全监察室两种职能。1975年1月，恢复铁道部机关建制。当月铁道部成立安全监察委员会。也具有安全生产委员会和安全监察室两种职能。同年3月以后，不少铁路局重新整顿了安全生产的“群管网”，站段建立了安全生产委员会，车间建立了安全组，班组建立了安全员。此时的安全生产委员会与1977年之后成立的安全生产委员会的性质大致相同。

（二）1977年以后的安全生产委员会情况

1977年以后，尤其是1978年“杨庄事故”后，安全生产委员会进入一个活跃期，各铁路局、分局和站段纷纷成立或恢复安全生产委员会，也有叫安全生产管理委员会的，每年发布1号文件，明确当年安全生产目标及重点工作，并建立相应管理制度。安全生产委员会由局长任主任委员、管运输的副局长或各副局长任副主任委员，运输、机务、工务、电务、车辆、劳资、财务、计划、人事、卫环、物资、房建、生管、集企、工程、公安处处长及安监室主任、工会生产部长任委员。委员会统筹研究全局的重大安全问题，组织协调与指导全局安全活动；研究安全生产情况，提出安全生产措施，组织推动抓好安全生产。

2001年5月16日，铁道部部长办公会议研究通过《关于重新组建铁道部安全生产委员会的建议》，安全监察司司长丁圻堮作专题汇报。为适应安全生产形势发展的需要，进一步加强对铁路安全生产的领导，会议确定重新组建铁道部安全生产委员会（以下简称安委会）。

铁道部安委会进行重新组建。安委会主任，刘志军（铁道部副部长）。副主任，常国治（总调度长）、王麟书（总工程师）。各司局主要负责人为安委会委员。办公室设在安监司，主任由安监司司长丁圻堮兼任，副主任由安监司副司长吕长清担任。铁道部安委会受国家安委会的领导，其主要职责是：

1．根据国家安全生产的方针和政策，研究、部署和指导铁路安全生产工作；

2．贯彻落实国务院、国务院安全生产委员会有关安全工作的指示和部署；

3．监督检查各单位贯彻落实安全工作部署的情况；

4．定期分析铁路安全生产形势，研究、协调和解决铁路安全生产中的重大问题；

5．承担上级交办的其他安全工作事项。

2001年6月18日，铁道部领导主持召开第一次安全生产委员会第一次会议，就安全生产委员会成员单位分工及安委会日常工作制度进行了讨论。安委会成员单位的主要职责分工如下：运输局牵头负责行车安全和客货运输安全；建设管理司负责施工质量安全；公安局负责防火防爆和治安整治；发展计划司负责安全项目投资；科技教育司负责安全技术装备开发；劳动和卫生司负责卫生防疫；政治部宣传部负责安全生产宣传；安全监察司负责安全监督检查、安委会办公室负责日常工作及其他需要协调的事项。

铁道部安委会每半年召开一次安委会全体会议，由安委会主任主持；必要时，可临时召开一次安委会全体或有关部门、有关成员参加的专题会议；安委会成员单位对分管项目要全面负起安全督查责任，每半年（每年5月、11月）向安委会报告本部门和分管项目安全工作情况；

安委会成员单位变更参加人员时，需报经安委会主任批准。

铁道部安委会会议是以每年两次的全路运输安全会议的有益补充，与之相比更具灵活性和务实性。它可以根据安全形势的需求随时召开。

中国铁道学会也设一个安全委员会，属于学术性质的委员会。其任务是：交流安全信息，编辑安全刊物，安全咨询服务，参加安保设备的鉴定。不具有行政管理职能。

《关于发挥铁路局直接管理站段体制优势，加强运输专业管理的指导意见》确定安全生产委员会工作制度。依据《安全生产法》等有关法律法规和铁道部规定，铁路局要成立安全生产委员会，局长、党委书记任主任，局机关运输专业部门、综合部门及党群部门主要负责人、铁路办事处主任任委员，下设办公室开展日常工作。铁路局安委会是全局安全生产管理的领导机构，负责制定安全工作规划，确定阶段重点任务，完善以领导负责、逐级负责、系统（专业）负责、岗位负责为主要内容的安全生产责任制，组织安全生产监督检查，总结推广典型经验，分析查摆存在的问题，研究决定奖惩事宜，指导合资和地方铁路安全管理等重大事项。要建立健全安委会例会等工作制度，提高安委会工作质量和效率，完善机构，明确职责，抓好工作落实。

2005 年，《规范新体制下铁路运输安全基本管理制度的意见》强调：要健全完善安全生产委员会组织机构、工作制度，明确工作职责、会议内容和程序。

铁路局、站段每季度至少召开一次安全生产委员会会议。党政主要领导要亲自主持，贯彻上级有关安全生产工作部署，分析运输安全形势，研究解决安全生产重大问题及倾向性、关键性、前瞻性问题，总结和部署安全生产重点工作，督促安全重点工作落实情况。对上级安全生产的重大决策和重要指示，要及时召开会议，研究制定贯彻落实意见，保证上级指示和要求得到迅速落实。

铁路局安全生产委员会是安全生产管理的最高领导组织，委员会由党、政、工、团领导，以及业务管理和学群职能部门负责人组成，安全生产委员会办公室设在安监室，安监室主任任办公室主任。安全生产委员的主要任务是：

1. 贯彻上级有关安全生产的指示、要求，研究决策有关安全生产的重大问题；

2. 综合协调全局安全生产工作，负责安全生产工作法规、政策的研究制定；

3. 加强安全生产方面的法制建设和制度建设；

4. 组织好安全宣传教育，增强全体职工的安全意识和搞好安全生产的自觉性；

5. 加强安全生产培训工作；

6. 定期组织人员对各站段的安全工作检查、指导和综合评价。各站段可比照铁路局成立相应的安全领导组织，建立相应的管理制度。

与部、局安全生产委员会相比之下，站段的安委会工作更具体，其主要职责有四项：

1. 研究确定段、车间、班组安全生产长远规划、年度计划和阶段性工作安排，探索安全管理办法，指导全段安全生产。

2. 定期召开段、车间、工区安全会议，及时总结、分析安全生产取得的成绩和存在的问题，及时制定整改措施，追踪落实效果。

3. 组织段、车间和班组安全生产，根据安全生产需要，及时召开专题会议研究处理办法。

4. 总结和推广安全生产先进经验，对安全生产中的先进典型进行表彰、奖励。

铁路安全法规和安全管理

第二章 铁路安全法规

铁路运输的所有法规都以确保行车安全和运输效率为前提条件。行车安全是铁路企业的命根子。铁路安全法规是铁路行车安全的保护神。不同时期的安全法规有着不同的内容和风格，体现着不同时期铁路安全管理的特征和规律，它是铁路安全发展的一个重要组成部分。本章主要记述新中国成立前与铁路相关的安全法规和新中国成立后的《铁路行车事故调查处理规则》与《安全监察工作规则》。

第一节 新中国成立前铁路安全法规

一、清政府时期铁路安全法规

清政府时期，我国仅有津浦、沪宁、卢汉、中东、胶济、滇越、台湾等少数几条铁路，还是由俄、英、日、法、德等外国列强把持掌管，由于各线轨距不同、修筑标准不一，技术设备各异，管理机构复杂，形成各自为政的局面，行车办法主要以其本国铁路行车规章办理，此期间我国铁路没有形成统一规范的行车安全法规。

1903 年 7 月，中东铁路开始运营后，其运营及处理行车事故，统一按俄国行车规章办理。1907 年，京奉（今北京 – 沈阳）铁路全线开通运营时，亦制定行车规章。清末开始制定部分行车人员——车站值班人员和乘务人员相关行车安全工作条例。1917 年，京奉铁路管理局在《铁路行车规则汇编》中，对安全工作提出要求。在第一章通则中写道：“各服务人员最当注意者为公众之安全，无论如何不可轻忽。”此条反映了当时铁路管理者对安全重要性有一定的认识，要求铁路员工在生产中“最当注意”。这是清末民初国有铁路自行颁发的行车安全规章。

我国法律制度发展较晚，铁道法规亦如此，很不健全。1909 年，邮传部特设铁道立法机关，历时两年半成稿 300 余种，但涉及行车安全的法规亦较少。

二、民国时期铁路安全法规

1912 年，中华民国成立后，交通部对铁路机构编制、行车规则、客货运输规则、会计制度等始作统一规定。交通部路政司司长曾鲲化曾说：“我国办路数十年，国有路线逾万里，员役近十万……乃部中无统一之法令颁行，各路局遂自为风气，遇有事故，辄请示纷纷，部中因素无标准，不得不头痛医头，脚痛医脚，随时应付。故自设部以来，就实际上论之，不过以最高机关仅司文书之往复”，因此他建议迅速建立相关铁路法规。1916 年 10 月，交通部成立“铁路法规委员会”，可见制定铁路法规的萌生也是便于处理事故的考虑。1917 年 8 月，交通部成立“审定铁路法规会”。对 300 余项编成法规进行审定。其中在《关于建设类之规章凡 13

种》之第12种为国有铁路行车规章若干条款，这是我国早期铁路编制的行车安全法规之一。

民国初期，随着全国铁路营业里程不断延展，铁路客货运量逐年加大、运输安全问题已引起交通部的重视。1922年，交通部发布施行《行车事故规则》和《国有铁路十大规章》，具体规定了各车站人员及机车人员的行车安全职责。这是我国早期铁路发布施行的第一部行车事故处理规则与相关规章，是我国早期铁路行车安全管理方面的基本法规。本《规则》对行车事故的种类、各类事故构成条件及处理方法等始做出规定，对推动各时期铁路行车安全管理和相关法律法规的修订完善奠定了良好基础。

本《规则》施行几年来，因各路局行车组织及运输设备的变化，有些规章条款已不能完全适应运输安全需要，1930年，中华民国铁道部令各路局根据前颁规章，详加研究，有不甚适合处进行修改，1935年修正案全文公布施行。铁道部修订的《行车事故规则》规定：行车事故按冲突、失火、脱轨、颠覆、桥梁折断、路基或路轨损坏、列车分离、车辆逸走、机车中途损伤、车辆热轴、线路障碍、固定信号损伤、辙尖损伤、人命伤亡和其他事故等14项统计。在修订的《行车事故规则》中，对铁路行车、铁路轮渡行船等运输安全均提出要求，并对轮渡事故情况进行统计分析，纳入行车安全管理。此后，铁道部及其他铁路主管部门陆续公布施行了有关铁路行车安全管理的法律法规。

1935年3月，伪“满”政府收购中东铁路后，宣布它为“国线”，委托“满铁”经营。该路重新修订行车事故规章，于1936年4月起公布施行行车事故报告规则；行车事故救援规则；行车安全督导规则；行车安全奖励及惩罚规则等13种规章。

1936年1月1日，铁道部颁布《行车事故分类表》（业务通令行车类第1号），将行车事故分为甲、乙两类。

甲种行车事故

第一类（共9种）：

（一）列车或机车相撞。

（二）列车或机车车辆出轨阻碍正线行车。

（三）车辆溜逸发生其他事故。

（四）列车分离发生其他事故。

（五）车辆中途切轴。

（六）车站货场或列车发生火灾。

（七）桥梁、隧道、路基或路轨损坏。

（八）遇有停车在12小时以上之事故。

（九）其他重大事故以致阻碍行车者。

第二类（共5种）：

（一）列车行驶或调车工作时伤毙人命。

（二）列车或机车车辆出轨不阻碍正线行车。

（三）车辆溜逸并未发生其他事故。

（四）列车分离并未发生其他事故。

（五）机车损坏。

乙种行车事故（共8种）：

（一）车辆热轴并未发生其他事故。

（二）列车误入轨道并未发生其他事故。

（三）转辙器或辙尖损坏。

（四）号志损坏。

（五）车钩损坏。

（六）电气路签机或电线损坏。

（七）檑门损坏。

（八）其他轻微事故。

同年1月30日，铁道部公布《预防行车事故三项原则》（铁道部业务通令行车类第4号）规定："一、各路车务、工务、机务段长，对于所辖段内一切行车设备，如号志、辙尖、路签、路牌、电报、电话等，每月必须会同检验一次，如有异状或应修改之处，应即随时加以修理，并呈报各主管处核办。二、行车员工，如司机、司炉、号志夫、调车夫等，应由主管人员随时进行考验，并应印发行车须知手册，贯彻行车安全常识及规章，以资训练。三、凡各种行车员工，责任重大，在执行职务时，不准擅离职守，以免疏忽，造成事故"。

同年7月4日，铁道部增订《铁道法规汇编》（铁路行车通则·业务通令行车类第1号修正公布）《重订甲、乙两种事故分类并规定编送办法》，将甲、乙两种行车事故重新规定：自本年1月份起，所有甲乙两种行车事故报告表均改为按月呈送。惟第一类甲种行车事故，仍应由事发车站将报告事故电报抄送本部运输科，并由路局于24小时内将事故情形电报本部，以归一律，而便稽考。行车事故统计月表，应逐栏据实填造，附各月份之甲、乙两种事故报告表按期一并呈送，以便审核。兹将甲、乙两种行车事故分类表随饬附发，仰即遵照办理"。附：行车事故分类表（表2–1）；行车事故报告（表2–2）；平津区铁路管理局行车事故报告（甲种）（表2–3）、（乙种）（表2–4）；平津区铁路管理局行车事故月报表（表2–5）；中长铁路行车事故统计表（表2–6）。

表2-1　行车事故分类表

路运统—20
（路用）

（甲）甲 种 行 车 事 故		（乙）乙种行车事故
第一类	第二类	（1）车辆热轴并未发生其他事故
（1）列车或机车相撞	（1）列车行驶或调车工作时伤毙人命	（2）列车误入轨道并未发生其他事故
（2）列车或机车车辆出轨阻碍正线行车	（2）列车或机车车辆出轨不阻碍正线行车	（3）转辙器或辙尖损坏
（3）车辆溜逸发生其他事故	（3）车辆溜逸并未发生其他事故	（4）号志损坏
（4）列车分离发生其他事故	（4）列车分离并未发生其他事故	（5）车钩损坏
（5）车辆中途切轴	（5）机车损坏	（6）电气路签机或电线损坏
（6）车站货场或列车发生火灾		（7）檑门损坏
（7）桥梁隧道路基或路轨损坏		（8）其他轻微事故
（8）遇有停车在12小时以上之事故		
（9）其他重大事故以致阻碍行车者		

表2-2　行车事故报告

路运统—20
（路用）

出事月日时刻	何项及某次列车	出事地点	事故出事时种类天象情形	出事时轨道情形	出事缘由	轨道损坏情形	机车损坏情形	客货车损坏情形	员工旅客路人伤害情形	停车时刻	当时处理情形	在事员工姓名	在事员工之奖惩	事后防范办法	备考

填造者处所：　　　　　职务：　　　　姓名：　　　　年　　月　　日
段长：　　　　年　　月　　日

表2-3　平津区铁路管理局

路运统—18
（路用）

行车事故报告(甲种)

中华民国　　　年　月　日

出事月日时刻	何项及某次列车	出事地点	事故出事时种类天象情形	出事时轨道情形	出事缘由	轨道损坏情形	机车损坏情形	客货车损坏情形	员工旅客路人伤害情形	停车时刻	当时处理情形	在事员工姓名	在事员工之奖惩	事后防范办法	备考

填造日期：　　　　年　　月　　日　　　　填造员：　　　　　　运输处长：

表2-4　平津区铁路管理局

路运统—19
（路用）

行车事故报告（乙种）

中华民国　　　年　月　日

出事年月日						
出事地点						
事故种类						
出事缘由						
肇事人之姓名						
肇事人之处分						
备　考						

填造日期：　　　　年　　月　　日　　　　填造员：　　　　　　运输处长：

表2-5　平津区铁路管理局行车事故月报表

中华民国　　　　年　　月份

类别 / 次数 / 日期	事故种类																事故原因										原因总数	伤毙人员总数		备考
	列车或机车相撞	列车或机车车辆出轨	列车分离	车辆切轴	车辆溜逸	车站货场或列车发生火灾	列车行驶或调车工作伤毙人命	桥梁隧道路基或路轨损坏	机车损坏	车钩损坏	号志损坏	转辙器或辙尖损坏	橺门损坏	电机或电线损坏	其他	事故总数	车务过失		机务过失		工务过失		军人干涉行车	自不小心	天灾或天时	其他				
																	人事	技术	人事	技术	人事	技术						伤	毙	

填造日期：　　　　年　　月　　日　　　　填造员：　　　　　　运转课长：　　　　　　运输处长：

表2-6　中长铁路行车事故统计表

1935年7月～1936年4月

类别 次数 日期	事变种类																事变件数	事变原因									伤毙人员总数		附注
	列车或机车相撞	列车或机车车辆出轨	列车分离	车辆切轴	车辆热轴	车辆溜逸	车站货场或列车发生火灾	列车行驶或调车工作时伤毙人员	桥梁隧道路基或路轨损坏	机车损坏	车钩损坏	号志损坏	转辙器或辙尖损坏	栅门损坏	电气电路损坏	其他		车务过失		机务过失		工务过失		军人干涉行车	自不小心	其他			
																		人事	技术	人事	技术	人事	技术				伤	毙	
35.7		2																											
35.8	1	8																											
35.9		5																											
35.10	1	2																											
35.11	1	1																											
35.12	2	1																											
36.1	1	5																											
36.2		5																											
36.3	2	9																											
36.4	1	6																											
总计	9	44																											

填造日期：　　　年　月　日　　　填造员：　　　运转课长：　　　运输处长：

同年12月12日，铁道部发布《详示防范行车事故纲要令》(铁道部秘字第4780号训令)，要求："一、所有行车员工及各处长、各总段、分段长等，对于行车通则及各路拟定之附则，必人手一份，责令逐节熟读……按月考验，除实地试验外，应将其平日阅读之章则，抽询数条，倘不能随问随答，或虽能成诵，而不知实施之意，则仍反复指导。二、行车员工，必须通力合作，甲部肇事，则与有关系之其他部分，应予以连坐处分……各级主管领导，指导必详，考验必勤，督察必周，稽查必严，管段沿线，轮流巡视……其有故意违章者，虽幸免无事，亦绝不姑容"。

民国时期，各路管理局相继设置行车保安机构，掌管行车事故工作。并根据部颁法律法规，制定实施本路行车安全方面的规章、规则。

沪宁、沪杭铁路运营初期，按英国的行车规章和附则办理行车。1922年起执行交通部《行车事故规则》和《国有铁路十大规章》。1936年3月起，执行铁道部《行车事故处理办法》。同年7月，执行部颁《铁路行车通则》和两路局制定的《行车附则》。日伪统治时期，执行"华铁"制定的《运转取极心得》《行车办理须知》。抗战胜利后，恢复执行铁道部颁发的《铁路行车通则》以及1948年3月沪宁、沪杭两路局制定的《行车附则》。

1929年，胶济铁路管理局制定《铁路行车规章》《运转规定附则》，列举列车冲突、脱轨、列车分离、车辆热轴等惯性事故为重点，提出站长、车队长、调车员、扳道员等行车工种人员防止事故的安全措施。

1935年10月，平津区铁路管理局发布《平津区铁路管理局行车事故报告办法》。规定了行车事故种别、报告程序、行车事故报告方法、行车事故统计等……行车事故分为：①列车或机车相撞。②列车行驶或调车工作时伤毙人命。③车站，货场或列车发生火灾。④列车或机车车轮脱轨等10种。向最近车站报告内容：①出事地点（公里数）及时间。②列车车次及机车型号。③线路情形及是否需用起重机。④有无伤亡。⑤机车车辆损坏情形。⑥天气情况。站长应立即将各项情形拍发电报，同时用电话报告列车调度员和有关站段，请求救援。

平汉、陇海铁路在投入运营初期，执行交通部制定的《行车事故规则》和《国有铁路行车规章》等法规。1936年7月，执行铁道部制定的《铁路行车通则》，按其条款处理行车事故。行车事故分为列车或机车相撞，列车行驶，调车，伤亡人命等10种。1938年日本侵占初期，暂用《南满铁路事故章则》(南满铁路将事故称为事故)。1939年6月起执行华北交通株式会社制定的《铁路运转事故报告规程》，行车事故主要分为：列车冲突、列车脱轨、列车失火、列车进入异线、列车冒进信号、列车分离、机车车辆破损、人员死伤等30项。1947年，陇海铁路管理局制定《行车事故分类处理办法》，据此处理行车事故。

1938年，伪"满"铁道总局制定了《铁道运输事故报告及处理规程》，规定了构成行车重大、大事故的条件，事故通报内容及有关要求，在东北地区各铁道局施行。

1939年，法国管理滇越铁路公司滇段时期，行车规章由法国公司制定，条文规定严格，要求员工必须"绝对服从"，如有违章，轻则扣薪，重则开除。

民国时期，公路、铁路、邮政、航运等司局均制定了相关法律法规，并汇编成册。1940年1月，交通部印发《交通法规汇编补刊》。交通法规共分五大类：第一类　一般法规（包括交通部组织法、交通部处务规程）；第二类　铁道法规（包括工程施工）；第三类　航运；第四类　邮政法规；第五类　行车事故报告表。表内列明行车事故类别及填报方法。本《汇编》

是民国时期交通部统一编制的集公路、铁路、航运、邮政系统于一体的综合性交通法规汇编。将铁路行车事故报告表单列在第五类法规中，可见政府当局对铁路行车安全工作的高度重视。

日本侵华期间，华北交通株式会社制定《铁路运转事故报告规程》。行车事故主要有：列车冲突、列车脱轨、列车失火、列车进入异线、列车冒进信号、列车分离、违章办理闭塞、违章办理信号、调车冲突、调车脱轨、运转妨碍、机车破损、车辆破损、线路故障、信号故障、人员死伤等30项。

“满铁”为强化东北地区的铁路行车事故控制与管理，于1941年2月，发布《事故关系规程类集》，对铁道运转事故报告与处理，铁道运转事故复旧手续等做出规定：

1.《铁道运转事故报告并处理规程》共分为总则、急报、书面报告等三章21条。运转事故分为28项：将列车冲突、列车脱轨、列车火灾、列车异线进入、列车运转阻碍、列车冒进信号、列车分离等26项列入第一种事故，将列车停车（列停）、列车迟延（运缓）列入第二种事故……事故急报：对事故发生的场合，关系单位负责人和司机、运转车长、检车乘务员及事故责任者必须按规定及时报告。

2.《奉天铁道局事故防止对策委员会内规》规定其主要职责为：①事故防止对策与综合研究策定。②事故处理有关具体的方策审议。③特殊命令事项。委员会组织：委员长由副局长担任，副委员长由总务课长担任，常任委员由各课长担任，委员由文书系长、调度系长、运转系长、机关车系长等25名系长组成，另由事故系长和人事系长等6人任干事。

委员会按事故种别，分为营业、运转、工务、安全分科会……安全分科会由人事课长、工务课长、事故系长、运转系长、机关车系长等20人组成。委员会委员长根据工作需要，定期或临时召开各分科会议。委员会对审议策定的事项须报局长裁决后实施。

3.《锦州铁道局铁道运转事故对策地区委员会规程》。其主要职责为：①运转事故防止具体方策研究。②运转业务研究及相互启发。地区委员会成员构成：所辖大虎山、锦州、承德等三个铁道监理所。监理所长负责对本地区委员会的业务进行指导。地区委员长由管内各地区车站站长担任，负责本地区业务统辖管理。

1945年8月15日，日本投降后东北铁路回到人民手中。1946年7月，东北铁路总局成立，即开始修订颁发铁路行车安全规章。1947年3月，东北铁路总局发布命令：“旅客列车及混合列车实施定时运行。如旅客列车晚点10分钟以上，混合列车晚点20分钟以上，即作为运行迟延事故处理，并应按章程提出事故报告”，这是东北铁路总局在解放初期发布的行车安全法规之一。

东北地区解放初期，国民党残余及敌特分子活动猖獗，对铁路运输进行干扰破坏。为保证铁路军事运输安全，维护铁路运输秩序，必须镇压反革命活动。1946年12月24日，东北民主联军总司令部命令公布《妨碍铁路军事运输治罪法暂行条例》，凡有下列行为之一者：“破坏铁路机关、仓库、工厂、给水设备者；破坏钢轨、枕木足以危害行车者；破坏桥梁、隧道、路基足以危害行车者；破坏机车、车辆足以危害行车者；破坏铁路通信信号及其他设备造成重大损失者，即为妨碍铁路运输罪，处以10年以上有期徒刑或死刑。凡私接铁路电线或窃听电话与窃收电报者；偷盗或抢劫列车上物资者；偷盗或抢劫铁路主要器材及货物者，按妨碍铁路军事运输治罪，处以1年以上、10年以下有期徒刑。凡违反铁路行车规章以致造成重大事故者；违抗命令贻误运输者等以妨碍军事运输论罪处以半年以上、5年以下有期徒刑。”1948年

4 月 10 日，中央军事委员会（简称中央军委）依据相关法规和东北民主联军总司令部公布的《妨碍铁路军事运输治罪法暂行条例》，制定颁布《铁路军事运输暂行条例》，明确规定："军事运输为铁路的第一等任务，在军运计划上，铁道部无条件地执行中央军委的命令，保证军运的安全、迅速与便利，军事运输必须强调统一性与纪律性。各级部队必须严格遵守军委铁道部奉令制定的总军运计划与铁路的既定规章和制度"。这是中央军委首次制定全国统一的军运条例，对维护解放初期以致各时期全国铁路军事运输工作发挥了法律监督保障作用。

1948 年 12 月 15 日，东北行政委员会铁道部根据运输安全需要，对前颁行车规章进行修订，公布《铁路运转事故报告及处理规则》，重大事故由铁路局调查处理：第一种、第二种事故在站内、机务段专属线、检车段专属线发生时由站段长，在站外列车运行中发生时由车长或司机之所属首长，在其他地点发生时由各关系首长，不属于前项者为发现者或直接处理者之关系首长调查并报铁路局处理。

1949 年 6 月，军委铁道部公布实行《铁路运转事故报告及处理暂行规则》（运技字第 178 号部令），自本年 6 月 15 日起实行。本《规则》分为总则、急报、事故报告书、局分界站报告及处理等四章 28 条。规定："事故种类分为两种，自第 1 号至 26 号为第一种事故，第 27 号、28 号为第二种事故。第一种事故包括：列车冲突、列车脱轨、列车火灾、列车冒进信号、列车分离等 26 项；第二种事故包括：列车停车、列车晚点等 2 项；对事故发生后急报方法及急报事项；事故报告书的填报要求；局分界站发生事故报告与处理方法等做出规定，这是新中国成立前夕中央军委铁道部发布的第一部行车安全法规。

同年 6 月，东北行政委员会铁道部公布《行车安全办法》（车技 15 号文），规定："行车事故按其性质、损失程度及对行车的影响，分为重大事故、大事故、一般事故和技术事故等 4 种。重大事故：指旅客列车车轮 1 对以上脱轨；车辆在站内或区间脱轨中断行车 1 小时以上；造成人员重伤以上，有 1 台以上机车或车辆大修或报废，损坏线路 200 米以上需大修等。大事故为：中断行车 30 分钟以上；机车车辆破损需中修；线路 200 米需中修。发生重大事故或人员伤亡事故时，局长、分局长亲往事故地点进行处理。事故调查委员会做好现场记录，并于 4 日内召开审查会议……对于一切隐瞒怠忽事故责任之行为，决不宽恕"。同年 10 月，东北行政委员会铁道部颁发《行车事故处理细则》，将事故种类重新划分为重大事故、大事故、恶性事故、一般业务技术事故等四类 32 项（将一般事故改为恶性事故，技术事故改为一般业务技术事故），并对各类事故的调查及处理方法重新进行修订，在东北各局统一执行。

第二节　新中国成立后铁路安全法规

新中国成立后，全国百废俱兴，铁路正处于整章建制，强化统一指挥，统一管理的新时期。中央人民政府铁道部为加强铁路行车安全管理工作，在借鉴中长铁路安全管理经验和有关法律法规的基础上，相继制定颁发了《铁路行车事故处理规则》（简称《事规》）《行车安全监察室业务暂行规则》（简称《监规》）等一系列安全法律法规。建国初期，行车安全规章修订比较频繁。针对我国各时期铁路运输事业的发展与行车安全管理需要，铁道部先后多次对《事规》《监规》进行修订施行。

一、《铁路行车事故处理规则》(《事规》)

第一部 《事规》的制定

在制定第一部《事规》前，为加强行车事故的报告及处理，1949年6月9日，中国人民革命军事委员会铁道部制定并公布实施了《铁路运转事故报告及处理暂行规则》〔运技字第178号令〕命令中说明：为统一各路局运转事故报告方法及处理办法起见，特参酌各路情形，制定本规则。自1949年6月15日起实行，要求各路局所定有关运转事故报告及处理规则之细则或办法，不得与本规则有所抵触。

《铁路运转事故报告及处理暂行规则》，分为总则、急报、事故报告书及局分界站报告及处理四章、26条。总则将运转事故分为两大种类。第一种事故包括列车冲突、列车脱线、列车火灾、列车进入异线、阻碍列车运转、列车冒进信号、列车分离、违反办理闭塞、违反办理信号、乘务员漏乘、车辆冲突、车辆脱线、车辆火灾、车辆溜走、妨害运转、机车、动车破损及故障、客货车破损及故障、线路破损及故障、闭塞器装置破损及故障、信号机装置破损及故障、死伤、妨碍路线等26种；第二种事故包括列车区间非正常停车、列车晚点等2种，并分别作了释义。同时对发生事故后，信息报送及调查处理也作了明确规定。

铁道部以1949年9月15日，运字第838号令、1949年9月29日，运字第925号令、1949年10月24日，运字第1143号令改定或修订了《铁路运转事故报告及处理暂行规则》中的事故旬报表、月报表及概况报告表的填报办法及列车晚点、妨害运转、客车破损及故障、货车破损及故障事故的构成条件。

1950年4月3日，铁道部在执行《铁路运转事故报告及处理暂行规则》的基础上制定公布了新中国成立后的第一部《铁路行车事故处理规则》附《救援列车章程（草案）》(央运字〔1950〕第809号令)，于1950年5月1日起实行。分为总则，事故种别，事故通报，事故之调查及处理，日报、旬报、月报五章、20条。

（一）总则。阐述了制定《事规》的意义、性质及作用。要求铁路运输必须成为正确和优良工作的联动机，不断的工作及无事故的工作；必须在办理行车中将安全和效率结合起来，办好人民铁路。为了防止事故的发生必须提高政治警觉性，提防隐藏敌人的破坏，对怠工、破坏劳动纪律和违反规章制度的现象，进行坚决的斗争。积极遵守劳动纪律和生产纪律，彻底执行行车规则、办法及上级命令。对发生的事故，加以分析，调查原因，及时研究消灭事故的办法，并对责任者适当惩诫，对防止事故有功者适当奖励。

（二）事故种别。按事故性质、损失程度及对行车的影响，将事故分为重大事故、大事故、恶性事故、一般事故及停车晚点事故5种。

重大事故的类别及主要构成条件。分为列车冲突、车辆冲突、列车脱轨、车辆脱轨、列车车辆火灾及阻碍行车6类。主要构成条件：①旅客列车与列车冲突。②牺牲人员或重伤。③影响正线行车（规定1小时）或延误列车（规定2小时或3小时）超过规定的时间。④机车、动车、客货车辆（规定1辆需大修或2辆需中修）及路线（规定200公尺〈米〉及需大修）破损或毁损达到规定的修程及数量。

大事故的类别及主要构成条件。分为列车冲突、车辆冲突、列车脱轨、车辆脱轨、列车车辆火灾及阻碍行车6类。主要构成条件：低于重大事故的构成条件或影响正线行车（规定30

分钟）或延误列车（规定1小时）超过规定的时间；机车、动车、客货车辆（规定1辆需中修或2辆需修理）及路线（规定200公尺需中修或不足200公尺需大修）破损或毁损达到规定的修程及数量。并规定不足时间限度时按一般事故处理。

恶性事故的类别及主要构成条件。分为列车脱轨、列车冒进信号、超越警冲标、挤道岔、车辆冲突、车辆脱轨、车辆溜走、列车分离、违法发车、违法接车、违法进入闭塞区间、乘务员漏乘、违法办理信号、违法运转、机车破损故障、动车破损故障、车辆破损故障、车辆燃轴，18类。

一般事故的类别及主要构成条件。分为列车发生火灾、妨害行车、路线破损故障、缺乏煤水、分割运转、机车破损故障、动车破损故障、车辆破损故障、风管破损故障、闭塞装置破损故障、信号装置破损故障、给水设备故障、死伤，13类。

停车晚点事故的类别及主要构成条件。分为列车停车、列车晚点，2类。

（三）事故通报。按事故性质分别规定了重大事故、大事故和恶性事故、一般事故及停车晚点事故发生时的通报程序及办法。

重大事故、大事故发生时的通报程序及办法。由站长（在站内根据实际情况，在区间根据列车乘务员的报告），迅速以调度电话或其他电话按规定的速报事项向调度员报告。而后按规定程序依次向调度主任，分局长，管理局长及有关部门负责干部速报。并在半小时内向铁道部或总局调度员速报。如需要救援列车时，应立即通知救援列车以命令执行之。

恶性事故、一般事故及停车晚点事故发生时的通报程序及办法。由站长根据实际情况或列车乘务员，立即向调度员报告。列车在中途发生事故，如不能亲自报告时，得请站长转报。并规定了“事故概况”的整理、交报事项。

（四）事故之调查及处理（以下本节所有事故调查与处理内容省略，将它移至第八节的事故调查与处理中）

（五）日报、旬报、月报。分别规定了各种报表的报送时间、内容及报告的机关或负责人、呈送的机关或负责人。

第二部《事规》的修订

1951年5月31日，铁道部公布第二部《铁路行车事故处理及救援规则》（铁监〔1951〕字第37号令），1951年7月1日起实行。分为总则、事故分类、事故通报、事故之调查处理四章，28条。

（一）总则。主要内容是：铁路运输必须成为正确和优良的工作联动机，不间断和无事故地工作；各部门必须保持高度的协调性，执行《铁路技术管理规程》及有关行车规则、细则、办法、命令等；全体职工必须对破坏劳动纪律、违反规章的行为和现象进行严肃和不妥协的斗争；必须提高政治警惕性，严防敌特奸细的破坏。还规定了防止事故的措施。

（二）事故分类。按事故性质，损害程度及对行车影响，分为重大事故、大事故、恶性事故及一般事故4种。取消了“停车晚点事故”。

重大事故。取消了第一部《事规》6类重大事故名称，并规定为2类重大事故。其一，旅客列车于区间或车站发生冲突或脱轨，不管其后果如何（即使一个轮对脱轨），即构成重大事故。并注明：旅客列车系指各种旅客列车、混合列车、军用列车及人员输送列车。其二，在区间或车站因违反技术规程、破坏劳动纪律、技术不良、自然灾害或敌特奸细破坏等，招致列车及调车的机车、车辆冲突或脱轨；造成人员死亡或重伤；区间完全中断或车站耽误接、发列车超过 1 个小时；机车或车辆 1 辆大破须进厂修理或由财产目录中注销。符合其中一项时，即构成重大事故。

大事故。取消了第一部《事规》6 类大事故名称。规定为列车及调车作业中发生机车、车辆冲突或脱轨时，造成机车或车辆一辆中破，须进机检段修理；双线以上区段，有一线中断超过 1 小时。符合其中一项时，即构成大事故。

恶性事故。将第一部《事规》的 19 类恶性事故，修订为 7 类。其构成条件是：严重违反技术管理规程，而其损害后果不够重大、大事故程度。

一般作业事故。将第一部《事规》的 13 类一般事故，修订为 23 类。其事故种别主要是指行车设备不良、故障或在作业中操作不当等原因，造成事故的损害后果不够重大、大事故及恶性事故程度，而又造成不良后果或耽误列车时，即构成一般作业事故。

（三）事故通报。分别规范了发生重大事故、大事故或恶性事故及一般作业事故时的通报责任者、通报项目、办法及程序。

（四）事故之调查处理。对第一部《事规》的事故调查及处理，作了如下重点修订和补充。一是明确规定重大事故、大事故及恶性事故由管理局负责处理，一般作业事故由分局负责处理。二是事故调查委员会在事故现场调查收集各种证据的规定。

第二部《事规》公布实施后的补充、修订

1951 年 6 月 21 日，铁道部公布《行车事件处理办法》(铁监〔1951〕字第 40 号令)，对《事规》未包括的行车事件做出规定：1. 行车事件类别：凡由于违反有关行车规章命令，破坏劳动纪律，或由于自然灾害及外界影响所发生的事情，不属于行车事故范围的，如列车车辆火灾、人员死伤、列车晚点、信号办理错误等 20 项。2. 行车事件报告及处理规定：行车事件发生后，由站长、车长或司机电话速报列车调度员，转报调度主任，调度主任认为有必要时，应向上级及有关各部门转报。分局及管理局各主管部门应就事件发生情况及性质，分析其所发生的根源，拟定具体防止办法贯彻执行。

1952 年 1 月 1 日，铁道部公布《关于铁路行车事故处理规则第二章事故分类的修正》(铁道部令铁监〔1952〕字第 1 号)。对第八条第四项修订：1.（9）“链子钩破损发生分离时”，改为“车钩自动发生分离时”；2.（12）“因燃轴导致区间或中间站耽误列车以及旅客列车、直通货物列车因燃轴而发生车辆摘解时”，改为“因车辆燃轴，以至于区间内耽误列车或在中间站（列车检修所所在地除外）摘解，以及直通列车因车辆燃轴在区段编组而发生摘解时”。

1952 年 7 月 31 日，铁道部公布《关于铁路行车事故处理规则第二章第 8 条中所指机车车辆“大破损”和“中破损”范围的解释》(铁监〔1952〕字第 11 号令)，规定：1. 属于大破损范围的：①凡机车锅炉、机械、车架、走行、制动及煤水车等主要部件，无论厂修、段修都算大破损。②凡机车重要部件，因事故造成破损，也按大破损论。2. 属于中破损范围的：①凡机车的破损部分，须超过洗检修程范围以上方能修复者，都算中破损。②凡机车主要部件，因事故破损……均属于中破损范围。

1953 年 2 月 3 日，铁道部公布《补充重大及大事故报告办法》(铁监武〔1953〕字第 6 号令)。对《事规》第三章“事故通报”中的重大或大事故通报部分作了补充规定：一、报告列车重大或大事故情况之通话应立刻接通。二、遇有在区间内发生重大或大事故时，列车长、司机或列车乘务组中任何人应立刻报告分局列车调度员，或报告邻站值班站长，由其转报分局列车调度员及有关站长。三、分局列车调度员应立即将重大或大事故情况报告调度主任，由调度主任转报管理局值班调度长和分局电话所领班……立即用电话通知管理局长及主管行车副局长、行车安全监察室、有关业务处长及铁路公安处长、铁道部长及主管行车副部长、行车安全总监察室、各业务局长及铁路公安局长。

第三部《事规》的修订

1955年9月5日，铁道部公布第三部《铁路行车事故处理规则》(铁监吕〔1955〕字第25号文)。分为总则、事故分类、事故通报、事故之调查及处理、事故之报告统计及分析五章，27条。删除了“救援规则”部分的内容。

(一) 总则。延续了第二部《事规》的规定。

(二) 事故分类。与第二部《事规》的规定相同，但调整了构成事故的条件。

重大事故。其一，旅客列车于区间或车站发生冲突或脱轨，不问其后果如何，即构成重大事故。其二，修订为：其他列车于区间或车站发生冲突或脱轨；机车车辆在调车作业或整备作业中发生冲突或脱轨，造成人员死亡或重伤、机车或车辆损害程度须进行大修、线路严重损坏或堵塞，以致区间或车站行车完全中断1小时及以上，符合其中之一时，即构成重大事故。

大事故。修订为：其他列车于区间或车站发生冲突或脱轨；机车车辆在调车作业或整备作业中发生冲突或脱轨，造成机车或车辆损害须进行中修、站线堵塞，造成车站调车工作紊乱、在复线以上区段，有一线中断超过1小时及其以上。虽未构成重大事故的条件，但符合以上规定之一时，即构成大事故。

恶性事故(虽未造成损失后果或损失后果不够重大、大事故者)。修订为：向占有线接入列车(进入进站信号机或特设界标就算)；未准备妥当进路接入列车(进入进站信号机或特设界标就算)；未准备妥当进路发出列车(列车出发启动就算)；向占用区间发出列车(列车机车越过出站信号机或警冲标就算)；列车冒进信号；列车越过警冲标；以错误的占用区间许可发出列车(列车机车越过出站信号机或警冲标就算)。虽未构成重大、大事故的条件，但符合以上规定之一时，即构成恶性事故。在规定中除删除了单机、动车及各种闭塞设备名称外，还注明了构成事故的时机(即括号中的内容)。

一般作业事故。取消了第二部《事规》一般作业事故中的“自然界灾害，致使列车及机车、车辆脱轨”事故，修订为22类。修改了部分行车设备的名称或名词，如将“止轮器”改为“制动铁鞋”、“连结器”改为“车钩装置”、“风闸”改为“自动制动机”、“分割牵出”改为“分部牵出”等，还修改了部分事故的构成条件。

(三) 事故通报。发生重大及大事故时，除按规定通报铁路分局、铁路管理局及铁道部有关领导和业务部门领导外，分别增加了以下部门领导：铁路分局的铁路沿线检察院驻分局检察长、铁路公安驻地所长、公安分处负责同志、军运代表、工会分区委员会主席、分局政治处主任等；铁路管理局的行车安全监察副局长、铁路沿线检察院检察长、区工会主席、军运处长、区工会主席、政治部主任等；铁道部的行车安全总监察、公安部十局局长、人民监察局长等。分别细化了发生恶性及一般作业事故的通报程序和内容。

（四）事故之报告统计及分析。分别规定了行车事故概况统计表及行车事故总结月报的统计办法和逐级报告程序等。

第三部《事规》公布实施后的补充、修订

1956 年 1 月 7 日，铁道部公布修订的《行车事故处理规则》（铁监滕〔1956〕字第 1 号令）。共修订 13 项条文，修改有关词句 9 处。按旅客列车、混合列车、运送人员车辆发生火灾，不论损害后果如何；其他列车车辆，因火灾造成机车、车辆大破或人员死亡重伤时；其他列车发生火灾，造成机车、车辆中破时，分别列入相应的行车事故。凡属恶性事故，统由分局和管理局负责处理，不再报部。修订后的《事规》说明，铁道部对重大、大事故从严管理，而对恶性事故可由铁路管理局处理。

第四部《事规》的修订

铁道部将于 1958 年 1 月 1 日撤销铁路分局，实行铁路局直接管理站段的新体制。为适应铁路管理体制改革的需要，预先对第三部《事故》进行了修订，并于 1957 年 12 月 23 日公布第四部《铁路行车事故处理规则（草案）》（铁监吕〔1957〕字第 36 号文），自 1958 年 1 月 1 日起试行。同时，要求各铁路局于 1958 年 1 月末，将试行中所遇到的问题及意见报部，以便最后定稿。

1958 年 4 月 15 日，铁道部召开全路车辆防止事故会议时，对《铁路行车事故处理规则（草案）》中的“行车事故分类内容解释”及客车大、中破，货车大、中破各梁损害程度和一般事故构成条件提出了修订意见。

同年 5 月 20 日，铁道部将铁路局及全路车辆防止事故会议提出的修改意见汇总修订后，公布《铁路行车事故处理规则（草案）》（铁监滕〔1958〕字第 11 号令）。于 1958 年 6 月 1 日起实行。

第四部《事规》分为总则，事故分类，事故通报，事故调查及处理，行车事故统计、分析及总结报告五章，29 条。

以下仅记述主要修订部分的内容：

（一）总则。新增了“铁路技术管理规程及其有关的规则，是保证行车安全和协调准确地完成运输任务的基本法规，也是铁路职工劳动纪律的基本法规，全体铁路工作人员，必须无条件地执行。”的规定并对其他各条规定内容进行了文字调整。

（二）事故分类。

1. 将“一般作业事故”修改为“一般事故”。

2. 将重大事故中的“其他列车、调车或机车、车辆在整备作业中发生冲突或脱轨”造成的后果修改为：有人员死亡；机车或客车大破 1 辆；货车报废 1 辆或大破 2 辆；区间或车站行车完全中断满 2 小时。

3. 将构成大事故的前提条件修改为：列车（旅客列车除外），调车或机车、车辆在整备作业中发生冲突或脱轨。造成的后果修改为：有人员伤亡；机车或客车中破 1 辆；货车大破 1 辆或中破 2 辆；区间或车站行车完全中断满 1 小时。

4. 一般事故。与第三部《事规》相比，取消 4 类一般作业事故，新增 2 类一般事故，修订为 20 类，并较大幅度的调整了事故构成条件。

（三）事故通报。取消了发生重大、大事故时，铁路管理局调度副科长应通报的行车安全监察副局长、铁路沿线检察院检察长、区工会主席、军运处长、政治部主任等人员。

（四）事故调查及处理。（略，因事故调查处理专设一节）

（五）行车事故统计、分析及总结报告。新增了备制行车事故记录台账的规定。各特、一等站及段、队，均应备制行车事故记录台账，记载有关行车事故之发生月、日、时间、地点，关系人员姓名，事故经过及原因，以及处理日期和人员奖惩与采取之行动措施，定期分析总结行车事故，组织所属职工进行学习讨论。

第五部《事规》的修订

1958 年 12 月 15 日，铁道部公布第五部《铁路行车事故处理规则》（铁监余〔1958〕字第 33 号令），自 1959 年 1 月 1 日起执行。分为总则，事故分类，事故通报，事故调查及处理，行车事故统计、分析及总结报告五章，27 条。

在铁道部发布铁监余〔1958〕字第 33 号命令的文件中，阐明了修订《事规》的指导思想及作用。即为了贯彻党的鼓足干劲、力争上游、多快好省地建设社会主义的总路线，使铁路运输工作，全面满足工农业大跃进的需要，必须保证运输安全，彻底消灭事故，除了采取种种预防性措施以外，还必须对已发生的大大小小事故，认真的从政治上、制度上、技术上及设备上详加研究调查，分析原因，采取防止重复发生的措施。根据群众路线及下放的精神，对《事规》进行了必要的修订，主要是强调了用发动群众，鸣放辩论，召开现场会议的方法处理事故；事故调查委员会的组成，由铁路管理局具体规定等。

以下仅记述主要修订部分的内容：

（一）总则。首次规定了行车事故定义。即凡由于违反《铁路技术管理规程》及其有关规则与命令，破坏劳动纪律，技术设备不良或破坏行为等招致行车有关人员伤亡及铁路财产受到损害或影响行车，以及虽未造成损害后果，而严重危及行车安全的，均应列为行车事故。为严肃处理与有效防止事故，要求各部门和各单位必须从政治上、制度上、技术上和设备上详加调查研究，充分依靠和发动群众，通过鸣放辩论，分析原因，制定防止对策，不使同样事故重复发生。并规定，对已发生的事故，必须按本规则规定的时间及时调查处理完毕。对推脱责任及拖延处理的单位和人员，应予以批评或处分。

（二）事故分类。

重大事故。分为 3 类，一是旅客列车于区间或站内发生冲突或脱轨。二是其他列车、调车或机车、车辆在整备作业中发生冲突或脱轨，造成人员死亡；机车或客车大破 1 辆；货车报废 1 辆或大破 2 辆；造成区间内正线或车站行车完全中断满 2 小时。三是其他（虽非冲突脱轨所引起，但有严重损害后果，铁路局长认为有必要时）。

大事故。列车（旅客列车除外），调车或机车、车辆在整备作业中发生冲突或脱轨，造成人员重伤；机车或客车中破 1 辆；货车大破 1 辆或中破 2 辆；造成单线区间内正线、复线中之一线或车站行车完全中断满 1 小时。

恶性事故。保留了原有规定。

一般事故（其性质及损害后果不够重大、大、恶性事故者）。对以下各项事故进行了修订：将“列车、机车、车辆发生冲突或脱轨”修改为“列车、机车、车辆、调车发生冲突或脱轨”；“列车车钩破损或自动分离”修改为“列车发生分离”；“制动装置不良，列车发生自然制动或缓解不良耽误列车”；“路基、线路上部建筑，桥隧建筑物不良，招致列车车辆脱轨”修改为“线路或桥隧不良，招致列车、机车、车辆脱轨”；“使用轻型车辆，耽误列车”修改为“使用轻型车辆，或单轨小车耽误列车”；“违反规章制度或劳动纪律，招致耽误列车的其他事故”修改为“其他事故”。

（三）事故通报。规范了发生行车事故时的通报责任者及通报程序。遇发生重大、大事故时，在区间发生，由车长（无车长时为司机）立刻报告列车调度员。如不可能，应报告最近车站值班员转报列车调度员及有关站长。在站内或段管线内发生时，由车站站长或段长直接报告列车调度员。遇发生恶性及一般事故时，在区间发生，由车长（无车长时为司机）或施工领导人向车站站长，站长转报列车调度员。在站内或段管线内发生时，由车站站长或段长直接报告列车调度员。在发生恶性事故的通报人员中，增加了“办事处主任”；在发生一般事故的通报单位中，增加了“办事处”。

（四）事故调查及处理（略）。

第五部《事规》公布实施后的补充、修订

铁道部于1962年5月，发布文件对《事规》进行修改如下，于6月1日起执行。

（一）将构成重大事故中的第三（3）种情形：“其他（虽非冲突脱轨所引起，但有严重损害后果，铁路局长认为有必要时）”修改为，“其他（凡由机车、车辆破损及货物装载不良，刮坏铁路建筑物及设备，中断行车，影响其他列车满2小时时”。

（二）在构成大事故的条件中增加了第七（庚）种情形：“凡由机车、车辆破损及货物装载不良，刮坏铁路建筑物及设备，中断行车，满2小时时”。

1974年1月16日，交通部公布《关于铁路行车事故处理规则补充解释的通知》(〔1974〕交安监字81号)，对“内燃、电力机车大、中破损范围”；货车“贯通式中梁的牵引梁部分、非贯通侧梁端部的短侧梁、守车端梁”弯曲、破损的计算方法及“旅客列车发生冲突，造成机车、车辆破损”构成大事故的条件，进行了补充或解释。

1974年4月22日，交通部公布《关于铁路行车事故处理规则补充解释的通知》(〔1974〕交安监字906号)，1974年5月1日起实行。对“复线区段发生冲突、脱轨时”造成中断时间的计算方法；“列车进错股道、开错方向时”的事故性质；“二轴守车破损时”的破损程度计算方法；“行车事故的损失费用赔偿”的规定；“行车事故件数”的统计办法；“人员死亡或重伤”的范围；“耽误列车”的含义；机车、车辆“中、侧梁弯曲”的测量方法；“铁路行车事故与路外伤亡事故”的列算方法及“一般事故的统计报表”的填写等，进行了补充或解释。

第六部《事规》的修订

1975年12月，铁道部公布第六部《铁路行车事故处理规则》(〔1975〕铁安监字409号)，自1976年1月1日起执行。分为总则，行车事故的分类，行车事故的通报，行车事故的调查和处理，行车事故的统计分析、总结报告五章，计 24 条。

修订的主要部分的内容：

（一）总则。增加了为保证安全生产，定期开展“四查”的要求。必须在党的领导下，以阶级斗争和路线斗争为纲。坚持无产阶级政治挂帅，充分发动群众，贯彻以预防为主的方针。教育广大职工树立全心全意为人民服务的思想，要定期开展“四查”（查思想、查纪律、查制度、查领导）为内容的安全生产大检查，边查边改，及时解决问题，消除隐患。严格规定了对事故责任者、未及时上报者的处置力度。对事故责任者，应根据性质和情节，予以批评教育、纪律处分以至法律制裁；对已发生的事故，应按《事规》规定的时间和要求，及时上报，积极处理，对有意拖延处理、推脱责任、姑息纵容者，应予严肃批评或纪律处分。

（二）行车事故的分类。主要是扩大了事故的构成条件及种类。将重大、大事故各分为 4 类、恶性事故及一般事故分别由 7 类增至 13 类、20 类增至 25 类。

重大事故。①旅客列车、临时旅客列车、混合列车发生冲突或脱轨，造成：人员死亡；车辆小破需要中途摘车修；机车小破需要更换；影响本列车满 1 小时之一时。②其他列车、调车或机车、车辆在整备作业中发生冲突或脱轨，造成：人员死亡；机车大破 1 台；动车或客车大破 1 辆；货车报废 1 辆或大破 2 辆；重型轨道车（不包括拖车）报废；单线正线行车中断 2 小时并影响其他列车满 2 小时，复线之一线行车中断满 2 小时并影响其他列车之一时。③机车、车辆、设备破损或货物装载不良，致使铁路设备遭到破损，造成②款各项后果之一时。④列车、机车、车辆、线路、桥梁发生火灾或爆炸，造成：人员死亡；机车大破 1 台；动车或客车大破 1 辆；货车报废 1 辆或大破 2 辆；重型轨道车（不包括拖车）报废；单线正线行车中断影响其他列车满 2 小时，复线之一线行车中断满 2 小时并影响其他列车之一时。

大事故。①旅客列车、临时旅客列车、混合列车发生冲突或脱轨，造成：人员重伤；车辆小破需要入段摘车修；列车不能按正常速度运行；影响本列车满半小时之一时。②其他列车、调车或机车、车辆在整备作业中发生冲突或脱轨，造成：人员重伤；机车中破 1 台；动车或客车中破 1 辆；货车大破 1 辆或中破 2 辆；重型轨道车（不包括拖车）大破；单线正线行车中断满 2 小时并影响其他列车，复线之一线行车中断满 2 小时之一时。③机车、车辆、设备破损或货物装载不良，致使铁路设备遭到破损，造成②款各项后果之一时。④列车、机车、车辆、线路、桥梁发生火灾或爆炸，造成：人员重伤；机车中破 1 台；动车或客车中破 1 辆；货车大破 1 辆或中破 2 辆；重型轨道车（不包括拖车）大破；单线正线行车中断并影响其他列车，复线之一线行车中断满 2 小时之一时。

恶性事故。凡事故性质严重，但未造成损害后果或损害后果不够重大、大事故的为恶性事故。其中将“以错误的占用区间许可发出列车”修改为“未办或错办闭塞发出列车”；新增 6 类为：列车冲突；列车脱轨；机车、车辆溜入区间或站内；列车中列车、车辆、动车、重型轨道车断轴；列车中车辆制动装置脱落；列车在区间撞轻型车辆、小车及施工机械。

一般事故。凡事故性质及损害后果或损害后果不够重大、大事故、恶性事故的为一般事故。通过内容和文字调整，删除了“列车冲突”、“列车脱轨”及“对施工地点或区间内停车列车未设停车信号防护或防护不正确”3 类事故，增加了 8 类事故。

（三）行车事故的通报。因恢复了铁路分局机构，在事故通报中增加了“分局列车调度员”、“铁路局革委会主任（局长）”、“副主任（副局长）”、“分局革委会主任（分局长）”、“副主任（副分局长）”、“如发生火灾事故时，还应通知消防部门”等职名或部门。

（四）行车事故的调查和处理。新增了“铁路局认为必要时，可将恶性事故提级处理。”删除了采用“鸣放辩论”处理事故的方法。

（五）行车事故的统计分析、总结报告。明确规定了事故件数的统计办法。各种事故虽确定为他局或工厂；铁路所属机车、车辆、人员，在路外单位专用线作业及路外单位的机车、车辆、人员在铁路所属线路作业，造成事故的，均由铁路统计件数。路外单位租用铁路的机车、车辆、借调的人员发生行车事故时，按双方签订的合同规定办理。

1975年12月2日，铁道部安全监察委员会公布《关于〔1975〕铁安监字409号〈铁路行车事故处理规则〉若干条款的说明》的文件中称：为做好1975年4月下达的《事规》实行前的准备工作，于1975年11月间，举办了《事规》学习班，对提出的问题，统一了认识，特发此文，自1976年1月1日起，与《事规》一并实行。

对以下主要问题进行了说明：

重大、大事故有关条款的说明。一是规定“军用列车”按其他列车办理。二是对“车辆小破需要中途摘车修”、“车辆小破需要入段摘车修”、“机车小破需要更换”、计算“列车中断时间”的起止时间等进行了解释。三是规定了“旅客列车发生冲突、脱轨时，影响本列车不超过半小时列恶性事故；超过半小时列大事故；超过1小时列重大事故”。四是解释了将“设备破损”列入构成重大、大事故条件的原因。五是说明了在“火灾、爆炸”构成事故的条件中，不把“行包货物损失”作为确定事故依据的原因。六是规定了“人员伤亡”、“冲突”的涵盖范围及“车辆大、中破”标准。

关于其他类别事故有关条款的说明。一是增加了“列车开错方向、进错股道”、“施工机械被列车撞上或轧上”构成恶性事故的条件。二是对“操纵机车不当或蒸汽不足招致列车在区间内停车”的定责问题。“铁路机车、车辆与其他交通车辆冲突”中增加“列车”及“重型轨道车”；在“脱轨”的解释增加“重型轨道车”及“拖车”等进行了补充说明。

其他方面问题的说明。对“行车设备、技术革新项目及新建投产的信号设备，在规定的试验期内”是否构成行车事故及定责问题进行了解释。

对“车辆制动梁脱落、燃轴、抱闸事故的责任划分”作出了规定。

第七部《事规》的修订

1979年12月28日，铁道部公布第七部《铁路行车事故处理规则》(〔1979〕铁安监字2032号)，自1980年1月1日起试行。分为总则，行车事故分类，行车事故的通报，行车事故的调查和处理，行车事故的统计、分析、总结报告五章，25条。

新《事规》具有以下主要变化：调整了重大、大事故的构成条件，拉大了重大、大事故的差距；为避免“恶性事故”与其他行业的事故名称混淆，将“恶性事故”改为“险性事故”；将“路外交通肇事造成的行车事故”，改列在“路外伤亡事故中统计和掌握”；将“列车、机车、车辆、线路、桥梁发生的火灾爆炸事故”，改为“列车火灾爆炸事故”；明确规定了因业务部门的行车设备质量造成的事故，一律列责任事故；严肃了对重大事故的处理程序；对机车、车辆大、中破范围和限度，进行合理调整；对淘汰型车辆，木制客车在确认破损程度时，均按降一级处理；将“铁路行车事故分类内容解释”列入附件，以便正确理解和掌握。

（一）总则。首先，叙述了确保行车安全的重要意义。指出：安全生产是党和国家的一贯方针，是完成运输生产任务的根本条件，铁路行车安全的好坏是衡量铁路运输管理水平和各部门工作质量的主要标志之一。确保行车安全，直接关系到社会主义现代化建设的速度问题，也是全路职工最严肃的一项政治任务。其次，提出了确保行车安全的基本原则。要求各级领导必须把安全生产工作摆到重要的议事日程上，牢固树立“安全第一，质量第一”的思想，坚持“预防为主”的方针，搞好各项工作。

（二）行车事故分类。主要是对重大、大事故造成的后果进行了修改。

重大事故。①旅客列车、临时旅客列车、混合列车发生冲突或脱轨，造成：人员死亡3人或死亡、重伤5人及其以上；机车中破1台；客车中破1辆；货车大破1辆；单线或复线之一线行车中断满2小时，或影响本列车满2小时之一时。②其他列车、调车作业，机车、车辆整备作业中发生冲突或脱轨，造成：人员死亡3人或死亡、重伤5人及其以上；机车大破1台或中破2台；动车、客车报废1辆或大破2辆；货车报废3辆或大破6辆（大破2辆折合报废1辆）；单线正线行车中断满4小时并影响其他列车满3小时，复线之一线行车中断满4小时；复线行车完全中断满2小时之一时。③机车、车辆、设备破损或货物装载不良，致使铁路设备破损，造成②款各项后果之一时。④列车发生火灾或爆炸，造成②款各项后果之一时。

大事故。①旅客列车、临时旅客列车、混合列车发生冲突或脱轨，造成：有人员死亡或重伤，伤亡人数不够重大事故条件者；机车小破需要中途更换；车辆小破需要中途摘车；影响本列车满1小时之一时。②其他列车、调车作业，机车、车辆整备作业发生冲突或脱轨，造成：有人员死亡或重伤，伤亡人数不够重大事故条件者；机车中破1台；动车或客车中破1辆；货车大破1辆或中破2辆；重型轨道车报废；单线正线行车中断满2小时并影响其他列车，复线行车完全中断满1小时；报废钢轨200米及其以上或钢筋混凝土轨枕500根及其以上之一时。③机车、车辆、设备破损或货物装载不良，致使铁路技术设备破损，造成②款各项后果之一时。④列车发生火灾或爆炸，造成②款各项后果之一时。

险性事故。凡事故性质严重，但未造成损害后果或损害后果不够重大、大事故的为险性事故。修改为12类。分别将“未准备好进路接入列车”、“未准备好进路发出列车”合并为“未准备好进路接、发列车”；“列车冒进信号”、“列车越过警冲标”合并为“列车冒进信号或越过警冲标”。增加了“列车开错方向或进错股道”。将“列车中车辆制动装置脱落”修改为“列车中机车、车辆制动梁或下拉杆脱落”。

一般事故。凡事故性质及损害后果或损害后果不够重大、大事故、险性事故的为一般事故。修改为24类。删除了“区间线路上有障碍物耽误列车”。

（三）行车事故的通报。在事故通报中删除了“铁路局革委会主任、副主任”、“分局革委会主任、副主任”的职名。修改为“铁路局局长、副局长”、“分局局长、副局长”，并增加了“医疗单位负责人”等职名。

（四）行车事故的调查和处理（略）。

（五）行车事故的统计、分析、总结报告。重新规定了以下事项：一是明确规定了《事规》的解释权属于铁道部行车安全监察部门。对行车事故的定性属于各级行车安全监察部门。上级行车安全监察部门发现下级行车安全监察部门对定性定责不准确时，有权加以纠正。二是明确规定了行车事故损失费用的承担责任。行车事故的损失费用，应由主要责任单位承担（包括路外责任单位）；定其他责任的事故损失费用（不包括路外企业责任的事故），由发生铁路局（或分局）列销；特殊情况可由事故处理会议做出关系单位的分担决议。

第七部《事规》公布实施后的补充、修订

（一）1980年2月27日，铁道部以306号电报，对《事规》中的“车辆制动梁或下拉杆脱落”构成事故的算法，作出如下补充说明：一是列车在规定进行列检作业的车站，经列检检查发现制动梁或下拉杆脱落时，列一般行车事故。二是凡编组始发的列车，经列检检查发现制动梁或下拉杆脱落时，由列检处理，不列行车事故。

（二）1982年3月11日，铁道部以〔1982〕铁安监字364号文件公布《〈铁路行车事故处理规则〉补充说明》，是根据1980年11月、1981年3月，分别在长沙召开的专业监察会议和在怀化召开的全路行车安全工作会议，提出的一些问题作出较大幅度的修订。主要内容包括：附件二，“铁路行车事故分类内容解释”中有3条、22项；附件三，“机车、车辆大、中破损范围”中有4条；《事规》“解释权”中有4条；其他方面有10条等，进行了补充或修订。

（三）1983年3月3日，铁道部以〔1983〕铁安监字345号文件公布《对一些小杂型货车发生行车事故后降级处理的规定》，对附件三，“机车、车辆大、中破损范围”中“注”的内容，进行了修订。

第八部《事规》的修订

1985年3月5日，铁道部公布第八部《铁路行车事故处理规则》（〔1985〕铁安监字212号），自1985年4月1日起试行。分为总则，行车事故分类，行车事故的通报，行车事故的调查和处理，行车事故的统计、分析、总结报告五章，25条。

以下仅记述主要修订部分的内容：

（一）将“旅客列车”修改为“客运列车”；“复线”修改为“双线”。

（二）将“重大事故”、“大事故”，由3类划分为4类，其名称均修改为：①客运列车发生冲突、脱轨、火灾或爆炸。②其他列车发生冲突、脱轨、火灾或爆炸。③调车作业（包括机车车辆整备作业）发生冲突或脱轨。④由于铁路技术设备、其他临时设备破损或货物坠落，致使铁路设备破损。

（三）重大事故的修订。将①类中的“客车中破1辆”修改为“动车、客车中破1辆”；“货车大破1辆”修改为“货车大破1辆或中破2辆”。②类中的“动车、客车报废1辆或大破2辆”修改为“动车、客车大破1辆或中破2辆”；“货车报废3辆或大破6辆（大破2辆折合报废1辆）”修改为“货车报废2辆或大破4辆（大破2辆折合报废1辆）”。③类中除规定“动车、客车报废1辆或大破2辆”、“货车报废3辆或大破6辆（大破2辆折合报废1辆）”外，其他构成事故的条件与②同。④类事故的构成条件与②同。

（四）大事故的修订。修改幅度较大，基本上是重新规定了构成事故的条件。①客运列车发生冲突、脱轨、火灾或爆炸，造成：人员死亡1人或重伤2人及其以上者；中途更换机车；中途摘车或货车中破1辆；重型轨道车报废；单线或双线之一线行车中断满1小时，或影响本列车满1小时之一时。②其他列车发生冲突、脱轨、火灾或爆炸，造成：人员死亡1人或重伤2人及其以上者；机车中破1台；动车、客车中破1辆；货车大破1辆或中破2辆；重型轨道车报废；单线行车中断满 2 小时并影响其他列车，双线之一线行车中断满 2 小时，双线行车完全中断满 1 小时之一时。③调车作业（包括机车车辆整备作业）发生冲突或脱轨，造成：人员死亡 1 人或重伤 2 人及其以上者；机车中破 1 台；动车、客车中破 1 辆；货车大破 1 辆；重型轨道车报废；单线行车中断满 2 小时并影响其他列车，双线之一线行车中断满 2 小时，双线行车完全中断满 1 小时之一时。④由于铁路技术设备、其他临时设备破损或货物坠落，致使铁路设备破损，其构成事故的条件与②同。

（五）险性事故。删除了“列车开错方向或进错股道”、“列车中列车、车辆、动车、重型轨道车断轴”2 类。增加了“烧漏机车易熔塞”、“其他（性质严重的列车事故经铁路局决定的列入本项）”2 类。

（六）一般事故。由 24 类增至 32 类。增加的 8 类为“调车拉断车钩”、“调车中刮坏技术设备”、“滥用紧急制动阀耽误列车”、“擅自发车、开车、停车、错办通过或在区间乘降所错误通过”、“未松手闸致使列车停车”、“列车拉铁鞋开车”、“漏发、错发、漏传、错转命令耽误列车”、“未及时关闭道口栏木耽误列车”。修改 1 类为“其他（由于违章作业或损坏设备，危及行车安全，经铁路局决定算事故的均列入本项）”。

（七）行车事故调查与处理（略）。

在铁路行车事故分类内容解释中，除对解释的内容、文字调整及修订、补充外，将“正线行车中断”修改为“行车中断”、“机车小破需要更换”修改为“中途更换机车”、“车辆小破需要中途摘车”修改为“中途摘车”；增加了“客运列车发生冲突或脱轨造成的后果，包括本列或与其冲突的列车、机车、车辆造成的损失和影响”、“烧漏机车易熔塞”、“擅自发车、开车、停车、错办通过或在区间乘降所错误通过”及删除了“其他”等词句的解释。

第九部《事规》的修订

1986 年 6 月 22 日，铁道部公布第九部《铁路行车事故处理规则》（铁安监〔1986〕550 号），自 1986 年 7 月 1 日起在全路试行。分为总则，行车事故分类，行车事故的通报，行车事故的调查和处理，行车事故的统计、分析、总结报告五章，25 条。

以下仅记述主要修订部分的内容：

（一）将重大事故①类中的“货车大破 1 辆或中破 2 辆”修改为“货车大破 1 辆”；③类中的“机车大破 1 台或中破 2 台”，修改为“机车中破 1 台”；“动车、客车报废 1 辆或大破 2 辆”修改为“动车、客车报废 1 辆”；“货车报废 3 辆或大破 6 辆（大破 2 辆折合报废 1 辆）”修改为“货车报废 3 辆”；“单线行车中断满 4 小时并影响其他列车满 3 小时，双线之一线行车中断满 4 小时，双线行车完全中断满 2 小时”修改为“单线行车中断满 4 小时并影响其他列车，双线之一线行车中断满 4 小时，双线行车完全中断满 2 小时”。

（二）将大事故③类中的“动车、客车中破 1 辆”修改为“动车、客车大破 1 辆或中破 2 辆”；“货车大破 1 辆”修改为“货车报废 1 辆或大破 2 辆”。

（三）一般事故。由 32 类调整为 26 类，删除了“机车牵引力不足，招致列车在区间内停车”、“机车缺乏燃料、水耽误列车”、“列车自然制动，缓解不良耽误列车”、“调车拉断车钩”、“调车中刮坏技术设备”、“未松手闸致使列车停车”等 6 类。

（四）在铁路行车事故分类内容解释中，删除了“机车牵引力不足，招致列车在区间内停车”、“机车缺乏燃料、水耽误列车”的解释。

第十部《事规》的修订

1987年12月10日，铁道部公布第十部《铁路行车事故处理规则》（铁安监〔1987〕1102号），自1988年1月1日起施行。分为总则，行车事故分类，行车事故的通报，行车事故的调查及处理，行车事故的统计、分析、总结报告，附则六章，27条。

其主要内容是对部分事故构成的条件及事故定性、定责的补充和解释。

（一）在构成各类大事故的条件中，增加了“报废钢轨200米及其以上，或钢筋混凝土轨枕500根及其以上”的规定。

（二）将险性事故由12类改为13类。增加了“列车中机车、车辆、动车、重型轨道车断轴”的规定。

（三）将第四章，“行车事故的调查及处理”中的“重大、大事故发生局如初步判明与他局或铁路工厂有关时，应立即发出电报通知有关局或工厂”修改为“重大、大事故发生局如初步判明与他局或铁路工厂有关时，应立即（在三日内）发出电报通知有关局或工厂”。

（四）对附件二，“重大、大事故责任的判断”、“铁路行车事故分类内容解释”中有关事故定性、定责的个别词句进行了补充、修改。

（五）在新增的第六章，“附则”中规定：《事规》的解释权属于铁道部行车安全监察室；寸轨铁路的行车事故处理规则由所属铁路局自行制定公布施行，并报铁道部备案。米轨铁路构成各类行车事故的条件，由所属铁路局参照本规则结合米轨铁路具体情况进行制定，并报铁道部审批。

第十部《事规》公布实施后的补充、修订

（一）1988年5月，铁道部根据机车车辆等运输装备的变化，印发〔1988〕铁安监字992号文件，对本《事规》附件三，“机车、车辆大、中破范围注释”作了适当修改。修改条款自1988年6月1日起施行。

（二）1990年初，铁道部对第十部《事规》的个别条款进行了修订，并再版印刷，1990年5月24日起施行。

第十一部《事规》的修订

2000年4月28日，铁道部发布第十一部《铁路行车事故处理规则》（铁道部令第3号），自2000年7月1日起施行。分为总则，行车事故分类，行车事故的通报，行车事故的调查及处理，行车事故责任的判断和处理，行车事故的统计、分析、总结报告，罚则，附则七章，74条。

（一）调整了《事规》的整体排序结构。一是按章、节、条、款排序，使每项内容明了清晰。二是将“行车事故责任的判断和处理”纳入正文、新增“罚则”，并各列一章，彰显了对事故定性、定责及处罚的重要性。

（二）总则。一是明确规定了《事规》的适用范围。即适用于国家铁路企业和国家企业参股并委托国家铁路企业经营的地方铁路。国家铁路企业的机车、车辆、客、货列车在地方铁路营运时发生的事故按本规则办理。二是明确规定了铁路行车事故的主管部门。即各级行车安全监察机构是铁路行车事故调查处理的主管部门。铁道部安全监察特派员办事处依据本规则参与所辖区域发生的重大、大事故调查并提出定性、定责建议。

（三）行车事故分类。增加了特别重大事故的种类及其构成条件。按繁忙干线、干线、其他线路分别规定了重大、大事故的构成条件。

1. 特别重大事故的构成条件：列车发生冲突、脱轨、火灾、爆炸或调车作业（包括机车车辆整备作业）发生冲突、脱轨，造成：人员死亡50人及以上或直接经济损失1000万元后果之一时。

2. 重大事故的分类为：客运列车、其他列车、调车作业事故。客运、其他列车又分为在繁忙干线、干线、其他线路上发生的事故。其构成条件为：

客运列车发生冲突、脱轨、火灾、爆炸，在繁忙干线上造成：人员死亡3人及其以上或死亡、重伤5人及其以上；单线或双线之一线行车中断或延误本列车满3小时，双线行车中断满2小时；客车中途摘车2辆；机车大破1台；客车报废1辆或大破2辆；直接经济损失500万元。客运列车在干线、其他线路造成事故的条件，除中断时间外，其他条件均与在繁忙干线上造成客运列车事故的条件相同。在干线上的中断时间为：单线或双线之一线行车中断或延误本列车满4小时，双线行车中断满3小时；在其他线路上的中断时间为：行车中断或延误本列车满6小时。

其他列车发生冲突、脱轨、火灾、爆炸，在繁忙干线上造成：其人员伤亡及直接经济损失与客运列车在繁忙干线上构成事故的条件相同。其他条件为：单线或双线之一线行车中断满4小时，双线行车中断满3小时；机车、车辆脱轨6辆（台）。其他列车在干线、其他线路造成事故的条件，除中断时间、机车、车辆脱轨的规定外，其他条件均与在繁忙干线上造成其他列车事故的条件相同。在干线上中断时间、机车、车辆脱轨的规定分别为：单线或双线之一线行车中断满6小时，双线行车中断满4小时；机车、车辆脱轨8辆（台）及以上。在其他线路上中断时间、机车、车辆脱轨的规定分别为：行车中断满8小时；机车、车辆脱轨10辆（台）及以上。

调车作业（包括机车车辆整备作业）发生冲突、脱轨，造成的人员伤亡及直接经济损失与前项相同。中断时间分别与其他列车中的繁忙干线、干线、其他线路的规定相同。

3. 大事故的分类与重大事故的分类相同。

客运列车发生冲突、脱轨、火灾、爆炸，在繁忙干线上造成：人员死亡1人及其以上或重伤2人及其以上；单线或双线之一线行车中断或延误本列车满2小时，双线行车中断满1小时；客车中途摘车1辆；机车中破1台；客车中破1辆；直接经济损失100万元。客运列车在干线、其他线路造成事故的条件，除中断时间外，其他条件均与在繁忙干线上造成客运列车事故的条件相同。在干线上的中断时间为：单线或双线之一线行车中断或延误本列车满3小时，双线行车中断满2小时；在其他线路上的中断时间为：行车中断或延误本列车满4小时。

其他列车发生冲突、脱轨、火灾、爆炸，在繁忙干线上造成：其人员伤亡与客运列车在繁忙干线上构成事故的条件相同。其他条件为：单线或双线之一线行车中断满3小时，双线行车中断满2小时；机车、车辆脱轨3辆（台）；直接经济损失200万元。其他列车在干线、其他线路造成事故的条件，除中断时间、机车、车辆脱轨的规定外，其他条件均与在繁忙干线上造成其他列车事故的条件相同。在干线上中断时间、机车、车辆脱轨的规定分别为：单线或双线之一线行车中断满4小时，双线行车中断满3小时；机车、车辆脱轨4辆（台）。在其他线路上中断时间、机车、车辆脱轨的规定分别为：行车中断满6小时；机车、车辆脱轨4辆（台）。调车作业（包括机车车辆整备作业）发生冲突、脱轨，造成的人员伤亡及直接经济损失与前项相同。中断时间分别与其他列车中的繁忙干线、其他线路的规定相同。

4. 险性事故。增加了"接触网塌网、坠落、倒杆刮上客运列车"、"关闭折角塞门开出列车"、"列车运行中刮坏行车设备或货物坠落损坏行车设备"；删除了"烧漏机车易熔塞"。由13类调整为15类。

5. 一般事故。为区别造成事故的主要原因和其性质的严重程度，进行了以下调整和修改：一是将其分为A类（基本上是人为原因造成）及B类（基本上是设备原因造成）一般事故。二是将"关闭折角塞门开出列车"、"列车运行中刮坏行车设备或货物坠落损坏行车设备"调整为险性事故。三是，将"未及时关闭道口栏木耽误列车"修改为"错误操纵及使用行车设备耽误列车"。由26类调整为24类，其中A类17项、B类7项。

（四）行车事故的通报。修改、规定了客运列车发生冲突、脱轨、火灾或爆炸事故后，铁路局调度值班科长和安全监察室主任或值班监察，必须在1小时（原为"及时"）内分别报告铁道部调度员和安全监察司值班监察。

（五）行车事故的调查及处理（略）。

（六）将附件二"铁路行车事故分类内容解释"修改为《铁路行车事故处理规则》内容解释。增加了"繁忙干线"、"干线"、"其他线路"、"直接经济损失"等新增内容有关词句的解释，并对部分词句的解释进行了修改、补充或文字调整。

第十二部《事规》的修订

2007年8月28日，铁道部发布第十二部《铁路交通事故调查处理规则》（铁道部令第30号，仍沿用简称《事规》），自2007年9月1日起施行。分为总则，事故等级，事故报告，事故调查，事故责任判定和损失认定，事故统计、分析，罚则，附则八章，95条。

第十二部《事规》是依据国务院2007年7月11日，颁发的《铁路交通事故应急救援和调查处理条例》（国务院令第501号令，简称《条例》），为适应铁路运输企业的快速发展，特别是经过铁路六次大面积提速以来，对加强铁路安全法制化、规范化管理，妥善处理铁路交通事故，维护铁路交通秩序的需要，在总结铁路交通事故调查处理实践经验的基础上修改制定的。

随着第十二部《事规》的公布施行，既是铁路企业管理的终结，又是国家法制管理的开端。在《事规》的事故调查、事故责任判定和损失认定、罚则等规定中突显出以下主要特点：

（一）具有法律属性。《条例》是我国第一部全面规范铁路交通事故调查处理的行政法规，《事规》是严格依据《条例》而制定。在事故定义、适用范围、事故调查机构、事故等级划分、事故报告程序、事故调查、事故责任判定和损失认定及事故责任单位、个人违反法律法规处罚等内容，都充分体现了《条例》的各项规定。

（二）事故调查主体法制化。《事规》确立了政府机构调查处理铁路交通事故的权限和职能，明确规定铁道部（即"国务院铁路主管部门"）和铁路安全监督管理办公室（简称"安全监管办”）是铁路交通事故调查处理的主体。改变了由铁路局和基层站段进行事故调查处理的企业行为。

（三）实行事故责任追究制。《事规》规定，事故调查处理应坚持以事实为依据，以法律、法规、规章为准绳，认真调查分析，查明原因，认定损失，定性定责，追究责任。在“事故责任判定和损失认定”中，规定了事故责任的分类：即事故分为责任事故和非责任事故。责任事故分为全部责任、主要责任、重要责任、次要责任和同等责任。并根据不同原因造成的事故及事故责任者应负的责任，确定“认定”或“追究”责任的类别。

（四）采用《铁路交通事故认定书》的形式认定事故责任。事故认定书是事故赔偿、事故处理、事故责任追究的依据，具有法律效力。《事规》规定，在事故调查组工作结束后，铁道部、安全监管办，根据《铁路交通事故调查报告》制作《铁路交通事故认定书》，送达相关单位。事故责任单位须填写《铁路交通事故处理报告表》报送送达机关。

（五）拓展了适用范围。一是将《事规》《铁路伤亡事故处理规则》《火车与其他车辆相撞和铁路路外人员伤亡事故处理暂行规定》进行整合，实现了“三规合一”。二是国家铁路、合资铁路、地方铁路企业以及专用铁路、铁路专用线等发生事故的调查处理，均适用本规则。

以下仅记述对《条例》补充的主要内容：

1. 规定了铁道部、安全监管办的职责和办事机构。其职责是：加强铁路运输安全监督管理，建立健全铁路交通事故调查处理工作制度，发生事故后应当按照法定的权限和程序，及时组织、参与事故的调查处理。其办事机构为：铁道部、安全监管办的安全监察部门及派驻各地的安全监察机构。

2. 在《条例》规定构成一般事故条件的范围内，《事规》将其分为一般 A、B、C、D，4 类事故。

一般 A 类事故造成下列条件之一时：造成 2 人死亡或 5 人以上 10 人以下重伤；500 万元以上 1000 万元以下直接经济损失；列车及调车作业中发生冲突、脱轨、火灾、爆炸、相撞，致使繁忙干线双线之一线或单线行车中断 3 小时以上 6 小时以下，双线行车中断 3 小时以上 6 小时以下；致使其他线路双线之一线或单线行车中断 6 小时以上 10 小时以下，双线行车中断 3 小时以上 10 小时以下；客运列车耽误本列 4 小时以上、脱轨 1 辆、中途摘车 2 辆以上、报废 1 辆或大破 2 辆以上；机车大破 1 台以上；动车组中破 1 辆以上；货运列车脱轨 4 辆以上 6 辆以下。一般 A 类事故，涵盖了第十一部《事规》中“重大事故”的部分构成条件。

一般 B 类事故造成下列条件之一时：造成 1 人死亡或 5 人以下重伤；100 万元以上 500 万元以下直接经济损失；列车及调车作业中发生冲突、脱轨、火灾、爆炸、相撞，致使繁忙干线行车中断 1 小时以上；致使其他线路行车中断 2 小时以上；客运列车耽误本列 1 小时以上、中途摘车 1 辆以上、大破 1 辆；机车中破 1 台；货运列车脱轨 2 辆以上 4 辆以下。一般 B 类事故，涵盖了第十一部《事规》中“大事故”的部分构成条件。

一般 C 类事故，由 15 类增至 25 类。其中，删除 1 类（其他）；保留 8 类；修改、调整、补充 5 类。增加 12 类的名称为：列车火灾，列车爆炸，列车相撞，列车中设备设施、装载货物（包括行包、邮件）、装载加固材料（或装置）超限（含按超限货物办理超过电报批准尺寸的）或坠落，装载超限货物的车辆按装载普通货物的车辆编入列车，电力机车、动车组带电进入停电区，错误向停电区段的接触网供电，电气化区段攀爬车顶耽误列车，客运列车分离，发生冲突、脱轨的机车车辆未按规定检查鉴定编入列车，无调度命令施工、超范围施工、超范围维修作业，漏发、错发、漏传、错传调度命令导致列车超速运行。一般C类事故与第十一部《事规》中的“险性事故”类同。

一般D类事故，由17类增至21类。其中，删除1类（其他）；保留12类；修改、调整、补充3类。增加6类的名称为：调车相撞，应安装列尾装置而未安装发出列车，行包、邮件装卸作业耽误列车，电力机车、动车组错误进入无接触网线路，列车上工作人员往外抛掷物体造成人员伤害或设备损坏，行车设备故障耽误本列客运列车1小时以上、或耽误本列货运列车2小时以上、固定设备故障延时影响正常行车2小时以上（仅指正线）。一般D类事故与第十一部《事规》中的“一般A类事故”类同。

铁道部将第十一部《事规》中的“一般B类事故”所列内容，经修改、调整、补充后，另发《铁路行车设备故障调查处理办法》进行管理。

3. 在附件1《铁路行车事故处理规则》内容解释中增加了以下词句解释：机车车辆，运行过程中，行人，其他障碍物，相撞，客运列车中途摘车，电力机车、动车组带电进入停电区，无调度命令施工、超范围施工、超范围维修作业，应安装列尾装置而未安装发出列车，行包、邮件装卸作业耽误列车，作业人员，作业人员伤亡，作业过程，事故伤害损失工作日，作业人员重伤，急性工业中毒事故，伤亡人数发生变化，职业禁忌症，事故责任待定，人员失踪，交叉作业，因正常手术治疗而加重伤害程度等。

4. 在附件2“机车车辆报废及大中破条件”中增加了机车报废条件，客车报废条件，货车报废条件，动车组报废、大破、中破条件等。

5. 在附件3“铁路交通事故档案材料内容”中规定了档案材料应包括的内容及相撞事故造成非铁路作业人员伤亡时，还应包括的内容。

二、《行车安全监察工作规则》（《监规》）

新中国成立后，为保证全国铁路行车安全，监督法规执行，检查有关设备，督导行车工作，防止并处理行车事故，1950年5月1日，铁道部成立行车安全总监察室。1950年5月12日，铁道部公布《行车安全监察室暂行组织规程》（简称组织规程）（央资字第60号部令），这是铁道部发布的第一部行车安全监察专业管理法规。本《组织规程》规定：铁道部设行车安全总监察室（简称总监察室），铁路总局设行车安全总监察分室（简称总监察分室），管理局设行车安全监察室（简称监察室），分局设行车安全监察分室（简称监察分室）。总监察室受铁道部长领导，总监察分室受总监察室领导，监察室及监察分室受所属上级监察室领导。总监察由部长级人员担任，副总监察由副总局长担任，监察室主任由局长或副局长级人员担任，主任监察由局长或处长级人员担任，监察员及副监察员由处长或科长级人员担任，监察分室主任由副分局长级或科长级人员担任，监察员由股长级人员担任。

同月，公布第一部《行车安全监察工作规则》（简称监规），《监规》对行车安全监察室基本任务，监察室制度，监察范围，监察人员职责，监察人员执行职务时的权利以及监察人员的纪律等事项做出规定。自此，全路建立起了一支分层管理、逐级负责的行车安全监察队伍。

第一部《组织规程》实行仅半年，由于铁道部各机构及职能进行调整，1950年11月2日，铁道部对该《组织规程》进行修订，以央资字第248号部令公布第二部《行车安全监察室暂行组织规程》,《组织规程》规定:"铁道部设行车安全总监察室,驻东北特派员办事处设行车安全总监察分室,管理局设行车安全监察室、分局设行车安全监察分室。总监察室受铁道部长领导,总监察分室受总监察室领导,监察室及监察分室受所属上级监察室领导"。各级监察室组织及定员为:总监察室 16 人;总监察分室 16 人;监察室 15 人;监察分室 14 人。总监察由部长级人员担任,副总监察由副总局长担任,监察室主任由局长或副局长级人员担任,主任监察由局长或处长级人员担任,办事处及局监察由处长或科长级人员担任,监察分室主任由副分局长级或科长级人员担任,分局监察由股长级人员担任。对各级监察人员之委任,监察人员应具备的条件,监察人员之权利,监察室经费预算等均做出具体规定。

1953 年 5 月 6 日,铁道部公布第三部《行车安全监察室业务暂行规程》(铁监武〔1953〕字第 15 号令)。本《组织规程》共分为总则;监察范围;监察人员的职责;监察工作制度和其他等五章 18 条。其中在监察范围中增加对所有锅炉及 0.7 公斤以上的空气压缩储气筒设备和乘务员公寓及其他有关卫生及安全设备的监督检查。为监督检查全路各单位工作压力在 0.7 公斤以上固定锅炉和压缩空气储气筒及压力容器,防止发生爆炸事故。同年 9 月 21 日,铁道部公布《行车安全监察室锅炉监察职务细则》(铁监武〔1953〕字第 22 号文)。本细则依据《行车安全监察工作规则》而制定,在各级安全监察室设锅炉监察人员。锅炉监察人员必须依据本细则进行监督检查,各级有关部门必须认真执行有关技术鉴定及试验规则,确保运输生产的安全。

同年 6 月 1 日,铁道部修订公布《行车安全监察室组织规程》(铁监武〔1953〕字第 17 号令)。本《组织规程》对各级安全监察室的组织机构进行调整:将各级监察室定员减少 3 ~ 4 人,铁道部行车安全总监察室定员由 16 人减为 12 人(原总监察由部长级人员担任,副总监察由副总局长担任改为总监察由副部长级或局长级人员担任);局监察室定员由 15 人减为 11 人,室内设行车安全局监察(由副局长专任);分局监察室定员由 14 人减为 10 ~ 11 人,行车安全分局监察(由副分局长专任)。对各级监察人员深入现场监督检查工作的规定:部行车安全监察人员不少于 30% 以上时间;局行车安全监察人员不少于 50% 以上时间;分局行车安全监察人员不少于 70% 以上时间用于检查督导现场工作。

为加强全路运输生产安全工作,保证秩序良好地完成行车安全监察任务,铁道部于 1954 年 12 月 31 日,修订公布第四部《行车安全监察室机构组织规程》(铁密监吕〔1954〕字第 1010 号令)。《组织规程》进一步强调行车安全的重要性:行车安全是一切生产活动的基本准则及其工作质量的主要指标。鉴于全路行车安全监察工作业务实际需要,铁道部对各级监察室的人员编制重新进行规定:部总监察室由 12 人增加到 18 人,局监察室由 11 人变为 12 人,分局监察室由 10 ~ 11 人变为 9 ~ 10 人(取消秘书 1 人)。重点加大铁道部和铁路局的监察业务工作量及人员配备,将《组织规程》中监督检查指导范围由 7 条增至 9 条,一是增加对救援列车设备状态和车站救援队的组织进行监督检查,二是增加监督指导各业务部门监察人员的工作情况。并对监察人员用于检查现场工作时间做了明确要求:部行车监察人员,应以百分之三十以上时间,管理局监察人员应有百分之五十以上的时间,分局监察人员应以百分七十以上的时间,用于现场工作。本规程(第二部)自 1955 年 1 月 1 日起实行,同时将原《组织规程》废止。

为贯彻铁道部行车安全工作指导方针,各级安全监察人员应针对行车人员的技术业务培训和"两纪"教育,强化行车安全工作的督导指示,确保行车安全。1955 年 5 月 26 日,铁道部公布《行车安全工作指示》（铁监吕〔1955〕字第6号令），制定“铁路行车安全工作指示”，是保证行车安全的具体有效措施，是解决现阶段行车安全工作中最主要的办法，亦是我国铁路今后几年内实行的行车安全指示。行车安全工作指示主要包括：①进一步贯彻行车安全的方针，彻底改进行车安全工作。②加强对行车人员的技术业务教育。③巩固劳动纪律，加强纪律教育。④监督检查规章命令的执行情况。

1955年10月20日，铁道部重新制定公布第二部《行车安全监察工作规则》（铁监武〔1955〕字第31号令），要求各级监察人员必须依照本《监规》监督检查，各级业务部门应认真执行监察人员的指示，完成运输任务，保证行车安全。《监规》赋予监察人员的权力之一：对违犯规章纪律，危及行车安全的人员，有权停止其执行职务。对不关心行车安全屡次发生事故的单位领导干部，要求政治、人事部门予以纪律处分。还规定：铁道部行车安全总监察室人员应以百分之三十以上时间，用于现场检查工作上，管理局和分局行车安全监察人员的下现场时间不变。同时还明确具体的工作方法和各业务监察主要检查项目。修订后的《监规》共分为总则、监察范围、监察人员的职责及各项工作制度等四章，13条，自即日起开始实行，同时将1953年5月6日发布的《监规》取消。

为使行车安全监察工作适应全国铁路运输发展的形势及铁路管理体制的改革需要，在运输工作中进一步贯彻国家“多快好省”的方针，1958年9月26日，铁道部重新制定公布第三部《行车安全监察工作规则》（铁监余〔1958〕字第30号令），安全监察工作重点是：通过监督、检查、分析、研究，发现行车安全工作中存在的问题，督促并协助解决；启发广大员工自觉地贯彻执行规章制度，遵守劳动纪律，提高员工的政治思想和技术业务水平。对各级安全监察室的职责；行车安全监察人员执行职务时的工作条件和安全监察室的总结、报告制度做出相应规定。《监规》对监察人员的权利重点强调两点：一是对违反规章纪律，危及安全的人员，要说服教育纠正其行为，或交由其所属单位领导议处。二是对严重危及安全的设备和违章行为，向有关部门负责人提出改进意见或扣留、封闭，并追究责任。

同年9月，铁道部发布《安全监察工作二十条》。全路行车安全监察人员在社会主义建设高潮中，为更好的贯彻“鼓足干劲、力争上游、多快好省地建设社会主义”的总路线，全面完成或超额完成全国铁路建设与运输安全任务，对安全监察工作提出：必须依靠群众、发动群众；明确安全监察工作的任务；改进思想作风，深入群众，深入现场；强化规章制度的宣传教育与监督检查等二十条规定，要求全路各级安全监察人员认真贯彻执行。1961年3月27日～4月2日，铁道部在锦州铁路局召开了全路安全监察室主任会议，会议上认真讨论和制定了“监察工作十六条”。于同年5月7日公布《安全监察工作十六条》（铁监刘〔1961〕字第1259号令），对全路安全监察工作提出要求：①坚决贯彻党的安全生产方针，狠抓“安全正点、四爱、五员”运动。②坚决消灭重大、大事故，狠抓惯性事故。③认真检查防止火灾、爆炸事故措施的贯彻执行。④做好防止路外伤亡事故的宣传教育。⑤狠抓事故分析及处理工作。⑥加强对事故救援工作的监督检查。⑦监督检查规章制度的贯彻执行等十六条规定。

1961年修订发布第四部《安全监察工作规则》花费了很大的精力与时间也没找到，铁道部档案馆是“有号无货”。好在我们找到了1961年铁道部以铁监刘〔1961〕第1259号部令发布的《安全监察工作十六条》，而1961年版《监规》则是以铁监刘〔1961〕第1260号部令公布的，紧接着又发布了1962年7月版《监规》，因此，从《安全监察工作十六条》和1962年版《安全监察工作规则》比较看，我们可以大致推断1961年版《监规》的基本内容。

铁道部在短短两年多的时间内，连续两次修订《安全监察工作规则》，其目的就是贯彻执行国家与铁道部颁发的法律法规，强化行车安全监察工作，充分发挥安全监察队伍的监督检查作用，督导行车有关单位落实各项规章制度，加强安全管理，确保全路运输安全平稳有序地进行。

《安全监察工作规则》《安全监察证签发办法》《安全监察指导簿制度实施办法》实行以来，对贯彻落实铁道部文件精神，加强全路行车安全监察督导工作发挥了很大作用，但有些条款内容需要修订整合，以利操作。1962年7月17日，铁道部重新制定第五部《安全监察工作规则、安全监察证签发办法、安全监察指示簿制度实施办法》(铁监余〔1962〕字第2119号文)。本《监规》对安全运输给予定义：安全运输是铁路进行正常工作的首要条件，是运输质量的集中表现。《监规》根据新中国成立十余年来安全监察工作特点及安全监察指导簿的填报情况进行统计分析，将三个文件重新进行归纳整理后制定该文件，既压缩了文件数量，又便于各级监察人员贯彻执行。对铁道部、铁路总局、铁路局、工程局和办事处监察室的职责；各级安全监察室的人员与工作条件；安全监察室的总结、报告制度；安全监察证签发办法和安全监察指示簿制度实施办法等做出具体规定。《监规》明确要求机构定员数由各铁路局按业务量大小决定。《监规》对监察人员的权利重点强调两点：一是对违反规章纪律情节严重者，有权立即停止其工作，或交由其所属单位领导议处。二是对严重危及安全的设备和行为，可采取向有关部门负责人提出改进意见或扣留、封闭，并追究责任。

十年“文化大革命”多数时间执行的是1962年7月颁布的《监规》(但执行的不好，而且期间废除了几年)。1972年机构定员数与1962年一样，由各铁路局按业务量大小自行决定。但工作方法与监管范围有所不同，过多强调要走多部门联合以及走群众路线，特别是对监察人员对严重危及安全的设备和行为采取扣留、封闭权利提出质疑，从而使安全监察部门的工作特征不突出、不明显，工作不好开展。

原《监规》自1962年7月实行以来，对加强行车安全工作起到了积极作用。但是，随着形势的发展，规则中有些内容已不能完全适应需要；同时，由于“四人帮”的干扰破坏，在一些地区和单位，是非被颠倒，思想被搞乱，安全监察工作受到很大的削弱。为使安全监察工作更好地适应形势发展的需要，1977年11月，铁道部修订发布新的第六部《安全监察工作规则》(〔1977〕铁安监字1276号文)。本《监规》对行车安全的定义：铁路行车安全，是保证铁路正常运输生产秩序的重要条件，是运输管理水平和工作质量的综合反映。保证行车安全，是关系到社会主义建设速度和人民生命财产安全的严肃的政治问题。《监规》对铁道部安全监察委员会、铁路局安全监察室的职责(铁路工程局和铁路分局安全监察机构职责，参照铁路局监察室的职责办理)；各级安全监察机构的人员配备和工作条件；安全监察机构的总结报告制度等做出规定，这是“文化大革命”结束后，铁道部发布新的《安全监察工作规则》，全路行车安全监察工作开始步入正常轨道。《监规》对监察人员的权利重点强调两点：一是对违反规章纪律情节严重者，有权立即停止其工作，或交由其所属单位领导议处。二是对严重危及安全的设备和行为，可采取向有关部门负责人提出改进意见或扣留、封闭措施，并提交有关单位研究处理。

1981年3月12日，铁道部发布《关于加强铁路行车安全监察工作的决定》(〔1981〕铁安监字 341 号文），规定了行车安全监察机构的性质和任务，行车安全监察机构的权限，定员编制，监察人员的条件和级别，行车安全监察人员的工作准则，加强领导等项，对强化全路行车安全监察工作提出具体要求。《监规》删除了“坚持毛主席的无产阶级革命路线、以阶级斗争为纲、为革命学习技术业务”等“文革”的提法；在监察机构权限上规定：发现作业上违反行车安全法规时，有权加以纠正；危及行车安全者，有权立即制止，必要时可临时停止其工作，并提交有关单位议处。当遇到情况严重，确有发生严重事故可能时，有权采取临时扣留、封闭措施，并提交有关单位紧急处理。在定员编制上强调：各铁路局、分局行车安全监察室的人员编制，由各铁路局根据各局具体情况，工作量大小，自行决定。

1981 年修订发布第七部《行车安全监察工作规则》，至今未找到，但比较该年发布的《关于加强铁路行车安全监察工作的决定》（〔1981〕铁安监字 341 号文）与 1984 年发布的《行车安全监察工作规则》基本内容相近，可以推断《决定》应是 1981 年版《监规》的蓝本。

1984 年，随着我国经济体制的改革与发展，加强行车安全监察工作将愈加重要。铁道部在深入调研、总结经验的基础上，对实行 3 年的原《监规》再次重新修订。于 7 月 9 日公布了第八部《行车安全监察工作规则》（〔1984〕铁安监字第 983 号文）。《监规》进一步明确运输安全的定位：安全状况是管理水平和工作质量的综合反映。是铁路为人民服务根本宗旨的首要标准。保证行车安全是严肃的政治问题。为维护铁路行车安全法规的实施，保证运输安全，必须实行严格的监察制度。为此，在铁道部、铁路局和铁路分局分别设置行车安全监察机构。各级行车安全监察机构是维护行车安全法规的监督机关，其任务是：贯彻预防为主的方针，对行车安全工作实行严格的监察，维护行车安全法规，以促进路风建设，保证安全正点。行车安全监察机构对行政领导、同级业务部门、各行车有关单位及有关人员执行行车安全法规的情况行使监察职责。各级行车安全监察机构除设领导人员外，并按照车务、客货运、机务、车辆、工务、电务、教育、路外安全和综合分析等方面的业务，设置监察人员。在机构定员上与 1977 年《监规》不同的是：监察机构的人员编制，由铁路局根据具体情况，工作量大小，管辖单位多少，里程长短等，分别自行确定。在基层站段可设置不脱产的行车安全监察通讯员，基层站段班组可设不脱产的安全员。对各级安全监察机构的任务，安全监察机构的职责，隶属关系，各级监察人员的行政级别与待遇等做出规定。《监规》对各级监察人员的行政级别与待遇的规定：铁道部行车安全监察机构的监察人员由副处级以上干部担任。铁路局行车安全监察机构的监察人员由正科级以上干部担任。铁路分局行车安全监察机构的监察人员由副科级以上干部担任。各级行车安全监察人员在任命时，应注明其行政和技术级别，享受与现职行政干部和技术干部同等政治和生活待遇。规定行车安全监察人员的职权：发现作业上违反行车安全法规时，有权加以纠正；危及行车安全者，有权立即制止，必要时可临时停止其工作。当遇到情况严重，确有发生严重事故可能时，有权采取临时扣留、封闭措施，并责成有关单位紧急处理。同时对执行职务时的工作条件及总结、报告制度等作出规定。特别强调行车安全监察人员不仅要会实干，还要经常总结推广好的安全做法和经验。该《监规》对规范指导全路安全监察工作，强化安全监督管理发挥了积极作用，这为 1985 年全路运输安全创造新中国成立以来的最好成绩奠定了一个良好的法规基础。第八部《监规》一直执行至今。

第三章 铁路安全管理

安全的核心问题是管理。管理的好坏决定安全的成败。管理就是实现各种相关安全要素的优化配置，整体效能的充分释放，各种成本的最小支出，安全目标的如期实现。建路 135 年来，有识之士围绕着安全管理进行了大量的探索与实践，虽然也走过一些弯路，但还是发现和总结了一些确保运输安全的道道来。

第一节 新中国成立前的铁路安全管理

新中国成立前的不同时期也有安全管理，只是没有建国后的安全管理那么系统、规范和力度大。当然管理效果也相差很大。

中国铁路早期，有的铁路单位设专门机构管理安全，但多数铁路单位安全管理工作由运输部门负责，也有一些铁路单位是由警察、人事等部门负责安全管理工作的。

中东铁路哈尔滨铁路管理局总监察办事处及其所辖沿线设立的监理区（段）管理安全工作。京沪沪杭甬铁路管理局（简称两路局）的安全管理工作由行车保安委员会负责。德国山东公司设铁路警事，推行行车规章并进行稽查。但是，像北宁铁路、正太铁路、平绥铁路等多数铁路单位的安全管理工作由铁路运输部门管理，各种安全命令和规定以及事故定性定责，由运输部门负责发布或处理。法国管理的滇越铁路滇段时期，行车规章由法国公司制定，条文规定铁路员工必须“绝对服从”，遇有违章，轻则扣薪，重则开除。

1903 年 7 月，中东铁路正式运营后，其运营及处理行车事故，基本是按照俄国行车规章办理。沪宁、沪杭铁路运营初期，按照英国的行车规章和附则办理行车。民国初期，多数铁路单位执行的法规是，1922 年交通部发布施行《行车事故规则》和《国有铁路十大规章》，1936 年铁道部制定的《行车事故处理办法》《铁路行车通则》。抗战胜利后，全国铁路单位多数是恢复执行铁道部颁布的《铁路行车通则》。

日军侵华时期，日方铁路单位引入日本管理机构，设监理所配有巡视员负责监察各部门的行车安全工作和事故处理，并对各行业业务单位规定有各项安全规章制度。安全工作实行“保甲连坐法”，强迫铁路沿线两侧 5 公里以内的中国居民建立“铁路爱护村”，有 850 万人被强制参加“爱护村”，要求他们打更巡视，看守防护，保护铁路安全。并有铁路装甲车昼夜巡查，维护铁路安全。1939 年，日本驻华北交通株式会社公布实行《铁路运输规程》《铁路运输事故报告》和《铁路运输事故复旧规程》。行车部门建立了出勤、退勤、交班、点名、传达注意事项、复诵达示、瞭望确认和呼唤应答等制度。期间，日方铁路部门还推行安全期管理，有“运输事故防止周”、“正确办理道岔信号旬”等安全竞赛活动，对安全期内无行车事故者给予褒奖，对发生事故者予以处罚。

东北解放初期，铁路运输条件极差，不安全因素很多。为支援前线完成运输任务，在东北铁路总局统一领导下，发动职工多次开展安全旬、安全月等活动，启蒙教育职工安全生产，效果比较好。1947 年 4 月 5 ～ 15 日，开展“防止热轴”活动，减少或防止车辆燃轴故障。4 月 16 日，相继开展了“列车制动装置整备月”活动。1948 年 4 月 1 ～ 30 日，又开展了“客货车制动装置整备月”安全活动，全面提高客货车技术状态，保证客货列车安全运行。还广泛开展“消灭事故月”和“劳模立功”等群众活动，对保证运输安全发挥了积极作用。同时在新中国成立前夕的非常时期，对严重违章违纪的人与事采取非常处罚手段，1947 年 1 月 18 日，由于个别运转人员消极怠工，放弃职守，故意违反行车章程，在绥佳线桃山车站发生了列车正面冲突的严重事故。责任者有的判有期徒刑，有的甚至判极刑，在铁路员工中引起了极大反响，违章违纪现象骤减，使安全不好的局面很快得到遏制。

新中国成立之前，安全管理理念也经历了一个微妙的变化过程。1910 年，《京奉铁路乘坐火车规程》中，第一条规定：“凡客人乘坐火车，如遇狂风暴雨，河水上涨及一切意外不测之事，以致损失亏累等情形，本路概不负责”。采取往外推的方法。1917 年，京奉铁路管理局在《铁路行车规则汇编》中，对安全工作提出要求。在第一章通则中写道：“各服务人员最当注意者为公众之安全，无论如何不可轻忽”。该时期的《铁路行车保安之商榷》第一节第一条称：“行车安全第一，铁路车机工警等各部门有关行车员工警役，均应在任何情况下，以行车安全为第一”，这些反映了当时铁路管理者对安全重要性有一定的认识，要求铁路员工在生产中“最当注意”和“以行车安全为第一”。

1923 年，国民政府交通部制定的《国有铁路客车运输通则》中，也规定“铁路对旅客或他人，无论因何情由受伤或毙命者，铁路不负责任，亦不赔偿”。1936 年，修改客车运输通则时规定：“旅客因铁路事故所受伤害，如原因不可抗力或旅客过失所致者，铁路概不负责”。1937 年，日军侵华后，华北交通株式会社对保证旅客安全更无规定。在他们眼里，根本没有把中国旅客的生命、财产当回事。1945 年东北解放后，人民铁路为人民，铁路总局把旅客的安全放在重要的位置上。对旅客乘车安全建立了负责制，每个铁路员工对旅客服务都负有相应的安全管理责任。

1945 年以后的其他铁路单位，对行车事故、人身伤亡事故和路外事故的调查处理开始融入一些人性化管理的理念，如建立事故档案、据其平时的表现及贡献大小定责与处理，积极抢救伤者，给予本人及家属一定的经济补偿等，反映出社会文明进步的痕迹来。

1947 年，陇海铁路管理局行车保安委员会提出：“铁路行车安全第一”的目标，并定期举行员工技术意外测验，定期进行安全评比，进而推进保障安全运动。

新中国成立之前，东北铁路总局、各铁路管理局也推出一些奖惩办法，对确保运输安全起到了积极作用。如：1947 年 1 月 3 日，东北铁路总局公布了我国自修建铁路以来较为正规的《员工奖惩委员会规则》和《员工奖惩条例》。提出五种奖励办法：①通令嘉奖。②奖金。③奖章及奖状。④增薪（一级至三级）及奖状。⑤晋级及奖状。提出六种惩罚办法：①警告。②减薪及罚薪。③降级。④记过（三小过为一大过，满三大过者开除）。⑤开除。⑥开除并送交军事法庭处理。

第二节 新中国成立至1966年的安全管理

新中国的成立，使铁路安全管理进入了一个崭新阶段。建国初前8年安全管理重点是：抓基础建设。建立安全监察机构，组成专兼职安全监察队伍，使安全工作有人抓、有人管；围绕岗位负责制制定和完善各种安全制度及相关法规，使安全工作有章可循、有法可依；狠抓职工队伍素质，提升员工的应变能力及管理水平，主要通过强化培训和严格考试来实现。加强劳动纪律和技术纪律，改善职工工作条件和环境。到1957年，全国铁路安全形势还是较为稳定的，各项安全指标完成的也比较好。1958年至1960年三年“大跃进”，由于激进的、浮夸的大环境，使安全管理受到挫折。表现在急于求成，不按客观规律办事，过于依赖群众的激情、热情和阶级觉悟来搞好安全工作，不该破的规章破了，不该简化的程序简化了，从而导致各种事故的直线上升。1961年至1964年，这一时期是建国以来安全管理和安全成效最好的时期。安全管理有条不紊的进行，一环扣一环，各种与安全相关的活动丰富而实用。同时，这4年全国大环境比较好，政治运动相对少些，干扰也就少些，但从1965年下半年开始，以阶级斗争为主的倾向再次抬头，政治挂帅的氛围又浓起来，经济建设的位置开始偏移，安全管理再次被削弱，各种事故又明显的多起来。

新中国成立前夕的铁路安全管理状况很严峻。1949年7月1日，铁道部吕正操副部长在全国铁道职工临时代表会上痛斥道，到目前为止，负责制还没有普遍建立起来。相反，官僚主义的恶劣作风，和无人负责的混乱现象，在某些地区、某些部门还相当严重，阻碍着铁路事业的发展。东北近期连续发生四起大事故足以说明铁路安全情况的严重。据此，吕正操副部长强调：目前我们的工作重心，应当是而且必须是发动职工肃清官僚主义作风，建立专人负责制，消灭无人负责现象。

针对当时情况，铁道部提出了三个方面的意见和建议：第一，建立一套有系统的人人负责、事事负责的负责制度。第二，调整工资与人事，职位高工资高能力低不称职的，降低其地位和工资，对于有能力肯干事成绩突出的，不限资格，大胆使用，并享受相应的待遇。第三，大力提倡各级机关领导干部，走出机关到基层、到现场去，解决安全中的实际问题。尽管当时铁道部没有专门的安全监察部门（主要是由运输与人事部门代管），但由于铁道部领导抓安全的思路清晰，主要问题抓得准，全路安全被动局面很快得到遏制和扭转。

1950年5月以后，行车安全监察工作在各级党、政、工、团的重视与支持下，逐步建立了各级监察组织。铁道部成立行车安全总监察室，各铁路管理局和铁路分局分别成立行车安全监察室和行车安全监察分室。安全活动在安全监察部门的组织领导下开展。当时全路40%的职工参与了《铁路技术管理规程》的学习，凡是直接与行车有关的职工经过考试合格才能上岗工作；普遍建立了行车安全监察指导簿制度；发展了2059个行车安全监察通讯员；结合抗美援朝爱国主义运动，开展了防止与消灭事故的竞赛。经过全路干部职工的共同努力，行车事故有所下降，例如南、北各局1950年四季度较1949年第一季度平均每十万公里降低37.7%，东北各局1950年较1949年每十万列车走行公里平均减少了73%。

1951年，继续巩固与深入开展抗美援朝爱国主义防止事故竞赛活动，提高职工的政治觉悟和警惕性；实行经济核算制，推行行车事故赔偿制度；明确事故分类及处理，保证事故的准确定性与定责；集中力量推动规程学习，提高监察人员和各系统员工的业务素质；严格贯彻技术管理规程，加强行车管理的组织性、协调性与纪律性；密切党政工团的关系，依靠群众，做好监察工作，有效落实“预防为主”的方针。本年虽事故总数多于1950年，但从事故的性质和后果来看，都远远好于上一年，重大、大事故还不及1950年的一半，只是一般事故略高于上年。

1952年，全体铁路干部职工通过“三反”运动、整党运动以及在铁路系统中的满载、超轴、五百公里和行车安全运动。在行车安全运动中主要抓了五项工作：一是加强组织领导。各有关业务处、科与站段都要建立每日按级报告制度，以推动各级负责干部对事故的重视。二是充分发动群众，造成一个群众性的反事故运动，各地区各站段厂都要订出今后防止和消灭事故的办法。三是巩固劳动纪律与技术纪律。车、机、工、电、辆各单位要向干部职工重申并抓好劳动纪律与技术纪律。四是重点技术措施。各单位要抓好重点措施的制定与落实。五是加强监督检查。铁道部行车有关业务局长，对管理局各业务处长每日进行行车安全工作的督导，对弱点局派员进行具体帮助。各级行车安全监察人员，积极主动的工作，对业务部门与人员，严格的进行监督检查，向事故作不妥协的斗争，使干部职工在政治上、思想上和业务上都有了显著的进步，蕴藏的巨大潜能与热情被充分地释放出来。因而该年的运输安全工作取得了突出成绩，事故件数及事故率较上年有了明显下降。

1953年，安全形势出现反复，事故件数和事故率直线上升。全年共发生大小事故18439件，较1952年增加596件。其中，重大、大事故328件，较1952年增加6件；事故直接损失383亿元（旧币），每日平均损失在一亿元以上；人员死亡61人，伤28人；正线阻车1860小时。事故上升的直接原因是：由于个别员工劳动纪律松弛、不遵守技术管理规程、臆测行车所致，但究其根源在于有些领导干部对事故不注意、不重视，没有把保证行车安全工作提高到应有的高度去认识，去对待，没有摆正安全与效率、效益的关系。错误地认为，只要效率高，完成了数量指标，就是完成了运输任务，只是在发生了重大事故，翻了车、死了人、受了损失后，才追问一下。安全管理严重滞后。

铁道部行车安全总监察室根据当时安全工作存在的诸问题，有针对性的提出1954年安全管理工作重点：①坚决贯彻安全生产方针，强化干部职工安全意识。②严格执行技术管理规程与遵守劳动纪律。③认真进行组织纪律教育与技术教育。④加强劳动保护、改善一线职工的工作条件及环境。同时，铁道部要求重大、大事故和恶性事故必须要有相应的局长、处长和分局长亲赴现场处理。由于采取了以上安全管理措施，1954年全路的安全工作有了很大改观：行车重大、大事故277件，比1953年减少51件，恶性事故1479件（1979年改称为险性事故），比1953年减少683件，只是一般事故比1953年略有增加。综合行车事故原因分析：①行车安全思想不明确，部分干部与员工为完成任务不择手段。②部分职工劳动纪律松懈，违反规章制度。③领导干部与职工的技术业务水平低，赶不上运量繁重任务的要求，对新职工的安全教育薄弱。④固定资产养护维修不良，吃老本，片面追求节约。⑤对事故调查不认真，处理不及时、不严肃。⑥乘务员公寓、食堂、浴池管理不善，加班加点超过劳动时间，造成职工过度疲劳。⑦监察检查不严，未能充分发挥各级行车安全监察机构的组织力量。⑧有的局不重视行车安全监察工作，没配备专职的行车安全监察工作的副局长或分局长，干部调动频繁，长期缺员。

1955 年，安全工作又前进了一大步：重大事故减少 35.4%，大事故增加 2.8%。恶性事故减少 37.8%，一般事故减少 15.9%。这主要得益于有效的安全管理。铁道部发布六号部令，具体地指导行车安全工作。严肃处理性质恶劣、损失严重的事故——各局就地处理或调至铁道部处理，教育了现场干部职工。组织技术管理规程学习与考试，贯彻规章命令的执行。各管理局的监察用 50% 时间、分局监察用 70% 时间深入现场检查工作，纠正违章作业，违反劳动纪律的行为，及时奖励安全先进集体与个人，大胆举报和处理违章乱纪的单位领导和个人。由于实施以上有效措施，从而保证了行车安全。

1956 年，全国铁路的安全运输情况恶化，各种行车事故普遍上升，特别是调车事故最为严重，列车冲突与颠覆事故也在不断发生。这是运输工作质量低劣的集中表现。分析其主要原因是安全管理不到位，集中体现在领导干部对安全工作不良倾向不敏感，未能积极推广技术作业上的先进方法，对不实际又不安全的制度和技术方法没有加以修正；技术教育和监督检查工作未能及时跟上，劳动定额制定的不合理不科学，单纯从需要量出发，不考虑各种条件与劳动者强度，造成职工盲目蛮干的倾向。

1957 年，行车安全工作持续向好的方面发展。由于推行了调车作业与接发列车新规定，以及其他保证安全规章与办法顺利实施，加之各级监察人员有目的、有计划、有效的开展监督检查活动，因而在行车作业方面的安全情况有了明显改善，表现在各种事故件数普遍减少。重大事故 1957 年为 144 件，1956 年为 167 件，减少 13.9%；大事故 1957 年 56 件，1956 年为 100 件，减少 44%；恶性事故 1957 年为 1015 件，1956 年为 1104 件，减少 8%；一般事故减少 14.9%，损失减少 44.1%。谁知安全形势刚趋稳定，各项工作初现良好态势的时候，整个国家进入了一个急于求成、急躁冒进的时期——三年“大跃进”，使安全工作受到严重挫折。

1958 年，在规章制度的破立上，放松了领导，产生一些偏差，把很多行之有效的规章制度看成是束缚职工手脚的“清规戒律”予以废除。当群众发动起来后，铁道部及铁路局又放松了对群众的引导。因此使一些现场员工产生错觉，认为现行的规章制度都是束缚生产力的教条，对正确反映客观规律的规章制度及各种行车作业规程，也不认真执行或盲目破除。在行车工作中放松了责任制，破坏了协调动作制度，否定了统一的技术标准和质量要求。铁道部及铁路局在发现这些情况后，又未能及时采取有效措施加以制止与纠正，使其滋长蔓延，因而造成多起行车事故。

1958 年，工伤事故共死亡铁路职工 619 人，比 1957 年增加 69.6%；行车中造成的路外人员死亡 2788 人，比 1957 年增加一倍。全年共发生行车事故 30075 件，比 1957 年增长 70%。其中重大事故 245 件，增长 70%；大事故 108 件，增长 93%；恶性事故 1962 件，增长 86%；一般事故 27760 件，增长 68.5%；中断正线行车 3670 多小时，比 1957 年增长 128%。由行车中断和车辆破损两项估算，每日即影响少装车 300 多辆，间接影响装车则更大。

1959 年，安全管理并没有认真吸取 1958 年的经验教训。尽管 1958 年全路安全监察工作总结对问题分析的很准很到位，但并没有引起有关领导和有关部门的重视，普遍还认为一切问题都可以靠群众运动来解决的倾向继续蔓延。特别是在党的八届八中全会以后，这种倾向更甚。各地参加广播大会的职工，动辄就有十几万人，几十万人，千人比武、万人誓师屡见不鲜，群众运动波澜壮阔。

用非常规的过激的方法管理安全，鼓励各个行业创高产，插红旗，放卫星，根本不按客观规律办事。脱离实际的放“卫星”、创高产无处不在，安全领域也不例外。1958 年 10 月，《人民铁道》刊登郑州铁路局安全监察室主任戴仪廷题为《在行车安全上也来个大跃进》的文章：……我们相信，全局职工在铁委的领导下，安全工作必将出现一个大跃进的新局面，安全“卫星”也必然会和其他的运输高产“卫星”一同飞上天空。

到处是破纪录、放“卫星”，脱离实际的生产高指标，恶性攀比加速了各种不安全因素的聚集，为事故发生埋下了隐患与祸根。

全路职工在轰轰烈烈的群众运动中，表现出激情有余，冷静不足，往往是冲动代替了理性，政治代替了业务，好像啥问题都可以通过群众运动来解决。从而导致各种违章盲干现象的发生，各类事故件数和事故率均比 1958 年有所提高。重大、大事故为 414 件，较 1958 年增加 61 件；险性和一般事故为 39888 件；较 1958 年增加 9813 件，事故率提高 1.92。重大事故率较上一年略有降低。

1960 年，全路开展了安全生产大检查活动。铁道部结合中央提出开展的“十防一消灭”运动提出铁路系统安全生产大检查的具体内容：①思想方面。②组织机构方面。③规章制度方面。④设备方面。⑤各种预防措施方面。⑥生产卫生和生活卫生方面。⑦工伤疾病率方面。⑧改善劳动条件方面。⑨劳逸结合方面。⑩经验交流方面。通过开展此项活动，虽取得一定的成效，但该年却是三年“大跃进”事故最多的一年。重大、大事故为 611 件，事故率为 1.98；险性和一般事故为 56487 件，较 1959 年增加 16599 件，事故率为 110.74，提高 24.21；重大事故率为 0.708，较 1959 年提高 0.166。该年重大事故件数 361 件，约每天一件；多数铁路局这一年事故指标达到建国以来最高点。该年事故多的主要原因是：三年来，“浮夸风”进一步蔓延，违章盲干趋势进一步扩大，各种消极因素在不断的累加聚集，到 1960 年来个总爆发，从而导致安全管理失控，各类事故频发。

三年“大跃进”，铁路付出了沉重的代价，造成了严重的损失，安全跌入建国后的第一个低谷。事故多的主要原因分析：①“大跃进”的“浮夸风”和“共产风”搅乱了人们的思想。②铁路一系列行之有效的规章制度遭到废止与破坏，行车成了脱缰之马。无章可循、有章不循的现象十分严重。③在破除迷信中，尊重科学不够。④冲天干劲和科学分析结合不够。⑤技术教育与纪律教育未能及时跟上。⑥苦干与休整结合不够。⑦职工生活困难，饿肚子干工作，难以保证行车安全和人身安全。

1961 年，为了遏制安全不好的势头，把事故降下来，铁道部党委有针对性地采取一系列有效安全管理措施，力度很大，效果比较明显。年初，以“三制入规”为重点，全面修改了规章制度，建立了责任制度。2 月，开展了群众性的安全正点立功运动。刚刚恢复的铁道部政治部动员全路职工和家属开展“安全正点立功运动”，以后，这一运动增加了“四爱”（爱车、爱路、爱设备、爱货物）的内容，改称为“安全正点四爱立功运动”。3 月，以《技规》为中心，全面开展了技术学习活动。铁道部同时针对安全正点存在的问题，向全路机车乘务员发出学“毛泽东号”、赶“毛泽东号”、向“毛泽东号”看齐的群众活动，要求机车乘务员应该做到行车不超速、不臆测行车、不跑“白水表”、不打瞌睡、不胡思乱想，要爱护机车、根除病害，消灭机破临修，运缓明显减少，列车正点率进一步提高。6 月，又掀起一个爱车、爱路、爱设备的高潮。9 月，国务院发出关于整顿铁路客运秩序的紧急指示，铁道部从行车组织、设备质量、站车秩序等几个方面，切实加强工作，在提高正点率的同时，迅速恢复客运正常秩序。特别是10月，铁道部党委向全路发出“抓安全、过好冬”的号召，广泛深入地开展了安全、正点（优质）“四爱”立功运动，取得了较好效果。

较1960年相比，行车重大、大事故减少2.7%，其中，列车冲突颠覆事故减少50%；铁路财产损失金额减少33%；重大火灾事故件数减少41%；路外人员死亡减少24.4%。到1961年12月，突破了冬季事故必多的规律，行车重大、大事故件数，是两年来最少的月份。有12个铁路局在一年内做到四个月以上消灭了重大、大事故。1961年安全工作上取得较大收效，对鼓舞革命干劲，安定生产情绪，保证安全生产，起到了决定性的作用，初步扭转了安全被动局面。

1962年，全路运输部门的广大干部和职工认真贯彻以调整为中心的“八字”方针，加强集中统一领导，深入开展“安全正点（优质）四爱”运动，进一步整顿基础工作和规章制度，广泛开展职工技术教育；在全路运输部门的车间、班组普遍推选了安全员，基层单位组成了安全监督网，使全路运输工作出现了一个新的面貌。全年基本完成了国家客、货运输任务，同时行车安全情况有了不小进步，客、货列车正点率普遍提高，机车车辆运用指标都超额完成了计划。

全年运输部门行车事故共发生5146件，比1961年减少44%，其中重大、大事故发生75件，比1961年减少55%。全路23个铁路局中，有22个铁路局连续一百天以上消灭了运输部门的重大、大事故。从7月28日至9月8日，全路连续42天消灭了运输部门的重大、大事故，创造了建国以来的最好成绩。

1963年的安全正点情况是建国以来最好的一年，全年运输部门发生的行车事故比1961年减少42.1%，其中重大、大事故减少84%。全路出现了很多长期无事故的先进集体和个人。一年来抓安全工作的基本做法，主要是一方面在指导思想上藐视一切事故，从事故不可避免论中解放出来，树立一定要消灭一切大小事故的信心；另一方面在具体工作中却又十分重视每一项组织措施的落实和兑现，例如：坚决贯彻调车作业四项纪律十六项注意，整顿和贯彻规章制度建立及执行安全生产责任制；总结推广安全生产经验；开展行车主要工种基本功训练；建立和健全设备检查制度，有计划地改造不符合技术管理规程要求的行车设备，开展对标对规活动，组织群众性的安全生产竞赛等等。

1964年的行车安全工作是最值得总结和骄傲的。全年发生行车事故12088件，其中重大、大事故88件，与事故件数最多的1960年比较，分别减少了34399件、523件；每百万机车走行公里发生重大、大事故件数降为0.19件，是建国以来的安全成绩最好的一年，成为以后若干年全路干部职工赶超的目标。

后人不断地总结分析1964年全路安全成绩突出的原因，归纳起来有以下几个方面：

1．干扰少，大环境好。这一年是建国以来政治运动最少的一年，全路上下处处呈现以生产为中心，以安全保效益的喜人局面。

2．1963年的基础打得好。通过落实中央提出的“八字”方针，全国的经济形势全面好转，铁路安全生产已走上健康发展的轨道。

3．职工思想工作抓得好。各级组织和领导关心职工生活，做好家属工作，帮助解决实际问题，充分调动职工与家属两个积极性，把安全工作群众化，从而把事故控制在发生之前。

4. 整章建制抓得好。全国的、地方的、铁路的好多安全法规都是在这一年修订和颁布的。干部职工遵章守纪，按“规”办事成为习惯。

5. 业务学习风气好。老带新，师带徒，“一帮一、一对红”蔚然成风；学技术、练硬功、当标兵成为时尚，涌现出了许多技术标兵和行业状元，职工队伍整体素质明显提升。

6. 劳动竞赛活动开展得好。各级党政工团结合自身实际，围绕安全生产，大力开展形式多样而又富有成效的劳动竞赛活动，一派比学赶帮超的喜人景象。

可惜这种安全生产的大好局面仅仅保持了三年（1961 ~ 1964）。进入 1965 年，安全管理开始发生微妙的转向，尤其是 1965 年下半年以后，由于舆论导向的变化，使突出政治的氛围日浙浓厚（已经开始为爆发“文化大革命”做铺垫和前期准备工作了）。在当时各种新闻媒体中安全生产及经济建设的报道明显减少，连篇累牍的都是有关阶级斗争的政治方面文章，安全生产和安全监察的地位逐步下降，安全形势开始下滑，事故明显地多起来。重大、大事故 112 件，增加 24 件，事故率 0.215，提高 0.022；险性和一般事故为 13637 件，较 1964 年增加 1549 件；重大事故率为 0.102，较 1964 年提高 0.008。

到了 1966 年，安全形势更加严峻。由于整个国家政治大气候的消极影响，1965 年底所制定的 1966 年的安全管理目标几乎个个落空。在当时各种新闻媒体上已经完全看不到安全生产和经济建设的影子，取而代之的是铺天盖地的阶级斗争等政治方面的报道。浓厚的政治倾向误导了干部职工的思想观念，使干部职工的心思与工作重心发生偏移，从而导致各类事故陡然增加。全年共发生重大、大事故 223 件，较 1965 年增加 111 件，其中重大事故 100 件，大事故 123 件，重大、大事故率为 0.381，较 1965 年提高 0.17；险性事故 1524 件，较 1965 年增加 741 件，一般事故 16685 件，较 1965 年增加 3943 件，二者相加合为 18432 件，事故率为 49.37；重大事故率为 0.171，较 1965 年提高 0.069。运输生产出现一片混乱局面，新中国成立以来全路广大干部职工总结并在实践中得到证明了的安全管理的好做法、好经验几近被废弃，自此整个国家进入了一个灾难性的动荡时期，全路安全工作跌入新中国成立以来的第二个低谷。

第三节 “文化大革命”时期的安全管理

在“文化大革命”这个特殊时期，铁路安全管理也呈现着与特殊时期相吻合的特点及规律。期间也曾用行政的管理手段抓安全生产；也曾运用司法手段处理重大责任事故；也曾开展一些群众性的无事故安全竞赛活动；也曾用典型引路的方法搞好安全……但都是偶尔用之，总的看来，用政治手段还是占主流：即用思想政治的、阶级斗争的和群众运动的手段来抓安全生产，只因没有必要的物质奖励相辅助，收效甚微。

“文化大革命”时期，事故定性与定责是分开的，是相互脱节的。定性由安监部门，定责是革命群众说了算。分析事故原因主要是从阶级斗争角度来考虑：责任人家庭出身，检查态度，有无前科，有无海外关系；是否有阶级敌人搞破坏等方面进行分析。而不是从工艺上、技能上、岗位责任上和管理制度上等方面分析定性，然后在此基础上再进行事故定责处理。从 1972 年安全监察机构恢复后这种倾向有所改变。

1968 年至 1972 年，全路安全监察部门被撤销，安全管理失去依托，运输安全基本处于无人管无人问的状态，各类事故猛增。

当时处理事故、尤其是重大事故忽轻忽重，没有一个严格的标准界限。如：某局 1967 年共发生 25 件重大行车和路外伤亡事故（其中有一起死亡 19 人的重大路外伤亡事故），经革命群众讨论，居然有 17 件对事故责任人免于行政和刑事处分，仅对事故关系人进行思想教育——批评批评而已。再如：1968 年 8 月 29 日，某局管内晋城北车站调度员李守信因错办调车作业，造成行车重大事故。军管会发动全站干部职工对其进行大揭发大批判。后经新乡铁路公安分局上报，1970 年 3 月 2 日，经河南省革委会批准，以现行反革命罪判处其死刑，立即执行。经公安部门复查，属错杀冤案，原定的中统特务，漏划地主分子均无根据。新乡分局于在 1980 年元月为其平反，恢复名誉。仅从 1966 年至 1977 年，因出事故被错判极刑的案件全路就达 4 起之多。

抓安全管理靠党和国家主要领导人的权威和影响来进行，是当时安全管理的一大特征。为了遏制安全严峻形势，中央和国家领导人，如周恩来、李先念等经常直接部署、过问铁路工作，尤其是周恩来总理，具体部署铁道部机关要害部门的安保，具体调停派性争斗，甚至还过问行车重大事故的调查处理，成了这个时期名符其实的“铁道部长”。仅 1967 年 11 月 25 日～ 12 月 2 日子夜前后，周恩来总理先后 4 次接见郑州铁路局职工群众组织代表，解决问题具体到某个单位某个群众组织某个具体人。同年 12 月 2 日，郑州铁路局群众组织达成《关于实现郑州铁路局河南境内革命大联合的协议》。与此同时，周总理还接见了其他铁路局的群众代表，具体调停派性争斗，促其恢复正常的生产秩序。

1975 年元月以后，邓小平曾多次指示具体解决铁路运输安全问题。如 3 月 5 日，他指出：南昌铁路局的问题，省里就有人支持。一定要把铁路上搞派性活动的里外联系割断。要把闹派性的人从原单位调开，当然是头头。调动后又钻出个新头头怎么办？钻出来再调走。

抓安全管理靠毛主席同意批阅的中央文件和毛主席著作，是当时安全管理的又一大特色。如要求干部职工要认真贯彻执行毛主席亲自批准或圈阅的某某安全会议决议，某某关于安全生产的中央文件，确保落实毛主席的伟大号召，抓革命，促生产。各种安全通报、文件均冠以毛主席最高指示，既是一种固定格式，又显其权威性。再如青岛站调车冲突重大事故后的保证措施：①突出政治，干部带头，组织职工认真地、刻苦地学习毛主席著作，在“用”字上狠下功夫，把毛主席的指示印在脑子里，溶化在血液中，落实在行动上。特别是干部要带头学好、用好，在灵魂深处闹革命，狠斗“我”字，丢掉一切私心杂念，树立“公”字。②毛主席说：“群众是真正的英雄，而我们自己则往往是幼稚可笑的，不了解这一点，就不能得到起码的知识。”根据毛主席的这一教导，我们应安排一定时间，大张旗鼓地向职工进行一次安全生产的思想教育，发动群众，狠反领导干部在领导安全生产上的缺点和错误。

当时事故分析与处理不是遵从事物的规律，而是从纯粹的政治角度出发，让人啼笑皆非。

如当时一名基层领导这样讲，“用活学活用毛主席著作的讲用会代替过去的事故处理会，影响很好，受到与会干部、职工的称赞。但是，我们认识到，这仅仅是开始，要真正把坏事变成好事，还必须更高的举起毛泽东思想伟大红旗，突出无产阶级政治。”

时任江岸站站长周春华是这样介绍一起重大事故的处理情况，责任者写了大字报，向全站干部、职工公开检讨。车站对重大事故责任者的处理上，没有采取过去那一种行政命令的扣、压、碰、训、停职反省的办法，而是用民主的方法，批评的方法，说服教育的方法，肯定了他的成绩，帮助他回忆对比，提高认识，分析原因，指出努力方向。事故责任者王修亨深受教育，回到班上，主动要求支部开大会，对所犯错误作了深刻检查。并决心今后很好的活学活用毛主席著作，干一辈子调车工作，学一辈子毛主席著作，改造一辈子人生观。

如此空洞无物的措施，让执行人落实起来十分困难，不知从何下手，效果可想而知。

非常时期采取非常手段管理安全。面对铁路极度混乱的局面，中央果断地实施军事管制，有力控制安全生产的恶化局面。1967年5月31日，中共中央、国务院、中央军委、中央文革发出《关于对铁道部实行军事管制的决定（草案）》，决定自当日起对铁道部实施军事管制委员会（简称军管会）。军管会对铁道部各项工作实行统一领导，有关生产运输调度业务，部属各单位必须服从军管会集中指挥。各铁路局、分局也同时实行军事管制。

“文革”军管会时期，处理事故很随意。如果出了事故，军管人员就会找来懂行的业务人员询问此事故是否严重，如果不严重，他就会让业务人员看着办，自行处理，然后将处理结果向他们报告。如果严重，他就会与业务人员一起研究分析，提出处理意见。两种情形都是业务人员说了算，军管人如同局外人。

1970年6月底，鉴于铁路形势渐趋稳定，中共中央、国务院决定结束对铁路的军事管制。经历了三年零一个月的军事管制时期之后，铁路的混乱局面得到初步遏制，运输秩序也有一定程度好转，是应该予以肯定的。

1972年以后，纯粹的政治手段管理安全已开始弱化。安全指导思想开始由政治狂热向科学理性转变。尤其是各级安全监察机构恢复后，在党委领导下，做了不少工作：逐步建立和健全了工作制度；根据安全生产的要求，工作有安排，有分析，经常向党委和革委会汇报情况，反映问题，提出意见；深入基层，调查研究；有的召开了安全经验交流会；有的搞了《技规》解释；有的到沿线搞宣传，加强路社联防；有的还对铁路安全工作有关规章、指示等进行了汇编或制定了补充办法。从1971年济南会议后，各单位做了大量工作，取得了很好成绩。这是应该肯定的。但由于当时社会仍处于动乱之中，铁路运输的规章制度、劳动纪律并没有完全恢复，整体安全不好的大趋势并没有得到根本改变，特别是1974年“批林批孔”运动使安全生产形势 再次逆转，各类行车事故急增。

鉴于铁路日益严重的运输安全形势，中央决心要遏制铁路这种严重态势。1975年，邓小平主持中央日常工作，开始实施对国民经济包括铁路运输安全生产的全面整顿。1975年3月5日，邓小平在省、市、自治区主管工业的书记会议上，发表了《全党讲大局，把国民经济搞上去》的重要讲话。他讲，铁路事故惊人，许多是责任事故时，突出强调了不能没有章程、没有纪律。铁路部门的“组织纪律性一定要加强”。

为了在全路深入贯彻执行9号文件精神，铁道部于1975年3月7日召开全路电话会议，万里亲自传达文件，并提出了贯彻落实的措施。随后，多数省、自治区、直辖市相继召开千人、万人广播大会，有的省甚至召开几十万人至几百万人参加的广播大会，大张旗鼓地传达贯彻9号文件，做到“家喻户晓，人人皆知”。万里部长马不停蹄地到新乡、郑州、徐州、南昌、昆明等重灾区亲自督导大整顿工作，当场调整一些路局和分局的领导班子，处理了一批有严重问题的领导干部，4月28日，在南昌铁路地区干部会议上，万里当场宣布将南昌局搞派性的头头调离南昌，到铁道部交代问题。

6月4日，万里到郑州参加郑州铁路局党委常委会议，决定调整新乡铁路分局领导班子，撤销了进行派性活动的分局党委副书记兼政治部主任邢某的一切职务……这一做法收到了明显的成效。经过大刀阔斧的整顿，全国铁路运输形势大为改观，事故件数及事故率直线下降，全路几个严重堵塞的铁路区段、枢纽先后疏通，运输生产出现了多年不见的喜人景象。

1975年下半年，国内政治形势又一次发生急剧变化，由“四人帮”一伙策划的“反击右倾翻案风”政治斗争在全国兴起。无政府主义再次肆虐，各类事故不断攀升，刚刚好起来的运输秩序毁于一旦。

整顿工作出现夭折后，许多运输生产指挥重要岗位又被造反派所把持，那些坚守岗位坚持生产的干部职工受到排斥打击，铁路运输工作陷入极端混乱之中，到1976年，安全生产无人管无人问的情况愈加严重，行车安全情况再度恶化，行车重大、大事故件数较1975年上升17.8%。

面对如此恶劣复杂的形势，国务院采取果断措施解决运输安全问题。1976年11月16日，国务院同意国家计委的安排，在1977年第一季度采取果断措施，解决郑州、兰州、太原、成都、南昌、昆明等安全不好铁路局的堵塞问题。随后，在12月下旬派出干部组成郑州铁路局新的领导班子；又在1977年1月向兰州铁路局派出帮助工作领导小组。各路局、分局和站段组织和安全管理人员也结合自身实际落实国务院精神，虽然安全有了短时好转，但由于“文化大革命”消极的惯性影响，该年全路安全又几经反复，忽好忽坏。有9个铁路局事故发生件数居然达到建局以来的最高纪录。在粉碎“四人帮”后的第一年出现这样的反常现象值得思考、值得研究。

第四节　1978年以后的铁路安全管理

1978年杨庄事故后的安全管理工作，是新中国成立以来困难与挑战最多的一个时期，也是发展最快最好的一个时期。铁路每经一次重大事故或重大变革，都会促使安全管理手段的进一步完善，安全技术设备的进一步升级，安全资金投入的力度进一步加大，从而使安全的保障能力进一步增强。

这年12月中共十一届三中全会决定把全党工作的重点转移到社会主义现代化建设上来，安全工作成为铁路运输生产的重中之重的第一要务。由于“四人帮”的破坏，造成铁路职工思想混乱，纪律松弛，制度荒废，设备失修，安全形势急剧恶化，铁路大动脉时有梗阻。面对严峻形势，全路各级组织各个系统从机构、从制度、从设备、从管理诸方面入手，进行全面整治，从而使中国铁路安全工作进入了一个良性的发展轨道。

一、拨乱反正，安全进入新的发展阶段

粉碎“四人帮”后，举国同庆。但是“文化大革命”对铁路造成的思想上、组织上、规章制度上的混乱状况尚未彻底清理，铁路运输生产仍处于非常困难和被动的局面。

在这段时间里，“四通八达、畅通无阻，安全正点，当好先行”的口号被重新提起，拨乱反正工作全面铺开。铁道部为改善行车安全状况，进行了大量工作，采取了多种措施。许多

行之有效但被荒废的规章制度陆续得到恢复，有的做了修改和补充，如《铁路行车事故处理规则》《行车安全监察工作规则》等。

经过拨乱反正，铁路行车安全状况有了一定的好转。但是，由于“文化大革命”，在某些领导班子和某些职工中松懈了的安全意识和纪律观念还未调整过来，本可以得到发展的安全设施，由于“文化大革命”的干扰而停顿，以至在重大、大事故总件数下降的同时，1978 年 12 月 16 日发生了杨庄旅客列车重大伤亡事故。368 次旅客列车进入陇海线杨庄车站时，因司机打盹，机车失控，闯过红灯，冒进出站信号机，与进站的 87 次旅客列车侧面相撞，造成死亡 106 人，重伤 47 人的惨痛事故。

1979 年 1 月 26 日，国务院针对杨庄事故发文强调：铁路运输业，必须把安全放在首位。各级领导干部要树立“安全第一”的思想，抓生产首先抓安全，经常检查、落实安全措施。一丝不苟地贯彻各项操作规程和规章制度。对玩忽职守、违章操作，造成责任事故的要给予纪律处分。情节严重的，要依法惩处，并追究领导责任。

2 月，鉴于铁路行车安全基础工作薄弱，劳动纪律松弛，有章不循、违章不纠的现象较为普遍，铁道部发布《关于确保行车安全的命令》。要求全路牢固树立“安全第一”的思想，保证铁路运输特别是旅客列车的绝对安全。各级领导要把对职工的安全教育放在首位，做到人人关心安全，人人保证安全；开展技术业务培训工作，举办各种训练班，开展技术表演赛，提倡苦练基本功；提高设备质量，实行包修包换包赔制度，不合格的产品不得出厂，不得交付使用；广泛开展百日无事故竞赛活动，对实现百日安全无事故的先进集体和个人，都要适当奖励，对防止事故有功的人员，对长期保持安全无事故的先进集体和个人，都要适当奖励；凡玩忽职守、违章违纪造成责任事故的，要给予纪律处分。这个命令的发布，既表明了铁道部力求彻底扭转安全生产被动局面的决心，又给铁路局、分局、站段明确了责任，增强了各级领导放手抓安全的权威性，同时强化了广大职工的安全意识，对安全形势的不断好转起了重要作用。当年全路行车事故比上年减少 25.8%，其中重大、大事故减少 13.6%，运输系统有 52 个安全生产标兵、62 个安全先进单位、376 个安全先进集体、106 名安全先进（工作）者受到铁道部表彰。

二、以杨庄事故为契机大打安全翻身仗

1980 年 1 月 1 日，铁道部重新发布的《铁路行车事故处理规则》开始试行。1985 年为贯彻改革开放的精神，本着该严的严，该宽的宽，该增的增，该减的减，列车事故从严，列车事故与调车事故有所区别的原则，对《铁路行车事故处理规则》再次进行修改，使判定事故性质和等级更加合理。1980 年，全路行车事故率开始低于历史最好水平的 1965 年。

杨庄事故后，铁道部将每年 12 月 16 日定为全路安全教育日，各局年年把安全生产措施作为第一号文件颁布。同时采取严字当头、加强管理教育，发展新科技、加强安全设施、综合治理的措施，有效地抑制了事故的发展势头，并且防止了一些严重事故。

从 1980 年起，铁道部每年 5 月份都部署开展安全生产月活动，要求竭力消灭重大、大事故，尽量减少一般事故，加强管理，常抓不懈，警钟长鸣，保证安全。1981 年 5 月，铁道部向全路宣布，恢复 1975 年提出的“四通八达，畅通无阻，安全正点，当好先行”这个口号，把安全问题再次摆到了重要位置。1982 年 3 月，陈璞如任铁道部部长。同年 5 月 28 日由济南

开往佳木斯的193次旅客列车行至沈山线兴隆店车站时，由于大虎山工务段兴隆店养路工区工人违反劳动纪律，和违规操作，将起道机立放在钢轨下方，擅离岗位，到附近道口房去吃冰棍，作业地点无人防守，致使193次机车撞上起道机引起列车脱轨颠覆，死亡3人，重伤19人，轻伤124人，中断上下行20小时。相关人员受到了处分。因陈璞如部长新到铁道部不久，国务院决定："免于处分，以观后效"。痛定思痛，铁道部党组决定开展全路企业管理整顿工作。部成立企业管理办公室。借鉴工业学大庆的经验，加强铁路运输生产管理，整顿职工队伍，反违章违纪，加强职工技术业务教育，加强设备维修。1984年6月起，部派出企业整顿验收组到各路局进行验收，总结各路局经验。1984年11月，在石家庄分局召开全路行车安全工作会议，机车安装三大件、道口管理、行车安全三个会议一起开。着重阐述了"安全是铁路运输生命线"的观点，要求各级领导继续端正业务指导思想，坚持安全生产方针，教育广大干部职工牢固树立安全观念，不断创造安全生产好成绩，在铁道部不断强调和严格要求下，各路局、分局、站段领导普遍加强了对安全的管理，加大了抓安全的力度，广大职工的安全意识有所增强，"安全第一"的思想日益牢固，防止了大量行车事故，创造了许多安全生产经验。从"文化大革命"结束到1985年这段时间，行车安全取得了很大的成绩。

三、"大包干"时期的安全状况起伏波动

1986年3月31日，铁路开始实行经济承包责任制（简称大包干），尝试以路建路新模式，铁道部决定投资倾向于老线更新改造和新线建设。在铁路大包干逐步推进中，既有铁路设备陈旧、失修严重。多年积累下来的运输安全问题日益严重，事故接连不断，更有部分干部职工纪律松弛、违章违纪等原因，使安全生产隐患更加突出。

为了适应铁路实施经济承包责任制的新形势，贯彻以扩能为中心的精神，铁道部对《铁路行车事故处理规则》进行了修改，严格界定了构成列车事故的条件，扩大了调车事故的范围，以利于处理好安全与效率的关系。并修改了《铁路运输安全奖惩办法》，统一了全路安全奖惩标准，调动了职工的生产积极性。

通过这一系列的工作，12个铁路局先后实现过百日无责任行车重大、大事故，共实现26个局次安全百日，成都、柳州、广州、呼和浩特铁路局获得了铁道部"安全年"奖杯。当时的58个铁路分局都实现过百日无责任行车重大、大事故，共实现199个分局次安全百日，14个铁路分局获铁道部"千日安全"奖杯。

全路在安全生产方面做了大量的工作，也取得了一定成绩，但是，安全状况时好时坏，重大、大事故屡有发生，事故征兆此起彼伏，与全路所取得的各项成绩形成了比较大的反差。1986年，全路共发生行车事故5879件，比上年增加50件，其中行车重大、大事故63件，比上年增加20件。事实表明，安全问题已成为铁路工作中一个突出薄弱的环节。这种状况如果继续下去，必将影响铁路"大包干"以来的大好形势的深入发展，损害人民铁路的声誉。

1987年4月，铁道部党组在北京召开全路运输安全工作会议。会后，全路运输、基建、工业部门认真贯彻执行铁道部党组的加强安全生产的10条决定，发动群众进行了"查领导、查思想、查制度、查设备"的四查活动，发现和解决了一批安全上的问题和隐患。6月15日，铁道部根据国务院关于加强安全生产管理的紧急通知（即国发53号文件）精神，结合铁路安全生产存在的问题，又采取抓紧配套保障行车安全的设备、提高职工队伍素质等七项措施，

努力把安全工作搞上去。

国务院领导对铁路的安全工作十分重视，作出："必须严肃认真调查处理，深刻接受教训，保证铁路的安全正点运行和应该针对存在的问题制定一整套措施"的批示。

遵照国务院领导的批示，7月20日，中共铁道部党组决定7、8、9、10月，在全路统一开展安全、路风、企业行为大检查和反违章违纪、反"两野两乱"、反盗窃（简称"三查三反"）的活动，尽最大努力使安全和路风情况有较为明显的好转。

为此，铁路自上而下建立起两套班子，一套班子抓日常工作，一套班子抓"三查三反"。8月19日，铁道部由36人组成的6个检查组分赴北京、上海、哈尔滨、沈阳、郑州、成都铁路局和第二工程局等7个重点地区和单位，深入基层，下站、上车、包线、蹲点，帮助工作，解决实际中发生的问题。各单位把检查出的不安全隐患，分类排队，责任落实人头，限期解决。各业务部门还为重点单位和重点部位绘制出了控制网络图，加强了防范措施。

列车冒进信号是行车中的惯性事故，也是造成行车重大、大事故的重要原因之一。为此，铁道部把消灭旅客列车和货物列车冒进信号，作为保证行车安全的重要措施。在"三查三反"过程中，铁道部以此为突破口，又专门严格完善了干部定期添乘、机车上安装自动报警装置、升级处理险性事故、执行强制休息等多项制度和措施，使列车安全运行始终处于控制状态，促进全路行车安全状况的好转。

连续4个多月的"三查三反"，对加强铁路内部的基础工作，提高职工队伍的素质，强化企业的约束机制，增强广大职工的安全意识，解决安全隐患，起到了积极的促进作用。

四、安全生产再次陷入被动局面

1988年是改革开放以来铁路安全形势最严重的一年，也是建国以来铁路安全生产的第三个低谷。尤其是第一季度，连续发生4起旅客列车恶性重大伤亡事故，损失惨重，影响很坏，共造成169人（其中职工9人）死亡，重伤104人（其中职工6人），轻伤311人，建路以来实属罕见。事故给国家和人民生命财产造成严重损失，在国内外造成极坏的影响。为此，铁道部部长丁关根引咎辞职。

（一）安全不好的原因分析

1986年底实施大包干后，铁路线路、机车车辆大修失修严重，设备长期带病运行。1987年8月23日兰州局桑园子隧道因铁轨断裂未及时更换造成油罐列车颠覆着火的重大事故。从1987年中央十二大后，国务院改组方案中拟撤销铁道部成立大交通委员会。一时间铁道部直至各路局、基层站段干部思想不稳定，职工劳动纪律松散，导致事故频发。

具体原因分析：①领导不力，管理不严，安全责任制不落实。②劳动纪律松弛，违章违纪严重。③设备陈旧落后，运力不足。④吃老本，拼设备，维修保养跟不上。⑤培训抓得不够，职工技术水平下降。⑥维护社会交通治安秩序抓得力度不够。连续发生4起旅客列车重大伤亡事故，引起了党中央、国务院的高度重视。在1988年人大会议上，人大代表联名提议保留铁道部以加强国家铁路的运行管理。

（二）全力扭转安全被动局面

1月7日，京广线马田墟272次列车失火，死亡旅客34人；1月17日哈局背荫河站438次客车与1625次货车正面冲突，死亡19人；1月24日成都局贵昆线苴午至邓家村间80次列车颠复，死亡88人，重伤62人；3月24日上海局匡巷站311次客车与208次列车正面冲突，死亡28人（27人为日本学生和教师）。

1988年1月22日，国务院发布《关于加强铁路运输安全工作的紧急通知》。铁道部1月23日以铁办〔1988〕79号文件转发《全路职工立即行动起来，认真贯彻执行〈国务院关于铁路运输安全工作的紧急通知〉》。

1月26日，国务院召开常务会议，对铁路运输如何搞好安全，特别是保证春节运输的安全作了重要指示。2月2日，铁道部发布了《关于整顿运输确保安全搞好春运的措施》（15条）。同日，铁道部安监司制定下发了《公布“七防”的“卡死”制度》，规定了“防止机车冒进信号、防止车站错办进路、防止车辆切轴、防止撞养路机具、防止列车火灾事故、防爆和防破坏七个方面的卡死制度”，主要从作业纪律和标准化作业方面进行了硬性规定。

3月1日，铁道部下发铁办〔1988〕213号《关于加强领导，狠抓基础，打好运输安全翻身仗的通知》，号召全路认真汲取教训，振奋精神，坚决贯彻“安全第一”方针，采取强有力的措施，保证旅客列车的绝对安全。

3月5日，国务院常务会议讨论了对1月24日昆沪线80次特快旅客列车颠覆事故的处理问题。会议希望，铁路系统各级领导干部及全体职工，要认真吸取80次特快旅客列车颠覆事故的教训，以对国家和人民高度负责的精神，改善领导，加强管理，严格纪律，遵守制度，不断加强基础工作，提高人员素质，以切实保障铁路运输安全、正点，适应日益繁重的铁路运输任务，继续为我国的社会主义建设事业贡献力量。

3月12日，因铁道部部长对这三起重大事故负有领导责任，国务院接受丁关根辞去铁道部部长职务的请求。是日，六届全国人大会议25次会议决定免去丁关根的铁道部部长职务。

6月4～7日，国务院召开以铁路为中心的全国交通安全工作会议，作出了《关于加强交通运输安全工作的决定》。

6月7日，国务院总理李鹏在全国交通安全工作会议上作重要讲话，对铁路安全陷入历史低谷的原因教训进行了深刻剖析，对搞好下步工作提出了要求。李鹏总理指出：“发生交通事故的原因是多方面的，设备陈旧落后，运力不足的确是一个重要因素，应该加以解决。但是，当前交通安全不好的主要原因是内部管理不严、队伍素质不高。今年接连发生的重大恶性事故，绝大部分不是因为设备落后、运力不足造成的，而是纪律松弛、违章违纪的责任事故……要扭转交通安全不好的状况，严格管理是当前最主要、最有效的措施”。

6月1～9日，为贯彻全国交通安全工作会议精神，落实国务院领导的指示要求，铁道部在北京召开全路运输安全工作会议。“这次会议，是分段同全国交通安全工作会议套着开的。6月1～3日，十二位铁路局局长参加，以研究运输安全为主，解决问题为主，制定近期实施方案为主，研究制定了9个迫切需要解决的具体实施方案。

6月8日，李森茂部长在全路运输安全工作会议上号召全路干部职工，坚定打好安全生产翻身仗的决心，明确铁路运输安全工作“必须加强领导，严格管理。必须建立严格明确的安全责任制，真正做到局长负责、分工负责、逐级负责、岗位负责。必须坚决克服官僚主义和好人主义，坚持以严治路。必须强化岗位培训，提高现职在岗人员的技术业务素质。必须依靠科技进步，加大安全系数。必须加强和改善思想政治工作”。

6月18日，为确保运输安全，完善和提高安全技术装备设施，铁道部下发九项决定：《关于进一步普及、配套、完善、提高机车“三大件”等行车设备安全设备的决定》《关于以防止燃轴为重点，加强轮对、轴承检修、监测设备的决定》《关于加快更换伤损钢轨的决定》《关于加强建设电力贯通线和整修水电设备的决定》《关于铁路安全技术装备重点攻关计划的决定》《关于在铁路运输企业实行考工考绩择优升级制度的决定》《关于适当调整和提高行车主要工种中主要人员岗位津贴的决定》《关于加强乘务公寓管理和建设的决定》《关于加速解决铁路边远地区缺水、缺电问题的决定》。

9 月下旬召开了全路安全监察室主任座谈会，交流经验，对严肃处理事故问题进行研究，提出纠正和克服隐瞒事故的措施。

从 1988 年起，在铁路运输企业实行考工考绩、择优升级制度，在工资分配上逐步引入竞争机制，克服平均主义。在全路广泛开展岗位适应性培训。作为职工教育的重点岗位职务培训，也逐步向制度化、规范化迈进。年内，为运输生产安全服务的各种短训班培训第一线工人 125.3 万人，占运营系统工人总数的 66.96%。同年，铁道部安排设备大修投资 39.33 亿元，比 1987 年实际完成增加 9.12 亿元，增长 30.2%，为历史上铁路运输设备大修投资最多的一年。到年底统计，共完成 38.2 亿元，为年计划 97.2%。

与此同时，各铁路局积极行动起来，结合自身实际，进一步细化铁道部保证运输安全措施，加大管理力度和安全设备投入。由于广大干部职工的共同努力，逐步形成了保安全、保畅通的强大合力，全路运输安全开始步入良性循环的发展轨道。

1989 年 4 月，铁道部在连续实现 3000 天安全生产的临汾铁路分局召开全路运输安全工作现场会，学习和推广临汾铁路分局强调人的因素，把事故隐患消灭在发生之前的经验。会后各铁路局结合各自情况，有的以防止“两冒和错办”为重点，有的以防冲突、防断轨、防断轴为重点、采取系统工程的理论，强调提高职工群体安全意识，收到了良好的效果。

本年，铁路部门在努力完成各项运输生产任务的同时，安全生产也取得了较好成绩。全路没有发生严重的旅客列车重大伤亡事故，行车重大、大事故比 1988 年下降 4.1%，平均每百万机车走行公里重大、大事故率下降 5.4%，险性事故下降 19.1%。特别是危害较大的列车冒进信号和车站错办进路等惯性事故明显减少，分别比上年下降 33% 和 39.6%。铁路运输安全被动局面开始扭转。

但是 1990 年安全情况再次滑坡，据统计，从 7 月 15 日到 8 月 5 日的 22 天时间里，连续发生 11 件列车火灾、冲突、颠覆等重大事故，平均每两天一件，涉及车务、机务、工务、车辆等主要行车部门。

全年发生险性以上事故 390 件，比上年增加 26 件，增长 7.1%，其中重大、大事故增加 13 件，增长 25.5%。主要原因是：有的领导干部仍然存在重生产轻安全的倾向，存在短期行为和侥幸心理，安全工作不落实，管理不严，有的甚至隐瞒事故。另外，设备超负荷运转、吃老本的状况还没有解决，有待继续努力，常抓不懈。

五、安全形势从反复到趋于平稳

行车安全状况的急剧恶化，给铁路部门一次又一次地敲响警钟。迅速扭转安全不好的被动局面迫在眉睫。中共铁道部党组召开全路行车安全工作会议，针对行车安全恶化的状况，及时统一干部、工人对铁路运输安全形势的认识，排除了部分职工对运输安全出现反复产生的疑虑心情，找出了铁路内部存在的影响运输安全的主要问题，确定了扭转安全不好状况的重点措施，明确了开创铁路运输安全新局面的前进方向。会后，各单位行动迅速，不拘形式，注重实效，认真贯彻会议精神。

为真正把全路安全会议精神落到实处，各级领导干部深入基层，调查研究，解决安全生产中存在的问题。铁道部主要领导多次到生产第一线检查安全工作，发现问题责成有关部门限期解决。铁道部安监司及有关部门和各铁路局、铁路分局结合实际，采取形式多样的安全措施，并狠抓落实。

经过运输部门广大职工4个多月的不懈努力，全路迅速扭转了安全被动局面，安全生产形势出现了新的转机。许多单位都能主动把安全放在重中之重的位置。各级组织以运输安全生产为中心、党政工团齐抓共管的分工负责制正在形成。各部门步调一致，综合治理，强有力地推进了运输安全工作。群众保安全的活动开展的有声有色，正逐步向纵深发展。各铁路局开展的安全大检查、岗位练兵、技术表演、安全知识竞赛、安全生产运动、安全楷模和事故案例展览等群众保安全活动，形象生动地向职工进行了安全生产教育。通过这些活动，强化了职工群众的安全意识，提高了他们安全生产的自觉性。截至1990年底，行车重大、大事故和险性事故大幅度减少，杜绝了旅客列车重大恶性事故，运输安全情况逐步趋于稳定。

为巩固已经取得的成绩，把运输安全工作推向新水平，铁道部在刚刚进入“八五”时期，即1991年1月16日又一次在临汾铁路分局召开全路运输安全工作会议，提出了进一步巩固和发展全路安全形势的总要求。即继续贯彻1990年8月会议精神，坚持“三个三”（三个不变：安全第一位置不变、主要领导抓安全不变、党政工团齐抓共管不变；三个环节：领导、群众、设备；三个重点：防列车冲突、防断轴、防断轨）和“两手抓”（一手抓管理、一手抓安全技术设备），持之以恒，不换镜头。

会后，铁路部门广大职工在继续坚持“三个不变”的指导思想和狠抓落实“三防”措施的同时，积极推行车机联控的安全管理办法，收到显著成效。车机联控的管理办法，最先试行于1988年当时的上海铁路局南昌铁路分局管内的浙赣线。“3·24”事故后，上海铁路局在管内全线推广实行。该办法主要是用无线列调和电台对列车调度员、车站值班员、机车乘务员、运转车长等车务、机务部门相关工种人员进行联控，抓住接发列车“结合部”这一关键环节，实行站站列列呼唤应答。当列车接近车站时，司机呼唤车站，询问信号开放及进路准备情况；或由车站值班员告知接近列车司机进站股道，列车是运行还是站停。当作业人员操作失误时，相关人员相互提醒、督促，我错你防，你错我纠，保证列车进出站及运行安全，防止因失误导致的“两冒”、“错办”、调车冲突，挤坏道岔等惯性事故的发生。

铁道部在1990年8月全路安全工作会议上，推广了上海铁路局车机联控的经验。会后，各铁路局相继试行。到1991年7月20日，全路实行了列列站站呼唤应答模式。据不完全统计，1991年1月到9月，仅哈尔滨、沈阳、呼和浩特、郑州、济南、上海、兰州等7个铁路局，通过开展车机联控就防止各类行车事故4237件，其中有可能构成重大、大事故的160件。在1991年铁路运输最繁忙的2月和8月，全路先后实现两个“安全月”，并两次保持连续43天未发生行车重大、大事故，创历史最好成绩。

六、加强安全基础建设

为了确保运输安全，20 世纪 90 年代，铁路运输企业进行安全基础整顿，开展安全标准线建设，铁路安全基础得到加强。

（一）整顿安全基础

1992 年，运输安全再次出现很不稳定的状况。这一年全路发生行车重大、大事故 39 件，比 1991 年增加 5 件，增加 14.3%。1993 年，铁道部加大安全工作力度，上半年曾实现了 3 个安全月，全路连续 77 天无行车重大、大事故，但下半年重大事故的件数有所增多，事故的性质也十分严重。

1993 年 9 月，在呼和浩特召开的全路各铁路局安全监察室主任会议上，与会同志对全路安全基础情况进行了分析，建议在全路范围内进行安全基础整顿。铁道部领导深切感到，运输安全事关铁路工作大局，决定 1994 年集中力量进行安全基础整顿。一是整顿干部作风，要求以严肃的态度、严明的纪律解决干部中存在的形式主义和好人主义。二是整顿职工劳动纪律和作业纪律，狠刹不良风气，认真落实作业标准化。三是整顿规章制度，搞好与行车有关的规章制度的清理、完善和补充。四是提高设备质量，完善设备管理，确保行车设备安全可靠。五是整顿班组管理，加强班组建设，提高整体素质。1994 年，全路用一年时间进行安全基础整顿。在安全基础整顿中，各单位坚持党政主要领导亲自动员部署，定期分析研究解决重大问题；营造强大声势，宣传发动到基层：深入调查研究，加强检查指导；运用典型引路，全面推动整顿，全路确定培养 222 个站段为整顿安全基础工作的典型，推广锦州、大连、沈阳分局以及一些站段的经验。整顿中，把整顿干部作风作为龙头，把强化职工“两纪”作为关键，把建设安全标准线作为重点。对全路 288 个问题比较突出的重点站段，作为整顿的重中之重，采取干部包保，专业组包建，专题组攻关，派出强有力的工作组蹲点帮促等方法，使绝大多数单位有了明显的转变。

经过一年安全基础整顿，运输安全逐步稳定。1994 年，全路没有发生后果严重的旅客列车重大事故，险性事故。一般事故比 1993 年有所下降，特别是“错办进路”、“冒进信号’、“车辆溜逸”等险性事故和断轴、断轨严重事故有了明显减少，实现安全周期长的单位有所增加。与 1993 年相比，全路行车事故总件数下降 6.1%，险性事故下降 18.9%，一般事故下降 5.9%。全国各铁路局（集团公司）、分局年内全部实现了“安全百日”，共 237 局次，比 1993 年多 5 局次，有 7 个铁路局其中包括规模较大的沈阳、郑州等铁路局都实现了安全年。这次整顿也存在一些问题，有的工作还不够落实，一些沉积已久的问题仍然没有得到解决，安全隐患和险情仍然不少。对此，铁道部多次指出，加强安全基础工作任重而道远，要巩固和发展整顿成果，必须将安全基础工作从治理性的整顿转入长期性的建设。

（二）加强安全基础建设

1994 年底，中共铁道部党组经过调查和反复研究，认为必须把安全基础整顿转到安全基础建设上来。1995 年 1 月，铁道部向全路发出《关于加强铁路运输安全基础建设的决定》。明确宣布，从 1995 年起，把安全基础建设作为一项重大工程长期不懈地抓下去。

铁道部把 1995 年作为安全基础建设全面推进的一年，明确提出“以围歼旅客列车事故为重点，以安全标准线建设为载体，全面加强安全基础”的总体思路。

1996年，安全基础建设突出坚持内实为本的“建线”原则。全面推行“责任事故个人有限赔偿办法”，坚持干部与职工平等的原则。加大安全硬件的投入，提高安全保障能力。扩大“建线”主体外延，除了行车部门外，客运、公安、工程、客车厂等系统、单位和部门，都要上“建线”这个载体，分类推进“建线”，巩固扩大“建线”成果。

从1993年年底到1996年年底，全路广大干部职工经过连续三年的艰苦奋战，安全基础建设取得了令人鼓舞的成果，四大干线初步建成安全标准示范线，六大干线建成了安全标准线，45条干线也基本达标，全路的运输安全也取得了历史上的最好成绩。

七、规范管理，强基达标

“建线”目标仍然是阶段性的，有些只是低水平达标，“建线”结果也是初步的。在运动式的建设安全标准线中，形式主义逐步抬头、弄虚作假、应付检查、欺骗领导情况屡有发生。1997年，铁路运输生产在新的形势下，安全又曾一度滑坡，特别是4月29日在京广线荣家湾车站发生了由于联锁装置被破坏造成的客车重大伤亡事故，死亡126人，教训是惨痛的。这也说明，安全基础建设不能“毕其功于一役”，当时，铁路的安全基础仍然比较薄弱，安全基础建设的任务远未完成，距离实现“有序可控、基本稳定”的目标仍有很大差距。铁道部在1996年和1997年年底的两次运输安全工作会议上都指出，要把安全基础建设作为一项跨世纪的基础工程坚持不懈地抓下去。特别要在安全管理和控制上取得重大突破，把安全作为中国铁路现代化发展的一个重要目标，努力实现安全技术装备的现代化和安全管理的现代化。

1998年6月15日，全路运输安全工作会议座谈会在京召开。傅志寰部长在会上讲话，对新形势下加强运输安全作部署，强调建立领导干部逐级负责制和职工竞争上岗机制。

按照傅志寰部长提出的实行安全逐级负责制要求，铁道部结合机构改革和职能转换，加强运输安全宏观指导，安全管理重心逐步下移；各铁路局界定各层次、各岗位安全管理职责，将市场营销、经营管理与安全生产考核有机结合，逐级落实到班组。

全路以减员增效和扭亏增盈为契机，深化“三项制度”改革：在干部人事制度上，把安全工作作为干部政绩考核、择优聘任的重要条件，实行民主测评、优胜劣汰等制度；在用工制度上，把是否具有安全意识作为职工竞争上岗的重要条件，加强轮岗培训，以应知应会为基本内容，广泛开展业务技术学习，提高职工基本技能，一些单位对行车主要工种进行中等专业技术培训，培训后竞争上岗。

年内，全路行车事故发生2485件，比1997年下降5.2%；行车事故率为1.563，比1997年减少0.076。其中，行车重大、大事故28件，比1997年上升47.4%；事故率为0.018，比1997年增加0.006。

1999年7～10月，全路连续发生3起行车重大事故。11月11日至12月31日，在全路电务系统开展为期50天的“四查”活动。“四查”即查思想、查领导、查管理、查违章作业。“四查”活动的主要内容是围歼违章作业、消灭作业失控。活动分三个阶段：学习宣传发动阶段，自查阶段，整改落实阶段。同时，《人民铁道》报开辟专栏，开展全路范围的电务反违章专题大讨论。

1999年，本年是全路实行资产经营责任制的第一年，为确立铁路局市场主体地位，深化铁路运输体制改革，运输经营管理方式发生相应变化，全路在转变安全管理方式上作了积极探索和实践。①铁路局安全管理主体责任更加明确。②规章制度进一步完善。③检查监督形成新的制度。④以提速和客车安全为重点，行车设备质量进一步提高。⑤铁路列车大提速，核心问题是保证行车安全。

2000 年 3 月 15 日，铁道部召开全路安全生产紧急电视电话会议，贯彻落实江泽民总书记 3 月 12 日关于安全生产的重要批示，动员全路广大干部职工，迅速行动起来，开展为期 1 个月的以防火、防爆、防破坏和消除设备隐患为主要内容的安全生产大检查活动，确保运输生产安全。

正当铁路安全大检查取得阶段性成果之时，铁路安全再次出现反复，先后发生了湘黔线“5 · 13”货物列车重大脱轨事故、“6 · 14”兰新线货物列车重大脱轨事故以及“7 · 1”重大路外伤亡事故，给铁路运输生产带来了极大的干扰。

7 月 11 日，铁道部向全路发出通知，根据江泽民总书记关于安全生产的重要批示和国务院紧急通知精神，决定在全路开展为期两个月的安全大检查。

年内，全路以开展安全生产大检查，确保提速调图顺利实施为重点，围绕“规范管理、强基达标”做了大量艰苦细致的工作，在提速范围越来越大，列车密度越来越高、治安情况比较复杂的情况下取得事故件数减少、安全周期延长的成绩。本年全路行车重大、大事故比 1999 年减少 6 件，下降 24%；重大路外伤亡事故比 1999 年减少 5 件，下降 31%。

八、安全法规、制度体系进一步完善

2002 年 11 月 1 日，《中华人民共和国安全生产法》（以下简称《安全生产法》）施行。铁道部召开安全生产委员会会议，向全路部署学习、宣传、贯彻（安全生产法》。铁道部成立由部政治部宣传部牵头，政策法规司、安全监察司参加的宣传小组，负责全路《安全生产法》宣传。宣传小组在 4 个多月里，组织开展 11 项系列宣传工作。全路各车站在显著位置和公共场所（候车大厅、站台、重点区段）悬挂张贴宣传标语口号，站车电子显示屏、广播定时显示、播放《安全生产法》内容。各局报纸、有线电视、刊物均开辟专栏《安全生产法》宣传橱窗、黑板报，走进一线车间、班组，浓厚的舆论氛围增强了宣传效果。通过开展学习、宣传活动，全路职工安全管理意识、责任意识得到增强，各项管理措施进一步落实。

九、安全逐级负责制进一步深化

从 1998 年到 2002 年以来，全路按照政企分开和确立铁路局市场主体地位的要求，进一步细化、完善铁道部和铁路局安全管理责任。铁道部重新组建安全管理委员会，健全工作制度，加强了对全路安全工作的指导，强化对各级干部安全工作的激励约束机制。

各铁路局总结分析近几年安全生产逐级负责制的实施情况，根据政企分开和确立铁路局市场主体地位的要求，承担安全管理的主体责任，进一步界定铁路局、铁路分局、站段各层次安全管理责任。铁路局进一步细化干部安全管理责任制，明确对主要领导的安全责任要求，并对各级专业技术部门的安全管理责任进行量化，许多单位实行干部安全管理失职行为追究制度，对发生责任行车重大、大事故或安全管理考核评价不合格者追究其领导干部相应责任。

铁道部多次组织工作组深入基层检查指导安全措施的落实。5 个安全监察特派员办事处在安全监督方面发挥重要作用。有的铁路局开展安全督察活动，加强对重点区段、重点单位、重点环节的安全督导。一些单位组建和扩大安全监督队伍，加强现场作业监控，及时整改安全问题。

各铁路局结合实际，深入探索研究安全管理的方式方法，逐步形成各具特色的安全基础建设思路和模式。如以创建安全优质站段为载体推进安全基础建设达标；开展创建安全示范区段活动，发挥安全基础标杆作用；突出安全生产机制建设，带动安全管理整体水平的提高。实行逐级综合考评，建立安全生产责任体系；以建设自控型班组为重点强化现场作业控制；引入ISO9000系列管理标准，加强安全生产过程控制等。

十、既有线大提速强化安全保障

从1998年4月1日第一次至2007年4月18日第六次既有线大提速，铁道部领导及安监司等相关部门都将确保提速安全视为重中之重。车务、工务、机辆、电务、公安及安全等系统结合自身实际和特点，从软硬件两方面强化安全保障。部安监司每次都参加由部长带队的提速达速试验小组，就提速涉及的一些安全保障问题深入细致地进行调查研究，提出解决具体的方案和措施，指导督促相关单位认真抓好落实。在确保提速安全上，安监司把重点工作放在提速安全保障体系制定和抓好实施上，成效显著，为六次大提速做出了突出贡献。由于安全预想做得充分，安全措施做得周密，安全设备做得到位，从而确保了六次大提速的绝对安全，创造了世界既有线提速的奇迹。

2002年全路围绕“规范管理、强基达标”，推进安全基础建设，做了大量艰苦细致的工作，促进全路安全生产形势稳步发展。全路行车事故总件数明显减少，全年行车事故608件，总件数比2001年减少175件，下降22.3%。安全周期延长1月、5月、11月、12月，全路实现4个安全月。自2002年10月24日起全路实现319天无责任重大事故的好成绩。运输安全稳定为推进铁路改革与发展，落实新一轮资产经营责任制、实现客货运输收入大幅度增长奠定基础。

十一、铁路跨越式发展对安全管理提出更高要求

十六大以来，铁路部门始终把确保运输安全放在重中之重的位置，以科学发展观统领铁路安全工作，认真贯彻落实中央领导的一系列重要指示，针对铁路管理体制重大改革、生产力布局大幅度调整和实施第六次大面积提速的新情况，铁道部始终坚持“规范管理、强基达标”不动摇，加强安全基础建设，依法规范安全管理，铁路安全工作取得了长足进步。

（一）全面提高设备保安全能力

十六大以来，铁路先后实施了第五和第六次大面积提速调图，极大地促进了铁路行车设备和安全技术装备现代化水平的快速提升。共计安全投入达220亿元。

2004年以来，铁道部以建设提速安全标准线为载体，首先将京广、京沪、京哈、京九、陇海、沪昆（浙赣段）六大干线时速120公里以上提速区段，建设成为道口全部立交、线路全部封闭、信号全部改造（三显示改为四显示）、全部铺设无缝钢轨等“十全”标准线，并以此带动和推动其他干线不断提高标准，全面提升铁路基础设备设施质量。并采用先进可靠的安全监控装置，将全路所有机车和动车组全部装备了新型列车运行监控系统，车辆轴温红外线探测装置覆盖了全国所有铁路线路，货车“5T”安全防范系统在六大干线上投入使用，运

输调度指挥系统覆盖了全国70条铁路干线，1500多个车站装备了计算机联锁设备，使用具有世界先进水平的提速综合检测车、轨道检查车，每10天将所有提速线路全面检测一遍。实现了对机车车辆运行品质的全程监控，对货物装载加固状态的动态监控，对线路、信号、供电等基础设施的定期监测，对行车调度指挥、接发列车作业、机车操纵等关键环节的实时监控，初步形成了一套比较完备的安全保障体系，提速安全已经有了基本保证。

（二）管理体制实现历史性突破。

2005年3月18日，中国铁路“铁道部—铁路局—铁路分局—站段”四级管理体制宣告终结，伴随铁路跨越式发展的步伐，铁路局全部开始实行直接管理站段的新体制。撤销了41个铁路分局，实行了铁路局直管站段，将原有的1526个站段整合为现在的630个，站段管理跨度大大扩展，生产车间、班组布局大幅度调整，打破了铁路50多年的管理体制。

改革后，全国共有18个铁路局，原分局所在地设立办事处，主要承担运输安全检查监督职能。这项改革解决了铁路长期以来存在的铁路局和铁路分局两级法人以同一方式经营同一资产，管理重叠、职能交叉、相互掣肘、效率不高的体制性弊端，对减少管理层次、降低管理成本、提高运输效率、发挥新技术装备作用、加强安全管理，具有十分重要的意义。

（三）健全法规制度和安全责任体系

十六大以来，铁道部相继出台了《铁路运输安全保护条例》（2004年4月1日实行）和《铁路交通事故应急救援和调查处理条例》（2007年9月1日实行）两部法规，为确保铁路运输安全提供了重要的法律保障。

依据法规规定，铁道部认真研究制定了有关铁路运输安全行政执法、行政处罚，行政许可、认证认可，事故应急救援、调查处理，安全监管等方面的19个部令规章。全面清理并建立完善了134项安全管理基本制度，修订、制定了《铁路技术管理规程》《铁路200～250公里/小时既有线技术管理暂行办法》以及主要行车设备运用维修规则等重要规章。重新明确了铁路局、站段安全管理职责，健全了安全生产责任制，构建了全新的安全管理格局和安全控制体系。

18个铁路安全监督管理办公室依法行使政府监管职能，加大了铁路运输安全管理的力度；组建了1400多人的行政执法队伍，对危及运输安全的违法行为进行执法检查和行政处罚；规范了铁路交通事故调查处理和应急救援内容、程序和要求，使铁路交通事故和应急救援工作步入了法制化轨道。各单位认真落实安全管理制度，全面规范安全基础管理、技术管理、现场管理、监督检查、考核奖惩和责任追究等工作，使安全管理全过程处于严密、可靠、规范的科学状态。

（四）坚持以人为本，积极开展路外安全治安综合治理

大力减少路外伤亡事故，确保人民群众生命安全，是部党组深入贯彻以人为本的科学发展观的一项重大决策。各单位、各部门充分认识做好路外安全工作的重大意义，认真落实部党组的总体部署，积极主动采取了一系列强有力的措施。按照“高筑墙、深挖洞、广种树”的要求，提速线路实现了全封闭和全立交，对城乡结合部、人口稠密地区等提速重点区段的防护设施采取了加高加固措施，其他线路的重点地段增设了防护栅栏；铁路沿线绿化里程达到8112公里，绿色安全屏障建设取得重要进展。

第六次提速以来，铁道部为了大力减少路外伤亡事故，一方面，组织了近2万人的护路

巡防力量，清理进入线路的闲杂人员2000多人；在所有时速120公里以上的区段安装了防护网，安装了14578座公铁立交桥的限界架，在所有公铁平行地段安设了防撞架，堵截路外人员和车辆进入铁路限界。另一方面，用5年的时间完成了道口立交化改造2048处、人畜通道2351处，消灭了六大繁忙干线提速区段的平交道口，更换了所有有人看守道口的橡胶铺面，配齐了看守设备。铁道部还按照中央综治委的要求，和各地方各级人民政府一道，在全国范围内组织开展了“压伤亡事故、保行车安全、创建和谐平安铁路”活动，取得了很好效果。

截至2007年10月底，全路路外死亡人数比2005年同期减少3771人，下降61.4%，实现了部党组提出的“路外死亡人数较2005年减少一半”的目标；铁路治安形势明显好转，危及行车安全的案件同比下降64.5%。

十二、安全生产再次遭受挫折

2008年4月28日4时38分，由北京开往青岛的T195次旅客列车运行至济南铁路局管内胶济下行线王村至周村东间K290+800m处，因超速，机后9至17位车辆脱轨，并侵入上行线。4时41分，由烟台开往徐州的5034次旅客列车运行至胶济上行线K290+850m处，与侵入限界的T195次列车第15、16位客车发生冲突，造成5034次列车机车及机后1至5位车辆脱轨。事故导致72人死亡，416人受伤，中断胶济上下行线行车21小时22分，构成铁路交通特别重大事故。

4月29日，凌晨5时，铁道部召开全路运输安全紧急电视电话会议，传达贯彻党中央、国务院领导同志对“4·28”胶济线旅客列车特别重大事故的重要批示和重要指示精神，通报事故情况。铁道部党组动员全路深刻吸取事故教训，迅速采取坚决有力措施，杜绝严重事故的再次发生，迅速稳定铁路运输安全局面。

4月30日21时，铁道部召开电视电话会议，部领导在传达了国务院常务会议精神和温家宝总理重要讲话精神后指出，学习贯彻温家宝总理重要讲话精神，当前，最重要的就是把安全大反思、大检查活动深入扎实地开展起来，切实取得成效。

5月5日，为进一步加强监督检查，督促迅速解决危及运输安全的突出问题，铁道部安全监察司下发通知，对全路安全监察系统开展大反思、大检查活动提出具体要求。

这次全路安全大反思、大检查活动总体要求是：自上而下，上下结合，全面整改，务求实效。各级安全监察部门和全体安全监察人员要充分发挥监督检查的职能作用，检查督促有关单位和部门按照铁道部的要求，扎扎实实地开展好安全大反思、大检查活动。

各级安监部门在监督检查过程中，要注意把握关键环节，以确保客车安全尤其是提速客车安全为重点，集中力量对重点问题进行整治；要检查督促各单位、各部门深入查找，全面认真梳理问题，逐项制定整改措施，有计划地逐项整改；要加强信息反馈，及时做好安全大反思、大检查总结工作。

5月7日，铁道部召开的安全大反思、大检查活动督导组动员大会上，铁道部副部长胡亚东明确了督导组重点检查的9项内容。铁道部派出的6个督导组已全部到位，开始对18个铁路局（公司）的安全大反思、大检查活动进行全面检查。

5月11日，铁道部召开全路运输电视电话会议，要求各铁路局继续深入开展好安全大反思、大检查活动，特别是要按照部检查督导组检查发现的问题，逐一对照进行整改，确保取得实效。

铁道部要求，在安全大反思、大检查活动中，要深刻挖掘安全管理上的根源性深层次问题，对发现的关键性、普遍性、倾向性问题要认真总结，对尚未解决的问题要逐项制定整改措施，落实责任部门和责任人，限期销号，切实起到安全思想深化、查摆问题全面深入、制定整改措施同步的良好效果。

安全生产大反思、大检查活动的有效开展，解决了一批运输安全的突出隐患，稳定了安全生产局面。“5·12”汶川特大地震发生后，全路奋起抗震救灾，在最短时间内恢复了铁路畅通，并在余震不断的情况下保证了运输安全，为胜利完成救灾人员和物资及伤员运输任务创造了良好条件。在北京奥运会、残奥会期间，全路坚持把铁路安全稳定作为压倒一切的政治任务，突出抓好各项重点防范工作，为实现“平安奥运”做出了积极贡献。

十三、在和谐铁路建设中做好安全监察工作

2009 年是推进和谐铁路建设、确保铁路运输安全的关键一年。全路各级安全监察部门和全体安全监察人员，站在落实科学发展观和构建社会主义和谐社会、加快推进和谐铁路建设的高度，充分认识铁路运输安全的极端重要性和安全监察部门应需要的政治责任，以落实国务院提出的“三项行动”、“三项建设”为抓手，认真履行职责，扎实开展监管监察工作，充分发挥了安全监察部门的职能作用。

根据《国务院办公厅关于进一步推进安全生产“三项行动”的通知》（国办发〔2009〕32 号）和《国务院安委会关于印发安全生产“三项建设”实施方案的通知》（安委〔2009〕4 号）的要求，铁道部高度重视，迅速行动，结合铁路安全生产实际和“安全生产年”各项工作，扎实推进“三项行动”、“三项建设”，把加强安全生产“三项建设”与深入开展安全生产“三项行动”有机结合起来，把“三项行动”中反映出来的问题，作为加强安全生产“三项建设”切入点，通过加强安全生产“三项建设”，不断增强安全生产保障能力，推进安全生产长效机制建设，从而更加扎实有效地推进安全生产执法行动、治理行动、宣传教育行动，努力提高行车设备质量，着力提升职工队伍素质，深入开展安全专项整治，确保了铁路交通运输安全持续稳定。

同时加强人本关怀。建立健全政治尊重、事业激励、利益保障、感情联络的内在动力机制，不断增加广大安全监管监察人员的荣誉感、使命感和责任感，不断增加安全监管监察系统的凝聚力。认真组织好每年的体验和带年薪休假工作。

十四、全面推行安全风险管理，确保运输安全持续稳定

2011 年“7·23”事故后，新的部党组针对铁路安全面临的严峻现实，在深刻总结铁路安全工作规律，准确把握当前铁路安全特征和变化的基础上，全面推行安全风险管理。这是铁路安全管理又一次新的尝试与探索。推行安全风险管理，提高安全管理水平，确保运输安全持续稳定，具有更为特别的意义，具备更大的必要性。在铁路系统全面推行安全风险管理，就是要结合铁路安全工作实际，通过风险识别、风险研判和规避风险、转移风险、驾驭风险、监控风险等一系列活动来防范和消除风险，形成一种科学的管理方法。重点是要抓好风险识别、风险评价和风险控制等要素。

铁道部党组书记、部长盛光祖强调指出："安全风险管理不是简单的提法上的变化，更不是在安全上另外再搞一套，而是在深刻总结铁路安全工作规律、准确把握当前铁路安全特征和变化的基础上，对铁路安全管理长期以来行之有效做法的坚持、管理的完善和新时期应对新情况对安全工作的创新。"通过实施安全风险管理，增强全员的安全风险的防范意识，构建安全风险的防控体系，达到强化安全基础、最大限度减少或消除安全风险、确保铁路安全的目的。各级安全监察管理部门是指导落实安全风险管理的重要力量，要充分发挥安全监督管理队伍的作用，督导推行安全风险管理。

全面推行安全风险管理，是新时期铁路安全工作的创新。要以创新的精神，以现有安全管理体系框架为基础，构建包括风险管理策略、风险管理组织职能、风险管理信息系统和风险管理内控系统等主要内容的安全风险管理体系。一是形成规范完备的安全生产制度。健全和完善作业规程和行为准则，落实安全责任制，实施安全生产保障措施，严格安全责任追究制度，不断提升安全风险管理的执行力。减少制度性缺陷，避免管理性违章。二是建立科学合理的安全评价体系。根据安全风险程度、生产作业过程存在的危险等级，建立和完善以安全自查自纠为主的安全监控、反馈、自我调整机制，采取量化考核、定期考核评价等措施，规范安全风险管理运作。三是加强安全风险管理信息化建设。整合现有网络信息资源，建立健全安全生产管理信息平台，实现专业、精细的实时监控、动态评估和预警响应。完善安全信息数据库，提高数据查询的便捷性和实用性，实现安全风险管理的信息共享。

实行安全风险管理以来，全路各级组织和单位大力整治安全问题和隐患，创新安全管理理念和机制，解决了一大批安全突出问题，有力地强化了铁路安全工作，安全形势不稳的局面得到了有效控制。

附：2010 年铁路安全管理及新技术新装备概况

表3-1　2010年铁路安全管理及新技术新装备概况

部门	基 本 概 况	备 注
运输部门	一、高铁安全管理（运输组织工作） 1. 全国铁路2010年4月26日零时起调整列车运行图。这次调整图是积极应对运输市场变化，优化现图客车开行方案，满足货运增量需要。 2. 强化高速铁路安全管理，细化落实高铁安全工作措施；完善提速安全保障体系，保持高速和提速安全持续稳定。 3. 深入开展安全生产专项整治，集中力量解决施工安全、设备质量、路外安全，消除一批安全隐患，确保运输安全。 4. 制定完善运输安全应急预案，做到应急有备。 5. 编制印发《中国铁路危险货物运输技术及安全管理》培训教材。 二、加快技术设备改造 1. 部分编组站自动化驼峰改造、维修，完善编组站管理信息系统功能。 2. 增加调车机安全监控设备等安全装备。 3. 提高编组站技术装备水平和安全管控能力。 4. 2010年12月，新开通的石家庄南站代替原石家庄站，作为区域性编组站投入运营。	

（续表）

部门	基 本 概 况	备 注
机务部门	一、机务安全管理 1. 编制《机车质量检查督导工作通报》，加强机车质量管理。 2. 编制HXD1C、HXD3型电力机车《应急故障处理手册》《机车乘务员操纵优化指导方法》，完善机车运用操作规范。 3. 完成机车检修基地信息化建设和CMD机车远程监视与诊断系统，完成成都局重庆机务段车载设备安装工作。 二、牵引动力及救援装备 1. 2010年底，全路累计配属和谐型机车3676台。其中，电力机车3146台，内燃机车530台。 2. 至2010年底，共引进德国KIROW公司生产的160t（1680t/m）铁路救援起重机29台。 3. 2010年6月，铁道部签订6台200t（2880t/m）进口铁路救援起重机，拟配属6个国家级救援基地。 4. 至2010年底，全路电气化铁路营业里程45633公里，其中2010年新开通电气化铁路9583公里。	
工务部门	一、工务安全管理 1. 全面贯彻落实铁道部《铁路营业线施工安全管理办法》，严格落实建设单位、施工单位、设备管理单位和工程监理单位的责任。 2. 积极开展安全大检查工作。全路轨检车涵盖18个铁路局（公司）。检查线路1054546公里。动检车检测工作涉及高速铁路14条，既有提速干线12条，检测里程437189公里。对检查发现的问题，及时提出整改要求，督促抓好落实。 3. 加强工务设备添乘检查。工务部门各级领导和专业人员加强不同时期添乘检查线路，重点检查线路质量、路料和机具回收、防护设施是否达标、施工管理是否规范等。 二、技术装备 1. 2010年内全路（含国家铁路、合资铁路）营业长度85096.2公里，线路延长175586.9公里。 2. 全路主要轨型铺设长度：75公斤/米钢轨1432.4公里；65公斤/米钢轨150.2公里；60公斤/米钢轨106611.5公里；50公斤/米钢轨45723.3公里；43公斤/米钢轨20459.4公里；其他钢轨1210公里。 3. 全路在线轨枕28680.5万根。其中木枕1704.4万根，混凝土枕23819.8万根（III型枕6672.1万根，II型枕13356.7万根），其他枕3156.3万根。	

（续表）

部门	基本概况	备注
电务部门	一、通信维护和无线电管理 1. 2010年3月起，全路对通信系统生产力布局进行调整，将接管的62个通信段、5个通信中心进行优化组合，12个铁路局对通信段进行整合，6个铁路局通信段并入电务段。 2. 2010年，以高铁为重点的大规模铁路建设全面展开，电务系统积极主动提前介入高铁建设。 二、电务技术装备 1. 自动闭塞。全路有自动闭塞38152公里，占管辖里程的49%。 2. 连锁设备。全路连锁道岔149893组。其中，集中连锁道岔147488组，占连锁道岔的98.4%。 3. 驼峰信号。全路有驼峰调车场223个。其中，自动化驼峰119个，占53.4%，半自动化驼峰20个，占9%。 4. TDCS（调度管理信息系统）和CTC（分散自律调度集中系统）。TDCS覆盖6396个车站，基本实现全路覆盖。建成CTC调度台39个，覆盖558个车站。 5. 列控系统。高铁运行里程8358复线公里，其中C3系统覆盖2154复线公里，ATP（列车超速防控系统）装车数量488列动车组。 6. 机车信号和LKJ（车载控制系统管理）设备。19135台机车装备机车信号设备20610套和LKJ设备20926套。 7. 其他信号设备。微机监测设备5009站；轨道车运行控制设备(GYK)更新1600余台。 8. 800M列尾及列车防护报警设备。在约3000台机车上安装800M列尾及列车防护报警设备，提高运行列车的安全预警能力。（其他项目略）	
车辆部门	一、车辆安全管理 1. 客车春秋季质量鉴定。春季鉴定列车218对212组，抽查客车1060辆。发现各类故障2119件；秋季鉴定列车204对584组，抽查客车5247辆，发现各类问题6451件。 2. 动车组质量鉴定。2010年6月18日~7月4日，组织3个检查组，对12个铁路局18个动车所进行动车组质量鉴定，抽查动车组70组280辆。 3. 组织制定《动车组检修规程》6个。 4. 5T（地对车监控系统）整体防范能力增强。4900套THDS（红外线配套车号智能跟踪装置系统）全部加装智能跟踪装置。既有线TFDS（货车运行故障动态检测系统）设备全部建成达到334套，TCDS（客车运行安全监控系统）监控列车2072组，实现对所有25K、25G和25T监控。TPDS（货车运行状态地面安全监测系统）达到98套。TADS（货车滚动轴承早期故障声学诊断系统）达到65套。 二、新型车辆配置 1. 至2010年底，动车组投入运用479组。其中，时速250公里动车组285组；时速350公里动车组140组；380新一代高速动车组54组。 2. 完成动车组新造验收122组。 3. 完成客车新造验收2722辆。 4. 完成新造货车验收25314辆。	

（续表）

部门	基 本 概 况	备 注
安全部门	一、安全法规修订 1.《技规》修订工作全面展开。 2. 公布《铁道部技术规章目录》。 3. 编制《高铁接触网运行检修规程》，修订《高铁信号技术标准》。 4. 铁道部研究制定8个方面的贯彻实施意见，出台一系列配套制度和办法。 二、安全管理 1. 2010年，全路认真贯彻落实党中央、国务院关于加强安全生产部署，以科学发展观为指导，牢固树立以人为本，安全发展的理念，突出高铁和旅客列车安全，深入开展“安全生产年”活动，强化安全基础建设，开展安全专项整治，集中解决安全关键问题，提高行车设备质量，确保全路运输安全持续稳定，全年消灭责任重大及以上铁路交通事故。 2. 针对高铁惯性故障，加大技术攻关和整治力度，设备的稳定性、可靠性提高。 3. 以高铁应急救援为重点，健全铁道部、铁路局、站段三级应急救援网络，应急预案完善。 4. 全国铁路系统从2010年4月1日~5月31日，开展安全大检查活动。铁道部成立安全大检查领导小组，全路安全大检查的综合协调工作由安全监察司负责。大检查期间，部检查组发现各类安全隐患和问题161236个，其中重点问题和隐患2127个，下发安全监察指令书21份。大检查期间整改各类安全问题和隐患156780个。 5. 2010年，全路发生道口交通事故114件。其中，较大事故1件：伤亡68人（死亡18人、重伤25人、轻伤25人）；事故损坏汽车102辆，拖拉机11台，其他车辆33辆；事故造成铁路机车损坏4台，车辆损坏8辆，线路损坏330米，中断正线行车110小时。道口事故和伤亡人数比2009年分别下降35%、46%。 三、安全技术装备 铁道部加大科技投入，着力解决一批安全突出问题。 1. 完成换轨4368公里，更换木枕道岔3100组，淘汰正线木枕和69型轨枕1078公里。 2. 整治轨道电路分路不良区段8447个。 3. 防止棉花火灾技术攻关取得效果。 4. 对内燃、电力机车进行防火普查整治，完成180台SS7系列机车变压器改造。 5. 机车紧急制动后使用动力制动改造600台。 5. 双管供风机车的总风管改造2700台，客车改造8316辆。 6. 时速200公里以上客货混跑线路入口安装超偏载检测装置。 7. 拆除、封堵非法道口351处，对通过客车的1099处无人看守道口全部实施监护，完成道口平改立270处。 8. 积极开展路地综合治理和专项行动，破获拆盗、割盗、货盗案件4628起。	

第五节　三个安全低谷

新中国成立后，铁路安全曾出现过三次低谷（三年“大跃进“、十年”文化大革命”和事故频发的 1988 年），给国家和人民的生命财产造成了巨大损失，对中国铁路运输的破坏和影响极为严重，损失非常巨大，教训极其深刻。它既是中国铁路遭遇的巨大挫折，也是搞好铁路安全工作的宝贵财富和有益借鉴。

一、三年“大跃进”

“大跃进”是中国对社会主义建设道路、规模和速度进行的一次探索。在这场为改变中国一穷二白的面貌，“以钢为纲，全面跃进”的运动中，铁路承受着运量急剧增长的压力，由于高指标、瞎指挥、浮夸风、放“卫星”等脱离实际的做法泛滥成灾，运输秩序出现混乱，规章制度遭到破坏，比例关系严重失调，特别是集中统一的管理体制遭到破坏，给铁路运输造成了严重的影响，导致铁路运输安全跌入第一次低谷。

（一）管理体制的重大变化

为发挥中央与地方两个积极性，1958年6月，经中共中央批准，调整了铁路领导体制和组织机构。其中，影响较大的有铁路管理局、工程局、工厂实行铁道部与地方双重领导；铁路管理局与工程局合并，称铁路局即工管合一的模式；一省设立一个铁路局。在原有17个铁路局基础上，增加12个铁路局；撤销铁路分局，改为铁路局办事处，这是第一次实行铁路局直管站段的管理体制；车站调车机和列检归车站统一领导等。这些决定，实际上改变了铁路的中央集中统一的领导体制，也削弱了全路运输组织和行车统一调度指挥的体制，不利于全程全网统一调整车流，影响运输安全畅通。

（二）“大跃进”对铁路运输生产的干扰

1958年初，全路职工投入反浪费、反保守的群众运动。铁道部、中国铁路工会全国委员会先后发出号召，要求全路职工破除迷信、打破常规，克服右倾保守思想，破除一切不合理的规章制度，掀起铁路运输和铁路建设的“大跃进”高潮。进入下半年，全民大炼钢铁、农业高产放“卫星”，各行各业的高指标席卷全国，使铁路重车大量积压、货场堵塞、能力严重短缺，陷入十分被动的局面。

8月，中共中央北戴河政治局扩大会议决定将全年钢产量调整到1070万吨，造成铁路货车装车、卸车和排空的全面紧张与失衡，货物“卸不下、装不上、运不了、排不走”，全面告急。9月3日，沈山、京广、津浦、沪宁等6条运输紧张的干线铁路，货物列车牵引定数由2700吨提高到3200吨，10月又进一步加码提高到3600吨。这些牵引定数的大幅度提高，事前既没有经过充分的计算与论证，又没有按规定进行牵引试验，实行过程中不断出现坡停、运缓、违章操纵和白水表行车等情况，甚至造成机破和事故。

脱离实际的放“卫星”、创高产无处不在，安全领域也不例外。1958年10月，《人民铁道》刊登郑州铁路局安全监察室主任戴仪廷题为《在行车安全上也来个大跃进》的文章：……我们相信，全局职工在铁委的领导下，安全工作必将出现一个大跃进的新局面，安全“卫星”也必然会和其他的运输高产“卫星”一同飞上天空。

到处是破纪录、放“卫星”，脱离实际的生产高指标，加速了各种不安全因素的聚集，为事故发生埋下了隐患与祸根。

（三）实事求是作风被削弱，规章制度遭到冲击

从1958年5月起，在“破除清规戒律”的口号下，铁道部明令进行规章制度改革。凡是带约束性、强制性的，都被认作为是束缚群众手脚，妨碍“大跃进”的不合理的规章制度而被废止和下放，而且对属于技术科学范围的规章制度也破掉了。在运动中喊的是“大破大立、不破不立、先破后立”，实际是只破不立。早在1958年5月，铁道部就根据中共中央关于下放权力、改变领导体制、改变不合理的规章制度的指示精神，公布了第一批下放和废止的规章制度，共计下放271种、废止229种。7、8两月，铁道部又两次废止规章制度，前后3次共下放1013种，废止1196种。在左的思想指导下，改革不合理的规章制度变成不要规章制度，

使一大批行之有效的规章制度遭到破坏，从而助长了蛮干乱干之风盛行。

经过多年实践努力树立起来的好思想、好作风，如安全意识、质量意识、责任意识、全局观念、组织纪律性、扎扎实实的工作作风等，均受到极大的削弱，全路出现了违章作业、冒险蛮干的普遍现象。信任交接、政治验收代替了交接制、验收制；组织纪律、计划纪律、调度纪律、运输纪律松弛了；脱离实际的豪言壮语，代替了实事求是、扎实工作的思想作风。

（四）运输设备严重失修

由于片面追求装得多、拉得多、跑得快，结果在设备运用、维修方面造成严重后果。例如货车运用，明文规定可超载 10 ～ 30%，而个别重质货物超载达 1 倍以上。1960 年货车载重量利用率高达 103.3%，结构薄弱的货车普遍发生车梁下弯、车帮涨裂。货车在使用中不加爱护，乱砸乱撞，把车门卸下当跳板，用后又随便弃置，轴箱盖、闸瓦钎大量丢失。车辆维修也放“卫星”，实际上简化了修程。有的段修车打上定检标志就放行，有的列检只检不修，甚至不检不修，糊弄现象随处可见。从统计数字上看，货车检修率急剧下降，实际上是应修不修，货车质量逐年下降，许多已不堪使用，一时无力修复被迫封存共达 2.4 万辆，在运用中的货车还有 1 万多辆勉强凑合使用。机车普遍超轴，主要干线牵引定数从 2700 吨提高到 3600 吨，还将锅炉定压提高 1 公斤，出现“白水表”（在锅炉水表最低水位之下）行车，锅炉板裂纹、凹凸变形，烟管漏泄、螺撑折损等现象；片面延长定检公里．压缩检修率，造成不能使用而封存的机车近 1000 台。线路、桥隧、通信信号失修情况也极为严重。

（五）事故大幅度增加，列车正点率下降

“大跃进”三年，铁路超负荷运转，货运量增长 1.45 倍，而行车事故增长了 2.23 倍，其中，重大、大事故增长 2.05 倍。行车事故造成损失金额增长 6.16 倍。货运事故增长 1.92 倍，每万元货运收入赔款率增长 11.36 倍。在此期间，连续发生罕见的蒸汽机车锅炉爆炸和货场火灾重大事故，信号失控导致列车冲突、颠覆的重大事故也屡有发生。1960 年与 1957 年相比，运行正点率旅客列车从 95.3％下降到 79.5%，货物列车从 89.4％下降到 72.3%，降到了历史最低水平。

三年“大跃进”中，到处是“放卫星”、“夺高产”。图为“大跃进”宣传漫画

从 1958 年开始，行车事故急剧上升。1958 年和 1959 年先后发生两次罕见的蒸汽机车锅炉爆炸事故；12 月 4 日，沈山线东辛庄至绥中间发生机车锅炉爆炸重大事故，乘务员 3 人死亡，32 辆货车颠覆。

1959 年 1 月 6 日，苏家屯机务段 5006 号机车因乘务员“白水表”行车，在长大铁路马仲河至昌图间，发生机车锅炉爆炸重大事故，死亡 1 人，受伤 3 人，1 台机车大破，货车 4 辆报废、4 辆大破，损坏钢轨 24 根，枕木 192 根，上行线中断行车 17 小时 35 分，下行线中断行车 23 小时

52分。

1960年1月21日，北京到上海的21次旅客列车在津浦线通过崮山车站时发生列车火灾事故，死亡43人。1960年行车重大，大事故增加到611件，事故率上升到1.20件，比1957年分别增加2倍多和71.4%，安全形势极为严峻。

三年“大跃进”，铁路付出了沉重的代价，造成了严重的损失，安全跌入建国后的第一个低谷。事故多的主要原因分析：①“大跃进”的“浮夸风”和“共产风”搅乱了人们的思想。②铁路一系列行之有效的规章制度遭到废止与破坏，无章可循、有章不循的现象十分严重，行车成了脱缰之马。③在破除迷信中，尊重科学不够。④冲天干劲和科学分析结合不够。⑤技术教育与纪律教育未能及时跟上。⑥苦干与休整结合不够。⑦职工生活困难，饿肚子干工作，难以保证行车安全和人身安全。

二、十年“文化大革命”

1966年开始持续十年之久的“文化大革命“，使中国遭到严重的挫折和损失，铁路成为重灾区，运输秩序出现前所未有的混乱，安全生产近乎到了瘫痪的边缘。这是新中国成立以后铁路安全出现的第二个低谷。周恩来总理、邓小平副总理等国家领导人，以及相当一部分干部职工为使铁路免于瘫痪，保证社会生产和人民生活的运输需要，呕心沥血，排除干扰，尽最大努力将“文化大革命”对铁路造成的损失降到了最小，在混乱的局面中分担了压力，保持住了路网的基本畅通，为铁路安全的逐步恢复做出了特殊的贡献。

（一）“全面夺权”给铁路运输指挥造成严重冲击

1966年5月16日，中共中央发出《关于无产阶级文化大革命的通知》，全面发动了“文化大革命”运动。随即学生、教职工在全国范围内进行“大串联”。与此同时，各地也有许多工人到北京以及各地串联，客车严重超员，列车晚点十分严重，站车秩序混乱不堪。

不仅如此，铁路内部也很不安宁。不少铁路职工擅离生产岗位，进京上访串联，要求提高待遇、补发工资；一些支援新线、精简下放的职工要求返回原工作单位，使局势更加复杂，铁道部领导承受着巨大的压力。这一时期，主持铁道部工作的吕正操、武竞天等领导不断受到中央文革的责难和红卫兵组织、社会造反派、部机关造反派组织的围攻。致使铁道部机关已经无法正常办公，只能临时转入“地下”，艰难地维持着铁路的运转。

在极左思潮影响下，确保铁路运输正常运转的规章制度，被批判为“修正主义的管、卡、压”；部分干部为确保运输生产正常进行的努力，被指责为“拿生产压革命”；多年来所形成的集中统一指挥系统遭受到严重冲击。客车车厢外皮被涂上毛主席语录。

1966年10月以后，“踢开党委闹革命”的口号在各单位泛滥，到处是造反派抢班夺权。各级领导班子处于瘫痪状态，干部被揪斗，监察人员被下放劳动……无政府主义思潮猖獗。安全生产形势恶化，事故猛增。1966年11月9日夜，以王洪文等人为头头的“上海工人革命造反总司令部”纠集上千名“造反派”，强行冲进上海站，不顾铁路职工劝阻，登上进京客车，声言要到北京向“中央文革”告状，将矛头指向中共上海市委主要领导。国务院接到报告后，周恩来总理亲自作出“不要来京．就地解决”的指示，列车停留于上海市郊的安亭车站。王洪文等人煽动群众卧轨，拦截通过安亭站的各次客货列车，制造了震惊全国的“安亭”事件。“安亭事件”开了冲击铁路的恶劣先例。之后，其他地区也相继发生冲击铁路中断运输的事件。

1966年铁路安全形势急剧恶化，全年发生的行车重大、大事故达到223件，比上年猛增一倍。

1967年1月21日，某铁路院校的造反学生和某些在京铁路单位的造反派，骗抢了铁道部、铁道部办公厅印章和部长名章后，次日宣布夺取了铁道部领导权。部机关各单位也相继被夺权。铁道部领导人和部机关各司局负责人被批斗，机关工作停顿。就在铁道部被夺权的次日，即1967年1月22日，308次旅客列车在沈阳站冒进信号，与正在进站的54次特快旅客列车发生正面冲突，造成行车重大事故，死亡9人、重伤81人；京哈线上行线中断行车11小时29分；下行线中断行车9小时15分。这是铁路运输秩序和规章被破坏、行车安全监察被削弱的一次总爆发，造成极为严重的经济损失和极为恶劣的社会影响。3月5日，昂昂溪车站因引导员、扳道员在工作时间辩论争执，忘扳道岔，盲目接车，造成383次旅客列车与一列货物列车侧面冲突的行车重大事故，机车大破1台、货车破损8辆，正线中断6小时10分。这以后，行车安全形势急剧恶化，事故不断发生，后果越来越严重，越来越不可收拾。

（二）军事管制下的铁路安全

为稳定因夺权引起的混乱局势，1967年3月，中央军委作出《关于集中力量执行支左、支农、支工、军管、军训任务的决定》。同年5月31日，中共中央、国务院决定对铁道部实行军事管制，苏静为军管会主任。

《决定》要求军管会认真执行中共中央关于开展“文化大革命”的决定，对铁道部各项工作实行统一领导，有关生产运输调度业务，部属各单位必须服从军管会集中指挥。军管会下设“抓革命”和“促生产”两套班子，以阶级斗争为纲，以“革命”统率生产，建立“革命新秩序”，力争完成运输生产任务。

6月1日，铁道部军管会正式开始工作，原铁道部临时业务监督小组改为军管会业务帮助小组，向部机关各业务局派出了军代表；铁道部机关大楼、调度、通信等要害部门也由军队值岗把守。6月12日，国务院、中央军委决定，对全国铁路实行全面军事管制。随后，各铁路局、分局所在地军队派出干部，组成两级军管会，开始执行军管任务，对铁路主要站段则由分局军管会派出军管小组，进驻基层单位。从此，全国铁路从上到下进入了全面军事管制的状态。

8月10日，中共中央等领导机关又发布了《关于派国防军维护铁路交通的命令》，命令明确指出：“铁路、交通运输部门的群众组织和革命职工，与铁路、交通运输系统以外的群众之间一律不许互相冲击”。在其他一些通令、通知中，也三令五申不许拦截火车、堵塞铁道。12月又决定对铁路实行全面军事管制，使铁路形势逐步趋于相对稳定。

在铁路实行全面军事管制的半年之内，以中央名义连续发布三个重要命令、通令，起到了震慑作用，一定程度上遏制了铁路运输形势的进一步恶化。但由于“文化大革命”仍在继续进行，国家的正常秩序仍然处于失控状态，加之军管人员大都对铁路业务，尤其对安全管理缺乏经验，管理随意性很大。中央所采取的上述措施并没有使铁路的混乱局面得到根本扭转。相反，由于“打倒一切、否定一切、怀疑一切”的无政府思潮的继续泛滥，各派群众组织之间的派性斗争愈演愈烈，铁路运输被推向路网性瘫痪的边缘。

（三）周恩来、邓小平等国家领导人鞠躬尽瘁，勉撑危局

在“文化大革命”动荡时期，行车事故，尤其是行车重大事故，居高不下，已经到了令人惊讶的程度。为了遏制安全严峻形势，周恩来总理直接部署、过问铁路工作，具体调停“派

性”争斗，成了这个时期的“铁道部长”。针对铁路安全的混乱局面，1975年刚恢复工作不久的邓小平副总理和万里部长大刀阔斧地整顿，重点治理郑州、徐州、南昌等铁路重灾区，全路出现了多年未见的安全畅通、大干快上的新气象。

1967年1月29日，根据周恩来总理的指示，铁道部机关和直属单位的群众组织协商推选14人，组成铁道部临时业务监督小组，监督领导机关处理日常运输生产工作。此后，周恩来多次接见群众组织代表，强调铁路在国民经济中的重要地位和需要集中统一指挥的特点，批评派性，要求保证铁路管理和运输生产工作的正常进行。他又强调，铁路绝不能瘫痪，一刻也不能中断。保证交通畅通，这不是单纯的业务观点。

1967年11月25日～12月2日，周恩来总理先后4次接见郑州铁路局群众组织代表。周总理指示：要从全局着想，搞好联合，解放干部，抓好革命，猛促生产。12月2日，郑州铁路局群众组织达成《关于实现郑州铁路局河南境内革命大联合的协议》。

1971年4月5日，周总理在接见全国交通工作会议代表时对交通安全生产指出：“1970年出的事故是空前的，是解放以来事故数字最高的一年。旧社会，战争年头可能还多，这很难说。我们不与旧社会比。解放后，去年的事故是相当惊人的。虽然数量大，但你们敢于面对现实，想法克服事故……无论如何，不允许发生这么多的事故……在我们国家新的跃进时期，要注意到，防止事故是重大的任务。”

6月15日，交通部向国务院提出报告说，铁路运输安全情况虽有进步，问题仍很严重。1至5月份，全国铁路共发生行车重大、大事故336件，机车报废3台、损坏51台，客车损坏57辆，货车报废89辆、损坏634辆，主要干线累计中断运输13000多小时。极左思潮和无政府主义倾向是安全生产的大敌，必须克服“怕”字当头不敢管、“难”字当头不愿认真管的思想，才能加强安全生产工作。要发动群众，把各种歪风邪气批透。对于违法乱纪、屡教不改、造成重大事故的，要区别情况追究责任，情节严重的要按党纪国法论处。

周总理甚至过问行车事故的处理。1971年12月30日，上饶机务段FD1024号机车牵引的1210次货物列车与进站的2561次列车正面相撞。造成两列车机车乘务员死亡5人，重伤2人，机车报废2台，货车报废19辆，大破4辆，中断行车41小时33分，计损失126万元。救援时救援吊翻车，又重伤4人。次日凌晨，周恩来总理批阅事故电话摘报后批示：“是个人责任心不强，好规章制度取消，还是有政治原因，请苏静、政工组告交通部，严查并予处理。”

1972年1月15日，因1971年全路的安全形势极其严重，重大事故不断发生，给人民生命财产和国家政治声誉造成了不可挽回的损失。周恩来总理、李先念副总理等中央领导对交通部门进行严肃批评。为扭转安全被动局面，确保1972年运输生产任务的完成，交通部特颁布〔1972〕交办字102号《关于加强安全运输生产的紧急通知》，主要内容：①深入进行思想和政治路线方面的教育。②加强党对安全生产工作的领导。③改革不合理的生产组织和管理机构。④认真执行规章制度。⑤加强技术业务教育。⑥加强设备养护维修。⑦确保春节旅客运输安全。⑧一定要抓好正反典型。⑨对事故要彻查处理。⑩关心群众生活，注意劳逸结合。

1975年1月28日，邓小平约见新上任的铁道部部长万里，听取关于铁路运输情况的汇报。之后，邓小平指出：看来有几个问题需要解决。第一是关于体制问题，第二是关于干部管理问题，第三是关于运输生产，要建立健全规章制度，加强组织纪律性，保证安全正点。

2月11日，中共中央副主席邓小平把谷牧副总理和铁道部部长万里约到家里，继续研究解决铁路的问题。要求抓紧把铁路整顿的文件搞好。邓小平向万里口授了文件的主要内容，强调铁路要集中，要实行军事化管理。这个文件就是后来的中共中央《关于加强铁路工作的决定》，即著名的9号文件。

3月5日，中共中央发出《关于加强铁路工作的决定》（即中央1975年9号文件）。《决定》要求：①全国所有铁路单位都必须贯彻执行安定团结的方针，掀起社会主义建设新高潮。②全国铁路由铁道部统一管理，集中指挥，铁路职工由铁道部统一调配。③各省、自治区、直辖市党委对铁路单位的政治运动、地区性社会活动、思想政治工作要继续抓紧抓好，对问题较多的单位要采取有力措施限期解决。④铁路企业建立健全岗位责任制、技术操作规程、质量检验制度、设备管理维修制度，确保运输安全正点。⑤铁路职工一切行动听指挥，做好本职工作，派性严重、经批评教育仍不改正的领导干部和帮派头头应及时调离，对严重违法乱纪的要给以处分。⑥整顿铁路秩序，任何人都不准以任何借口妨碍正在进行指挥、调度和执行各种勤务的工作人员的正常工作。阻拦火车、中断运输、损坏列车和铁路设施都是违法的，必须坚决制止，情节严重的要严肃处理。中共中央的这一文件颁布，揭开了全国工交系统整顿的序幕。

3月5日，邓小平在省、市、自治区主管工业的书记会议上，发表了《全党讲大局，把国民经济搞上去》的重要讲话。他在讲到铁路事故惊人，许多是责任事故时，突出强调了不能没有章程，没有纪律。铁路部门的“组织纪律性一定要加强”。他还指出：“中国铁路工人是中国工人阶级最先进、最有组织的一部分。”

3月7日，铁道部召开全路电话会议，万里传达中共中央9号文件，提出贯彻落实的措施。随后，多数省、自治区、直辖市相继召开万人大会，有的省召开几十万人甚至百万人的广播大会传达9号文件。各铁路局、工程局、设计院和部属工厂都迅速传达贯彻，铁路整顿工作全面开展。

3月10日，万里到徐州铁路分局召开万人大会传达9号文件，重点解决当地安全问题。“文化大革命”期间，派性斗争多次造成徐州枢纽堵塞，致使陇海、京沪两条干线不能畅通，徐州地区成为全路乃至全国需要紧急整顿的重点。贯彻9号文件自然就从这个重点开始。在地方党委、政府支持下，整顿工作进展很快：批判派性，整顿领导班子，团结绝大多数干部和工人，依法处理个别坏人，铁路运输和治安秩序得到改善。连续21个月没有完成运输计划的徐州铁路分局，提前3天完成了4月份计划。

3月28日，铁道部在北京召开全国铁路领导干部会议，决定进一步落实9号文件，迅速把运输生产搞上去。会议提出了“四通八达，畅通无阻，安全正点，当好先行”的奋斗目标，严肃批判了一些别有用心的人攻击9号文件的种种谬论，要求全路各单位坚定不移地贯彻9号文件。强调要抓好薄弱环节，确保运输生产持续上升，服从集中统一指挥，不得各行其是，要狠抓机务段、编组站等基层单位的工作。会议于30日结束。

邓小平特别关注南昌局的事，他一针见血地指出南昌铁路局的问题，是闹派性的人搞的。“搞派性的人懂得抓要害，把铁路一堵，事情就闹到北京来了”。“一定要把铁路上搞派性活动的里外联系割断。这次确定铁道部门的人事调动，还是由铁道部统一管理。铁道部有这个权。铁路上的派性问题，地方解决不了的，由铁道部解决。要把闹派性的人从原单位调离”。

万里部长对待破坏铁路运输的坏分子从来不手软。4月28日，南昌铁路地区干部会议上，万里当场宣布将南昌局搞派性的头头调离南昌，到铁道部交代问题。万里整顿南昌局，扶植了正气，压倒了歪风，得到广大职工的拥护和支持。南昌局干部职工群情激奋，积极投入运输会战中去，五六月份即完成了月运输计划，机车检修和架修计划超额完成，扭转了机车“趴窝”、浙赣线堵塞的被动局面，南昌局出现了多年未见的畅通无阻、安全正点、心情舒畅、大干快上的新气象。

4 月，全路几个严重堵塞的铁路区段先后疏通，运输生产形势好转。开始整顿的 3 月中旬全路日均装车 50004 辆，比整顿前的 2 月份每天多装 7000 辆。4 月份全路日均装车 53740 辆，比 2 月份每天多装上万辆，并超出过去最高纪录近 2000 辆；全路煤炭日均装车 17855 辆，58 个月以来第一次完成月计划。

6 月 3 日，万里指出：对真正的阶级敌人，对坏人，要经过群众揭发，把材料核实，真正搞准了，看准了，就毫不留情，坚决打击。这些人只准规规矩矩，不准乱说乱动，连贴大字报的权都没有，不给他民主。

6 月 4 日，万里到郑州参加郑州铁路局党委常委会议，解决郑州局贯彻 9 号文件中的问题。会议检查了郑州局的工作，开展批评，决定调整新乡铁路分局领导班子，撤销了进行派性活动的分局党委副书记兼政治部主任邢某的一切职务。随后，中共河南省委支持铁道部调整了郑州铁路局领导班子。由新班子负责解决其他分局和各个站段的问题。

7 月 25 日，中央领导人李先念、华国锋、吴德等在国务院会议厅接见郑州铁路局党委苏华、胡逸平等 5 位书记。对郑州铁路局如何贯彻毛主席三项重要指示，促进安定团结，把铁路运输搞好，克服资产阶级派性作了重要指示。

1975 年，在周恩来总理的大力支持下（仅 1975 年 1 ～ 12 月初，周恩来与邓小平个别谈话共计 24 次），经过邓小平和万里领导大刀阔斧整顿，尤其是着力整顿了郑州、徐州、兰州、柳州、昆明、新乡“文革”重灾区，撤销调整一批有严重问题的领导干部，极大地鼓舞了广大干部职工的士气，狠狠打击了一小撮搞破坏人的嚣张气焰。全国铁路运输形势大为改观，事故率直线下降，运输生产出现了多年不见的喜人景象，充分显示了中央 9 号文件的巨大威力。

（四）“批邓反右”，安全再跌低谷（1975 ~ 1976）

1975 年末，国内政治形势又一次发生急剧变化，由“四人帮”一伙策划的“反击右倾翻案风”政治斗争在全国兴起。

1976 年 1 月，“批邓反击右倾翻案风”运动逐步在铁路部门展开。一些人攻击 1975 年的整顿是“实行资产阶级对无产阶级的专政”、“打击新生力量”；攻击铁道部统一管理铁路是“条条专政”；攻击“四通八达，畅通无阻，安全正点，当好先行”的奋斗目标及所有维护和发展铁路运输生产的努力都是“唯生产力论”。

2 月，窃据郑州铁路局领导职务的“四人帮”爪牙大肆攻击 1975 年的整顿，叫喊“生产怎么上去，叫它怎么下来”，“把运输生产拖下来就是胜利”。许多派性严重、在 1975 年被调整职务的干部“官复原职”，反对和抵制派性的干部被撤换或打倒，停工停产的单位被树为“先进典型”，坚持生产工作的干部被指责为“犯了路线错误”。在这种情况下，郑州铁路局 1976 年发生 12 次全局性堵塞，比国家计划少运 1400 万吨货物，比遭受特大洪水灾害的 1975 年还少运 1000 万吨，等于全局近 100 天没有装车；京广铁路陷于半瘫痪状态，一些重要运输生产指标下降到 50 年代初期的水平。影响所及，煤炭大量欠运，12 个省、市煤炭供应紧张；东北运往西南地区的救灾粮运输也受阻，祸及半个中国。

同月，兰州铁路局运输生产形势恶化。有些人公开提出“哪里有走资派就抓到哪里，哪一级有就抓哪一级”，层层揪“代理人”、搞人人过关。撤换坚持整顿、坚持生产的干部，甚至撤换了一些班组长。他们还广为散布“不为错误路线生产”、“宁要社会主义的晚点，不要资本主义的正点”等错误口号，加剧了兰州局运输生产的混乱。由于运输受阻，甘肃省冶金、石油化工等156个重点企业中有40个停产、33个半停产；西北地区其他省、自治区的工业生产都受到严重影响。

3月，铁路系统开始出现“批邓联万”的口号，全面否定1975年铁路整顿。4月，天安门事件后，邓小平被撤销一切职务。“批邓反击右倾翻案风”运动进一步深入，铁路形势更趋恶化。许多铁路单位、铁路地区在“批邓联万”中被搞乱，郑州、太原、兰州、南昌、昆明、成都等地区，重新发生堵塞和中断行车事件。全路整顿工作出现夭折，运输形势再度恶化，使刚刚好起来的运输秩序毁于一旦。

十年“文化大革命”，是一场历史性的浩劫。铁路在这场浩劫中遭受重创，使刚刚起步的中国铁路现代化进程整整推迟了十年，本来就相对落后的中国铁路与世界铁路发展之间的差距进一步拉大。十年中，全路运输秩序几度出现十分混乱的局面，部分铁路干线和铁路枢纽出现瘫痪或半瘫痪；集中统一的运输指挥和规章制度遭受破坏；各类行车事故急骤增加，安全跌入低谷。中共中央、国务院几次采取重大措施，力图扭转铁路运输的混乱局面，但是由于林彪、江青反党集团的破坏以及极左思潮的泛滥，都未能使铁路从根本上摆脱困境。1976年行车重大、大事故件数较1965年增加642.8%，事故直接经济损失增加808.2%。

“文革”中影响运输安全的原因很多，很复杂，后人不断地总结分析，归纳起来有以下几个方面：①极左思潮和无政府主义横行，整个国家处于一个狂躁、无序的状态。②林彪反党集团和“四人帮”故意破坏。③机构瘫痪或撤销，安全建设与发展呈现自由无羁的态势。④管理体制与规章制度废除或不落实，统一指挥、统一管理遭到重创。⑤“两纪一化”严重松弛，违章违纪比比皆是。⑥保安设备带“病”运行，安全投入严重不足。⑦奖惩激励机制缺失，干多干少、干好干坏一个样，甚至不干的、捣乱的还吃得香、耍得开。严重挫伤了广大干部职工的工作积极性。

值得一提的是，粉碎“四人帮”后的1977年，理应安全有个大的好转，实事上郑州局、北京局、成都局等9个铁路局和部分铁路分局的事故发生件数却达到建国以来的最高纪录。这一现象值得关注与研究，其中的教训值得思考与总结。一些学者和专家的研究有这几个方面：①极左思想的惯性影响依然存在。在某些领导班子和某些职工中松懈了的安全意识和纪律观念还未调整过来。②混乱的安全管理局面还没有理顺到位。③设备严重欠帐还远没有补上。④已有的安全法规适应不了新形势的需要，而新的安全法规又没有及时地建立起来。

三、多事的1988年

1988年是改革开放以来铁路安全形势最严重的一年，也是建国以来铁路安全生产的第三个低谷。尤其是第一季度，连续发生4起旅客列车恶性重大伤亡事故，损失惨重，影响很坏，共造成169人（其中职工9人）死亡，重伤104人（其中职工6人），轻伤311人（其中职工11人）。中断正线220小时09分。行车事故这么集中，死亡人数又这么多，建路以来实属罕见。事故给国家和人民生命财产造成严重损失，在国内外造成极坏的影响。为此，铁道部部长丁关根引咎辞职。

（一）75天发生四起旅客列车重大事故

1988年1月7日，由广州开往西安的272次旅客快车在京广线马田墟站通过时发生重大火灾事故，造成旅客死亡34人、重伤6人、轻伤24人。这次事故是由于旅客违章携带易燃品防锈漆上车酿成的。

1988年1月17日，由三棵树开往吉林的438次旅客列车，行至拉滨线背荫河站因制动失灵，冒进进站信号，又冒进出站信号，与正在进站的1615次列车正面冲突，造成重大事故，旅客及路内职工死亡19人、重伤25人、轻伤51人。

1988年1月24日，由昆明开往上海的80次特快旅客列车，运行至苴午邓家村间，发生严重颠覆事故，造成人员重大伤亡，旅客及路内职工死亡88人、重伤62人、轻伤140人。

1988年3月24日，由南京开往杭州的311次旅客列车，在沪杭外环线匡巷站停车时，因司机违反规定，制动过晚，冒进出站信号，与正要进站的长沙开往上海的208次旅客列车正面冲突，旅客及路内职工死亡28人、重伤20人、轻伤79人。其中，日本旅客死亡27人，重伤9人，轻伤13人。

（二）安全不好的原因分析

1988年，全路行车安全情况从第二季度以后虽然有所好转，但还很不稳定，重大、大事故时有发生，险情不断，路外伤亡事故严重。具体有以下几个问题：

1. 旅客列车事故严重。全路49件行车重大、大事故中，有13件发生在旅客列车上，占26.5%，比1987年增加4件，增加44.4%；392件险性事故中，有78件发生在旅客列车上，占19.9%。

2. 行车设备质量不良造成的事故多。49件重大、大事故中，因设备不良造成23件，占46.9%；392件险性事故中，因设备不良造成86件，占21.9%。

3. 违章违纪的比重较大。49件重大、大事故中，因违章违纪造成18件，占36.7%；392件险性事故中，因违章违纪造成264件，占67.3%。

4. 社会治安秩序不好，严重危及行车安全。因设备配件被盗，有人在线路上放障碍物、关闭折角塞门、携带“三品”上车造成的行车重大、大事故有6件，占12.2%；造成险性事故42件，占10.7%。

5. 行车重大、大事故造成的损失严重，对运输影响大。49件重大、大事故造成人员伤亡688人，其中死亡188人、重伤121人、轻伤379人，重大、大事故死亡人数是建国以来最多的一年。49件事故造成的直接经济损失1956.3万元，比1987年增加952.4万元，增加94.9%；中断正线行车844小时13分，比1987年增加114小时，增加15.6%。

6. 路外伤亡事故增多，且性质严重。全年全路发生路外伤亡事故14947件，比1987年增加1226件，增加8.9%。造成人员伤亡14919人，比1987年增加1348人，增加9.9%。其中死亡8949人，比1987年增加871人，增加10.8%；重伤4549人，比1987年增加453人，增加11.1%。日均伤亡40.8人，比1987年增加3.6人。其中死亡日均24.5人，平均每小时死亡1人。1988年发生重大路外伤亡事故18件，虽然比1987年件数减少2件，但人员伤亡比1987年增加31人，增加15.6%。

具体原因分析：①领导不力，管理不严，安全责任制不落实。②劳动纪律松弛，违章违纪严重。③设备陈旧落后，运力不足。④吃老本，拼设备，维修保养跟不上。⑤培训抓得不够，职工技术水平下降。⑥维护社会交通治安秩序抓得力度不够。

（三）全力扭转安全被动局面

一季度，连续发生4起旅客列车重大伤亡事故，引起了党中央、国务院的高度重视。国务院连续发布关于加强铁路运输安全的通知和决定。铁道部随即制定一系列落实措施，全力扭转安全被动局面，打好安全翻身仗。

1988年1月22日，国务院发布《关于加强铁路运输安全工作的紧急通知》。铁道部1月23日以铁办〔1988〕79号文件转发《全路职工立即行动起来，认真贯彻执行〈国务院关于铁路运输安全工作的紧急通知〉》。

1月26日，国务院召开常务会议，对铁路运输如何搞好安全，特别是保证春节运输的安全作了重要指示。

2月2日，铁道部发布了《关于整顿运输确保安全搞好春运的措施》（15条）。同日，铁道部安监司制定下发了《公布“七防”的“卡死”制度》，规定了“防止机车冒进信号、防止车站错办进路、防止车辆切轴、防止撞养路机具、防止列车火灾事故、防爆和防破坏七个方面的卡死制度”，主要从作业纪律和标准化作业方面进行了硬性规定。

3月1日，铁道部下发铁办〔1988〕213号《关于加强领导，狠抓基础，打好运输安全翻身仗的通知》，号召全路认真汲取教训，振奋精神，坚决贯彻“安全第一”方针，采取强有力的措施，保证旅客列车的绝对安全。

3月5日，国务院常务会议讨论了对1月24日昆沪线80次特快旅客列车颠覆事故的处理问题。会议希望，铁路系统各级领导干部及全体职工，要认真吸取80次特快旅客列车颠覆事故的教训，以对国家和人民高度负责的精神，改善领导，加强管理，严格纪律，遵守制度，不断加强基础工作，提高人员素质，以切实保障铁路运输安全、正点，适应日益繁重的铁路运输任务，继续为我国的社会主义建设事业贡献力量。

3月12日，因铁道部部长对这三起重大事故负有领导责任，国务院接受丁关根辞去铁道部部长职务的请求。是日，六届全国人大会议25次会议决定免去丁关根的铁道部部长职务。

6月4～7日，国务院召开以铁路为中心的全国交通安全工作会议，作出了《关于加强交通运输安全工作的决定》。

6月7日，国务院总理李鹏在全国交通安全工作会议上作重要讲话，对铁路安全陷入历史低谷的原因教训进行了深刻剖析，对搞好下步工作提出了要求。李鹏总理指出：“发生交通事故的原因是多方面的，设备陈旧落后、运力不足的确是一个重要因素，应该加以解决。但是，当前交通安全不好的主要原因是内部管理不严、队伍素质不高。今年接连发生的重大恶性事故，绝大部分不是因为设备落后、运力不足造成的，而是纪律松弛、违章违纪的责任事故……要扭转交通安全不好的状况，严格管理是当前最主要、最有效的措施。”

6月1～9日，为贯彻全国交通安全工作会议精神，落实国务院领导的指示要求，铁道部在北京召开全路运输安全工作会议。这次会议，是分段同全国交通安全工作会议套着开的。6月1～3日，十二位铁路局局长参加，以研究运输安全为主，解决问题为主，制定近期实施方案为主，研究制定了9个迫切需要解决的具体实施方案。

6月8日，李森茂部长在全路运输安全工作会议上号召全路干部职工，坚定打好安全生产翻身仗的决心，明确铁路运输安全工作“必须加强领导，严格管理。必须建立严格明确的安全责任制，真正做到局长负责、分工负责、逐级负责、岗位负责。必须坚决克服官僚主义和好人主义，坚持以严治路。必须强化岗位培训，提高现职在岗人员的技术业务素质。必须依靠科技进步，加大安全系数。必须加强和改善思想政治工作。”

6月18日，为确保运输安全，完善和提高安全技术装备设施，铁道部下发九项决定：《关于进一步普及、配套、完善、提高机车“三大件”等行车设备安全设备的决定》《关于以防止燃轴为重点，加强轮对、轴承检修、监测设备的决定》《关于加快更换伤损钢轨的决定》《关于加强建设电力贯通线和整修水电设备的决定》《关于铁路安全技术装备重点攻关计划的决定》《关于在铁路运输企业实行考工考绩择优升级制度的决定》《关于适当调整和提高行车主要工种中主要人员岗位津贴的决定》《关于加强乘务公寓管理和建设的决定》《关于加速解决铁路边远地区缺水、缺电问题的决定》。

9月下旬召开了全路安全监察室主任座谈会，交流经验，对严肃处理事故问题进行研究，提出纠正和克服隐瞒事故的措施。

从1988年起，在铁路运输企业实行考工考绩、择优升级制度，在工资分配上逐步引入竞争机制，克服平均主义。在全路广泛开展岗位适应性培训。作为职工教育的重点岗位职务培训，也逐步向制度化、规范化迈进。1988年为运输生产安全服务的各种短训班培训第一线工人125.3万人，占运营系统工人总数的66.96%。

1988年，铁道部安排设备大修投资39.33亿元，比1987年实际完成增加9.12亿元，增长30.2%，为历史上铁路运输设备大修投资最多的一年。到年底统计，共完成38.2亿元，为年计划97.2%。主要工作量：更换新钢轨4190公里，更换再用轨1564.8公里，更换钢筋混凝土轨枕324.57万根，更换道岔3223组；安排行车安全措施费用3.9亿元，年末完成3亿元。主要项目是：无线调度电话8594公里，累计达到3.7万公里，覆盖率达到70.2%；加装第二报警点和站内电码化5403公里；加装轨道电路753站，使非集中车站到发线的轨道电路比重达到46.6%；跨局快客全部安装了客车轴温报警器；京沪线建成红外线轴温探测网。

与此同时，各铁路局积极行动起来，结合自身实际，进一步细化铁道部保证运输安全措施，加大管理力度和安全设备投入。由于广大干部职工的共同努力，逐步形成了保安全、保畅通的强大合力，全路运输安全开始步入良性循环的发展轨道。

第六节　铁路安全管理经验

安全经验是铁路企业的财富，是安全管理的结晶。充分的挖掘和利用它，可以使后人少走许多弯路，少做许多无用的功，达到事半功倍的效能。

一、周王庙站安全管理经验

我们周王庙站是沪杭线上的一个四等站。全站有职工十七人，学员二人，临时装卸工十二人。每年输送旅客六万多人，货物运量六千余吨，行车密度每昼夜25对以上。

在继续大跃进的1959年中，全站职工在党的正确领导下，在总路线的光辉照耀下，特别是在党的八届八中全会的鼓舞下，个个干劲十足，斗志昂扬，保证了3717天行车的绝对安全，提前98天和92天完成了年度客、货运任务，获得了比1958年更大的跃进。先后被评为杭州铁路局、上海总局、浙江省、铁道部等的先进单位，并光荣地出席了1959年的全国群英会。

（一）思想红才有安全红

在党的领导下，人人政治挂帅，是行车安全的根本保证。十年来，我们结合每个政治运动，反复深入地进行安全生产的教育，经常与各种忽视安全生产的思想进行不调和的斗争。在日常工作中又根据当时、当地的具体情况，采用座谈会、谈心会、家庭访问等各种形式进行细致的思想工作。1959年中，我站因工作需要，人员的调动很多，思想波动也较大。特别是新人员比重增加了，部分职工嫌周王庙站小，生活条件差，工作单调，不安心工作。因此，在劳动纪律上就比较松懈，制度执行也不够彻底，给安全工作带来了新的威胁，事故苗子、违章作业等，在上半年度曾有所抬头。如扳道员王锦江，有一次在列车交会时，因未彻底执行列车到达确认制度，列车尾部未进入警冲标，就盲目开通线路，造成恶性事故苗子；杨徐松连续二次打瞌睡，违反劳动纪律。党支部针对这一情况进行了研究，认为这些情况的发生，主要是对安全生产的重要性认识不足和纪律松懈，如不加强教育，及时制止克服，后果是不堪设想的。因此我们结合“三查两爱”运动，进行了保证安全重要性的教育；为什么要严格纪律，遵守制度的教育；不怕一万，就怕万一的教育；以及周王庙站十年今昔的“站史”教育。通过这些教育，提高了大家的认识，明确了保证安全的重要性，使大家认识到要保证安全，必须严格遵守纪律和制度，任何疏忽都会给事故钻进空子；通过教育，也使大家认识到我站保证了十年安全行车无事故的成绩，这是全体职工的荣誉，每一个周王庙站的成员要继续保持这个光荣，责任是重大的。从而在思想上牢固地树立了安全生产的方针，兢兢业业地执行各项安全制度。

（二）掌握事故规律，人人都管安全

要消灭事故，首先要摸清事故的规律。这样，才能制定有效的措施，来防止事故钻空子。我们为了摸清事故规律，不仅对自站发生的差错和违章作业，经常进行分析研究，同时对兄弟单位的事故，也进行详细的分析研究，找出发生事故和事故苗子的规律，订出防止措施，贯彻预防为主的方针。在实际工作中，我们摸索到小站上最容易发生的事故，有站外停车、挤岔子、列车分离等等。这些事故的产生，不外乎交接班不严格，传达命令含糊，思想麻痹，联系脱节，确认马虎，计划不当等等原因。尤其是逢到刮大风、下雨天、下雪天特别容易发生毛病。事故规律摸到后，就针对这些规律，制定了一系列安全措施。为了防止漏传调令和漏办原牌折返手续，制定了扳道员与值班员联系“三追问”制度；为使路签不跌落，制定了路签质量检查、架路签的作业过程与复检制度；为防止挤岔子，制定了扳道员“二看二不扳”的制度；做到看清线路是否空闲，道岔标志是何方向，没有值班员命令不扳，列车不过警冲标不扳等。并且根据不同时间、不同情况及时进行修改，使措施能够随时与劳动组织、技术设备、规章制度以及群众觉悟等相适应。例如接发列车作业过程，我们差不多每年都要修改一次。在1959年中由于新技规实行，行车规章汇编的制定，我们就将全部制度进行了一次全面修改和补充。

车站的安全工作，是全体职工高度协作密切配合的集中表现。只要有一个人，在某一个环节上配合不上，就会产生毛病。所以保证行车安全，还必须发动群众，做到“人人管生产，人人管安全”。这一点，对我们来说，体会是非常深刻的。过去几年中，也有很多教训，由于没有发动大家来管安全，重复性的差错、事故苗子常常发生。接受了这些教训以后，我们逐步建立了许多大家来管安全的制度。如安全值日员制度；定期和不定期的班组互相检查鉴定制度；定期安全集体分析制度；以及竞赛评比等办法。第四季度还组织了多次的安全操作技术表演赛，通过这些制度不仅互相交流经验而且起了互相促进、互相监督的作用。现在，我站每一个同志十分关心自己的安全，而且十分关心他人和全站的安全工作。

（三）想办法闹革新

随着工农业生产的大跃进，我站的作业量也日益增大，原来的安全设备，不少已不能满足要求。我们为了更好地保证行车安全，在 1959 年中我们还大闹技术革新和技术革命，来改善设备条件，做到苦干、实干和巧干相结合。但在开始时，部分同志认为我们站小设备也简单，几盏信号灯，一副红绿旗，没有什么可以革命；就是要革命，没有技术和材料也搞不起来。通过“三查两爱”运动和社会主义教育运动，鼓舞了大家的革命干劲。尤其是路景芳同志利用废料，创造一个电气自动手信号灯成功，解决了煤油手信号灯容易被机车驶来时阵风吹熄的问题，深刻地教育了我们。小站没有什么可革的思想解决了，迷信也破除了，大闹技术革新和技术革命的情绪活跃了起来。一年来，全站职工先后共提出了 38 件合理化建议，现在已实行了 17 件。如改装路签架，防止被风刮落；利用反光镜防止夜间机车冲出警冲标；警冲标夜间监督器，防止列车未进入警冲标而可能发生恶性事故等。目前在试制的还有护轮轨和岔心螺丝是否折断的电铃控制器等。这些设备的改进，对今后的安全工作，将提供更可靠的物质保证。

（四）安全好、生产跃

保证行车安全，是为了运输畅通，提高运输效率，把物资安全、迅速地运输出去，更好地为工农业生产服务。我们积极地响应了党的号召，在党的八届八中全会鼓舞下，以苦干、实干加巧干的精神，大搞提前运输。党支部响亮地向全体职工提出了：“全年任务提前在三季度内完成”的战斗口号，大大鼓舞了全站职工的斗志，个个意气风发，克服了设备与劳力不足的困难，积极组织货源。如毛竹因河水干旱运不到货场，全站职工和家属会同物资单位，共同从三公里外，用人力驳到货场；为克服人力不足的困难，我们还自己建造了一座架空高站台，使原来要十人装车的，现在只要四人就可以了，而且非常简便，要用就搭，不用就拆。在提高静载重方面，我们千方百计地想办法节约车辆。如七月份，货主请求三车 30 吨毛竹，我们只用二车就把它装完，静载重达到了 32 吨，这样，一方面为国家节省了车辆，也使物资单位节省了运费和加固材料，获得了物资单位好评。由于全站职工日以继夜的忘我劳动，大干八、九两月，终于在国庆节前夕完成了货运发送任务，实现了党支部的号召。

（五）抓生产抓生活，两条腿走路

我们在搞好生产的同时，也很注意搞好生活工作。特别是对新调来的青年职工，身体不好或生活负担较大的职工，经常进行登门拜访，个别谈心。了解他们的实际困难和思想情况。除了从政治上鼓励进步外，并设法帮助解决一些具体问题，使他们感觉到同志们的阶级友爱胜过家庭的温暖，更好地做好工作。为了改善职工生活，我们还发动职工家属自力更生办工厂，使每个职工平均每月收入增加 20–30 元，原来经常要工会救济的困难户，现在都变成了银行的储蓄户。为了解决家属参加劳动后的家务劳动，我们又相应地办起了食堂、托儿所。自己饲养了猪、羊八头，种植蔬菜二亩多，大大改善了食堂饭菜质量。每逢重要节日，我们都要杀猪宰羊，和办喜事一样，使大家过得欢喜愉快。由于车站离市镇有三华里多路，职工要想买些零星东西很不方便，我们就开设了一个小商店，代售香烟、火柴、糖果、糕饼及酒类，以满足日常生活上的需要，大家都非常满意。青年职工也都能热爱自己的工作，安全生产。如学徒周金城，刚到周王庙时思想不安定，要求到别站学习。现在已成为中心站的先进生产者，而且是中心站爱站如家的标兵，还光荣地出席了杭局青年、妇女建设社会主义积极分子大会。

以上是我们周王庙站全体职工所做的一些工作。获得的成绩，首先应该归功于党的正确领导和兄弟单位的协助。我们觉得自己的工作还做得不够，我们全体同志有信心、有决心，在党的正确领导下，在1959年胜利的基础上，继续高举总路线大跃进的红旗，不骄不傲，虚心学习先进单位的经验，把行车安全工作搞得更好一些，为在伟大六十年代的第一年中，取得更大的胜利而努力！

二、临汾安全管理经验

北京铁路局临汾铁路分局迄至1990年8月底已实现连续3500多天安全生产，创全国铁路各分局的最高纪录。1988年6月在国务院召开的全国运输安全工作会议上，李鹏总理和邹家华国务委员都表扬了临汾铁路分局，肯定了他们的安全管理经验。铁道部于1989年4月在临汾铁路分局召开了全国铁路运输安全现场会议，总结和推广了他们的经验。

临汾分局抓安全工作经历了一个逐步深化的过程。过去，该分局由于管理混乱，安全状况不好，在1971年至1980年的10年间，共发生行车重大、大事故67件，职工因工伤亡事故138件；死亡45人，路外伤亡事故1398件，死亡1320人，运输生产也蒙受重大损失。他们从大量事故中接受教训，逐步认识到安全和生产的辩证关系，搞好安全工作是搞好运输生产的前提，抓好安全工作，才能保证运输生产稳步上升，才能提高运输效率和经济效益。他们从管理入手，狠抓安全，促进生产发展。多年的实践使他们认识到，要把全安工作持久地抓下去，必须把它纳入依法管理的轨道。由此，在总结七年多连续安全生产经验的基础上，于1988年制定了《安全工作法》，并在当年5月分局四届二次职代会上审议通过，使安全管理工作进入了科学管理阶段。

当前，《安全工作法》在这个分局已深入人心，对全分局的安全工作具有行政法规性的管理效能，是每个职工必须遵照执行的行为准则，成为该分局安全生产持续稳定并带动各项工作发展的可靠保证。

（一）《安全工作法》的基本经脸

1．坚持“安全第一”的原则。

安全是铁路运输质量的综合反映，因此，他们坚持把安全放在分局各项工作重中之重的位置，在工作中做到了“六个坚持”：

一是坚持把安全工作作为方针目标管理的核心内容，考核工作首先考核安全生产。

二是坚持各级干部把主要精力放在抓安全生产上。提出“干部称职不称职、安全生产做标尺，干部过硬不过硬、安全生产做鉴定”，促使各级干部把安全作为第一职责。

三是坚持党政工团齐抓共管。各级组织，各个部门都以安全生产为中心，做到思想上统一，目标上一致，工作上配合，效果上体现。

四是坚持其他工作与安全生产发生矛盾时，必须服从安全生产，为安全生产让路。

五是坚持把资金优先用于安全生产。对确保安全生产的项目和投资不压，维修费不减。

六是坚持把奖金分配、考核晋级、评先（进）评优（秀）的否决权交给安全。

他们坚持不懈对干部职工进行“安全第一”的思想教育，激发广大干部职工的主人翁意识，调动职工人人“争创安全标准岗，争当安全放心人，为分局安全生产做贡献”的积极性。该分局有42%的职工家在农村，当农村实行责任制后，广大职工都能摆正安全和种田的关系，集中精力保证安全生产。在社会上刮起搞第二职业的风气时，广大干部职工始终坚守本岗位，一个心眼保生产、保安全。1989年，该分局的干部职工人心不散，队伍不乱，干劲不减，做到了安全畅通，一事未出。这种主人翁责任感和人人保安全的群体意识，现已成为保证安全生产得以长期稳定的强大内在动力。

2．注重事前控制

铁路运输企业是一部大联动机，任何一个环节失控，都会造成事故。从这个生产特点出发，分局坚持以预防为主，事前控制，实行了全方位的控制管理。在纵向上，从分局、站段，到车间、班组，分层次确定控制范围。在横向上，从机务、工务、电务、车辆，到行车、客运、货运及装卸，根据工作性质，按部门实行重点控制。在作业上，按程序实行自控、互控和他控的全过程控制，对容易造成重大、大事故的重点部位，他们制定了“十大专项控制和卡死”措施。同时，制定了《防止列车脱轨事故条例》《防止列车冲突冒进事故条例》等六个专项安全条例。对安全生产的结合部，他们坚持运输一盘棋、安全大联锁；在区段站实行了站区安全联网控制；在有调车机车的车站，实行了车、机联网控制；在线路上利用机车三大件和无线对讲机，实行设备联网控制。同时，对人员、设备及重点部位、重点环节，组织定期和不定期的安全大检查。对查出的问题，采取绘图列表等方式“标号”，分层次确定控制重点，指定专人，限期“销号”。对不安全“点”采取查出一批，解决一批，反复循环，常抓不懈的方法，把事故消灭在发生之前。

3．建立了以全方位联锁责任制为基础的安全管理网络

安全生产的关键在管理，管理的关键在干部，干部的关键在落实责任制。为此，他们在全分局制定了全方位联锁的安全责任制，形成了以分局长为核心的纵横联锁的安全管理网络。

在纵向上，实行了安全逐级负责制，上至分局长，下至班组长，都明确了各自应负的安全责任。分局长、站段长必须做到“六个亲自”（亲自主持安全例会，亲自解决安全中带有倾向性的问题，亲自调查处理安全生产中的重大问题，亲自整顿和解决安全生产中的关键部位和薄弱环节，亲自参加严重事故和隐患的调查分析，亲自安排安全设施和投资）。分局、站段的行政副职按照分工，对分工部分的安全生产实行系统负责制，分别对分局长和站段长负责。分局各职能科室，对各自对口单位的安全生产实行部门负负制。中间站站长对安全生产实行车站负责制，做到“四亲自”（亲自主持交班会，亲自抓关键作业，亲自接送重点旅客列车，亲自巡视检查）和“六必须”（关键作业必须到场，施工前必须检查安全措施，对职工必项做好思想工作，夜间巡视每月必须不少于10次，每月必须组织一次车站安全大检查，离站必须向上级请假）。班组长对安全生产实行班组负责制，具体要把好“四关”（思想关，技术业务

关，作业程序关，设备质量关)。每个职工对安全生产实行岗位负责制。做到：一丝不苟遵章守纪，一点不差按标准作业。为了保证逐级安全责任制的落实，该分局每年都要自上而下签订安全包保责任状，年底兑现，按绩考核，按责论处，奖优罚劣，形成了纵向安全管理体系。

在横向上，他们对同级党政工团实行联责联酬，同奖同罚。明确各级党、工、团组织对安全生产实行组织负责制，把安全生产纳入各自的方针目标管理之中，与同级行政部门做到“五个共同”，即：各级领导有共同职责，各级组织有共同任务，检查工作有共同内容，落实经济责任制有共同条件，考核奖惩有共同依据，形成了横向安全管理体系。

他们还建立了遍布各单位的安全信息员队伍和支持职工对安全提合理化建议。这样在全分局形成了以分局长为核心的纵横联锁的安全管理网络。这是稳定持续保安全的基础。

4．发挥了党的政治工作优势

该分局坚持把思想政治工作贯穿始终，并与解决职工的思想问题和生活实际问题相结合，激发广大职工的安全生产积极性。全分局建立了以党委为核心，党群部门为主体，各级干部、党团员、班组长为骨干，职工家属为助手的思想政治工作网络，形成了完整的思想政治工作运行机制，党政工团形成了各具特色的思想政治工作体系。

党委建立了思想政治工作对安全生产的四大保证体系，即：教育保证体系，骨干保证体系，制度保证体系和考评保证体系。

对行政干部实行“一岗两制”，即：逐级安全责任制，思想工作责任制。

工会组织建立了保证安全生产的“三二四”工作路数。即：深化三个认识（安全生产关系到企业的成败荣辱，关系到职工切身利益，是工会参政议政的重点），筑起两道防线（工会会员，职工家属），发挥四个作用（文化阵地的宣传教育作用，安全检查员的监察作用，劳动竞赛的激励作用，职工代表的参政议政作用）。

团组织坚持以安全生产为中心，抓好团员岗位建设和青年班组建设，教育团员青年在安全生产中发挥突击作用、先导作用、鼓动作用和监督作用。

该分局还组织各单位认真做好职工家属工作，教育家属关心铁路安全，进行“争当安全好后勤”的活动，职工安全立功和评为先进时家属同戴光荣花，同上光荣榜。分局各级领导都很关心职工生活，对职工生活和工作中的实际问题，积极创造条件，认真解决。分局每年都要为职工办几件实事。先后新建了“三老”活动室、儿童乐园，沿线小站都建立了文化活动室，有条件的工区小站，也因地制宜建立了体育活动场所。分局积极开展农副业和养殖业生产，一些小站工区做到蔬菜自给有余。近几年来，全分局职工家属特别是偏僻山区小站职工的吃水难、就医难、住房难、子女入托入学难等问题基本解决。还加强了职工食堂、公寓、浴池、伙食团的管理，为职工创造了较为良好的生产和工作环境。

5．路内外联防保安全

铁路安全必须得到社会的支持，在当前社会治安不稳定的情况下，尤为重要。他们与管内沿线四个地区专署的经委、公安、农村、交通部门，成立了安全联防委员会和道口安全委员会，各县市成立了联防领导小组，在管内 24 个县市、750 个村镇、1667 个厂矿企业建立了安全宣传网点。与沿线 5 华里以内的 9918 辆机动车驾驶人员签订了安全协议，与 120 多家厂矿企业和 750 个村镇，签订了护路安全公约，与 1043 名聋、哑、疯、傻、精神病等“五残”人员的监护人，签订了安全协议。对拆、盗铁路器材，破坏铁路设施和运输安全的不法分子，与地方联合行动进行严厉打击。这样稳定了沿线治安，保证了运输安全。这个分局实行路内外联防保安全的作法，为铁路部门依靠地方政府和社会力量保证铁路运输安全，提供了经验。

上述五条基本经验，体现了把安全工作与运输生产融为一体，把安全管理与经济责任制融为一体，把铁的纪律与现代化管理融为一体，把领导重视与全员保安全融为一体，从总体上强化了对安全生产的控制管理，这五条经验是临汾铁路分局《安全工作法》中最突出的内容，也是我们调查中感受最深的。

（二）分局实施《安全工作法》以来取得的成绩

1. 保证了长期稳定地安全生产

从1980年底至1990年8月底，实现了连续安全生产3500多天，创全国铁路分局级安全生产历史的最高纪录，在全国56个分局中名列第一。与前10年相比，责任行车险性事故下降79.2%，一般事故下降89.3%，路外伤亡事故下降54.2%，职工因工伤亡事故下降98%。

2. 促进了运输生产

安全为运输工作创造了良好的条件。1983年到1989年，在南同蒲铁路进行双线技术改造期间，按原设计运输量应下降14%，但这个分局在6年中运量不但没有下降，反而以每年8.3%的速度递增。大包干4年多来，年年超额完成承包任务，取得北京铁路局大包干金牌奖。

3. 以安全为龙头，推动了各项工作

临汾分局1988年被国务院企业管理指导委员会命名为国家二级企业，是全国铁路首批进入国家二级企业的4个分局之一。1988年被评审进入国家二级节能单位和二级计量单位，去年又被评为国家二级节水单位，1988年被评为山西省“全面质量管理奖企业”和铁道部“全面质量管理奖单位”。1989年被评为山西省“管理优秀企业”。曾荣获山西省“七五建功立业”集体一等功和“双增双节”特等功，还出席了山西省劳模大会。这个分局的计划生育工作也被评为全国先进单位，体育工作被评为省、部级先进单位。1989年进而被评为“全国铁路先进集体”，是全国56个铁路分局中唯一获得这一称号的单位。分局党委多次被评为山西省“优秀政工企业，去年又被评为“全国优秀政工企业”。

（三）建议

临汾铁路分局的《安全工作法》经验是广大职工近10年来共同奋斗，在安全上取得了突出成绩的实践结晶，是一部较为系统的、科学的安全生产管理法规，是对铁路安全管理的一个创新，其基本原则和方法对交通运输部门具有普遍意义，为此，建议在全国铁路部门进一步推广这一经验，同时也可供全国交通系统参考。

三、石家庄分局安全管理经验

石家庄铁路分局位于京广、石太、石德三条铁路干线的交汇点，是沟通华北、华东、西南的重要交通枢纽。石家庄铁路分局的管辖范围，横跨河北、山西、河南三省和邯郸、邢台、石家庄、阳泉、衡水、保定六个地区。

1983年石家庄铁路分局收入54946万元，为国家上缴利润13056万元。全分局有职工53000人，其中科技人员2664名，营业里程1132公里，每年完成换算周转量460亿吨公里。下属51个基层单位，132个车站，其中，石家庄枢纽站是全国日办理车数15000辆以上的三大编组站之一，是列车编组、客货运输的综合性特等站。它有8个调车场，147股道，南北跨越17公里长，调车作业实现了机械化驼峰和风动缓行器，1000多组道岔全部实现电器化集中操纵。

石家庄铁路分局依靠群众以严治路的指导思想，是在邓小平同志关于“整顿”思想的指导下产生的。从1975年开始，石家庄铁路分局三次整顿，三次发展，尝到了甜头，认识到了整顿就能前进，整顿就出效率，出成绩。在三次整顿的实践中，逐渐形成和发展了依靠群众以严治路的思想。

1975年，邓小平同志主持中央日常工作，着手对许多方面的工作进行整顿。石家庄铁路分局按照邓小平同志的讲话精神，坚决贯彻中央九号文件，整顿了各级领导班子软、懒、散的问题，整顿了铁路治安秩序和工作秩序，精神面貌大变，十六项指标都超过历史最高水平，各项工作明显进步，第一次尝到“整顿”的甜头。

1978年12月，党的十一届三中全会以后，特别是1979年6月6日发生的客车冲突的重大事故，深深地震动了石家庄铁路分局的干部职工。石家庄铁路分局以“六六”事故为转机，开展了以安全生产为重点的拨乱反正，重新确立了以严治路的思想。

从1981年3月份开始，在上级党委的部署下，石家庄铁路分局深入开展了以整顿治安秩序、整顿劳动纪律、整顿生产管理、整顿不良风气、整顿职工队伍的“五整顿”活动，巩固和发展了安定团结的政治局面，保证了各项任务的完成。

1982年是企业全面整顿时期，石家庄铁路分局把以严治路各项措施制度化、规范化，使以严治路的思想全面形成。

党的十二大以后，石家庄铁路分局全面开创工作新局面，以严治路思想上升到理性自觉阶段。

1983年8月18日，《工人日报》以《依靠群众，以严治路》为题，报道了石家庄铁路分局以严治路的经验，并发了《以严治路给我们的启示》的社论。社论指出：“石家庄铁路分局在企业整顿中，坚持高标准、严要求，提倡从领导严起，严出好风气，严出好队伍，因而取得了两个文明建设的显著成绩。这是‘铁人精神’的发展，是工人阶级优良作风的发扬，是职工队伍素质提高的表现。因此，他们的经验很有普遍意义，既有针对性，又有现实性，各行各业都可以借鉴，从中吸取有益的‘精神养料’，用来搞好企业整顿。”要“结合各自的实际情况，以严治厂，以严治矿，以严治店，以严治理各个企业事业单位。”

1983年8月19日、20日、22日、23日、24日，《工人日报》以调查报告的形式，连续报道石家庄铁路分局依靠群众以严治路的经验。

1983年8月24日，铁道部长陈璞如同志在《工人日报》发表了《以严治路，搞好路风》的署名文章，对石家庄以严治路给予肯定和支持。文章指出：“石家庄铁路分局经验的基本点就在于一个‘严’字。”

1983年9月，石家庄铁路分局全面总结了基本经验。总结了以严治路的五点主要做法：①只有高标准才有严要求。②从领导严起，从干部严起。③从路风严起，从队伍严起。④抓住典型，奖惩严明。⑤在党委领导下，充分发挥各级组织和广大群众在以严治路中的作用。

1983年9月5日，《工人日报》发表《以严治路永不自满》的文章，对石家庄铁路分局广大职工找差距、订措施向安全年目标奋进作了报道。

1983年9月20日，《京铁工人》发表社论《高标准才能严要求》，提倡向石家庄分局学习。

1983年11月26日，在铁道部召开的全路会议上石家庄铁路分局做了《依靠群众，以严治路，开创安全运输的新局面》的经验介绍。万里副总理看了这个发言之后，给了充分的肯定和很高的评价。他说："今天在会上，对石家庄分局我表扬一下。《工人日报》表扬石家庄分局的几篇文章，我都看了，他们要我写一篇文章，表扬石家庄分局的领导。我没有时间写，今天在这里讲几句。就是那个分局领导非常好，一切带头，不讲面子"。

1983年12月份，石家庄铁路分局原分局长、11月17日刚任石家庄铁路分局党委书记的韩岐同志分别在《河北日报》《人民日报》发表署名文章，全面阐述了依靠群众，以严治路的经验。12月3日《人民日报》转载韩岐同志的文章《依靠群众以严治路》，并发表本报评论员文章《铁路要有铁的纪律》。评论员文章指出："就目前的情况来说，在工交企业，特别是在铁路系统中，强调一下向石家庄铁路分局学习，有针对性地推广他们'以严治路'的经验，是十分必要的，也是会收到显著成效的。"

1984年3月23日，北京铁路局第五次职工代表大会，做出了《关于学习石家庄铁路分局依靠群众以严治路经验的决议》。3月26日，北京铁路局党委做出了《关于学习石家庄依靠群众以严治路经验的决定》。路局党委在决定中指出："学习石家庄铁路分局依靠群众以严治路的经验，主要是：学习他们'做第一等工作，创第一流水平'的争先创新精神；学习他们'甘当快牛，勇挑重担'的强烈革命事业心；学习他们'一丝不苟，一切从严'的科学管理方法；学习他们'党政工团齐动手，三种手段相结合'坚持综合治理的有效措施；学习他们对广大职工'爱得深，信得过，靠得紧'坚持群众路线的工作作风；学习他们'带头干实的、碰硬的、动真的'的优良作风。"

四、小东站安全管理经验

沈阳铁路局安全生产领域飘扬着一面永不褪色的旗帜，它就是位于高新线的全路中间站安全生产排头兵——小东站。执行规章制度"一点不差，差一点也不行"的小东精神，是50年代老职工总结的一条宝贵经验，是解放初期小东站在运输设备极为落后的情况下探索出的一条保安全法则。"小东精神"来源于小东站职工对安全生产规律的探索，来源于他们对铁路安全生产真谛的领悟，来源于他们主人翁责任感和荣誉感的升华，是铁路职工确保安全最基本的行为准则和管理规范。"小东精神"享誉全路，是沈阳铁路局企业精神的重要组成部分。

（一）小东站的历史

小东站是高新线上的一个四等小站，是伪"满"时期建立的。在国民党撤退的时候，遭到了非常严重的破坏，国民党飞机先后向车站投下90多颗炸弹，几乎将车站炸平。它是伴着全国解放的隆隆炮声，在旧中国铁路的废墟上发展起来的。遭到轰炸后的小东站已经几乎没有任何行车设备，然而，车站职工知道，解放了，车站已经是他们自己的车站。在第一任站长韩万海的带领下，他们以高度的主人翁责任感，尽一切努力创造条件保证通车。

没有扳道房，他们在地上挖两个地窨子；没有信号灯，他们点油灯；没有通讯设备，靠来回奔跑传达行车命令。由于敌人破坏，道岔钢轨不密贴，车站职工赵连庆用木棒别紧道岔握柄，然后用肩膀扛着，保证一列列支援解放军南下的军用列车在小东站安全通过。可以说，当家作主、尽职尽责是小东人创造辉煌的第一块基石，是"小东精神"的源泉。

1950年，岳光亚担任小东站第二任站长。这个四方大脸的东北汉子一脸严肃，办事极其认真，管理极其严格，以致有人在他名字上加了一撇，叫他“岳光严”。建国初期，安全管理缺乏经验，各项规章制度都不健全，岳光亚凭着对铁路事业极端负责的精神，开始了整章建制工作。他的文化虽然不高，却敏锐地意识到规章制度的重要和严格管理的意义。

有一次，他当夜班，有位扳道员超过原计划时间 1 分钟还没通知接车，他立即操起电话严肃地问：“你干什么去了，为什么还不接车？”对方很慌张地回答：“我拉肚子，刚才出去了。”岳光亚拿出差一点也不行的劲头，非要到现场全面查验不可。那位扳道员见瞒不住，只好承认刚才打盹了。交班会上，岳光亚以许多由于打盹违章造成列车事故为例子，启发教育那位扳道员和全站职工，并且再一次强调，干铁路就要有铁的纪律。

为了有章可循，岳光亚和全站职工一起，针对运输生产的特点和车站实际，摸索着建立了一系列规章制度，其中包括接发车“一看、二排、三确认、四监视”的操作制度、“先喊、先看、先指、后按”的“三先一后”操作方法以及立岗接车制、互相联防制等 12 项制度和 3 项办法，严格管理再加上这些制度的约束，为小东站安全生产提供了最有力的保证。1956 年，小东站实现安全生产三千天，岳光亚进京出席全国群英会并与毛泽东等老一辈国家领导人合影留念。可以说，正是从这时候起，小东站正式确立了在全路中间站排头兵的地位，并开始了 50 多年红旗不倒的光辉历程。

（二）小东精神的提出

“一点不差、差一点也不行”的小东精神，它的最初雏型是来自于一个极普通不过的老扳道员刘国全的口中。

那是个激情燃烧的岁月，当时铁路行车设备非常落后，道岔完全靠人工扳动。每次扳道时，横竖两个拉刀口必须对准，一点也不能差，差一点儿臂板信号机就撂不下来。

数九隆冬，北风呼啸，雪花飞舞。道岔被雪片夹住不能密贴，信号看不见，车开不出来，也接不进去，铁路行车安全受到了严重威胁。然而，就是这样一个冰雪寒流袭击着北国大地的惊心动魄之夜，老扳道员刘国全凭借着对党的忠诚，对铁路事业的热爱整夜身不离道岔，手不离笤帚把，扫出道岔里的雪堆得比房子还高。他对前去接班的同事和徒弟指着道岔操纵柄反复地叮咛说：“一点也不能差、差一点也不中！”熬了一宿夜班回家，他把衣服脱下来时，全都成了冰铠甲，一边敲打着冰衣服一边说：虽说我差一点冻成冰棍，可道岔一点没差头。

就这样，老扳道员刘国全极朴实无华的一句话，经过全体职工的实践与认可，经过后人的逐步雕琢与完善，终于成了今天叫响全路的“小东精神”。“一点不差，差一点也不行”是一丝不苟的科学态度和极端负责的工作精神的完美结合，是铁路行业性质和特点的形象概括，是严格管理和安全结果的高度统一。严字当头，铁的纪律，时刻“以遵章守纪为荣，以违章违纪为耻”，是“小东精神”的实质和灵魂。对于铁路运输来说，“一点不差”是最理想的作业状态和管理状态，而始终强调“差一点也不行”则是达到这个状态的最佳途径。

（三）小东精神的实践

要“一点不差，差一点也不行”，就要站长带头，率先垂范。这是小东站十分重要的经验总结，对于这一条，小东站的历任站长无不刻骨铭心。谭延龄是小东站的第三任站长，曾经在抗美援朝战争中担任过军事代表，两次负伤并荣立三等功。他把军人作风带进了铁路，并把前两任站长严字当头的精神不断发扬光大。有一次他当班办理列车闭塞，在向扳道员下达命令时，误将 4383 次说成 4385 次，发觉错了，立即进行了纠正。事后，他在全站大会上连续检查了三次。有人说，说错了当时已经纠正了，何必那么认真呢？而他却说："讲错了一个字，说明我当时精力不集中，而这就是危及行车安全的隐患"。"安全生产来不得半点虚假，必须叫真求实，必须高标准、严要求"，这是小东站第六任站长田炳恒常说的一句话。一次，他在当班中向调度报点时少报了一分钟，而且也是马上进行了更正，但事后，他却做了三次检讨并免发了自己的当月奖金。第七任站长毛志平在担任站长以后，明确规定：车站凡有调车作业，值班员必须通知站长到场监控。有一次，他不小心扭伤了脚，走起路来疼痛难忍，在进行夜间调车作业时，值班员没叫醒他。第二天毛志平发现后，在交班会上检讨了自己漏岗的责任，扣发了自己当月的奖金，并在警示板上郑重地写道：以后凡属这类情况，等同于违章。

要"一点不差，差一点也不行"，就要时刻坚持，养成习惯。铁路运输是整体性和系统性的联动作业，往往会由于一个细小的环节出现问题而影响全局。对于基层班组来说，在无数次重复的作业中，要做到一时的"一点不差"是容易的，而要做到时时"一点不差"却相当难。强制性的严格控制是重要的，但更重要的是时刻坚持，形成习惯性的自我控制。刘国全人称"刘安全"。他是"小东精神"的首创者，也是这种精神最早的实践者之一。有一次，车站卸圆木，被压在最底下的一根木头侵入限界 16 公分。有人说："不影响挂车差一不二就算了。"他却严肃地说："不行，差一点也是隐患。"车站货运员张振才，人称"张认真"。1987 年 3 月的一天，他检查卸车作业，发现卸下的圆木底层中，有一根木头侵入限界 10 毫米，装卸工说没事，他却硬逼着装卸工把那根圆木板抬了出来。冬天的一个深夜，鹅毛大雪夹着刺骨的寒风，冻得人伸不出手来，助理值班员季利出去对一列货车进行商检，检查到列车中部时，工务巡道工崔凯歌迎面走过来对他说："后部的车我已经帮你看完了，没问题，大雪天回去吧"。崔凯歌是纪利的好朋友，他帮着检查完列车按理季利应该相信，可季利却非常认真地说："没有亲自检查到，我还是不放心。"说完，他冒着风雪继续检查了余下的车列。50 多年过去了，小东站就是靠这种"一点不差，差一点也不行"的精神，形成了"坚守岗位一刻不离，按章操作一项不漏，监视运行一丝不苟，标准用语一字不差"的好站风。

要"一点不差，差一点也不行"，就要精通业务，提升本领。小东人常说："安全生产光有热情和踏实的工作态度还不够，必须人人懂业务，有能力，不讲科学那只能是蛮干。"为了保安全，小东人的求知欲望始终是无比强烈的。洪瑞武，是个不识字的老工人，为了全面熟悉车站运输业务和背好各项规章，他创造了一套只有自己才懂的学习方法，他在小本子上画线路、画道岔、画信号机，并在上面标上形形色色的记号，小青年们把他的小本子称作"天书"。就是这个"洪天书"，不但在表演赛上整本规章倒背如流，而且在道岔基础稳定问题上攻克了难关，并获得了技术革新奖。崔巍，人称"活规章"，是上世纪九十年代入路的中专毕业生，新《技规》刚下发的时候，他白天背，晚上背，甚至在家做饭的时候也背。有一天，他休班在家，妻子临上班的时候，嘱咐他按时给生病的女儿吃药，可是当妻子下班回来时，却发现药还原封不动地放在桌子上。妻子生气地说："你不是说你们是'一点不差，差一点也不行'吗，这回怎么差了呢？"而他却继续背题，浑然不觉。就是靠这个劲儿，148 条《技规》，他一口气背一个多小时，一字不差。在沈阳铁路局，甚至在全路和全国，小东站职工素质过硬都是有名的。1987 年，中华全国总工会在小东站召开了现场会，面对全总领导和全国各省、自治区工会领导以及铁道部和铁路局领导，面对 37 家新闻单位记者，小东站全体职工对铁路客、货、行包和行车规章全都对答如流，令所有与会者感慨万千。据统计，在 50 多年里，小东站先后有100多人在各种技术和业务比赛中获得过优异成绩，职工的高素质为安全生产提供了最有力的保证。

要“一点不差，差一点也不行”，就要心系安全，形成理念。五十八年来，小东人向着更高的安全目标不断攀登，先后获得了400多项荣誉，两次荣获全国“五一”劳动奖状，并被铁道部授予“全国铁路安全标兵”荣誉称号。安全生产只有起点，没有终点，确保安全没有捷径，最关键的就是遵章守纪。小东站是一座熔炉，“以遵章守纪为荣，以违章违纪为耻”这种具有铁路特色的社会主义荣辱观融入了小东人的血液，从而把遵章守纪保安全当作使命，并逐步变成发自内心的自觉行动。沈有清，曾长期担任小东站的副站长，是小东站的老功臣。在岗的时候，他多次防止事故，多次解决运输生产中的难题，退休以后，仍然以站为家，心系安全。二十世纪六七十年代，车站使用的是农用电，三天两头停电，每当遇见这种情况，休班职工全都自觉赶往车站帮助接发列车。有一天，沈有清半夜起来拉了一下灯绳，发现没电，立即联想到车站也停了电，急忙起来赶往车站，却发现车站一切照常，回家一查，原来是自家电灯的保险丝断了。老一代人的这种精神对小东年轻人的影响是非常大的，现在他们无论是当班还是休班，都时刻注意安全问题，甚至连坐通勤车上下班经过车站道岔的时候，都习惯地扭过头透过车窗去看一看道岔的状态。因为他们感到，只要走进铁路这个门，就必须深打严字当头、铁的纪律的思想铬印。魏巍，是刚参加工作不久的中专毕业生，有一次对一列停留在车站的煤车进行商检的时候正赶上下大雨，有人喊他到屋里避一避，他却坚持按规定继续往前查看，结果发现一节煤车严重漏泄，漏泄下来的煤堆已经阻住了线路，他立即喊来同伴进行处理，保证了行车安全。

（四）小东精神的发展

牢固的安全理念，使车站形成了一种人人关心安全，人人心系安全的氛围，这是小东站几十年如一日，在安全生产中不断做出非凡业绩的内在动力。

在新的历史条件下，小东站坚持严字当头，落实铁的纪律，更加注重向管理要安全、向严纪要安全。为了真正实现班组的规范管理和进一步强化安全基础，他们制定和完善了从安全检查、技术练兵到互控联防、班前预想和关键点防控等16项管理制度，努力使车站的各项工作从整体到细节都有法可依、有章可循。在日常工作中，他们发扬“拿猫当虎斗”的精神，把没事当有事，把小事当大事，把别人的事当成自己的事，超前预想，超前防范，努力在思想和行动上最大限度地消灭安全隐患。

2006年6月21日，32506次货物列车计划2道通过，后又临时变更3道停车会让，学习值班员王立群没有及时更改站线板，就忙着出去接车，师傅刘德利也没有及时进行纠正，站长抓住这件事“小题大做”，不仅对师徒二人给予严厉批评，而且在交班会多次查原因，讲危害，使大家都受到了教育。

每年进入夏季以后，由于气温高，职工容易精神不集中，尤其是后半夜，容易发生盹睡现象，每到这时，车站总是反复查岗，如临大敌。一次副站长夜查时发现助理值班员朱宝东精神有些不振，按照规定进行了处理，事后了解到朱宝东生病了，是在带病坚持工作。是应该表扬还是应该批评，车站组织全站职工进行了大讨论，最后大家认识到，保证行车安全是任何时候、任何情况下都不能有一点含糊的事，上岗后无论什么原因，只要不能保持最佳状态都不能允许。通过这件事，车站制定了一条不成文的规矩，那就是机器不能带病运转，人员不能带病上岗。

“一点不差，差一点也不行”，对于职工作业来说，是一种行为准则，对于车站来说，则是一种管理原则，在新的历史条件下促进安全管理走向系统化和制度化，是“小东精神”的新发展。

五、加格达奇分局安全管理经验

加格达奇分局的安全周期不断被延长，到1993年7月17日实现了无责任行车重大、大事故十周年，安全成绩名列全路56个分局的榜首，创造了分局安全发展史上新的里程碑。

作为地处偏僻、条件艰苦、设备陈旧落后自然环境恶劣的边远分局，能够实现较长时期的安全成果，最主要的就是抓住人和设备的两大基本要素，不断探索，不断强化安全基础；抓住人这个主体，加强思想教育，提高政治素质，增强主人翁责任感；抓好技术培训，提高业务素质，抓好职工生活，安定人心、稳定队伍，工作安心，生产才能安全。面对设备落后的现状，不等不靠，眼睛向内，自力更生搞改造，精养细修创优质，为保证安全生产提供可靠的物质基础，通过反复探索，反复实践，形成了以落实铁道部“三个三”，两手抓，一个责任制和铁路局“八字安全工作法”为核心的一整套安全管理办法，健全各项工作的落实机制。实施系统管理，优化安全系统内的要素，提高安全生产的整体功能，为稳定安全形势，促进了各项工作的发展，为提高分局经济效益，企业管理上等级，进入国家二级企业，质量管理获部奖奠定了基础。

（一）把安全管理工作的着眼点放在提高干部、职工队伍的整体素质上

十年来，围绕提高干部、职工整体素质，在领导班子中强化主题意识，引导各级班子从党的基本路线确定主题意识，从分局所处的特殊位置深化主题意识，从安全生产自身规律巩固主题意识，从而使各级班子在决策中和工作推进上坚持把安全生产放在重中之重，首中之首的位置，做到无论在任何情况下，主题不偏、位置不移。在环节干部中明确责任意识，明确每个干部在安全工作上抓什么、怎么抓、什么时间抓、抓到什么程度，以及所负的责任和相应的权力。实行定量考核，使安全责任一落到底，直接到岗到人，各负其责，各行其职。

突出教育培训，提高群体保安全技能。注重培训对象的层次性。领导干部和环节干部侧重于搞好管理知识培训，生产作业人员突出技术业务培训，新职工人员的重点放在岗前培训，新技术新设备的新业务新技术培训。还注意了培训手段的激励性。分局每年在下拨各单位的工资总额中预留2%作为教育考核基金，纳入经济责任制考核中，奖优罚劣，增加各单位搞好职工教育的内在压力。

（二）提高设备质量，是保证安全生产的重要物质基础

围绕设备创优活动，健全责任体系，强化日常管理，明确检修范围、检修程序、检修工艺、检修标准。坚持“四定”，即定时、定位、定量、定责。实行“四包”，即包班组、包区段、包薄弱单位、包优质率为内容的设备创优活动体系，强化日常维修，不断提高设备质量。对薄弱的设备进行重点攻关，线路冻、塌、落、堵“四害”严重设备，组织干部群众艰苦奋斗搞改造，群策群力治“四害”，发动群众搞会战，整治线路冻害下沉326处，清理危石山头砌挡墙120多处。通过整治后的线路，曲线及道岔优良率达到95%以上，原来设计70公里速度的嫩林线嫩江至加格达奇段，提高到80公里，加速机车车辆周转。

（三）加强安全管理，优化配置安全要素

围绕安全管理进行大量的探索和实践，先后形成了《一四四三安全工作法》《安全工作八个条例》《行车安全联控作业标准》《一二五安全管理考核办法》《安全管理实施细则》等一整套安全管理制度和办法，依靠科学管理，确保运输安全，延长安全周期。全分局已基本形成了以岗位自控为基础，以工序控制为主体，以结合部联控为辅助，以重点控制为关键的融点、线、片、面控制一体的整体安全控制体系。搞好岗位达标，实施自我控制；抓住关键环节，实施重点控制；加强班组建设，实施工序控制；突出结合部管理，实施联防控制，使分局安全控制体系形成了整体安全控制的大格局。

（四）着力抓好运输安全中的思想政治工作

围绕保安全这个主题上，注重抓传统教育、系统教育和形势教育，培养“热爱边疆、艰苦奋斗、团结开拓、振兴加铁”的企业精神，企业形成了强大的凝聚力；注重确立依靠职工群众的思想，围绕运输安全引导职工参政议政，提合理化建议，激励职工的主人翁责任感；注重引导职工以苦为荣，艰苦创业，身在小站，胸怀大局发扬奉献精神；注重抓好安全第一思想教育，引导职工树立“在岗一分钟，负责六十秒”的长治久安的思想；注重抓好运输安全思想攻关，加强作业过程思想控制，筑起了安全思想的防线；热情关怀体贴职工，有组织、有计划地做好事、办实事，生活线、文化线建设搞的富有成效，调动了职工搞好运输安全的积极性；注重大力弘扬创先争优，奋发向上，唯先是学，唯旗是夺的创一流精神，激励干部职工永攀运输安全高峰。所有这些为搞好运输安全提供了强大的思想动力。

（五）优化安全生产内外部的环境

分局党政工团各级组织在安全生产上，坚持统一思想，取得共识，形成齐抓共干的大格局。关心职工生活，解决“三吃、三就、一住”（吃水难、吃菜难、吃粮难、就医难、就学难、住房难）问题，进而改善生产、生活条件，创造良好的内部生活小环境，稳定队伍，凝聚人心。整顿秩序，搞好共建，与管内各地方、林业、武警部队，签订路地、路军共保铁路安全协议，创造安全生产的外部条件。

铁路行车安全、劳动安全、路外安全

第四章　行车安全

行车安全是铁路安全的重中之重，也是最难掌控的一块。这一块控制好了，就等于安全工作做好了一半。建路130多年来，在抓好行车安全上，铁路部门和各级组织进行了全方位多角度的探索与研究，投入了大量的人力和物力，总结出了不少有价值、实用性强的方法来，为后人积累了宝贵的财富。当然，随着铁路的发展和科技的进步，搞好行车安全的方法与手段还要不断的丰富和完善。

第一节　安全责任制

安全责任制是安全管理的核心。其制定的科学合理，又落实的好，安全就好，事故就少；反之，安全就差，事故就多。安全管理最终是要落实到执行者的责任上的。新中国成立之前，安全责任制是不成熟不健全的，缺乏应有的权威性与约束力。新中国成立后，随着党和政府对安全工作的重视，逐步建立健全了各级安全生产负责制，安全形势也随之好转起来。

一、建国初期至“文化大革命”时期的安全责任制

建国初期，鉴于当时安全管理的混乱局面，铁道部主要领导在不同场合多次强调要建立安全责任制。吕正操副部长还详细解释责任制的概念和意义。责任制就是“把一定的机器或工具和具体工作，交给一定的工人或工人集团负责使用管理和保护”。就是把国家财富和事业，经济计划，交给工人做主，职工是掌握机器工具和工作机构的主人，他们以主人翁身份进行工作。同时，要求全路各级组织结合开展学习“毛泽东号”李永运动，建立一套人人负责、事事负责的责任制度。使付出、能力与回报、职位相符。

由于铁道部主要领导重视安全责任制，使得全路各个系统各个单位开始关注安全责任制，不少已着手建立安全责任制。

1950年，东北铁路总局首先推出乘务负责制（包车制），其内容是：以一台修理完成好的机车交给固定的乘务组使用，由他们对机车负全责。这样做的结果，由于乘务员对机车的责任心、爱护心的增加，能使机车经常保持良好状态，由于专乘人员对机车性能的了解，会使操纵技术日益熟悉，并从而延长机车寿命与增加机车的牵引力与工作效率。

1952年，全路各级组织落实安全岗位责任制抓得不错，从而有效控制了各类事故的发生。

1953年，虽然超额完成全年国家下达的运输生产任务，但各类事故，尤其是性质与损失严重的事故绝对数还是很突出。其主要原因是：安全岗位责任制落实的不好，员工违反劳动纪律和技术管理规程的现象比较严重。各级领导认为，只要效率高，完成了数量，就是完成了运输任务，只是在发生了重大事故，翻了车，死了人后才追问一下。

1954年，铁道部在全路机务工作总结分析报告中说，如果平时注意了职工的安全教育，认真贯彻了逐级负责制，好多事故都是可以避免的。因此，各管理局应建立和健全安全责任制，加强安全教育，使每个岗位的干部职工都明确自己的职责和权限，不给事故任何可钻的空隙，那么事故率和事故件数就自然会降下来。但各局安全责任制贯彻落实的很不平衡。铁道部机务局通报批评一些基层单位至今没有建立岗位负责制，分工不清和无人负责的现象仍普遍存在，使安全管理出现空档及漏洞，从而导致事故的发生。这不能不引起我们的重视和警觉。之后，随着岗位责任制的逐步建立，全路的安全形势呈现良好的发展势头，各类事故明显下降，1957年全路的安全主要指标均达到建路以来的最好成绩。

三年“大跃进”，安全责任制遭受严重破坏，导致安全管理失控，相互制约，相互监督，相互把关的一个完整的链条被打乱。如机车乘务工作方面，有利于维修保养负责制的包乘制改为以机车队为单位的大包乘制，在队内实行轮乘。这种违反科学规律的做法，不仅打乱了运输秩序、规章制度，而且对机车车辆等主要运输装备造成严重破坏。这种链条建立起来难，但破坏起来却容易。大跃进中，不恰当地提出：“书记挂帅”等口号，一度破坏了企业的领导制度，集体领导与个人负责相结合、逐级负责等有效制度难以坚持。这种情况下必然导致事故的频繁发生，1958年安全主要指标较1957年均呈现明显下降。

1961年初，为吸取三年“大跃进”的教训，全路重建安全责任制度，即领导干部负责制和岗位责任制。1月，全路领导干部会议后，铁道部决定限期恢复三个基本制度（负责制、验收制、经济核算制）和八个规程，至此拉开了全路性整章建制的序幕。在整章建制开始，就强调重新恢复党委领导下的行政首长分工负责制，恢复逐级负责制，重建或明确各个管理职务、生产岗位的个人职责范围，使负责制落到实处。

这些规章制度都是铁路管理工作的基本依据，在大跃进中都不同程度受到破坏，有的甚至被废止，使全路基础工作遭到极大破坏。

至1961年底，全路逐步建立和健全安全生产责任制及质量验收制度。铁路局业务处、分局及基层站、段都指定一位领导分管安全生产工作，进一步明确各级领导责任制与岗位制。运输、基建和其他生产中的每一项具体工作，都必须有专人负责安全，做到“事事有人负责安全，处处有人负责安全”。同时，必须有保证安全的措施办法，然后方准进行工作。机车、车辆、线路及其他各种设备的新造、维修，都必须经过质量验收合格后，方准投入生产。机车的包乘、包修制，技术设备的维修保养责任制等，已荒废的必须重新建立和健全起来，并坚持到底。

1962年，铁道部在全路推广戚墅堰工厂的从设备能力查定入手，层层建立以责任制为中心管理制度的做法与经验。各运输单位，结合贯彻《工业七十条》，进一步修订或制定《行车组织规程》《岗位责任制》等成龙配套的管理制度。同时把加强运输工作日常指挥上的集中统一领导和单一指挥制重点加以强调。在行车指挥上，要贯彻列车调度员的单一指挥制。在接发列车工作中，要贯彻车站值班员的单一指挥制。在调车作业中，要贯彻调车员的单一指挥制。在组织完成日班计划工作中，要贯彻调度科值班科长、调度区（所）值班主任和车站值班主任的集中统一领导的原则。必须在日常指挥工作中坚决反对多头指挥、越级指挥等瞎指挥和分散主义现象。从而极大地提高了铁路运输基层单位的管理水平。

直到1964年，安全责任制经不断修改完善，并认真的加以贯彻落实，在确保安全生产中的作用越加突出，它是全路连续保持三年之久安全形势稳定的重要因素之一。1964年，全路的安全生产达到了历史上最好纪录，成为以后若干年追赶的目标。可到了1965年，由于规章制度整顿之风的重新兴起，加之政治色彩的浓厚，安全生产责任制再次受到冲击，继而导致安全形势逐步下滑。到了1966年，形势更加严峻，别说安全岗位责任制得不到落实，就连铁路的基本制度法规也很少有人遵守，取而代之的是无政府主义的泛滥蔓延。

二、“文化大革命”中的安全责任制

“文化大革命”期间，安全责任制同其他行之有效的管理制度一样被视为对工人的“管、卡、压”而遭废除，致使无政府主义泛滥成灾，安全无人管、无人问的现象普遍存在，这样就造成大量事故的发生。其原因很复杂，但有两个因素不可忽视：一是安全责任界限不清，规定模糊，谁负责谁都不负责，谁不负责谁还都负责，到最后是谁都不负责。干部职工失去干好工作的动力，安全管理始终处于混乱的状态。二是出事故的成本低。事故处理并没有与经济利益挂钩。职工尤其是根红苗正的职工出了事故，只是做做检查，领导批评批评而已，经济上、政治上并没有受到啥损失。甚至有的职工出了事故后改行干行政或后勤等其他工作，倒落个轻闲自在，收入也没受啥影响，无形中纵容了违章违纪的错误倾向。

以下两个例子，足以看出当时安全责任制在运输一线已不复存在，更别谈其作用如何发挥了。

例1：北京铁路局介绍古冶机务段抓安全管理的经验这样介绍该段当时的情形。1968年初，古冶机务段革委会刚成立，段内阶级斗争十分复杂，无政府主义思潮严重的时候，有的机车包车组12个人只剩下一个人上班，检修车间有的小组是“锁头看家”，有的青年工人不上班游山逛水，下棋打扑克成风，学习开会也组织不起来，行车事故连续发生，不仅影响运输任务的完成，而且直接威胁行车安全。

例2：交通部1973年7月3日《关于沈阳局桥头站列车冲突重大事故的调查报告》披露这个段行车纪律松弛已经到了何种地步。中间站当班睡觉现象很普遍。有的值班员为了拉拢职工，竟有意识的破坏规章制度，简化作业程序，列车已与邻站闭塞，尚不通知扳道员，直到由邻站开出后，才一次通知。并且美其名曰：“照顾职工”，还说给扳道员提供“多睡一会儿”的机会。

有的车站作业班制，不是根据工作需要，而是如何便利职工休班时进行种地、砍柴、赶海等活动。因而两班、两班半、三班、三班半，多种形式，交错存在。

1972年恢复安全机构以后，对安全责任制强调多了起来。无论是发的安全管理文件，还是事故分析报告，里面都有加强岗位责任制的字眼，有的还有强调职务责任制的要求，但落实的不好。事故虽然较1971年前有所减少，但仍处在高位上。

后来中央察觉到安全责任制落实不好的情况后，专门在中央9号文件第四项进行重申强调，建立健全必要的规章制度，加强组织性纪律性，确保运输安全正点。要发动群众，首先把岗位责任制、技术操作规程、质量检验制度、设备管理和维修制度等建立和健全起来。这些制度，是搞好铁路运输，搞好生产建设，保障国家财产和客货运输安全所必需。没有不行，有了不执行是不允许的。

同年6月，万里部长率队到郑州局抓9号文件的贯彻落实时强调，要遵章守纪，特别是岗位责任制，必须搞好。7 月，万里在全国铁路工作会议上再次强调，要严格组织纪律性，要从加强岗位责任制入手，把技术操作、质量检验、经济核算、设备管理和维修等制度，落实到每个部门、每个班组、每个职工。执行规章制度要严，明知故犯、屡教不改的必须严肃处理，无故旷工的要停发工资。9 月，铁道部颁布的铁安监 1032 号文件要求，要不断提高职工的主人翁责任感，建立健全以岗位责任制为中心的各项规章制度，以适应国民经济大干快上需要。各铁路局在抓好安全岗位责任制的落实上采取了相应措施，站段管理细则中也有加强岗位责任制的条款，种种举措，还是收到了一定的效果。但从 1975 年底至 1976 年，由于“反击右倾翻案风”的政治斗争在全国兴起，安全责任制等管理制度再次受到冲击与削弱，无政府主义再次占领上风，安全管理又陷入混乱状态，岗位无人管无人问的现象再次出现。结果导致行车事故和人身伤亡事故大幅上升。不少铁路局和铁路分局事故主要指标达到历史最高纪录。

三、改革开放以来的安全责任制

“文化大革命”结束后，全路各级组织恢复并健全以岗位责任制为中心的各项规章制度，尤其是杨庄重大事故后，全路对安全责任制的认识上升到一个新的高度。铁道部〔1979〕铁安监 244 号文件，对领导逐级负责制和岗位责任制做了具体部署，并对各级领导和车、机、工、电、辆及施工部门职工在确保运输安全上提出了具体的岗位标准和技术要求，以及详细的奖惩措施。

1982 年，万里副总理对铁路建立和完善安全责任制做出要求：“事故发生后的态度，不能作为处分轻重的主要依据。你们党组认真讨论一下，要采取局长负责制。只要在你这个局范围的，就要全面负责，要把奖惩条例做到家喻户晓，人人明白。在交接口也要把责任制搞得明明白白。没有安全，就没有正点，就没有别的质量指标。”之后全路认真贯彻万里的指示精神，建立各级严格的责任制。从铁道部部长、铁路局局长起，一直到站段，一直到每一个调度员、值班员，必须建立这种严格的岗位责任制。班组向站段负责，站段向分局负责，分局向铁路局负责，铁路局向铁道部负责，铁道部向国务院负责。我们严格一点就把干部带好了，如果我们松松垮垮，不讲原则，就把干部带坏了，最后吃亏的是干部，害了干部。从部长到班组长，包括各级党政机关，都要按照分工，各负其责。党政工团也得包干。

1984 ～ 1988 年，铁道部要求，全路各级领导都要以安全生产作为各单位的首要奋斗目标，承包责任制的首要条件，考核、奖励的首要依据，党政工团齐抓共管的首要任务。路局与分局、分局与站段，站段与车间、班组、个人层层签订安全效益承包责任状，把安全生产作为重要内容，实行包保并进行考核，建立一个完善完整的安全保证体系。但由于缺乏对干部职工的正确引导，使部分干部职工没有处理好安全与效率、效益的关系，出现了重效益轻安全的倾向，导致 1988 年全路安全形势急剧下滑，发生多起震惊中外的行车重大事故。

1989 年 4 月，铁道部在临汾召开全路运输安全工作现场会议。会后，各铁路局结合实际，进一步建立健全安全生产责任制，实行领导负责、系统负责、逐步负责和岗位负责的全方位责任制，努力使安全生产处于可控状态。

1995 年，全路推行领导干部“五定”（定时间、地点、项目、数量、标准）和三率（定量完成率、问题发生率、问题解决率）管理及考核办法，重新修订奖惩办法，进一步完善安全经济责任制。

1997年，铁道部要求，要严格落实安全负责制。进一步明确各管理层次的责任，把安全工作和基础建设层层展开，落实到位。落实安全的逐级负责制，一是分层负责，一级抓一级，一级对一级负责。二是领导要对安全工作真正担负起领导责任。三是岗位负责，要求每一名干部切实担负起本岗位的安全责任。

1998年6月15日，全路运输安全工作座谈会在京召开。傅志寰部长等领导分别在会上讲话，对新形势下加强运输安全作部署，强调建立领导干部逐级负责制和职工竞争上岗机制。

2000年，铁道部要求，要按照落实逐级负责制的基本要求，做到各管理层次职责明确、权责统一，各级充分发挥职能作用，真正担负起安全生产的管理责任，实现对运输安全全方位、全过程控制。各级专业部门必须切实担负起技术政策、技术管理、技术监督等方面的责任，加强对本部门的专业和技术指导。加强结合部管理，健全新设备的设计、施工和使用的管理制度，运用单位要严格进行工程和设备的验收，各部门、各岗位之间都要严格工作程序，加强协调，建立起有效的联控制约机制。各单位要按照逐级负责制的要求，采取定期和日常检查相结合、静态和动态检查相结合等方式，加强安全工作的检查，建立起完善的安全工作检查监督制度。要以改革为动力，把行政手段、经济手段、法律手段以及思想政治工作有机结合起来，形成企业安全生产的有效激励约束机制。

2001年，铁道部要求，要狠抓安全管理责任的落实。进一步深化逐级负责制，强化铁路局安全主体责任，使各层的安全管理责任更加明晰、细化。要特别提请各级领导和部门注意为站段的安全管理创造有利条件，充分发挥站段安全管理作用。强化领导责任制，党政主要领导要对安全生产负第一位的责任，亲自抓安全工作的部署检查，亲自抓关键问题解决和重点工作推进，加强对安全工作的领导。落实岗位责任制，要按照岗位负责的原则，解决好每个干部“负什么责、怎么负责、没负责怎么办”的问题，将安全管理责任落实到位。

同年，铁道部在《关于铁路系统安全生产督查情况的报告》中进一步强调，建立和落实安全生产责任制一直是铁道部近年来安全工作的重点。为了明确落实各个层次各级领导的安全职责，各单位建立和实行了逐级负责制，并形成了一套以“以领导责任制”、“逐级负责制”、“技术业务负责制”及“岗位责任制”为主要内容的较为完善、有效的安全生产责任体系。从铁路局到分局直到基层站段和班组每个岗位均落实了逐级考核制度，把考核结果与被考核人的“票子”、“位子”挂起钩来，从而有效地促进了安全工作。同时强调技术干部也要落实安全责任制，充分发挥其懂设备、懂业务的优势。

2003年，铁道部要求各级组织要以法健全完善安全责任体系。要根据《安全生产法》确立的基本法律制度，从安全生产监督管理、安全保障、领导管理责任、专业管理责任、职工权利义务、责任追究、事故处理等方面，进一步明确和完善各层次的安全管理责任，形成以落实逐级负责制为主线，以领导负责、岗位负责为重点，以严格考核、责任追究为保证的安全责任体系。

2005年《铁路系统安全生产“十一五”规划》将强化安全生产责任制作为一项重要任务。要全面建立安全生产责任体系。一是强化逐级负责，要求各级第一管理者认真履行职责，对本单位的安全生产全面负责。二是强化分工负责，要求各级领导班子成员要坚持“谁主管、谁负责”，分管副职要做到管生产就要管安全；各级党委、工会组织、共青团组织，各级人事、劳资、计划、财务、综合治理等部门，都要按照分工，明确安全责任，从各自不同的角度，认真负责地抓安全、保安全。三是强化专业负责，各级专业管理部门对本系统的安全管理负责，充分发挥专业部门在安全生产中的作用。四是强化岗位负责，促使每个职工在各自工作岗位上严格执行作业标准和作业纪律，对本岗位安全生产负责，保证各项安全措施和作业标准在岗位上得到有效落实。

2006年，铁道部发布的《规范新体制下铁路运输安全基本管理制度的意见》（简称《意见》）进一步强调要健全安全生产责任制。各级组织和单位要针对铁路局直接管理站段体制改革和运输生产力布局调整后的新情况、新变化，按照逐级负责的原则，建立健全和规范铁路局、站段“领导负责、分工负责、专业负责、岗位负责”的安全生产责任制度，明确铁路局及各部门和站段、车间、班组在运输安全中的责任和权力，形成逐级负责、层层确保的安全生产责任落实机制，保证各项安全责任落实到位。

①领导负责制。按照“第一管理者全面负责”的原则，明确单位、部门第一管理者对安全生产负第一位责任。②分工负责制。按照“谁主管，谁负责”的原则，明确各单位领导班子成员和部门负责人的安全管理责任，形成各负其责、齐抓共管的安全生产责任落实机制。③专业负责制。按照“管理生产必须管理安全”的原则，明确专业部门在规章制度、技术标准、作业标准、行车设备、职工教育培训、运输生产组织等方面的安全管理责任。④岗位负责制。按照“有岗必有责”的原则，明确各生产、管理岗位安全生产职责，形成纵向到底、横向到边的安全生产责任体系。《意见》还明确了对干部安全生产责任制考核制度和安全生产责任追究制度。

2007年，为了认真落实铁路运输企业领导人员安全管理职责，严肃事故责任追究，惩处铁路安全生产领域违法违纪行为，有效防范铁路交通事故及其他铁路生产安全事故的发生，切实保障人民生命财产安全，根据《安全生产法》《安全生产领域违法违纪行为政纪处分暂行规定》《铁路交通事故调查处理规则》等法律法规和铁道部《铁路领导干部违反党纪政纪等有关规定组织处理办法（试行）》的精神，结合实际，铁道部特制定《铁路运输企业领导人员安全生产违法违纪和失职渎职行为问责办法（暂行）》。

问责的主要方式：①书面检查。②通报批评。③诫勉谈话。④组织处理（包括终止试用期、停职、责令辞职、免职等）。⑤行政处分（包括警告、记过、记大过、降级、撤职、留用察看、开除）。⑥其他问责方式。各种问责方式可单独适用，也可合并适用。本办法的实施进一步加强与规范了领导安全负责制，对确保铁路安全负责制度的落实有着非常重要的意义。

建立健全安全生产责任制，是《中华人民共和国安全生产法》（以下简称《安全生产法》）对生产经营单位的一项基本要求。全路要按照“负什么责、怎么负责、不负责怎么办”的要求，健全完善“逐级负责、领导负责、专业负责、岗位负责”安全责任体系，科学界定路局、各有关部门、站段的安全管理责任，明晰领导层、管理层、作业层每个岗位的安全职责，确保安全管理全面覆盖，安全压力逐级传递，安全责任逐级落实，安全目标逐级保证。

铁道部、铁路局、站段、车间、班组不同管理层次，按照逐级负责、分级管理的原则，建立下级单位对上级单位负责，副职对正职负责，部门对主管领导负责的安全责任制；明确各级、各部门、各管理层次人员的安全管理职责，做到管理职权明晰，责任目标一致，责、权、利统一。

针对“7·23”重大事故的教训，2011年7月27日国务院第165号常务会议精神强调：要严格落实安全生产责任制，切实加强全员、全方位、全过程的精细化管理，把安全责任层层落实到每个环节、每个岗位、每个职工，确保运输安全万无一失。同时要配强干部和管理人员，确保有人负责、有得力的人负责、能负得了责。随后，铁道部在多种场合强调：各级组织和单位要认真吸取“7·23”安全责任落实不到位，监管不得力的深刻教训，全路各级组织和单位狠抓领导负责制、逐级负责制和岗位负责制的落实，从领导干部到一线职工层层落实安全生产责任制，严控每个环节、每个节点，特别要做好结合部的互控，不给任何危及安全因素以可乘之机。

第二节　安全教育

安全教育是铁路安全管理工作的重要环节，是强化职工安全意识，提高职工业务素质，培养职工良好安全习惯的重要手段，对确保运输安全有着不可替代的作用。历史上各个时期的铁路管理者均采取不同手段和方法对铁路员工进行安全教育。

一、早期铁路安全教育

清政府末期，南北方各路局对行车安全教育工作逐步引起重视，在修订行车规章时，要求所有员工必须进行规章学习和安全教育。关内外铁路运营初期，京奉铁路局在《行车规则》规定：“站长、司机、司炉、车队长、运转车长、制动员、信号员、各段监工以及其他为本路服务之人，各发给中文或英文行车规则一本，存放于办公室或宿舍，以备随时需用”。“以上所指各人均发给行车时刻表、行车指要信号通告、工程股通告、行车特别通告中文或英文各一份”。民国时期，国民政府交通部和各铁路管理局为确保运输安全，对职工安全教育还是比较重视的，成立有专门的职工教育机构。1922年，交通部路政司总务科具体负责铁路职工教育事宜。

20世纪30年代，上海交通大学以设小铁路局的形式对学员实施行车设备结构和行车安全教育，效果甚好。

1933年，国民政府铁道部机构设职工教育委员会。

1931年1月至1932年，平汉铁路管理局委员会机构设教育委员会，1936年5月，该局设职工教育委员会。1949年5月，该局设大学毕业生实习甄考委员会和员工训练委员会。

上世纪30年代，南浔铁路的行车事故发生皆由于员工不识规章制度造成的。路局乃召集各段站行车有关员工，分期分地听讲行车规章，以局长、处长、课长为教授。从1933年9月开始办补习班，约半月为一期，效果还是比较好的。

1935年，北宁铁路管理局机构设教育委员会和考试委员会。

1935年至1936年，正太铁路管理局机构设交大实习甄考委员会和员工训练委员会。有的管理局为使职工养成良好的工作习惯，确保运输安全，还在机构中设职工习惯养成教育组织，有针对性克服不利运输安全的坏毛病、坏习惯。

1937年7月，日军侵占华北，1939年4月，成立华北交通株式会社。先后在承德、唐山、山海关、沧县、石家庄设立监理所，处理行车业务和安全事宜。对工人进行《铁道五训》教育，要求大家做到“至诚奉公”、“规律严守”、“遵守规程”等教育，以保证运输正点。日军为少出事故，最大限度地维护他们的利益，亦采取强制措施，在《运输规程》中规定“传达注意事项，复诵指示”等，严格要求员工强记硬背规章，且时常施以鞭打体罚，并在《铁路行车保安之商榷》第一条称：“行车安全第一，铁路车、机、工、警等有关行车员工、警役，均应在任何情况下，以行车安全为第一要义，如察觉有危及行车安全情事，应立即以最敏捷之方法处置，或报告主管工员处理之。”

1940年，济南铁路管理局制定《事故防止十训》，列举行车事故10项因素和防止事故措施，印发张贴，广为宣传教育。并拟定《铁道训社》（誓词），强令工前背诵。

1947年3月，交通部粤汉区、陇海区铁路管理局为确保职工业务素质，机关设职工教育委员会，专司员工技术业务与安全教育工作。

东北解放初期，铁路运输条件极差，不安全因素普遍存在。为支持前线完成运输任务，在东北铁路总局统一组织领导下，发动职工多次开展安全旬、安全月活动，启蒙教育职工安全生产。1947年4月5～15日，开展“防止热轴旬”活动，减少或防止车辆燃轴故障。4月16日，相继开展了“列车制动装置整备月”活动。1948年4月1～30日，又开展了“客货车制动装置整备月”安全活动，全面提高客货车技术状态，保证客货列车安全运行，收到了较好效果。加强技术业务教育，提高职工素质，已被越来越多的铁路管理者所注视。

二、贯彻实施新《技规》

新中国成立后，全路各级组织十分重视对职工的规章学习和安全教育工作，不断创新教育方式与考核手段，丰富教育内容与内涵，收到了明显成效，干部职工的安全意识越来越强，安全形势越来越好。

1949年12月，铁道部公布了《机车乘务员提升甄审标准》《机车乘务员职务及机车司机等级核定考试办法》，对机车乘务员的思想政治、技术业务和身体素质等提出了严格的要求，只有经笔试、口试和实际操作合格者，方可担任乘务工作。新中国成立初期，对乘务人员的培训主要靠“以师带徒”的方式，在实践中组织培训。1951年成立司机养成所，开始正规培训。除讲授机车构造及作用、行车组织规则等基本内容外，并学习机车故障应急处理方法及行车安全常识等。

《铁路技术管理规程》是铁路运输技术与安全管理的基本法规。自1950年1月颁布施行以来，至2006年10月先后进行10版修订，以适应铁路运输日益发展需要。

全国统一的《铁路技术管理规程》（草案）颁布后，各铁路管理局从上到下组织干部职工学习考试，使职工了解、掌握、执行《技规》。同年4月25日，中苏共管的中国长春铁路管理局成立后，借鉴苏联铁路管理经验，每年都有计划地组织行车有关人员进行《铁路技术管理规程》《列车运行规则》《信号规则》教育和学习。铁路管理局、分局和站段都由主要领导组成考试委员会，定期考核。同时，在各铁路分局间开展劳动竞赛，胜者发给优胜循环红旗并奖励。同年10月16日，铁道部发布《铁路技术管理规程学习及考试暂行办法》规定：凡铁路人员均应参加学习考试，重点是行车安全有关人员。每年5月1日至8月31日为考试期间，9月为考试总结期间。除定期考试外，各级监察人员应随时测验本业务范围人员的学习情况及进度。考试分专门和一般两种，专门考试以车务、机务、工务、车辆、厂务等各业务部门和现场直接执行《技规》或有关职工为对象。一般考试以其他部门及业务部门的一般职工为对象。专门考试以分类分别考试为原则，即按不同业务单位分别出题。考试成绩作为人事部门考核参考，成绩优异者奖。有关行车人员经两次补考仍不合格，撤换其行车职务。

铁道部对安全监察人员的安全教育要求高一格、严一档。1951年，在学习新规程活动中要求，首先监察人员本身应该重视规程学习，应该认识到规程在保证行车安全上起决定性的作用，另一方面，监察人员应该结合抗美援朝及镇压反革命的两个运动向群众宣传学习规程的重要性，如不学习规程，业务不精，就不能防止事故，就难以保证铁路运输安全。

为提高干部职工业务素质，确保运输安全，铁道部要求全国铁路范围内须有80%员工参加规程学习，特别要着重现场员工的学习。为了保证学习能够收到一定的效果，建立相应的考试制度。同年5～9月的考试，由铁道部监督，铁路管理局组织实施。实行三考制：初考一复考，及格的发给及格证明书，三考不及格者降职减薪，来年考试不及格者予以免职。管理局长及监察室主任、副主任的考试由铁道部长与总监察主持进行。

1952年4月，新的《铁路技术管理规程》修订公布，铁道部组织全路性的《技规》学习和考试。为加强职工遵章守纪教育，落实规章制度，保证新《技规》顺利实施，并在第三季度组织考试。全路掀起了学规章、钻研技术业务的新高潮。这次学习考试的规模之大是建国以来所没有的，不仅运输系统广大干部职工全员参加，而且各公司所属单位、政工、后勤部门以及公、检、法、文教卫生系统全部参加。形成了全员参加、人人学习的可喜局面，取得了较好效果。据统计，12个铁路局各级干部考试全部及格，工人考试及格率达99.7%，有87.8%达到优良成绩。铁路局副局职以上人员考试成绩均在80分以上。同年9月1日起，全路将施行修改后的新《技规》。铁道部要求各铁路局在8月15日前完成《技规》考试工作。考试结果要纳入考绩档案。对不及格者应加强教育与培训，限期补考。郑州铁路局成立由分管安全的副局长任主任的《技规》学习考试委员会，铁路局安监委主任为考委会办公室主任，各分局及基层单位均成立相应组织，负责领导本单位的学习考试工作。根据铁道部要求，铁路局副局职以上领导干部由部总安全监察室命题，局考委会主考；由铁路局任免的局、分局级单位的处、副处职人员（包括政工部门）由铁路局考委会命题主考。全局处职219人，实考215人；路局机关科职602人，实考593人。以上人员考试成绩均超过85分。全局参加考试133169人，其中不及格110人，占参考人数的0.08%。

上海铁路局成立以局长为主任，两名副局长为副主任的《技规》考试委员会，下设办公室，领导全局《技规》考试工作。铁路局副局职以上人员（包括政工部门）由铁道部命题并派人监考和评卷。各分局、大口单位的党、政、工、团负责人和铁路局、分局机关的副处职以上人员（含政工部门）由铁路局考委会命题、监考、评卷。考试工作于当年7月底完成。副局职以上领导干部、各部门副处职以上负责人239人参加考试，成绩均超过85分，其中得满分的75人。由分局、大口及基层单位主考的总人数为153784人，其中处级307人，科级3067人。考试不及格人数为208人。通过坚持每年一次《技规》的学习考试，广大干部职工的业务知识、管理能力和作业水平得到了进一步提高。

三、开展安全技术培训教育

1958年，是我国开展生产大跃进活动的第一年。该年行车事故多的一个重要原因就是，技术教育和纪律教育工作跟不上客观形势的发展。随着运输任务的猛增，行车员工中的新成员大量增加。各局采取不同的办法进行培养训练，取得很大成绩。但由于培训时间短，工作急需，仍有极个别技术不熟练的新工人参加行车工作，因而发生一些事故。此外对老员工经常性的技术业务和纪律教育工作做的不够，也是一个主要因素。为此，铁道部要求继续树立安全运输思想，贯彻多快好省地全面完成运输任务的方针。通过各种组织、抓住各种时机、采用各种方式方法，经常教育干部职工，使之从思想上认识“安全和效率一致，质量和数量统一”的道理。当领导和群众对效率和安全都加以重视的时候，不但提高了效率，也保证了安全。安排生产任务时，必须同时布置安全措施，在工作中互相监督，贯彻执行。要在广大群众中形成“人人管生产，人人管安全”、“人人守规章，人人反对违章”的气氛。

随着1959年生产更大跨进，铁路系统将会增加更多的新职工，铁道部要求全路要加强职工的技术教育和纪律教育，顺利完成运输生产任务，以保证行车安全。必须尽快培养出高质量的技术工人。建立健全业余技术教育制度和坚持考试合格方可参加行车工作的制度。要经常对行车员工进行技术教育，不断提高技术业务水平，严格执行规章制度。

1961年，铁道部提出：围绕党的安全生产方针，利用一切工具，抓紧一切时机，“时时讲安全，处处讲安全，事事讲安全”，使安全思想家喻户晓，深入人心。各局党报，应经常刊登有关安全生产的文章。同年5月7日，铁道部印发《安全监察工作十六条》，要求各局安全监察人员认真贯彻执行，做好防止路外伤亡事故的宣传教育。依靠地方党委领导，与公安部门密切配合，充分发挥各级组织作用，每年搞几次安全宣传教育，做到家喻户晓。安全监察人员在检查工作时，要检查职工的技术业务学习情况，对《技规》及有关安全规章制度每年应组织两次考试，不合格人员不准担当行车工作。必须坚持行车有关人员的任职、提职考试制度。

1962年，为进一步提高职工的技术业务水平，全路运输系统普遍加强职工技术教育工作，取得了一定成绩。各局和主要站段基本上配齐专职教育干部，与文教部门共同整顿职工学校的专业学习班、健全日常业务学习制度，举办各种形式的业务轮训班，组织主要工种的单项和综合技术表演赛，以及各种形式的集训活动，大练基本功。据不完全统计，全路各铁路局、站、段共举办训练班170多期，训练职工4万余人。为进一步加强职工技术教育工作，还在蚌埠、西安、沈阳分别组织11个铁路局技术教育干部座谈，交流经验。目前，全路职工教育工作已经全面开展起来，在干部职工中出现坚持学习、刻苦钻研的风尚。据统计，在运输部门中，熟悉规章制度能够胜任本职工作的职工占总人数的比重由年初的40.5%上升到45.1%，增加了4.6%。

技术教育工作的加强，职工技术业务水平的提高，对于保证运输任务的完成和安全生产发挥了一定的作用。年内，全路运输部门广大干部职工，认真贯彻以“调整、巩固、充实、提高”为中心的“八字”方针，加强统一领导，深入开展“安全正点（优质）四爱”运动，进一步整顿基础工作和规章制度，广泛开展职工技术教育，使全路运输工作出现了新面貌。全年基本完成了铁路客、货运输任务，同时行车安全工作有了很大进步。

1964年，全路开展轰轰烈烈的大练基本功活动，各局结合自身实际积极参与其中，郑州铁路局规定67种基本功过硬要求。采取领导带头，职工表演，群众观摩，竞赛评比的方法，共举办练功表演运动会180多次，5.6万名职工参加，评出各方面技术能手900多人。上海、济南、北京、郑州、沈阳等铁路局印发关于“大练基本功”的安排，组织大练兵、大比武活动。全路涌现出许多技术能手、行业状元。职工队伍的业务素质得到明显提升，为运输安全提供了技术保证。

铁道部在推广全路安全先进经验的同时，针对全路各时期发生的几起重大事故，深入开展事故案例教育，认真吸取事故教训。1965年9月4日，济南局胶县站外由于小孩在轨面摆放石砟造成列车颠覆重大事故，为吸取事故教训，铁路局印发了爱路安全知识宣传提纲和画册，分发到各站段及地方基层组织，向铁路职工、旅客和沿线厂矿职工、居民、学生宣传爱路护路的重要意义和安全常识。

1966年5月，“文化大革命”开始，铁路运输安全工作受到严重冲击。有效的规章制度被废除，运输秩序被打乱，安全教育工作受到干扰和破坏。1971年，铁道部贯彻落实中共中央《关于加强安全生产的通知》（即71号文件），参加全国性的安全月活动，各铁路局迅速行动起来，结合本局实际，开展形式多样的安全月活动。哈尔滨铁路局开展查思想、查纪律、查制度、查领导的“四查”活动，边查边改，堵塞漏洞，强化安全工作。路局机关抽出259名干部，深入到基层站段、沿线工区，采取报告会、座谈会、事故分析会和板报等多种形式，对职工进行安全生产宣传教育，受教育职工人数达97%。上海铁路局在抓技术业务学习和安全教育中，坚持“四落实”（组织领导落实，学习时间落实，学习内容落实，学习人员落实），并在各段和三等以上车站配专职教育人员，收到很好的培训效果。

1975年3月5日，中共中央发出《关于加强铁路工作的决定》（中央9号文件），要求在职工中纠正无政府主义的影响，批判规章制度无用论，重新恢复各项制度，沈阳铁路局及时总结推广本溪站狠反违章违纪坏习惯，开展“对规”活动，推动了安全生产。年内，全路学习贯彻中共中央《决定》和国务院《全国安全生产会议纪要》，各铁路局、各级组织和各级领导干部运用多种宣传教育形式坚持把安全教育贯穿于运输生产的全过程。铁路运输安全工作开始扭转被动局面，但是，安全形势不够稳定。

1998年以来，全路经过几年安全基础整顿，运输安全形势逐渐好转，但距“有序可控、基本稳定”仍有很大差距。其中一个主要原因是部分职工文化和技术业务水平较低，不能适应当前运输安全的要求，违章违纪仍然是导致事故发生的重要因素。为此，全路把是否具有安全意识作为职工竞争上岗的重要条件，加强轮岗培训，以应知应会为基本内容，深入开展技术业务学习，提高职工的基本技能。一些单位对行车工种进行中等技术专业培训，培训后竞争上岗。

2000年，铁道部制定印发《关于铁路企业开展全员培训工作的意见》和《关于公布〈铁路运输企业基层单位职工教育达标条件〉的通知》两个文件，建立对全员培训任务和质量的考核、评估机制。各局采取脱产培训、岗位练功、知识竞赛等方式，强化岗位培训。全年完成规范化岗位培训9.8万人次，强基达标5万人次，适应性岗位培训184万人次，培训教育的规模是近年来力度最大的一年。

2001年，铁道部继续强化职工培训工作，提高职工的技术业务素质。各铁路局围绕运输安全，加强对行车一线职工安全责任意识教育和遵章守纪教育，增强其安全生产自觉性。各单位制定培训计划，采取多种方式强化职工业务培训。对一些主要行车人员，实行岗位练兵，提高其对突发事件的应急处置能力。

2002年以来，铁道部贯彻落实《中华人民共和国安全生产法》，要求在全路职工中广泛开展学习贯彻和安全知识竞赛活动。铁道部成立宣传小组，制定系列学习宣传方案，举办《安全生产法》骨干培训班，编写宣传提纲，印发《〈安全生产法〉学习手册》，编辑制作辅导讲座录像片和站车广播节目录音带，组织开展《安全生产法》知识答题竞赛，拍摄《以案说法》专题电视节目，在《人民铁道》报和铁路办公网上开办宣传专栏。各铁路局在较大车站向旅客宣传安全旅行常识，掀起宣传《安全生产法》的新高潮。通过多种形式的广泛宣传和学习，《安全生产法》已在全路家喻户晓，深入人心。

2003年，全路继续加强思想教育，干部职工对安全工作极端重要性的认识进一步提高。安全责任和义务进一步明确，依法履行安全职责的意识明显增强。各单位加强职工培训，全面开展职工岗位技能达标培训和“两年十天”全员脱产轮训，坚持行车主要工种人员持证上岗制度；针对新技术、新设备、新材料的应用，开展多种形式的适应性培训和岗位学技练功活动。

四、推广安全先进经验

铁道部各时期一直注重总结、宣传、推广运输安全的先进典型经验，发挥以点带面的良好作用，以此推动全路安全工作有序开展。1962年12月4日，连续13年无责任行车事故的上海铁路总局周王庙车站，获得铁道部颁发的安全奖。周王庙车站创造的“三化一固定（用语标准化、作业程序化、制度统一化、固定分工负责制）”经验在全路宣传推广后，引起很大反响，推动了当时正在全路开展的抓基层、打基础、大练基本功活动。1980年，铁道部在深入开展“安全月”活动中，注意总结推广安全先进典型经验。一是在小陈庄召开了现场会议，把小陈庄树为“全路安全生产标兵”，并以小陈庄道口小组的“道口设备、道口管理、道口作业标准化和加强责任心”的经验为主，拍摄了道口小组的“道口安全”科教电影片，广为宣传。二是总结北京铁路局天津分局着重从四个方面解决安全生产，持之以恒的管理经验：①结合各个时期的中心任务，进行安全教育，提高广大职工对安全生产重要性的认识。②经常教育干部职工认清安全工作潜在着危险，坚持常年不懈。③正确处理安全工作和其他工作的关系，坚持把安全生产摆在第一的位置上来。④充分认识安全工作的艰巨性，振奋精神，克服畏难思想等四条经验。三是推广沈阳铁路局小东站经验。小东站自1948年建站以来，长期坚持“一点也不差、差一点也不行”的严细作风，在工作中人人认真执行规章制度，时时注意安全，从未发生事故，曾多次被评为分局、铁路局、辽宁省和铁道部的先进集体，是铁路中间站的“排头兵”。1983年12月1日，铁道部授予沈阳铁路局小东站“安全生产35周年”光荣匾（至1988年12月2日，小东站安全生产40周年，1993年，实现安全生产45周年）。

五、开展“安全教育日”活动

1950年1月23日，津浦线花旗营站发生行车重大事故，造成军校学员死亡16人、重伤10人、轻伤36人，中断行车8小时29分，这是新中国成立以来第一起旅客列车重大伤亡事故。为迅速改变安全状况不好的局面，通过发布事故处理通报，党、政、工、团联合召开职工大会，追悼死难烈士等形式，来增强干部职工的纪律观念和安全意识。

1978 年 12 月 16 日，陇海铁路杨庄站发生行车重大事故，死亡 106 人、重伤 47 人，中断行车 9 小时，是建国以来最严重的铁路行车事故之一。事故原因是，值乘 368 次旅客列车的司机和副司机睡觉，运转车长离岗，致使列车冒进信号，与正在进站通过的 87 次旅客列车侧面相撞。为记取这次事故的沉痛教训、加强安全工作，铁道部决定每年的 12 月 16 日为“全路安全教育日”。

铁道部希望通过“全路安全教育日”活动进一步落实国务院领导对铁路安全工作的批示和铁道部的要求，牢固树立安全第一的思想，贯彻预防为主的方针，努力消灭行车重大、大事故和铁路责任重大路外伤亡事故，防止险性事故，大幅度减少一般事故，确保行车安全，特别是旅客列车的绝对安全，决不允许杨庄事故再次发生。12 月 19 日，郑州铁路局党委召开全局紧急广播大会，动员全局干部职工认真汲取杨庄事故教训，振奋精神，努力工作，坚决把安全生产搞上去。

1979 年 1 月 26 日，国务院针对杨庄事故发文强调：铁路运输业，必须把安全放在首位。各级领导干部要树立安全第一的思想，抓生产首先要抓安全，经常检查、落实安全措施。要加强政治思想工作，不断向全体职工进行安全教育，使每个职工都牢固树立对国家、对人民极端负责的观念，严格遵守劳动纪律，坚决执行岗位责任制，一丝不苟地贯彻各项操作规程和规章制度。要狠抓基层工作、基础工作和基本功的训练……。同年 2 月，结合铁道部电报精神，接受郑州局杨庄站事故教训，开展安全教育活动。沈阳、吉林、锦州铁路局认真贯彻铁道部《关于确保行车安全的命令》，沈铁《火车头报》发表文章，开辟专栏大力宣传安全生产的重要性。并在基层单位开展“忆、摆、讲”活动，总结经验教训，查摆安全隐患，宣讲安全生产的重要意义。

1980 年 4 月 21 日，铁道部部署全路在 5 月份开展“安全月”活动。根据国务院批准的《关于从今年起每年 5 月份定为“安全月”、开展安全活动的联合通知》，要求各铁路局要首先保证旅客列车的绝对安全，消灭行车、货运、火灾、路外伤亡重大、大事故，消灭职工因工死亡事故，防止险性事故，大幅度减少一般事故；铁路分局要消灭险性和重伤以上事故；其他局、厂、院、校以及站、段、队和所有单位要消灭一切事故；个人要消灭违章作业。通过“安全月”活动，进一步建立健全安全生产和文明生产的各项规章制度，使安全生产和文明生产经常化、制度化，持续地向好的方面转化。

1988 年 3 月 24 日，沪杭外环线匡巷站发生两列旅客列车相撞重大事故后，上海铁路局以近半年时间，对职工进行正面的安全生产思想教育，路局党委宣传部、路局工会复制了“3·24”事故录像，分发各单位，组织职工收看。并于每年 3 月 24 日全局开展“3·24”事故周年安全教育活动，以教育职工牢记切肤之痛，增强安全责任意识和安全群体意识。为贯彻《国务院关于加强交通运输安全工作的决定》）(国发〔1988〕48 号)，各单位根据新时期思想政治工作的新特点，联系实际，采取生动活泼、群众喜闻乐见的形式，把思想工作做到生产和职工生活中去，教育广大职工懂得本职工作同运输安全的密切关系，增强职工搞好安全运输的自觉性。教育广大职工加强主人翁责任感，树立良好的职业道德……结合典型事故开展安全教育活动。

1990年，沈阳铁路局通沟站“7·27”重大事故以后，全局上下引起极大震动，开展吸取“7·27”重大事故教训，搞好安全生产的大讨论，沈阳局党委下发《振奋精神、鼓舞斗志、为迅速扭转安全生产被动局面而奋斗》的宣传提纲，同时开展“保安全、创优质、我为亚运添光彩”和开展“学标、对标、达标”活动，宣传铁路局保安全的“1号命令”。在“7·27”重大事故一周年之际，局党委下发了《覆车之鉴永志不忘、安全运输警钟长鸣》的安全教育宣传提纲。还有的单位采取在事故现场召开追悼会和事故责任人巡回检讨的方法来教育干部职工。

六、列车提速安全教育

1997年4月1日～2007年4月18日，中国铁路在京沪、京广、京哈、京九、陇海、兰新、浙赣、汉丹等干线先后进行六次大面积提速调图，全路运输组织、劳动组织和修程修制等方面均发生深刻变化，运输安全工作面临巨大的挑战。为确保提速调图工作安全持续稳定，铁道部加强运输组织工作，合理编制列车运行图，对提速区段行车设备进行排查整修，消除安全隐患。并强化对行车主要工种人员的技术业务培训，以适应全路大面积提速安全需要。

2004年，全路实施第五次大面积提速调图，大量开行直达特快列车，列车以时速160公里持续运行的距离和区段大幅度延长，安全控制的复杂性增加，安全风险更大。针对规章制度不完善、人员素质不适应、行车设备不稳定等问题，铁道部多次召开会议，教育全路职工站在实践“三个代表”重要思想、落实科学发展观的高度，充分认识确保提速安全的极端重要性，以高度的责任感和使命感确保提速安全。年内，开展以技能、学历、文化三项达标为主要内容的岗位达标培训；组织首届全国铁道行业职业技能竞赛；围绕提高非正常情况下应急处理能力，开展岗位练兵活动，全路培训行车主要工种人员57.3万人；职工技术业务能力得到提高。

2007年4月18日，铁路实施第六次大面积提速和新的运行图，开行时速200公里及以上动车组，新建电气化铁路开通运营，大批现代技术装备投入运用，在我国铁路发展史上具有里程碑意义。年内，铁道部制定《铁路职工教育培训规定》《“十一五”铁路职工教育培训规划》和《铁路职工岗位培训合格证书管理办法》等配套措施和实施细则；完善职工教育培训规章制度；完成车站值班员等10个行车特有工种职业技能培训规范的编写工作；组织全路机车司机、大型养路机械司机等1.8万余名关键岗位人员的统一考试；至年底，全路完成《铁路岗位培训合格证书》换发145万余本，发放《铁路岗位培训合格证书（CRH）》3749本。

年内，经铁道部组织培训的重点项目共举办31期，培训1749人：其中动车组司机培训8期616人，动车组随车机械师4期256人、动车组检修骨干人员培训8期445人、列控系统骨干人员1期14人、牵引供电骨干人员1期33人、动车组客运乘务人员256人。各铁路局按照部统一部署，制定培训计划，抓好岗位人员培训。截至2007年4月18日，北京、上海等10个开行200公里/小时动车组的铁路局共集中培训行车关键岗位人员50001人。站段积极开展职工技术业务培训。针对新设备、新技术、新规章的变化特点，将新《技规》、新《行规》和第六次大面积提速调图新图及新设备使用等内容作为培训重点，全路共计培训81万余人次。

2008年4月30日，铁道部召开电视电话会议，会上传达了国务院常务会议和温家宝总理重要讲话后指出：当前，最重要的就是把安全大反思、大检查活动深入扎实地开展起来，切实取得成效。第一，一定要充分利用“4·28”事故这一反面教材，真正吸取血的教训。第二，安全第一的思想要永远深扎在我们的头脑之中。第三，一定要把安全大反思、大检查活动搞深入、搞彻底，不达目的决不罢休。第四，转变领导作风，切实加强对安全工作的领导。会上，各铁路局汇报了开展安全大反思、大检查情况。11 月 7 ～ 8 日，在全国铁路运输安全工作会议上，部领导强调：通过多种形式的安全教育，使全路干部职工要充分认识，安全生产已经成为评判铁路工作最重要的尺度。全路一定要站在政治的高度和时代发展的高度，深化对“安全第一”的认识，把确保安全作为铁路各项工作最根本的前提，作为衡量每一个单位、每一个部门、每一名领导干部工作的首要标志，把安全发展理念扎根于思想深处，自觉落实到行动之中。年内，铁道部以动车组司机及运用检修、线路工程、通信信号、牵引供电等设备检修维护和客运服务人员为重点，开展客运专线关键岗位人员的培训。培训各类人员 3916 人次。在第二届全国铁道行业职业技能大赛中，动车组机械师工种 30 人获得个人全能，80 人获得单项奖。通过开展技能竞赛活动，全路掀起一个学技练功的新高潮。

2009 年以来，铁道部要求各铁路局加大铁路路外安全的宣传力度，加强路外安全宣传队（车）的组织领导工作，要配齐人员、配备宣传车辆和宣传设备，保证路外安全宣传费用。安监、公安、宣传、工会、共青团组织以及护路联防办、路外安全宣传队（车），要利用各种形式开展《铁路法》《治安管理处罚法》《道路交通安全法》《铁路交通事故应急救援和调查处理条例》等法律法规及铁路安全常识的宣传工作，深入铁路沿线乡镇、村庄、学校、机关、企业、机动车驾驶员培训基地和事故多发区段，加大路外安全宣传力度。为适应我国铁路现代化发展需要，全面加强铁路职工队伍建设，根据《铁路主要行车工种队伍建设规划》和《关于实施铁路“十百千万”人才培训工程的意见》，铁道部印发《2010 ～ 2012 年铁路职工教育培训工作规划》。该《规划》提出总体思路、规划目标、主要任务、保障措施等四大部分。其中在主要任务中提出以高速铁路主要行车工种人员为重点，加快培养新线开通所需人员：⑴工作目标是：围绕高速铁路、普通新线开通运营，动车组检修基地和大功率机车检修基地相继建成投产的需要，对动车组司机、机械师和动车组检修基地及大功率机车检修基地所需人员制定各年度培训计划。⑵培训内容：①专业理论知识。以新建高速铁路、普通铁路技术装备知识和规章制度为重点，针对新建高速铁路和普通铁路不同工种和岗位标准的要求，学习有关专业理论知识。②实作技能。以新建高速铁路、普通铁路行车作业办法，相关工种职业技能和对应岗位的操作技能要求为重点，进行岗位实作技能训练，提高职工的岗位作业能力。深入开展安全意识教育、事故案例教育，提高职工非正常情况下的应急处理和保证安全生产的能力。

2011 年甬温线“7·23”事故后，7 月 27 日温家宝主持召开国务院常务会议强调：大力加强安全生产教育。广泛宣传安全生产知识，增强全社会的安全生产观念，建设以人为本、关注安全、关爱生命的安全文化。领导干部尤其要全面学习掌握安全生产知识，增强安全生产意识，严格依法依规办事。铁道部领导也在多种场合强调：要深刻吸取“7·23”事故教训，举一反三，切实做好对干部职工“7·23”事故反面典型的教育，真正使“安全第一”的思想在干部职工心里扎下根，积极引导大家全身心地投入到保安全中去。

第三节　安全竞赛与奖惩

中华人民共和国成立前（除东北解放区以外），铁路部门对工人基本没有什么奖励，倒是惩处条文不少。员工动不动被罚被扣，很难拿到全工资。尽管有一些奖励条款，但那也是针对具有一定地位的管理人员而制定的。新中国成立后，为充分调动干部职工的生产积极性，确保铁路运输安全的健康发展，铁道部逐步建立健全了一系列奖惩制度、法规，先后开展了形式多样的安全竞赛活动。

一、新中国成立前安全竞赛与奖惩情况

清政府时期的中国铁路，大多被外国人控制，当局对铁路工人谈不上有奖励，倒是惩处条文不少，动不动就扣罚工资，员工很难拿到全工资。民国时期，对普通铁路工人仍然没有什么奖励，处罚的地方却不少。在中国的民营铁路中，虽然有一些奖励条款，但那是针对具有一定地位和身份的管理人员而制定的。

日本侵华时期，日方为实现在华利益的最大化，曾开展一些专业性安全竞赛，如“运输事故防止周”、“正确办理道岔信号旬”以及调车作业、机车检查竞赛等等。此期间，对各主要行车单位按其业务繁简规定了不同的“安全期”，“安全期”内消灭行车事故的予以表扬和奖励。

1946 年 4 月以后，东北铁路总局为确保运输安全，支援解放战争，采取对防止事故有功人员予以奖励等措施，调动职工的生产积极性，自觉遵章守纪，并广泛开展“消灭事故月”和“劳模立功”等群众活动，对保证运输安全发挥了积极作用。

鉴于当时妨害军事运输形势的严重，安全秩序混乱的局面，1946 年 12 月 24 日，东北民主联军总司令部命令公布《妨害铁路军事运输治罪法暂行条例》规定：在铁路上服务人员有下列行为之一者，以妨害军事运输论罪处以半年以上五年以下有期徒刑。①违反铁路行车章程以致造成重大事故者。②违抗命令影响运输者。③利用职权违法营私造成重大事故者。④因失职而造成重大事故者。

非常时期用重典。新中国成立前夕，由于影响和干扰铁路运输安全的严重倾向，铁路部门采取非常手段予以遏制。如 1946 年，东北局管内少数职工工作作风散漫，纪律松弛，事故比较严重。为此，东北局特派李立三同志来检查指导工作。有一个机务段的司机，不遵守规章制度，造成机车严重损坏，阻塞交通，中断行车，妨碍外贸运输。经李立三建议送牡丹江省公安局长严佑民处理，后被宣判死刑，执行枪决，引起极大反响，基本煞住了这股散漫无羁的歪风，安全不好的局面很快得到遏制。

为了解放战争的胜利，更好地调动广大铁路员工的积极性，配合《妨害铁路军事运输治罪法暂行条例》的实施，东北铁路总局于 1947 年 1 月 3 日制定公布了《员工奖惩条例》，共 15 条。提出了一种奖励办法。即：①通令嘉奖。②奖金。③奖章及奖状。④增薪及奖状。⑤晋级及奖状。提出六种惩罚办法，即：①警告。②减薪及罚薪。③降级。④记过（三小过为一大过，满三大过者开除）。⑤开除。⑥开除并送军事法庭处理。对于奖励的范围和标准、处罚的规定都在附表中详细列出，并将处罚按营业事故、运转事故、通信事故、服务和其他分成四类。

1947 年 1 月 18 日，在东北解放区，3201 次列车与 3202 次列车在绥佳线桃山站发生正面冲突，损失严重。2 月 9 日，东北民主联军总司令部铁路特别军事法庭按妨害铁路军事运输治罪法暂行条例，判处事故责任者、副站长极刑，站长和 3202 次列车司机各领 10 年徒刑，扳

道员1年徒刑。这种用军事法庭判决事故责任人的形式，足以说明时任执政者对运输安全的重视。

新中国成立之前，各铁路总局、管理局也推出一些奖惩办法，对确保运输安全起到了积极作用，同时也为新中国成立后制定奖惩法规提供了依据和借鉴。如：1947年1月3日，东北解放区东北铁路总局公布了我国自修建铁路以来较为正规的《员工奖惩委员会规则》和《员工奖惩条例》。

再如：1949年8月，郑州铁路管理局首次公布《运转事故奖惩暂行办法》，并开展消灭事故运动周和运动月活动。各单位制定防止事故办法并在运转室挂牌记载安全无事故天数，对防止事故的发生起到一定作用。

但由于奖惩办法不当，也造成一些不良后果，如：有的机务段司机发现路票写错一个字，就奖7、8万元（旧币），同时给车站站长记大过一次；奖励信号灯节油，造成信号显示不及时而酿成事故；奖励超吨，有的司机蛮干，损害机车寿命；奖励赶点，不少司机超速运行，以至酿成事故。还有个别基层单位，因劳动竞赛组织失当竟发生累死职工的现象。

郑州机务段的“捧灵牌”就很典型。一个司机出了事故就“如丧考妣”的捧着灵牌，到各司机面前要求司机签字盖章，并央求不要学我。这种伤害责任者自尊的做法，只会使出事故的司机反感，引起一般司机对他的同情，没有任何教育意义。

二、新中国成立至1966年安全竞赛与奖惩情况

新中国成立后，为充分调动干部职工的生产积极性，确保铁路运输安全的健康发展，铁道部逐步建立健全一系列奖惩法规，各铁路管理局也结合自身实际制定出奖惩细则。

1950年5月1日、6月22日，铁道部先后推出单项部分系统的奖励条例和奖励办法，如（央人字第298号部令）《中央人民政府铁道部制定创造发明技术改善及合理化建议奖励条例》和《公布机、工、电、厂各业务生产部门奖励暂行办法》。直到1950年11月16日，才颁布综合奖励条例。铁人奖〔1951〕字第354号《铁路奖惩暂行条例》。该法以奖励为主，鼓励先进的，带动落后的；但同时也要辅助之以慎重的，必要的处罚，以维持铁路劳动纪律，克服敷衍塞责，不尽职守的现象，而督促后进职工发奋努力，赶上先进。该法对具体的奖励与惩罚，以及各个单位的奖励权限均作了明确的规定。

新中国成立初期，对重大事故的处理是相当严厉的。1950年1月23日5时，发生的津浦线花旗营站正面冲突事故，造成军校学员死亡16人、重伤10人、轻伤36人，中断行车8小时29分，构成行车重大事故。这是中华人民共和成立后第一起旅客列车重大伤亡事故。为迅速改变安全状况不好的局面，铁道部当月就制定并颁布了《关于防止事故保障行车安全的命令》以及《实施安全负责制暂行办法》。之后，又相继发布一系列的安全法规。

3月9日，政务院监察委对津浦线花旗营站撞车事故向全国发出通报，并对有关人员给予处理。国家监察委员会发出通报，处理1月23日在济南铁路局津浦线花旗营站发生的撞车事故。对有关人员分别予以法律或纪律处分。对铁道部部长滕代远、副部长吕正操均给予批评处分。

新中国成立初期，全路各单位间以保安全保运输为中心的友谊挑战赛很普遍，对推动安全形势的健康发展也起到了积极的作用。

如1950年，为做好行车安全监察工作，天津铁路管理局行车安全监察室特向郑州局监察室提出友谊挑战赛；郑州局已于10月27日应战，并向衡阳铁路局挑战。

再如1951年，吉林铁路局提出：在“五一”节前不出任何大小工务责任事故，以此向各铁路局挑战。此举立即得到齐齐哈尔、锦州、天津、太原、济南、郑州、衡阳、上海、中长等局和安东分局的应战。1951年6月5日，中央人民政府铁道部以铁工评〔1951〕字第125号文，印发《铁道部消灭工务行车事故竞赛评判办法》，明确了竞赛期间、参加单位、保证条件、评绩办法、奖励办法等。

诸如此类挑战活动，新中国成立初期在铁路局之间、分局之间普遍开展，新闻媒体推波助澜，效果不错。

当时，铁道部、铁路局还注重运用选树典型的方法来推动安全形势的发展。1954年，铁道部提出，培养无事故典型，总结推广防止事故的单位、个人的先进经验，及时奖励无事故单位、个人。各级监察人员，必须协同各业务部门有计划、有重点的推广保证行车安全的模范单位，小组和个人的先进经验。总结他们的经验加以推广。并将总结报告报至铁道部。对长期保证行车安全的单位、小组和个人，要建议管理局长或分局长以及单位负责人对其及时奖励。

1952年8月起，铁道部决定在全国铁路试行《优胜循环红旗奖励暂行办法》。《办法》规定参加竞赛单位有全路各铁路管理局、铁路分局、铁路工厂以及特等和一等车站、机务段、检车段、工务段、电务段和通信段。竞赛条件基本包括了各单位产量、质量、成本等各方面的主要指标。每月按规定的竞赛指标，从全路性质相同的单位中评选出竞赛胜出单位，由铁道部分等级发给不同数目的奖金，其中最好的一个为优胜单位，获得部颁红旗一面。该项红旗系循环性质，逐月评定。从1953年起改为按季评比。

新中国成立初期，为了教育干部职工树立安全观念，确保运输畅通，铁道部和铁路局注重利用新闻媒体如报纸、刊物，进行公开奖惩的做法效果也比较好。

三年“大跃进”时期的安全竞赛和奖惩建立在脱离实际的高指标、高速度基础之上，层层“放卫星”，月月“放卫星”，人人“放卫星”，造成一些不正常的劳动竞赛，使得吃老本、拼设备的现象滋生和虚假、浮夸之风蔓延，导致事故频出。欲速不达，欲速反慢，大大挫伤了群众的积极性和创造性，这个教训是沉痛的。

从1961年开始，安全竞赛活动又逐步步入正常轨道。1961年是竞赛活动开展较多的一年。重点是围绕群众性的安全正点立功运动，广泛开展社会主义劳动竞赛活动，极大地激发了广大干部职工的工作积极性。有效的扭转了三年“大跃进”造成的安全被动局面。

之后的1962、1963和1964年，全路各级安全竞赛活动开展的既多又实，主要活动有：“安全正点四爱”活动，练功比武群众活动等，收到了很好的效果，有力促进了安全形势的健康发展。

1965年，铁道部《铁路职工奖惩条例》规定，职工奖励分为物质奖、记功、记大功、升级、升职、记特功、通令嘉奖7种，职工处分为警告、记过、记大过、降级、降职、撤职、留用察看、开除8种。铁路局对职工有物质奖、记功、记大功、升级、升职、警告、记过、记大过、降级、降职、撤职、开除留用察看、开除等权限。铁路分局有物质奖、记功、记大功、警告、记过、记大过、降级、降职等权限。基层单位有物质奖、记功权和警告、记过、记大过权。突出一个“严”字。

但从1965年下半年以后，安全奖惩活动虽然还有开展，但渐趋减少。政治运动开始渗透于各个领域，已经在为发动“文化大革命”做前夕的铺垫准备工作。

三、“文化大革命”至改革开放前夕安全竞赛与奖惩情况

1966年“文化大革命”开始后，多项安全竞赛活动停止，仅安全天数统计在一些单位不曾中断，一直坚持下来。“文革”后期，虽然对安全生产做出突出贡献的单位及个人给予奖励，但以精神奖励为主，物质奖励为辅。如记功、大会和通报表扬、发奖状或黑板报上画个小红旗，和少许的物质奖励。当时的物质奖励基本是钢笔、笔记本、口杯、毛巾、洗脸盆及印有安全生产字样的汗衫等之类物品，当然也有极少量的现金。

由于对物质刺激的敏感，当时对安全有功人员发奖金的事极为罕见。1969年1月6日，北京铁路局通令嘉奖防止66次客车正面冲突的有关人员，保定站扳道员杨锡丰防止了一起旅客列车正面冲突的重大事故，特记大功一次，发奖金100元。给予石家庄机务段司机崔务民、副司机赵继德及保定站道口看守员白连奎表扬和奖励。

“文化大革命”中对事故的处理随意性很大，重的可重（可判极刑），轻的可轻（重大事故责任者仅做个检查了事）。由于奖惩失当，起不到教育人、警醒人的作用，因而，这个时期是新中国成立以来各类事故发生率最高的时期。

例如：1968年8月29日，郑州局管内晋城北车站调度员李守信因错办调车作业，造成行车重大事故。军管会发动全站干部职工对其进行大揭发、大批判。后经新乡铁路公安分局上报，1970年3月2日经河南省革委会批准，以现行反革命罪判处其死刑，立即执行。李守信是与其他严重刑事犯罪分子一起宣判的。经公安部门复查，属错杀冤案，原定的中统特务，漏划地主分子均无根据。新乡铁路分局于1980年1月为其平反，恢复名誉。

1972年，交通部主要领导已经意识到物质奖励的不可替代作用。由于当时政治挂帅的特殊环境，对物质奖励的表态还是相当慎重的。时任交通部副部长的郭鲁在全国安全工作会议上讲：“为了把广大职工的社会主义积极性调动起来，多快好省地完成国家计划，开展比、学、赶、帮、超的社会主义劳动竞赛，是必要的。至于奖励的方法，当然政治上表扬是主要的，给一点物质上的奖励，例如给纪念性的奖品也应该是可以的，不能够一概而论，都作为物质刺激。1972年全国铁路安全工作会议之后，由于主要领导对劳动竞赛和奖励的态度发生了转变，各铁路局纷纷制定或出台安全奖惩办法和措施。这样对调动干部职工的安全生产积极性起到了一定的推动作用。安全生产形势也随之好转起来。

1974年，全路恢复安全百日竞赛活动，交通部适时对成绩突出的铁路局或铁路分局通报表扬。虽然当时只是精神奖励，而没有物质奖励，但一定程度上调动了职工的劳动积极性，促进了安全生产。

1975年，随着全路企业整顿的深入，人们的心思开始往确保安全生产上面转，此时多种形式的劳动竞赛活动围绕着保畅通、保安全在全路广泛开展起来，全路的运输安全形势一度出现了多年来不见的喜人景象。如运输秩序较为混乱的郑州局、南昌局和徐州分局等单位不仅运输任务完成的较好，且事故件数也呈下降趋势。但从1975年下半年至1976年10月，形势随着“反击右倾翻案风”开始而出现反复，以阶级斗争为纲的倾向又占了上风，充斥各个

新闻媒体。各种劳动竞赛和奖惩活动遭到批判，随之而来的是各种事故的增多。

1977年，虽然劳动竞赛和安全奖惩较“文化大革命”有不小的进步，但“文化大革命“的消极影响依然存在。如1977年4月29日3时04分，济南局管内陇海铁路赵屯站因扳道员责任心不强，误操作，致使两列车正面冲突重大事故。造成机车报废1台、大破1台，货车报废7辆、破损7辆，乘务员7人全部死亡，中断行车15小时01分。扳道员依法处决，站长追究刑事责任。这种因发生事故而判极刑的现象在粉碎“四人帮”后再次发生，足以看出“文革”影响之深之广。

1977年以后，劳动竞赛和各种奖惩的形势就更好了，再不用遮遮掩掩了。铁道部提出，要继续广泛开展各种安全无事故竞赛。对长期安全生产好的单位，各局应每年表扬奖励一次（具体办法由各局自定），对防止事故的有功人员，要及时给予表扬、记功或奖励；要大张旗鼓地宣扬好人好事，发扬正气。今后，铁路局连续100天，分局连续200天无行车重大、大事故，铁道部发给奖状，通报全路。

四、改革开放以来的安全竞赛与奖惩情况

1978年以后，尤其是杨庄重大事故后，随着各项奖惩制度和机制的恢复，以及各项竞赛与考评活动的开展，从而打破了多年形成的干多干少、干好干坏都一样的大锅饭格局，使干部职工有干头、有奔头，极大地调动了干部职工安全生产的积极性和内在潜能，实现了要我安全为我要安全的转变。安全形势越来越好，安全周期越来越长。

1978年12月16日，陇海铁路杨庄站发生行车重大事故，死亡106人、重伤47人，中断行车9小时，是新中国成立以来最严重的铁路行车事故。为汲取这次事故的沉痛教训、加强安全工作，铁道部决定每年的12月16日为“全路安全教育日”。杨庄事故受处分人员：廖诗权，铁道部副部长兼郑州铁路局局长，国务院给予行政处分。李银昌，郑州机务南段党委书记，铁道部给予行政记大过。孙建州，郑州机务南段段长，铁道部给予行政记大过。马相臣，郑州机务南段司机、杨庄事故直接责任者，有期徒刑10年。阎景发，郑州机务南段副司机、杨庄事故直接责任者，有期徒刑5年。王西安，郑州列车段运转车长、杨庄事故直接责任者，有期徒刑3年，缓刑3年。

1979年，铁安监〔1979〕244号文件，对劳动竞赛和安全奖惩进行了具体规定。为了确保安全，坚持按劳分配的原则。对主要行车人员，根据其安全成绩、劳动态度、技术高低、贡献大小等基本条件，由人事局制定适当办法，优先或越级提级提薪。铁道部和铁路局都要制定安全奖惩办法。在学大庆群众运动和安全正点、优质高产社会主义劳动竞赛中，命名大庆式企业，评选优胜单位，都要把安全列为首要条件。不论是综合奖或单项奖，都必须首先审查安全好坏。凡安全不好的铁路局，施工质量差的工程局，产品质量低的工厂，都要酌情扣减企业基金。同时，对主要行车人员，根据其安全成绩、劳动态度、技术高低、贡献大小等基本条件，由人事局制定适当办法，优先或越级提级提薪。

广泛开展百日无事故活动。铁路局、分局要消灭行车重大、大事故。各基层单位对主要行车人员都要建立安全功过记录簿，作为职工考核、提职、升级的依据。实现百日安全的单位，根据安全奖惩办法，给予荣誉奖和物质奖；对防止事故有功人员，要酌情给予一次性奖励。对于在安全生产上有特殊贡献或长期保持安全无事故的先进集体和个人，除给予物质奖励外，

还要给予适当的荣誉称号。铁路局应每年评选一次安全先进单位、班组和个人，召开安全生产经验交流会，大张旗鼓地表彰先进。

发生事故必须严肃处理。凡玩忽职守、违反规章造成责任事故的，都要给予纪律处分；有的要适当追究经济责任；情节严重的，要依法惩处，并逐级追究领导责任。基层班组和个人的各项奖励，要把安全作为首要条件，凡是出了责任事故的，一切奖励都要取消。

1979 年 12 月，铁道部公布试行《铁路职工奖惩条例》（修订稿），1982 年 4 月，国务院发布《企业职工奖惩条例》，兰州铁路局制定了《企业职工奖惩条例实施细则》，规定单位对任免权内的职工有警告、记过、记大过、降级、降职、开除路籍留用察看、开除路籍 7 种处分的权力。西宁铁路分局对任免权内的职工有 7 项处分权，基层站段对有任免权内的职工有 5 项处分权。铁路局并授权铁路分局及基层站段，对无故旷工的职工，凡经教育不改的予以除名。

对事故的定性定责日趋规范，已上升至国家的法律高度。1979 年《中华人民共和国刑法》规定：铁路职工违反规章制度，致使发生铁路运营安全事故，造成严重后果的，处三年以下有期徒刑或者拘役；造成特别严重后果的，处三年以上七年以下有期徒刑。

时任国务院副总理万里对事故态度毫不客气，非常明确："1982 年 5 月 28 日，锦州局兴隆店发生的事故，是不能允许的，要给处分，党委书记、局长、段长不处分怎么行？要通报全国讨论。对事故的处理不能客气，表扬也要响响的，处分也要响响的。非把铁饭碗的制度打破不可，不行的就开除。我们有的是人，非这样不行。对责任人该撤的撤，该抓的抓，该判刑的判刑，没有这个决心不行。你们非得罪一批人不可。

今后出了事故，就要处分那个铁路局、分局、站段的领导；如是一年半年不出事故，就应该奖励你这个干部。但要考虑处分到哪一级。要实行包干，明确责任制，全国铁路出问题，我就找你铁道部长。今后要层层落实岗位责任制，人人负责。今后要把奖励制度改一改，主要是安全奖，要把安全作为奖励的主要根据。

奖惩条例要发动群众进行讨论，让大家知道我稍一疏忽，会造成什么损失，会受到什么处分。我认真负责，不出事故，今后会得到什么奖励。"

1982 年 9 月 19 日，铁道部发布《铁路运输安全奖惩办法》。《办法》规定：对全年平均行车事故率（每百万机车走行公里平均行车事故总件数）和行车重大、大事故率最低的前三名，而且没有发生重大事故的铁路局，应进行奖励；对全年平均行车事故率和行车重大、大事故率最高的后三名，而且事故率高于上年的铁路局，应扣除一部分企业利润留成基金。

各铁路局结合本局实际，对《铁路运输安全奖惩办法》进一步细化，分别制定具有本局特点的便于实际操作的安全奖惩办法。如：上海局 1983 年制定《上海铁路局运输安全奖惩试行办法》。条款很细，操作性很强。除继续贯彻 1984 年安全责任制和重奖重罚外，把安全生产与经济责任制挂钩，按业务量大小，工作繁简拉开档次。"

1984 年 7 月 5 日，〔1984〕铁安监字 962 号《关于对铁路局、铁路分局发放安全奖杯的通知》，《通知》规定：①对实现"安全年"（连续 365 天无行车重大、大事故或无责任行车重大、大事故）的铁路局，由铁道部授予安全奖杯一个。②各铁路分局实现连续 1000 天无行车重大、大事故或无责任行车重大、大事故，由铁道部授予安全奖杯一个。

为营造安全光荣的氛围，激励广大干部职工保安全、保畅通的积极性，1984 年 8 月 27 日，铁道部在乌鲁木齐铁路局召开授旗大会，陈璞如部长代表铁道部授予乌鲁木齐铁路局"安全年奖杯”和400天无责任重大、大事故锦旗。自治区党委第一书记王恩茂等党政领导人到会祝贺。

铁道部注重运用总结推广安全先进典型的方法以点带面，促进全路的运输安全工作，取得了比较好的效果。1984年11月17日，铁道部在石家庄召开全路行车安全会议，推广了“依靠群众，以严治路”经验。时任铁道部部长陈璞如在全路行车安全会议上讲话，部署推广“依靠群众，以严治路”经验。1991年1月15日，铁道部在临汾召开表彰临汾铁路分局安全生产十周年全路广播大会。铁道部部长李森茂宣读国务院总理李鹏给临汾铁路分局的贺信，并号召全路学习临汾分局的安全经验和做法。

1985年1月1日，铁道部发布的《铁路职工安全生产奖惩办法》开始施行。《办法》规定，10万人（不含）以下、10万人以上、20万人以上的铁路局，全局分别连续4个月、3个月、2个月消灭职工死亡事故的，工程公司连续6个月消灭职工死亡事故的，由铁道部给予通报表彰，并发给奖金。各局、公司、工厂，发生一次5人以上负伤事故、3人以上重伤事故或1至2人死亡事故、死亡3人以上重大伤亡事故的，分别处以经济罚款。

同年，“机车百趟安全正点竞赛”在峨嵋山机务段诞生，1992年12月，铁道部、中华全国铁路总工会联合发文，在全路正式开展此项活动。1993年5月，铁道部原党组成员、副部长石希玉，铁道部原党组成员、中华全国铁路总工会主席冯祖椿亲自到重庆主持召开了全国铁路空前规模的“百安赛”现场会，全面介绍、深入研讨了重庆铁路分局“百安赛”做法和经验。“百安赛”使机务责任的事故锐减，使机车乘务员队伍稳定了，使违章违纪的现象减少了，同时也使学技术、钻业务蔚然成风。

1986年4月22日，铁道部发布《铁路运输安全奖惩办法》。《办法》规定，铁路局实现百日无责任行车重大、大事故，由铁道部授予奖旗，并发给奖金；实现200天、300天无责任行车重大、大事故，分别增发奖金；实现“安全年”（连续365天无责任行车重大、大事故），由铁道部授予安全奖杯，并发给奖金。铁路分局连续1000天无责任行车重大、大事故，由铁道部授予安全奖杯。铁路局实现百日无行车重大、大事故，无责任重大路外伤亡事故，无责任旅客死亡事故，无货运重大、大事故，无火灾大事故时，由铁道部授予奖旗，并发给奖金。铁路局全年平均行车重大、大事故率（每百万机车总走行公里平均责任行车重大、大事故件数）最低的前3名，且未发生严重的重大事故，由铁道部发给奖金；全年平均行车重大、大事故率最高的后3名，且事故率高于上年时，由铁道部扣发企业利润留成基金。对防止或挽救事故的有功人员应给予奖励。所得奖金，应主要发给行车直接有关人员和贡献突出的有关各级领导干部，领导干部和职工的奖金额既不要平均分配，又不能相差太大。对造成事故的责任者和有关人员应给予处分，触犯刑律的交司法部门惩处。

1987年2月9日，铁安监〔1987〕117号《关于1986年行车重大、大事故率奖罚的通知》，依据全路12个铁路局在1986年责任行车重大、大事故率实绩评比结果，按《铁路运输安全奖惩办法》第六条规定，对事故率完成特别好的成都局、柳州局和北京局进行奖励；对事故率完成有进步的不扣发留利；对事故率完成不好的兰州局、呼和浩特局，按《铁路运输安全奖惩办法》第六条规定，扣发留利。

1988年3月5日，国务院对80次特快旅客列车颠覆事故作出处理决定。决定指出，1月24日发生的这次事故是一起重大责任事故；连同1月份发生的另外两起重大铁路运输事故，给人民的生命财产造成了重大损失。铁道部部长对这三起重大事故负有领导责任。国务院接受丁关根辞去铁道部部长职务的请求，提请全国人大常委会审议决定。3月12日，六届人大常务会25次会议决定免去丁关根的铁道部部长职务。这是新中国成立以来因事故处理铁道部行政领导最高、最严厉的一次。

同年11月7日，铁道部决定建立机车司机、机务段安全生产称号制度，极大的调动了广大机车乘务员保安全的积极性。

1989年8月3日，国务院公布《铁路运输安全保护条例》，对铁路运输安全奖惩进一步明确部门与责任。第二十三条　保护铁路运输安全，有下列事迹之一的由地方人民政府和铁路主管部门给予奖励：①在铁路抢险救灾、防止事故中事迹突出的。②检举危害铁路安全行为，事迹突出的。③维护铁路治安秩序，协助公安机关破获案件，堵截、抓获犯罪分子，事迹突出的。④发现或排除线路障碍、爆炸物品，保证铁路运输安全，事迹突出的。⑤在治安保卫工作中事迹突出的。同时对惩罚条款也作了明确规定。

1997年1月23日，部铁运技〔1997〕15号《关于在全路中间站开展“万列无错办，千钩无溜逸，调车无脱线、争创安全年”活动的通知》。决定在部发《关于在全路车务系统主要行车工种开展“百班”、“千列”、“万钩”竞赛活动的通知》》（铁运函〔1975〕35号）文件的基础上，在全路中间站以车站值班员为班组长的接发列车自然班组，开展“万列无错办，当好指挥员”，以调车长为班组长的调车自然班组，开展“千钩无溜逸，调车无脱线”为主要内容的竞赛活动，实现1997年车务系统消灭行车重大、大事故，消灭责任旅客列车险性事故，消灭车辆溜逸事故的目标。

铁道部对安全成绩突出的单位及时表彰奖励，激发全路干部职工保安全的热情，营造争先恐后的氛围。2001年9月2日，北京铁路局实现安全生产5周年，铁道部于9月27日特通报表彰，授予该局安全生产奖杯，发给奖金146万元。

2007年9月1日，实行《铁路运输安全考核办法》。《办法》明确规定，铁道部对铁路局、专业运输公司的安全工作实行运输安全百日周期奖励。铁路局、专业运输公司连续100天未发生责任一般A类及以上铁路交通事故，为实现一个安全百日周期。自2007年8月31日起，铁路局、专业运输公司均按未发生责任一般A类以上铁路交通事故计算安全天数。铁路局安全天数按原行车安全天数连续累计。自2007年9月1日起，铁道部对实现运输安全百日的铁路局、专业运输公司，按职工总数人均分别发给第一个安全百日4元、第二个安全百日6元和第三个百日及以上安全百日8元的一次性运输安全奖金，并授予“安全正点，当好先行”锦旗；对连续实现运输安全千天的，按第三个安全百日奖励标准发给奖金，并授予安全奖杯。同时明确，对防止铁路交通事故的有功人员，铁道部、铁路局、专业运输公司视具体情况予以表彰奖励。

发生一般A类及以上铁路交通事故，负全部或主要责任的铁路局、专业运输公司的安全百日周期，在年度经营业绩考核时实行扣分考核或“一票否决”。发生铁路交通特别重大事故和因造成人员伤亡构成重大事故，负全部或主要责任的单位，实行“一票否决”。同时对发生非人员伤亡条件构成的重大事故，发生非人员伤亡条件构成的较大事故，发生非人员伤亡条件构成的一般A类事故，负全部或主要责任的单位，也作了相应的处罚规定。并要求各铁路局和专业运输公司要结合本单位实际情况，制定具体考核办法。

为减少事故，确保营业线施工安全，2008年，建立施工考核和安全奖惩制度。在营业线施工中，各铁路局要建立施工安全奖惩制度和抵押金制度（具体办法由铁路局制定）。

对在营业线施工保证行车安全中做出贡献的人员和单位，要给予奖励。对不遵守铁路施工安全规范，影响铁路行车安全及运输设施安全的施工单位，要按照《铁路运输安全保护条例》有关规定进行处理。

对发生铁路交通责任事故的建设、设计、施工、监理单位，要根据事故性质，按《铁路运输安全保护条例》《铁路交通事故调查处理规则》和铁道部营业线工程施工招标工作的有关规定进行处理，处理方式可采用停工整顿、责令改正、赔偿经济损失、辞退责任施工单位等；铁路运输企业在一定期限内不再委托责任单位承担铁路营业线工程项目，或在招投标时对其进行扣分。具体处理办法应在施工安全协议书中予以明确。

奖就奖的让人眼红，罚就罚的让人心痛。随着各单位对安全生产的重视，各单位的奖罚标准也越来越高。2008 年 7 月 16 日，内蒙古集通铁路（集团）有限责任公司对防止重大事故的赵志国、包日图两位职工予以重奖，各奖励人民币 5 万元。

各铁路局对安全隐患举报人不仅保护好，还委以重任，营造敢抓善管的氛围。2008 年 8 月 18 日，沈阳铁路局、局工会决定重奖阜新车务段阜新站运转车间列尾工长刘传林等 10 名重大安全隐患举报人，并命名长春车辆段吉林运用车间安全员侯树波等 70 人为局“优秀安全监督员”。

铁道部对隐瞒事故的铁路局严肃处理，毫不手软。2009 年，接群众举报后并查实，南昌、哈尔滨铁路局各隐瞒一次一般 C 类事故。为严肃铁路交通事故管理，依据《铁路运输安全考核办法》（铁劳卫〔2007〕208 号）第四、第九、第二十一条“隐瞒责任一般 C 类事故的，按照一般 A 类事故的考核标准进行考核”等有关规定，经部研究决定，中断南昌局安全百日周期，自 2008 年 7 月 30 日起重新计算；中断哈尔滨局安全百日周期，自 2008 年 10 月 14 日起重新计算。

对损失严重，影响巨大的重大事故，国务院处理毫不手软，充分显示出党和政府对人民生命财产的重视。2009 年 5 月 27 日，国务院公布对胶济铁路列车脱轨相撞特别重大交通事故的调查处理报告批复。事故：2008 年 4 月 28 日，胶济铁路列车相撞的特别重大交通事故。后果：72 人死亡，416 人受伤。处理：济南铁路局常务副局长、局党委常委郭吉光等 6 名事故责任人被移送司法机关依法追究刑事责任；31 名事故责任人受到党纪、政纪处分，给予时任济南铁路局局长陈功行政撤职、撤销党内职务处分，给予时任济南铁路局党委书记柴铁民撤销党内职务处分，给予铁道部副部长胡亚东记大过处分，给予铁道部部长刘志军记过处分。

2011 年 7 月 23 日 20 时 30 分，甬温线浙江省温州市境内，北京南至福州的 D301 次列车与杭州至福州南的 D3115 次列车发生严重追尾事故，造成 40 人遇难，172 人受伤。国务院及时组织了事故独立调查组。经过 5 个多月的深入调查，于 12 月 28 日公布的调查结果：该事故是一起因列控中心设备存在严重设计缺陷、上道使用审查把关不严、雷击导致设备故障后应急处置不力等因素造成的责任事故。铁道部、通信信号集团公司等单位 54 名责任人员受到党纪政纪处分。其中，铁道部原部长刘志军、原副总工程师兼运输局局长张曙光对事故发生负有主要领导责任，因涉嫌严重违纪违法问题，另案一并处理。通信信号集团公司总经理、通信信号股份有限公司董事长马骋对事故发生负有主要领导责任，鉴于已因病去世，不再追究责任。铁道部副部长陆东福对事故发生负有重要领导责任，给予记过处分。

第四节　安全基础建设

安全基础建设，起始于1993年的安全基础整顿。通过安全基础整顿，确立了“从严治本、基础取胜”的铁路运输安全工作指导思想。安全基础建设，在这一指导思想指导下确立的一项独具铁路行业特色的、长抓不懈的系统工程。到目前为止，安全基础建设先后经历安全标准线建设—“三项内实”建设—“规范管理、强基达标”—安全管理体系建设、强化“三基四责”与提速安全标准线建设等四个各有侧重的安全基础建设工作阶段。

一、安全基础整顿

（一）安全基础整顿背景、内容与目标

1992年，在邓小平同志南巡重要谈话的有力推动下，铁路发展出现重大转机，铁路建设速度加快，改革呈现新的势头。在新的改革开放的大潮中，一些领导抓安全的精力再次分散，疏于管理，运输安全再次出现反复。年内，全路共发生行车重大、大事故39件，比1991年增加5件，增加14.3%。铁道部党组认为，这个问题的实质，就是在改革和发展的过程中，还要不要把安全生产放在首位，要不要放在重中之重的位置，要不要集中精力去抓的问题，亟待统一思想，研究对策。于是，同年12月召开的全国铁路运输安全工作会议，第一次确立了“安全生产是铁路改革和发展的重要前提和基础”的“基础地位”。

在“安全生产是铁路改革和发展的重要前提和基础”的思想指导下，经过深入调查研究，1993年9月的全国铁路安全监察室主任座谈会议从客观与主观两个方面，全面深刻地分析了铁路安全情况，并向铁道部党组写出了专题报告，建议在全国铁路进行安全基础整顿。铁道部党组采纳了这个重要建议，于1993年12月31日，铁道部郑重作出《关于整顿安全基础工作的决定》，决定用半年左右的时间，集中力量，对安全基础进行整顿。这项《决定》用摆事实的方法，充分论述了整顿安全基础的紧迫性；根据实际需要确定了“五项安全基础”内容和重点：

1. 整顿干部作风，以严肃的态度、严明的纪律，解决干部中存在的好人主义和形式主义；
2. 整顿职工劳动纪律和作业纪律，狠刹不良风气，认真落实作业标准化；
3. 整顿规章制度，搞好与行车有关的规章制度的清理、完善和补充；
4. 提高设备质量，完善设备管理，确保行车设备安全可靠；
5. 整顿班组管理，加强班组建设，提高整体素质。

《决定》提出了整顿安全基础的阶段与目标：经过半年左右的整顿，要达到五项目标：

1. 各级干部安全责任明确并建立起有效的落实机制，安全关键点控制覆盖面达到100%，刹住隐瞒事故、弄虚作假的不正之风，敢抓敢管，工作到位，作风明显好转；
2. 在岗人员合格率达到100%，遵章守纪教育经常化、制度化，违章违纪控制机制健全有效，人为事故明显减少；
3. 规章制度进行全面清理审核，并建立健全规章制度修、建、补、废制度与机制，实现制度项目清、分管部门责任明、制度管理有考核；

4．主要行车设备保持良好状态，危及行车安全的严重病害和隐患得到整治或有效监护；新上安全装备项目责任到人，资金到位，保质保量；

5．班组管理形成规范，工班长普遍进行了培训或调整；所有班组建立控制机制，自控能力明显加强。

《决定》还明确了分阶段、分步骤的整顿安全基础方法。要求全国铁路上下要“认识统一、态度坚决、行动迅速、措施有力、标本兼治、整建结合，取得明显效果”。

（二）安全基础整顿的重要会议和活动

1．1994年1月18日，铁道部副部长国林主持铁道部整顿安全基础办公室第一次会议，确定了铁道部安全基础整顿办公室人员构成。主任：国林；副主任：张正清、沈百金，沈明光。会议讨论通过了整顿工作实施方案，确定了铁道部整顿安全基础六个专题组人员构成及其主要任务。

2．1994年1月21日，铁道部召开电话例会，国林副部长在会上宣布成立以韩杼滨部长为组长，国林、蔡庆华、冯祖椿为副组长的铁道部整顿安全基础工作领导小组，设立部安全基础整顿办公室和班组建设、整顿干部作风、整顿“两纪”、行车规章、硬件设备、装备科研等六个专题组，正式开始办公。各铁路局、铁路分局和运输站段，均同时相应成立了整顿安全基础工作领导组和整顿办公室，于同日正式开始办公。

3．1994年3月8日，铁道部召开整顿安全基础工作电话会议。会议由安全基础整顿工作领导组副组长、铁道部政治部主任蔡庆华主持，国林作了题为《深化认识，推动整顿安全基础工作全面展开》的讲话。沈阳、郑州铁路局在会上介绍了整顿经验。

4．1994年3月25～26日，部整顿办在天津分局召开全国铁路整顿办主任座谈会。各铁路局、天津分局和部整顿办的有关同志共计24人参加了会议。

5．1994年4月8日，铁道部召开整顿安全基础工作电话会议。国林副部长作了题为《加大力度，重点突破，推动整顿工作向纵深发展》的讲话。韩杼滨部长到会作了重要讲话。白城、南昌铁路分局介绍了经验。

6．1994年4月18～28日，为了推进京沪、京广、陇海三大干线的安全基础整顿，部整顿办派员对上海铁路局、济南铁路局、上海铁路分局、济南铁路分局、徐州铁路分局整顿安全基础工作的情况进行了调研，并写出调研报告。

7．1994年5月6日，部召开全路整顿安全基础工作电话会议，国林副部长作了题为《进一步加大力度，加快步伐，为全面实现第二阶段整顿目标而努力奋斗》的重要讲话。洛阳、包头铁路分局介绍了经验；成都铁路局结合整顿安全基础工作谈了“4·27”列车脱轨重大事故教训。

8．1994年5月13日，沈百金代表整顿办向第七次部长办公会议专题汇报整顿安全基础工作情况，提出深化整顿的建议，得到了部长办公会议的充分肯定。会议要求铁路局局长、铁路分局分局长集中10天时间搞调研，指导本局深化安全基础整顿工作，并写出调研报告报部整顿办。

9．1994年5月19～21日，铁道部在山海关召开全路整顿安全基础工作现场会，各铁路局主管安全的副局长、安监室主任、整顿办副主任及部内有关司局负责人参加了会议。会上，锦州、大连、沈阳铁路分局介绍了整顿安全基础工作的经验。

10．1994年7月3～6日，铁道部在北京召开全路运输安全工作会议，各铁路局局长、党委副书记、安监室主任、整顿办副主任，各铁路分局分局长和部内有关司局长参加会议，韩杼滨部长作了题为《深入整顿，奋战暑运，推动安全整顿登上新台阶》讲话，国林副部长作了题为《抗洪水，战暑运，抓基础，为确保运输安全而努力奋斗》的讲话。会上还交流了铁路局长、分局长的调研报告。

11．1994年7月18、20日，国林副部长分别听取了部班组建设、整顿干部作风、整顿“两纪”、行车规章、硬件设备、装备科研专题组负责人的工作汇报，并对下一步工作提出要求。

12．1994年8月中旬，部整顿办在青岛召开部分局整顿安全工作座谈会，哈尔滨、沈阳、济南、上海和郑州等铁路局整顿办的同志参加了会议，并形成了座谈会纪要。

13．1994年8月16日，铁道部召开安全整顿基础工作电话会议，国林副部长作了题为《端正思想，加强领导，全力打好深化整顿攻坚战》的讲话。通化、南京分局介绍了整顿安全基础工作经验。

14．1994年9月8～10日，铁道部在齐齐哈尔召开安全基础整顿工作座谈会，各铁路局主管安全的副局长和整顿办副主任、部内各有关司局、部各专题组的有关同志参加了会议。齐齐哈尔铁路分局介绍了他们“十年安全，基础取胜”的经验；韩杼滨部长作了题为《贯彻总理题词，学习先进经验，进一步推动全路安全基础整顿工作深入发展》的重要讲话；国林副部长作了题为《学习经验，奋力攻坚，坚决实现整顿安全基础阶段目标》的总结讲话。与会同志还到齐齐哈尔车站、齐齐哈尔机务段等单位进行现场参观。这次座谈会为全路运输安全工作确立了“从严治本，基础取胜”的指导思想。

15．1994年9月22日，部整顿办向韩杼滨部长写了《关于铁路局、集团公司领导班子贯彻齐齐哈尔全路安全基础整顿工作座谈会的情况报告》，韩杼滨阅后作了重要批示：“几条建议很好，要逐项落实。对贯彻好的以简报形式通报为好，对不认真的要告知补课，强调必须贯彻好”。

16．1994年9月24日，韩杼滨部长看了沈阳局和广铁集团公司《关于贯彻全路安全工作座谈会精神的情况报告》后，分别作了批示：“可以简报形式转发，通报全路”。

17．1994年10月11～13日，部整顿办与安监司在长沙联合召开了由各铁路局安监室主任、整顿办副主任参加的整顿安全基础工作研讨会，对整顿工作进行评估，就安全整顿工作如何转入安全基础建设，提出初步设想。部整顿办副主任沈百金主持会议。会议前后，沈百金带领整顿办和安监司工作人员，对广铁集团公司、长沙总公司及郑州、洛阳分局安全基础整顿工作进行了调研。

18．1994年10月11日，部召开全路整顿安全基础工作电话会议，国林副部长在会上作用了题为《积极贯彻齐齐哈尔会议精神，努力把安全基础整顿工作推上一个新的台阶》的讲话。

19．1994年10月13～21日，部整顿办派员到沈阳局对安全基础整顿如何转入安全基础建设的问题进行专题调研。

20．1994年10月26～30日，部整顿办组织人员在承德起草《关于加强安全基础建设的决定》。

21．1994年12月17～19日，铁道部在北京召开全路运输安全工作会议。韩杼滨部长作了题为《发展整顿成果，加强基础建设，推动铁路运输安全工作向更高阶段迈进》的重要讲话；国林副部长作了题为《全路动员起来，加强安全基础建设，为运输安全有序可控、基本稳定而努力》的工作报告；会议通过了《关于加强铁路运输安全基础建设的决定》，并宣布从1995年起，把安全基础建设作为一项重大工程，长期不懈地抓下去。

22．1994年12月26日，铁道部以铁办〔1994〕164号文件，下发《关于加强铁路运输安全基础建设的决定》。

（三）安全基础整顿的成效

近一年的安全基础建整顿，取得了多方面的成效，主要反映在四个方面：一是安全第一、基础取胜的观念明显增强。通过整顿，安全第一的思想更加深入人心，安全的主题意识、责任意识和忧患意识明显增强，“安全基础是运输安全的决定因素，铁路运输安全靠基础取胜，安全基础重在建设；基础建设贵在坚持”成为共识。二是干部作风有了可喜转变，摸清了安全基础底数。各级领导班子率先整风。本着“先换思想后换人，思想不换就换人”的原则，全国铁路有713个站段领导班子被大调整；共有2620名处、科、股级干部被撤职。同时，将一大批事业心强、懂业务、会管理、政绩突出的优秀干部提拔到了运输生产的关键岗位上。全国铁路5万多名干部沉到一线，徒步一米一米地检查铁路线路，一台一台地测查行车设备，共查出机车、车辆、线路、桥梁、隧道、道口、通信、信号等设备隐患279种类、170多万件（处），并一一建档立卡，责任到单位、部门和人头，进行了一次全面整治；因经费不足暂时不能整治的，责成专人经常检查、维护，看住盯死。各机关将多年以来的规章制度进行了全面检查，清理行车规章11727件，废止3218件。三是安全控制能力有所提高。通过整顿，大大精简了班组簿册和台帐，使班组长减轻了负担，集中精力抓安全现场管理。对不称职的班组长进行了100%的调换，班组长的轮训率达100%，素质有了明显提高。班组长的权利得到落实，进一步调动了班组长的工作积极性。班组“双达标”活动，使班组形成了利益共同体。全路3326个后进班组转化率达86%。200万铁路运输工人，全面开展了摆遵守劳动纪律、生产纪律（以下简称“两纪”）情况，议违反“两纪”表现、原因和危害，订遵章守纪、标准化作业措施的自查自纠、自我教育活动。全国铁路共有53968名严重违反“两纪”的工人受到开除、留路察看、记过等处分。同时，表彰奖励遵章守纪的先进个人23446名。通过多种形式，对运输一线工人，一个不落地进行了“必知必会”的培训考试，统一实行持证上岗。四是安全管理机制初步形成。经过整顿，各单位按照标本齐治、整建结合的方针，出台了一批新的安全管理制度和办法，建立健全了安全管理的激励机制和约束机制，主要形成了以“五定”为内容的干部安全责任机制系统，以控制“两违”为目标的班组自控体系，以促进安全管理制度落实的考核机制，以调动广大干部职工安全生产积极性为目标的激励机制，以保证安全生产的思想政治工作运行机制。

历时一年的安全基础整顿，使安全基础工作得到初步加强。1994年度跻身于历史上事故比较少的年份行列，全路没有发生后果严重的旅客列车重大事故；险性事故和一般事故也比1993年有所下降；特别是“错办进路”、“冒进信号”、“车辆溜逸”等险性事故和断轴、断轨等严重事故有了明显减少；同时安全周期长的单位有所增加。与1993年相比，全路行车事故总件数下降6.1%，险性事故下降18.9%，一般事故下降5.9%。全国各铁路局（集团公司）、分局年内全部实现了“安全百日”，共237局次，比1993年多实现5局次。有7个铁路局实现了安全年，特别是沈阳、郑州等大局实现安全年。铁路分局（总公司）保持安全一千天以上的25个，其中两千天以上的10个。

（四）安全基础整顿的基本经验

在安全基础整顿中，铁道部带头采取了“总结经验，典型引路”的办法，指导安全整顿向深入发展。1994年有两个现场会议对全国铁路发挥了很好的指导作用。一个是整顿初期的5月山海关现场会议。会议从不同层面介绍了锦州、大连、沈阳三个铁路分局以及4个行车站段的基本做法，不仅较好地解决了整顿基础要着眼自身、主动整顿的思想认识，而且使一些缺少套路的单位增强了信心，找到了办法。另一个现场会，是安全基础整顿处于深入阶段的9月齐齐哈尔现场会议。这次会议正值齐齐哈尔分局安全生产十周年、加格达奇分局安全生产4000天，时任国务院总理李鹏为齐齐哈尔分局实现安全生产十周年作了“安全第一，当好先行”的重要题词。通过学习题词，学习齐齐哈尔铁路分局“对事业兢兢业业，一丝不苟的精神；抓基础，坚韧不拔，一抓到底的精神；抓设备，不等不靠，自力更生的精神；抓反思，不骄不躁，从零做起的精神；讲大局，齐抓共干，团结奋斗的精神等‘五种精神’”，总结经验，现场观摩，在全国铁路确立了安全工作“从严治本，基础取胜”的指导思想，进一步认识到只有立足于抓基础，才能实现安全生产的长期稳定。会议在全国铁路引起了巨大反响，一些单位主动检查了“低标准过关”的思想，决心学好经验，突出重点，攻克难题，实现整顿目标。

全路安全基础整顿的经验有许多，总括起来主要有五条：一是党政工团形成全力，坚持强有力的领导。二是把大宣传、大发动贯穿整顿全过程，为整顿安全基础营造强大声势。三是深入调查研究，加强检查指导。四是运用典型引路，全面推动整顿。五是狠抓关键，重点突破。

二、安全基础建设

阶段性的安全基础整顿，不仅使十分薄弱的安全基础有效地得到加强，更为重要的是，通过整顿，确立了“从严治本，基础取胜”的铁路运输安全工作指导思想。在这一指导思想指导下，铁道部于1994年12月26日作出《加强安全基础建设的决定》，实现安全基础阶段性整顿向长期性建设转变，确立了符合铁路运输安全规律需要的安全工作路径。

《决定》指出，1994年全国铁路安全基础整顿，属于治理性整顿，取得了明显效果。但是，安全基础方面的一些老大难问题，还没有解决；一些深层次问题，才刚刚破题，安全基础仍然很薄弱，要巩固、扩大整顿成果，从根本上改变安全基础薄弱状况，必须坚持“从严治本，基础取胜”的指导思想，在安全基础整顿五项重点内容的基础上，提出新的要求，从1995年开始，进行长期建设。

《决定》还提出了安全基础建设工作方针，总体目标，以及基本任务。

安全基础建设的工作方针是：巩固、提高、求实、重效。不断巩固已取成果；在实现阶段目标的基础上，及时提出新的更高的建设目标；结合实际，大胆创新；正确处理当前与长远的关系，以当前安全实效检验安全基础建设的成果。

安全基础建设的总体目标是：全国铁路干部队伍整体素质适应现代铁路安全生产的需要；安全落实机制健全、完善，各级干部安全管理到位；工人“两纪一化”（劳动纪律、生产纪律和作业标准化）全面达标；班组自控能力明显提高；设备质量得到较大改善，安全技术有大的突破，安全保障能力明显增强；行车规章制度完备、严谨、科学、规范。从而达到消灭后果严重的旅客列车重大事故；行车重大、大事故率下降到每百万总走行公里 0.023 件以下……实现运输安全有序可控，基本稳定。

安全基础建设的基本任务是：提高人员素质、设备质量和健全相应的管理机制。内容包括队伍素质建设、行车设备建设、行车规章建设和安全落实机制建设。

为了指导长期安全基础建设，《决定》确定了安全基础建设实行“谁主管、谁负责，以专业系统为主”的基本原则。要求运输、机务、车辆、工务、电务、工程等专业部门主要领导人全面负责本系统的安全基础建设工作的落实，并按照年度运输安全工作会议确定的建设目标、任务和要求，制定推进计划，落实责任，分步实施。有关综合部门明确各自的安全基础建设职责和任务，制定方案，加强指导，重点是建立机制，制定政策，加强改革步伐。并明确了人事（组织）、劳动、教育、科技、政策法规、计划、财务等综合部门的具体任务和责任。

（一）安全基础（安全标准线）建设（1995 ~ 1996）

安全标准线建设，起始于天津铁路分局。这个铁路分局十年建线，严在管理，志在创优。在总体工作思路上，坚持抓干部，全面加压；抓要害，全面攻关；抓网络，全面控制；抓考核，全员负载。在具体工作中，坚持严格管理，重在日常；落实标准，重在创优；紧盯问题，重在解决；全程控制，重在现场；坚持“三同”（围绕标准化管理，夯实安全基础这个中心，分局各级党政工团，坚持目标同向，工作同步，责任同负），重在合拍。铁道部于 1995 年 3 月 20 日在天津铁路分局召开现场会议，一致认为，安全标准线建设，是深化安全基础建设的有效载体与“抓手”。自此，全国铁路安全基础建设重点是开展安全标准线建设。

1．安全基础（安全标准线）建设的重要会议和活动

（1）1995 年 1 月，铁道部整顿安全基础工作办公室更名为“铁道部安全基础建设工作办公室”，对办公室的领导和成员进行了充实、调整，增补刘志军、常国治为部安建办副主任。各铁路局、铁路分局和站段的整顿安全基础工作办公室也相应更名为安全基础建设工作办公室。

（2）1995 年 3 月 21 ～ 23 日，全路运输安全工作会议暨全路安全标准线建设现场会在天津召开。天津铁路分局介绍了“严在管理，志在创优”建设安全标准线经验。韩杼滨部长作了题为《学习先进经验，提高管理水平，大力推动安全基础建设深入发展》的讲话。国林副部长作出题为《学习建线经验，实现重点突破，全面推进安全基础建设向纵深发展》的讲话。铁道部党组成员冯祖椿和部内各司局负责人，各铁路局局长、安监室主任及各铁路分局局长参加了会议，并到杨柳青站、沧州车务段、沧州机务段进行现场观摩。会议确定了以围歼旅客列车事故为突破口、以建设安全标准线为载体，全面深化五项安全基础建设的指导方针。

（3）1995 年 3 月下旬，部安建办起草了《第二季度重点工作安排》，制定了十大干线建设安全标准线实施方案，提出把京沪、京广、京哈、陇海四大干线作为十大干线的重中之重，并首先在京沪线突破，以及“建线”初见成效的量化标准。国林副部长对此作了批示。

（4）1995 年 5 月 3 ～ 14 日，韩杼滨部长带领铁道部机关业务司局负责同志，检查京广线安全基础建设工作，途中，根据检查情况，利用 5 月 11 日运输电话例会，在长沙发表了重要讲话，要求牢固树立“客车无小事，客车严管理”的指导思想，把客车安全工作作为安全工

作的重中之重。

（5）1995 年 7 月 3 ～ 6 日，铁道部在北京召开全国铁路局长座谈会，韩杼滨部长、国林副部长在会上作了重要讲话。会议期间，韩部长、国副部长带领部有关司局负责人和各铁路局局长，到京秦线参观，考察了北京、天津铁路分局建线成果，韩部长提出，京秦线要率先建成安全标准线。这次会议后，各铁路局、铁路分局纷纷提出："大干七、八、九，跟着京秦走"的口号，一场以整治设备、美化环境、治理污染为内容的建线大会战在全路掀起高潮。

（6）1995 年 9 月 8 日，铁道部召开全路建线专题电话会议，部安建办全体成员及部内各司局主要领导参加这次会议。国林副部长作了题为《抓住有利时机，大力推进建线工作，坚决实现阶段目标》的讲话。韩杼滨部长参加会议并作了重要讲话。

（7）1995 年月 9 月 16 ～ 25 日，铁道部组织十大干线上的 12 个铁路局、32 个分局的 130 名路局、分局干部开展建线互学互检、互促、互帮的"四互"活动。

（8）1995 年 10 月 9 日，铁道部召开全路建线专题电话会议，部内各司局负责人参加了会议。国林作了题为《动员起来，再接再厉，进一步稳定和发展安全大好形势》的讲话。韩杼滨部长参加会议并作了重要讲话。

（9）1995 年 11 月 6 日，国林副部长率部验收组对京沪线的建线工作进行了检查验收。随后，铁道部对京哈、京广、陇海三大干线的检查验收工作全面展开。

（10）1995 年 11 月 16 日，铁道部召开全路建线工作电话会议，国林副部长在会上作了重要讲话，并向全路宣布：京沪线率先实现安全标准线建设的阶段目标。

（11）1995 年 12 月 4 日，韩杼滨部长在听取了部检查验收组对京广、京哈、陇海三大干线建线达标检查验收情况汇报，对开好全路运输安全工作会议和 1996 年运输安全工作提出了原则要求。

（12）1995 年 12 月 8 ～ 11 日，全路运输安全工作会议在北京召开。各铁路局局长、党委副书记、工会主席、安监室主任，各铁路分局（总公司）的分局长（总经理）、安监室主任参加了会议。国林副部长作了题为《进一步深化安全基础建设，坚决实现运输安全新突破》的工作报告。韩杼滨部长作了《坚定不移，锲而不舍，推动安全基础建设再上新台阶》的重要讲话。会议通过了《关于进一步加强铁路运输安全工作的通知》，宣布京沪、京广、京哈、陇海四大干线基本建成安全标准线。

（13）1996 年 2 月 9 日，铁道部召开运输电话会议，韩杼滨部长、国林副部长分别作了重要讲话，要求全路进一步强化对客车安全重要性的认识；加大力度解决客车安全突出问题；集中精力、集中力量抓春运、抓建线。

（14）1996 年 2 月 11 ～ 18 日，韩杼滨部长带领铁道部机关业务司局负责同志到京沪、浙赣、京广三大干线检查、调研安全基础建设工作。

（15）1996 年 2 月 27 日，召开建线工作电话会议，韩杼滨讲了四个问题：一是全路动员起来，迅速掀起建线会战高潮。二是建线会战必须有阶段目标和硬性要求。三是建线会战必须突出客车安全。四是加强领导，全力推进，坚决实现建线目标。国林副部长对春节期间安全和运输情况作了总结。

（16）1996 年 3 月中旬，部安建办向各铁路局和广铁集团公司下发了"平推检查客车安全基础建设"的通知，要求全路开展客车安全平推检查。12 个铁路局（集团公司）对管内的客车安全基础工作进行了全面平推检查。

（17）1996 年 3 月 18 日，铁道部召开建线专题电话会议，天津、蚌埠、郑州、长春等四个铁路分局就建线如何上新水平，介绍了各自的基本思路与具体措施。韩杼滨部长强调建线“主帅”要亲自出征，专业组要抓关键，以客车安全为重点，全面平推，全员参战，形成千军万马共图大业的局面。国林副部长强调要强化唯先是学意识，努力提高建线水平；要强攻硬上，立即把建线大会战推向高潮。

（18）1996 年 4 月 8 日，铁道部国林副部长主持召开建线专题电话会议，柳州、成都、武威三个铁路分局介绍了经验。韩杼滨部长就建线提出了四点要求：一是全路动员，全面行动，强力推进建线会战。二是深化建线会战要在“内实为本”上深化。三是建线平推要与解决当前安全上的突出问题紧密结合。四是明确方向，加强领导，推动客车上载体。

（19）1996 年 4 月 12 日，部安建办在京召集 12 个铁路局（集团公司）的建线负责人，对京沪、京广、京哈、京包、陇海、浙赣、兰新、成渝、湘黔、湘桂等十大干线开展“四互”活动做出了安排，制定了“四互”活动方案。十大干线“四互”活动从 4 月 17 日开始，4 月底结束。

（20）1996 年 5 月 8 日，铁道部召开建线专题电话会议，青岛列车段、长沙客运段、武昌车辆段、三棵树车辆段分别介绍了客运工作上载体情况。国林副部长作了重要讲话，对当前全路建线情况进行了认真分析，要求全路动员，全面推进，坚决实现上半年建线阶段目标。

（21）1996 年 5 月 13 日，国林副部长主持各业务司局长业务系统碰头会，研究六大干线验收和对四大干线重点抽查，以及筹备六月全路安全工作会议的相关工作。部安建办据此制定了《关于六大干线建线验收和六月安全会议的方案》，沈百金主持召开有关业务司局负责人会议，就验收和重点抽查进行部署并提出时间和质量要求。

（22）1996 年 5 月 14 ～ 17 日，沈百金带领部安建办和安监司工作人员，对蚌埠铁路分局建线情况进行考察，向韩杼滨部长、国林副部长写出了专题考察报告，提出了在蚌埠铁路分局召开全路运输安全工作现场会的建议意见。

（23）1996 年 5 月 21 日，全路实现了连续一百天无责任重大、大事故，创造了中国铁路史上运输安全最好成绩。23 日，铁道部召开电话会议，总结了实现“安全百日”的基本做法和经验，动员全路继续深化建线，实现上半年建线目标。

（24）1996 年 5 月 28 日，韩杼滨部长主持召开部长办公会议，安监司沈百金就郑州局“5 · 24”客车事故及有关责任者处理意见，1996 年以来全路的建线情况，六大干线验收和四大干线重点抽查的安排，以及六月份召开全路运输安全工作会议方案作了汇报。会议决定 6 月上旬，部组织对四大干线进行重点检查，中旬对六大干线进行验收，6 月下旬在蚌埠召开全路运输安全工作现场会。

（25）1996 年 6 月 3 日，铁道部政治部主任盛光祖率领办公厅、宣传部、安建办、安监司和铁道团委等部门负责人及工作人员到蚌埠铁路分局总结建线经验，筹备运输安全工作现场会。

（26）1999 年 6 月 19 ～ 22 日，全路运输安全工作现场会在蚌埠铁路分局召开，各铁路局（集团公司）的铁路局长（总经理）、党委书记、工会主席、安监室主任，各铁路分局（总公司）分局长（总经理）及部内各业务司局负责人参加了会议。会议期间，与会人员乘用列车观摩了京沪线的建线情况，参观了张夏、枣庄西、陵家桥、蚌埠站、上海站、蚌埠车辆段、蚌埠机务段；蚌埠分局在会上介绍了建线经验；韩杼滨部长、国林副部长、盛光祖主任、冯祖椿主席作了重要讲话；总结了上半年全路建线工作，宣布六大干线已经建成安全标准线；对下半年全路运输安全工作进行了部署。

（27）1999年6月下旬，部安建办制定了《下半年深化建线工作推进计划》，韩杼滨部长、国林副部长阅后作了重要批示。韩部长的批示是："自始至终，突出客车重点，部业务局把深化建线措施制定好，落实好；对十大干线以外的干线情况注意检查，抓薄弱环节。"

2．安全基础（安全标准线）建设基本成效

以建线为主要内容的安全基础建设，取得了比较显著的成效。主要反映在七个方面：一是铁路形象大变样，社会声誉大提高。二是加强了党的建设，密切了党群关系。三是实现了国家、集体和个人三者利益的有机结合，激发了广大干部职工群众保安全的积极性、主动性和创造性。四是干部职工队伍精神面貌发生了深刻变化，业务素质有了明显提高。五是安全责任机制得到强化，给铁路运输企业带来了巨大活力。六是行车安全技术装备得到改善，设备质量有了较大提高。七是十大干线建成安全标准线，推进了铁路运输安全生产不断跨上新台阶：

——1995年，行车重大、大事故率为每百万机车总走行公里0.013件，没有发生后果严重的客车事故，2、3、9、10月全国铁路实现了四个"安全月"，创造了连续87天无行车重大、大事故的历史最高纪录。创造了20世纪以来中国铁路运输安全的新成绩。

——1996年，行车重大、大事故率为每百万机车总走行公里0.006件，再创20世纪中国铁路安全行车的历史最好水平。全路运输安全创造了四个历史新纪录：一是全路有7个月消灭了行车重大、大事故，是历史上安全月最多的年份。发生的行车重大事故9件，险性事故61件，比历史上最好的1995年同期分别下降52.6%和28.2%。

3．安全基础（安全标准线）建设的基本经验

铁路局（集团公司）、铁路分局（总公司）建线比较典型的经验是天津铁路分局的建设经验和蚌埠铁路分局的建设经验。

天津铁路分局十年建线，严在管理，志在创优。在总体工作思路上，坚持抓干部，全面加压；抓要害，全面攻关；抓网络，全面控制；抓考核，全员负载。在具体工作中，坚持严格管理，重在日常；落实标准，重在创优；紧盯问题，重在解决；全程控制，重在现场；坚持"三同"（围绕标准化管理，夯实安全基础这个中心，分局各级党政工团，坚持目标同向，工作同步，责任同负），重在合拍。天津分局的经验，为全路解决了深化安全基础建设的载体问题。蚌埠铁路分局在建线中，唯先是学、自我加压；脚踏实地、迎难而上；唯冠是夺、敢为人先。蚌埠铁路分局的经验，及时排除了全路在建线中自满、畏难、厌战等"三种情绪"干扰，将安全基础建设推向了一个新的阶段。

全路安全基础（安全标准线）建设的基本经验有五条：一是把统一思想、统一步调作为安全基础建设的前提，抓住不放。二是把建线作为主战场，各级组织充分发挥优势。三是把专业系统作为安全基础建设的重要力量，充分发挥专业系统的指导作用。四是把包保职责制度作为重要手段，为推进"围歼"和"建线"的各任务落到实处。五是把树立样板、典型引路作为深化安全基础建设的基本方法。

（二）安全基础（“三项内实”）建设（1997～1998）

1997年，铁路运输生产在新的形势下，安全又曾一度滑坡，特别是4月29日在京广线荣家湾车站发生了由于联锁装置被破坏造成的客车恶性事故，死亡126人。为吸取这次事故教训，铁道部将安全基础建设的重点，从建线转向以“设备质量、职工培训和规章制度”为重点的“三项内实”建设。

1．安全基础（“三项内实”）建设实施情况

1997年，围绕确保“两件大事”和实施提速、新图，突出“三项内实”，狠抓安全基础深化建设。以围歼客车事故为重点，狠抓各项安全措施的落实。三大干线更换了提速道岔，对行车主要设备进行大规模整治。按照国务院部署，全路认真吸取事故教训，开展安全大检查，解决运输安全中的大量问题。

1998年1月4日，全路领导干部会议和1月6日全路领导干部（运输系统）会议，明确了安全基础（“三项内实”）建设的五项重点工作：一是确保必要的安全投入，切实强化设备质量。二是抓好职工培训，进一步提高队伍素质。三是抓紧健全完善规章制度，规范安全管理。四是严格落实安全逐级负责制，加强和改进对安全工作的领导。五是加强铁路治安工作，为运输安全创造良好的治安环境。

根据上述要求，安全基础（“三项内容”）建设重点抓了五项具体工作：

（1）京广、京沪、京哈等主要干线更换新型提速道岔，平交道口立交改造，整治道岔，调整曲线参数，加固桥梁，补充道砟，列车运行时速120公里以上线路封闭1898公里。

（2）快速列车新配提速机车298台、新型客车957辆。

（3）铁道部制定《快速旅客列车运行办法》，各有关铁路局（集团公司）对《行车组织规则》《车站管理细则》《段管理细则》等安全管理规章作修改补充，并按照提速要求，相应制定了具体作业标准和办法。

（4）全路集中时间组织职工认真学习新图，针对新图变化和提速安全要求，对机车乘务员、车辆检车员、车站值班员、行车调度员、养路工、信号工等主要工种职工加强培训。

（5）铁道部与公安部联合召开京广、京沪、京哈、京九四大干线治安综合治理会议，部署铁路提速后的治安工作。铁路与地方政府和公安机关密切配合，对危及铁路行车安全的治安问题集中治理。

2．安全基础（三项内实）建设的经验

安监司向全路推荐兰州铁路局安全基础建设的成功经验。该局按照全路运输安全工作会议精神和铁道部继续加强安全基础建设整体工作部署，把运输安全摆在头等位置，以提高设备质量和职工队伍素质、加强安全管理机制为重点，落实逐级负责制，使重大险情减少，杜绝险性及其以上行车事故，一般事故也下降。截至年底，该局实现安全生产1123天，并于1998年8月30日实现建局42年来第一个安全千天。

（1）设备质量是安全生产基本保障和前提，该局改善和提高行车设备质量，使行车设备长期欠账、老化失修、科技含量低等老大难问题初步得到缓解。一是加大行车硬件投入。二是领导带头真抓实干。三是落实设备包保责任制。

（2）该局把提高职工队伍整体素质作为抓好安全生产先决条件，加强队伍建设。一是提

高职工思想政治素质。二是抓职工实际操作技能过关考核。三是加强职工正规培训。

（3）强化安全管理。该局以落实安全逐级负责制和强化安全激励机制为重点，从四个方面强化安全管理。一是落实安全逐级负责制。二是完善激励约束机制。三是加强一线班组管理。四是强化现场作业控制。

（三）安全基础（“规范管理，强基达标”）建设（1998 ~ 2002）

根据国务院《国有企业财产监督管理条例》和原国家经贸委《国有企业资产经营责任制暂行办法》的要求，铁道部决定实行资产经营责任制。在即将全面推行资产经营责任制的情况下，铁道部于1998年召开全国铁路运输安全工作会议。这次会议正式确立了“规范管理、强基达标”的运输安全工作总体思路，并通过了《关于全国铁路运输安全“强基达标”的意见》重要文件。

1.“规范管理，强基达标”的内涵与标志

为了准确、科学把握“规范管理，强基达标”的内涵与标志，有效指导“规范管理，强基达标”安全基础建设，铁道部部长傅志寰指示设立部级专门课题，对包括“规范管理，强基达标”在内的铁路运输安全工作总体思路进行专题研究。根据傅志寰部长的指示，铁道部安监司、办公厅和铁道部经济规划研究院派员组成课题组，兵分两路，历时一个月，深入沈阳、哈尔滨、上海、成都、兰州、郑州、呼和浩特铁路局和广铁集团公司，进行调研，广泛听取各级领导干部、管理人员、工程技术人员、生产一线工人意见。在此基础上，集中专家学者，形成了《中国铁路安全工作总体思路研究》报告，傅志寰对报告给予了高度评价。这个研究报告给出了“规范管理，强基达标”的内涵与标志。

（1）“规范管理”的基本内涵

安全管理内容十分广泛，按层面划分法，大体分为两个层面。

第一个层面是安全法律法规、规章制度与政策的管理，其主要内容包括：①安全法律法规、规章制度与政策的制定。②安全法律法规、规章制度与政策的日常管理。③安全法律法规、规章制度与政策的监督监察。

第二个层面是具体安全行为的管理，其主要内容应当包括：①具体安全行为标准的制定与修订。②对安全行为进行疏导、控制。③对具体安全行为标准落实情况进行监督监察。④对违反安全标准的行为进行纠正、处理。

“规范管理”最为主要的是规范上述两个层面的安全管理，达到“四个规范”：①法律法规、规章标准“立、改、废”的程序及其内容规范。②管理者的管理行为及职工岗位作业行为规范。③安全管理的职能与职责分工规范。④安全保障机制规范。

针对铁路行业特点和当前存在的主要问题，根据“规范管理”基本内涵，在当前和今后的一个时期内，铁路运输安全实现“规范管理”的主要标志是：①管理的依据合法、完整、科学。②管理的体系严谨、有效。③管理的主体照章管理。④管理者的责、权、利匹配到位。⑤管理工作有序推进。

（2）“强基达标”的基本内涵

“强基达标”，就是强化行车设备质量，提高人员素质、管理水平，使之达到确保行车安全的标准要求。“强基达标”，包含着两重意思，一是强化行车安全基础，二是达到确保行车安全的标准。

2.“规范管理，强基达标”实施情况

在推进“规范管理，强基达标”过程中，铁道部坚持规范与创新相结合，重点抓了七个方面的工作。

（1）规范安全监察职能

为了深化市场经济体制改革与建设，加快政府职能转变，1998 年对中央政府机关进行了以转换政府职能为中心的机构改革，铁道部机关司局由 1994 年的 17 个调整为 12 个。

为了规范安全监察职能，铁道部对安全监察司的职能进行了调整：在 1994 年铁道部机关机构改革“三定”（定机构、定职能、定人员编制）确定的安监司职能的基础上，减掉了两项职能：一项是“研究提出各个时期指导性安全措施建议”；一项是“组织局间行车安全竞赛，会同有关部门审核办理奖惩事宜”。

（2）规范铁路规章制度

为适应列车提速、运输组织方式变化以及新技术、新设备、新工艺大量应用对加强铁路技术管理的要求，铁道部组织力量集中对《铁路技术管理规程》（简称《技规》）进行了修改，使这个最基本的规章得到了规范和完善。以贯彻落实《技规》为重点，各单位组织职工广泛开展了学标、贯标、达标活动，促进了职工标准化作业水平的提高。在此基础上，铁道部重新修订了《运规》《事规》《调规》《维规》《货规》《操规》等规章，各铁路局对《行规》《段细》《站细》等进行了修订。通过集中清理和规范，使过去存在的各种规章在内容上交叉重叠、具体规定上相互矛盾等问题得到了较好的解决。

在此基础上，根据国家《立法法》的相关规定和基本精神，2001 年 7 月 26 日，铁道部以第 6 号部令颁发了《铁道部规章制定办法》，明确了铁道部规章起草的组织、协调和规章审查、解释的职能部门，以及规章的审核、发布的职能部门。《办法》对规章的立项，起草，审查，审议、公布和备案，修改、废止和编纂，解释的权限、程序、时限、内容、格式等，进行了明确规定。各铁路局积极跟进，普遍建立实施了由总工程师归口管理、各个业务部门参与的规章、制度和标准制定制度。建立健全了安全规章、制度、标准修改完善的制度，每隔一段时间清理检查一次，该修的修，该废的废，保证其有效性，使管理人员、监控人员、作业人员所遵循的都是唯一的、准确的规章标准。

（3）规范安全逐级负责制

一是规范管理职能。铁道部作为铁路运输行业的政府主管部门，主要职责为三大项：①“立法”。制定安全生产的政策和法规，确定安全生产的目标和规划，制定作业标准和技术设备质量标准；制定铁路运输行业从业人员岗位资格标准。②“执法检查”。监督检查所制定的政策与法律法规、规章标准执行情况并依检查情况进行处理；组织研究、鉴定和推广安全生产新技术装备；对重大事故进行调查、认定、分析和处理；对安全生产进行检查、监督和考核。③服务。为运输企业提供安全理论、政策、工作思路和安全信息的指导与服务。铁路局、铁路分局作为从事铁路运输的企业，承担企业职能，是安全规章、制度、标准的执行部门，其主要职责包括：建立健全内部安全管理机制，进行岗位描述，规范岗位行为，制定岗位责任，制定实施细则，通过站段对生产过程进行管理和控制，对职工个人的工作过程和结果进行控制、考核，以规范的岗位安全操作保证可靠的产品和服务质量，用可靠的产品和服务质量保障铁路运输生产安全。

二是完善逐级负责的职责结构。首先是“双向负责”，即下级应当对上级负责，努力在自己的岗位上尽职尽责；上级也应在自己的岗位上尽职尽责，包括努力为下级履行岗位安全职责创造良好的必备的各种条件。其次是着力解决好安全岗位职责逐级负责的虚拟化问题。

三是责、权、利匹配到位。首先是放权，铁道部给铁路运输业务下放了十二项权利，尽量使各级安全岗位的责、权对等。第二是让利，将考核的结果与经济利益挂钩，加大挂钩力度，建立利益驱动机制，用经济杠杆来调动工作积极性。

四是充分发挥专业部门安全管理的重要作用，提高逐级负责制的质量。

五是规范安全检查，落实逐级负责制。

（4）规范合资铁路与地方铁路的安全管理行为

铁道部于 2000 年 10 月 1 日以部令的形式发布了《合资铁路与地方铁路行车安全管理办法》，明确了铁道部行使对合资铁路、地方铁路行车安全的管理职责和职权；明确授权铁路局对指定的合资铁路、地方铁路进行安全监督、检查和业务指导，纠正违反行车安全管理规章、标准和办法的行为；明确了合资铁路与地方铁路的安全管理责任以及运营条件；提出了合资铁路、地方铁路的设备与运用安全管理要求，道口管理要求；规范了合资铁路与地方铁路行车事故处理和安全情况通报的程序与内容，以及违反《办法》的罚则。这个《办法》的贯彻落实，有效地规范了合资铁路与地方铁路的安全管理行为，使合资铁路与地方铁路的运输安全事故大幅度下降。

（5）安全监察体制创新

在“规范管理，强基达标”思路和现代管理理论指导下，1999 年 1 月，铁道部决定实行安全监察特派员制度，在长春、南京、武汉、贵阳、兰州设立安全监察特派员办事处，2001 年又增设了北京安全监察特派员办事处，颁发了《铁道部安全监察特派员工作管理办法》，明确规定特派员代表铁道部对指定范围的铁路局行使监察权力，并相应赋予了特派员五项职责和四项职权，对指定范围内的铁路局、铁路分局的运输安全生产实施监察，调查分析行车事故，定期对铁路局和铁路分局的运输安全情况进行评估。为了保证特派员公正、廉洁、高效地开展工作，《办法》确立了特派员交流制度和工作纪律。

2000 年 4 月 28 日，铁道部发布了新的《事规》，正式确定了安全监察特派员办事处的安全监察机构的法律地位。为了更好地适应市场经济和解放生产力的需要，新《事规》首次把特别重大事故、经济损失纳入《事规》中，首次在《事规》中引入繁忙干线、干线和其他线路的概念。

（6）工作“载体”创新

铁道部适时进行了安全基础建设工作“载体”创新，实行以铁路局为单位开展创建安全优质站段活动。在这项活动中，铁路局采取季度日常检查，半年对标评估，年终总体评定的方法，突出了日常动态检查，强化了过程考核与控制。有效避免了因铁道部管理面积过大，由于受检单位多、范围宽，只好委托各局代行检查，主要靠报表来评定谁是优质站段所造成的形式主义。铁路局在开展这项活动时，实行滚动考核，变静态评比为动态考核，对再次考核不达标的安全优质站段实行摘牌，有效解决了过去一次考核定终身所带来的“激励作用递减”的问题。

（7）安全管理落实机制创新

为了把安全管理落到实处，铁道部一方面健全、巩固在安全基础整顿和建设中所建立的人员素质和行为控制机制、技术设备保障机制、安全监督监控机制、事故分析处理机制、安全评估机制、考核激励机制、护路联防机制等安全管理落实机制，另一方面，积极鼓励各铁路局结合本局的实际情况和文化特点，进行安全管理落实机制创新。各铁路局积极发挥市场主体作用，进行了大量而卓有成效的安全管理落实机制创新。最具特色的落实机制是：

“系统考核，安全评估，差点公示，尾数淘汰”机制。对各系统的站段，由业务处（分处）牵头，根据既定的考核标准，每季度对所属站段的安全工作进行全面评估，凡是排列在本系统最后一名的，在局（分局）的媒体上公示。第一次排在末位时，党政第一把手到路局（分局）“交班”；第二次排在末位时，对班子出示“黄牌”警告；第三次排在末位时，调整领导班子。这种方法最大的优势是加大了班子和第一把手抓“规范管理，强基达标”工作的压力和动力。

“经、纬”交织周而复始考核机制。以逐级负责制为“经”（纵），在建立逐级负责、领导负责、部门负责和岗位负责等安全生产责任制的同时，以各个领域、各个岗位具体制度为“纬”（横），制定具体（量化了）的、操作性很强的目标责任制度、安全教育制度、技术培训制度、班组建设制度、设备管理制度、作业控制制度、监督检查制度、事故处理制度、安全奖惩制度和岗位思想政治工作制度，围绕这些具体制度制定量化考核标准，对各级领导班子、各级第一把手，以及各个部门、各个岗位履行安全生产职责进行制度化的严格考核，路局对分局每半年、分局对站段每季度、站段对车间每月进行一次考核，周而复始地进行。这种做法的优势是能够较好解决安全生产责任制落实难问题，使“规范管理，强基达标”工作有序稳步推进。

“安全百日”动态考核机制。针对安全天数持续攀升，职工容易产生厌倦、松懈心理；安全管理时间跨度大，安全的防范措施易疏漏，安全的忧患意识易淡化等问题，有的铁路分局实行“安全百日动态考评”，以一个百日为考核周期，以月为时间单位，滚动发展，阶段推进，以“一月”保“一百”，建立起定期对标考评、反思教育、整改落实的运作机制，在站段、车间、班组三个层面上运作。每实现一个百日，从零起步：分局安全百日实现后的第一个月，开展“五查反思”教育，在总结经验、表彰先进、兑现奖惩、部署今后的基础上，开展查思想、查管理、查设备、查两违、查隐患为主要内容的反思教育月活动；第二个月开展整改落实，按照职责要求，针对百日反思列出来的问题，逐项整改，真正做到“边查边改，查改结合”；第三个月进行考评，分局于百日目标前10天组织“五大安全”的相关处室赴站段，按照分局有关文件，开展对标检查、鉴评和考核。三个阶段，三个层次，首尾相连，环环相扣，融于百日安全目标的整个实施过程中，构成百日考评的一个有机整体。这样，从时间跨度上化整为零、变长为短；从安全目标上，变长期为阶段、变百日为月度；从安全管理职责上，变与己无关、漠不关心为层层实施、逐级参与，既推动逐级负责制的落实，又使各项专业管理与运输生产阶段工作有机结合。通过一个百日一个台阶的滚动发展，推进“规范管理，强基达标”，实现分局安全运输工作的长期稳定。

3.“规范管理，强基达标”的基本成效

通过深入持续地“规范管理，强基达标”，全国铁路在安全基础整顿和建设的基础上，“百尺竿头，更进一步”，主要体现在六个方面。

（1）运输安全创历史最好水平

全面贯彻“规范管理，强基达标”运输安全工作总体思路的五年，是铁路迅速发展的五年，是连续实施大提速的五年，也是安全相对稳定的五年。在新投入运营线路大量增加、客货运输大幅度增长、干线列车密度不断加大、列车运行速度不断提高的情况下，运输安全总体上呈现了基本稳定的良好局面。这五年和前五年相比，每百万机车总走行公里重大、大事故件数下降了 10%，险性事故件数下降了 52%；行车事故造成人员死亡的数量下降了 92.2%，交通肇事造成路外人员死亡的数量下降了 7.3%，路内人身伤亡事故造成铁路职工死亡人数下降了 40.7%，没有发生特大伤亡事故，自 2002 年 10 月 23 日至 2003 年 8 月 31 日全路实现了历史上第一次连续 312 天无责任重大、大事故的安全生产纪录。成为铁路发展历史上安全生产最好的时期。

（2）设备质量大幅度提升

全国铁路以实施提速为龙头，不断加大设备投入。这五年，大修、更改资金投入分别比前五年提高了 35.8%和 34.7%，是历史上设备投入最多的时期，使得工务、电务、车辆和机务诸方面一改过去陈旧落后的局面，使设备的防范和保安能力大大增强。大规模改造提速线路，五年增铺无缝线路 9801 公里，更换提速道岔 8453 组、重型钢轨 1632 公里、混凝土轨枕 17766 公里，改造平交道口 4921 处，设置封闭栅栏 5802 公里，购置大型养路机械 231 台，提速线路基本实现了线路无缝化、轨道结构重型化、道口立交化、维修施工机械化，设备基础整体跃上了新台阶。其他线路按照分等级达标的要求，通过集中整治和加强日常维修，设备基础也得到了加强。功能先进的通信信号设备普及率大幅度提高，电气集中、自动闭塞、通用式机车信号、400 兆无线列调的装备率，现已分别达到 92.1%、32.7%、83.3%和 94.7%，分别比前五年提高 4.6%、2.6%、44.1%和 17.7%。机车车辆装备更新速度明显加快，质量和档次不断提升，五年新购机车 4067 台、客车 11400 辆、货车 114120 辆，其中提速机车 1384 台、提速客车 4300 辆，牵引动力实现了内燃电力化，车辆实现了滚动轴承化，铁路机车车辆装备现代化水平大幅度提升。

（3）科技保障安全能力大为增强

全国铁路加大安全监控技术开发力度，一大批先进实用的安全监控设备广泛投入应用，在实现人机联控、地面设备和移动设备相互监控，防止人的误操作并及时发现设备隐患方面，取得了突出的成效。安全监控设备的大量应用，使长期威胁安全的惯性事故得到了有效遏制。无线列调、机车信号、列车运行速度监控纪录装置的推广普及，有效控制了“两冒一超”及列车追尾事故的发生；电气集中、自动闭塞、车站微机联锁和电气集中微机监测装置的广泛应用，基本杜绝了由于错办导致的列车冲突事故；车辆红外线轴温报警探测装置、客车轴温报警器的普及和联网运行，超偏载检测仪的配备使用，使车辆燃轴造成的热切事故大幅度下降；列车尾部风压反馈装置在单线区段安装使用后，在防止列车分离和由于折角塞门关闭导致的事故方面取得了明显效果。五年来由于冒进、错办、切轴引发的险性以上事故，分别比前五年减少 78.8%、68.6%和 93.3%。车辆部门创造了连续 16 个月无热切轴事故的历史新纪录。经过多年持续大力推进技术进步，科技保障安全能力达到了前所未有的新水平。

（4）职工队伍素质不断提高

全国铁路从多方面采取措施，加大了职工培训力度。把减员分流与提高职工素质相结合，轮流培训职工，促进了职工素质的提高；集中对新接收的复员退伍军人进行二至三年的岗前系统培训，使新上岗人员的技能达到了岗位工作要求；通过执行“每个职工每两年应有一次不少于10个工作日的脱产培训”的规定，狠抓全员培训，提高了职工适应新设备、新技术、新要求的能力；有些单位对行车主要工种人员实行强制培训，持证上岗，强化了行车主要工种人员的岗位工作技能；采取脱产和业余相结合的方式，加强了学历教育；运用多种形式，加强安全思想教育和职业道德教育，职工保安全的责任心和爱岗敬业精神得到增强。为了提高培训能力和质量，一些单位对培训资源进行整合，形成了一批具有一定培训规模和能力的培训基地，培训设施和手段有了很大改善；同时对培训内容和方法进行了改进和创新，促进了职工实作技能和非正常情况下应急处理能力的提高。五年来，全国铁路共培训职工980多万人次，其中经过正规学校培训的职工87万人次。2001年与1997年相比，运输企业初中及以下文化程度人员所占比重由50.7%下降到41.1%，高中以上文化程度人员所占比重由35.2%上升到38%，大专以上文化程度人员所占比重由1.4%上升到3.7%。

（5）安全管理机制创新取得重要突破

实行资产经营责任制，把安全指标作为考核的重要内容，实行“一票否决”，强化了安全管理的约束机制。实行安全逐级负责制，明确界定部、局、分局的安全管理责权，克服了责任不清、多头指挥、管理无序的弊端，规范了安全管理行为。以逐级负责、分层管理为基本原则，各单位制定和建立了主要领导负责制、专业技术管理责任制和岗位责任制，形成了比较完善的安全生产责任制度；同时把“规范管理、强基达标”的要求与本单位实际紧密结合，创造了各具特色的安全管理模式和方法。为加强对落实安全生产责任制的激励约束，各单位普遍建立了一级考核一级的考核机制，加大了考核力度；以深化三项制度改革为动力，建立了竞争上岗机制和收入挂钩机制，对增强干部职工的安全责任意识，形成主动抓安全、保安全的内在动力，发挥了重要作用；从铁道部到铁路局、分局逐级制定了事故责任追究制度，对发生事故的单位和领导者实行责任追究，有效地强化了约束，严格了纪律。各项安全管理机制的建立和运行，使安全责任的履行、安全措施的落实、管理控制的加强有了机制和制度的保证，安全管理的系统性、科学性、有效性明显提高。

（6）安全监督作用明显强化

铁道部改革现行的安全监督体制，实行了安全监察特派员制度，变同体监督为异体监督，先后在六个地区设立了安全监察特派员办事处，加大了对铁路局的安全监督力度。各铁路局强化安全监督工作，改进监督方式，有的成立了安全监控大队，有的在各地区派驻了安全监察机构，有效地加强了对分局的监督。一些分局也组建了安全监控分队。各级安全监督力量明显加强。截至2002年，部、局、分局共有1690多人从事安全监督工作，比1998年增加近300人，增长20%以上。改革和完善安全监督体制后，扩大了安全监督的覆盖面，信息反馈更为灵敏，事故调查处理更为及时，安全监督的质量和效果更为明显。

（四）安全基础（“三基四责”、安全管理体系和提速安全标准线）建设（2003～2007）

我国国民经济总量的极大扩充对中国铁路规模与速度的新要求，中国铁路行业较为充分的规划与技术储备，企业管理结构、安全制度与发展战略准备，以及国家应对世界性经济危机而加大对基础设施投入等拉动内需的新举措，使中国铁路以令世界震惊的迅速，跨入了新的发展阶段。尽管由于这个“令世界震惊”的发展速度将给铁路行业乃至国家带来在政治智慧、交通协调、财务与经营管理、安全制度文化等方面的一系列挑战，但它毕竟极大地提高了中国铁路的运输能力，打破了长期以来铁路一直处于国民经济发展“瓶颈”地位的被动局面。

在企业管理结构方面，撤销了铁路分局（总公司），组建了太原铁路局、西安铁路局和武汉铁路局，连同原来先后完成撤销铁路分局的4个铁路局和新成立的青藏铁路公司，全国铁路共有18个铁路局（公司），实行铁路局（公司）直管站段，中国铁路行业真正实现了由“四级管理”向“三级管理”的体制性变革。解决长期以来铁路局和分局两级法人以同一方式经营同一资产所导致的管理重叠、职能交叉、相互掣肘、效率不高，对铁路发展形成严重制约的问题。

在安全制度准备方面，铁路行业继续坚持“从严治本，基础取胜”的基本思路，以保证现代化铁路运输安全为目标，通过全面落实“逐级负责、领导负责、专业负责、岗位负责”制度，狠抓“基层、基础、基本功”建设，安全管理制度体系建设，以及提速安全标准线建设，基本保证了中国铁路向高铁新阶段安全迈进。

1．安全基础（“三基四责”、安全管理体系和提速安全标准）建设的实践与成效

（1）以铁路运输安全为核心的行政执法体制和责任体系基本形成

2003年8月27日，第十届全国人民代表大会常务委员会通过《中华人民共和国行政许可法》，自2004年7月1日起施行。2004年4月20日，国务院颁布了《全面推进依法行政实施纲要》。2005年7月9日，国务院以国办发〔2005〕37号文件下发了《国务院办公厅关于推行行政执法责任制的若干意见》。依据上述文件，铁道部依法开展《铁路运输安全保护条例》等法律、行政法规的相关执行工作，自2004年起，铁道部研究制定了《关于认真贯彻落实国务院〈全面推进依法行政实施纲要〉的通知》《铁道部推行行政执行责任制的意见》《〈铁路运输安全保护条例〉确定的铁路管理机构职责规定》《铁路管理机构运输安全监督管理管辖范围》……《铁路运输安全行政执法人员管理办法（暂行）》《违反〈铁路运输安全保护条例〉行政处罚实施办法》等规章、规范性文件。初步建立了一套行政执法体制和行政执行责任制度。

（2）以计算机信息系统安全为基础的运输安全技术装备制度保障体系基本形成

在铁路跨越式发展战略中，铁道部加大了运输安全技术装备控制系统的建设力度。一是通过加快铁路行车安全保障工程建设，研制开发和引进先进的安全技术装备：①逐步建成集监测、控制、管理、维修和救援于一体的铁路行车安全保障体系；利用现代科技手段，围绕行车安全监测、安全信息网络、安全监控管理、救援与维修支持等方面，建设铁路行车安全综合监控系统，至“十一五”中期，建成了四纵两横主要铁路干线的行车安全综合监控网络和管理中心，初步形成安全保障体系的核心。②在此基础上，逐步完善和扩大推广应用面，完成各项配套工作，主要包括研制并在地面和移动体上安装有关运行监控、在线检测和故障诊断等关键性的安全技术装备，采用现代通信和计算机网络技术，将地域上分散、组织管理上松散的各类单项安全监测设备与安全监管中心联接起来，并建立各级安全监管中心的联接，构成安全信息传输通道，实现各种安全监测信息的自动收集、集中管理和信息共享，在安全监控信息网络和综合监控管理信息系统所构成的电子化运输安全信息服务平台支撑下，集各种监控为一体，实现安全数据集中管理与综合利用，行使实时报警监控、预警分析与管理、不良车辆及重点运输信息的跟踪、安全监测信息的综合查询与分析、事故处理与分析、抢险救援的信息支持、运输装备维护的信息支持、安全趋势的判断、安全管理的决策等职能，到

“十一五”末，建成功能完善的铁路行车安全保障体系。二是通过加强安全科技研究与应用，加快铁路运输安全科学技术研究机构建设，开展运输安全生产中亟待解决的普遍性、关键性技术难题的科学研究，促进重大安全科技成果转化，建立安全科技示范工程：①建立安全技术装备投入保证机制，加快引进、吸收、研制、开发步伐，大力推广使用先进、科学的安全技术装备，采用现代通信和计算机网络技术将各种安全技术装备系统集成，实现铁路运输安全的全天候、全方位、全过程的实时管理与监控，形成铁路安全技术装备保证体系，提高铁路运输安全综合防范能力。②开展机车、车辆、线路、桥隧安全监控技术研究，在移动设备与固定设备自诊自检、相互监测，并形成安全监控网络的基础上，利用人—机—环境系统工程原理，建立机控为主、人控优先的人机联控安全系统，到2010年，根据铁路客运高速、快速和货运快捷、重载的需要，采用现代通信和计算机网络技术，将既有的专业分散、管理松散的众多安全技术装备系统集成，并研制开发新的安全技术装备，建立起保障铁路运输安全的监测监控系统，并在繁忙干线得到推广应用；在京沪、京广、京哈（含京秦）、京九（含广深）、陇海、浙赣（含沪杭）等主要繁忙干线，基本建成集安全监测、信息传输、分析管理和抢险救援于一体的行车安全综合监控系统；其他干线也推广应用关键的安全监测、监控装备，初步形成全路主要干线的铁路行车安全监控系统，规划到2020年建成铁路三级安全综合监控管理中心，形成网络监控能力，实施对全路运输安全的全天候、全方位、全过程的实时管理与监控，提高铁路运输安全综合防范能力；建成符合我国铁路运输特点、覆盖全路不同等级线路、拥有全路行车安全监控信息网络的“车对地、地对车、车对车、地对地”的铁路行车安全技术装备综合保障系统，实现铁路安全技术装备的现代化。

为此，铁路行业将信息安全提到了重要工作日程，依据《中华人民共和国计算机信息系统安全保护条例》的规定，于2003年7月15日以部令的形式，颁布了《铁路计算机信息系统安全保护办法》。

（3）安全管理制度体系基本形成

一是形成了法律法规保证体系。主要是形成了以《铁路运输安全保护条例》《铁路交通事故处理条例》《铁路行车事故处理规则》《铁路安全监察工作规则》《技规》《行规》《站细》《段细》等法规规章为核心的法律法规及规章保证体系。二是建立了安全生产行政许可制度。根据《安全生产法》和《中华人民共和国行政许可法》，在铁路行业实行行政许可制度。三是形成了以“领导负责、逐级负责、专业负责和岗位负责”为核心的安全责任体系。明确了各级党政主要领导在安全工作方面肩负的重大责任，形成保证安全生产的统一意志和统一行动，保证始终坚持把安全工作摆在第一的位置。四是形成了以运输生产一线人员和各级管理人员为客体的安全行为规范与教育培训体系。根据跨越式发展的需要，以及大提速提出的生产行为要求，各专业系统要对本系统已有的行为规范进行修订。强化了安全生产培训工作，使职工熟练掌握岗位作业标准，特别是提高职工应知应会、实作技能、非正常情况下的应急处理能力以及对新技术和新设备的适应能力。对行车主要工种作业人员开展了新一轮的“两年十天”脱产培训。建立和完善了培训、考核、使用相结合并与待遇、分配挂钩的激励机制，增强了学习的内动力。改进了培训方式方法，加强行车关键岗位人员培训基地建设。五是建立了以法律、法规为保障，以“两淡化、一突出”为原则的护路联防体系。通过法律、法规形式，规范地方与铁路在护路联防中的职责与权利。六是建立健全了逐级问责制为核心的考核激励机制。通过建立和健全对各铁路局安全评估、铁路局主要领导安全工作评价的相关制度和办法，安全绩效考核办法不断完善，激励作用更加突出。七是建立健全了安全体系协调工作机制。主要是建立各级安全委员会定期工作机制和协调管理机制，听取各专业系统运作情况，及时解决系统之间需要协调的问题，较为有效地保证专业体系协调和谐运行。

（4）安全生产应急救援体系已经建成

通过开展应急救援技术研究，强化指挥调度系统、应急通讯系统，加强专业化应急救援队伍建设，配备相应的应急救援装备，建立了应对自然灾害、事故灾难、突发公共卫生事件、突发社会安全事件的应急救援体系，制定了地震、防洪、行车重大事故、重大路外伤亡事故、站车重大火灾事故、群体性拦车事件、危险品运输、预防恐怖破坏事件以及网络信息安全等九个方面的安全应急方案。充分利用既有的应急救援资源，对现有应急救援资源进行科学合理布局，至“十一五”中期，基本建成完善的安全生产应急救援体系，各类生产安全事故抢险救援能力得到较大提高。

（5）既有铁路线提速安全保障体系已经形成

为了深入推进提速安全保障体系建设，确保提速安全持续稳定，全面提高提速安全管理水平，铁道部于 2007 年 11 月 27 日下发部规范性文件，提出《关于提速安全保障体系建设的指导意见》。《意见》提出提速安全保障体系建设的总体思路是：围绕安全重点，以科技创新、制度创新和管理创新为核心，通过在安全检查监测、固定设备维修、移动设备维修、货运管理、行车组织指挥和应急救援保障、规章制度、治安防范、职工培训等八个方面建立长效常态工作机制，逐步形成全面覆盖、立体化、高可靠的提速安全保障体系。

（6）新的运输管理体制下的安全管理制度得到规范

2005 年 3 月 18 日，铁道部撤销了铁路分局，铁路运输管理体制实现了由“四级管理”向“三级管理”的历史性转变。为了充分发挥“三级管理”的体制性潜能，规范新体制下铁路运输安全管理制度提到了议事日程。2006 年 12 月 15 日，铁道部以 222 号文件，提出了《规范新体制下铁路运输安全基本管理制度的意见》。在这个《意见》的指导下，全国铁路各单位、各部门根据自身的实际情况和运输生产新需求，迅速构建了职责清晰、权责匹配、逐级负责、考核严格、控制有效、应急有序、保障有力的运输安全管理体系。

（7）提速安全标准线建设全部达标

2003 年底提出以“十全”为基本标准的提速线安全标准线建设，经过持续六年的努力，已经全部达标。六年前种植于线路两旁的“内灌外乔林带”，而今不仅成为乘客观赏的美丽风景，还有效地防止了动物和行人走进线路。被铁路线阻隔的村庄，有了便利的通行路径，人们不再为抄近道而冒险跨越铁路。火车与公路平面相交道口，实现了立交化，消除了其他车辆和行人与火车相撞的根源。高速铁路沿线实现了全封闭，一些地段以废弃的水泥轨枕构建成近 2 米高的围墙，创造了中国的“露天隧道”。

纵观安全基础建设，既有成功经验，也有深刻教训。10 多年来，从开展集中整顿，到加强基础建设，到“规范管理、强基达标”，全路全面加强安全检查基础建设，认识逐步深化，工作逐步深入，促进了运输安全形势向好的方向发展。10 多年的实践充分证明，强化安全基础抓住了运输安全工作的根本，是实现运输安全“有序可控、基本稳定”的有效经验。坚定不移地推进安全基础建设，是长期探索实践的基本经验，是对铁路运输安全工作规律的科学认识。但活动开展初期，由于干部职工没有认识到安全基础建设的重要意义与深刻内涵，从而曲解了部领导的建线意图，致使活动初期走过一段弯路。过度地装修，过度地美化，过度地注重外美，一味地作表面文章。当时盛传“不拔草就拔人，不换面貌就换人。”的说法。大家的心思都放在改变环境上——拔拔荒草，刷刷油漆，摆摆石子，甚至在现场检（修）车地沟里也铺上地板砖，当时有人将这一活动说成是“扶贫”活动——救活了多少个油漆厂、地板砖厂、装饰材料厂、家具厂等，还有翻浆冒泥的地方竟用拖把抹抹而已。针对一些单位存在着形式主义和做“官样文章”的现象，铁道部强调：“凡是形式主义的东西，要立即停止，没有什么实际意义的事，不要去干。”及时出台了一系列文件和措施，对不良倾向进行纠正和引导，从而确保了建线活动的健康发展。

安全基础建设是一项长期的、复杂的重大工程，必须付出艰苦的劳动和非凡的智慧，需要持之以恒的抓下去方能实现“有序可控，基本稳定”的目标，那种“毕其功于一役”作法和那种靠“运动式”的战术是不足取的，也是不可能实现最终目标的。

第五节　非正常行车安全

非正常行车泛指因自然灾害侵袭、行车事故、行车设备故障、施工作业等或行车组织方式发生变化导致信号、联锁、闭塞设备不能正常使用情况下的列车运行及接发列车作业。

非正常行车发生重大事故的几率较高。非正常行车作业时因设备条件的缺失，作业程序的变化，现有规章的不完善，甚至有的情况无章可循。另外，作业人员缺乏突发事件的应急处置能力，稍有不慎将引发行车或设备事故，非正常行车安全控制一直是行车安全工作的薄弱环节。为此，铁道部和各铁路局对非正常行车安全工作非常重视，结合现场实际制定印发一些具体措施和办法，确保在非正常情况下的行车安全。

一、强化非正常行车安全知识培训

针对非正常情况下给行车安全带来的严重影响，各局加强行车安全知识培训工作，不断提高行车一线干部职工在非正常情况下的应急处置能力。据统计，1980年至1994年，全路机务系统累计培训干部职工总数达49045人（次），组织各工种技术表演赛1061次，参加表演人数10425人（次）。1985年9月13日，上海铁路局下发《关于进行非正常情况下行车规章考试的通知》，铁路局业务处正、副处长，各分局正、副分局长及总工程师由铁路局组织考试；各分局业务科正、副科长和基层站、段的正、副站段长及总工程师由分局组织考试，其他人员分别由铁路局和各分局业务处（科）及站段组织考试。此后，铁路局坚持每年组织有关部门对干部职工进行一次非正常情况下行车办法知识考试和技术鉴定。1998年，乌鲁木齐铁路局在完善职工竞争上岗、待岗及再就业培训等一系列措施和办法的基础上，充分发挥技能演练基地和三级教育网络的作用，对行车主要工种进行了系统脱产培训。完成44个主要行车站段14948人次的《围歼细化卡控措施》和非正常情况下行车安全的培训考核。兰州铁路局行车部门严格实行每年一次的干部职工应知应会培训考试制度，开展过“三关”（应知应会理论关、实际操作技能关、排除故障技术关）活动，经常举办技术大比武、技术表演赛、大演练等活动及基本功训练，同时加强非正常情况下作业知识和技能培训。

各铁路局通过开展安全知识培训教育和技术比武活动，基本达到了行车主要工种全员演练的目标，有效提高了行车部门职工队伍在非正常情况下的应变能力和操作技能。

二、全路开展安全生产专项整治工作

2001 年 5 月 17 日，铁道部召开全路安全生产专项整治工作会议，随后，部下发《关于开展安全生产专项整治的实施意见》。确定 8 个方面的专项整治任务，将“非正常行车安全”列入全路 8 个安全生产专项整治重点任务之中。年内，全路车务系统结合《行车组织规则》《车站管理细则》，清理和规范现行非正常行车组织办法、作业标准和安全卡控措施，做到标本兼治。

为强化车务系统在停电施工和设备停用等非正常情况下接发列车的全过程监控，各铁路局结合实际制定《非正常情况下接发列车安全监控措施》，明确规定列车运行异常造成的非正常行车、行车设备异常引起的非正常行车、因施工造成的非正常行车等各种非正常情况下行车组织办法和安全措施。

为保证非正常情况下的行车安全，各局机务系统完成《非正常情况安全行车办法》的修订，将非正常情况行车安全纳入日常标准化作业管理。机务部门为确保临时施工，特别是信联闭停用、反方向行车安全，建立施工安全控制体系，明确机务部门在施工安全把关、安全措施制定、行车安全保证等方面的责任、义务和失职追究考核制度。

同年 5 月，根据铁道部关于开展安全生产专项整治的要求，为确保天气不良情况下的行车安全，北京铁路局发布实施《雾天行车办法（试行）》，此后，相继发布施行《无线列车调度电话录音装置管理办法》《暴风雨行车措施》等规定，并适时进行补充、完善。对非正常行车安全工作进行专项整治，按专业部门进行分工，对《行规》中不符合《技规》的条款进行修订，对特、一等站的《站细》进行审查，并对 1995 年以来各业务处室下发的现行规章和文件进行清理，汇编成册。2002 年，该局根据铁道部要求，在全局范围内开展为期一年的非正常行车安全等 8 个方面的专项整治。行车部门制定了《非正常情况下接发列车安全监控措施》和《非正常接发列车标准》，要求干部及时上岗盯控，作业人员严把“进路”和“凭证”关；对 56 条与正线、到发线接轨的不符合要求的专用线，进行了集中整治。

年内，全路发生几起多工种、多岗位、多环节系列违章违纪导致的行车重大事故。分析主要原因，一是有些职工缺乏非正常情况下作业的应急处理能力。二是部分职工不能及时掌握新设备、新技术的性能，发生问题不会处理，导致行车事故的发生。

针对非正常情况下安全管理薄弱的突出问题，广铁（集团）公司要求行车单位抓好 8 个关键环节：一是规范非正常情况下行车调度命令的发布，二是从严控制客车基本进路的调整，三是加强非正常情况下接发列车作业的现场盯控，四是规范车机联控用语，五是警示列车运行，六是加强列车运行监控装置的管理，七是加强行车揭示的管理，八是严格落实黄灯减速的规定。根据广铁（集团）公司要求，长沙铁路总公司公布《非正常情况的作业办法》共 88 项，其中：运输部门 13 项；机务部门 13 项；工务部门 11 项；电务部门 6 项；车辆部门 41 项，货装部门 4 项。为提高运输现场突发事件和非正常情况下机务部门应急处理能力，确保运输安全有序可控，2002 年 4 月 15 日，下发《长沙铁路总公司机务行车事故、险情、严重设备故障应急处理控制程序》，规范应急处理控制办法，提高机车乘务员应对突发事件和非正常情况下应急处置的能力。

2003 年 7 月 1 日，铁道部领导在“铁路跨越式发展研讨会和运输安全工作座谈会”上讲话时指出：“要强化基本功。必须把提高职工基本素质作为治本之策来抓。要加强技术业务培训，使职工重点掌握本岗位的作业标准，特别是要掌握非正常情况下作业的技能。”年内，铁道部下发《关于进一步深化安全生产专项整治的通知》，要求对非正常情况下行车等 9 个方面进一步深化安全生产专项整治。全路非正常情况下作业控制得到加强。各铁路局针对列车提速、重载、高密度等特点，进一步完善非正常及不良天气情况下行车组织办法和安全措施，细化应急预案，加大干部现场监控指导力度，确保非正常情况下作业安全。

2004 年 9 月 15 日，铁道部为适应铁路跨越式发展需要，进一步完善规章制度，解决跨局列车有关规章统一问题，铁道部组织部分铁路局及部内有关司局，研究制定《铁路行车组织办法补充规定》，于 10 月 1 日起实行。对 16 种非正常情况的行车办法作出具体规定：

1. 天气恶劣难以辨认信号
2. 施工特定行车
3. 双线反方向行车
4. 变更接车线路
5. 列车在区间被迫停车
6. 列车标志不完整
7. 列车冒进信号
8. 列车无线调度电话通知发车
9. 列车运行中严重晃车
10. 汛期暴风雨中行车
11. 车辆发生故障
12. 列车在站内临时停车
13. 列车发生火灾、爆炸
14. 密接式车钩和集中供电车列调车作业
15. 电力机车被迫停在接触网分相无电区
16. 处理旅客列车扒乘人员

为加强营业线施工安全管理工作，铁道部于 2005 年修订公布《营业线施工及安全管理办法》。规定：行车组织部门必须积极做好施工组织协调工作，制定非正常情况下的行车组织措施，提前调整车流，加强施工期间的行车组织指挥，为施工作业创造条件。行车部门要加强施工期间行车组织和调度指挥，非正常情况下接发列车，站长（主管副站长、车间主任）必须到岗监督作业，严格执行作业标准，落实施工安全卡控措施。控制好发布行车命令、确认区间空闲、进路检查确认、行车凭证填写交付、引导信号使用等关键环节。施工开通必须严格执行施工单位、设备管理单位登记开通、车站签认和列车调度员发布开通命令的程序。

依据《办法》规定，全路各单位制定细化措施，加强施工全过程管理和监控。一是细化非正常情况下行车组织办法，二是重点线路和高坡地段的防溜措施，三是规范 30 项、97 条调度命令发布格式。年内，广铁（集团）公司针对部分站段接发列车作业程序不规范，非正常情况下接发列车车机联控用语不规范的情况，开展非正常情况接发列车专项整治。制定下发《设备故障时的行车办法》，对设备故障的汇报程序以及非正常情况下的处理办法作了明确规定；针对穿越正线调车作业少数干部盯岗时“人到心不到，到岗未尽职”、车站值班员不进行监控调车作业进路的情况，开展穿越正线调车作业专项整治。编制下发《关于印发广铁（集团）公司加强调车作业安全补充规定的通知》，对穿越正线调车作业中各项安全关键进行明确，规范现场作业人员对调车作业中车辆的防溜措施检查和交接制度。

针对直管站段后，原各总公司、合资公司应急预案规定各异，部分预案原则性过强、可操作性差的问题，广铁（集团）公司制定一套完整的车务系统应急预案体系，包括施工行车预案、行车事故救援应急预案、设备故障造成大面积晚点应急预案、机车溜逸应急预案、机车车辆发生火灾爆炸应急预案和防洪抢险等预案，规范不同应急情况下的管理职责、工作程序、结合部沟通协调以及考核机制。

哈尔滨铁路局为确保在停电施工、行车设备临时故障等非正常情况下的接发列车安全，强化作业中的安全控制，明确岗位安全职责，落实岗位作业标准，实施作业过程中的自控、互控、他控，按照《技规》《行规》《接发列车作业标准》等有关规定，重新修定实施《非正常情况下接发列车安全控制办法》，规定施工中接发列车安全监控措施；信联闭等设备临时故障接发列车安全监控措施；确保非正常情况下接发列车安全应投入的保安设备；干部监控表填记方法；监控干部接发列车作业标准等五个方面内容。

进入二十一世纪后，随着全路大面积提速，大量新设备、新技术的投入运用，部分作业制度、作业程序随之发生相应变化，现有的规章制度，特别是非正常行车安全控制的规章制度不完善、不适应的问题尤为突出。为此，各局贯彻落实铁道部《关于进一步深化安全生产专项整治的通知》，着力开展非正常行车安全规章制度的清理、修订、完善工作；发布施行有关自然灾害、行车事故、设备故障和施工作业等非正常情况下行车应急预案及办法。

历时三年的专项整治，非正常行车安全控制的措施得到完善，各项规章制度得到落实，非正常行车安全得到有效控制。全路第六次大面积提速和动车组的运行安全得到保证。

三、客运专线非正常行车

为适应我国客运专线快速发展和运行安全需要，铁道部近年来相继制定施行了相关技术规定和非正常情况下行车组织及动车组途中应急故障处理方法等规章命令。

2008 年，铁道部制定《京津城际铁路技术管理暂行办法》（铁科技〔2008〕99 号文），对如遇 CTC 操作终端、中心操作终端不能办理接、发列车作业时；在车站控制模式下，遇车站信号联锁设备故障停用时；在车站控制模式下，车站值班员与司机应认真执行车机联控等做出规定。

为确保 CRH 系列动车组运行突发故障的快速、正确处置，保证动车组运行安全，针对 CRH 系列动车组的技术特点，结合动车组运用实际情况，2008 年 12 月，铁道部编制印发《CRH 系列动车组途中应急故障处理手册》（运装客车〔2009〕1 号），要求：

1. 各铁路局要结合配属动车组实际，立即组织有关人员学习，特别是对动车组司机和随车机械师应制定培训计划，逐项组织实作演练。

2. 在处理动车组运行故障时，动车组司机、随车机械师及其他有关人员按规定步骤、方法处置动车组运行途中突发故障。

3. 各铁路局要重视动车组途中应急故障的处理，不断摸索规律，总结经验，及时向铁道部反馈修改意见。

2009年，铁道部印发《关于客运专线固定设施维修管理有关问题的指导意见》（铁运〔2009〕36号文）。规定客运专线电务集中检修工区员工在非正常情况下，按照客运专线行车管理规定，完成车站行车值班员指派的工作。同年12月7日，铁道部公布了《客运专线非正常行车组织》，规定："第1条因设备故障，动车组列控车载设备在ctcs–3级与ctcs–2级间进行转换时，司机应报告列车调度员……第2条司机不能使用机车综合无线通信设备进行通话时，应立即使用gsm–r手持终端报告列车调度员……第3条在ctcs–3级区段与ctcs–2级区段自动转换失败时，司机应立即报告列车调度员或车站值班员……第4条车站遇道岔故障等需现场准备进路时，根据列车调度员指示，车务应急值守人员组织电务、工务人员现场操纵道岔、确认进路正确并按规定加锁。第5条在非正常情况下，车站由分散自律控制转为非常站控时，列车调度员根据情况，通知相关站段指派胜任人员赶赴现场，协助做好非正常行车工作和安全把关。第6条动车组列车运行中出现故障……报告列车调度员。第7条动车组列车在区间被迫停车时……必须在办理邻线列车停运后进行。第8条列车调度员接到大风报警信息后，须立即确认报警地点……司机接到调度命令或通知后，应立即采取措施。第9条遇有暴风雨雪天气或地震……检查人员在天窗时间外不得进入路肩和桥面范围内……发现影响行车安全时，须及时通知列车调度员限速运行或封锁线路……装备LKJ的动车组列车因列控车载设备故障，不能恢复正常运行时，司机应报告列车调度员，司机根据调度命令将列控车载设备转入隔离模式，以不超过20公里/小时的速度运行至进站信号机，按其显示运行……第10条列车调度员接到落物等报警信息后，应立即呼叫有关动车组列车停车……第16条在下列情况下，司机控制动车组列车限速运行：①动车组列车制动系统故障切除25%制动力时，限速160公里/小时；切除50%制动力时，限速120公里/小时；在动车组列车经18号道岔侧线停车情况下，制动系统故障切除25%制动力时，限速65公里/小时；切除50%制动力时，限速55公里/小时。②空气弹簧故障时，限速160公里/小时。③车窗玻璃破损导致车厢密封失效时，限速160公里/小时……第19条当确认轴承温度超过报警温度时，立即停车请求处理。

第六节　提速列车安全

铁路既有线列车大提速，核心问题是保证行车安全。高速运行的列车如果没有安全作保障，一旦出现闪失，后果不堪设想。因而从1997年4月1日第一次至2007年4月18日第六次既有线列车大提速，铁道部领导及安监司等相关部门都将确保提速列车安全视为重中之重的任务。部安监司每次都参加由部长带队的提速达速试验小组，就提速涉及的一些安全保障问题深入细致地进行调查研究，提出解决具体的方案和措施，指导督促相关单位认真抓好落实。安监司还通过每年开展安全大检查和安全专项整治活动，发现和解决了一批影响提速安全上的问题和隐患。在确保提速安全上，由于安监司及时调整思路，适应要求，适时把重点工作放在法规修订、执法督察和提速列车安全保障体系制定及抓好安全方案的实施上，成效显著，为六次大提速做出了应有贡献。

一、安全实现既有线四次大提速

自 1997 年 4 月 1 日至 2001 年 10 月 21 日，铁路安全实施四次大面积提速调图，创造了世界既有线提速的奇迹。

第一次大提速，从 1997 年 4 月 1 日开始，在京广、京沪、京哈三大干线提速，列车最高时速达到 120 ～ 160 公里 / 小时。

第二次大提速，从 1998 年 10 月 1 日开始，以京广、京沪、京哈三大干线为主，除进一步提高列车速度外，还扩大提速范围，延伸提速里程，增加提速列车数量。三大干线提速列车的运行速度，京广线最高为 116.9 公里 / 小时，京沪线最高为 120 公里 / 小时，京哈线最高为 111.9 公里 / 小时。

第三次大提速，从 2000 年 10 月 21 日开始，重点向西部地区倾斜，重新划分列车等级，提高精品列车比例，形成“四纵两横”提速网络，实现 400 多个车站联网售票。

第四次大提速，从 2001 年 10 月 21 日开始，列车运行速度进一步提高，提速范围进一步扩大。提速后，主要城市间列车运行时间进一步缩短。在这次大面积提速调图中全路做了大量艰苦细致和卓有成效的工作。

2001 年 4 月，铁道部领导带领由运输局、安监司组成的铁道部提速达速试验组，行程 1.88 万公里，对京九线、浙赣线、汉丹线、襄渝线、达成线、京广线南段、哈大线进行牵引试验，为确定新图标尺方案提供科学依据，并对线路基础、机车车辆、通信信号、行车组织、运输安全、治安秩序等进行全面检查，掌握提速达标线路的基本情况。9 月，铁道部又组成以安监司为主的提速达标平推检查组对上述线路和沪杭线进行平推检查，校核新图标尺，同时铁道部派出专业组对提速安全进行检查评估。各局也进行自验。通过动静态结合、专业对口检查为提速安全提供有力保证。

在保证提速列车运行安全的同时，以安监司为主的业务职能部门在全路建立起一套科学的安全管理机制。各级干部树立依靠科学管理和采用先进装备以确保安全的理念，树立依靠广大职工群众和提高人员素质的观念，并在制度上、在设施和措施上切实加以落实。对铁路运输调度、行车、装卸车、调车作业、设备维修等内部法规，重新全面审订。《铁路技术管理规程》是铁路运输管理的总的依据。铁道部组织有关专家和干部职工根据提速后设备、作业的变化情况，反复讨论后进行修改。同时，重新修订了《列车运行规则》《铁路行车事故处理规则》《调车规则》以及各种设备维修规程、操作规程等规章。各铁路局按照现代管理的原则，积极引入 ISO9000 质量标准论证体系，认真规范领导层、管理层和现场作业人员的行为，对运输安全全过程进行全面控制，确保运输安全建立在可靠的基础之上。随着列车速度的不断提高，各种不安全因素的不断出现，为此，要求各级干部要加深认识，切实采取预防措施。要坚持不懈抓好安全基础建设，根据安全生产的规律，经常地深入开展生产安全大检查。针对存在的问题，进行安全生产专项整治。按照铁道部提出的列车安全保障体系要实现“高效可靠，及时准确，反应迅速，系统管理，责任清楚”的目标，进一步开展科学技术创新和技术改造，逐步建立和完善铁路的先进安全的技术装备和行车安全技术保障体系。通过一系列安全措施，铁路运输安全保障体系逐步趋于完善。

在铁路四次大提速中，行车安全得到了有效保障，从而坚定了广大干部职工的决心和信心，为进一步搞好列车提速，实现铁路跨越式发展打下了坚实可靠基础。

二、安全实现第五次大提速

2003年，中共铁道部党组提出实现铁路跨越式发展，要求继续做好大面积提速工作。要求铁路部门单位领导与职工精心组织第五次大面积提速调图的实施；认真做好第六次大面积提速调图的准备工作。

各单位按照部党组部署，研究解决运输安全面临的新问题。紧紧围绕第五次大面积提速和新图的实施、运输生产力布局的调整、新技术装备的采用、既有线改造任务的增加、设计施工企业管理体制的变化等，研究运输安全面临的新情况，建立健全安全分析制度，积极开展重点攻关，采取切实可行措施，解决好实践中出现的新问题。

2004年4月18日，铁路实施第五次大提速。第五次大面积提速调图，在许多方面有重要突破。提速线路资源大幅度增加，提速路网总里程达到16500公里，特别是时速160公里及其以上的线路达到7700公里。几大干线出现了新的列车品种，即“Z”字头旅客列车，沿线不停的一站直达的“直通特别快车”。运输结构全面优化，几大干线机车交路大幅度延长，实现了全新布局。铁路的不断提速，开辟了新的经济增长点，充分发挥了大面积提速调图的效应。在铁路提速时，进一步搞好设备整治，消除隐患，强化质量，保证各项设备达到提速安全要求。

2004年8月1日，为确保提速列车持续安全，特别是直达特快列车行车安全，铁道部颁发铁办〔2004〕85号《铁路局主要领导、部机关有关部门负责人定期添乘提速列车机车检查制度》文件，添乘人员范围：各铁路局主要领导，部运输局相关部、安监司负责人。添乘检查中要发现问题，并及时要求整改。对涉及其他铁路局的问题，要及时将有关信息向相关铁路局反馈，相关铁路局要及时落实整改措施。各铁路局其他领导、各铁路分局主要领导和部机关有关部门其他干部添乘机车检查办法自定。部安监司定期将领导干部添乘情况在《人民铁道》公布。

2004年以来，铁道部以建设提速安全标准线为载体，首先将京广、京沪、京哈、京九、陇海、沪昆（浙赣段）六大干线时速120公里以上提速区段，建设成为道口全部立交、线路全部封闭、信号全部改造（三显示改为四显示）、全部铺设无缝钢轨等“十全”标准线，并以此带动和推动其他干线不断提高标准，全面提升铁路基础设备设施质量。并采用先进可靠的安全监控装置，将全路所有机车和动车组全部装备了列车运行监控系统，车辆轴温红外线探测装置覆盖了全国所有铁路线路，货车“5T”安全防范系统在六大干线上投入使用，运输调度指挥系统覆盖了全国70条铁路干线，1500多个车站装备了计算机联锁设备，使用具有世界先进水平的提速综合检测车、轨道检查车每10天将所有提速线路全面检测一遍。实现了对机车车辆运行品质的全程监控，对货物装载加固状态的动态监控，对线路、信号、供电等基础设施的定期监测，对行车调度指挥、接发列车作业、机车操纵等关键环节的实时监控，初步形成了一套比较完备的安全保障体系，提速安全已经有了基本保证。

在第五次大面积提速调图各项工作中，部党组始终坚持把安全摆在第一位。部制定了《第五次大面积提速调图有关规章、制度、标准暂行规定》和补充规定。并责成安监司等业务职能部门对《行规》《站细》以及专业管理办法、作业标准和程序进行修改，凡是与提速有关的岗位都明确细化保证措施，促进了铁路安全管理水平的提高。全路开展了以适应新图变化为重点的大规模技术业务培训，先后对机车乘务员、车站值班员、车辆检车员、客运列车员等关键工种的职工实施了强化培训，实行严格考核，优中选优，持证上岗，进一步提高了广大职工的专业技术素质，强化了保安全的责任意识和应急处理能力。按照国务院领导对铁路第五次大面积提速调图工作的重要批示和部党组的统一部署，以确保提速持续安全为核心，密切跟踪分析提速后出现的新情况和新问题，切实加强安全管理，为确保提速安全奠定了良好基础。

2004年，铁道部党组做出建设京哈、京广、京沪、京九、陇海、浙赣六大干线提速安全标准线的总体部署。建设六大干线提速安全标准线，是确保提速持续安全的根本性举措，是实施第六次大面积提速的必备条件，是推进铁路跨越式发展的重要步骤。同年，部下发《关于印发〈六大干线提速安全标准线建设工程改造任务、更改和大修计划安排〉的通知》（铁办〔2004〕91号）。

年内，第五次大面积提速安全持续稳定。全路进行提速试验和平推检查，针对影响提速安全的20个突出问题开展自查自验，集中消除大量安全隐患，保证“4·18”提速调图的顺利实施和平稳过渡；针对大提速后出现的严重危及行车安全的新情况和新问题，追踪分析，组织攻关，加大整治力度，确保第五次大面积提速持续安全的措施：①深刻认识确保提速持续安全的极端重要性。②坚持用系统论的观点指导提速安全工作。③狠抓薄弱环节，深化专项整治，控制惯性事故，消除安全隐患。④强化铁路局安全主体责任。⑤充分发挥专业管理部门骨干力量。⑥将工作着力点放在基层。

三、安全实现第六次大提速

2005年，铁道部制定六大干线提速安全标准线建设的指导意见，明确标准和要求。各单位要按照铁道部的部署，制定具体的推进计划，明确任务，落实责任，加快步伐，确保如期建成六大干线提速安全标准线。除六大干线以外，各铁路局要结合实际，重点在稳定线路基础、整治病害、加强监控、强化管理和确保安全上下功夫，逐步推进其他干线达标。

全路各铁路局按照部统一部署和要求，在部有关业务部门指导下，借鉴郑州局六大干线提速安全标准线“十全”建设经验，加强领导，制定规划，明确责任，保证资金，倒排工期，严格标准，加大力度，苦干、实干、拼命干。期间，各有关单位发挥直管站段优势，由铁路局直接组织实施，加大方案、资金和工期“三落实”计划的推进力度，克服困难，六大干线提速安全标准线建设进展顺利。至2005年底，有关铁路局基本完成部91号文件布置的“十全”建设任务，设备基础安全保障能力明显提升，为迎接铁路第六次大面积提速调图奠定了基础。

2007年4月18日，经过四年的精心准备，该日，全国铁路如期实施了第六次大面积提速和新的列车运行图。两个多月来，全路上下认真学习贯彻胡锦涛总书记、吴邦国委员长、温家宝总理、曾培炎副总理等中央领导同志的重要指示，以确保提速安全为核心，通过强有力的组织领导、严密的制度措施、严格的工作纪律，全力以赴开展了新旧运行图交替和为期两个月的过渡期工作，取得了阶段性重要成果。

2007年，为深入推进提速安全保障体系建设，确保提速安全持续稳定，全面提高提速安全管理水平，铁道部安监司通过深入调查和广泛征求各方意见，并与有关部门配合，制定出最详细、最全面、最权威安全保障体系。提速安全保障体系围绕提速安全重点，以科技创新、制度创新和管理创新为核心，建立长效常态工作机制，逐步形成全覆盖、立体化、高可靠的提速安全保障体系。它包括：

1. 提速安全检查监测保障体系建设指导意见。提速安全检查监测保障体系按照专业建设、专业管理、专业运用的原则，以各专业监测系统和管理信息系统、安全管理信息系统为基础，以安全检查监测、安全诊断评估、安全信息反馈处理、安全问题跟踪落实四个环节为重点建立起来。该体系由安全检查信息处理系统、事故调查分析信息处理系统和各专业设备监测信息处理系统组成，总体框架是以共享的规章制度和技术标准以及各种设备基础信息为支撑，将各种检查监测手段收集的信息，在铁道部和铁路局两级安全检查监测信息平台上，进行实时传递、及时处置，通过规范安全检查、严格事故调查分析、加快建设和完善各专业设备监测系统和管理信息系统功能，对有效的信息整合和加工处理，实现信息共享和综合利用。

2. 提速固定设备维修保障体系建设指导意见。该体系分工务设备和电务设备两部分。提速线路工务设备维修保障体系以“预防为主、防治结合、检修并重”为原则，以提高工务设备质量为重点，进一步更新维修理念、改变维修手段、创新维修体制、完善管理机制、提高人员素质，使提速线路工务设备维修与管理水平达到世界先进水平。

提速线路电务设备维修保障体系。应牢固树立电务设备零故障的维修理念，以严密的技术标准、先进的检测手段、科学的维修方式、过硬的队伍素质、健全的落实机制、可靠的设备质量为保障，深化提速安全标准线建设，实现提速电务设备的安全稳定。

3. 提速移动装备安全保障体系建设指导意见。借鉴国际先进铁路的经营管理经验，结合中国铁路提速实践和具体情况，掌握规律、创新管理，从规章标准、维护质量、检测监控、应急处置、人员素质、落实机制等方面建立安全保障长效机制，构建铁路移动装备安全保障体系，保证铁路提速持续安全稳定。构建铁路移动装备安全保障体系主要包括健全规章标准。确保检修质量。加强检测监控。完善应急处置。提高人员素质。落实责任机制六个方面内容。在2008年10月底前，在全路初步建成规章标准健全、检修质量可靠、检测监控科学、应急处置完善、人员素质过硬、落实机制扎实的铁路移动装备安全保障体系。

4. 提速货运安全保障体系建设指导意见。坚持管理创新、流程优化，信息共享、系统集成，动态监控、全程考核的原则，以健全完善规章制度、提高职工队伍素质为基础，以精细装载质量控制、强化危险货物运输管理为重点，以建设安全监控网络、严格安全考核机制为保障，控制装车源头，强化途中监控，保证卸车质量，实现货运安全全程有序可控。提速货运安全保障体系框架结构图（略）。

5. 行车组织指挥和应急救援保障体系建设指导意见。以确保铁路运输安全畅通为重点，坚持规范管理、科学组织、闭环控制、应急有备的原则，依靠坚强的组织领导、完善的规章制度、先进的技术手段、过硬的队伍素质、高效的应急处置，形成指挥顺畅、反应迅速、应急有力的行车组织指挥和应急救援保障体系。进一步强化全路调度集中统一指挥，不断提高行车组织和调度指挥水平，维护良好运输秩序，实现对各类突发情况的迅速反应、妥善处置。消灭责任行车特大、重大、大事故，消灭动车组事故，责任行车事故件数递减10%。

6. 规章制度保障体系建设指导意见。要以《铁路法》《铁路运输安全保护条例》为依据，以《技规》《行规》《站细》《段细》为主干，以技术标准和试验验证为支撑。铁道部层面以《技规》《铁路200～250公里/小时既有线技术管理暂行办法》为基本规章、各专业规章补充细化组成铁道部规章制度，主要反映全路设计、施工、运营、维修的技术要求。铁路局层面以《行规》为基本规章、各专业技术文件补充细化组成铁路局规章制度，主要反映铁路局运用、施工、维修的技术要求。站段层面以《站细》《段细》为基本规章、各项管理措施补充细化组成站段规章制度，主要反映站段管理标准、工作标准、作业标准的技术要求。

7. 治安防范保障体系建设指导意见。坚持“预防为主，打防结合，依靠群众，综合治理”的方针，凝聚各种社会防控力量，健全护路联防联控机制，强化治安综合治理，路内、路地齐抓共管，打、防、宣、建多措并举，采取物防、技防、人防相结合的综合防护措施，全力构建全天候、立体化的治安防范保障体系，为全面深入推进和谐铁路建设，确保提速持续安全稳定创造良好的治安环境。

8. 职工培训保障体系建设指导意见。以确保提速安全持续稳定为目标，以铁道部、铁路局、站段三级管理为平台，以路内外培训网络为依托，以考核与激励约束机制为保障，以铁路新技术培训为重点，加强培训制度、培训教材、培训师资、培训基地等基础能力建设，通过强化职工岗位技能培训，加快提升职工队伍整体素质，不断适应铁路现代化发展对高技能人才的需要，为实现安全运输生产持续稳定提供人员素质保障。

全路上下要充分认识确保提速安全持续稳定的极端重要性，各级、各部门都要按照铁道部指导意见，有序推进提速安全保障体系建设工作，全面规范和强化提速安全管理。

同时提速安全保障体系明确规定铁道部机关主要任务，铁路局体系建设主要任务，以及体系建设实施计划。使责权明晰，各有侧重。各铁路局又结合自身实际，进一步细化提速安全保障体系，使之更切本单位实际，更具操作性和使用性。

提速安全保障体系严密有效。铁路部门始终把保障提速安全放在重中之重的位置，第六次大面积提速调图是建立在先进技术、可靠设备、科学管理、严密组织基础上，安全有充分保障。铁路部门共制定和完善了150多项技术标准和规章制度。首次在列车运行图上安排开行动车组检测列车，每旬对所有动车组列车开行区段进行一次动态综合检测。依靠大型养路机械、先进仪器等技术装备对提速线路进行全面整治和动态维护。采用综合检测车和计算机监控等先进技术手段对行车设备运用状态进行周期检测和实时监控。对提速区段的动车组司机、行车指挥、设备养护维修等关键岗位人员进行严格的培训考试。强化对提速区段货物列车装载加固和超偏载的检测，对煤炭等散装货物采取固化措施。提速区段基本实现了立交化、全封闭和绿化贯通，建立和完善了各类应急处置机制。

为确保提速后的行车安全，铁道部决定，自2007年4月16至22日为新旧运行图交替期，4月18日至6月18日为过渡期。全路集中力量，严密组织交替期工作，确保新旧运行图平稳有序交替。在此基础上，精心组织过渡期工作，深入探索提速安全规律，突出各项检查监测、固定设备维修、移动装备安全、货物运输安全、行车组织指挥和应急救援、规章制度完善、治安防范、人员培训等八个方面，逐步推进建立全覆盖、立体化、高可靠的提速安全保障体系，实现了第六次大面积提速调图的良好开局。

铁路围绕确保第六次大面积提速调图安全这个核心，坚持依靠制度创新、管理创新和技术创新，在基础建设、装备现代化、人员培训、标准完善和论证试验等方面做了大量工作，确保4月18日铁路第六次大面积提速调图顺利实施和持续安全。铁路职工树立提速设备“零缺陷”、“零误差”、“零故障”的安全理念，运用综合检测车及三维精测、动车组综合诊断等先进检测维修手段，推行专业修、集中修、机械修等检修方式，基本掌握“速度、密度、重载”并举条件下提速线路质量静态、动态监测和养护维修方法以及移动设备精检细修的先进技能。技术标准和作业标准完善，提速安全管理规章制度健全，与提速相关的线路防护体系建设和货运安全、路外安全管理强化，提速安全应急预案逐步健全，为提速持续安全打下坚实基础。

2008年，年内提速安全培训保障体系初步形成。建立在对全路提速安全职工培训现状调研的基础上，明确提速安全培训保障体系基本框架由管理体制、培训网络、培训制度、基础能力和保障机制五方面构成，形成职工培训保障体系建设指导意见。

在确保提速安全实践中，安监司积极组织开展铁路运输安全生产执法工作。仅2009年前11个月，全路累计实施行政处罚464次，比上年增长106.2%，行政处罚金额918.68万元，比上年增长152%。

2009年，为适应高速铁路对安全管理的要求，铁道部领导指示安监司牵头组织有关部门用两个月的时间编辑完成《高速铁路安全规章汇编》。之后，安监司还指导各铁路局及高铁公司结合实际，制定符合自身要求的高速铁路管理的规章制度和技术标准、作业标准、管理标准，如京津高铁、郑西高铁、武广高铁等，使高速铁路安全管理有章可循，有法可依。

有关部门提供安全管理、行政许可、建设管理、技术规章等相关资料，安监司负责提供国家有关铁路安全法规，铁道部有关高速铁路安全法规，铁路交通事故调查处理、安全监督检查、安全责任考核追究有关规定等。负责整体工作协调并完成《高速铁路安全规章汇编》稿。这项工作对于建立健全我国铁路安全规章体系，完善我国高速铁路安全管理体制，确保我国高速铁路运输安全，意义十分重大。

提速以来，每年的安全大检查活动的综合协调工作都由安监司负责，安监司每年通过组织开展安全生产大检查和安全生产专项整治活动，发现和解决了一批安全上的问题和隐患，在2010年4月1日～5月31日的全路开展安全大检查活动期间，部检查组发现各类安全隐患和问题161236个，其中重点问题及隐患2127个，下发安全监察指令书21份。全路大检查期间整改各类安全隐患和问题156780个。并与有关业务司局合力对危及安全尤其是提速列车安全的重点难题进行调研、攻关，及时补充完善与提速相关的规章制度，使干部职工的安全意识进一步增强，基础设施进一步改善，安全管理进一步规范，为提速列车安全提供了良好环境和有力保障。

第七节　车机联控

车机联控是保证行车安全的一项重要措施。车机联控是车务、机务等行车有关人员使用列车无线调度通信设备，按规定联络，确认行车要求，提示行车安全信息，确保行车安全的互控措施。

车机联控是以确保列车运行安全为目的，以车务、机务结合部作业控制为主要对象，以列车无线调度通信设备为通信手段，以促进现行规章与作业标准的落实为主要内容，以防止行车事故为重点的安全管理措施。此项管理措施是在长期的铁路运输工作中总结完善起来的。车务部门错误办理列车进路和机务部门冒进、冒出车站信号机事故是行车安全的薄弱环节之一。多年来，尤其是1988年以来，为解决这一安全难题，上海铁路局和南昌分局进行了长期不懈的努力，铁路局多次召开专题会议进行研讨，终于探索出具有中国铁路特色的安全管理办法——车机联控。从1990年全路实行车机联控的几年中所发生的行车事故来分析，车机联控在保证行车安全方面发挥了重要的作用。

一、车机联控的起因

（一）结合部事故多发

1. 列车事故是铁路运输安全的关键，其危害性严重，社会影响大，损害铁路形象。例如，上海铁路局近几年来发生的14件重大、大事故中，有13件是列车事故，占92.8%，南昌分局9年来发生的6件重大、大事故中，有5件是列车事故，占83.3%。

2. “两冒”、“错办”是造成列车事故的主要原因。南昌分局5件列车事故中，有4件是“两冒”、“错办”造成的，占80%。

3. “两冒”、“错办”是铁路运输安全惯性事故。

上海铁路局近年来180件险性事故中，“两冒”、“错办”120件，占66.7%；南昌分局8年来161件险性事故中，“两冒”、“错办”118件，占73.3%；区段内最近五年间25件险性事故中，“两冒”、“错办”22件，占88%。因此，攻克“两冒”、“错办”是全路安全大局所决定的。

（二）事故系统分析

针对防“两冒”、“错办”，进行统计分析：

1. 关联分析。“错办”产生的主要原因：值班员简化作业；值班员盲目操作；助理值班员臆测行车；扳道员确认不彻底。

2. 因果分析。“两冒”产生的主要原因：中断瞭望；臆测行车误认信号；高速进站；制动不当；打瞌睡；未执行雾天行车办法。

3. 联动环节分析。“两冒”、“错办”发生在联动环节的，南昌分局118件“两冒”、“错办”事故中，发生在结合部109件，占92.4%；区段22件“两冒”、“错办”事故全部发生在结合部，占100%。

结论：“两冒”、“错办”主要发生在结合部。

4. 因素分析。进行人为（责任）、设备、其他因素分析，南昌分局118件“两冒”、“错办”事故中，人为（责任）112件，占94.9%；区段22件“两冒”、“错办”事故中，人为（责任）22件，占100%。

结论：“两冒”、“错办”主要是人的失误所造成。

经（编者）考证：“两冒”、“错办”是造成列车事故的重要原因。而“两冒”、“错办”主要是由于人的失误所造成。上海铁路局近年来180件险性事故中，“两冒”、“错办”120件，占66.7%；南昌分局8年来161件险性事故中，“两冒”、“错办”118件，占73.3%；区段内最近五年间25件险性事故中，“两冒”、“错办”22件，占88%。研究发现，“两冒”、“错办”主要发生在结合部（即在运输生产中，为了同一目的，不同部门或不同工种共同负责，共同管理所形成的相互依存，相互交叉的区域和环节）。南昌分局118件“两冒”、“错办”事故中，发生在结合部109件，占92.4%；区段22件“两冒”、“错办”事故全部发生在结合部，占100%。可见结合部是行车安全薄弱环节。因此攻克“两冒”、“错办”是全路安全大局所决定的，刻不容缓。

（三）采取对策

依据分析结论并结合铁路运输本身就是一个复杂、庞大的系统，生产过程全程联网，车、机、工、电、辆协同动作的特点，应用系统论、信息论、控制论原理，建立新的系统合成，采取自控、互控，特别是联控（部门之间）手段，建立联动环节（结合部）管理；克服专业技术管理纵向可以到底，而横向难以协同和协调的老大难，制定防"两冒"、"错办"对策。

安全是铁路运输的生命线，是永恒的主题。多年来，为了行车安全问题，特别是为了防止危害甚大的列车冲突事故，上海铁路局在安全工作方面花费了不少精力，采取了不少措施，但安全状况仍时有起伏，很不稳定。

自1985年至1989年期间，上海局共发生行车事故3717件，其中重大、大事故25件，险性事故248件；尤其是沪杭线，5年中，每年都有重大、大事故发生，成了全局有名的"不放心线"。特别是1988年3月24日发生的震惊中外的旅客列车冲突重大事故，不仅在经济上造成了重大损失，而且在政治上产生了严重的影响。在全局的险性事故中，"两冒"、"错办"的冲突事故高达56.6%。沪杭线发生的5件重大、大事故，有4件是冲突事故，究其原因，均是人为失误。分析表明，1989年前十年中所发生的事故，70%以上的事故其原因是人为失误。因此，减少人的失误，防"两冒"、防"错办"、防冲突事故的发生，已成为铁路行车安全的关键。

上海铁路局南昌分局是车机联控作业法的发源地。该分局认真总结以往事故经验教训，发现"两冒"、"错办"多发生在联动环节（亦称结合部，即在运输生产中，为了同一目的，不同部门或不同工种共同负责，共同管理所形成的相互依存，相互交叉的区域和环节）的。南昌分局近8年118件"两冒"、"错办"事故中，发生在结合部109件，占92.4%；区段22件"两冒"、"错办"事故全部发生在结合部，占100%。干线安全系统管理这一管理模式应运而生。干线安全系统管理是指在一条干线或干线的某（些）区段，运用安全系统工程方法，以专业管理为基础，对运输生产各联动环节（结合部）进行系统分析，采取自控、互控和联控的手段，建立干线（区段）安全综合联控体系，确保干线（区段）达到长期稳定的安全。这是一个系统管理问题。1988年9月，南昌分局着手开发干线安全系统管理，即车机联控。同年11月29日试行车机联控作业标准。从1989年1月10日18点起，在浙赣线新塘边—鹰潭段正式实行联控作业标准。这是南昌分局在全路率先实行的车机联控管理办法，随后在上海铁路局管内推行。该办法主要是用无线列调和电台对列车调度员、车站值班员、机车乘务员、运转车长等车务、机务部门相关工种人员进行联控，抓住接发列车"结合部"这一关键环节，实行站站列列呼唤应答。当列车接近车站时，司机呼唤车站，询问信号开放及进路准备情况；当作业人员操作失误时，相关人员相互提醒、督促、我错你防，你错我纠，保证列车进出站及运行安全，防止因失误导致的"两冒"和"错办"以及调车冲突、挤坏道岔等惯性事故的发生。该办法在浙赣线施行后产生了良好的效果，1990年在皖赣线、向九线相继推广实行。自1988年12月～1990年末，在推行"车机联控"的区段，没有发生行车重大、大事故和"两冒"、"错办"造成的险性事故。1989年南昌分局的《开发干线系统管理，确保运输安全》经验获铁道部优秀QC成果奖。铁道部在1990年8月全国铁路安全工作会议上，推广了车机联控的经验，在各铁路局相继推广试行。

二、车机联控管理办法与作业标准

铁道部近几年来在行车安全工作中，重点抓好防“两冒”、“错办”。1993年，颁布《车机联控办法》，2000年，修订公布《车机联控管理办法》明确指出：车机联控必须“站站列列呼唤应答”，各局结合本局情况执行“问路”或“指路”行车的呼唤应答作业标准。改变车机联控现行模式须报部批准。轨道车、接触网检测车、大型轨道养路机械等上线运行时必须执行车机联控。参与车机联控的各部门、各工种都要严格执行本《办法》。《办法》分为基本管理制度，信息管理和检查考核三大部分。对车机联控的管理原则、管理权限、基础设备、信息分类和考核奖惩等均作出规定。并要求各铁路局建立相应的实施细则。

随着铁路运输生产布局的调整和运输装备的变化，为适应当前铁路快速发展的新形势及运输安全工作需要，铁道部于2009年2月12日修订发布《车机联控作业》（TB/T3059—2009），代替（TB/T3059—2002）《车机联控标准》。

北京、沈阳、哈尔滨、济南、上海、郑州、南昌、兰州、成都等铁路局和广铁集团公司依据本《标准》，结合本局实际，相继制定印发了《车机联控作业》实施细则或管理制度，认真组织贯彻实施。

三、实施车机联控的效果

实施车机联控以来，尤其是铁道部1991年在武汉召开的全路安全联控经验交流会以后，通过全路车务、机务、电务、安监等各个部门一线职工和各级干部的不懈努力，车机联控工作经历了统一认识，强行推进，制定标准，完善管理，巩固深化等几个阶段，已成为一项基本完善的，不可替代的安全管理制度，并已纳入《技规》。

车机联控具有旺盛的生命力和深厚的群众基础。在执行的广度、深度和持久方面；在各部门和各级领导中广泛取得共识以及在安全生产中所起的作用，是以往实施的任何一项安全管理制度都无法比拟的。从几年来全路发生的行车事故看，车机联控在保证行车安全方面确实发挥了十分重要的作用。据统计，1991年以来全路行车部门坚持安全生产自控、互控、他控，共防止行车事故14000余件，防止路外伤亡事故2500余件。较为典型的事故案例有：

1. 1991年2月9日，1328次列车由向塘机务段DF4型1459号庄文龙机班值乘，运行至浙赣线刘家站四道停车交会，开车前试风，发现排风时间短，经检查机后22位车辆折角塞门被人关闭。

2. 1991年11月30日，1182次列车从武九线夏畈站通过时，2号扳道员孙其周、陈干群发现列车机后第1辆车起火，立即报告车站值班员显示停车信号拦停列车，将火扑灭。

3. 1991年12月10日，931次列车到达张坊站停会1306次后开车，该站助理值班员徐烈春立岗监视列车运行，听到异常响声，即用电台呼叫停车，经检查发现机后第7位车辆98016号油罐车制动梁脱落，报告列车调度员后及时甩车处理。1992年共防止各类事故6144件。

随着我国铁路实施大面积提速工程及高速铁路的快速发展，车机联控的应用范围不断扩展，内涵更加丰富，手段更加多样化，全路施行的车机联控，调车联控，人身安全联控等管理措施，在未来铁路交通运输安全管理中的作用会更加突出、更加重要、更加有效。

第八节　事故调查处理

事故调查处理是铁路行车安全和劳动安全监管监察的一项重要工作，一个重要环节。从我国铁路发展一百多年的实践看，不同时期处理事故的目的大致相同，但事故定性、定责标准和处理方法不尽相同。甚至差别很大。

一、新中国成立前的事故调查处理

1919年，民营个碧铁路通车，在鸡街车站即发生机车调车作业轧死人案件，云南省高等检察厅、审判厅遂责令公司补订路外伤亡处理特别办法，规定凡铁路行车人员，因过失轧伤碾死路外人员，必须对责任者处予刑律；凡路外人员自行侵入铁道致死者，公司规定具体条款分别处理。

1923年3月9日，6次货物列车在胶济铁路沧口至四方间湖岛处，因机车故障停车，沧口站又放行4次旅客列车，造成追尾，旅客当即死亡31人，重伤致死5人，受伤40人，后又有因重伤致死的5人。抚恤处理时，遇难家属均着孝服，哭声震天，情景极其悲惨。路局车务处副处长钱宗渊、车务段长蒋之鼎、副站长李衍林撤职缉办，正副局长各记大过2次。

1932年3月16日，天津机车段司机郭德俊因过失造成事故，事故种类：斜侧微撞。念其担任司机以来精巧谨慎，克尽厥职，毫无衍尤，蒙段长及监工等所推许。故天津机车段段长呈报北宁路管理局局长，要求减轻其处分："从轻处分，早日恢复工作，以免老幼转於沟壑则感戴，鸿慈没齿不忘也。"

同年9月24日，平绥铁路324号机车空行在丰台车房大门道夫处，因煤水车错入岔道，致将该车韦氏风缸盖损坏。拟请将疏忽职务之第10433号扳道夫李顺来罚薪二日；第10376号司机李珍警告一次。已儆将来。因确如拟办理其罚薪9月份薪资扣除。10月3日，路局运输处机车令167号，令丰台机务段长为324号机车损坏责任人扳道夫李顺来罚薪二日，司机李珍给予警告处分。

1935年，国民政府铁道部公布《行车事故处理办法》，自1936年3月1日实行。行车事故共分10项，内容大致同于1922年公布的《行车事故处理规则》)。1938年日本侵华初期，各路暂用《南满铁路事故章则》。

1944年5月9日，昆明开往开远的21次旅客列车在凤鸣村至水塘间七凸坡处（河口起计程K426+055m），因列车超速失控，致使列车颠覆翻入山崖下，死亡185人，重伤57人，轻伤48人。烧毁"中国银行"钞票17箱，约3500万元。司机张培仁、车长裴宗祥因过失罪分别被判处有期徒刑10年和3年。本年事故以机车破损为最多，脱轨次之。事故责任机务最多，车务次之。

1947年1月18日，在东北解放区，3201次列车与3202次列车在绥佳线桃山站发生正面冲突，损失严重。2月9日，东北民主联军总司令部铁路特别军事法庭按妨害铁路军事运输治罪法暂行条例，判处事故责任者、副站长极刑，站长和3202次列车司机各10年徒刑，扳道员1年徒刑。可见当时非常时期，铁路特别军事法庭处理事故是非常严厉的。

1949年6月，事故调查处理执行军委铁道部《运转事故旬月报表填报办法》，行车事故定为27项，内容略同于日本侵占时期的分类。

同年，铁道部公布《铁路运转事故报告及处理规则》（运技178号），对事故处理做出规定：第三章　事故报告书……第十条　遇有事故发生时，关系者（以下称报告责任者），除以电话急报调度所，并应按附表格式第一号填写三份，以一份存案备查，以两份于事故发生三日内报告局长看：

在站内发生时为站长。

在机务段专属线内发生时，为机务段长。

在检车段专属线内发生时，为检车段长。

在站外列车运行中发生时，为车长。如无车长时则为司机所属主管。

以上各款以外之事故，为有关主管。

不属以上各款者，为发现者，或直接处理者之有关主管。

第十一条　列车于一闭塞区间内。不在同一地点发生数种事故时，须分别报告之。如系同种事故时，得合并报告之。如在一区段内连续二以上之闭塞区间，限于列车晚点事故并同一原因时得合并报告之。

第十二条　因天灾事故，涉及长期间广泛连续发生同种事故时，经所辖管理局局长认可后，得汇总报告之。

第十三条　于乘务交接站发生机车或动车破损及故障事故时，其原因在交接前，则由到达司机所属主管报告之。

第十四条　关于事故原因及处理上认为有责任者，须附报关系责任者。添注意见送交事故发生地点所辖管理局局长。

第十五条　事故原因难以判明时，应会同关系者、对路线或车辆状态等项绘制略图，对于事故有关物件应妥为保存，遇有必要时检附于事故报告书一并报告之。

第十六条　关于死伤及其他事故，如受军政机关传唤讯问时，得将其概要报告局长。

第十七条　关于重大事故，该局局长或分局长（事故地点在局分界站者由发生地点所辖管理局长或分局长）必须亲赴现场视察，对发生事故之原因、责任者、损失情形、复旧措施及详细经过，于三日内作一初步报告，五日内将结论及对事故责任者处分之决定或意见呈报铁道部长。

1949年7月25日，军委铁道部成立监察室，负责行车事故调查处理工作。

二、新中国成立后的事故调查处理

1950年1月23日5时06分，津浦线花旗营车站发生列车正面冲突重大伤亡事故。该站1道停有301次客车、会过12次2道开车后，扳道员在未确认接车进路的情况下擅自将2号道岔扳向1道，当2404次进入1道前，司机使用非常制动，停车不及，与301次列车发生正面冲突，造成2404次军用列车机后第4～9位车辆颠覆，2台机车破损，301次旅客列车4至5位客车破损，2404次列车上的军校学员死亡16人、重伤10人、轻伤36人，中断行车8小时29分，构成行车重大事故。这是新中国第一起旅客列车重大伤亡事故。为迅速改变安全状况不好的局面，铁道部当月就制定和颁布了《关于防止事故保障行车安全的命令》以及《实施安全负责制暂行办法》。3月9日，国务院监察委员会对津浦线花旗营车站撞车事故发出通报，宣布对有关人员给予处理的决定，对间接非领导人员的处分：蒲口车务段段长王肖沂降为科员，降薪8级；蚌埠分局运务科科长王洪志记过一次；蒲口配车副站长王彦、张滨降为司机；王彦降薪3级；张滨降薪2级；蚌埠分局调度所调度员记大过二次；蚌埠分局调度所副主任王庭珍降为调度员，降薪3级；给驻花旗营帮线匠方福义，开除公职的处分。济南铁路管理局长陈大凡、政治委员桂蓬、车务处长牛渚、蚌埠分局长赵国栋各记大过一次。并对事故王金发、周祯清、施荣乐、金炳元、姚炳明等五名事故责任人均予以撤职、送司法机关依法惩办；对铁道部部长滕代远、副部长吕正操均给予批评处分。同时对认真瞭望、减轻事故损失的机车司炉王从云记大功一次，以资奖励。

同年5月1日，公布了新中国成立后的第一部《铁路行车事故处理规则》附《救援列车章程（草案）》（央运字〔1950〕第809号令）。《事规》明确规定：

重大事故或大事故的调查处理办法。首先，以管理局长或其代理人为主任委员，监察室主任为副主任委员，有关负责人员、监察人员、政治部代表、分局长、铁路公安处代表及有关段长等组成事故调查委员会，搭乘救援列车或单机前往事故现场，对事故原因、过失者及一切必要材料进行精确调查。其二，经对事故现场调查，确定事故原因后，将各种事项记载于“行车事故初步现场记录簿”内，并由委员会主任及各委员、公安代表等签名，作为基本证件，抄交监察人员一份。特规定，调查中在政治方面特加注意，辨清是否有反动行为，恶意阴谋之敌人有意造成。判明事故原因及责任者或恢复行车后，及时按规定格式、内容向铁道部长或总局长拍发电报。其三，于事故发生三日内，由管理局长召开有关人员会议，对事故调查情况进行审查，指出事故发生原因及责任者姓名，确定奖惩办法，提出预防对策，于三日内报告总局长转铁道部长，并抄总监察室或分室等有关部门。其四，由铁道部长或总局长会同有关部门负责人，对事故报告进行研究批判或修正补充，并以命令施行之。

恶性事故的调查处理办法。由分局长或指定人员负责进行调查，依据事故调查情况，防止办法及责任者之奖惩意见，作成“行车事故报告”，于三日内呈报管理局长及监察室。

管理局长会同监察室主任对报告详加考核，修正补充后，以命令施行之，并报告铁道部长或总局长。

一般事故及停车晚点事故的调查处理办法。由现地负责首长调查处理，依据事故调查情况，防止办法及责任者之奖惩意见，作成“行车事故报告”，于三日内呈送管理局长或分局长。

分局长同监察人员研究分析，修正补充，呈送管理局长。管理局长认为必要时，并抄呈铁道部长或总局长。

铁道部长或总局长接到报告时，应会同总监察室或副总监察及各部门关系负责人员对事故处理经过，及管理局所对事故之处理上，遇有涉及二个以上之单位，责任纠缠不清，或原因调查不明时，应由各级监察室负责人员作最后决定。

1951年7月1日，执行铁道部修订的第二部《铁路行车事故处理规则》。在发生事故后，有关的机车司机、运转车长或站长应立即报告调度员，调度员按调度系统逐级上报。如属重大、大事故，分局调度员还应报告局长及有关处室和公安部门。重大、大事故的调查工作由分局和路局事故调查委员会组织进行。在事故调查处理委员会未到达现场前，事故现场的初步调查工作，由所在地区办事处主任或就近车站站长（车务段长），会同有关单位组成的事故现场临时调查处理小组负责。事故调查处理委员会到达事故现场后，在做好救援工作的同时，立即开展事故调查。调查程序如下：首先，听取事故现场负责人关于事故调查处理情况汇报；其次，勘察事故现场；第三，查阅有关资料，包括原始技术资料，设备台账，列车运行调度命令等；第四，提笔记录；第五，召开事故分析会。

有关部门和单位，应向事故调查处理委员会如实提供下列基本资料。

车务部门负责提供的资料有：行车事故概况、列车运行图及调度命令、列车编组顺序、行车日志、调车作业计划等；机务部门负责提供的资料有：机车操纵示意图、机车交接簿及司机手账等；工务部门负责提供的资料有：巡道、巡守工交接簿；线路道岔检查记录、养路工区日作业计划及完成情况记录等。检修单位、货运部门和医院、公安等单位也有提供资料的义务。

本章还规定：在事故调查中，对政治方面须特加注意，辨明是否有敌特反动行为及恶意阴谋所造成，如判明为政治性破坏，应同公安及政治部门处理。规定了局管内分局间、管理局间及部属厂间事故的转报办法；事故日、月、年报统计、总结分析、奖惩及记录办法。首次规定，当日事故件数的统计时间为前日 18 点起到当日 18 点止；行车事故件数及责任部门均以监察室的报告为主体。

对于险性和一般事故的调查工作，则分别由分局长或副分局长组织有关基层单位和分局有关业务科室按规定进行调查分析。

重大、大事故由铁路局调查处理，并报铁道部，由部审查批复。涉及两个局（厂）时，由部裁处，险性事故归铁路分局调查处理。涉及两个分局（工程、大修部门）时，由铁路局审查裁处。涉及本分局两个基层单位时，由分局裁处。对事故性质和责任有分歧意见时，由安全监察室提出结论性意见，提请事故处理委员会裁决。路局、分局、站段接到事故报告后，都要及时召开事故处理会议，认真分析原因，判明责任，制定防范措施，作出处理决定。按规定的处理权限，下发处理决定，基层责任单位应于事故发生后三日内，分局于五日内，路局于七日内向上一级报出事故调查处理报告。

新中国成立初期，铁道部和铁路局还将事故处理结果公布于各报纸媒体上，点名道姓的批评，一点不留情面，以扩大教育面和实际效果。

1954 年，铁道部修订《列车行驶中发生行人伤亡事故处理暂行办法》：行人致伤，当即由车站急送医院救治，若系铁路责任，给付一次救济金 50 ～ 300 万元（旧币），医药饭费报销；行人致死，系铁路责任，酌予一次性抚恤金 200 ～ 500 万元（旧币）、棺木费 60 万元（旧币），系行人责任或自杀，费用自理。其后，事故报告手续及抚恤金额时有修订。但由于只是铁路单方面规定，实施中往往与地方政府、伤亡者亲属意见歧异。

1955 年 9 月 5 日，铁道部修改公布第三部《铁路行车事故处理规则》，对重大及大事故的调查及处理做出新规定：对已发生的重大、大事故及恶性事故，应由事故责任者的业务单位领导人及分局、管理局和铁道部（铁道部的业务局）负责处理。一般作业事故，应由事故责任者的单位领导人和分局负责处理。

重大事故或大事故发生后，分局长（总工程师及有关业务科长、段长及视察员随往）和行车安全监察副分局长（有关业务监察随同），以及公安部门负责人，组成事故调查委员会（由分局长任主任委员），并邀请铁路沿线检查院驻分局检查长搭乘救援列车、机车或其他交通工具赶赴事故现场。当事故调查委员会到达现场后，应督促救援列车迅速恢复行车，同时在尽快恢复正常行车工作情况下，精确调查事故发生原因及造成事故的责任者，并搜集其他一切必要的资料。

遇有性质严重之重大事故时，管理局长必须亲身率同公安处长，有关业务处长和行车安全监察副局长及邀请铁路沿线检查院检查长赶往事故现场调查处理。对于比较不严重的重大事故及大事故，可由主管业务副局长赶往事故现场调查处理。

事故调查及处理增加了两个方面的内容。①增加了重大及大事故发生地点离分局驻在地过远，而救援列车由事故地点的就近地点派往，事故调查委员会人员不能乘救援列车前往时，由分局长命令最近当地业务单位主管（站长、段长及领工员等）参加，站长主持，于事故调查委员会到达前，迅速调查事故的原因及处理善后，迅速恢复行车，作出初步记录，注明损害的修复及处理的经过等，并保存证物。然后，事故调查委员会设法迅速赶赴事故地点。②分别增加了管理局内各分局、他局及部属工厂责任事故处理办法。

从当时的执行情况看，不够理想。对事故调查处理不认真，处理不及时，不严肃，尤其是违反规章而未造成事故的现象不负责处理纠正，而放任自流。根据一年来各局的事故情况如发生在区间内，原因非十分明显者一般都采取拖延不决，积压至数月，甚至或有超过一年还未能确定原因与责任，例如在工务部门明明是线路不良，而硬强调车辆也有缺点，在车辆部门很明显是车辆技术状况不良，而硬说线路水平也差一公厘，互相推诿，各说短长，更严重的是钻牛角尖的，例如工务说道岔有缺点，但许多列车车辆都能通行无阻，只有这一辆车脱轨，应该说是车辆责任，车辆部门也有一套说法，例如这辆车从满洲里直达北京，经过若干曲线道岔都未脱轨，偏偏在这一道岔脱轨，显然是道岔不良。其次是拖着最好推为他局责任的错误思想，或心平气和，息事宁人的算作其他责任。另一种情况，是对行车事故的看法问题，不是从积极方面采取根本有效措施，而是无原则的大事化小，小事化了的来计算事故，是极端错误的。处理事故拖拉的典型是广州局的一件良田—邓家塘间重大事故，是 1953 年 1 月发生的事故，广州局分析是车辆重心高，车辆局不承认，以踢皮球的方式拖了两年尚未作结论。北京局望都方顺桥事故是 1953 年 8 月间发生的，一年多找不出原因与责任；太原局长珍一轩岗间脱轨事故，由于分析不够明确退回原局，于 1954 年末才报到部里。因此可以这样说：个别领导对行车安全不够重视，对损害国家，人民利益的行为处理上不够严肃，所以，长期不能接受教训，同样的事故不断的重复发生，今后必须按《铁路行车事故处理规则》处理，贯彻 1955 年 1 月 27 日人民日报社论《对任何事故都必须认真查究和处理》的精神。

1958 年 3 月，铁道部行车安全监察室改为安全监察室，负责全路行车安全和劳动安全的监督监察及重大事故调查处理工作。

同年 6 月 1 日，全路实施第四部《铁路行车事故处理规则（草案）》（铁监滕〔1958〕字第 11 号令）。事故调查及处理修订的主要内容。明确规定了事故处理的权限。即重大、大及恶性事故由管理局处理。重大事故报铁道部审查，大事故报部核备。一般事故由任免权限的站、段、队（无任免权限的车站由车务段）处理。并报管理局核备。规定了各类事故上报的时限、份数及批复的时限。

同年 12 月，铁道部、公安部颁布《铁路行车路外人员伤亡及铁路与公路车辆冲突事故调查处理办法》中规定：凡在区间内发生伤亡事故，不论司机或车长，发现后必须及时停车，由司机或车长报告邻近车站站长。对于当时未能察觉的伤亡事故，由工务巡道人员发觉时，应及时报告本工区和邻近车站站长。站长接到伤亡事故报告后，应立即会同公安部门及有关业务部门人员，赶赴现场进行紧急处理。对伤者及时送就近医院治疗，对死者尸体，根据规定，派人看守。事故的全面调查及处理，由事故调查处理委员会进行。委员会由铁路局有关业务部门、公安部门和受害者所属单位的代表组成，在发生事故地区的当地党委和人民委员会的领导下进行工作，并邀请当地人民检察院、法院代表参加，对性质特别严重的重大伤亡事故，由铁路局长或副局长亲自主持事故调查处理工作。该《办法》把在铁路行车工作中因机车、车辆、轨道车碰轧路外人员及铁路与公路车辆冲突，招致路外人员伤亡或公路车辆损坏未构成铁路行车事故者，按一般路外伤亡事故统计。

同年12月15日，铁道部公布第五部《铁路行车事故处理规则》（铁监余〔1958〕字第33号令），1959年1月1日正式实行新《事规》，全路按此版《事规》三级规则处理事故。发生重大、大事故，分局组成事故调查处理委员会，采取措施尽快恢复通车；同时，按规定做好事故现场的勘察、测量和事故的调查、分析，及时向铁路局、铁道部报告；然后参加铁路局主持的有关会议，进行分析处理。发生险性事故，由分局负责处理，主管行车安全的副分局长组织有关基层单位及分局有关业务科、安全监察室共同调查、分析事故原因，对责任者进行处理。发生一般事故，由有关基层单位负责处理。事故单位领导组织有关车间和安全室进行调查，并主持召开事故分析会，查明事故原因，对责任者进行处理。属于破坏性事故，由公安部门负责处理。

1959年3月6日，南昌赣江大桥工地发生交通拖轮沉船事故，89人遇难，是我国建桥史上一次惨痛事故。其原因是忽视安全，对渡轮没有严格的管理制度，致使送人上班的交通拖轮在5～6级大风下违章超载、偏载而倾覆沉没。船上人员全部落水，虽经奋力抢救，除部分人员脱险外，终因风大浪急，事发突然，酿成悲剧。事故发生后，处党委书记阎某、处长王某、技术负责人孙某被撤销职务；另派他人接任。

1961年5月，铁道部要求各局狠抓事故分析及事故处理工作。事故分析工作要越做越细，不仅从事故件数上分析，更重要的是经常掌握管内的安全情况，包括防止事故的典型，不安全因素，事故发生和发展的规律，人员安全思想情况，造成事故责任人员的政治面貌，现职工龄等等，做到心中有数，随时向领导提出改进安全工作的意见；按规定及时提出事故统计分析报表；及时向有关单位发出安全情况及典型事故通报，以便接受经验教训。

在事故处理工作上，要做到每件重大、大事故及恶性事故都能迅速查明原因；对典型事故，通过群众讨论，严肃处理，处理结果按期上报；认真纠正处理事故中的“推、拖、赖”的现象。

1966年2月6日，冯德才在山前车站调车时，因发生车辆冲撞事故而死亡。事故发生后，济南铁路局按照国家规定积极进行了善后处理，并派干部去冯的原籍对其家属做了安置，每月发给（本人工资的50%）抚恤费19元，另外还给予适当的生活救济，照顾其家属生活。2月10日，组织青岛地区及沿线职工和家属，举行了千人参加的追悼冯德才同志的大会。会后组织参观了事故现场照片及破损车辆实物，当事人介绍了事故发生的经过情形，并进行了座谈讨论，接受教训，不少职工在真人实物面前，深刻地认识到，由于思想开小差，干活“马大哈”，出了事故，夺去了同志们的生命，损坏了国家的财产。许多职工心情激动地说：“不负责任地出了事故就是犯罪。”

“文化大革命”时期，虽然有《事规》，但基本不按《事规》执行。事故定性与定责是分开的，是相互脱节的。定性由安监部门，定责是“革命群众”说了算。主要是从阶级斗争角度来分析事故原因：责任人家庭出身，检查态度，有无前科；是否有阶级敌人破坏等方面进行分析。而不是从工艺、技能、责任和管理等方面分析定责，从而造成该处理的责任者没处理，不该处理的责任者处理了，该从轻处理的却从重处理了，甚至还出现了不该判极刑的判极刑了，酿成了不少错案冤案。”

有的事故责任者即便出了很严重的事故，就是因为出身好，检查态度好，群众威信好，就可以免于任何处分。有的事故责任者由于出身不好，社会关系复杂，即便检查态度好，也会加重处理。

1968 年 8 月 29 日，郑州局管内晋城北车站调度员李守信因错办调车作业，造成行车重大事故。后经新乡铁路公安分局上报，1970 年 3 月 2 日，经河南省革委会批准，以现行反革命罪判处其死刑，立即执行。1980 年为其平反，恢复名誉。原定的漏划地主、中统特务均无根据。

对路外伤亡事故的处理也很草率。如 1970 年 1 月 16 日，由昆明站开出的 202 次旅客列车驶至金马村站，因超员过多引起旅客纠纷，发生斗殴，造反派鸣枪干预，一乘客（孕妇、军属）中流弹身亡。在场铁路职工被以“现行反革命破坏铁路交通、武装抢劫杀人罪” 4 人判处死刑，1 人被判死缓，2 人被判无期徒刑，79 人受到牵连。1979 年复查，认定此案为冤案，全部昭雪平反，恢复名誉。

1976 年 1 月 1 日，铁道部公布第六部《事规》，行车事故的调查和处理新增了“铁路局认为必要时，可将恶性事故提级处理。”删除了采用“鸣放辩论”处理事故的方法。

1978 年 12 月 16 日，陇海铁路杨庄站发生行车重大事故，死亡 106 人、重伤 47 人，中断行车 9 小时，是新中国成立以来最严重的铁路行车事故之一。事故原因是，值乘 368 次旅客列车的司机和副司机睡觉，运转车长离岗，致使列车冒进信号，与正在进站通过的 87 次旅客列车侧面相撞。为记取这次事故的沉痛教训、加强安全工作，铁道部决定每年的 12 月 16 日为“全路安全教育日”。铁道部、铁路局、铁路分局、段相关领导受到了严厉处分；事故责任人被依法判刑。

1979 年 12 月 28 日，铁道部公布第七部《铁路行车事故处理规则》（〔1979〕铁安监字 2032 号），自 1980 年 1 月 1 日起试行。新《事规》对行车事故的调查和处理明确规定了如下事项：一是铁路分局接到重大、大事故通报后，立即组成以铁路分局长或副分局长为主任委员，安全监察室主任为副主任委员，有关科长和公安局（处）长为委员的事故调查处理委员会，迅速赶赴现场，按规定程序、内容对事故进行调查处理。二是铁路分局事故调查处理委员会，根据调查结果，初步判断事故原因及责任，及时向铁路局详细汇报并向铁路局及铁道部拍发“重大、大事故电报”。三是铁路局接到重大、大事故通报后，立即组成以铁路局长或副局长（重大事故必须由铁路局长）为主任委员，有关处长、安全监察室主任为副主任委员，公安处长为委员的事故调查处理委员会，迅速赶赴现场，进行调查处理。四是重大、大事故发生局如初步判明系他局或铁路工厂责任时，应立即发出电报通知责任局或工厂。责任局或工厂接到电报后立即派员参加事故调查会议；险性及一般事故如确定为他局或铁路工厂责任时，由发生局业务处主稿叙明事故发生情况及原因，并附原始事故资料一份，经安全监察室会签后，转送责任局主管业务处、安全监察室或工厂各一份。五是如事故发生地点的线路遭受破坏，无法检查测量线路质量，则应对事故地点前后各 100 米的线路质量进行检查测量，作为衡量事故地点线路质量的参考依据。

1985 年 3 月 5 日，铁道部公布第八部《铁路行车事故处理规则》（〔1985〕铁安监字 212 号），自 1985 年 4 月 1 日起试行。新事规对“事故调查处理委员会”的组成进行了修订。即：铁路分局接到重大、大事故通报后，立即组成以铁路分局长或副分局长为主任委员，安全监察室主任为副主任委员，有关科长和公安分局、分处长为委员的事故调查处理委员会。铁路局接到重大、大事故通报后，立即组成以铁路局长为主任委员，安全监察室主任为副主任委员，有关处长和公安局长、处长为委员的事故调查处理委员会。

新《事规》对难于判断事故责任的规定进行了明确：

1．如因特殊情况经铁道部特批同意，由铁路局制定措施办法，暂不执行《技规》中的某些条款。但由于措施不当或贯彻不力，造成行车重大、大事故时，列铁路局责任事故，确属主观上不能防止的，由铁道部承担责任。

2．铁道部、铁路局、铁路分局有关部门拟稿发布的文电，凡涉及有关部门而没有与有关部门协商、会签不包括因部门间意见不一致，经领导裁定的问题.，造成行车重大、大事故时，定拟稿发布文电部门的责任事故。

3．设备包括零、配件，质量不良，造成行车重大、大事故时，确属路外产品制造部门责任的，由主管部门负责追究，由其赔偿全部经济损失，可不影响安全成绩。

4．因降雨或洪水使工务段设备损坏如塌方落石、泥石流、路基冲刷、路基下沉、桥涵冲毁等，如超过设计限度及不可抗拒等情况，造成行车重大、大事故时，列工务部门其他事故，不影响安全成绩，除此，均列工务责任事故。

5．因货物装载不良，造成行车重大、大事故时，如确属发货人或自装货物单位的责任，由其赔偿全部经济损失，列货运部门其他事故，影响安全成绩。

6．路外单位托运的自轮运转货物，在运输中由于自轮运转货物技术条件不符合规定，造成行车重大、大事故时，属于审核检查范围以外的，由审核检查部门负责追究责任单位赔偿全部经济损失，列货运部门其他事故，不影响安全成绩。

7．铁路所属部门、单位临时借用或利用路外企业单位机车或调车人员，为铁路部门运输工作的，造成行车重大、大事故时，均定铁路借用或利用部门、单位责任事故。

8．铁路各部门、各单位以承发包、委托等形式，用集体含知青单位人员及非铁路正式职工，承担铁路行车设备施工、维修等工作的，因质量原因，造成行车重大、大事故时，算铁路承发包、委托单位责任事故。

9．路外企业单位委托铁路有关部门、单位包括所属集体单位承担专用线维修、施工等工作的，因质量原因，造成行车重大、大事故时，算铁路施工、维修部门、单位的责任事故。

10．行车重大、大事故的发生局，列其他责任事故根据不足的，定发生局的责任事故。

11．行车重大、大事故发生局与他局或铁路工厂，在确定事故责任推脱扯皮时，按同等责任论处，影响双方安全成绩。

12．纯属领导责任造成的事故，列领导责任，影响安全成绩。

13．对于险性和一般事故的处理，可参照“关于重大、大事故责任的判断”的规定办理。并将附件二修改为：①关于重大、大事故责任的判断。②铁路行车事故分类内容解释。在重大、大事故责任的判断中，将事故责任划分为：全部责任、主要责任、次要责任、一定责任和无责任。负全部责任、主要责任的都要影响安全成绩。

1987年12月10日，铁道部发布修订的第10部《铁路行车事故处理规则》。《规则》规定：行车事故分为重大事故、大事故、险性事故和一般事故。重大、大事故由铁路局调查处理，并报铁道部。重大事故由铁道部审查批复。重大事故、大事故涉及两个局（厂）意见不一致时，由铁道部裁处。险性事故由铁路分局调查处理。一般事故由有任免权限的基层单位处理，涉及两个分局（工程、大修部门）时，由铁路局裁处。涉及本分局两个基层单位时，由分局裁处。属于破坏性事故及破坏嫌疑事故，由公安部门负责查处。对事故责任者，应根据事故性质和情节，予以批评教育、纪律处分，直至给予经济、法律制裁。事故性质、情节严重的，还要逐级追究领导责任。铁路局、分局对性质严重的险性事故，有权酌情提级扩大处理。

1986年6月2日，铁道部公布第九部《铁路行车事故处理规则》，同年7月1日起试行。该部《事规》对重大事故中的①类③类，大事故中的③类的相关内容进行了修改，并对一般事故做了调整，由32类调整为26类，删除了6类。

1989年11月，在全路安全监察室主任会议上，与会人员一致提出对事故定性定责需要注意的几个问题。①调查事故应当有一个程序。各局可以结合情况自行制定调查事故程序，将来在各局的基础上，铁道部可以搞一个全路统一的调查事故程序。不论程序怎么定，但监察人员对事故调查主要职责是分析、查明事故原因。②非责任事故要有严格的审核制度。监察室主任要负责。有的局规定其他事故由铁路局批准，可供各局借鉴。③不能用事故件数的多少作为考核监察工作的标准。考核监察工作的质量应以事故定性定责的准确和对预防事故工作的质量作为依据。④发生事故要以《事规》为准绳，进行定性定责，任何人无权以言代法，任何单位在事故统计上不能搞两本账，必须如实统计事故情况。任何监察人员都不得向上级说情。凡发生事故涂改原始资料，违背上级指示，擅自动车、修车的都要追究责任。

1978至2009年，为使事故处理收到更好的效果，铁道部、铁路局和原铁路分局将典型的重大、大事故和险性事故分析处理结果刊载在各自的铁道报刊等媒体上，并开辟专栏进行大讨论，以扩大教育面和社会效果。

1997年4月29日10时48分，昆明开往郑州的324次旅客列车行至京广线荣家湾站K1453+914m处，与停在站内四道的818次旅客列车尾部冲突，致使324次客车机后1至9位颠覆，10至14位脱轨，818次客车机后15至17位（尾部3辆）颠覆。这起事故造成人员死亡126人，重伤45人，轻伤185人。东风4型机车报废1台、中破1辆、小破1辆，直接经济损失415万元。事故发生的直接原因是，长沙电务段汨罗电务车间荣家湾信号工区信号工郝任重、工长吴荣忠在324次列车进站前，瞒过车站值班员，打开荣家湾车站12号道岔电缆箱盖，用二极管封连电缆端子，断开该道岔动作电源，破坏了道岔联锁关系，改变了列车正常进路，同时致使行车信号呈现假显示，造成本应从二道通过的324次旅客列车转而进入四道，与停在该道的818次旅客列车追尾冲突，导致旅客列车重大伤亡事故的发生。8月22日，广州铁路运输中级法院和长沙铁路运输法院在长沙铁路文化宫和长沙铁路运输法院法庭，分别对“4·29”破坏交通设施案和有关人员玩忽职守案依法进行了公开审判。按照我国《刑法》第110条第1款的有关规定，以“破坏铁路交通设施罪”判处郝任重无期徒刑，剥夺政治权利终身；判处吴荣忠有期徒刑15年，剥夺政治权利5年。其他触及法律的人员也受到惩处，所有相关责任人全部受到撤职等行政处分。

2000年7月1日，铁道部发布施行第十一部《铁路行车事故处理规则》。新《事规》对事故调查处理作以下规定：特别重大事故按国务院第34号令发布施行的《特别重大事故调查程序暂行规定》调查处理。

重大事故由铁路局调查并提出处理意见，由铁道部审查批复；大事故由铁路局调查处理，并报铁道部备案。重大、大事故涉及的两个铁路局（其他有关单位，下同）意见不一致时，各自向铁道部提出事故调查处理报告，由铁道部审查裁决。

险性事故由发生事故的铁路分局调查处理，涉及两个分局意见不一致时，由铁路局审查裁决。

一般事故由基层单位调查处理，涉及两个分局意见不一致时，由铁路局裁决。涉及本分局两个基层单位时，由分局裁决。

铁道部认为有必要调查的事故，可派员进行调查。重大、大事故发生后，在铁路局、分局事故调查处理委员会到达现场前，由分局指定的车站站长任组长并组织有关单位组成事故现场临时调查处理小组。其任务是抢救伤员，尽快开通线路，做好各项救援准备工作，勘察现场，保存可疑证物，查找事故线索及原因，做成记录，向铁路局、分局事故调查处理委员会报告。

铁路分局接到重大、大事故通报后，立即组成以铁路分局长或副分局长为主任委员，安全监察室主任为副主任委员，有关分处长和公安处长为委员的事故调查处理委员会，迅速赶赴现场，在铁路局事故调查处理委员会到达之前组织指挥有关人员，积极抢救伤员，采取措施，迅速恢复通车。

铁路局接到重大、大事故通报后，立即组成以铁路局长或副局长为主任委员，安全监察室主任为副主任委员，有关处长和公安局局长为委员的事故调查处理委员会，迅速赶赴现场，进行调查处理。

事故发生的有关单位在事故调查处理委员会到达后，必须主动汇报事故情况，提供便利条件。任何单位和个人不得拒绝或干涉、阻碍事故调查的正常工作。

2006年，铁道部印发《规范新体制下铁路运输安全基本管理制度的意见》。为规范和加强铁路局直管站段新体制下的运输安全管理，适应主要干线开行200公里及以上动车组的要求，建立健全各项安全管理制度，确保国家的有关安全生产的方针政策和法律法规、铁路规章制度的有效执行。其中的一个主要制度就是行车事故管理制度。铁路局要依据铁道部《事规》和有关规定，按照“抓小防大”、“四不放过”的原则，逐级制定行车事故管理制度。建立健全基层单位、调度所、业务部门和安监部门各类事故报告、调查、分析、处理的管理办法；制定安监报—1管理制度；明确各类事故上报程序、事故调查处理程序和事故考核奖惩办法。各单位、各部门要按规定及时报告各类事故及突发事件，不得隐瞒不报、谎报或拖延事故报告；要及时调查各类事故、查明原因、吸取教训、制定整改措施；要规范各类事故报表、台帐、档案及相关资料的管理。

建立安全生产事故举报制度。公开举报电话、信箱或电子邮件地址，建立专项登记簿，受理事故举报。对举报的事故，要及时组织调查核实，严肃进行查处，并严肃处理打击报复者，保护举报人。

2007年9月1日，铁道部公布施行第十二部《铁路交通事故调查处理规则》（铁道部令第30号）。新版《事规》坚持以人为本，在铁路交通事故调查处理中把人的生命放在第一位，最大限度地把铁路作业人员伤亡事故的调查处理权利纳入新版《事规》，这样更利于各级安监部门事故调查处理，集中进行事故统计、分析和管理，提高工作效率，整合监察力量。

一是事故调查主体发生变化。新《事规》确定政府对铁路交通事故的调查处理职能，明确铁道部和各安全监管办是铁路交通事故的调查处理主体，改变过去由铁路局和基层站段进行事故调查处理的企业行为。任何铁路运输企业无权调查处理铁路交通事故，但新《事规》赋予铁路局一个机构两个牌子的属性，铁路局负有铁路安全监督管理办公室的职责，在铁路交通事故调查处理和安全监督检查方面，须依法履行政府职能。

二是实行事故责任追究制。《事规》规定，事故调查处理应坚持以事实为依据，以法律、法规、规章为准绳，认真调查分析，查明原因，认定损失，定性定责，追究责任。在“事故责任判定和损失认定”中，规定了事故责任的分类：即事故分为责任事故和非责任事故。责任事故分为全部责任、主要责任、重要责任、次要责任和同等责任。并根据不同原因造成的事故及事故责任者应负的责任，确定“认定”或“追究”责任的类别。

三是实行《铁路交通事故认定书》送达、填写与报送制度。新版《事规》第四十三、四十七、四十八条对《铁路交通事故认定书》的送达、填写与报送作了明确规定。新《事规》规定事故由组织事故调查的机关以事故认定书的形式通知有关单位，改变原《事规》中重大事故调查处理报告须由铁道部批复的规定，以及事故定性定责按行政手段处理的方式。事故认定书是事故赔偿、事故处理、事故责任追究的唯一依据，具有法律效应。

同时对事故调查处理中迟报、漏报、瞒报、谎报或干扰、阻碍事故调查处理的责任单位和个人，做出不同程度行政处罚和责任追究的规定。从而有利于消除责任单位和个人不配合现象。

2008年4月28日，胶济铁路发生一起旅客列车脱轨、相撞的特别重大交通事故，造成72人死亡、416人受伤，中断行车21小时22分，直接经济损失4192万元。2009年5月26日，国家安监总局发布消息称，近日，国务院对5起特别重大生产安全事故的调查处理报告做出批复，认定5起特别重大生产安全事故均为责任事故，依照有关规定，对169名事故责任人做出严肃处理，分别给予党纪、政纪处分；131名涉嫌犯罪的责任人已被移送司法机关依法追究刑事责任，其中对2008年“4·28”胶济铁路特别重大交通事故处理如下。

这是一起由于违章违规、超速行驶导致的责任事故，37名事故责任人受到责任追究。其中，济南铁路局常务副局长、局党委常委郭吉光等6名事故责任人被移送司法机关依法追究刑事责任；31名事故责任人受到党纪、政纪处分，给予时任济南铁路局局长陈功撤职、撤销党内职务处分，给予时任济南铁路局党委书记柴铁民撤销党内职务处分，给予铁道部副部长胡亚东记大过处分，给予铁道部部长刘志军记过处分。责成铁道部向国务院做出深刻检查。另：判处事故责任人李振江有期徒刑四年六个月；崔和光有期徒刑四年；张法胜有期徒刑三年六个月；郑日成有期徒刑三年；蒲晓军有期徒刑三年，缓刑五年；郭吉光有期徒刑三年，缓刑三年。

国务院查处“7·23”甬温线动车事故。2011年7月23日20时30分，甬温线浙江省温州市境内，北京南至福州的D301次列车与杭州至福州南的D3115次列车发生严重追尾事故，造成40人遇难，172人受伤。国务院及时批准成立并调整充实了事故调查组。12月28日公布的调查结果认定，该事故是一起因列控中心设备存在严重设计缺陷、上道使用审查把关不严、雷击导致设备故障后应急处置不力等因素造成的责任事故。铁道部、通信信号集团公司等单位 54 名责任人员受到党纪政纪处分。其中，铁道部原部长刘志军、原副总工程师兼运输局局长张曙光对事故发生负有主要领导责任，因涉嫌严重违纪违法问题，另案一并处理。通信信号集团公司总经理、通信信号股份有限公司董事长马骋对事故发生负有主要领导责任，鉴于已因病去世，不再追究责任。铁道部副部长陆东福对事故发生负有重要领导责任，给予记过处分。

给予铁道部总工程师何华武记过处分；给予铁道部运输局原副局长兼客运专线技术部主任、现任科技司司长、党总支书记季学胜撤职、撤销党内职务处分；给予铁道部运输局原副局长兼基础部主任、现任广州铁路集团公司董事长、党委书记徐啸明撤职、撤销党内职务处分；给予铁道部科技司原司长、现任安全总监兼副总工程师耿志修降级、党内严重警告处分；给予通信信号集团公司副总经理、党委常委缪伟忠撤职、撤销党内职务处分；给予通信信号研究设计院董事长、党委副书记张海丰撤职、撤销党内职务处分；给予上海铁路局原局长、党委副书记龙京撤职、撤销党内职务处分；给予上海铁路局原党委书记李嘉撤销党内职务处分。对其他责任人员，根据其应承担的责任给予相应党纪政纪处分。

对于相关责任人员是否涉嫌犯罪问题，司法机关正在依法独立开展调查。

第九节　消除惯性事故

违章使用封连线、列车折角塞门关闭、车辆溜逸、列车冲突、车辆切轴、断轨等惯性事故一直是行车安全的隐患。全路曾发生多起因列车折角塞门关闭、车辆溜逸及列车冲突、切轴、断轨等造成的行车重大、大事故，性质恶劣，后果严重，影响极大。为此，铁道部安监司与相关部门制定对策，协同攻关，有效遏制了惯性事故的发生。

一、防止使用封连线

信号联锁是保证铁路运输安全的命根子。因此，禁止使用封连线的规定与要求早就有之，1951 年，铁道部电务局公布的《信号技术保安规则》，1986 年，铁电务 16 号部文《信号维护规则》和 2000 年重新修订的《信号维护规则》等铁路法规中明明写着禁止使用封连线及其他违章作业，但效果一直不好。一些职工们说：我们一直以来就是这么干着过来的，多年也没出啥事，早已形成习惯，习惯成自然嘛。对此种违章的行为，职工干惯了，干部看惯了，根本不足为奇。甚至有人说，后来有人出事只能说他们的点背，运气不好。还有一种怪现象：越是技术好的职工违章使用封连线的时候越多。即便被领导发现，处理也不很重，违章成本低，这就强化了职工违章使用封连线的侥幸心理。正是有了这种基础和土壤，才导致了 20 世纪末的几年中使用封连线的行车事故集中暴发。1997 年 4 月 29 日，广铁（集团）公司管内荣家湾站，1998 年 7 月 29 日，郑州局管内老田庵站，1999 年 10 月 29 日，成都局管内小岚垭站所发生的行车重大事故，其原因惊人相似，都是由于电务人员采用封连线或其他违章手段，封连电气打接点，甩开联锁条件，开放信号，构成道岔假表示或道岔错误解锁，造成信号联锁失效所致。

1999年，在深刻吸取3起电务重大事故教训的基础上，为严肃电务基本安全工作制度和作业纪律，确保信号设备性能良好和联锁关系的正确可靠，铁道部发出532号、200号和354号电报，并以铁运〔1999〕154号发文《关于严禁使用封连线及其他违章手段进行电务作业的通知》。文中明确了8种严禁违反规定的作业：①采用封连线或其他手段封连信号设备电气接点，造成联锁失效。②甩开联锁条件，借用电源动作设备或借用其他条件改变联锁关系。③在轨道电路上拉临时线沟通电路造成死区间，或盲目提高轨道电路送电端电压的方法处理故障。④色灯信号机灭灯时，用其他光源代替。⑤采用非正常手段，人为地沟通道岔假表示，更换转辙、转换设备或进行道岔转换试验。⑥未要命令、未登记要点使用道岔“手摇把”转换道岔。⑦代替行车人员按压按钮扳动或转换道岔，检查进路、办理闭塞和开放信号。⑧未登记要点“偷点”、“抢点”作业。

同时要求各级领导和干部要带头遵章守纪，严禁领导违章指挥或干部带头违章。《规定》还对车务人员提出了特别要求：必须按照非正常情况下的行车组织办法接发列车，决不允许任何人以任何借口，或以所谓“技术处理”的方式，指挥有关人员违章封连，甩开联锁条件，开放信号，否则要追究领导责任。

由此，一场全路范围内的围剿使用封连线的战役打响，一些老职工回忆说，违章使用封连线行为如同过街老鼠人人喊打，当时的声势大的很。一是组织干部职工认真学习，对电务部门进行全员的记名式传达，家喻户晓，不留死角。同时各单位还以“4·29”事故有关责任人处分和处理为契机，进一步强化干部职工尤其是行车一线职工的安全生产法制观念教育，使职工认识到违章与违法的紧密联系，违章易导致违法，就易诱发破坏交通设施，破坏运输安全的情况，造成严重后果的就是犯罪。二是各铁路局、分局安监室和电务部门发文，制定更严厉的更具体的条款，积极贯彻部154号文件精神，有的铁路局、分局还就某一单项施工也要专门制定禁用封连线的纪律。三是大力营造威慑与警醒的环境，强化干部职工的联锁意识。例如：①班前点名会提醒，施工负责人重申铁道部154号和本局、分局的禁用封连线的纪律。②在信号机械室悬挂横幅：封连线就是高压线，使用封连线就是犯法；有的单位还在信号工区的关键地点、重要场所，张贴类似的标语口号的警示牌，起到了安全警示的作用。四是加强现场监督检查。各级电务监察把查违章使用封连线作为一项重中之重的工作，发现一起纠正一起，处理一起。并利用各种场合强调禁用违章使用封连线作业的纪律，及时通报检查情况和处理意见。五是加大奖惩力度。各单位都把违章使用封连线列为一级违章范围。对举报并制止违章使用封连线的人与事进行表彰奖励；对违章使用封连线的责任者，予以严厉处理，是工人的下岗，是干部的解聘。

1999年后，由于采取了以上种种有效措施，取得了比较好的成效，违章使用封连线以及由此造成的事故明显减少，一些铁路局、分局一直未发生过由于违章使用封连线造成的行车事故。

二、防止列车折角塞门关闭措施

近年来，全路发生了多起由于列车折角塞门关闭造成的行车重大事故，损失相当惨重。1992年7月1日5时29分，1605次货物列车（编组52辆，总重3469吨，计长70.4米）运行至襄渝线花果车站，因机后第 8 位前端折角塞门关闭，列车制动失灵，与在该站停留的 1608 次货物列车发生正面冲突，4 台电力机车撞到一起，构成行车重大事故。

2004 年 6 月 9 日 23 时 30 分，23001 次货物列车运行至黎湛线根竹—贵港间 K48+932m 处，从柳州南站扒乘该次列车回贵港的两流窜人员将列车机后第 4 位车辆后端折角塞门关闭，并提开第 5 位车辆前钩，造成列车机后第 5 ～ 44 位共计 40 辆车与前部列车分离，停在根竹—贵港间 K48+820 ～ K49+434.9m 处。由于列车司机和贵港站值班员及列车调度员相继地违章，未能及时发现列车分离，盲目开通区间，导致续行的 25201 次货物列车于 23 时 45 分运行到该处时，与停留区间的车列相撞，构成货物列车追尾冲突行车大事故。

进入 20 世纪 80 年代以来，全路为防止因列车折角塞门被关闭而发生的惯性事故，铁道部采取了一系列防范措施，在指定的几个铁路局进行折角塞门的技术改造工作。1988 年 2 月 11 日至 12 日，铁道部科技局会同安监司、机务、车辆、运输局及工业总公司在北京召开了“防止列车折角塞门被关闭技术改造方案讨论会”。会上听取了哈尔滨、沈阳、北京、兰州、郑州、柳州等六个铁路局的有关折角塞门技术改造及试验情况的汇报。同时，听取了广州、成都铁路局、北京局太原科研所及铁科院等四个单位关于列车尾部风管压力监测装置研究、试验情况的汇报。要求各铁路局可根据各自的条件，对机车的锥形阀芯型折角塞门进行技术改造；对客车折角塞门的技术改造须持慎重的态度，在部没有下达统一技术改造方案以前，各局不得随意进行改造，但可进行适当的地面试验。对当前运行的旅客列车，除首尾车辆外端的折角塞门外，其他客车的折角塞门手把一律采取捆绑或穿销等措施，把折角塞门固定起来。1990 年 10 月 12 日至 13 日，铁道部科技司再次会同机务、车辆局、安监司在广州召开了由广州铁路局科研所承担的关闭折角塞门自动制动装置阶段技术审查会。会议通过了阶段技术审查意见。会后广州局科研所在西南交大协助下，完成了“关闭列车折角塞门自动停车装置”定置试验，提出试验报告。由广州局在管内对该装置继续进行试验、研究，总结经验并报部，由部安排进行部级技术鉴定并推广使用。

1992 年 8 月 1 日，全路双线自动闭塞区段和机车“三大件”监控装置齐全的列车取消守车后，防止列车折角塞门关闭的问题更加突出。为确保运输安全，8 月 15 日，铁道部铁安监函〔1992〕401 号文印发《关于因折角塞门关闭造成行车重大、大事故的处理规定》的通知：要求各铁路局加强防范，严格管理，整顿治安，进一步完善、落实防止折角塞门关闭的各项措施，防止此类事故的发生。

针对全路发生的几起因折角塞门关闭造成的行车重大、大事故，铁道部安监司、运输局等业务部门提出要求：①各铁路局要认真吸取事故教训，进一步强化安全责任意识教育，牢固树立“安全第一”的思想，凡遇危及列车安全的情况，都必须采取果断措施，加以消除。②加强治安综合治理工作。各单位要结合近期几起事故暴露出的严重治安问题，对本单位站车治安综合治理出现的问题进行认真分析，大力整顿站区治安秩序和沿线治安环境。③车站值班员要严格执行接发列车的有关规定，在接到列尾故障和列车尾部风压等异常情况报告后，首先要确认列车完整及区间空闲后，再办理接发列车。车站助理值班员接发列车时，要认真观察列车运行状态，凡有扒乘人员的不准开车。列车调度员、车站值班员要严格执行非正常情况下行车指挥的有关规定，发现危及行车安全的情况要及时果断处理。④列车运行中，机车乘务员要严格按照《机车操作规程》的要求，随时检查列车管贯通状态，发现异常要立即采取果断措施；在装有列尾装置的区段，若确认折角塞门被关闭，应及时操纵列尾装置主机排风，防止因折角塞门关闭导致行车事故发生。⑤列车调度员在接到列尾故障和列车尾部风压异常等情况后，要立即与车站认真核对列车尾部最后一辆车的车种，及时发现危及行车安全的异常情况，并按有关规定果断处理。⑥各铁路局要加强对列尾装置的管理。健全管理制度及故障后运行措施，加强设备检修，保障设备质量，确保列尾装置作用良好。

哈尔滨、沈阳、北京、郑州、上海、广州等铁路局（集团）公司认真贯彻落实部文件规定，结合本局实际，制定细化具体防范措施和办法，收到明显的效果。

广铁（集团）公司印发广铁机〔1997〕485号文，公布广州铁路（集团）公司《机务行车安全十三项措施（制度）》。针对列车“防关”制定了具体防范措施：列车运行中司机发现折角塞门关闭、制动失灵时，立即采取紧急制动措施；有电阻制动的机车，须同时采取电阻制动，施行电阻制动时，机车制动缸压力缓解到150kpa以下；立即用列车无线调度电话通知运转车长（无守列车除外）立即采取紧急制动停车，并报告前方车站值班员；如遇无线调度电话故障，立即鸣示紧急停车信号，通知运转车长和车站值班员采取防护措施。2006年3月10日，广铁（集团）公司以广铁运电〔2006〕164号电报，公布关于重申《加强防提车钩、防关折角塞门和防车辆溜逸安全措施》。对车务、机务（供电）、车辆、公安等部门的安全职责以及有关安全措施予以重申明确。其中车务部门5项；机务部门14项；车辆部门11项；公安部门3项。要求各有关部门必须认真落实。

通过采取分工负责制和自控、互控、他控等有效控制手段，增强了行车部门干部职工的责任感和安全意识，各项“防关”措施及制度得到逐项落实，并在全路推广应用列尾监控装置等监控设备，利用科技手段保证安全。近年来，已基本消除因车辆折角塞门关闭造成的行车事故，为确保运输安全奠定了良好基础。

三、防止机车车辆溜逸措施

2004年11月19日22时28分，K340次旅客列车（编组16辆，总重905吨，换长38.1；沈阳机务段SS9–004号机车牵引）运行至哈尔滨站顾乡场117号道岔处，与哈西专用线溜出的8辆货车（在安全线脱轨6辆并侵入正线）前部第1辆空棚车发生侧面冲突，构成旅客列车冲突重大事故。

针对此次事故的发生，铁道部提出要求：①各铁路局立即组织开展对防溜工作的全面检查，督促管内各单位及地方铁路切实做好车辆防溜工作，严格落实各项防溜措施。②凡衔接站内正线、到发线的专用线、专用铁路、地方铁路及段管线，必须设置安全线，并保证在接发列车作业时处于隔开状态。③安全线设置的位置应保证进入的机车车辆颠覆时不侵入正线、到发线，不能满足时要立即制定方案进行改造。④要求各单位认真制定机车车辆发生溜逸时的应急防范处理措施，并严格抓好落实，防止造成事故或扩大事故损失。⑤机车乘务员在列车运行途中要加强瞭望，发现危及行车安全的异常情况必须立即采取停车措施，确保列车运行安全。

车辆溜逸是行车惯性事故，铁道部一直非常重视此项工作，把其列为行车安全的重点进行治理。1964年即在全路开展防溜工作。针对近年来全路发生的多起机车车辆溜逸事故，铁道部制定印发了安全防范措施及办法，开展专项安全攻关活动，收到了一定成效。为防止发生机车车辆溜逸，加强防溜工作安全管理，依据《铁路技术管理规程》《铁路调车作业标准》《机车操作规程》等有关规定，1989年，铁道部运输局运技〔1989〕124号文，印发《中间站防止车辆溜逸试行办法》的通知，针对防止中间站车辆溜逸，保证运输安全，制定了相关具体措施，在全路各局试行。

为进一步搞好车辆防溜工作，铁道部在广泛征求各局意见，总结车辆防溜经验的基础上，对《中间站防止车辆溜逸试行办法》进行修订。1991年6月10日，印发铁运〔1991〕78号关于发布《中间站防止车辆溜逸的规定》的通知。对防止中间站车辆溜逸，确保行车安全做出11条规定：在《车站行车工作细则》中必须包含有防止车辆溜逸的条款；根据本站线路的实际坡度及作业特点，制定防止车辆溜逸的措施、防溜器具的配置数量及使用方法；车辆在中间站停留时，均应采取防溜措施；利用手制动机进行防溜时，应按《站细》要求的数量拧紧手制动机；调车作业机车连挂车辆前，应检查停留车的防溜措施，挂妥后再撤除防溜器具，摘车时，必须在车辆停妥，采取防溜措施后再提开车钩；车辆部门要加强对手制动机的检修，凡经站修、段修的货车，手制动机必须作用良好；工务部门要将车站线路实际坡度的准确资料提交给车站。当线路坡度发生变化时，工务部门亦应及时向车站提供修改资料。

各局实施铁道部《中间站防止车辆溜逸的规定》以来，对消除车辆溜逸事故，防止列车冲突，确保行车安全发挥了积极作用。但由于运输组织及设备的变化，需要制定和补充新的防溜措施。尤其近一时期以来，中间站所属专用线车辆溜逸事故时有发生，有的造成严重后果。为贯彻铁道部运输安全工作会议精神，落实《围歼旅客列车事故细化措施》（铁安监〔1997〕150号），1997年1月23日，铁道部铁运函〔1997〕20号，关于印发《中间站防止车辆溜逸的补充规定》的通知，特对中间站防止车辆溜逸做以补充规定：由中间站负责取送车辆的专用线，由调车组将专用线停留的车辆连挂在一起，拧紧两端手制动机，并以铁鞋或止轮器牢靠固定，因作业不能连挂在一起的应分别采取止轮措施；在专用线进行调车作业时，车站调车组人员要认真执行《调车作业标准》和《中间站防止车辆溜逸的规定》；在专用线停留车辆（包括临时停留车辆），不论停留时间长短，线路有无坡道，一律采取可靠的防溜措施；铁路与厂矿单位的专用线协议中，要有防溜工作的内容，除有责任划分外，还要有防溜具体要求。车站应对厂矿单位进行防溜教育，使其掌握防溜技能；中间站担负取送调车作业的本务机和调车组，年底前配齐便携式灯显无线调车设备。便于实现自控、互控、他控，以策安全；要重视对中间站专用线的检查，重点对专用线有关行车设备状态及车辆防溜状态进行检查督促，并将专用线防溜工作纳入"五定三率"。车务段干部协同中间站长每季召开一次专用线厂矿负责人会议，专门研究安全生产及车辆防溜事宜，及时解决安全隐患。

为贯彻落实铁道部文件规定，广铁（集团）公司以广铁运〔1997〕83号文，转发铁道部关于中间站防止车辆溜逸补充规定，同时，制定印发了广铁（集团）公司《机务行车安全十三项措施（制度）》（广铁机〔1997〕485号）。对机车乘务员本（外）段待乘休息，本（外）段出、退勤制度，防止列车"颠覆、冲突、险性事故"，防止列车断钩，防止机车火灾等十三项工作制定措施、建立制度。其中关于"防止列车折角塞门关闭"的措施5条；关于防止列车及机车溜逸的措施5条，要求各行车单位认真贯彻执行。

为切实加强机车车辆防溜工作，规范全路防溜安全管理，依据《铁路技术管理规程》《铁路调车作业标准》和《机车操作规程》等有关规定，2006年8月1日，铁道部印发关于《防止机车车辆溜逸管理办法》的通知（铁运〔2006〕145号)。本《办法》是将历年铁道部制定的防溜措施及规定重新进行归纳整理，形成一部系统的、规范性的规章，共分为九章78条。一是对车站设备与线路坡道提出技术要求。车站应设在线路平直、直线的宽阔地带。车站必须设在坡道上时，其坡度不超过1‰；在地形特别困难的条件下，会让站、越行站可设在不大于6‰的坡道上。二是对防溜设备和器具制定技术标准。新研制的防溜设备及器具，须通过铁道部或铁路局运输、科技、安全等部门的审查鉴定合格方可使用；要求在车站（助理）值班员室、调车组待班室、扳道房，以及岔线、段管线、货物线、工程线等有关处所配备足够数量的防溜器具。机车、重型轨道车、救援列车、接触网检修车、巡检车、大型养路机械等自轮运转设备及工程列车，均应配备防溜铁鞋和人力制动机紧固器，电气化区段货运列车，配备人力制动机紧固器。三是对机车车辆停留及防溜作业进行限定。安全线、避难线和机车固定走行线上，禁止停留机车车辆。四是对防溜工作采取的安全措施予以明确。对防溜作业基本要求，岔线、段管线防溜措施，机车停留防溜措施，区间列车车组停留防溜措施，工程机车车辆停留防溜措施，重型轨道车等停留防溜措施提出明确要求。同时对防溜工作管理，防溜工作有关要求，行车部门职工防溜知识的培训以及防溜工作预案等做出规定。要求各铁路局结合本局实际情况制定具体实施细则或办法。

几年来，通过全路坚持开展以机车车辆“防溜”为重点的安全攻关活动，因机车车辆溜逸而发生的事故明显减少，惯性事故基本得到遏制。

四、“防列车冲突、防断轴、防断轨”措施

（一）防列车冲突

1989年3月23日，怀化机务段DF4–021号机车王下雨机班，担当814次货物列车乘务。牵引28辆，1915吨，换长36.9，在玉屏站于22点00分开车，计划在酒店塘站等会71次旅客列车。22点29分，814次进酒店塘站时，列车未停住，冒进三道出站信号，进入安全线，冲出土挡。机车及机后一至五位货车颠覆，机后第六位货车前台车脱轨。22点30分，正在进站的71次旅客列车发现险情，非常停车不及，与814次颠覆侵线的第四位车辆发生侧面冲突，构成旅客列车冲突重大事故。

列车冲突事故，特别是旅客列车冲突事故，对社会、对铁路运输影响严重，必须竭尽全力加以防止。1988年全国、全路安全工作会议后，各铁路局本着从严务实的精神，认真贯彻落实各项安全措施，防御列车冲突事故的能力有所加强，但仍然存在着许多薄弱环节和不安全因素。为此，铁道部提出：“必须从现在开始，下定决心，集中力量，进一步优化和完善各项防止列车冲突的安全措施和制度，力争用三、五年时间，做到基本控制列车冲突事故”。

为迅速扭转全路安全被动局面，遏制列车冲突事故的发生，1990年9月17日，铁道部铁安监〔1990〕137号文印发《关于防止列车冲突的决定》，提出要求：一是各级领导要认真贯彻落实李森茂部长在铁路运输安全工作会议上的讲话，必须提高对防止列车冲突事故的重要性、紧迫性的认识。坚定不移地贯彻“安全第一、预防为主”的方针，铁路局主要领导要组织有关部门，集中力量把防止“冒进信号”、“错办进路”和车辆溜逸导致发生列车冲突事故的三个主要直接因素，作为安全工作的主攻方向。二是要广泛开展以整顿风气、严肃纪律、严格标准为主要内容的整风肃纪达标活动，提高职工遵章守纪的自觉性，认真落实标准化作业和岗

位责任制。三是机车乘务员出乘前必须充分休息，挂车后认真试风，运行中坚持彻底瞭望制度，严格按信号显示行车，按规定使用制动机和机车“三大件”。必须保持机车“三大件”处于良好状态，严禁“关机”运行。行车有关人员必须按规定进行制动机性能试验，落实防止折角塞门关闭的各项措施，严防制动失灵险情的发生。四是办理接发列车作业中，要做到“一点不差，差一点不行”。办理闭塞，必须确认区间空闲，认真检查确认接发列车进路和行车凭证，正确掌握开闭信号机的时机，接发列车必须立岗监督，开通区间严格执行作业程序。五是半自动闭塞区段车站使用控制台闭塞故障按钮时，必须向列车调度员报告使用原因和区间空闲情况，列车调度员查明区间空闲后，发布调度命令，方可解锁使用。六是严防车辆溜逸。所有中间站，无论线路有无坡道，停留车辆时，一律采取防溜措施。车辆部门要加强对手制动机的检修，经常保持手制动机的作用处于良好状态。七是要全面推行联网联控制度。制定不同模式的统一用语标准和程序，建立列车与车站间的车、机联控制度。各局要认真做出安排，确保年内全面推行。八是完善防止列车冲突事故的安全措施。年底前，机务段支配机车必须全部安装机车“三大件”；全路各条干线和有电源的支线，要在三年内淘汰点式机车信号，全部改为连续式或接近连续式。推广使用速度监控装置，争取 1992 年底前上齐设备。1995 年底前主要干线电力贯通线全部贯通；非集中连锁车站，安装电器集中设备，1996 年底前，主要干线的非集中连锁车站应全部改建为电气集中车站等 11 项措施。各铁路局结合本局实际情况，制定具体防范措施和实施办法，认真组织落实。

为贯彻落实铁道部在本年 8 月中旬召开的全路行车安全工作会议精神，广州铁路局结合本局实际情况，经过充分研究，制定了“三防”的具体措施，以广办〔1990〕424 号文公布关于印发《防列车冲突、防车辆切轴、防断轨具体措施》的通知。其中：关于防止列车冲突的措施 7 项；防止客货车辆燃轴、切轴的措施 6 项；防止断轨的措施 4 项。

全路广大干部职工应充分认识到列车冲突事故的严重性和危害性，车务、机务、工务、电务、车辆等部门，要集中力量抓好各项防范工作，把消灭惯性事故作为安全上的主攻方向，从而有效地防止列车冲突事故的发生。

（二）防断轴

1980 年以来，全路连续发生了多起车辆切轴事故。1981 年 12 月 10 日，043 次货物列车，运行在沈山线柳河沟至新民间，因机后十八位 G18–860984 号罐车燃轴切轴脱轨，造成行车大事故；1982 年 1 月 1 日，1632 次货物列车在沈山线前卫至高岭间，因机后第三十六位 C62–943280 号货车二位轴折断脱轨，构成行车重大事故；1982 年 3 月 5 日，16 次特快旅客列车，编组 14 辆，运行至京广线涿县至琉璃河站间，机后 RW22–51016 号软卧车第 5 位轴热切，造成重大事故。

车辆断轴事故严重威胁行车安全，一直受到铁道部和各局的重视。铁道部将其列入惯性事故进行整治。随着铁路运输事业的发展，客货车辆不断增加，车辆断轴事故时有发生。针对车辆燃轴、切轴惯性事故，铁道部制定相关文件及措施进行整治。1978 年公布〔1978〕辆货字 75 号《车辆轮对超声波探伤工艺规程》，1980 年公布〔1980〕铁辆字 858 号《关于防燃补充措施》。进入 80 年代以来，车辆燃轴、断轴事故多发。特别是 1982 年 1 月 1 日至 3 月 5 日，全路客货车辆因断轴造成重大、大事故及险性事故多起，使旅客的生命财产安全受到极大的威胁，给国家造成巨大损失。经铁道部对各局车轴探伤工作的检查，发现存在一些问题，经整理归纳后，制定紧急防止措施，以〔1982〕铁辆字413号文公布关于《防止客货车断轴紧急措施》的通知，提出要求：一是对轮对及探伤设备的检查。发现轮对裂纹象征时，应进行超声波探伤或退轮进行电磁探伤检查。二是认真执行车辆轮对超声波探伤及电磁探伤的工艺规程及规定，凡持有铁路局考试合格证的探伤人员，必须按规定刻打钢印，探伤仪灵敏度不合格的严禁使用。三是加强对短圆柱滚动轴承的检修与检查，要求两检一乘人员注意检查有剥离和擦伤轮对的运行状态。四是要求各局对探伤设备不足的，限期解决。

为确保列车提速安全持续稳定，确保车辆制造及检修源头质量，一是加大检查及抽查力度。二是充分发挥“5T”系统安全防范作用。三是铁道部安监司会同运输局及有关部门坚持开展车辆惯性事故的安全攻关活动，制定完善车辆运用检修方面的规章制度及作业标准，从而有效地防止了车辆燃轴热切等惯性事故的发生，保证了列车提速安全。

（三）防断轨

为贯彻落实中共中央〔1970〕71号和国务院〔1975〕52号文件，加强安全生产的领导，强化线路、桥梁设备的养护维修和检验制度，提高线、桥设备质量，坚决消灭工务责任重大、大事故，防止恶性事故，减少一般事故，针对近年来工务事故情况，铁道部工务局、铁道部安全监察委员会于1978年4月18日颁发《防止工务惯性事故七项措施》(〔1978〕安监字3号、〔1978〕工线字3号)。制定七项防止工务惯性事故措施：一是防止施工违章事故。二是防止轨道车事故。三是防止道口事故。四是防止钢轨折断事故。五是防止卸沙、石料事故。六是防止撞养路机具及小车事故。七是防止线桥作业人员及巡守人员伤亡事故。其中在防止钢轨折断事故措施中提出要求：①加强钢轨检查工作的组织领导，健全钢轨检查组织，配齐检查人员。②认真执行钢轨检查制度。③巡道工要认真执行巡检和小补修制度。④对重点地段和处所的钢轨要特别加强检查。⑤钢轨检查要认真做好记录，重伤钢轨要及时处理，保证行车安全。⑥发现钢轨折损时，首先做好防护，并及时进行更换或焊修。⑦铺设无缝线路，焊接长钢轨，要提高焊接质量。⑧加强钢轨接头的养护维修。⑨配齐线路上备用的钢轨、急救器、鼓包鱼尾板等器材，确保应急处理需要。

为贯彻落实铁道部安全工作会议，落实防止工务惯性事故七项措施，消除“三折”事故的发生，铁道部根据《铁路技术管理规程》《铁路工务安全规则》等规定，于1995年制定印发《钢轨探伤管理规则》(铁工务〔1995〕144号)。本《规则》对钢轨探伤作业人员资质、探伤周期、探伤方法、探伤规定及对钢轨接头探伤、钢轨焊缝探伤、重点处所钢轨探伤、其他钢轨及站专线探伤等做出规定，提出探伤技术要求。

近年来，由于各局加强钢轨探伤管理工作，按规定配齐专业探伤人员，更新配置探伤设备，建立健全钢轨检查、探伤工作制度，加强钢轨的探伤检查，钢轨完好率明显提高，为列车提速，确保运输安全奠定了良好基础。

1999年以来，铁道部运输局会同安监司、部信息技术中心及各铁路局开发试用了工务管理信息系统（PWMIS）B/S版本，可提供线路设备、防洪水害及钢轨伤损等10个业务子系统的数据查询功能，为工务设备的修建、改造和维护提供及时、准确的信息。

列车冲突、车辆切轴、钢轨折断是造成行车重大、大事故的主要原因之一，做好“三防”工作，行车安全上就能取得突破性进展。为此，全路把“三防”作为运输安全工作的重点，常抓不懈。多年来，铁道部和各铁路局围绕消除行车惯性事故，确保列车运行安全，制定实施了各项惯性事故的防范措施及规定，行车惯性事故得到有效遏制，运输安全实现了有序可控，基本稳定。

第十节 行车事故救援

为及时处理铁路行车事故，起复机车车辆，清除线路障碍，确保运输畅通，在铁道部指定地点及枢纽地区设置了救援列车，并在编组站、较大中间站由行车单位组成兼职的事故救援队，配备应急救援设备及机具，担当铁路行车事故抢险救援任务。

一、事故救援组织

旧中国铁路初期没有专业事故救援组织。一旦发生行车事故，临时召集抢险救援人员赶赴事故现场进行救援起复。由于缺少起重机，救援设备机具简陋，技术手段落后，复旧工作效率很低。

1903年7月，中东铁路开通运营时，统按俄国铁路行车规章办理，在满洲里、博克图、昂昂溪、哈尔滨、牡丹江、长春、沈阳、大连等较大地区设置不脱产的事故救援队，配置俄式复轨器、千斤顶、钢丝绳、短木枕等简易救援工具备品，后在枢纽地区配置蒸汽轨道起重机，担当行车事故救援任务。

1907年6月，京奉（今北京～沈阳）铁路全线开通运营时，该路已配置一些救援设施，但辽宁、吉林两省境内铁路部门没有设置专业事故救援机构。“南满”铁路在各大机关区（机务段）组建事故救援“非常列车”，由数辆货车组成，车内备有简单的救援工具备品。除配备蒸汽轨道起重机司机外，不设专职人员。需要救援时，由机关区长（或技术助役）负责，抽调有关人员临时组成救援组出动救援。

1912年1月，中华民国成立后，津浦、沪宁、京汉、京绥等各路局为及时处理行车事故，曾配置了一些救援设备机具，但没有专业救援组织。1930年9月，津浦铁路管理局颁布《机务处各厂段救险办法暂行规则》规定：在管内各机务分段及天津、济南、浦镇机车厂划分救援抢险的责任区域，发生行车事故时，要求各机务总、分段长须立即亲自督率有关人员赶赴出事地点勘察现场，先行清理线路障碍，以便尽快恢复通车。如事故情形重大，须立即电报该管辖区域的机车厂进行求救，尽快派出蒸汽轨道起重机，并指派工务员或监工率领机车钳工乘坐抢险车赶往事故地点进行救援。

1937年7月，日军入侵华北后，“华铁”曾制定《铁道运转事故复旧手续》。京沪、沪杭甬铁路管理局在上海机务段、吴淞机厂和常州工厂配备蒸汽轨道起重机及救援车辆，规定事故救援管辖区域，配备一些救援工具以及钢轨、枕木等组成非常车，由机务段检修领工员或工长担任事故复旧责任者。抗战胜利后，京沪区铁路管理局在上海设有救险班，并备有LC型18吨蒸汽轨道起重机，与机务、工务各自配备的救援车辆连挂一起，停于上海机务段内，遇有行车事故请求救援时，立即召集工人出动救援。日军侵华期间，胶济、津浦、平津等铁路均未设置专业事故救援机构。为及时处理行车事故，在济南、徐州、青岛、大同、天津等主要机务段除配置蒸汽轨道起重机和救援机具外，还配有棚车、炊事车、工具车等组成“非常列车”。装有复轨器、千斤顶、钢丝绳和钢轨、枕木等救援工具备品。遇有事故救援时，由列车调度员发布命令，开行“非常列车”赶赴现场进行救援起复。

东北沦陷时期，南满铁路在满洲里、海拉尔、哈尔滨、牡丹江、长春、吉林、沈阳、大连等地区设置救援列车，配置45～60吨蒸汽轨道起重机及工具备品，担当事故救援任务。1945年8月，日本投降后，东北铁路重新回到人民手中。1946年7月，东北铁路总局成立，该总局负责领导东北铁路（除中长铁路以外）的工作。即行对铁路运输安全工作进行全面整顿，制定发布一系列行车安全及事故救援方面的规章制度，实行铁路运输集中管理、统一指挥。并进一步健全救援组织，在枢纽地区、区段站设置救援列车，在较大中间站成立不脱产的事故救援队，有效地稳定了运输安全形势，确保了运输安全畅通。为巩固东北根据地，支援全国解放事业做出积极贡献。

1949年9月，按照中央军委铁道部东北铁路总局决定，东北各铁路管理局在枢纽地区成立甲等和乙等救援列车，救援列车各配备45吨或60吨蒸汽轨道起重机1台，值班宿营车和工具备品车各1辆。甲等救援列车配备15～20人，乙等救援列车配备12～15人。同年12月29日，东北铁路总局以监字第一号令制定印发《救援列车章程摘录〈事故救援队暂行工作细则〉》规定：在铁路枢纽地区设置救援列车，在较大车站成立不脱产的事故救援队。依据铁路总局命令，东北各铁路管理局共设置24列救援列车，其中：齐齐哈尔局4列（齐齐哈尔、绥化、佳木斯、西鸡西）；吉林局5列（吉林、梅河口、图们、通化、本溪）；锦州局4列（锦州、西阜新、郑家屯、白城子）；中国长春铁路管理局11列（满洲里、海拉尔、博克图、昂昂溪、哈尔滨、牡丹江、长春、四平、沈阳、大石桥、大连）。与此同时，各铁路管理局在管内较大车站组成84个不脱产的事故救援队。其中：齐齐哈尔局20个；吉林局15个；锦州局24个；中长铁路管理局25个。事故救援队由15～20人组成。设队长1人，由站长、机务段长、线路领工员等担任。配备苏式复轨器、导杆支重机、螺旋支重机、拉基次吉式台车加固卡具和钢丝绳等救援工具备品，发生一般行车事故，由站长召集救援人员及时进行处理，如遇事故严重时，应即请求派出救援列车，并提前做好各项救援准备工作，会同参加事故救援。

从1945年抗战胜利至1949年建国前，全国铁路行车事故救援工作逐步得到重视和加强，救援列车设置数量和机具配置较旧中国时期均有增加，事故救援能力得到提高，为建国后的行车安全工作打下一定的基础。根据资料统计，1950年初，全国铁路共设置救援列车68列（北、南方各铁路管理局共设置44列，东北地区各铁路管理局共设置24列）。其中：天津局9列、太原局5列、济南局4列、上海局7列、郑州局8列、衡阳局11列、齐齐哈尔局4列、吉林局5列、锦州局4列、中长铁路管理局11列。共配置各种吨位的蒸汽轨道起重机50台（北、南方各局配置26台，东北地区各局配置24台），全路在枢纽地区和较大车站共设置不脱产的事故救援队138个。

随着国民经济的发展和新线建设，铁路运营里程不断延长，客货运量逐年增加，各时期救援列车和事故救援队的设置地点及数量均有较大变化，根据四个主要阶段进行统计分析。一是建国初期至“文化大革命”开始前（1950～1966年）：全路的救援列车设置数量由建国初期的68列增至102列（增加34列，增幅达50.0%）；事故救援队由建国初期的138个剧增至740个（增加602个，增幅高达436.2%），此期间是全路救援列车和事故救援队增设数量最多、发展最快的时期。二是“文化大革命”及改革开放初期（1967～1984年）：救援列车由

102 列增至 147 列（增加 45 列，增幅达 44.1%）；事故救援队由 740 个增至 784 个（增加 44 个，增幅达 5.9%）。此期间全国经历了十年“文革”浩劫，铁路运输安全救援工作曾受到严重干扰和破坏。“文革”后期，全国进入一个改革开放的新时期，铁路运输形势明显好转，一批新线相继投入运营，此期间，全路救援列车设置数量在平稳增长，但事故救援队的数量变化不大。三是进入改革开放时期（1986 年至 2000 年）：全国铁路发展速度加快，运营里程不断延长。按照铁道部关于各救援列车担当救援区段距离，每一方向应为 150 ～ 200 公里；单线尽头铁路一般不超过 250 公里的规定。此时，全路救援列车设置数量已由 147 列增至 183 列（增加 36 列，增幅达 24.5%）；事故救援队由 784 个增至 869 个（增加 85 个，增幅达 10.8%）。这一阶段是建国以来全路救援列车和事故救援队第二个增幅较大、密度最高的时期。四是铁路实施大面积提速工程，进入高铁建设时期（2001 ～ 2010 年）：此期间铁路先后实施六次大面积提速调图工程，武广、郑西、石太等一批客运专线相继投入运营。特别是 2005 年 3 月 18 日，铁道部对全路运输格局进行重大调整，撤销铁路分局，实行铁道部－铁路局－站段三级管理模式。成立太原、西安、武汉铁路局后，全路调整了部分救援列车布局，重新划分救援区域，增加事故救援队的设置数量，以提高应急救援能力。至 2010 年底，全路共设置救援列车 168 列（较 2000 年减少 15 列）；事故救援队由 869 个增至 1009 个（增加 140 个，增幅达 16.1%）。全路各局专兼职救援人员达 2.4 万余人，已形成一支专业队伍与兼职队伍相结合、日常训练与专业培训相结合并辐射全路的铁路交通事故应急救援网络。

各时期全路救援列车及事故救援队设置概况见附表。

表4－1　1950年各局救援列车（事故救援队）设置概况

局　别	列数	设　置　地　点	救援队数　量	铁路局分管部门
齐齐哈尔	4	齐齐哈尔、绥化、佳木斯、西鸡西	20	安监室
吉林	5	吉林、梅河口、图们、通化、本溪	15	安监室
锦州	4	锦州、西阜新、郑家屯、白城子	24	安监室
中长铁路局	11	哈尔滨、牡丹江、昂昂溪、博克图、海拉尔、满洲里、长春、四平、沈阳、大石桥、大连	25	安监室
天津	9	天津东、丰台、保定、古冶、沧县、南口、张家口、大同、归绥	14	机务处
济南	4	济南、青岛、徐州、蚌埠	5	安监室
郑州	8	郑州、开封、新乡、信阳、汉口、洛阳、西安、潼关	9	安监室
太原	5	太原北、太原南、临汾、石家庄、邯郸	6	机务处
上海	7	上海、南京、杭州、金华、上饶、萍乡、南昌	9	机务处
衡阳	11	广州、衡阳、韶关、郴县、株州、长沙、岳阳、武昌、冷水滩、柳州、桂林	11	机务处
合计	68		138	

表4-2 1966年各局救援列车(事故救援队)设置概况

局 别	列数	设 置 地 点	救援队数量	铁路局分管部门
哈尔滨	6	哈尔滨、绥化、牡丹江、林口、南岔、佳木斯	86	机辆处
齐齐哈尔	6	齐齐哈尔、白城子、大安北、博克图、海拉尔、图里河	87	机辆处
吉林	6	长春、吉林、四平、图们、通化、梅河口	55	机辆处
沈阳	6	沈阳、丹东、通辽、本溪、大石桥、大连	62	机辆处
锦州	5	锦州、山海关、叶柏寿、阜新、郑家屯	65	机辆处
北京	6	天津、丰台、石家庄、洞庙河、怀柔北、丰润	55	机辆处
太原	3	太原、大同、临汾	28	机辆处
呼和浩特	3	呼和浩特、包头、集宁	18	机辆处
济南	4	济南、兰村、淄博、兖州	15	机辆处
上海	7	上海、南京、杭州、常州、金华、蚌埠、合肥	56	机辆处
南昌	6	南昌、鹰潭、萍乡、福州、永安、邵武	36	机辆处
郑州	13	郑州、洛阳、三门峡西、新乡、潼关、信阳、西安、江岸、商丘、武昌、宝鸡、略阳、长治北	38	机辆处
广州	4	广州、韶关、衡阳、株洲	22	机辆处
兰州	4	兰州、武威、西宁、中卫	26	机辆处
成都	9	成都东、重庆南、内江、马角坝、麻尾、贵阳南、凯里、南宫山、六盘水	26	机辆处
柳州	5	柳州、桂林、玉林、南宁、融安	55	机辆处
昆明	4	昆明东、曲靖、广通、开远	5	机辆处
乌鲁木齐	5	乌鲁木齐、柳园、哈密、鄯善、吐鲁番	5	机辆处
合计	102		740	

表4-3　1985年各局救援列车（事故救援队）设置概况

局　别	列数	设　置　地　点	救援队数　量	铁路局分管部门
哈尔滨	15	哈尔滨、绥化、北安、齐齐哈尔、牡丹江、西鸡西、林口、佳木斯、南岔、伊春、海拉尔、博克图、伊图里河、加格达奇、塔河	193	机务处
沈阳	26	沈阳、山海关、锦州、大虎山、开原、四平、长春、吉林、梅河口、通化、图们、蛟河、泉阳、本溪、大石桥、瓦房店、大连、凤凰城、通辽、赤峰、阜新、叶柏寿、白音胡硕、郑家屯、白城、大安北	148	机务处
北京	14	天津、丰台、沧州、古冶、邯郸、石家庄、大同、灵丘、太原、临汾、丰润、怀柔北、洞庙河、张家口	58	机务处
呼和浩特	4	呼和浩特、包头、集宁、临河	21	机务处
济南	4	济南、蓝村、淄博、兖州	45	机务处（救援队归安监室管理）
上海	19	上海、常州、南京、蚌埠、合肥、芜湖、杭州、金华、邵武、福州、永安、漳平、南昌、萍乡、鹰潭、景德镇、青龙山、新余、来舟	96	机务处
郑州	25	郑州、洛阳东、信阳、漯河、武昌北、江岸、襄樊北、西安、凤州、宝鸡东、略阳、三门峡西、万源、新丰镇、勉西、安康、长治北、阎良、商丘、新乡、宝丰、铁山、六里坪、随州、紫荆岭	45	机务处（救援队归安监室管理）
广州	6	广州、韶关、衡阳、株洲、怀化、娄底	38	机务处（救援队归安监室管理）
兰州	6	兰州、武威、西宁、中卫、嘉峪关、陇西	32	机务处
成都	15	成都东、重庆南、内江、马角坝、麻尾、贵阳南、凯里、南宫山、六盘水、燕岗、西昌南、广安、昆明、曲靖、广通	36	机务处
柳州	6	柳州、桂林、玉林、南宁、融安、金城江	65	安监室
乌鲁木齐	7	乌鲁木齐、柳园、哈密、鄯善、吐鲁番、鱼儿沟、库尔勒	7	机务处
合计	147		784	

表4-4　2000年各局救援列车（事故救援队）设置概况

局　别	列数	设　置　地　点	救援队数　量	铁路局分管部门
哈尔滨	14	哈尔滨、绥化、北安、齐齐哈尔、牡丹江、西鸡西、佳木斯、南岔、海拉尔、博克图、伊图里河、加格达奇、塔河、陶赖昭	150	安监室
沈阳	27	沈阳、山海关、锦州、大虎山、开原、四平、长春、吉林、梅河口、通化、图们、蛟河、泉阳、本溪、大石桥、瓦房店、大连、凤凰城、赤峰、阜新、叶柏寿、通辽、白音胡硕、、郑家屯、白城、大安北、太平川	148	机务处
北京	16	天津北、丰台、张家口南、承德、怀柔北、丰润、秦皇岛、石家庄、衡水西、邯郸、灵丘、太原东、大同、茶坞、湖东、侯马北	94	机务处
呼和浩特	6	呼和浩特、集宁、包头东、乌海、临河、赛汗塔拉	32	机务处

（续表）

局 别	列数	设 置 地 点	救援队数 量	铁路局分管部门
济南	6	济南、兖州、淄博、蓝村、聊城、临沂、徐州、连云港西	77	机务处（救援队归安监室管理）
上海	22	上海、常州、南京东、蚌埠、青龙山、合肥、芜湖、杭州、金华、邵武、福州、永安、漳平、绩溪、淮南、宁波北、阜阳、来舟、裕溪口、宣城、滁州、厦门	70	机务处
南昌	9	向塘、九江、赣州、萍乡、麻城、鹰潭、景德镇、上饶、新余	36	机务处
郑州	24	郑州、六里坪、长治北、随州、阎良、勉西、万源、华山、三门峡西、信阳、新乡、宝丰、商丘、漯河、洛阳东、武昌、江岸、襄樊北、枝江、西安、宝鸡、略阳、安康、铁山	53	机务处（救援队归安监室管理）
广州	10	广州、韶关、衡阳、郴州、株洲、岳阳北、张家界、娄底、怀化、龙川	35	机务处
兰州	15	兰州西、武威南、固原、白银西、西宁、陇西、嘉峪关、张掖、中卫、银川、柯柯、迎水桥、格尔木、天水、哈尔盖	32	机务处
成都	13	成都东、重庆南、贵阳南、内江、西昌南、六盘水、都匀、广安、凯里、江油、南充、南宫山、燕岗	27	机务处
柳州	7	柳州、南宁、玉林、桂林北、融安、金城江、百色	97	安监室
昆明	5	昆明东、曲靖、广通、威舍、开远	9	机务处
乌鲁木齐	9	乌鲁木齐、哈密、鱼儿沟、柳园、鄯善、奎屯、库尔勒、吐鲁番、阿克苏	9	机务处
合计	183		869	

表4-5　2010年各局救援列车（事故救援队）设置概况

局 别	列数	设 置 地 点	救援队数 量	铁路局分管部门
哈尔滨	12	哈尔滨、北安、齐齐哈尔、牡丹江、西鸡西、佳木斯、南岔、海拉尔、博克图、伊图里河、加格达奇、塔河	146	机务处
沈阳	15	沈阳、山海关、锦州、四平、长春、吉林、通化、图们、白城、通辽、赤峰、叶柏寿、凤凰城、瓦房店、陶赖昭	80	机务处（救援队归安监室管理）
北京	10	天津北、石家庄、衡水、丰台　丰润、怀柔北、秦皇岛、张家口、承德、邯郸	97	机务处
太原	6	太原、大同、侯马北、灵丘、湖东、茶坞	83	机务处（救援队归安监室管理）
呼和浩特	6	呼和浩特、集宁、包头东、乌海、临河、赛汗塔拉	32	机务处
济南	6	济南、兖州、淄博、蓝村、聊城、临沂	68	机务处（救援队归安监室管理）
上海	16	上海、常州、南京东、蚌埠、合肥、淮南、芜湖、杭州、金华、宣城、宁波、阜阳、永安、绩溪、徐州、连云港西	53	机务处
南昌	14	向塘、赣州、鹰潭、景德镇、新余、上饶、九江、福州、漳平、永安、来舟、邵武、厦门、萍乡	74	机务处
郑州	7	郑州、新乡、长治北、三门峡西、商丘、洛阳、南阳	55	机务处（救援队归安监室管理）
西安	9	安康东、略阳、宝鸡东、华山、咸阳、阎良、万源、勉西、延安北	35	机务处（救援队归安监室管理）
武汉	8	武昌、江岸、信阳、漯河、襄樊北、枝江、六里坪、麻城	52	机务处

（续表）

局　别	列数	设　置　地　点	救援队数　量	铁路局分管部门
广州	12	广州、韶关、衡阳、郴州、株洲、岳阳、张家界、娄底、怀化、龙川、春湾、海口	38	机务处（救援队归安监室、工务处管理）
兰州	10	兰州西、武威南、固原、白银西、西宁、陇西、嘉峪关、张掖、中卫、银川	36	机务处
成都	12	成都东、重庆南、江油、燕岗、贵阳南、西昌南、六盘水、南宫山、广安、凯里、赶水、宜宾	5	机务处
南宁	8	南宁、柳州、玉林、桂林、金城江、百色、贺州、兴义	114	机务处
昆明	5	昆明东、曲靖、宣威、广通、威舍	11	机务处
乌鲁木齐	8	乌鲁木齐、哈密、鱼儿沟、柳园、鄯善、奎屯、库尔勒、阿克苏	18	机务处
青藏公司	4	西宁、柯柯、格尔木、拉萨	12	机务处
合计	168		1009	

二、事故救援管理

1911年以前，由于各路独自经营，各自为政，没有形成统一的行车事故救援管理法规。1912年，中华民国成立后，交通部开始制定颁发行车事故救援方面的规章，在《行车事故处理办法》中规定：遇有行车事故，请求救援时，应立即召集有关人员赶赴现场。请求救援，应察事势，择其距离，就近者出动。但遇必要时，可由相邻双方车站共同派出救援列车。救援列车到达事故地点后，应查明事故状况，制定复旧方案，迅速开始救援起复工作。

1936年5月，中华民国铁道部为强化国有铁路行车事故抢险救援工作，在前发《行车事故处理办法》的基础上修订颁行了《列车遇险救援规程》。本《规程》共分为总纲，请援方法，应援方法，赴援机车，附则等34条款，在总纲中规定：凡列车或机车遇有脱轨、车辆冲突、机车故障等情况者应按本规章请求救援，站长接到车长、司机等请援报告时，应立即派机车前往救援，凡救援车所经沿途各站须优先放行。这是我国早期国有铁路制定颁行的第一部有关行车事故救援管理方面的规章，把行车事故救援工作纳入当局行车安全管理之中。

1939年10月，南满铁道总局发布《铁道运转事故复旧取极手续》规定：凡发生铁道运转事故，须依据本规程办理，以迅速开通本线为主。同时规定了东北地区各铁道局和铁道事物所事故复旧担当的区域及各救援列车配属轨道起重机的起重吨位。其中：长春、吉林、沈阳、大连、锦州等5个主要救援列车配属60吨蒸汽轨道起重机，其他救援列车均配属45吨蒸汽轨道起重机。本规章首次将行车事故改称运转事故，并将救援列车分为干线和支线两种。

1949年10月，新中国成立后，中央人民政府铁道部为加强铁路运输组织管理，及时处理铁路行车事故，于本年10月以央监字第1号命令公布施行《救援列车章程摘录》。对全路救援列车的组织机构，人员配备，设备配置以及出动救援时间等始做出具体规定。本《章程》对巩固和完善建国初期的铁路运输组织，实行事故救援工作的统一管理具有重要意义，并为以后各时期修订发布行车事故救援规章命令提供了基本依据及指导原则。这是建国后铁道部针对行车事故救援工作颁发的第一部安全法规。之后，铁道部相继多次修订颁行了《铁路行车事故救援规则》等有关规章命令。

依据铁道部《救援列车章程摘录》要求，各铁路局制定实施细则或办法，按规定为救援列车配备干部（主任为股级、会计员、管理员为一般干部）和专业救援人员，统一配置轨道起重机等设备机具及专用车辆。同年12月29日，东北铁路总局借鉴苏联铁路行车事故救援管理经验，制定了《东北铁路事故救援队暂行工作细则》。本《细则》对救援列车和事故救援队的设置地点，工作任务，救援工具备品配置数量以及机车车辆救援起复技术作业方法等做出具体规定，组织东北各局贯彻施行。

针对部分铁路局救援列车组织不健全，救援设备配置不统一等问题，铁道部参照《救援列车章程摘录》及东北铁路总局制定的《东北铁路事故救援队暂行工作细则》等规章，于1950年4月3日，以央运字第809号文重新修订颁发第二部《救援列车章程摘录〈事故救援队暂行工作细则〉》。本《章程》将《救援列车章程摘录》及《东北铁路事故救援队暂行工作细则》两个文件合二为一，对全路救援列车和事故救援队的设置及管理工作提出统一要求。将救援列车分为三种（第一、第二种列车定员24人，设主任、副主任、会计员、管理员各1人；第三种列车定员17人，设主任、会计员、管理员各1人）。救援列车配属45～60吨蒸汽轨道起重机各1台，并配备发电、拖拉机、工具、炊事、宿营及救护车等专用车辆。各铁路局按部文件规定，组织开展救援列车的布局调整，配齐救援列车人员及设备，重新划定救援区域，尽快形成救援能力。并在救援列车所在地，由各站、段、医院等有关部门挑选具有救援经验、体格健康的职工组成不脱产的应急班，作为救援列车的机动力量，遇有行车事故时，随救援列车赶赴现场配合救援工作。为迅速处理不需要救援列车出动的一般行车事故。经铁路局长批准，在主要车站组织不脱产的事故救援队。救援队由20人组成，设队长1人（由机务、工务段长或站长担任）队员由车站、机务、工务、电务、车辆段等单位挑选熟悉救援常识并在车站附近居住的行车职工组成。队员名单及召集办法揭挂于值班站长办公室内。需要出动救援列车和事故救援队时，由列车调度员发布命令，救援列车昼间于30分钟内，夜间于40分钟内即可出动。

本《章程》实施半年多来，针对各局在执行中发现的问题，铁道部对《章程》及时进行修订，同年12月28日以央机字第886号令，公布修订第三部《救援列车章程（草案）》自1951年1月1日起实行。本章程共分为六章45条。在原《救规》的基础上，对救援列车等级，救援专业人员配备，专用车辆及救援机具配置，救援列车主任职责，召集出动办法，救援作业时间及事故救援队工具备品配置等均做出新的规定。本文修改后的内容更加详尽具体，便于各局贯彻执行。

50年代初，事故救援管理部门未统一，北、南方各局主要由机务部门负责，东北各局由安全监察部门管理。1956年1月，铁道部以（铁劳组刘〔1956〕字第1号命令），将原属机务部门领导的事故救援组织，自本年1月1日起，划归行车安全监察部门领导。1957年12月，铁道部发布第106号命令，将现属行车安全监察部门领导的事故救援组织，自1958年1月1日起，重新划归机务部门领导，安全监察部门负责救援工作的监督检查。60年代至70年代，统一由各铁路局机辆处（“文革”时将机务处与车辆处合并）管理。80年代至90年代，主要由机务部门管理。这种组织领导关系和管理体制一直延用到1983年底（1983年10月1日，铁道部机构改革，全路20个铁路局合并为12个铁路局）。此期间，有的铁路局曾把事故救援工作重新划归安全监察部门领导。郑州、济南、太原等铁路局和广铁集团公司则实行分管模式，救援列车由机务部门负责，事故救援队由安全监察部门管理。1999年，依据铁道部关于各局自行确定救援管理机构的文件规定，哈尔滨、柳州等铁路局将事故救援管理机构及人员由机务部门一并划归安全监察室领导，实行安全归口管理，逐级负责制。2008年以来，按照铁道部运装机运〔2008〕82号《铁路救援列车管理办法》规定，各局机务处设救援列车专职管理人员，救援列车日常管理由机务段负责，实行段长负责制。为强化车站事故救援队的管理及培训演练，发挥兼职救援队伍的快速应急救援能力，济南、郑州、沈阳、太原、西安等铁路局和广铁（集团）公司的事故救援队由局安监部门管理。

铁路行车事故救援是运输组织工作中的重要组成部分。为保证全国铁路行车安全，检查督导救援列车的组织管理工作，铁道部于1950年11月2日，以央资字第248号令公布《行车安全监察室暂行组织规程》规定：在铁道部总监察室、驻东北特派员办事处行车安全总监察分室和管理局行车安全监察室设主管救援设备监察。救援设备监察的工作职责和监察范围主要包括：监督指导救援列车的工作，救援列车编组和整备状态；救援列车设备技术状态；救援作业和救援列车人员的培训演练等情况。依据文件规定，铁道部、驻东北特派员办事处行车安全总监察分室和铁路局行车安全监察室均设救援设备监察人员，负责对救援列车工作的监察督导，以规范和强化全路救援列车的管理工作。

《救援列车章程（草案）》实行一年来，对加强和规范救援列车的管理，及时完成行车事故救援任务，确保运输畅通发挥了很好作用。但是，有些条款已不能适应当前救援工作需要，1951年5月25日，铁道部修订发布第四部《铁路行车事故处理及救援规则》（铁监〔1951〕字第37号令）规定：救援列车的编成，列车等级及其驻在地点，由铁道部长（东北各局为驻东北特派员）指定。对救援列车召集出动时间，事故善后处理方法，救援列车车辆配置及事故救援队工具数量等做出具体规定。同年，铁道部公布了《救援列车组织条例》。明确救援列车管理受驻地铁路分局领导，日常业务受机务处指导并受安全监察室监督指导。救援列车专业人员平时应学习有关规章命令，研究改进起复作业方法，配合行车有关部门向事故救援队（救援列车驻地救援班）进行救援基本知识的普及教育，组织技术演练，以提高行车有关人员的救援技术水平。

建国之初，全路行车事故救援方面的规章较少，且不统一。铁道部即开始整章建制，强化管理，相继制定发布了一系列有关行车安全及事故救援方面的规章命令，为加强铁路运输安全管理，确保运输畅通发挥了积极作用。此期间，铁道部发布的相关规章命令具有以下特点：一是制定及修订的文件数量较多，二是多由铁道部总安全监察室负责制定（修订）发布事故救援管理规章，把事故救援工作纳入行车安全的管理范畴，有些救援列车的管理规章是与《铁路行车事故处理规则》同文颁发施行的。后期铁道部把事故救援工作划归机务部门管理或由各局自行确定管理机构，但各级安全监察部门对行车事故救援工作始终负有监督检查及指导之职能。

铁道部行车安全总监察室为提高全路行车事故救援管理水平及救援工作效率，加速清理重大事故后果起见，学习中长铁路先进管理经验，实施机车车辆起复作业时间标准。于1954年11月，将苏联铁路的《重大事故和大事故时起复机车车辆的技术作业过程及时间标准》译印分发各局有关干部职工组织学习并实施。本《标准》规定救援列车主任到达发生事故地点后，应在10～15分钟内勘察了解现场情况，与在场的单位领导商议编制救援方案。本《标准》主要分为：①实施脱轨机车车辆起复时间标准。②起复机车车辆和清理重大事故时间标准。③起复机车车辆和消灭重大事故后果的技术作业过程。④消灭重大事故后果时间标准算例。⑤工作图表。对现场实际救援时间消耗，必须计算、分析并向铁道部行车安全总监察室报告。实施本《标准》后，全路行车事故救援工作效率明显提高，对尽快开通线路，确保运输畅通发挥了重要的指导作用，并为今后全路救援工作的标准化管理奠定了基础。

为加强全路行车事故救援管理工作，提高救援列车的事故救援能力，铁道部于1956年7月24日，修订发布第五部《铁路行车救援规则》（铁监佘〔1956〕字第16号部令）。本《救规》对救援列车人员配备的职名及定员作以调整，救援列车设主任、副主任、会计员、管理员各一人；救援列车配置30吨位的钢轨专用平车以及健全救援工作制度等做出统一规定。本《救规》是在1949年10月公布的《救援列车章程摘录》基础上，为适应事故救援工作需要而修订施行的。

1961年5月，铁道部公布《安全监察工作十六条》（铁监刘〔1961〕字第1259号文），要求各级安全监察人员加强对事故救援工作的监督检查。救援工作必须经常处于战斗准备状态，保持人员、组织完整，工具设备齐全，经常组织开展训练与演习，发生行车事故时，要把事故损失和影响减少到最小程度；对各地救援队要经常训练、检查；对有关行车人员要有计划地定期进行救援技术知识的教育和培训，促进全路事故救援工作的正常开展。

1962年10月30日，铁道部以铁机办石〔1962〕字第3407号文发布第六部《铁路行车事故救援规则》，对原《救规》作如下修改：原基本条文共83条，修改减少为80条；救援列车工作报告修改为报表格式；装载钢轨的30吨平车修改为40至60吨平车；另增加救援列车专业人员定员表。除以上几项外，其余均按原规定不变。在铁道部机务局设救援专职干部，对全路事故救援工作进行组织指导和监督检查；铁路局机务处根据工作量，设事故救援科或专职人员1～2名，直接领导和掌管事故救援工作；在铁道部规定地点，设适当等级的事故救援列车，各救援列车为铁路局附属单位，受机务处长直接领导。救援列车等级由原第一、第二、第三种改为一、二、三等。各等救援列车取消副主任、会计员，定员分别减为13～21人，13～15人，10～12人。同时对救援列车主任的职责与任免，专业人员的工作任务做出规定。本《救规》是在1958年全路各局救援管理工作由安监部门领导，重新划归机务部门负责后，在铁道部安监室1956年7月公布的《铁路行车救援规则》基础上，仅对个别条款内容适当修订后公布施行的。

本《救规》施行以来，由于铁路运输事业的不断发展，运输组织工作及行车设备有了很大变化，原《救规》中很多条款已不能适应当前行车事故救援的需要。1983年5月，铁道部发布修订后的第七部《铁路行车事故救援规则》（铁机〔1983〕750号），规定各救援列车为驻地机务段车间级单位，受机务段长直接领导。铁道部机务局设专职管理人员，各铁路局及分局自行确定机构（部分铁路局机务处设1～2名专职人员，北京、沈阳、哈尔滨、上海、郑州等局设事故救援科），负责救援列车的管理工作。在铁道部指定地点设置救援列车，仍分为一、二、三等，定员适当增加。救援列车除设主任和管理员外，增设一名工程技术人员，负责救援列车设备技术管理工作，并按列车等级增加救援设备设施，以增强事故救援能力。同时，在救援列车驻地由行车部门各单位组成不脱产的事故救援班；在枢纽地区和较大中间站设置不脱产的事故救援队。事故救援队配备复轨器、千斤顶、钢丝绳等救援工具备品，承担不需要救援列车出动的一般脱轨事故起复任务。需要出动救援列车时，列车调度员直接向救援列车值班人员发布救援出动命令，救援列车应保证在30分钟内出动。救援列车出动时，要求通信工、电力工和医护人员以及电气化区段的接触网工随行，所属单位领导必须随救援列车赶赴事故现场参加抢险救援工作。

为贯彻落实铁道部新《救规》，加强事故救援管理工作，各铁路局结合本局实际情况，制定实施细则或补充规定，编制印发《救援列车管理考核办法》《救援列车一次出动救援作业标准》《事故救援队（班）管理考核标准》《轨道起重机检查保养作业标准》等各项管理标准及管理办法，编印事故应急救援培训教材。同时，各局开展“标准化救援列车”的创建达标活动，以此推动全路救援列车和事故救援队的规范化、标准化管理。

1989年，铁道部针对一个时期全路发生多起救援轨道起重机作业中脱轨、颠覆事故，制定印发了《救援列车轨道起重机司机作业规则》和《救援列车起重工安全作业规则》（铁机〔1989〕114号）。本《规则》对救援起重机司机和起重工的任职条件，工作职责，轨道起重机运用保养，救援作业安全，岗位技术培训演练等做出具体规定。各局依据铁道部文件要求，认真组织贯彻落实。制定印发了安全作业细则或操作办法，强化技术培训，开展模拟演练，全路轨道起重机司机、起重工等专业人员的技术素质和救援能力得到稳步提升，救援作业安全得到有效控制。

随着铁路运输事业的快速发展，给运输安全和事故救援工作提出新的更高要求。为适应运输生产安全和牵引动力改革发展的需要，1993年7月12日，印发第八部《铁路行车事故救援规则》（铁机〔1993〕85号）。规定铁道部机务局设救援专职管理人员，对全路救援列车工作进行组织指导。铁路局根据管辖区段及工作量等具体情况自行确定机构和人员，负责事故救援管理工作。依据本文规定，各局救援列车由机务段管理，部分铁路局则把救援工作直接划归分局机务科或安全监察室领导。救援列车等级由原一、二、三等提升为特等和一等两种（特等救援列车定员增为26～30人，一等救援列车增为22～25人）。救援装备根据列车等级进行配备，各救援列车增配一台客货汽车和司机，以确保快速出动救援需要。

为进一步适应铁路运输生产不断发展的需要，根据全路实行资产经营责任制等新情况，铁道部在广泛征求各局意见的基础上，对1993年7月公布的《救规》再次进行修订，于1999年9月2日发布第九部《铁路行车事故救援规则》（铁运〔1999〕118号）。本《救规》共分为总则；组织；救援列车的基本要求；救援工作人员的任免和培训；事故救援作业安全等十二章76条。在保留原有条款的基础上，此次修订的条款内容更加全面。对出动事故救援、现场救援指挥做出具体规定，并将现场救援作业安全纳入文件。此次修订文件，铁道部运输局设救援专职管理人员，铁路局救援管理机构仍由各局自行确定。救援列车仍分为特等和一等两种，定员由各局自行确定。依据《救规》规定，铁道部和铁路局加大对救援设备资金的投入，主要干线救援列车配备100～160吨内燃轨道起重机。电气化区段救援列车配备160吨伸缩臂式内燃轨道起重机，更新了液压起复机具，全路救援轨道起重机基本实现内燃化、大吨位，救援装备能力明显提升。

2007年8月，根据国务院《铁路交通事故应急救援和调查处理条例》（国务院令第501号）等有关文件，铁道部制定印发第十部《铁路交通事故应急救援规则》（铁道部令第32号），自9月1日起施行，新《救规》具有以下特点：①实用性强。国家铁路、合资铁路、地方铁路、专用铁路及铁路专用线发生事故，造成人员伤亡、行车中断及铁路正常行车受到影响等其他情况，需要实施应急救援时，适用新《救规》。②突出“以人为本、逐级负责、应急有备、处置高效”的原则。铁道部、铁路局及行车站段均建立铁路交通事故应急救援指挥机构，制定各级铁路交通事故应急救援响应预案，开展培训演练活动，一旦发生铁路交通事故，确保迅速出动，快速救援，及时恢复铁路运输秩序，把事故损失和影响减少到最低程度。③救援响应分为特别重大、重大、较大、一般四个等级。本《救规》对事故应急救援报告的程序及内容，紧急处置方法，现场统一指挥救援、善后处理以及对延误事故救援的单位及责任人予以处罚等做出具体规定。

全路开展救援基地建设。在沈阳、北京、郑州、武昌、上海、广州、成都、兰州等12个重点地区建立区域性救援列车基地，配置德国KIROW（克诺）公司生产的160吨（1680吨/米）大吨位、高科技、安全性能好的铁路救援起重机、汽车起重机、液压起复设备和快速切割机等特殊抢险救援机具，增强区域性应急救援装备能力。

救援列车是铁路交通事故应急救援的专业队伍，为加强对全路救援列车的组织管理，适应铁路交通事故应急救援需要，铁道部于2008年2月，制定印发《铁路救援列车管理办法》（运装机运〔2008〕82号），规定：铁道部运输局设主管救援管理人员，负责各铁路局对《救规》贯彻落实情况及救援列车工作的监督检查，铁路局机务处设救援列车专职管理人员，负责事故救援管理工作。救援列车的日常管理由机务段负责，实行段长负责制。各救援列车设主任、管理员及工程技术人员各1人。各工种实行三班制，救援列车定员增为39人。对救援列车、事故救援队、接触网检修作业车和接触网抢修列车的出动时间及工作职责，现场救援指挥原则，救援列车设备配置及救援培训演练等均做出具体规定。依据该《办法》，沈阳、北京、郑州、上海、广州等铁路局（集团公司）结合实际情况，设置救援培训演练基地，配置演练机具及器材，坚持开展岗位练兵和体能训练活动，不断提高救援列车人员的技术业务能力和身体素质。

为加强高速铁路安全管理，提高高铁的应急救援能力。2010年6月，铁道部在《关于贯彻国务院进一步加强企业安全生产工作通知的实施意见》（铁安监〔2010〕168号）中提出要求：一是健全高铁应急救援网络，进一步形成铁道部、铁路局、站段三级应急救援网络。二是加快救援基地建设，依托高铁和大型铁路运输枢纽建设规划，加快国家铁路应急救援基础建设。组建6个国家铁路应急救援专业队伍。配置应急指挥车辆及救援装备，完善应急救援平台功能，满足快速救援需要。三是进一步完善在无砟轨道、高大桥梁、长大隧道等特殊地段的动车组救援起复技术、装备和方案，细化紧急情况下旅客疏散和动车组列车消防安全办法。四是定期进行高速铁路应急救援实作演练，不断提高高铁应急指挥和现场作业人员的应急救援能力。五是完善铁路应急预案。及时修订完善铁路行业各级、各部门、各种情况下的应急预案，并定期进行演练，做到应急有备，启动有效，最大限度地减少事故影响和损失。

三、事故救援典型案例

1. 大同救援列车：1958年1月，大高埃站发生列车正面冲突，造成两台建设型蒸汽机车1台大破，1台报废，36辆货车报废。事故起复连续作业72小时，顺利完成救援任务。

2. 天津救援列车：1961年3月，唐山地区大雪，造成信号机无法确认。28次特快列车与两列货车相撞，造成3辆客车、26辆货车脱轨。天津、古冶、丰台、叶柏寿4列救援列车赶赴现场，连续作业七昼夜，终于完成救援起复工作。

3．石家庄救援列车：1979年8月，正定～新安村站间1182次货物列车车辆脱轨，石家庄救援列车接到命令后，28分钟内即出动，在运行途中制定起复方案，现场救援仅用7分钟就开通了线路，降低了事故等级，缩小了事故损失和影响。

4．丰台救援列车：1985年12月，洞庙河机务段救援列车在下台子站事故起复中，轨道起重机倾倒，丰台救援列车奉命前往现场，及时完成救援任务。

5．南京救援列车：1963年11月10日12时22分，南京线桥大修段在沪宁线新闸镇至新岗站间k172+713m处，更换177号桥梁，租用南京救援列车60吨轨道起重机担当吊换梁任务。当旧梁吊起，吊杆向左旋转90度时，轨道起重机倾倒。造成旧梁拆除，新梁未装，中断正线行车12小时12分，构成列车脱轨颠覆重大事故。

6．齐齐哈尔救援列车：2001年4月20日6时14分，北京开往齐齐哈尔的47次特快列车，运行至滨洲线安达站时，由于机车乘务员超速运行，造成本务机车及机后4～8位客车颠覆，机后1～3位、9～14位客车脱轨。旅客死亡2人，重伤2人，轻伤22人；机车中破1台，客车报废3辆，大破6辆，中破4辆，小破1辆。事故救援中，齐齐哈尔救援列车160吨内燃轨道起重机在现场未打好支腿情况下即开始转车，造成轨道起重机倾倒，延误线路开通时间，扩大事故损失和影响。

第十一节　行车事故

一、典型行车事故案例

1．1924年1月18日，济南开往青岛的第2次客车行至金岭镇至辛店间，机后第3节车厢内因旅客携带的油漆着火而引起火灾，烧毁客车2辆、公事车1辆，烧死旅客5人，跳车跌死2人，重伤致死3人，受伤者45人。原因系一旅客携带的油漆，被人挤倒瓶子流到车底板上，另一旅客恐污及自己行李，在划火柴照看时落上火种而引起火灾。

2．1939年9月23日，由河口驶往开远的一列客货混合列车在机车后边挂了3节军运货车，其中第3节装有10吨汽油，第4节是行李车，第5至第8节是客车。军运保密，司机并不知道装着汽油。大塔至玉林是25‰的下行陡坡。列车从大塔向玉林山开去，因天雨轨滑，溜逸超速，于玉林山大桥前脱轨。第3节货车里的汽油桶因冲撞而桶盖松脱，汽油溢出。

夜幕降临，司机杨庚生点燃油纱照明，从机车上下来检查脱轨货车的底部轮轴。查到第3节，一声巨响，溢出的汽油引燃了车上的油桶。杨庚生猛然醒悟，疾呼旅客下车逃命，同时与列检工摘下车钩，与旅客一起奋力将尚未脱轨的第7、第8客车往后推离，50余名旅客因此得以生还。

机车和前面6节车辆顷刻葬入火海。脱轨地点正在路堑深处，逃逸不易，旅客被烧死80余人，烧伤40余人。随车员工，除杨庚生、车长和4位检车工因抢救旅客得以逃生外，司炉等人以身殉职。死伤旅客部分是从敌占区逃难来滇的同胞，其中有一个由南洋华侨组成的机工救国团，从南洋到云南来支援抗日救亡，20余人壮志未酬，一起遇难。

滇越铁路公司蓄意逃避责任。法籍车务总段长毕布洛、分段长那果和医生白吉吾于察看现场时密谋了一番，回到开远就给受伤的当事人杨庚生打了一针，杨当即气绝身亡。法方乃声称事故是因“天雨路滑，刹不住车，闸瓦抱死导致摩擦起火烧了车辆，抢救不及而造成旅客伤亡”。民国政府和开远军警总局也与法人沆瀣一气，胡说什么“天灾人祸无法避免。”

“9·23”事故现场

3．1944年5月9日，昆明开往开远的21次旅客列车在凤鸣村至水塘间七凸坡处（河口起计程K426+055m），因列车超速失控，致使列车脱轨颠覆翻入山崖下，死亡185人，重伤57人，轻伤48人。烧毁“中国银行”钞票17箱，约3500万元。司机张培仁、车长裴宗祥因过失罪分别被判处有期徒刑10年和3年。本年事故以机车破损为最多，脱轨次之。事故责任机务最多，车务次之。

4．1945年8月17日，由连云港开往徐州的962次货物列车，满载食盐，行至赵墩站机车上水时，驻站日军以影响岗哨瞭望为由，强迫将停留在站的12辆空棚车挂走，使已满轴的列车呈超轴状态。列车行至碾庄站不得不停车烧汽，延误约10分钟，继续向西行驶。因当时碾庄附近几个站间通信线路被当地抗日军民破坏，不能办理正常闭塞，使用路券（路票）行车。按时刻表规定962次到八义集与由徐州开往连云港的931次混合列车相会。但八义集站未等962次到达，即发路券给931次，正点开车。两列车均在无任何灯火下运行，又值天降小雨，21时30分左右，行至区间，在列车技术速度最高时发生冲突。两台机车报废，7、8辆货车颠覆重叠。962次3名机车乘务员受伤，931次4名乘务员当场死亡。由于931次混合列车机车前端、煤水车上部和货车车内及顶部均挤满旅客，死伤300人左右。

5．1947年7月10日，韶关站开往广州南站的85次客货混合列车驶至英德遥步木便桥，在桥上脱轨，便桥撞塌，机车和8辆客车坠落江中，3辆斜立半空，造成轰动全国的重大事故。粤汉区铁路管理局国民党特别党部发表的调查报告公布旅客死36人，路工死亡3人，伤56人。

6．1948年5月28日，台湾铁路由基隆开往嘉义的29次旅客列车，行至距基隆K33+046m处时，第9节三等客车突然发生火警，烧毁三等客车2辆，二等客车1辆，行李守车1辆，死亡旅客27人，重伤21人，轻伤45人。

7．1950年1月23日，5时06分，津浦线花旗营站（该站已撤销），1道停有301次客车、会过12次2道开车后，扳道员在未确认接车进路的情况下擅自将2号道岔扳向1道，当2404次进入1道前，司机使用非常制动，停车不及，与301次列车发生正面冲突，造成2404次军用列车机后第4～9位车辆颠覆，2台机车破损，301次旅客列车4至5位客车破损，2404次列车上的军校学员死亡16人、重伤10人、轻伤36人，中断行车8小时29分，构成行车重大事故。这是新中国第一起旅客列车重大伤亡事故。为迅速改变安全状况不好的局面，铁道部当月就制定和颁布了《关于防止事故保障行车安全的命令》以及《实施安全负责制暂行办法》。

1 月 27 日，政务院第 17 次政务会议在北京举行。会议通过《关于关税和海关工作的决定》。铁道部部长滕代远向会议报告了本月 23 日津浦铁路撞车事件。

2 月 10 日，青岛分局党、政、工、团联合召开职工大会，追悼花旗营站军用列车与货物列车正面冲突中的死难烈士（花旗营站当时属济南铁路管理局蚌埠分局管辖）。

8．1957 年 2 月 4 日，汉口站始发 64 次旅客列车，由于“三品”查堵不严，旅客将发令纸和火硝带入车厢，发生爆炸起火，造成重大旅客伤亡事故，死亡 30 人，重伤 4 人，轻伤 14 人。

9．1967 年 1 月 23 日，15 时 38 分，在沈阳站内，长春开往营口的 308 次机车与北京开往长春的 59 次拦腰冲突，使客车 1 辆颠覆，3 辆脱轨，死亡 29 人、重伤 17 人、轻伤 81 人，机车中破 1 辆，客车报废 1 辆、大破 3 辆，中断行车上行 11 小时 22 分，下行 9 小时 15 分，成为沈阳铁路局建局以来，后果最为严重的一次行车事故。

10．1971 年 12 月 30 日，上饶机务段 FD1024 号机车楼根友机班牵引 1210 次货物列车，因浓雾司机将浙赣线樟树潭上行复示预告信号机误认为预告信号机开放，又将预告信号机误认为进站信号机开放。结果，停不住车越过关闭的出站信号机，闯入闭塞区间，在樟树潭站下行进站信号机外 126 米处，与进站的 2561 次列车正面相撞。造成两列车机车乘务员死亡 5 人，重伤 2 人，机车报废 2 台，货车报废 19 辆，大破 4 辆，中断行车 41 小时 33 分，计损失 126 万元。救援时救援吊翻车，又重伤 4 人。次日凌晨，国务院总理周恩来批阅事故电话摘报后批示：“是个人责任心不强，好规章制度取消，还是有政治原因，请苏静、政工组告交通部，严查并予处理。”该事故与长江东方红客轮沉船事故一齐向全国通报，在全国震动很大。事故分析结果是：司机楼根友臆测行车负主要责任。因楼根友重伤在医院，没有处理。另外该站复示预告信号机投入使用时传达交代力度不够，使用仓促，这也有一定的责任。负责人受行政记过处分。

11．1978 年 12 月 16 日，陇海铁路杨庄站发生行车重大事故，死 106 人、重伤 47 人，中断行车 9 小时，是中华人民共和国成立以来最严重的铁路行车事故之一。事故原因是，值乘 368 次旅客列车的司机和副司机睡觉，运转车长离岗，致使列车冒进信号，与正在进站通过的 87 次旅客列车侧面相撞。为汲取这次事故的沉痛教训、加强安全工作，铁道部决定每年的 12 月 16 日为“全路安全教育日”。

铁道部希望通过“全路安全教育日”活动进一步落实国务院领导对铁路安全工作的批示和铁道部的要求，牢固树立安全第一的思想，贯彻预防为主的方针，

努力消灭行车重大、大事故和铁路责任的重大路外伤亡事故，防止险性事故，大幅度减少一般事故，确保行车安全，特别是旅客列车的绝对安全，决不允许杨庄事故的再次发生。

12月19日，郑州铁路局党委召开全局紧急广播大会，动员全局干部职工认真记取杨庄事故教训，振奋精神，努力工作，坚决把安全生产搞上去。

12．1981年7月9日，成昆铁路尼日至乌斯河站间的利子依达大桥被巨大山洪泥石流冲毁，由于该线桥隧相连，瞭望条件极为困难，在灾害常发地区又缺乏灾害监测报警设备，当442次旅客列车司机发现险情采取紧急制动时，已来不及停车，2台机车、1辆行李邮政车、1辆客车坠入大渡河，死亡、失踪130人，其中乘务员死亡11人，伤146人，线路中断15天。7月24日修复通车。位于乌斯河站与尼日站之间的利子依达古泥石流沟，流域面积248平方公里，流域长度8.09公里，纵坡达10～30%。主沟两侧松散岩堆近百万立方米，一遇暴雨，泥石流顺沟而下，直冲建在沟上的利子依达大桥，有严重隐患。1981年7月，该处发生因特大暴雨引发泥石流冲断大桥而导致车毁人亡的重大事故。为彻底消除隐患，长治久安，铁道部决定采用放弃原线；避开泥石流、重新选线建路、隧道穿越沟底的方案。由铁二院设计，成都局工程处二段施工。1982年2月开工，工程由新建钢筋混凝土梁组成。改造工程于1984年6月20日完工交付使用，投资1531.9万元。隧道工程获铁道部1987年优质工程奖和国家银质奖。原线440米奶奶包隧道及原利子依达大桥及其前后线路废弃。

13．1988年1月17日，由三棵树开往吉林的438次旅客列车，行至拉滨线背荫河站因制动失灵，冒进进站信号，又冒进出站信号，与正在进站的1625次货物列车正面冲突，造成重大事故，旅客及路内职工死亡19人，重伤25人，轻伤51人。

14．1988年1月24日，由昆明开往上海的80次特快旅客列车，运行至贵昆线的苴午至邓家村间，发生严重颠覆脱轨事故，造成人员重大伤亡，旅客及路内职工死亡88人，重伤62人，轻伤140人。分析事故原因有多种意见，终未能达成共识，成为建国以来最富争议的一起行车重大事故。

3月5日，国务院对80次特快旅客列车颠覆事故作出处理决定。决定指出，1月24日发生的这次事故是一起重大责任事故；连同1月份发生的另外两起重大铁路运输事故，给人民的生命财产造成了重大损失。铁道部部长对这三起重大事故负有领导责任。国务院接受丁关根辞去铁道部部长职务的请求，提请全国人大常委会审议决定。3月12日，六届人大常务会25次会议决定免去丁关根的铁道部部长职务。

15．1988年3月24日14时19分，由南京开往杭州的311次旅客列车在上海市郊沪杭外环线匡巷站，因机车乘务员思想分散，误认信号，贻误有效制动时机，越过出站信号机，挤坏道岔，闯入区间，与迎面开来的长沙至上海的208次旅客列车正面相撞，造成中外旅客死亡28人（其中日本旅客27人、中国公民1人）、重伤7人（均系日本旅客）、轻伤77人（其中日本旅客13人），机车大破2台，客车报废4辆、大破2辆、中破1辆，中断正线行车23小时07分，构成重大事故。事故发生后，上海市副市长黄菊、钱学中等赶赴现场，铁道部副部长李森茂、国务院秘书长陈俊生以及国家安全生产委员会事故调查组均先后赶赴现场调查处理。

16. 1990年7月27日8时，因值班员违章作业，2523次货物列车与848次货物列车在沈阳铁路局通化分局梅集线通沟至干沟间K89+488m处发生正面冲突，造成2523次机车1、2、15、19位车辆脱轨，16、17、18位车辆颠覆；848次重联机车颠覆，机后1位车辆脱轨，机车报废4台，货车报废1辆，大破4辆，中破2辆，小破3辆；线路破坏100米，损坏钢轨8根，轨枕256根；机车乘务员死亡9人，重伤3人，中断正线行车25小时25分，是一起重大责任事故。

17. 1993年7月10日2时55分，北京开往成都的163次旅客列车行至京广线新乡南场至七里营间K608+950m处与前行的2011次货物列车追尾冲突，此次事故共死亡40人，其中乘务员32人，旅客8人；重伤9人，其中乘务员7人，旅客2人；轻伤39人，其中乘务员4人，旅客35人。仅设备方面的直接经济损失就达130万元。这是铁路史上死亡铁路工作人员最多的一起重大事故。据统计绝大多数死亡和重伤人员出自机后第一位的宿营车上。

18. 1997年1月10日8时28分，广铁集团公司长沙铁路总公司管内浙赣线醴陵东至老关间下行线K890+150m处，株洲工务段轻型轨道车与3115次货物列车撞上，造成车上工务作业人员20人死亡，3人重伤，2人轻伤，构成责任重大职工伤亡事故。事后，对事故负有主要责任人被判处有期徒刑6年。

19. 1997年4月29日10时48分，昆明开往郑州的324次旅客列车行至京广线荣家湾站K1453+914m处，与停在站内4道的818次旅客列车尾部冲突，致使324次客车机后1至9位颠覆，10至14位脱轨，818次客车机后15至17位（尾部3辆）颠覆。这起事故造成人员死亡126人，重伤48人，轻伤182人。东风4型机车报废1台、中破1辆、小破1辆，直接经济损失415万元。事故发生的直接原因是，长沙电务段汨罗电务车间荣家湾信号工区信号工郝任重在324次列车进站前，瞒过车站值班员，打开荣家湾车站12号道岔电缆箱盖，用二极管封连电缆端子，断开该道岔动作电源，破坏了道岔联锁关系，改变了列车正常进路，同时致使行车信号呈现假显示，造成本应从二道通过的324次旅客列车转而进入四道，与停在该道的818次旅客列车追尾冲突，导致事故的发生。

20．2008年4月28日4时38分，由北京开往青岛的T195次旅客列车运行至济南铁路局管内胶济下行线王村至周村东间K290+800m处，因超速，机后9至17位车辆脱轨，并侵入上行线。4时41分，由烟台开往徐州的5034次旅客列车运行至胶济上行线K290+850m处，与侵入限界的T195次列车第15、16位间发生冲突，造成5034次列车机车及机后1至5位车辆脱轨。事故导致72人死亡，416人受伤，中断胶济上下行线行车21小时22分，构成铁路交通特别重大事故。

21．2011年7月23日，20时30分05秒，甬温线浙江省温州市境内，由北京南站开往福州站的D 301次列车与杭州站开往福州南站的D 3115次列车发生动车组列车追尾事故，造成40人死亡、172人受伤，中断行车32小时35分，直接经济损失19371.65万元。

二、行车事故统计分析

表4-6　历年全路行车事故件数及事故率统计表

项目 年别	机车总走行公里（百万公里）	重大、大事故				险性事故	一般事故	合计	事故率	重大事故率
		重大事故	大事故	小计	事故率					
1949年								13172		
1950年		569	363	932		6925	11380	19237		
1951年		274	139	413		6348	13854	20615		
1952年	167.84	227	95	322	1.918	2235	15286	17843	106.31	1.352
1953年	205.23	223	105	328	1.598	2162	15949	18439	89.85	1.087
1954年	233.36	206	71	277	1.187	1479	16698	18454	79.08	0.883
1955年	233.93	133	73	206	0.881	920	14794	15920	68.05	0.569
1956年	268.88	167	100	267	0.993	1104	19107	20478	76.16	0.621
1957年	299.91	144	56	200	0.667	1015	16256	17471	58.25	0.480
1958年	355.47	245	108	353	0.993	1962	27760	30075	84.61	0.689
1959年	460.96	250	164	414	0.898	2454	37020	39888	86.53	0.542
1960年	510.09	361	250	611	1.198	3368	52508	56487	110.74	0.708
1961年	455.62	251	192	443	0.972	1835	39595	41873	91.90	0.551
1962年	426.96	113	78	191	0.447	907	20912	22010	51.55	0.265
1963年	421.56	65	40	105	0.249	533	14582	15220	36.10	0.154
1964年	456.24	43	45	88	0.193	521	11479	12088	26.49	0.094
1965年	521.86	53	59	112	0.215	783	12742	13637	26.13	0.102
1966年	585.46	100	123	223	0.381	1524	16685	18432	31.48	0.171

（续表）

项目 年别	机车总走行公里（百万公里）	重大、大事故				险性事故	一般事故	合计	事故率	重大事故率
		重大事故	大事故	小计	事故率					
1967年	470.16	220	274	494	1.051	1931	20788	23213	49.37	0.468
1968年	450.11	316	369	685	1.522	2401	25003	28089	62.40	0.702
1969年	532.73	432	532	946	1.810	3203	34228	38395	72.07	0.811
1970年	614.12	379	497	876	1.426	3006	40660	44542	72.53	0.617
1971年	660.64	304	397	701	1.061	2814	37871	41386	62.95	0.460
1972年	689.88	216	294	510	0.739	2128	34560	37198	53.92	0.313
1973年	710.96	232	278	510	0.717	1936	31779	34225	48.14	0.326
1974年	691.45	324	431	755	1.092	2097	36564	39416	57.00	0.469
1975年	741.19	297	412	709	0.957	2489	44265	47463	64.04	0.401
1976年	716.25	418	414	832	1.162	2881	45034	48747	68.06	0.584
1977年	787.29	371	386	757	0.962	2909	47735	51401	65.29	0.471
1978年	883.83	219	207	426	0.482	2290	35961	38677	43.76	0.248
1979年	918.14	199	169	368	0.401	1772	26556	28696	31.25	0.217
1980年	934.17	54	172	226	0.242	1399	21351	22976	24.60	0.058
1981年	948.71	72	170	242	0.255	1471	20177	21890	23.07	0.076
1982年	993.27	59	170	229	0.231	1458	18318	20005	20.14	0.059
1983年	1040.34	50	98	148	0.142	1113	13453	14714	14.14	0.048
1984年	1099.86	39	24	63	0.057	731	8552	9346	8.50	0.035
1985年	1185.01	27	16	43	0.036	490	5296	5829	4.92	0.023
1986年	1230.64	47	16	63	0.051	499	5317	5879	4.78	0.038
1987年	1284.24	39	13	52	0.041	519	4691	5262	4.10	0.030
1988年	1316.83	44	5	49	0.037	392	4423	4864	3.69	0.033
1989年	1348.38	38	9	47	0.035	317	4371	4735	3.51	0.028
1990年	1358.08	51	13	64	0.047	326	4536	4926	3.63	0.038
1991年	1387.64	29	5	34	0.025	213	3685	3932	2.83	0.021
1992年	1425.63	37	2	39	0.027	174	2981	3194	2.24	0.026
1993年	1472.16	22	重大率0	22	0.015	148	3005	3175	2.16	0.015
1994年	1511.22	32	(0.021)2	34	0.022	120	2827	2981	1.97	0.021
1995年	1544.09	18	(0.012)1	19	0.012	87	2904	3010	1.95	0.012
1996年	1544.47	10	(0.006)13	10	0.006	62	2630	2702	1.75	0.006
1997年	1599.69	18	(0.011)1	19	0.012	46	2557	2622	1.64	0.011

（续表）

项目 年别	机车总走行公里 （百万公里）	重大、大事故				险性 事故	一般 事故	合计	事故率	重大 事故率
		重大事故	大事故	小计	事故率					
1998年	1589.72	27	(0.017)1	28	0.018	51	2406	2485	1.56	0.017
1999年	1670.44	22	(0.013)3	25	0.015	57	2180	2262	1.35	0.013
2000年	1756.35	17	(0.010)2	19	0.011	60	2091(其中A748)	2170	1.24	0.010
2001年	2086.05	11	(0.005)4	15	0.007	56	3095(其中A712)	3166	1.52	0.005
2002年	2232.94	13	(0.006)8	21	0.009	37	2452(其中A550)	2510	1.12	0.006
2003年	2306.47	5	(0.002)4	9	0.004	33	3888(其中A1066)	3930	1.70	0.002
2004年	2447.57	11	(0.004)5	16	0.0cr7	34	4269(其中A1024)	4319	1.76	0.004
2005年	2548.34	5	(0.002)6	11	0.002	40	5638(其中A1091)	5689	2.23	0.002
2006年	2615.62	11	1	12	0.005	42	6693(其中A909)	6747	2.58	0.004
2007年 (1–8月)	1838.74	6	5	11	0.006	32	5018(其中A536)	5061	2.76	0.003

表4-7　三年“大跃进”各局行车事故统计（1960年与1957年对比）

年份 事故件数 单位	1957年 事故总数(件)	1960年事 故数(件)	增长倍数 或百分比	1957年 重大、大事 故总数(件)	1960年 重大、大事 故数(件)	增长倍数或 百分比	备注
哈尔滨局	2141	6703	3.13	20	71	3.55	
沈阳局	3624	8936	2.47	40	71	1.78	
北京局	2367	7492	3.17	22	84	3.82	
呼和浩特局	418(1958年)	2567	6.14	3(1958年)	18	6	缺1957年资料
兰州局	907	4379	4.83	11	32	2.91	
乌鲁木齐局							未建局
成都局	784	2009	2.56	9	51	5.67	准轨
昆明局	1046	4995	4.78	9	164	18.22	
柳州局	724	1236		14	18	1.29	
广州局	1209	622	–0.51	15	10	–0.67	
南昌局							未有统计资料
上海局	1127	2651	2.35	14	19	1.36	
济南局	1046	3911	3.74	10	42	4.2	
郑州局	2175	6016	2.77	68	67	–0.98	

表4-8　十年"文化大革命"各局行车事故统计（1976年与1965年对比）

单位＼事故件数＼年份	1965年事故总数(件)	1976年事故数(件)	增长倍数或百分比	1965年重大、大事故总数(件)	1976年重大、大事故数(件)	增长倍数或百分比	1977年事故件数(件)
哈尔滨局	1809	5252	2.9	14	91	6.5	5333
沈阳局	2644	6033	2.28	20	105	5.25	5817
北京局	1813	4690	2.59	13	88	6.77	5223
呼和浩特局	412	1629	3.95	无	25		1613
兰州局	735	4135	5.63	8	82	10.25	4133
乌鲁木齐局	(未建局)	1490		(未建局)	26		1515
成都局	809(准轨)	3517	4.35	12	52	4.33	4286
昆明局	1036(准、米轨)	2618	2.53	36(准、米轨)	52	1.44	3365
柳州局	707	1684	2.38	6	29	4.83	1970
广州局	779	2897	3.72	16	32	2.00	3113
南昌局	177	721	4.07	2	17	8.5	634
上海局	740	3926	5.31	6	59	9.83	3821
济南局	662	2643	3.99	3	41	13.67	2450
郑州局	1643	8113	4.94	9	133	14.78	8837

注：这是一个特殊的历史时期。十年"文革"使全路行车事故猛增，虽然1972年、1975年经过企业整顿，事故有所下降，但是1976年、1977年的事故发生率竟达到建路以来的最高点，尤其是粉碎"四人帮"后的1977年，9个铁路局的事故发生件数达到最高纪录。这一现象值得关注与研究，其中的教训值得思考与总结。

表4-9　全路行车事故最多年份（前5）

序号	年份	机车总走行公里(百万公里)	事故件数
1	1960年	510.09	56487件
2	1977年	787.29	51401件
3	1976年	716.25	48747件
4	1975年	741.19	47463件
5	1970年	614.12	44542件

表4-10 全路行车事故率最高年份（前5）

序号	年份	机车总走行公里（百万公里）	事故件数	事故率
1	1960年	510.09	56487	110.74
2	1952年	167.84	17843	106.31
3	1961年	455.62	41873	91.90
4	1953年	205.23	18439	89.85
5	1958年	355.47	30075	84.61

表4-11 全路行车重大事故最多年份(前5)

序号	年份	机车总走行公里(百万公里)	重大事故件数	备注
1	1969年	532.73	432	
2	1976年	716.25	418	
3	1970年	614.12	379	
4	1977年	787.29	371	
5	1974年	691.45	324	

表4-12 全路行车重大事故率最高年份(前5)

序号	年份	机车总走行公里(百万公里)	重大事故件数	重大事故率
1	1952年	167.84	227	1.352
2	1953年	205.23	223	1.087
3	1954年	233.36	206	0.883
4	1969年	532.73	432	0.811
5	1960年	510.09	361	0.708

表4-13　全路行车重大、大事故率最高年份（前5）

序号	年份	机车总走行公里(百万公里)	重大、大事故率	重大、大事故件数
1	1952年	167.84	1.918	322
2	1969年	532.73	1.810	964
3	1953年	205.23	1.598	328
4	1968年	450.11	1.522	685
5	1970年	614.62	1.426	876

表4-14　全路行车重大事故率最少年份（前5）

序号	年份	机车总走行公里(百万公里)	重大事故率	重大事故
1	2005年	2548.34	0.002	5
2	2003年	2306.47	0.002	5
3	2006年	2615.624	0.004	11
4	2004年	2447.57	0.004	11
5	2001年	2086.05	0.005	11

表4-15　全路1978年前行车重大事故及重大事故率最少年份（前5）

序号	年份	机车总走行公里(百万公里)	重大事故件数	重大事故率
1	1964年	456.24	43	0.094
2	1965年	521.86	53	0.102
3	1963年	421.56	65	0.154
4	1966年	585.46	100	0.171
5	1962年	426.96	113	0.265

表4-16　2010年铁路局交通（行车）事故总件数及损失统计表

项目 局别	行车事故件数						行车事故损失																	
	特别重大	重大	较大	一般	合计	去年同期	中断正线行车(时:分)	线路				机车			客车			货车			动车、轨道车			直接损失金额(万元)
								钢轨(米)	轨枕(根)	道岔(组)	尖轨(根)	报废	破损	计	报废	破损	计	报废	破损	计	报废	破损	计	
哈尔滨				132	132	82	11:07	10	925	5	1		2	2		1	1	1	14	15				223.62
沈阳				267	267	268	254:35	82	205				3	3				8	11	19				366.39
北京				114	114	129	10:51	17	69	2	2								6	6				92.02
太原				118	118	208	304:10			4	3								15	15				13.28
呼和				100	100	136	451		2016				1	1				1	1	2				59.7
郑州				165	165	150	236:04	345	101	3	46								2	2		3	3	298
武汉				142	142	70	129:31	561.5	487	12	14		5	5					23	23		1	1	475.1
西安				53	53	111	123:18			2														14.00
济南				170	170	124	108:52	54	107	11	6		17	17		1	1		75	75		2	2	935.2
上海				157	157	154	366:12																	602.12
南昌		1	2	189	192	133	271:46	965	1538	1	17		7	7	8	5	13		78	78				1872.2
广铁集团			1	211	212	114	24:33	112.5	263	6	5		7	7		6	6		40	40				99.63
南宁				88	88	124			3057	6	5		19	19					25	25				547.8
成都			1	258	259	225	223:07	425	26	19			1	1	5	7	12	1	31	32				3266.93
昆明				87	87	73	34:05	25	692	1	2		12	12					14	14				225.46
兰州				113	113	124	137:38			1			2	2		3	3		14	14				367.99
乌鲁木齐				77	77	120	73:18						2	2					5	5				5.13
青藏公司				42	42	70	48:04				2		1	1					5	5				90.18
总计		1	4	2513	2518	2415	2846:17	2597	9486	73	103		79	79	13	23	36	11	359	370		6	6	10354.75

表4-17　2010年铁路局一般A类及以上铁路交通（行车）事故种类、部门件数及损失统计表

局别＼项目	发生件数	一般A类及以上事故类别								事故责任部门													重大事故损失															中断行车（时：分）
																							机车			客车			货车			路内			路外			
		客运列车冲突	客运列车脱轨	货运列车冲突	货运列车脱轨	客运列车火灾或爆炸	货运列车火灾或爆炸	调车冲突	调车脱轨	车务	机务	车辆	工务	电务	客运	货运	他局	通信	工程	厂务	其他	未定	报废	破损	计	报废	破损	计	报废	破损	计	死亡	重伤	轻伤	死亡	重伤	轻伤	
哈尔滨																																						
沈阳	1				1																1								4									9:35
北京																																						
太原																																						
呼和浩特																																						
郑州																																						
武汉																																						
西安																																						
济南	1					1															1																	5:40
上海	1				1																1																	9:57
南昌	4		2		2						1		1								2			1	1	8		8					2		19	9	60	19:15
广铁集团	2	1		1									1						1					2	2		1	1							2	2		19:52
南宁	1		1										1														3	3										4:20
成都	1		1																		1																	
昆明																																						
兰州																																						
乌鲁木齐																																						
青藏公司																																						
总计	11	1	4	1	4	1					1		3						1		6			3	3	8	4	12	4				2		21	11	60	59:04

第五章　劳动安全

新中国成立前，一些铁路组织对劳动安全虽有所涉及，但并没有实质性东西。劳动安全基本上处于无人管无人问的状态，铁路员工的人身安全根本没有保障。新中国成立后，随着铁路运输生产建设的发展和科学技术的进步，铁路劳动安全工作逐步得到健全和完善。经过60年的实践，已经成为铁路运输安全生产的重要组成部分。

第一节　劳动安全管理

一、劳动安全理念的发展

在建国初期，全社会对劳动保护的概念是模糊的。1949年下半年，铁道部从全国铁路抽调人员到东北铁道学院管理系举办了东北中长路工薪专业培训班，由苏联专家授课，为新中国铁路培养了第一批包括劳动保护在内的专职管理干部。在这次培训班上，苏联专家所授课程中就专有一门课是“劳动保护”。随后，当时的国家劳动部将“劳动保护”定义为“保护劳动者在生产过程中的安全与健康”。这时的劳动保护既包括劳动安全工作，也包括劳动卫生、有害作业治理和个人防护。

1952年，国家劳动部在长沙召开全国劳动保护会议，明确提出“安全生产”理念，并解释为“生产必须安全，安全为了生产”。1954年，铁道部在全路建立了安全生产责任制，明确规定了各级领导、总工程师和工程技术人员在计划、布置、检查、总结、屏蔽生产的同时，必须管安全。这就是安全生产“五同时”制度在铁路系统的发端。80年代至90年代，“管生产必须管安全”的理念得到不断强化，但在具体贯彻落实上还存在诸多问题，直到90年代后期，铁道部实行了铁路局资产经营业绩考核办法，安全作为否决指标，才使管生产必须管安全得到进一步落实。进入21世纪后，党中央提出科学发展观和“以人为本”的执政理念和责任追究制度，将安全生产的重要性提到新的高度，促进了全社会对安全生产的高度重视，铁路安全生产工作也进入了一个全新的发展阶段。

二、劳动安全监督管理体制的发展

50年代，针对广大职工劳动安全、劳动保护知识缺乏，部分人员中还存在旧的经营思想和事故难免论观点，铁路各级组织在全路大力贯彻安全生产方针，运用说服教育、反事故大会等形式，坚持执行国家劳动保护政策，在职工中树立安全生产思想。1953年，铁道部和中华全国铁路总工会联合召开了劳动保护会议，决定进一步贯彻安全生产方针，推动劳动保护工作迅速发展。铁道部、铁路局、铁路分局、工厂等都设立了劳动保护工作机构，较大的基层站段也设立了专职机构，配有专职人员。

1953 年，在劳动部组织的有关会议上，铁道部与会代表首先提出劳动保护机构应明确为监察机构，得到与会代表的支持。1954 年，铁道部颁布了《铁路劳动保护、安全技术、工业卫生条例》，将部、局劳动保护专职机构改为监察机构，其性质定为督促监察、组织协调，在全路展开了对劳动保护的监察。铁路总工会和各区工会设立了劳动保护部，基层工会设立了劳动保护委员会，班组设立了劳动保护检查员，建立了安全员制度，实行专业管理和群众管理相结合的体制。

随着运输生产的快速发展，以及安全管理法规制度体系的不断完善、管理理念的不断更新，1985 年初，铁道部颁布了《铁路劳动安全监察工作条例》，率先在产业部门中实行了安全监察制度，自此，“劳动安全”监察特色凸显出来，并与“劳动保护”的概念逐步脱离，“劳动保护工作”逐步演变为单纯的“劳动卫生、有害作业治理、劳动保护用品管理工作”。劳动安全管理体制也逐渐形成了安全部门监察、业务主管部门管理、工会组织群众监督的监督管理格局。

1980 年 3 月，铁道部机关调整行政编制，成立劳动保护监察室，主管铁路劳动安全工作。该机构于 1982 年中期撤销，劳动保护监察机构并入铁道部劳动工资局。1989 年 7 月，在国家机关机构改革过程中，铁路安全管理体制也有所变化，劳动安全监察机构从劳动工资局分离，与原行车安全监察室合并成立了铁道部安全监督司。1992 年 8 月，铁路劳动安全监察职能由安全监督司再次划归劳动工资司（即原劳动工资局）。1998 年 9 月，在新一轮机构改革过程中，铁路劳动安全监察职能再次由劳动工资司划出，与安全监督司合并成立了新的安全监察司，自此以后，各铁路局劳动安全监察部门陆续划入安全监察室，与行车安全、路外安全统一管理，并保持了稳定状态。

三、劳动安全规章制度及监管方法的沿革与发展

铁路劳动安全卫生规章制度建设经过了从无到有、从不完善到基本完善的过程，特别是从 60 年代以后，铁道部在不同时期都发布了许多劳动安全卫生行政规章、标准和措施，有效地指导和规范了铁道部所属企业的劳动安全卫生监督管理工作，对于保障铁路职工的安全健康发挥了重要作用。

（一）“文化大革命”之前

1930 年 5 月 21 日，中华民国铁道部颁布《国有铁路员工抚恤通则》。本《通则》在同年 12 月 29 日和 1933 年 1 月 13 日曾作修正。《通则规定》，国有铁路员工凡因执行职务死伤者，或在职三年及其以上积劳病故者，均可按服务年限一次给予不同的月薪抚恤；因病住院，由路局负担之医疗费则以三个月为限。

劳动安全工作从开始建立就提出制度化管理。五十年代初期，根据生产建设需要建立了一批综合性的安全管理规章制度，并分专业、分工种制定了 25 种安全技术规程，各铁路局、工厂、站段分别制定了实施细则。

铁道部在“文革”前发布了一些重要的劳动安全卫生规章，其中主要的规章有：1954 年颁布的《关于铁路职工安全技术教育制度的规定》《铁路劳动保护工作的几项规定》（铁劳护〔1963〕字第 4729 号），转发劳动部《国营企业职工个人防护用品发放标准》和七个部、

局《关于贯彻国务院批转国家经委报告实行保健食品制度的联合通知》(〔1964〕铁劳护字第1205号)。

《铁路劳动保护工作的几项规定》是铁道部当时在劳动安全卫生监督管理上的重要规章，是全路安全生产管理规章中内容比较全面、至今仍有一定指导意义的规章。这个规定是铁道部为了贯彻《国务院关于加强企业生产中安全工作的几项规定》，结合铁路具体情况，整合有关规章制度，制定的一部全面的劳动安全管理制度。该规定指出，铁路企业要建立健全安全生产责任制，设置专门的劳动保护工作机构并完善职责与工作制度，班组要配备安全员，必须强化安全技术与工业卫生管理，编制劳动保护技术组织措施计划，开展安全生产教育与宣传，定期开展安全生产检查，加强女职工的劳动保护，注重季节性的劳动保护工作，严肃进行职工伤亡事故的调查处理等。这部劳动安全卫生规章内容全面，规定具体，要求严格，便于执行和检查，对于加强全路劳动安全卫生各项管理工作发挥了重要作用，为全路的劳动安全卫生管理奠定了良好基础。当年，主管安全生产的劳动部曾特地向全国转发此文件，供各地参考。

铁道部转发的《国营企业职工个人防护用品发放标准》和《关于贯彻国务院批转国家经委报告实行保健食品制度的联合通知》，是保护职工安全健康的重要文件，具体规定了职工参加生产作业时需配发的个人劳动防护用品，规定了从事有害作业职工应享受的保健食品待遇。这两个文件在当时对于调动广大职工的生产积极性，保护职工安全健康，发挥了重要的积极作用。

1960年以后，铁路总结了“大跃进”中劳动保护遭到削弱的教训，在全路开展了“十防一灭”活动，即防止撞轧、坍塌、爆炸、触电、中毒、粉尘、水灾、烧烫、坠落和消灭死亡事故，全路安全生产情况得到明显好转。1964年，铁路职工死亡事故发生率是新中国成立以来较少的一年。

（二）70年代

1976年，十年“文化大革命”结束，铁路重新恢复了在“文革”中被撤销的劳动安全管理机构，整顿安全规章制度。铁路各单位都加强了对劳动安全工作的领导。特别是在中国共产党十一届三中全会以后，铁路劳动安全工作从健全组织、改进制度、发展新技术、改善作业环境和劳动条件，开展各种安全生产活动等，都进入了新的发展阶段。

1978年，开始逐步进入改革开放阶段，铁道部在这个阶段发布的主要规章是以改善职工劳动环境，保护职工安全健康，以及加强职工伤亡事故统计报告为重点内容，其中主要规章有：《关于做好防暑降温和夏季防病工作的通知》(〔1977〕铁人字259号)，转发国家计委、财政部、国家物资总局、国家劳动总局《关于加强有计划改善劳动条件工作的联合通知》(〔1977〕铁人字1027号)，转发国务院批转《关于加强厂矿企业防尘防毒工作的报告》(〔1979〕铁人字1246号)，转发《国家计委关于加强职工伤亡事故统计报告工作的通知》(〔1975〕铁人字1067号)。

从这些规章的内容中可以看出，国家和铁道部在文革期间各项管理工作遇到相当大困难的情况下，仍十分关注职工的安全和健康，发布这些规章来改善职工劳动环境，增加职工的保护措施，极大地调动了铁路职工的生产积极性。

（三）80年代

80年代，国家进入全面改革开放时期，铁路的改革也进入逐步深入阶段。因此，这个阶段铁道部发布的规章比较多，其中主要规章有：《铁路劳动安全监察工作条例》（〔1985〕铁劳人字612号），《铁路职工安全生产奖惩办法》（〔1984〕铁劳人字1878号），《铁道部关于加强职工伤亡事故统计报告工作的通知》（〔1980〕铁护监字2176号），转发劳动部《职工伤亡事故统计问题解答》（劳护字〔1988〕20号）。这些规章是以规范全路劳动安全监察工作、劳动安全奖惩办法、预防伤亡事故的措施、职工伤亡事故统计报告和处理，以及进一步改善职工劳动环境等为具体内容。《铁路劳动安全监察工作条例》（〔1985〕铁劳人字612号）是国家开始施行安全监察体制后，全国各省市、部委中最先发布实施的劳动安全监察条例。《铁路职工安全生产奖惩办法》（〔1984〕铁劳人字1878号）是铁路系统第一部关于劳动安全奖惩的文件，对后来逐步完善的安全奖惩考核制度产生了很大影响。《铁道部关于加强职工伤亡事故统计报告工作的通知》（〔1980〕铁护监字2176号）为后来的一系列有关职工伤亡事故统计报告、定性定责的规范性文件奠定了基础。

1983年底，铁道部根据全国安全教育工作经验交流会精神，下发通知，要求各单位分期分批、有计划、有步骤地建立劳动保护教育室和劳动保护教育中心，以强化对干部职工的劳动安全教育。要求1984年各铁路局和5000人以上的工厂都要建立劳动保护教育室，经费在更新改造资金中解决。为推动这项工作，1985年，铁道部投资100万元，资助10个铁路局建立起了劳动保护教育中心。虽然这些教育中心后来相继撤销，业务并入职教，但其对促进安全教育与培训所产生的积极作用是应予充分肯定的。

1984年，铁道部将安全系统工程引入到劳动安全工作实践中，经过培训，使全路劳动安全监察人员初步掌握了先进的安全管理技法，运用事故树等分工种、分生产环节制作安全检查表，并发动职工广泛运用，以有效查找事故隐患，及时进行整治，切断事故链。1986年，南昌铁路分局运用安全系统工程的理论和方法对职工伤亡事故开展攻关，《铁路人身伤害事故的预防与控制》获得国家级优秀成果奖。同年，铁道部在萍乡工务段召开现场会，推介安全系统工程先进经验。这项工作对铁路劳动安全专职人员更新观念起到了明显作用。

1985年，铁道部劳动安全监察部门配合运输局，制定了《铁路车站行车作业人身安全标准》，作为部标颁布实施。该标准的实施，使行车作业人员的安全防护有了具体规章可依，推行该标准成为减少车辆伤害事故的有效手段。

1987年，部分铁路局开展劳动安全可靠性检查、考核，铁道部及时给予总结和推介。

1988年，铁路劳动安全监察部门在齐齐哈尔召开了经验交流会，推介武汉分局经验，向全路推广劳动安全联防联控和站区联劳协作措施。该项措施促进了生产结合部安全控制和劳动安全问题的及时解决，现在仍然是劳动安全管理中的一项行之有效的常规做法。

（四）90年代

90年代，铁路运输系统进入深化改革的重要阶段，劳动安全卫生监督管理也进入规范化、正规化管理的轨道。铁道部在这个阶段发布的劳动安全卫生规章和文件相对较多，主要规章有：《铁路重大职工死亡事故责任领导人行政处分办法》（铁劳〔1995〕159号），《关于认真落实安全生产责任制意见》（铁劳函〔1997〕338号），《铁路劳动安全奖惩办法》（铁劳〔1997〕114号），《关于加强铁路劳动防护用品管理的意见》（劳安〔1995〕55号），《加强铁路劳动安全卫生设备管理的规定》（铁劳安〔1995〕98号），《关于加强铁路劳动保护用品质量监督检验管理的规定》（劳安〔1997〕70号），《铁路女职工劳动保护实施细则》（铁工发〔1991〕11号）。转发国务院和有关部门的规章有：转发劳动部《企业职工伤亡事故报告统计问题解答》（劳安〔1994〕57号），转发劳动部《劳动防护用品管理规定》（劳安〔1996〕42号）

铁道部在九十年代，进一步加快了劳动安全卫生监督管理方面的立法进度，修订了一些规章、标准和措施，弥补了许多规章制度上的空白，如重大职工死亡事故责任领导人行政处分办法、劳动安全卫生设备管理规定、铁路劳动保护用品质量监督检验管理规定、铁路运输系统作业人员劳动安全关键点控制措施、铁路女职工劳动保护实施细则等。这些规章重点从劳动安全卫生工作的具体细节管理上入手，规定了有关具体管理工作程序和要求，操作性比较强，有效地指导了铁路企业的劳动安全卫生监督管理工作，加强了企业的劳动安全卫生基础管理。这一阶段出台的规章体现了对安全生产责任制的重视和完善，以及对事故责任者的责任追究，在安全生产法制化进程中起了承上启下的作用。

1992年，为控制车辆伤害事故，铁道部开始推动列车接近报警设备的应用，通过报警设备接收列车接近信息，提醒作业人员及时下道避车。这项措施至今仍然在未封闭线路、低速区段、编组场等发挥着很好的人身安全保障作用。

为大幅度减少建设施工伤亡事故，铁道部劳动安全监察部门分别在1996年于太原、1998年于临潼两次组织全路施工安全工作会议，推行安全标准工地建设，有力地控制了施工伤亡事故的发生。安全标准工地建设活动也成为施工企业的常规安全管理措施。

（五）进入21世纪

2000年9月，铁道部印发《关于学习白城分局经验，深化劳动安全综合考核评价工作的通知》，强化作业过程控制，促进铁路企业单位劳动安全管理水平的提高。2000年铁道部安全监察司印发了《铁路运输系统作业人员劳动安全关键点控制措施》（安监〔2000〕12号）这项措施受到铁路各单位的高度重视和广泛运用，成为劳动安全监察管理的重要、常规手段。这两项措施也是后来开展的安全评估、安全评价的雏形，对实现安全管理有序可控起到了十分明显的推动作用。随着国家职业安全健康管理的不断规范，铁路企业劳动安全卫生规章制度建设还将不断完善和深化，并将有效地推动铁路运输生产的深入发展。

进入21世纪，铁路运输管理体制改革步伐加快，铁路运输大提速和跨越式发展极大地推动了劳动安全卫生工作的深化管理。这个时期铁道部发布的主要规章有：2002年初发布的《铁路企业伤亡事故处理规则》（铁道部令第7号），《铁道部关于重大死亡事故责任追究的办法》（铁劳卫〔2002〕14号），《铁路劳动防护用品监督管理办法》（铁安监函〔2001〕430号）。

上述3个规章中，《铁路企业伤亡事故处理规则》是铁道部安全监察司总结了多年的劳动安全卫生管理经验，依据国家有关方面的规定，多次征求各铁路局的意见，通过认真推敲和反复斟酌而发布的关于生产过程中职工伤亡事故报告统计、定性定责的相对完善、规范的文件。应该说，这个规章不仅凝聚了铁道部安全监察司的心血，而且凝聚了全路劳动安全监察干部的心血，政策性强，内容全面，便于操作。规章公布后，使铁路劳动安全监察部门调查处理铁路伤亡事故有了遵循，对指导全路劳动安全监察干部有效、及时地处理伤亡事故发挥了十分重要的作用。《铁路劳动防护用品监督管理办法》也是在总结多年管理经验基础上形成的比较完整的管理规章。这些规章的制定和公布实施，说明铁道部劳动安全卫生规章建设已经从成熟向深化发展，形成了较为完整的法规体系。

2007年上半年，国务院以第501号令颁布了《铁路交通事故应急救援和调查处理条例》。下半年，铁道部根据条例精神，以第30号部长令颁布了《铁路交通事故调查处理规则》。该规则首次将铁路系统的行车事故、路外伤亡事故、职工伤亡事故统一为铁路交通事故，将事故报告统计、定性定责、调查处理等工作统一起来并重新规范。至此，铁路安全生产法规制度的发展进入了一个新阶段。

第二节　锅炉、压力容器安全管理

一、锅炉、压力容器安全监督管理体制的发展

1954年，全路掀起了学习和推广中长铁路经验的热潮，在北京召开的全国铁路工作会议上，提出“必须经常重视铁路固定资产的养护维修工作，保持铁路技术设备的良好状态；必须不断改进经营管理，充分发挥设备的潜在能力，……”。在这样一种形势背景下，铁道部颁布了《机车车辆、锅炉及风缸监察规程》，这是建国后铁道部针对锅炉、压力容器安全工作制定的第一个规章，开始了铁路锅炉、压力容器安全监察的历史。

1956年，铁路锅炉、压力容器安全工作由分散管理逐渐转向全路归口统一管理，由主要借鉴铁路的技术规定转而贯彻执行国家的有关政策、规章和技术标准。1966年文化大革命之前执行的主要规章、技术标准有《蒸汽锅炉安全监察规程》《蒸汽锅炉使用登记试行办法》《蒸汽锅炉司炉工人的安全技术管理试行办法》《受压容器安全监察规程（草稿）》《受压容器技术检验注意事项》《火管锅炉受压元件强度计算暂行规定》等。

1966年，“文化大革命”开始，铁路锅炉、压力容器安全工作受到严重冲击，铁路锅炉压力容器安全工作完全停顿。

20世纪70年代中后期，全国锅炉、压力容器安全形势十分严峻，仅1978年全国就发生锅炉压力容器爆炸事故255起，重大事故405起，超过了“文化大革命”初期10倍。铁路的锅炉压力容器安全生产形势也日趋恶化，每年均发生五、六起爆炸事故，最多一年达十多起，这是“文化大革命”产生的恶果。为改善铁路锅炉、压力容器安全生产形势，铁道部、铁路局做了大量恢复性工作。铁道部接连转发国家有关部委的通知、报告和规章，自1975年至1979年的五年期间，先后转发国家劳动总局《关于加强锅炉、受压容器安全管理工作的报告》《关于公布“气瓶安全监察规程”的通知》，第一机械工业部、国家劳动总局《关于锅炉爆炸事故的通报》，国务院批转的《关于吉林市煤气公司液化石油气恶性爆炸、火灾事故的报告》等。铁道部还加强对锅炉水处理工作的管理，下发《关于普及锅炉水处理工作和贯彻低压锅炉水质标准的通知》。

1979年9月，铁道部又下发《关于搞好锅炉、受压容器安全大检查的通知》，在全路开展了以自查为主的锅炉、受压容器冬季安全检查，这是结束“文化大革命”后开展的第一次锅炉、受压容器安全大检查，对消除安全隐患，保证安全运行以及激发各级干部、职工对锅炉压力容器安全工作的重视起到了积极作用。

1981年9月，铁道部、国家劳动总局联合发布《关于铁路系统固定锅炉、压力容器安全

监察工作的几点意见的通知》，明确要求“铁路各单位应加强对锅炉、压力容器安全监察工作的领导，建立健全锅炉安全监察机构，根据要求配齐安全监察人员，并充分发挥安全监察机构和监察人员的作用，切实做好锅炉、压力容器安全监察工作”，正式确立了铁路锅炉压力容器安全监察的地位、职能和作用。

1982 年 3 月，国务院发布《锅炉、压力容器安全监察暂行条例》，针对联合《通知》一些内容与《暂行条例》不符的问题，国家劳动人事部锅炉、压力容器安全监察局在函复山西省劳动局问询时，明确表示联合《通知》“仍然有效”。联合《通知》赋予铁路的权限，极大地推动了铁路锅炉、压力容器安全监察机构、检验机构的建立和发展。

1984 年 5 月，铁道部劳动工资局总结哈尔滨局检验所工作经验后，下发了“关于推广哈尔滨铁路局锅炉、压力容器检验所工作经验的通知”。到 2005 年 3 月 18 日实行铁路局直管站段体制改革之前，全路建立起 49 个锅炉、压力容器检验检测机构，共有各类持证检验人员 850 人（其中持证检验师 117 人），无损检验人员 135 人，承担着全路 80% 的锅炉、压力容器检验任务（其余 20% 交由地方检验机构承担）。

1985 年 8 月，由劳动工资局组织制定、以部文公布试行《铁路锅炉检修规则》，该规则明确了检修程序和缺陷处理的基本原则，结束了铁路固定锅炉检修工作无章可循的历史，对保障铁路固定锅炉检修质量起到了重要指导作用。

1989 年 3 月，劳动部颁布了《压力容器使用登记管理规则》，1990 年 4 月劳动部锅炉压力容器安全监察局又在武昌召开了“全国在用压力容器治理整顿座谈会”，按照会议的部署和要求，铁道部劳动工资局在全路开展了在用压力容器治理整顿工作。各铁路局组织人员，深入现场，对在用压力容器进行了彻底清查，劳动工资局还推广了怀化分局治理整顿经验。到 1990 年底，全路基本查清了在用压力容器数量、种类、安全状态等级和分布范围，并由铁路局主管部门汇总，逐一到当地省级劳动部门办理登记注册手续，领取《压力容器使用证》。同年 5 月，劳动部重新修订颁布了《压力容器安全技术监察规程》。自此，铁路压力容器安全工作开始走上正常化、规范化管理轨道。随着国民经济的发展，全国液化气体铁路罐车的数量和品种增加很快，由于 1987 年之前缺少对上路运输罐车的严格审查，作为三类压力容器的罐体检修工作又没有相应的技术标准和质量保证制度，在运输过程中，频频发生泄露、火灾、中毒等事故，造成中断行车、站场封锁、人员伤害等严重后果，成为危及铁路运输安全的突出问题。1985 年 8 月 17 日，柳州机车车辆厂技术经济开发综合服务部在对一辆液化石油气罐车进行气密性试验时，因罐体清洗置换不彻底，发生爆炸，造成 9 人死亡，1 人重伤，13 人轻伤，产生恶劣的社会影响，铁道部、劳动人事部分别组成了事故调查组。为改善液化气体铁路罐车运输状况，1987 年国家经委、劳动人事部、铁道部、化工部、石油化工总公司联合发出《关于进一步加强罐车安全管理规定的通知》，同年 12 月，由化工部组织，其他有关部委参与，制定并颁布了《液化气体铁路罐车安全管理规程》，首次对罐体小修、中修、大修和检验工作作出明确规定。

1993 年 10 月，由劳动工资司组织制定、以部文下发《液化气体铁路罐车押运员安全技术培训考核管理办法》，结束了长期以来押运员由用户自行培训、自行发证的混乱状态，开始了由各铁路局统一培训、考核和发证的历史，提高了押运员应急处理能力。

1998 年 8 月以后，安全监察司撤销了专职人员，由劳动安全监察处处长兼任锅炉压力容器安全监察职能。劳动安全监察处在人员紧缺的情况下，克服各种困难，继续认真执行国家的各项法规、规章和技术标准，努力巩固和发展已经取得的成绩。

1999年9月25日，哈尔滨局三棵树铁路罐车维修厂在对一辆液化石油气罐车进行气密性试验时，由于违章作业发生爆炸，造成2人死亡，12人受伤。为规范液化气体铁路罐车罐体检修工作，2002年9月由安全监察司组织制定、以部文下发《关于印发“液化气体铁路罐车（罐体）检修规则”的通知》，进一步明确了检修工艺和检修质量标准。自1995年，安全监察司劳动安全监察处在全路实行了以“保证安全运行为目标”，以锅炉、压力容器、气瓶检验率、锅炉房合格率为主要内容的目标管理，并建立了统计报告制度，定期发布年度锅炉压力容器安全工作情况通报。

1999年1月16日，江泽民总书记针对宁夏地区燃油锅炉爆炸事故作出重要批示“……像锅炉这类压力容器，它的质量好坏，直接关系到国家财产和群众的生命安全，切不可稍有疏忽”，“现在有些制度松弛了，不那么严格了，这是非常危险的。人命关天的事，一定要慎之又慎，确保万无一失”。就在江泽民同志作出重要批示的前二天，1999年1月14日兰州局银川工务段一台采暖锅炉发生爆炸，造成一死一伤。银川工务段的爆炸事故与江泽民同志点名批评的宁夏地区燃油锅炉爆炸事故发生在同一地区，几乎同一时间，教训极其深刻，对全路震动很大。劳动安全监察处在全路开展了学习江泽民同志重要批示精神，认真查问题，抓整改，加强锅炉压力容器安全工作达标活动。

为落实目标管理的检验率指标，1996年6月在铜陵召开了第一次全路锅炉压力容器检验所所长会议。通过会议，统一了思想，明确了今后检验工作目标和任务。自1996年，检验率逐年提高，到2003年底，全路实现了锅炉、压力容器、气瓶检验率均达到100%，实现了历史性突破。通过检验，淘汰和报废了一批锅炉、压力容器，据初步统计，1996年到2008年的12年间，共报废各类锅炉3500多台，压力容器2000多台，消除了安全隐患。

随着铁路建设的加快，铁路锅炉压力容器数量逐年增多，到2008年底，全路共有承压锅炉8493台，小型锅炉1789台，常压热水锅炉6766台，分布在11306座锅炉房内，表现出点多、线长、高度分散的特点。自1997年，劳动安全监察处在实施目标管理中，在全路开展了锅炉房标准化建设活动，以锅炉房检查评定工作作为标准化建设的有效载体和重要手段。每年全路都有40%以上的锅炉房参加检查评定。各铁路局采用对标检查、按实评分的方法，通过铁路分局自查、自评、申报和铁路局复查、验收等过程，评选出合格、先进锅炉房，并对先进锅炉房和优秀司炉工进行表彰。1999年在全路推广库尔勒建筑段锅炉房先进经验，“远学库尔勒，近学身边先进”的学习活动进一步促进了锅炉房标准化建设，锅炉房合格率、先进率显著上升，2008年底，合格锅炉房、先进锅炉房分别达到94%和24.6%，取得历史上最好成绩。

自2000年，全路深入开展安全专项整治活动，劳动安全监察处每年都安排两个以上的特种设备专项整治任务。在2000年到2008年的八年期间，先后安排了小型和常压热水锅炉、锅炉水处理、液化石油气储罐站和充装站，锅炉、压力容器制造、安装，液化气体铁路罐车罐体检修等安全专项整治活动。每年劳动安全监察处都组织3–4个安全检查组对安全专项整治任务完成情况以及目标管理情况进行检查，专项整治活动对改善特种设备安全状况、加强薄弱环节、提高管理水平起到积极作用。

2003年国务院发布《特种设备安全监察条例》，同年6月1日起正式实行，这是对1982年发布的《锅炉压力容器安全监察暂行条例》的重大修改和完善。新《监察条例》首次将起重机械、电梯、厂内机动车辆、游乐设施列入特种设备范围，劳动安全监察处及时修改了目标管理内容。各铁路局对新《监察条例》采取了多种形式进行学习和讨论，并对新增特种设备的数量、型号、分布进行普查，逐个建立安全技术档案。

铁路特种设备数量和品种自1990年起经历了十多年较快发展后，到2003年底基本趋于稳定，截至2008年底，全路共有各类锅炉17048台，固定式压力容器10051台，移动式压力容器1495台，各类气瓶652685个，各类起重机械17441台，电梯2928部，厂内机动车辆8995辆，游艺机28架，压力管道13859.8公里。为加强对危险性较大的特种设备及其作业区域的安全监管，自2003年，劳动安全监察处将液化气体储罐站、充装站、制氧站、三类压力容器，燃油、燃气锅炉房，液化气体罐车罐体检修场地等列为危险源，在全路开展了普查活动。截至2005年底，全路共排查出危险源960处，对于这些危险源逐个进行安全评估，建立安全严管制度，制定应急预案。

自1999年到2008年的十年间，全路未发生锅炉压力容器爆炸事故，对保障铁路运输生产和职工生活的正常进行起到了积极作用。

二、锅炉、压力容器安全机构设置及两项管理职能移交

（一）机构设置变化情况

1954年，锅炉、压力容器安全监察职能划归机务局检修处，在管理模式上仍然是分散的，机务局检修处只负责，没有能力管理站、段，主要是借鉴铁路机车锅炉和车辆上风缸的有关技术规定和管理办法。

1956年，按照国务院部署，劳动部设立锅炉安全监察机构，经地方推荐，从铁路基层站、段抽调了人员充实劳动部锅炉安全监察机构。铁路的锅炉、压力容器安全监察工作也由机务局检修处划归劳动工资局劳动保护处，由劳动保护处设专人负责。

1966年文化大革命开始，铁路锅炉、压力容器安全工作受到严重冲击，1968年铁道部实行军事管制，部机关26个厅、局、部、委全部撤销，自此，铁路锅炉、压力容器安全工作完全停顿，专职同志被调离。

1975年1月17日，在人大四届一次会议上，1970年7月成立的交通部又划分为铁道部和交通部。铁道部重新设置办公机构，共设14个局、委，铁路锅炉、压力容器安全工作结束了长达七年的无人管理的混乱状况，由新成立的安全监察委员会设专人负责。

1980年3月，铁道部机关调整行政编制，成立劳动保护监察室，铁路锅炉、压力容器安全监察职能划归劳动保护监察室。

1982年年中，铁道部劳动保护监察室撤销，铁路锅炉、压力容器安全监察职能划归劳动工资局的劳动保护处。

1989年7月，铁路锅炉、压力容器安全监察职能由劳动工资局划归安全监督司。

1992年8月，铁路锅炉、压力容器安全监察职能由安全监督司再次划归劳动工资司（即原劳动工资局）。

1998年8月，国家机关新一轮机构改革，调整铁道部机关行政编制，铁路锅炉、压力容

器安全监察职能由劳动工资司划归安全监察司（原安全监督司）。

（二）两项管理职能移交

1. 铁路《锅炉检验证》签发工作职能的移交。1982 年 3 月，铁道部颁布《铁路固定锅炉、压力容器安全监察规定》，首次公布了铁路《锅炉检验证》式样，并开始由铁道部劳动工资局劳动保护处签发《锅炉检验证》。1998 年 8 月，劳动安全监察处停止办理签发铁路《锅炉检验证》这项工作，并收缴历年已签发的铁路《锅炉检验证》，检验人员一律由当地省级锅炉、压力容器安全监察机构组织培训、考核和发证。

2.《液化气体铁路罐车（罐体）运输许可证发证》签发工作职能移交。由于 1987 年之前缺少对上路运输罐车的严格审查，作为三类压力容器的罐体检修工作又没有相应的技术标准和质量保证制度，在运输过程中，频频发生泄漏、火灾、中毒等事故，造成中断行车、站场封锁、人员伤害等严重后果，成为危及铁路运输安全的突出问题。鉴于上述情况，1990 年 11 月，由安全监督司组织制定、以铁道部文件颁布《液化气体铁路罐车（罐体）运输许可证发证规则》，从严格审查罐车制造、检修资料，签发《运输许可证》入手，把住罐车承运关口，由各铁路局安全监察部门签发《运输许可证》。为理顺液化气体铁路罐车监管关系，实行监管职能分离，2006 年 9 月 4 日，安全监察司下发《关于办理液化气体铁路罐车管理职能移交工作的通知》，自 2006 年 11 月 1 日起，颁发《液化气体铁路罐车（罐体）运输许可证》工作终止，由各铁路局车辆管理部门和驻厂、段车辆验收部门将液化气体铁路罐车作为整车验收内容，负责对罐体及其安全附件制造、维修、检验等资料进行书面审查确认，从而结束了长达 16 年由各铁路局安全监察部门颁发《运输许可证》的历史。

第三节　劳动安全保护

我国宪法规定“加强劳动保护，改善劳动条件”。新中国建立之初，1949 年 11 月成立的劳动部内设劳动保护局主管全国劳动保护工作。随着国家机构变化，先后由劳动人事部、国家经贸委、卫生部、国家安全生产管理总局等部委负责主管劳动保护工作。铁道部最初设有劳动保护机构，以后在机构调整中改为劳动保护监察室、劳动保护监察处。铁路各单位相应建立了劳动保护专职机构或设立专职人员负责铁路劳动保护监督管理工作。铁路系统按照国家劳动保护政策的要求，在铁路建设、机车车辆制造及各项运输生产等过程中，不断改善职工的劳动条件、治理有害作业场所、加强个体防护和女工保护工作，预防工伤事故、防止职业危害和职业病的发生，努力保障铁路从业人员在劳动生产过程中的安全与健康。

建国初期，我国处于大规模基础建设和工业发展阶段，铁路同其他行业一样劳动保护管理工作基础薄弱，工伤事故、职业危害等涉及劳动者安全健康方面的劳动保护问题十分突出。劳动部先后于 1951、1952 年召开了第一、二次全国劳动保护工作会议，会上分别拟订《加强劳动保护工作的决定》，颁布了《工厂安全卫生条例》《保护女工暂行条例》《工时休假条例》。1953 年，劳动部和全国总工会劳动保护部联合创办《劳动保护通讯》（现为《劳动保护》杂志），宣传报道国家劳动保护政策和有关工作信息，交流企业劳动保护工作经验。1955 年，劳动部在北京举办了第一期全国劳动保护干部培训班。1956 年，国务院第二十九次全体会议通过并颁布《工厂安全卫生规程》《建筑安装工程安全技术规程》和《工人职员伤亡事故报告规程》(简称"三大规程")。同时指出:"改善劳动条件,保护劳动者在生产过程中的安全健康,是我们国家的一项重要政策。""三大规程"对工厂企业的设计制造、建筑安装、设备安全,劳动条件、粉尘污染、危险品管理、个人防护用品的配备使用以及伤亡事故统计报告等劳动保护工作作了明确规定。我国在保障从业人员在劳动生产过程中的安全与健康方面逐步建立起一整套劳动保护监督管理体系。1953年,铁道部颁布了《铁路劳动保护、安全技术及工业卫生条例》。

50年代后期,铁路各项建设也步入了"大跃进"的潮流。当时,企业和劳动者对从事有害工种作业、职业危害和职业病普遍缺乏了解和认识。在铁路建设和运输生产活动中,由于劳动条件艰苦,生产机械落后,劳动保护设备设施不完善,缺少有效的个体劳动防护等因素。造成这一时期铁路职业危害情况严重,职业病发病率大幅提高,其中矽肺占职业病发病率的80%以上。

60年代初,国务院批转了《劳动部关于防止矽尘危害工作的情况报告》《关于防止矽尘危害工作的情况和今后意见的报告》,国家主管部门先后公布《防止矽尘危害工作管理办法(草案)》《关于加强防止矽尘和有害物质危害工作的通知》。铁道部在转发国务院和主管部门文件的同时,1963年下发《关于防止矽尘危害工作若干问题的通知》指出:铁路各单位要有计划地改善矽尘作业工人的劳动条件,切实做好防止矽尘危害工作,是保护工人健康的一项重要措施。各单位应当认真总结经验,订出防尘规划,争取三年内解决现有企业存在的矽尘危害问题。

当时,铁路建设中在隧道开挖,采石、水泥生产,电焊、打磨、喷漆、浇注等工种是铁路行业造成矽尘、尘肺病的主要污染源。同年,铁道部制定下发了《铁路劳动保护工作的几项规定》,对铁路劳动保护机构、责任制度、宣传教育、女工保护和季节性劳动保护等工作作了明确的规定。

十年"文化大革命"中,政治挂帅充斥铁路运输行业各个角落。各级劳动保护机构被撤销,合理的规章制度遭废除,管理极为混乱。劳动保护与行车安全一样被置于次要的位置上。劳动保护既没有资金支持,又没有专人负责保证。处于一种无人问无人管的状态。虽然1972年由于安全监察机构恢复,劳动保护形势有所好转,但整体仍处于混乱状态。这一时期是新中国成立以来职业危害和职业病问题发生最多的一个时期。

1979年,铁道部印发国务院批转的《关于加强厂矿企业防尘防毒工作的报告》《重申切实贯彻执行〈关于加强企业生产中安全工作的几项规定〉等劳动保护法规的通知》和《关于安排落实劳动保护技措经费的通知》等三个文件通知。当年,铁道部成立劳动保护监察室,为局级机构,归口负责铁路劳动保护工作。要求各级铁路单位要建立健全劳动保护机构,制定本单位防尘防毒治理规划,做到有计划、有步骤的改善职工劳动条件,有效控制职业危害和职业病的发展。

1984年,铁道部转发《国务院关于加强防尘防毒工作的决定》的通知。当年铁道部统计:截至1983年底全国铁路患矽(尘)肺病人累计7375人,比1977年增加1.19倍;尘毒作业点30489个,得到治理的仅占三分之一。根据当时铁路防尘防毒治理经费短缺的实际情况,《通知》要求:铁路各单位每年从掌握的更新改造资金中安排一定资金,铁路局争取不少于3%,工程局、设计院和工厂按15–20%的比例拨出资金,保证有计划地治理的尘毒危害,在全路大规模地开展尘毒治理工作。

1985年，铁道部在乌鲁木齐铁路局哈密水泥厂召开全路水泥厂（采石场）粉尘静电除尘治理现场会，在铁路水泥制造行业推广粉尘静电除尘方式。同时针对铁路采石场粉尘污染严重，尘肺危害突出的现状，会后又专门下发了《关于落实采石场除尘措施的通知》。

八十年代中、后期，铁道部根据国家有关规定，在全路重点开展了对运输生产站段生产作业过程中职业危害大规模的治理工作。如：采石场、水泥厂的粉尘、打磨粉尘、电焊烟尘等，挂瓦浇注铅烟、喷漆漆雾、充电酸雾，铸造高温、噪声震动等职业危害场所改造治理。

1991年，全国人大七届四次会议通过的国民经济第八个五年计划纲要中，提出要“加强劳动保护，认真贯彻‘安全第一，预防为主’的方针，强化劳动卫生监察，努力改善劳动条件，大力降低企业职工伤亡事故率和职业病发病率。”进一步明确了“安全第一，预防为主”作为劳动保护工作的指导方针。

进入21世纪，中国铁路开始逐步改革专业化管理。2000年，原有的铁路工程、建筑总公司及所属的工程局，工业总公司所属的铁路机车车辆工厂与铁路企业脱钩。这一调整客观上减少了铁路系统在工程建设施工和机车车辆制造等方面产生的职业危害发生。2003年，全国铁路提速和高速铁路建设时期，陆续引进了先进生产工艺、改造建成了一批现代化的生产车间。2005年，全路调整生产布局，撤销铁路分局，实行铁路局直管站段，部分生产站段整合。淘汰落后生产工艺、优化现有的生产设备和能力。从根本上改善了职工的劳动条件和作业环境，有效地防止了铁路从业人员职业危害和职业病的发生。

同年，根据国家安全生产监督管理总局《劳动防护用品监督管理规定》（总局令第1号），铁道部重新制定和修改了《铁路劳动防护用品监督管理办法》，对铁路劳动防护用品的质量标准、配备使用、发放管理等做出了具体规定。为保护铁路从业人员的安全健康，加强铁路劳动防护用品的监督管理。

2009年，根据国家安全生产监督管理总局《作业场所职业健康监督管理暂行规定》（总局令第23号），铁道部重新修改印发了《铁路作业场所职业健康监督管理办法》的通知，结合铁路新时期的生产建设实际，进一步规范和加强铁路有毒有害作业场所的治理和改造的监督管理，配合铁路卫生防疫部门作好职业危害场所的检测和职业病危害的防治工作。

第四节　从业人员典型责任重大死亡事故

一、铁路运输企业从业人员典型责任重大死亡事故案例

（一）1995年郑州铁路局西安分局略阳工务段宝成线“12·2”重大死亡事故

1995年12月2日14时17分，郑州铁路局西安分局略阳工务段巨亭养路工区和机工队的职工，使用轻型轨道车到巨亭—高潭子间保养线路，施工结束后，在返回工区的途中，于K253+434m处（曲线上，R=300米）突遇山体落石，使轻型轨道车脱轨颠覆，造成7人死亡，2人重伤，7人轻伤，构成责任重大死亡事故。该起事故是由于职工作业完毕后，急于返回车站，违反在瞭望条件不足500米的困难地段或雨天运行，时速不超过20公里的规定，超速运

行，遇山体落石侵限导致事故发生。

造成事故的原因：一是作业完毕后，职工急于返回车站，超速运行，违反略阳工务段《使用轻型轨道车安全补充规定》，在瞭望条件不足500米的困难地段或雨天运行，时速不超过20公里的规定，违章作业是造成事故的主要原因。二是该起事故的客观原因是山体落石侵限，导致轻型轨道车在运行中与落石相撞脱线颠覆。三是在困难地段作业，安全预想不够，应变能力差，遇到险情使用制动不当，也是导致这次事故的原因之一。四是造成这次事故死亡人数多，后果严重的原因，还有医疗条件差的问题，从发生事故到把伤员送到略阳铁路医院长达4个多小时，有三名伤员失去抢救治疗时机，造成死亡。

（二）1997年广铁（集团）公司长沙总公司株洲工务段浙赣线“1·10”重大死亡事故

1997年1月10日8时20分，广铁（集团）公司长沙总公司株洲工务段醴陵领工区机械化施工队联络员，到醴陵东站联系，请求开行轻型轨道车并牵引两辆轻型平板车进入浙赣线醴陵东—老关间上行线K890+000m处进行线路维修作业。8时21分，值班员与老关站联系确认区间空闲后，同意了工务联络员的请求，确定了占用时间为8时25分至8时37分。同时布置信号员开通了站内5道经23/21#、11/9#道岔进入上行线的调车进路。随后，值班员通知工务施工负责人组织轨道车开车。8时25分左右，轻型轨道车由站内K898+896m处开车。

8时26分左右，值班员询问工务联络员轨道车是否出站，工务联络员臆测回答已经出站，值班员即布置信号员办理3115次一道通过进路。在办理进路过程中，车站值班员明知轨道车压不死轨道电路，而没有认真确认股道空闲，就取消了轻型轨道车的调车进路，将9/11#道岔由反位操至定位。但此时轻型轨道车尚未通过9/11#道岔进入上行，而后却经11#道岔进入下行。当时区间有雾，能见度较差。3115次列车8时20分自老关站进入下行，8时28分，以47公里/小时行至K896+150m弯道处，与轻型轨道车正面相撞，造成轨道车上的25人中，20人死亡（当场死亡16人，后送往医院途中又死亡4人），4人重伤，1人轻伤，构成重大死亡事故。该起事故是由于长沙总公司醴陵东站及株洲工务段有关人员一系列违章作业，随意简化作业程序造成的。

造成事故的原因：一是醴陵东站值班员在同意轻型轨道车进入区间后，未办理《轻型车辆使用书》，仅凭工务联络员“轨道车已出清”的回答，就布置信号员开通3115次接车进路，使轨道车错进了下行线。二是助理值班员不按规定监督轨道车出站，均违反了集团公司颁布的《行车组织规则》第80条的有关规定，是这次事故发生的主要原因。三是株洲工务段醴陵领工区机械化施工队联络员在未确认轨道车开车的情况下，盲目向车站值班员提供了轨道车已出站的错误信息。四是轻型轨道车施工负责人（工长）未按规定督促填写《轻型车辆使用书》，均违反铁道部《铁路工务安全规则》和广铁（集团）公司《防止机车车辆伤害事故措施》有关规定，是发生这次事故的重要原因。

（三）1999年北京铁路局北京分局丰台工务段京广线“3·22”重大伤亡事故

1999年3月22日零时10分，北京铁路局北京分局北京丰台工务段涿州领工区领工员到涿州车站进行登记要点，拟在京广线涿州至琉璃河38号桥上行侧（K44+700m至K45+000m及K39+900m至K40+300m）进行更换桥枕施工。零时30分，施工人员开始准备，清除线路枕木盒石砟，在待避上行8072次和下行2119次列车通过后，施工正式开始，施工人员继续清除枕木盒内石砟并从两线间抽出旧枕木放至梁体一侧，1时20分左右，上行线列车运行方向左侧的钢筋混凝土梁体突然倾翻，其中 9 片梁坠落桥下，桥上 126 名职工，52 人随梁体落下，造成 6 人死亡，19 人重伤，24 人轻伤，构成重大死亡事故。该起事故是由于丰台工务段在施工中违章作业，造成严重偏载，导致梁体失稳倾覆，造成从业人员重大伤亡。

造成该桥倾覆的直接原因是丰台工务段在施工中违章作业，造成严重偏载，导致梁体失稳倾覆。北京铁路分局、丰台工务段主要领导对确保京广线施工安全的认识不足，施工中没有到场指挥，也是造成施工组织不力、酿成事故的原因之一。

（四）2002 年兰州铁路局兰州分局天水电务段“6 · 29”责任重大交通死亡事故

2002 年 6 月 29 日 7 时 10 分，兰州铁路局兰州分局天水电务段汽车司机驾驶本段依维柯客车（甘 E11003），载 15 名作业人员由该段驻地前往渭南镇车站进行宝兰二线配合施工作业，当行至国道 45 号公路唐家风台公路隧道东进口内 104 米（天谗段 K12+106m）处时，与因故障停留在隧道内同向右侧的一辆解放牌大货车（豫 M03881）尾部相撞，造成依椎柯客车中 8 人死亡、8 人受伤、车辆报废，构成重大交通死亡事故。造成该起事故是由于天水电务段依维柯司机，在隧道进口设有限速标志的情况下，思想麻痹，违章超速，遇突发情况制动不及造成事故。

造成事故的原因：一是天水电务段依维柯司机，在隧道进口设有限速标志的情况下，思想麻痹，违章超速，遇突发情况制动不及。二是天水电务段在交通法规教育和交通安全管理方面存在的问题。三是地方解放牌大货车在隧道内发生故障违章停车也是导致事故的原因之一。

（五）2003 年哈尔滨铁路局哈尔滨分局供电维修管理中心“11 · 22”重大死亡事故

2003 年 11 月 22 日 12 时，哈尔滨铁路局哈尔滨分局供电维修管理中心接触网维修作业组，在由哈尔滨南站巡检结束转点至哈长线接触网 1 号柱检查棘轮补偿绳作业途中，3 名接触网工沿哈长线上行道心行走，在该线 K228+088m 处被上行疏解线方向开来的 83012 次货物列车撞倒，造成 2 人当场死亡，1 人经抢救无效死亡，构成责任重大死亡事故。该起事故是由于作业人员安全意识淡薄，严重违反“邻线来车本线下道”和“作业人员严禁走道心”的规定，造成从业人员死亡。

造成事故的原因：是由于作业人员安全意识淡薄，严重违反“邻线来车本线下道”和“作业人员严禁走道心”的规定造成的，反映出事故单位在开展安全生产整治和安全大检查方面还存在薄弱环节，同时也暴露出事故单位安全管理不到位，干部作风不实，违章查处不力和执行规章制度不严等方面问题严重存在。

（六）2007 年柳州铁路局百色工务段“4 · 18”责任重大死亡事故

2007 年 4 月 18 日，柳州铁路局百色工务段兴义工务车间品甸工务工区，按维修计划在南昆线 K485+300m ～ K490+370m（贵州省兴义市境内品甸至威舍间）利用列车间隔处理轨道检查车扣分处所，进行改、拨道，垫板、更换扣件、螺栓涂油等补修作业，分两个作业组，由一名班长带领一组 3 人在 K487+450m 处作业，作业组设一名防护员；由工区一名临时负责人带领另一组 2 人在 K488+815m 处作业，作业组设一名兼职防护员；两组作业的设一名驻站联络员、一名电话防护员位于 K487+920m 处电话柱旁。当日 17 时 41 分，从品甸方向开来的 40233 次货物列车通过 K487+450m 处时，将未及时下道的防护员等 4 人撞成重伤，该名班长跳到排水沟里摔成轻伤。品甸车站当班人员闻讯后，组织职工赶到现场，并拦停 87005 次货物列车，将伤员送往威舍医院。在送往医院途中 1 人死亡，另外重伤 3 人经抢救无效于 19 日死亡。该起事故属于违法动道、群体违章造成的从业人员重大死亡事故。

造成事故的原因：一是违法动道。百色工务段无视部三令五申严格禁止进行天窗点外动道作业的要求，严重违反《铁路工务安全规则》，擅自扩大作业范围，利用列车间隔违法动道，进行改、拨道，垫板，更换扣件，螺栓涂油等作业，直到发生事故时，轨道扣件都未紧固到位。二是防护失效。百色工务段品甸工区违反《铁路工务安全规则》，没有在作业点800米外设置两端防护员，没有在现场设置移动停车牌，而且作业组防护员玩忽职守，参加维修作业，导致安全防护失效，在列车接近时，作业人员没能及时下道。三是制动不及。南宁机务段机车司机违反《技规》有关规定，发现线路上有人作业时，采取制动措施不及时，错过了防止事故的时机，最终导致事故发生。

（七）2007年哈尔滨铁路局哈尔滨工务段“7·13”责任较大死亡事故

2007年7月13日下午，哈尔滨铁路局哈尔滨工务段哈南线路车间长寿工区一名工长带领9名职工，按维修计划在哈尔滨南站四场上行峰下三道进行更换配件、螺栓涂油、复紧整修、利用电镐对线路吊板进行整治作业。15时50分，一名班长带领5人在峰下第二缓行器和第三缓行器之间作业时，上行驼峰开始解体CZ06次作业（34号票）。15时52分，当解体至11项3道一4辆时，溜放车辆将该名防护员之外的5人撞轧，其中该名班长头部被轧断，当场死亡，一名线路工右腿膝盖以上轧断（送哈尔滨医科大学第二医院抢修无效于当日17时30分死亡），车体将二人推出约25米，并将另三名线路工刮倒在线路两侧，构成轻伤。现场防护员扶起一名受伤的线路工后，惊惶失措，沿场内平过道向车间方向奔跑，在跑到14道时，被15时53分第14项解体溜放的9辆车组撞倒并拦腰轧断，当场死亡。该事故共造成从业人员3人死亡、3人轻伤，构成责任较大事故。

造成事故的原因：一是违章施工。哈尔滨工务段长寿工区严重违反《铁路工务安全规则》第3.2.3条第四款“在站内其他线路作业，躲避本线列车时，下道距离不小于500米”的规定，明知防护距离不够，溜放作业频繁，仍组织职工在距离峰下最后一组道岔仅80米处冒险作业，进行更换配件、螺栓涂油、复紧整修、利用电镐对线路吊板进行整治等作业。二是防护失效。现场防护员田洪友严重失职，玩忽职守，违反《铁路工务安全规则》“现场防护员接到驻站联络员发出的预报、确报、变更通知后，均应立即通知施工负责人或按规定信号（用喇叭、信号旗等）向施工负责人重复鸣示，直至对方以相同信号回答时为止。同时应加强警戒，注意瞭望，监视来车与工地情况。”的规定和哈尔滨铁路局《现场防护员一日作业标准》中关于“集中精力，并不间断瞭望”的规定，中断瞭望，没有发现来车，溜放车组到来时未及时报警，没有立即通知现场施工负责人停止作业，指示作业人员下道，导致安全防护失效，5名施工人员在溜放车接近时都没有下道避车，全部被撞轧或刮碰。这时的现场防护员惊惶失措，扔下对讲机和防护旗，沿平过道跑向车间，在穿越14道时又被另一组溜放车撞倒轧死。三是工作失职。驻站防护员严重失职，违反《铁路工务安全规则》第2·2·5条“防护员必须携带列车无线调度电话等通信设备，……随时监听列车运行情况。发生异常情况时可直接通报车站值班员或列车司机”的规定和段定岗位责任制中“当对讲机联系出现中断或时断时续时，要立即采取其他方式与作业现场联系；联络不上要立即通知车站值班员利用无线列调或对讲机通知机车乘务员前方有作业，以引起注意，并采取最快方式与现场联系”的规定，当与现场防护员联系中断时，没有及时通知身边的调车区长，特别是当最先收到受伤人员用对讲机报告现场出了事故后，依然没有向车站提出停轮的要求，导致现场防护员连续3次被溜放车轧过。

（八）2007年南昌铁路局南昌工务段“7·24”责任较大死亡事故

2007年7月24日9时55分，南昌铁路局南昌工务段新余机械维修车间向塘维修队，在局管内皖赣线贵溪—贵溪北间K537+100m处进行完线路道床外观整理施工作业后，在返回驻地途中，3名劳务工在道心上行走，被通过的5205次旅客列车碰撞致当场死亡，构成责任较大死亡事故。该起事故是由于劳务工劳动安全意识和联控意识不强，下班回驻地途中违章行走线路和站在道肩上侵入线路限界造成死亡事故。

造成事故的原因：主要是劳务工安全防护意识和联控意识不强，下班回驻地途中违章行走线路和站在道肩上侵入线路限界，且未坚持集体“同去同归”制度；对劳务工的安全培训教育和管理也不到位。

（九）2008年成都铁路局西昌工务段“3·31”较大死亡事故

2008年3月31日8时11分，配合成都局西昌工务段进行线路维修作业的夹江濡城建筑有限公司4名劳务人员，在沿成昆线步行前往“天窗”维修作业点途中，行至白果1号隧道内一曲线地段时，被自白果车站1道开出经由4道出站的7420次旅客列车碰撞，造成3人死亡，1人重伤，构成铁路交通责任较大事故。该事故系西昌工务段劳务人员在步行去维修天窗作业点途中，违反安全防护有关规定，未及时下道避车，导致事故发生。

造成事故的原因：一是西昌工务段劳务人员安全意识淡薄，在配合线路维修作业步行去维修天窗作业点途中，违反《铁路运输安全保护条例》和《铁路工务安全规则》有关规定，没有行走白果1号隧道外侧的小路，而是行走铁路线路，听到列车鸣笛后，主观臆测为邻线通过，未及时下道进入避车洞避车，被本线7420次列车碰撞，是导致事故的直接和主要原因。二是西昌工务段在安全管理方面，未将劳务人员按企业职工一同进行管理，未严格履行对劳务人员安全培训教育、安全监督管理职责，未有效督促劳务人员遵守劳动纪律、作业纪律和执行有关安全规定，是导致事故发生的重要原因。三是白果1号隧道内线路基侧均为道砟，线路外侧距隧道壁距离狭小，无法铺设步行板。该隧道处于R＝402、L＝407的弯道和风口地段，事发当时4名劳务人员逆风行走，背对来车方向，听力和判断力受到影响，司机发现线路上有人时距离不到100米，采取紧急制动措施不及，也是导致事故发生的原因之一。

（十）2009年沈阳铁路局沈阳车务段“2·21”责任较大死亡事故

2009年2月21日7时23分，沈阳铁路局沈阳车务段浑河站党支部书记和值班站长，与沈阳电务段浑河信号工区工长共3人，在沈大线浑河站进站4号道岔岔心进行除雪作业时，被通过的沈阳北至大连的N120次旅客列车以111公里/小时的速度碰撞，造成2人当场死亡，1人送医院经抢救无效死亡，构成铁路交通较大事故。该起事故系因担任现场防护的值班站长未履行防护职责按规定防护，而是参与除雪作业，间断瞭望，间断联控，导致事故发生。

造成事故的原因：一是现场除雪人员未按规定进行防护。该名值班站长负责除雪现场防护工作，没有认真履行防护员职责，参与除雪作业，间断瞭望，间断联控，导致3人同时被通过列车撞上。二是除雪人员自我安全防护意识淡薄。3名除雪人员，两名为车站领导，1名为信号工区工长，是具有行车岗位经历的业务骨干，对车站设备和列车运行情况十分熟悉，自以为心中有数，怕影响早上时段客车集中通过和干线畅通，上线除雪时，忽视自身安全。三是除雪安全防护应急措施不健全。沈阳车务段和浑河站的除雪安全措施中，没有制定上道除雪的登销记制度，没有规定除雪人员上道后、变换作业地点时向信号楼通报和定时通报的措施。四是对雪后上道除雪人身安全预想不到位。沈阳车务段忽视了雪后除雪人身安全工作，对运输繁忙、积雪影响大的浑河站没有继续加强力量，持续控制安全，而是撤离了包保人员，削弱了除雪力量。五是恶劣天气影响除雪人员对危险情况的及时反应。除雪人员在4号道岔清扫通过列车带起的积雪时，由于浑河进站处于风口位置，大风刮起的残雪，加之雪后临近浑河两岸的浓雾，影响地面瞭望和目视防护。在除雪中使用的汽油机驱动的风力除雪机噪音很大，使听觉受到影响。低温、大风、浓雾、噪音及飞扬的残雪客观上影响了作业人员对来车的判断。

二、1990～2008年铁路运输企业从业人员责任重大及以上死亡事故统计

表5-1　1990～2008年铁路运输企业从业人员责任重大及以上死亡事故情况

年　度	铁路运输企业从业人员责任重大及以上死亡事故	
	件数	人数
1990	1	9
1991	0	0
1992	3	17
1993	4	43
1994	1	8
1995	2	10
1996	0	0
1997	4	31
1998	0	0
1999	3	18
2000	1	3
2001	0	0
2002	3	15
2003	2	6
2004	0	0
2005	0	0
2006	0	0
2007	5	16
2008	2	6
合计	31	182
备注	表内统计系铁路运输企业（铁路局）自1990年至2008年责任重大及以上死亡事故件数和人数。2007年之后，国家将一次造成3～9人死亡的原重大死亡事故等级改称为较大死亡事故。	

表5-2 1990～2008年铁路运输企业从业人员责任重大及以上死亡事故示意图

	1990	1991	1992	1993	1994	1995	1996	1997	1998	1999	2000	2001	2002	2003	2004	2005	2006	2007	2008
件数	1	0	3	4	1	2	0	4	0	3	1	0	3	2	0	0	0	5	2
人数	9	0	17	43	8	10	0	31	0	18	3	0	15	6	0	0	0	16	6

备注：表内统计系铁路运输企业（铁路局）自1990年至2008年责任重大及以上死亡事故件数和人数。2007年之后，国家将一次造成3–9人死亡的原重大死亡事故等级改称为较大死亡事故。

第六章　路外安全

路外安全是铁路安全管理工作的重要组成部分，路外安全包括铁路道口安全、路外交通安全两个方面。党和政府十分重视铁路道口安全工作，围绕路外安全管理需要，国家与铁道部相继制定发布了相关法律法规。铁道部、铁路局建立路外安全管理机构，配备专业看守人员，以确保铁路道口和路外交通安全。

第一节　把道口安全纳入法制轨道

清政府时期几乎没有专门的道口管理机构和规章制度，仅在人口密集区道口附近张贴安全告示，提示行人通过道口时注意躲避火车，保证安全。

民国时期，铁路主管部门曾制定道口安全对策，发布相关法规，但当时铁路道口交通事故相对较少，还没有涉及平交改立交等问题。

建国后，党和国家以及全社会对铁路道口安全工作引起高度重视，国家和铁道部相继制定有关铁路道口安全管理方面的法律法规，道口安全管理机构和规章制度得到健全完善，道口设备设施逐步进行技术改造，平交改立交已成为道口安全的根本解决办法。

一、新中国成立前的道口安全管理

1907年，正太铁路局在石家庄站站外设立正太铁路路章紧要告白（安全告示），通告行人与车辆通过铁路道口时，要切记安全，这是我国早期铁路道口的安全宣传方法。

1919年，民营个碧铁路通车，在鸡街车站发生调车作业轧死行人案件，云南省高等检察厅、审判厅遂责令公司补订路外伤亡处理特别办法，规定凡铁路行车人员，因过失轧伤碾死路外人员，必须对责任者处予刑律；凡路外人员自行侵入铁道致死者，公司规定具体条款分别处理。

1923年，北京民国政府交通部胶济铁路管理局颁布《国有铁路客车运输通则》规定：列车启动，旅客不得启开车门或上下车，不得携带枪械上车，不得将卷烟、火柴余烬或易燃物品置于地板和窗缝内："铁路对旅客或他人，无论因何情由受伤或毙命者，概不负责，亦不赔偿"。1936年修订《通则》规定："旅客因铁路事故所受伤害，如因不可抗力或旅客过失的，铁路概不负责"。

1931年，胶济铁路管理委员会制定《行车伤毙人命处罚办法》，规定：列车司机"遥见行人闯入轨道并不鸣笛、停车，以致伤毙行旅者"，属于司机责任，给予斥革、停职、将调、减薪或记过处分；情节严重的送法院惩办。至于实际伤毙赔恤也难考据。

民国时期，各处公路汽车与列车相撞事故已发生多次，皆因汽车冒险抢道造成。为确保行车安全起见，1936 年 9 月 19 日，中华民国铁道部发布《铁路与公路交叉地点应行改善办法》（铁道部业字第 3701 号文）。指示如下：①交叉处由铁路将路基及坡道进行改善，以便汽车行驶。②交叉处铁路两侧 500 米处，各立鸣笛号牌。③在城市附近或公路行车繁忙交叉处，应由铁路设置栅栏，并派人管理。④交叉处公路两方 200 米及 50 米处，应各立“铁路交叉”牌和“停车”牌，以便节制机动车辆速度。由各路局转知各公路部门，从速设置，以策安全。这是我国早期铁路防范与处理路外交通肇事的基本法规。

1945 年 8 月，日本投降后，东北地区铁路回到人民手中。1948 年 6 月 30 日，东北行政委员会发布东交字 15 号通令，要求各省、市、县政府和各铁路管理局，通过各种宣传教育唤起村民注意，禁止靠近铁路沿线放牧牲畜，免受意外损失，确保交通安全。翌年，锦州、吉林局采取多种形式向群众宣传安全常识，在车站和旅客列车上张贴《安全公告》，到沿线村镇张贴“安全教育漫画”，并通过电影队放幻灯片，宣传铁路安全知识。真正意义上的道口安全管理是从中华人民共和国成立后才开始的。

二、新中国成立后的道口安全管理

新中国成立时，我国共有铁路 26916 公里，其中可以运营的 21810 公里线路上已设立道口 13000 余处。由于当时道路上的机动车很少，铁路列车速度低（客车平均速度仅为 28.20 公里 / 小时）、密度小，老百姓对铁路新奇而躲到很远看火车，故道口事故发生较少，每年八、九十件左右，且很少发生重大事故。

建国初期，路外伤亡事故由铁路公安部门根据责任和伤亡情况会同有关部门分析处理。随着国民经济发展，铁路修建新线，道口日渐增加，铁路道口事故亦呈上升趋势，为加强铁路道口安全管理，1958 年 12 月 22 日，铁道部会同公安部联合公布《铁路行车路外人员伤亡及铁路与公路车辆冲突事故的调查处理办法》（铁监余〔1958〕字第 35 号、公安部〔1958〕公交字第 815 号）。本《办法》规定：一、凡在铁路行车中，因机车、车辆、轨道车碰轧路外人员及铁路与公路车辆发生冲突，招致路外人员伤亡或公路车辆的毁损，均为铁路行车路外人员伤亡及铁路与公路车辆冲突事故，按本《办法》的规定进行调查处理。二、铁路各业务部门必须严肃认真地对待伤亡事故，不断对员工进行教育，改进铁路设备，以防止伤亡事故的发生；对已发生的事故，必须及时进行调查处理，分析原因，制定防止措施。由各级安全监察室负责伤亡事故的统计分析工作。三、各铁路局可依据本办法中的各项原则，制定具体的办法执行。这是新中国成立后第一部有关铁路路外交通安全方面的法规。

1959 年 7 月 2 日，铁道部以铁监刘〔1959〕字第 1568 号令对《铁路行车路外人员伤亡及铁路与公路车辆冲突事故的调查处理办法》予以修改，公布实行。

针对近年来铁路道口交通事故频发的严峻形势，铁道部于 1960 年 9 月 21 日制定《关于防止铁路道口事故的指示和措施》，指出 1960 年 1 ～ 8 月全路共发生道口撞车事故 224 件，死亡 58 人，伤亡 101 人，撞毁汽车 84 辆。要求各地铁路单位改进和加强道口安全工作，并邀请当地交通、公安部门检查道口，对道口管理和设备以及车辆抢越道口等方面提出解决办法。在地方政府和交通、公安部门的帮助与配合下，全国铁路的道口事故得到有效控制。

铁路道口安全管理，不仅是铁路内部的问题，也是一个社会问题。特别是随着国民经济和公路交通的发展，机动车辆及行人的增加，铁路列车的速度和密度不断加大，以及国家大规模铁路新线的建设，使道口数量逐年增加（1949 年至 1971 年道口数量平均每年增加 620 多处），道口事故也逐年递增（从 1949 年至 1971 年逐年递增 10% 左右），情况更为突出，铁路道口事故已引起中央领导的关注和重视。1969 年 8 月 1 日，遵照周恩来总理指示，为解决北京城区铁路平交道口的交通安全问题，停止使用广安门至西直门的铁路，并随即把这段铁路拆除。对原有的北京环城铁路进行改建，陆续拆除了东便门经东直门到西直门的铁路，修建了新的东南、东北和西北环线。沈阳、上海、郑州、广州、成都等各大城市也对市区铁路道口进行重点改造，大幅减少铁路道口事故的发生。

“文化大革命”，铁路行车安全又经历了一次曲折。1971 年后道口事故开始猛增，特别是 1973 年到 1977 年间，道口事故每年发生件数由 1973 年的 923 件，迅增到年均 2328 件，年递增率达到 26.2%。究其原因，一是此期间 1976 年 10 月前，处于“文革”后期安全生产无人问津，道路机动车增多，无政府主义严重，通过道口不守秩序，甚至抢越道口。二是铁路旅客列车的最高速度已达到 80 至 100 公里 / 小时，由于速度提高，列车制动距离延长，发现道口障碍，时常停车不及，道口交通事故，严重地干扰和影响铁路运输秩序与安全。

1976 年 10 月“文革”结束后，针对道口事故逐年猛增的严重问题，铁道部有关各部门开始加强道口工作。当时的主要措施是：改善道口设备、加强道口看守、增设部分道口信号、拆除部分私设道口，从而使得 1978 以来我国道口总数和道口事故第一次出现了“双减少”。1976 年内道口总数为 27807 处，比前一年减少了 989 处，减少了 3.4%；道口事故 2187 件，比前一年减少了 151 件，减少了 6.5%，道口事故猛增的局面得到了控制。但是，1979 年到 1983 年间的道口事故又呈上升趋势，分别为 2286、2357、2678、2691、2604 件，分别比前一年增加了 4.5%、3.1%、13.6%、0.5%、–3%。每年的道口事故总数仍在 2600 件左右的高水平徘徊。此期间，不断有重大道口事故发生，铁路受灾严重，但责任多为路外行人及机动车辆抢越道口，撞上列车所致。道口安全管理是一个社会问题，仅靠铁路自身努力已不能完全解决。

针对道口安全问题的社会性和严重性，铁道部向国务院领导多次汇报工作，并与有关部委联合制定印发了相关法律法规。1979 年 5 月，铁道部拟稿并会同交通部、公安部共同研究制定了《火车与其他车辆碰撞和铁路路外人员伤亡事故处理暂行规定》，并报送国务院审批。国务院领导对铁路道口安全工作非常重视，7 月 16 日，国务院以“国发〔1979〕178 号文件”批准并转发了三部的报告（即《国务院转发铁道部、交通部、公安部关于重新修订火车与其他车辆碰撞和铁路路外人员伤亡事故处理暂行规定的请示报告》，史称 178 号文件）。

“178 号文件”的主要历史作用是：①向国家和人民报告了中国铁路面临的路外伤亡事故，特别是其中道口事故的严重性和危害性。②揭示了道口安全问题的社会性。③制定了全国统一的、比较完善的铁路路外伤亡事故（其中包含道口事故）的处理办法和规定。④明确了一些保证道口安全的具体问题……从此，初步客观地解决了我国道口事故处理上无法可依的具体问题。

同年 7 月 31 日，铁道部以〔1979〕铁安监字 1159 号文件转发国务院“178 号文件”时，第一次提出了道口的立交化改造问题：要积极加强铁路沿线的防护设施，对城市繁忙道口，应结合城市建设与地方协商，有计划地逐步改成立体交叉。

改立交是解决道口安全最彻底、最有效的办法，铁路与社会均可受益。自 1978 年改革开放以来，在繁忙干线和干线及铁路枢纽地区的道口，已逐步将平交道口改建为立体交叉，或在新线修建的同时建成立交。如哈尔滨、沈阳、北京、郑州、上海、广州等枢纽，京沪、京广、京哈等繁忙干线所经过的较大城市都修建了立交，既消除了交通堵塞，便利市区的交通，又从根本上杜绝了道口交通事故。然而修立交是花大钱的，道口平改立，涉及到铁路、公路、城乡等方方面面。1981 年，铁道部在调查、测算后拟稿，在反复征求各方面意见后，经国家计委、国家建委、铁道部、交通部、国家城建总局、建设银行等进一步研究，制定了《铁路、公路、城市道路设置立体交叉的暂行规定》。该《规定》于 1981 年 12 月 3 日由国家基本建设委员会和国家计划委员会以“〔1981〕建发交字 532 号文件”联合发布（即《关于颁发铁路、公路、城市道路设置立体交叉的暂行规定》，史称 532 号文件）。

“532 号文件”较为客观、合理地解决了立交的修建标准、投资划分、设计文件审批、固定资产划分和移交及维修管理等问题。然而两委在发文的通知中又特别强调了“鉴于当前国民经济处在调整时期，修建立交工程花钱较多，因此，凡能缓建的要尽量缓建，必须修建的，一定要根据财力、物力的可能，纳入计划，逐步修建。”因此，该文件在三年调整时期过后的长期执行中，一定程度上限制了道口的立交改造。

1984 年，我国铁路干线及主要线路客车的最高速度已普遍达到 120 公里 / 小时以上，大量新线投入运营后，正线道口总数已达 26802 处；而社会上的机动车保有量已多达 675.5 万辆，且还在以每年 12% 的速度增加；道口安全问题十分严重。当年接连发生了两起道口重大事故，引起了国务院的高度重视。当时主管铁路工作的副总理李鹏批示：“道口问题已到了非立即解决不可的时候了。”铁道部在给国务院的报告（〔1984〕铁办字 1654 号文）中说：“该两起重大事故虽然直接责任是路外单位的，但铁道部有不可推卸的责任，就是长期形成平交道口太多，无人看守道口太多，这种情况已不能适应新形势的需要。”此后，铁道部党组下决心，狠抓道口安全工作，决定成立道口办事机构，拟在当时的工务局设道口处（对外称道口办），专门协调部内各有关部门的工作（当时部内各有关部门是：工务管道口设备和区间道口看守、车务管站内道口设备和部分站内道口看守、电务管道口信号的安设和维修、机务管司机瞭望、公安管无人看守道口治安、安监管道口事故处理、计划管道口大修及改立交投资、财务管道口设备和信号维修的经费、人劳管道口机构、看守和维修的定员），组织全路各铁路局做好道口拆（拆除）、并（合并）、改（改立交）和增加道口看守、增设道口防护信号等工作。铁道部道口处和道口机构，最终因定员问题（要完全挤占工务局的定员）而未能成立，但从 1984 年到 1989 年工务局始终有人兼职做这项工作，从而暂时结束了铁道部的道口工作多部门管，谁也不想多管的局面。此期间，各铁路局相应成立道口科，抓好道口安全工作的落实。

1985 年春，20 次国际旅客列车在哈局齐齐哈尔分局管内黑岗站外无人看守道口与拖拉机碰撞，造成严重经济损失和很坏的国际影响。同年 5 月，哈局组成有 500 余名干部和公安干警参加的铁路道口宣传整治大队，开展道口安全宣传工作。同时对路局管内道口设备和宣传工作地域内的机动车辆、驾驶员状况进行全面调查，对调查中发现的问题责成铁路分局有关部门予以解决。

北京、上海、沈阳、郑州、广州等铁路局围绕道口安全加强领导，设置管理机构及定员，增加道口看守人员，建立健全管理制度，配置与完善安全防护设施，加快平改立步伐，建立健全联防护路组织，搞好路内外安全宣传教育，道口交通秩序明显好转，事故逐年下降。

铁道部分析了从 1981 年至 1985 年道口事故多发和社会上机动车辆逐年猛增的情况，为协调并解决道口管理问题，在国家经委的支持下，铁道部拟稿并会同各有关部委协商一致后，制定了《铁路道口管理暂行规定》。1986年4月1日，六部一委（即：铁道部、交通部、公安部、农牧渔业部、城市建设环境保护部、劳动人事部和国家经委）以国家经济委员会的“经交〔1986〕161号”文件，联合公布了《铁路道口管理暂行规定》（史称161号文件）。

“161号文件”对道口的安全设施、道口的设置原则、道口的安全通行、道口的安全管理、道口肇事的处理等方面都做了详尽而明确的规定，对道口管理上的一系列社会性问题提出了一揽子路内外结合的解决办法。文件规定：铁路与道路相交，应优先考虑设置立体交叉，努力减少道口的数量。在有地形条件的地方要多修小型、简易立交。铁路、交通、城乡建设各部门必须互相配合，促进道口逐步改为立体交叉的建设；地方政府在拆迁、征地、封路施工等方面应积极协助。这是对〔1981〕建发交字532号文件，限制立交建设的否定和更正，是对道口立交化改造的大力推进……提出了既有道口合理拆除、合并和整顿的原则。在道口拆、并、改工作中消除了社会的反对情绪，进而取得了地方政府的支持，并为新线设计减少道口数量提供了依据。之后不久，《铁路设计规范》做了相应修改，在此后的新线建设中大大减少了道口数量……道口安全通行（即第十四条到二十四条）是对国家道路交通规则在确保道口安全方面的补充。此后即为国家新版《道路交通规则》所采纳，提高了道口交通安全的权威性……各级地方政府和铁路部门都应当重视和关心道口以及人行过道、平过道的交通安全，加强安全工作的领导，支持、协助铁路部门做好道口的整顿、改造和管理工作，确保铁路和道路运输的安全畅通。这就要求地方政府要帮助铁路管好道口，地方政府对确保道口畅通负有管理责任……在各级经委的组织领导下，各机动车辆管理部门与铁路道口管理部门联合组成各级常设道口安全委员会或领导小组，负责宣传、检查、落实本规定……各省、自治区、直辖市的有关部门可与铁路部门结合具体情况，根据本规定制定若干补充规定或实施细则。实际上是对各省、自治区、直辖市提出了贯彻落实与铁路共同搞好道口安全的要求，此后，凡有铁路的各省、自治区、直辖市均对该文件很快作了转、传发，并结合实际做出补充规定，认真贯彻施行。

1990年9月，国务院颁布的《铁路法》中，不仅强调了铁路与道路交叉处应当优先考虑设置立体交叉；行人和车辆通过平交道口和人行过道时，必须遵守有关部门的规定等“161号文件”的相关内容，而且更强调了违章通过平交道口或者人行过道或者在铁路上行走、停留造成人身伤亡，属于受害人自身的原因造成的人身伤亡。为道口事故的处理明确了原则。

“161号文件”发布后，各省、自治区、直辖市成立了道口安全委员会，各铁路局成立了“道口科（办）”，呈现了路内外结合，综合治理道口安全的新局面，道口事故得到了有效控制。

随着道口安全管理工作的深入，到1990年前后，有人看守道口事故明显减少，而无人看守道口的事故频发，问题突出。无人看守道口的事故已占到了道口事故总数的92%。特别是边远山区，交通量不大，瞭望条件不好，但暂时又不能拆除的道口，时常发生重大道口事故，铁路虽无责任，但严重地影响运输秩序和行车安全。

社会群众呼吁加强铁路道口管理工作。西安市是西北地区最大的城市。全市共有铁路道口396处。有6处道口位于进出西安市陇海铁路干线的交通要道上。尤其是职工上、下班高峰期，通过道口的行人、自行车、机动车辆经常拥挤不堪。有时遇上车站调车作业，交通堵塞更为严重。如西安市小北门道口，常常造成堵塞。迫使列车在站内停车，不仅打乱了正常运输秩序，同时也影响职工正点上、下班，市民怨声载道。因此成立道口交通警察也就成了自然而然的事。

1993年，沈阳铁路局与辽宁、吉林两省政府密切配合，针对无人看守道口的安全管理，搞出了一套“监护办法”，并于1993年6月下发了《关于铁路无人看守道口实行全面监护的通知》，具体规定：“对暂时保留的铁路无人看守道口，由地方政府组织力量监护起来，监护人员由各市、县道口管理办公室负责选聘和管理，并签订安全责任协议，明确职责和作业纪律。”此办法较好地解决了无人看守道口的安全问题。

1994年5月3日，铁道部以《关于对无人看守的铁路道口加强管理的意见》向国务院报告了辽、吉两省上述经验后，建议国务院予以推广，之后迅速得到了国务院的同意和支持。国务院办公厅于5月17日以“国办发〔1994〕65号文件”《国务院办公厅转发铁道部关于对无人看守的铁路道口加强管理意见的通知》为题向各省、自治区、直辖市人民政府和国务院有关部委转发了铁道部的意见，并强调“已经国务院同意，请参照执行。”《通知》指出“铁路道口安全，关系到人民生命财产安全、铁路运输安全畅通和国民经济的发展。辽宁、吉林两省加强道口安全管理，对无人看守的铁路道口实行全面监护，是现阶段解决无人看守道口安全问题的有效途径，也是一项利在社会、为民造福的重要举措。各级人民政府、各有关单位都要参照辽宁、吉林两省对无人看守道口实行全面监护的做法，配合铁路部门认真做好铁路道口的安全工作”。

为贯彻落实国务院的指示，加强铁路道口安全管理，确保人民生命财产安全和铁路运输畅通，在全国铁路无人看守道口监护工作取得一定经验的基础上，1995年5月，铁道部起草了《铁路无人看守道口监护管理规定》，以做为原六部一委1986年经交“161号文件”《铁路道口管理暂行规定》的补充，向国家经贸委进行了汇报。8月，经国家经贸委组织有关部委反复讨论通过后，以新的六部一委（即国家经贸委、铁道部、交通部、公安部、农业部、建设部、劳动部）文件，联合印发了《铁路无人看守道口监护管理规定》（国经贸运〔1995〕466号文）。该《规定》较为全面地规定了无人看守道口监护工作的具体实施办法，监护管理机构的组成和任务，对各有关部门密切配合，共同实施对道口安全的综合治理提出了要求；明确了监护道口的性质、事故处理规定和监护管理经费来源；并提出了“今后新建铁路应当严格控制无人看守道口的设置”的要求。

第二节　实施道口立交化改造工程

我国铁路20世纪八九十年代道口安全管理一系列法规和规章制度的制定、完善和落实，使得道口安全自1985年后取得一个较稳定并日趋好转的形势。既有线的道口数量随着拆、并、改在逐步减少，有人看守道口的设备质量和安全性能在不断加强，无人看守道口监护率在不断增加，特别是全社会各有关部门共同关心道口安全，密切配合铁路实施道口安全综合治理和平改立工程，为铁路提速安全创造了条件。

1971年，我国铁路正线里程达到42895公里，而道口已达26701处，当年道口事故发生高达709件。据对铁路道口事故统计分析，在无人看守道口约占85%左右，有人看守道口约占15%左右。发生事故的原因，路外车辆抢越肇事约占80%左右，路外车辆故障在道口突然熄火等原因约占13%左右，余下7%左右为铁路责任。每年发生的道口事故造成人员伤亡数以千计，损坏机车车辆和公路车辆数量及财产损失也是惊人的。

改立交是解决道口安全最彻底、最有效的办法，铁路与社会均可受益。道口立交化改造的高潮是随着铁路的每一次提速而不断掀起的。列车提速安全要求加速了道口立交化改造的进度。自1978年改革开放以来，在繁忙干线和干线及铁路枢纽地区的道口，已逐步将平交道口改建为立体交叉，或在新线修建的同时建成立交。

据资料显示，全路仅1985年至1987年三年中就拆、并、改减少道口5892处，使道口总数由26802处降为20910处，减少了22%；增加道口看守1637处，使看守道口总数达到4938处，道口看守率已提高到23.6%；三年修建立交333处；增设道口自动信号1369处。从1985年起，铁道部内计划、财务、人劳各部门也相应加大了道口大修及改立交的投资、道口及信号维修的经费以及增加道口看守和维修的定员。铁道部1985年至1988年间每年修建立交投资1亿元（其中部内3000万元，各铁路局7000万元），大体上每年修100万以上的大型立交25处，小型立交50处，新线建设中道口改立交每年投入2亿元；此外加上地方企业、城市建设主动出钱平改立的项目，每年建成立交110处左右，直到1995年后随着铁路的六次提速，铁道部更是拨出巨款大量投资，形成了道口立交改造的高潮。

实施道口地方监护是现阶段适合中国国情、解决铁路部门无人看守道口安全问题的有效管理方式，1994年以前，铁路无人看守道口因机动车辆违章抢越，经常发生汽车撞火车一次死亡数十人的群死群伤重大道口事故。为此，1994年5月，国务院办公厅以国办发〔1994〕65号文件转发铁道部《关于对无人看守的铁路道口加强管理的意见》。1995年5月，国家经贸委、铁道部、交通部、公安部、农业部、建设部和劳动部按照国务院领导指示，在沈阳召开全国铁路道口安全管理工作会议。会议确定对铁路无人看守道口要按照“政府组织管，各方联合办，铁路为骨干，监护保平安”原则，由地方政府组织沿线村民对无人看守道口进行监护，并联合下发《铁路无人看守道口监护管理规定》（国经贸运〔1995〕466号文），推动铁路道口地方监护管理工作的全面开展。

1994年12月24日，我国第一条时速160公里/小时的准高速铁路—广深准高速铁路开通。当时该线存在11处道口，难以保证行车安全，经铁路与地方政府积极努力，密切配合，半年之内全部改为立交。1995年6月，在总结广深准高速铁路经验后，铁道部做出了提高我国繁忙干线客货列车时速的决定。而道口立交化改造是提速线安全的先决条件。同年11月，在京秦线进行了旅客列车提速试验，针对该线道口问题的严重性，加大了道口平改立的投资力度，一年内实现了该线提速区段道口的全部立交化改造。

1996年1月2日，铁道部工务局在下发的《关于印发1996年工务重点工作安排的通知》（工综技〔1996〕2号文）明确提出“加快平交道口改立交的进程”。要求“各局要主动与地方政府协商，探讨多方筹集资金，建设立交道口的新途径，完成平交改立交100座”。同年4月、7月和10月，在提速试验获得成功的沪宁线、京秦线和北京至大连间，先后开行最高速度达140至160公里/小时的直达快速列车，凡提速的区段全部实现了道口平改立。

1997年2月27日，在铁道部召开的铁路局长会议上，铁道部领导在讲话中要求：“要搞好道口的‘拆、并、改、建’，统一规范道口防护设施，按部有关规定，道口每公里不得超过一处，两道口间不宜小于2公里，超出上述规定的应实行拆并”。要求“要加快平交改立交的进度，从现在起，用几年时间实现四大干线道口立交化，将来对个别难以实现立交的道口实行有人看护”。部长韩杼滨在讲话中明确提出“要积极争取地方政府支持，做好道口的‘拆、并、改’工作，大力压缩道口数量”。并指出“从长远来看，解决无人看守道口安全问题的根本办法是改立交”。3月14日，铁道部下发了《关于下达〈“九五”期间铁路四大干线提速规划〉的通知》（铁办〔1997〕29号文）中规定：“对提速区段各类道口的改造，要本着积极协调、统筹规划、多管齐下、分类推进的原则进行”。“加强和地方政府及有关部门的联系和沟通，部分道口监护费用可用于立交改造”。3月26日，铁道部领导在全路电视电话会议上讲话：“四大干线1658处无人看守道口，已经全部做到看守房、供电等设施到位，预警报警装置、护拦等设备到位，监护人员到位。通过拆、并、改，减少道口169处，减少人行过道219处，行车安全有了比较好的基础”。

4月1日，中国铁路开始第一次大面积提速，京广、京沪、京哈三大干线全面提速。开行最高时速140公里的40对快速列车和64列夕发朝至列车。全路客车平均旅行速度由48公里/小时提高到55公里/小时。6月12日，铁道部印发《关于确保实施新图和提速安全的若干措施》（铁办〔1997〕65号）指出：“要继续抓好四大干线道口的拆、并、改、建工作，有关铁路局（集团公司）要于7月底前制定出道口的改、建规划，报部审核。对于京九线，已建成的立交要立即投入使用；交通流量不大的有人看守道口要改为监护道口；间距近、流量小的监护道口要拆除、合并”。11月21日，铁道部印发《关于京哈、京广、京沪、陇海四大干线道口改造规划的批复》（铁计函〔1997〕329号文），根据铁道部《关于确保实施新图和提速安全的若干措施》（铁办〔1997〕65号文），对哈尔滨、沈阳、北京、郑州、济南、上海、兰州局，广铁（集团）公司上报的京哈、京广、京沪、陇海等四大干线道口改造规划进行批复。提出“在‘九五’后三年，各铁路局要集中资金，加快平交道口改造步伐，特别是四大干线所在铁路局，更要高度重视这项工作，狠抓计划安排落实，到2000年四大干线要基本实现道口立交化，从根本上防止道口事故的发生，确保干线列车安全运行”。批复中的四大干线道口改造规划表显示，四大干线现有的2320处道口，要在1998～2000年三年时间全部改造完成，总投资25.2亿元。

1998年，铁道部把道口改造重点放在先行提速的京广、京沪、京哈三大干线上。三大干线经由的省（直辖市）及有关铁路局也积极行动起来，全面开展以硬件达标、作业达标、环境优良为内容的道口安全管理标准化建设。

铁路道口安全管理措施主要有改造平交道口、铁路派人看守和地方实施监护三种形式。改造平交道口，实现立交化，是解决道口安全问题的根本措施。但由于道口数量大，资金有限，短期内不可能全部改造完，道口立交化只能有重点、按计划、分阶段地进行。

同年8月4日，铁道部重新修订印发《快速旅客列车运行办法》（铁科技〔1998〕86号文）规定：“快速旅客列车运行区段，铁路与道路应采用立体交叉，对既有道口应逐步改造成立体交叉”。10月1日，中国铁路第二次大面积提速。京广、京沪、京哈三大干线的提速区段最高时速达到140公里至160公里，广深线最高时速达到200公里。12月，在全路工务工作会议上，铁道部运输指挥中心基础部的《1998年工务工作总结》中指出：“各局都十分重视三大干线平交改立交工作，深入调查，认真研究，制定方案，千方百计完成年度计划。一是对提速区段的所有道口做出规划，积极主动地找地方协商，最大程度地争取地方政府支持，谈好一处安排一处，从资金上给予保证。二是抓平改立的施工安全和质量。三是抓紧建成立交的开通和既有道口的拆除，确保开通一座，拆除一处。”

至年底，全路正线共设有道口16983处。其中3397处繁忙道口由铁路部门派人看守（占20%），其余13586处（占80%，多属乡村道路道口）为无人看守道口。在无人看守道口中有3080处较繁忙道口由地方政府组织实施监护，还有10506处为无人监护道口。从全国铁路道口情况分析，实行地方监护以来道口事故呈逐年下降势头。实施监护后的1995～1998年4年与实施监护前的1990～1994年5年相比，道口事故年平均减少680起，下降26.3%，人员伤亡年平均减少711人，下降29.1%，机动车辆损坏年平均减少459辆，下降25.6%。

铁道部对道口安全工作十分重视。特别是近几年来一直把道口安全纳入全路安全管理目标和安全攻关内容。1999年，铁道部多次组织开展全路道口安全大检查，各铁路局也加大道口安全管理和监控力度。8月，铁道部领导率部安全监察司、公安局、运输指挥中心领导，检查和察看三大干线道口安全管理情况，针对存在问题，8月14日，在济南主持召开道口安全现场会，对加快道口平交改立交建设、加强道口管理、强化道口设备和道口治安综合治理等四个方面，提出23项具体要求。这次会议有力地促进了道口安全管理，道口平改立工程进度明显加快，道口安全工作整体上了一个新台阶。

在铁路与地方政府领导的高度重视和共同努力下，铁路道口交通事故得到一定控制。但随着地方经济的发展，机动车辆迅猛增加，公路通车里程已达135万公里，铁路营业里程和列车开行对数也逐年增加，铁路道口安全问题越来越突出。道口事故严重危及旅客列车安全，有的甚至影响社会稳定。铁路道口安全主要存在以下几个问题：①机动车驾驶员通过铁路道口时不遵守《道路交通管理条例》规定，机动车状态严重不良。②在公路修建、改建过程中，地方一些单位不按文件规定执行，强行施工。③道路交通标志和标线没有按新国标设置。④监护道口管理难度很大，尤其是经费来源困难。⑤有的地方在铁路道口实施平交改立交的过程中不顾大局，设置障碍。⑥地方铁路、合资铁路、专用铁路修建标准低，道口隐患严重，缺乏必要的管理标准等。

2000年10月以来，全路结合铁路第三次大范围提速，加快京哈、京沪、京九三大干线和陇海、兰新两线道口平交改立交的进度，遏制住道口事故上升势头。

为保证铁路道口安全，全路主要做了以下几方面工作：一是提高认识，加强领导。从1997年起，铁道部连续4年将防止道口重大路外伤亡事故列入全路安全工作总体目标。二是规范管理，检查监督。铁道部制定《合资铁路与地方铁路行车安全管理办法》，对道口安全管理提出具体要求。三是加快改造，保证投入。1997年至本年底，全路累计完成道口平交改立交2513处，拆除平交道口3684处。四是加大宣传教育力度，护路防伤。据统计，全年宣讲《铁路法》和铁路安全常识18239场次，播放录像、电影6700多场，印发宣传画册162万张（套），签订道口安全协议及治安包保责任状（书）76万份，受教育群众8590万人。

本年底，全路平交道口16201处，其中铁路部门有人看守道口3248处，地方监护道口2489处。人行过道4087处，平过道8620处。年内铁路与公路立交增至7938处。

本年与1999年相比，道口事故和重大事故分别下降0.5%和31.3%，是1980年以来道口事故件数最少的一年。

2001 年，全路贯彻落实国务院关于安全生产一系列重要指示，深入开展安全生产大检查和安全专项整治活动，全面推进提速基础工程，强化道口监护管理，完成线路封闭、道口平交改立交等任务，保证新一轮提速和新图实施的安全、平稳、有序。3 月 26 日，国家经贸委、铁道部、交通部、公安部等四部委印发的《关于进一步加强铁路无人看守道口监护管理工作的通知》（国经贸运行〔2001〕291 号文）指出："自 1995 年 8 月国家经贸委等七部门联合发布《铁路无人看守道口监护管理规定》以来，京哈、京沪、京广、陇海四大干线道口平交改立交进度明显加快。"同时要求："各地有关部门要积极配合铁路部门做好铁路无人看守道口的监护、检查和管理工作，大力支持铁路部门加快道口平交改立交工作的步伐，以确保铁路提速工作的顺利进行。"

同年 10 月 21 日，中国铁路第四次大面积提速。提速范围基本覆盖全国较大城市和大部分地区，对武昌至成都、京广线南段、京九线、浙赣和哈大线进行提速，加快道口平交改立交的进度。在保证铁路道口安全方面，主要做好以下几项工作：一是齐抓共管，协同动作。认真贯彻落实《关于进一步加强铁路无人看守道口监护管理工作的通知》。二是立足根本，加速改造。年内，全路新增立交道口 552 座，拆除平交道口 1001 处。三是强化管理，强基达标。各铁路局全面培训道口安全管理干部和道口看守、监护人员，对所有道口进行对规、对标检查，凡不符合标准的要求逐项整治。

本年底，全路平交道口 15165 处，其中铁路部门有人看守道口 3032 处，地方监护道口 2288 处。人行过道 3857 处，平过道 8522 处。年内铁路与公路立交增至 8491 处。

年内，全路营业线发生道口交通事故 887 件，道口事故与 2000 年相比，下降 19.8%。实现全路运输安全工作会议提出的"路外伤亡事故明显下降"的总体目标。

2004 年 4 月 18 日，全路实施第五次大面积提速调图，铁道部围绕提速持续安全和客车安全，坚持"规范管理、强基达标"，不断深化安全基础建设，落实各项安全措施，确保提速旅客列车安全。3 月 29 日，铁道部安全监察司在《第五次大面积提速调图安全监察部门监督检查重点工作安排》（安监函〔2004〕8 号文）指出："目前，六大干线提速段还有道口 131 处、人行过道 502 处"。"各级安全监察部门要把道口、平过道以及防护设施的改造工作作为监督检查的重点，强化监督检查、促进整改，狠抓提速安全各项措施的落实"。8 月 18 日，铁道部发布《关于印发六大干线提速安全标准线建设工程改造任务、更改和大修计划安排的通知》（铁办〔2004〕91 号文），六大干线提速安全标准线建设工程改造任务中要求："全部实现道口立交化。消灭平交道口，彻底清除线路两侧人行和牲畜过道的通道，人畜集中地段进行立交改造。包括平交改立交 293 处、增设人畜立交通道 1910 处。"六大干线提速安全标准线建设更改计划安排要求："平交道口改立交、增设人畜立交通道、移设封闭栅栏、更新封闭栅栏 4 个项目，以铁路局为管理主体，由铁路局审查技术方案和批复概算，对改造区段连同每处地点、方案、与地方协议、批复投资等一并上报申请，部核定后下达计划。"12 月 31 日，铁道部《关于印发〈2005 年全路运输安全工作要点〉的通知》（铁安监〔2004〕162 号文）中，在讲到道口安全专项整治时指出："六大干线及滨洲线提速区段要彻底消灭平交道口和非法人行通道，加快其他干线道口立交改造。"

年内，各铁路局为确保"4·18"提速安全，根据铁道部提出的道口关键问题和要求，主要完成以下工作：一是全面检查六大干线提速区段的道口63454次（处），对存在的问题及时通报有关部门，限期整改。二是开展道口专项整治活动。重点检查道口供电设备、自动通知报警设备及各种标志，拆除平交道口569处，平交道口改立交674处。三是加强道口通行安全和护路防伤宣传工作，收到较好效果。

年底，全路平交道口已减至12912处，其中铁路部门有人看守道口2446处，地方监护道口1981处。人行过道2701处，平过道7481处。全路年内完成道口平交改立交193处，累计完成立交4531处，撤销平交道口6657处，提速区段无平交道口。京广、京沪、京哈、陇海、京九等干线提速区段增设人畜立交通道，至年底完成572座。

2005年3月18日，铁道部实施铁路局直接管理站段的体制改革，全路贯彻中央领导关于加强安全生产工作的一系列重要指示和《铁路运输安全保护条例》等有关法律法规，建立健全适应铁路局直管站段的安全管理工作制度，提升专业安全管理和基层站段管理能力。整合全路安全监察部门监察力量，加强安全检查监督，强化现场安全控制，确保铁路运输安全有序可控，基本稳定。

年内，铁道部围绕路外交通安全，主要完成以下几项工作：一是开展道口安全专项整治。贯彻《道路安全法》《道路安全法实施条例》等法律法规。二是道口警示标志移交各地方工作于2005年7月1日前完成。三是开展道口安全宣传，深入机动车驾校、运输公司、农村开展道口安全宣传教育。四是召开道口安全学术研讨会。各铁路局、省级铁道学会、有关专业委员会、科研院所结合安全生产实际，就提高铁路道口安全装备和管理水平进行研讨和交流。

年底，全路平交道口12362处，其中铁路部门有人看守道口2290处，地方监护道口2146处。人行过道2466处，平过道7354处。铁道部继续加快平交改立交的进度，全路年内完成道口平交改立交153处，增设人畜通道473座。京广、京哈、京九、陇海等干线提速区段道口全部改为立交；京沪线提速区段仅余1处道口待改造，以上5条干线非提速区段尚余32处道口，正逐步改为立交。

2006年，全路认真贯彻中央关于加强安全生产工作的重要指示和有关法律法规，继续加大铁路道口平交改立交的力度。9月14日，国务院安委办于北京组织召开国家发展和改革委员会、铁道部、交通部、公安部参加的铁路道口安全监管协调会，下发《关于印发铁路道口安全监管协调会会议纪要的通知》（安委办〔2006〕34号文），分析近年来道口安全存在的问题，对相关部门提出保证铁路道口安全的十项要求。

全路年内完成道口平交改立交1151处，增设人畜通道1006座。是投资改造力度最大的一年。京哈、京沪、京广、京九、陇海、沪昆六大干线由年初的200处道口，减少为32处，提速区段全部消灭道口，实现满足群众通行需要、保护人民生命财产安全的要求。

2007年4月18日，全国铁路进行第六次大面积提速。全路进一步加快平交道口的立交化改造。在每小时120公里及以上的线路区段平交道口全部立交化改造；在经常有行人通过和路外伤亡事故多发的道口设置立交桥涵，保证行人车辆正常通行。

为确保列车提速安全，采取以下几项措施：①加强线路防护设备设施的设置与管理。对列车时速120公里及以上的线路区段全部设置防护栅栏封闭，列车时速120公里以下的线路，选择重点区段进行封闭。②加强铁路道口的安全管理。各铁路局加强与地方政府沟通，建立路地双方联系协调机制，对道口实施看守和监护；加强车站秩序维护管理。对站内所有平过道、专用线、通勤路口全部进行封闭。③加强机车乘务员的安全教育。特别是路外伤亡事故多发和瞭望条件差的区段，增加鸣笛频次及时间。要求各机务段制定预防路外伤亡事故的措施并监督其认真落实。④加强铁路路外安全宣传工作。铁路局组织公安、宣传、安监室以及护路联防办、利用各种宣传形式，开展《铁路法》和《道路交通安全法》等法律法规的宣传。⑤强化安全检查与监督。各铁路局安全监督管理部门对道口安全管理情况适时进行监督检查，从而使道口事故率明显减少，实现铁道部确定的“路外死亡人数较 2005 年减少一半”的目标。

年内，道口平交改立交 707 处；路外死亡人数比 2005 年减少 4241 人，下降 57.5%，比国务院 2007 年下达的指标减少 2493 人，下降 44.2%。

2008 年，全路无人看守道口专项整治取得成效。年初，根据铁道部《关于开展无人看守道口安全专项整治的通知》（铁安监函〔2008〕309 号文）要求，一是各铁路局强化无人看守和监护道口安全管理，着力解决无人看守道口中的突出问题。二是结合铁路道口安全现状，坚决依法取缔非法道口。三是制定统一的监护道口设备设施标准。四是强化道口安全管理。五是争取地方公安交通管理部门的支持，遏制道口违章行为。

年内，全路完成道口平改立 308 处，拆除道口 300 处，新建人畜通道 398 处，全路提速区段消灭平交道口，彻底消除提速通道的道口安全隐患。

2009 年以来，各铁路局认真组织无人看守道口安全专项整治活动，并取得了明显成效：一是正线无人看守道口看护工作全部到位。二是“平改立”工作有序推进。三是无人看守道口的看护或监护设备、设施及标志基本达标。四是大力推进非法道口及人行过道拆除工作。五是加强道口安全的宣传力度，大力制止机动车辆违章行为。六是通过专项整治无人看守道口安全管理、设备标准、人员素质及作业标准等管理制度基本健全，有力地促进了道口安全工作的好转。北京市道口办为市区监护道口配备了双套报警设备。沈阳局为看护人员新建了看护房，并为看护人员配备手持电台、小灵通手机等；将 875 处有人看守道口、监护道口栏杆全部改造为电动拉门；对繁忙的有人看护、监护道口安设监控录像系统 335 处；上海局对无轨道电路无法安装短路铜线的 93 处监护道口加装了道口故障报警器，对 70 处尚未配备无线列调对讲机的道口配备了对讲机，对 95 处道口半遮断栏杆进行了补强改造，增设了反光停车标志牌。其他路局也加大对道口安全装备的投资力度，无人看守道口安全专项整治活动稳步推进，成果明显。

据统计分析，自 1997 年全路实施大面积提速调图以来至 2010 年底，道口平改立工程取得积极进展。全路平交道口数量明显减少，平改立工程数量加大，路外交通事故呈逐年下降趋势。特别是六大干线和部分提速区段取得明显效果，运输安全实现“有序可控、基本稳定”。1998 ～ 2010 年全路道口设置及平改立工程统计情况见下表。

表6-1 1998～2010年全路道口设置及平改立工程统计表

年度	全路平交道口（处）	铁路有人看守道口（处）	地方监护道口（处）	当年平改立（处）	备　注
1998	16983	3397	3080		
1999	17276	3438	2627	555	
2000	16201	3248	2489		
2001	15615	3032	2288	552	
2002	14388	2886	2125	335	
2003	13712	1915	748	415	
2004	12912	2446	1981	193	增设人畜通道572处
2005	12362	2290	2146	153	增设人畜通道473处
2006	11211	2250	2186	1151	增设人畜通道1006处
2007	9274	1909		707	增设人畜通道624处
2008	9127	1792	1991	308	增设人畜通道398处
2009	8698	1733	1945	283	增设人畜通道568处
2010	8157	1685	1846	359	增设人畜通道292处

附 录

全党讲大局，把国民经济搞上去

——在中共省、市、自治区委员会主管工业的书记会议上的讲话

邓小平

（1975年3月5日）

现在有一个大局，全党要多讲。大局是什么？三届人大一次会议和四届人大一次会议的政府工作报告，都讲了发展我国国民经济的两步设想：第一步到1980年，建成一个独立的比较完整的工业体系和国民经济体系；第二步到20世纪末，也就是说，从现在算起还有25年时间，把我国建设成为具有现代农业、现代工业、现代国防和现代科学技术的社会主义强国。全党全国都要为实现这个伟大目标而奋斗。这就是大局。

毛主席讲，要抓革命，促生产，促工作，促战备。听说现在有的同志只敢抓革命，不敢抓生产，说什么“抓革命保险，抓生产危险”。这是大错特错的。目前生产的形势怎么样？农业还比较好一点，但是，粮食产量按全国人口平均每人只有609斤，储备粮也不多，农民的收入就那么一点。工业方面，那就确实值得引起严重注意。现有的生产能力没有发挥出来。去年一年，工业生产情况是不好的。今年是第四个五年计划的最后一年，生产再搞不好，势必影响第五个五年计划的实行。我们必须预见到这种形势，认真抓这个问题。

怎样才能把国民经济搞上去？分析的结果，当前的薄弱环节是铁路。铁路运输的问题不解决，生产部署统统打乱，整个计划都会落空。所以中央下决心要解决这个问题，今天就要发出《中共中央关于加强铁路工作的决定》。

解决铁路问题的办法，还是要加强集中统一。对铁路工作，中央从来是强调集中统一的，但是近几年这方面实际上大大削弱了。这些年铁路职工和机车、车辆、线路等装备都有增加，可是由于削弱了集中统一领导，铁路运输总是上不去。现在每天只装四万多车。据有的同志讲，按现有的实际能力装五万五千车是没有问题的。所以中央的决定是根据铁路的特性，重申集中统一。当然，地方的责任并没有减轻。铁道部门的工作没有各地的支持是做不好的。因此铁道部门与地方之间应当加强协作，采取一致的步调。

建立必要的规章制度，增强组织性纪律性，这也是中央的决定上讲的。现在铁路事故惊人，去年一年发生行车重大事故和大事故755件，比事故最少的1964年的88件增加好多倍。这中间有许多是责任事故，包括机车车辆维修方面的责任事故。这说明没有章程了，也没有纪律了。现在有些规章制度要重申。火车司机不能下车吃饭，要带饭盒在车上吃，这是老章程，是有道理的。现在随便下车吃饭，经常误点。值班不准喝酒，这是历来的规矩，现在也不严格执行了。喝醉了酒扳错道岔，就会造成火车相撞的重大事故。所以必要的规章制度一定要恢复和健全，组织性纪律性一定要加强。这个问题不光是铁道部门存在，其他地方和部

门也同样存在。

中央的决定还讲到反对派性。现在闹派性已经严重地妨害我们的大局。要把这个问题摆到全体职工面前，要讲清楚这是大是大非问题。这个问题不解决，光解决具体问题不行。对闹派性的人要再教育，要反对闹派性的头头。大概有这样两种情况：一种是被派性迷了心窍的人，打几年派仗打昏了头，马克思主义不见了，毛泽东思想不见了，共产党也不见了。要对他们进行教育，教育过来，既往不咎，再不转变，严肃处理。另外一种是少数坏人，各行各业、各个省市都有那么一些，他们利用派性混水摸鱼，破坏社会主义秩序，破坏国家经济建设，在混乱中搞投机倒把，升官发财。对这样的人，不处理不行。比如，徐州那个闹事的头头“本事”可大啦，实际上是他在那个地方专政。对这种人不及时处理，等到哪一年呀？我说，只等他一个月，等到三月底。如果再不转变，顽固地同无产阶级对立，那样性质就变了。

铁路系统里闹派性的人同地方上闹派性的人是有联系的，反对派性，要把他们之间的联系切断。他们这些人懂得抓要害，把铁路一堵，事情就闹到北京来了。南昌铁路局的问题，省里就有人支持。一定要把铁路上搞派性活动的里外联系割断。这次确定，铁道部门的人事调动，还是由铁道部统一管理。铁道部有这个权。铁路上的派性问题，地方解决不了的，由铁道部解决。要把闹派性的人从原单位调开。当然是调头头。调动后又钻出个新的头头怎么办？钻出来再调。调两次、三次，总可以解决了吧。我们也不捉人，当然反革命的除外。闹派性的头头不服从调动怎么办？不服从调动不发工资。你的“行业”是闹派性，何必到我们这里来拿工资？总之，解决问题要有一点办法。

对中央的决定是赞成的多还是反对的多？请大家估计一下。有百分之八十的人拥护，中央的决定就能行得通。我想绝大多数人是拥护这个决定的。中国铁路工人是中国工人阶级最先进、最有组织的一部分。集中统一赞成不赞成？组织性纪律性赞成不赞成？必要的规章制度赞成不赞成？闹派性要不要反对？对闹派性的头头要不要调开？把这些问题讲清楚，理所当然地会得到绝大多数铁路职工的拥护。所以，三月份的动员要很深入，包括对职工家属、铁路沿线农民，都要做到家喻户晓。

解决铁路问题的经验，对其他工业部门会有帮助。对于当前存在的问题，要有明确的政策。要从大局出发，解决问题不能拖。拖到哪一年呢？搞社会主义怎么能等呢？

在郑州铁路局机关干部会议上的讲话

万　里

（1975年6月10日）

这次到郑州局，来了解一下情况，处理一点问题。4月份从这里过了一下，和徐达本同志谈了一些工作和问题，因急于去徐州和南昌解决一些问题，没有和大家见面。这次来，主要是检查郑州局贯彻毛主席三项指示和中央9号文件的情况。同时，还带来一个题目。全国贯彻中央9号文件以来，铁路形势大好。4月份，20个铁路局就是南昌局没有完成任务。5月份，全路形势都很好，所有路局都完成任务了，只有郑州局没有完成任务，各项指标都是比较低的。这并不是说我们郑州铁路局所有干部和工人不努力，对中央9号文件不拥护，不是这个意思。中央9号文件下来以后，郑州局9万职工欢欣鼓舞，工作是努力的，广大干部工作是努力的，是坚决拥护毛主席的三项指示和中央9号文件的。因此，从3月以来，一直到4月、5月，我们的工作都有很大进步，有时进步快一点，有时慢一点。5月份进步就慢一点。全国进步得快，你们进步得慢，就显得慢了。没有完成任务，这不是广大群众、干部不努力。广大群众、干部是努力的，是很辛苦的。为什么完不成任务呢？让大家讨论讨论，征求一下意见，好在常委会上来解决你们的问题。所以，叫常委同志给你们捎个信，大家来议一下，为什么5月份没有完成任务。既然是广大群众、干部都很努力，为什么完不成任务，大家议了几天，提了一些很好的意见。特别是有的同志不便于捎信，不便于在会上讲的，也可以给我个别来信。这几天，我接到的信不少，对我判断问题、了解情况有很大帮助。我首先感谢同志们。许多同志站在党的立场上，怀着要把工作搞上去的心情，给我来了信，提出了很多问题，讲了很多情况。那么，为什么只听楼梯响，不见人下来呢？和我们见面呀？因为，正在开常委会，常委会没有解决问题，所以拖了几天，和大家晚见了面，这也是没办法的事情。

毛主席的三项指示、中央9号文件，是针对铁路工作的一些主要矛盾提出来的。中央的决定，是要把我们铁路工作搞上来。铁路是国民经济的大动脉，然而是个突出的薄弱环节，不适应国民经济的发展，也不适应战备，给我们戴了这么个帽子。中央针对我们的情况，给我们总结了这么个问题，我看很好，是个薄弱环节。铁路工作不是先行吗？结果我们到处拉国民经济的后腿，煤运不上来，影响国民经济各个方面，矿建材料也运得不够，影响重工业，影响轻工业，影响人民生活，因而也就影响了国防。现在还没有打仗，要打起仗来，那不是更不适应吗？中央9号文件下达后，部里提出来，要改变这种状况，叫做“畅通无阻，安全正点，四通八达，当好先行”，这变成全路职工的行动口号了，要把一个“薄弱”、两个“不适应”解决。怎么解决呢？大会战？会战我们打过多少次了；拼老命？老命有的不愿拼了。问题在哪里呢？表现为一个“突出”，两个“不适应”。主要问题就是9号文件第一条讲的问题，无产阶级专政落实到我们铁路系统了没有。第二个问题就是毛主席的指示，“列宁为什么说对资产阶级专政，这个问题要搞清楚。这个问题不搞清楚，就会变修正主义，要使全国知道。”这个问题我们全体干部、工人知道了没有，搞清楚了没有。搞清楚的结果是什么，就是要把无产阶级专政落实到基层。毛主席的第二项重要指示，“还是安定团结为好。”铁路系统安定不安定，团结不团结？不安定、不团结怎么能“畅通无阻，四通八达，安全正点，当好先行”，铁路本身干部不团结，工人不团结，那怎么能行啊？毛主席讲把国民经济搞上去，无产阶级专政如果不落实，如果不安定，不团结，国民经济就搞不上去。所以毛主席的三项重要指示，就是坚持党的基本路线，这是9号文件第一条，这是个纲，纲举目张。“思想上、政治上的路线正确与否是决定一切的”，所以9号文件第一条是决定一切的东西。

那么无产阶级专政不落实、不安定、不团结来自何方？当然，无产阶级专政不落实，来自资产阶级的捣乱。无产阶级专政，专资产阶级的政，没专好，他捣乱嘛。不安定、不团结，来自何方呢？来自资产阶级派性，来自资本主义势力的干扰，来自阶级敌人的捣乱。所以不安定、不团结，跟无产阶级专政不落实的原因都是这个问题。因此，贯彻中央9号文件是一场两个阶级，叫做无产阶级对资产阶级；两种思想，是无产阶级思想对资产阶级思想；两条道路，是社会主义道路和资本主义道路；两条路线，是毛主席无产阶级革命路线和修正主义路线的斗争。贯彻9号文件，实质上就是这么一场斗争。这场斗争无产阶级斗赢了，无产阶级专政就巩固了，就安定了，就团结了。安定了，团结了，国民经济就上来了嘛。3个月的实践，从9号文件下来以后，我们大张旗鼓地宣传毛主席的三项重要指示，大张旗鼓地宣传中央9号文件，家喻户晓，人人明白。这实际上是从思想上、政治上对资产阶级一次大进攻。经验证明，凡是各级党委认真地坚决地领导广大的干部、广大的党员、广大的群众，坚决按照毛主席的三项重要指示和中央9号文件，向资产阶级派性、资本主义势力和阶级敌人展开坚决斗争的，我们的铁路工作就搞上来了。我们铁路工作上得快与上得慢，为什么有的快一点，有的慢一点？就是在这场斗争中是不是充分发动了群众，依靠了群众，向资产阶级展开斗争。只要是这样做的，就快，不这样做，就慢，或是不前进。这是3个月的实践证明了的。我们开始搞了个徐州分局，那个单位是老大难单位，以后又搞了个太原局，以后又搞了个南昌局，只要这样做的，都有很快的进步。因此，在局党委常委讨论这个问题当中，有了分歧，有了斗争，所以搞了几天。不知道你们议得怎样，我看你们大字报也有这个观点，就是敢不敢领导广大群众、广大党员、广大干部，向一切资产阶级展开一场斗争的问题，是坚持我们党的基本路线的问题。这个斗争是依靠群众，还是依靠少数人？因此也是充分发动广大群众，全心全意依靠无产阶级，走群众路线的问题。就是在这个问题上没有取得完全一致，所以会议开的时间比较长一点。中央有了13号文件，13号文件问的那几个问题，最后归根结底，是不是无产阶级专政落实到基层的问题，就是说你对资产阶级斗得怎么样？你斗争胜了，你敢于放手发动群众，你这个铁路就好办了。斗不胜，那就不好办了。比如，新乡分局的问题，这两天还看不出怎么样，有个叫邢介江的人，要继续在那里领导，我看新乡分局怎么也上不来。揭开了阶级斗争盖子，放手发动群众，敢于向邢介江作斗争，解决资产阶级派性，我看新乡分局有希望。现在就有两种反映，一种叫好的很，一种叫糟的很。不晓得好的很，好在哪里，糟的很，糟在哪里，你们想一想。不是贴了我的大字报吗？说我在铁道系统尽搞不安定不团结吗？这个话也有点道理，安定团结有阶级性。我们毛主席讲的无产阶级专政下的安定团结，我是搞这个的。对资产阶级来讲，搞他个不安定不团结，我看让他骂一下也不错嘛，就是让他不安定不团结。搞无产阶级的安定团结，必须对资产阶级、资产阶级派性、资本主义势力、阶级敌人来个强大的攻势，使得阶级敌人只能规规矩矩，不能乱说乱动，这就安定团结了。使得广大干部、广大群众沿着毛主席革命路线、毛主席的政策团结起来，我们就安定团结了。这个问题认识还不一致，在新乡的问题上也认识不一致。这不要紧，大家看一看怎么样嘛，因为这是一场斗争。

我昨天给中央政治局负责同志、国务院常务副总理登奎同志，又跟先念副总理商量一下，先跟省委商量一下，现在郑州局本身思想不统一，不好办嘛，采取点组织措施。为了解决郑州局的问题，不能久拖，长了不好。郑州局处在中原之地，铁路交叉点，枢纽，心脏，久拖不好，不能等了。跟联合国一样，整天开会，也不解决问题，那就不好办了。所以，请示了中央，跟省委共同研究了以后，从组织上调整一下。决定把徐达本同志调离郑州铁路局，由河南省委和中央组织部另行安排工作。这是一个决定，通知大家。第二，免去安桂馨同志郑州铁路局的常委和干部处处长的职务，调信阳分局工作。调王东维同志到昆明局参加铁道部工作组，进行学习锻炼。昆明局是个老大难单位，阶级斗争、两条路线斗争比较复杂，部里派了个工作组解决那里的问题。王东维同志去，离开这里，在那个环境中参加阶级斗争、两条路线斗争，对他的学习锻炼有好处，在学习锻炼中可以认识自己的问题，来检查自己的问题，比较方便一点。做了这么个调整，检查好了，学习好了，还可以再回来。检查不好，再说嘛。由苏华同志代理郑州铁路局党委第一书记的职务，主持党委的工作，由胡逸平同志负责郑州铁路局革委会工作，由赵景星同志兼干部处处长。调整的意思，为了便于领导郑州铁路局常委的工作，统一思想，统一认识，来把中央9号文件、12号文件、13号文件，加上过去的4号文件、5号文件贯彻好。这个问题，在常委会上已经宣布了，大家都表了态度，都同意中央、省委和铁道部的决定。

最后，讲几个问题，希望大家来研究：

一、全体干部，特别是路局的干部、全体党员、全体工人，要重新学习认识毛主席三项重要指示的伟大意义，中央9号文件对铁路工作的伟大意义，这是一场两个阶级、两种思想、两条道路、两条路线的斗争，要重新认识。广大干部、广大工人要把毛主席提出的“列宁为什么说对资产阶级专政这个问题要搞清楚。这个问题不搞清楚，就会变修正主义，要使全国知道。”的指示，在搞清楚上下功夫，在理论上、实践上弄清楚。所以，就有一个自觉地加强学习的问题。要理论联系实际，就是用毛主席的理论，马列的理论，马克思、恩格斯、列宁33条语录，毛选四卷，特别是无产阶级专政这部分，用毛泽东思想来武装自己。联系实际，目的就在于解决每个单位的具体问题，就是坚持毛主席的基本路线。要学深学透。要求要高一点，提高无产阶级专政下继续革命的觉悟，来解决每个单位无产阶级专政的问题。要抓路线，促安定团结。安定团结，不对资产阶级，不对资产阶级派性，不对资本主义势力做斗争，不对阶级敌人做坚决的斗争，安定团结是搞不好的。所以要重新认识，重新学习，重新发动群众来贯彻。特别是常委，一切问题要走群众路线，相信群众，发动群众，全心全意依靠工人阶级，也是毛主席给我们规定的根本路线，不能只依靠少数人闹革命嘛！依靠少数人怎么能把铁路搞好啊！铁路是铁路工人的铁路嘛！工人阶级的铁路嘛！不依靠工人阶级无产阶级的觉悟，主人翁的姿态，高度负责精神，铁路怎么能办好？只有依靠广大干部、广大工人的无产阶级觉悟和对铁路高度的负责精神，把这个问题解决好，无产阶级专政才能落实，我们的铁路才能办好。要全心全意地依靠工人阶级。不是半心半意，不是三心二意，也不是依靠少数人，也不是只依靠一派能把工作办好的，必须依靠95%以上的干部、95%以上的群众才行。要是依靠一派嘛，就是执行毛主席革命路线的这一派才行。

二、坚持毛主席“三要三不要”的原则。“三要三不要”就是要搞马克思主义，不要搞修正主义；要搞团结，不要搞分裂；要搞光明正大，不要搞阴谋诡计。这个问题，毛主席讲过多次，真正按这个办的也很多。有的不按这个办，你要搞马列主义，他要搞修正主义，要搞资本主义复辟，那还行呀？邢介江搞的到底是马列主义呀？还是搞的资本主义复辟呀？将来把材料公布一下，你们局里研究一下，看到底是什么？邢介江把铁路当成自己的商品，来跟人家交换，搞资本主义活动，发展资本主义势力。这样，广大工人、干部怎么会有积极性呀？是搞团结，还是搞分裂？过去林彪搞反革命修正主义路线，他分裂党、分裂工人阶级队伍。毛主席的路线是团结全党，团结两个95%，来鼓足干劲，力争上游，建设社会主义。现在我们这个地方，有些人在搞分裂，不是搞团结的，这些问题，大家要注意。注意什么呢？凡是有利于团结的事就做，不利于团结的事就不做；只能搞党性，不能搞派性。只能在毛主席的革命路线下团结，不能在你那个什么旗帜下团结；只能搞光明正大，不能搞阴谋诡计。谁搞阴谋诡计是不行的。有问题在桌面上说嘛，搞阴谋诡计干什么？搞阴谋诡计，也是搞阴谋活动，搞秘密串连，那就不是搞马列主义的。这个问题要进一步解决。

三、关于政策问题。只能按照毛主席规定的无产阶级政策办事。没有别的政策。干部政策就是德才兼备，按照毛主席关于革命事业接班人的五项条件办事，没有别的标准。离开这个是不行的。这几年因为老干部多，又加了一个“老中青”三结合。必须有中年干部，必须有青年干部，老是不以人的意志为转移的，人总是要衰老和死亡的，没有接班人怎么能行呢？中年人还要老嘛，没有青年怎么行呢？所以要“老中青”三结合，德才兼备。干部要不谋私利，一切要立党为公嘛，不要立党为私嘛。只能按这个办，不能按任何另外的条件办。按照你那个，不是结一帮吗？不是结党营私吗？是跟我同观点的，什么同观点呀，观点就是马克思列宁主义观点、毛主席的观点，没有别的观点。所谓德，就是这个。所谓才，就是工作能力。“老中青”，这个问题同志们提了很多意见。希望大家通过学习，再来理解，再来检查，不合适的，再来纠正嘛！再一个政策就是最近中央召开的冶金会议当中讲的一个问题，就是老工人、技术人员、老劳模、有经验的老干部的政策，要落实，必须落实。我们铁路上也好，各个部门也好，这个经验是很重要的财富，没经验怎么行啊。所以有经验是好东西，是我们党的宝贵财富。老工人、老师傅有经验，技术人员有经验，老的劳模有经验，工作时间比较长的老干部有经验，不能排斥这部分人。要来积极团结这部分人，把这部分人安排到适当的岗位上，担负必要的工作，是我们党和人民的利益，也是我们铁路的利益嘛！你换怎么能行啊，你又要安全、又要正点，又不要有经验的人，怎么能行啊！在这个问题上，希望同志们研究一下，照中央的指示来办，凡是不落实的，要落实。到你们这里接到一些信，还有其他政策问题，对遗留的许多政策问题必须落实，不欠不拖。但有的人要求过高，不符合实际情况，那当然不能解决啦，还要顶住。比如他要求落实政策，我要当个党委书记，要个官。这样的政策不能落实，现在不给你官，正是落实。给你官，就是不落实。要官的一律不给，不光不给，还要给予批评。应该落实的，不欠不拖，目的是为了落实毛主席的无产阶级政策，是为了团结一切可以团结的力量，调动一切积极因素，为了我们铁路事业大干快上，满足国民经济的要求，解决一个“突出”，两个“不适应”，政策不落实怎么行啊！大家憋着一肚子气怎么好做工作呢？无产阶级不能有气，叫资产阶级有点气是应该的。因为他本身就不服气，我们要对他全面专政嘛！这里边还有个正确处理两类不同性质矛盾的问题。是人民内部矛盾，都应该处理好；是阶级敌人，要看准，必须坚决打击。是人民内部矛盾，加强思想教育、路线教育来解决，来团结两个95%，只团结这一派或那一派是不行的。9号文件第四条专门谈了这个问题，派头头迷了心窍的，要赶快改正，回到毛主席革命路线上来，否则就要调离，要给予制裁。凡是搞资产阶级派性的，到时候了！必须赶快改。有两派的，两派多做自我批评，削平山头。这个问题必须解决好，通过无产阶级专政理论的学习，通过批评与自我批评，互相帮助、互相谈心来解决。只能用党性来批派性，不能用派性来批派性。不要搞历史旧账，要在毛主席三项指示、9号文件、13号文件的旗帜下，团结起来。

四、干部作风要改变。你们路局这么大的机关，作风很重要。上层建筑要适应经济基础的发展，是为经济基础服务的。机构重叠，高高在上是不行的。干铁路一天24小时都在战斗，这个机构相当重叠，不下去参加生产劳动、搞调查研究是不行的。高高在上，高官厚禄，养尊处优，骄傲自满，固步自封是不行的。要既当官，又当民，能上能下，能参加集体劳动，和工人打成一片，关心工人生活，解决工人当中的思想问题、实际问题、一切工作问题，领导广大工人、广大干部，这样的机关才行。工人一天24小时在战斗，我们是领导打仗嘛，官僚作风是不行的。当然资产阶级生活作风更不行了。这些问题也要在学习中加以解决。我们郑州局处在这样一个重要的地位，是全国铁路的中心点之一，所以我对郑州局提出一个高标准、严要求：你们只能做好，不能做坏，只能走在前头，不能走在后头，一走在后头，就影响左邻右舍，甘当中游不行。必须坚持毛主席的鼓足干劲，力争上游，多快好省地建设社会主义这条总路线。否则，你们就要拖后腿。关于规章制度，这是中央提出来的，铁路上的规章制度，必须高标准、严要求，一丝不苟。不然就影响安全正点。你这里不安全正点，其他就糟糕。每人都要养成遵章守纪的高度自觉性。这是无产阶级专政的需要，把铁路搞上去的需要，我们铁路本身的需要，安全正点的需要。所以贯彻中央9号文件的第四条、第五条，必须用无产阶级专政理论，安定团结，把国民经济搞上去的毛主席的三条指示，把第四条搞好。遵章守纪，特别是岗位责任制，必须搞好。要敢于管理，敢于领导，善于领导。这个问题要彻底解决，要发动群众，通过无产阶级专政理论学习，把一些资本主义的歪门邪道，一些资本主义势力、资本主义思想一扫而光。扫光了还会生长，再扫嘛。把无产阶级专政任务落实到基层。

另外，你们机关写了些大字报。很好嘛，是党章、宪法规定的嘛。是不是从今天起，大家坐下来好好学习、讨论，大字报就不写了，有意见可以向党委提。从今天起，好好研究、讨论，怎样把6月份的工作搞上来，把郑州局今后的工作高标准严要求地搞上来，使“心脏”不要心肌梗塞，把我们“心脏”的工作搞得好好的，搞得畅通无阻。搞好“心脏”，这是你们的政治地位决定了的。经济问题，主要还是个政治问题。广大干部、广大工人无论如何要提高政治责任感，把我们郑州局的工作搞得好好的。当然首先要把无产阶级专政的任务落实到基层，把我们广大工人干部的阶级斗争、路线斗争、继续革命的觉悟提高就好办了，这是个基本功。然后是抓基础工作，基础工作由于林彪路线的干扰，有的单位破坏是很厉害的，必须把基础工作搞好，不抓政治是不行的。在政治挂帅上，把我们的基础工作、技术工作搞好。

我相信，我们经过这样一调整，经过发动群众，搞群众运动，贯彻中央9号文件、13号文件，我们的工作是能够很快上来的。我相信我们郑州局广大干部、广大工人不会辜负毛主席圈阅的文件中党中央对我们的希望。登奎同志很关心郑州局，这次来时给指示，又给打电话，无论如何要把郑州局的工作搞好。这是影响全国的问题。我的话就讲这么多。祝同志们健康、胜利，团结起来，争取更大的胜利。

解放战争时期颁布的有关条例

妨害铁路军事运输治罪法暂行条例

1946年12月24日东北民主联军总司令部命令公布

第一条　为保证铁路军事运输行车安全维持铁路纪律必须镇压反动活动特制定本条例。

第二条　有下列行为之一者，为妨害铁路运输罪处死刑或十年以上有期徒刑：

（一）破坏铁路之机关、库、工厂、水塔及给水设备者；

（二）破坏枕木、铁轨、犬钉、夹板、螺丝足以危害行车者；

（三）割断电信号线，破坏信号灯泡、电话电线、铅管或其他信号通讯设置致使之失效者；

（四）破坏桥梁山洞路基足以危害行车者；

（五）破坏机关车、客车、货车足以危害运行者；

（六）破坏铁路其他设备给以重大损失者。

第三条　有下列行为之一者，按妨害铁路军事运输治罪处以一年以上十年以下有期徒刑：

（一）私接铁路电线或窃听电话与窃收电报者；

（二）偷盗或抢劫车上物资者；

（三）偷盗或抢劫铁路主要资材及货物者。

第四条　在铁路上服务之人员有下列行为之一者，以妨害军事运输论罪处以半年以上五年以下有期徒刑：

（一）违反铁路行车章程以致造成重大事故者；

（二）违抗命令贻误运输者；

（三）利用职权违法营私致造成重大事故者；

（四）放弃职责因而造成重大事故者。

第五条　第三条第四条各项之犯罪其意图在于对铁路进行破坏者，按第二条治罪。

第六条　第二条第三条之未遂犯减刑一半，从犯酌予减刑。

第七条　犯罪未遂或已遂而悔悟自首并举发同谋者，减刑或免除其罪刑。

第八条　对于第二条第三条所列各项之现行犯任何人均有权逮捕，逮捕后送交军事代表或护路部队交铁路特别军事法庭处理之，对第四条各项之罪行任何人均有举发权，由其直属机关扣押之，送交铁路军事特别法庭处理之。

第九条　本条例之修改权解释权属于东北民主联军总司令部。

第十条　本条例自公布之日起实行，有效期为半年，依情况得延长或废止之。

资料来源：《东北铁路导报第十七号》

行车事故处理规则（草案）

1950年5月1日

第一章　总　则

第一条　铁路运输必须成为正确和优良工作的联动机，它的精准性，应该像完好的钟表机件一样，不断的工作及无事故的工作。因此必须在办理行车中将安全和效率结合起来，才能办好人民铁路。

第二条　为了保证无事故的工作，所有铁路职工，尤其领导干部，必须不断的对怠工现象、破坏劳动纪律和违反规章制度的人们，进行强烈的斗争。

第三条　铁路人员，必须提高政治警觉性，时时提防外部的，或内部的隐藏着的敌人的破坏，保证国家人民的生命和财产。

第四条　为了有组织的防止事故发生，就必须进行下列各项工作：

1. 积极提高劳动纪律和生产纪律，彻底执行各项有关行车规则办法及上级命令；

2. 对所发生之事故，要加以分析，并及时的研究消灭事故的组织上技术上和设备上的办法，使其及时实现；

3. 详细的并及时的从政治上组织上技术上和设备上，调查事故发生之原因，和事故的责任者对其进行适当之惩诫，对防止事故有功人员进行适当奖励；

4. 统计各种事故作有系统的研究，并不断的进行防止事故教育。

第二章　事故种别

第五条　按事故之性质，损失之程度及对行车的影响，分为重大事故、大事故、恶性事故、一般事故、停车晚点事故五种：

一、重大事故

1. 列车冲突：列车互相或与车辆冲突，造成下列情况之一时

甲　旅客列车（包括混合列车运送人员之列车以下同此）与列车发生冲突时；

乙　牺牲人员或使人员遭受重伤；

丙　影响正线行车超过一小时时；

丁　机车动车或客货车辆破损程度有一辆需要大修或两辆以上需要中修时；

戊　路线毁损长达200公尺及以上需要大修时；

己　列车或车辆在横道口或线路上与其他交通车辆（人力车脚踏车除外），发生冲突其结果造成乙丙丁各项损害之一时。

2. 车辆冲突：凡造成上款乙丙丁戊己各种情况之一时

3．列车脱轨：造成下列情况之一时

甲　旅客列车在区间或在车站脱轨，延误行车超过一小时时；

乙　其他列车在区间内或在车站脱轨超过一小时，延误本列车或其他列车运行超过二小时时；

丙　牺牲人员或使人员遭受重伤时；

丁　凡因列车脱轨致有颠覆时；

戊　路线毁坏长达 200 公尺及以上需要大修时。

己

4．车辆脱轨：凡造成上款乙丙丁戊己各种情况之一时

注：凡列车之机车或车辆摘解后，因上煤水，转向，及调车等作业，而脱轨时，按车辆脱轨处理。

5．列车车辆火灾：列车车辆发生火灾，招致下列损害之一时

甲　旅客列车在区间内或在车站因火灾延误旅客列车运行超过一小时，其他列车或车辆在区间内或在车站因火灾延误旅客列车运行超过一小时，延误本列或其他列车超过二小时时；

乙　车辆烧损需要大修程度时；

丙　牺牲人员或使人员遭受重伤时。

6．阻碍行车：凡妨碍行车或线路破损及故障合于下列情况之一时

甲　凡因天灾及不可抗力之原因，影响行车超过三小时时；

乙　凡因人为的原因影响行车超过一小时时。

二、大事故

1．列车冲突：凡不够重大事故程度时

2．车辆冲突：车辆冲突造成下列情况之一时

甲　影响正线行车超过三十分钟时；

乙　机车或车辆破损程度有一辆需要中修或两辆需要修理时；

丙　路线毁损长达 200 公尺及以上需要中修，或不足 200 公尺需要大修时；

丁　机车或车辆与其他交通车辆（人力车脚踏车除外）发生冲突，造成上列各种情况之一时。

3．列车脱轨：造成下列情况之一时

甲　旅客列车在区间内或在车站脱轨延误行车超过三十分钟时；

乙　其他列车或车辆在区间内或在车站脱轨延误旅客列车行车，超过三十分钟，延误本列车或其他列车超过一小时时；

丙　路线毁损长达 200 公尺需要中修时。

4．车辆脱轨：凡造成上款乙丙二种情况之一时

5．列车车辆火灾：造成下列情况之一时

甲　旅客列车在区间内或在车站因火灾延误行车超过三十分钟时，其他列车在区间内或车站内因火灾延误旅客列车行车三十分钟，延误本列或其他列车超过一小时时；

乙　车辆毁损需要中修时。

6. 阻碍行车：凡妨碍行车路线破损及故障合于下列情况之一时

甲　凡因天灾及不可抗力之原因影响行车超过一小时时；

注：不足上述时间限度时按一般事故处理。

乙　凡因人为的原因影响行车三十分钟以上时。

注：不足上述时间限度按一般事故处理。

三、恶性事故

1. 列车脱轨：不够重大事故程度时；

2. 列车冒进信号：指冒进常置信号机及其故障时应显示的手作信号；

3. 超越警冲标；

4. 挤道岔；

5. 车辆冲突；

6. 车辆脱轨；

7. 车辆溜走；

8. 列车分离；

9. 违法发车：列车通路未行准备即行发车时；

10. 违法接车：列车通路未行准备即行接车时；

11. 违法进入闭塞区间：凡未携带行车凭证及携带异区间行车凭证开入闭塞区间时；

12. 乘务员漏乘：指漏乘或另派以及因乘务员迟到致延误行车时；

13. 违法办理闭塞：未按规定办理闭塞手续及误交行车凭证；

14. 违法办理信号：指违法办理常置信号机及其故障时应显示的手作信号；

15. 违法运转：违反规章或命令运转时；

16. 机车破损故障：延误旅客列车超过十分钟其他列车超过二十分钟时；

17. 动车破损故障；

18. 车辆破损故障；

19. 车辆燃轴：影响行车或因而摘解时（机车动车燃轴时按机车动车破损故障处理）。

四、一般事故

1. 列车发生火灾：不够大事故时；

2. 妨害行车：由于人为的原因（包括人、畜、车、马）影响或妨害行车时；

3. 线路破损故障：凡因天灾或不可抗力致线路破损故障（包括水、雪、土、沙等）影响行车时；

4. 缺乏煤水；

5. 分割运转；

6. 机车破损故障：延误旅客列车时，或延误其他列车超过十分钟时；

7. 动车破损故障；

8. 车辆破损故障；

9. 风管破损故障；

10. 闭塞装置破损故障：影响行车时（行车凭证丢失按本项处理）；

11. 信号装置破损故障：影响行车时；

12．给水设备故障：影响行车时；

13．死伤：指由于列车或车辆运转而致死伤者，轻伤尚能行动者除外。

五、停车晚点事故

1．列车停车：因有命令者除外

2．列车晚点：有以下情况时除外

甲　为办理人员乘降，调车，上煤水，装卸货物等业务，旅客列车晚点十分钟以内，混合列车晚点二十分钟以内，其他列车晚点三十分钟以内时；

乙　于两站间运缓十分钟以内时；

丙　依调度命令办理时。

第六条　凡同时合于两种以上事故时，应按前条规定顺序最前者办理之。

第三章　事故通报

第七条　重大事故或大事故发生时之通报：

一、站长当重大事故发生时（在站内根据实际情况，在区间内根据列车乘务员报告），应迅速以调度电话或其他电话向调度员速报。

速报事项如下：

甲　事故发生之月日时分；

乙　事故种类；

丙　事故发生地点（区间、公里、公尺）；

丁　发生事故列车车次、机车型号、牵引车数及吨数；

戊　事故概况及推定原因；

己　人员死亡及车辆损坏情况；

庚　是否需要救援列车及起重机。

二、调度人员接到站长电话速报时，应立即报告该管调度主任，调度主任除向分局长、管理局长及有关部门负责干部速报外，并应在半小时内用电话向铁道部或总局调度员速报之。

如需要救援列车时，应立即通知救援列车责任值班员出勤，并以命令执行之。

第八条　恶性事故、一般事故及停车晚点事故发生时之通报：

遇发生恶性事故、一般事故及停车晚点事故时，站长应根据实际情况或列车乘务员报告，立即向该管调度员报告之。列车中途发生事故，如乘务员不及时在前端站亲自报告时，得请站长转报。

第九条　分局调度主任将当日事故概况内容，详加整理，即时向管理局调度员报告之。

管理局调度主任将当日所有重大事故、大事故及恶性事故概况内容，详加检查（事故原因损害程度）向铁道部或总局调度员报告之或补充之。调度员妥为记录后交总监察室或总监察分室。

管理局或分局之调度主任必须将事故情况向所管局长会报，并将记录交该局级监察室。

第四章　事故之调查及处理

第十条　事故调查委员会：

于重大事故或大事故发生后，管理局长或其代理人依事故情况组织事故调查委员会，管理局长或其代理人为主任委员，监察室主任为副主任委员，偕同有关负责人员及监察人员，政治部代表，分局长及其有关负责人员，监察人员，铁路公安处代表及有关段长，立即搭乘救援列车或单机前往事故现场，精确调查事故发生原因，及造成事故的过失者，并其他一切必要材料。

遇有性质严重之重大事故及大事故时，为慎重处理起见，管理局长或分局长应驻事故现场指导。

第十一条 事故调查委员会之现场调查工作：

事故调查委员会到达事故现场后，须根据各委员视察的结果，及调查各方面当事人员所得的情况，并技术设施之状态（车辆线路及信号等），用各种方法测验其技术标准，在调查过程中应确定事故发生的原因，将各种事项记载于行车事故初步现场记录簿内（附表式一）。

本记录簿为基本证件，应由委员会主任及各委员与参加之公安代表等签名，并以抄件一份交监察人员。

在调查中，委员会要在政治方面特加注意，须办清该事故是否由于反动行为，恶意阴谋之敌人有意造成。

当事故原因及责任者，已经判明或完全恢复行车之后，事故调查委员会应及时向铁道部部长或总局长拍发下列事项之电报：

甲 事故发生之月日及时刻；

乙 事故发生地点（区间、公里、公尺）；

丙 事故列车车次，机车型号，牵引车数及吨数；

丁 事故原因；

戊 关于死伤损害情形及建筑物破坏情况；

己 事故关系人及责任者；

庚 行车中断时间；

辛 损失概况估计；

壬 区间及车站全部开通恢复正常行车时间。

将上述情况报告后，委员会方可出现场返回。

第十二条 重大事故及大事故，经前条组成之委员会，以在事故现场所调查之材料为依据，须在事故发生后之四日内，由管理局长会同监察室主任召开会议，由发生事故之分局长及管理局各处长及政治部代表与公安处代表及监察委员参加，对所汇集之材料，进行审查。

会议中应根据现行各法令及一切规程，按记录格式作出总结，指出发生原因及责任者之姓名，确定奖惩办法提出事故预防对策，及各种组织上、技术上的防止办法，于三日内报告总局长转铁道部长并抄送总监察室或分室等有关部门。

第十三条 铁道部长或总局长接到前条报告时，应会同总监察或副总监察，及各部门关系负责人员对事故处理经过，及管理局长所拟之各种组织上、技术上之防止办法加以研究批判，或加以修正补充，并以命令施行之。

第十四条 凡重大事故或大事故其性质及损害情况，不甚严重，在短期时间内，即可恢复时，可不组织委员会，由管理局长，或分局长指示当地负责首长，担任复旧工作，当地首长应负责将事故原因，详细调查，作成记录，于事故复旧后二日内，向管理局长或分局长呈报之，管理局长应指出事故发生原因决定奖惩办法，及防止措施，作出总结，于事故发生后七日内，报告总局长转铁道部长、总监察室或分室。

第十五条　恶性事故之调查工作，由分局长或其指定人员负责进行（未设分局地段由管理局长另行指定），依一切调查材料作成行车事故报告（附表式二），对各种组织上、技术上防止办法，及责任者之奖惩意见，于三日内呈报管理局长及监察室。

管理局长接到报告，应会同监察室主任，对所拟各项办法，详加考核，予以修正或补充，以命令施行，并以抄件报告铁道部部长或总局长。

第十六条　一般事故及停车晚点事故之调查及处理：

一般事故及停车晚点事故发生时，由现地负责首长调查处理，并将事故发生原因，处理经过情形，防止对策及对责任者之处理意见等，于三日内作成书面报告（即行车事故报告），呈送管理局长或分局长。

分局长对所提出之报告，应同监察室人员加以研究分析，遇有不当之处予以修正补充，呈送管理局长，管理局长收到报告，认为有必要时，得另行抄呈铁道部长或总局长。

第十七条　对事故之处理上，遇有涉及二个及以上单位，责任纠缠不清，或原因调查不明时，应由各级监察室负责人员作最后决定。

第十八条　对事故件数之统计，不论所发生事故的责任属于何局，其件数统计于发生地所管局内。

第五章　日报，旬报，月报

第十九条　关于行车事故之报告，应照下列规定办理：

一、日报　管理局长应将每日所发生之事故以书面向铁道部长或总局报告之（附表式三）。但重大事故，大事故及恶性事故应优先照本规则第七条、第九条规定办法通报。

二、旬报

1．北方、南方各铁路管理局暂不填报。

2．东北各管理局长将旬计件数于旬末之翌日，向总局长以电话记录报告之。

3．总局应于每旬后三日内，汇总向铁道部长报告之。

三、月报　管理局长应于翌月七日以前，将上月份管内行车事故件数概况及简单分析资料（如典型事故及防止对策），向铁道部长或总局报告之（月报附表式五）。

分局长应于翌月三日前将月份管内发生事故件数及概况向管理局长报告之。

1950年5月1日实行。

新中国成立后颁布的安全法规

中华人民共和国铁道部令

铁监余〔1958〕第33号

为了贯彻党的鼓足干劲、力争上游、多快好省地建设社会主义的总路线，使铁路运输工作，全面满足工农业大跃进的需要，必须保证运输安全，彻底消灭事故，除了采取种种预防性措施以外，还必须对已经发生的大小事故，认真地从政治上、制度上、技术上和设备上详加研究调查，分析原因，采取防止重复发生的措施。因此，认真的处理事故，是各级领导同志的重要任务之一。

现将铁路行车事故处理规则（草案）根据群众路线及下放的精神，进行了必要的修正。主要的有强调了用发动群众，鸣放辩论，召开现场会议的方法处理事故；事故调查委员会的组成，由铁路局具体规定等等。希全路各级领导同志，组织有关人员进行学习，并在工作中，认真贯彻执行。

铁路行车事故处理规则自1959年1月1日起正式实行。同时废止铁监〔1957〕字第36号部令。

一九五八年十二月十五日

铁路行车事故处理规则

第一章　总　则

第一条　铁路运输业的性质，就决定了它只有在行车安全的基础上，才能保证多快好省地完成运输任务。安全运输是党和国家的政策，是铁路经营管理的原则。保证行车安全，是铁路工作人员极其重要的政治、技术及经济任务。

第二条　为使铁路不间断及无事故地工作，各部门之间，机车车辆与线路及其他技术设备之间，必须保持高度的协调性。全体铁路工作人员，应具有高度的纪律性，严格执行行车制度。

第三条　铁路技术管理规章及其有关的规则，是保证行车安全和协调准确地完成运输任务的基本法规，也是铁路职工劳动纪律的基本法规，全体铁路工作人员必须认真地贯彻执行。

第四条　全体铁路工作人员，必须经常地对违反规章制度、破坏劳动纪律的现象和行为，进行严肃和不妥协地斗争。必须提高警惕防止可能的破坏，保护人民的生命和国家的财产。

第五条　凡由于违反技术管理规程及其有关的规则与命令，破坏劳动纪律，技术设备上的不良或破坏行为等招致行车上有人员伤亡及铁路财产受到损害，或影响行车，以及虽未造成损害后果，而严重危及行车安全的，均作为行车事故。

第六条　为了严肃地处理与有效地防止事故，各部门和单位必须：

1．对所发生之事故，从政治上、制度上、技术上和设备上详加调查研究，充分依靠和发动群众，通过鸣放辩论，分析原因，制定防止对策，不使同样事故重复发生；

2．对防止事故有功者，应予以奖励。对事故责任者，则应予以教育或一定的处分；

3．对已发生的事故，必须按本规则规定的时间及时调查处理完毕。对推脱责任及拖延处理的单位和人员，应予以批评或处分；

4．对各种事故作系统地统计，分析掌握其规律，并不断进行防止事故的教育。

第二章　事故分类

第七条　按照事故的性质、损失程度及对行车的影响，分为重大事故、大事故、恶性事故和一般事故四类：

1．重大事故

（1）凡旅客列车于区间或车站内：

甲　发生冲突；

乙　发生脱轨。

（2）凡其他列车、调车或机车车辆在整备作业中；

甲　发生冲突造成人员死亡；

乙　发生冲突造成机车或客车大破一辆；货车报废一辆或大破两辆时；

丙　发生冲突造成区间内正线或车站行车完全影响其他列车满2小时；

丁　发生脱轨造成人员死亡；

戊　发生脱轨造成：机车或客车大破一辆；货车报废一辆或大破二辆；

己　发生脱轨造成区间内正线或车站行车完全中断影响其他列车满2小时。

（3）其他（虽非由于冲突脱轨所引起，但有严重损害后果，铁路局长认为有必要时）

2．大事故

凡列车（旅客列车除外），调车或机车、车辆在整备作业中：

甲　发生冲突造成人员重伤；

乙　发生冲突造成：机车或客车中破一辆。货车大破一辆或中破二辆；

丙　发生冲突造成单线区间内正线、复线中之一线或车站完全中断满2小时；

丁　发生脱轨造成人员重伤；

戊　发生脱轨造成：机车或客车中破一辆；货车大破一辆或中破二辆；

己　发生脱轨造成单线区间内正线、复线中之一线或车站完全中断满2小时。

3．恶性事故（虽未造成损失后果或其损失后果不够重大、大事故者）

（1）向占用线上接入列车；

（2）在未准备妥当的进路上接入列车；

（3）在未准备妥当的进路上发出列车；

（4）向占用区间发出列车；

（5）列车冒进信号；

（6）列车越过警冲标；

（7）以错误的占用区间许可发出列车。

4. 一般事故（其性质及损害后果不够重大、大、恶性事故者）

（1）车辆溜入区间或站内；

（2）发生冲突或脱轨时：

甲　列车冲突；

乙　列车脱轨；

丙　调车冲突；

丁　调车脱轨。

（3）挤岔子；

（4）因错办或未及时办理信号，招致列车停车；

（5）关闭折角塞门发车；

（6）因机车蒸汽不足或操纵不当，招致列车在区间内停车；

（7）机车于区间内或中间站发生破损需要更换；

（8）列车中机车、车辆制动装置（底架下部悬挂的）脱落或车辆制动装置脱落；

（9）列车发生分离；

（10）制动装置不良，列车发生自然制动或缓解不良耽误列车时；

（11）线路或桥隧不良，招致列车、机车、车辆脱轨；

（12）对施工地区或区间内停车列车未设停车信号防护或防护不正确；

（13）动车或重型轨道车发生破损故障耽误其他列车；

（14）使用轻型车辆，或单轨小车耽误列车；

（15）列车运行中货物坠落；

（16）凡机车发生破损故障耽误列车：

甲　轮轴；

乙　弹簧；

丙　传动装置；

丁　其他配件。

（17）凡车辆发生破损故障耽误列车：

甲　轮轴；

乙　转向架；

丙　燃轴；

丁　其他配件。

（18）凡线路设备发生折损不良耽误列车：

甲　钢轨；

乙　道岔；

丙　燃轴；

丁　其他配件。

（19）凡信、集、闭塞发生破损故障，耽误列车：

甲　信号；

乙　集中；

丙　闭塞。

（20）其他事故：

甲　列车与其他交通工具发生冲突；

乙　塌方落石耽误列车；

丙　停车列车忘交或错交凭证耽误列车；

丁　忘记准备授受器或忘记交接凭证耽误列车；

戊　道岔或信号装置冻结耽误列车；

己　区间内障碍物耽误列车；

庚　有关行车值班人员睡觉、漏乘、迟延耽误列车；

辛　铁路局认为上述以外造成的行车事故。

第三章　事故通报

第八条　遇发生重大、大事故，按下列办法通报之：

1．在区间内发生，由车长（无车长时为司机）立刻报告列车调度员。如不可能，应报告最近车站值班员转报列车调度员及有关站长。

在站内或段管线内发生时，则由车站站长或段长直接报告列车调度员。报告事项如下：

（1）发生的月、日、时、分；

（2）发生地点（区间、公里、公尺）；

（3）发生事故的列车种类、车次、机车型号、牵引辆数、吨数及关系人员；

（4）事故概况及原因；

（5）人员死伤及机车、车辆、线路损坏情况；

（6）是否需要救援列车及起重机。

2．列车调度员接到现场通报后，除立即报告值班员外，如需要救援列车出动时，应立即通报下列人员：

（1）救援列车主任及救援队长；

（2）值班调度科长；

（3）车务（运输）段长；

（4）公安段长；

（5）站长（如不由站长转报）并转告铁路公安驻在所长；

（6）机务段长；

（7）车辆段长；

（8）工务段长；

（9）电务段长；

（10）办事处主任。

3．管理局值班调度科长接到报告后，应立即将事故情况和采取恢复区间列车运行的措施，报告下列人员：

（1）铁路局长；

（2）有关副局长；

（3）安全监察室主任；

（4）公安处长；

（5）有关业务处长；

（6）铁道部调度员。

4．铁道部调度员接到铁路局重大事故通报后，应报告有关单位。

5．有关重大、大事故的通话，值班电话员得掐断一般用户电话路，尽先接通。

第九条 遇发生恶性及一般事故时，按下列办法通报之：

1．在区间内发生时，由车长（无车长时为司机）或施工领导人立刻报告车站站长，站长转报列车调度员。

在站内发生时，由站长直接报告列车调度员。

在段管线内发生时，由段长直接报告列车调度员。

报告事项应按前条所列的必要内容。

2．列车调度员接到报告后，除积极采取措施外，并应立即报告值班主任。值班主任并应通报下列人员：

（1）恶性事故：

甲 车务段长；

乙 公安段长；

丙 有关段长、队长；

丁 办事处主任；

戊 安全监察室主任；

庚 铁道部调度员。

（2）一般事故：

甲 有关站、段、队；

乙 公安段；

丙 办事处；

丁 有关业务处；

戊 行车安全监察室。

第十条 列车调度员对每件行车事故，除用电话通报外，并将事故当时真实情况作成行车事故概况（行监报—1）随时抄报行车安全监察室。

各业务处接到行车事故报告后，均须记入行车事故概况内，并进行调查了解，将详细情况和原因提供行车安全监察室，另以电话报告主管业务局。

铁路局行车安全监察室应将重大、大及恶性事故的详细情况报告铁道部安全监察室。

第四章　事故调查及处理

第十一条　行车事故发生在区间内，由车长（无车长时为司机）会同有关人员及时对机车、车辆、线路及其他设备进行检查，作成记录，共同签字后，由车长将详细情况按第8、9条通报之。如情况比较简单，可以及时恢复行车时，则迅速采取措施恢复行车。如系重大、大事故时，车长应将记录提交事故调查委员会。

事故如发生在站内或段管线内时，由站长或段长会同有关单位或人员按上述规定办理之。

每件行车事故发生后，必须作成行车事故报告（行监报—2）。在区间内或中间站时，由车长（无车长时为司机）、施工领导人或站长向所属单位提出。在特、一等站，段管线内时，由站长或段长作成之。

第十二条　重大、大及恶性事故由铁路局处理。重大事故报铁道部审查，大事故报部核备。一般事故由有任免权限的站、段、队（无任免权限的车站由车务段）处理，并报铁路局核备。

重大、大事故的调查及处理程序

第十三条　遇重大、大事故发生时，须由现场事故调查委员会，迅速赶赴现场。该事故调查委员会之组成，由铁路局另行规定之。

当事故调查委员会到达现场后，应首先督促迅速恢复行车，同时作好下列工作：

1．根据事故发生的具体情况，分组或共同进行检查，作成现场调查的记录（参照附件一重大事故、大事故调查参考项目），由工务部门绘制现场情况详细图，必要时拍摄照片；

2．对事故地点前后300公尺的线路应进行详细检查；

3．对机车、车辆、线路及其他设备等配件，如有缺损，应找出物证。同时更须注意是否由于破坏。

4．对事故关系人员分别进行调查，令其写出书面说明或口头叙述（由事故调查委员会指定人员作成记录）；

5．检查各种技术文件等编制和填写的正确性、必要性应将其（或用抄件，由单位主管签字）附入现场调查记录。

6．根据调查资料，进行研究分析，依据规章，初步判断原因及责任，及时拍发“事故电报”（拍发办法附后）。

第十四条　铁路局接到重大、大事故通报后，铁路局长或副局长应即组成事故调查委员会率同公安处长、有关业务处长、安监室主任、安全监察及有关人员赶赴现场，听取现场事故调查委员会汇报后，除指挥督促迅速恢复行车并对事故发生的情况、原因、责任等进行深入地详细检查了解，积极地完成第13条规定的事项。

重大事故的处理，须由铁路局长或副局长在现场充分依靠和发动群众，展开鸣放辩论，召开现场会议进行处理。并指定责任部门人员就地协同现场事故调查委员会整理有关资料（事故报告、现场调查记录、现场情况图、事故关系人书面说明或口述记录、会议记录及有关原始资料），带回铁路局，由主责任部门主稿备文连同上述资料（复制二份）会同关系部门及安全监察室会签后，呈局长签字。在事故发生后七日内将一份报部，一份备查，原底稿送回主要责任单位或单位存查。

如情况复杂，未能在现场处理时，则由现场事故调查委员会在返回后及时召开会议，对事故原因进一步研究分析，并拟定防止对策和对事故有关人员奖惩意见，确定责任，由主要责任单位或关系责任单位主稿各文件附有关资料（内容同上款）复制三份，经由主任委员、副主任委员签字后，于事故发生后五日内报铁路局两份（底稿由责任单位或关系单位存查），铁路局于接到报告后，应及时召开事故处理会议（必要时由有关人员参加），并于接到报告七日内报部一份。

重大、大事故，由铁路局处理后，即以局长命令公布之。如系他局或工厂责任时，应按第 19 条规定的办法办理之。

第十五条 铁道部接到重大事故通报后，有必要时，亦应由有关业务局及安全监察室派员前往现场进行调查。

铁道部接到事故报告后，召开事故审查会议。同意管理局处理时，不作批复。如有异议时，由主要责任部门或关系部门主稿，在会议后三日内批复之。大事故应由主要责任部门及有关业务部门与行车安全监察室定期召开会议研究对策。

恶性事故的调查及处理程序

第十六条 于恶性事故发生后，则由站长（区间的由车长）将当时真实情况作成简要记录，由关系人员签字后发车，并按第 11 条规定作成行车事故报告（行监报—2）连同简单记录报所属段、队转送责任单位，特、一等站直接送责任单位（如系本站、段责任时，不转送）。责任单位应立即通知有关单位和人员参加（必要时责任单位在接到通报后前往现场调查了解），通过群众鸣放辩论，研究分析事故原因和人员奖惩意见，并拟定防止对策，作成会议记录。将事故报告、会议记录及有关原始资料复制一份（如系他局责任时复制二份），于接到事故报告或事故发生后三日内报送管理局。

第十七条 有关业务处接到事故通报后，必要时处长应即组织有关人员会同行车安全监察室前往事故现场或责任单位进行深入调查或处理。

铁路局于接到事故报告后，应由主管业务处长召开事故处理会议，按重大、大事故处理办法处理，并于五日内以局令公布之。

一般事故的调查及处理

第十八条 遇一般事故发生时，除按第 11 条规定作成或提出行车事故报告（行监报—2）外，并按下列规定处理之：

1. 属于本站段队的责任事故时，由该站、段、队长经调查了解后召开事故处理会议，由有关单位或人员参加，通过群众鸣放辩论，研究分析原因，决定责任和有关奖惩事项以及防止对策，处理公布之。如不属于本站、段、队的责任事故时，应即将事故报告及有关原始资料转送责任单位，按上述规定处理公布之。

2. 站、段、队单位于接到事故报告经研究分析后，如认为不是自己责任事故时，应邀请有关单位研究找出主要责任单位，如通过会议尚纠缠不清不能在现场解决时，则应备文具明理由，检附原始资料报送主管业务处，经主管业务处审核后，如仍确定为该单位责任事故时，应即将原材料批回原单位按规定手续处理公布之。如经主管业务处调查了解研究分析后，认为不属于本部门的主要责任事故时，应召集有关业务处及行车安全监察室现场有关单位人员调查研究分析原因，确定责任，提出防止对策，由主要责任业务处批复责任单位按规定手续处理公布之。

3. 站、段、队单位于事故发生后或接到事故报告后，经调查研究分析，认为确属其他责任（不属于铁路责任事故）时，将事故报告及有关原始资料报送有关业务处，有关业务处接到事故报告后，应会同行车安全监察室，进行调查研究确定后，由铁路局派员前往责任部门研究解决之。

4. 责任单位，于事故发生后或接到行车事故报告后，应于五日内处理完毕，并作成事故处理报告（行监报—3）二份，一份报送安全监察室，另一份及有关原始资料抄本一份（如系他局负责任时复制二份）报送主管业务处核备（原始资料由责任单位存查），由主管业务处将行车事故处理报告一份转送行车安全监察室。

管理局之间与管理局和部属工厂之间的事故处理

第十九条　事故发生局，应细致慎重地调查研究分析，通过会议确定他局或工厂责任后，应按各类事故的处理办法办理，并分别报部或转送责任局或工厂。

1. 遇重大、大事故发生时，发生局应先拍发电报通知责任局或工厂，说明事故发生情况和原因。邀请责任单位派员参加事故处理会议。如双方难确定责任单位时，则由责任单位按重大、大事故处理之。如不能确定时，则由责任事故发生局按照规定手续报部二份，由铁道部审核批复责任局或工厂（附原始资料一份）并抄送发生局。必要时由铁道部召集双方研究确定之。责任局或工厂接到批复后，按重大、大事故处理办法处理。并将处理结果报部核备。

2. 恶性及一般事故，由发生局主管业务处于接到现场事故报告后，应立即会同有关业务处和安全监察室进行细致慎重的调查研究分析，并通过会议始得确定局或工厂责任，由主管业务处主稿公文，详细叙明事故发生情况和原因，并检附原始资料一份与安全监察室会签后转送责任局安全监察室或工厂。责任局安全监察室或工厂应立即按恶性或一般事故调查处理办法处理公布之。

第二十条　行车事故如判明有政治性破坏问题时，由公安部门处理之。

第二十一条　事故损失之赔偿及人员之奖惩，根据各级行车事故审查处理会议办理。

第二十二条　遇有性质恶劣和损害严重的事故，应于发生后，将事故造成的原因与防止对策及时通报全局，必要时由铁道部通报全国，并督促现场有关职工进行学习讨论。

附重大、大事故电报拍发办法。

略……

第五章　行车事故的统计、分析及总结报告

第二十三条　各特、一等站及段、队，均应备制行车事故记录台账，记载有关每件行车事故之发生月、日、时间、地点，关系人员姓名，事故经过及原因以及处理日期和人员奖惩与采取之行动措施。定期分析总结，组织所属职工进行学习讨论。

第二十四条 铁路局行车安全监察室，每天应将前一日发生的行车事故情况及件数用电话报告铁道部行车安全监察室。各级行车安全监察部门，应将每日发生的行车事故记入行车事故件数统计表（行监报—4）内。

第二十五条 铁路局各业务处，于月、季、年度末，应作成行车事故统计分析总结，报铁道部业务局并抄送铁路局安全监察室。

铁路局行车安全监察室，须按月、季、年度作成行车事故统计表报告（行监报—5）报送铁道部安全监察室。

铁路局须于每季度末，将全局的行车安全工作情况，总结报告铁道部。

第二十六条 行车事故统计数字、责任部门及原因等，均依铁路局行车安全监察室之记载为主体。事故责任涉及两个以上部门或单位时，应将件数列入主要责任部门或单位统计内。

行车事故件数之统计，不论事故的责任属于何局或工厂，均列入事故发生局统计内。

每日行车事故件数的统计，按照前日18时起至当日18时止计算之。

第二十七条 未交付运营的工程线路的行车事故处理办法，由铁路局自行规定掌握。

安全监察工作十六条

铁监刘〔1961〕字第1259号

一、坚决贯彻党的安全生产方针，狠抓“安全正点、四爱、五员”运动

监察人员必须积极完成“监察工作规则”中所规定的各项任务，坚持“预防为主，防治结合”的安全工作方针、群众路线的工作方法和实事求是、踏踏实实的工作作风，积极维护党的安全生产方针政策、国家法令和铁路基本规章制度、命令措施的正确执行。

根据铁道部党组提出的争取二月好转，三月正常，第二季度巩固提高，在全路建立起新的运输生产秩序，把运输生产推向更高水平的指示，全体监察人员要围绕“安全正点、四爱、五员”运动，认真监督检查下列几个部令和指示的贯彻执行。安全措施十六条：消灭接发列车和调车事故二十五条措施；二十条爱车措施；机务紧急措施二十五条及十一条；出库指示；车辆工作十二条紧急措施；加强线路质量十条指示；电务工作纲要十五条；铁道部党组1960年发82、131号防火防爆指示，以及客运部门的“三爱、五好、六员”运动。

二、坚决消灭重大、大事故，狠抓惯性事故

千方百计消灭列车冲突、颠覆、脱轨重大、大事故，并狠抓下列惯性事故。

车务：接发列车及调车事故；

机务：冒进信号、越过警冲标、机车破故及调车事故，消灭超速及白水表行车；

车辆：燃油及制动配件脱落事故；

工务：钢轨折断、施工作业事故；

电务：信号、连锁、闭塞质量不良及违章作业事故；

货运：货物装载不良（超限、偏装、集装、超装、堕落）、堆放距离侵入限界及火灾爆炸事故。

三、认真检查防止火灾爆炸事故措施的贯彻执行

各级监察组织及监察干部，应经常配合有关部门组织检查货场、列车的防火、防爆工作和安全与消防设备是否完整，及时堵塞漏洞，防患于未然。

四、做好防止路外伤亡事故的宣传教育

依靠地方党委领导，和公安部门密切配合，充分发挥各级组织作用，每年搞几次安全宣传教育，做到家喻户晓。同时要配合有关部门总结推广防止伤亡事故的先进经验。监察人员在检查工作时，要随时随地注意站场秩序、安全设备、道口人员的工作情况和乘务员执行瞭

望、鸣笛制度的情况，以及工务人员对线路上行人的劝阻情况，发现问题，认真解决。

五、狠抓事故分析及事故处理工作

事故分析工作要越作越细，不仅从事故件数上分析，更重要的是经常掌握管内的安全情况，包括防止事故的典型，不安全因素，事故发生和发展的规律，人员安全思想情况，造成事故责任人员的政治面貌，现职工龄等等，做到心中有数，随时向领导提出改进安全工作的意见；按规定及时提出事故统计分析表；及时向有关单位发出安全情况及典型事故通报，以便接受经验教训。

在事故处理工作上，要做到每件重大、大事故及恶性事故都能迅速查明原因；对典型事故，通过群众讨论，严肃处理，处理结果，按期上报；认真纠正处理事故中的“推、拖、赖”现象。

六、加强对事故救援工作的监督检查

救援工作必须经常处于战斗准备状态，保持人员、组织的完整，材料工具的齐备，经常组织训练与演习，以便一旦发生事故时，把事故损失压缩到最小限度。对各地救援队组织要经常训练、检查；对有关行车员工要有计划地进行救援知识的教育和训练。

七、监督检查规章制度的贯彻执行

通过监督检查，认真贯彻技术管理规程、负责制、验收制及有关安全的规章、制度、命令、措施、办法。对于一贯认真执行规章制度，从而安全生产成绩优良的集体或个人，应加以表扬鼓励；对于纪律不严，明知故犯，屡教不改的人员，建议有关领导，进行批评或处分，在广大职工中，树立起“人人遵守规章，人人反对违章”的良好风气。

监察人员要经常研究现行的规章制度中在保证安全方面是否不健全或有漏洞，特别是在实践中发现问题时，及时提出修改意见，使规章制度不断完善。

有关安全的规章制度的破立，一定要用三结合的办法，经过科学试验和领导批准手续。

八、督促技术业务教育和考试工作

监察人员每到一处，都要检查职工的技术业务学习情况，要求各基层单位对技术教育工作做到有组织，有领导，有计划，有制度，有足够的时间，内容结合实际。

对技规及有关安全的规章制度每年应组织两次考试，不合格人员，不准担当行车工作。行车有关人员的任职、提升考试制度，亦必须坚持执行。

九、抓好技术革新、技术革命运动中的安全问题

对运输生产中的革新项目如高站台、低货位、土驼峰、小站断电等等，要注意检查，发现不安全因素，向有关部门提出改进意见，直到纠正为止。

对安全生产上的关键问题，建议有关部门提出课题，发动群众，研究解决。

监督有关部门对有关安全的新技术，必须经过试验、鉴定、批准手续，方可推广。

十、大兴调查研究之风，一切从实际出发

对安全生产好、坏典型单位、车间、小组及安全生产上的重大问题，通过细致、全面的调查研究、解剖麻雀的方法，了解具体情况，找出经验教训，抓住主要矛盾，拟定具体解决办法，向有关领导提出简单、扼要、具体、有措施的调查研究报告。在调查研究中，要注意在先进单位找薄弱环节，在后进单位抓先进因素，使先进更先进，后进赶先进。

要求每个监察人员都要做专题调查研究工作；各局监察室应将具有普通意义或典型的调查研究材料，每季至少向铁道部监察室提出一个专题报告，以便交流经验，共同提高。

十一、抓生活、促生产

要关心职工生活，着重对乘务员公寓、食堂及劳逸结合情况的检查。监察人员出差时，应住在乘务员公寓，在不妨碍休息的条件下，和乘务员谈心，了解工作、生活、学习等各方面的意见与要求，积极帮助解决。

十二、大搞协作

监察部门要和业务部门搞好协作，要了解业务部门每一时期的中心工作和防止事故的步骤、措施，了解各单位安全工作中的薄弱环节，加以督促帮助，密切配合，步调一致；还要和业务部门合作，召开片会议、协作会议、安全经验交流会议。必要时，组织宣传车、安全展览会，向广大群众进行安全教育。

此外，监察部门还应做好和公安、劳动保护、工会等部门以及地方有关部门的协作，充分发挥组织作用。

十三、抓两头，带中间，推广先进经验

每一监察人员都必须清楚了解本管内、本业务系统的重点单位、关键问题和薄弱环节，经常做到心中有数，并积极主动抓住不放，千方百计采取措施，一个一个地加以解决。

各级监察室每年都要用一定的时间，抓几个生产安全的先进集体和个人，和业务部门共同巩固提高，总结经验，全面推广；还要抓几个后进单位、小组，帮助找出关键问题，加以解决，使之赶上先进。

监察部门还应和业务部门共同配合，抽调先进人物组织巡回检查和技术表演，以开展“比、学、赶、帮”的安全生产竞赛。

十四、大抓监察干部的政治、技术学习

监察干部学好政治、技术业务，特别是学好毛主席著作，是做好监察工作的重要前提。各级监察室每月都应制定监察干部的政治、技术业务学习计划，不断组织监察干部对安全生产方针政策、部、局令等进行学习，对技术管理规程要求达到精通。

每一监察干部都要善于利用工作间隙时间，像完成工作任务一样，去完成学习任务；监察室领导应该像抓工作一样，去抓学习，经常检查学习计划执行情况。同时应给予监察人员一定的时间与便利，使之参加业务部门或现场单位组织的技术业务学习，以便更好的完成监察任务。

十五、在监察工作中开展评比竞赛

各级监察室要在一定时期进行评比，开展社会主义劳动竞赛。①比思想好。②比工作好。③比学习好。④比“一包三交”活动好。⑤比执行三大纪律八项注意好。

十六、坚持政治挂帅，大走群众路线

为了做好上述各项工作，更好地保证安全运输、安全生产，最根本的一条就是坚持政治挂帅，贯彻群众路线。

监察工作必须在党的领导下，围绕党的中心任务开展工作。主动的、经常的、如实的向党反映情况，请示汇报工作，取得党的领导与支持：在监察工作中，首先要做好人的工作，不断的调查了解职工的安全思想情况，对党的安全生产方针政策的理解领会程度；坚持用“团结—批评—团结”的方法，不断向形形色色的“事故难免论”，“安全效率对立观点”、“条件论”等错误思想做斗争，坚定职工消灭事故的信心。

对安全情况不良的单位，在党的领导下，开展反事故斗争。哪里有问题，就在哪里搞安全生产群众运动：监察干部要大兴“三八”作风，通过“四同一通”、“一包三交”的方法，深入群众，深入生产第一线，倾听群众意见与要求，积极帮助解决，广泛建立健全群众性的监察组织（如监察通讯员、安全员等），使监察工作在职工群众中生根。

（1961 年 5 月 7 日发布）

安全监察工作规则

为了使安全监察工作适应铁路安全运输工作的需要，进一步明确工作的职责范围，加强监督检查，确保安全运输，重新制定“安全监察工作规则”、“安全监察证签发办法”及“安全监察指导簿制度实施办法”，希望各局认真贯彻执行。同时，将1958年9月26日铁监余〔1958〕字第30号及1961年5月8日铁监刘〔1961〕第1260号部令，予以废止。

铁道部

一九六二年七月十七日

一、总则

第一条　安全运输是铁路进行正常工作的首要条件，是运输质量的集中表现。认真执行铁路技术管理规程及有关安全的规章制度，提高职工的政治与技术业务水平，严格遵守劳动纪律，贯彻预防为主的方针，是保证安全运输的主要方法。加强监督检查，是切实贯彻规章制度，提高技术管理水平和设备质量，巩固劳动纪律，确保安全运输的重要手段。为此，特建立各级安全监察机构——安全监察室。

第二条　各级安全监察的主要任务是：监督检查有关安全的法令、规章制度的执行和劳动纪律的遵守情况；督促协助有关业务部门或单位采取措施，预防或消除一切能够酿成事故的因素；调查研究安全上存在的问题，提出改进的意见和要求；总结分析安全工作，提出综合报告和措施；参与审查有关安全的规章制度、命令措施的制度与修改工作。

第三条　各级安全监察人员，必须坚持政治挂帅，走群众路线，一切从实际出发，贯彻安全运输政策和预防为主的方针。通过严格要求和耐心说服相结合的方法，教育干部和广大职工，自觉的执行规章制度，遵守劳动纪律，不断地提高政治思想和技术业务水平，正确理解总路线多快好省的相互关系，树立牢固的安全运输思想，达到质量良好地完成和超额完成国家运输任务的目的。

二、各级监察室的职责

铁道部安全监察室

第四条　监督检查铁路总局、各铁路局、工程局、设计院、工厂及行车有关部门：

1．对国家有关安全的政策和各项法令的贯彻执行情况；

2．对铁路技术管理规程、有关行车和设备安全、路外人身安全以及客货运防火防爆的规范、规则、细则、命令、指示和措施的贯彻执行情况；

3．对线路、机车车辆行车、行车有关设备及机具的维修保养情况和列车、车辆、货场、行包、仓库防火设备的设置保管情况。

4. 对行车有关职工的技术业务教育计划的编制及其执行情况和行车直接有关职工的任职、提职、定期考试鉴定、体格检查制度的执行情况。

5. 对保证安全与遵守劳动纪律的情况以及采取防止与消灭各种事故措施的情况。

第五条 研究审查

1. 铁路技术管理规程以及以部令发布有关安全的规章制度、命令措施、运行图的编制和修改;

2. 行车有关设备、线路、机车车辆的技术履行中有关安全部分和行车安全直接有关的设计文件。

第六条 制定

1. 行车、路外伤亡、火灾事故调查处理规则、办法和安全监察有关的规章制度;

2. 安全运输工作条例和各个时期全路保证行车、路外人身安全和客货运防火防爆的综合措施。

第七条 调查研究安全上存在的关键问题，提出专题报告。

第八条 要求有关业务局及时采取防止与消灭各种事故措施，于必要时共同下现场进行重点检查。

第九条 组织有关部门调查研究分析发生的重大、大事故。

第十条 统计分析全路行车、路外伤亡、火灾事故，并提出改善要求。

第十一条 总结全路安全工作，总结推广全路的安全先进经验。

第十二条 检查指导全路安全监察工作，总结交流监察工作经验。

铁路总局、铁路局安全监察室

第十三条 监督检查各业务处、办事处、站、段、队、厂及部直属工厂、工程队:

1. 正确执行国家有关安全的政策和各项法令;

2. 正确执行铁路技术管理规程以及铁道部发布的有关行车和设备安全、路外人身安全和客货运防火防爆的规章制度、命令措施;

3. 正确执行铁路局发布的有关安全的规章制度、命令措施;

4. 加强线路、机车车辆的有关设备及机具的养护维修，使其经常保持完好状态。对机车、车辆、货场、行包、仓库防火设备的设置保管、经常保持齐全良好。

5. 经常有效地对行车有关职工进行技术业务教育和安全技术教育，不断提高技术业务水平。

6. 正确地执行直接与行车有关职工任职、提职、定期考试鉴定及体格检查制度:

7. 及时采取保证各种安全和遵守劳动纪律的有效措施，预防和消除各种不安全因素:

8. 按规定及时正确地处理行车、路外伤亡和火灾事故:

9. 乘务员公寓的食宿条件和清洁卫生情况。

第十四条 研究审查:

1. 各业务处(科)制定的与技术管理规程及铁道部发布的规章命令有关的规则、细则、单位办法中有关安全条款和指示的编制和修改;

2. 以铁路总局、铁路局名义提出的运行图编制资料以及发布的有关安全命令、指示和措施；

3. 各业务处（科）对行车有关职工日常的技术业务与安全技术的教育有关的设计文件。

第十五条　制定铁路总局、铁路局各个时期行车、路外人身安全和客货运防火防爆的综合措施。

第十六条　经常深入现场检查安全工作，发现问题应即要求有关部门或人员采取措施加以解决。调查研究安全上存在的关键问题，提出专题报告。

第十七条　督促有关业务处及时防止与消灭各种事故的措施。

第十八条　参加调查行车重大、大事故、检查救援工作。

第十九条　经常研究部、局的规章、命令，现有行车技术设备、劳动组织与工作制度情况，发现不合于安全条件的问题，提出改进意见。

第二十条　统计分析行车、路外伤亡、火灾事故情况，提出改善要求。

第二十一条　总结全局安全工作。督促有关部门总结、推广安全单位、小组及个人的先进经验。

第二十二条　组织指导安全监察通讯员工作。

工程局和办事处监察室

第二十三条　各工程局、临管处和属于一级组织的办事处监察室的职责，各在其所管辖范围内，比照铁路局监察室职责办理。

三、各级安全监察室的人员与工作条件

第二十四条　各级安全监察室应根据职责范围和业务量大小，适当设置主任、副主任，并配备车务、机务、车辆、工务、电务、客货、教育以及路外人身安全的专业监察（其中，机务、车辆监察兼管工厂、工务兼管工程）还要配备事故分析工作人员。定员数由各铁路局按业务量大小决定。

第二十五条　各级监察人员，应具有下列条件：

铁道部总监察及副总监察由局级、主任监察由处级干部担任；铁路局监察室主任由处级或处级以上干部、各监察由科级或科级以上干部担任；属于一级组织的办事处监察室主任由副处级或科级、监察由科级或股级干部担任之。

第二十六条　安全监察人员执行职务时，给予以下工作条件：

1. 乘坐各种列车（包括机车、守车、轨道车）免予签证手续；

2. 使用各种电话、电报；遇有紧急事故时，可以使用特急电话或拍发特急电报；

3. 在执行职务时，准许其出入有关场所；

4. 通过单位领导，参与或召集各单位的有关安全会议；

5. 食宿乘务员公寓；

6. 在执行职务时可向有关部门查阅案卷、记录、表报。借用必要的工具及仪表。要求指派适当人员协助工作；

7. 对违反规章纪律，危及安全的人员，要用严格要求和耐心说服相结合的方法，纠正其

行为，对情节严重者，有权立即停止其工作，或交由其所属单位领导议处；

8. 对严重危及行车安全的机车、车辆、线路、设备，向有关部门负责人员提出改正意见或扣留、封闭、并追究责任；

9. 在劳动保护及检查测量用品、工具上，应由铁路局总长、铁路局长根据地区情况，比照现职职工规定劳动保护用品和给予必要的工具，以保证顺利进行工作。

10. 铁路局业务监察的住宅，应根据要求，安设电话。

四、安全监察室的总结、报告制度

第二十七条 各级安全监察室应于下列日期，按时提出季度、半年、年度工作总结。

1. 安全工作总结（包括事故分析及监察工作总结）每季度一次（第四季度不作），于季度后十五日前报部安监室；年度的安全工作总结应于次年一月十五日前报部监察室。

部安全监察室于次年一月末以前提出年度安全工作总结。

2. 铁路局安全监察室对有关安全的先进方法、先进经验以及重大问题的调查研究，应随时向部提出专题报告。

3. 铁路局的专业监察，每季度将部门的安全情况分析，抄报部专业主任监察。

中共中央关于加强安全生产的通知

中发〔1970〕71号

各省、市、自治区党的核心小组、革命委员会，各大军区，各省军区，各军，各总部、军、兵种党委，国务院各部党委的核心小组：

在伟大领袖毛主席“抓革命、促生产、促工作、促战备”方针的指引下，一个生产建设新高潮正在蓬勃兴起。在新的生产高潮中，全国大多数企业、事业单位的安全生产情况是好的。但是，今年以来，特别是下半年以来，有些地方，不断发生重大事故。例如，煤矿冒顶、透水、瓦斯爆炸，车间、仓库失火，火车翻车、撞车，船舶撞碰、沉没、火药爆炸，设备损坏等，给人民的生命财产造成严重损失，在政治上带来不良影响。这是一个必须引起各级领导十分重视的政治问题。

造成这些事故的原因，有的是受无政府主义思潮影响，合理的安全生产制度遭到破坏，劳动纪律松弛，各行其是；有的是阶级敌人垂死挣扎，趁机破坏，进行报复。关键的问题是，有些领导干部，怕字当头，不敢抓安全生产；也有些领导干部，骄傲自满，忘乎所以，漫不经心。他们对人民的生命财产采取不负责任的官僚主义态度，对阶级敌人的破坏活动，麻痹大意，丧失警惕。特别是中央和各省、市、自治区的主管部门，在事故发生前，既不进行安全生产教育，事故发生后，又不认真检查原因，总结经验，采取有效防范措施，也不向中央作出检查处理的报告，以致事故不断发生。

伟大领袖毛主席教导我们：“在实施增产节约的同时，必须注意职工的安全、健康和必不可少的福利事业。”我们一定要以对革命、对人民高度负责的精神，教育群众把革命的冲天干劲和科学态度结合起来。群众的干劲越大，越要关心群众生活，注意劳逸结合，加强安全生产，以保证增产节约运动更加健康地向前发展。为此，中央要求：

一、各级党组织、革命委员会和国务院有关部门，要把安全生产摆在重要日程上。接此通知后，要结合本地区、本单位斗、批、改运动发展情况，对安全生产作一次深入的思想教育和认真的检查，查思想，查纪律，查制度，查领导，总结经验教训，针对当前存在的问题，作出切实有效的规定，坚决贯彻实行。

二、各企业、事业单位及其领导机关，要充分发动群众，彻底批判无政府主义倾向，克服忽视安全生产和违反安全制度的现象。要对工人特别是新工人，加强安全生产知识和遵守劳动纪律的教育。安全生产，人人有责。要建立群众性的安全生产组织，定期进行安全大检查，堵塞漏洞，防患未然。对要害部位，更须严加管理和保卫。要把安全生产作为“四好”运动评比的重要内容之一。

三、所有企业、事业单位，在斗、批、改中，对原有的行之有效的安全制度和质量检查制度，一定要坚持，不要破掉。需要改变的，也要采取慎重态度。破旧立新，要经过试验。

各级领导机关和企业领导人，要认真抓典型，好的表扬，坏的批评，总结推广先进经验，尽快地把安全生产制度建立和健全起来。

四、严格组织纪律。今后对一切违反安全生产制度，不遵守劳动纪律，工作不负责任，以致造成的重大事故，必须分别情况，追究责任，情节严重的以党纪国法论处。

五、对阶级敌人制造的破坏事故，公安部门一定要追查破案。要结合“一打三反”运动，发动和依靠群众，寻根究底，查个水落石出。对证据确凿的反革命分子，要坚决予以打击。

中央要求，各省、市、自治区和国务院有关部委党的核心小组，各大军区、省军区、各军、各总部、军兵种党委在今年年底以前，将贯彻执行本通知的情况，作一专题报告。

附：国家计委汇编的“一些重大事故的材料”

（本通知发至县、团级和企业、事业单位，附件只发省、军级。）

中共中央

一九七〇年十二月十一日

中共中央关于加强铁路工作的决定

中发〔1975〕9号

各省、市、自治区党委，各大军区、省军区、野战军党委，中央和国家机关各部委领导小组或党的核心小组，军委各总部、各军兵种党委：

无产阶级文化大革命以来，在各级党委的领导下，经过铁路部门广大干部和群众的共同努力，铁路的运输、生产和建设都取得很大成绩。但是，铁路运输当前仍然是国民经济中一个突出的薄弱环节，不能适应工农业生产发展的需要，不能适应加强战备的需要。为了迅速改变这种状况，中央特作如下决定：

一、全国所有的铁路单位，都必须坚决贯彻执行毛主席提出的“还是安定团结为好”的方针，认真学好毛主席最近关于理论问题的重要指示，弄清楚无产阶级为什么必须对资产阶级实行专政，坚持党的基本路线，落实十届二中全会和四届人大提出的各项任务。各级领导干部要带头学习，并且帮助广大职工学好。要把这个学习同批林批孔紧密结合起来。认真坚持抓革命、促生产、促工作、促战备的方针，掀起社会主义建设的新高潮。

二、实行全国铁路以铁道部领导为主的管理体制。毛主席曾经指出：“中央的部门可以分成两类。有一类，它们的领导可以一直管到企业，它们设在地方的管理机构和企业由地方进行监督；有一类，它们的任务是提出指导方针，制定工作规划，事情要靠地方办，要由地方去处理。”铁路是国民经济的大动脉，跨越省区，贯通全国，各个环节紧密联系。铁路又是国防建设的重要组成部分，带有半军事性质。我们党对铁路工作的领导，历来是强调集中统一的。无产阶级文化大革命期间，铁路实行全面军事管制，对运输畅通起了重要保证作用。现在，中央重申：全国铁路必须由铁道部统一管理，铁路运输必须由铁道部集中指挥，铁路职工必须由铁道部统一调配，铁路的政治工作和运输指挥工作必须统一起来。

成立铁道部党委，加强铁道部政治部。铁道部所属各铁路局、工程局、设计院的党的思想政治工作，由铁道部党委和所在地的省、市、自治区党委双重领导，以铁道部党委领导为主。没有设铁路局的省、市、自治区内的铁路分局，党的思想政治工作由铁路局党委和所在地的省、市、自治区党委双重领导，以铁路局党委领导为主。

铁道部所属各企业、事业单位的干部，由铁路部门的党委实行分级管理。这些单位领导干部的任免调动，由铁道部党委与有关省、市、自治区党委协商后负责办理。属于中央管理的干部，其任免调动由铁道部党委报中央审批。

三、省、市、自治区党委要继续加强对铁路工作的领导。改进铁路管理体制，地方的任务并没有减轻，大量工作还要地方党委去做。各铁路单位的政治运动和地区性的社会活动，仍由有关省、市、自治区党委统一部署。各铁路单位的党的思想政治工作，省、市、自治区党委要继续抓紧抓好。对于当前极少数问题较多，严重影响全国铁路运输的单位，有关的省、市、自治区党委必须采取有力措施，限期加以解决，不能再拖。要组织好铁路部门同当地厂矿企业和港口的协作配合，组织好装卸和短途运输，并在人力物力等方面给铁路以积极的支援。

铁路部门要更好地依靠地方党委，牢固树立同地方商量办事的作风，搞好同沿线群众的关系。铁路部门的运输生产，要在保证完成国家计划的前提下，注意地方的利益，主动支援地方，积极承担地方的运输和生产协作任务。

四、建立健全必要的规章制度，加强组织性纪律性，确保运输安全正点。要发动群众，首先把岗位责任制、技术操作规程、质量检验制度、设备管理和维修制度等建立和健全起来。这些制度，是搞好铁路运输，搞好生产建设，保障国家财产和客货运输安全所必需。没有不行，有了不执行是不允许的。要坚持政治挂帅，做好思想政治工作，使各项规章制度的执行，成为广大群众的自觉行动。对不合理的规章制度，要有领导、有步骤地加以改革。

所有铁路职工，都要做好本职工作，个人服从组织，下级服从上级，一切行动听指挥。领导干部、共产党员和共青团员，要成为遵守纪律的模范。对在抓革命、促生产中表现好的职工和单位，要给予表扬。表现不好的，要进行批评教育。对于少数资产阶级派性严重、经过批评和教育仍不改正的领导干部和头头，应该及时调离，不宜拖延不决，妨害大局。对严重违法乱纪的要给予处分。

五、整顿铁路运输秩序，同各种破坏行为作斗争，加强无产阶级专政。铁路运输是否畅通，关系到发展国民经济和加强战备的全局。任何人都不准以任何借口妨碍正在进行指挥、调度和各种勤务的工作人员的正常工作。阻拦火车、中断运输、损坏列车和铁路设施，都是违法的，必须坚决制止。情节严重的，要严肃处理。对少数职工利用职权，内外勾结，搞资本主义的行为，必须坚决反对，严肃批判。要警惕阶级敌人的破坏活动。对制造事故、杀人抢劫、煽动停工停产、煽动哄抢物资、盗窃铁路器材的现行反革命分子和坏分子，要坚决打击，依法惩办。各地党委要认真掌握党的政策，严格区分和正确处理两类不同性质的矛盾。要充分发动群众，并组织当地驻军、公安机关和路社联防组织，维护铁路运输秩序，保障运输安全畅通。

中央号召，全国铁路职工要刻苦攻读马列和毛主席著作，认真执行党的基本路线，坚持“鞍钢宪法”，深入开展工业学大庆的群众运动，鼓足干劲，力争上游，为社会主义革命和社会主义建设，做出新的贡献。

中共中央

一九七五年三月五日

关于确保行车安全的命令

〔1979〕铁安监字244号

部属各单位：

一九七八年全路安全情况不好。特别是十二月十六日，在陇海线杨庄车站发生了一件极为严重的旅客伤亡事故，伤亡人数之多，政治影响之坏，是建国以来罕见的。

粉碎“四人帮”以来，抓纲治路，虽然取得很大成绩，但是在铁路管理方面还存在不少缺点、弱点和漏洞。突出的是企业管理不善，基础工作薄弱，劳动纪律松弛，有章不循、违章不究的现象很普遍。杨庄事故就是一次大暴露。如不采取果断措施，类似事故还有可能发生。各级领导干部和全体职工，对此必须有清醒的估计和足够的认识。为了顺利实现把全党的工作着重点转移到社会主义现代化建设上来，必须“一面整顿，一面前进”，继续狠批林彪、“四人帮”破坏铁路安全、破坏劳动纪律的罪行，认真搞好各方面的整顿，落实政策，按劳分配，安定团结，稳定局势。调动广大职工的积极性，以对人民生命财产极端负责的精神，积极采取技术组织措施，确保行车安全，特别是保证旅客列车的绝对安全。

为了确保行车安全，除继续贯彻执行铁道部党组〔1978〕铁党字 71 号文件提出的十项紧急措施外，特此命令：

一、牢固树立安全第一的思想

当前，安全问题是一个非常突出的薄弱环节，它对铁路运输的破坏性极大，直接威胁全党工作着重点的转移。各级领导要经常教育职工懂得安全问题就是质量问题，牢固树立安全第一的思想。党政工团都要把对职工的安全教育放在首位，把政治工作和经济工作统一起来，要求人人关心安全，人人保证安全。铁道部和铁路局的报纸，都要宣传安全第一的重要性，及时报导安全动态。宣传部门要编写有关安全生产的宣传材料。通过深入的政治思想教育，使广大职工确立对国家人民生命财产极端负责的观念，在确保行车安全的前提下，努力提高运输效率。对机车乘务员、列车调度员、车站值班员、运转车长、调车组人员、检车员、扳道员、信号员、道口看守工等主要行车工种，由铁路局普遍进行严格的政治审查、技术考试和体格检查，不符合条件的，坚决调离或组织培训。新录用的工人，首先进行安全教育和技术训练，考试合格，方能上岗操作。铁道部各业务局和铁路局现行各项规章制度中，凡是安全规定不完善的，都要在一九七九年内修改和补充。每年春秋两季，全路要普遍进行安全大检查，凡危及行车安全的设备，要限期修复，计划、物资等有关部门都要安排落实。

二、加强安全管理，狠抓基层工作、基础工作和基本功训练

安全管理制度，是工人在长期生产实践中用血的代价换来的。凡没有安全管理制度的，必须在一九七九年上半年建立起来。已经建立的，必须严格执行。不完善的，要迅速修改和

补充。领导干部带头违反安全规章制度的，就是对国家人民生命财产不负责任的失职行为，群众有权揭发检举。

为了确保行车安全，要求：运输部门教育行车有关职工正确办理闭塞，确认列车进路，正确开放信号，绝对保证接发列车安全；继续贯彻《调车作业四项纪律十六项注意》，大力消灭调车惯性事故。机务部门要教育机车乘务员加强机车出入段检查，认真执行十六字呼唤应答制度，切实加强瞭望，并正确使用机车自动停车装置、机车车内信号和列车无线通信，擅自拆除者要受处分。车辆部门要教育列检人员严格执行列车技术检查，快检细修，不许互放技术不良车。货运人员和运转车长要严格检查货物技术装载状态，对装载不良的货车要及时处理，不得随意放行。工务部门要认真检查线路桥隧技术状态，提高维修质量，严格执行昼夜巡道制度，及时消除隐患；城市繁忙道口应有步骤地改成立体交叉，无人看守道口应积极发展自动信号装置，每年列入计划，逐步改造；现有无人看守道口中行人车辆通过量大的，要增设道口看守工。电务部门要会同有关部门迅速研究，逐步解决列车隔开设备，对全路机车安装机车自动停车装置、机车车内信号和列车无线通信，并检查全路信号、联锁、闭塞装置的技术状态，及时消除故障。工程部门在线路施工中，必须按章防护，卸料不准侵入限界。

大力加强对职工的技术培训工作。铁道部和铁路局都要按业务系统举办干部技术业务训练班，处级干部由铁道部各业务局训练，科级以下干部由铁路局训练，自一九七九年起一、二年内分期分批轮训一遍。全路各基层单位都要组织职工学习专业技术，举办各种短期技术训练班，开展技术表演赛，苦练基本功。今后，各铁路局、各工程局、各工厂对所属干部和工人每年都要进行一次技术考核，不合格的要补考。

要加强各级安全监察机构，充实定员，提高质量。铁道部决定在一、二年内轮训铁路局和分局的专业监察人员，并对他们的专业技术、救援常识，进行考试，不合格的要补考。监察人员每年要有三分之二的时间深入现场。各级领导要大力支持监察人员的工作，不许随便调离，不许抽调他们搞非本职工作。铁道部运输、机务、车辆、工务、电务、基建、工业等业务局及各铁路局、工程局、工厂的有关业务处，今年上半年都要设置专职管安全的人员。

一九七九年上半年，铁道部各业务局要对与行车有关的工种制定并公布应知应会范围和技术等级标准。

大力加强基层工作。从站段领导到班组长，都必须把安全管理放在首位。基层单位要建立健全安全组织，把专业管安全同群众管安全结合起来。各铁路局、各工程局、各工厂都要制定安全员管理办法，加强领导，充分发挥安全员的作用。

三、加强质量管理，提高设备质量

没有质量，就无法保证安全。各级领导要逐级负责，把好质量关。机车、车辆、线路、桥隧、通信、信号、固定锅炉和受压容器等技术设备的制造、修理和养护，都要认真执行规章，提高工艺水平，严格验收交接制度。不合格的产品不计产值，不计产量，不得出厂，不得交付使用。要实行包修包换包赔制度。由于产品质量不合格造成责任事故的，由修造单位承担责任，赔偿损失。情节严重的，要逐级追究领导责任。

加强科学技术研究，开展技术革新活动。特别是机车车辆制造工厂，要对机车车辆的惯性薄弱环节，如列车制动问题等，采取措施，限期改进。要积极采用保证行车安全的各种新技术、新设备。对引进的先进技术设备，各业务局要制定技术管理办法，建立岗位责任制，培训技术骨干，制定安全操作细则，保证设备经常处于良好状态。

四、克服官僚主义，改进领导作风

安全好不好，关键在领导。各级领导抓生产必须首先抓安全。当前，有的领导干部心有余悸，怕字当头，不敢抓安全；有的弄虚作假，搞形式主义，破坏了党的实事求是的优良传统；有的对安全生产漫不经心，对人民生命财产采取不负责任的官僚主义态度。要求铁路局长、分局长要亲自管安全，并指定一名副局长协助局长专职管安全。党委要把安全生产提到重要议事日程上。

要狠抓薄弱环节。对事故较多的单位，要派人检查帮助，限期改进，必要时要调整领导班子；对沿线小站、工区要加强领导，具体帮助，扎扎实实地解决实际问题，消灭漏洞和死角。

要突出一个"严"字。发生重大、大事故，铁路局要立即报告铁道部，铁路局长或副局长要亲自调查处理，坚持"三不放过"。发生列车事故，铁路局长要向铁道部写出书面检查报告，必要时亲自到部汇报。恶性事故由分局长或副分局长亲自调查处理，必要时要扩大升级处理。一般事故由站、段长亲自调查处理。隐瞒事故的，必须追究责任，给予纪律处分。

要整顿救援列车。建立严格的管理制度，配齐人员。工具和设备，补充大吨位救援起重机，加强救援队伍的技术培训和演练。救援列车要经常处于待命状态。铁道部机务局对整顿和加强救援列车工作要做出全面规划，切实解决存在问题。

要关心职工生活。注意行车有关人员的劳逸结合，办好公寓、食堂和浴室。在发展生产的基础上，逐步改善职工的物质福利待遇。

五、安全生产要奖惩严明

为了确保安全，必须根据党的十一届三中全会精神，彻底肃清林彪、"四人帮"的流毒，坚持按劳分配的原则。对主要行车人员，根据其安全成绩、劳动态度、技术高低、贡献大小等基本条件，由人事局制定适当办法，优先或越级提级提薪。

铁道部和铁路局都要制定安全奖惩办法。在学大庆群众运动和安全正点、优质高产社会主义劳动竞赛中，命名大庆式企业，评选优胜单位，都要把安全列为首要条件。不论是综合奖或单项奖，都必须首先审查安全好坏。凡安全不好的铁路局，施工质量差的工程局，产品质量低的工厂，都要酌情扣减企业基金。

广泛开展百日无事故活动。铁路局、分局要消灭行车重大、大事故。各基层单位对主要行车人员都要建立安全功过记录簿，作为职工考核、提职、升级的依据。实现百日安全的单位，根据安全奖惩办法，给予荣誉奖和物质奖；对防止事故有功人员，要酌情给予一次性奖励。对于在安全生产上有特殊贡献或长期保持安全无事故的先进集体和个人，除给予物质奖励外，还要给予适当的荣誉称号。铁路局应每年评选一次安全先进单位、班组和个人，召开安全生产经验交流会，大张旗鼓地表彰先进。

发生事故必须严肃处理。凡玩忽职守、违反规章造成责任事故的，都要给予纪律处分；有的要适当追究经济责任；情节严重的，要依法惩处，并逐级追究领导责任。基层班组和个人的各项奖励，要把安全作为首要条件，凡是出了责任事故的，一切奖励都要取消。

要抓早、抓小，抓事故苗子。各铁路局、各工程局、各工厂都要规定事故苗子范围，对事故苗子要追究责任，严肃处理。

一九七九年第一季度，各局都要发动群众，整顿纪律，克服无政府主义，认真执行规章制度，群策群力，为迎接第二季度全路“安全月”作好准备。第二季度，全路大战红五月，开展“安全月”活动。在“安全月”期间，各局、厂都要开展各单位、各部门之间的安全竞赛。第三季度，铁道部将召开全路安全生产经验交流会，层层选拔安全先进单位、先进班组和安全标兵，树立过得硬的安全红旗单位、班组和个人。第四季度，认真做好防寒工作，迎接冬运。

六、搞好铁路治安秩序，大力减少路外伤亡

各铁路局、分局、站、段，都要依靠地方党委，对沿线地方企业和人民群众广泛进行铁路安全常识和护路爱路的宣传教育。铁路局或分局要配备专用的宣传汽车和放映设备，编写宣传提纲，组织宣传图片，常年深入沿线进行宣传。各级工会组织都要把对职工的文娱活动和对路外群众的安全宣传结合进行。

加强法制教育，搞好路社联防。对破坏铁路运输，制造事故，盗窃、倒卖铁路器材的犯罪分子，要依法严惩，并选择典型案例，公判处理，以震慑敌人，伸张正气，使铁路沿线保持一个良好的治安秩序。

各铁路局，各工程局和设计院（基建总局归口），各机车车辆工厂（工业总局归口），各通信信号工厂（电务局归口），以及其他各工厂（按业务系统归口），都要根据上述各条，结合实际情况，制定具体贯彻措施，于一九七九年第一季度内专题报部。要经常检查本命令的执行情况，每季向铁道部书面报告一次，并抄报铁道部政治部和中华全国铁路总工会。

中华人民共和国铁道部

一九七九年二月十四日

行车安全监察工作规则

1984年10月9日

第一条　铁路是国民经济的大动脉，必须做到畅通无阻，四通八达，安全正点，当好先行。安全状况是管理水平和工作质量地综合反映。是铁路为人民服务根本宗旨的首要标准。铁路具有高度集中，半军事化，各个工作环节紧密联系和协同动作的特点，保证安全是铁路准确、迅速、协调地进行运输生产活动的重要条件，是关系到四化建设速度和人民生命财产安全的严肃的政治问题。为维护铁路行车安全法规的实施，保证运输安全，在各级组织、各业务部门坚持安全第一，加强安全管理的同时，必须实行严格的监察制度。为此，在铁道部、铁路局（工程局）和铁路分局设置行车安全监察机构。

第二条　在铁道部、铁路局和铁路分局分别设置行车安全监察机构。各级行车安全监察机构是维护行车安全法规的监督机关，其任务是：贯彻预防为主的方针，对行车安全工作实行严格的监察，维护行车安全法规，以促进路风建设，保证安全正点、优质高产地完成运输任务，提高经济效益。

行车安全监察机构对行政领导、同级业务部门、各行车有关单位和行车有关人员执行行车安全法规的情况行使监察职责。

第三条　铁道部行车安全监察机构的职责

1．监督检查各铁路局、工程局、设计院、工厂及行车有关部门贯彻执行党和国家有关安全生产的方针、政策、法令、指示和规章制度等情况。

2．监督检查铁路技术管理规程、有关行车安全（包括行车有关防火防爆，以下同）、路外人身安全、事故处理等规章制度、命令、措施的贯彻执行情况，督促有关部门加强质量管理和安全管理。

3．监督检查各种行车设备、防火防爆设备的养护维修和定期修理，以及保证行车安全的先进技术设备的发展情况。

4．监督检查行车直接有关人员的培训教育、考核，督促有关部门、单位采取有效措施，提高行车有关人员的素质。

5．监督检查有关部门、单位防止路外人员伤亡工作情况。

6．参与对《铁路技术管理规程》和有关行车安全的规章制度、命令、措施以及列车运行图的编制和修改。

7．制定铁路行车事故处理、铁路行车路外伤亡事故处理和行车安全监察工作有关规章制度。

8．参与审查行车设备新建、改造中有关行车安全部分和行车安全直接有关的设计文件。

9．根据各个时期的情况，调查研究，提出搞好行车安全的指导性措施；针对关键问题，提出专题报告和建议；要求有关部门及时采取防止和消除行车和路外伤亡事故的措施；会同有关部门，总结推广安全生产经验。

10．组织有关部门调查处理性质严重的行车重大、大事故：研究处理有争议的或铁路局处理不当的行车重大、大事故。

11．统计分析全路行车事故和路外伤亡事故，总结全路行车安全工作。

12．检查全路行车安全监察工作，总结交流经验；组织行车安全监察人员的培训。

13．检查乘务员公寓的食宿条件、清洁卫生及乘务员遵守公寓制度等情况，发现问题向有关单位提出改进意见。

第四条 铁路局行车安全监察机构的职责

1．监督检查铁路局管辖内所属部门、单位及部属工厂贯彻执行上级领导机关颁发的安全生产方针、政策、法令、规章制度、指示和措施情况，监督检查在铁路局管内运行的外单位列车、机车、车辆、动车和轨道车，以及在管内施工的工程局、处、段（队）有关行车安全情况。

2．监督检查铁路局发布的有关行车安全的规章制度、命令和措施贯彻执行情况，督促有关部门加强质量管理和安全管理。

3．监督检查各种行车设备、防火防爆设备的养护维修和定期修理，以及确保行车安全的先进技术设备的安装、使用、管理和维修情况。

4．监督检查行车直接有关人员的培训教育，任职、提职，技术考核鉴定及体格检查情况。

5．监督检查有关部门、单位防止路外人员伤亡工作情况。

6．参与制定、修订《行车组织规则》，审查有关行车安全的各种细则办法和作业标准。

7．参与审查行车设备新建、改造中有关安全部分和行车安全直接有关的设计文件和施工计划，监督检查贯彻执行情况。

8．根据各个时期的情况，调查研究，提出搞好行车安全的措施；对发现的不安全问题，向有关单位提出要求，限期解决；重要问题，向领导提出专题报告；会同有关部门总结推广安全生产经验。

9．督促有关部门，根据不同时期的情况，及时采取预防性措施，保证安全。

10．参加调查分析铁路行车重大、大事故，研究处理管内有争议的或铁路分局处理不当的事故；督促有关单位按照“三不放过”的原则及时正确地处理事故；监督检查有关事故救援的工作。

11．统计分析全局行车事故和路外伤亡事故，总结全局行车安全工作。

12．检查乘务员公寓的食宿条件、清洁卫生及乘务员遵守公寓制度等情况，发现问题向有关单位提出改进意见。

工程局安全监察机构中有关行车安全的职责，可参照铁路局行车安全监察机构的职责办理。

第五条 铁路分局行车安全监察机构的职责

1．监督检查铁路分局管辖内所属部门、单位执行上级机关颁发的安全生产方针、政策、法令、规章制度、指示和措施情况，监督检查在铁路分局管内运行的外单位列车、机车、车辆、动车和轨道车，以及在铁路分局管内施工单位的行车安全情况。

2. 监督检查分局发布的有关行车安全的规章制度、命令和措施贯彻执行情况，督促有关部门加强质量管理和安全管理。

3. 监督检查各种行车设备、防火防爆设备的养护维修和定期修理，以及确保行车安全的先进技术设备的安装、使用、管理和维修情况。

4. 监督检查行车直接有关人员的培训教育，任职、提职，技术考核鉴定及体格检查情况。

5. 领导路外安全宣传车（队）的工作，经常深入地进行防止路外伤亡的宣传工作；参加调查处理重大路外伤亡事故；监督检查有关单位防止路外伤亡工作情况。

6. 参与审查有关行车安全的细则、办法和作业标准。

7. 参与审查管内的施工方案和安全措施，监督检查贯彻执行情况。

8. 深入基层调查研究，及时提出防范措施；要求有关部门及时解决存在的问题；会同有关部门总结推广安全生产经验。

9. 督促有关部门，根据不同时期的情况，及时采取预防性措施，保证安全。

10. 参加调查处理铁路分局管内的险性事故和有争议的一般事故；监督有关部门、单位按照“三不放过”的原则及时正确地处理事故；监督检查有关事故救援的工作。

11. 统计分析铁路分局管内行车事故和路外伤亡事故，总结铁路分局行车安全工作。

12. 检查乘务员公寓的食宿条件、清洁卫生及乘务员遵守公寓制度等情况，发现问题，督促主管单位及时解决。

13. 检查指导基层单位安全工作人员和班组安全员的工作；配合有关部门，总结交流经验。

第六条　铁路局、铁路分局行车安全临察机构分别由铁路局长、铁路分局长领导，在监察业务上同时受上级行车安全监察机构领导。

1. 铁路局、铁路分局行车安全监察机构负责人的任免和调动，应事先征求上一级行车安全监察机构的意见。

2. 铁路局、铁路分局行车安全监察机构，对铁路局、铁路分局行政领导实行行车安全法规范围内的监督，发现有违反行车安全法规的情况，应如实地提出意见，加以纠正；如有关领导不给予正确解决，有权向上级行车安全监察机构报告，请求处理。

3. 铁路局、铁路分局对事故性质和责任的确定，以《铁路行车事故处理规则》为准，由行车安全监察机构提出结论性意见，由铁路局、铁路分局领导作出决定；如果对领导的决定有不同意见，可以向上级行车安全监察机构反映，请求予以复查处理。

4. 上级行车安全监察机构发现下级单位或下级行车安全监察机构对事故性质和责任的确定不符规定、处理不当时，有权加以纠正。

第七条　各级行车安全监察机构，除设领导人员外，并按照客货运、机务、车辆、工务、电务、教育、路外安全和综合分析等方面的业务，设置监察人员。各监察兼管工厂和工程单位。综合分析监察应昼夜值班。监察机构的人员编制，由铁路局根据具体情况，工作量大小，管辖单位多少，里程长短等，分别确定。

工程局可根据具体情况，自行确定行车安全监察人员的编制。

各级行车安全监察人员必须身体健康，具有较高的政治思想水平，熟练的技术业务知识，丰富的实际工作经验，中专或高中以上文化程度，较强的独立工作能力。

铁道部行车安全监察机构的监察人员由副处级以上干部担任。铁路局行车安全监察机构的监察人员由正科级以上干部担任。铁路分局行车安全监察机构的监察人员由副科级以上干部担任。

各级行车安全监察人员的技术职称，按国家规定办理。

各级行车安全监察人员在任命时，应注明其行政和技术级别，享受与现职行政干部和技术干部同等的政治和生活待遇。

要建立考核制度。对德才兼备，符合条件的要适时提升；对不符合条件和级别而可以培养提高的，要做出安排，加速培养；对确实不够条件的要及时调整。要不断提高监察人员的素质，并保持监察队伍的相对稳定。

第八条 行车安全监察机构的职权

1．发现作业上违反行车安全法规时，有权加以纠正；危及行车安全者，有权立即制止，必要时可临时停止其工作，并责成有关单位议处；对不适合担当行车工作的人员，有权责成有关部门予以调整。

2．对危及行车安全的技术设备，有权向有关部门提出意见，要求限期解决；情况严重，确有发生严重事故可能时，有权采取临时扣留、封闭措施，并责成有关单位紧急处理。

3．发现行车有关规程、规范、规则、细则、办法、设计文件和施工方案有违反《铁路技术管理规程》和其他行车安全法规时，有权通知有关单位予以纠正，必要时可停止其实施。

4．调查处理事故中，在确定性质和责任上有分歧意见时，由各级行车安全监察机构提出结论性意见。

5．有权建议，对违反行车安全法规或发生行车事故的责任人员和领导干部，给予处分；对在安全生产工作上做出成绩和防止事故的有功人员，给予表彰和奖励。

第九条 行车安全监察人员的工作准则

1．坚决执行党的路线、方针、政策和国家的法令，维护行车安全法规的严肃性。

2．预防为主，防患于未然。

3．执法严明，刚正不阿。

4．秉公办事，不得弄虚作假。

5．坚持原则，遵守法纪。

6．积极钻研业务，技术上精益求精。

各级行车安全监察人员如有玩忽职守，执法犯法，造成不良影响的，应给予严于其他职工的纪律处分。

第十条 各级行车安全监察人员在执行职务时，应持行车安全监察证。行车安全监察证由铁道部统一印制。铁路局行车安全监察机构负责人和监察人员的监察证由铁道部签发；铁路分局行车安全监察机构负责人和监察人员的监察证，由铁路局签发；工程局行车安全监察人员的监察证，由工程局签发。行车安全监察证遗失时，应立即通报，声明作废，由当事人写出检讨后，按规定进行请领补发。行车安全监察人员工作调动，离开行车安全监察工作岗位时，应即将行车安全监察证缴还，并由请领单位上报签发机关。

第十一条 行车安全监察人员检查发现问题时，除向当事人进行帮助教育外，必要时应将发现的问题，提出的具体要求和改进意见，填写“行车安全监察通知书”（一式三份），交当事人所属单位领导两份；对于严重隐患和比较重大的问题，由行车安全监察机构向有关单位领导发出“行车安全监察指令书”（一式三份，送有关单位二份），限期改进。有关单位领导接到“通知书”或“指令书”后必须认真对待，及时研究改进；并将改进情况填记在“通知书”或“指令书”回执页中，回复填发单位，必要时，填发单位应派人进行复查。

第十二条　各级行车安全监察人员执行职务时，给予以下的工作条件：

1. 乘坐各种列车（包括机车、守车、轨道车），并免予签证；

2. 使用各种电话、电报、遇有紧急事故时，可使用特急电话或拍发特急电报（凭发报人签字或盖章）；

3. 准予出入有关场所；

4. 通过单位领导，参加或召集有关安全会议；向有关部门和单位查阅案卷、记录、表报，借用必要的工具及仪器：要求指派适当人员协助工作。

5. 各级行车安全监察人员所需个人劳动防护用品，由各铁路局作出规定，按各该业务部门主要工种劳动保护用品范围进行发放；并根据工作需要，配备必要的检测仪表、工具、用品和其他备品，逐步采用先进的检测手段。

6. 可在乘务员公寓食宿。

7. 各级行车安全监察人员，属需随时出动工作的人员，应安设住宅电话。

第十三条　经铁路局或铁路分局行车安全监察机构商同有关单位选聘，在基层站段可设置不脱产的行车安全监察通讯员。行车安全监察通讯员有权直接向本单位领导提出行车安全中存在的问题和改进意见；有权不经过本单位领导直接向各级行车安全监察机构反映问题，在不影响本职工作的前提下完成行车安全监察机构给予的任务。行车安全监察通讯员在监察业务上受铁路分局行车安全监察机构领导。

基层站段班组设不脱产的安全员。安全员对违章违纪行为有权加以纠正，有权越级向上反映情况。安全员在业务上受铁路分局行车安全监察机构指导。

第十四条　各级领导必须坚持安全第一，把安全生产列入重要议事日程。要大力支持行车安全监察人员的工作，保证行车安全监察人员正常地行使职权，履行职责，做好监察工作。任何人不得妨碍行车安全监察人员行使职权。如发现对行车安全监察人员有打击报复行为者，必须严肃处理。要保证行车安全监察人员必要的工作条件。

第十五条　各级行车安全监察机构的总结、报告制度：

1. 按月、季、半年、年对行车安全工作进行总结（包括事故分析），除报主管领导外，并报上一级行车安全监察机构。

专业监察每半年对部门的行车安全情况进行分析总结，除报主管领导外，并报上一级行车安全监察机构。

2. 有关行车安全的重大问题和先进典型经验，除向主管领导报告外，并报上一级行车安全监察机构。

3. 各级行车安全监察机构应建立和健全计划、总结、报告、统计、分析等管理制度和资料台帐，加强基础工作。

铁路行车事故处理规则

1985年3月5日

第一章　总　则

第一条　安全生产是党和国家的一贯方针，是铁路运输的生命线。铁路行车安全的好坏，直接衡量铁路运输管理水平和各部门工作质量的主要指标之一。确保行车安全，直接关系到国家人民生命财产和社会主义现代化建设的重要问题，这是铁路职工的一项严肃的政治任务。

第二条　确保行车安全，必须加强领导，坚持把安全工作摆到各级领导的重要议事日程；加强政治思想工作，教育广大职工牢固树立安全第一、质量第一的思想；严格遵守劳动纪律，认真执行规章制度；坚持预防为主的方针，定期开展群众性的安全生产大检查，及时消除隐患；加强职工的技术培训工作，发动广大职工努力钻研技术业务，不断提高技术水平；采用新技术、新设备，搞好设备养护维修，不断提高技术设备质量；广泛深入开展增产节约运动和安全正点、优质高产社会主义劳动竞赛，对长期坚持安全生产和防止事故有功人员给予表扬和奖励。提高革命警惕，防止坏人破坏。

第三条　凡在行车工作中，因违反规章制度、违反劳动纪律、技术设备不良及其他原因，造成人员伤亡、设备损坏、影响正常行车或危及行车安全的，均构成行车事故，按照本规则处理。

第四条　发生行车事故，应采取积极措施，迅速抢救，尽量减少损失。要依靠群众，调查研究，找出原因，分清责任，吸取教训，制定对策，防止同类事故再次发生。对事故责任者，应根据事故性质和情节，予以批评教育、纪律处分，直至给以经济、法律制裁。事故性质、情节严重的，还要逐级追究领导责任。对已发生的事故，应按本规则规定的时间和要求，及时上报，严肃处理。对事故拖延处理，推脱责任，姑息纵容，隐瞒不报或不如实反映情况的，应予以严肃批评教育，直至纪律处分。

第二章　行车事故分类

第五条　按照事故的性质、损失及对行车造成的影响，分为重大事故、大事故、险性事故和一般事故。

（一）重大事故

（1）客运列车发生冲突、脱轨、火灾或爆炸，造成下列后果之一时：

甲　人员死亡三人或死亡、重伤五人及其以上者；

乙　机车中破一台；

丙　动车、客车中破一辆；

丁　货车大破一辆或中破两辆；

戊　单线或双线之一线行车中断满两小时，或影响本列车满两小时。

（2）其他列车发生冲突、脱轨、火灾或爆炸，造成下列后果之一时：

甲　人员死亡三人或死亡、重伤五人及其以上者；

乙　机车大破一台或中破两台；

丙　动车、客车大破一辆或中破两辆；

丁　货车报废两辆或大破四辆（大破两辆折合报废一辆）；

戊　单线行车中断满四小时并影响其他列车满三小时，双线之一线行车中断满四小时；双线行车完全中断满两小时。

（3）调车作业（包括机车车辆整备作业）发生冲突或脱轨，造成下列后果之一时：

甲　人员死亡三人或死亡、重伤五人及其以上者；

乙　机车大破一台或中破两台；

丙　动车、客车报废一辆或大破两辆；

丁　货车报废三辆或大破六辆（大破两辆折合报废一辆）；

戊　单线行车中断满四小时并影响其他列车满三小时，双线之一线行车中断满四小时；双线行车完全中断满两小时。

（4）由于铁路技术设备、其他临时设备破损或货物装载不良致使铁路技术设备破损，造成（2）款各项后果之一时。

（二）大事故

（1）客运列车发生冲突、脱轨、火灾或爆炸，造成下列后果之一时：

甲　人员死亡一人或重伤二人及其以上者；

乙　中途更换机车；

丙　中途摘车或货车中破一辆；

丁　重型轨道车报废；

戊　单线或双线之一线行车中断满一小时，或影响本列车满一小时。

（2）其他列车发生冲突、脱轨、火灾或爆炸，造成下列后果之一时：

甲　人员死亡一人或重伤二人及其以上者；

乙　机车中破一台；

丙　动车、客车中破一辆；

丁　货车大破一辆或中破两辆；

戊　重型轨道车报废；

己　单线行车中断满两小时并影响其他列车，双线之一线行车中断满两小时，双线行车完全中断满一小时。

（3）调车作业（包括机车车辆整备作业）发生冲突或脱轨，造成下列后果之一时：

甲　人员死亡一人或重伤二人及其以上者；

乙　机车中破一台；

丙　动车、客车中破一辆；

丁　货车大破一辆；

戊　重型轨道车报废；

己　单线行车中断满两小时并影响其他列车，双线之一线行车中断满两小时，双线行车完全中断满一小时。

（4）由于铁路技术设备、其他临时设备破损或货物装载不良，致使铁路技术设备破损，造成（2）款各项后果之一时。

（三）险性事故（凡事故性质严重，但未造成损害后果或损害后果不够重大、大事故的为险性事故）

（1）列车冲突；

（2）列车脱轨；

（3）向占用区间发出列车；

（4）向占用线接入列车；

（5）未准备好进路接、发列车；

（6）未办或错办闭塞发出列车；

（7）列车冒进信号或越过警冲标；

（8）机车、车辆溜入区间或站内；

（9）列车中机车、车辆制动梁或下拉杆脱落；

（10）列车在区间碰撞轻型车辆、小车及施工机械；

（11）烧漏机车易熔塞；

（12）其他（性质严重的列车事故经铁路局决定的列入本项）。

（四）一般事故（凡事故性质及损害后果不够重大、大事故及险性事故的为一般事故）

（1）调车冲突；

（2）调车脱轨；

（3）挤岔子；

（4）错办或未及时办理信号招致列车停车；

（5）关闭折角塞门发出列车；

（6）错误办理行车凭证发车或耽误列车；

（7）调车作业碰轧脱轨器或防护信号；

（8）列车运行中刮坏技术设备或货物坠落；

（9）列车分离：

甲　车钩破损分离；

乙　车钩自动分离；

（10）机车牵引力不足，招致列车在区间停车；

（11）机车破损故障耽误列车；

（12）机车缺乏燃料、水耽误列车；

（13）车辆破损故障耽误列车：

甲　车辆燃轴；

乙　其他配件；

（14）列车自然制动、缓解不良耽误列车；

（15）线路、桥梁、隧道设备不良耽误列车：

甲　钢轨；

乙　道岔；

丙　其他设备；

（16）水害、塌方、落石耽误列车；

（17）动车、重型轨道车故障耽误列车；

（18）使用轻型车辆、小车及施工机械耽误列车；

（19）信号、通信设备故障耽误列车：

甲　信号设备；

乙　通信设备；

（20）供电、给水设备故障耽误列车；

（21）施工、检修、清扫设备耽误列车；

（22）行车值班、值乘人员违反劳动纪律、出务迟延耽误列车；

（23）列车发生火灾或爆炸招致机车车辆破损；

（24）调车拉断车钩；

（25）调车中刮坏技术设备；

（26）滥用紧急制动阀耽误列车；

（27）擅自发车、开车、停车、错办通过或在区间乘降所错误通过；

（28）未松手闸致使列车停车；

（29）列车拉铁鞋开车；

（30）漏发、错发、漏传、错转命令耽误列车；

（31）未及时关闭道口栏木耽误列车；

（32）其他（由于违章作业或损坏设备，危及行车安全，经铁路局决定算事故的均列入本项）。

第三章　行车事故的通报

第六条　发生重大、大事故时，按下列规定通报。

（一）在区间发生时，由运转车长（无运转车长时为司机）立即报告分局列车调度员。如不可能，则报告最近车站值班员，转报分局列车调度员。在站内或段管线内发生时，由站、段长直接报告分局列车调度员。报告事项如下：

（1）发生的月、日、时、分；

（2）发生地点（区间、公里、米）；

（3）列车车次，列车种类，机车型号，牵引辆数、吨数、计长、关系人员姓名；

（4）事故概况及原因；

（5）人员伤亡情况及机车、车辆、线路损坏情况；

（6）双线区间是否影响另一线；

（7）是否需要救护车、救援列车或起重机。

如发生列车冲突、脱轨或其他严重事故，当时虽尚未判明是否算重大、大事故，亦应按本条规定通报。

（二）分局列车调度员接到事故通报后，立即报告调度值班主任。如需要救援列车或救援队时，应立即发布出动命令。分局调度值班主任，除立即报告铁路局调度值班科长外，应同时通报下列人员，迅速赶赴现场：

（1）救援列车主任及救援队长；

（2）分局长、有关副分局长；

（3）公安分局（处）长；

（4）分局安全监察室主任、有关科长；

（5）有关车站站长及车务、列车、客运、机务、车辆、工务、电务、供电等段段长和医疗单位负责人。

有关车站接到事故通报后，应立即通报有关铁路公安派出所。如发生列车火灾或爆炸事故时，还应立即通报消防部门。

（三）铁路局调度值班科长接到事故通报后，立即报告铁路局长、有关副局长、安全监察室主任、有关业务处长、公安局（处）长及铁道部调度员。

（四）铁道部调度员接到事故通报后，立即报告值班处长。值班处长报告铁道部长、有关副部长、行车安全监察室主任、有关业务局长及公安局长。

（五）有关重大、大事故的通话，登记时向电话员声明，按紧急通话办理。

第七条 发生险性及一般事故时，按下列规定通报：

（一）在区间发生时，由运转车长（无运转车长时为司机）或施工领导人立即报告分局列车调度员。如不可能，则报告最近车站值班员，转报分局列车调度员。在站内或段管线内发生时，由站、段长直接报告分局列车调度员，报告事项同第六条（一）项内容。

（二）铁路分局列车调度员接到事故报告后，及时向有关领导及有关单位通报，并向铁路局列车调度员报告。如需要救援列车或救援队时，应立即发布出动命令。

第八条 铁路局、分局列车调度员应将每件行车事故及时填写“行车事故概况”（安监报—1），同时抄送铁路局、分局安全监察室。铁道部调度员接到重大、大事故报告后，及时填写“行车事故概况”并通知部行车安全监察室。发生重大、大事故时，各级安全监察部门及有关业务部门应将详细情况及时逐级报告上级主管业务部门。

第四章　行车事故的调查和处理

第九条 重大事故由铁路局调查处理，并报铁道部。大事故由铁路分局调查处理，涉及两个局（厂）时，由铁路局调查处理。重大、大事故涉及两个局（厂）意见不一致时，由铁道部审查裁处。险性事故由铁路分局调查处理，涉及两个分局（工程、大修部门）时，由铁路局审查裁处。一般事故由有任免权限的基层单位调查处理，涉及两个分局（工程、大修部门）时，由铁路局裁处。涉及本分局两个基层单位时，由分局裁处。

第十条 重大、大事故发生后，在铁路局、分局事故调查处理委员会到达现场前，由分局指定的车站会同有关单位组成事故现场临时调查处理小组。其任务是抢救伤员，尽快开通线路，作好救援准备工作，勘察现场，保存可疑证物，查找事故线索及原因，作成记录，向铁路局、分局事故调查处理委员会报告。

第十一条 铁路分局接到重大、大事故通报后，立即组成以铁路分局长或副分局长为主任委员，安全监察室主任为副主任委员，有关科长和公安分局、分处长为委员的事故调查处理委员会，迅速赶赴现场，组织指挥有关人员，积极抢救伤员，采取措施，迅速恢复通车，同时必须做好以下工作：

（一）勘察现场，详细检查机车、车辆、线路及其他设备，作成记录。由工务部门绘制现场示意图，公安部门摄影录像、保护、勘察现场、调查访问，如技术设备破损故障时，应保存其实物。

（二）如事故发生地点的线路遭到破坏，无法检查测量线路质量，则应对事故地点前后各一百米的线路质量进行检查测量，做为衡量事故地点线路质量的参考依据。

（三）对事故关系人员分别调查，由本人写出书面材料或口头叙述（由事故调查处理委员会主任指定人员代笔记录并经本人签字）。

（四）检查有关技术文件的编制、填写情况，必要时将抄件附在调查记录内。

（五）提高警惕，注意是否有人破坏的迹象。

（六）根据调查结果，初步判定事故原因及责任，及时向铁路局详细汇报并向铁路局及铁道部拍发“重大、大事故电报”（电报格式如附件一）。

第十二条 铁路局接到重大事故通报后，立即组成以铁路局长为主任委员，安全监察室主任为副主任委员，有关处长和公安局长、处长为委员的事故调查处理委员会，迅速赶赴现场，进行调查处理。

第十三条 发生重大、大事故的基层责任单位，应于事故发生后三日内向分局提出重大、大事故报告（四份）。铁路分局应于接到基层单位的重大、大事故报告后，由事故调查处理委员会主任委员召开事故处理会议，分析原因，判明责任，制定防止措施，对重大事故提出处理意见，对大事故做出处理决定，然后由责任业务部门（无责任业务部门时为关系业务部门）主稿重大、大事故调查处理报告（附详细的现场调查材料抄件），于十五日内报铁路局（三份）。大事故报铁路局核备。如涉及到铁路局任免的干部处分或认为分局对大事故处理不当时，由铁路局主管安全工作的副局长召开会议，做出决定，于七日内批复。

铁路局接到分局重大事故调查处理报告后，由局事故调查处理委员会主任委员召开事故处理会议，分析原因，判明责任，作出处理决定，制定防止措施，于七日内批复铁路分局。同时由责任业务部门（无责任业务部门时为关系业务部门）主稿重大事故调查处理报告（连同详细的现场调查材料抄件），于七日内报送铁道部（两份）核备。大事故由铁路局审查后报部（两份）核备。

铁道部接到铁路局重大、大事故调查处理报告后，如涉及到铁道部任免的干部处分或认为对事故处理不当时，由主管安全工作的副部长召开事故审查会议，作出决定于九日内批复。

第十四条 重大、大事故发生局如初步判明系他局或铁路工厂责任时，应立即发出电报通知责任局或工厂，说明事故情况及原因。责任局或工厂接到电报后应立即派员参加事故调查处理会议。如双方意见一致时，作出会议纪要，然后由责任单位按重大、大事故处理办法处理；如双方意见不一致时，由事故发生局将事故调查资料及双方意见连同事故报告报送铁道部（两份），由铁道部审核。必要时由铁道部主管安全工作的副部长召集有关单位共同研究，确定责任单位后批复。然后由责任局（厂）向铁道部提出重大、大事故处理报告。

第十五条 险性事故发生后，由分局长或副分局长组织有关基层单位的领导干部及分局有关业务科、安全监察室共同调查分析，查明原因及责任者，由主要责任单位于事故发生后三日内，向分局提出事故处理报告（两份）。然后由分局长召开事故处理会议，对事故责任者作出处理决定，制定防止措施，由责任业务部门（无责任业务部门时为关系业务部门）主稿文件，于事故发生后七日内公布处理结果，并报铁路局安全监察室及主管业务处备案。

铁路局、分局对性质严重的险性事故，有权酌情提级扩大处理。

第十六条 一般事故发生后，基层单位领导干部应进行调查分析，涉及两个以上单位时，由分局安全监察室主持召开事故处理会议。分析原因及确定责任单位，由有任免权限的单位对责任者作出处理决定，于五日内处理完毕，将事故处理报告（安监报–2）报分局安全监察室及主管业务科备案。

分局认为有必要时，应派有关科、室人员对一般事故进行调查。

第十七条 险性及一般事故如确定为他局或铁路工厂责任时，由发生局业务处主稿叙明事故发生情况及原因，并附原始事故资料一份，经安全监察室会签后，转送责任局主管业务处、安全监察室或工厂各一份。责任局或工厂应即认真分析原因，确定责任者，并按各该事故处理办法进行处理。如二十日内未转出时列发生局责任。

第十八条 属于破坏性事故，由公安部门负责处理。

第五章 行车事故的统计、分析、总结报告

第十九条 各单位应备有行车事故登记簿（安监统–1），详细记载各种行车事故的发生经过、原因及处理情况，定期分析总结，对职工进行安全生产教育。各级安全监察部门应将每日发生的行车事故记入行车事故件数统计表（安监报–3）。

第二十条 铁路局、分局安全监察室应将每日发生事故情况及安全工作情况报告上级安全监察部门。铁路分局于月、季、半年、年度后五日内，铁路局于月、季、半年、年度后十日内做成行车事故报告表（安监报–4），逐级上报。

第二十一条 铁路局、分局各业务部门应于月、季、年度末对本系统行车事故进行分析总结，向上级主管业务部门报告，并抄送同级安全监察室。

铁路局、分局于季、年度末总结行车安全工作并逐级上报。

第二十二条 《铁路行车事故处理规则》的解释权属于铁道部行车安全监察室。对行车事故的定性定责属于各级行车安全监察部门，上级行车安全监察部门发现下级行车安全监察部门对定性定责不准确时，有权加以纠正。

全路行车事故的统计数字和责任部门，均以各级安全监察部门记载为依据。

事故涉及两个以上单位或部门时，应将件数列入主要责任单位或部门。由于行车事故原因造成客、货运等事故，按行车事故的责任单位确定。

各种事故虽确定为他局或工厂责任，仍由发生局统计件数。

铁路所属机车、车辆、人员，在路外单位专用线上作业（包括在铁路所属线路上的车辆溜入专用线），造成行车事故，责任属于铁路的，由铁路统计件数，责任不属于铁路的，不统计件数。路外单位的机车、车辆、人员在铁路所属线路上作业（包括在路外专用线上作业的车辆溜入铁路车站内），造成行车事故，无论责任属于何方，均由铁路统计件数。路外单位租

用铁路的机车、车辆，借调的人员发生行车事故时，按双方签定的合同规定办理。

凡经铁道部、铁路局（需报部备案）批准的技术革新项目、科研项目，进行性能试验时，在规定的试验期限内发生事故，不列行车责任事故。但由于违反操作规程以及其他人为的事故，仍列行车责任事故。凡已经正式投入使用的各种技术设备，发生行车事故时，一律列行车事故。

每日行车事故件数的统计，由前日十八时零一分起至当日十八时止计算。但填报事故发生时间时应以实际时间为准，即以零点改变日期。

第二十三条 行车事故的损失费用，应由主要责任单位承担（包括路外责任事故），特殊情况可由事故处理会议作出关系单位的分担决议。经决定后的事故责任单位不得拒付。定其他责任的事故损失费用（不包括路外企业责任的事故），由发生铁路局（或分局）列销。

行车事故的损失费用属于铁路运营部门责任的，列入铁路运输成本非生产性支出。

行车事故的损失费用包括清理行车事故所发生的一切费用，如：清理事故发生的工资，机车、车辆和设备修复、报废的费用，以及支付货主和旅客赔偿费等。关于支付的机车、车辆和设备报废的赔偿费，应作固定资产变价收入处理。索赔或转出行车事故损失时，必须附列损失明细表。

第二十四条 凡企业自备车（包括外国车）、路内专用车、检修车、淘汰型车等（包括已批准淘汰转入非运用但还在使用的车辆）发生事故时，应按路内运用的机车、车辆发生事故一样统计，确定事故性质。

第二十五条 未交付运营的工程临管线路发生的行车事故，由铁路局、工程局制定补充规则自行统计和掌握。

凡已交付铁路局运营并统计运营指标的线路，发生事故后均应统计铁路局件数。特殊情况经部批准可以自行掌握。

在运营线上施工封锁区间内发生行车事故，对造成后果一律按本规则的规定进行定性、统计和处理。

（附件一）重大、大事故电报拍发办法（略）

（附件二）一、关于重大、大事故责任的判定

（附件三）机车、车辆大、中破范围（略）

附件二

一、关于行车重大、大事故责任的判定

发生行车重大、大事故要认真分析，查明原因，判明责任。事故责任划分为全部责任、主要责任、次要责任、一定责任和无责任。负全部责任、主要责任的都要影响安全成绩。

（一）《铁路技术管理规程》是铁路技术管理的基本法规，铁路广大职工必须贯彻执行。如因特殊情况经铁道部特批同意，由铁路局制定措施办法，暂不执行《技规》中的某些条款。由于措施不当或贯彻不力，造成行车重大、大事故时，列铁路局责任事故，确属主观上不能防止的，由铁道部承担责任。

铁道部、铁路局、铁路分局有关部门拟稿发布的文电，凡涉及有关部门而没有与有关部

门协商、会签（不包括因部门间意见不一致，经领导裁定的问题），造成行车重大、大事故时，定拟稿发文电部门的责任事故。如已与有关部门协商、会签，造成行车重大、大事故时，根据具体情况确定。

（二）设备（包括零、配件）质量不良，造成行车重大、大事故时，除判明铁路工厂责任外，列路内该设备主管部门事故。确属路外产品制造部门责任的，由主管部门负责追究，由其赔偿全部经济损失，可不影响安全成绩。

技术设备的所属部门或管理部门，对设备原因造成的行车重大、大事故，不认真分析、查不清原因的，定该部门责任事故。

（三）凡因降雨或洪水使工务段设备损坏（如塌方落石、泥石流、路基冲刷、路基下沉、桥涵冲毁等）造成行车重大、大事故时，属于下列情况列工务部门其他事故，不影响安全成绩：①超过设计洪水频率、最高洪水位、最大降雨量或桥涵最大通过流量；或者虽不超过以上设计标准，但如属于一次洪水期内的局部冲刷或流向改变，将桥涵墩台或路基冲坏。②新线路基对地下水处理不当或违反施工规程留有隐患事先没有迹象的突发塌滑，或沿河路堤的河岸防护基础不够深，被洪水冲毁。③路堑堑顶至铁路一侧分水岭自然山坡上，路外开荒种地、挖渠修塘、砍伐树木、开山采石采矿弃碴、破坏植被，经劝阻不听造成铁路设施损坏。④线路下的岩溶、古墓、古坑道、厚层地下冰热融造成的路基突然下沉或陷穴。⑤由于风、砂、雨、雪等自然影响，目前科技水平，事先无法预测，或虽能预测，但人力无法抗拒的灾害。

除以上原因造成的事故均列工务责任事故，特殊情况可根据具体情况进行分析确定。

（四）凡因货物装载不良而造成的行车重大、大事故，定为货运部门责任事故。如确属发货人或自装货物单位的责任，由其赔偿全部经济损失，可列为货运部门其他事故，影响安全成绩。如系发货人自装自封的棚车，经调查分析，铁路工作人员无法检查发现，由发货人或自装货物单位赔偿全部经济损失的，列为货运部门其他事故，不影响安全成绩。

（五）凡路外单位托运的自轮运转的货物，必须经铁道部指定的铁路有关部门审核检查其技术状态，符合铁路运输有关规章规定的要求，方可托运，如在运输中由于自轮运转货物技术条件不符合规定，造成行车重大、大事故时，属于检查范围内的，定审核检查部门的责任事故。属于审核检查范围以外的，由审核检查部门负责追究，由责任单位赔偿全部经济损失，列货运部门其他事故，不影响安全成绩。自轮运转货物，没有办理手续，未按规定进行审核检查，没有挂运命令，就编入列车，发生事故时，定编入或同意放行的部门（人员）责任。

（六）凡铁路所属部门、单位临时借用（或利用）路外企业单位机车或调车人员，为铁路部门进行调车作业和牵引列车，由于路外企业单位机车或调车人员的原因，发生行车重大、大事故时，不论责任属于哪个部门，均定铁路借用（或利用）部门、单位责任事故。

铁路各部门各单位，凡以承发包、委托等形式、用集体（含知青）单位人员及非铁路正式职工，承担铁路行车设备施工、维修、生产铁路用零部件和参与铁路行车有关工作等，因产品、维修质量等原因发生行车重大、大事故时，算铁路承发包、委托单位责任事故。

凡路外企业单位委托铁路有关部门、单位（包括所属集体单位）承担的专用线及其他设施的维修工作，由于施工、维修质量原因，发生行车重大、大事故时，算铁路施工、维修部门、单位的责任。

（七）行车重大、大事故的发生局不认真组织调查分析，调查资料不完整，列其他责任事故根据又不足的，定发生局的责任事故。

（八）行车重大、大事故发生局，如初步判明事故责任系他局或铁路工厂责任时，应按《事规》第十四条规定，立即发出电报通知有关局或工厂派员参加事故调查处理会议，分析事故原因，定性定责。

如有异议时，按规定报告铁道部裁定。如事故发生局没有及时通知有关局或铁路工厂派员参加事故调查处理会议，擅自决定列他局或铁路工厂责任，而他局或工厂提出异议时，定发生局责任事故。责任局或铁路工厂接到发生局通知后，没有派员参加事故调查处理会议，按发生局调查分析意见进行定性定责。

如双方推拖扯皮、不认真调查分析事故，按同等责任论处，由事故发生局统计事故件数，影响双方安全成绩。

（九）下列事故可列为其他责任：

1. 特殊情况，经铁道部事故审查会议确定列其他责任的行车重大、大事故，是否影响安全成绩，根据具体情况分析确定。

2. 除本规则中行车事故件数统计表、行车事故报告表中所列部门以外的铁路部门的责任事故，列其他责任事故，影响安全成绩。

3. 路外单位责任事故，列入其他事故。如铁路也有一定责任时，影响安全成绩。列车火灾或爆炸事故，以及线路上障碍物造成的事故，除判明铁路责任，列有关部门责任事故外，可列其他事故，影响安全成绩。

（十）其他几项规定：

1. 纯属领导责任造成的事故，列领导责任，影响安全成绩。

2. 凡发现破损车辆构成行车重大、大事故条件时，应按《事规》规定调查分析处理上报。如经追查证明不是由于冲撞、脱轨或挤坏拉坏造成的，由铁路局写出专题报告，并附查证材料报部。经部审核同意后，可以撤销该事故。

3. 所有各部门因违章作业、设备质量或零部件丢失，所发生的事故，一律统计在各该部门事故中，能确定责任的责任事故。不能确定为铁路责任的，列该部门其他事故，是否影响安全成绩，根据具体情况确定。

4. 各铁路局对于险性和一般事故的处理，可参照上述规定确定责任，或是否影响安全成绩。

二、铁路行车事故分类内容解释

（一）总的解释及重大、大事故内容解释

(1)“列车”：系指根据《铁路技术管理规程》第233条的规定。客运列车系指旅客列车（包括临时旅客列车）、混合列车。

列车与其他调车作业的机车、车辆等互相冲撞而发生的事故，算列车事故。列车以调车方式进行摘挂或转线而发生的事故，算调车事故。

军用列车除有特殊通知者外，一律按其他列车算。通勤列车按客运列车算。调车机车进入区间并编有车次（如调1等），发生事故时算列车事故。

客运列车在中途站有目的地以调车方式进行摘挂（包括摘挂本务机车）或转线作业发生

的事故，算调车事故。客运列车或客运列车摘下本务机车后的车列被其他列车、机车、车辆冲撞造成的事故，均算客运列车事故。

（2）“冲突”：系指列车、机车、车辆（包括轨道起重机）、动车、重型轨道车互相间或与设备（如车库、站台、车挡等）、轻型车辆发生冲撞，招致机车、车辆、动车、重型轨道车破损。

在列车运行或调车作业中，司机操纵不当、车辆自然制动、缓解不良、未松手闸、本务机与补机配合不好，以及其他人为失职或设备不良等原因，将车辆挤坏或拉坏构成中破及其以上程度，亦按冲突论。

由于机车、车辆冲撞造成货物窜动，将车辆撞坏、挤坏时，算冲突事故，并根据所造成的后果，确定事故性质。

（3）“脱轨”：系指机车、车辆、动车、重型轨道车（包括拖车）的车轮落下轨面（包括脱轨后又自行复轨）。

由于车辆脱轨造成货物窜动，将车辆撞坏、挤坏时，根据所造成的后果，确定事故性质。

（4）“整备作业”：系指机车、车辆在段管线或站线上进行给油、给水、给煤、补砂、清扫、检查等而调移的作业。

（5）“人员死亡或重伤”：系指在发生事故当时正在为铁路运输执行职务或服务的人员以及持有有效铁路乘车凭证的人员（包括旅客携带的一米以下享受免费乘车待遇的儿童，不包括抢救人员的伤亡）。铁路局向铁道部提报重大、大事故调查处理报告前，如人员伤亡情况发生变化，需相应改变事故等级。

（6）“重伤”：系指根据国家劳动部门关于重伤事故范围的有关规定。

（7）“行车中断”：系指不论事故发生在区间或站内，造成单线区间或双线区间之一线不能行车。中断行车的时间，由事故发生时间起（列车火灾或爆炸由停车时间算起）至实际恢复连续通行客货列车条件的时间止，如线路未损坏，不影响行车时，以起复时间止计算。

线路开通的时间，由事故现场负责人报告分局列车调度员，以调度命令公布之。

施工封锁区间发生冲突或脱轨的行车中断时间，从事故发生前原计划开通的时间起计算。

电气化区段，救援吊车到达现场等待拆除接触网的时间，以及经过救援起复，线路、机车、车辆已达到行车条件后，恢复接触网的时间，均不计算在中断时间内。

如能在站内其他线通行又回到原正线上可以进入区间的，不按中断算。

（8）“影响本列车时间”：系指由事故发生时间起至列车继续开车时间止计算。但在运行途中，继续整修机车车辆时，影响本列车时间合并计算。列车停运时按重大事故列算。

（9）“影响其他列车的时间”：系指正在运行的列车，因受事故的影响，造成阻碍的时间。但不包括单机、动车、重型轨道车。

（10）“耽误列车”：系指列车在区间内停车；通过列车在站内停车；列车在始发站或停车站晚开，超过图定的停车时间或调度员指定的时间（包括早到没有早开，晚点列车增晚）；列车停运、合并、保留。因车辆故障在没有列检作业的车站甩车按图定的停站时间晚点时，亦按耽误列车论。

（11）“中途更换机车”：系指机车破损未达到中破以上程度或虽未破损，但已不能牵引列车运行时，不论是单机更换或双机中更换一台机车都算（内燃机车每节按一台算）。机车虽未由列车中摘下，但已不能担负牵引列车时，亦按中途更换论。

（12）“中途摘车”：系指编挂在客运列车中的车辆未达到中破及其以上程度或虽未破损，但已不能运行，必须在中途甩下（不包括始发站和终点站）。

（13）“列车发生火灾或爆炸”：系指造成机车、车辆破损烧成孔洞、变形或影响使用或耽误列车时。

（14）客运列车发生冲突或脱轨造成的后果，包括本列或与其冲突的列车、机车、车辆造成的损失和影响。

（15）一次造成两项以上事故时，按最严重的算一件。设备每发生故障一次，不论影响几个列车只算一件。

（二）险性事故分类内容解释

（1）“向占用区间发出列车”：

“占用区间”系指：①区间内已进入列车。②区间已被列车取得占用的许可（包括准许时间内未收回的出站、跟踪调车凭证）。③封锁的区间（属于技规 232、266、274 条的情况除外）。④区间内有停留或溜入的机车、车辆、动车、重型轨道车，列车发出后溜入的亦算。⑤发出进入正线的列车而区间内道岔向岔线开通时。⑥禁止在区间交会的超限货物列车进入区间。

列车前端越过出站信号机或警冲标就算。

办理越出站界调车后，没有取消手续，也没有办理列车闭塞手续，就用该调车手续将列车开出，亦按本项论。

（2）“向占用线接入列车”：

“占用线”：系指停有机车、车辆、动车、重型轨道车的线路或已封锁的线路。

列车前端进入进站（进路）信号机或站界标就算（按技规 248 条规定办理的列车除外）。

（3）“未准备好进路接、发列车”：

“进路”系指：①接入停车列车时，由进站信号机起至接车线末端计算该线有效长度的警冲标或出站信号机止的一段线路。②发出列车时，由列车前端起至相对进站信号机或站界标为止的一段线路。③通过列车时，为该列车通过线两端进站信号机或站界标间的一段线路。

“未准备好的进路”系指：①进路上的道岔未扳、错扳、临时扳动或错误转动。②进路上有轻型车辆（包括拖车）、小车及其他能造成脱轨的障碍物（其他交通车辆除外）。③邻线的机车、车辆、动车、重型轨道车（包括拖车）越出警冲标。④违反禁止办理相对方向同时接车和同方向同时发接列车的规定而办理同时接车或发接列车。⑤超限列车（包括挂有超限货物车辆的列车）、客运列车由于错误办理造成进入非固定股道。

接入停车或通过的列车，列车前端进入进站（进路）信号机或站界标就算，发出的列车起动就算。

在同一未准备好的进路上，接发几个列车，就算几件险性事故。

较大的车站或设有进路信号机的车站，分段接发列车时，按分段列算。如果每段都发生问题，每段都算险性事故。如果一次准备的全通路，就算一个进路，发生险性事故，就算一件。

凡由于信号联锁条件错误或有关人员违章作业，致使信号错误升级显示进行或强行开放进行信号，造成耽误列车或列车已按错误显示的进行信号运行虽未造成后果，均算险性事故。

在站内施工维修的线路上，施工的机械或小车未及时撤出线路被列车撞上或轧上，列险性事故。未撞上而造成列车停车时，列一般事故（18）项。

（4）“未办或错办闭塞发出列车”：

系指未和邻站、线路所、车场办理闭塞手续或办理闭塞的区间和列车运行的区间不一致。列车前端越过出站信号机（包括线路所通过信号机）或警冲标就算。未按规定办理手续而越出站界调车时，按本项论。但原牌（签）折返未办手续不算行车事故。

（5）“列车冒进信号或越过警冲标”：

列车前端任何一部分越过固定信号显示的停车信号；停车列车越过到达线末端计算该线有效长度的警冲标或轧上线路脱轨器（系指起接发列车隔开作用的脱轨器）时就算。双线区间反方向运行列车冒进站界标列险性事故。

在制动距离内信号自动关闭或临时灭灯，在进路联锁条件不解锁的情况下，列车冒进信号时，列一般事故（19）项或（20）项。但由于临时变更信号显示、误碰、错办或维修设备，致使信号关闭，以及原来显示停车信号，临时灭灯，造成列车冒进信号时，不论联锁条件是否解锁，均列险性事故。

（6）“机车、车辆溜入区间或站内”：

系指以进站信号机或站界标为界，机车、车辆、动车、重型轨道车（包括拖车）由站内溜入区间或由区间溜入站内。在区间岔线内停留的车辆溜往正线越过警冲标，或衔接车站正线、到发线的岔线内停留的机车、车辆溜入站内时，亦按本项论。其他线路上的机车、车辆溜走时，按产生的后果认定。

（7）“列车中机车、车辆制动梁或下拉杆脱落”：

系指制动梁、下拉杆脱落在轨面或地面。列车中的机车、车辆及动车，由始发站开出后，在运行、中途站停留、甩挂作业及到达检查发生或发现就算。

（8）“列车在区间碰撞轻型午辆、小车及施工机械”：

刮上、碰上或轧上就算。

起道机、弯轨器、撞轨器、轨缝调整器、拨道器也算施工机械。

（9）“烧漏机车易熔塞”：

凡机务段支配的运用机车出段后发生易熔塞烧漏就算（包括回段后发现的亦算）。

（三）一般事故分类内容解释

（1）“挤岔子”：

车轮挤上道岔，使尖轨与基本轨离开或挤坏、挤过就算。

（2）“错办或未及时办理信号招致列车停车”：

系指：①因办理不及时或忘办、错办信号使列车在站外或站内停车时。②禁止同时接车的车站或不准同时接入站内的列车耽误使两列车均在站外停车时。③接发列车人员未及时或错误显示手信号，使列车停车时。

（3）“关闭折角塞门发出列车”：

列车前端越过出站信号机或警冲标就算。

（4）“错误办理行车凭证发车或耽误列车”：

系指与邻站已办妥闭塞手续，但由于未交、错交、未拿、错拿、漏填、错填行车凭证，以及自动、半自动闭塞区间未开放出站（进路）信号机发车或耽误列车。

行车凭证交与司机或运转车长显示发车手信号后（车站直接发车时为发车人员显示手信号后），发现行车凭证错误，即为错误办理行车凭证发车。

填写的路票，错填、漏填电话记录号码、车次、区间、地点时，列行车事故，其他项目漏填、错填时，不列行车事故。

自动闭塞、半自动闭塞区间未开放出站（进路）信号机，列车起动后发觉停车未越过信号机或警冲标时，列一般事故。如果越过信号机显示的停车信号或警冲标时，算列车冒进信号或越过警冲标的险性事故。

责任的划分：停车列车起动，主要责任是司机。司机发现虽未发车或耽误列车责任是车站。通过列车司机未及时发现，主要责任是司机；司机发现及时停车责任是车站。车站发现错误进行纠正，未耽误列车，不列事故。

（5）“调车作业碰轧脱轨器或防护信号”：

“脱轨器”系指固定脱轨器及移动脱轨器。“防护信号”系指防护施工、装卸及车辆检修作业的固定信号或移动信号。

机车、车辆碰上、轧上脱轨器或防护信号就算。对于插有停车信号的车辆，碰上车钩就算。

（6）“列车运行中刮坏技术设备或货物坠落”：

凡货物坠落、货物装载不良、篷布绳索松开、车门开放或脱落，致使设备损坏或人员伤亡，均按本项事故论。

责任的划分：货物装载不良或篷布苫盖捆绑不良，列装车站责任；商检站未按规定检查处理时，列商检站责任；运转车长未按规定检查发现时，列运转车长责任。

（7）“列车分离”：

包括车钩缓冲装置的破损。

断钩责任的划分：新痕为机务；旧痕或过限为车辆（机车煤水车车钩为机务）；砂眼、夹渣或气孔等铸造缺陷为制造单位。

编组始发列车或甩挂作业后未确认连结状态，或因车钩作用不良，而发生的车钩分离算本项事故。

（8）“机车牵引力不足，招致列车在区间停车”：

凡是属于司机操纵不当，汽压不足，牵引重量计算错误（超过牵引定数）或调度指挥不当造成的区间停车都算。对超轴列车应很好组织，否则发生区间停车均列行车事故。

列车未全部进入站界，或未全部进入区间停车时也算。一个列车在同一区间不同处所停车或退行多次，按一件计算。

列车在站内或铁路局指定的地点停车烧汽，不算事故。铁路局批准的超轴牵引试验，在规定试验期内发生区间停车，不算事故。

（9）“机车破损故障耽误列车”：

系指机车出段（包括折返段）后，因机车破损故障（包括补机或回送机车）而耽误列车。

在站内处理机车故障，自列车到站停车时间起不超过三十分钟时，不按耽误列车论，不列事故。但每一机车交路区段只准一次。

因机车故障在机务段、折返段（点）所在地更换机车，不耽误列车不列事故。

调车机车在车站发生破损故障，不列事故。

（10）“机车缺乏燃料、水耽误列车”：

机车在燃料满载、满水的情况下，但由于气候影响，加大了燃料、水的消耗，造成缺乏燃料、水耽误列车时，不列事故。

（11）“车辆破损故障耽误列车”：

列车在规定进行列检作业的车站，由于处理车辆破损故障、燃轴，在车站上处理软管、漏风、漏气或调车作业拉断软管，均不列行车事故。但旅客列车在中途站（包括有列检作业的车站）甩车时，不论是否耽误列车，均算责任单位事故。

同一车辆在区间或车站连续燃轴时，只算一件。如经过列检人员处理后或列检人员未作处理而编入另一列车，该车再发生燃轴，则另算一件。一个列车在同一区间或车站有两辆以上燃轴或破损故障时，按其中最严重的算一件。另一辆在另一区间或车站又发生燃轴或破损故障时，则另算一件。

责任的划分：凡在铁道部规定的列检检查范围内发生的破损故障或放定检过期车（超过允许延长日期），造成事故时，算列检责任。在定检期限内（包括允许延长日期），因检修质量不良或材质不良和规定的列检检查范围以外而造成的事故，算定检责任。

经列检到达检查或通过检查后发出的车辆，运行在七十公里以内发生的燃轴、热切事故，列列检责任，超过七十公里列定检责任；定检过期车（包括超过允许延长日期的车辆）不论运行距离多远，发生燃轴事故，列列检责任。定检后第一次使用的车辆（不包括经过翻车机卸车未经检修补油的车辆），不论运行距离多远，发生燃轴事故，算定检责任。

红外线轴温检查站（不包括编组、区段站），检查后发出的列车运行在五十公里以内发生的切轴事故算列检责任（由红外线探头安装位置计算公里数）。在红外线轴温检查站（处理站）处理或摘甩燃轴车辆时不列事故。但处理后应保证全区段不再燃轴。

提前施行的检购车辆，其保证期限相应延长到厂、段、辅修到期为止，在延长期内发生定检责任的燃轴事故时，仍由提前施修单位负责。

滚动轴承的车辆发生燃轴时，其责任根据具体原因分析认定。

“定检后第一次使用的车辆”，系指定检后从空车出厂（段）—装车—卸车的一个全过程。

（12）“列车自然制动、缓解不良耽误列车”：

列车自然制动、缓解不良，到达有列检所的车站，由司机通知接车检车员，共同试验。属制动机不良的定车辆部门责任。过量供给或操纵不当的定司机责任。试验良好不算行车事故。

（13）“线路、桥梁、隧道设备不良耽误列车”：

钢轨疲劳或材质不良（包括焊缝）发生折断耽误列车时，如不属漏检者，列工务部门其他事故。

工务部门事先发现钢轨折损（包括道岔、连结配件），将列车扣在站内停车不超过一小时，不算事故。工务部门发现区间钢轨折损将列车拦在区间停车不超过三十分钟时，不按耽误列车论，不列事故。

（14）“水害、塌方、落石耽误列车”：

人力能够事先预防进行整治的而未进行整治，使列车在区间或车站停车时，算工务部门责任事故。工务部门事先发现水害、塌方、落石将列车拦住停车，未造成机车、车辆破损或未脱轨，不列事故。遇有暴风雨、线路情况不明，采取措施使列车一度停车或将列车拦在区间，查明情况后列车又继续运行时，不列事故。

（15）“动车、重型轨道车故障耽误列车”：

动车、重型轨道车故障，不影响其他列车时，不列事故。

（16）“信号、通信设备故障耽误列车”：

凡因信号、通信设备故障耽误列车时，按下列规定，列有关单位的事故：

①信号、通信设备维修不良造成故障耽误列车时，列电务部门责任事故。

②电务维修人员违章作业，造成信号、通信设备故障耽误列车时，列电务部门责任事故。

③车站人员发现电务设备不良危及行车安全时应立即停止使用。来不及采取措施耽误列车时列电务部门责任事故。

④电务人员发现电务设备不良危及行车安全时，应积极设法修复。如不能立即修复时，应在“行车设备检查登记簿”内登记，停止使用。停止使用的设备，发生强行使用造成耽误列车时，列使用单位责任事故。

⑤信号设备中分散安装的晶体、电群、电阻、压敏电阻元件及其组成的整机未经测试或超越周期使用发生故障耽误列车时，列电务部门责任事故。

⑥无法防止的雷害和无法检查、发现的电务设备材质不良而造成故障耽误列车时，列电务部门其他事故。

⑦铁路电务工厂的产品，自安装使用时起，在工厂保修期内，发生质量故障耽误列车时，列该生产厂责任事故；超过工厂保修期的列电务部门责任事故。

⑧由于车站人员清扫联锁道岔不良影响正常转换耽误列车时，列车站责任。

（17）“供电、给水设备故障耽误列车”：

由于路外供电临时停电，不列事故。

（18）“施工、检修、清扫设备耽误列车”：

如因特殊情况需要延长施工时间时，提前通知车站值班员、列车调度员，经列车调度员确认后耽误列车时，不列事故。

（19）“行车值班、值乘人员违反劳动纪律、出务迟延耽误列车”：

机车乘务人员、运转车长，在列车开车时未按规定人数出务值乘不论耽误列车与否，均按本项论。

（20）“列车发生火灾或爆炸招致机车车辆破损或耽误列车”：

在车站停留的保留车列发生火灾或爆炸时，不按行车事故算。

（21）“滥用紧急制动阀耽误列车”：

系指违反《技规》236条规定的使用紧急制动阀。

（22）“擅自发车、开车、停车、错办通过或在区间乘降所错误通过”：

“擅自发车”，系指车站发车人员未确认出站信号，运转车长未得到发车人员的发车指示信号，车站发车人员未确认运转车长发车手信号盲目中转信号或违反规定而直接发车时。

“擅自开车”，系指司机未得到车站发车人员或运转车长的发车信号而开车。

“擅自停车”，系指在正常情况下，不应停车而停车。

“错办通过”，系指应停车的列车而错办通过（不包括列车调度员按照列车运行情况临时调整变更通过的列车）。司机、运转车长发觉，采取措施停车，未越过出站（进路）信号机或警冲标时，不列事故。司机按照信号的显示进入区间时，列车站责任事故。在区间乘降所错误通过，列司机责任。

中华人民共和国铁路法

（1990年9月7日第七届全国人民代表大会常务委员会第十五次会议通过）

目录

第一章 总 则

第一条 为了保障铁路运输和铁路建设的顺利进行，适应社会主义现代化建设和人民生活的需要，制定本法。

第二条 本法所称铁路，包括国家铁路、地方铁路、专有铁路和铁路专用线。

国家铁路是指由国务院铁路主管部门管理的铁路。

地方铁路是指由地方人民政府管理的铁路。

专有铁路是指由企业或者其他单位管理，专为本企业或者本单位内部提供运输服务的铁路。

铁路专用线是指由企业或者其他单位管理的与国家铁路或者其他铁路线路接轨的岔线。

第三条 国务院铁路主管部门主管全国铁路工作，对国家铁路实行高度集中、统一指挥的运输管理体制，对地方铁路、专用铁路和铁路专用线进行指导、协调、监督和帮助。

国家铁路运输企业行使法律、行政法规授予的行政管理职能。

第四条 国家重点发展国家铁路，大力扶持地方铁路的发展。

第五条 铁路运输企业必须坚持社会主义经营方向和为人民服务的宗旨，改善经营管理，切实改进路风，提高运输服务质量。

第六条 公民有爱护铁路设施的义务。禁止任何人破坏铁路设施，扰乱铁路运输的正常秩序。

第七条 铁路沿线各级地方人民政府应当协助铁路运输企业保证铁路运输安全畅通，车站、列车秩序良好，铁路设施完好和铁路建设顺利进行。

第八条 国家铁路的技术管理规程，由国务院铁路主管部门制定，地方铁路、专有铁路的技术管理办法，参照国家铁路的技术管理规程制定。

第九条 国家鼓励铁路科学技术研究，提高铁路科学技术水平。对在铁路科学技术研究中有显著成绩的单位和个人给予奖励。

第二章　铁路运输营业

第十条　铁路运输企业应当保证旅客和货物运输的安全，做到列车正点到达。

第十一条　铁路运输合同是明确铁路运输企业与旅客、托运人之间权利义务关系的协议。

旅客车票、行李票、包裹票和货物运单是合同或者合同的组成部分。

第十二条　铁路运输企业应当保证旅客按车票载明的日期、车次乘车，并到达目的站。因铁路运输企业的责任造成旅客不能按车票载明的日期、车次乘车的，铁路运输企业应当按照旅客的要求，退还全部票款或者安排改乘到达相同目的站的其他列车。

第十三条　铁路运输企业应当采取有效措施做好旅客运输服务工作，做到文明礼貌、热情周到，保持车站和车厢内的清洁卫生，提供饮用开水，做好列车上的饮食供应工作。

铁路运输企业应当采取措施，防止对铁路沿线环境的污染。

第十四条　旅客乘车应当持有效车票。对无票乘车或者持失效车票乘车的，应当补收票款，并按照规定加收票款；拒不交付的，铁路运输企业可以责令下车。

第十五条　国家铁路和地方铁路根据发展生产、搞活流通的原则，安排货物运输计划。

对抢险救灾物资和国家规定需要优先运输的其他物资，应予优先运输。

地方铁路运输的物资需要经由国家铁路运输的，其运输计划应当纳入国家铁路的运输计划。

第十六条　铁路运输企业应当按照全国约定的期限或者国务院铁路主管部门规定的期限，将货物、包裹、行李运到目的站；逾期运到的，铁路运输企业应当支付违约金。

铁路运输企业逾期三十日仍未将货物、包裹、行李交付收货人或者旅客的，托运人、收货人或者旅客有权按货物、包裹、行李灭失向铁路运输企业要求赔偿。

第十七条　铁路运输企业应当对承运的货物、包裹、行李自接受承运时起到交付时止发生的灭失、短少、变质、污染或者损坏，承担赔偿责任：

（一）托运人或者旅客根据自愿申请办理保价运输的，按照实际损失赔偿，但最高不超过保价额。

（二）未按保价运输承运的，按照实际损失赔偿，但最高不超过国务院铁路主管部门规定的赔偿限额；如果损失是由于铁路运输企业的故意或者重大过失造成的，不适用赔偿限额的规定，按照实际损失赔偿。

托运人或者旅客根据自愿可以向保险公司办理货物运输保险，保险公司按照保险合同的约定承担赔偿责任。

托运人或者旅客根据自愿，可以办理保价运输，也可以办理货物运输保险；还可以既不办理保价运输，也不办理货物运输保险。不得以任何方式强迫办理保价运输或者货物运输保险。

第十八条　由于下列原因造成的货物、包裹、行李损失的，铁路运输企业不承担赔偿责任：

（一）不可抗力。

（二）货物或者包裹、行李中的物品本身的自然属性，或者合理损耗。

（三）托运人、收货人或者旅客的过错。

第十九条　托运人应当如实填报托运单，铁路运输企业有权对填报的货物和包裹的品名、重量、数量进行检查。经检查，申报与实际不符的，检查费用由托运人承担；申报与实际相符的，检查费用由铁路运输企业承担，因检查对货物和包裹中的物品造成的损坏由铁路运输企业赔偿。

托运人因申报不实而少交的运费和其他费用应当补交，铁路运输企业按照国务院铁路主管部门的规定加收运费和其他费用。

第二十条　托运货物需要包装的，托运人应当按照国家包装标准或者行业包装标准包装；没有国家包装标准或者行业包装标准的，应当妥善包装，使货物在运输途中不因包装原因而受损坏。

铁路运输企业对承运的容易腐烂变质的货物和活物，应当按照国务院铁路主管部门的规定和合同的约定，采取有效的保护措施。

第二十一条　货物、包裹、行李到站后，收货人或者旅客应当按照国务院铁路主管部门规定的期限及时领取，并支付托运人未付或者少付的运费和其他费用；逾期领取的，收货人或者旅客应当按照规定交付保管费。

第二十二条　自铁路运输企业发出领取货物通知之日起满三十日仍无人领取的货物，或者收货人书面通知铁路运输企业拒绝领取的货物，铁路运输企业应当通知托运人，托运人自接到通知之日起满三十日未作答复的，由铁路运输企业变卖；所得价款在扣除保管等费用后尚有余款的，应当退还托运人，无法退还、自变卖之日起一百八十日内托运人又未领回的，上缴国库。

自铁路运输企业发出领取通知之日起满九十日仍无人领取的包裹或者到站后满九十日仍无人领取的行李，铁路运输企业应当公告，公告满九十日仍无人领取的，可以变卖；所得价款在扣除保管等费用后尚有余款的，托运人、收货人或者旅客可以自变卖之日起一百八十日内领回，逾期不领回的，上缴国库。

对危险物品和规定限制运输的物品，应当移交公安机关或者有关部门处理，不得自行变卖。

对不宜长期保存的物品，可以按照国务院铁路主管部门的规定缩短处理期限。

第二十三条　因旅客、托运人或者收货人的责任给铁路运输企业造成财产损失的，由旅客、托运人或者收货人承担赔偿责任。

第二十四条　国家鼓励专用铁路兼办公共旅客、货物运输营业；提倡铁路专用线与有关单位按照协议共用。

专用铁路兼办公共旅客、货物运输营业的，应当报经省、自治区、直辖市人民政府批准。

专用铁路兼办公共旅客、货物运输营业的，适用本法关于铁路运输企业的规定。

第二十五条　国家铁路的旅客票价率和货物、包裹、行李的运价率由国务院铁路主管部门拟订，报国务院批准。国家铁路的旅客、货物运输杂费的收费项目和收费标准由国务院铁路主管部门规定。国家铁路的特定运营线的运价率、特定货物的运价率和临时运营线的运价率，由国务院铁路主管部门商得国务院物价主管部门同意后规定。

地方铁路的旅客票价率、货物运价率和旅客、货物运输杂费的收费项目和收费标准，由省、自治区、直辖市人民政府物价主管部门会同国务院铁路主管部门授权的机构规定。

兼办公共旅客、货物运输营业的专用铁路的旅客票价率、货物运价率和旅客、货物运输杂费的收费项目和收费标准，以及铁路专用线共用的收费标准，由省、自治区、直辖市人民政府物价主管部门规定。

第二十六条 铁路的旅客票价，货物、包裹、行李的运价，旅客和货物运输杂费的收费项目和收费标准，必须公告；未公告的不得实施。

第二十七条 国家铁路、地方铁路和专用铁路印制使用的旅客、货物运输票证，禁止伪造和变造。

禁止倒卖旅客车票和其他铁路运输票证。

第二十八条 托运、承运货物、包裹、行李，必须遵守国家关于禁止或者限制运输物品的规定。

第二十九条 铁路运输企业与公路、航空或者水上运输企业相互间实行国内旅客、货物联运，依照国家有关规定办理；国家没有规定的，依照有关各方的协议办理。

第三十条 国家铁路、地方铁路参加国际联运，必须经国务院批准。

第三十一条 铁路军事运输依照国家有关规定办理。

第三十二条 发生铁路运输合同争议的，铁路运输企业和托运人、收货人或者旅客可以通过调解解决；不愿意调解解决或者调解不成的，可以依据合同中的仲裁条款或者事后达成的书面仲裁协议，向国家规定的仲裁机构申请仲裁。

当事人一方在规定的期限内不履行仲裁机构的仲裁决定的，另一方可以申请人民法院强制执行。

当事人没有在合同中订立仲裁条款，事后又没有达成书面仲裁协议的，可以向人民法院起诉。

第三章　铁路建设

第三十三条 铁路发展规划应当依据国民经济和社会发展以及国防建设的需要制定，并与其他方式的交通运输发展规划相协调。

第三十四条 地方铁路、专用铁路、铁路专用线的建设计划必须符合全国铁路发展规划，并征得国务院铁路主管部门或者国务院铁路主管部门授权的机构的同意。

第三十五条 在城市规划区范围内，铁路的线路、车站、枢纽以及其他有关设施的规划，应当纳入所在城市的总体规划。

铁路建设用地规划，应当纳入土地利用总体规划。为远期扩建、新建铁路需要的土地，由县级以上人民政府在土地利用总体规划中安排。

第三十六条 铁路建设用地，依照有关法律、行政法规的规定办理。

有关地方人民政府应当支持铁路建设，协助铁路运输企业做好铁路建设征用土地工作和拆迁安置工作。

第三十七条 已经取得使用权的铁路建设用地，应当依照批准的用途使用，不得擅自改作他用；其他单位或者个人不得侵占。

侵占铁路建设用地的，由县级以上地方人民政府土地管理部门责令停止侵占、赔偿损失。

第三十八条 铁路的标准轨距为1435毫米。新建国家铁路必须采用标准轨距。

窄轨铁路的轨距为762毫米或者1000毫米。

新建和改建铁路的其他技术要求应当符合国家标准或者行业标准。

第三十九条 铁路建成后，必须依照国家基本建设程序的规定，经验收合格，方能交付正式运行。

第四十条 铁路与道路交叉处，应当优先考虑设置立体交叉；未设立体交叉的，可以根据国家有关规定设置平交道口或者人行过道。在城市规划区内设置平交道口或者人行过道，由铁路运输企业或者建有专用铁路、铁路专用线的企业或者其他单位和城市规划主管部门共同决定。

拆除已经设置的平交道口或者人行过道，由铁路运输企业或者建有专用铁路、铁路专用线的企业或者其他单位和当地人民政府商定。

第四十一条 修建跨越河流的铁路桥梁，应当符合国家规定的防洪、通航和水流的要求。

第四章 铁路安全与保护

第四十二条 铁路运输企业必须加强对铁路的管理和保护，定期检查、维修铁路运输设施，保证铁路运输设施完好，保障旅客和货物运输安全。

第四十三条 铁路公安机关和地方公安机关分工负责共同维护铁路治安秩序。车站和列车内的治安秩序，由铁路公安机关负责维护；铁路沿线的治安秩序，由地方公安机关和铁路公安机关共同负责维护，以地方公安机关为主。

第四十四条 电力主管部门应当保证铁路牵引用电以及铁路运营用电中重要负荷的电力供应。铁路运营用电中重要负荷的供应范围国务院铁路主管部门和国务院电力主管部门商定。

第四十五条 铁路线路两侧地界以外的山坡地由当地人民政府作为水土保持的重点进行整治。铁路隧道顶上的山坡地由铁路运输企业协助当地人民政府进行整治。铁路地界以内的山坡地由铁路运输企业进行整治。

第四十六条 在铁路线路和铁路桥梁、涵洞两侧一定距离内，修建水塘、水库、堤坝，开挖河道、干渠，采石挖砂，打井取水，影响铁路路基稳定或者危害铁路桥梁、涵洞安全的，由县级以上地方人民政府责令停止建设或者采挖、打井等活动，限期恢复原状或者责令采取必要的安全防护措施。

在铁路线路上架设电力、通讯线路，埋置电缆、管道设施，穿凿通过铁路路基的地下坑道，必须经铁路运输企业同意，并采取安全防护措施。

在铁路弯道内侧、平交道口和人行过道附近，不得修建妨碍行车瞭望的建筑物和种植妨碍行车瞭望的树木。修建妨碍行车瞭望的建筑物的，由县级以上地方人民政府责令限期拆除。种植妨碍行车瞭望的树木的，由县级以上地方人民政府责令有关单位或者个人限期迁移或者修剪、砍伐。

违反前三款的规定，给铁路运输企业造成损失的单位或者个人，应当赔偿损失。

第四十七条 禁止擅自在铁路线路上铺设平交道口和人行过道。

平交道口和人行过道必须按照规定设置必要的标志和防护设施。

行人和车辆通过铁路平交道口和人行过道时，必须遵守有关通行的规定。

第四十八条 运输危险品必须按照国务院铁路主管部门的规定办理，禁止以非危险品品名托运危险品。

禁止旅客携带危险品进站上车。铁路公安人员和国务院铁路主管部门规定的铁路职工，有权对旅客携带的物品进行运输安全检查。实施运输安全检查的铁路职工应当佩戴执勤标志。

危险品的品名由国务院铁路主管部门规定并公布。

第四十九条 对损毁、移动铁路信号装置及其他行车设施或者在铁路线路上放置障碍物的，铁路职工有权制止，可以扭送公安机关处理。

第五十条 禁止偷乘货车、攀附行进中的列车或者击打列车。对偷乘货车、攀附行进中的列车或者击打列车的，铁路职工有权制止。

第五十一条 禁止在铁路线路上行走、坐卧。对在铁路线路上行走、坐卧的，铁路职工有权制止。

第五十二条 禁止在铁路线路两侧二十米以内或者铁路防护林地内放牧。对在铁路线路两侧二十米以内或者铁路防护林地内放牧的，铁路职工有权制止。

第五十三条 聚众拦截列车或者聚众冲击铁路行车调度机构的，铁路职工有权制止；不听制止的，公安人员现场负责人有权命令解散；拒不解散的，公安人员现场负责人有权依照国家有关规定决定采取必要手段强行驱散，并对拒不服从的人员强行带离现场或者予以拘留。

第五十四条 对哄抢铁路运输物资的，铁路职工有权制止，可以扭送公安机关处理；现场公安人员可以予以拘留。

第五十五条 在列车内，寻衅滋事，扰乱公共秩序，危害旅客人身、财产安全的，铁路职工有权制止，铁路公安人员可以予以拘留。

第五十六条 在车站和旅客列车内，发生法律规定需要检疫的传染病时，由铁路卫生检疫机构进行检疫；根据铁路卫生检疫机构的请求，地方卫生检疫机构应予协助。

货物运输的检疫，依照国家规定办理。

第五十七条 发生铁路交通事故，铁路运输企业应当依照国务院和国务院有关主管部门关于事故调查处理的规定办理，并及时恢复正常行车，任何单位和个人不得阻碍铁路线路开通和列车运行。

第五十八条 因铁路行车事故及其他铁路运营事故造成人身伤亡的，铁路运输企业应当承担赔偿责任；如果人身伤亡是因不可抗力或者由于受害人自身的原因造成的，铁路运输企业不承担赔偿责任。

违章通过平交道口或者人行过道，或者在铁路线路上行走、坐卧造成的人身伤亡，属于受害人自身的原因造成的人身伤亡。

第五十九条 国家铁路的重要桥梁和隧道，由中国人民武装警察部队负责守卫。

第五章 法律责任

第六十条 违反本法规定，携带危险品进站上车或者以非危险品品名托运危险品，导致发生重大事故的，依照刑法第一百一十五条的规定追究刑事责任。企业事业单位、国家机关、社会团体犯本款罪的，处以罚金，对其主管人员和直接责任人员依法追究刑事责任。

携带炸药、雷管或者非法携带枪支子弹、管制刀具进站上车的，比照刑法第一百六十三条的规定追究刑事责任。

第六十一条 故意损毁、移动铁路行车信号装置或者在铁路线路上旋转足以使列车倾覆的障碍物，尚未造成严重后果的，依照刑法第一百零八条的规定追究刑事责任；造成严重后果的，依照刑法第一百一十条的规定追究刑事责任。

第六十二条　盗窃铁路线路上行车设施的零件、部件或者铁路线路上的器材，危及行车安全，尚未造成严重后果的，依照刑法第一百零八条破坏交通设施罪的规定追究刑事责任；造成严重后果的，依照刑法第一百一十条破坏交通设施罪的规定追究刑事责任。

第六十三条　聚众拦截列车不听制止的，对首要分子和骨干分子依照刑法第一百五十九条的规定追究刑事责任。

聚从冲击铁路行车调度机构不听制止的，对首要分子和骨干分子依照刑法第一百五十八条的规定追究刑事责任。

第六十四条　聚众哄抢铁路运输物资的，对首要分子和骨干分子依照刑法第一百五十一条或者第一百五十二条的规定追究刑事责任。

铁路职工与其他人员勾结犯前款罪的，从重处罚。

第六十五条　在列车内，抢劫旅客财物，伤害旅客的，依照刑法有关规定从重处罚。

在列车内，寻衅滋事，侮辱妇女，情节恶劣的，依照刑法第一百六十条的规定追究刑事责任；敲诈勒索旅客财物的，依照刑法第一百五十四条的规定追究刑事责任。

第六十六条　倒卖旅客车票数额较大的，依照刑法第一百一十七条的规定追究刑事责任。以倒卖旅客车票为常业的，倒卖数额巨大的或者倒卖集团的首要分子，依照刑法第一百一十八条的规定追究刑事责任。铁路职工倒卖旅客车票或者与其他人员勾结倒卖旅客车票的，依照刑法第一百一十九条的规定追究刑事责任。

第六十七条　违反本法规定，尚不够刑事处罚，应当给予治安管理处罚的，依照治安管理处罚条例的规定处罚。

第六十八条　擅自在铁路线路上铺设平交道口、人行过道的，由铁路公安机关或者地方公安机关责令限期拆除，可以并处罚款。

第六十九条　铁路运输企业违反本法规定，多收运费、票款或者旅客、货物运输杂费的，必须将多收的费用退还付款人，无法退还的上缴国库。将多收的费用据为己有或者侵吞私分的，依照关于惩治贪污罪贿赂罪的补充规定第一条、第二条的规定追究刑事责任。

第七十条　铁路职工利用职务之便走私、投机倒把的，或者与其他人员勾结走私、投机倒把的，依照刑法第一百一十九条的规定追究刑事责任。

第七十一条　铁路职工玩忽职守、违反规章制度造成铁路运营事故的，滥用职权、利用办理运输业务之便谋取私利的，给予行政处分；

情节严重、构成犯罪的，依照刑法有关规定追究刑事责任。

第六章　附　则

第七十二条　本法所称国家铁路运输企业是指铁路局和铁路分局。

第七十三条　国务院根据本法制定实施条例。

第七十四条　本法自 1991 年 5 月 1 日起施行。

中华人民共和国安全生产法

2002年6月29日第九届全国人大常委会第28次会议通过，自2002年11月1日起施行。

目　录

第一章　总　则

第一条　为了加强安全生产监督管理，防止和减少生产安全事故，保障人民群众生命和财产安全，促进经济发展，制定本法。

第二条　在中华人民共和国领域内从事生产经营活动的单位（以下统称生产经营单位）的安全生产，适用本法；有关法律、行政法规对消防安全和道路交通安全、铁路交通安全、水上交通安全、民用航空安全另有规定的，适用其规定。

第三条　安全生产管理，坚持安全第一、预防为主的方针。

第四条　生产经营单位必须遵守本法和其他有关安全生产的法律、法规，加强安全生产管理，建立、健全安全生产责任制度，完善安全生产条件，确保安全生产。

第五条　生产经营单位的主要负责人对本单位的安全生产工作全面负责。

第六条　生产经营单位的从业人员有依法获得安全生产保障的权利，并应当依法履行安全生产方面的义务。

第七条　工会依法组织职工参加本单位安全生产工作的民主管理和民主监督，维护职工在安全生产方面的合法权益。

第八条　国务院和地方各级人民政府应当加强对安全生产工作的领导，支持、督促各有关部门依法履行安全生产监督管理职责。县级以上人民政府对安全生产监督管理中存在的重大问题应当及时予以协调、解决。

第九条　国务院负责安全生产监督管理的部门依照本法，对全国安全生产工作实施综合监督管理；县级以上地方各级人民政府负责安全生产监督管理的部门依照本法，对本行政区域内安全生产工作实施综合监督管理。

国务院有关部门依照本法和其他有关法律、行政法规的规定，在各自的职责范围内对有关的安全生产工作实施监督管理；县级以上地方各级人民政府有关部门依照本法和其他有关法律、法规的规定，在各自的职责范围内对有关的安全生产工作实施监督管理。

第十条　国务院有关部门应当按照保障安全生产的要求，依法及时制定有关的国家标准或者行业标准，并根据科技进步和经济发展适时修订。

生产经营单位必须执行依法制定的保障安全生产的国家标准或者行业标准。

第十一条　各级人民政府及其有关部门应当采取多种形式，加强对有关安全生产的法律、法规和安全生产知识的宣传，提高职工的安全生产意识。

第十二条　依法设立的为安全生产提供技术服务的中介机构，依照法律、行政法规和执业准则，接受生产经营单位的委托为其安全生产工作提供技术服务。

第十三条　国家实行生产安全事故责任追究制度，依照本法和有关法律、法规的规定，追究生产安全事故责任人员的法律责任。

第十四条　国家鼓励和支持安全生产科学技术研究和安全生产先进技术的推广应用，提高安全生产水平。

第十五条　国家对在改善安全生产条件、防止生产安全事故、参加抢险救护等方面取得显著成绩的单位和个人，给予奖励。

第二章　生产经营单位的安全生产保障

第十六条　生产经营单位应当具备本法和有关法律、行政法规和国家标准或者行业标准规定的安全生产条件；不具备安全生产条件的，不得从事生产经营活动。

第十七条　生产经营单位的主要负责人对本单位安全生产工作负有下列职责：

（一）建立、健全本单位安全生产责任制；

（二）组织制定本单位安全生产规章制度和操作规程；

（三）保证本单位安全生产投入的有效实施；

（四）督促、检查本单位的安全生产工作，及时消除生产安全事故隐患；

（五）组织制定并实施本单位的生产安全事故应急救援预案；

（六）及时、如实报告生产安全事故。

第十八条　生产经营单位应当具备的安全生产条件所必需的资金投入，由生产经营单位的决策机构、主要负责人或者个人经营的投资人予以保证，并对由于安全生产所必需的资金投入不足导致的后果承担责任。

第十九条　矿山、建筑施工单位和危险物品的生产、经营、储存单位，应当设置安全生产管理机构或者配备专职安全生产管理人员。

前款规定以外的其他生产经营单位，从业人员超过三百人的，应当设置安全生产管理机构或者配备专职安全生产管理人员；从业人员在三百人以下的，应当配备专职或者兼职的安全生产管理人员，或者委托具有国家规定的相关专业技术资格的工程技术人员提供安全生产管理服务。

生产经营单位依照前款规定委托工程技术人员提供安全生产管理服务的，保证安全生产的责任仍由本单位负责。

第二十条　生产经营单位的主要负责人和安全生产管理人员必须具备与本单位所从事的

生产经营活动相应的安全生产知识和管理能力。

危险物品的生产、经营、储存单位以及矿山、建筑施工单位的主要负责人和安全生产管理人员，应当由有关主管部门对其安全生产知识和管理能力考核合格后方可任职。考核不得收费。

第二十一条 生产经营单位应当对从业人员进行安全生产教育和培训，保证从业人员具备必要的安全生产知识，熟悉有关的安全生产规章制度和安全操作规程，掌握本岗位的安全操作技能。未经安全生产教育和培训合格的从业人员，不得上岗作业。

第二十二条 生产经营单位采用新工艺、新技术、新材料或者使用新设备，必须了解、掌握其安全技术特性，采取有效的安全防护措施，并对从业人员进行专门的安全生产教育和培训。

第二十三条 生产经营单位的特种作业人员必须按照国家有关规定经专门的安全作业培训，取得特种作业操作资格证书，方可上岗作业。

特种作业人员的范围由国务院负责安全生产监督管理的部门会同国务院有关部门确定。

第二十四条 生产经营单位新建、改建、扩建工程项目（以下统称建设项目）的安全设施，必须与主体工程同时设计、同时施工、同时投入生产和使用。安全设施投资应当纳入建设项目概算。

第二十五条 矿山建设项目和用于生产、储存危险物品的建设项目，应当分别按照国家有关规定进行安全条件论证和安全评价。

第二十六条 建设项目安全设施的设计人、设计单位应当对安全设施设计负责。

矿山建设项目和用于生产、储存危险物品的建设项目的安全设施设计应当按照国家有关规定报经有关部门审查，审查部门及其负责审查的人员对审查结果负责。

第二十七条 矿山建设项目和用于生产、储存危险物品的建设项目的施工单位必须按照批准的安全设施设计施工，并对安全设施的工程质量负责。

矿山建设项目和用于生产、储存危险物品的建设项目竣工投入生产或者使用前，必须依照有关法律、行政法规的规定对安全设施进行验收；验收合格后，方可投入生产和使用。验收部门及其验收人员对验收结果负责。

第二十八条 生产经营单位应当在有较大危险因素的生产经营场所和有关设施、设备上，设置明显的安全警示标志。

第二十九条 安全设备的设计、制造、安装、使用、检测、维修、改造和报废，应当符合国家标准或者行业标准。

生产经营单位必须对安全设备进行经常性维护、保养，并定期检测，保证正常运转。维护、保养、检测应当作好记录，并由有关人员签字。

第三十条 生产经营单位使用的涉及生命安全、危险性较大的特种设备，以及危险物品的容器、运输工具，必须按照国家有关规定，由专业生产单位生产，并经取得专业资质的检测、检验机构检测、检验合格，取得安全使用证或者安全标志，方可投入使用。检测、检验机构对检测、检验结果负责。

涉及生命安全、危险性较大的特种设备的目录由国务院负责特种设备安全监督管理的部门制定，报国务院批准后执行。

第三十一条　国家对严重危及生产安全的工艺、设备实行淘汰制度。

生产经营单位不得使用国家明令淘汰、禁止使用的危及生产安全的工艺、设备。

第三十二条　生产、经营、运输、储存、使用危险物品或者处置废弃危险物品的，由有关主管部门依照有关法律、法规的规定和国家标准或者行业标准审批并实施监督管理。

生产经营单位生产、经营、运输、储存、使用危险物品或者处置废弃危险物品，必须执行有关法律、法规和国家标准或者行业标准，建立专门的安全管理制度，采取可靠的安全措施，接受有关主管部门依法实施的监督管理。

第三十三条　生产经营单位对重大危险源应当登记建档，进行定期检测、评估、监控，并制定应急预案，告知从业人员和相关人员在紧急情况下应当采取的应急措施。

生产经营单位应当按照国家有关规定将本单位重大危险源及有关安全措施、应急措施报有关地方人民政府负责安全生产监督管理的部门和有关部门备案。

第三十四条　生产、经营、储存、使用危险物品的车间、商店、仓库不得与员工宿舍在同一座建筑物内，并应当与员工宿舍保持安全距离。

生产经营场所和员工宿舍应当设有符合紧急疏散要求、标志明显、保持畅通的出口。禁止封闭、堵塞生产经营场所或者员工宿舍的出口。

第三十五条　生产经营单位进行爆破、吊装等危险作业，应当安排专门人员进行现场安全管理，确保操作规程的遵守和安全措施的落实。

第三十六条　生产经营单位应当教育和督促从业人员严格执行本单位的安全生产规章制度和安全操作规程；并向从业人员如实告知作业场所和工作岗位存在的危险因素、防范措施以及事故应急措施。

第三十七条　生产经营单位必须为从业人员提供符合国家标准或者行业标准的劳动防护用品，并监督、教育从业人员按照使用规则佩戴、使用。

第三十八条　生产经营单位的安全生产管理人员应当根据本单位的生产经营特点，对安全生产状况进行经常性检查；对检查中发现的安全问题，应当立即处理；不能处理的，应当及时报告本单位有关负责人。检查及处理情况应当记录在案。

第三十九条　生产经营单位应当安排用于配备劳动防护用品、进行安全生产培训的经费。

第四十条　两个以上生产经营单位在同一作业区域内进行生产经营活动，可能危及对方生产安全的，应当签订安全生产管理协议，明确各自的安全生产管理职责和应当采取的安全措施，并指定专职安全生产管理人员进行安全检查与协调。

第四十一条　生产经营单位不得将生产经营项目、场所、设备发包或者出租给不具备安全生产条件或者相应资质的单位或者个人。

生产经营项目、场所有多个承包单位、承租单位的，生产经营单位应当与承包单位、承租单位签订专门的安全生产管理协议，或者在承包合同、租赁合同中约定各自的安全生产管理职责；生产经营单位对承包单位、承租单位的安全生产工作统一协调、管理。

第四十二条　生产经营单位发生重大生产安全事故时，单位的主要负责人应当立即组织抢救，并不得在事故调查处理期间擅离职守。

第四十三条　生产经营单位必须依法参加工伤社会保险，为从业人员缴纳保险费。

第三章 从业人员的权利和义务

第四十四条 生产经营单位与从业人员订立的劳动合同，应当载明有关保障从业人员劳动安全、防止职业危害的事项，以及依法为从业人员办理工伤社会保险的事项。

生产经营单位不得以任何形式与从业人员订立协议，免除或者减轻其对从业人员因生产安全事故伤亡依法应承担的责任。

第四十五条 生产经营单位的从业人员有权了解其作业场所和工作岗位存在的危险因素、防范措施及事故应急措施，有权对本单位的安全生产工作提出建议。

第四十六条 从业人员有权对本单位安全生产工作中存在的问题提出批评、检举、控告；有权拒绝违章指挥和强令冒险作业。

生产经营单位不得因从业人员对本单位安全生产工作提出批评、检举、控告或者拒绝违章指挥、强令冒险作业而降低其工资、福利等待遇或者解除与其订立的劳动合同。

第四十七条 从业人员发现直接危及人身安全的紧急情况时，有权停止作业或者在采取可能的应急措施后撤离作业场所。

生产经营单位不得因从业人员在前款紧急情况下停止作业或者采取紧急撤离措施而降低其工资、福利等待遇或者解除与其订立的劳动合同。

第四十八条 因生产安全事故受到损害的从业人员，除依法享有工伤社会保险外，依照有关民事法律尚有获得赔偿的权利的，有权向本单位提出赔偿要求。

第四十九条 从业人员在作业过程中，应当严格遵守本单位的安全生产规章制度和操作规程，服从管理，正确佩戴和使用劳动防护用品。

第五十条 从业人员应当接受安全生产教育和培训，掌握本职工作所需的安全生产知识，提高安全生产技能，增强事故预防和应急处理能力。

第五十一条 从业人员发现事故隐患或者其他不安全因素，应当立即向现场安全生产管理人员或者本单位负责人报告；接到报告的人员应当及时予以处理。

第五十二条 工会有权对建设项目的安全设施与主体工程同时设计、同时施工、同时投入生产和使用进行监督，提出意见。

工会对生产经营单位违反安全生产法律、法规，侵犯从业人员合法权益的行为，有权要求纠正；发现生产经营单位违章指挥、强令冒险作业或者发现事故隐患时，有权提出解决的建议，生产经营单位应当及时研究答复；发现危及从业人员生命安全的情况时，有权向生产经营单位建议组织从业人员撤离危险场所，生产经营单位必须立即作出处理。

工会有权依法参加事故调查，向有关部门提出处理意见，并要求追究有关人员的责任。

第四章 安全生产的监督管理

第五十三条 县级以上地方各级人民政府应当根据本行政区域内的安全生产状况，组织有关部门按照职责分工，对本行政区域内容易发生重大生产安全事故的生产经营单位进行严格检查；发现事故隐患，应当及时处理。

第五十四条 依照本法第九条规定对安全生产负有监督管理职责的部门（以下统称负有安全生产监督管理职责的部门）依照有关法律、法规的规定，对涉及安全生产的事项需要审查批准（包括批准、核准、许可、注册、认证、颁发证照等，下同）或者验收的，必须严格依照有关法律、法规和国家标准或者行业标准规定的安全生产条件和程序进行审查；不符合有关法律、法规和国家标准或者行业标准规定的安全生产条件的，不得批准或者验收通过。对未依法取得批准或者验收合格的单位擅自从事有关活动的，负责行政审批的部门发现或者接到举报后应当立即予以取缔，并依法予以处理。对已经依法取得批准的单位，负责行政审批的部门发现其不再具备安全生产条件的，应当撤销原批准。

第五十五条　负有安全生产监督管理职责的部门对涉及安全生产的事项进行审查、验收，不得收取费用；不得要求接受审查、验收的单位购买其指定品牌或者指定生产、销售单位的安全设备、器材或者其他产品。

第五十六条　负有安全生产监督管理职责的部门依法对生产经营单位执行有关安全生产的法律、法规和国家标准或者行业标准的情况进行监督检查，行使以下职权：

（一）进入生产经营单位进行检查，调阅有关资料，向有关单位和人员了解情况。

（二）对检查中发现的安全生产违法行为，当场予以纠正或者要求限期改正；对依法应当给予行政处罚的行为，依照本法和其他有关法律、行政法规的规定作出行政处罚决定。

（三）对检查中发现的事故隐患，应当责令立即排除；重大事故隐患排除前或者排除过程中无法保证安全的，应当责令从危险区域内撤出作业人员，责令暂时停产停业或者停止使用；重大事故隐患排除后，经审查同意，方可恢复生产经营和使用。

（四）对有根据认为不符合保障安全生产的国家标准或者行业标准的设施、设备、器材予以查封或者扣押，并应当在十五日内依法作出处理决定。

监督检查不得影响被检查单位的正常生产经营活动。

第五十七条　生产经营单位对负有安全生产监督管理职责的部门的监督检查人员（以下统称安全生产监督检查人员）依法履行监督检查职责，应当予以配合，不得拒绝、阻挠。

第五十八条　安全生产监督检查人员应当忠于职守，坚持原则，秉公执法。

安全生产监督检查人员执行监督检查任务时，必须出示有效的监督执法证件；对涉及被检查单位的技术秘密和业务秘密，应当为其保密。

第五十九条　安全生产监督检查人员应当将检查的时间、地点、内容、发现的问题及其处理情况，作出书面记录，并由检查人员和被检查单位的负责人签字；被检查单位的负责人拒绝签字的，检查人员应当将情况记录在案，并向负有安全生产监督管理职责的部门报告。

第六十条　负有安全生产监督管理职责的部门在监督检查中，应当互相配合，实行联合检查；确需分别进行检查的，应当互通情况，发现存在的安全问题应当由其他有关部门进行处理的，应当及时移送其他有关部门并形成记录备查，接受移送的部门应当及时进行处理。

第六十一条　监察机关依照行政监察法的规定，对负有安全生产监督管理职责的部门及其工作人员履行安全生产监督管理职责实施监察。

第六十二条　承担安全评价、认证、检测、检验的机构应当具备国家规定的资质条件，并对其作出的安全评价、认证、检测、检验的结果负责。

第六十三条　负有安全生产监督管理职责的部门应当建立举报制度，公开举报电话、信箱或者电子邮件地址，受理有关安全生产的举报；受理的举报事项经调查核实后，应当形成书面材料；需要落实整改措施的，报经有关负责人签字并督促落实。

第六十四条 任何单位或者个人对事故隐患或者安全生产违法行为，均有权向负有安全生产监督管理职责的部门报告或者举报。

第六十五条 居民委员会、村民委员会发现其所在区域内的生产经营单位存在事故隐患或者安全生产违法行为时，应当向当地人民政府或者有关部门报告。

第六十六条 县级以上各级人民政府及其有关部门对报告重大事故隐患或者举报安全生产违法行为的有功人员，给予奖励。具体奖励办法由国务院负责安全生产监督管理的部门会同国务院财政部门制定。

第六十七条 新闻、出版、广播、电影、电视等单位有进行安全生产宣传教育的义务，有对违反安全生产法律、法规的行为进行舆论监督的权利。

第五章 生产安全事故的应急救援与调查处理

第六十八条 县级以上地方各级人民政府应当组织有关部门制定本行政区域内特大生产安全事故应急救援预案，建立应急救援体系。

第六十九条 危险物品的生产、经营、储存单位以及矿山、建筑施工单位应当建立应急救援组织；生产经营规模较小，可以不建立应急救援组织的，应当指定兼职的应急救援人员。

危险物品的生产、经营、储存单位以及矿山、建筑施工单位应当配备必要的应急救援器材、设备，并进行经常性维护、保养，保证正常运转。

第七十条 生产经营单位发生生产安全事故后，事故现场有关人员应当立即报告本单位负责人。

单位负责人接到事故报告后，应当迅速采取有效措施，组织抢救，防止事故扩大，减少人员伤亡和财产损失，并按照国家有关规定立即如实报告当地负有安全生产监督管理职责的部门，不得隐瞒不报、谎报或者拖延不报，不得故意破坏事故现场、毁灭有关证据。

第七十一条 负有安全生产监督管理职责的部门接到事故报告后，应当立即按照国家有关规定上报事故情况。负有安全生产监督管理职责的部门和有关地方人民政府对事故情况不得隐瞒不报、谎报或者拖延不报。

第七十二条 有关地方人民政府和负有安全生产监督管理职责的部门的负责人接到重大生产安全事故报告后，应当立即赶到事故现场，组织事故抢救。

任何单位和个人都应当支持、配合事故抢救，并提供一切便利条件。

第七十三条 事故调查处理应当按照实事求是、尊重科学的原则，及时、准确地查清事故原因，查明事故性质和责任，总结事故教训，提出整改措施，并对事故责任者提出处理意见。事故调查和处理的具体办法由国务院制定。

第七十四条 生产经营单位发生生产安全事故，经调查确定为责任事故的，除了应当查明事故单位的责任并依法予以追究外，还应当查明对安全生产的有关事项负有审查批准和监督职责的行政部门的责任，对有失职、渎职行为的，依照本法第七十七条的规定追究法律责任。

第七十五条 任何单位和个人不得阻挠和干涉对事故的依法调查处理。

第七十六条 县级以上地方各级人民政府负责安全生产监督管理的部门应当定期统计分析本行政区域内发生生产安全事故的情况，并定期向社会公布。

第六章　法律责任

第七十七条　负有安全生产监督管理职责的部门的工作人员，有下列行为之一的，给予降级或者撤职的行政处分；构成犯罪的，依照刑法有关规定追究刑事责任：

（一）对不符合法定安全生产条件的涉及安全生产的事项予以批准或者验收通过的；

（二）发现未依法取得批准、验收的单位擅自从事有关活动或者接到举报后不予取缔或者不依法予以处理的；

（三）对已经依法取得批准的单位不履行监督管理职责，发现其不再具备安全生产条件而不撤销原批准或者发现安全生产违法行为不予查处的。

第七十八条　负有安全生产监督管理职责的部门，要求被审查、验收的单位购买其指定的安全设备、器材或者其他产品的，在对安全生产事项的审查、验收中收取费用的，由其上级机关或者监察机关责令改正，责令退还收取的费用；情节严重的，对直接负责的主管人员和其他直接责任人员依法给予行政处分。

第七十九条　承担安全评价、认证、检测、检验工作的机构，出具虚假证明，构成犯罪的，依照刑法有关规定追究刑事责任；尚不够刑事处罚的，没收违法所得，违法所得在5000元以上的，并处违法所得二倍以上五倍以下的罚款，没有违法所得或者违法所得不足5000元的，单处或者并处5000元以上2万元以下的罚款，对其直接负责的主管人员和其他直接责任人员处5000元以上5万元以下的罚款；给他人造成损害的，与生产经营单位承担连带赔偿责任。

对有前款违法行为的机构，撤销其相应资格。

第八十条　生产经营单位的决策机构、主要负责人、个人经营的投资人不依照本法规定保证安全生产所必需的资金投入，致使生产经营单位不具备安全生产条件的，责令限期改正，提供必需的资金；逾期未改正的，责令生产经营单位停产停业整顿。

有前款违法行为，导致发生生产安全事故，构成犯罪的，依照刑法有关规定追究刑事责任；尚不够刑事处罚的，对生产经营单位的主要负责人给予撤职处分，对个人经营的投资人处2万元以上20万元以下的罚款。

第八十一条　生产经营单位的主要负责人未履行本法规定的安全生产管理职责的，责令限期改正；逾期未改正的，责令生产经营单位停产停业整顿。

生产经营单位的主要负责人有前款违法行为，导致发生生产安全事故，构成犯罪的，依照刑法有关规定追究刑事责任；尚不够刑事处罚的，给予撤职处分或者处2万元以上20万元以下的罚款。

生产经营单位的主要负责人依照前款规定受刑事处罚或者撤职处分的，自刑罚执行完毕或者受处分之日起，五年内不得担任任何生产经营单位的主要负责人。

第八十二条　生产经营单位有下列行为之一的，责令限期改正；逾期未改正的，责令停产停业整顿，可以并处2万元以下的罚款：

（一）未按照规定设立安全生产管理机构或者配备安全生产管理人员的；

（二）危险物品的生产、经营、储存单位以及矿山、建筑施工单位的主要负责人和安全生产管理人员未按照规定经考核合格的；

（三） 未按照本法第二十一条、第二十二条的规定对从业人员进行安全生产教育和培训，或者未按照本法第三十六条的规定如实告知从业人员有关的安全生产事项的；

（四） 特种作业人员未按照规定经专门的安全作业培训并取得特种作业操作资格证书，上岗作业的。

第八十三条 生产经营单位有下列行为之一的，责令限期改正；逾期未改正的，责令停止建设或者停产停业整顿，可以并处5万元以下的罚款；造成严重后果，构成犯罪的，依照刑法有关规定追究刑事责任：

（一） 矿山建设项目或者用于生产、储存危险物品的建设项目没有安全设施设计或者安全设施设计未按照规定报经有关部门审查同意的；

（二） 矿山建设项目或者用于生产、储存危险物品的建设项目的施工单位未按照批准的安全设施设计施工的；

（三） 矿山建设项目或者用于生产、储存危险物品的建设项目竣工投入生产或者使用前，安全设施未经验收合格的；

（四） 未在有较大危险因素的生产经营场所和有关设施、设备上设置明显的安全警示标志的；

（五） 安全设备的安装、使用、检测、改造和报废不符合国家标准或者行业标准的；

（六） 未对安全设备进行经常性维护、保养和定期检测的；

（七） 未为从业人员提供符合国家标准或者行业标准的劳动防护用品的；

（八） 特种设备以及危险物品的容器、运输工具未经取得专业资质的机构检测、检验合格，取得安全使用证或者安全标志，投入使用的；

（九） 使用国家明令淘汰、禁止使用的危及生产安全的工艺、设备的。

第八十四条 未经依法批准，擅自生产、经营、储存危险物品的，责令停止违法行为或者予以关闭，没收违法所得，违法所得10万元以上的，并处违法所得一倍以上五倍以下的罚款，没有违法所得或者违法所得不足10万元的，单处或者并处2万元以上10万元以下的罚款；造成严重后果，构成犯罪的，依照刑法有关规定追究刑事责任。

第八十五条 生产经营单位有下列行为之一的，责令限期改正；逾期未改正的，责令停产停业整顿，可以并处2万元以上10万元以下的罚款；造成严重后果，构成犯罪的，依照刑法有关规定追究刑事责任：

（一） 生产、经营、储存、使用危险物品，未建立专门安全管理制度、未采取可靠的安全措施或者不接受有关主管部门依法实施的监督管理的；

（二） 对重大危险源未登记建档，或者未进行评估、监控，或者未制定应急预案的；

（三） 进行爆破、吊装等危险作业，未安排专门管理人员进行现场安全管理的。

第八十六条 生产经营单位将生产经营项目、场所、设备发包或者出租给不具备安全生产条件或者相应资质的单位或者个人的，责令限期改正，没收违法所得；违法所得5万元以上的，并处违法所得一倍以上五倍以下的罚款；没有违法所得或者违法所得不足5万元的，单处或者并处1万元以上5万元以下的罚款；导致发生生产安全事故给他人造成损害的，与承包方、承租方承担连带赔偿责任。

生产经营单位未与承包单位、承租单位签订专门的安全生产管理协议或者未在承包合同、租赁合同中明确各自的安全生产管理职责，或者未对承包单位、承租单位的安全生产统一协调、管理的，责令限期改正；逾期未改正的，责令停产停业整顿。

第八十七条 两个以上生产经营单位在同一作业区域内进行可能危及对方安全生产的生产经营活动，未签订安全生产管理协议或者未指定专职安全生产管理人员进行安全检查与协调的，责令限期改正；逾期未改正的，责令停产停业。

第八十八条 生产经营单位有下列行为之一的，责令限期改正；逾期未改正的，责令停产停业整顿；造成严重后果，构成犯罪的，依照刑法有关规定追究刑事责任：

（一）生产、经营、储存、使用危险物品的车间、商店、仓库与员工宿舍在同一座建筑内，或者与员工宿舍的距离不符合安全要求的；

（二）生产经营场所和员工宿舍未设有符合紧急疏散需要、标志明显、保持畅通的出口，或者封闭、堵塞生产经营场所或者员工宿舍出口的。

第八十九条 生产经营单位与从业人员订立协议，免除或者减轻其对从业人员因生产安全事故伤亡依法应承担的责任的，该协议无效；对生产经营单位的主要负责人、个人经营的投资人处 2 万元以上 10 万元以下的罚款。

第九十条 生产经营单位的从业人员不服从管理，违反安全生产规章制度或者操作规程的，由生产经营单位给予批评教育，依照有关规章制度给予处分；造成重大事故，构成犯罪的，依照刑法有关规定追究刑事责任。

第九十一条 生产经营单位主要负责人在本单位发生重大生产安全事故时，不立即组织抢救或者在事故调查处理期间擅离职守或者逃匿的，给予降职、撤职的处分，对逃匿的处十五日以下拘留；构成犯罪的，依照刑法有关规定追究刑事责任。

生产经营单位主要负责人对生产安全事故隐瞒不报、谎报或者拖延不报的，依照前款规定处罚。

第九十二条 有关地方人民政府、负有安全生产监督管理职责的部门，对生产安全事故隐瞒不报、谎报或者拖延不报的，对直接负责的主管人员和其他直接责任人员依法给予行政处分；构成犯罪的，依照刑法有关规定追究刑事责任。

第九十三条 生产经营单位不具备本法和其他有关法律、行政法规和国家标准或者行业标准规定的安全生产条件，经停产停业整顿仍不具备安全生产条件的，予以关闭；有关部门应当依法吊销其有关证照。

第九十四条 本法规定的行政处罚，由负责安全生产监督管理的部门决定；予以关闭的行政处罚由负责安全生产监督管理的部门报请县级以上人民政府按照国务院规定的权限决定；给予拘留的行政处罚由公安机关依照治安管理处罚条例的规定决定。有关法律、行政法规对行政处罚的决定机关另有规定的，依照其规定。

第九十五条 生产经营单位发生生产安全事故造成人员伤亡、他人财产损失的，应当依法承担赔偿责任；拒不承担或者其负责人逃匿的，由人民法院依法强制执行。

生产安全事故的责任人未依法承担赔偿责任，经人民法院依法采取执行措施后，仍不能对受害人给予足额赔偿的，应当继续履行赔偿义务；受害人发现责任人有其他财产的，可以随时请求人民法院执行。

第七章 附 则

第九十六条 本法下列用语的含义：

危险物品，是指易燃易爆物品、危险化学品、放射性物品等能够危及人身安全和财产安全的物品。

重大危险源，是指长期地或者临时地生产、搬运、使用或者储存危险物品，且危险物品的数量等于或者超过临界量的单元（包括场所和设施）。

第九十七条 本法自 2002 年 11 月 1 日起施行。

铁路运输安全保护条例

中华人民共和国国务院令（第430号）

《铁路运输安全保护条例》已经2004年12月22日国务院第74次常务会议通过，现予公布，自2005年4月1日起施行。

总理　温家宝

二〇〇四年十二月二十七日

第一章　总　则

第一条　为了加强铁路运输安全管理，保障铁路运输安全和畅通，保护人身安全、财产安全及其他合法权益，根据《中华人民共和国铁路法》和《中华人民共和国安全生产法》，制定本条例。

第二条　中华人民共和国境内的铁路运输安全保护及与铁路运输安全保护有关的活动，适用本条例。

第三条　铁路运输安全管理坚持安全第一、预防为主的方针。

第四条　国务院铁路主管部门负责全国的铁路运输安全监督管理工作。

国务院铁路主管部门设立的铁路管理机构（以下简称铁路管理机构）负责本区域内的铁路运输安全监督管理工作。

第五条　铁路沿线地方各级人民政府及县级以上地方人民政府安全生产监督管理等部门应当按照各自职责，做好与铁路运输安全有关的工作，加强铁路运输安全教育，落实护路联防责任制，防范和制止危害铁路运输安全的行为，协调和处理有关铁路运输安全事项。

第六条　公安机关按照职责分工，维护车站、列车等铁路场所的治安秩序和铁路沿线的治安秩序。

第七条　铁路运输企业应当加强铁路运输安全管理，建立、健全安全生产管理制度，设置安全管理机构，保证铁路运输安全所必需的资金投入。

铁路运输工作人员应当坚守岗位，按程序实行标准作业，尽职尽责，保证运输安全。

第八条　国务院铁路主管部门及铁路管理机构应当对突发公共卫生事件、突发铁路治安事件、重大自然灾害及火灾事故、重大铁路运输安全事故及其他影响铁路运输安全、畅通的突发性事件，制定应急预案。

铁路运输企业应当按照国家有关规定，建立、健全本企业的应急预案，明确应急指挥、救援等事项。

第九条 任何单位和个人不得破坏、损坏或者非法占用铁路运输的设施、设备、铁路标志及铁路用地。

任何单位和个人都有保护铁路运输的设施、设备、铁路标志及铁路用地的义务，发现破坏、损坏或者非法占用铁路运输的设施、设备、铁路标志、铁路用地及其他影响铁路运输安全的行为，应当向国务院铁路主管部门、铁路管理机构、公安机关、地方各级人民政府或者有关部门检举、报告，或者及时通知铁路运输企业。接到检举、报告的部门或者接到通知的铁路运输企业应当根据各自职责及时予以处理。

对维护铁路运输安全作出突出贡献的单位或者个人，应当给予表彰奖励。

第二章 铁路线路安全

第十条 铁路线路两侧应当设立铁路线路安全保护区。铁路线路安全保护区的范围，从铁路线路路堤坡脚、路堑坡顶或者铁路桥梁外侧起向外的距离分别为：

（一）城市市区，不少于 8 米；

（二）城市郊区居民居住区，不少于 10 米；

（三）村镇居民居住区，不少于 12 米；

（四）其他地区，不少于 15 米。

铁路线路安全保护区的具体范围，由铁路管理机构提出方案，县级以上地方人民政府按照保障铁路运输安全和节约用地的原则划定。铁路用地能满足前款要求的，由铁路管理机构在铁路用地范围内划定铁路线路安全保护区。

铁路线路安全保护区与公路建筑控制区、河道管理范围或者水利工程管理和保护范围重叠的，由铁路管理机构和公路管理机构、水行政主管部门协商后，报县级以上地方人民政府划定。

铁路运输企业应当在铁路线路安全保护区边界设立标桩，并根据需要设置围墙、栅栏等防护设施。

企业或者单位内部的专用铁路需要划定铁路线路安全保护区的，参照本条第一款的规定划定。

第十一条 在铁路线路安全保护区内，除必要的铁路施工、作业、抢险活动外，任何单位和个人不得实施下列行为：

（一）建造建筑物、构筑物；

（二）取土、挖砂、挖沟；

（三）采空作业；

（四）堆放、悬挂物品。

任何单位和个人不得在铁路线路安全保护区内烧荒、放养牲畜、种植影响铁路线路安全和行车瞭望的树木等植物。

任何单位和个人不得向铁路线路安全保护区排污、排水，倾倒垃圾及其他有害物质。

第十二条 铁路线路安全保护区内已有的建筑物、构筑物，危及铁路运输安全的，由国务院铁路主管部门及铁路管理机构或者县级以上地方人民政府责令采取必要的安全防护措施。对采取安全防护措施后仍不能满足安全要求的，应当按照国家有关规定限期拆除。

拆除铁路线路安全保护区内的建筑物、构筑物的，应当依法给予合理补偿。但是，拆除非法建设的建筑物、构筑物的除外。

第十三条　铁路运输企业的安全生产管理人员应当对铁路线路进行经常性巡查和维护。对巡查中发现的安全问题，应当立即处理；不能处理的，应当及时报告本企业有关负责人。巡查及处理情况应当留存记录。

第十四条　铁路线路及其邻近的建筑物、构筑物、设备等（与机车车辆有直接互相作用的设备除外），不得进入国家规定的铁路建筑接近限界。进入铁路建筑接近限界的，铁路管理机构有权制止、拆除。

第十五条　任何单位和个人不得在铁路桥梁（含道路、铁路两用桥，下同）跨越的河道上下游各1000米范围内围垦造田、抽取地下水、拦河筑坝、架设浮桥，及修建其他影响或者危害铁路桥梁安全的设施。

在前款规定的范围内，确需进行围垦造田、抽取地下水、拦河筑坝、架设浮桥等活动的，应当进行安全论证，有关行政管理部门在批准之前应当征求有关铁路管理机构的意见。

第十六条　任何单位和个人不得在铁路桥梁跨越的河道上下游的下列范围内采砂：

（一）桥长500米以上的铁路桥梁，河道上游500米，下游3000米；

（二）桥长100米以上500米以下的铁路桥梁，河道上游500米，下游2000米；

（三）桥长100米以下的铁路桥梁，河道上游500米，下游1000米。

有关部门依法在铁路桥梁跨越的河道上下游划定的禁采区大于前款规定的禁采范围的，依照其划定的禁采范围执行。

第十七条　任何单位和个人不得在铁路线路两侧距路堤坡脚、路堑坡顶、铁路桥梁外侧200米范围内，或者铁路车站及周围200米范围内，及铁路隧道上方中心线两侧各200米范围内，建造、设立生产、加工、储存和销售易燃、易爆或者放射性物品等危险物品的场所、仓库。但是，根据国家有关规定设立的为铁路运输工具补充燃料的设施及办理危险货物运输的除外。

第十八条　在铁路线路两侧路堤坡脚、路堑坡顶、铁路桥梁外侧起各1000米范围内，及在铁路隧道上方中心线两侧各1000米范围内，禁止从事采矿、采石及爆破作业。

在前款规定的范围内，因修建道路、水利工程等公共工程，确需实施采石、爆破作业的，应当与铁路运输企业协商后，采取必要的安全防护措施。

第十九条　道路、铁路两用桥由所在地铁路运输企业和道路管理部门或者道路经营企业定期检查、共同维护，保证道路、铁路两用桥处于安全的技术状态。

道路、铁路两用桥的墩、梁等共用部分的检测、维修由铁路运输企业和道路管理部门或者道路经营企业共同负责，所需的费用根据公平合理的原则分担。

第二十条　铁路的重要桥梁和隧道，按照国家有关规定由中国人民武装警察部队负责守卫。

第二十一条　在铁路桥梁跨越的河道上下游进行疏浚作业，影响铁路桥梁安全的，应当进行安全技术评估，有关河道、航道管理部门在批准前应当征求国务院铁路主管部门或者铁路管理机构的意见，确认安全或者采取安全技术措施后，依法进行疏浚作业。但进行河道、航道日常养护、疏浚作业的除外。

第二十二条 铁路建设单位新建、改建、扩建工程项目的安全设施，必须与主体工程同时设计、同时施工、同时投入生产和使用。安全设施投资应当纳入建设项目概算。

第二十三条 跨越、穿越铁路线路、站场，架设、铺设桥梁、人行过道、管道、渡槽和电力线路、通信线路、油气管线等设施，或者在铁路线路安全保护区内架设、铺设人行过道、管道、渡槽和电力线路、通信线路、油气管线等设施，涉及铁路运输安全的，按照国家有关规定办理；没有规定的，由建设工程项目单位与铁路运输企业协商，不得危及铁路运输安全。

实施前款工程的施工单位应当遵守铁路施工安全规范，不得影响铁路行车安全及运输设施安全。工程项目设计、施工作业方案应当通报铁路运输企业。铁路运输企业应当派员对施工现场实行安全监督。

铁路线路安全保护区内已铺设的油气管线，及临近电气化铁路铺设的通信线路，存在安全隐患的，应当采取必要的安全防护措施。

第二十四条 船舶通过铁路桥梁时，应当符合桥梁的通航净空高度并严格遵守航行规则。

桥区航标中的桥梁航标、桥柱标、桥梁水尺标由铁路运输企业负责设置、维护。水面航标由铁路运输企业负责设置，航道管理部门负责维护，所需维护费用按照国家有关规定执行。

第二十五条 下穿铁路桥梁、涵洞的道路，应当按照国家有关标准设置车辆通过限高标志及限高防护架。城市道路的限高标志，由公安机关交通管理部门或者当地人民政府指定的部门设置并维护；公路的限高标志，由公路管理部门设置并维护。限高防护架在铁路桥梁、涵洞、道路建设时设置，由铁路运输企业负责维护。

机动车通过下穿铁路桥梁、涵洞的道路时，应当遵守限高、限宽规定，不得冲击限高防护架。

下穿铁路的涵洞的管理单位负责涵洞的日常管理、维护，防止淤塞、积水，保证正常通行。

第二十六条 铁路线路安全保护区内的道路及路堑上的道路，道路管理部门或者道路经营企业应当设置防止车辆进入铁路线路的安全防护设施并负责维护。

跨越铁路线路的道路桥梁，道路管理部门或者道路经营企业应当设置防止车辆及其他物体坠入铁路线路的安全防护设施并负责维护。

第二十七条 埋设、铺设、架设铁路信号、通信光（电）缆应当符合国家规定的标准，并接受国务院信息产业主管部门的监督管理。

铁路运输企业、为铁路运输提供服务的电信企业，应当加强对铁路信号、通信光（电）缆的维护和管理。

第二十八条 任何单位和个人不得擅自设置或者拓宽铁路道口、人行过道。

设置或者拓宽铁路道口、人行过道，应当向铁路管理机构提出申请，并按如下程序审批：城市内设置或者拓宽铁路道口、人行过道，由铁路管理机构会同城市规划部门根据国家有关规定自收到申请之日起 30 日内共同作出批准或者不予批准的决定；城市外设置或者拓宽铁路道口、人行过道，由铁路管理机构会同当地人民政府根据国家有关规定自收到申请之日起 30 日内共同作出批准或者不予批准的决定。

决定予以批准的，由铁路管理机构发给批准文件；不予批准的，由铁路管理机构书面通知申请人并说明理由。

第二十九条 列车行驶速度达到国家规定标准时，新建、改建的铁路与道路交叉的，应当设置立体交叉。

道路交通流量、列车行驶速度达到国家规定标准时，新建、改建的道路与铁路交叉的，应当设置立体交叉。

既有的一级公路、二级公路、城市道路与铁路交叉的平交道口，应当逐步改造为立体交叉。

设置铁路立体交叉和平交道口，应当符合国家规定的安全技术标准。

第三十条 铁路与道路交叉处设置立体交叉所需费用按照下列原则确定：

（一）新建、改建铁路与既有道路交叉的，由铁路部门承担建设费用；道路部门提出超过既有的道路建设标准建设而增加的费用，由道路部门承担；

（二）新建、改建道路与既有铁路交叉的，由道路部门承担建设费用；铁路部门提出超过既有的铁路线路建设标准建设而增加的费用，由铁路部门承担；

（三）现有铁路与道路平交道口改建立体交叉的，由铁路部门和道路部门按照公平合理的原则分担建设费用。

第三十一条 铁路与道路交叉处的有人看守平交道口，应当设置警示灯、警示标志、铁路平交道口路段标线或者安全防护设施；无人看守的铁路道口，应当按照国家规定标准设置警示标志。

警示灯、安全防护设施由铁路运输企业设置、维护；警示标志、铁路平交道口路段标线由铁路道口所在地的道路管理部门设置、维护。

第三十二条 机动车在铁路道口内发生故障或者装载物掉落时，应当立即将故障车辆或者掉落的装载物移至铁路道口停止线以外或者铁路线路最外侧钢轨 5 米以外的安全地点。对无法立即移走的，应当立即报告铁路道口看守人员；在无人看守道口处，应当立即在道口两端采取措施拦停列车，并通知就近铁路车站采取紧急措施。

第三十三条 履带车辆通过铁路平交道口，应当提前通知铁路道口管理部门，并在其协助、指导下通过。

第三十四条 在下列地点，铁路运输企业应当按照标准设置易于识别的警示、保护标志：

（一）铁路桥梁、隧道的两端；

（二）铁路信号、通信光（电）缆埋设、铺设地点；

（三）电气化铁路接触网、自动闭塞供电线路和电力贯通线路等电力设施附近易发生危险的地方。

第三章 铁路营运安全

第三十五条 设计、生产、维修或者进口新型的铁路机车车辆，应当符合国家规定的标准，并分别向国务院铁路主管部门申请领取型号合格证、生产许可证、维修合格证或者型号认可证，经国务院铁路主管部门审查合格的，发给相应的证书。

第三十六条 按照国家有关规定生产、维修或者进口的铁路机车车辆，在投入使用前，应当经国务院铁路主管部门验收合格。

第三十七条 申请领取型号合格证、生产许可证、维修合格证、型号认可证和铁路机车车辆验收的具体程序由国务院铁路主管部门另行规定。

第三十八条 生产铁路道岔及其转辙设备、铁路通信信号控制软件及控制设备、铁路牵引供电设备的企业，应当符合下列条件并由国务院铁路主管部门认定：

（一）有按照国家规定标准检测、检验合格的专业生产设备；

（二）有相应的专业技术人员；

（三）有完善的产品质量保证体系和管理制度；

（四）近3年内无产品质量责任事故。

铁路道岔及其转辙设备、铁路通信信号控制软件及控制设备、铁路牵引供电设备经符合国家规定条件的专业检测、检验机构检测、检验合格，方可使用。

用于危险化学品和放射性物质铁路运输的罐车及其他容器的生产和检测、检验，依照有关法律、行政法规的规定管理。

第三十九条 本条例第三十八条规定以外的其他直接关系铁路运输安全的铁路专用设备、器材、工具和安全检测设备，实行产品强制认证制度（已实行工业产品生产许可证制度的铁路专用产品除外），相关产品的认证实施规则由国务院认证认可监督管理部门会同国务院铁路主管部门依法共同制定。

第四十条 用于铁路运输的安全防护设施、设备、集装箱和集装化用具等运输器具，篷布、装载加固材料或者装置、运输包装及货物装载加固，应当符合国家有关技术标准和规范。

第四十一条 铁路运输企业应当建立、健全并严格执行铁路运输的设施、设备的安全管理和检查防护的规章制度，加强对铁路运输的设施、设备的检测、维修，对不符合安全要求的应当及时更换，确保铁路运输的设施、设备性能完好和安全运行。

在法定假日和传统节日等铁路运输高峰期间，铁路运输企业应当加强铁路运输安全检查，确保运输安全。

第四十二条 铁路机车车辆和自轮运转车辆的驾驶人员应当经国务院铁路主管部门考试合格后，方可上岗。具体办法由国务院铁路主管部门制定。

第四十三条 铁路运输企业应当加强对从业人员的安全教育和培训。铁路运输企业的从业人员应当严格按照国家规定的操作规程，使用、管理铁路运输的设施、设备。

第四十四条 铁路运输企业应当将有关旅客、列车工作人员及其他进入车站的人员遵守的安全管理规定在列车内、车站等场所公告。

第四十五条 铁路运输企业应当使用国务院铁路主管部门认定的符合国家安全技术标准的铁路运输管理信息系统，并配备专门的安全管理人员，负责系统安全保护工作。

第四十六条 铁路运输企业应当按照法律、行政法规和国务院铁路主管部门的规定，对旅客携带物品和托运的行李进行安全检查。

从事安全检查的工作人员，应当佩戴安全检查标志，依法履行检查职责，并有权拒绝不接受安全检查的旅客进站乘车。

第四十七条 旅客应当接受并配合铁路运输企业在车站、列车实施的安全检查，不得违法携带、夹带匕首、弹簧刀及其他管制刀具，或者违法携带、随身托运烟花爆竹、枪支弹药等危险物品、违禁物品。旅客进站乘车、出站应当接受铁路工作人员的引导。

第四十八条 铁路运输托运人托运货物、行李、包裹时不得有下列行为：

（一）匿报、谎报货物品名、性质；

（二）在普通货物中夹带危险货物，或者在危险货物中夹带禁止配装的货物；

（三）匿报、谎报货物重量或者装车、装箱超过规定重量；

（四）其他危及铁路运输安全的行为。

第四十九条　铁路运输企业应当对承运的货物进行安全检查，并不得有下列行为：

（一）在非危险品办理站、专用线、专用铁路承运危险货物；

（二）未经批准承运超限、超长、超重、集重货物；

（三）承运拒不接受安全检查的物品；

（四）承运不符合安全规定、可能危害铁路运输安全的其他物品。

第五十条　办理危险货物铁路运输的承运人，应当具备下列条件：

（一）有按国家规定标准检测、检验合格的专用设施、设备；

（二）有符合国家规定条件的驾驶人员、技术管理人员、装卸人员；

（三）有健全的安全管理制度；

（四）有事故处理应急预案。

第五十一条　办理危险货物铁路运输的托运人，应当具备下列条件：

（一）具有国家规定的危险物品生产、储存、使用或者经营销售的资格；

（二）运输工具、运输包装、装载加固条件及专用设施、设备符合国家规定的技术标准和安全条件；

（三）有符合国家规定条件的掌握危险货物铁路运输业务和相关知识的专业技术人员、运输经办人员和押运人员；

（四）有事故处理应急预案。

第五十二条　申请从事危险货物承运、托运业务的，应当向铁路管理机构提交证明符合第五十条、第五十一条规定条件的证明文件。铁路管理机构应当自收到申请之日起 20 日内作出批准或者不予批准的决定。决定批准的，发给相应的资格证明；不予批准的，应当书面通知申请人并说明理由。

第五十三条　办理超限、超长、超重、集重货物运输的承运人，应当具备下列条件：

（一）装载加固、运输工具及其他设施、设备符合国家有关技术标准和安全要求；

（二）有符合国家规定条件的专业技术人员、管理人员和作业人员；

（三）有健全的安全管理制度；

（四）有事故处理应急预案。

第五十四条　办理超限、超长、超重、集重货物运输的，承运人应当按照国家有关规定向国务院铁路主管部门或者铁路管理机构提出申请。国务院铁路主管部门或者铁路管理机构应当自收到申请之日起 7 日内作出批准或者不予批准的决定。决定批准的，发给相应的资格证明；不予批准的，应当书面通知申请人并说明理由。

第五十五条　运输危险货物应当按照国家规定，使用专用的设施、设备，托运人应当配备必要的押运人员和应急处理器材、设备、防护用品，并且使危险货物始终处于押运人员的监管之下，发生被盗、丢失、泄漏等情况，应当按照国家有关规定及时报告。

第五十六条　办理危险货物运输的工作人员及装卸人员、押运人员应当掌握危险货物的性质、危害特性、包装容器的使用特性和发生意外时的应急措施。

危险货物承运单位的主要负责人和安全生产管理人员，应当经铁路管理机构对其安全生产知识和管理能力考核合格后方可任职。

第五十七条 危险货物的托运人和承运人应当按照国家规定的操作规程包装、装卸、运输，防止危险货物泄漏、爆炸。

第五十八条 特殊药品的托运人和承运人应当按照国家规定包装、装载、押运，防止特殊药品在运输过程中被盗、被劫或者发生丢失。

第四章 社会公众的义务

第五十九条 任何单位或者个人不得实施下列危害铁路运输安全的行为：

（一）非法拦截列车、阻断铁路运输；

（二）扰乱铁路运输调度机构、运输指挥部门及车站、列车的正常秩序；

（三）毁坏铁路线路、站台等设施、设备及路基、护坡、排水沟和防护林木、护坡草坪；

（四）在铁路线路上放置、遗弃障碍物；

（五）击打列车；

（六）擅自移动线路上的机车车辆，或者擅自开启列车车门；

（七）拆盗、损毁或者擅自移动铁路设施、设备、机车车辆配件和安全标志；

（八）在铁路线路上行走、坐卧或者在未设平交道口、人行过道的铁路线路上通过；

（九）在未设置行人通道的铁路桥梁上、隧道内通行；

（十）翻越、损毁、移动铁路线路两侧防护围墙、栅栏或者其他防护设施和标桩；

（十一）开启、关闭列车中货车阀、盖及破坏施封状态；

（十二）开启列车中集装箱箱门，破坏箱体、盖、阀及施封状态；

（十三）松动、解开、移动列车中货物装载加固材料和加固装置；

（十四）钻车、扒车、跳车；

（十五）从列车上抛扔杂物；

（十六）非法出售或者收购铁路器材；

（十七）其他危害铁路运输安全的行为。

第六十条 任何单位或者个人不得实施下列危及铁路通信、信号设施安全的行为：

（一）在埋有地下光（电）缆设施的地面上方进行钻探，堆放重物、垃圾，焚烧物品，倾倒腐蚀性物质；

（二）在地下光（电）缆两侧各1米的范围内建造、搭建建筑物、构筑物；

（三）在地下光（电）缆两侧各1米的范围内挖砂、取土和设置可能引起光（电）缆腐蚀的设施；

（四）在设有过河光（电）缆标志两侧各100米内进行挖砂、抛锚及其他危及光（电）缆安全的作业；

（五）其他可能危及铁路通信、信号设施安全的行为。

第六十一条 任何单位或者个人不得实施下列危害电气化铁路设施的行为：

（一）向电气化铁路接触网抛掷物品；

（二）在铁路电力线路导线两侧各300米的区域内升放风筝、气球；

（三）攀登杆塔、铁路机车车辆或者在杆塔上架设、安装其他设施；

（四）在杆塔、拉线周围20米范围内取土、打桩、钻探或者倾倒有害化学物品；

（五）触碰电气化铁路接触网；

（六）其他危害铁路电力线路设施的行为。

第五章　监督检查

第六十二条　国务院铁路主管部门及铁路管理机构应当对有关铁路安全的法律、法规执行情况进行监督检查。

第六十三条　国务院铁路主管部门及铁路管理机构有权检查、制止各种侵占、损坏铁路运输的设施、设备、标志、用地及其他违反本条例的行为。

第六十四条　国务院铁路主管部门及铁路管理机构应当加强对铁路运输高峰时期的运输安全的监督检查，加强对铁路运输的关键环节、要害设施、设备的安全状况，及安全运输突发事件应急预案的建立和落实情况的监督检查。

第六十五条　国务院铁路主管部门及铁路管理机构和地方各级人民政府应当按照《地质灾害防治条例》的有关规定加强对铁路沿线地质灾害的预防、应急处理和治理等工作。

第六十六条　国务院铁路主管部门及铁路管理机构与国务院安全生产监督管理部门、县级以上地方人民政府安全生产监督管理部门应当建立相应的定期信息通报制度和运输安全生产协调机制。发现重大安全隐患，铁路运输企业应当及时向有关铁路管理机构和地方人民政府报告。地方人民政府获悉铁路沿线有危及铁路运输安全的重要情况，应当及时向有关的铁路运输企业和铁路管理机构通报。

第六十七条　国务院铁路主管部门及铁路管理机构对发现的安全隐患，应当责令立即排除。重大安全隐患排除前或者排除过程中无法保证运输安全的，应当责令从危险区域内撤出作业人员，责令暂时停产停业或者停止使用；重大安全隐患排除后方可恢复运输。

第六十八条　发生铁路运输安全事故，铁路运输企业应当按照国家有关规定及时报告。发生重大、特大铁路运输安全事故，应当立即报告铁路管理机构、国务院铁路主管部门和县级以上地方人民政府安全生产监督管理部门、国务院安全生产监督管理部门。

发生铁路运输安全事故，国务院铁路主管部门、铁路管理机构及县级以上地方人民政府、铁路运输企业应当按照有关规定及时启动事故处理应急预案。

事故调查处理按照国家有关事故调查处理的规定执行。

第六十九条　铁路运输安全监督检查人员履行安全检查职责时，任何单位和个人不得阻挠。

铁路运输安全监督检查人员执行公务，应当佩戴标志或者出示证件。

第六章　法律责任

第七十条　违反本条例第十一条规定的，由铁路管理机构责令改正，给予警告，对单位可以并处5000元以上5万元以下的罚款，对个人可以并处200元以上2000元以下的罚款。

第七十一条　违反本条例第十四条规定的，由国务院铁路主管部门或者铁路管理机构责令改正，处5000元以上5万元以下的罚款。

第七十二条 违反本条例第十五条规定的，由铁路桥梁所在地的有关水行政主管部门依法给予行政处罚。

第七十三条 违反本条例第十六条规定的，由铁路桥梁所在地的有关部门责令改正，处1万元以上10万元以下的罚款；构成犯罪的，依法追究刑事责任。

第七十四条 违反本条例第十七条规定的，由铁路管理机构责令限期拆除；逾期不拆除的，强制拆除，对单位处2万元以上20万元以下的罚款，对个人处1万元以上10万元以下的罚款；构成犯罪的，依法追究刑事责任。

第七十五条 违反本条例第十八条规定，在铁路线路两侧路堤坡脚、路堑坡顶、铁路桥梁外侧起各1000米范围内，及在铁路隧道上方中心线两侧各1000米范围内，从事采矿的，由地质矿产主管部门依照国家有关矿产资源管理的法律、法规给予行政处罚；从事采石及爆破作业的，由铁路管理机构责令改正，处2万元以上10万元以下的罚款；构成犯罪的，依法追究刑事责任。

第七十六条 违反本条例第十九条规定的，由铁路管理机构或者上级道路管理部门责令改正；拒不改正的，由铁路管理机构或者上级道路管理部门指定其他单位进行养护和维修，养护和维修费用由拒不履行义务的道路管理部门、铁路运输企业或者道路经营企业承担。

第七十七条 违反本条例第二十一条规定的，由上级河道、航道管理部门责令改正，对直接负责的主管人员和其他直接责任人员，给予记大过直至撤职的行政处分。

第七十八条 违反本条例第二十三条规定的，由国务院铁路主管部门或者铁路管理机构责令改正，可以处2万元以上10万元以下的罚款。

第七十九条 违反本条例第二十四条第二款规定的，由国务院铁路主管部门或者上级交通主管部门责令改正，对直接负责的主管人员和其他直接责任人员，给予记过或者记大过的处分。

第八十条 违反本条例第二十五条第二款规定的，由公安机关交通管理部门依法给予行政处罚。

违反本条例第二十五条第三款规定的，由铁路管理机构责令改正，处1000元以上5000元以下的罚款。

第八十一条 道路经营企业不按照本条例第二十六条规定设置、维护安全防护设施的，由铁路管理机构责令改正，处1万元以上10万元以下的罚款。

道路管理部门不按照本条例第二十六条规定设置、维护安全防护设施的，由上级道路管理部门责令改正，对直接负责的主管人员和其他直接责任人员处500元以上5000元以下的罚款。

第八十二条 违反本条例第二十八条第一款规定的，由公安机关责令限期拆除，依法给予行政处罚。

第八十三条 违反本条例第三十一条规定的，由铁路管理机构或者上级道路管理部门责令改正，对直接负责的主管人员和其他直接责任人员处500元以上5000元以下的罚款。

第八十四条 违反本条例第三十二条、第三十三条规定的，由铁路管理机构处500元以上5000元以下的罚款；构成犯罪的，依法追究刑事责任。

第八十五条　违反本条例第三十四条规定的，由国务院铁路主管部门责令铁路运输企业改正，处1000元以上1万元以下的罚款。

第八十六条　违反本条例第三十六条规定的，由国务院铁路主管部门责令改正，处2万元以上20万元以下的罚款。

第八十七条　违反本条例第三十八条规定，使用未经检测、检验合格的铁路道岔及其转辙设备、铁路通信信号控制软件及控制设备、铁路牵引供电设备的，由国务院铁路主管部门责令改正，处2万元以上20万元以下的罚款。

第八十八条　违反本条例第三十九条规定，使用未经强制性产品认证的直接关系铁路运输安全的铁路专用设备、器材、工具和安全检测设备的，依照有关法律、行政法规的规定予以处罚。

第八十九条　违反本条例第四十条规定的，由国务院铁路主管部门或者铁路管理机构责令改正，处1万元以上10万元以下的罚款。

第九十条　违反本条例第四十七条规定，旅客违法携带、夹带或者随身托运危险物品、违禁物品进站、上车的，由公安机关依法给予行政处罚。

第九十一条　违反本条例第四十八条规定，铁路运输托运人托运货物、行李、包裹时匿报、谎报货物品名、性质，匿报、谎报货物重量或者装车、装箱超过规定重量，或者有其他危及铁路运输安全的行为的，由铁路管理机构处1000元以上1万元以下的罚款；在普通货物中夹带危险货物，或者在危险货物中夹带禁止配装的货物的，处5000元以上5万元以下的罚款；构成犯罪的，依法追究刑事责任。

第九十二条　违反本条例第四十九条规定的，由国务院铁路主管部门处2万元以上10万元以下的罚款。

第九十三条　违反本条例第五十二条规定，未经批准擅自承运、托运危险货物的，由国务院铁路主管部门或者铁路管理机构处2万元以上10万元以下的罚款。

第九十四条　违反本条例第五十四条规定，未经批准擅自办理超限、超长、超重、集重货物运输的，由国务院铁路主管部门或者铁路管理机构处2万元以上10万元以下的罚款。

第九十五条　违反本条例第五十五条规定的，由公安机关依法给予行政处罚。

第九十六条　违反本条例第五十七条、第五十八条规定的，由国务院铁路主管部门或者铁路管理机构处2万元以上10万元以下的罚款。

第九十七条　违反本条例第五十九条、第六十一条规定的，由公安机关对个人处警告，可以并处50元以上200元以下的罚款，情节严重的，处200元以上2000元以下的罚款；对单位处警告，并处5000元以上2万元以下的罚款，对直接负责的主管人员和其他直接责任人员处200元以上2000元以下的罚款；构成违反治安管理行为的，由公安机关依法给予行政处罚；构成犯罪的，依法追究刑事责任。

第九十八条　违反本条例第六十条规定的，由公安机关责令改正，对违法的个人处200元以上2000元以下的罚款；对违法的单位处5000元以上5万元以下的罚款，对直接负责的主管人员和其他直接责任人员处200元以上2000元以下的罚款；构成犯罪的，依法追究刑事责任。

第九十九条　违反本条例规定，给铁路运输企业或者其他单位、个人财产造成损失的，依法承担赔偿责任。

第一百条 铁路运输企业不履行本条例规定义务的，除本条例另有规定外，由国务院铁路主管部门或者铁路管理机构责令改正，根据情节轻重可以处1万元以上10万元以下的罚款，对直接负责的主管人员和其他直接责任人员，处1000元以上1万元以下的罚款。

第一百零一条 违反本条例的规定，国务院铁路主管部门、铁路管理机构、公安机关、县级以上地方人民政府及其有关部门发现铁路运输安全隐患不及时依法处理，对违法行为不依法予以处罚，或者不履行本条例规定的其他职责的，对负有责任的主管人员和其他直接责任人员根据情节轻重，依法给予降级直至开除的行政处分；构成犯罪的，依法追究刑事责任。

第一百零二条 国务院铁路主管部门及铁路管理机构发现违反本条例规定的行为，但本部门无权处理的，应当及时移送或者通报有权处理的部门，有权处理的部门应当根据职责及时予以处理，并将处理情况通报移送部门。拒不依法处理的，对负有责任的主管人员和其他直接责任人员根据情节轻重，依法给予降级直至开除的行政处分；构成犯罪的，依法追究刑事责任。

第七章 附 则

第一百零三条 本条例自2005年4月1日起施行。1989年8月15日国务院发布的《铁路运输安全保护条例》同时废止。

中华人民共和国国务院令

第501号

《铁路交通事故应急救援和调查处理条例》已经2007年6月27日国务院第182次常务会议通过，现予公布，自2007年9月1日起施行。

总理　温家宝

二〇〇七年七月十一日

铁路交通事故应急救援和调查处理条例

第一章　总　则

第一条　为了加强铁路交通事故的应急救援工作，规范铁路交通事故调查处理，减少人员伤亡和财产损失，保障铁路运输安全和畅通，根据《中华人民共和国铁路法》和其他有关法律的规定，制定本条例。

第二条　铁路机车车辆在运行过程中与行人、机动车、非机动车、牲畜及其他障碍物相撞，或者铁路机车车辆发生冲突、脱轨、火灾、爆炸等影响铁路正常行车的铁路交通事故（以下简称事故）的应急救援和调查处理，适用本条例。

第三条　国务院铁路主管部门应当加强铁路运输安全监督管理，建立健全事故应急救援和调查处理的各项制度，按照国家规定的权限和程序，负责组织、指挥、协调事故的应急救援和调查处理工作。

第四条　铁路管理机构应当加强日常的铁路运输安全监督检查，指导、督促铁路运输企业落实事故应急救援的各项规定，按照规定的权限和程序，组织、参与、协调本辖区内事故的应急救援和调查处理工作。

第五条　国务院其他有关部门和有关地方人民政府应当按照各自的职责和分工，组织、参与事故的应急救援和调查处理工作。

第六条　铁路运输企业和其他有关单位、个人应当遵守铁路运输安全管理的各项规定，防止和避免事故的发生。

事故发生后，铁路运输企业和其他有关单位应当及时、准确地报告事故情况，积极开展应急救援工作，减少人员伤亡和财产损失，尽快恢复铁路正常行车。

第七条 任何单位和个人不得干扰、阻碍事故应急救援、铁路线路开通、列车运行和事故调查处理。

第二章 事故等级

第八条 根据事故造成的人员伤亡、直接经济损失、列车脱轨辆数、中断铁路行车时间等情形，事故等级分为特别重大事故、重大事故、较大事故和一般事故。

第九条 有下列情形之一的，为特别重大事故：

（一）造成30人以上死亡，或者100人以上重伤（包括急性工业中毒，下同），或者1亿元以上直接经济损失的；

（二）繁忙干线客运列车脱轨18辆以上并中断铁路行车48小时以上的；

（三）繁忙干线货运列车脱轨60辆以上并中断铁路行车48小时以上的。

第十条 有下列情形之一的，为重大事故：

（一）造成10人以上30人以下死亡，或者50人以上100人以下重伤，或者5000万元以上1亿元以下直接经济损失的；

（二）客运列车脱轨18辆以上的；

（三）货运列车脱轨60辆以上的；

（四）客运列车脱轨2辆以上18辆以下，并中断繁忙干线铁路行车24小时以上或者中断其他线路铁路行车48小时以上的；

（五）货运列车脱轨6辆以上60辆以下，并中断繁忙干线铁路行车24小时以上或者中断其他线路铁路行车48小时以上的。

第十一条 有下列情形之一的，为较大事故：

（一）造成3人以上10人以下死亡，或者10人以上50人以下重伤，或者1000万元以上5000万元以下直接经济损失的；

（二）客运列车脱轨2辆以上18辆以下的；

（三）货运列车脱轨6辆以上60辆以下的；

（四）中断繁忙干线铁路行车6小时以上的；

（五）中断其他线路铁路行车10小时以上的。

第十二条 造成3人以下死亡，或者10人以下重伤，或者1000万元以下直接经济损失的，为一般事故。

除前款规定外，国务院铁路主管部门可以对一般事故的其他情形作出补充规定。

第十三条 本章所称的“以上”包括本数，所称的“以下”不包括本数。

第三章 事故报告

第十四条 事故发生后，事故现场的铁路运输企业工作人员或者其他人员应当立即报告邻近铁路车站、列车调度员或者公安机关。有关单位和人员接到报告后，应当立即将事故情况报告事故发生地铁路管理机构。

第十五条 铁路管理机构接到事故报告，应当尽快核实有关情况，并立即报告国务院铁路主管部门；对特别重大事故、重大事故，国务院铁路主管部门应当立即报告国务院并通报国家安全生产监督管理等有关部门。

发生特别重大事故、重大事故、较大事故或者有人员伤亡的一般事故，铁路管理机构还应当通报事故发生地县级以上地方人民政府及其安全生产监督管理部门。

第十六条　事故报告应当包括下列内容：

（一）事故发生的时间、地点、区间（线名、公里、米）、事故相关单位和人员；

（二）发生事故的列车种类、车次、部位、计长、机车型号、牵引辆数、吨数；

（三）承运旅客人数或者货物品名、装载情况；

（四）人员伤亡情况，机车车辆、线路设施、道路车辆的损坏情况，对铁路行车的影响情况；

（五）事故原因的初步判断；

（六）事故发生后采取的措施及事故控制情况；

（七）具体救援请求。

事故报告后出现新情况的，应当及时补报。

第十七条　国务院铁路主管部门、铁路管理机构和铁路运输企业应当向社会公布事故报告值班电话，受理事故报告和举报。

第四章　事故应急救援

第十八条　事故发生后，列车司机或者运转车长应当立即停车，采取紧急处置措施；对无法处置的，应当立即报告邻近铁路车站、列车调度员进行处置。

为保障铁路旅客安全或者因特殊运输需要不宜停车的，可以不停车；但是，列车司机或者运转车长应当立即将事故情况报告邻近铁路车站、列车调度员，接到报告的邻近铁路车站、列车调度员应当立即进行处置。

第十九条　事故造成中断铁路行车的，铁路运输企业应当立即组织抢修，尽快恢复铁路正常行车；必要时，铁路运输调度指挥部门应当调整运输径路，减少事故影响。

第二十条　事故发生后，国务院铁路主管部门、铁路管理机构、事故发生地县级以上地方人民政府或者铁路运输企业应当根据事故等级启动相应的应急预案；必要时，成立现场应急救援机构。

第二十一条　现场应急救援机构根据事故应急救援工作的实际需要，可以借用有关单位和个人的设施、设备和其他物资。借用单位使用完毕应当及时归还，并支付适当费用；造成损失的，应当赔偿。

有关单位和个人应当积极支持、配合救援工作。

第二十二条　事故造成重大人员伤亡或者需要紧急转移、安置铁路旅客和沿线居民的，事故发生地县级以上地方人民政府应当及时组织开展救治和转移、安置工作。

第二十三条　国务院铁路主管部门、铁路管理机构或者事故发生地县级以上地方人民政府根据事故救援的实际需要，可以请求当地驻军、武装警察部队参与事故救援。

第二十四条　有关单位和个人应当妥善保护事故现场以及相关证据，并在事故调查组成立后将相关证据移交事故调查组。因事故救援、尽快恢复铁路正常行车需要改变事故现场的，应当做出标记、绘制现场示意图、制作现场视听资料，并做出书面记录。

任何单位和个人不得破坏事故现场，不得伪造、隐匿或者毁灭相关证据。

第二十五条 事故中死亡人员的尸体经法定机构鉴定后，应当及时通知死者家属认领；无法查找死者家属的，按照国家有关规定处理。

第五章 事故调查处理

第二十六条 特别重大事故由国务院或者国务院授权的部门组织事故调查组进行调查。

重大事故由国务院铁路主管部门组织事故调查组进行调查。

较大事故和一般事故由事故发生地铁路管理机构组织事故调查组进行调查；国务院铁路主管部门认为必要时，可以组织事故调查组对较大事故和一般事故进行调查。

根据事故的具体情况，事故调查组由有关人民政府、公安机关、安全生产监督管理部门、监察机关等单位派人组成，并应当邀请人民检察院派人参加。事故调查组认为必要时，可以聘请有关专家参与事故调查。

第二十七条 事故调查组应当按照国家有关规定开展事故调查，并在下列调查期限内向组织事故调查组的机关或者铁路管理机构提交事故调查报告：

（一）特别重大事故的调查期限为60日；

（二）重大事故的调查期限为30日；

（三）较大事故的调查期限为20日；

（四）一般事故的调查期限为10日。

事故调查期限自事故发生之日起计算。

第二十八条 事故调查处理，需要委托有关机构进行技术鉴定或者对铁路设备、设施及其他财产损失状况以及中断铁路行车造成的直接经济损失进行评估的，事故调查组应当委托具有国家规定资质的机构进行技术鉴定或者评估。技术鉴定或者评估所需时间不计入事故调查期限。

第二十九条 事故调查报告形成后，报经组织事故调查组的机关或者铁路管理机构同意，事故调查组工作即告结束。组织事故调查组的机关或者铁路管理机构应当自事故调查组工作结束之日起15日内，根据事故调查报告，制作事故认定书。

事故认定书是事故赔偿、事故处理以及事故责任追究的依据。

第三十条 事故责任单位和有关人员应当认真吸取事故教训，落实防范和整改措施，防止事故再次发生。

国务院铁路主管部门、铁路管理机构以及其他有关行政机关应当对事故责任单位和有关人员落实防范和整改措施的情况进行监督检查。

第三十一条 事故的处理情况，除依法应当保密的外，应当由组织事故调查组的机关或者铁路管理机构向社会公布。

第六章 事故赔偿

第三十二条 事故造成人身伤亡的，铁路运输企业应当承担赔偿责任；但是人身伤亡是不可抗力或者受害人自身原因造成的，铁路运输企业不承担赔偿责任。

违章通过平交道口或者人行过道，或者在铁路线路上行走、坐卧造成的人身伤亡，属于受害人自身的原因造成的人身伤亡。

第三十三条 事故造成铁路旅客人身伤亡和自带行李损失的，铁路运输企业对每名铁路旅客人身伤亡的赔偿责任限额为人民币15万元，对每名铁路旅客自带行李损失的赔偿责任限额为人民币2000元。

铁路运输企业与铁路旅客可以书面约定高于前款规定的赔偿责任限额。

第三十四条 事故造成铁路运输企业承运的货物、包裹、行李损失的，铁路运输企业应当依照《中华人民共和国铁路法》的规定承担赔偿责任。

第三十五条 除本条例第三十三条、第三十四条的规定外，事故造成其他人身伤亡或者财产损失的，依照国家有关法律、行政法规的规定赔偿。

第三十六条 事故当事人对事故损害赔偿有争议的，可以通过协商解决，或者请求组织事故调查组的机关或者铁路管理机构组织调解，也可以直接向人民法院提起民事诉讼。

第七章 法律责任

第三十七条 铁路运输企业及其职工违反法律、行政法规的规定，造成事故的，由国务院铁路主管部门或者铁路管理机构依法追究行政责任。

第三十八条 违反本条例的规定，铁路运输企业及其职工不立即组织救援，或者迟报、漏报、瞒报、谎报事故的，对单位，由国务院铁路主管部门或者铁路管理机构处10万元以上50万元以下的罚款；对个人，由国务院铁路主管部门或者铁路管理机构处4000元以上2万元以下的罚款；属于国家工作人员的，依法给予处分；构成犯罪的，依法追究刑事责任。

第三十九条 违反本条例的规定，国务院铁路主管部门、铁路管理机构以及其他行政机关未立即启动应急预案，或者迟报、漏报、瞒报、谎报事故的，对直接负责的主管人员和其他直接责任人员依法给予处分；构成犯罪的，依法追究刑事责任。

第四十条 违反本条例的规定，干扰、阻碍事故救援、铁路线路开通、列车运行和事故调查处理的，对单位，由国务院铁路主管部门或者铁路管理机构处4万元以上20万元以下的罚款；对个人，由国务院铁路主管部门或者铁路管理机构处2000元以上1万元以下的罚款；情节严重的，对单位，由国务院铁路主管部门或者铁路管理机构处20万元以上100万元以下的罚款；对个人，由国务院铁路主管部门或者铁路管理机构处1万元以上5万元以下的罚款；属于国家工作人员的，依法给予处分；构成违反治安管理行为的，由公安机关依法给予治安管理处罚；构成犯罪的，依法追究刑事责任。

第八章 附 则

第四十一条 本条例于2007年9月1日起施行。1979年7月16日国务院批准发布的《火车与其他车辆碰撞和铁路路外人员伤亡事故处理暂行规定》和1994年8月13日国务院批准发布的《铁路旅客运输损害赔偿规定》同时废止。

铁路交通事故调查处理规则

2007年8月28日铁道部令第30号公布　自2007年9月1日起施行

第一章　总　则

第一条　为及时准确调查处理铁路交通事故，严肃追究事故责任，防止和减少铁路交通事故的发生，根据《铁路交通事故应急救援和调查处理条例》（国务院令第501号，以下简称《条例》），制定本规则。

第二条　铁路机车车辆在运行过程中发生冲突、脱轨、火灾、爆炸等影响铁路正常行车的事故，包括影响铁路正常行车的相关作业过程中发生的事故；或者铁路机车车辆在运行过程中与行人、机动车、非机动车、牲畜及其他障碍物相撞的事故，均为铁路交通事故（以下简称事故）。

第三条　国家铁路、合资铁路、地方铁路以及专用铁路、铁路专用线等发生事故的调查处理，适用本规则。

第四条　铁道部、铁路安全监督管理办公室（以下简称安全监管办）要加强铁路运输安全监督管理，建立健全铁路交通事故调查处理工作制度，发生事故后应当按照法定的权限和程序，及时组织、参与事故的调查处理。

铁道部、安全监管办的安全监察部门负责铁路交通事故调查处理的日常工作。

铁道部、安全监管办派驻各地的安全监察机构，依据本规则的规定，分别承担铁道部、安全监管办指定的事故调查处理工作。

第五条　铁路运输企业及其他相关单位、个人应及时报告事故情况，如实提供相关证据，积极配合事故调查工作。

第六条　事故调查处理应坚持以事实为依据，以法律、法规、规章为准绳，认真调查分析，查明原因，认定损失，定性定责，追究责任，总结教训，提出整改措施。

第二章　事故等级

第七条　依据《条例》规定，事故分为特别重大事故、重大事故、较大事故和一般事故四个等级。

第八条　有下列情形之一的，为特别重大事故：

（一）造成30人以上死亡。

（二）造成100人以上重伤（包括急性工业中毒，下同）。

（三）造成1亿元以上直接经济损失。

（四）繁忙干线客运列车脱轨18辆以上并中断铁路行车48小时以上。

（五）繁忙干线货运列车脱轨 60 辆以上并中断铁路行车 48 小时以上。

第九条　有下列情形之一的，为重大事故：

（一）造成 10 人以上 30 人以下死亡。

（二）造成 50 人以上 100 人以下重伤。

（三）造成 5000 万元以上 1 亿元以下直接经济损失。

（四）客运列车脱轨 18 辆以上。

（五）货运列车脱轨 60 辆以上。

（六）客运列车脱轨 2 辆以上 18 辆以下，并中断繁忙干线铁路行车 24 小时以上或者中断其他线路铁路行车 48 小时以上。

（七）货运列车脱轨 6 辆以上 60 辆以下，并中断繁忙干线铁路行车 24 小时以上或者中断其他线路铁路行车 48 小时以上。

第十条　有下列情形之一的，为较大事故：

（一）造成 3 人以上 10 人以下死亡。

（二）造成 10 人以上 50 人以下重伤。

（三）造成 1000 万元以上 5000 万元以下直接经济损失。

（四）客运列车脱轨 2 辆以上 18 辆以下。

（五）货运列车脱轨 6 辆以上 60 辆以下。

（六）中断繁忙干线铁路行车 6 小时以上。

（七）中断其他线路铁路行车 10 小时以上。

第十一条　一般事故分为：一般 A 类事故、一般 B 类事故、一般 C 类事故、一般 D 类事故。

第十二条　有下列情形之一，未构成较大以上事故的，为一般 A 类事故：

A1. 造成 2 人死亡。

A2. 造成 5 人以上 10 人以下重伤。

A3. 造成 500 万元以上 1000 万元以下直接经济损失。

A4. 列车及调车作业中发生冲突、脱轨、火灾、爆炸、相撞，造成下列后果之一的：

A4.1 繁忙干线双线之一线或单线行车中断 3 小时以上 6 小时以下，双线行车中断 2 小时以上 6 小时以下。

A4.2 其他线路双线之一线或单线行车中断 6 小时以上 10 小时以下，双线行车中断 3 小时以上 10 小时以下。

A4.3 客运列车耽误本列 4 小时以上。

A4.4 客运列车脱轨 1 辆。

A4.5 客运列车中途摘车 2 辆以上。

A4.6 客车报废 1 辆或大破 2 辆以上。

A4.7 机车大破 1 台以上。

A4.8 动车组中破 1 辆以上。

A4.9 货运列车脱轨 4 辆以上 6 辆以下。

第十三条　有下列情形之一，未构成一般 A 类以上事故的，为一般 B 类事故：

B1. 造成1人死亡。

B2. 造成5人以下重伤。

B3. 造成100万元以上500万元以下直接经济损失。

B4. 列车及调车作业中发生冲突、脱轨、火灾、爆炸、相撞，造成下列后果之一的：

B4.1 繁忙干线行车中断1小时以上。

B4.2 其他线路行车中断2小时以上。

B4.3 客运列车耽误本列1小时以上。

B4.4 客运列车中途摘车1辆。

B4.5 客车大破1辆。

B4.6 机车中破1台。

B4.7 货运列车脱轨2辆以上4辆以下。

第十四条 有下列情形之一，未构成一般B类以上事故的，为一般C类事故：

C1. 列车冲突。

C2. 货运列车脱轨。

C3. 列车火灾。

C4. 列车爆炸。

C5. 列车相撞。

C6. 向占用区间发出列车。

C7. 向占用线接入列车。

C8. 未准备好进路接、发列车。

C9. 未办或错办闭塞发出列车。

C10. 列车冒进信号或越过警冲标。

C11. 机车车辆溜入区间或站内。

C12. 列车中机车车辆断轴，车轮崩裂，制动梁、下拉杆、交叉杆等部件脱落。

C13. 列车运行中碰撞轻型车辆、小车、施工机械、机具、防护栅栏等设备设施或路料、坍体、落石。

C14. 接触网接触线断线、倒杆或塌网。

C15. 关闭折角塞门发出列车或运行中关闭折角塞门。

C16. 列车运行中刮坏行车设备设施。

C17. 列车运行中设备设施、装载货物（包括行包、邮件）、装载加固材料（或装置）超限（含按超限货物办理超过电报批准尺寸的）或坠落。

C18. 装载超限货物的车辆按装载普通货物的车辆编入列车。

C19. 电力机车、动车组带电进入停电区。

C20. 错误向停电区段的接触网供电。

C21. 电化区段攀爬车顶耽误列车。

C22. 客运列车分离。

C23. 发生冲突、脱轨的机车车辆未按规定检查鉴定编入列车。

C24. 无调度命令施工，超范围施工，超范围维修作业。

C25. 漏发、错发、漏传、错传调度命令导致列车超速运行。

第十五条　有下列情形之一，未构成一般C类以上事故的，为一般D类事故：

D1. 调车冲突。

D2. 调车脱轨。

D3. 挤道岔。

D4. 调车相撞。

D5. 错办或未及时办理信号致使列车停车。

D6. 错办行车凭证发车或耽误列车。

D7. 调车作业碰轧脱轨器、防护信号，或未撤防护信号动车。

D8. 货运列车分离。

D9. 施工、检修、清扫设备耽误列车。

D10. 作业人员违反劳动纪律、作业纪律耽误列车。

D11. 滥用紧急制动阀耽误列车。

D12. 擅自发车、开车、停车、错办通过或在区间乘降所错误通过。

D13. 列车拉铁鞋开车。

D14. 漏发、错发、漏传、错传调度命令耽误列车。

D15. 错误操纵、使用行车设备耽误列车。

D16. 使用轻型车辆、小车及施工机械耽误列车。

D17. 应安装列尾装置而未安装发出列车。

D18. 行包、邮件装卸作业耽误列车。

D19. 电力机车、动车组错误进入无接触网线路。

D20. 列车上工作人员往外抛掷物体造成人员伤害或设备损坏。

D21. 行车设备故障耽误本列客运列车1小时以上，或耽误本列货运列车2小时以上；固定设备故障延时影响正常行车2小时以上（仅指正线）。

第十六条　铁道部可对影响行车安全的其他情形，列入一般事故。

第十七条　因事故死亡、重伤人数7日内发生变化，导致事故等级变化的，相应改变事故等级。

第三章　事故报告

第十八条　事故发生后，事故现场的铁路运输企业工作人员或者其他人员应当立即向邻近铁路车站、列车调度员、公安机关或者相关单位负责人报告。有关单位和人员接到报告后，应立即将事故情况向企业负责人和事故发生地安全监管办安全监察值班人员报告，安全监管办安全监察值班人员按规定向安全监管办负责人报告。

第十九条　铁路运输企业列车调度员要认真填写《铁路交通事故（设备故障）概况表》（安监报1），分别向事故发生地安全监管办安全监察值班人员、铁道部列车调度员报告。

事故发生地安全监管办安全监察值班人员接到“安监报1”或现场事故报告后，要立即填写《铁路交通事故基本情况表》（安监报3），并向铁道部安全监察司值班人员报告。报告后要进一步了解事故情况，及时补报“安监报3”。

第二十条　涉及其他安全监管办辖区的事故，发生地安全监管办安全监察值班人员应及时将“安监报3”传送至相关安全监管办的安全监察部门。

第二十一条　铁道部列车调度员接到事故报告后，应及时收取或填写“安监报1”，并立即向值班处长和安全监察司值班人员报告；值班处长、安全监察司值班人员按规定分别向本部门负责人、铁道部办公厅部长办公室报告，由部门负责人向部领导报告。事故涉及其他部门时，由办公厅部长办公室通知相关部门负责人。

第二十二条　发生特别重大事故、重大事故，由铁道部办公厅负责向国务院办公厅报告，并通报国家安全生产监督管理总局等有关部门。

发生特别重大事故、重大事故、较大事故或者有人员伤亡的一般事故，安全监管办应向事故发生地县级以上地方人民政府及其安全生产监督管理部门通报。

第二十三条　事故报告的主要内容：

（一）事故发生的时间、地点、区间（线名、公里、米）、线路条件、事故相关单位和人员。

（二）发生事故的列车种类、车次、机车型号、部位、牵引辆数、吨数、计长及运行速度。

（三）旅客人数，伤亡人数、性别、年龄以及救助情况，是否涉及境外人员伤亡。

（四）货物品名、装载情况，易燃、易爆等危险货物情况。

（五）机车车辆脱轨辆数、线路设备损坏程度等情况。

（六）对铁路行车的影响情况。

（七）事故原因的初步判断，事故发生后采取的措施及事故控制情况。

（八）应当立即报告的其他情况。

第二十四条　事故报告后，人员伤亡、脱轨辆数、设备损坏等情况发生变化时，应及时补报。

第二十五条　事故现场通话按“117”立接制应急通话级别办理。

第二十六条　铁道部、安全监管办、铁路运输企业应向社会公布事故报告值班电话，受理事故报告和举报。

第四章　事故调查

第二十七条　特别重大事故按《条例》规定由国务院或国务院授权的部门组织事故调查组进行调查。

第二十八条　重大事故由铁道部组织事故调查组进行调查。调查组组长由铁道部负责人或指定人员担任，安全监察司、运输局、公安局等部门和铁道部派出机构、相关安全监管办等部门（单位）派员参加。

第二十九条　较大事故和一般事故由事故发生地安全监管办组织事故调查组进行调查。调查组组长由安全监管办负责人或指定人员担任，安全监管办安全监察部门、有关业务处室、公安机关等部门派员参加。

铁道部认为必要时，可以参与或直接组织对较大事故和一般事故进行调查。

第三十条　根据事故的具体情况，事故调查组还可由工会、监察机关有关人员以及有关地方人民政府、公安机关、安全生产监督管理部门等单位派人组成，并应当邀请人民检察院派人参加。事故调查组认为必要时，可以聘请有关专家参与事故调查。

第三十一条　发生一般B类以上、重大以下事故（不含相撞的事故），涉及其他安全监管办辖区时，事故发生地安全监管办应当在事故发生后12小时内发出电报通知相关安全监管办。相关安全监管办接到电报后，应当立即派员参加事故调查组。

第三十二条　自事故发生之日起7日内，因事故伤亡人数变化导致事故等级发生变化，依照《条例》规定由上级机关调查的，原事故调查组应当及时报告上级机关。

第三十三条　事故调查组履行下列职责：

（一）查明事故发生的经过、原因、人员伤亡情况及直接经济损失。

（二）认定事故的性质和事故责任。

（三）提出对事故责任者的处理建议。

（四）总结事故教训，提出防范和整改措施建议。

（五）提交事故调查报告。

第三十四条　事故调查组在事故发生后应当及时通知相关单位和人员；一般B类以上、重大以下的事故（不含相撞的事故）发生后，应当在12小时内通知相关单位，接受调查。

第三十五条　事故调查组到达现场前，组织事故调查组的机关可指定临时调查组组长，组成临时调查组，勘察现场，掌握人员伤亡、机车车辆脱轨、设备损坏等情况，保存痕迹和物证，查找事故线索及原因，做好调查记录，及时向事故调查组报告。

第三十六条　事故调查组到达后，发生事故的有关单位必须主动汇报事故现场真实情况，并为事故调查提供便利条件。事故发生单位的负责人和有关人员在事故调查期间应当随时接受事故调查组的询问，如实提供有关资料和物证。

事故调查组有权向有关单位和个人了解与事故有关的情况，并要求其提供相关文件、资料，有关单位和个人不得拒绝。

第三十七条　事故调查组根据需要，可组建若干专业小组，进行调查取证。

（一）搜集事故现场物证、痕迹，测量并按专业绘制事故现场示意图，标注现场设备、设施、遗留物的名称、尺寸、位置、特征等。

需要搬动伤亡者、移动现场物体的，应做出标记，妥善保存现场的重要痕迹、物证；暂时无法移动的，应予守护，并设明显标志。

（二）询问事故当事人及相关人员，收取口述、笔述、笔录、证照、档案，并复制、拍照。不能书写书面材料的，由事故调查组指定人员代笔记录并经本人签认。无见证人或者当事人、相关人员拒绝签字的，应当记录在案。

（三）对事故现场全貌、方位、有关建筑物、相关设备设施、配件、机动车、遗留物、致害物、痕迹、尸体、伤害部位等进行拍照、摄像。及时转储、收存安全监控、监测、录音、录像等设备的记录。

（四）收取伤亡人员伤害程度诊断报告、病理分析、病程救治记录、死亡证明、既往病历和健康档案资料等。

（五）对有涂改、灭失可能或以后难以取得的相关证据进行登记封存。

（六）查阅有关规章制度、技术文件、操作规程、调度命令、作业记录、台账、会议记录、安全教育培训记录、上岗证书、资质证书、承（发）包合同、营业执照、安全技术交底资料等，必要时将原件或复印件附在调查记录内。

（七）对有关设备、设施、配件、机动车、器具、起因物、致害物、痕迹、现场遗留物等进行技术分析、检测和试验，组织笔迹鉴定，必要时组织法医进行尸表检验或尸体解剖，并写出专题报告。

（八）脱轨事故发生后，在全面调查的基础上，必要时应对事故地点前后一定长度范围内的线路设备进行检查测量，并调阅近期内该段线路质量检测情况；对事故地点前方（列车运行相反方向）一定长度的线路范围内，有无机车车辆配件脱落、刮碰行车设备的痕迹等进行检查，对脱轨列车中有关的机车车辆进行检查测量，并调阅脱轨机车车辆近期内运行情况监测记录。

第三十八条 事故调查中需要对相关的铁路设备、设施进行技术鉴定或者对财产损失状况以及中断铁路行车造成的直接经济损失进行评估的，事故调查组应当委托具有国家规定资质的机构进行技术鉴定或者评估。技术鉴定或者评估所需时间不计入事故调查期限。

第三十九条 各专业小组应按调查组组长的要求，及时提交专业小组调查报告。调查组组长应组织审议专业小组调查报告，并研究形成《铁路交通事故调查报告》，由调查组所有成员签认。调查组成员意见不一致时，应在事故报告中分别进行表述，报组织调查的机关审议、裁定。

第四十条 事故调查中发现涉嫌犯罪的，事故调查组应当及时将有关证据、材料移交司法机关。

第四十一条 《铁路交通事故调查报告》应包括下列内容：

（一）事故概况。

（二）事故造成的人员伤亡和直接经济损失。

（三）事故发生的原因和事故性质。

（四）事故责任的认定以及对事故责任者的处理建议。

（五）事故防范和整改措施建议。

（六）与事故有关的证明材料。

第四十二条 事故调查组应在下列期限内向组织事故调查组的机关提交《铁路交通事故调查报告》：

（一）特别重大事故的调查期限为60日。

（二）重大事故的调查期限为30日。

（三）较大事故的调查期限为20日。

（四）一般事故的调查期限为10日。

事故调查期限自事故发生之日起计算。

第四十三条 事故调查组形成《铁路交通事故调查报告》，报组织事故调查的机关同意后，事故调查组的工作即告结束。铁道部、安全监管办的安全监察部门应在事故调查组工作结束后15日之内，根据事故报告，制作《铁路交通事故认定书》，经批准后，送达相关单位。

一般B类以上、重大以下事故（相撞事故为较大事故）的档案材料，应报铁道部备案（3份）。

第四十四条 铁道部发现安全监管办对事故认定不准确时，应予以纠正。必要时，可另行组织调查。

第四十五条　事故调查组成员在事故调查工作中应诚信公正、恪尽职守，遵守事故调查组的纪律，保守事故调查的秘密。未经事故调查组组长允许，调查组成员不得擅自发布有关事故的调查信息。

第四十六条　调查事故应配备必要的调查设备和装备，保证调查工作顺利进行。调查设备和装备包括通信设备、摄影摄像设备、录音设备、绘图制图设备、便携电脑以及其他必要的装备。

第四十七条　《铁路交通事故认定书》是事故赔偿、事故处理以及事故责任追究的依据。

《铁路交通事故认定书》应按照铁道部规定的统一格式制作，内容包括：

（一）事故发生的原因和事故性质。

（二）事故造成的人员伤亡和直接经济损失。

（三）事故责任的认定。

（四）对有关责任单位及人员的处理决定或建议。

第四十八条　事故责任单位接到《铁路交通事故认定书》后，于7日内，填写《铁路交通事故处理报告表》（安监报2），按规定报送《铁路交通事故认定书》制作机关，并存档。

第五章　事故责任判定和损失认定

第一节　事故责任判定

第四十九条　事故分为责任事故和非责任事故。

事故责任分为全部责任、主要责任、重要责任、次要责任和同等责任。

第五十条　铁路运输企业或相关单位发布的文电，违反法律法规、铁道部规章或铁路相关技术标准和作业标准等，直接导致事故发生的，定发文电单位责任。

第五十一条　因设备管理不善造成的事故，定设备管理单位责任。

第五十二条　因产品质量不良造成事故，属设计、制造、采购、检修等单位责任的，定相关单位责任；应采用经行政许可或强制认证的产品而采用其他产品的，追究采用单位责任；采购不合格或不达标产品的，追究采购单位责任。

第五十三条　自然灾害原因导致的事故，因防范措施不到位，定责任事故。确属不可抗力原因导致的事故，定非责任事故。

第五十四条　营业线施工中发生责任事故，属工程建设、设计、监理、施工等原因造成的，定上述相关单位责任；同时追究设备管理单位责任。

已经竣工验收的设备，因质量问题发生责任事故，确属工程建设、设计、施工、监理等单位责任的，定上述相关单位责任；属设备管理不善的，定设备管理单位责任。

第五十五条　涉嫌人为破坏造成的事故，在公安机关确认前，定发生单位责任事故；经公安机关确认属人为破坏原因造成的，定发生单位非责任事故。

第五十六条　机车车辆断轴造成事故，由于探测、监测工作人员违章违纪或设备不良、管理不善等原因造成漏报、误报或预报后未及时拦停列车的，定相关单位责任。由于货物超载、偏载造成车辆断轴事故，定装车站或作业站责任。

第五十七条　因列车折角塞门关闭造成事故，无法判明责任的定发生地铁路运输企业责任事故。

第五十八条 错误办理行车凭证发车或耽误列车事故的责任划分：司机起动列车，定车务、机务单位责任；司机发现未动车，定车务单位责任；通过列车司机未及时发现，定车务、机务单位责任；司机发现及时停车，定车务单位责任。

第五十九条 应停车的客运列车错办通过，定车站责任；在区间乘降所错误通过，定机务单位责任。

第六十条 因断钩导致列车分离事故，断口为新痕时定机务单位责任（司机未违反操作规程的除外），断口旧痕时定机车车辆配属或定检单位责任；机车车辆车钩出现超标的砂眼、夹渣或气孔等铸造缺陷定制造单位责任。

未断钩造成的列车分离事故根据具体情况进行分析定责。

第六十一条 因货物装载加固不良造成事故，定货物承运单位责任；属托运人自装货物的，定托运人责任，货物承运单位监督检查失职的，追究货物承运单位同等责任。因调车作业超速连挂和“禁溜车”溜放等造成货物装载加固状态破坏而引发的事故，定违章作业站责任；因押运人员在运输途中随意搬动货物和降低货物装载加固质量而引发的事故，定押运人员所在单位责任，货物承运单位管理失职的，追究同等责任；货检人员未认真履行职责的，追究货检人员所在单位同等责任。因卸车质量不良造成事故，定卸车单位责任，同时追究负责检查的单位责任。

第六十二条 自轮运转设备编入列车因质量不良发生事故时，定设备配属单位责任；过轨检查失职的，定检查单位责任；违规挂运的，定编入或同意放行的单位责任。

第六十三条 因临时租（借）用其他单位的设备设施、人员，发生事故，定使用单位责任。

产权单位委托其他单位维修设备设施，因维修质量不良造成事故，定维修单位责任；产权单位管理不善的，追究其同等责任。

第六十四条 凡经铁道部批准或铁路运输企业批准并报铁道部核备后的技术革新项目、科研项目在运营线上试验时，在限定的试验期限内确因试验项目本身原因发生事故，不定责任事故；但由于违反操作规程以及其他人为因素造成的事故，定责任事故。

第六十五条 事故发生后，因发生单位未如实提供情况，导致不能查明事故原因和判定责任的，定发生单位责任。

第六十六条 事故涉及两个以上单位管理的相关设备，设备质量均未超过临修或技术限度时，按事故因果关系进行推断，确定责任单位。

第六十七条 事故调查组未及时通知有关单位接受事故调查，不得定有关单位责任。有关单位接到通知后，应派员而未派员接受事故调查的，事故调查组可以直接定责。

第六十八条 铁路作业人员在从事与行车相关的作业过程中，不论作业人员是否在其本职岗位，由于违反操作规程、作业纪律，或铁路运输生产设备设施、劳动条件、作业环境不良，或安全管理不善等造成伤亡，定责任事故。具体情形按以下规定办理。

（一）乘务人员及其他作业人员在企业内候班室、外地公寓、客车宿营车等处候班、间休期间，因违章违纪、设备设施不良等造成伤亡，定有关单位责任。

（二）作业人员在疏导道口、引导或帮助旅客上下车、维持站车秩序过程中被列车撞轧而伤亡的，定作业人员所在单位责任。

（三）事故发生过程中，作业人员在避险或进行事故抢险时因违章作业再次发生伤亡，应按同一件事故定责；事故过程已终止，在事故救援、抢修、复旧及处理中又发生事故导致伤亡的，按另一件事故定责。

（四）铁路运输企业所属临管铁路发生的责任伤亡事故，定该企业责任事故。

（五）作业人员在工作或间歇时间擅自动用铁路运输设备设施、工具等导致伤亡的，定该作业人员所在单位责任事故，同时追究设备设施配属（或管理）单位的责任。

（六）作业人员因患有职业禁忌症而导致行为失控，造成伤亡的，定该作业人员所在单位责任。

（七）两个及以上铁路运输企业在交叉作业中发生伤亡，定主要责任单位事故；若各方责任均等，定伤亡人员所在单位责任，同时追究其他相关单位责任。若各方责任均等且均有人员伤亡，分别定责任事故。

第六十九条 作业人员发生伤亡，经二级以上医院、急救中心诊断或经法医检验、解剖，证明系因脑溢血、心肌梗塞、猝死等突发性疾病所致，并按事故处理权限得到事故调查组确认的，不定责任事故。医院等级不够的，须经法医进行尸表检验或尸体解剖鉴定。法医尸检或解剖鉴定报告结论不确定的，定责任事故。

第七十条 作业人员伤亡事故原因不清，或公安机关已立案但尚无明确结论的，定责任事故。暂时不能确定事故性质、责任的，按待定办理。若跨年度仍不能确定或处理时间超过法定期限的，定伤亡人员所在单位责任。在年度统计截至前，该事故已查清并作出与原处理决定相反结论的，可向原处理部门申请更正。

第七十一条 铁路机车车辆与行人、机动车、非机动车、牲畜及其他障碍物相撞造成事故，按以下规定判定责任。

（一）事故当事人违章通过平交道口或者人行过道，或者在铁路线路上行走、坐卧造成人身伤亡，定事故当事人责任。

（二）事故当事人逃逸或者有证据证明当事人故意破坏、伪造现场、毁坏证据，定事故当事人责任。

（三）事故当事人违反国家法律法规，有明显过失的，按过错的严重程度，分别承担责任。

第七十二条 铁道部、安全监管办有关部门及其人员未能依法履行职责，发生下列情形之一的，应当追究其行政责任。涉嫌犯罪的，移送司法机关处理。

（一）违反国家公布的技术标准或铁道部颁布的规章、技术管理规程和作业标准，擅自公布部门技术标准，导致事故发生的，追究相关部门及其人员的责任。

（二）在实施行政许可、强制认证、技术审查或鉴定，以及产品设备验收等监督管理职责的过程中，违反法定权限、法定程序和有关规定，或对相关产品设备等监督检查不力，造成不合格、不达标产品设备等投入运用，导致事故发生的，追究相关部门及其人员的责任。

第二节 事故损失认定

第七十三条 事故相关单位要如实统计、申报事故直接经济损失，制作明细表，经事故调查组确认后，在《铁路交通事故认定书》中认定。

第七十四条 下列费用列入事故直接经济损失：

（一）铁路机车车辆、线路、桥隧、通信、信号、供电、信息、安全、给水等设备设施的损失费用。报废设备按报废设备账面净值计算，或按照市场重置价计算；破损设备设施按修复费用计算。

（二）铁路运输企业承运的行包、货物的损失费用。

（三）事故中死亡和受伤人员的处理、处置、医治等费用（不含人身保险赔偿费用）。

（四）被撞机动车、非机动车、牲畜等财产物资，造成的报废或修复费用。

（五）行车中断的损失费用。

（六）事故应急处置和救援费用。

（七）其他与事故直接有关的费用。

第七十五条 有作业人员伤亡的，直接经济损失统计范围、计算方法等按《企业职工伤亡事故经济损失统计标准》（GB6721–86）执行。

第七十六条 负有事故全部责任的，承担事故直接经济损失费用的100%；负有主要责任的，承担损失费用的50%以上；负有重要责任的，承担损失费用的30%以上、50%以下；负有次要责任的，承担损失费用的30%以下。

有同等责任、涉及多家责任单位承担损失费用时，由事故调查组根据责任程度依次确定损失承担比例。

负同等责任的单位，承担相同比例的损失费用。

第六章 事故统计、分析

第七十七条 铁道部、安全监管办、铁路运输企业及基层单位应按照本规则规定，建立事故统计分析制度，健全统计分析资料，并按规定及时报送。

各级安全监察部门负责事故统计分析报告的日常工作，并负责监督指导有关部门（单位）做好事故统计分析报告工作。

第七十八条 事故的统计报告应当坚持及时、准确、真实、完整的原则。

第七十九条 事故的统计应按照事故类别、等级、性质、原因、部门、责任等项目分别进行统计。

第八十条 每日事故的统计时间，由上一日18时至当日18时止。但填报事故发生时间时，应以实际时间为准，即以零点改变日期。

第八十一条 责任事故件数统计在负全部责任、主要责任的单位，非责任事故和待定责事故件数统计在发生单位，相撞事故统计在发生单位。

负同等责任或追究同等责任的，在总数中不重复统计件数。

第八十二条 一起事故同时符合两个以上事故等级的，以最高事故等级进行统计。

第八十三条 发生人员伤亡的事故应按以下规定统计：

（一）人员在事故中失踪，至事故结案时仍未找到的，按死亡统计。

（二）事故受伤人员因正常手术治疗而加重伤害程度的，按手术后的伤害程度统计。

（三）事故受伤人员经救治无效，在7日内死亡，按死亡统计；经医疗事故鉴定委员会确认为医疗事故的，或7日后死亡的，按原伤害程度统计。

（四）事故受伤人员在7日内由轻伤发展成重伤的，按重伤统计。

（五）未经医疗事故鉴定委员会确认为医疗事故的伤亡，按责任事故统计。

（六）相撞事故发生后，经调查确认为自杀、他杀的，不在伤亡人数中统计。

第八十四条　铁路各级安全监察部门应建立《铁路交通事故登记簿》（安监统1）、《铁路交通事故统计簿》（安监统2）、《铁路运输企业安全天数登记簿》（安监统3）、《铁路作业人员伤亡登记簿》（安监统4）和《铁路交通事故分析会记录簿》。

铁路运输企业专业部门、各基层站段应分别填记《铁路交通事故登记簿》（安监统1），并建立《铁路交通事故分析会记录簿》。

以上台账长期保存。

第八十五条　有关部门、单位应按以下规定填写、传送、管理各种事故表报。

（一）各级安全监察部门须建立《铁路交通事故（设备故障）概况表》（安监报1）和《铁路交通事故基本情况表》（安监报3）的管理制度，规范统计、分析、总结、报送及保管工作。要及时补充填记“安监报3”各项内容，事故结案后，必须准确填写。

铁路运输企业调度部门应当及时、如实填写《铁路交通事故（设备故障）概况表》（安监报1），建立登记簿，进行统计分析，并制定管理制度。

铁路运输企业的专业部门应当建立“安监报1”登记簿，认真统计分析。

（二）安全监管办须建立《铁路交通事故处理报告表》（安监报2）管理制度。基层单位按要求做好填记上报。“安监报2”保管3年。

（三）安全监管办于月、半年、年度后次月5日前填写《铁路交通事故报告表》（安监报4），报铁道部。“安监报4”长期保存。

（四）安全监管办于月、半年、年度后次月5日前填写《铁路交通事故路外伤亡统计分析表》（安监报5），报铁道部。“安监报5”长期保存。

（五）有从业人员伤亡的事故，事故发生单位填写《铁路作业人员伤亡概况表》（安监报6–1），上报安全监管办；一般B类以上事故，安全监管办填写《铁路作业人员伤亡概况表》（安监报6–1），上报铁道部。

安全监管办于次月5日前（次年1月10日前），填写《铁路作业人员伤亡统计报表》（安监报6–2），报铁道部。

第八十六条　铁道部所属铁路运输企业每月27日前将本月安全分析总结报铁道部安全监察司。企业内部各业务部门须按月、半年、年度，对本系统事故进行分析总结，向上级主管部门报告，并抄送安全监管办安全监察部门。

合资铁路、地方铁路、专用铁路须按月、半年、年度，对本单位事故进行分析，并报安全监管办。

第七章　罚　则

第八十七条　铁路运输企业及其职工违反法律、行政法规的规定，造成事故的，由铁道部或者安全监管办依法追究行政责任。构成犯罪的，依法追究刑事责任。

第八十八条　铁路运输企业及其职工迟报、漏报、瞒报、谎报事故的，对单位，由铁道部或安全监管办处10万元以上50万元以下的罚款；对个人，由铁道部或安全监管办处4000元以上2万元以下的罚款；属于国家工作人员的，依法给予处分；构成犯罪的，依法追究刑事责任。

第八十九条 安全监管办迟报、漏报、瞒报、谎报事故的，由铁道部对直接负责的主管人员和其他直接责任人员依法给予处分；构成犯罪的，依法追究刑事责任。

第九十条 干扰、阻碍事故调查处理的，对单位，由铁道部或安全监管办处4万元以上20万元以下的罚款；对个人，由铁道部或安全监管办处2000元以上1万元以下的罚款；情节严重的，对单位，由铁道部或安全监管办处20万元以上100万元以下的罚款；对个人，由铁道部或安全监管办处1万元以上5万元以下的罚款；属于国家工作人员的，依法给予处分；构成违反治安管理行为的，由公安机关依法给予治安管理处罚；构成犯罪的，依法追究刑事责任。

第九十一条 在事故调查中，调查人员索贿受贿、借机打击报复或不负责任，致使调查工作有重大疏漏的，由组成事故调查组的机关给予处分，构成犯罪的，依法追究刑事责任。

第八章 附 则

第九十二条 本规则中所称的“以上”包括本数，所称的“以下”不包括本数。

第九十三条 本规则附件与本规则具有同等效力。本规则所规定的文书格式由铁道部统一制定。

第九十四条 本规则由铁道部负责解释。

第九十五条 本规则自2007年9月1日起施行。《铁路行车事故处理规则》（铁道部令第3号）、《铁路企业伤亡事故处理规则》（铁道部令第7号）、铁道部《关于重新修订〈铁路路外伤亡报告、处理、统计办法〉的通知》（铁安监字〔1979〕2056号）同时废止。前发有关文电与本规则相抵触的一律以本规则为准。

附件1：《铁路交通事故调查处理规则》内容解释

附件2：机车车辆报废及大中破条件

附件3：铁路交通事故档案材料内容（略）

附件4：铁路交通事故认定书（略）

附件5：铁路交通事故（设备故障）概况表（安监报1）（略）

附件6：铁路交通事故处理报告表（安监报2）（略）

附件7：铁路交通事故基本情况表（安监报3）（略）

附件1：《铁路交通事故调查处理规则》内容解释

1. 机车车辆：包括铁路机车、客车、货车、动车、动车组及各类自轮运转特种设备等。

自轮运转特种设备：系指在铁路营业线上运行的轨道车及铁路施工、维修专用车辆（包括轨道起重机、架桥机、铺轨机、接触网架线车、放线车、检修车、大型养路机械等）。

2. 列车：系指编成的车列并挂有机车及规定的列车标志。单机、自轮运转特种设备，虽未完全具备列车条件，亦应按列车办理。

客运列车：系指旅客列车（含动车组）、按客车办理的回送空客车车底及其他列车。

货运列车：系指客运列车以外的其他列车。

军用列车除有特殊通知外，均视为货运列车。

列车与其他调车作业的机车车辆等互相冲撞而发生的事故，定列车事故。列车在站内以调车方式进行摘挂或转线而发生事故，定调车事故。

客运列车或客运列车摘下本务机车后的车列，被货运列车、机车车辆冲撞造成的事故，以及客运列车在中途站进行摘挂（包括摘挂本务机车）或转线作业发生的事故，均定客运列车事故。

区间调车作业、机车车辆溜入区间，发生冲突、脱轨事故时，定列车事故。在封锁区间内调车作业发生事故，定调车事故。

3. 运行过程中：系指铁路机车车辆运行的全过程，也包括在其运行中的停车状态。

4. 行人：系指在铁路线路上行走、停留的自然人（包括有关铁路作业人员）。

5. 其他障碍物：系指侵入铁路限界及线路，并影响铁路行车的动态及静态物体。

6. 相撞：系指铁路机车车辆在运行过程中与行人、机动车、非机动车、牲畜及其他障碍物相互碰、撞、轧，造成人员伤亡、设备设施损坏。

7. 冲突：系指列车、机车车辆互相间或与轻型车辆、设备设施（如车库、站台、车挡等）发生冲撞，致使机车车辆、轻型车辆、设备设施等破损。

在列车运行中由于人为失职或设备不良等原因，将车辆挤坏或拉坏构成中破及其以上程度，或在调车作业中由于人为失职或设备不良等原因，将车辆挤坏或拉坏构成大破以上程度时，亦按冲突论。

由于机车车辆冲撞造成货物窜动将车辆撞坏、挤坏时，定冲突事故，并根据所造成的后果，确定事故等级。

8. 脱轨：系指机车车辆的车轮落下轨面（包括脱轨后又自行复轨），或车轮轮缘顶部高于轨面（因作业需要的除外）。

每辆（台）只要脱轨1轮，即按1辆（台）计算。

9. 列车发生火灾：系指列车起火造成机车车辆破损影响行车设备设施正常使用，或发生人员伤亡、货物、行包烧毁等。

10. 列车发生爆炸：系指机车车辆在运行过程中发生爆炸，造成其设备损坏，墙板、车体变形或出现孔洞，影响正常行车。

11. 正线：是指连接车站并贯穿或直股伸入车站的线路。

12. 繁忙干线：系指京哈（不含沈山线）、京沪、京广、京九（含广州至深圳段）、陇海、沪昆（不含株洲至昆明段）线及客运专线。

繁忙干线单线：系指连接繁忙干线的联络线。

13. 其他线路：系指繁忙干线以外的线路。

新交付使用的线路等级分类，在交付时公布。

在连接不同等级线路的车站发生事故时，按繁忙干线算。

14. 中断铁路行车：系指不论事故发生在区间或站内，造成铁路单线、双线区间或双线区间之一线不能行车。中断行车的时间，由事故发生时间起（列车火灾或爆炸由停车时间算起）至恢复客货列车原牵引方式连续通行时止。

如列车能在站内其他线通行，又回到原正线上进入区间的，不按中断行车算。

施工封锁区间发生冲突或脱轨的行车中断时间，从事故发生前原计划开通的时间起计算。

15. 耽误列车：系指列车在区间内停车；通过列车在站内停车；列车在始发站或停车站晚开、在运行过程中超过图定的时间（局管内）或调度员指定的时间；列车停运、合并、保留。

16. 客运列车中途摘车：系指编挂在客运列车中的车辆发生冲突、脱轨、火灾、爆炸、相撞未达到中破及以上程度，不能运行，必须在途中摘下（不包括始发站和终到站）。

17. 占用区间：系指①区间内已进入列车。②区间已被列车取得占用的许可（包括准许时间内未收回的出站、跟踪调车凭证）。③封锁的区间（属于《铁路技术管理规程》第265、第302、第310条的情况下除外）。④区间内有停留或溜入的机车车辆、施工作业车辆。列车发出后溜入的亦算。⑤发出进入正线的列车而区间内道岔向岔线开通。⑥邻线已进入禁止在区间交会的列车。

列车前端越过出站信号机或警冲标即算。

办理越出站界调车后，没有取消手续，也没有办理列车闭塞手续，就用该调车手续将列车开出，亦按本项论。

18. 占用线：系指车站内已办理进路的线路或停有机车车辆的线路或已封锁的线路。

列车前端越过进站（进路）信号机或站界标即构成“向占用线接入列车”。按《铁路技术管理规程》第283条规定办理的列车除外。

19. 未准备好进路：

进路：系指①接入停车列车时，由进站信号机起至接车线末端计算该线有效长度的警冲标或出站信号机止的一段线路。②发出列车时，由列车前端起至相对进站信号机或站界标为止的一段线路。③通过列车时，为该列车通过线两端进站信号机或站界标间的一段线路。

未准备好进路：系指①进路上的道岔未扳、错扳、临时扳动或错误转动。②进路上有轻型车辆（包括拖车）、小车及其他能造成脱轨的障碍物（不包括其他交通车辆）。③邻线的机车车辆越过警冲标。④违反《铁路技术管理规程》第279条禁止办理相对方向同时接车和同方向同时发接列车的规定而办理同时接车或发接列车。⑤超限列车（包括挂有超限货物车辆的列车）、客运列车由于错误办理造成进入非固定股道。

接入停车或通过的列车，列车前端进入进站（进路）信号机或站界标以及发出的列车起动均算。

设有进路信号机的车站，分段接发列车时，按分段算。如果每段都发生，每段各定1件事故；如果一次准备的全通路，为一个进路，定1件事故。

凡由于信号联锁条件错误或有关人员违章作业，致使信号错误升级显示进行信号或强行开放进行信号，造成耽误列车或列车已按错误显示的进行信号运行，虽未造成后果，均定事故。

20．未办或错办闭塞发出列车：系指未和邻站、线路所、车场办理闭塞手续，或办理闭塞的区间与列车运行的区间不一致而发出的列车。列车前端越过出站信号机（包括线路所通过信号机）或警冲标即构成。客运列车，错办闭塞的区间虽与列车的运行区间一致，亦按本项论。

没有调度命令，擅自改变或错办列车运行径路，亦按本项论。

未按规定办理手续而越出站界调车时，亦按本项论。

21．列车冒进信号或越过警冲标：系指列车前端任何一部分越过地面固定信号显示的停车信号；停车列车越过到达线末端计算该线有效长度的警冲标或轧上线路脱轨器（系指用于接发列车起隔开作用的脱轨器）时亦算。双线区间反方向运行，列车冒进站界标，亦按本项论。

在制动距离内，由于误碰、错办或维修设备，致使临时变更信号显示、信号关闭或临时灭灯，造成列车冒进信号时，不论联锁条件是否解锁，亦按本项论。

在制动距离内信号自动关闭或临时灭灯，在进路联锁条件不解锁的情况下，列车冒进信号时，不按本项论。

22．机车车辆溜入区间或站内：系指以进站信号机或站界标为界，机车车辆由站内溜入区间或由区间、专用线溜入站内，在区间岔线内停留的机车车辆溜往正线越过警冲标，亦按本项论。

23．断轴：机车车辆出段、出厂或由固定停放地点开出后，发生即算。列车中的车辆在运行、停留或始发、到达检查时发现即算。

24．关闭折角塞门发出列车或运行中关闭折角塞门：列车前端越过出站信号机或警冲标即算。

采用双管供风的列车因错接风管发出列车，按本项论。

25．电力机车、动车组带电进入停电区：系指电力机车、动车组未降弓断电进入已经停电的接触网区。

26．发生冲突、脱轨的机车车辆，未经检查鉴定编入列车运行：未按规定通知检查或未按规定检查，擅自编入列车，按本项论。

27．自轮运转设备：无需铁路货车装运，能依靠自有轮对在铁路上运行，但须按货物向铁路办理托运手续的机械和设备。包括编入列车的自轮运转特种设备、无火回送机车等。

28．无调度命令施工，超范围施工，超范围维修作业：包括未按规定在车站登记要点进行施工、维修作业的，施工点前超范围准备的，未按规定施工维修作业内容进行作业的，均按本项论。

29．漏发、错发、漏传、错传调度命令导致列车超速运行：列车运行监控装置未输或错输限速指令、机车出库后司机未接到线路限速命令，致使列车超过规定限速运行，按本项论。

30．挤道岔：系指车轮挤过或挤坏道岔。

31．错办或未及时办理信号导致列车停车：系指①因办理不及时或忘办、错办信号使列车在站外或站内停车。②禁止同时接车的车站或不准同时接入站内的列车，误使两列车均在站外停车。③接发列车人员未及时或错误显示手信号，使列车停车。

32. 错误办理行车凭证发车或耽误列车：系指与邻站已办妥闭塞手续，但由于未交、错交、未拿、错拿、漏填、错填行车凭证；自动闭塞、自动站间闭塞、半自动闭塞区间未开放出站（进路）信号机发车或耽误列车。

行车凭证交与司机或运转车长显示发车手信号后（车站直接发车时为发车人员显示手信号后），发现行车凭证错误，亦为错误办理行车凭证发车。

填写的行车凭证，错填、漏填电话记录号码、车次、区间、地点时，按本项论。

自动闭塞、自动站间闭塞、半自动闭塞区间未开放出站（进路）信号机，列车起动停车未越过信号机或警冲标时，视同一般 D 类事故情形。越过关闭的停车信号或警冲标时，视同一般 C 类事故情形。

33. 调车作业碰轧脱轨器、防护信号或未撤防护信号动车：

脱轨器：系指固定脱轨器及移动脱轨器。

防护信号：系指防护施工、装卸及机车车辆检修整备作业的固定信号或移动信号。

机车车辆碰上、轧上脱轨器或防护信号即算。对插有停车信号的车辆，碰上车钩及未撤防护信号动车，按本项论。

34. 施工、检修、清扫设备耽误列车：如因特殊情况需要延长施工时间时，须提前通知车站值班员、列车调度员，经列车调度员承认后（发布调度命令）耽误列车时，不定事故。

施工、检修、清扫设备人员躲避不及时，造成列车停车，按本项论。

35. 滥用紧急制动阀耽误列车：系指违反《铁路技术管理规程》第 271 条第 4 款的规定使用紧急制动阀。

36. 擅自发车、开车、停车、错办通过或在区间乘降所错误通过：

擅自发车：系指车站发车人员未确认出站信号，运转车长未得到发车人员的发车指示信号，车站发车人员未确认运转车长发车手信号直接发车。

擅自开车：系指司机未得到车站发车人员或运转车长的发车信号而开车。

擅自停车：系指在正常情况下，不应停车而停车。

错办通过：系指应停车的客运列车而错办通过（不包括列车调度员按照列车运行情况临时调整变更通过的列车）。

37. 错误操纵、使用行车设备耽误列车：系指作业人员违反操作规程耽误列车或使用方法不当造成机车车辆等行车设备损坏耽误列车。

38. 列车运行中碰撞轻型车辆、小车、施工机械、机具、防护栅栏等设备设施或路料、坍体、落石：刮上、碰上或轧上即算。

小车：系指人工推行的作业车、检测车、梯车等。

路料：系指钢轨、道砟、轨枕、道口铺面板等。

施工机械：系指起道机、捣固机、螺栓紧固机、弯轨器、撞轨器、切轨机、轨缝调整器、拨道器等。

机具：系指施工、维修作业中使用的动力扳手、撬杠等。

列车运行中碰撞道砟未造成机车车辆损坏或人员伤亡，不按本项论。

39. 应安装列尾装置而未安装发出列车：有规定或调度命令的不按本项论。

40. 行包、邮件装卸作业耽误列车：系指在装卸作业过程中因组织不当耽误列车，包括超载偏载、侵限或机动车（包括平板车）侵限、掉进股道、抢越平过道耽误列车。

41．作业人员伤亡：系指在铁路行车相关作业过程中发生的，与企业管理、工作环境、劳动条件、生产设备等有关的，违反劳动者意愿的人身伤害，含急性工业中毒导致的伤害。

42．作业过程：系指作业人员在本职工作岗位上或领导临时指派的工作岗位上，在工作时间内，从事铁路企业生产经营活动的全过程。作业人员请假离开、返回工作岗位、下班离岗、退勤退乘等，尚未离开其作业场所的，均视为作业过程。

工作时间：原则上以现行各种班制、乘务交路规定的工作时间和铁路综合计算工时工作制为依据。若不在规定的工作时间内，但属于因生产经营、工作需要而临时占用的时间，也视为工作时间。

43．事故伤害损失工作日：系指作业人员在事故中导致伤残、死亡，造成劳动能力损失的程度，以工作日为度量单位。“事故伤害损失工作日”，与实际歇工天数不同。确定某种伤害的事故伤害损失工作日数的具体数值，应以《事故伤害损失工作日标准》（GB/T15499–1995）为依据查定。

44．作业人员重伤：指造成作业人员肢体残缺或某些器官受到严重损伤，致使人体长期存在功能障碍或劳动能力有重大损失的伤害。按照《事故伤害损失工作日标准》（GB/T15499–1995）查定，其伤害部位及受伤害程度对应的事故伤害损失工作日或多处负伤其损失工作日合并计算等于或超过 300 个工作日的，属于重伤。该标准未作规定的，按实际歇工天数确定，实际歇工天数超过 299 天的，按 299 天统计；各伤害部位计算数值超过 6000 天的，按 6000 天统计。作业人员死亡，其事故伤害损失工作日按 6000 个工作日统计。

45．急性工业中毒事故：系指生产性毒物一次或短期内，通过人的呼吸道、消化道或皮肤大量进入体内，使人体在短时间内发生病变，导致中断工作，须进行急救处理，甚至死亡的事故。中毒程度通常分为轻度、中度和重度中毒。按照有关规定，凡是住院治疗的急性工业中毒，均按重伤报告、统计和处理。

46．伤亡人数发生变化：系指轻伤发展成重伤，重伤发展成死亡，以及伤亡人数发生变化等情况。

47．作业人员：系指参加铁路行车相关作业的所有从业人员，含已参加铁路企业生产经营活动，与铁路用人单位形成事实劳动关系的人员。

48．职业禁忌症：系指某个工作岗位因其特殊性而对从业人员患有的可能造成事故的疾病作出限制的范围。如视力减退对于机车乘务员；恐高症、高血压对于电力工、架子工；高血压、心脏病对于巡道工、调车人员等均属职业禁忌症。

49．事故责任待定：系指事故原因、责任尚未查清，需待认定的情况。事故件数暂时统计在发生月，若最后认定为非责任事故，则予以变更。

50．人员失踪：系指发生事故后找不到尸体，如在河流湖泊中沉溺、泥石流中掩埋等，与出走不归等情况不同，无需经法院认定。

51．交叉作业：系指分别属于两个或两个以上企业的作业区域相互重叠，从业人员在同一作业场所各自作业，包括铁路作业人员在专用线内取送车等作业。

52．因正常手术治疗而加重伤害程度：系指从业人员在事故中受伤后，为避免伤势恶化而必须实施截肢、器官摘除等手术措施，致使伤害程度加重的情况。

安全工作基本制度选要

四个亲自

一是亲自传达上级有关安全生产规定、指示，并根据本单位具体情况亲自组织制定相应措施，认真贯彻执行。

二是亲自检查安全生产，坚持添乘、检查、巡视制度。

三是发生一般事故、职工重伤事故或严重违章，要按照“四不放过”的原则由领导干部亲自处理。

四是亲自总结，把成功的措施、办法加以肯定，形成标准化、制度化，并要不断改进、充实和完善。同时，还要认真总结教训。根据新的情况和问题，定出安全措施。

四不放过

事故发生以后，要坚持事故原因查清不放过、责任人员未处理不放过、整改措施未落实不放过、有关人员未受教育不放过。

三个百分之百

规章制度要百分之百执行。

违章违纪要百分之百登记处理。

违章违纪要百分之百扣发奖金。

三主四尽

各级领导要把主要时间、主要精力放在抓运输安全的主业上，真正做到尽职、尽责、尽心、尽力。

三控

对关键作业、关键岗位和关键人员实施重点控制。同时作业人员要做到：自控、互控、他控。

三盯

盯关键岗、盯关键人、盯关键时间。

三关

指进路关、信号关、制动关。

三个环节

指领导、群众和设备。即搞好安全生产既要有领导干部和职工、群众的两个积极性，又要有先进的技术状况良好的设备。

三基

搞好安全须强化三基：抓基层、打基础、大练基本功。

机务工作十六字令

彻底嘹望（车动集中看，嘹望不间断）；
确认信号（听不清就问，看不见就停）；
高声呼唤（一人问，二人看，紧密联系同呼唤）；
手比眼看（看准再喊，呼唤为主，手比为辅）。

调车作业把七关

把好单一指挥、计划联系、检查准备、信号确认、推进连挂、溜放制动掌握速度、要道还道关。

调车工作九固定

固定作业区域、线路使用、调车机车、人员、班次、交接班时间、交接班地点，工具数量及其存放地点。

扳道（信号）员作业程序

一看、二扳（按）、三确认、四显示。

车站值班员接发列车六亲自

亲自办理闭塞、布置进路（包括听取进路准备妥当的报告）、开闭信号、交接凭证、接送列车、指示发车。

工务无缝线路作业“二、三、四”制度

二清：维修作业半日一清，紧急补修一撬一清。
三测：作业前、作业中、作业后测轨温。
四不超：作业不超温，扒碴不超长，起道不超高，拨道不超限。

天窗施工原则

行车不施工、施工不行车。

“五必须”

1. 必须遵章守纪、注意安全。
2. 横越铁路必须“一站、二看、三通过”。
3. 上道作业必须设防护，巡道要严格执行回头瞭望制度。
4. 在线路上作业，邻线来车必须下道。
5. 必须车辆集中看，瞭望不间断。

工务惯性事故七防止

防止施工违章事故、轨道车事故、道口事故、钢轨折断事故、卸沙卸石料事故、撞养路机具及小车事故、线桥作业人员及巡守人员伤亡事故。

机务乘务作业过程把五关

把好出退勤、出入段、进出站、调车作业和交接班的检查关。

电务检修工作三不动

1. 未联系登记好不动；
2. 对设备的性能、状况不清楚不动；
3. 正在使用中的设备（指在已开通使用中的进路内的设备）不动。

“三清”

处理故障的“三清”是：时间清、地点清、原因清。

“三及时”

1. 接到故障通知后，及时赶赴现场按“故障处理程序和注意事项”分析、处理故障；
2. 若不能立即修复或原因一时不清时应及时登记停用；
3. 及时向上级汇报。

电务工作三不离

1. 工作完后不彻底试验良好不离；
2. 未彻底修好影响设备正常使用的缺点前不离；
3. 发现设备有异状未查清原因不离。

电务三级施工负责制

一级施工：全站停电整修或停用联锁试验（包括一端）由信号技术室提出施工组织及安全措施，由段长（副段长或总工程师）批准，并到场负责组织施工。

二级施工：因整修停用一个区间，自动、半自动闭塞，换装联动道岔设备由领工员提出工作组织及安全措施，报技术室批准。由领工员组织现场施工。

三级施工：除以上两项以外的更换量小的个别设备，由工长提出安全措施，向领工员汇报，同意后由工长组织工作。

车机联控

必须做到“站站列列呼唤应答”。

人身安全“四原则”和“十不准”

“四原则”：一站、二看、三确认、四通过；
“十不准”的内容是：
1. 不准不设好防护就开始作业；
2. 不准不瞭望就穿越线路；
3. 不准飞上飞下、扒车代步；
4. 不准骑跨翻越动态中的车辆；
5. 不准在动态的车辆中调整钩位、摘接风管；
6. 不准违反规定在电气化区段攀登洗刷机车、车辆上部；
7. 不准不戴安全带、安全帽、不设安全网、不穿防护服作业；
8. 不准未搭好脚手架、未放稳梯凳就开始作业；
9. 不准携带笨重工具和材料登高作业；
10. 不准钻车或在车辆下乘凉、坐卧、休息。

1958年全国铁路行车事故分析

全国铁路职工在党的领导下，经过整风、反右派斗争以及学习社会主义建设总路线，特别是中央北戴河会议以后，在保证钢铁元帅升账的口号下，全路职工和全国人民一道，展开了轰轰烈烈的生产大跃进运动。广大职工发挥了敢想敢说敢干的共产主义风格，大破迷信，大破陈规陋矩，大闹技术革命，各种发明创造、合理化建议如雨后春笋。很多重大的技术创造，已在运输工作中普遍推行，大大提高了运输效率，对完成工农业生产大跃进中的运输任务，起了很大作用。因此，铁路工作的巨大成绩是主要的，应当加以肯定。

一些铁路局（如齐齐哈尔、吉林、牡丹江、成都等）和全国多数站段，在取得工作成绩的同时，安全情况也是比较好的。还有的铁路局（北京、郑州等）在运输任务大增的情况下，由于领导上大抓生产的同时也大抓安全，因而扭转了过去事故严重的局面，安全情况有了很大的改进。但是就全国铁路的情况来看，安全工作上还存在着严重的缺点，故而行车及人身事故增加很多。现将1958年全路事故情况分析总结如下。

一、行车及人身事故的基本情况

全年由于工伤事故共牺牲铁路职工619人，比1957年增加69.6%。全年在行车中的路外人员死亡2788人，比1957年增加一倍。

全年共发生行车事故30075件（昆明不在内，以下同），比1957年增70%。其中重大事故245件，增70%；大事故108件，增93%；恶性事故1962件，增86%；一般事故27760件，增68.5%。

这些行车事故给国家造成了严重的损失。机车大破31台，中破25台，小破673台；货车报废133辆，大破350辆，中破244辆，小破3545辆；客车大破13辆，中破25辆，小破72辆。机车、车辆及线路经济损失共计人民币883万多元（货物损失不在内），比1957年增2.33倍。阻塞正线行车3670多小时，比1957年增加128%，仅行车中断和车辆破损两项估算，每日即影响少装车300多辆，间接影响装车则更大。

从事故的性质看，也是十分严重的。

列车重大事故及大事故197件，占重大、大事故总件数的55.7%。其中包括：列车正面冲突重大事故26件，并有不少列车在冲突后颠覆；列车脱轨颠覆重大事故66件；列车脱轨重大、大事故105件。更严重的是，上述冲突、脱轨、颠覆重大事故中，有27件发生在旅客列车上，幸而未造成严重人员伤亡。调车中造成的冲突、脱轨重大事故及大事故156件。这些重大、大事故主要是由以下几方面造成的。

（一）在行车组织方面

由于接发列车时，不执行进路检查确认、非联锁道岔加锁制度，不遵守线路固定使用制度，不认真检查到达列车的情况，发生不少重大、大事故。例如：10 月 17 日，郑州局新乡站向三道接入 1345 次列车前，值班员和扳道员都未检查确认三道是否空闲，以致造成这次列车和前次列车下的蛋（甩下的）六辆车冲突。5 月 29 日，锦州局沟帮子站使小运转列车占用正线上水，而使 13 次快车由侧线通过，因速度高，在弯道岔上脱轨颠覆。

由于调车时不确认线路各道岔状态及停留位置，掌握速度不好，不确认信号显示状态，互相联系不彻底，变更计划不通知有关人员，不试闸，拧闸不当，造成不少调车重大、大事故 。例如：济南局徐州站 11 月 14 日，两台调车机同时作业，因变更作业计划，联系不彻底，造成侧面冲突事故。机车脱轨后，影响正线，时逢 1308 次列车进站，防护不及，又与脱轨的机车发生冲突，造成事故套事故的重大事故。锦州局锦州站 10 月 27 日牵引溜放，把机车放入有车线，又因提钩过晚，来不及扳道，使溜放车溜入同一线路，造成冲突大事故 。

由于调度指挥违反安全要求，发布违章命令，造成不少事故 。如沈阳局 11 月 28 日 2225 次列车在前方站即发现燃轴，行车调度不让停车，到开原站，即发生轴颈切断颠覆的大事故。济南局青岛站 10 月 29 日，发 1504 次列车，因钢板装载不良，横向窜出，通过丈岭站时打断授受机，车站报告行调，未作布置，到太保庄站又打坏道岔标志，行调仍令继续运行，到砟山站又把信号机和水鹤打断。

由于在行车组织中，不考虑客观情况，盲目压缩车辆技术检查时间，采取错误的行车办法，也造成不少事故。例如：许多局把始发到达技检时间由原来的 55 分钟压缩到十几分钟，甚至几分钟；取消了到达检查和无作业中转列车的通过检查，使车辆质量下降，发生了大量车辆不良、燃轴事故。上海局在浦蚌段采用了追踪挂补机的错误办法，在 8、9 月曾造成一件重大事故，一件大事故，守车大破，车长受伤；郑州局孝子店站两列车不应同时进站（因系长大下坡道），该局长期以来，一直允许同时进站，终于 2 月 3 日，751 次列车因司机操作不当，越过警冲标，与同时进站的 764 次列车侧面冲突颠覆，报废 25 辆，死 7 人、伤 3 人的重大事故。

（二）在机车、车辆的检修运用方面

由于不执行正确的规章制度，检修质量不良，不合格技术条件，操纵技术不当，超速行驶，不认真试风等原因，也造成不少严重的事故。例如：锦州局 12 月 5 日，2126 次列车建设型机车 5083 号，用最低水位行车，在绥中东辛庄间，因锅炉缺水，烧干锅，引起锅炉爆炸列车颠覆，死亡 4 人，损失约 90 万元的重大事故；太原局 12 月 16 日 2457 次列车在石太线卢家庄停车时，关闭了风泵，开车前又未试风，到段进站制动失效，闯入区间 2 公里，停车后又不及时防护，造成与 2458 次列车冲突颠覆重大事故；广州局 9 月 9 日，1208 次列车在黄阳司、大村店间，因施工限速 35 公里，司机用 50 公里以上的速度行驶，造成脱轨颠覆；沈阳局 12 月 15 日，1010 次列车进丁家园站后，因尾部压岔子，向前移动时，越过警冲标，与进站的 1019 次列车正面冲突颠覆，乘务员死亡 1 人、伤 7 人。兰州局 8 月 26 日 1106 次列车行至武威站外，因车辆拱板折断，造成颠覆起火，烧毁原油车 29 辆的重大事故。北京局古冶列检于 11 月 14 日发现 1092 次列车中的燃轴车有乌金溶化现象，但没有认真检修，塞干油放走，在通过塘沽、军粮城时，值班员及车长也发现燃轴起火，都未采取停车措施，终于造成切轴颠覆大事故。全年发生列车冒进信号及越过警冲标事故 1000 多件，这些事故都可能变成重大、大事故的危险。

（三）在线路及行车设备方面

由于维修不良、施工方法不当及检查验收不严格，发生了不少严重事故。例如：吉林局马尾山、江密蜂间因轨距水平大部超限，造成860次列车颠覆30辆的重大事故；广州局老关站更换新型道岔时，段长、领工员及工长都未参加施工，只由一名养路工带几名临时工施工，使用两天，就因质量不良，造成列车颠覆重大事故；柳州局黔桂线由于路基下沉，发生3件列车脱轨和颠覆重大事故；广州局乌石站外由于路基翻浆，造成列车颠覆重大事故；兰州局河口北、大路间一个区间相距不远，连续发生3件脱轨重大事故；南昌局浙赣线汤溪、湖镇间，因钢轨大部有暗伤（黑核）折断，造成列车颠覆重大事故；西安局在陇海线颜家河、坪头间刷坡，因施工方法不当，完工后未检查山体情况而塌方，造成146次旅客列车脱轨重大事故；郑州局广水养路工区在广水站新换道岔，还未做好就放行列车，进弯股，将钢轨挤倒，造成列车颠覆重大事故；沈阳局金山站内施行路基换土时，没有采取任何措施，就实行“三不要”的方法，造成列车颠覆重大事故；沈阳局浑北、沈阳间，因电务部门地下电缆维修不良，以致自动闭塞分区有车时，仍显示黄色信号，造成4361次列车仅差10公尺未与201次客车追尾的严重事故。

（四）劳动纪律方面

个别员工劳动纪律松懈，也造成一些严重事故。如：齐齐哈尔局8月27日1007次列车司机睡觉，在东壕站越过警冲标，与正在进站的列车发生正面冲突重大事故；济南局津浦线徐州、高家营间道口看守员（养路工代替）擅离工作岗位去看坦克，以致发生41次旅客快车在道口上与坦克冲突的列车颠覆重大伤亡事故。

（五）政治破坏方面

还有少数反革命分子，暗中破坏，发生一些事故。例如：京包线沙岭子站助理值班员王逢午（伪铁警肃反被斗）当9882次军列通过时，强行扳动道岔，造成列车脱轨、颠覆并与调车机车冲突重大事故。广州局石龙南桥墩下，发现蒋制“TNT”高级炸药。据北京、上海等八个局1—9月份的不完全统计，共发生各种破坏事故99件，比1957年同一时期增加三倍半。

二、原因分析

（一）贯彻多快好省的方针不够全面

为了完成运输任务，千方百计地提高运输效率是完全必要的，也取得了重大的成绩。但在工作中，一些人片面追求效率，忽视安全检查的现象也相当严重。他们把效率和安全对立起来，并认为只要完成任务，出点事故也合算。因此，他们在大抓生产的同时，不去大抓安全，其结果是事故增多，反而影响了效率，阻碍了运输任务更好的完成。例如：单纯为了开快速成列车，不做车辆技术检查或不合理地压缩技术检查时间，甚至行驶中发现车轮故障，也不停车，造成不少重大事故；单纯为了多拉，不考虑实际可能，过多的超轴超重，造成比上年多几倍的途停、退坡事故。事实证明：这种片面追求效率的作法，必然要发展到它自己的反面，欲速反慢，欲多反少。

（二）在规章制度的破立上，放松了领导

发动群众，大破束缚生产力发展的陈规陋矩，促进生产大跃进，是完全正确的。事实上广大职工在大破陈规之后，在运输工作上创造了惊人的奇迹。但是在运动中放松了立，放松了领导，产生一些偏差。铁路技术管理规程的内容虽有些过细、过死和不适合新情况的地方，但它基本上是反映铁路运输生产过程的客观规律的东西，对它的破立，应十分慎重。当群众发动起来后，对规章破立运动的来势很猛，铁道部及铁路局又放松了对群众的引导。因此使一些现场员工产生错觉，认为现行的规章制度都是束缚生产力的教条，对正确反映客观规律的规章制度及各种行车作业规程，也不认真执行或盲目破除。在行车工作中放松了责任制，破坏了协调动作制度，否定了统一的技术标准和质量要求。铁道部及铁路局在发现这些情况后，又未能及时采取有效措施加以制止与纠正。

（三）在破除迷信中，尊重科学不够

广大职工解放了思想，破除了迷信，发扬了敢想敢说敢干的共产主义风格，无论在提高效率、技术革新和发明创造上，都作出了伟大的成绩，把我国铁路工作提高到新的水平。但是有些人在破除迷信中否定了科学，因而在工作中违反了铁路运输工作的客观规律，造成工作上的损失和行车事故。例如：车辆的负荷量是有一定限度的，超过这个限度，就会使车辆质量下降，发生事故，这是科学真理。我们在决定车的增载时缺乏细致地科学计算，也没有按照各种车辆的具体情况分别对待，50 吨以上的车辆都增 30%。甚至 60 吨车使用 50 吨轴的也增 30%，还有些车辆在装载时，未按部令规定增载，而大量超载。因而造成大量的弹簧折损、车梁裂损及轴颈切断事故。机务人员为了提高机车牵引力，甚至冒险跑白表，以致烧干锅炉，引起机车锅炉爆炸。

（四）冲天干劲和科学分析结合的不够

在大跃进中，职工干劲冲天，力争更多地完成运输任务，这种革命热情是非常可贵的。正是在这种革命热情下，一切困难都被突破，完成了任务。各级领导干部必须爱护群众的这种积极性。但是有些干部盲目跟着群众跑，不注意科学地分析工作中的问题，甚至发现问题也不向群众提出，怕伤害群众积极性，怕戴保守主义帽子，以致不能及时纠正错误和缺点，给运输工作带来严重后果。全路绝大多数铁路局从三季度开始，安全情况日趋恶化。但没有引起铁道部及铁路局领导方面的足够重视、认真的分析和采取切实有效的措施。直到不少重大事故 发生，造成损失以后，领导上才警觉起来，认真抓安全问题。在一些生产制度、劳动组织的改革及先进方法的推行上，也缺乏深入的调查研究和科学分析，处理不够慎重。列检随乘制、撤销某些必要的列检所、放松列检技术作业过程、机车大包乘制、放松机车车辆验收制度等等，都因不完全符合客观情况而行不通，或在推行这些办法中产生了偏差，降低了工作质量，成为发生事故的一个因素。

（五）在安全工作上贯彻群众路线不够

全体职工为了完成运输任务，展开了“0–5–0”“1–5–1”运动，大大提高了运输效率。但没有同时大搞安全运动，在群众中没有形成“人人管生产，人人管安全”的气氛，对违反规章、危及安全的现象习以为常，这是安全情况恶化的重要原因之一。

（六）技术教育和纪律教育工作，跟不上客观形势的发展

随着运输任务的猛增，行车员工中的新成分也大量增加。各局采取了各种办法培养训练，取得很大成绩。但由于培训时间短，工作需要急，仍然免不了有些技术不熟练的新工人，参加到行车工作中，因而发生一些事故。此外对老员工经常性的技术业务、纪律教育工作也做

的不够，有些地方甚至陷于停顿状态。特别是大破大立时，他们不执行正确的规章制度，只凭自己的经验办事，因而发生不少事故。

（七）苦战与休整结合的不够好

生产大跃进中，全体职工干劲冲天，废寝忘食，艰苦奋斗，这是完成任务的决定性因素。但是也存在着苦战与休整结合不够好的缺点。一是领导同志对职工的生活和休息注意不够，有的行车员工得不到充分的休息和睡眠，发生事故。成都局车务部门一度将运输人员由三班制改为二班制，因工作时间长，过于疲劳，屡次发生值班睡觉，影响行车安全违纪的事情。

（八）安全监察工作跟不上形势的发展

安全监察人员在打破陈规陋矩、技术革命运动中，支持了先进事物，并参加到运动中去，起到不小的作用。但是在以钢为纲的运输工作大跃进以后，由于缺乏思想准备，未能根据形势的发展，进行有效的监察活动，甚至有的监察人员盲目附和一些违反科学的不安全的办法，有的监察人员明知有问题，也不向领导反映，怕戴保守帽子，因而未能起到应有的监督作用。

三、改进安全情况的意见。

为了使铁路运输工作在安全和良好秩序的基础上，更大更好的向前跃进，必须继续贯彻“铁道部关于开展安全正点运动的指示”中所提出的各项指示；必须在党的领导下，开展经常性的群众安全运输运动。现提出以下几点具体意见，供各局在工作中参考。

（一）继续树立安全运输思想，贯彻多快好省全面完成运输任务的方针

通过各种组织、抓住各种时机、采取各种方式方法，经常的教育干部和职工，使之从思想上认识“安全和效率一致，质量和数量统一”的道理。事实证明，当领导和群众对效率和安全都加以重视的时候，不但提高了效率，也保证了安全。必须经常批判那种只顾效率而不顾安全的思想和工作方法。布置生产任务时，必须同时布置安全措施；群众讨论完成任务的办法时，必须同时讨论保证安全的方法。在工作中应互相监督，贯彻执行。要在广大群众中形成“人人管生产，人人管安全”“人人遵守规章，人人反对违章”的气氛。

（二）对规章制度的破立进行一次全面的整顿，加强技术管理工作

改革不合理的规章制度，目的是使它能更正确地反映客观实际，推动生产力的发展，并非不要规章制度，遵守合理的规章制度，就是按照事物发展的客观规律办事。这一点应经常向群众教育解释。同时对过去阶段的规章制度破立，有必要进行一次全面的整顿。

铁道部、铁路局、站段应根据职权范围，对已经下放、废止和修改的行车有关规章制度，进行一次全面复查，凡是不应下放而下放了的要收回来；不应废止的废止了的要重新建立；不应修改而改了的要改回来；已废止而未立新的，要尽快立。把经过整顿以后，行之有效的行车有关规章制度，按职权范围，按部门分别汇编，分发给行车有关员工学习并认真贯彻执行。

各铁路局、站段应在第二或三季度内，组织一次行车有关规章的学习考试，督促对现行规章制度的学习。

今后随着生产力的发展，必须经常不断的修改规章制度，但必须按职权范围履行逐级上报、批准的手续，有组织有领导地进行。

（三）继续开展安全正点运动，巩固安全正点运动成果

根据“铁道部关于开展安全正点运动的指示”，各铁路局及站段基本上都已行动起来，而

且不少单位取得了初步成果。但还有不少局及现场单位搞得不够深透，违章行为和事故还不断发生，妨碍着运输工作的进一步跃进。

凡是安全正点运动已比较深入，情况基本上好转的局、站段，应使运动经常化，保证数量质量双跃进。

凡是安全正点不够深透的局、站段，应继续开展安全正点运动，继续深入发动群众。

各级领导干部应经常组织检查工作，督促员工按正确规章办事，不断提高线路、设备、机车、车辆的质量，使安全工作在科学的基础上跃进。

（四）加强技术教育和纪律教育

随着1959年生产更大跃进，必须会增加更多的新工人。因此加强技术教育和纪律教育，是顺利完成运输任务，保证安全检查的关键。必须想尽一切办法，用最短时间培养出高质量的技术员工。必须坚持经过考试合格后，方可参加行车工作的制度。

要经常对行车员工进行技术教育，业余技术教育制度应很好地建立起来，不断提高技术业务水平。

要经常对新老员工进行纪律教育，使他们在高度政治觉悟的基础上，严格执行规章制度。

（五）抓两头，带中间，全面提高

全国有很多先进单位、小组、个人，他们不但完成了运输任务，而且保证了安全。他们的经验有力地证明了安全和效率的一致性。必须认真总结并推广他们的先进经验，用这些生动事例，批判那些认为“事故不能消灭”等错误思想，带动落后单位前进。

对安全情况不良单位，应组织干部及时进行深入检查，帮助他们找出原因，改进方法，解决困难。

（六）关心群众的生活和休息

合理的安排工作时间和班制，使行车员工有充分的休息时间，防止过度的疲劳。

经常检查食堂和公寓的工作，使职工吃的好，休息的好，注意职工的技术安全和劳动保护工作，防止人身事故。这样使职工经常保持冲天的干劲，不断地提高工作效率。

（七）认真处理事故，使坏事变成好事

认真及时调查、分析、处理事故及事故苗子，接受教训，采取措施防止重复发生，是积极的防止事故办法。各局、站段应坚决纠正或防止不注意处理事故的偏向。同时要对典型事故通过群众处理，以达到教育群众的目的。

（八）加强安全监察及事故救援工作

安全监察人员应主动依靠党、政领导，做好调查、研究、分析、检查工作，及时提出有关安全的建议，经常依靠群众，发动群众做好安全工作，成为党、政领导在安全工作的有力助手。

各局应检查整顿事故救援工作，使事故救援列车及人员经常处于戒备状态，随时出动救援。

国务院安委会关于认真贯彻落实国务院第165次常务会议精神进一步加强安全生产工作的通知

安委明电〔2011〕8号

各省、自治区、直辖市人民政府及新疆生产建设兵团，国务院安委会各成员单位，有关中央企业：

7月27日，温家宝总理主持召开国务院第165次常务会议，听取“7·23”甬温线特别重大铁路交通事故情况汇报，针对当前事故多发的严峻形势，部署进一步加强安全生产工作的各项措施。为认真贯彻落实国务院第165次常务会议精神，进一步加强安全生产工作，有效防范和坚决遏制重特大事故，促进安全生产形势持续稳定好转，现就有关要求通知如下：

一、深刻领会国务院常务会议精神，牢固树立科学发展、安全发展的理念

今年以来，全国安全生产形势总体保持稳定，但重大事故和较大涉险事故时有发生，一些行业（领域）事故频发，非法违规生产经营建设行为屡禁不止，安全生产形势依然严峻。特别是7月份以来，接连发生多起重特大事故，造成了严重的人员伤亡和财产损失，社会影响很大。这些事故的发生，充分暴露了我国生产经营建设领域仍然存在安全责任落实不到位、防范措施不到位、安全监管不到位、治理整顿不到位等突出问题，教训极其深刻。严峻的安全生产形势再次警示我们，在任何情况下，安全生产工作不能有丝毫放松，必须从零开始、警钟长鸣、常抓不懈。

要从全局和战略的高度，充分认识加强安全生产工作的极端重要性。我国正处在发展机遇期和矛盾凸显期并存的发展阶段，处在工业化和城镇化快速发展、生产安全事故易发的特殊阶段。切实做好安全生产工作，是深入贯彻落实科学发展观，加快转变经济发展方式，推进经济社会全面、协调、可持续发展的重要任务，是保障人民群众生命财产安全、进一步促进社会和谐稳定的必然要求，是实现全面建设小康社会目标、加快改革开放和现代化进程的重要保障。各地区、各部门必须从全局和战略的高度，充分认识加强安全生产工作的极端重要性，必须以对党和人民高度负责的精神，自觉坚持“安全第一、预防为主、综合治理”的方针，把生命高于一切的理念落实到生产、经营、管理的全过程，坚决守住安全生产这条红线。

要牢固确立安全发展的科学理念。安全发展体现了科学发展观以人为本的本质内涵，既是科学发展的重要内容，又是科学发展的重要保证。各地区、各部门必须牢固树立安全发展的科学理念，坚持速度、质量、效益和安全的有机统一，始终把安全放在第一位。在谋发展、搞建设、抓生产的过程中，必须切实做到安全生产，坚持以人为本，决不能以牺牲人的生命

为代价谋求发展，要始终强调安全这一发展前提和保障，有效防范和坚决遏制重特大事故发生，促进安全生产形势持续稳定好转。

二、全面排查和消除各类安全隐患

按照国务院常务会议的要求，各地区、各部门和各类生产经营单位要立即开展全面、系统、彻底的安全隐患排查和治理。

（一）突出重点行业（领域），强化安全隐患排查

1. 以铁路、公路、桥梁为重点的交通运输领域。要适应高速铁路发展对运输安全工作的新要求，加大铁路运输安全隐患排查的力度，对线路、车辆、设备、信号、供电、制度和管理等进行全方位排查，继续在京沪高铁沿线四省三市深入开展打击危害铁路运输安全非法违法行为专项行动。继续加大道路交通“五整顿”、“三加强”工作力度，深入推进客运车辆特别是长途客运车辆安全隐患专项整治，从严整治超载、超限、超速和酒后、疲劳驾驶等违法违规行为。严厉查处农用船、自用船、渔船非法载客等行为。

2. 以煤矿为重点的矿山领域。要强化以煤矿瓦斯防治为重点的“一通三防”措施，认真排查治理煤矿瓦斯和水患、火灾隐患；继续推进矿山企业整顿关闭、兼并重组、整合技改；深入开展地下矿山通风和防治水、露天矿山采场、高陡边坡、尾矿库和排土场专项整治；严格执行矿山建设项目安全核准制度。

3. 以危险化学品为重点的工业领域。要深入排查危险化学品生产、储存、道路及内河运输和管道输送、使用、废弃等各个环节存在的安全隐患，继续抓好对重点监管的危险工艺、危险产品和重大危险源的监管和监控工作；继续推进烟花爆竹和礼花弹生产经营企业转包、分包专项治理。冶金行业要继续抓好煤气等重点生产环节的专项治理工作，以交叉作业、检修作业和有限空间作业等为重点，深入排查和治理隐患。

4. 以住房建设项目为重点的建筑领域。要深入开展建筑施工安全整治，认真排查治理起重机、吊罐、脚手架和桥梁等设施设备存在的安全隐患；以高层建筑、“三合一”生产经营单位和人员密集场所防范火灾为重点，进一步深化消防安全整治。

其他各行业（领域）也要立足实际，确定安全隐患排查重点，并切实做实、做好安全隐患排查整治的各项工作。

各地区、各行业主管部门要督促生产经营单位认真、全面、系统地开展自查自纠，不仅要查现场隐患，更要查管理上的漏洞和制度上的缺陷：一查责任和制度落实情况，二查新技术、新设计、新装备、新工艺的运行投用检验情况，三查关键设备、场所和环节，四查应急预案制定和演练情况。国务院安委会将适时组织综合督查或重点抽查。

（二）加大整改力度，建立安全隐患排查治理长效机制

安全隐患排查治理要严格细致、不留死角，并将其作为企业日常安全管理的重要内容，实现常态化。对发现的安全隐患，要限期整改，该停产整顿的绝不放过，该取缔关闭的绝不手软，该搬迁的绝不拖延，该停用的坚决停用；新装备、新工艺投入使用前，要进行严格检验和实验，确保安全可靠后方可投入运行使用。对查出的隐患，要切实做到整改措施、责任、资金、时限和预案“五到位”。要实施隐患排查信息化管理，严格执行重大隐患分级挂牌督办制度，对隐患整改不力造成事故的，要依法严厉追究相关负责人的责任。要加强对重大危险

源的监控，落实监管责任，确保安全生产。

三、全面落实和完善安全生产制度

（一）进一步强化安全生产各项制度的落实。要认真落实安全标准核准制度、危险性作业许可制度、企业领导班子成员现场带班制度、重大安全隐患治理逐级挂牌督办和公告制度、隐患整改效果评价制度、事故查处挂牌督办制度、高危行业企业安全生产费用提取使用制度、道路交通事故社会救助基金制度、全员安全风险抵押金制度、工伤保险制度和安全生产责任保险制度等。要完善督查督办和激励机制，确保现有的各项制度落实到位。

（二）针对排查出的管理上的漏洞和制度上的缺陷，进一步完善安全生产各项制度。各类企业要根据生产技术、工艺流程的变化，及时制定或修改完善相应的产业技术标准和管理制度。各地区要立足本地区实际，加快地方性法规和规章的立、改、废工作，强化安全生产制度建设，为安全生产提供更加完善的制度保障。有关部门要适应安全发展的新要求，加快《安全生产法》等法律、行政法规的制修订工作，进一步提高准入标准，进一步落实企业主体责任，为安全生产提供法制保障。

四、严格落实安全生产责任

（一）全面落实企业安全生产主体责任。各类企业要健全安全管理机构，完善安全生产规章制度，切实加强全员、全方位、全过程的精细化管理，把安全责任层层落实到每个环节、每个岗位和每个职工，确保安全投入、安全管理、技术装备、教育培训和职业危害治理等措施落实到位。要强化法定代表人、实际控制人安全生产第一责任者的责任，认真落实企业负责人现场带班制度，严防违章指挥、违章作业和违反劳动纪律现象，及时在现场解决安全生产中遇到的突出问题，真正做到不安全不生产。要进一步强化企业安全生产承诺、约谈、事故企业“黑名单”、事故现场分析会等制度，督促企业落实安全生产主体责任。

（二）进一步强化地方各级政府及相关部门的安全监管责任和属地管理责任。要细化落实地方各级政府安全生产行政首长负责制和领导班子成员安全生产“一岗双责”制度，着力抓好县、乡两级政府安全监管责任的落实。要充分发挥行业管理部门的专业优势，加强行业指导，认真落实部门监管责任。要配强干部和管理人员，确保有人负责、有得力的人负责、能负得了责。要充分发挥各级安委会及其办公室的综合协调和监督检查作用，进一步形成工作合力。

（三）严格安全生产责任考核和追究。要进一步完善安全生产控制指标体系，使目标责任考核更加科学、更加合理。建立完善各级安委会对本级成员单位和下一级政府的安全生产工作综合考评机制，引导各单位更加注重预防，更加注重过程。认真落实重大事故查处挂牌督办、较大非法违法事故跟踪督办和通报等制度。坚持“四不放过”和“依法依规、实事求是、注重实效”的原则，科学、严谨、依法、实事求是地严格事故调查和责任追究，着力加快进度，调查和处理情况要做到公开、透明，并及时向社会公布。对瞒报、谎报、迟报、漏报事故及事故后逃逸的行为，依法从重处理。

五、切实加强安全生产和监管能力建设

（一）以制定实施安全生产“十二五”规划为契机，大力提升安全生产总体保障能力。各地区、各行业和各单位要围绕推进科学发展、安全发展，把安全生产纳入本地区、本行业发展的总体布局，抓紧规划建立完善企业安全保障、政府监管和社会监督、安全科技支撑、法律法规和政策标准、应急救援、宣教培训等“六大体系”，着力提高企业本质安全水平和事故防范、监管监察执法和群防群治、技术装备安全保障、依法依规安全生产、事故救援和应急处置、从业人员安全素质和社会公众自救互救等“六个能力”。要结合实际抓紧制定和实施安全生产“十二五”规划。针对薄弱环节、加大工作力度，着力提升安全生产总体保障能力，加快安全生产长效机制建设。

（二）推进科技进步、安全达标，着力提升企业安全生产保障能力。进一步加快以企业为主体、市场为导向、政产学研用相结合的安全生产技术创新体系建设，围绕安全生产科技需求加大研发力度。加快淘汰落后技术装备，强力推行新型实用科技产品，促进安全设施装备更新改造，提高机械化、自动化、信息化生产水平。加快安全生产科技支撑项目成果的转化，确保国发〔2010〕23号文件明确的各项安全技术装备安装应用工作按规定时限完成；要加大企业安全生产标准化建设工作力度，科学规范生产经营全过程，夯实企业安全生产基础，进一步加强安全生产预防、管理、监控能力建设。凡在规定时间内未实现达标的企业，要依法暂扣其生产许可证、安全生产许可证，责令停产整顿；对整改逾期未达标的企业，要提请地方政府依法予以关闭。

（三）着力提升基层安全监管监察能力。各地区要制定并实施安全监管监察能力建设“十二五”规划，按照已颁布的标准，全面加强安全生产监管监察执法、信息保障、实训考核和应急指挥体系建设。结合乡镇机构改革，以推广乡镇街道建立安监站（所）、实行委托执法的典型经验为突破口，继续支持鼓励各地开展乡镇安全监管体系建设的探索和创新，形成以乡镇（街道）为主体的基层安全监管体系。

（四）着力提升应急救援保障能力。要加快7个国家矿山应急救援队、14个区域矿山应急救援队建设并以此为引领，大力推动各类专业应急救援队伍建设，加强技术装备建设，提高救援能力。各地区、各部门、各行业要依托大型企业和专业救援力量，加强服务周边的区域性应急救援能力建设。加快全国安全生产应急平台体系建设，切实提高事故救援实战能力，尽最大可能减少事故造成的生命财产损失。

六、依法加强行政执法和社会监督

（一）以持续严厉打击非法违法行为为重点，进一步强化行政执法。各地区、各有关部门要坚持把打击非法违法生产经营建设行为（以下简称“打非”）作为有效防范和遏制事故的重要手段，持续保持高压态势，巩固和扩大工作成效。对非法违法生产经营建设行为，要层层落实执法监管责任特别是县、乡两级责任，强化社会监督、加强跟踪监管，发现一起、打击一起，并依法依规加大惩治力度，严防死灰复燃。要以提高执法效率效果为目标，建立健全部门联合执法工作制度，明确各部门的职责范围、执法流程、执法标准和监督检查办法，搞好各部门、各环节的协调、配合和衔接，促进安全监管能力和水平的提高。要加强制度建设，

把“打非”专项行动中的有效措施、得力方法和工作要求等，上升为制度规范，把“打非”工作纳入制度化、规范化和经常化的轨道，推动“打非”专项行动扎实、持久、有效开展。

（二）进一步完善安全监管监察体制。要进一步明确、理顺和完善各级安委会成员单位安全监管责任体系。要规范设置地方各级特别是基层安全监管机构，按照不同地区、经济规模总量和人口数量配备安全监管人员；要以安全生产监察执法为重点，建立省、市、县三级安全生产执法队伍；要加快建立安全生产与职业健康相结合的监管体制，切实加强职业健康安全监管，做到安全生产工作“事有人管、责有人负”，为依法加强安全生产行政监督提供必要的组织体制保障。

（三）大力推进安全监管监察工作创新。要认真分析和把握安全生产领域面临的新情况、新问题，总结推广一些地区探索创造的诸如“隐患排查自查自报”系统、“网格化”属地监管、建立“安全生产现场执法审计表”和以细化分工、规范程序、监管闭合为主要特征的安全监管监察模式等，推动安全监管监察责任全面和有效落实，确保执法到位。探索建立新技术、新设计、新装备、新工艺的安全性、可靠性安全检测检验制度，确保安全生产。

（四）着力提升安全生产工作社会监督和群防群治水平。要充分发挥工会、共青团、妇联等群团组织的作用，依法维护和落实企业职工对安全生产的参与权与监督权，注重充分发挥职工群众对安全生产全过程和全方位的监督作用。要进一步发挥新闻媒体的舆论监督作用，积极做好安全生产新闻发布工作，主动回应社会关切，及时向社会发布准确真实的信息，自觉接受社会监督，正确引导舆论导向。要大力推进安全生产信息公开，建立健全生产安全事故、重大隐患和非法违法行为举报奖励制度，对媒体和群众反映的安全生产隐患、非法违法生产经营建设行为、事故瞒报谎报行为及行政不作为，各部门、各单位必须及时查明情况、认真加以处理。

七、大力加强安全生产宣传教育和培训

（一）加大安全生产宣传力度。要更加广泛、深入地宣传安全生产知识，增强全社会的安全生产观念。领导干部尤其要全面学习掌握安全生产知识，增强安全生产意识，严格依法依规办事。要努力建设以人为本、关注安全、关爱生命的安全文化，唱响安全发展主旋律。要大力开展安全生产、应急避险和职业健康知识进企业、进学校、进乡村、进家庭活动，增强全社会的安全生产意识。要积极推进安全文化示范企业、安全发展型城市、安全社区等创建活动，要注重发挥媒体的引导作用，及时总结和推广安全生产工作中涌现的各类典型经验和有效做法，抓好典型带动和示范引领，进一步营造加强安全生产的社会舆论环境。

（二）强化安全生产教育培训。在强化对各级政府及对安全生产负有监管职责的部门各级领导和执法人员安全生产教育培训的同时，进一步落实企业主要负责人和安全生产管理人员、特殊工种人员一律按有关规定持证上岗；大力开展职业教育培训、全员培训、专业技能培训和岗前培训、班前培训，职工必须全部经过培训合格后上岗，不得搞速成班。凡存在不经培训上岗、无证上岗的企业，依法停产整顿，情节严重的要依法予以关闭。加快培养高危行业专业人才和生产一线急需技能型人才，进一步落实校企合作办学、对口单招、订单式培养等政策，努力培养高素质的安全专业人才。

八、进一步加强对安全生产工作的领导

各地区、各部门和各单位要切实加强对安全生产工作的领导，把安全生产工作作为重中之重，摆上重要议事日程，进一步强化综合预防措施。要按照科学发展、安全发展的要求，统筹安全和速度、质量、效益的关系，建立安全生产与经济社会发展同步规划、部署、推进、考核、奖惩的责任体系和工作机制。要坚持以人为本，警钟长鸣，从零开始，常抓不懈，健全完善安全生产工作激励约束机制，采取经济、法律、行政、教育等各种手段，紧紧依靠广大人民群众，动员全社会力量，更好地维护人民群众的生命财产安全。要注重把事故后责任追究与事故前防范有机结合起来，把解决制约安全生产的突出问题与构建安全生产长效机制有机结合起来，统筹兼顾、突出重点，扑下身子、求真务实，坚决打赢安全生产这场攻坚战，进一步减少事故总量，进一步有效防范和坚决遏制重特大事故发生，为经济发展和社会和谐稳定创造良好的安全生产环境。

各地区、各有关部门和单位要高度重视并认真抓好国务院第 165 次常务会议精神的学习贯彻，迅速将有关精神和要求传达到地方各级政府、部门和所有生产经营单位，紧密结合本地区、本部门实际作出全面安排部署。要切实加强领导，精心组织，周密安排，认真贯彻落实，务求取得实效。请各省级安委会和国务院安委会各成员单位于 8 月 31 日前，将国务院第 165 次常务会议和国务院安委会全体会议精神贯彻落实情况，一并报送国务院安委会办公室。

国务院安全生产委员会

二〇一一年七月三十一日

温家宝总理在“7·23”事故现场答记者问

温家宝：记者朋友们，今天我来到铁路特别重大事故现场，给遇难者献了花圈，表示对他们的深切哀悼！刚才我到医院去看望了伤员，又同遇难者家属见面。此时此刻，我的心里也很悲痛，愿意借这个机会同各位记者见面，讲一讲我心里的话。

我们不要忘记这起事故，不要忘记在这起事故中死难的人。这起事故让我们更警醒地认识到，发展和建设都是为了人民，而最重要的是人的生命安全；它也让我们认识到一个政府最大的责任就是保护人的生命安全。这段时间，我生病了，11 天在病床上，今天医生才勉强允许我出行。这就是为什么这次事故发生第 6 天我才来，现在，我愿意回答大家的问题。

新华社记者：“7·23”甬温线特别重大铁路交通事故发生后，社会公众对高铁技术安全、铁路调度、现场救援等高度关注，有一些疑问，群众迫切要求查明原因。请问目前事故调查进展如何，国务院对查明事故原因、总结事故教训、查处相关责任人有什么进一步考虑？

温家宝：这次事故发生以后，社会上和群众对于事故原因、事故处置工作有很多质疑。我认为，我们应当认真听取、严肃对待群众的意见，给群众一个负责任的交代。事故发生以后，国务院立即成立了事故调查组，它包括安监部门、监察部门等单位，这个小组是独立工作的，将通过现场勘测、技术取样、科学分析、专家论证，得出一个实事求是的、经得起历史检验的结论，并且依照国家的法律法规，严肃追究直接责任者和领导责任。目前事故调查工作已经开始，我们要求事故调查处理的全过程要公开透明，接受社会和群众的监督。

美国有线新闻电视网记者：刚才您在讲话中提到，对于这次事故的处理公众有不满和指责。我了解到，中国正在急于向世界其他国家出口高铁技术，包括美国在内。我想问的是，中国政府和您本人将具体采取什么措施，使国际社会能够重拾对中国高铁的信心，以说明中国的高铁技术是非常先进和安全的？

温家宝：中国高铁技术的出口以及其他高科技产品出口的可信度不在口头上，应该在实践中。就高铁来说，应该从它的设计、设备、技术、建设和管理综合来衡量。在这个当中，安全是第一位的。失掉了安全，就失掉了高铁的可信度。这些年高铁事业有了很大的发展，但是这起事故提醒我们，要更加重视高铁建设的安全问题，要实现速度、质量、效益和安全的统一，把安全放在第一位。我相信有关部门会认真汲取这起事故的教训，从多方面改进工作，特别是突破关键技术，加强管理，使中国的高铁真正安全起来。这样才能在世界站得住，有信誉。

路透社记者：这次高铁事故对铁路建设会有什么影响？

温家宝：铁路建设如同其他各项建设事业一样，在“十二五”规划中都有明确地要求，这就是要突出结构调整和发展方式的转变。对铁路建设来讲，这起事故使我们更加重视铁路的安全，特别是高速铁路的安全。整个铁路的布局要考虑高速铁路、整个铁路网之间的关系，还要考虑铁路、公路与水运、航空运输之间的关系。还是这样一个原则，我们一定要做到科学规划、合理布局、有序发展，不是越快越好，而是把速度与质量、效益和安全有机的结合起来，把安全放在第一位。

香港商业电台记者：您觉得这次事故是天灾还是人祸呢？

温家宝：我方才已经讲了，我们正在进行严肃认真的调查，调查的结果将会回答你的问题。我想强调一点，我们的调查处理，一定要对人民负责，无论是机械设备问题，还是管理问题，以及生产厂家制造问题，我们都要一追到底。如果在调查过程中，发现背后隐藏着腐败问题，我们也将依法处理，毫不手软。只有这样，才能对得起长眠在地下的遇难者。

中央电视台记者：我们站的这个地方几天前还是一片狼藉，但是现在已经几乎看不到事故的痕迹了。很多公众质疑，对于这起事故的现场处理是不是过于匆忙？您刚才提到公开透明，在大事故发生之后，我们的政府怎样才能真正做到及时、公开、透明？

温家宝：在事故发生以后，胡锦涛主席当即指示要把抢救人放在第一位。我得到这个消息后，立即给铁道部部长打电话，他可以证实，我只说了两个字，就是“救人”。刚才我在接待遇难者家属的时候，他们也提到类似的问题，我觉得事故处置的最大原则就是救人，千方百计救人。还是那句老话，只要有一线希望，就要尽百倍的努力。铁道部门和有关方面是否做到这一点，要给群众一个实事求是的回答。处置的第二个原则，就是要检查安全，这就需要取证、调查和分析，要停开那些有问题的列车。同时，要对道轨以及路基都进行排查，这些处置工作都是极为重要的。当然，还有一个善后的问题，比如对几十位遇难者的家属，在处理当中一定要人性化。我对他们讲，谁都有父母、丈夫、妻子、儿女，谁都有亲人，亲人遇难，失去了生命，是多少钱也换不来的。因此，一定要关爱他们，给他们合情合理的赔偿，其目的也是为了让死者安息，让生者得到慰藉，包括对遗物的处理，有人以为它仅仅是财产问题，我认为它实际上是亲人对死者的怀念。我们为什么要求有关部门认真清理遗物，就是要对人民负责。至于你提到的公开、透明，这一点非常重要。这起事故能否处理得好，其关键就在于能否让群众得到真相。因此，处理的结果应当及时、准确向群众发布。

日本共同社记者：事故带来了重大冲击，我要问的问题是，如何让中国民众和海外人士重新恢复对中国的信心，铁道部方面应进行哪些改革？

温家宝：应该看到，改革开放30多年来，中国的发展，包括科技事业都取得了很大的进步。我们懂得一个国家要真正繁荣和强大，就必须要依靠科技的力量，提高全民族的素质。如果说，我们今天站在这里来总结这起事故的教训，并且寄托对在这起事故中死难的人们的哀思，最主要的就是我们全国人民、我们整个民族要振奋精神，团结一致，更加努力地学习和工作。特别是在科技上，要有自己的发明、自己的品牌、自己的知识产权、自己具有国际竞争力的产品。这不是说一说就可以办得到的，这需要大力发展科技事业，突破关键技术，使我们的技术设备更安全、更可靠、更具有竞争力。对于中国的未来，无论是发展和建设，还是科技和教育，我都是充满信心的，并将继续努力奋斗。

温州日报记者：您曾经在多个场合赞扬过温州人的创业精神，在这次救援行动中，温州人展示了创业之外的另一面，温州各级党委、政府和人民以很强的大局观念和大爱精神投入救援。我们看到，事故发生的当晚，附近很多村民连夜自发抢险，还有很多普通市民彻夜排队献血，您对温州人在这次救援中的表现如何评价？

温家宝：应该感谢温州人民！我确实在多个场合，包括在国外都给予温州人民以赞扬，因为他们闯荡天下，具有改革开放和创新的意识，具有创业的精神。在这起灾难发生的时候，温州人民又向世人展示了他们的另一面，那就是大爱的精神。他们自觉地组织起救援队，参加救助工作，有上千人主动到献血站去献血。他们还对遇难者家属以及受伤的群众提供了良好的医疗设施，进行了耐心细致的抚慰工作。我今天来到温州，实在没有时间在这里多看一看，但是我感谢这里的人民，谢谢你们！

谢谢各位记者，天气很热，让大家久等，十分抱歉。谢谢大家！

资源来源：2011 年 7 月 29 日《人民日报》

"7·23"甬温线特别重大铁路交通事故调查报告

国务院"7·23"甬温线特别重大铁路交通事故调查组

（2011年12月25日）

2011年7月23日20时30分05秒，甬温线浙江省温州市境内，由北京南站开往福州站的D301次列车与杭州站开往福州南站的D3115次列车发生动车组列车追尾事故，造成40人死亡、172人受伤，中断行车32小时35分，直接经济损失19371.65万元。

事故发生后，党中央、国务院高度重视，胡锦涛总书记、温家宝总理等中央领导同志分别作出重要指示，要求务必把救人放在第一位，全力以赴组织好抢险救援工作，同时要尽快查明事故原因，做好善后处理等工作。受胡锦涛总书记、温家宝总理委派，张德江副总理于7月24日上午率有关方面负责人紧急赶赴事故现场，指导抢险救援、伤员救治、善后处理和事故调查工作，对相关工作作出全面部署，强调一定要坚决按照胡锦涛总书记、温家宝总理的重要指示要求，把救人放在第一位，全力以赴组织好抢险救援工作；要以严肃认真、实事求是、科学严谨的态度，全面展开事故调查工作，查明事故原因，总结事故教训，依法依规严肃处理相关责任人员。7月28日，温家宝总理亲临浙江省温州市，查看事故现场，悼念遇难者，亲切慰问遇难者家属和受伤人员，回答了中外记者提问，对事故调查工作提出了明确要求，强调要通过现场勘察、技术鉴定、调查取证、综合分析和专家论证等，得出一个实事求是、经得起历史检验的结论。7月27日和8月10日，温家宝总理先后主持召开国务院第165次、第167次常务会议，专题研究事故调查处理和铁路安全工作，对事故调查工作进一步提出明确要求，强调要按照科学、严谨、依法和实事求是的原则，不仅要查清直接原因，还要追根溯源，查清设计、制造、管理等方面的源头性问题，依照法律法规严肃追究直接责任者和有关领导的责任，并要接受群众监督和社会监督，给人民群众一个真诚、负责任的交代。

按照中央领导同志的重要指示精神和《生产安全事故报告和调查处理条例》（国务院令第493号）等有关法律法规规定，7月25日，国务院批准成立了国务院"7·23"甬温线特别重大铁路交通事故调查组（以下简称事故调查组）；8月10日，根据调查工作需要，国务院第167次常务会议决定对事故调查组进行充实、加强。事故调查组由国家安全监管总局局长任组长，国家安全监管总局、监察部、工业和信息化部、电监会、全国总工会、浙江省人民政府各1名负责同志和3位曾担任过国家有关部门（单位）或地方政府主要负责人且熟悉铁路工作的老同志任副组长。事故调查组下设技术组、管理组、综合组。同时，聘请了12名铁路运输、电力、电气、自动化、通信、信号、安全管理、建筑等专业领域的专家组成专家组（其中有全国人大代表2名、全国政协委员1名、"两院"院士2名）。邀请最高人民检察院派员参加了事故调查工作。

事故调查组通过科学严谨、依法依规、实事求是、周密细致的现场勘察、检验测试、技术鉴定、调查取证、综合分析和专家论证，查明了事故发生的经过、原因、应急处置、人员伤亡和直接经济损失情况，认定了事故性质和责任，提出了对有关责任人员及责任单位的处理建议和事故防范及整改措施建议。现将有关情况报告如下：

一、基本情况

（一）事故线路情况

甬温线北起浙江省宁波市，南至温州市，全长282.38公里，为双线电气化铁路（由沿海铁路浙江有限公司负责建设，委托上海铁路局运营管理）。2005年3月10日，国家发展和改革委员会批准甬温铁路可行性研究报告，其中旅客列车速度目标值200公里/小时；2005年8月，浙江省和铁道部批复初步设计，其中旅客列车速度目标值为200公里/小时，预留进一步提速条件；2008年11月，铁道部鉴定中心印发了《关于甬温、温福等运行时速250公里/小时铁路的客车到发线和无缝线路等问题的复函》，将开通运行速度提升为250公里/小时。该条铁路于2006年2月28日开工建设，2009年9月28日投入使用，较批准工期提前4个月。

事故发生地点位于甬温线永嘉站至温州南站间下行线583公里831米处（瓯江特大桥上）。该区段5.8‰下坡，曲线半径4500米，超高110毫米，跨区间无缝线路，60千克/米钢轨，III型混凝土轨枕。桥面距地面高度为17.4米。事故发生后对事故地段前后的线路检查测量结果合格。

（二）事故列车及司机情况

1. D3115次列车及司机。D3115次列车型号为CRH1–046B，编组16辆，总长426.3米；配属上海铁路局上海动车客车段，自杭州站开往福州南站。列车定员1299人，事故发生时乘坐旅客1072人。7月22日23时4分至23日1时30分在杭州动车运用所进行库内检修作业，各项技术参数及车辆状况均正常。D3115次列车司机何枥，南昌铁路局福州机务段职工，承担D3115次宁波东站至福州南站的值乘任务。2010年2月25日经铁道部培训考试合格取得动车驾驶证。上车前按规定进行了待乘休息，出勤手续办理合格，酒精检测合格。经调查认定，司机在永嘉站至温州南站间的作业符合相关作业标准。

2. D301次列车及司机。D301次列车型号为CRH2–139E，编组16辆，总长401.4米；配属北京铁路局北京动车客车段，自北京南站开往福州站。列车定员810人，事故发生时乘坐旅客558人。7月22日零时20分至2时10分在北京南动车运用所进行库内检修作业，各项技术参数及车辆状况均正常。

D301次列车司机潘一恒，南昌铁路局福州机务段职工，承担D301次宁波东站至福州站的值乘任务，已在事故中殉职。2009年6月23日经铁道部培训考试合格取得动车驾驶证。上车前按规定进行了待乘休息，出勤手续办理合格，酒精检测合格。经调查认定，司机在永嘉站至温州南站间的作业符合相关作业标准。

（三）事故相关设备情况

1. 中国列车控制系统（CTCS）。车站列控中心、轨道电路、列车超速防护系统等构成了CTCS。CTCS根据功能要求和配置应用等级分为0～4级（其中CTCS–2级应用于200～250公里/小时提速干线和高速铁路上，甬温线即采用该级系统）。CTCS–2级分两个子系统，即地面子系统和车载子系统。地面子系统由车站列控中心、轨道电路等设备组成。车载子系统由列车超速防护系统等设备组成。

2．温州南站列控中心设备。温州南站采用的列控中心设备产品型号为 LKD2–T1，由北京全路通信信号研究设计院有限公司研发设计，上海铁路通信有限公司生产，具有轨道电路编码、区间信号机点灯控制、确定行车许可等功能。

3．甬温线轨道电路。甬温线采用 ZPW–2000A 无绝缘轨道电路实现列车占用及完整性检查，并连续向列车传送行车许可等信息。事故发生在标号为 5829G 的轨道上，轨道全长 1500 米，5829G 轨道电路分为 5829AG 和 5829BG 两段。事故调查组检验测定，因雷击致使温州南站轨道电路 4 个发送盒（5829AG 备、5808AG 主、5808AG 备、S1LQBG 备）、2 个接收盒（5845AG、S1LQG）、1 个衰耗器（S1LQG）损坏，造成轨道电路与列控中心信号传输的 CAN 总线阻抗下降，导致 5829AG 轨道电路发送器与列控中心通信故障。

4．列车超速防护系统（ATP）。D3115 次、D301 次列车均安装有 ATP。ATP 根据地面设备提供的信号信息控制列车运行。当因轨道电路故障等原因，ATP 接收不到信号或接收到非正常的检测信号时，ATP 将采取自动制动措施控制列车停车。列车停车后如需继续前行，需要等待 2 分钟后将 ATP 从完全监控模式转为目视行车模式，以低于 20 公里 / 小时的速度前进。目视行车模式期间，如接收到正常信号，ATP 将自动转为完全监控模式。

5．列车通信设备。列车司机与列车调度员、车站值班员之间的呼叫使用铁路移动通信系统（简称 GSM–R），其终端设备包括机车综合无线通信设备和手持终端，两种设备使用同一频段。

（四）事故地区气象情况

根据事故调查组委托国家电网公司雷电监测与防护实验室利用中国电网雷电监测网对事故所在区域雷击数据进行的统计分析，7 月 23 日 19 时 27 分至 19 时 34 分温州南站信号设备相继出现故障时，温州南站至永嘉站、温州南站至瓯海站铁路沿线走廊内的雷电活动异常强烈，雷击地闪次数超过 340 次，每次雷击包含多次回击过程，雷电流幅值超过 100 千安的雷击共出现 11 次。8 月 29 日至 9 月 2 日，事故调查组又委托中国气象局组成气象专家组，依据中国气象局雷电监测系统确认了上述温州南站雷电活动及雷击设备情况。

（五）事故地段治安情况

经过公安机关现场勘查和调查，事故现场未发现人为破坏铁路线路、通信信号、牵引供电等设备设施的痕迹；温州南站行车室、通信信号机械室等行车要害部门治安未见异常；事故发生前动车组列车车厢内治安秩序良好。因此，排除了人为破坏和线路治安因素。

（六）事故相关单位情况

1．列控中心设备研发、生产单位情况。

（1）中国铁路通信信号集团公司（以下简称通号集团）。通号集团是甬温线通信、信号系统集成施工总承包商，具有国家工程勘测、工程设计、工程咨询甲级资质以及工程总承包、铁路电务工程和电信工程专业承包一级等多项资质。

（2）中国铁路通信信号股份有限公司（以下简称通号股份）。通号股份由通号集团作为主发起人，承继通号集团的全部骨干企业、资质、主营业务，注册资本 45 亿元，重组后进入股份公司的资产和人员占通号集团总资产和人员的 98%。

（3）北京全路通信信号研究设计院有限公司（以下简称通号设计院）。通号设计院为通号股份下属的全资企业，主要经营工程设计、工程咨询、应用科研、标准制定、工程勘测、工程总承包、试制生产和系统集成等业务，拥有甲级工程咨询资质、甲级勘察设计资质、工程造价咨询甲级资质和计算机信息系统集成企业一级资质。该院承担了由通号集团总承包的甬温线的联锁、列控系统集成及LKD2–T1型列控中心设备研发工作。通号设计院所属的列车自动控制研究所（以下简称列控所）为通号设计院的内设机构，是以列车运行自动控制系统产品的科研开发和系统集成为核心业务的研究所，为整套CTCS–2、3级列控系统技术及设备的集成供应商。

（4）上海铁路通信有限公司（以下简称通信公司）。通信公司为通号股份下属的全资企业，是铁路通信信号行业集通信、信号于一体的设备制造企业和国家轨道交通通信信号装备产业化指定单位，是温州南站LKD2–T1型列控中心设备制造企业。

2．铁路运输企业及其所属单位情况。

（1）上海铁路局。上海铁路局为铁道部所属的18个铁路局（公司）之一，管辖范围跨安徽、江苏、浙江和上海四省（市），运营里程7670公里（其中：时速200公里及以上营业里程2378公里；时速250公里及以上营业里程1777公里）。该局下设运输站段60个，图定开行列车1774对（其中客车541对、包括动车组列车295对，货车1233对）。事故涉及的沿海调度台、温州南站、温州电务车间和温州南线路工区为其下属站段管辖。

（2）上海铁路局调度所（以下简称调度所）。调度所负责局管内的运输调度指挥工作，设27个行车调度台（其中沿海调度台负责甬温线的行车组织指挥工作，设列车调度员、助理调度员两个岗位，实行四班制作业）。沿海调度台调度集中终端上显示为宁波至太姥山间共21个车站、1个线路所及520个闭塞分区的轨道占用、列车运行等相关情况。

（3）永嘉站。永嘉站隶属于上海铁路局宁波车务段，为四等站，主要承担接发列车等工作。

（4）温州南站。温州南站隶属于上海铁路局宁波车务段，为三等站，主要承担接发列车和动车组的始发、终到作业等行车工作。在非常站控模式下，接发列车时需执行车机联控。

（5）瓯海站。瓯海站隶属于上海铁路局宁波车务段，为二等站，主要承担接发列车等工作。

（6）温州电务车间。温州电务车间隶属于杭州电务段，负责甬温线雁荡山站至苍南站间信号设备的养护维修工作，其下属瓯海信号工区负责甬温线永嘉站至瓯海站间563公里630米至597公里280米的信号设备养护维修工作。

（7）温州南线路工区。温州南线路工区隶属于宁波工务段温州线桥车间，负责甬温线永嘉站至温州南站间线路设备的养护维修工作。

（8）合武铁路安徽公司（以下简称合武安徽公司）。合武安徽公司由上海铁路局和安徽省投资集团有限责任公司于2005年共同出资成立，负责合武线安徽段建设和经营。2009年底合武安徽公司与合宁公司合并为合武铁路安徽有限公司，负责合宁铁路、合武铁路安徽段的经营。合肥枢纽指挥部由上海铁路局于2005年2月在合肥设立，在合武线建设过程中，负责合武线引入合肥枢纽相关工程。

（9）沿海铁路浙江有限公司（以下简称沿海公司）。沿海公司由上海铁路局和浙江省铁路建设投资总公司共同出资，于2005年成立。该公司负责温福铁路浙江段和甬温铁路的建设和经营。公司下设甬温、温福铁路（浙江段）2个工程建设指挥部，负责甬温和温福铁路（浙江段）项目的工程技术、征地拆迁、安全质量、计划财务和后勤保障等工作。

3．其他相关单位情况。

（1）中铁第四勘察设计院集团有限公司（以下简称铁四院）。铁四院为中国铁建股份有限公司的全资子公司，具有工程设计、工程勘察综合类甲级以及甲级测绘资质。2002年初参加了甬温铁路的预可行性研究方案竞选并入选，承担甬温线通信、信号、电力供电、牵引供电（以下统称四电）系统集成等设计工作。

（2）中铁二院工程集团有限责任公司（以下简称铁二院）。铁二院为中国中铁股份有限公司的全资子公司，具有甲级工程设计综合资质。2006年9月，参加铁道部组织的合宁线四电集成施工总承包项目招标并中标，承担信号系统工程部分。

（3）中铁电气化局集团有限公司（以下简称中铁电气化局）。中铁电气化局是中国铁路工程总公司所属的全资子公司，具有铁路工程施工总承包特级、铁路电气化工程专业承包一级、铁路电务工程专业承包一级资质。2008年3月，中铁电气化局和通号集团组成联合体参加了甬温线四电集成施工总承包项目投标并中标（其中中铁电气化局负责牵引供电系统、电力供电系统和部分四电房屋建筑工程的施工及联合体项目管理和接口协调等工作）。

（七）LKD2—T1型列控中心设备研发、上道情况

2006年9月，铁道部组织对合武线（合肥至武汉，含合肥站）、合宁线（合肥至南京，不含合肥站）进行四电集成施工总承包项目招标。通号集团联合体中标合武线，选用通号设计院研发的K5B型列控中心设备，站间通信方式为125兆光纤；铁二院联合体中标合宁线，选用北京和利时公司研发的LKD2–H型列控中心设备，站间通信方式为100兆工业以太网。

由于合武线与合宁线通信要在两线交会的合肥站互联互通，但两线选用了不同型号的列控中心设备，无法实现相互通信。而合肥站又要与合宁线同时开通，铁道部运输局客专技术部于2007年6月2日组织召开了合宁铁路CTCS–2级列控系统集成方案研讨会，明确列控中心设备通信接口使用铁二院中标的合宁线选用的100兆工业以太网标准，要求合肥站的列控中心设备按照与合宁线同类型进行设计比选。此后，通号设计院决定开始研发LKD2–T1型列控中心设备。2007年10月，通号设计院将新研发的LKD2–T1型列控中心设备发往现场安装；2007年11月，铁道部科学技术司会同运输局客专技术部、基础部组织对北京和利时公司的LKD2–H型列控中心设备和通号设计院的LKD2–T1型列控中心设备进行了技术预审查；2007年12月26日下发了《客运专线列控中心（LKD2–T1、LKD2–H）技术预审查意见》（科技运〔2007〕224号），明确要求“在合宁、合武客运专线工程现场试验和上道使用过程中，不断完善系统功能”。合武安徽公司、合肥枢纽指挥部与通号集团商定，按照铁道部科学技术司预审查意见在合肥站试验。2007年12月21日，LKD2–T1型列控中心设备在合肥站上道使用；2008年4月，铁道部运输局（客专技术部、基础部等部门）对合武线改用LKD2–T1型列控中心设备进行了批复。

2008年4月，通号集团联合体中标甬温铁路四电集成施工总承包项目，负责其中通信、信号系统集成施工总承包，投标文件中甬温铁路18个站采用了仅经过铁道部科学技术司技术预审查的LKD2–T1型列控中心设备。

二、事故发生经过

2011年7月23日19时30分左右，雷击温州南站沿线铁路牵引供电接触网或附近大地，通过大地的阻性耦合或空间感性耦合在信号电缆上产生浪涌电压，在多次雷击浪涌电压和直流电流共同作用下，LKD2–T1型列控中心设备采集驱动单元采集电路电源回路中的保险管F2（以下简称列控中心保险管F2，额定值250伏、5安培）熔断。熔断前温州南站列控中心管辖区间的轨道无车占用，因温州南站列控中心设备的严重缺陷，导致后续时段实际有车占用时，列控中心设备仍按照熔断前无车占用状态进行控制输出，致使温州南站列控中心设备控制的区间信号机错误升级保持绿灯状态。

雷击还造成轨道电路与列控中心信号传输的CAN总线阻抗下降，使5829AG轨道电路与列控中心的通信出现故障，造成5829AG轨道电路发码异常，在无码、检测码、绿黄码间无规律变化，在温州南站计算机联锁终端显示永嘉站至温州南站下行线三接近（以下简称下行三接近，即5829AG区段）“红光带”。

19时39分，温州南站车站值班员臧凯看到“红光带”故障后，立即通过电话向上海铁路局调度所列车调度员张华汇报了“红光带”故障情况，并通知电务、工务人员检查维修。瓯海信号工区温州南站电务应急值守人员滕安赐接到故障通知后，于19时40分赶到行车室，确认设备故障属实后，在《行车设备检查登记簿》（运统—46）上登记，并立即向杭州电务段安全生产指挥中心进行了汇报。

19时45分左右，滕安赐进入机械室，发现6号移频柜有数个轨道电路出现报警红灯。

19时55分左右，接到通知的温州电务车间助理工程师陈旭军、车间党支部书记王晓、预备工班长丁良余3人到达温州南站机械室，陈旭军问滕安赐：“登记好了没有？”滕安赐说：“好了。”陈旭军要求滕安赐担任驻站联络，随即与王晓、丁良余进入机械室检查，发现移频柜内轨道电路大面积出现报警红灯（经调查，共15个轨道电路发送器、3个接收器及1个衰耗器指示灯出现报警红灯），陈旭军即用1个备用发送器及1个无故障的主备发送器中的备用发送器替代S1LQG及5829AG两个主备发送器均亮红灯的轨道电路的备用发送器，采用单套设备先行恢复。

20时15分左右，陈旭军通过询问在行车室内的滕安赐，得知“红光带”已消除，即叫滕安赐准备销记。滕安赐正准备销记，此时5829AG“红光带”再次出现，王晓立即通知滕安赐不要销记。陈旭军将5829AG发送器取下重新安装，工作灯点绿灯。随后，杭州电务段调度沈华庚来电话让陈旭军检查一下其他设备。陈旭军来到微机房，发现列控中心轨道电路接口单元右侧最后两块通信板工作指示灯亮红灯，便取下这两块板，同时取下右侧第三块的备用板插在第二块板位置，此时其工作指示灯仍亮红灯。陈旭军立即（20时34分左右）向DMIS（调度指挥管理信息系统）工区询问了可能的原因后，便回到机械室取下三个工作灯亮红灯的接收器。此时列控中心轨道电路接口单元右侧第二块通信板工作指示灯亮绿灯，陈旭军随即将拆下来的两块通信板恢复到两个空位置上，然后通信板工作指示灯亮绿灯。陈旭军在微机室继续观察。

至事故发生时，杭州电务段瓯海工区电务人员未对温州南站至瓯海站上行线和永嘉站至温州南站下行线故障处理情况进行销记。

20 时 03 分，温州南站线路工区工长袁建军在接到关于下行三接近“红光带”的通知后，带领 6 名职工打开杭深线下行 584 公里 300 米处的护网通道门并上道检查。20 时 30 分，经工务检查人员检查确认工务设备正常后，温州南工务工区驻站联络员孔繁荣在《行车设备检查登记簿》（运统—46）上进行了销记：“温州南—瓯海间上行线，永嘉—温州南下行线经工务人员徒步检查，工务设备良好，交付使用。” 19 时 51 分，D3115 次列车进永嘉站 3 道停车（正点应当 19 时 47 分到，晚点 4 分），正常办理客运业务。

19 时 54 分，张华发现调度所调度集中终端（CTC）显示与现场实际状态不一致（温州南站下行三接近在温州南站计算机连锁终端显示“红光带”，但调度所 CTC 没有显示“红光带”），即按规定布置永嘉站、温州南站、瓯海站将分散自律控制模式转为非常站控模式。

20 时 09 分，上海铁路局调度所助理调度员杨向明通知 D3115 次列车司机何枥：“温州南站下行三接近有‘红光带’，通过信号没办法开放，有可能机车信号接收白灯，停车后转目视行车模式继续行车。”司机又向张华进行了确认。

20 时 12 分，D301 次列车永嘉站 1 道停车等信号（正点应当 19 时 36 分通过，晚点 36 分）。

永嘉站至温州南站共 15.563 公里，其中永嘉站至 5829AG 长 11.9 公里，5829AG 长 750 米，5829AG 至温州南站长 2.913 公里。

20 时 14 分 58 秒，D3115 次列车从永嘉站开车。

20 时 17 分 01 秒，张华通知 D3115 次列车司机：“在区间遇红灯即转为目视行车模式后以低于 20 公里 / 小时速度前进。”

20 时 21 分 22 秒，D3115 次列车运行到 583 公里 834 米处（车头所在位置，下同）。因 5829AG 轨道电路故障，触发列车超速防护系统自动制动功能，列车制动滑行，于 20 时 21 分 46 秒停于 584 公里 115 米处。

20 时 21 分 46 秒至 20 时 28 分 49 秒，因轨道电路发码异常，D3115 次列车司机三次转目视行车模式起车没有成功。

20 时 22 分 22 秒至 20 时 27 分 57 秒，D3115 次列车司机 6 次呼叫列车调度员、温州南站值班员 3 次呼叫 D3115 次列车司机，均未成功（经调查，20 时 17 分至 20 时 24 分，张华在 D3115 次列车发出之后至 D301 次列车发出之前，确认了沿线其他车站设备情况，再次确认了温州南站设备情况，了解了上行 D3212 次列车运行情况，接发了 8 趟列车）。

20 时 24 分 25 秒，在永嘉站到温州南站间自动闭塞行车方式未改变、永嘉站信号正常、符合自动闭塞区间列车追踪放行条件的情况下，张华按规定命令 D301 次列车从永嘉站出发，驶向温州南站。

20 时 26 分 12 秒，张华问臧凯 D3115 次列车运行情况，臧凯回答说：“D3115 次列车走到三接近区段了，但联系不上 D3115 次列车司机，再继续联系。”

20 时 27 分 57 秒，臧凯呼叫 D3115 次列车司机并通话，司机报告：“已行至距温州南站两个闭塞分区前面的区段，因机车综合无线通信设备没有信号，跟列车调度员一直联系不上，加之轨道电路信号异常跳变，转目视行车模式不成功，将再次向列车调度员联系报告。”臧凯回答：“知道了。”20 时 28 分 42 秒通话结束。

20 时 28 分 43 秒至 28 分 51 秒、28 分 54 秒至 29 分 02 秒，D3115 次列车司机两次呼叫列车调度员不成功。

20 时 29 分 26 秒，在停留 7 分 40 秒后，D3115 次列车成功转为目视行车模式启动运行。

20 时 29 分 32 秒，D301 次列车运行到 582 公里 497 米处，温州南站技教员幺晓强呼叫 D301 次列车司机并通话："动车 301 你注意运行，区间有车啊，区间有 3115 啊，你现在注意运行啊，好不好啊？现在设备（通话未完即中断）。"

此时，D301 次列车进入轨道电路发生故障的 5829AG 轨道区段（经调查确认，司机采取了紧急制动措施）。20 时 30 分 05 秒，D301 次列车在 583 公里 831 米处以 99 公里 / 小时的速度与以 16 公里 / 小时速度前行的 D3115 次列车发生追尾。

事故造成 D3115 次列车第 15、16 位车辆脱轨，D301 次列车第 1 至 5 位车辆脱轨（其中第 2、3 位车辆坠落瓯江特大桥下，第 4 位车辆悬空，第 1 位车辆除走行部之外车头及车体散落桥下；第 1 位车辆走行部压在 D3115 次列车第 16 位车辆前半部，第 5 位车辆部分压在 D3115 次列车第 16 位车辆后半部），动车组车辆报废 7 辆、大破 2 辆、中破 5 辆、轻微小破 15 辆，事故路段接触网塌网损坏、中断上下行线行车 32 小时 35 分，造成 40 人死亡、172 人受伤。

三、事故应急处置情况

"7 · 23"特别重大铁路交通事故发生后，在党中央、国务院的高度重视和坚强领导下，浙江省、温州市党委、政府和铁道部等国家有关部门（单位）迅速启动应急响应，成立应急救援指挥机构，紧急开展抢险救援及应急处置工作。当地公安民警、消防和武警部队官兵、驻地解放军指战员、铁路系统干部职工、医疗卫生救护人员、广大人民群众和社会各界人士发扬了无私奉献、不畏艰难、顽强拼搏、连续作战的精神，昼夜不停、奋力救援。浙江省温州市接到事故报告后，迅速行动、立即组织抢险救援，紧急调动市消防支队 22 个消防中队、51 辆消防救援车和市区及周边县（市）消防部队官兵、公安民警 3000 多人及温州军分区官兵 200 多人迅速投入抢险救援。当地 1300 多名干部群众、现场的铁路职工和社会各界人士也自发地迅速开展伤员抢救、义务献血、转运疏散滞留旅客等工作。与此同时，浙江省和温州市民政、交通运输、电力、通信等部门（单位）都按照预案要求，赶赴现场参加抢险救援工作。铁道部紧急调集了 2000 多人的救援队伍和一批救援设备，投入抢险救援工作。安全监管、公安等部门也派出工作组指导抢险救援工作。国家和浙江省卫生部门派出的 70 多名专家分 3 批紧急赶赴温州指导开展医疗救治工作；当地 1400 多名医务人员参加了医疗救治工作。事发动车组列车乘务人员和广大旅客也积极开展自救、互救。各新闻单位及时报道了事故情况和救援进展。经过各方面的共同努力，整个抢险救援过程中共成功抢救出了 260 名被困遇险人员，疏散并妥善安置了 3 列列车（包括上行线因故障停车的 D3212 次列车）的 3000 多名滞留旅客。伤员救治工作也及时开展。

具体抢险救援及应急处置情况如下：

7 月 23 日 20 时 30 分左右，事故发生地附近的温州市鹿城区黄龙街道双屿下岙村村民自发地投入桥下车厢的抢险救援并报警。D3115 次列车、D301 次列车工作人员迅速组织青壮年旅客开展自救、互救。

20 时 30 分 45 秒，温州市公安局接到村民报警电话后，立即向上级公安机关和温州市委、市政府报告，同时向温州军分区和市公安消防支队、武警支队、卫生局、电力公司等部门（单位）通报了情况，并向市公安消防、特警、交警支队及鹿城、瓯海公安分局发出紧急救援警令。　20时40分，温州市委、市政府主要负责同志及有关负责同志立即赶往事故现场，协调指挥抢险救援工作，同时向浙江省委、省政府领导同志报告了情况。温州市卫生局启动突发公共事件医疗救治应急响应，紧急调集组织医疗专家和医务人员，并布置市区11家收治医院开通生命绿色通道。

20时40分，上海铁路局接到温州南站事故报告后，立即报告铁道部调度指挥中心，并通知路局安全生产指挥中心。指挥中心接报后，立即按规定启动应急响应。

20时42分，温州市公安消防支队鞋都中队的22名官兵赶到现场，立即展开搜救工作，先后从桥下严重破碎解体的D301次列车1号车厢内外搜救出19名遇险人员，从2号车厢搜救出16名遇险人员，从4号车厢搜救出21名遇险人员。

20时44分，温州市公安消防支队勤奋路中队的28名官兵驾乘1辆抢险救援车、3辆水罐车赶到现场，立即展开搜救工作，先后从D301次列车2号车厢搜救出28名遇险人员，从3号车厢搜救出12名遇险人员。

先期赶到的公安派出所民警、消防官兵、特警队员和鹿城区党政机关、总工会干部等，组织周边1300多名干部群众投入紧急救援，在20分钟内营救出96人，组织疏散200多人。

20时50分，接到上海铁路局报告后，铁道部主要负责同志和其他党组成员立即赶到部调度指挥中心，指挥抢险救援，作出相关部署，并联系浙江方面，请地方出动卫生、武警、消防等方面力量全力抢救，同时调动组织铁路方面的应急救援队伍尽快赶赴事故现场，投入抢险救援工作。

21时左右，浙江省委、省政府接到事故报告后，立即启动了应急响应。

赶到事故现场的温州市委、市政府负责同志根据到达事故现场的消防部队、军分区官兵和其他警力情况，在前期市公安消防支队成立的消防救援指挥部的基础上，决定以消防部队为主力，成立市“7·23”事故现场救援指挥部，统一指挥协调现场人员搜救工作。

现场救援指挥部迅速下达了救援行动指令，要求进一步开展灾情侦察，全面展开搜救行动。同时，将事故现场分成桥下地面、竖靠车厢、高架桥面3个战斗段，以每节车厢为一个救援点，展开全面搜救，做到搜查一处、标记一处；层层推进，确保不漏一人。至23时左右，救援人员在第二阶段的搜救中，共救出97名被困遇险人员（其中桥下地面50名，竖靠车厢1名，高架桥面31名，D3115次列车12号、13号、14号车厢共15名）。

按照铁道部的部署要求，上海铁路局调集了杭州供电段、机务段、工务段和宁波工务段、上海动车客车段、金温公司、铁路公安约1000多人赶往事故现场，并联系温州附近参与金丽温铁路、杭甬客专施工工程单位调集人员、机械向事故现场集结。

21时30分，浙江省政府办公厅通过电话向国务院总值班室和省委、省政府主要负责同志报告了事故信息。正在国外访问的省委主要负责同志接到报告后，立即电话指示，要全力抢救受伤人员、妥善处理事故善后等。时任省政府主要负责同志立即指派有关分管负责同志先期赶赴事故现场，指导抢险救援工作，并主持召开省委、省政府有关负责同志参加的紧急会议，对抢险救援和善后处置等工作进行部署。会后，立即率相关人员赶赴事故现场。省委、省政府等其他负责同志分别赶到省应急指挥中心和省公安厅指挥中心，协调各方力量，指挥抢险救援工作。

22时左右，浙江省公安消防总队指挥中心调集直属综合应急救援支队和宁波、台州、金华、丽水等5个支队的83名特勤官兵驾乘13辆消防车连夜赶到现场增援。浙江省卫生系统立即启动重特大灾害事故医疗救治应急响应，省卫生厅主要负责同志带领3支省属医疗队和2万毫升血液紧急赶赴温州，同时调集台州市、丽水市4支医疗队一并赶往温州，参加伤员救治工作。

23时20分，浙江省公安消防总队部分官兵到达事故现场；23时30分，丽水、台州、宁波、金华等5个公安消防支队部分官兵陆续到达事故现场。23时50分，从桥面D3115次列车15号车厢再次搜救出1名遇险人员。

在此期间，国务院副总理张德江同志多次给铁道部、安全监管总局和浙江省负责同志打电话，传达胡锦涛总书记、温家宝总理等中央领导同志的重要指示精神，了解事故及抢险救援情况，对贯彻落实胡锦涛总书记、温家宝总理的重要指示，搞好事故抢险救援和伤员救治等工作提出了要求。

7月24日零时15分至1时40分，救援人员又相继从D3115次列车16号车厢和D301次列车5号车厢救出4名遇险人员；1时40分，再次从D3115次列车15号车厢和16号车厢连接处救出1名被困人员。

1时40分，时任浙江省政府主要负责同志带领有关人员到达温州，察看现场后，主持召开了有省级相关部门和温州市有关负责同志参加的紧急会议，成立了抢险救援指挥部，统一协调指挥救援工作，对抢险救援工作进行部署，落实了任务分工，并提出了加紧现场搜救、全力救治伤员、尽快疏散旅客、妥善安置家属四条意见。

1时50分，救援人员发现在D3115次列车16号车厢深处仍有多名被压人员，但由于D3115次列车16号车厢前半部分被D301次列车1号车厢走行部压着，后半部被D301次列车5号车厢压着，必须调用专用机械设备吊开D301次列车1号车厢走行部和5号车厢，才能对D3115次列车16号车厢实施破拆搜救，于是，开始调动专用设备，起吊后再展开施救。

2时40分，时任上海铁路局党政主要负责人到达事故现场，立即成立了现场救援指挥机构。

3时左右，铁道部主要负责同志带领有关负责人到达现场后，浙江省、铁道部主要负责同志在现场召开了省、部会商会，传达胡锦涛总书记、温家宝总理的重要指示精神，决定成立省部联合救援及善后工作指挥部，并下设四个工作小组，明确了责任分工。

4时左右，现场搜救工作继续进行。桥上救援指挥由铁道部一名副部长和安全总监及上海铁路局一名副局长负责，桥下救援指挥由铁道部另一名副部长和温州市一名副市长及上海铁路局另一名副局长负责。

此时，有媒体报道："……从事故发生到现在已经有8个小时的时间了，在这8个小时里总共进行了6次人员搜救，到现在为止，整个人员搜救行动是已经结束了，……"据此，相关媒体相继作出事故现场停止救援的报道，在社会上产生了在遇难和受伤人员尚未全部搜救出的情况下已放弃救援的一些议论和质疑。经调查并查看采访录像，当时在桥下具体负责搜救的有关负责人说过"人员搜救已经基本完成，现场进行了5、6次搜救，直至用生命探测仪探测已没有生命迹象了……"。上述表述只是对桥下搜救进展情况的说明，并不是对总体救援行动的全面介绍，桥上搜救工作仍在进行中，没有人下达过停止救援的指令。

5时30分，上海铁路局有关负责人在桥下组织指挥救援过程中，简单按照以往有关事故现场处置方式，组织挖坑就地掩埋受损车头和散落部件。当将受损车头和散落部件放入坑中准备掩埋时，被有关领导同志制止。最终受损车头及散落部件未被掩埋，并于7月25日22时运往温州西站集中存放、专人看管。经调查，组织挖坑时，桥下事故车辆人员搜救工作已经完成、现场勘察已经结束、相关物证已经提取。

11时10分，受胡锦涛总书记、温家宝总理委派，张德江副总理率国家有关部门（单位）负责同志抵达温州，代表党中央、国务院看望并慰问了受伤人员，查看了事故现场，要求各有关方面“要坚决按照胡锦涛总书记、温家宝总理的重要指示精神，坚持把救人摆在第一位，继续争分夺秒全力搜救伤亡人员，不留任何死角，确保绝无遗漏。”当看到一个坑内堆放的列车残骸时，他明确指示：“残骸不能埋。要做好现场保护和事故车辆的妥善保存，为事故调查分析提供条件。”随后，张德江副总理慰问了参加救援的部队官兵和其他救援人员。

14时，张德江副总理在温州主持召开会议，再次传达胡锦涛总书记、温家宝总理的重要指示精神，在听取浙江省、温州市和铁道部关于事故情况和抢险救援、伤员救治等进展情况的汇报后，进一步强调：“一定要坚决按照胡锦涛总书记、温家宝总理的重要指示要求，把救人放在第一位，全力以赴组织好抢险救援工作。同时，要做好下一步工作：一要全力以赴救治伤员，千方百计调动一切医疗力量进行救治、千方百计减少因伤死亡、千方百计减少因伤致残；二要认真做好遇难、受伤人员的善后工作，坚持以人为本，做好死伤人员的家属接待工作，依据有关政策妥善做好赔偿等工作；三要继续做好滞留旅客疏散的后续工作；四要在完成救援和相关工作后，在确保安全的前提下，认真组织好恢复通车准备工作，并尽快恢复通车，同时注意现场清理工作安全，加强列车运行科学调度，开展全路安全检查；五要加强宣传舆论工作，公开、透明发布事故消息，及时、准确报道救援进展情况；六要成立事故救援善后总指挥部，由浙江省政府主要负责同志任总指挥，铁道部主要负责同志任副总指挥，各部门积极支持配合，共同做好各项工作；要成立国务院‘7·23’甬温线特别重大铁路交通事故调查组，由安全监管总局牵头，以严肃认真、实事求是、科学严谨的态度，全面开展事故调查工作，查明事故原因，总结事故教训，依法依规严肃处理相关责任人员。” 14时50分，中铁二十四局抢险救援人员将两台300吨汽车吊就位，开始对桥上车体吊移施救。15时10分，D3115次列车第15号车厢被吊至桥下；16时30分，D301次列车第5号车厢被吊至桥下。此时，考虑到车厢里可能还有幸存者，吊动车厢会造成再次伤害，且在吊动过程中，也可能会造成遗体、遗物从车厢里滑落。因此，决定在桥上对D3115次列车16号车厢搜救完毕后再吊离。17时，当把压在D3115次列车16号车厢上的D301次列车1号车厢走行部吊开后，救援人员立即进入16号车厢内搜寻，在搜寻出7具遇难者遗体后，救援人员发现一个小孩被车厢行李架压着，便立即进行施救；17时15分，在D3115次列车第16号车厢的小女孩项炜伊被成功救出，并紧急送往医院救治。

此后，铁路方面救援人员对桥面上散落的旅客行李物品进行了多次反复仔细清理收集，同时对桥面其他方面进行了仔细搜寻清理，在确认已没有受伤人员、遇难者遗体和旅客物品后，开始组织损毁线路修复工作。7月24日23时30分，永嘉站至温州南站下行线事故地段损毁线路重新铺轨、补砟完毕，线路和接触网修复完成。铁道部组织有关技术专家对桥梁主体结构进行了检测，确认墩台、梁体、支座均无损坏，事故对桥体主体质量没有影响，具备安全行车的条件。与此同时，为了保留温州南站列控系统事故发生时的现状，铁路方面制定了站间行车办法，取消了列车区间追踪运行。

7月25日4时32分，温州南站至永嘉站下行线恢复供电；5时05分，温州南站至永嘉站上行线恢复供电；9时31分通车。

整个救援过程中，共搜救出260名遇险人员，找到当场死亡的25具遇难者遗体。

此次事故造成的40名死亡人员当中，有旅客37人、司乘人员3人（其中：男性25人、女性15人；当场死亡25人、送医院途中死亡13人、医治无效死亡2人）；172名受伤人员当中，有旅客169人、司乘人员3人（其中：男性94人、女性78人）。

浙江省、铁道部积极开展善后工作，按照“一对一”工作要求，专门成立58个“5+1+X”（即温州市5人，铁路部门1人，遇难人员所在地政府若干人）善后工作小组，全面开展遇难者家属接待、心理疏导、赔付等工作。

在整个事故应急处置工作中，也暴露出铁道部对动车组列车运行中发生的重特大事故应急预案和应急机制不完善、应急处置经验不足，信息发布不及时，对有关社会关切回应不准确等问题，引起社会质疑，造成了负面影响。特别是简单按照以往有关事故现场处置方式，在现场挖坑将受损车头和零散部件放入其中准备掩埋，虽被制止，但在社会上产生了不良影响。

四、事故原因和性质

（一）事故原因

经调查认定，导致事故发生的原因是：通号集团所属通号设计院在LKD2–T1型列控中心设备研发中管理混乱，通号集团作为甬温线通信信号集成总承包商履行职责不力，致使为甬温线温州南站提供的LKD2–T1型列控中心设备存在严重设计缺陷和重大安全隐患。铁道部在LKD2–T1型列控中心设备招投标、技术审查、上道使用等方面违规操作、把关不严，致使其在温州南站上道使用。当温州南站列控中心采集驱动单元采集电路电源回路中保险管F2遭雷击熔断后，采集数据不再更新，错误地控制轨道电路发码及信号显示，使行车处于不安全状态。雷击也造成5829AG轨道电路发送器与列控中心通信故障。使从永嘉站出发驶向温州南站的D3115次列车超速防护系统自动制动，在5829AG区段内停车。由于轨道电路发码异常，导致其三次转目视行车模式起车受阻，7分40秒后才转为目视行车模式以低于20公里/小时的速度向温州南站缓慢行驶，未能及时驶出5829闭塞分区。因温州南站列控中心未能采集到前行D3115次列车在5829AG区段的占用状态信息，使温州南站列控中心管辖的5829闭塞分区及后续两个闭塞分区防护信号错误地显示绿灯，向D301次列车发送无车占用码，导致D301次列车驶向D3115次列车并发生追尾。上海铁路局有关作业人员安全意识不强，在设备故障发生后，未认真正确地履行职责，故障处置工作不得力，未能起到可能避免事故发生或减轻事故损失的作用。

（二）事故性质

经调查认定，“7·23”甬温线特别重大铁路交通事故是一起因列控中心设备存在严重设计缺陷、上道使用审查把关不严、雷击导致设备故障后应急处置不力等因素造成的责任事故。

（三）事故暴露出各有关方面的主要问题

1. 通号集团及其下属单位在列控产品研发和质量管理上存在严重问题

通号集团所属通号设计院研发的LKD2–T1型列控中心设备设计存在严重缺陷，设备故障后未导向安全。经事故调查组对采集驱动单元测试，以及委托工业和信息化部有关检测机构组成的联合测试组对列控中心主机和采集驱动板（PIO板）软件进行测试，并经动车组实车模拟试验验证和反复分析论证，查明：从软件及系统设计看，温州南站使用的LKD2–T1型列控中心保险管F2熔断后，采集驱动单元检测到采集电路出现故障，向列控中心主机发送故障信息，但未按“故障导向安全”原则处理采集到的信息，导致传送给主机的状态信息一直保持为故障前采集到的信息；列控中心主机收到故障信息后，仅把故障信息转发至监测维护终端，也未采取任何防护措施，继续接收采集驱动单元送来的故障前轨道占用信息，并依据故障前最后时刻的采集状态信息控制信号显示及轨道电路。从硬件设计看，LKD2–T1型列控中心设备主要存在以下问题：PIO采集电源仅有一路独立电源，未按规定采用两路独立电源设计，一旦电源失效，PIO机柜中全部PIO板将失去采集电源，当列控中心保险管F2熔断后，造成采集驱动单元采集回路失去供电；两路输入采集来自一个源点，无法构成输入信息的安全比较。这两处硬件设计缺陷导致设备不符合安全防护要求。具体问题如下：

（1）通号集团的问题

通号集团履行合武线、甬温线通信信号集成总承包商职责不力，未按照职责要求提供安全可靠的列控中心设备。未认真贯彻执行国家关于产品质量方面的法律法规和规章、制度、标准；对通号设计院的科研质量管理工作监管不到位，集团领导及其有关部门未认真履行职责，未对通号设计院科研质量管理体系的建立和执行情况进行监督检查，未能及时发现科研产品质量管理体系不完善、责任不落实的问题；将中标的系统集成项目完全交由下属通号设计院等企业负责，监督管理缺失，对相关重点设备研发情况不跟踪、不过问，致使先后向合武、甬温铁路提供了存在严重设计缺陷和重大安全隐患的LKD2–T1型列控中心设备上道使用。

（2）通号设计院的问题

一是决定研发LKD1–T型列控中心设备升级平台不慎重。通号设计院领导在未全面了解LKD1–T型列控中心设备升级平台研发过程、进度的情况下，仅凭列控所负责人口头汇报，即同意启动升级平台研发工作。

二是对列控中心设备研发设计审查不严，未能发现设备存在的严重设计缺陷和重大安全隐患。未能发现列控中心设备的PIO板未经评审的问题；管理和监督列控所的研发工作不力，对LKD2–T1型列控中心设备研发工作管理混乱、文档缺失等问题失察。

三是科研质量管理责任不落实，对下属企业列控所产品质量监督管理失控。未认真执行国家有关产品质量检验的相关规定，未对产品研发过程和产品质量进行把关、管控，未能保证提供的信号产品达到“故障导向安全”的根本要求。

（3）通号设计院列控所的问题

一是草率研发LKD2–T1型列控中心设备。在合武线建设合同约定的列控中心设备难以满足合肥站工程建设需要，以及现有LKD1–T型列控中心设备升级平台采集轨道电路继电器信息模块、PIO板研发未完成的情况下，不负责任地向通号设计院领导建议开发LKD1–T型列控中心设备升级平台（即后来定型使用的LKD2–T1型列控中心设备）。

二是列控中心设备研发工作管理混乱。未组织正式的LKD2–T1型列控中心设备研发设计团队，仅靠列控所有关负责人口头指派相关人员研发；对设备研发设计过程管理控制不严格，导致设备存在严重设计缺陷和重大安全隐患；编制、审核研发文档不规范，且部分文档缺失。

三是违反程序开展 LKD2–T1 型列控中心设备研发工作。未对列控中心设备特别是 PIO 板开展全面评审，也未进行单板故障测试，未能查出列控中心设备在故障情况下不能实现导向安全的严重设计缺陷。

2. 铁道部及其相关司局（机构）在设备招投标、技术审查、上道使用上存在问题

（1）铁道部的问题

铁道部执行基本建设程序不规范、不认真，在铁路建设中抢工期、赶进度，片面追求工程建设速度，对安全重视不够，事故应急预案和应急机制不完善；铁路客运专线系统集成工作管理不力，规章制度和标准不健全；设立的技术系统集成项目组和系统集成办公室，未建立相应工作制度，造成集成办公室、项目组与客运专线技术部、基础部之间职能交叉、职责不清，削弱了有关部门正常职能；相关职能部门未认真履行职责，在设备招投标、技术审查、上道使用等多个环节违规操作、把关不严，进行无依据、不规范的技术预审查，同意没有经过现场测试的 LKD2–T1 型列控中心设备上道使用（总共在包括甬温线在内、广珠线、海南东环线的 58 个车站、18 个中继站使用，根据事故调查组提出的整改建议，铁道部于 8 月 19 日全面整改完毕）；对上海铁路局安全生产责任制落实和规章制度、标准执行以及职工安全教育培训情况监督检查不到位。

（2）运输局客运专线技术部（司局级机构）的问题

一是对合宁、合武、甬温铁路客运专线列控中心设备招标投标工作审查把关不严。在铁路客运专线 CTCS–2 级列控系统相关技术标准不系统、不完整的情况下，草率对合宁、合武线列控设备定标选型，造成两线列控设备接口不统一，无法互联互通，不能满足工程需要，引发了合肥站、合武线列控中心设备型号的变更，导致后续一系列工作操作不规范；指导、协调甬温铁路招标时，审查同意在温州南站等 18 个车站招标采购仅经过技术预审查的 LKD2–T1 型列控中心设备。

二是跟踪督促合肥站列控中心设备设计比选工作不力。在组织召开合宁铁路 CTCS–2 级列控系统集成方案研讨会议，要求合肥站按合宁铁路相同类型的列控中心设备进行设计比选后，跟踪督促不力，未发现通号设计院在合肥站进行列控中心设备换型的违规行为，对通号设计院在合肥站进行列控中心设备换型的违规行为失察。

三是推动无依据、不规范的技术预审查工作。运输局客专技术部推动科学技术司、运输局基础部对不具备技术审查条件的 LKD2–T1 型列控中心设备进行技术预审查，并会签同意没有经过现场测试和试用的 LKD2–T1 型列控中心设备在合宁、合武线上道使用。

（3）运输局基础部（司局级机构）的问题

一是信号新产品上道使用管理存在漏洞。未按照职责要求制定系统完善的信号新技术、新产品的试验、审查、试用和上道使用管理制度及办法，未对信号新产品评审、试用期间保证安全生产方面作出特殊规定。

二是作为信号设备的业务主管部门，对 LKD2–T1 型列控中心设备上道审查把关不严。在 LKD2–T1 型列控中心设备没有经过现场测试和试用、审查资料不完善等情况下，会签同意科学技术司起草的技术预审查意见。

三是违规同意合武线全线改用 LKD2–T1 型列控中心设备。组织召开合武铁路列控中心设备类型专题会议，有关人员在 LKD2–T1 型列控中心设备经过技术预审查及合肥站开通使用、尚未进行现场测试的情况下，未经严格试验、审查，草率同意合武全线改用 LKD2–T1 型列控中心设备。

（4）科学技术司的问题

一是未制定明确规范的技术审查规定。未按照职责要求制定程序明确、内容具体、要求严格的有关技术审查的规章、制度和规范性文件，致使 LKD2–T1 型列控中心设备技术审查无依据、不规范。

二是对 LKD2–T1 型列控中心设备进行了无依据、不规范的技术预审查。在合宁线建设工期要求紧迫、有关司局催办和 LKD2–T1 列控中心设备在合肥站已经进场安装的情况下，根据通号设计院、合宁公司提交的 CTCS–2 级列控系统技术审查的申请，会同有关部门对 LKD2–T1 型列控中心设备进行了无依据、不规范的技术预审查。

三是违规同意 LKD2–T1 型列控中心设备在合宁、合武线试验和上道使用。会同运输局基础部、客运专线技术部印发文件，同意 LKD2–T1 型列控中心设备“在合宁、合武客运专线工程现场试验和上道使用的过程中，不断完善系统功能”。该文件印发上海等路局及相关单位参照实行，客观上对仅通过技术预审查的 LKD2–T1 型列控中心设备在甬温铁路上道使用提供了依据。

3．上海铁路局及其下属单位在安全和作业管理及故障处置上存在问题

（1）上海铁路局的问题

上海铁路局安全生产责任制不落实，安全基础管理薄弱，执行应急管理规章制度、作业标准不严不细，对职工安全教育培训不力；相关单位（部门）安全管理不力，对职工履行岗位职责和遵章守规情况监督检查不到位；相关作业人员安全意识不强，在设备故障发生后，没有及时采取有效措施，未能起到可能避免事故发生或减轻事故损失的作用；上海铁路局有关负责人在事故抢险救援中指挥不妥当、处置不周全，在社会上造成不良影响。

（2）车务系统的问题

一是调度所行车管理、应急处置不力。调度所列车调度员虽然不知道信号升级的情况，但未进一步了解电务人员维修下行三接近“红光带”情况和工务人员检查线路情况，未及时了解前行 D3115 次列车在下行三接近运行的详细情况，没有及时提醒 D301 次列车司机注意运行，违反了《铁路技术管理规程》和《高速铁路调度暂行规则》的有关规定；调度所值班负责人对有可能影响行车安全的突发情况处置不及时、处置措施不得力，对列车调度员没有及时提醒 D301 次列车司机的问题监控检查不力。

二是宁波车务段温州南站职工岗位责任制不落实，行车组织管理存在薄弱环节。温州南站值班员在发现 D3212 发车时上行出站信号机故障关闭、发现 CTC 终端显示与现场轨道电路占用状态不符等设备故障情况后，虽然不知道信号升级的情况，但未严格执行《上海铁路局行车簿填记标准》和《车机联控作业》的有关规定，没有及时与 D301 次列车执行车机联控；车站盯岗负责人在车站转为非常站控后，没有提醒行车室值班人员及时与区间运行列车有效执行车机联控。

三是宁波车务段对本单位和所属车站安全生产基础管理及行车业务工作指导不到位，对

温州南站执行车机联控作业规章、制度、标准的情况监督检查不力。

四是运输处对调度所执行有关调度和安全生产规章、制度、标准情况监督、检查、指导不力，对车务系统专业监督、检查不到位。

（3）电务系统的问题

一是杭州电务段温州车间和瓯海工区安全基础管理薄弱，组织开展职工安全教育培训不力。电务值班人员虽然不知道信号升级的情况，但没有认真履行岗位职责和严格执行作业标准，得知出现轨道电路故障后，未对永嘉站至温州南站下行三接近、温州南站至瓯海站上行一离去轨道电路故障登记停用即进行检查确认，未经登记联系就对除5829AG之外的轨道电路设备进行插拔更换，违反了《铁路信号维护规则》的有关规定；现场值班负责人对应急值守人员的违规行为未及时制止。

二是杭州电务段职工安全教育培训工作不到位，设备故障应急管理不力，对电务值班人员遵章守纪情况监管不到位。

三是电务处对电务系统职工安全教育培训不到位，设备故障应急管理责任和措施不落实，对电务值班人员遵章守纪情况和应急处置工作监督检查不力。

（4）工务系统的问题

温州南线路工区有关人员未按照《铁路客运专线技术管理办法（试行）》（200～250公里/小时部分）的规定，向列车调度员申请上道检查的调度命令，擅自打开防护网通道门上道检查作业，属于违规作业行为。

五、对事故有关责任人员和责任单位的处理建议

（一）建议免于追究责任人员

马骋，通号集团总经理、党委副书记，通号股份董事长、党委副书记，2011年8月因病去世。未认真履行职责。对集团公司科研和生产经营工作管理不力，对通号设计院质量和安全管理体系不完善、工作落实不到位以及LKD2–T1型列控中心设备研发管理混乱和合肥站使用的列控中心设备变更情况等问题失察，致使集团公司履行四电集成总承包商的职责不力，未按照要求提供安全可靠的列控中心设备。对事故发生负有主要领导责任，鉴于其因病去世，建议免于责任追究。

（二）建议给予党纪、政纪处分人员

1．刘志军，铁道部原部长、党组书记。工作严重失职。违反基本建设程序，未经批准擅自将甬温铁路项目批复的设计标准由200公里/小时提高到250公里/小时；片面追求铁路工程建设速度而忽视安全管理，盲目确定开通时间，压缩建设工期，致使甬温铁路的质量安全检测、验收、评定、评估等工作中产生一系列违规操作和不规范行为；决定设立铁道部客运专线系统集成办公室，但未建立相应工作制度，造成集成办与运输局客专技术部、基础部职能不清、职责交叉，削弱了有关部门的正常工作职能；没有督促有关部门制定信号新产品、新设备技术审查和上道使用的规章制度，导致仅经过技术预审查、存在严重设计缺陷和重大安全隐患的LKD2–T1型列控中心设备上道使用。对事故发生负有主要领导责任，鉴于其涉嫌严重经济问题，建议另案一并处理。

2．张曙光，铁道部原副总工程师、运输局局长、运输局党总支书记，2006年6月起兼任

铁道部客运专线系统集成办公室副主任、技术系统集成项目组组长，2006年6月至2007年8月兼任客运专线技术部主任，具体负责技术系统集成工作。工作严重失职。作为时任铁道部客运专线系统集成办公室副主任、技术系统集成项目组组长和运输局局长，对系统集成办公室和运输局工作领导不力，未组织制定系统集成办公室和技术系统集成项目组相关工作制度；对合宁、合武线列控设备的招标投标审查把关不严，导致两线列控设备通信接口不统一；签发合宁铁路列控系统集成方案研讨会会议纪要后，没有督促跟踪合肥站列控中心设备设计比选工作，对通号设计院将合肥站列控中心设备改型的违规行为失察；对运输局客运专线技术部、基础部推动和参加技术预审查，并会签同意没有经过现场测试和试用的LKD2–T1型列控中心设备在合宁、合武线上道使用的违规行为失察；违规同意合武线全线使用仅经过技术预审查的LKD2–T1型列控中心设备；对运输局客运专线技术部审查同意甬温铁路招标采购LKD2–T1型列控中心设备的问题失察。对事故发生负有主要领导责任，鉴于其涉嫌严重经济问题，建议另案一并处理。

3．陆东福，铁道部副部长、党组成员，2006年8月至2011年2月，分管科学技术司等部门。作为当时分管科学技术司的副部长，对科学技术司的工作督促检查指导不到位。对科学技术司未按照职责制定设备有关技术审查的规章制度、对LKD2–T1型列控中心设备进行无依据、不规范的技术预审查、违规同意存在设计严重缺陷和安全重大隐患的列控中心设备上道使用的问题失察。对事故发生负有重要领导责任，建议给予记过处分。

4．季学胜，铁道部科学技术司司长、党总支书记，2007年8月至2008年5月任铁道部运输局副局长兼客运专线技术部主任。任运输局客运专线技术部主任期间，未正确履行职责。在合宁公司有关列控系统试验和审查的请示上批示速办，对违规进行的列控设备技术预审查起到了推动作用，并在技术预审查会议后，会签同意没有经过现场测试和试用的LKD2–T1型列控中心设备在合宁、合武线上道使用；协调指导甬温铁路四电集成招标工作不到位，对四电施工总承包合同及投标文件中选用仅经过技术预审查的LKD2–T1型列控中心设备问题失察；对客运专线技术部有关人员未督促跟踪合肥站列控中心设备设计比选的问题失察。对事故发生负有主要领导责任，建议给予撤职、撤销党内职务处分。

5．徐啸明，广州铁路（集团）公司董事长、党委书记，2005年7月至2008年5月任铁道部运输局副局长兼基础部主任（正厅级），2006年6月任铁路客运专线技术系统集成项目组信号组组长。任运输局副局长兼基础部主任、铁路客运专线技术系统集成项目组信号组组长期间，对信号管理工作领导不力。对基础部未按职责要求制定系统完善的信号新技术、新产品、新设备、新系统试验、审查和上道使用管理办法的问题失察；在科学技术司会同有关部门组织的列控中心设备技术预审查会议后，会签同意没有经过现场测试和试用的LKD2–T1型列控中心设备在合宁、合武线上道使用；对合武线列控中心设备变更选型审核不慎重，仅通过会议研究，就违规审核同意合武线全线改用仅经过技术预审查的LKD2–T1型列控中心设备。对事故发生负有主要领导责任，建议给予撤职、撤销党内职务处分。

6．何华武，中共党员，铁道部总工程师，2006年6月起兼任铁道部客运专线系统集成办公室主任。作为客运专线系统集成办公室主任，对系统集成工作领导不力。未组织制定系统集成办公室和技术系统集成项目组日常工作制度，对系统集成办公室、技术系统集成项目组有关人员履行职责情况督促检查不到位。对事故发生负有重要领导责任，建议给予记过处分。

7. 耿志修，中共党员，铁道部安全总监兼副总工程师，2003 年 5 月至 2008 年 5 月任铁道部科学技术司司长，2007 年 8 月至 2008 年 4 月分管运输电务处。任科学技术司司长期间，未正确履行职责。没有组织制定程序明确、内容具体的技术审查相关制度，同意科学技术司会同有关部门组织开展对 LKD2–T1 和 LKD2–H 型列控中心设备进行无依据、不规范的技术预审查，并在会后会同有关部门下发《客运专线列控中心（LKD2–T1、LKD2–H）技术预审查意见》的通知，违规同意没有经过现场测试和试用的 LKD2–T1 型列控中心设备在合宁、合武线上道使用，客观上对仅经过技术预审查的 LKD2–T1 型列控中心设备在甬温铁路上道使用提供了依据。对事故发生负有主要领导责任，建议给予降级、党内严重警告处分。

8. 张骥翼，京福铁路（安徽）公司董事、总经理、党工委书记兼上海铁路局副局长（正厅级），2006 年 10 月至 2008 年 12 月任铁道部运输局客运专线技术部副主任，分管基础技术处。任运输局客运专线技术部副主任期间，履行职责不到位。在合宁、合武线列控设备的招标投标审查中把关不严，导致两线列控设备通信接口不统一；主持召开合宁铁路列控系统集成方案研讨会议后，督促跟踪会议提出的合肥站列控中心设备的设计比选工作不力，对通号设计院在合肥站进行列控中心设备换型的违规行为失察；指导协调甬温铁路四电集成招标工作不到位，审查同意招标采购仅通过技术预审查的 LKD2–T1 型列控中心设备。对事故发生负有主要领导责任，建议给予降级、党内严重警告处分。

9. 刘朝英，中共党员，铁道部运输局基础部副主任（副厅级），负责基础部电务方面工作。作为基础部负责电务工作的副主任及客运专线技术系统集成项目组成员，对信号处未按照职责要求制定系统完善的信号新技术、新产品试验、审查和上道使用管理办法督促检查不力，对通号设计院在合肥站进行列控中心设备换型的违规行为失察。对事故发生负有主要领导责任，建议给予降级、党内严重警告处分。

10. 覃燕，中共党员，铁道部运输局基础部副主任（副厅级），分管基础部信号处工作，2007 年 7 月至 2010 年 10 月任基础部信号处处长。任基础部信号处处长期间，对信号处领导不力。未按照职责要求组织制定系统完善的信号新技术、新产品试验、审查和上道使用管理办法；在科学技术司会同有关部门组织的列控中心设备技术预审查会议后，小签同意没有经过现场测试和试用的 LKD2–T1 型列控中心设备在合武线上道使用；对合武线列控中心设备变更选型审核不慎重，仅通过会议研究，就违规小签同意合武线全线改用仅经过技术预审查的 LKD2–T1 型列控中心设备。对事故发生负有重要领导责任，建议给予记大过处分。

11. 唐抗尼，铁道部运输局客运专线技术部基础技术处处长、党支部宣传委员。未正确履行职责。参加合宁铁路列控系统集成方案研讨会议后，未督促跟踪会议提出的合肥站列控中心设备的设计比选工作，对通号设计院在合肥站进行列控中心设备换型的违规行为失察；推动和参加技术预审查，并在技术预审查会议后小签同意没有经过现场测试和试用的 LKD2–T1 型列控中心设备在合武线上道使用；指导协调甬温铁路四电集成招标工作不到位，审查同意招标采购仅通过技术预审查的 LKD2–T1 型列控中心设备。对事故发生负有主要领导责任，建议给予撤职、撤销党内职务处分。

12. 穆建成，中共党员，铁道部科学技术司综合处处长。2003 年 9 月至 2009 年 3 月任铁道部科学技术司运电处副处长，分管电务技术方面科技管理工作。任科学技术司运电处副处长期间，未正确履行职责。提出并具体组织开展了对 LKD2–T1 型列控中心设备进行无依据、不规范的技术预审查，并在会后起草了《客运专线列控中心（LKD2–T1、LKD2–H）技术预审查意见》的通知，违规同意没有经过现场测试和试用的LKD2–T1型列控中心设备在合武线上道使用，客观上对仅通过技术预审查的LKD2–T1型列控中心设备在甬温铁路上道使用提供了依据。对事故发生负有主要领导责任，建议给予撤职、党内严重警告处分。

13. 袁湘鄂，中共党员，铁道部运输局基础部信号处副处长，分管地面列控设备工作。未按照职责要求制定系统完善的信号新技术、新产品试验、审查和上道使用管理办法；参加了对LKD2–T1、LKD2–H型列控中心设备的技术预审查，在明知列控中心设备审查条件不充分、审查资料不完善、设备研制问题较多、测试条件和测试环境有限等情况下，仍同意通过技术预审查；对合武线列控中心设备变更选型审核不慎重，仅通过组织会议研究，就违规认定LKD2–T1型列控中心设备“在系统功能、故障安全等技术方面能够满足CTCS–2列控系统的技术要求”，起草了同意合武线全线改用LKD2–T1型列控中心设备的会议纪要。对事故发生负有主要领导责任，建议给予撤职、党内严重警告处分。

14. 张季良，中共党员，铁道部运输局客运专线技术部基础技术处副处长。未正确履行职责。在参加合宁铁路列控系统集成方案研讨会议后，未督促跟踪会议提出的合肥站列控中心设备的设计比选工作，对通号设计院在合肥站进行列控中心设备换型的违规行为失察。对事故发生负有主要领导责任，建议给予降级、党内严重警告处分。

15. 马彦，中共党员，京福铁路（安徽）公司副总经理，合武铁路（安徽）有限公司原总经理。任合武铁路（安徽）有限公司总经理期间，未认真履行职责。对通号设计院在合肥站安装调试与合同约定不一致的LKD2–T1型列控中心设备的问题失察。对上述问题负有重要领导责任，建议给予记过处分。

16. 缪伟忠，通号集团副总经理、党委常委，2010年12月起兼任通号股份执行董事、总裁、党委常委，负责科技和工业经营生产管理及产品系统集成工程工作，分管生产经营（质量）管理部，兼任通号集团经营中心主任，负责合武线的招投标和合同执行工作。未认真履行职责。对通号设计院质量和安全管理体系建立及责任落实情况监督检查不力；在合武线合同签订和实施过程中，履行四电集成总承包商的设备管理责任不力，对合肥站使用的列控中心设备变更情况不了解。对事故发生负有主要领导责任，建议给予撤职、撤销党内职务处分。

17. 荣亚清，中共党员，通号集团天津工程分公司副总经理，通号集团合武线项目部经理，负责合武线通信、信号系统设备集成和工程施工全部工作。任通号集团合武线项目部经理期间，未认真履行职责。在合武线项目建设中，对合肥站使用的列控中心设备变更情况不了解，未认真审核。对事故发生负有主要领导责任，建议给予降级、党内严重警告处分。

18. 陈红，通号集团质量管理部部长，2007年6月至2008年11月任生产经营（质量）管理部副部长（主持工作），负责对通号集团及所属单位质量管理体系建立及执行情况的监督检查。未认真履行职责。对通号设计院质量和安全管理体系的建立及执行情况监督检查不到位，对通号设计院质量管理体系不完善、落实不到位的问题失察。对事故发生负有重要领导责任，建议给予记大过处分。

19. 张海丰，通号设计院董事长、党委副书记。未认真履行职责。在对LKD1–T型列控中心设备升级平台的研发过程、进度等未全面了解的情况下，仅凭列控所负责人和主管副院长的口头汇报，即草率决定启动研发工作；未督促检查通号设计院质量管理体系责任的落实，对所级产品研发和质量缺乏实质性审查的问题管理不力。对事故发生负有主要领导责任，建议给予撤职、撤销党内职务处分。

20．宋晓风，通号设计院副总经理、党委委员，分管列控所，通号集团经营中心副主任。工作失职。对列控所生产经营工作管理不力，在对 LKD1–T 型列控中心设备升级平台的研发过程、进度等不了解的情况下，仅凭列控所负责人的口头汇报，即草率同意启动研发工作；作为通号集团经营中心副主任，代表通号集团负责合武线合同谈判，明知合同约定的列控中心设备不能在合肥站使用，未及时了解设备变更情况，即批准 LKD2–T1 型列控中心设备在合肥站安装。对事故发生负有主要领导责任，建议给予撤职、撤销党内职务处分。

21．张苑，通号集团副总工程师，通号设计院董事、总工程师，负责全院科研和标准工作。工作失职。在未全面了解 LKD1–T 型列控中心设备平台升级系统的研发过程、进度等的情况下，仅凭列控所负责人的口头汇报，即同意启动升级平台研发工作；对 LKD2–T1 型列控中心设备研发工作管理不力，未对 LKD1–T 型列控中心升级平台评审情况认真检查，没有发现其中 PIO 板未经评审的问题，致使系统没有实现“故障导向安全”；对 LKD2–T1 型列控中心设备研发过程未认真审核把关，对 LKD2–T1 型列控中心设备研发设计流程及文档缺失等问题失察；对院质量和安全管理体系建立健全和责任落实不力，未按规定对所级产品研发和质量进行实质性审查。对事故发生负有主要领导责任，建议给予撤职处分。

22．马丽兰，中共党员，通号设计院副总工程师兼总工程师室主任。未认真履行职责。对 LKD1–T 型列控中心升级平台评审情况检查不力，对 PIO 板未经评审的问题失察，致使系统没有实现“故障导向安全”；对 LKD2–T1 列控中心设备的研发工作管理审查不到位，未能发现列控所研发设计流程缺失以及管理混乱等问题。对事故发生负有主要领导责任，建议给予降级、党内严重警告处分。

23．吴镝，中共党员，通号设计院市场经营处副处长，通号设计院合武线项目部经理。任通号设计院合武线项目部经理期间，未认真履行职责。在合武线项目建设中，对合肥站使用的列控中心设备变更情况不了解，未认真审核。对事故发生负有重要领导责任，建议给予记大过处分。

24．李志兵，中共党员，通号设计院总工程师室副主任，2004 年 12 月至 2009 年 6 月任高级工程师，主管科研管理工作。未认真履行职责。对 LKD1–T 型列控中心升级平台评审情况检查不力，没有发现 PIO 板未经评审的问题；对 LKD2–T1 列控中心设备的研发工作管理审查不到位，未能发现列控所研发设计流程缺失等问题。对事故发生负有重要领导责任，建议给予记大过处分。

25．陈锋华，通号设计院副总工程师，列控所所长、党支部书记兼纪检委员。工作失职。在合武线建设合同约定的 K5B 平台列控中心设备难以满足合肥站工程建设要求以及 LKD1–T 型列控中心设备升级平台尚不完善的情况下，草率向通号设计院领导建议开发 LKD1–T 型列控中心设备升级平台；没有按照通号设计院科研管理制度对 LKD2–T1 型列控中心设备研发工作进行严格管理，未对 PIO 板开展全面的评审和测试，未能发现研发设备存在的故障情况下信号升级的设计缺陷；对列控所研发工作管理不力，在 LKD2–T1 型列控中心设备研发过程中，没有按照程序规定组织正式的研发设计团队、任命项目负责人，研发文档没有编制、审核和负责人的签字，部分文档缺失。对事故发生负有主要领导责任，建议给予撤职、撤销党内职务处分。

26. 罗松，通号设计院副总工程师，2005 年 1 月至 2007 年 11 月任通号设计院列控所总工程师。任列控所总工程师期间，未认真履行职责。对 LKD2–T1 型列控中心设备研发工作管理不力，没有按照通号设计院要求对 LKD1–T 型列控中心升级平台进行全面的评审；对 PIO 板未进行单板测试等问题失察，系统没有实现“故障导向安全”。对事故发生负有主要领导责任，建议给予降级处分。

27. 叶峰，通号设计院列控所高级工程师，LKD2–T1 型列控中心设备研发项目实际负责人。工作失职。在 LKD2–T1 型列控中心设备研发中，软件硬件设计均存在缺陷，采集轨道信息的 PIO 板故障后仍发送故障前最后采集的信息，主机单元对 PIO 板故障时发出的报警信息不作处理，系统没有实现“故障导向安全”，导致信号升级；未对 PIO 板进行单板全面故障测试，未能查出 PIO 板在故障情况下不能实现导向安全的严重缺陷。对事故发生负有责任，建议给予降级处分。

28. 龙京，上海铁路局原局长、党委副书记，事故发生后被免职。履行职责不力。未认真贯彻落实党和国家有关安全生产的方针政策、法律法规，执行铁道部有关运输安全工作的部署要求不力；开展职工安全教育培训和业务培训工作不力；督促指导分管领导和下属单位落实安全生产责任制不到位；对现场作业人员未严格执行作业规章、制度、标准行为和车务、电务、工务、调度等系统相关人员未认真履行职责、违规作业的问题失察。对事故发生负有主要领导责任，建议给予撤职、撤销党内职务处分。

29. 李嘉，上海铁路局原党委书记，事故发生后被免职。履行职责不力。未认真贯彻落实党和国家有关安全生产的方针政策、法律法规，执行铁道部有关运输安全工作的部署要求不力；开展干部职工安全教育培训工作不力；对干部教育、管理、监督不到位；对现场作业人员未严格执行作业规章、制度、标准行为和车务、电务、工务、调度等系统相关人员未认真履行职责、违规作业的问题失察。对事故发生负有主要领导责任，建议给予撤销党内职务处分。

30. 王峰，上海铁路局常务副局长、党委常委，事故发生后负责指挥桥下救援工作。在事故抢险救援中，处置不当，为平整、清理场地，在救援现场组织挖坑，并将 D301 次列车车头及零散部件放入坑中，准备就地掩埋，后被有关领导同志制止未予实施。上述行为在社会上造成不良影响，对此负有责任，建议给予记过处分。

31. 赵峻，上海铁路局副局长、党委常委，负责运输、公安等工作，分管运输处、调度所、客运处等。未认真履行职责。贯彻落实国家有关安全生产的方针政策、法律法规及铁道部有关运输安全工作的部署要求不力，对运输处、调度所等部门和单位监督指导不力，对车务系统执行基本规章、制度、标准情况检查不到位。对事故发生负有主要领导责任，建议给予降级、党内严重警告处分。

32. 何胜利，中共党员，上海铁路局原副局长，分管工务、电务工作，事故发生后被免职。履行职责不力。未认真贯彻落实国家有关安全生产的方针政策、法律法规及铁道部有关运输安全工作的部署要求，督促、检查、指导工务、电务系统人员执行作业规章、制度、标准的情况不力，对电务、工务系统相关人员未认真履行职责、违规作业的问题失察。对事故发生负有主要领导责任，建议给予撤职、党内严重警告处分。

33. 何晓，中共党员，上海铁路局总调度长，协助路局分管运输的副局长负责全局运输日常组织协调工作。未正确履行职责。对调度所调度管理工作指导不到位，对路局车务系统执行运输调度规章、制度、标准情况督促检查不力。对事故发生负有重要领导责任，建议给予记大过处分。

34. 褚少明，上海铁路局运输处处长、党支部书记，负责车务系统生产等专业安全管理工作。未正确履行职责。对调度所业务管理不到位，指导督促车务系统安全生产工作不力，对车务系统专业监督检查不到位。对事故发生负有重要领导责任，建议给予记大过处分。

35. 徐汉强，上海铁路局运输处副处长、调度所主任、党委副书记。未认真履行职责。对调度所日常调度指挥工作监督管理不到位，未能有效指导督促调度所有关部门加强安全管理工作；对列车调度员违规作业问题检查监控不力。对事故发生负有主要领导责任，建议给予降级、党内严重警告处分。

36. 承迎庆，上海铁路局调度所党委书记兼纪委书记、副主任。未认真履行职责。指导监督调度所日常调度指挥工作不力，对列车调度员违规作业等问题检查监控不力，对调度所职工安全教育培训工作不到位。对事故发生负有主要领导责任，建议给予党内严重警告处分。

37. 周强，上海铁路局调度所主任助理、党委委员，负责日常运输生产，分管行车调度室。履行职责不到位。指挥日常运输生产工作不到位；对列车调度员监督管理和指导不力，作为事发当晚调度所的值班领导，对列车调度员违规作业的问题失察；对温州南站执行调度规章、制度情况检查不到位。对事故发生负有重要领导责任，建议给予记大过处分。

38. 王军，中共党员，上海铁路局调度所第三班值班主任，负责本班组的管理工作。未认真履行职责。作为事发时当班的值班主任，对当晚永嘉站至温州南站区间设备故障情况没有进行详细了解，对有可能影响行车安全的突发情况处置不到位，对列车调度员违规作业的问题检查监控不力。对事故发生负有主要领导责任，建议给予降级、党内严重警告处分。

39. 邓雪松，中共党员，上海铁路局调度所第三班值班副主任。作为事发时当班的值班副主任，履行职责不力。在值班中发现有可能影响行车安全的突发情况后，组织采取的处置措施不及时、针对性不强；对列车调度员安全盯控不力，对其违规作业的问题失察。对事故发生负有主要领导责任，建议给予撤职、党内严重警告处分。

40. 张华，上海铁路局调度所行车调度室列车调度员。履行职责不力。作为事发当时值班的列车调度员，没有按规定全面、及时地处理设备故障影响行车的突发情况，未进一步了解电务人员维修下行三接近“红光带”情况和工务人员检查线路情况，未及时了解前行 D3115 次列车在温州南站下行三接近运行的详细情况，没有立即采取应急处置措施，没有及时提醒 D301 次列车司机注意运行。对事故发生负有责任，建议给予开除留用察看一年处分。

41. 杨向明，上海铁路局调度所行车调度室列车调度员。履行职责不力。作为事发当时值班的助理列车调度员，处置设备故障影响行车的突发情况的应急措施针对性不强，未及时了解前行 D3115 次列车在温州南站下行三接近运行的详细情况，监控前行 D3115 次列车运行情况不力，没有及时提醒 D301 次列车司机注意运行。对事故发生负有责任，建议给予开除留用察看一年处分。

42. 赵丽建，上海铁路局宁波车务段段长、党委副书记。履行职责不到位。对温州南站行车业务和安全生产等工作指导、管理、监督检查不力，对有关工作人员违规作业的问题失察。对事故发生负有重要领导责任，建议给予记大过处分。

43. 楼文浩，上海铁路局宁波车务段党委书记、副段长。未正确履行职责。对温州南站职工安全生产宣传教育和监管不到位，对有关工作人员违规作业的问题失察。对事故发生负有重要领导责任，建议给予党内警告处分。

44. 吕庆祥，温州南站站长、党支部副书记，分管车站客运工作。履行职责不到位。对车站行车组织工作业务指导和督促检查不力，对行车室值班人员违规作业的问题失察。对事故发生负有主要领导责任，建议给予降级、党内严重警告处分。

45. 章伟光，温州南站党支部书记、副站长，分管车站行车工作。履行职责不力。对车站职工思想教育和日常监管不到位，在车站转非常站控时作为盯岗站领导，对车站行车组织工作监管不力，没有提醒车站值班人员及时与区间运行列车有效执行车机联控，对行车室值班人员违规作业的问题失察。对事故发生负有主要领导责任，建议给予撤职、撤销党内职务处分。

46. 臧凯，中共党员，温州南站车站值班员。履行职责不力。在发现D3212次列车发车时上行出站信号机故障关闭、发现CTC终端显示与现场轨道电路占用出清状态不符等设备故障情况后，未按规定在《行车设备检查登记簿》上登记故障状况；未按规定及时与D301次列车执行车机联控。对事故发生负有责任，建议给予开除留用察看一年、党内严重警告处分。

47. 陈伟革，上海铁路局电务处处长、党支部书记。未认真履行职责。督促、检查电务值班人员执行作业标准的情况不到位，对电务系统相关人员严重违规作业的问题失察。对事故发生负有主要领导责任，建议给予降级、党内严重警告处分。

48. 王顺方，上海铁路局杭州电务段段长、党委副书记。未认真履行职责。对本单位日常管理工作不到位，督促、检查、指导电务值班人员执行作业标准的情况不力，对相关人员严重违规作业的问题失察。对事故发生负有重要领导责任，建议给予记大过处分。

49. 陈鹏英，上海铁路局杭州电务段党委书记、副段长。未认真履行职责。督促、检查、指导电务值班人员执行作业标准的情况不力，对电务系统相关人员严重违规作业的问题失察。对事故发生负有重要领导责任，建议给予党内警告处分。

50. 徐炯，中共预备党员，杭州电务段温州车间主任。未认真履行职责。开展职工业务培训和安全教育工作不力，落实应急处理有关制度不到位，对电务值班人员严重违规作业的问题失察。对事故发生负有主要领导责任，建议给予降级处分、取消预备党员资格。

51. 王晓，杭州电务段温州车间党支部书记、车间值班干部。未认真履行职责。组织应急处理不力，未对温州南站电务应急值守人员是否登记停用下行三接近轨道电路故障设备情况进行检查确认，未能制止温州车间助理工程师未按规定登记停用下行三接近“红光带”轨道电路故障设备擅自维修的严重违规行为；对本车间职工业务培训和安全教育工作管理不力，对电务值班人员严重违规作业行为失察。对事故发生负有主要领导责任，建议给予党内严重警告处分。

52. 陈旭军，杭州电务段温州车间助理工程师、车间值班人员。履行职责不力。未严格执行作业标准，应急处置不力，未确认下行三接近轨道电路故障设备是否停用即进行维修。对事故发生负有责任，建议给予撤职处分。

53. 丁良余，杭州电务段瓯海信号工区副工长、工区值班人员。履行职责不力。未严格执行作业标准，应急处置不力，未对温州南站电务应急值守人员登记停用下行三接近轨道电路故障设备情况进行检查确认。对事故发生负有主要领导责任，建议给予撤职处分。

54. 滕安赐，杭州电务段瓯海信号工区信号工、温州南站电务应急值守人员。履行职责不力。未严格执行作业标准，开展应急处置工作不力，未按规定停用下行三接近轨道电路故障设备，也没有将设备未停用的情况如实向温州车间助理工程师说明。对事故发生负有责任，建议给予开除留用察看一年处分。

（三）建议责成相关单位和主要负责人作出深刻检查

建议责成铁道部和铁道部部长盛光祖同志分别向国务院作出深刻检查；建议责成通号集团向国务院国资委作出深刻检查。

（四）建议对 LKD2 - T1 型列控中心设备研发单位依法进行整顿

建议由国务院国有资产管理委员会组织对通号集团、通号股份及其下属通号设计院依法进行整顿，重新组建通号设计院列控所，切实加强科研生产和产品质量管理，确保提供的产品安全可靠。

（五）建议对相关单位和人员进行行政处罚

建议有关地方、部门依据相关法律法规的规定，对相关单位及其主要责任人给予规定上限的行政处罚。

六、事故防范和整改措施建议

近年来，在党中央、国务院的坚强领导下，我国抓住历史机遇，制定了《中长期铁路网规划》，加强了高速铁路（以下简称高铁）建设工作。通过多年自身积累和引进消化吸收再创新，在较短的时间内形成了具有自主知识产权的高铁技术体系，带动了高铁装备制造产业链的技术升级，在有力地拉动了内需，促进了经济社会又好又快发展的同时，改善了人民群众的出行条件，方便了人们的工作、生产、生活。但该起事故的发生，也暴露出一些突出问题。为深刻吸取事故教训，举一反三，进一步强化高铁技术设备研发、审查、许可和高铁建设、运营、管理等各环节的安全质量管理，促进高铁的安全健康快速发展，提出如下措施建议：

（一）深入贯彻落实科学发展观，牢固树立以人为本、安全发展的理念

铁道部、通号集团和上海铁路局要牢固树立并落实科学发展观、安全发展理念和正确的政（业）绩观，坚持“安全第一、预防为主、综合治理”的方针，从全局和战略的高度，充分认识加强高铁安全生产工作的极端重要性，正确处理安全与发展、安全与速度、安全与效率、安全与效益的关系，在充分认识发展高铁对国民经济和社会发展的重要意义，巩固高铁发展取得的重大进展的同时，始终坚持把安全放在第一的位置、始终把握安全这一发展前提、始终注重安全条件和保障，在运输效率与安全生产发生矛盾时坚决把安全放在首位，绝不能追求不切实际的过高发展目标，绝不能重速度而轻质量轻安全，绝不能以牺牲安全为代价谋求高铁发展。要强化关键技术设备的全过程安全质量管理，严把设计质量、技术审查、安全评审、检测试验、试用试营、行政许可等关口，确保技术设备安全可靠；要实时监控高铁技术设备和信息系统的运行状态，建立安全运行保障系统；要按客观规律办事，科学规划并严格落实高铁建设投资规模和建设工期，坚决从源头上防止高铁建设项目赶进度、抢工期的倾向；要合理确定高铁等级、速度目标值等，完善安全标准，严禁超设计随意提速；要全面加强高铁建

设、运营等全过程的安全管理与监督，层层建立健全并落实安全生产责任制，强化基层基础特别是现场的安全管理、作业管理，强化规章、制度、标准的执行，在不断提高安全技术水平、安全生产条件、安全保障能力的前提下，全面提高安全管理水平；要制定完善高铁技术和产业政策，强化支撑、约束与保障，充分发挥高铁产业链长、效益趋动力强的优势，有序推动高铁科学发展、安全发展和可持续发展。

（二）切实加强高铁技术设备制造企业研发工作的管理

通号集团等研发单位要高度重视高铁技术设备研发工作，严格遵循“故障导向安全”的原则开展研发工作。要对列车控制系统危及安全问题进行深入研究，力求取得突破性进展，为铁路运输安全提供技术保障；要严格按照有关规定进行项目立项、策划、分析、研究和变更风险、机会管理以及项目结题评审、成果转化等各项工作；要始终坚持“安全第一”的理念，对铁路信号产品的研发要严格按照《铁路技术管理规程》涉及行车安全的铁路信号系统设计必须满足“故障导向安全”的要求，建立健全技术设计规范，完善规范系统设计流程，周密考虑系统逻辑关系；要严格按照设计技术规范和程序办法，认真精细地组织设计尤其是顶层设计，严禁违规和违反程序操作，并切实加强单位内部设计审查把关工作，加大系统安全风险分析，全面进行故障模拟试验；要严格测试把关工作，搞好单元测试、专业测试、集成测试、第三方测试，在整个功能测试中不仅要测试其技术功能，更要测试安全保障功能，尤其要测试故障后是否能够导向安全，达不到这一根本要求的，一律不能通过，经整改完善提升后要再予测试，直至过关；要构建产品研发工作体系，健全研发组织机构，明确研发部门、人员岗位职责，提高研发人员的素质，尤其要特别严肃认真地进行研发工作，实行全方位、全过程、全员化的安全质量管理，切实做到产品设计、研发、生产、测试、检验、调试等过程严谨，审查和测试调试精心严密，缺陷和安全隐患解决及时到位，产品技术性能安全可靠；要规范和严格产品研发文档管理，做到资料全、数据实、管理严、查阅便；要严格执行国家及有关部门关于软件产品登记管理制度的相关规定，切实加强对产品研发的组织领导，建立健全院长（总经理）领导下的总工程师负责制，层层严格落实安全质量责任制。

（三）切实健全完善高铁安全运行的规章制度和标准

铁道部和上海铁路局乃至全系统从上到下要下大气力堵塞漏洞，切实加强高铁规章、制度、标准建设。要全面总结技术引进、消化吸收再创新工作，依托高铁运营实践，系统梳理、尽快建立健全完善的高铁技术标准体系、装备标准体系、管理标准体系和各项规章、制度体系，尤其要认真研究制定提出新技术、新产品、新设备、新系统的技术标准和各项规章、制度；要认真把握高铁建设和运营中的客观规律，吸取事故教训，总结成功做法和经验，并将其提炼上升固化为规章、制度、标准并严格遵循，确保在设备安全性能得到充分检验验证前，适当提高安全冗余度；要通过努力，尽快建立起一套适合现场实际需要、针对性和可操作性强、简明适用的各级各岗位作业规范，实现全面覆盖、不留缺项、不留死角，并要针对新情况、新变化、新条件、新要求，不断加以改进、完善、创新和提升，使之更加全面、严谨、严格，堵塞各种漏洞；要进一步梳理、修订《铁路技术管理规程》《铁路运输调度规则》《铁路客运专线技术管理办法（试行）》《高速铁路调度暂行规则》等基础性规章及一系列涉及行车组织的电报、纪要、文件，统筹解决高铁和既有线路规章、制度交叉混用和相关技术标准规范不一致等问题，特别是要制定更加有针对性的防范事故的制度和措施，提出更加严格的要求，提醒并强制要求相关管理者和岗位操作人员保持高度的警觉，全面准确地分析研判故障及其后果，采取更加及时有效的处置措施；要针对各个作业和监督管理环节尤其是薄弱环节，加快规章、制度、标准建设步伐，真正做到用其管人、管事、约为。

（四）切实强化高铁技术设备研发管理

铁道部要不断适应信息化条件下高新技术、装备在高铁应用的系统性、复杂性、特殊性的要求，会同有关部门，在建立完善、科学、持续、开放的高铁技术自主创新系统，集结和整合相关资源，集中力量大力开展高铁安全基础理论研究、重大安全科研项目攻关、推广先进适用技术的基础上，大力加强对高铁技术设备研发的监督管理。要建立健全并严格执行高铁技术设备研发、生产、检验、测试、调试、试用、许可等方面的规章、制度、标准，对每个环节和程序的把关工作都作出明确、严格、具体的规定，确保做到每个环节、每道程序都有章可循、有制可依、有标可对，并确保照章办事、依标进行、依制操作；要严格技术审查环节的管理，技术审查中不仅要审查产品设备本身的质量、性能是否满足要求，研发程序是否符合规定，还要审查研发单位设计研发力量和条件、专业生产设备，更要严格审查其安全性能是否可靠，以及是否有完善的产品质量责任体系、安全责任体系、相关保证体系和与高铁技术设备研发工作相适应的整体管理水平；要切实落实监管责任，采取有效措施，加强对高铁技术设备研发工作的指导、管理与监督；要规范评优行为，严格评优条件和程序，不经试用检验证明无缺陷、无安全隐患的技术设备，一律不许参加评优活动，更不许评为优秀产品。

（五）切实严把高铁技术设备安全准入关

铁道部要会同有关部门进一步严格规范高铁技术设备的安全准入条件和程序，切实加强高铁技术设备许可准入管理。要在建立健全各项规章、制度、标准的基础上，大力加强高铁技术设备上道使用前的全过程监管，确保高铁技术设备在上道使用前严格按规定和程序认真把关；要严格执行高铁技术设备生产的安全许可制度，全面提高高铁技术设备质量，凡涉及高铁列车运行安全的技术设备特别是新技术、新设备、新产品、新系统均应通过充分的检验测试和试运行考验再正式推广使用；要积极开展高铁技术设备专业测试和第三方认证、评估工作，依法建立第三方认证和评估机构并规范管理，尽快形成高铁安全专业检测、第三方检测检验与评估机制、设计质量问责纠错机制和问题产品召回机制；要建立完善专家组工作制度和机制，加强和改进专家技术评审、测试、检验等工作，切实发挥专家对高铁技术设备的技术专家把关作用；要进一步研究高铁建设项目系统性安全评价方法，完善评价体系，对已经批准的高铁项目，在工程可行性研究报告完成后，应进行全面系统的安全预评价，并在建设项目初步设计阶段，保证按照安全预评价提出的要求做好安全设施的设计，并在安全设施设计通过审查后再开工建设；要严格高铁技术设备和建设项目安全评价和验收工作，按照有关规定组织好安全预评价、静态验收、动态验收、综合验收；要加强招投标管理，规范并大力加强铁路建设市场管理，健全完善符合市场规律的铁路产品准入机制、设备物资采购机制、平等竞争机制，严格合同管理。

（六）切实强化高铁运输安全管理和职工教育培训

铁道部和上海铁路局乃至全系统要认真贯彻落实党的安全生产方针政策、国家安全生产法律法规和《国务院关于进一步加强企业安全生产工作的通知》（国发〔2010〕23号）、《国务院关于坚持科学发展安全发展促进安全生产形势持续稳定好转的意见》（国发〔2011〕40号）

以及国务院第167次常务会议精神，从铁路尤其是高铁运输安全这个复杂的系统工程实际出发，运用好国务院组织的高铁安全大检查成果，在高度重视高铁技术保障体系建设的同时，切实强化高铁运营中的安全管理。要科学规范地设置内部机构和界定职能，解决内部机构不规范、职能交叉错乱、权责不一、协调不力等问题；要坚持依法行政，采取有力措施，有效防止行政不作为、行政乱作为，做到不越位、不缺位、不错位，确保政府部门法定监管职能落实、工作到位；要健全完善高铁建设、运营和管理的安全生产责任体系，根据机构设置职责规定，全面明确决策层、管理层、作业层每个岗位的安全职责，完善责任追究和考核奖惩制度，形成完善的"谁主管、谁负责"的安全生产责任体系，全面落实安全生产责任制；要在健全完善运输管理规章、制度，切实增强针对性、约束性、有效性和可操作性的同时，强化规章、制度执行力，保证规章、制度的执行效果；要加强对职工的安全教育与培训，增强目的性、针对性、实效性，尤其要针对高铁技术设备特别是新技术、新设备、新产品、新系统和信息化特点，强化各级安全教育培训工作，扎实提高各级管理者和岗位操作人员的安全意识，牢固树立"安全第一"的思想，保持高度的安全警觉，并不断提高安全技能、水平，尤其是应急处置能力；要强化对关键岗位人员履职方面的管理和监督检查，重点加强对车站值班人员、电务人员、调度人员、工务人员等规章遵守、程序履行、标准执行情况的监督检查，将岗位责任制落实到作业现场、落实到每一个环节、落实到每一个岗位，使每一个岗位人员都能严格执行作业规章标准程序，及时、准确地处理临时发生的各种问题；要高度重视列车运行中出现的非正常情况，严格做到不查清原因不放行、故障不消除不放行、安全无保障不放行，确保高铁运输安全万无一失；要强化日常安全检查和隐患排查治理，对发现的问题和隐患要系统梳理、深入分析，有针对性地采取措施，及时加以整改；要在高铁快速发展的过程中，强化精细管理，细化工作措施，制定非正常情况下行车组织方案，不断强化行车安全管控，夯实安全生产基层基础工作，强化人机管理的结合；高度重视铁路自动化、信息化过程中积累起来的各种自动控制系统、信息系统的集成和一体化，不断提高一体化水平，不断提高安全标准，不断改善安全条件，提升安全保障能力；要加强高铁通讯设施、设备建设和使用管理，强化通讯技术措施，保障高铁通讯特别是在恶劣天气条件下通讯畅通；要高度重视铁路职工队伍建设，大力加强思想政治工作和精神文明建设，大力加强技术业务建设，大力加强作风（纪律）建设，尽快培养一支具有高度政治责任感和熟练掌握专业技能的职工队伍，尤其是培养一大批高层次管理人员和高技能操作人员，适应铁路事业发展的需要。同时，要调动职工的积极性，稳定好职工队伍。

（七）切实加强铁路安全生产应急管理

铁道部和上海铁路局乃至全系统要认真贯彻执行《突发事件应对法》《安全生产法》和有关安全生产应急预案，全面加强铁路安全生产应急管理。要进一步修订并建立健全各级各类事故应急预案，充实涉及高铁事故应急救援方面的内容，强化以人为本理念，进一步明确设备故障的等级、严重程度、响应程序、责任分工等，完善并严格执行非正常情况下的应急措施、行车组织办法和工作流程，尤其要处理好事故抢险救援与停车时间的关系，切实把减少人员伤亡放在首要位置，不能过多强调缩短停车时间；要坚持经常组织各类有针对性的单项、多项和综合性应急演练，真正起到教育职工、告知公众、锻炼队伍、整合机制、完善预案、提高能力的作用；要针对高铁高速运行的特点，继续深入研究、进一步改进现有高速铁路信号系统的技术标准与体系结构，加强设备故障情况下的安全防护及冗余措施，充分利用现代科学技术，研究设计高铁设备故障自动监测分析系统，提升对设备故障条件下的应急处置能力，正确、及时、果断地处置列车运行过程中出现的非正常情况；要大力加强铁路系统生产安全事故应急救援体系建设，尤其要针对高铁运行速度快、科技化程度高、运行线路高架桥梁多和隧道多的特点，进行系统研究，依托大型铁路企业建立应急救援队伍，建设技术专、功能全、能力强的应急救援基地；要进一步建立健全事故预报预警和应急响应及伤员救治机制，特别要加强同地方政府的应急联动机制建设，加强铁路、地方和其他应急救援队伍间的协调配合，形成应急合力；要加大应急投入，针对不同地段、不同条件、不同状况，配备适合救援需要、有利于提高救援效率和效果的大型特殊救援装备，并搞好衔接配套，提高整体救援装备水平；要充分利用相关雷电监测系统，认真统计分析高铁沿线历史雷击数据，立项并全面研究高铁系统包括站点的强电、弱电设备及接触网系统的防雷保护，有针对性地开展防雷风险评估，进一步修订和完善提升高铁对雷电的设防标准，切实提高高铁的雷电防护能力，并要做好防震、防泥石流、防山体滑坡、防洪等工作；要认真研究制定铁路事故发生后受损设备、设施及零部件存放管理办法，规范、有序、合理、稳妥地处置受损设备、设施和各种零部件；要充分认识信息技术应用对铁路行业建设、运营和管理带来的巨大变革和信息化条件下关键设备在铁路行业应用的新情况、新挑战、新要求，重点把握实时控制信息系统与传统铁路设备的区别，切实加强新条件下的铁路安全生产应急管理工作。

（八）切实加强高铁规划布局和统筹发展工作

铁道部和国家有关部门要结合编制“十二五”铁路发展规划，合理确定发展布局、合理确定区域时段、合理确定高铁等级、合理确定速度目标值等核心指标，尤其要特别注重新技术、新装备、新产品、新系统开发应用的安全性、稳定性、可靠性，在巩固现有路线、实现安全运营的基础上，认真总结经验，稳步协调发展；要进一步加大高铁安全投入，确保安全功能、设施、装置与技术设备和工程建设同时设计、同时施工、同时投入生产和使用；要在严格建设项目立项、审核、监管和竣工验收工作的同时，不断建立健全和完善落实运营风险评估机制，全面开展评估工作，确保高铁科学发展、安全发展；要会同国家有关部门和地方政府，加强高铁运行环境整治，继续深入开展打击高铁沿线危害铁路运输安全非法违法行为专项行动，通过联合执法，形成强大合力，消除高铁沿线危害铁路运输安全的各种隐患。

流传诗里读春秋

（一）

滇越铁路施工期间，即流传“一根枕木一条命”、“一粒石子一滴血”之说。

在那长夜难明的年代，修建滇越铁路的中国筑路工人，用他们的累累尸骨，斑斑血泪，写下了“血染南溪河，尸铺滇越路，千山遍尸骨，万谷血泪流”的铁路修建史实。1912 年铁道协会会刊上，曾刊登一首吊滇越铁路的诗：“残贼何心种祸胎，敢挥玉斧弃朱崖。而今万里滇南道，汽笛乌乌伴鬼哀。”据该路基本建成时统计，平均每一华里，约死 200 余人。法国殖民者筑起的滇越铁路，是以中华儿女的白骨垒积起来的。

（二）

宝天段处在这样一种不利的地形、地质条件下，加之修筑时大量开挖山坡，使一些本来处于平衡状态的山坡失去了平衡，有的古滑坡复活，有的造成新滑坡。1945 年 5 月，正当抓紧铺轨时，固川、坪头间一处山体突然崩塌，将 180 米的木便桥全部压毁。宝天通车后，经常塌方断道，1946 年塌方约 120 处，坍塌土石方 43 万立方米，5 月至 12 月线路中断。从 1947 年至 1949 年新中国成立前夕，每年累计通车时间不足半年。当时流传着这样的民谣：“宝天路，瞎胡闹，不塌方，就断道，平板车卖二等票，什么时候开车站长也不知道。”

（三）

通货膨胀和工款匮乏使铁路员工难以维持生活。1948 年，修建黔桂铁路的员工每月每 4 人分 1 元银元，以致有“铁路员工生活苦，发薪两毛五，哪里够吃饭，只能喝糊糊”的歌谣。在谷蒙关隧道工地，工人陈玉三等人因生活无着而被迫卖衣衫、卖孩子；事故更像噩梦一样追缠大家，一次塌方，风钻工李彦文等数十人被活埋在坑里。一首凄苦的打油诗说：“上班先与家里来诀别，下班上床才算得团圆，天天柴米都告缺，生活不如官家犬！”如此遭际，何谈筑路，这条长不到千米的隧道修了 3 年也未把导坑打穿。1949 年，情况更糟，一连几个月不发工资。南丹段一位新婚不久的职工于典尽衣物后借贷无门，深夜杀妻服毒自尽。铁路员工各奔生路，都筑段到新中国成立前还是虚线一条。

（四）

20 世纪 40 年代，国民政府“还都”南京，沪宁地区顿时空前热闹起来，沪宁道上更是熙熙攘攘，人山人海。

刚接收时，由于车辆不足，沪宁间日开旅客列车 4 对，1946 年增加到 6 对，1947 年又增至15对。每趟列车从挂8～9节车厢增加到13～14节，但车厢里依然满满的。就是每晚对开沪宁间、加挂5～6节的软席卧铺（那时还没有硬卧车）也天天爆满，座无虚席，特快“钱塘号”（行驶南京、杭州间）、“凯旋号”、“金陵号”（行驶沪宁间）也经常满员。

四等车辆不足，很多由联合国救济总署拨给的铁棚车充任，那都是战后的剩余物资。这种铁棚车极其陈旧，在国外属报废的车辆，分到该路后，稍事修缮，即拨作四等车厢。这种车厢只有4个小窗户，光线昏暗，空气不流通，大家都把它称作“闷罐车”。有几句打油诗这么写道：“冬天里如坐冰柜，夏天里汗流浃背，臭气熏得人反胃，响声震得耳发聩，这些还不算受罪，最难受的是——颠得人五脏六腑都错位。”

二七大罢工的重要导火索之一

——一起人为人身伤亡事故

这是1923年冬季的一个傍晚，阴云密布，寒气袭人，火车的汽笛拉着长长的声音在空气中震荡播扬，远处江面上轮船汽笛的低沉怪异的叫声好似在倾诉着什么，整个大地构成了一幅暴雨前的昏暗色调和悲壮景观。

此时，京汉铁路局南段局长冯××的豪华官邸二楼内，他的老爷子正准备到汉口看一场京戏。由于离开场时间迫近，他决意要乘轧道机抄小路前往。差人很快就叫来两个铁路工人。两人听说缘由后，互视一下，便诚恳地相劝老爷子，那个线路上的行车很多，恐怕不太安全，能不能……。还没等两人讲完，老爷子便打断对方的话说："什么安全不安全，少废话，快去开车。"

车上线后，老爷子总觉得车不快，不住地催促着："轧快点，轧快点，不然就赶不上开场了。"两人拼命地轧，累得满头大汗，不住地喘粗气。大约走了有大半路程，眼看再过一会儿就到汉口，这时隐隐约约听到正前方传来列车运行的声响。

两人就忙告诉半躺着的老爷子："正前面有火车开来，咱们还是避让一下为好。"

"让什么让？我家的铁路，我给谁让，加速前进。如误了我看戏轻饶不了你俩。"老爷子急于看戏，简直昏头了。

眼看来车声音越来越大，距离越来越近，工人发慌了："老爷子，车不能再开了，撞上火车咱都没命了。"

来车也看到障碍物，不住地拉笛示警。可老爷子哪管那些，更无知地狂叫："只管开，我谅它火车也不敢轧我。"两位工人知道被火车撞的严重后果，这时本能地准备下道躲避。老爷子发觉后，使劲抓住其中的一个骂道："谁他妈的敢下道，我打死谁。"同时还不住地用手杖抽打他们。就在这时发生了火车与轧道机相撞的惨剧。老爷子与一名工人当场丧命，轧道机被撞得七零八落，事故现场相当惨。另外一名工人由于抽身及时，幸免于难。

事故发生后，冯局长等气急败坏，决心要为老爹出这口气。他责成警察当晚就将幸存者王某抓来，进行严酷审讯，审讯的结果使局长大失所望。这起事故完全是由于老爷子固执愚昧所致。但当时那种社会哪有工人之理。很快，他就以莫须有的罪名判处王某死刑。

这个错误的判决极大地激怒了铁路工人兄弟们，在工会的组织号召下，万名工人聚集在刑场。坚决要求当局改正错判，释放无辜，并要求对死者家属予以经济赔偿。著名律师施洋也毅然声讨反动当局的种种罪行，誓为工人弟兄们讨个公道。

这群情激愤的局面是反动当局所始料不及的。他们赶快从武汉三镇调来大批警察试图控制局面。冯局长眼看再坚持原判要造成大乱子，便耍花招暂时平息了众怒。

从那以后工人们彻底看清了反动当局的嘴脸，他们根本不把工人当人看待。委曲求全是根本解决不了问题的，只有团结起来与他们干，才是惟一的出路。从此，空前的大规模的有组织的铁路工人运动拉开序幕！

玉林山为你哭泣

1939年昆河铁路客货运输繁忙。在暴利的驱使下，法国铁路当局置安全于不顾，挖空心思赚钱，将旅客列车改为客货混合列车，于每列旅客列车的机车后边加挂2～3节货车，这就为日后事故埋下了隐患。

1939年9月23日，由河山驶往开远的一列客货混合列车在机车后边挂了3节军运货车，其中第3节装有10吨汽油，第4节是行李车，第5节至第8节是客车。军运保密，司机并不知道装有汽油。

大塔至玉林山是25‰的下行陡坡。列车由大塔向玉林山开去，因雨天轨滑，溜逸超速，于玉林山大桥前脱轨。第3节货车里的汽油桶因冲撞而桶盖松脱，汽油溢出。

夜幕降临，司机杨庚生点燃油纱照明，从机车上下来检查脱轨货车的底部轮轴。当查到第3节时，一声爆响，溢出的汽油引燃了车上的油桶。杨庚生猛然醒悟，疾呼旅客下车逃命，同时与列检工摘开车钩，与旅客一起奋力将尚未脱轨的第7、第8节客车往后推离，50余名旅客因此得以生还。

机车和前面6节车辆顷刻葬入火海。脱轨地点正在路堑深处，逃逸不易，旅客被烧死70余人，烧伤40余人。随车员工，除杨庚生、车长和4位检车工因抢救旅客得以逃生外，司炉等人以身殉职。死伤旅客部分是从敌占区逃难来滇的同胞，还有一个由南洋华侨自发组成的机工救国团，从南洋历经千难万险来到云南支援抗日救亡。遗憾的是，这20余名血性青年壮志未酬便葬身火海之中。

事发后，滇越铁路公司蓄意逃避责任。法籍车务段长毕布洛、分段长那里和医生白吉吾于察看现场时密谋了一番，回到开远就给受伤的当事人（司机）杨庚生打了一针，杨当即气绝身亡。法方乃声称事故是因“下雨路滑，刹不住车，闸瓦抱死导致摩擦起火烧了车辆，抢救不及而造成旅客伤亡”。民国政府和开远军警总局也与法方沆瀣一气，百般推卸责任。

铁路员工对公司杀人灭口，逃避罪责，无不义愤填膺。可惜此时刘林元等共产党员已去延安，华国职工会已被解散，王正福等工人领袖已被开除，一时群龙无首，无人领导斗争，人们只好把仇恨埋在心里。

至今，玉林山大桥旁犹有石碑铭刻着那次惨案的实况，玉林河向后人述说着百余名死伤者的冤魂。

515名旅客和乘务人员悄然死去

在世界铁路史上，最悲惨的一次隧道事故于1944年3月3日发生在意大利南部亚平宁山区一座较长的S形隧道内。这是一座早期修建的铁路隧道，狭长而弯曲，路面倾斜，通风不良，这是造成事故的内在原因。这一天夜里零点多，一列火车穿过一座高架桥后，迎着上坡向这座狭长的隧道驶来，但未等尾车进入隧道，列车便由慢而逐渐停止下来，车上521名旅客和乘务员，除六人幸免外，都窒息身亡。短短的几分钟，就酿成了一起世界罕见的悲惨事故。

原来，夜里天气寒冷，钢轨潮湿，车轮在坡道上打滑。如果司机有经验，应当很快把列车退到桥上，这样事故就可以避免。但由于司机缺乏应有的科学知识，发现列车打滑，反而添煤加气，想冲过斜坡，车轮转得虽快，可列车仍在原地未动。加上当时烧的是劣质烟煤，放出大量的一氧化碳在隧道内不能排除出去，致使515名旅客及乘务人员在不知不觉中死去。

历史不可复制，却有惊人的相似之处。22年后我国西南铁路也发生了类似悲剧。

1966年8月22日，傅金胜机班驾驶解放I型195号机车，担任贵阳至六枝857次货物列车牵引任务，编组23辆，牵引1448吨，行至化处—大用间长2714米、坡度为9．6‰的岩脚寨隧道，机车以15～20公里/小时的速度行进，约在9时10分列车被迫停在隧道内距隧道出口约939米处。该隧道7次穿过煤层，瓦斯溢出量曾达150立方米/小时，属三级瓦斯区。当时，因瓦斯大量溢出，隧道内严重缺氧，致使195机车火床熄灭。大量的一氧化碳气体及机车炉火熄灭后产生的二氧化硫，加剧了人体一氧化碳中毒深度，致使傅金胜等4名乘务员全部中毒身亡。

1966年9月3日，成都铁路局、局政治部联合发文，对傅金胜机班在危及国家财产安全的时候，“临危不惧，坚守岗位，英勇顽强，直至光荣地献出宝贵生命”的无畏精神，给予充分肯定。中共成都铁路局委员会追认该机班为“五好”班组，傅金胜（司机）、程国南（副司机）、汪华山（司炉）、毛德华（学员）为革命烈士。

岩脚寨隧道内发生的中毒事件，是在山区铁路特定条件下发生的。为吸取此次事故教训，贵阳铁路分局和有关机务段从多方面强化劳动保护措施，安装了隧道通风设备，严格限制牵引吨位，并优先将蒸汽机车牵引改为内燃机车牵引。

1986年，国家又投资改为电力机车牵引，使该地段杜绝了类似事故发生。

在牡丹江工作的几件往事

1946年7月，东北局决定成立东北铁路总局，吕正操任总局长，我和陈大凡、马均是副总局长。不久东北局又决定陈云兼任总局长和政委。

1946年9月，东北铁路总局决定新建牡丹江铁路管理局，其管辖是一面坡以东至绥芬河，南至图们，向北至佳木斯。由陈大凡兼局长，我兼政委。副局长孙鲁光、苏梅。机关人员有工电处长于磊、运输处长甄陶、副处长牛渚、材料处长石林、动力处副处长兼机务处长耿异豸、经理处长孟子厚、公安处长姜文阁、总务处长孙佩臣、副处长董岐、工会主任孙光、党委组织部部长范辉等。

1946年10月，我去牡丹江接任路局工程，随同陈云同志一起坐火车至牡丹江后，由陈大凡同志护送陈云经图们至通化就任南满分局书记，南满军区政委。列车途中停靠老爷岭山下的斗沟子车站。突然山上停放的部分车厢脱钩下滑，冲向陈云同志乘坐列车的停车线上，眼看要发生恶性重大事故，扳道员临危不惧，冲上前去拼命扳动道岔，把溜下来的车辆引入避难线颠覆，才避免了两列车正面相撞。事后陈云同志接见那位扳道员，赞扬铁路工人高度的负责精神，奖励他几袋面粉。到牡丹江不久，根据东北局的指示，我随刘亚楼、朱瑞两同志去绥芬河同苏联谈贸易。我方用小麦、大豆换取苏方的棉花、布匹和其他急需物资，以保证解放区军民必需品的供应。贸易问题由刘亚楼和朱瑞两同志谈，我同苏方谈货物交接、车辆过轨等具体办法，这次会谈双方达成了协议。

要确保外贸运输，困难很大。牡丹江地区土匪拦劫火车，破坏线路，活动很猖獗，“座山雕”部就在这一带出没。后来佳木斯军区司令员贺晋年带领部队剿灭了匪部“座山雕”，消灭了当地一大祸根。国民党地下组织也很活跃。铁路有国民党支部外围组织。铁路突出的问题是电气讯号被严重破坏，直接影响进出牡丹江车站的列车。

为了顺利开展外贸运输，我们组织骨干队伍清理内部敌人。由孙光、范辉等同志深入发动群众，摸底调查，通过思想工作，提高工人的政治觉悟，发现一个叫“电友会”的国民党反动团体，有500多人，是国民党地下外围组织，为首的是电务段段长和电务科科长，以后电务科科长交代较好，我们对其从宽，仍留在原岗位。电务段段长很顽固，因此被送交铁路公安处逮捕法办。电友会的一般人员也分化瓦解，这就消除了通信信号等电气设备破坏严重的根子。从此铁路运输顺利的展开了。

还有少数职工工作作风散漫，纪律松弛，事故比较严重。为此，东北局特派李立三同志来检查指导工作。我们一方面大张旗鼓地进行正面教育，提高职工的组织性、纪律性，另一方面严肃处理玩忽职守的典型事例。有一个机务段的司机，不守规章制度，造成机车严重损坏，阻塞交通，中断行车，妨碍外贸运输。经李立三同志建议送牡丹江省公安局长严佑民同志处理，后被宣判死刑，执行枪决，引起极大反响，基本煞住了这股散漫无羁的歪风，安全不好的局面很快遏制住。

为了克服机车严重不足的困难，我们组织抢修死机车。分别以中国籍员工、苏联籍员工和日本籍员工组成了 3 个修理小组，昼夜奋战，开展劳动竞赛。机车缺乏零配件，工人们就用拼装的办法，还派人沿铁路收购散落在群众手中的零部件。东北局还给了一笔资金用于修因受战争毁坏了的机车修理厂。经大家的努力，陆续修好“死机车”，至 1948 年 5 月，全局已拥有机车 230 台，基本满足需要。

对苏贸易运输至 1947 年春就完成了。全局职工经过辛勤劳动，运输了一百万吨的出口粮食和相应的进口物资。

摘自郭洪涛同志回忆录

上海安亭事件

1966年11月10日，“文化大革命”开始不久，在上海附近安亭火车站，发生了卧轨拦车事件，即“安亭事件”。事件经过是：1966年11月6日，以上棉十七厂保卫科干事王洪文为首的三十多人开会，决定成立全市性的工人组织，定名为“上海工人革命造反总司令部”（简称“工总司”），并定于11月9日在上海市文化广场召开“批判控诉上海市委执行资产阶级反动路线”大会。“工总司”派人到市委，要求市委、市政府承认。市委认为，根据中共中央关于工业交通企业开展“文化大革命”的通知精神，成立“工总司”是不适当的，违反中共中央关于工人要“坚守生产岗位，不要到厂外去串连”，不要成立跨行业的组织等规定的精神。

“工总司”没有得到上海市委的支持、承认，仍如期在11月9日召开大会。会后组织游行，游行队伍进入市委大楼寻找市委领导。11月10日凌晨1时许，“工总司”一辆满载造反队员的卡车开到上海火车站，声称“有2万多人要乘火车到北京去控告”。2时许，万余名造反队员扛着红旗冲进车站，占领了月台和停站的列车。在上海站负责红卫兵运输的原杭州铁路分局局长程香亭将这情况汇报分局、路局领导。路局局长邵光华向上海市副市长李干成和铁道部负责运输指挥工作的王效斌请示汇报，并和副局长李明哲、赵国栋，上海分局局长纪玉文、党委书记王华生以及路局和分局公安部门的领导庞振泉、原修文等，先后到达上海站，向群众作宣传动员工作，要大家回去“抓革命、促生产”。但“工总司”成员不听劝告，强行登上运送红卫兵乘坐的602次、46次赴京列车，逼迫车站602次列车于6时35分发车北上。发车不久，运行至安亭车站时，王效斌来电传达中共中央和国务院作出的“不要来京、就地解决问题”的指示。上午8时17分，经铁路局领导研究，由铁路分局局长纪玉文通知调度所，将602次列车停在安亭车站的专用线上。由“工总司”另一头头潘国平纠集的一批人所乘的列车也被扣停于南京车站。上海铁路分局派组织部副部长蒋耀斗以及周文德、俞琪康等到安亭站向“造反队员”传达中共中央的指示精神并做劝说工作，副分局长李殿元、昆山线路党总支书记徐炳德也到安亭站做劝说工作，但毫无效果。王洪文等为了向中央施加压力，策动“造反队员”在安亭车站卧轨拦截了一列由上海开往北京的14次特快列车，并纠集数万人到安亭站声援他们闹事，铁路江湾工厂的工人谢鹏飞、傅世尔、周国庭、蒋周法等也一起参与，造成沪宁线铁路交通中断30多小时，上海站36趟客货列车不能发出，从安亭到蚌埠五百余公里沿线，停满近百趟客货列车，制造了严重破坏全国交通运输的“安亭事件”。

11月11日上午，中共中央华东局和中共上海市委派华东局书记韩哲一、上海市副市长李干成和市委常委、组织部长杨士法带领有关局的负责干部赶到安亭，劝说他们返回上海。中午12时，陈伯达从北京拍发给“造反派”的紧急电报也到达安亭，要他们回上海就地解决问题。当时少数人听从劝说，乘车返回上海。但有不少人被“造反队”头头锁进列车车厢，不准下车。王洪文等人辱骂回沪的“造反队员”是“叛徒”、“逃兵”，诽谤华东局和中共上海市委派去的干部是“保皇派”，并在车站附近的吊车旁，围攻这些干部。12日，张春桥从北京直接来到安亭车站，背着华东局和中共上海市委，代表中央文革与“工总司”进行谈判。当日，造反队员陆续返回上海。

荒唐年代演绎荒唐事

荒唐的十年“文化大革命”演绎出多少出既让人啼笑皆非，又发人深省的荒唐事。铁路运输安全体现的尤为明显。

（一）

在狂热的极“左”思潮影响下，确保铁路运输正常运转的规章制度，被批判为“修正主义的管、卡、压”，当时流传这样一个顺口溜：“规章制度都姓修，统统砸烂不用留。”部分干部为确保运输生产正常进行的努力，被指责为“拿生产压革命”；多年来所形成的集中统一指挥系统遭受到严重冲击。客车车厢外皮被涂上“毛主席语录”或标语口号；正常的行车用语被要求改为“语录化”，甚至出现将显示停车红色信号灯改为绿色的极其荒谬的要求。

有些职工存有“自来红”思想，认为自己“三代都红，咋干都行”，“根子红苗正，有问题也打不成反革命”，怎么省事就怎么干，愿意怎么干就怎么干，不尊重科学，不尊重实践。通辽车站一些职工竟把调车用的安全带，认为是“刘少奇的保命哲学带”，调车作业时不用，“飞来飞去，自在随便。”结果调车事故频发，人身伤亡不断。

（二）

“文化大革命”时期，初期更甚。事故定性与定责是分开的，是相互脱节的。定性由安监部门，定责是“革命群众”说了算。主要是从阶级斗争角度来分析事故原因：责任人家庭出身，检查态度，有无海外关系，有无前科，是不是造反派等方面进行分析。而不是从生产的工艺、技能、责任和管理等方面分析定性。如果事故责任人出身好又是造反派，即便是很大的事故，也会处理的很轻，反之则会重些，你也只好认了，谁让你根不红，苗不正呢？

（三）

1968 年 1 月 9 日 14 时，由锦州开往郑家屯 311 次旅客列车到达彰武站，两派“革命”群众因往车上贴字报发生争执，当场打伤值班员刘俊如，该次列车机车甩下 311 次全部客车，只挂行李车编 5501 次拉刘俊如到郑家屯抢救。引起另一派群众不满，打电话通知冯家站拦截，冯家站迫使 5501 次紧急停车。冯家屯公社群众手持长短枪从四面八方包围机车，乱枪打死本务司机张贵春。直到当晚 22 时 30 分，各派才达成革命大联合的协议。行车中断数小时。

（四）

1970 年 3 月 18 日，石家庄车站扳道员葛兴礼、范敏在工业站 9 号道违章操作，盲目还道，造成 11 调与停留车相撞的重大事故。5 月 17 日，二人都领到重刑：扳道员葛兴礼按现行反革命破坏铁路运输罪被判处死刑，立即执行；范敏被判处 15 年有期徒刑。粉碎“四人帮”后，石家庄铁路分局组织专人对此案进行全面复审——查阅原始档案，采访相关知情人。终于 1981 年 5 月 11 日正式宣告是一起责任事故，二人无罪，恢复名誉。

荒唐年代演绎荒唐事，荒唐事酿恶果。但愿“文化大革命”的荒唐戏不再重演。

大难不死的五笔字型发明人——王永民

很少有人知道，著名的五笔字型发明人王永民还与震惊中外的杨庄事故有一段奇缘。

那是刚刚粉碎“四人帮”不久的1978年岁末，王永民应邀到六朝古都之一的南京作五笔字型汉字输入法的学术报告。

汉字输入法在当时是科技界公认的一道世界难题。多少科研机构多少科学家尽其所能试图攻克它，摘取那耀眼的桂冠，结果都以失败而告终。曾有不少外国权威人士预言：古老而复杂的汉字进入电脑将是一个漫长而曲折的过程。

汉字能否进入电脑对中国现代化进程影响巨大，其意义不亚于毕昇的活字印刷技术对中国现代文明发展的深远影响。

河南科学家王永民经过深入的潜心研究，饱尝无数次失败挫折，已经接近最后攻克这一世界难题的前沿。

1978年底他在南京讲完学后，无心游览南京的名胜古迹和秀丽景色，便匆匆登上南京至西宁的87次旅客列车返郑。上车后他不顾连日劳累，也无暇与同行的旅客闲聊，而是从黑提包里取出资料继续他的五笔字型输入法的攀登。

时间已进入子夜，多数旅客早已进入梦乡，而王永民还在思索着，思索着。据他回忆说，刚入睡不久，我国铁路史上最大的一起行车事故发生了，这就是闻名中外的杨庄事故。时间：1978年12月16日3时12分。由于司机、副司机打瞌睡，运转车长擅离岗位与他人聊天，列车成了无缰的烈马，致使由西安开往徐州的368次旅客列车与王永民乘坐的87次旅客列车中部侧面相撞。此时他正好坐在受重创的第8号车厢。那次事故旅客死亡106人，重伤47人。

王永民被强烈的震动惊醒之后，身上多处感到疼痛，直觉告诉他，火车出事了。猛然他失声大叫，我的包呢？我的包呢？那可不能丢啊！那里面可有无价之宝。他左摸摸，右摸摸，都是不能言语的尸体。当时正值深夜，车厢里黑得伸手不见五指，车身又斜的厉害，一种莫名的恐惧袭上心头，可怕极了，靠着本能他艰难地向露着微光的窗口爬去。也不知过了多长时间，他才在赶来的救护队员的帮助下好不容易爬出车窗。他一刻也没有忘记的装有汉字输入法研究资料的黑提包也在天亮后不久找到。

一场劫难过去了，王永民奇迹般地活了下来。据他讲他周围的旅客绝大多数殉难或重伤。“上帝之所以不让我走，是因为五笔输入法还未最后攻克，留着我还有用。”

悲壮的40米

1981年7月8日，祖国大地的一角——四川凉山地区大渡河支流利子依达沟一带，风疾云翻，大雨滂沱。突然，峡谷轰鸣，山摇地动，罕见的山洪暴发了。它挟裹着两层楼房那样高大的巨石和泥沙，汇成一股特大泥石流，奔腾着，咆哮着，向着成昆线利子依达铁路桥猛冲。

9日凌晨1点30分，高达29米高的泥石流“龙头”，奔到了大渡河边两山夹峙的利子依达沟口，冲断了15米高、100多米长的利子依达铁路大桥；直径三四米粗的钢筋混凝土桥墩，像根黄瓜似的被劈腰截断，连同30、40米长的两孔钢梁，一股脑儿被冲进80米以外浊浪翻滚的大渡河。

此刻，载着1000多名旅客的442次双机牵引旅客列车，正以每小时40公里的速度，穿入“奶奶包”隧道，向这座断桥冲去。机车刚刚露出隧道口，司机就发现了险情，立即果断地撂下死闸。但是，已经来不及了。容许列车向前制动的距离，只有紧挨隧道口的那一孔残存的仅有40米的一段桥梁了。列车带着巨大的惯性和猛烈的撞击声，顺着14‰的下坡道，在乱石遍布、钢轨被拧掉的断桥上向深谷滑去……

形势危急！无法逆转！车覆人亡的惨重灾难即将发生！是英雄，是懦夫，都将接受最严峻的考验！

当班司机是共产党员王明儒。他是抗美援朝战场上的英雄司机，自觉响应党的号召，从东北前往大西南支援边陲建设，奋斗了整整25年，是个受人尊敬的老铁路。

他和他的助手、副司机唐昌华，在这生死关头，毅然放弃了跳车的生路，誓与机车共存亡。他们用生命的最后几秒钟，坚定地撂下一把死闸，并用力连连拉响风笛，向正在睡梦中的千余名旅客，发出最后的惊心动魄、撕心裂肺的警报。生死存亡！十万火急！此时，英雄的司机和他的助手，也许在死盯断桥处，做拯救列车和旅客种种方法的最后选择；也许在庄严地向全体旅客默默地表示最后的诀别，祝愿旅客们能脱险生还，去同亲人团聚。他们坚守自己的工作岗位到最后一刻，与机车一起滑坠到断桥下面汹涌奔腾的大渡河中，壮烈牺牲。紧接着，第2台机车，行李邮政车，载有九十多名旅客的第11号车厢，相继坠落河中。由于王明儒司机认真嘹望，刹车及时，10号车厢和9号车厢，侥幸地掉翻在桥下的护坡上。最幸运的是，后部的7节客车、1辆餐车和800名旅客的生命得救了。

英雄的司机，英雄的副司机，名垂千古，功绩永存！

这起大事故，共造成乘务员死亡11人，旅客死亡、失踪百余人，重伤58人，轻伤89人。是我国铁路史上最大的由泥石流引发的旅客列车重大事故。

奇妙的自动停车装置

行车安全三项设备（机车自动停车装置、机车自动信号、列车无线电话）对保证行车安全的独特作用不可替代。这有实例为证。

1983年12月20日，长沙机务段司机杨期应驾驶$ND_2$0015号机车担当47次特快旅客列车，运行至京广线大冲至许家洞间，机车司机杨师傅被悄悄登上机车的歹徒刘东财开枪残忍地杀害，穷凶极恶的歹徒又追杀机车副司机。蓄意制造车毁人亡的严重事件。此时，高速行驶的列车成了脱缰野马，无人管束，一场无法避免的惨剧将要发生。说也怪，就在这千钧一发当儿，如有天助，奇迹发生了。当列车通过许家洞站第一个报警点后，奇妙的机车上的自动停车装置起作用了，使47次列车在进站信号机外乖乖地停下车来，从而避免了一起旅客列车的重大事故。1000多名旅客的安全得到了保障，歹徒的阴谋破产，畏罪自毙。假如这事儿发生在没有机车三项设备的年代，后果是不堪设想的。科技的力量是了不起的，也是神奇的。随着铁路装备现代化的发展，铁路安全必然要从以人保安全为主，发展到以设备保安全为主的新的历史阶段。

从那件惊心动魄的事以后，科研部门投入更大的人力物力去研发机车三项设备，使其保安全的功能更强大、更完善，从而能有足够的力量来支持铁路的运输安全。

一个事故一个规章

● 1993 年 7 月 10 日 2 时 55 分，北京开往成都的 163 次旅客列车行至京广线新乡南场至七里营间 K608+950m 处与前行的 2011 次货物列车追尾冲突，此次事故共死亡 40 人，其中乘务员 34 人，旅客 6 人；重伤 9 人，其中乘务员 7 人，旅客 2 人；轻伤 39 人，其中乘务员 4 人，旅客 35 人。仅设备方面的直接经济损失就达 130 万元。这是铁路史上死亡铁路工作人员最多的一起重大事故。据统计绝大多数死亡和重伤人员出自机后第1位的宿营车上。有人作过研究，机后第 1 位车出事故的概率较其他车厢要高出数倍。

从那起事故后，铁路部门明文规定，跨局直快以上等级客车不允许用宿营车作隔离车。

● 1963 年冬，欧阳海所在部队在岳麓山一带进行野营合练。当部队行至京广线一个弯道处，突然，一声令人颤栗的马嘶声在身边响起：炮兵分队最后边那匹驮炮的战马被迎面驰来的火车汽笛声吓惊了。它挣断了缰绳朝轨道上奔去！它驮着压不烂的钢炮横在铁轨中间！它惊恐万状地在车头的前方打转！忽然又像用钉子钉在那里，死也不肯动了！

事情发生得这么突然。欧阳海心里清楚，按照列车的速度，4 秒钟内车头就将与战马相撞。曾听老工人叙述的惨剧就在眼前，马死车翻，眼看是无法避免了，在这千钧一发的紧急关头，他抢在列车到达之前，拼尽全力推开了战马。人民的生命和国家财产得救了，而欧阳海却献出年仅 23 岁的年轻生命。

为杜绝类似事故的发生，全军规定：凡内地战马必须要进行适应火车的专门训练。否则，不准执行军事任务。

以上两起事故揭示这样一个道理：铁路的每个规章都是前人血的教训的结晶，每个铁路职工务必须不打折扣地执行，惟有如此安全才有保证。

奇　遇

张某与刘某两人原本素不相识。一个是南方某厂的业务员，一个是北方某公司的营销员。两厂相距数千里，两个单位的产品也不相同，一个是食品，一个是机械；一个四十多岁，一个不到三十，而后来发生的两件事情却使他们成了患难之交。

1994 年 7 月 10 日，在河南新乡南场至七里营区间发生了一起重大列车相撞事故。那次事故死亡 40 人，其中列车乘务员 32 人，重伤 9 人，轻伤 39 人。事故发生后，伤员被分别送往新乡数个医院抢救。其中有两个安排在同一个医院同一间病房的轻伤员，出事前他俩就在同一个车厢同一档卧铺就座。

老张是个乐天派，看见小刘就说："咱俩有缘分，老天爷看着咱俩挺能谈得来，专门给咱安排个单间让咱俩谈个够。你说呢？小刘。"

小刘是个内向人，答道："什么时候了，还有心思开玩笑。赶快想法通知家人，免得他们操心挂念。"

"这么大的事故全国很快都会知道的。别通知家人，出院后给他们一个惊奇。"

由于张与刘受的伤不重，很快就康复出院。临别时两人互道再见。

张风趣地说："可不能再在医院见面了。"

"对，可不能再摊上事故啦！"小刘赞同地说。

世上的事说来也真蹊跷，越不想让出啥事它偏出啥事。不是吗？"7 · 10"事故相见的老张与小刘又在相隔三年的长沙荣家湾事故相遇。

1997 年 4 月 29 日 10 时 48 分，昆明开往郑州的 324 次旅客列车行至京广线荣家湾站 K1453+914m 处，与停在站内 4 道的 818 次旅客列车尾部冲突。这起事故造成人员死亡 126 人，重伤 48 人，轻伤 182 人，是中国铁路史上最大的旅客列车事故。由于此次事故死伤人员太多，伤员安排的相当分散，分别在几个县医院进行救治。即便如此，老张与小刘又鬼使神差地被安排在了一个病房，他们同属轻伤员，不同的是他们出事前没在同一车厢就座。两人见面时，都惊讶得失声喊起来："老张，小刘，又见面了。"

"咱俩真有缘分啊！天下这么多人，铁路两次重大事故咱都摊上啦！"老张握着小刘的手感叹道。

小刘明显比以前健谈了，幽默了，答道："还是地球太小了。"

当他俩把两次大难不死的奇遇告诉旁边的大夫和伤员时，那个戴着深度近视眼镜的大夫连连自语道："奇遇，奇遇，真是奇遇。像这样的事情真是少见，你们的奇遇编成小说也挺有意思的。"

由于两人受的伤不重，很快就康复出院。

临分手时老张的幽默依旧不减，说道："人常说再一再二不能再三再四，咱俩已经两次大难逃生，下次说啥不能再见面了。"

小刘也不知从哪学的幽默："人家都说是九死一生，咱才摊上两次，还差得远哪！"两人哈哈大笑起来。

一封来自高墙内的书信

——荣家湾“4·29”事故责任者郝任重愧疚心绪的倾诉

总公司全体干部职工们：

你们好！自“4·29”事故至今已近一年了，回顾这一年来我的经历和感受，真是千言万语，不堪回首。我有许多心里话要向领导和同志们倾诉。

我身为工作了17年的铁路信号工，曾经也当过多年的信号工长，实际工作经验不能说少，论技术又是高级二等工人，但究竟是什么原因造成这次重大事故的发生？说穿了，原因是违章作业，不按作业程序，怕麻烦，图省事，认为别人是这么做没有出事，自己以前这么做过也没有出事，明知是严重违章，但我认为一会儿就干完了，哪有这么巧。但事实就是如此，谁明知故犯，心存侥幸，事故就一定会发生在谁的头上。我扪心自问：铁路哪一件事故不包含着“违章”两字。那么，为什么还要违章呢？

曾记得，我任工长期间，也严禁别人违章，在多年的工作中也对这些规章认真遵守，同时，对学徒也经常进行规章教育。认真反思，我对规章制度认识是远远不够的，心里有种想法就是违章不违法，最终导致这次惨痛事故的发生。谁知，抢得几分时间，换的是遥遥无期的铁窗生涯。

这次重大事故的恶果，是我事先怎么也没有想到的。国家的财产损失了几千万，126名无辜旅客丧生，还有那些伤者、残者等等终身痛苦。每个人都有父母儿子，每个人都有家庭，126名死难旅客的父母、子女等上千人，在一刹那间，陷入了悲痛欲绝之中。哪个儿子不敬爱父母，哪个父母不心痛儿女，就因为我违章作业，导致一百多个家庭妻离子散，家破人亡，还有什么比失去亲人、家庭破碎更为痛苦呢？

就拿我自己来说吧！我也有个温暖和睦的家庭，贤良的妻子、可爱的女儿，就因为这次事故分离了。原来全靠我的工薪吃饭的妻子、女儿，从此陷入了困境，瘦弱的妻子为了打工糊口，不得不将女儿寄养在亲人家。孩子都在父母身边享受天伦之乐，可我女儿只能一人孤单、寂寞地生活，没有幸福，没有欢乐，一个好端端的家庭从此破碎了。真是一失足成千古恨啊！

人生最大的痛苦莫过于失去自由。我好渴望得到自由，我多想变成一只小鸟，自由地飞翔。人为什么要犯罪？我为什么会犯罪？当初，我真想一死了之，以死来向死难者谢罪，幸亏同犯们及时发现，在政府干部的教育下，我认识到“死”是一种逃避，是一种不负责的念想，就算死一百次，也不足以谢罪，只有认真反思自己的罪过，努力适应新的环境，认真改造。我犯了罪，罪有应得，决不怨天尤人，要怪，只能怪自己当初为什么不严格遵守规章制度，就算判我无期也无法面对这些死难者的冤魂。

入狱近一年了，每当逢年过节，思乡之情、思亲之情油然而生，透过铁窗，远眺星空，眼泪情不自禁流淌出来。每当我拿起工具，就想起我从前的岗位；每当端起饭碗，就想起我温暖的家、善良的妻子、可爱的女儿。我好向往外面的生活，我多渴望得到自由，我多想有来生，我多想重返工作岗位，如真有那么一天，我一定会加倍珍惜，好好遵章守纪。工友们，要知道，每条规章、每条纪律都是前人用血的教训总结出来的，决不能违反，决不能心存侥幸。吸取这次惨痛的教训吧！

在监狱服刑期间，我深深地感到，铁的纪律在这里体现了，监狱干部从严管教，从不迁就，发现违规违纪的就将按监规予以严惩，发现违规违纪的苗头也从不放过，并深挖根源，一切的规章都落实在行动上，犯人们自然地形成了紧迫感、自觉感。如果我们的干部也像他们一样敢抓敢管，一定会杜绝不少的违章现象。

我今后还有遥遥无期的铁窗生涯，我真诚的希望用我的教训从此唤醒每一位铁路职工。觉醒吧！每一位违章者，国家的财产、旅客的生命都在你的手中，不要再流血，不要再听到哭声，让国家少一点损失！让人们少一份痛苦！让自己少一些悔恨！

事故出不得，也出不起啊！

郝任重写于衡阳雁北监狱

1998 年 3 月 23 日

资料：1997 年 4 月 29 日，在荣家湾车站附近发生了中国铁路史上罕见的“4 · 29”列车追尾事故，共造成 126 人死亡，45 人重伤，185 人轻伤，直接经济损失达 415 万元。事故为责任人郝任重擅自使用自制的二极管专卖店连线封连端子接点所致。法院以“破坏铁路交通设施罪”判处郝任重无期徒刑、剥夺政治权利终身。

安全大于天

——读“7 · 23”事故诗抄有感

从前听过一首曲调哀婉、悱恻缠绵的歌曲，名字叫什么我已经忘记了，单单记得中间的一句歌词：天堂里有没有车来车往……许多年过去了，这句歌词像是在某个黄昏进入了我的身体就再也没有出来过。

直到2011年7月23日20时34分。

这是让全中国人乃至全世界都悲伤的一个瞬间，也是无法用言语来描述的一个瞬间，那一天，南方很多地方都在下雨，地球在这一瞬间之前，安静得和往常一样。

新华社在7月25日的文章中是这样描述的：“剧烈追尾撞击，令D3115次动车组列车第13至16节车厢脱轨，D301次动车组列车第1至5节车厢脱轨，四节坠落桥下，其中1节车厢悬空，一头担在高桥上，另一头插在地下，犹如一个巨大惊叹号！”

是的。一个巨大的惊叹号，从那一刻，就深深地刻在中国这片辽阔的土地上了。我无意再一次重复那惨烈的瞬间，却也无法回避，当我在一篇篇报道和一首首诗歌中读到它的时候。

我在《一列火车，开着开着就开到了天上》中读到了悲伤，我在《深邃而普遍的黑暗》中读到了悲凉，我在《查干湖》中读到了恐惧，我在《死亡列车》中读到了孤独……

在我看来，这些因此而出的诗歌，都表达了人的一个基本诉求，那就是平等、平安、幸福和尊严。在中国，还有什么诉求能高过这些呢？

“7 · 23”甬温特大事故发生后．人们在悲伤的同时，也在愤怒地质问：这样的事故为什么会发生！

第二天下午，我在微博上发表了一首悼念死难者的《世界上》，这是我在本次事件后写下的第一首诗，旋即被转发数万次。我在这首诗的末尾写道：“这个下午阳光灿烂 / 山河壮丽 / 不值一提。”

当日下午，动车车头被拆毁并掩埋进了出事地点旁刚刚挖好的深坑。《南方周末》在《透视“特别重大事故”追责惯例》一文中开篇只用了五个字：“那就是没有。”人们不禁要问，在中国，难道所有的灾难都是兴邦且以表彰结束的吗？在中国，难道所有的灾难都是没有人负责的吗？在中国，难道所有的“民愤”都是不值一提的吗？

温总理在7月28日上午去了温州，在察看“7 · 23”甬温线特别重大铁路交通事故现场，悼念遇难者的同时明确提出了：“给人民一个负责任的交代！”并强调：“如果在调查过程中，发现背后隐藏着腐败问题，我们也将依法处理，毫不手软”。第二天，事故遇难人员赔偿救助标准确定在了91.5万元。

但是，那些逝去的生命，无法用金钱来衡量。对于一个人，对于一个家庭，对于一个国家，都无法用金钱来等价。

马知遥的一首《祖国，我的妹妹丢了》让人悲恸、让人深思，更让路人蒙羞。“7·23，我的妹妹乘坐在动车上，那被称为安全和谐的车一路向南；祖国，我的妹妹丢了；她消失在两车相撞，和许多血肉模糊的躯体一起飞起来……”

柔肠在《安全大于天》中写道：“膨胀的头脑啊将隐患埋下，浮躁的心理啊将祸殃孵化。为何非撞上南墙方知回头，上帝为何不及早拽回脱缰的野马。科学发展啊事业方能持续，敬畏历史啊事业方能做大。”这首诗意在警醒人们在尘世中心要静而志要远，切莫再犯三年“大跃进”的幼稚病。

这些尖锐的振聋发聩的诗篇，沾满泪水的诗篇，也是些对中国饱含情感的诗篇。泱泱大国，纵横八荒，可以在这些诗篇中知道人民的心声和希望。

刊登在2011年7月28日《人民日报》头版评论员文章说：“重视安全生产，怎样强调都不为过。”可见“7·23”事故使国人对安全生产的认识达到了一个前所为有的高度。“生命高于一切，安全大于天”的理念已经深入人心。

作者小殷在阅读数千首“7·23”事故诗抄后而生发的感悟

栽樱桃树缅怀逝者 立纪念碑予以反思

——德国高铁事故纪念园走笔

德意志是一个善于反思的民族，它的强大很重要的一个因素也来自对过去的反思与警醒。在经历了1998年的高铁惨案后，德国在埃舍德镇灾难现场修建了一座纪念公园。

具有800年历史的埃舍德镇位于德国北部名城汉诺威以北约50公里处，人口才3700多。离着老远，我就看到镇口竖着“埃舍德”字样的黄色标牌。在一名男士的指引下，穿过小镇，来到镇边的一座高架桥。这座桥是在当年失事倒塌的桥梁处重新修建的。

园中101棵樱桃树代表101个生命

在桥的一旁立着一扇水泥门，在门的侧面刻着这样的文字：“1998年6月3日，10时58分，ICE884伦琴号在这里发生严重的出轨事故，101人在此次事故中遇难，他们的家庭被彻底破坏，更有数以百计的人严重受伤，这些伤痕将伴随他们一生。在这场灾难面前，我们看到了人类的渺小和短暂，还有我们的不足。那些舍己救人的救护人员、当地的市民们为我们做出榜样，他们完成了巨大的任务，也给予他人莫大的帮助和安慰。通过他们的行动，我们也在埃舍德看到了团结一心和人与人之间的真切情感。”

这扇门就像打开了一扇心灵大门，无论从哪个角度看，都可以让人思绪万千。从水泥门另一头往下看，是101棵樱桃树。据介绍，101棵樱桃树代表着101个逝去的生命，每年6月，鲜红的樱桃果实和繁茂的枝丫相互衬托，象征着事故的受害者彼此扶持，相互照顾。

从陡峭的水泥阶梯向下来到樱桃园里。园里显得很安静，一条蝌蚪状的小径穿梭其中。纪念公园中央竖着一块长8米、高2.1米的纪念碑，上面刻着101位遇难者的名字以及他们的出生年月、家乡。从死者的姓名看，很多是一家人。碑文上写着愿死者在上帝的手中安息，也希望活着的人化悲痛为力量、紧密团结。纪念碑旁，放着许多鲜花。

纪念园负担着“五个任务”

在园里走了几圈，记者再遥望那扇位于高处的水泥门，似乎这里包含着深刻的含义。德国朋友向记者揭开谜底。他说，事故后，德国政府和民众都支持建造一个纪念馆来“反思事故”，但又觉得工程浩大，而且处理不好，会伤害受害者家人的感情。

这项任务最后交给汉诺威的两位建筑师。两人通过一年多的调查和设计，确定了一个主题———“在天堂的路上”。设计者希望，埃舍德公园能担负起“五项任务”：一是让人记住高铁事故。二是提醒后人。三是让人反思。四是不被历史遗忘。五是愈合伤口。

2001 年 5 月 11 日，埃舍德公园正式揭幕，当时数百名遇难者家属、政要和志愿者来到这里。如今，每年都有大批参观者到这里哀悼、反思。

在园中走着，看到一辆高铁列车从公园的一头疾驶而过。原来铁路也是公园的一部分。为了让人们记住，公园的一边就是高铁铁路。记者看到，经过这里的有 3 条铁轨，在公园旁边还有一条支线，终点就埃舍德公园。每年 6 月 21 日，即埃舍德事故的悼念日，人们都会在这里举行纪念活动。

据介绍，在事故中那节没有受损的车厢，在事发后不久重新回到铁轨上，奔跑在德国城市之间。在事发后长达 5 年的调查和审判期间，这节车厢供调查机构研究、取证。它“退休”后，平时停在德国铁路博物馆里。有活动时，就成为展览中最宝贵的“教材”。

在回家的路上，我在埃舍德镇市区发现不仅有红色交通牌，还有蓝色的。当地人说，交通安全是这个镇和所属地区的最重要的政策，人的生命高于一切，市区最高时速一律限定 30 公里。

他们，死于7月23日
不能忘却的纪念

吴久久　徐臻　张恒/文

“没用的，兄弟，很快就会忘记了。”陈亮对我们说。他的父亲陈治平和其他 39 个人的生命，因为一场不该发生的悲剧而终止。但我们不想遗忘。于是，我们努力把每一人记录下来，不但记录他们的名字，更记录他们的故事，用文字打败时间，用文字为他们建造一座纪念碑，让现在的人和以后的人们知道，因为这场不应该发生的灾难，我们失去了怎样的生命——每一个生命，都曾如此愉悦而如此独特。

“我快到家了，你要煮点好吃的给我”

陈伟

性别：*男*
年龄：*41岁*
所在地：*福建福州*

陈伟这趟出差是为了购买做纸盒的机器。他的计划是办一个小型纸盒加工厂。之前，他一直在纸盒厂打工。纸盒厂的收入不稳定，多则 5000 元，少则 2000 元。作为顶梁柱的陈伟总想多赚点钱，最好能买一套房，这样一家五口人就不用再挤在 70 平米的出租房里。

陈伟从不在自己身上乱花一分钱，却总是尽量满足家人的要求。在妻子刘长兰眼里，丈夫没什么爱好，只是“有事就做，拼命地做，没有星期六也没有星期天”。

7 月 23 日，陈伟坐上 D301 次列车后，给刘长兰打了个电话，“阿玲（刘长兰的小名），我快到家了，你要煮点好吃的给我，我这几天在外面吃别的东西，都不大习惯。”

“下午坐D3115次列车回福州，买的是一等票”

吕红艳

性别：*女*
年龄：*39岁*
所在地：*福建福州*

吕红艳的老家在湖南长沙。十多年前，她进入福州一家工程公司工作。

7 月 23 日那天，吕红艳的好友王女士还曾打电话给她，“她说在杭州出差，下午坐 D3115 次列车回福州，买的是一等票”。

“经常笑嘻嘻的，和每个人都打招呼，人特别好”

曾国钧

性别：男
年龄：45岁
所在地：浙江瑞安

终究，曾国钧还是没能实现自己业务扩张的计划。他今年本来计划在厦门开一家分公司，但是7月23日D3115次列车，将这个愿景打碎了。他的员工，没能再见到这个身高1米70，身材略有发福，性格开朗，大方直爽的老板。

45岁的曾国钧是温州人，在福州开了一家公司，代理某品牌的化妆品。在员工眼里，他没有一点老板的架子，“经常和他开玩笑都ok，经常笑嘻嘻的，和每个人都打招呼，人特别好”，公司员工曹玉琴说。去年，公司里一个员工突然生病，那个女孩儿的亲友没在身边，于是曾国钧就和妻子轮流去医院照顾这个员工，一直照顾了一个星期。

“他和老婆都是经常出双入对的，关系很好。”曹玉琴说，他们还有一个8岁的女儿。两口子到公司，经常给员工们带吃的，“不会像其他老板一样很苛刻”。

“让所有的白鸽子，永远不死地自由地飞翔”

朱平

性别：女
年龄：20岁
所在地：浙江温州

朱平遇难时，刚刚20岁。20岁，是一个充满着无限可能的年龄，海明威在这么大的时候上了战场，并在五年后成名，再过五年，被尊为大师。但朱平20岁以后的所有可能，被那趟“特别无聊，座位也不舒服，也睡不痛快”的动车彻底封死。在大门关闭的那一刻，她用尽生命中最后一丝力气，拨通了家中的电话，却一个字也没有说出来。

她本是个爱说爱笑的女孩子，有着明亮的眼睛和善良的心灵，开朗乖巧，偶尔也为青春痘攻陷了自己的脸蛋而苦恼。在物价高企的北京，她每个月的饭费不足200块钱，平时穿的都是在街边“淘来的，很便宜的衣服”。

当然，这个年纪的女孩子，也有爱美的心，也会向朋友抱怨，自己怎么就这样“丧失了少女情怀”？她到商场里买了一双楔形跟的彩带凉鞋，又配上了一条素色的褶皱连衣裙，蹦到好友黄一宁面前。“那就是我觉得她最漂亮的样子”，黄一宁说。朱平生前留下了几段影像，其中一段是她在一个晚会上的诗朗诵。画面中，她穿着蓝色上衣，黑色的裙子，语调深情：“和平的天空，他说，是为了让所有的白鸽子，永远不死地自由飞翔。”

村里人的骄傲

徐配配

性别：女
年龄：23岁
所在地：河南上蔡

在动车出事的那天上午，徐配配还给在河南老家的父亲打电话，说新闻上讲这几天河南高温，爸妈要注意身体，注意防暑。她想给妈妈范平买一件“花褂子”，但是母亲反对，说女儿应该给自己买衣服。

23岁的徐配配是家乡的骄傲。她出生在河南省上蔡县芦岗乡北大吴村。父亲徐留根在20岁时就有了这个女儿。家里条件不好，16岁初中没毕业，徐配配就到广州打工，工资不到1000元，但是每年都往家里寄六七千块钱。

今年2月份，徐配配应聘到北京“洁丽雅公司”。这家公司向北京南站和列车提供保洁人员。徐配配开始在动车上做跟车保洁人员。她主动申请跟长途车，因为长途车工资高，一个月有2200元。一开始，她在从北京南到上海的普通列车上工作，因为表现好，被调到北京到温州的D301次动车。

“对不起儿子，因为实在太忙了”

陈跃

性别：女
年龄：32岁
所在地：浙江瑞安

事故发生后，陈跃的电脑一直开着，电脑桌面上是两枚大大的指纹。她是瑞安市公安局刑事科学技术室指纹比对中心的技术人员，对比指纹是她的日常工作。

这份工作忙碌、单调、枯燥，分析一枚指纹，有时候需要盯着屏幕看十几分钟，长年累月都是重复同样的事情。

陈跃曾是一名军人，退伍后成为瑞安市公安局的一名职员，2003年开始从事指纹比对工作。她平时总笑眯眯的，乐观开朗，和同事的关系特别好。对她而言，连续熬通宵加班，是常有的事情，但她从来不会抱怨工作和生活。唯一觉得亏欠的是对儿子，“她常说，对不起儿子，因为实在太忙了。”陈跃的同事说。

好丈夫，好儿子，好父亲

性别：*男*
年龄：*33岁*
所在地：*浙江瑞安*

金建飞今年33岁。生前，他是瑞安某乡镇的一名公务员。在瑞安当地的论坛里，许多人自发悼念他，“记忆中，建飞君总是一脸的微笑、和气、斯文、待人真诚。”

金建飞是家里的独子，在岳父眼里，他“是一名好丈夫，好儿子，对老人特别孝顺”。当然，他也是一位好父亲，当7月23日的D301次列车猛烈撞向D3115时，他用身体护住了儿子金文博。

“长大肯定是个帅小伙儿”

金文博

性别：*男*
年龄：*4岁*
所在地：*浙江瑞安*

金文博是一个能歌善舞的小男孩儿，平时古灵精怪，爱穿红色的运动服，总是蹦蹦跳跳，家里人都叫他“豆豆”。一天不见豆豆，爷爷奶奶都会想他。

豆豆正在上幼儿园，这个世界的门，刚被他推开了一道缝。每天从幼儿园回家，豆豆都要表演唱歌、跳舞，还拉着大人做游戏。豆豆的眼睛大大的，皮肤很白，你要是夸赞他：“豆豆真帅，长大肯定是个帅小伙儿”，他就高兴地摆着POSE等待拍照。

7月23日当D301次列车撞向D3115时，父亲用臂膀护住豆豆的身体，豆豆没有受到一点伤害。但最终救援迟来，他死于窒息。这一年，豆豆四岁。

不要忘记这位“茜茜公主”

Assunta Liguori

性别：*女*
年龄：*22岁*
所在地：*意大利*

照片里的Assunta真美丽。她用一块彩色条纹头巾包裹住头发，满脸笑意。微笑顺着向上弯起的嘴唇爬上脸颊，露出浅浅的酒窝。甚至连她那双大大的眼睛里，都闪烁着快乐的色彩。亲友们一直叫她“茜茜公主”，因为她就像那位著名的奥地利公主一样，性格活泼，热情开朗。

“茜茜公主”是来自意大利那不勒斯的留学生，原本的计划是在中国进行暑期实习。她热爱旅行、好学上进，梦想是成为一名外交官周游世界，为此，她掌握了阿拉伯语、英语和中文。

她今年才22岁，美好的人生刚刚开始。

“多好的一个人啊，就这么走了”

陈治平

性别：*男*
年龄：*60岁*
所在地：*浙江温州*

2011 年 7 月 13 日上午，黑龙江萝北县，陈治平和其他战友，返回了他曾经做知青、下乡插队的地方。他的妻子当时也在这里做知青，两人在这里相遇、相识。

在儿子陈亮的记忆中，陈治平是一个非常帅气、开朗的人，平时喜欢打打太极拳和摄影。偶尔，他也会给儿子讲起自己做知青的那段岁月。

“他们是一个知识分子家庭，特别好的一个人，话不多，但很热心。”陈治平所在社区的郑主任说，每次见面，陈治平都会很客气地跟他打招呼，“多好的一个人啊，就这么走了”。

“像基德一样有韧性”

陆海天

性别：*男*
年龄：*20岁*
所在地：*安徽无为*

在陆海天的生命中，篮球所占的位置，相当重要。身高一米七的他是一个篮球迷，平时穿 24 号球衣，最崇拜的球星是贾森·基德。在和他交过手的师兄眼中，他也“像基德一样有韧性”。基德在 38 岁的高龄，还帮助球队夺取总冠军。但陆海天的梦想并不在篮球场。他最喜欢的还是“剪片子”，梦想着有一天成为一名优秀的电视工作者。

“儿子很乖，他说想爸爸，我该怎么跟他说”

胡维鹏

性别：*男*
年龄：*33岁*
所在地：*福建福州*

33 岁的胡维鹏在浙江台州工作，而定居的城市则是福州。胡维鹏长年在外奔波，一家人难得团聚。

他的妻子在微博上发了寻人启事，里面这样描述他：“今年 33 岁，身高 170cm 左右，事发时身穿黄白相间竖条纹，浅灰色西装裤，寸头，平时戴眼镜，鼻子上有疤！”这是他留在人间最后的形象。

“儿子很乖，他说想爸爸，我该怎么跟他说。我老公很爱我和儿子，我们也很爱他。”他的妻子说。

“他对未来的规划很宏伟”

陈财发

性别：男

年龄：38岁

所在地：福建长乐

陈财发的家人，一直在寻找他戴着的一块伯爵表。那是一对情侣表中的一块，另一块戴在他妻子手上。结婚十余年，两个人非常恩爱，本来他们打算这次出差结束后去丽江旅游的，“机票都买好了”，陈财发的弟妹陈女士说。他是一个很顾家的人。

在陈女士的印象中，陈财发是一个很会打拼的人，“一直在想着把自己的公司推向更高的地方”。他在福建长乐经营着一家化纤公司，陈财发的助理郭先生记得，“他对未来的规划很宏伟”，一直筹划在湖南投资一个工业区。“对陈总来说，他的规划能够达到目标，是他最高兴的事了。”但是他没能看到这个目标实现。

“18岁后自己就应该去闯荡”

陈鸿鹏

性别：男

年龄：14岁

所在地：浙江绍兴

陈鸿鹏是陈财发的外甥，是家里的独子。陈鸿鹏的父母在绍兴做生意，他跟着在那里读初三。一放暑假，陈鸿鹏就想回老家，跟弟弟妹妹们玩。7月23日那天，他和舅舅陈财发一起登上了D3115次列车。

这个14岁的小伙子，很帅气，很阳光，也很喜欢笑，对未来，他本有着更长远的梦想，“他觉得18岁后自己就应该去闯荡”，陈女士说，到时候做什么，怎么发展，他都想过很多。但是，他甚至没等到下个月，他十五岁的生日。

“这么好的一个人走了，伤不伤心？”

林骁

性别：男

年龄：40岁

所在地：福建福州

林骁是福建福州人，在当地经营着一个工程公司。在弟弟眼中，他总是很忙，工作上压力也很大。“现在，他总算可以轻松了。只是，这样的轻松，我们接受不了。”

林骁信仰基督教，性善好施，每年捐给灾区、捐给学校、捐给慈善部门的善款，以十万计。“这么好的一个人走了，伤不伤心？”林骁的弟弟问。但是对这个问题，他并不需要答案。

他的儿子，今年才8岁

赵立松

性别：*男*

年龄：*40岁*

所在地：*福建福州*

坐上D301次列车时，赵立松的口袋里揣着一家七口人的身份证。他早就答应暑假要带儿子赵竹去杭州旅游。这一次，外公、外婆、爸爸、妈妈、姨妈、表姐和赵竹都玩得很开心。回程列车上，赵竹还跑来跑去看风景。

听说火车就要到站了，赵竹跑去门口看动车怎么开门，事故就在这时发生了。

在温州康宁医院，赵竹见到了赵立松。“爸爸好像后脑受伤了，昏迷了。”赵竹不知道，这是他见到爸爸的最后一面。赵立松的儿子，今年才8岁。

“班上的同学都不相信她不在了，全哭了”

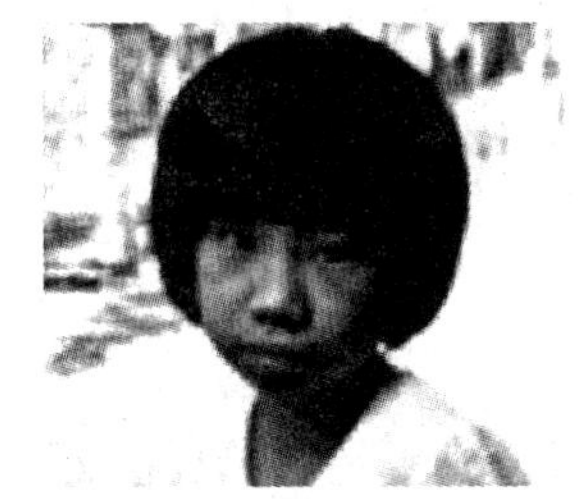

黄雨淳

性别：*女*

年龄：*11岁*

所在地：*福建福州*

黄雨淳，这个11岁的小姑娘，留着小丸子的发型，嘴角微微翘起，安静地站在杭州的水乡小镇前，留下了人生当中最后的影像。照片中，她穿着白色T恤，T恤衫上，卡通蝴蝶在飞舞。

暑假过后，雨淳就要上六年级了。在母亲眼里，雨淳很懂事，爱看书，喜欢画画，“有时很活泼，有时很安静。”

雨淳是班上的班长，学习很好，一直是三好学生，她遇难的消息传到学校，“班上的同学都不相信她不在了，全哭了。”

鲜艳的红领巾飘扬在前胸

陈怡洁

性别：*女*

年龄：*10岁*

所在地：*浙江杭州*

陈怡洁扎着马尾辫，有一双很亮的眼睛。她聪明、阳光，多才多艺。她是温州人，在杭州天长小学上四年级。在老师和同学记忆中，这个小女孩的自信和自强让人印象深刻。不久前，她主动参加了杭州市第七届“美德阳光少年”评选。她在自荐材料中写道：“一年级的时候，我光荣地加入了少先队。少先队员是个光荣的称号，应该乐于助人。”

中断的游子归途

曹尔新
CAO ER XING

性别：男
年龄：57岁
所在地：美籍华人

曹尔新想回家。他从纽约回来，去福建长乐县曹朱村。相传这里是郑和下西洋的起锚地。1988年，他持商务签证合法进入美国，做过餐饮，在纽约拉瓜地亚机场做过清洁工。1998年，通过移民大赦，曹尔新获得了绿卡。

他勤劳、朴实而热心。经过几十年的奋斗，他在纽约皇后区的杰克森高地有了自己的房子。

这一次回来，曹尔新是为了陪同大儿子考察在中国的投资，并回福建老家看望已经年过八旬的父母。

曹尔新在北京南站登上了D301次动车，如果一切顺利，他将在24日抵达福州南站。但现在，老人再也不能见到归来的海外游子。

贤惠节俭的妻子

陈增容
CHEN ZEN RONG

性别：女
年龄：56岁
所在地：美籍华人

1994年，在丈夫曹尔新到美国6年后，陈增容带着两个儿子移民美国，一家人团聚，随即在纽约定居。

她是一个典型的福建女人，贤惠节俭。这几年，她一直处在半退休的状态。这次回国，是陪同丈夫和儿子。没想到，回家的列车会在夜里坠落桥下。

消息不断被转发，却从未被更新

李建忠

性别：男
年龄：43岁
所在地：浙江温州

7月23日，网络发布温州动车事故寻人信息：寻找D3115列车15号车厢，名字叫李建忠，44岁，身高170左右，事故后家人一直联系不上，急!!

消息不断被转发，却从未被更新。

7月26日，李建忠这个名字再度被人提及，他出现在温州警方公布的第一批遇难者名单中。

要好好照顾年迈的父母

卓煌

性别：男
年龄：38岁
所在地：福建福州

卓煌老实本分，公务人员，在外却少有应酬。

2004年，卓煌与小学教师陈姿结婚。婚后，他一直是个居家好男人，照顾老人、洗衣、做饭，几乎包办了所有家务。两年后，儿子卓睿喆出生，他又开始摸索如何才能当个好爸爸。

到杭州去——这是卓煌全家的第一次远行，也是为了让儿子多见见世面。出发前，卓煌专程到姐姐家借了两本旅游自助书，分别时，两人还说要好好照顾年迈的父母。

“本来好的生活才刚开始”

陈云英

性别：男
年龄：46岁
所在地：福建晋安

苦了十几年，陈云英眼看着就要享福了。

原本住在山区老家的陈云英，为了给两个女儿创造更好的教育环境，举家搬到市里，并东拼西凑，凑足了3万块钱的首付，搬进了80多平米的楼房——这是十多年以前的事情了。

陈云英勤快，心灵手巧，他曾经磨过豆腐，养过蜜蜂。最近几年，陈云英改行，在弟弟开的驾校里，当了一名教练。

日子过得越来越好了。今年三月，陈云英的大女儿出嫁。小女儿现在也上了高中。家里的房贷，眼看就要还清了。“本来好的生活才刚开始。”他的亲人徐允说。

她想回一趟娘家

陈碧

性别：女
年龄：28岁
所在地：浙江平阳

不出意外的话，陈碧应该在两三个月后等待女儿的降生。女儿的名字已经起好了，叫杨洋。

今年28岁的陈碧是温州市平阳县鳌江镇人。丈夫杨峰是绍兴人，在温州做生意。他们刚刚装修完在绍兴的房子，迎接小生命的降临。岳父母一家来绍兴看看小两口准备得如何。在这趟探亲之旅结束后，陈碧决定跟父母和姐姐回一趟娘家。她的手上，还戴着丈夫送她的钻戒和手表。

又要当外婆了

温爱萍

性别：女
年龄：51岁
所在地：浙江平阳

在7月23日的前几天，温爱萍跟丈夫带着女儿还有外孙，到绍兴看望女儿跟女婿。再过两三个月，她又要当外婆了。

陈熙

性别：女
年龄：30岁
所在地：浙江平阳

温爱萍之女，陈碧的姐姐。

周辰特

性别：男
年龄：3岁
所在地：浙江平阳

陈熙的儿子。

“从今天起，勤写微博，以后对伊伊有个交待”

项余岸 | 性别：男
年龄：31岁
所在地：浙江温州

施李虹 | 性别：女
年龄：29岁
所在地：浙江温州

2003年，项余岸进校任教。平时，他总喜欢背个毛主席年代的军绿色包包，在同事和学生眼中颇有个性。

在自我介绍里，项余岸从不避讳自己名字里的悲情色彩，“项，项羽的项；余，音同‘虞’；岸，乌江岸边的岸”。

他是个有情有义的好老师，没有架子，学生喜欢管他叫“岸哥”。有个学生说，自己喜欢语文，但不喜欢语文课，直到遇见“岸哥”，才开始享受语文。2005年，项余岸办了一个叫“语文轩”的网站，几年内便成为业内首屈一指的语文教学交流网站。目前访问人数已接近5000万。

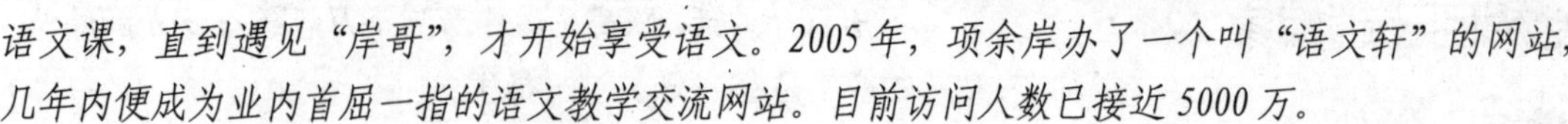

按计划，下个学期项余岸将成为温州教育局的一名公务员。6月3日，项余岸在自己的微博上写道，“明天下午，我将上演最后一课，从此，我将告别教书生涯，将告别呆了近8年的任中，心中不知会不会有一点伤感？”

7月15日，项余岸带着妻子施李虹、女儿伊伊一起去杭州看外婆。

施李虹是项余岸在温州师院的师妹。毕业后，她也选择和项余岸一样执起教鞭。2004年，施李虹成为温州科技职业技术学院的一名教师，因为表现突出，2009年，被提拔为学院学生处学生科科长。

提起施李虹，朋友们称赞她是一个好妈妈。“一个清清秀秀的小姑娘，话不多，平时聊天最多的话题就是女儿。”她的一个朋友说。

施李虹的手机屏幕、办公桌、钱包，几乎所有与她有关的东西，都贴着女儿伊伊的照片。就连她的微博，几乎每一条更新也都是为了女儿。7月17日，施李虹的微博改名为“一一成长回忆录”，理由是“从今天起，勤写微博，以后对伊伊有个交待。”

一个充满理想的农民

江正通 | 性别：男
年龄：42岁
所在地：浙江温岭

从温岭到福州，“西瓜大王”江正通早就习惯了奔波两地的生活。

12年前，他和妻子开始忙活起了收购西瓜的活计，之后生意越做越大，现在温岭市箬横镇的大半西瓜都是通过他们夫妇外销到福州的。村里有谁家西瓜卖不出去，他听说了立马就会来帮忙。

每年，西瓜的销售季约200天，江正通每天能“消化”满满两大卡车西瓜，一年的销售量近4000吨。他愿意别人称他是个充满理想的农民，而不是精明的商人。

“等以后女儿出嫁，我也要她嫁得风风光光”

郑杭征

性别：男

年龄：34岁

所在地：福建连江

郑杭征正一点一点兑现着对家人的承诺，在生活上，他总希望给妻子王慧、给女儿最好的享受，但家人间的亲昵往往更在于一个眼神、一个拥抱。

一直以来，郑杭征一家三口晚上都睡在一起，一岁四个月的女儿躺在中间。对女儿，郑杭征总觉得看不够、亲不够，而女儿也最喜欢和爸爸笑笑、亲亲。有一次，王慧说起“还好养的是女儿，生活压力不会太大。”当时，郑杭征就一本正经地说，“等以后女儿出嫁，我也要她嫁得风风光光。”

他有各种办法哄老婆开心

苏孝图

性别：男

年龄：28岁

所在地：浙江平阳

苏孝图在温州平阳经营一家印刷厂，生意繁忙。

今年正月，他和妻子毛菲菲结婚，岳父岳母对这个女婿都非常满意。他会疼老婆，吵架总是会先道歉，有各种办法哄妻子开心。妻子在四月前有了身孕，他沉浸在将要做父亲的喜悦中，到处托亲朋好友推荐好的月嫂。家里的亲戚都相信，这一对年轻人会永远幸福地生活下去。

几天前，苏孝图和妻子到杭州。因为生意忙，他必须在23日赶回温州。他在这天上午到杭州火车站，买了两张D3115次动车票，位置在第16车厢。

一路上，他照顾着因为晕车而呕吐的妻子，一直到夜里20时34分。

无忧无虑的美丽母亲

毛菲菲

性别：女

年龄：26岁

所在地：浙江平阳

再过五个多月，毛菲菲就要做母亲了。

她常常低着头，抚摸着隆起的肚子。“不要太淘气哦。”

在同龄人中，毛菲菲是幸运的。她出生在一个富庶的家庭，被父母视为掌上明珠。她的卡里，总是有经商的父亲打来的用不完的零花钱。家人从来不让她出去工作，有时候心血来潮，她就跑到家里的企业帮帮忙，或者到外面做短暂的兼职。

像所有从未体会过衣食忧虑的女孩子一样，她喜欢拍写真，喜欢做美甲，指甲上粘满水钻，闪闪发亮。她认识了做生意的男友苏孝图，并在今年正月结婚。

四个月前，毛菲菲怀孕了，她期待着孩子的降生。然而在从杭州向温州的列车上，她的生活戛然而止。

“妈妈在别的医院”

张秀燕

性别：*女*

年龄：*32岁*

所在地：*福建连江*

她的丈夫在浙江义乌做小生意，已经大半年没有回家。两个儿子一个9岁，一个6岁，吵着说想爸爸。趁着暑假，张秀燕就带着儿子去了义乌，在那里玩了十多天。

7月23日，她和孩子们坐D3115次动车从杭州返回。她急着回家，因为想念在家的母亲。父亲七年前去世，一直是她照料孤独的母亲。

火车相撞后，张秀燕当场罹难。两个孩子活了下来。9岁的大儿子陈航手捧母亲遗像，将母亲送到了火化间。他安慰医院里的弟弟：“好好养伤，妈妈在别的医院呢。”

原本计划与相恋多年的女友结婚

林焱

性别：*男*

年龄：*27岁*

所在地：*福建福州*

离家多年，林焱一直在宁波从事餐饮工作，经常出差。今年下半年，他原本计划着要与相恋多年的女友结婚。

7月23日，本来要去安徽的林焱临时将自己的目的地改为了老家福建。D301次动车在宁波东站只停靠2分钟，就在车门即将关闭的一刻，林焱的身影从离站台最近的厕所里奔出来，冲进了3号车厢。

两小时后，3号车厢从高架上坠落。

生命最后两秒的抉择

潘一恒

性别：*男*

年龄：*39岁*

所在地：*福建福州*

按照福州老家的传统，39岁的潘一恒正在人生的一道坎上。正月二十九，家里给他做了太平面，希望他这一年平安过去。然而7月23日，过完39岁生日刚刚十天，他驾驶的D301次列车撞上了D3115。在最后两秒钟，潘一恒拉下紧急制动闸把，然后被闸把贯穿了胸膛。

潘一恒是潘家的独生子，父亲种地把他养大。中学毕业后，潘一恒报考了铁路火车司机专业，1993年，他从广州铁路机械学校毕业，分配到福州机务段。2008年，温福线动车组开通前，潘一恒报考动车组司机，第二年拿到了动车组驾驶证。这一年10月，他正式成为动车组司机。

潘一恒的妻子没有工作，儿子刚刚上小学一年级。妻子操持家务，打理生活，最大的愿望就是丈夫将风驰电掣的动车平安停靠到站台。

资料来源：《京华时报》7月26日《D301司机潘一恒　放弃逃生以命刹车》

金家最能干的人

金显眼

性别：*男*
年龄：*34岁*
所在地：*浙江平阳*

金显眼有温州平阳人的典型性格：乐天、勤劳。他是金家最能干的人，在温州接皮鞋的订单，还在平阳县腾蛟镇上开了一家小装修公司。他有一手精熟的木工活，能做出漂亮的家具。靠这些本事，在贫穷的平阳，他一年能挣5万。

他的第二个儿子因为一次失败的避孕而出生。妻子还在怀孕的时候，家里商量要不要这个孩子，因为违反计划生育面临数额高昂的罚款。金显眼毫不犹豫：生！哪有不要孩子要钱的。

这是他第一次坐动车

金扬钟

性别：*男*
年龄：*8岁*
所在地：*浙江平阳*

一直到四五岁，金扬钟还是经常骑在父亲脖子上。

他是金家的大儿子，乐观而勤劳的父亲宠爱他。他的成绩很好，金家人都觉得，这个孩子长大了会很有出息。

7月23日，金扬钟第一次坐动车。他很高兴，因为他的同学跟他说，动车很高级，而他还没有坐过。

一路上，金扬钟对车内的设施十分着迷，在车厢里跑来跑去。在出事前26分钟，他听到父亲跟母亲通了一阵电话，说马上就到。

为人厚道，孝亲爱友

郝乃刚

性别：*男*
年龄：*58岁*
所在地：*天津*

58岁的郝乃刚在一家负责ISO质量体系认证的公司工作。他是天津本地人，在这个老工业城市工作了一辈子。

他身体一直很好，人长得精神。在亲友眼中，他是个厚道人，孝顺、有本事，又重情重义。郝乃刚的脾气特别好，对儿子都没怎么发过火。从小教育孩子，都是讲道理。这几年年纪大了，越发慈祥。

儿子今年刚结婚。郝乃刚跟妻子在儿子的新居附近买了一套房子，为的是和儿子住得近一些。房子已经装修好了，还没有来得及住进去。

附录五 安全哲理

安全工作中充满着矛盾，矛盾又折射出深刻而丰富的安全哲理。这些哲理是认识和解决矛盾的良方与钥匙。为了使广大读者更好地驾驭安全规律，做好安全工作，编者特意创作和精选了既有益于做事，又有益于做人的具有双重寓意的安全哲理。

一、安全价值与规律哲理

◎安全规律不可违背，违背必受惩罚；安全规律必须尊重，尊重方有平安。
◎捉弄规章者必被规章捉弄。
◎安全是天字号工程。
◎安全生产大于天。
◎安全上每个职工都是主角。
◎拥有安全不等于拥有一切，但失去安全将失去一切。
◎安全无小事，小事连大事；事事都落实，才能不出事。
◎敬畏法律(安全法规)，一生平安。
◎条条规章血写成，人人必须严执行。
◎条条规程血染成，不要用血来验证。
◎为安全投资是最大的福利。
◎人有平安就是福。
◎平安二字值千金。
◎身安抵万金。
◎生命无价，平安是福。
◎黄金有价人无价，人身安全事最大。
◎多钱非为贵，安乐值千金。
◎没有规矩，不成方圆。
◎有规矩才有方圆，有安全才有团圆。
◎妻贤夫祸少。
◎白日照料睡眠人，夜来就有平安声。
◎珍惜生命的方法是保证安全每一秒钟。
◎事故最怕有心人。
◎越怕出事越出事。
◎越害怕越跌跤。
◎千虑不抵一实。
◎门门有道，道道有门。
◎设备好，还要人好；人好，还要管理好；管理好，还要政策好(大的社会环境)。
◎惯骑马的惯摔跤。
◎容易得到的东西也容易失去。
◎不容易得到的东西，才会格外珍惜。
◎水不平则流。
◎火到猪头烂，功到自然成。

二、福与祸哲理

◎祸兮福所倚，福兮祸所伏。
◎祸与福为邻。
◎福中有祸，祸中有福。
◎安危相易，福祸相生。
◎吉藏凶，凶含吉。
◎福无双至，祸不单行。
◎福无双至日，祸有并来时。
◎害与利随，福与祸随。
◎有福就有祸，有苦就有甜。
◎福自勤中来。
◎勤苦勤苦，自有幸福。
◎因祸得福，只在人为。
◎生于忧患，死于安乐。
◎没有忧患意识，是最大的忧患。
◎福祸无门，惟有自召。
◎幸福常常伴随着痛苦。
◎有果必有因，有利必有害。
◎事故多在得意时。
◎事故是许多家庭不幸的元凶。
◎与其说幸福在于得到我们想要的，还不如说幸福在于珍惜我们已有的。

三、隐患与事故的哲理

◎高枕无忧实有忧，只是危险没露头。
◎安全与危险只差一步，把握这一步，安全

就属于你。
◎天堂与地狱都是自己建造的。
◎未来的路真的很长，不急于这一时半时。
◎赶一分时间，多十分危险。
◎晚5分钟回家比永远回不了家好。
◎快一点危险丛生，缓一秒风平浪静。
◎失之毫厘，差之千里。
◎漏缸一条缝，沉船一个洞。
◎针尖大的洞能透过斗大的风。
◎乱麻必有头，事出必有因。
◎事有凑巧，物有偶然。
◎小病不治成大病，大病不治难保命。
◎小隐患是大事故的根。
◎小失误诱发大事故。
◎千里堤防，溃于蚁穴。
◎一字之误铸大错，一念之差闯大祸。
◎绊人桩不在高，违章的事不在小。
◎泰山绊不倒人，牛橛子能绊倒人。
◎粒火能烧万重山。
◎小小一星火，能烧一列车。
◎毛毛细雨湿衣裳，小事不防上大当。
◎积羽沉船，群轻折轴。
◎小虫蛀大梁，隐患酿事端。
◎小洞不补大洞难堵，小患不防大患难当。
◎小洞不补，大洞尺五。
◎小雨能漫坏大路。
◎疮大疮小，出头就好。
◎抽一块砖头倒一堵墙，松一颗螺丝断一根梁。
◎湖水没过礁石终究要暴露，麻痹掩盖隐患早晚得伤人。
◎一根再细的发丝也有影子，一次再小的事故也有苗子。
◎毛草绳先从细处断。
◎平路跌死马，浅水溺死人。
◎高凳子不绊人，矮凳子绊人。
◎阴沟能翻船。
◎马上摔死英雄汉，河里淹死会水人。
◎轻车熟路，不注意也会翻车。
◎轻敌者必败。
◎骄傲是跌跤的前奏。
◎祸不入慎家之门。
◎一懒生百病。
◎百病乘虚而入。
◎勤受益，懒招祸。
◎狼最喜欢离群的绵羊。
◎养虎自遗患。
◎养痈遗患，自生祸殃。
◎讳疾忌医的人找不到良药。
◎纵虎归山，必有后患。
◎冰冻三尺非一日之寒。
◎大意失荆州，骄傲失街亭。
◎贼偷一半，火烧精光。
◎今日隐患，明日灾难。
◎凡事必有征兆。
◎山雨欲来风满楼。
◎月晕而风，础润而雨。
◎黄泉路上无老小，屡屡违章先报到。
◎不要抄近道，否则会白跑。
◎一着不慎，满盘皆输。
◎过于逞能，最后是会哭的。
◎寒霜偏打无根草，事故专找懒惰人。
◎省了油，费了轴。
◎剩了油，坏了轴。

四、事故后果与影响哲理

◎十誉不足，一毁有余。
◎好事不出门，坏事传千里。
◎百俊难遮一丑。
◎一丑遮百俊。
◎一念之差，终身之累。
◎一时失误，需要用一生的努力偿还。
◎水能载舟亦能覆舟，轨可行车也可翻车。
◎一人违章，多人遭殃。
◎一人出事故，全家人痛苦。
◎伤在个人身上，疼在家人心上。

◎一粒鸡屎坏缸酱。
◎一时疏忽，终生痛苦。
◎出事故受损的不光是肉体，更是心灵和自尊。

五、得与失哲学

◎得失为邻。
◎任何改正都是进步。
◎任何教训都是学问。
◎每一次创伤都是一次成熟。
◎智慧深藏于思考的深谷，坎坷常通向成功的道路。
◎道我过者是我师。
◎知耻近乎勇。
◎知过不改，小错变成大错。
◎前车覆，后车诫。
◎前船就是后船眼。
◎前事之险，后事之鉴。
◎前事不忘，后事之师。
◎前人蹶，后人戒。
◎吃一堑，长一智。
◎经一事，长一智。
◎你要感谢告诉你缺点和不足的人。
◎记住血的教训，是为了以后不留血。
◎事故的血流进智者心里，流在愚者的嘴上。
◎愚者用鲜血换取教训，智者用教训避免事故。
◎智者不上二回当。
◎塞翁失马，安知非福。
◎事故，对愚者是逗号，对智者是句号。
◎取人之长，补己之短。
◎别人的缺点，是自己的镜子。
◎顺境思忧是金。
◎亡羊补牢犹未晚。
◎出事学乖代价高。
◎困难里包含着胜利，失败里孕育着成功。
◎失败不是成功之母，只有反思才是成功之母。
◎失败，是一笔难得的财富；而成功，则是对失败的最好结算。
◎为成功庆贺，固然必要，但为失败总结，也决不可少。二者相辅相成，不可分割。
◎世上没有后悔药。
◎一失足成千古恨。

六、安全防范与实效哲理

◎忧先于事，故能无忧；事至而忧，无济于事。
◎有了警惕，不幸的事就会躲开你。
◎一时及时省九针。
◎适时锄一寸，胜过一茬粪。
◎今天懒一针，明天补十针。
◎一份预防方，胜过百份药。
◎防范及时，四两拨千斤。
◎一针不补，到大尺五。
◎一针不补，十针难补；有险不堵，成灾叫苦。
◎长痛不如短痛。
◎窍门向你笑，只怕不动脑。
◎开春杀一虫，强于秋后杀百虫。
◎吃药不投方，哪怕用船装。
◎好粥还靠慢火熬。
◎桑条要小压，大来无办法。
◎健不忘病，安不忘危。
◎防在前头，少吃苦头。
◎晴带雨伞，饱带干粮。
◎晴天铺好路，雨天不踩泥。
◎晴天砍好雨天柴。
◎冷不冷，带衣裳；饿不饿，带干粮。
◎与其事后痛心疾首，不如事前细把守。
◎与其病后求医，不如病前早预防。
◎别把隐患当羊，要把隐患当狼。
◎凡事预则立，不预则废。
◎未雨酬缪，防患未然。
◎挤疮不留脓，免受二回痛。
◎不怕一万，就怕万一。
◎一人把关一人安，众人把关稳如山。
◎小心谨慎，盲人行路也保太平；漫不经心，明人办事也难安全。

◎成功是一连串失败的轨迹。
◎经验用黄金也买不到。
◎脓包早晚要破。
◎欲速则不达。
◎慢功出细活。
◎天下难事必做于易，天下大事必做于细。
◎小心天下去得，鲁莽寸步难行。
◎最笨的方法往往是最有效的方法。
◎难做的事，容易做好。
◎一个人不愿做的事，往往是他应该做的事。
◎不怕硬嘴鸟，最怕蛀心虫。
◎当你最会骑马的时候，就要防止从马上跌跤。
◎会水水下死，会拳拳下亡。
◎吃人的狮子不露齿。
◎老虎不发威，切莫把它当睡猫。
◎绿叶底下有害虫。
◎防贼胜于治贼。
◎除害务除根，除虫务除尽。

七、安全管理哲学

◎安全制度让人不敢犯错误，安全文化让人不愿犯错误。
◎管理上多一点失误，生产中多一个事故。
◎宁为安全憔悴，不为安全流泪。
◎宁被职工骂一时，不让职工哭一生。
◎你不能样样顺利，但你可以事事尽力。
◎宁听职工骂声，不听家属哭声。
◎卤水点豆腐，规章治事故。
◎小失误诱发大事故。
◎如果不费力，东西没价值。
◎小惩大诫。
◎没有约束的自由没有自由。
◎河水流得快，靠得是岸的约束。
◎江河不曲水不流。
◎安不可忘危，治不可忘乱。
◎良药苦口利于病，忠言逆耳利于行。
◎良言不美，美言不良。
◎忠告，是无价之宝。
◎有病不瞒医，瞒医害自己。
◎隐疾难为医。
◎严是爱，松是害，松松垮垮招祸害。
◎对违章的容忍，就是对职工的残忍。
◎雪的冰冷，原是大地最温暖的覆盖，所以冷酷往往是慈悲。
◎老好人害人不浅。
◎安全成本不可欠，欠了将与事故见；安全投入不到位，其他投入都白费。
◎愚者暗于成事，智者见于未萌。
◎再没有比不听忠告的人更聋的了。
◎急躁越多，智慧越少。
◎学会了放弃，便学会了选择。.
◎药灵不在多少。
◎宽猛相济效果好。
◎对症下药，药到病除。
◎扬汤止沸，不如釜底抽薪。
◎饮鸩止渴不如无。
◎抱薪救火也枉然。
◎药要敷在疮口上，钢要用在刀刃上。
◎找到了线头，疙瘩才能解开。
◎知己知彼，百战百胜。
◎舍得舍得，不舍不得。
◎舍不得金弹子打不着金凤凰。
◎涉浅水者得鱼鳖，入大海者擒蛟龙。
◎只要有百分之一的危险，就要做百分之百的努力。
◎矫枉过正，适得其反。
◎万事忙里错。
◎赏以劝善，罚以惩恶。

八、安全中的干群关系哲理

◎要夺安全年，干部不能闲。
◎上梁不正下梁歪，中梁不稳倒下来。
◎上有所好，下必从之。
◎上行下效。
◎大不正，小不敬。

◎干部松一寸，群众松一尺。
◎上面一条缝，下面一个洞。
◎将糊涂一个，兵糊涂一窝。
◎一将无能累煞三军。
◎上不紧则下慢。
◎强将手下无弱兵。
◎头马不惊，马群不乱。
◎师严则道遵。
◎身教胜于言教。
◎言教千句，不如身教一回。
◎安全好不好，关键在领导。
◎领导为职工捧上一颗心，职工为企业奉献一片情。
◎领导心中有职工，职工心中有企业。
◎龙头怎么摆，龙尾怎么甩。
◎火车跑得快，全凭车头带。
◎干着指挥有威信，坐着指挥话不灵。
◎上面糊糊涂涂，下面麻麻杂杂。
◎良禽择木而栖，贤臣择主而事。
◎群雁高飞靠头雁，羊群走路看头羊。

九、人与己关系哲理

◎善待他人，也是善待自己。
◎帮助他人，也是在帮助自己。
◎缺了配角难成戏，少了小卒不成棋。
◎你中有我，我中有你。
◎一个篱笆三个桩，一个好汉三个帮。
◎三个臭皮匠，顶个诸葛亮。
◎城门失火，殃及池鱼。
◎邻居好，无价宝。
◎远水不救近火，远亲不如近邻。
◎邻居失火急，不救必自危。
◎邻居平安，自己也平安。
◎平时肯帮人，急时有人帮。
◎马失前蹄之祸，难免不连累到骑者；他人违章之祸，难免不殃及到你。
◎皮之不存，毛将焉附。

十、安全知识与能力学习哲理

◎安全知识让你如虎添翼、化险为夷。
◎不吃饭则饥，不读书则愚。
◎读书能使人寡过。
◎读书使人成熟，使人强大。
◎人勤地有恩，遍地出黄金。
◎勤是无价之宝。
◎志不强者智不达。
◎学得辛苦，做得舒服；学得舒服，做得辛苦。
◎只要我们有足够的恒心，便能学到任何想学的东西。
◎请享受无法回避的痛苦。
◎学问之根苦，学问之果甜。
◎书山有路勤为径，学海无涯苦作舟。
◎学问学问，要学要问。
◎学习学习，要学要习。
◎要学惊人艺，须下苦功夫。
◎要想无事故，须下苦功夫。
◎善疑是求知的钥匙。
◎起早三朝当一日。
◎三个五更顶一工。
◎秋天弯弯腰，冬天不缺烧。
◎成人不自在，自在不成人。
◎磨刀不误砍柴之功。
◎磨镰擦锄，不误工夫。
◎工欲善其事，必先利其器。
◎斧快不怕木头硬。
◎谁要有知识，就得多请教。
◎不要装知道，不懂就请教。
◎艺高人胆大。
◎养兵千日，用兵一时。
◎今天不走，明天要跑。
◎学习时的苦痛是暂时的，未学到的痛苦是终生的。
◎只有比别人更早、更勤奋地努力，才能尝到成功的滋味。

英国、美国、法国19至20世纪典型火车事故

“9·18”英国列车颠覆事故

时间：1850年9月18日
地点：Woodlesford，英国
结果：6人受伤
经过：Midland铁路公司的客车发生相撞事故

“7·18”英国列车脱轨事故

1865年7月18日，一列载有110名乘客的列车在Studehunst附近Beultiy桥上发生脱轨，车厢坠入15英尺深的泥泽河床中。事故原因是由于工人未在列车到达之前将替换的铁轨安装完毕。事故造成10名乘客死亡，45人受伤。在生还的乘客中有世界著名的作家狄更斯，他所乘坐的车厢正是事故中唯一未脱轨的那一节。

“8·9”英国列车脱轨事故

时间：1867年8月9日
地点：Bray Head，英国
结果：2人死亡
经过：未知

英国、美国、法国19至20世纪典型火车事故

“8·11”英国列车脱轨事故

时间：1880 年 8 月 11 日
地点：Wennington，英国
结果：12 人死亡
经过：脱轨

“9·24”英国列车追尾事故

1887 年 9 月 24 日，一列由利物浦发出的火车闯越红灯，与一列停在站内的火车发生追尾，造成 25 人死亡，66 人受伤。死亡者中大多是被追尾列车上的乘客。

英国、美国、法国19至20世纪典型火车事故

法国巴黎列车颠覆事故

1895 年，发生在法国巴黎 Montparnasse 的列车颠覆事故。机车冲出候车室坠落下来。事故原因：速度高冒进信号，制动不及所致。

“7·9”美国列车冲突事故

1918 年 7 月 9 日，由于工作人员违章作业，发生在美国田纳西州 Nashville 的一起重大列车冲突事故，共造成 101 人死亡，171 人受伤，是美国有史以来最严重的一起行车事故。

英国、美国、法国19至20世纪典型火车事故

“9·19”英国机车脱轨重大事故

1926年9月19日，一台机车脱轨坠入调头转盘内。图为铁路员工正在起复机车。

“9·8”英国列车脱轨事故

1937年9月8日，因超速发生于英国东部的一起脱轨事故。

英国、美国、法国19至20世纪典型火车事故

"9·22"美国大湖沼铁路桥脱轨事故

1993 年 9 月 22 日，美国大湖沼铁路桥脱轨事故。事故原因为一艘驳船撞坏铁路桥，致使桥墩位置移动。

"8·2"印度列车冲突事故

1999 年 8 月 2 日，印度新杰萨古里盖萨尔火车站，由于信号员违章操作导致信号错误显示，致使两列客车冲突，死亡近 300 人，伤 312 人。

两列火车冲突后叠压在一起

脱轨车厢及机车横向挤靠于被撞毁的大桥旁

德国高速客运列车脱轨事故

俯瞰事故现场，大桥已被撞成几节。

重创的第五节车厢已面目全非，死伤乘客多在此车厢。

1998 年 6 月 3 日 10 时 59 分，在德国埃舍德镇发生二十世纪以来最惨重的 ICE884 次高速列车脱轨事故，造成死亡 101 人，受伤 105 人，直接和间接经济损失超过 5 亿马克。当时列车时速为 200 公里。6 月 10 日举行追悼大会，全国降半旗致哀。事故原因为一只轮箍断裂。

“9·8”德国磁悬浮列车冲突事故

2006 年 9 月 8 日 9 时 53 分，一列磁悬浮列车以 170 公里 / 小时的速度在高架轨道上作试验运行时，突然发现前方一辆工程轨道车停在轨道上，刹车不及，磁悬浮列车与工程车冲突后脱轨，列车头部严重受损，而工程车被撞飞数百米外。这起事故造成 23 人死亡，数人受伤。

事故原因：通讯故障，调度控制中心工作人员与列车乘务员和维修人员未能及时沟通。

鸟瞰事故现场

列车东倒西歪

积极营救

清理事故残骸

“8·21”埃及火车追尾重大事故

两列火车冲突惨状

2006年8月21日早晨，两列旅客列车在开罗以北20公里的盖勒尤卜车站发生追尾事故，共造成58人死亡、144人受伤。

事故原因：车站联锁控制系统发生故障。

现场营救

车厢被挤成“手风琴”，更何况人呢？

“1·28”巴基斯坦车顶触电重大事故

2007年1月28日，巴基斯坦南部信德省一列满载乘客的火车在运行途中，车顶的乘客被突然坠落的电线击中，当场造成10人死亡、40多人受伤。当时这列载有近千人的列车正从信德省雅各布阿巴德开往罗赫里，乘客大多是去参加阿舒拉节宗教活动的，火车车顶上坐满乘客，当火车行驶到希卡布尔附近时，车顶上的乘客被突然落下的电线击中，一些人被电击，或被刮落车下。

客车严重超员已成为该国的一道“风景线”

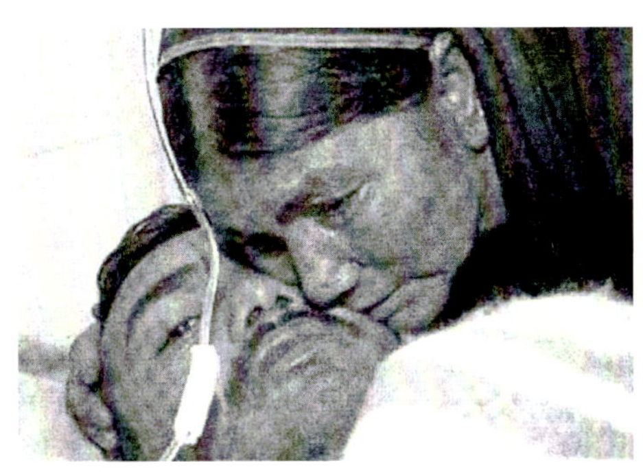

母亲心疼地亲吻在事故中受伤的儿子

运行中的超员列车伤亡事故时有发生

美国道口事故

这是2001年7月3日发生于美国西部的火车与汽车相撞的瞬间，事故原因为汽车抢道。

2005年5月21日，发生在美国西部的一起因汽车抢道而酿成的道口事故，车上三人两死一重伤。

匈牙利道口事故

2004年5月8日，由于汽车驾驶员抢越道口，发生一起罕见的火车与汽车相撞重大事故，造成33人死亡，5人受伤。图为事发当地居民点燃蜡烛悼念遇难者。

“4·22”朝鲜货物列车爆炸事故

牵引事故列车的苏式机车

紧急抢救现场

2004年4月22日，朝鲜龙川郡发生列车冲突事故，因列车装载的危险品发生爆炸，造成154人死亡，其中包括76名小学生，另有1300多人受伤。

铁路安监人员在勘察事故现场

“2·20”埃及客运列车火灾重大事故

寻找自己的亲人

2002年2月20日，埃及发生旅客列车重大火灾事故，共烧死372人，烧伤数百人。这是迄今为止世界上最严重的旅客列车火灾事故。

事故原因：旅客私带易燃品所致。

大火过后车厢惨状

“6·3”西班牙客运列车冲突重大事故

救援人员在勘察现场

2003年6月3日晚，西班牙东南部阿尔瓦塞特省钦奇利亚镇车站附近发生的两列火车冲突事故，造成21人死亡，39人受伤。这是西班牙近30年来发生的最严重的一次火车冲突事故。

事故是由钦奇利亚镇车站信号控制员给错信号而引起的。

列车相撞引起熊熊大火

火灾爆炸事故——“2·18”伊朗货物列车爆炸事故

2004年2月18日，一列满载燃料和化学工业品的停留列车发生溜逸，在伊朗东北部城市内沙布尔脱轨倾覆后引发剧烈爆炸，造成至少295人死亡，另有数百人受伤。铁路沿线的5个村庄在这次事故中被夷为平地。

事故造成人员、财产的巨大损失。

事故现场轮对横七竖八

地铁事故

"2·18"韩国地铁火灾重大事故

2003年2月18日上午9时55分，韩国东部著名城市大邱市地铁发生重大火灾事故，共造成140多人死亡，99人失踪，136人受伤。事故为一56岁的精神病患者纵火所致。值班的调度员指挥失误和驾驶员应急处理不当也负有不可推卸的责任。当日，江泽民主席致电慰问。

地铁出口处浓烟滚滚

大火过后，两列火车面目全非。

"2·6"俄罗斯地铁爆炸事件

俄罗斯首都莫斯科一列运行中的地铁列车2004年2月6日上午发生爆炸。爆炸造成至少39人死亡，上百人受伤。俄官方认定，这是一起自杀式袭击事件。

爆炸事件发生后，当地居民在地铁站内摆放红色的康乃馨纪念逝去的人们。

发生爆炸的莫斯科地铁列车车厢内景

典型事故教育

日本官方在“4·25”事故现场附近的一个农田上勾勒出的一个“命”字，时刻提醒人们要敬畏生命。

德国在埃舍德镇灾难现场修建了一座纪念公园，以101棵樱桃树代表着101个逝去的生命。

2004年3月11日，西班牙首都马德里火车站发生恐怖连环爆炸。图为市民悼念死者旅客及铁路员工。

后　记

《中国铁路安全志》自2007年启动，历经四载，三易其稿，终于付梓问世了。

几年修志，几年艰辛，几年历练，几多收获。修志使我们对世事、对人生，尤其对安全和生命又有了更深一层的认识与感悟：安全无小事，安全大于天啊！

热爱是最大的动力。凡事只有热爱方有动力。为把135多年来的铁路安全研究好，记述好，传承好，在原安监司司长丁圻塄带领下，全体编修人员怀着饱满的热情去编写《中国铁路安全志》。我们在书写历史的同时，也在被历史所书写。编写组的同志们格外珍惜这百余年才一遇的修志机会，和彼此快乐共事的情缘。大家壮志凌云，气冲霄汉，立志要干出一番事业来，留下一段人生的幸福时光和美好记忆。大家本着对历史对后人对今人负责的态度，认真地修志，快乐的工作，在编写过程中始终保持高昂的热情和创作的激情，硬是把枯燥的编修工作变成了愉快地享受过程，每个人都从中获取了极大乐趣和心理满足。

责任是最大的激励。前人为了安全付出了那么大的代价，有的甚至献出了宝贵的生命。每当我们脑际浮现那些惨不忍睹的事故场面，以及受害人和受害人家属痛苦不堪的情景时，内心就很不是滋味，沉重得不行。1990年“7·27”事故中9名机车乘务员同时殉难的悲惨景况，2004年一位盲人妈妈在医院侍候因事故高位截肢的15岁的儿子，尤其是2011年发生的“7·23”甬温线特别重大铁路交通事故的那一幕幕悲怆恸地的场面，深深地刺痛了我们铁路人的心。我们常在心里呼唤，能不能不让这些事故悲剧重演，能不能不让灾难降临在职工与旅客头上呢？我们有责任有义务也有能力去研究揭示其中的规律，供后人汲取和借鉴。一种强烈的责任感催促着我们，激励着我们，一定要把这部安全志书修好，向全路干部职工交上一份满意的答卷，留下一份值得借鉴、珍藏的文化瑰宝。

分享是最好的捷径。修志几年来，我们深深体会到：帮助别人也是帮助自己，成全别人也是成全自己，对别人负责也是对自己负责。修志本身就是一个宏大的工程，仅靠少数人是完成不了这鸿篇巨制的。实践中，不少有价值的资料就是在我们帮助别人寻找时偶尔获得的，不少绝妙的灵感也是在我们帮助别人时被激发迸射出来的。几年修志，不仅使我们结交了一些好朋友，也提高了做人的素养。大家深切体会到资源共享、众手成志是何等的重要。分享是一种境界，一种胸怀。修志也是修人，人修好了，志书也就修好了。相反，人修不好，肯定也修不出好的志书来。

喜爱是成功的保障。几年来，查档案不仅查出了“宝贝”，也查出了兴趣，查出了与档案的感情。千年的文字是会说话的。档案是有生命的，有情感的，要善待和珍视她们，就像善待和珍视宝贝一样。查档案是件很愉快的事情，是一种精神享受。它使我们重温历史，重新与故人交谈，进而重新审视历史，等于让时间倒流了一回，让我们又一次重温历史演绎的奇妙过程。那种畅游于历史长河的感觉美妙极了。每当查到一则重要的信息资料时就像小孩得到大人的礼物奖赏一样，兴奋得不得了。例如：费了好大周折才得到的利子依达泥石流事故一组照片时，那种兴奋、舒服的感觉是很难用语言来表达的。现在国内好多新闻媒体转发的利子依达泥石流照片都是出于我们搜集到的这组照片。

情感是修好志书的魂。当我们在修志中发现机车乘务员全部遇难的事故高达近30起时，车站调车员因事故伤亡的数字高达数千人时，我们的内心和神经被狠狠地撞击和深深地刺激了。同样是干铁路，同样是吃铁路饭，一线职工所要承受那么高的工作强度，那么大的安全风险，甚至要付出崇高生命的代价。我们做机关工作的和做其他铁路工作的同志还有啥不满足，还有啥心理不平衡的呢？现在我们才懂得，2011年盛光祖部长上任伊始就千方百计地增加一线职工的收入，想方设法地改善一线职工的生活、工作条件的良苦用心，他太了解他的一线职工了，他太爱他的一线职工了。新部长的举动使人感动，让人沉思。编写组的同志们后来的修志不仅是用笔，更是用心用情、甚至是用泪去写。这种思想境界的升华和与一线职工情感的拉近是修安全志的一个意外惊喜与重大收获。

修志是一种磨练，更是一种精神享受。《中国铁路安全志》是我们研究铁路安全的一次有益尝试。期间走了一些弯路，吃了一些苦头，但是，从中获得的乐趣和满足又是那么的美妙和惬意。《中国铁路安全志》就要出版发行了，对此，我们有喜悦也有惶恐。虽然我们尽心尽力了，但毕竟是一项带有尝试性和探索性的工作，书中难免有缺点与不足，我们诚恳地欢迎广大读者批评指正。同时，我们也向关心、支持本志编纂的各级领导、专家学者、修志同仁及所有参与安全志编纂的人员表示衷心的感谢！没有你们的支持与帮助，我们是不可能完成这项神圣而艰巨的任务的。

在此强调一件事情，书中选用了一些历史照片，因一时找不到作者，稿酬无法寄出，望知道的同志相互转告，及时与我们联系，我们会以最快的速度及方式将稿酬寄与作者。谢谢！

编　者

2012年3月